阎崇年作品

清朝开国史

阎崇年 著

修订本 上

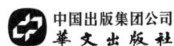
华文出版社

图书在版编目（CIP）数据

清朝开国史 / 阎崇年著 . -- 修订本 . -- 北京：华文出版社，2023.3
ISBN 978-7-5075-5697-1

Ⅰ.①清… Ⅱ.①阎… Ⅲ.①中国历史 – 清前期 Ⅳ.① K249

中国版本图书馆 CIP 数据核字（2022）第 197361 号

清朝开国史（修订本）

作　　者：	阎崇年
封面题字：	徐　俊
责任编辑：	胡慧华　寇　宁
出版发行：	华文出版社
地　　址：	北京市西城区广外大街 305 号 8 区 2 号楼
邮政编码：	100055
网　　址：	http://www.hwcbs.cn
电　　话：	总 编 室 010-58336239　责任编辑 010-58336197
	发 行 部 010-58336267
经　　销：	新华书店
制　　版：	北京禾风雅艺文化发展有限公司
印　　刷：	北京博海升彩色印刷有限公司
开　　本：	710mm×1000mm　1/16
印　　张：	95.75
字　　数：	1320 千字
版　　次：	2023 年 3 月第 1 版
印　　次：	2023 年 3 月第 1 次印刷
标准书号：	ISBN 978-7-5075-5697-1
定　　价：	198.00 元

版权所有，侵权必究

  阎崇年，北京社会科学院研究员，著名历史学家。获北京市有突出贡献专家称号、中国版权事业终生成就者奖，享受国务院颁发的特殊津贴。

  研究清史、满学和北京史。论文集有《燕步集》《燕史集》《袁崇焕研究论集》《满学论集》《清史论集》等；专著有《努尔哈赤传》《清朝开国史》《森林帝国》《康熙大帝》《北京文化史》等。

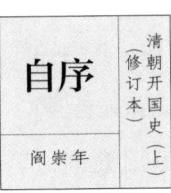

自序

我于《清朝开国史》之研究与撰著，要从六十年前说起。1963年，我在确定研究清史之后，依据白寿彝先生治学要从根源入手的教导，思索清史树木之根、清史江河之源。清史研究的根源在关外，清朝开国的历史，就是清朝二百九十六年历史的根源。

明确清史根源，探索清开国史，从哪里下手呢？从史料入手。清史的资料，以中国皇朝史来说，既是史料最多的，也是资料最杂的。经我粗算，研究清史的基本资料，直接或间接、汉文或满文、文献或档案、完整或碎片等，当有千种之夥、万卷之多。在这六十年间，我的大部精力，花在搜寻、阅读、摘抄、考证、分析、筛选和运用史料的过程之中。岁数大了，见的多了，我认为研究清朝开国史，除一般史料——考古文物、史志典籍、碑刻拓片、文集笔记、谱牒家乘、研究论著等外，应抓住最基本史料，这就是"一档、二史、三实录"。

所谓"一档"，就是满文档案。中国第一历史档案馆现存满文档案有二百多万件（套），但就清朝开国史的研究而言，满文档案主要是以无圈点满文为主的满文档案，名《无圈点档》即《旧满洲档》或《满文原档》，仅存世一部，现藏台北。到乾隆朝，鉴于这批无圈点满文档案，有散乱、污渍、虫噬、残损的现象，且多人已不能或不能准确识读老满文，即无圈点满文档案，乾隆帝命朝臣将上述老满文档案，加以整理、修补、装裱、装订而成册帙；并用加圈点满文重抄数部，其中一部存皇宫内阁大库满本堂、一部存盛京崇谟阁等，这就是后来通称的《满文老档》。这些满文原始档案，尘封内廷，难以查阅。清朝亡民国兴，这批档案才逐渐为学人所知所见所译所用。到二十世纪五六十年代，日本东洋文库组织神田信夫、松村润、石桥秀雄等学者专家用日文译注，以《满文老档译注》为书名，分成七册出版，是为《满文老档译注》东洋文库本。笔者在二十世纪八十年代，应邀到东洋文库讲学，蒙神田信夫教授奉赠一部。尔后，中国满文专家，以中国第一历史档案馆藏内阁本《满文老档》为底本，将其译注，分成两册，1990年由中华书局出版，是为《满文老档译注》中华书局本。而其孤本无圈点满文原档，在台北以《旧满洲档》为书名，于1969年，分成十册，精装出版。1992年，笔者去台北进行学术交流，承蒙秦孝仪院长，赠送一部。而后，2006年，又将《旧满洲档》整理补疏，由冯明珠院长主编，以《满文原档》为书名，分成10册，精装出版。笔者又有幸，蒙冯明珠教授赠送一部。《满文老档》译注本，影响较大的，一部是《满文老档译注》（七册），于1955~1963年在东京，日本东洋文库译注出版；另一部两册，于1990年由中华书局出版；还有一部是内阁藏本《满文老档》（20册），包括满文、汉译文，2009年由辽宁民族出版社出版。还有其他，另文介绍。这是清初历史唯一保存下来的、用满文书写的编年体的清朝开国历史。

上述《满文原档》及其整理成的有圈点满文重抄本，在清朝属宫廷密档，一般人不能入目。辛亥之后，逐渐开放。现在已经可以公开阅览和研究。

所谓"二史"，一是《明史》，现在通行的是中华书局校注本，约五百余万字，分二十八册，1974年出版；另一是《清史稿》，现在通行的是中华书局标点本，约八百八十余万字，分四十八册，1976~1977年由中华书局出版。中国史学传统，多是后朝修前朝史书。纂修《明史》和《清史稿》，都利用了大量档案、传包等，且体例独具一格，所以"修了新清史后《清史稿》就不用看了"的说法是没有根据的。

所谓"三实录"，一是《明实录》，二是《清实录》，三是《李朝实录》。这三部书，在清朝一般人也是看不到的，就是在民国时期一般人仍是如此。今人有幸，能看到全套精印的明朝、清朝和朝鲜李朝的三部实录，为研究明清历史提供了极大的史料之便。且有条件的学者，"一档""二史""三实录"可以在书房插架，信手查阅，极为方便。

学术研究，是个过程。我从1963年入手学习和研究清朝开国史，到1983年，由北京出版社雕梓《努尔哈赤传》，是第一部研究清太祖努尔哈赤的学术专著，从而打下清朝开国史研究之门，也打下全清史研究的学术基础。时过十年，到1993年，经补充修改的《努尔哈赤传》，以《天命汗》为书名，由吉林文史出版社出版。又经过十年的积累与打磨，应朱诚如先生主编《清朝通史》之邀约，而撰写清太祖朝史和清太宗朝史，两卷书，百万字，在2003年，由紫禁城出版社出版。再经过十年摔打，已有大些进步，由中华书局建议我在以往基础上，著作《清朝开国史》，百余万字，2014年，由中华书局出版。地球又公转了十圈，值《阎崇年文集》出版的机会，对《清朝开国史》加以修订补充，而成《清朝开国史》（修订本），2023年，由华文出版社问世。屈指一算，清朝开国史研究，从起点到此次，整整一个花甲，历时六十年矣！

我六十年来，用心用力研究清朝开国历史，坚守主线，不敢旁骛，跨越障碍，谢绝诱惑，取舍得宜，日新求新。可以说，我是有幸之人，生逢有幸之时，学逢有幸之地，遇上有幸之友，出版有幸之书——《清朝开国史》（修订本），谨致深躬，大谢至谢！

修订本自序（2023年版）

阎崇年　清朝开国史（修订本）（上）

　　万事万物，有本有始。《老子》说："能知古始，是谓道纪。"《大学》曰："物有本末，事有终始，知所先后，则近道矣。"古代先贤，在在提点，江河有源泉，事物有本始。做人做事，治学治史，要一以贯之，应重本重始。

　　本，许慎《说文解字》曰："本，木下曰本，从木。""本"字的原意是木在土下，故根与本二字相通假。

　　始，许慎《说文解字》曰："始，女之初也。"段玉裁注云："释诂曰:初，始也。"又曰："初、裁皆衣之始也。"女红做衣，第一刀为始。"初"字的原意是初始。

　　初涉清史，无从下手:时间跨度漫长，空间广袤辽阔，资料海量多，人事万般繁，千头万绪，从何入手？我困惑了一段时间。师友之建议，亦各言高见，何取何舍，难以定断。到二十世纪六十年代初，白寿彝先生启示，治学要寻根溯源。汲取先贤经验，经过慎重思考，遂定探根本，着力抓初始。清朝历史像一条巨大江河，它的水之源、流之始，在于清朝开国这段历史。于是，决定从清朝开国史研究入手。摸了一下，清开国史，既是片拓荒处女之地，也是个富金学术之矿。于是，我从"一档二史三实录四杂著"基本史料入门，所谓"一档"即《满文老档》和《满文原档》，"二史"即《明史》和《清史稿》，"三实录"即清朝皇帝实录、明朝皇帝实录和李朝大王实录，四"杂著"即官书文献、文集笔记、金石碑刻、谱牒家乘等，一泡就是二十年。其间，始将努尔哈赤先世、生平事迹等史事，分解为一个一个专题,进行了一个一个破解,先后写出若干篇学术论文,继在资料和论文的基础上,撰写《努尔哈赤传》,1983年,由北京出版社出版。清太祖之前朝史、当朝历史,既已关注;其后清太宗朝史、顺治朝史,关注不够。由是延展到清太宗朝、明崇祯朝、清顺治朝,以及国际大势四个视角,研读相关史料,将清初两朝历史打通,到2003年,由紫禁城出版社出版《清朝通史·太祖朝》和《清朝通史·太宗朝》,这又是二十年。再经过十年的积累、扩充、研究和打磨,到2013年,完成《清朝开国史》著述,翌年由中华书局出版。尔后,再经十年的补缺、修订,2023年,由华文出版社将《清朝开国史》(修订本)问世。斗转星移,须发全白,屈指一算,一个甲子。

研究清朝开国历史的一个重要意义,我在《正说清朝十二帝》中论述:"清太祖努尔哈赤既播下康乾盛世的种子,也埋下光宣哀世的基因。"就是说,要了解清朝的兴盛,应从清朝开国历史去寻找、探索其种子;要了解清朝的衰亡,应从清朝开国历史去挖掘、追寻其根因。

就治学而言,我赞成荀子"重壹"的古训。《荀子·解蔽》说:"好书者众矣,而仓颉独传者,壹也;好稼者众矣,而后稷独传者,壹也;好乐者众矣,而夔独传者,壹也;好义者众矣,而舜独传者,壹也。"

历史经验告诉我:做事、治学,贵专一,忌旁骛,多成于壹,而蔽于两。

拙著《清朝开国史》(修订本),分作上下两卷,一百三十万字,现由华文出版社问世。

是为自序。

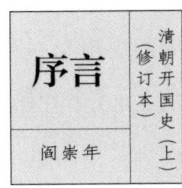

序言

阎崇年

《清朝开国史》的时间范围,在清史学界,主要有三种分法:第一种,清朝开国史百年说,即从明万历十一年(1583)努尔哈赤起兵,到清康熙二十二年(1683)康熙帝接受明延平王郑克塽归顺、收复台湾,整一百年。第二种,清朝开国史六十年说,即从明万历十一年努尔哈赤起兵,到清顺治元年即明崇祯十七年(1644)明朝覆亡、清都北京,约六十年。第三种,清朝开国史二十八年说,从后金天命元年即明万历四十四年(1616),到清崇德八年即崇祯十六年(1643),崇德帝死、顺治帝立,共二十八年。以上诸说,各有道理,各有短长。本《清朝开国史》的时间断限,取清朝开国史六十年说。

《清朝开国史》的出版,我觉得自己有"出版红运"。世间事情,无巧不成书。近四十年来,我逢"3"就有出版奇缘:1983年,我的《努尔哈赤传》由北京出版社出版;1993年,我的《天命汗》由吉林文史出版社出版;2003年,我的《清朝通史·太祖朝》和《清朝通史·太宗朝》由紫禁城出版社出版;2013年,我的《清朝开国史》又由中华书局出版;2023年,我的《清朝开国史》(修订本)将由华文出版社出版。我企望在2033年,能将我的《努尔哈赤传》和《清朝开国史》再次修订出版。一部书能够每隔十年,修订出版一次,连续出版五次,当是一件人生有幸之事。

在这里,我把学术历程,做个简略回顾。我在把两个通史——中国通史和世界通史粗学一遍之后,从1963年初开始,转入研习清史。屈指一算,已经五十年。从1980年开始,我转入专业研究清史、满洲史及北京史,也已三十三年。我作为一位布衣学者,个人心力之所及,于历史学之研究,主要做了三件事:

第一,清朝开国史的学习与研究。撰写了《努尔哈赤传》、《袁崇焕研究论集》、《清朝开国史》和《清史论集》等论著,并发表若干篇论文,总数三百多万字。有人说,于清朝开国史的论著,目前我发表的字数是最多的。这一点,并没有做数字核实,但的确是殚精竭虑,并得益于时代惠赐。

第二,满学的学习、开拓与研究。此前,于满洲的历史与文化,中外学者,多有研究,但以学科而言,有蒙古学,有藏学,却没有满洲学,即满学。从二十世纪八十年代后期开始,我和国内外同人一起,筚路蓝缕,开创满学,给出满学定义,创建满学研究所,创立北京满学会,出版《满学论集》,主编《满学研究》(第一至第七辑),主编《20世纪世界满学著作提要》,倡议并主持第一届至第五届国际满学研讨会。满学已被接纳为人文社会科学的一个新学科。

第三,利用电视平台,系统讲述历史。历史科学的传播,素有口述、图书、报刊、教学、文物等载体,近世又增加了广播、电影、电视、网络等新媒体。十年来,我在中央电视台系统讲述、相应出版了《正说清朝十二帝》、《明亡清兴六十年》、《康熙大帝》、《大故宫》和《御窑千年》等四个系列,共二百讲(集)。这种学者以语音、影像、文字三位一体系统传承历史科学,凭借电视、广播、网络进行全球性的中华历史文化传播的方式,不仅产生了巨大的社会影响,而且被誉为独着"影视史学"的先鞭。

以上三个方面,文字成果汇集,选取研究清朝开国历史部分,加以梳理,重新整合,以《清朝开国史》为书名,由中华书局出版,这是我五十年学习与研究、撰著与讲述历史文化的阶段性节点,也是今后学术历程的新起点。

一个严肃的学者,虽享受不到常人所享受到的快乐,却能享受到常人享受不到的欣慰。我一直认为:学者也许可以有五段学术人生路程,第一段是二十岁到四十岁，重在学习；第二段是四十岁到六十岁，重在贡献；第三段是六十岁到八十岁，重在升华；第四段是八十岁到一百岁，重在大有；第五段如能过百岁，则登上了圣寿学者的行程。

事物有阴阳，格物无止境。学术著述，回过头看，深感稚嫩，多有遗憾。然而，作为一段学人的历程，记录下来，砥砺前行！

人生贵在立志、勤学、顿悟、践行。惟志惟学，尚悟尚行；日新日慎，知行知止——这是我五十年学术生活的自勉。

我要把一个学者做好！这是我过去努力做的，也是我今后要尽力做的。

是为序。

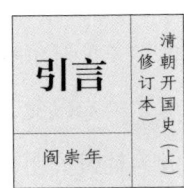

引言

在中国五十五个少数民族中,建立统一皇朝的只有蒙古族和满族。蒙古族建立的元帝国仅享祚九十七年,满族建立的清帝国则绵祚二百九十六年。在中国秦始皇帝以来两千多年的皇朝历史上,开创过二百年以上大一统皇朝的,只有西汉、唐朝、明朝和清朝。在上述四朝中,汉高祖刘邦、唐高祖李渊和明太祖朱元璋都是汉族人,只有清太祖努尔哈赤是满族人。大清帝国在"康雍乾"时的世界舆图与世界历史上,是一个疆域最为辽阔、国力最为强盛、人口最为众多、民族最为和谐、文化最为发达、物产最为富庶的大帝国。

树有根而枝叶茂,水有源而百川流。清太祖朝历史是清朝历史的树之根、水之源。清朝在开国时期,埋下后来大清历史的盛与衰、强与弱、成与败、得与失之基因。以下分作六个区块,作一简略论述。

一

明万历十一年(1583),辽东总兵李成梁提兵进攻建州女真古勒寨,受到顽强抗御,城破之后李成梁下令屠城,男女老幼,全遭屠戮,斩杀一千余级,努尔哈赤的祖父觉昌安和父亲塔克世也在混乱中被杀。从此,努尔哈赤与大明皇朝,积下不可化解之怨,结下不共戴天之仇。万历帝、李成梁杀了觉昌安、塔克世,在他们子孙努尔哈赤心里，点燃起燎原之复仇星火，挖掘开溃堤之复仇蚁穴。随之，努尔哈赤以父、祖"十三副遗甲"起兵复仇。努尔哈赤将复仇的星火，逐渐燃烧成为焚毁大明皇朝的燎原大火；将复仇的穴水，逐渐汇聚成为冲毁大明皇朝的汹涌洪水。在李自成率军攻陷北京城、明崇祯帝自缢煤山后，清军又战败李自成，进占北京城。最终，以清代明，江山易主。因此，古勒寨之役是明朝灭亡与清朝崛兴的历史起点。

清太祖朝的历史，以时间来说，从明万历十一年（1583），到清天命十一年即明天启六年（1626），总计四十四年。以空间来说，大体上东起鸭绿江、图们江及乌苏里江以东滨海地区，西到大兴安岭，南近宁远（今辽宁省兴城市），北至黑龙江中游地域，都归属后金管辖。

清太祖时期四十四年的历史，可以分作建州时期和天命时期。

建州时期。此期可以分作三个阶段：

第一阶段，从明万历十一年（1583），到万历二十一年（1593），共有十年，主要是建州女真内部的统一。以努尔哈赤起兵与古勒山大捷，为此期重大历史文化事件的标志。

在这段历史时期里，主要历史文化大事有：努尔哈赤以父祖"十三副遗甲"起兵，杀尼堪外兰，攻克图伦城。统一建州女真五部——苏克素浒河部、哲陈部、董鄂部、完颜部、浑河部，初步统一长白山三部——讷殷部、朱舍里部、鸭绿江部。建佛阿拉城。努尔哈赤首次到北京朝贡（先后八次）。打败叶赫等九部联军的军事进攻，就是著名的古勒山之战。

第二阶段，从明万历二十一年（1593），到万历三十一年（1603），共有十年。以创制满文字与兴筑赫图阿拉城，为此期重大历史文化事件的标志。此期日本侵略朝鲜，明朝派军进行援朝战争，其时为万历二十年（1592），即壬辰年，所以史称"壬辰战争"，又称为抗倭援朝战争。这场战争先后断续进行了六年，明朝主力部队入朝，辽东防务空虚。这给建州女真统一海西女真，提供了难得的历史机遇。

在这段历史时期里，主要历史文化大事有：建州发动哈达之役、辉发之役，而将哈达、辉发吞并，扈伦四部灭其二。朝鲜南部主簿申忠一到佛阿拉，写下《申忠一书启及图录》，即《建州纪程图记》。努尔哈赤表面对明廷忠顺，被明封为龙虎将军。创制满文，就是无圈点的老满文。兴筑赫图阿拉城，后清尊称兴京，意思是清朝兴起的京城。后在兴京建永陵。

第三阶段，从明万历三十一年（1603），到万历四十三年（1615），共有十二年，以建立八旗制度与蒙古贝勒尊努尔哈赤为"昆都仑汗"，为此期重大历史文化事件的标志。

在这段历史时期里，主要历史文化大事有：建州军同乌拉军在图们江畔进行乌碣岩大战，建州军获胜。从此建州打开进军图们江、乌苏里江地域的通道。漠南蒙古恩格德尔率喀尔喀五部贝勒尊努尔哈赤为"昆都仑汗（恭敬汗）"。派兵略渥集部，取那木都鲁、绥芬、宁古塔、尼马察部民，招降瓦尔喀部民。努尔哈赤将胞弟舒尔哈齐幽禁而死，下令将长子褚英处死，权力更加集中。建立清朝根本性的军政制度——八旗制度，后来逐渐完善成为八旗满洲、八旗蒙古、八旗汉军，旗的颜色规范为正黄、正白、正红、正蓝、镶黄、镶白、镶红、镶蓝。努尔哈赤娶蒙古科尔沁明安贝勒女为妻，从而开始了满蒙联姻。吞并海西女真扈伦四部中最大的一部——乌拉部。

天命时期。从后金天命元年即明万历四十四年（1616），到天命十一年即明天启六年（1626），以建立天命政权、反叛明朝、萨尔浒大战、夺取沈 辽与迁都沈阳，为此期重大历史文化事件的标志。

在这段历史时期里，主要历史文化大事有：

政治方面。努尔哈赤"黄衣称朕"，建立金政权，又称后金。以赫图阿拉为都城（后称兴京）。以费英东、额亦都、何和礼、安费扬古、扈尔汉为五大臣，参与议政。发布"七大恨"告天布民，同明朝公然决裂，向明朝宣战。沈辽之战并取胜后，将都城迁到辽河流域的中心地带，先由赫图阿拉一迁到辽阳（清后尊称东京），并在太子河东岸建东京城；二迁到沈阳（清后尊称盛京），开始兴建沈阳宫殿。

明朝发生皇位变动，神宗万历帝死，子光宗泰昌帝立一月又死，再立熹宗天启帝。皇位的变动没有给明朝带来新的转机，宫廷却接连发生"梃击""红丸""移宫"三案。天启帝年少贪玩，怠于政事，皇权旁落到宦官魏忠贤手中。于是，党争更趋激烈，朝政更加腐败。

军事方面。后金军事进攻重点，转移到公然同明军对抗。后金军攻取明朝辽东边地两座重镇——抚顺、清河。明朝为报复后金，以杨镐为辽东经略，发动十余万大军，采取"兵分四路，分进合击"的兵略，要攻占赫图阿拉，对后金"犁庭扫穴"。后金军则采取"凭尔几路来，我只一路去"，就是"集中兵力，合进分击"的兵略，而获得全胜，史称"萨尔浒大捷"。后金军乘胜进兵灭亡叶赫，统一了海西女真。随之，后金军连获三捷——先取开（原）、铁（岭），继取沈（阳）、辽（阳），再取广（宁）、义（州）。明辽东经略熊廷弼以失广宁罪，被"传首九边"；辽东巡抚王化贞因陷广宁罪下狱。明朝原辽东首府广宁（今辽宁省北镇市）、时辽东首府辽阳，都落于后金之手。这标志着明朝在辽东统治的终结。明廷决策坚守辽西，保卫山海关。明大学士孙承宗视师山海关外，决策营筑宁远城（今辽宁省兴城市）。明以孙承宗为蓟辽督师。

天命十一年即明天启六年（1626）正月，努尔哈赤率六万大军进攻宁远城。明袁崇焕率万人坚守，城上安设红夷大炮。袁崇焕"凭坚城、用大炮"，打败后金军的进攻。有史料说天命汗在指挥攻城时受炮伤。此役，明人称之为"宁远大捷"。后金军虽在宁远城下失败，却在进攻觉华岛之役中获胜。觉华岛今名菊花岛，在今辽宁兴城外十五里海中。此役史称"觉华岛之役"。

经济方面。先是，在渔猎经济同时，建州的田地"无墅不耕，至于山上，亦多开垦"；农业"土地肥饶，禾谷甚茂，旱田诸种，无不有之"；产量"田地品膏，则粟一斗落种，可获八九石"。开采金矿、银矿，炼铁，制造军用器械，发明并推广人参煮晒法，实行牛录屯田，同明朝、蒙古、朝鲜进行贸易，发展农业、畜牧业。进入辽沈地区后，采矿、冶炼、造船、制械、建筑、晒盐业、陶瓷业等都有较大的发展。种棉养蚕，缫丝织缎。铸"天命汗钱"，进行货币流通。铸"天命云板"，传递军情信息。颁布"计丁授田"制度。

文化方面。先是，朝鲜南部主簿申忠一到佛阿拉，回国后撰写《申忠一书启及图录》，即《建州纪程图记》，详细地记述了建州的政治、军事、地理、农业、建筑、文化、宗教、习俗等，留下难得的第一手史料。后朝鲜援军姜弘立元帅等在萨尔浒之役中率军投降，其属李民寏在赫图阿拉写《建州闻见录》《栅中日录》，是为继申忠一后又一份外人纪录建州社会的重要文献。在八旗设巴克什，招收儿童入学，教习满文，也学习汉文。此时期开始留下珍贵的无圈点满文档案。在赫图阿拉兴建祭神祭天的堂子，建筑佛寺及玉皇庙等七大庙。迁都沈阳后，开始兴筑天命汗宫，建大殿（后称大政殿）及其列署亭式殿（俗称十王亭）。后建筑清太祖陵——福陵（沈阳东陵）。

民族方面。此时期，后金进军黑龙江中游地域，征萨哈连部，取得胜利，从此拉开征抚黑龙江地区的序幕。到清太宗皇太极时，整个黑龙江流域的版图归入清朝。《盛京吉林黑龙江等处标注战迹舆图》，反映了这些军政的胜利成果。在占领的辽东地区，对汉人实行"剃发"。对漠南蒙古实行联姻、会盟、重教、封赏、征抚等政策，取得初步成效。这些都为后来清朝对蒙古的政策，提供了初始的范式。

清太祖努尔哈赤宁远兵败后，《清太祖武皇帝实录》记载："帝自二十五岁征伐以来，战无不胜，攻无不克，惟宁远一城不下，遂大怀忿恨而回。"天命汗久历疆场，身经百战，师出必胜，攻战必克。六十八岁的沙场老将努尔哈赤，却败给四十二岁的无名小辈袁崇焕。袁崇焕是努尔哈赤的克星。努尔哈赤郁闷不乐，忿积疾重，同年八月死去。由他的儿子皇太极继承汗位，是为清太宗。来年，改元为天聪。

清太祖朝的历史随之结束。

二

清朝的崛兴，有其国际、国内和族内的客观条件。

一个朝代的出现，必然有其剧烈复杂的时代背景。清朝之崛兴，是怎样的呢？用两个字来概括是——"乱世"。所谓"乱世"，就是社会上的各个阶层、各个集团、各个民族、各个宗教、各个派别、各个地域的利益，处于三百年一遇的大分裂、大震荡、大争夺、大重组、大调整、大变革的陵谷隆替之期。其时，全辽地域主要有四大政治 - 民族利益集团：南为大明、东为朝鲜、西为蒙古、北为女真。各大利益集团之间及其内部，纵横捭阖，明争暗斗，历史又到了一个充斥劫难的乱世。兵荒马乱是明末东北地区最为突出的社会现象。争战出英雄，乱世生变革。乱世既为历史发展和社会变革提供机遇，也为清朝崛兴搭建难得的历史舞台。

兹就清朝崛兴的国际形势、辽东民族、女真状况，列纲举目，整合阐述，略加分析。

以清朝崛兴的国际因素而言：在明朝的辽东地区，主要有俄国、日本和朝鲜三个重要的因素。这三个因素的相互关系、力量消长，直接影响到满洲的崛起。

先说俄国。俄国原是一个欧洲国家。莫斯科大公国到明成化十六年（1480）后，伊万三世自称全俄罗斯大君主。明嘉靖二十六年（1547），十七岁的伊凡四世被立为沙皇。他两年后召开首届俄罗斯全国议会，五年后开始征服喀山等地。到瓦西里三世时，俄罗斯的东部疆界在北乌拉尔山以西。到十六世纪后期，俄国的势力扩张到西伯利亚。明万历十年（1582），以叶尔马克为首的哥萨克越过乌拉尔山，次年进入西伯利亚地带。这个时期，明朝与建州发生古勒寨之战，努尔哈赤的祖、父死于难。历史十分巧合：俄国势力进入西伯利亚和努尔哈赤父祖遇难竟然发生在同一时期。前者，对努尔哈赤来说是子孙的外患（尽管他当时并不知道这一点）；后者，对努尔哈赤来说则是现实的内忧。尔后，俄国的扩张势力步步东逼。万历十五年（1587），俄国建托博尔斯克，这里后来成为俄国在西伯利亚的中心。明万历四十一年（1613），罗曼诺夫为沙皇，从而创建罗曼诺夫王朝，更加紧了对西伯利亚地区的扩张。天聪六年即明崇祯五年（1632），俄国在勒拿河畔建立勒拿堡，即今雅库茨克，后进而侵入贝加尔湖以东地区和黑龙江流域。崇德三年即崇祯十一年（1638），哥萨克人听到鄂温克人说有一条黑龙江。崇德八年即崇祯十六年（1643），俄国人波雅科夫带军到了精奇里江（今结雅河），侵入达斡尔地区。顺治七年（1650），哈巴罗夫带领七十多人，翻越外兴安岭，侵入黑龙江地方。不久，他们占领达斡尔人的住地雅克萨（今阿尔巴津）。第二年，哈巴罗夫侵占索伦头人托尔金驻地，托尔金是皇太极额驸巴尔达齐的亲戚。沙俄入侵者蹂躏当地民族部落，抢掠烧杀，无恶不作。这个大的历史背景说明，如果东北地区各个民族内部或民族之间混乱纷争、不相统一，那么就不能共同抵御沙俄东扩势力；相反，满洲崛兴并对东北地区重新统一，为后来抵御沙皇俄国对中国东北地区的侵略提供了条件。

次说日本。日本国内的政治变动和对外政策，对满洲的兴起，有着直接的、至关重要的影响。日本在中国明朝万历之前，处于战国时代，诸侯割据，战乱不已。到明嘉靖时，地方实力派织田信长（1534—1582）势力强大，兼并各部，进占京都。他在统一日本的过程中，于明万历十年（1582），在本能寺被其家臣明智光秀谋杀。丰臣秀吉（1536—1598）继续织田信长的统一事业。他以大阪为基地，加强集权，四处征战，笼络诸侯，势力强大，逐渐结束延续百年的战国分裂局面。他初步完成日本统一后，开始进行对外侵略战争。丰臣秀吉侵略的矛头，首先指向朝鲜。明万历二十年（1592），丰臣秀吉向朝鲜发动大规模的军事进攻，占领平壤，朝鲜告急。明朝以"唇亡则齿寒"，派兵抗倭援朝。这场战争时断时续地进行了六年。万历二十六年（1598），丰臣秀吉病死，日军退守本岛，战争结束，兵祸始休。日本的专制权力落到织田信长的另一大将德川家康的手中。德川家康急于扫平对手，打击联军，整顿内部，巩固权力，并在江户（今东京）建立幕府，也无暇顾及朝鲜。所以，日本发动壬辰战争和国内政治突变，为后金的统一战争和满族的崛兴辽东,提供了十分难得的外部机遇。此前,努尔哈赤虽刚完成对建州的统一,但对扈伦四部的统一尚待外部条件。朝鲜、明朝与日本之间进行的壬辰战争,恰为努尔哈赤统一扈伦四部提供了历史的机遇。因为:第一,明朝将在辽东的主力军派往朝鲜,而在辽东地区出现军事空虚;第二,明朝无力也无暇支持叶赫去进攻后金,使努尔哈赤进兵扈伦四部无后顾之忧;第三,朝鲜受到外敌的侵略,金瓯残破,八道尽失,不能同明朝形成合力,共同对付后金;第四,壬辰战争使朝鲜元气大伤,再加上内部纷争,一蹶不振。以上,历史为建州女真基本完成统一海西女真扈伦四部提供了机遇,也为后来皇太极两次进军朝鲜提供了条件。似可以说,如果没有日本侵略朝鲜的壬辰战争,那么明朝和朝鲜的军队会联合起来对付后金,就不会有努尔哈赤吞并扈伦四部的条件,也可能难有满洲崛兴的机会。

再说朝鲜。朝鲜在明初称高丽,位于朝鲜半岛,是中国的近邻。高丽国大将李成桂废黜高丽恭让王王瑶,于明朝洪武二十五年(1392)自立,奏报明廷,请更国号。明太祖朱元璋命:"仍古号,曰朝鲜。"① 后赐金印、诰命等。朝鲜的国王、世子,均奏请明廷诏立。明朝和朝鲜鉴于各自的利益,都不愿意看到一个统一强大的建州女真在他们的中间崛兴。由是,他们几次联合出兵,攻剿建州。到努尔哈赤兴起时,日本丰臣秀吉发动了侵朝战争。日军十六万人先后在釜山登陆,长驱直入,破开城、陷王京、占平壤。朝鲜国王李昖逃奔义州。朝鲜两京陷落,八道丧失;明朝派兵援救,损兵耗饷。《明史·朝鲜传》记载:"倭乱朝鲜七载,丧师数十万,糜饷数百万。"② 时努尔哈赤请求派兵驰援,但遭到明朝和朝鲜两方的拒绝。建州利用历史提供的机遇,利用明朝和朝鲜无暇顾及的时机,基本完成了建州女真和海西女真的统一(统一叶赫在天命四年),随之建立后金。明朝和朝鲜缓过气来之后,合兵围攻后金都城赫图阿拉。明朝分兵四路,全部败北。朝鲜元帅姜弘立统领军队万余人,兵败被俘,全军覆没。后朝鲜依违于明朝与后金之

---

① 《明史·朝鲜传》第320卷,中华书局点校本,1974年,第8283页。
② 《明史·朝鲜传》第320卷,中华书局点校本,1974年,第8299页。

间。努尔哈赤死后，天聪元年即明天启七年（1628），他的儿子皇太极先派兵朝鲜，攻破平壤，所至辄下。朝鲜输款，订"兄弟之盟"，后金班师。崇德元年即明崇祯九年（1636），皇太极率军亲征朝鲜，列城悉破，订"君臣之盟"。努尔哈赤父子剪除明朝西翼蒙古和东翼朝鲜，从而摧毁了明朝自洪武以来经营二百多年的全辽左右两翼防线，为满族的崛兴创造了外部条件。

上面所说，可以看出，俄国的初起，日本的战败，朝鲜的外患，都为满洲崛兴提供了历史条件。

以清朝崛兴的辽东因素而言：在明朝的辽东地区，主要有女真、蒙古和明朝三个重要的因素。这三个因素的相互关系、力量消长，直接影响到满洲的崛起。

先说女真。女真在明朝后期，分为建州女真、海西女真、东海女真和黑龙江女真四大部。时值女真社会混乱动荡："各部蜂起，皆称王争长，互相战杀，甚且骨肉相残，强凌弱，众暴寡。"[①] 而在夹缝中生存的建州女真，更是"攘夺财货，兄弟交嫉"，四分五裂，争战不息。建州女真部的王杲及其子阿台，一度强大起来。明廷采取"捣巢"的军事围剿，将其首领王杲"槛车致阙下，磔于市"[②]，又杀其子阿台。明朝虽除掉王杲、阿台，却未能遏止建州通过兼并而聚集力量的历史趋势。此一举措，为努尔哈赤兄弟登台，统一建州女真，提供复仇口实，扫清前进道路。海西女真扈伦四部的各部首领都想重建女真的统一，但他们相继谢世。明廷对海西女真实行"以夷制夷"的策略，扶持哈达部的首领王台。但王台死后，诸子互争，其部自乱。努尔哈赤借机，分口吃掉哈达。明廷一面支持哈达，一面抑制叶赫。明辽东巡抚李松、总兵李成梁设计，在开原中固城关帝庙，诱杀叶赫部首领清佳努和杨佳努兄弟。后清佳努子布寨贝勒败死，杨佳努子纳林布禄贝勒病亡。叶赫走向衰落，建州更趋壮大。乌拉贝勒满泰夜淫村妇被杀；乌拉部也被建州用砍伐大树的方法，一斧一斧地砍倒。辉发贝勒王机砮死后，子孙自讧，自

---

① 《清太祖武皇帝实录》第1卷，原清宫内府藏，台湾广文书局影印本，1970年，第26叶。
② 《清史稿·王杲传》第222卷，中华书局标点本，1977年，第9126页。

弱自毙。其他女真诸部，先后归服称臣。那些各自称雄的女真首领先后死去，为努尔哈赤的军政表演让出了历史舞台。由是，明朝原来对女真各部"使之相争，不使之相吞"的政策，所造成的均衡局面被打破。努尔哈赤既借用明廷的信任，又利用明廷的疏误，一步一步地完成女真的统一。就客观历史而言，明廷对辽东女真的错误政策，促成了满洲势力的崛兴，而自毁其自洪武以来经营二百多年的全辽东部防线。

次说蒙古。明兴元亡，故元势力成为明朝北部的边患。这同朱元璋对故元势力的政策不无关系。徐达率师直捣大都，行前奏问："元都克而其主北走，将穷追之乎？"明太祖朱元璋答："元运衰矣，行自澌灭，不烦穷兵。"[①] 就是说，占领大都就行，不必远追败兵。于是，元统虽绝，实力犹存，"引弓之士，不下百万"。因此，明朝前期全辽政策的战略基点是防御蒙古，明辽东巡抚驻地广宁（今辽宁省北镇市）。通过洪武的五次用兵，永乐的七次北征，蒙古势力，受到大挫，逐渐分裂，走向衰落。蒙古诸部的分裂与衰落，为满洲崛兴准备了条件。到十七世纪初期，随着蒙古势力分裂与衰落，女真实力强大，明朝全辽政策发生了主客易位的变化：由重点防御蒙古转向重点对付女真，将"以东夷牵制西虏"的策略，改变为"以西虏牵制东夷"的策略，明辽东巡抚驻地东移至辽阳。其目的在于阻止努尔哈赤势力西进，而保住辽西地区。努尔哈赤则针锋相对，先同蒙古科尔沁部姻盟，继而同内喀尔喀部会盟，后来他的儿子皇太极击败同明结盟的察哈尔部，其首领林丹汗走死于青海打草滩。后林丹汗遗孀苏泰太后及其子额哲降顺皇太极。努尔哈赤父子用抚绥与征伐的两手策略，完成了对漠南蒙古的征抚，从而摧毁了明朝自洪武以来经营二百多年的全辽西部防线。

再说明朝。明朝历史基本分作三个时期——初期，洪武、建文、永乐、洪熙、宣德五帝，在辽东地域，联"东夷"，打"北虏"，采取军事攻势，打击"北元"势力，兵锋北指，颇见成效。其主要标志是，摧毁"北元"势力，建立奴儿干都司和辽东

---

① 《明史·徐达传》第125卷，中华书局点校本，1974年，第3727页。

都司，完全接管元朝东北版图。中期，正统（含景泰和天顺）、成化、弘治、正德、嘉靖五帝，对蒙古采取守势，"隆庆和议"表明漠南蒙古西部俺达汗问题得到缓解。晚期，隆庆、万历、泰昌、天启、崇祯五帝时，漠南蒙古西部相对安定些，东部戚继光和李成梁兵守蓟辽，功绩卓著，蒙古衰落。但是，清朝崛兴，始于万历。明朝先是"以东夷制北虏"，后是"以北虏制东夷"。谚云："按下葫芦，浮起了瓢。"蒙古受到打击而衰落，女真不受制衡而发展，满洲利用机遇，较快扩大崛兴。归根结底，事极而反。物必自腐，而后生蠹。后金崛兴，实为明朝后期腐败之果。纵观中华五千年文明历史，凡是中央皇朝强盛，必是边疆民族臣服。相反，中央皇权衰微，则民族纷乱蜂起。明朝万历帝二十几年不御政，纪纲紊乱；泰昌帝登极一月吃了红丸暴死，堂皇庙堂，梓宫两哭；天启帝十六岁继位，会做木匠而不会做皇帝，皇权旁落到阉臣魏忠贤手中；崇祯帝刚愎自用而性格乖戾，政枢不协，功罪倒衡。党争日烈，辽事日非。天启末，辽东经略王在晋评论辽东形势说："东事离披，一坏于清（河）、抚（顺），再坏于开（原）、铁（岭），三坏于辽（阳）、沈（阳），四坏于广宁。初坏为危局，再坏为败局，三坏为残局，至于四坏——捐弃全辽则无局之可布矣。逐步退缩，至于山海，再无一步可退。"① 当时局势尚不至于如此悲观，袁崇焕在宁远大败天命汗努尔哈赤便可做证。但袁崇焕兵胜遭谗，借病去职。崇祯帝登位，初加任用，旋则猜忌，继则忌恨。其下场与熊经略雷同。熊廷弼被冤杀，传首九边；袁崇焕遭凌迟，尸碎门灭。明辽东总帅孙承宗、熊廷弼、袁崇焕，一去职，二非死。② 后明清松锦大战，明总督洪承畴转胜为败，师没降清。山海关外，宁远以北，实非明有。万历帝、天启帝、崇祯帝自毁了明朝自洪武以来经营二百多年的全辽防线。明帝自毁长城，明亡咎由自取。

以上论述，可以看出，俄国的初起，日本的战败，朝鲜的外患，蒙古的衰落，女真的内讧，明朝的腐败，都为满洲崛兴提供了历史条件。

---

① 王在晋：《三朝辽事实录》第8卷，天启二年三月，江苏省立国学图书馆藏本，第22叶。
② 阎崇年：《论宁远争局》，载《满学论集》，民族出版社，1999年。

以清朝崛兴的女真因素而言：在明朝辽东地区，建州女真主要有地理、历史、家族三个重要的因素，这三个因素的相互关系，直接影响到清朝的崛起。

先说地理。一个民族的崛起，必有一定的地理条件，即空间条件。所谓"地灵人杰"，"地灵"指的就是地理条件。我国史学界过去受斯大林在《论辩证唯物主义与历史唯物主义》中轻视地理因素的褊隘理论影响，在研究历史事件与历史人物时，很少阐述与其有关的地理条件。历史上任何一个民族部落的兴起、一位杰出人物的成长，都同其所处地理条件有着密切的关系，在古代尤其是如此，建州女真就是一个例证。建州女真的核心部位在赫图阿拉（今辽宁省新宾满族自治县永陵镇赫图阿拉村）。赫图阿拉的外部地理条件，处于蒙古、扈伦、朝鲜和辽东都司之间，既比较安全，又利于发展。赫图阿拉，处于四面环山的河谷平原之台地上。① 这里林木茂密，土地肥沃，气候温和，雨水丰沛，猎、渔、采、农、林、牧多种经济发展。赫图阿拉距辽东首府辽阳不远不近，既有山道通达抚顺而便于外联进取，又可扼山隘锁重关而利于御内固守——可以形成满洲崛兴的基地。② 建州地近抚顺，明在抚顺设关，进行往来交易，既利于独立经济发展，又利于摆脱南关控制，成为其滋长发展、并吞诸部的一个关键。建州女真同漠南蒙古又不相邻，而被海西女真所阻隔，使建州女真少受漠南蒙古直接的威胁与侵扰。而海西女真扈伦四部中的哈达部、辉发部、叶赫部、乌拉部，其所以未能统一女真各部，地理条件是其一个重要因素。仅以自然条件中的地理区位而言，哈达、辉发和叶赫距开原太近，或依附于明朝，或被明军攻破，不易独立发展。叶赫与哈达稍为强大，在五年之间，连遭明军三次重创，首领被杀，栅破民亡，"城中老小皆号泣"。③ 乌拉（今吉林省吉林市永吉县乌拉街满族镇）则距辽阳太远，形不成打击明军的威慑力量。建州不同于扈伦四部，它毗连抚顺，而为山河阻隔；地近辽阳，

---

① 《兴京厅乡土志》第3卷，光绪三十二年（1906）修，民国间油印本，第27～28叶。
② 《兴京二道河子旧老城·代序》首卷，日文本，建国大学刊印，1939年。
③ 瞿九思：《万历武功录》第11卷，万历四十年（1612）刻本，第40叶。

又为关山封闭。努尔哈赤在此暗自发展,黄衣称朕,明廷昏昏然而不明其真相。[①]努尔哈赤就是利用了建州的地理条件,以赫图阿拉为中心,组织军队,辟建基地,创立政权,壮大力量,从而建立清朝崛兴的重要基地。

次说历史。一个民族的崛起,除必有一定的地理即空间条件外,还必有一定的历史条件,即时间条件。一些历史人物因生不逢时,其才华未能得到充分展现。明朝后期的政治腐败,为努尔哈赤崛兴提供了历史的机缘。在历史上,契丹迭剌部(耶律阿保机所在部)、女真完颜部(阿骨打所在部)、蒙古孛儿只斤氏族(铁木真所在部)的勃兴,都以中央王朝衰微为契机。在努尔哈赤兴起之前,建州女真首领李满住、董山、王杲、王兀堂和阿台,皆因未遇到上述契机,相继败死。仅以成化三年(1467)为例,其时李满住、董山等三卫合居,建州女真颇有统一之势;但明朝当时国势强盛,先将董山诱斩[②],又派兵与朝鲜军会攻建州,"捣其巢穴,绝其种类"[③],共擒斩一千五百三十六人,李满住及其子李古纳哈均遇难。建州女真首领遭杀害,屯寨被血洗,部落残破殆尽,无法实现统一。在明朝中期,建州女真先后遭到朝鲜军三次侵袭,明朝军三次征剿。建州女真自身——"各部蜂起,皆称王争长,互相战杀,甚且骨肉相残,强凌弱,众暴寡"[④],处于分裂与杀伐的局面。建州女真面对着明朝的强大与鼎盛和建州内部的分裂与杀伐,既无力反抗,也无法崛兴。建州女真首领努尔哈赤值明末朝廷衰微之机,潜滋暗长,发展实力,维护女真部民利益,聚集女真部民群力,在其先辈洒满鲜血、备受凌辱的道路上,愤然起兵叛明,完成统一大业。

再说家族。一个民族的崛起,其首领人物的成长,除必有一定的时空条件外,

---

① 《明神宗实录》第583卷,万历四十七年六月庚午,台北历史语言研究所校勘本,1962年,第8叶。
② 《明宪宗实录》第44卷,成化三年七月甲子朔,台北历史语言研究所校勘本,1962年,第2叶。
③ [朝]《李朝世祖大王实录》第43卷,十三年九月丙子,日本学习院东洋文化研究所刊,1959年影印本,第57页。
④ 《满洲实录》第1卷,辽宁通志馆影印线装本,1930年,第2叶。

还必有一定的家族条件。这主要是指其家族历史、家庭教养、文化环境和经济地位等。在经济文化落后、血缘纽带牢固的少数民族地区尤其是这样。家族先世显赫官爵的灵光，佑助并激励其后裔树立威望，砥砺并激发其后世建立功业；借此向朝廷邀取爵赏，强固其在部族中之地位。努尔哈赤就是这样：他的六世祖猛哥帖木儿受永乐帝封为建州左卫指挥使；五世祖董山（童仓）受封为左卫都指挥、左卫都督；四世祖失保（石报奇）为都指挥佥事，四世伯祖妥罗官一品都督并执掌建州左卫，先后五次入朝；祖父觉昌安、父亲塔克世，同辽东总兵李成梁关系密切，死于兵火。努尔哈赤因受朝廷"敕书三十道，马三十匹，复给都督敕书"①。后明廷封他为都督佥事、建州卫指挥使和龙虎将军等职爵。当然，努尔哈赤不是作为个人，而是作为女真群体利益的代表，出现在历史舞台上。他必须顺应历史的趋势，反映社会的需要，代表部民的利益。但是，在建州女真中，具有如此统绪胤裔者，努尔哈赤是独一无二的。

上面所说，可以看出，地理因素、时代机遇、家族身世，都为满洲崛起与其首领成为时代雄杰提供了历史条件。

综上所述，满洲崛兴有其天、地、人的因素。研究历史，要究天人之际、究地人之际、究天地人之际。所谓天，主要是天时——俄国、日本、朝鲜，女真、蒙古、明朝，以及女真中建州女真、海西女真、"野人"女真，都为满洲的崛兴提供了天时，即有利的历史机遇；所谓地，主要是地利——俄国、日本、朝鲜，女真、蒙古、明朝，以及女真中的建州，都为满洲的崛兴提供了地利，即有利的周边环境；所谓人，主要是人气，建州首领努尔哈赤自身则具备了此种之文化素质。满洲及其首领正是依托于国际——俄国、日本、朝鲜，国内——女真、蒙古、明朝，建州——地理、历史、家族等，诸多错综复杂条件所编织的网络，这个网络的集结点——天、地、人的最佳组合，则使满洲得以崛兴。

---

① 《清太祖武皇帝实录》第1卷，北平故宫博物院印行，1932年，第4叶。

三

满洲的崛兴,上述客观条件提供了可能性,客观条件与主观条件相统一,才为满洲产生杰出领袖人物提供了现实性。满洲首领努尔哈赤是大清国的奠基人,对大清国的建立有着举足轻重的作用。在努尔哈赤所处的时代,具备上述九种客观条件者,不止他一人。但是,同样的历史条件,为什么别人没有成为大清国的奠基者呢?在这里还有努尔哈赤的自身条件。这就关系到努尔哈赤自身的性格特点。清太祖努尔哈赤之所以成为一位伟大的雄杰人物,还有他的性格因素。性格对一个人的婚姻与家庭、事业与命运来说,都是相当重要的。有人说:"性格决定命运。"这句话有一定的道理。因为一个人的性格,是其事业成败的内在因素。努尔哈赤的性格,影响其事业者,仅举下列八点。

开创精神 对于一个想有所作为的人来说,最重要的品格是开创精神。清太祖努尔哈赤奠基大清皇朝,开创了一个时代。开创的精神,是其性格特质。起初,他以父祖"十三副遗甲"起兵,率领几十人的队伍,拉开了建立大清基业历史戏剧的序幕。接着,创制满洲文字,创设八旗制度,创立大金政权,创建巩固基地。继而,他发布"七大恨"誓师,公然叛明,进军辽东。尔后,他指挥八旗军,以少胜多,以弱敌强,在萨尔浒大败明军。再后,他发动沈辽大战,攻克明朝辽东的重镇沈阳和明朝辽东的首府辽阳。他将都城一迁到辽阳,再迁到沈阳。努尔哈赤作为一代开国之君,他的一切重大军政治策,都无例外地具有重大的开创性。

勇敢沉着 努尔哈赤不仅有开创的精神,而且有勇敢的品格。只有开创的精神,没有勇敢的实践,不能成为伟大的政治家。《石灰吟》诗云:"千锤万击出深山,烈火焚烧若等闲;碎骨粉身全不怕,要留清白在人间。"诗中前三句讲的一种境界,就是勇敢。面临重大之事,身罹危难之时,努尔哈赤既勇敢,又沉静,这是政治家、军事家的基本素质。努尔哈赤在做重大决策时,能高瞻远瞩,力排非议,扫除障碍,夺得成功。万历二十一年(1593),叶赫纠合哈达、乌拉、辉发等九部联军,兵三万,分三路,向建州古勒山而来。其时努尔哈赤兵不满万,侦骑报警,建州官兵,闻之色变。但努尔哈赤得到警报后,就寝酣睡。其妻富察氏把他推醒后,问道:"尔方寸乱耶,惧耶?九国兵来攻,岂酣寝时耶?"努尔哈赤从容答道:"人有所惧,虽寝,不成寐;我果惧,安能酣寝?前闻叶赫兵三路来侵,因无期,时以为念。既至,吾心安矣!"①努尔哈赤说完之后,安寝如故。寻获古勒山大捷。

独立人格 努尔哈赤十岁丧母,继母对他寡恩。后其父听从继母之言,将他分户出居,予产独薄。他少年便没有依赖心理,独立走上生活道路。努尔哈赤在挖人参、采蘑菇、拾松子等劳动中,加强了独立心态;在往来抚顺"马市"和同朝鲜贸易中,磨炼了独立意志;在同蒙古人、汉人等交往中,增强了独立性格。独立人格与驯顺奴性是两种截然不同类型的心态——前者会使人奋发进取,后者则使人庸碌无为。独立人格是努尔哈赤一生功业的起点,也是他事业大成的内因。努尔哈赤因具备这种健康的独立人格,才能够超脱凡俗,卓然独立,以父祖"十三副遗甲"愤然起兵,大战于萨尔浒,遐迩闻名,自践汗位,建元天命。而迁都沈阳,诸贝勒反对,他一人独行,后众臣附随。历史证明,他的卓见,既超前,又深远。

文犷武骨 文犷武骨底蕴,源自丰富阅历。孔子说:"父母在,不远游,游必有方。"②不远游,囿于狭境,思想封闭,难做大事。朱元璋不为游僧,恐其后来未必能成为明太祖。努尔哈赤囿于赫图阿拉,必定成不了天命汗。他不仅到抚顺贸易,还亲自到北京朝贡,先后八次。一次往返长途跋涉三千里,熟悉汉区情状,目睹京城繁华。这对于一个后来有所作为的强者来说,是有巨大影响的。他还在明辽东总兵李成梁帐下做过仆从,又会蒙古语,并略通汉语。传说他喜读《三国演义》。其胞弟舒尔哈齐大门对联以汉字书写:"迹处青山","身居绿林"。③在与

---

① 《清太祖高皇帝实录》第2卷,万历二十一年(1593),中华书局影印本,1986年,第14叶。
② 《论语·里仁》,宋十三经注疏附校勘记本,中华书局影印本,1980年。
③ [朝]申忠一:《建州纪程图记》,图版九,载《兴京二道河子旧老城》,日文本,建国大学刊印,1939年。

努尔哈赤同时代的女真诸首领中，像他这样的文犷含蕴与见识阅历，武骨兵韬与精于骑射，在其时代，并无二例。

心智韬略 努尔哈赤有心智，多韬略。如他攻抚顺：佯称赴市，潜以精兵，外攻内应，计略取胜。又如他对女真各部，远交近攻，分化瓦解，联大制小，各个征抚，逐步完成女真诸部的统一。再如他对明朝的两面政策：既朝贡称臣，又暗自称雄。此前的女真首领，哈达王台，只称臣不称雄，病老而死，未能完成女真的统一；建州王杲，只称雄不称臣，身首异处，也未能完成女真的统一。努尔哈赤则吸取女真先人历史经验与教训，依据彼己力量变数，对称臣与称雄的关系，分作四个时期，施行动态策略：初始，只称臣，不称雄；继而，明称臣，暗称雄；尔后，既称臣，又称雄；最后，不称臣，只称雄。总之，努尔哈赤采取了既称臣又称雄的策略，暗自坐大，形成气候，建元称汗，夺占辽东。

胸襟宽宏 努尔哈赤襟怀大度，不计小怨。他率兵攻翁科洛城时，先被守城的鄂尔果尼以矢射中，血流至足；又被守城的洛科以矢射颈，血流如注。伤愈后兵破此城，擒获鄂尔果尼和洛科，众将请对其施以乱箭穿胸之酷刑，以雪前恨。努尔哈赤说："二人射我，乃锋镝之下，各为其主，孰不欲胜？吾今释而用之，后或遇敌，彼岂不为我用命哉！此等之人，死于锋镝者，尤当惜之，何忍因伤我而杀之也。"①于是，命给二人释缚，授为牛录额真。由于他胸怀宽广，知人善任，逐渐形成以五大臣、八大贝勒为核心的坚强领导群体，率官将，统军民，完成女真一统大业。

刚毅坚韧 成大事业者，必受大磨难。努尔哈赤的人生之路，多历坎坷，几经劫难。如古勒山之战、萨尔浒之战，建州都面临"灭顶之灾"的险境。努尔哈赤凭借其刚毅坚韧的性格，亲率军民，奋力拼打，以少胜多，化险为夷。又如他迁都辽阳之议，受到群臣的"苦谏"；再迁都沈阳之议，又受到群臣的"拒迁"。特别是后者，使他很难过。他阐明沈阳在地理、政治、经济、军事、交通等方面的重要地位后，不顾诸贝勒大臣的反对，愤然自出东京辽阳，夜宿虎皮驿，翌日

---

① 《清太祖武皇帝实录》第1卷，原清宫内府藏，台湾广文书局影印本，1970年，第19叶。

到沈阳。诸贝勒大臣无奈，只好随迁。历史事实证明，天命汗迁都沈阳是正确的重大决策。一个人在前进道路上遇到了劫难——知难而退，终将无成；迎难而上，才能有成。努尔哈赤性格的一大特点是，屡受挫折，愈挫愈奋。这是努尔哈赤成为雄杰人物的重要性格因素。

善于协调 一个领袖人物的力量所在是，统率群体，协调关系，相互制衡，各展所长。史载："太祖创业之初，日与四大贝勒、五大臣讨论政事得失，咨访士民疾苦，上下交孚，鲜有壅弊，故能扫清群雄，肇兴大业。"[1] 在他麾下，不同民族，不同部落，不同旗分，不同地域，各路英雄豪杰，文武能臣名将，目标齐一，同心协力，不畏艰难，长期奋战。先说军功贵族，他们的代表是五大臣——费英东、额亦都、何和礼、安费扬古和扈尔汉，努尔哈赤对这些开国柱石，信任始终，同甘共苦；他们都身经百战，遍体伤痕——共同亲密走完人生之路。举一例。《清史稿·额亦都传》记载：额亦都之子达启，受太祖养育宫中，尚公主为额驸，但恃宠而骄。一日，额亦都集诸子宴，行酒之间，命执达启，曰："天下安有父杀子者？顾此子傲慢，及今不治，他日必负国败门户，不从者血此刃！"于是，"引达启入室，以被覆杀之"。额亦都谢报天命汗，努尔哈赤惊惋嗟叹，谓："额亦都为国深虑，不可及也！"[2] 次是宗室贵族，虽有逼死胞弟舒尔哈齐、处死长子褚英的惨痛之事，但他并未广肆株连，滥杀无辜，而是团结亲族，赏罚分明，同心协力，一致奋斗。再是蒙古贵族，他极尽笼络之能事，已服官将，未再叛离。最后是对汉军贵族，也能妥善对待，使他们尽职尽忠。努尔哈赤对军功贵族、宗室贵族、蒙古贵族和汉军贵族，能在四十余年中，上下凝聚，和衷共济，没有内讧，未生裂变，从而完成女真统一和奠基清朝的大业。

综上所述，努尔哈赤成为雄杰人物，历史条件与自身条件，既相互制约，又错综联结。而历史条件与自身条件，所编织网络的集结点，就是清太祖努尔哈

---

[1]《清史稿·济尔哈朗传》第30册，第215卷，中华书局标点本，1977年，第8949页。
[2]《清史稿·额亦都传》第21册，第225卷，中华书局标点本，1977年，第9178页。

赤在通往伟大人物道路上获得成功的秘密。而他个人的成功，又推动了历史的前进。

四

清太祖朝的历史贡献，举其大端，如下十项：

第一，女真各部整合。女真自金亡之后，各部纷争，不相统属，元明三百年来，未能实现统一。建州女真自万历十一年（1583）起始，于万历四十七年（1619）吞并叶赫，经过三十六年的征抚，"顺者以德服，逆者以兵临"①，基本统一了建州女真、海西女真、东海女真和黑龙江女真。后天聪、崇德两朝，又继续扩大和巩固这种统一。女真各部的统一，结束了元、明三百年来女真内部彼此杀伐、骨肉相残的混乱局面，促进了女真地区诸部的生产发展与经济交往，也有利于女真文化的发展。后金在统一女真各部的过程中，依其不同情况，采取不同策略。对东海女真的招抚，办法很是高明。东海虎尔哈部长纳喀达等率军民归附，天命汗努尔哈赤在衙门宴会后，让要留住的站一行，愿回家的另站一行，然后优赏留住者。许多原说回家的人，见如此厚赏，便留下不回去了。②留下的人托回去的人捎口信给家人乡亲说："上以招徕安集为念，收我等为羽翼，恩出望外，吾乡兄弟诸人，其即相率而来，无晚也！"③后来出现"望风争附"后金的局面。后金促成女真－满洲的民族大统一，确实是一件非常了不起的大事情。

第二，东北地区统一。明初在东北地区设有奴儿干都司和辽东都司（山东北部除外），以实施对这一地区的管辖。但明中期以后皇权衰落，已不能对东北广

---

① 《清太祖武皇帝实录》第1卷，原清宫内府藏，台湾广文书局影印本，1970年，第6叶。
② 《满文老档·太祖》第Ⅰ册，天命三年十月初十日，东洋文库译注本，1955年，第112叶。中文另译，下同。
③ 《清太祖高皇帝实录》第5卷，天命三年十月乙亥，中华书局影印本，1986年，第26叶。

大地区实行有效管辖。满洲兴起后，不仅基本统一了女真各部，而且基本统一了东北地区。后崇德帝皇太极继续统一东北地区。崇德七年即崇祯十五年（1642），清太宗皇太极诏告天下：

> 予缵承皇考太祖皇帝之业，嗣位以来，蒙天眷佑，自东北海滨，迄西北海滨，其间使犬、使鹿之邦，及产黑狐、黑貂之地，不事耕种、渔猎为生之俗，厄鲁特部落，以至斡难河源，远迩诸国，在在臣服。①

就是说，东自鄂霍次克海，西到青海打草滩，西北迄贝加尔湖，南濒日本海，北跨外兴安岭，东北达库页岛（今萨哈林岛）的广阔地域，明奴儿干都司、辽东都司（山东北部除外）辖境内的各族人民，以及漠南蒙古等部民，均已被置于清初东北疆域的管辖之内。这就为后来康熙二十八年（1689）中俄《尼布楚条约》的签订奠下了基础。若无清初对东北的统一，后来沙俄东侵，日本西进，东北疆域，外强争逐，谁人占有，实在难卜。

第三，八旗制度创立。 先是女真人狩猎时，各出一支箭，十人中立一总领，称为牛录（大箭的意思）额真（首领的意思），后以其为官名。努尔哈赤起兵后，将部众分为若干牛录。万历二十九年（1601），建州军队进行整编，每三百人为一牛录，设牛录额真一员，共设四旗，分别以黄、白、红、蓝为标志。万历四十三年（1615），建州军队又进行扩编，将原有四旗析为八旗。规定每三百人设一牛录额真（佐领）。每旗约有七千五百人，八旗共约有五六万人。增添的四旗，将原来旗帜的周围镶边，黄、白、蓝三色旗帜镶红边，红色旗帜镶白边。这样，共有八种不同颜色的旗帜，称为八旗，即八旗满洲。后来又逐渐增设八旗蒙古和八旗汉军，共二十四旗，但统称为八旗。八旗制度"以旗统军，以旗统民"②，

---

① 《清太宗文皇帝实录》第 61 卷，崇德七年六月辛丑，中华书局影印本，1985 年，第 3 叶。
② 《清朝文献通考》第 179 卷，浙江古籍出版社影印本，1988 年，第 6391 页。

同时还是统管行政、经济和宗族的组织。八旗的兵丁,"出则为兵,入则为民"①,平时耕猎,战时出征。后金以八旗制度为纽带,把女真社会的军事、政治、经济、行政、司法和宗族统制起来。女真的部民,按照军事方式,分为固山、甲喇、牛录三级,加以编制,从而使分散的女真各部,连结成为一个组织严密、生气蓬勃的社会机体。八旗制度是努尔哈赤的一个创造,也是清朝定鼎燕京、入主中原、统一华夏、稳定政权的一个关键。

第四,满洲文字制定。金亡后,通晓女真文者日少,至明中期已逐渐失传,邻近蒙古地区的女真人使用蒙古文。满洲兴起后,建州与朝鲜、明朝的公文,由汉人龚正陆用汉字书写。在向女真人发布军令、政令时,则用蒙古文,一般女真人既看不懂,又听不懂。努尔哈赤为适应其社会发展,遂倡议并主持创制满文。万历二十七年(1599),努尔哈赤命巴克什额尔德尼和扎尔固齐噶盖,用蒙古字母拼写满语,创制满文,这就是无圈点满文(老满文)。但满文初创,不甚完备。天聪六年(1632),皇太极又命巴克什达海等对老满文加以改进,在字母旁加圈点,改进和固定了字母的发音与书写形式,并设计了十个拼写外来语(主要是汉语)借词的特定字母。这种改进后的满文叫加圈点满文(新满文)。满语属阿尔泰语系,满文是拼音文字。它有六个元音字母,二十二个辅音字母,十个特定字母。字母不分大小写,在构成音节出现于词首、词中和词尾时,均有不同的形式。满文书写形式自上而下,行款自左至右。满语文成为后金-清朝官方语言和文字。其时,东北亚满-通古斯语族的诸民族,除满族外都没有文字。满文记录下东北亚地区文化人类学的珍贵资料。满文通行后,成为满汉、中西文化交流的重要桥梁。所以,满洲文字创制,是满族发展史上的一块里程碑,是中华文化史上,也是东北亚文明史上,还是中国同西方文化交流的一件大事。

第五,满洲民族形成。女真各部的统一,东北地区的统一,满文的创制,八旗的创建,使得新的满族共同体出现在中华民族大家庭之中。满族是以建州女真

---

① 《清太宗文皇帝实录》第7卷,天聪四年五月壬辰,中华书局影印本,1985年,第3叶。

为核心,以女真为主体,吸收部分汉人、蒙古人、达斡尔人、锡伯人、鄂伦春人、鄂温克人、赫哲人、朝鲜人等组成的一个新的民族共同体。为了反映这个民族共同体的事实,需要将民族名称规范化。天聪汗皇太极于天聪九年(1635)十月十三日(11月22日),诏谕满洲的名称:

> 我国原有满洲、哈达、乌喇、叶赫、辉发等名,向者无知之人,往往称为诸申。夫诸申之号,乃席北超墨尔根之裔,实与我国无涉。我国建号满洲,统绪绵远,相传奕世。自今以后,一切人等,止称我国满洲原名,不得仍前妄称。①

从此,满洲的名称正式出现在中国,也出现在世界的史册上。顺治元年(1644)清军入关,入主中原,满洲成为清朝的主体民族。满洲初由东北边隅小部,继而形成民族共同体,以至发展到当今千万人的大民族,先后涌现出一大批灿如星汉的政治家、军事家、文学家、艺术家、科学家、语言学家等。满洲在斗争中经受考验与磨炼,变得更加自信、更加勇敢、更加凝聚、更加坚强,谱写了民族发展史上最辉煌的篇章。

第六,后金政权建立。努尔哈赤怀有"射天之志",要建立政权。他在起兵征战之后,初步统一建州女真。于万历十五年(1587),在佛阿拉建城,并在此接见朝鲜使者。万历四十四年(1616),努尔哈赤作为一个居处边境一隅的满洲首领,参照蒙古政权,特别是中原汉族政权的范式,在赫图阿拉,自践汗位,建立后金(大金),从而确立巩固的基地,以支持其统一事业的进一步发展。两年之后,他发布"七大恨"告天,向明进攻,此时他已起兵三十三年。尔后,陷抚顺、败杨镐,取开原、下铁岭,克沈阳、占辽阳,夺广宁、据义州,都城先迁辽阳,继迁沈阳。皇太极于天聪十年(1636)四月,即皇帝位,改元崇德,国号大清。顺治元年(1644),

---

① 《清太宗文皇帝实录》第25卷,天聪九年十月庚寅,中华书局影印本,1985年,第19~20叶。

多尔衮和济尔哈朗辅佐顺治帝入关，后统一全国。清自天命元年（1616）至宣统三年（1911），共历二百九十六年。清太祖朝的历史，是清朝历史的开创时期，为大清帝国奠下基石。

第七，兵坛经验丰厚。满洲杰出的首领努尔哈赤，自二十五岁起兵，至六十八岁去世，戎马生涯长达四十四年，史称他"用兵如神"①，是一位优秀的军事统帅。他缔造和指挥的八旗军，号令严肃，器械精利，纪律整肃，赏罚严明，兵马精强，勇猛拼搏，在十七世纪前半叶，不仅是中国一支最富有战斗力的军队，而且是世界上一支最强大的骑兵。努尔哈赤统率这支军队，先后取得古勒山之役、乌碣岩之役、哈达之役、辉发之役、乌拉之役、抚清之役、萨尔浒之役、叶赫之役、开铁之役、沈辽之役、广宁之役和觉华岛之役②十二次大捷。其中古勒山之战、萨尔浒之战、沈辽之战、广宁之战和觉华岛之战，他在军事谋略上，在指挥艺术上，集中兵力、各个击破、围城攻坚、里应外合、以逸待劳、铁骑驰突，发挥高超智慧，为其精彩之笔。他在萨尔浒之战中，采取"凭尔几路来，我只一路去"，就是"集中兵力，各个击破"兵略，成为中国军事史上、世界军事史上以少胜多的经典战例。他在军队组织、军队训练、军事指挥、军事艺术等方面，都为军事史的发展做出了贡献。特别是他在作战指挥艺术上，对许多军事原则——重视侦察、临机善断、诱敌深入、据险设伏、巧用疑兵、驱骑驰突、纵向强攻、横向卷击、集中兵力、各个击破、一鼓作气、速战速决、用计行间、里应外合等，都能熟练运用并予创新，极大地丰富了中华古代军事思想的宝库。

第八，绥服蒙古政策。后金制定绥服蒙古的政策，是清廷对蒙古治策的基石。先是，自秦、汉以降，清朝以前，匈奴、蒙古一直是中央王朝北部的边患。为此，秦始皇连接六国长城而为万里长城。至有明一代，己巳与庚戌，京师两遭北骑困扰，

---

① [朝]《光海君日记》第144卷，十一年九月甲申，日本学习院东洋文化研究所刊，1959年，第3页。
② 阎崇年：《论觉华岛之役》，《清史研究》1995年第2期。

甚至明英宗也做了蒙古瓦剌也先的俘虏。明代蒙古问题始终未获彻底解决，徐达与戚继光为巩固边防而大修长城，包城砖，建敌台。满洲兴起后，对蒙古采取了完全不同于中原汉族皇朝的做法。天命朝先绥服漠南东部蒙古，后天聪、崇德朝又征抚了漠南西部蒙古。康熙朝绥定了漠北喀尔喀蒙古。经康、雍、乾三朝，再定漠西厄鲁特蒙古。而清廷对蒙古的基本政策，是天命朝奠定的。这是中央政权（元朝除外）对蒙古治策的重大创革。天命朝用编旗、联姻、会盟、封赏、围猎、赈济、朝觐、重教等政策，加强对蒙古上层人物及部民的联系与辖治。漠南蒙古编入八旗，成为其军政的重要支柱；喀尔喀蒙古实行旗盟制；厄鲁特蒙古实行外札萨克制。联姻不同于汉、唐的公主下嫁，而是互相婚娶，真正成为儿女亲家。重教也是一样，清尊奉喇嘛教，以加强同蒙、藏的联盟。清朝对蒙古的绥服，"抚驭宾贡，复越汉唐"①。似可以说，中国两千年古代社会史上的匈奴、突厥、蒙古难题，到清朝才算得解。后来，康熙帝谈到外蒙古即喀尔喀蒙古时说："昔秦兴土石之工，修筑长城。我朝施恩于喀尔喀，使之防备朔方，较长城更为坚固。"②而清朝对蒙古的抚民固边政策，其经始就在天命朝。

第九，社会生产发展。努尔哈赤认为，建州女真不同于食肉衣皮的蒙古，而是以种田吃粮、植棉做衣为生。他注重采猎经济，发明人参煮晒法，使部民获得厚利，"满洲民殷国富"③。他重视种粮植棉，规定出征不违农时，如牛马毁坏庄稼，牧者要受惩罚，部民收成好或坏的额真要受到奖励或惩处，按丁授田，种植粮棉等。他关注采矿和冶炼业，万历二十七年（1599），建州"始炒铁，开金、银矿"④，开始较大规模地采矿、冶炼。他尤为重视手工业生产，包括军器、造船、纺织、制瓷、

---

① 《清史稿·藩部一》第518卷，中华书局标点本，1977年，第14319页。
② 《清圣祖仁皇帝实录》第151卷，康熙三十年（1691）五月壬辰，中华书局影印本，1985年，第13叶。
③ 《清太祖武皇帝实录》第1卷，原清官内府藏，台湾广文书局影印本，1970年，第25叶。
④ 《满洲实录》第3卷，辽宁通志馆影印线装本，1930年，第2叶。

煮盐、冶铸、火药等。明朝也称其"制造什物，极其精工"①。他对进入女真地区的工匠"欣然接待，厚给杂物，牛马亦给"②。他曾说："有人以为东珠、金银为宝，那是什么宝呢！天寒时能穿吗？饥饿时能吃吗？……收养能制造出国人所制造不出物品的工匠，才是真正之宝。"③他还关切商品交换，铸造"天命汗钱"加强建州同明朝、蒙古和朝鲜的贸易，促进内外经济交流，推动女真经济发展。

第十，社会不断改革。 后金不断地进行着社会改革。在政权机制方面，逐步建立起以汗为首，以五大臣、八大贝勒为核心的领导群体，并通过固山、甲喇、牛录三级组织，将后金社会的军民统制起来。其间，努尔哈赤曾发生幽胞弟舒尔哈齐、杀长子褚英的惨痛事件。作为政治家的努尔哈赤而言，他同胞弟、长子的关系有多元性——既是血缘亲情关系，又是君臣政治关系，后者或会激化成敌对关系。当这种血缘亲情关系与君臣政治关系发生冲突，并危及皇权时，或囚或杀，不足为怪，先朝史例，多不胜举。他从上述痛苦教训中，不断地探索朝政议决、汗位举废之制度。尔后，创立八和硕贝勒共议国政制——并肩同坐，共议大政，断理诉讼，举废国汗，八旗共主，而非独裁，即实行贵族共和制。这是自秦始皇以降两千年中国皇朝史上，朝政议决与皇位继承制度的重大创举。他及其子皇太极死后的汗位继承，虽实行公推制，但这项制度在定鼎燕京后未能贯彻下去。在经济体制方面，后金曾下令实行牛录屯田、计丁授田和按丁编庄制度，将牛录屯田转化为八旗旗地，奴隶制托克索转化为封建制田庄，从而形成封建八旗军事土地所有制。在社会文化方面，随着八旗军民迁居辽河流域，女真由渔猎经济向农耕经济转化，初步实现了满洲社会由森林文化向农耕文化的转变。

综上所述，清太祖朝为时短暂，十项成绩，实属不易！

---

① 《明清史料》甲编，第1册，中央研究院历史语言研究所集刊，1930年，第50页。
② [朝]《李朝宣祖大王实录》第134卷，三十四年二月己丑，日本学习院东洋文化研究所刊，1959年，第29叶。
③ 《满文老档·太祖》第Ⅰ册，天命六年六月初七日，东洋文库译注本，1955年，第339页。

五

清太祖朝的历史，有许多学术问题长期争论，没有取得共识。这些争议可以归纳为六个问题：一是清帝先世谱系问题，二是满族发祥地问题，三是满洲族名问题，四是八旗形成问题，五是努尔哈赤建国称汗问题，六是天命汗所废大福晋姓氏问题。

第一，清帝先世谱系问题。清太祖努尔哈赤先祖的世系问题，是清史界长期争论而没有解决的问题。《清太祖高皇帝实录》记载：清肇祖原皇帝为都督孟特穆、孟特穆有二子，其长子为充善；充善有三子，其第三子为锡宝齐篇古；锡宝齐篇古有一子，为兴祖直皇帝都督福满；福满有六子，其第四子为景祖翼皇帝觉昌安；觉昌安有五子，其第四子为显祖宣皇帝塔克世；塔克世有五子，其长子为清太祖努尔哈赤。这样算来，从都督孟特穆到努尔哈赤共七世。朝鲜《李朝实录》公开出版以后，学者根据此书相关记载缕述，发现有所差异。学者整理努尔哈赤先世谱系为：清肇祖原皇帝猛哥帖木儿即都督孟特穆，其子董重羊（童秦羊、秦羊、褚宴）即《清太祖实录》中的除烟，董重羊子失保（石报奇、石豹奇），失保子福满即都督福满，福满子觉昌安（叫场）即景祖翼皇帝，觉昌安子塔克世（他失）即显祖宣皇帝，塔克世子努尔哈赤。从猛哥帖木儿到努尔哈赤共七世，其中第五世觉昌安、第六世塔克世、第七世努尔哈赤，文献俱在，没有争议。所争论的为其第一世猛哥帖木儿、第二世（董重羊）、第三世（失保）和第四世（福满）。以上四世，史料所限，见解分歧，很难做出令多数人信服的结论。因此，仁者见仁，智者见智，"信以传信，疑以传疑"。

第二，满族发祥地问题。关于满族发祥地的问题，二十世纪上半叶，发表了不少论著。章炳麟《清建国别记》、孟森《清始祖布库里英雄考》，内藤虎次郎《清朝开国期的史料》、岩本一夫《清朝的兴起及其传说》、和田清《论清祖发祥的地域》等都触及这个问题。二十世纪下半叶，探讨有所深入。日本松村润教授发表

《论清朝开国的传说》一文，文中主要根据《满洲实录》和《天聪九年档》等记载，皇太极派军出征位于黑龙江中游地域虎尔哈部，以及《盛京舆图》，即《盛京吉林黑龙江等处标注战迹舆图》中"薄科里山""薄科里湖"的载注，指证《满洲实录》《清太祖武皇帝实录》中的"布库哩山"和"布勒和哩湖"在黑龙江中游北岸地区，从而认为满族发祥地在黑龙江北岸今俄罗斯阿穆尔州布拉戈维申斯克（海兰泡）地带。后来，李鸿彬教授也提出相似的观点。这个神话传说，本是女真虎尔哈部的一个神话故事，与女真斡朵里部的神话传说，或有联系，或为两事。另一种观点是，满族发祥地在黑龙江三姓（今依兰）地方，即牡丹江入松花江口一带地区。其重要文献依据是《龙飞御天歌》中的一段注文，此为今见女真斡朵里部的最早文献记载。再一种意见是，满洲源起之地在今吉林省集安市境，因为这里在明代建州女真南迁之时，成为女真诸部的故乡。因之今吉林集安就成为满族的发祥地。复有一种见解是，满洲的核心部分为建州女真，其发祥、崛兴之地，在长白山图们江两岸地方，即中国珲春、朝鲜会宁一带。所以，长白山图们江一带地域是满洲的发祥之地。笔者还有一种见解是，满洲的主体为建州女真，其南迁后汇聚、发展和兴起在苏克素浒河地带，而其崛兴的基地在赫图阿拉。因此，今辽宁省抚顺市新宾满族自治县永陵镇赫图阿拉村被清尊为兴京，是满洲兴起的发祥之地。

第三，满洲族名问题。满洲一词来源诸说，有不下十六种之多，其中主要有九种说法。一是明珠说。此说认为其地因产明珠而名满珠，满珠又同满洲音近，故名满洲。二是神箭说。此说认为"满"的满语意为"神"，"洲"的满语意为"箭"，合意就是"神箭"之意。三是人名说。此说认为女真史上有著名人物满住，满洲就是从满住语音转化、继承而来的。四是佛名说。此说认为"满洲"出自梵文"文殊师利"，也译作"曼殊师利"，满洲为佛名"曼殊师利"中"曼殊"的音转。五是酋长说。此说征引《北史》《隋书》《新唐书》等记载"靺鞨即古肃慎是也，所居多依山水，渠帅大莫弗瞒咄"云云，认为"瞒咄"—"满住"—"满洲"是一脉相承的。"瞒咄"不是具体个人的名字，而是女真人对大酋长的尊称。六是诸申说。此说认为女真就是诸申，其满文为 jušen，即诸申、女真、满洲。七是建州说。此说认为建州音转而为满洲，以建州名其部，建州就是满洲。八是地名说。此说认为建州女真居住地域有名为"蔓遮"的，朝鲜人申忠一在《建州纪程图记》中七次记载"蔓遮"，或为川名、洞名、岭名、地名、部落名等。在蔓遮的许多女真地方，称其部民为"蔓遮胡人"，称其酋长为"蔓遮酋胡"，称其部落为"蔓遮诸部"等。满文创立之后，"满洲"写作"manju"，所以，"蔓遮"就是"满洲"的同音异译。孙文良在《满族名称的由来》文中认为："满洲为明代女真的部落名称，起源于他们居地蔓遮山、川，长期在民间流传，至努尔哈赤时见诸满文，朝鲜人发音蔓遮，皇太极时写成汉文满洲。"九是部名说。此说认为"满洲"为女真的一个部名，天聪九年（1635），以其部名为满洲族名，等等。

第四，八旗形成问题。八旗制度的创立和发展，是一个漫长的过程。八旗创立的时间，学界看法，并不一致。主要歧见有：（1）辛丑年说。辛丑年为万历二十九年（1601）。（2）甲寅年说。甲寅年为万历四十二年（1614）。（3）乙卯年说。乙卯年为万历四十三年（1615）。八旗形成的过程，可以分为创制、建制和定制三个阶段。八旗满洲形成值得注意的是有两点争论：

其一，八旗定制在甲寅年（1614），还是在乙卯年（1615），两说各有文献根据。乙卯说的文献根据是《清太祖实录》、《满洲实录》和《无圈点老档》（即《旧满洲档》或《满文原档》）。甲寅说的文献根据是《清朝通典》和《八旗通志》。《清朝通典》记载："甲寅年定八旗之制，以初设四旗为正黄、正白、正红、正蓝，增设四旗为镶黄、镶白、镶红、镶蓝（黄白蓝均镶以红，红镶以白），合为八旗。"此书为乾隆三十二年（1767）敕修。其后《八旗通志》也踵此说。郭成康教授对此根据"老档"作了详细考证，指出：甲寅年的六月朔日是壬午而非丙子，十一月朔日是己酉而非癸酉；同样，乙卯年的六月朔日是丙子而非壬午，十一月朔日是癸酉而非己酉，从而考证出由于史官的疏忽，误将乙卯年的史事抄录成甲寅年的史事。从而"把'乙卯年'误写为'甲寅年',阴差阳错,铸成了一个离奇的大错"①。

其二,"纛"与"旗"的辨释。

有学者认为:八旗制度创建的年代是辛丑年即万历二十九年(1601)。其主要论据是《满洲实录》中的"纛"(tu),汉译为"旗"(gūsa)。就是:"原旗"的"旗"是指"旗纛"(tu)而言,并非后来汉语所谓的军政合一组织——"旗"。后人之所以认为《满洲实录》中原有四旗(固山),显然是以"旗纛"之"旗"误作"固山"之"旗"所致。那么,查一下《满洲实录》的记载:

dade	suwayan	fulgiyan	lamun	šanggiyan	duin	boco	tu
原	黄	红	蓝	白	四	颜色	纛
bihe	duin	boco	tu	be	kubume	jakūn	boco	tu	obufi
曾有	四	颜色	纛	把	镶	八	颜色	纛	成为
uheri	jakūn	gūsa	obuha
共	八	旗	成了

上文的汉译是:"原有黄、红、蓝、白四种颜色的旗纛,将其四种颜色的旗纛镶边,共成为八种颜色的旗纛。"

为着便于比较、分析,下面将《满洲实录》(满、汉、蒙三体文本)、《清太祖武皇帝实录》和《清太祖高皇帝实录》的相关文字,加以引录。《满洲实录》(满、汉、蒙三体文本)的汉文是:"原旗有黄、白、蓝、红四色,将此四色镶之为八色,成八固山。"《清太祖武皇帝实录》记载:"原旗有黄、白、蓝、红四色。将此四色镶之为八色,成八固山。"《清太祖高皇帝实录》记载:"初设有四旗,旗以纯色为别,曰黄、曰红、曰蓝、曰白。至是,添设四旗,参用其色镶之,共为八旗。"

由上,可以作出如下分析。

一是,"纛"字的音与义。"纛"字汉语有多种读音:(1)《集韵》等为杜皓切,读若道,音 dào;(2)《韵会》等为大到切,读若导,音 dǎo;(3)《广韵》

---

① 张晋藩、郭成康:《清入关前国家法律制度史》,辽宁人民出版社,1988年,第159页。

等为徒沃切，读若毒，音 dú;（4）《集韵》等又为杜谷切，读若图，音 tú;（5）《正韵》等为徒刀切，读若陶，音 táo。在满语中，"纛"音译作"tu"，同《集韵》杜谷切，读若图，音 tú，完全相同。显然，满文"tu"是汉语"纛"字的译音借词。"纛"字的含义，《辞海》释作："古时军队或仪仗队的大旗。"《集韵》曰："皂纛，军中大旗也。"《六部成语·兵部·纛旗》注解："元帅之大旗，曰纛旗。"显然，满文中的"tu"的词义，也是从汉语转借来的。

二是，"纛"字与"旗"字之词义，初始在满语中没有严格的区分。后来逐渐将一般的军旗称为"旗"，而将军中大旗称作"纛"。《大清会典舆图》中绘有"纛旗"，是后者的一个力证。满洲的"tu"（纛）与"gūsa"（旗），其初意就是军队的一种标志，先以黄、白、蓝、红四色旗子"为别"，后增以镶黄、镶白、镶蓝、镶红八色旗子"为别"。但是，牛录、甲喇、固山的含义，随着建州－后金社会的发展变化，而不断地丰富其含义。从"固山"到"旗"这个概念，是不断发展变化的，其内涵则不断拓宽、不断延伸。

三是，在《满洲实录》《清太祖武皇帝实录》中，"gūsa"都音译作"固山"；而在《清太祖高皇帝实录》中，将"gūsa"都意译作"旗"。因为从天聪十年（1636）《清太祖武皇帝实录》告成，中经康熙二十五年（1686）重修《清太祖高皇帝实录》告竣，到雍正年间对其"重加校订"，至乾隆四年（1739）十二月《清太祖高皇帝实录》缮录定稿，其间历时一百零三年。因此，其中某些译语的改动、斟酌、润色、划一是不可避免的。诚然，在满文名词汉译的过程中，会有些名词伤失原意，但多数名词的汉译并没有失真。在汉语中用"旗"替代"纛"，以指代固山，自然后来在满文档案、官书及其他著述里，凡是表述军政合一组织——"gūsa"，都用"旗"，而不用"纛"。

四是，在辛丑年即万历二十九年（1601），清太祖初始整编建制四旗时，"tu"（纛）与"gūsa"（旗）的含义，没有严格的、原则的区别。当时，努尔哈赤军政建制，尚在草昧时期，许多词语除源自满语外，其他或借用汉语，或借用蒙古语，或满语与外来语混用。所以,当时的满洲文献或汉译满文文献,既不够规范,也未能划一。因为"旗"是汉字,自然是汉语中特有的现象,也是在原满语中不存在的。

总之,满洲八旗从初创到定制,其间整三十年,经过三个时期。这就是:八旗满洲的初制——清太祖起兵之初,具体地说在甲申年即万历十二年(1584),始设牛录组织与牛录额真。八旗满洲的建制——辛丑年即万历二十九年(1601),在牛录的基础上整编为四旗。八旗满洲的定制——乙卯年即万历四十三年(1615),在原四旗的基础上扩编为八旗。至此,标志着八旗满洲制度正式确立,臻于完善。其以后的发展与变化,不在本书讨论范围之内。

第五,建国称汗——其建国、国号、年号的问题。

关于清太祖建国、年号、国号,学者提出如下三点见解:

其一,关于建国。万历四十四年(1616)正月,努尔哈赤根本没有建立国家政权。其根据是:《旧满洲档》(《满文原档》)、《清太祖高皇帝实录》、《清太祖武皇帝实录》、《满洲实录》四种清朝官方经典文献,都是只记载该年正月初一,群臣给努尔哈赤上尊号,而没有关于建国号的记载。至于后来清朝官方文献记载该年正式建国是靠不住的;其时朝鲜、明朝的官私文献记载该年努尔哈赤建国,因系间接史料,也是不可信的。对此,大多数学者持相反见解。他们认为万历四十四年正月,努尔哈赤在赫图阿拉建国称汗,这是确定无疑的。一个新皇朝建立的标志,通常为定尊号、国号、年号。努尔哈赤确实在万历四十四年正月,借鉴蒙古成吉思汗的汗制,定为"天授覆育列国英明汗"。

应当说,女真-满洲政权,草昧初创,极不完善,也不规范。不能以中原王朝建国的范型,去套努尔哈赤之建国。也不能以当时努尔哈赤只有尊号,没有国号、没有年号,而不承认努尔哈赤建国。其国号、年号有个逐步完善的过程,到皇太极时改国号为大清、改年号为崇德,才算是比较完善,标志着此过程的完结。因此,万历四十四年(1616)正月,努尔哈赤在赫图阿拉建国称汗,史料证据充分,当是确定无疑。

其二，关于年号。万历四十四年（1616）正月，努尔哈赤建国时根本没有使用"天命"年号。孟森《明清史讲义》说，"太祖之建号天命，本自称为金国汗，而亦用中国名号，自尊为天命皇帝，其实并非年号"，"特帝业由太祖开创，在清史自当尊为开国之帝，入关后相沿以天命为太祖之年号"。后亦有学者赞同此说。概括地说，其根据是：《旧满洲档》或《满文原档》万历四十四年（1616）正月初一日，记载努尔哈赤只上尊号，而没有定年号；其后无圈点满文编年体《旧满洲档》记事，仍用干支纪年或用努尔哈赤年龄纪年，而不用天命纪年。这说明当时"天命"只是努尔哈赤的尊号，而不是后金的年号。有的学者对后金时期六件文物——"天命汗钱"、信牌"天命金国汗之宝"、"大金天命云板"、"天命金国汗之印"和东京辽阳城门石额"大金天命壬戌年仲夏立"与"大金天命壬戌年吉辰立"，一概解释为"不论是满文的'天命'（abkai fulingga），还是汉文的'天命'，都是努尔哈赤的尊号，而不是后金国的年号"。

不赞成上述意见的学者郭成康，在《从清入关前年号的演变看满洲统治者的帝王意识》一文中，列举三条历史文献驳辩孟森先生的论点：（一）《天命丙寅年封佟延敕》照片，其末署汉文"天命丙寅年六月　日"和老满文"abkai fulingga fulgiyan tasha aniya ninggun biyai"。（二）《明清档案存真选辑》（初集）载"天命丙寅老满文诰命"，其末署汉文"天命丙寅年　月　日"、满文"abkai fulingga fulgiyan tasha aniya i ninggun biyai"。（三）《旧满洲档》里的"刘学成奏本"的纸质行间空白处书写满文，奏本末署汉文"天命辛酉年拾贰月　日"。所以，作者结论是："天命作为努尔哈赤的年号，不仅以汉文的形式，而且以老满文'abkai fulingga'形式通行国内臣民，孟森先生所说有误。"

此类史例，屡见不鲜。如辽太祖耶律阿保机建国时没有年号，九年后才称"神册元年（916）"；蒙古铁木真称成吉思汗时，没有确定年号，而后用"太祖元年、二年"等，直到元世祖忽必烈才以"中统"为年号。所以，清太祖努尔哈赤建国时没有年号并不奇怪，后来追记为天命元年（1616）等。后金天命纪元，作为一个学术问题，可以求真；至于年号天命，虽属后定，相沿已久，约定俗成，不必变更。

应当说，万历四十四年（1616）正月，努尔哈赤建国称汗时，没有确定年号。因为至今没有看到一条可信的史料，证明他在称汗建国时确有年号。既然努尔哈赤于万历四十四年（1616）正月建国称汗，自立国家，背弃大明，应建年号；但是，《无圈点老档》（《旧满洲档》《满文原档》）用的是干支纪年。其实，最早的满文文献，用干支纪年、用努尔哈赤年龄纪年、用太祖起兵之年纪年。这种纪年，既不规范，也不方便。后来纂修的《清太祖武皇帝实录》、《满洲实录》和《清太祖高皇帝实录》，才用天命纪年，已成通例，约定俗成，相沿应用，不必更动。

其三，关于国号。清太祖朝所建国号的争论，有"满洲""金""后金""大金"四说。

（一）清太祖国号"满洲"说。魏源在《圣武记·开国龙兴记》载述："太祖高皇帝天命元年，受覆育列国英明尊号，国号满洲，时明万历四十有四年，太祖年五十有八矣。"经笔者查阅统计，在《清太祖高皇帝实录》中，出现"满洲"或"满洲国"字样共三十五处；在《清太祖武皇帝实录》中，出现"满洲"或"满洲国"字样共八十一处；在汉文本《满洲实录》中，出现"满洲"或"满洲国"字样共九十二处。甚至到天聪年间，还称其国号为"满洲"。皇太极于天聪九年十月十三日（1635年11月22日），诏谕满洲的称名，"我国建号满洲，统绪绵远，相传奕世"云云。无疑，上述统计与载述是清太祖国号为"满洲国"说的重要依据。

（二）清太祖建国号"金"说。稻叶君山《清朝全史》记载："万历四十四年正月，奴尔哈赤自登可汗之位，国号金国，建元天命，或以区别于前代之金，称为后金。"后李燕光、关捷《满族通史》与李洵、薛虹《清代全史》（第一卷）等，均主"国号金国"之说。

（三）清太祖建国号"大金"说。李鸿彬《清朝开国史略》记述：万历四十四年（1616）努尔哈赤"称汗登位，建立'大金'，史称后金，改元天命"。金启孮、张佳生《满族历史与文化简编》等都为此说。

（四）清太祖建国号"后金"说。拙著《努尔哈赤传》中"努尔哈赤在赫图阿拉称汗，建立后金政权"，其后金为自称，并非后来史称后金。周远廉《清朝开国史研究》、黄彰健《清太祖天命建元考》等都持此说。其主要根据为当时的朝鲜四条文献史料和明朝六条文献史料。

应当说，努尔哈赤所建的国号，称金、后金、大金都有文献和文物依据。大金的"大"字，是"金"的修饰词。这在中国皇朝史上屡见不鲜，大唐、大宋、大元、大明、大清都是史例。后金的"后"字，则是同阿骨打的"金"相区别。金、大金、后金三者，都共有"金"字。如用"金"，则同阿骨打建立的金朝容易混淆；如用"大金"，也容易同阿骨打所建的金朝混淆。后来史家用"后金"，已成通例，约定俗成。

第六，天命汗所废大福晋姓氏问题。努尔哈赤所离弃的大福晋，是后金汗位争夺中的一个重要人物。《满文老档》未载所废大福晋的姓氏。此事发生在天命五年（1620）三月二十三日，《清太祖高皇帝实录》、《清太祖武皇帝实录》和《满洲实录》，都不载此事。《满文老档·太祖》天命五年三月所载大福晋，也未明言其姓氏。因有两种看法：一种认为大福晋为富察氏衮代，即莽古尔泰、德格类和莽古济格格的生母；另一种认为大福晋为大妃乌拉那拉氏阿巴亥，即阿济格、多尔衮和多铎的生母。

主张大福晋为富察氏者，据《清史稿·后妃列传》载继妃富察氏，生子二、女一，即为莽古尔泰、德格类、莽古济之生母，"天命五年，妃得罪死"。其死期及所生子女之数与废大福晋基本相符。由此可知，所废大福晋是富察氏而非有的论者所指纳喇氏。天命汗当时并未杀富察氏，只是将其废黜，何以又得罪死？原来富察氏之死，是莽古尔泰希宠于其父而弑其母。

主张大福晋为那拉氏者，其根据之一是年龄。富察氏衮代的生年，一说生于嘉靖四十二年（1563），于万历十三年（1585）嫁给努尔哈赤，时年二十二岁（比努尔哈赤小四岁），两年后生莽古尔泰。如此算来，天命五年（1620）事发时，富察氏五十八岁，莽古尔泰三十三岁。而那拉氏阿巴亥生于万历十八年（1590），天命五年事发时，那拉氏三十一岁，幼子多铎八岁。这一年，大贝勒代善三十八岁，那拉氏比代善小七岁，富察氏则比代善大二十岁。根据之二是档案。《旧满洲档》记载天命汗不杀大福晋的一个原因是"幼子患病，令其照顾"。《玉牒》记载多铎为努尔哈赤幼子，由大福晋那拉氏所出，时年八岁。而富察氏所生最小儿子德格类时年二十五岁，既非幼子，且已成人。根据之三是文献。《清史稿·后妃传》记载太祖只有一位大妃即大福晋，就是乌拉那拉氏，是为阿济格、多尔衮、多铎之生母，孝慈高皇后死后被立为大妃；而富察氏为继妃。根据之四是《玉牒》。努尔哈赤曾在《汗谕》中，说明大福晋生有三个儿子。在《清史稿·后妃列传》记载天命汗十六位妻子中，生育三个儿子者，只有乌拉那拉氏阿巴亥一人。根据之五是《满文老档》天命六年（1621）四月十五日记载，天命汗得辽阳城后，"前汗之大福晋来辽东城"云云，努尔哈赤自宁远战败回归，召大妃出迎。可证努尔哈赤后来复立那拉氏为大福晋。天命汗死，大妃那拉氏殉葬，故所废大福晋应是乌拉那拉氏阿巴亥。

以上就天命朝史争论诸多问题中，列举六个，仅供参考。

六

清朝历史的开创者与奠基者——清太祖努尔哈赤，像历史上一切走完其事业旅程的杰出人物一样，他一生的事业，有准备期、兴始期、发展期、鼎盛期和衰暮期。努尔哈赤在二十五岁起兵之前，是其政治、军事生涯的准备时期。从万历十一年（1583）含恨起兵，至万历二十一年（1593）打败联军，攻克图伦，统一建州，建佛阿拉，大战海西，是其政治、军事生涯的兴始时期。从万历二十一年（1593）打败九部联军，至万历四十四年（1616）登极称汗，统一海西，绥服蒙古，创建八旗，创制满文，是其政治、军事生涯的发展时期。从天命元年（1616）黄衣称朕，至天命七年（1622）进占广宁，大败杨镐，夺取辽沈，迁都辽阳，进兵辽西，占领广宁，是其政治、军事生涯的鼎盛时期。从天命七年（1622）辽西移民，至天命十一年（1626）强令剃发，迁民占田，辽民反抗，兵败宁远，是其政治、军事生涯的衰暮时期。同样的，建州和后金的历史，也经历了这样的阶段。努尔哈赤在晚年，犯下严重的错误。

剃发迁民，治策失当。 八旗军攻陷沈阳、辽阳后，占据辽东，进兵辽西，所向披靡，出奇顺利。但是，后金在顺势之中，实行了两项失当之策：一是命令汉人剃发，另一是强令汉人迁移。先是金初女真进占汉人居住区后，并未以汉人剃发作为降服的标志。天命汗努尔哈赤占领辽东后，强迫汉人剃发，引起镇江（今辽宁省丹东市振安区九连城镇）等地汉民的反抗，辽东汉民成千上万地遭到屠杀。后多尔衮在关内强行剃发易服之策，造成了一场民族的大悲剧。先是，建州兵每攻破一部，即毁其城而迁其民。对迁来的部民，编丁入旗，均作安置。天命汗努尔哈赤占领广宁后，强迫辽西的大量汉民，扶老携幼，背井离乡，哭声震野，迁往辽东。这就既剥夺了辽西汉民的生存手段，又侵犯了辽东汉民的切身利益，破坏全辽地区正常的社会秩序，引起辽东地区的社会动荡。

分田占房，清查粮食。 八旗军攻占沈阳、辽阳后，下令在辽海地区实行"按丁授田"，即将汉民农田，以所谓"无主之田"为名，加以没收，分给八旗官兵。这种做法，虽给移居辽东地区的广大八旗官兵以田地，但对辽东众多汉民自耕农来说，无疑是一种剥夺。后多尔衮率清军入关，沿袭乃父遗策，在京师占房，在京畿圈地。前述辽西汉民东迁后，无亲无友，无房无粮，命大户同大家合，小户同小家合，"房合住，粮合吃，田合耕"。实际上，大量迁居的汉民，耕无田，住无房，寒无衣，食无粮。他们"连年苦累不堪"，[①] 生活至为悲惨。同时又命清查粮食，申报存粮，按口定量，不许私卖。辽东汉民地区为自给自足的自然经济，房、田、粮是他们最基本的生存手段。后金在这三项关系汉民生计的重大问题上，举措轻

---

① 《明清史料》甲编，第8册，中央研究院历史语言研究所集刊，1930年，第765页。

率，严重错误，造成辽东地区的社会震荡，引起辽东地域的汉民反抗。

轻薄文士，屠杀汉儒。努尔哈赤以弓马起家，崇尚骑射。他虽创制满文，但厚武薄文，对巴克什珍视不够。额尔德尼创制满文，兼通蒙古文、汉文，赐号"巴克什"，为满洲之"圣人"，后来被杀[①]；满文另一创制者扎尔固齐噶盖，也在创制满文的同年被杀。[②] 他们是否有该杀之罪，姑且不论，即或有之，高墙圈禁，让其继续研究满洲文字与满洲文化，教书授徒，翻译汉籍，亦能对社会有所裨益。后金进入辽沈地区后，虽对汉族工匠加以保护，给以优遇；但对汉族儒士未能给予特殊的保护、信用或重视，屠杀过多，犯下大错。史称努尔哈赤"诛戮汉人，抚养满洲"[③]。抚养满洲，重用满员，于理可通；而诛戮汉人，屠杀汉儒，实为大罪。努尔哈赤不懂一条道理——"治天下在得民心，士为秀民；士心得，则民心得矣！"[④] 皇太极承袭汗位后，懂得"士心失则民心失"的道理，调整了对汉官、汉儒、汉军、汉民的政策，他们逐渐受到重用。后来，汉族知识分子受到清廷重用并参与决策，这是清夺取并巩固全国政权的一个重要因素。

骄傲轻敌，兵败宁远。天命汗努尔哈赤一生戎马驰骋四十四年，几乎没有打过败仗，可谓历史上的常胜统帅。但他占领广宁后，年事已高，体力衰弱，志得意满，疏于信息。他对宁远城守将袁崇焕没有真知灼见，对宁远城设红夷大炮也没有侦知实情。他只看到明朝经略由孙承宗易为高第[⑤]等因素，而未全面分析彼己，

[①] 《满文老档·太祖》上册，天命八年五月初五日，中华书局译注本，1990年，第474页。
[②] 《清史稿·噶盖传》第228卷，中华书局标点本，1977年，第9254页。
[③] 《清太宗文皇帝实录》第64卷，崇德八年正月辛酉，中华书局影印本，1985年，第8叶。
[④] 《清史稿·范文程传》第232卷，中华书局标点本，1977年，第9352页。
[⑤] 《明清进士题名碑录索引》载：明代进士有四位高第：一为福建瓯宁籍，一为四川绵州籍，一为云南太和籍，另一为直隶滦州籍。后者即为辽东经略高第，字登之。《三十三种清代传记综合引得》载：清代有三位高第：一为直隶阜平人，一为浙江萧山人，另一为陕西榆林人。后者《清史列传》载："高第，陕西榆林人，籍河南商丘，明山海关总兵。本朝顺治元年四月投诚，授原官，敕守关门。"所以，明末清初与山海关兵事有关者为两高第：一是辽东经略高第，另一是山海关总兵高第。

便贸然进兵，图克期攻取。但是，宁远不同于广宁，袁崇焕也不同于王化贞。袁崇焕守宁远，"凭坚城、用大炮"；努尔哈赤则用战马去冲深堑坚城，用皮弦弓箭去射红夷大炮，以短击长，以矛制炮，吞下了骄帅必败的苦果。后金有一位叫刘学成的人，上书分析宁远之败的原因。他说："因汗轻视宁远，故天使汗劳苦。"① 后金汉儒刘学成直言陈明：天命汗努尔哈赤因骄傲轻敌，而兵败宁远。《左传》曰："君以此始，亦必以终。"② 努尔哈赤以兵马起家称汗，又以兵败宁远身死，这是历史的偶然，还是历史的必然？！

胜利会腐蚀聪明，权力能冲昏头脑。天命汗努尔哈赤的晚年，被胜利和权力，腐蚀了聪明，冲昏了头脑，铸成错误，吞下苦果。努尔哈赤上述的弊政与错误，不仅殃及当世、祸及自身，而且埋下清军入关后治策弊病、体制弊端的根因。

我曾经说过：有人把杰出的人物称作创始人。因为他的志向要比别人的高远些，他的见识要比别人的宽广些，他的胸怀要比别人的博大些，他的思维要比别人的缜密些，他的毅力要比别人的坚韧些，他的心境要比别人的沉静些，他的头脑要比别人的聪慧些，他的愿望要比别人的强烈些，他的性格要比别人的坚硬些，他的手段要比别人的高明些，他的贡献要比别人的更大些。努尔哈赤正是如此。努尔哈赤不仅是满族杰出的政治家，而且是满族杰出的军事家。

努尔哈赤把女真社会生产力发展所造成的各部统一与社会改革的需要加以指明，把女真人对明朝专制者实行民族压迫的不满情绪加以集中，并担负起满足这些社会需要的发起者责任。他在将上述的社会需要、群体愿望，由可能转变为现实、由意向转化为实际的过程中，能够盱衡大局，正确判断，刚毅沉着，豁达机智，知人善任，赏罚分明，组成坚强、协和、稳定的领导群体。他对女真、蒙古、朝鲜、明朝，分别采取不同的政策。其时，建州南有明朝，西有蒙古，东有朝鲜，北有海西，陷于四面包围之中。但努尔哈赤没有四面出击，而是佯顺明朝，结好朝鲜，

---

① 《满文老档·太祖》上册，天命十一年三月十九日，中华书局译注本，1990年，第694页。
② 《左传·宣公十二年》，宋十三经注疏附校勘记本，中华书局影印本，1980年。

笼络蒙古,用兵海西;对海西女真扈伦四部又采取远交近攻,先弱后强,联大灭小,各个吞并的策略。努尔哈赤形势坐大,黄衣称朕,挥师西进,移鼎沈阳。他通过建立八旗和创制满文,以物质和精神这两条纽带,去组织、协调、聚结、激发女真的社会活力,实现历史赋予女真各部统一与社会改革的任务,并为大清帝国建立和清军入关统一中原奠下基石。因此,努尔哈赤是中国历史上,也是世界历史上杰出的政治家和军事家。

太史公司马迁曰:"原始察终,见盛观衰。"① 研究清代天命朝历史,满洲崛兴,开创清朝,其历史意义,其社会价值,拙著《努尔哈赤传·前言》中说过:"对努尔哈赤的研究表明,努尔哈赤建立的大金(又称后金),实际上是清朝的雏形。后来清朝重大的治策与典制、善举与弊政、成弊与通变、率旧与维新,在这里都能找到它的影子。原始而察终,见兴而观衰在努尔哈赤建立大金(后金)的初始胚胎里,便已蕴含其后来兴盛与衰败的基因。从而得到一点启示:努尔哈赤是一把历史的钥匙,它可以打开清朝堂奥宫殿之门。"② 我在《正说清朝十二帝》一书中又说过:"清太祖努尔哈赤,既播下康乾盛世的种子,又埋下光宣衰世的基因。"③所以,"原始察终,见盛观衰"——这应是研究清朝开国历史的价值与意义之所在。

---

① 《史记·太史公自序》第130卷,点校本二十四史修订本,中华书局,2013年,第3999页。
② 阎崇年:《努尔哈赤传·前言》,北京出版社,1983年。
③ 阎崇年:《正说清朝十二帝·序》,中华书局,2004年。

目录

第一章　满洲之源流
一　满族久远历史　003
二　明代女真南迁　022
三　建州女真演变　044

第二章　建州女真整合统一
一　清兴明亡的历史起点　069
二　努尔哈赤起兵　077
三　整合建州女真　085

第三章　统一海西女真扈伦四部
一　周边的形势　099
二　古勒山之战　106
三　征抚哈达　115
四　攻破辉发　125
五　并取乌拉　129
六　灭亡叶赫　143

第四章　征抚东海女真与黑龙江女真

一　对东海女真与黑龙江女真的征抚　171

二　对东海女真与黑龙江女真的政策　188

第五章　抚绥与征讨漠南蒙古

一　蒙古各部分合兴衰　201

二　对科尔沁部的姻盟　215

三　同内喀尔喀五部会盟　226

四　对察哈尔部灵活政策　234

第六章　创制满洲文字

一　满文的初制　247

二　满文的改进　255

三　满文的价值　268

第七章　创建八旗制度

一　八旗制度的创立　275

二　八旗制度的组织　284

三　八旗制度的功能　291

第八章　金政权建立及社会结构

- 一　建州军政势力的发展　305
- 二　金国（后金）政权建立的过程　316
- 三　金国（后金）政权的组织　333
- 四　金国（后金）的社会结构　341
- 五　天命汗改革政体　350

第九章　抚清之战

- 一　战略重点转移　361
- 二　"七大恨"告天布民　364
- 三　计袭抚顺城　369
- 四　强拔清河堡　377
- 五　抚清之战的影响　382

第十章　萨尔浒大战

- 一　明军的部署　391
- 二　大战的经过　399
- 三　胜败的原因　414

第十一章 开铁之战

一　萨尔浒战后形势　　437
二　攻取开原　　443
三　夺取铁岭　　449
四　熊廷弼整顿辽东防务　　452

第十二章 沈辽大战

一　明朝政局突变　　461
二　大战序幕　　466
三　夺取沈阳　　473
四　攻占辽阳　　478
五　后金进占辽东　　486

第十三章 广宁之战

一　决策战守　　499
二　激战西平　　508
三　智取广宁　　515
四　兵略得失　　523
五　熊王结局　　531

第十四章　宁远之战

一　明建关宁防线　541
二　筑宁远坚城与置西洋大炮　548
三　后金兵败宁远城　564
四　明军溃败觉华岛　576
五　明金胜败的兵略　583

第十五章　修好东邻朝鲜

一　历史恩怨　595
二　现实敌友　600
三　兼顾理节　606

第十六章　明代女真文化

一　语言文字　621
二　宗教祭祀　623
三　节庆礼仪　627
四　民风民俗　630

第十七章　后金建都与迁都

- 一　建州卫城佛阿拉　639
- 二　初都赫图阿拉　651
- 三　迁都辽阳　660
- 四　移鼎沈阳　666

后　记　673

第一章 满洲之源流

一 满族久远历史

满洲名称的钦定出现,是在后金天聪九年即明崇祯八年(1635)。《清太宗文皇帝实录》记载:

> 我国原有满洲、哈达、乌喇、叶赫、辉发等名,向者无知之人,往往称为诸申。夫诸申之号,乃席北超墨尔根之裔,实与我国无涉。我国建号满洲,统绪绵远,相传奕世,自今以后,一切人等,止称我国满洲原名,不得仍前妄称。①

这一天是后金天聪九年即明崇祯八年十月庚寅,农历十月十三日,公历1635年11月22日。从此,"满洲"一名经过钦定,正式出现于中国历史和世界历史的典册。②

在清朝,有八旗满洲、八旗蒙古、八旗汉军,他们及其眷属都在旗,统称

---

① 《清太宗文皇帝实录》第25卷,天聪九年十月庚寅,中华书局影印本,1985年,第19~20叶。
② 陈捷先:《说满洲》,载《满洲丛考》,台湾大学文学院印行本,1963年,第24页。

其为"旗人";其他民众，包括汉人、藏人、回族人、蒙古人、维吾尔人、苗人、瑶人、彝人等，他们都不在旗，统称之为"民人"。所以，清朝有"只分旗民，不分满汉"之说。清朝亡，民国兴，八旗蒙古多称自己为蒙古人，八旗汉军也多称自己为汉人，而八旗满洲怎样称谓呢？时称纷繁，不一而足：有称旗人者，有称旗民者，有称满洲者，有称满旗者，也有称满民者等。时孙中山倡汉、满、蒙古、回、藏"五族共和"，以民族称谓，怎样称法呢？如在汉、满、蒙古、回、藏中，汉族、蒙古族、回族、藏族都已有统称，而满洲呢？八旗满洲亦随之称为满洲族，简称"满族"，于是，"满族"的称谓也就逐渐通行开来，成为后来，也是当今的通称。

八旗满洲，在清朝统称为满洲。乾隆四十二年（1777），乾隆皇帝"命辑《满洲源流考》"。①组成以时任或后任大学士阿桂、于敏中、和珅、董诰、王杰为总裁，以麟喜等四十余人为纂修、纂校的一批官员、学者，经年合撰而成。乾隆帝敕编的《满洲源流考》，是第一部自肃慎至满洲三千多年，全面梳理、系统汇集、广泛考据、深入阐述满洲历史源流的重要文献。有学者统计，《满洲源流考》全书的"资料共有一千四百五十余条,标明来自八十余种文献图书"。其按注"少则一字，多则九百余字，全书总计约有一千八百六十余条"。②《满洲源流考》是对满族的历史与地理，文化与风俗，做了全面系统、资料详细、广稽博采、缜密考据的满洲历史文化的经典之作。自然，也有其时代、视角与文化的局限性。

满族是中国这个多民族国家中一个历史悠久的民族。在中华大地上，以语系来说，其区域往往错综复杂，大体上以长城作为约略的界线——长城以南主要属汉藏语系，以北主要属阿尔泰语系。在语言学上，阿尔泰语系，在中国主要分为三个语族，就是突厥语族、蒙古语族和满－通古斯语族。蒙古语族和满－通古斯语族的东西地理界线大致为大兴安岭，当然也有交错和变迁之处。

---

① 《清高宗纯皇帝实录》第1039卷,乾隆四十二年八月壬子,中华书局影印本,1985年,第4叶。
② 孙文良:《满洲源流考·前言》,辽宁民族出版社,1988年,第6页。

大兴安岭以西，巴尔喀什湖以东，南至长城、天山一线，北为贝加尔湖及其东西一线，主要为草原文化。"天苍苍，野茫茫，风吹草低见牛羊"，正是草原文化的诗证。在元、明、清强盛时期，统称为蒙古，草原文化面积大约有三百万平方公里。草原文化主要经济类型为"逐水草而居"的游牧经济。其语言属于阿尔泰语系蒙古语族。我国西北草原文化蒙古语族的民族，现在主要有蒙古族、达斡尔族、裕固族（东部）、土族、东乡族和保安族等（突厥语族的也有部分属草原文化）。

大兴安岭以东，长城以北，东到大海，西北邻贝加尔湖，北达外兴安岭，东北到库页岛（今萨哈林岛），东南起长白山，主要是满-通古斯语族活动、生息、繁衍的区域，森林覆盖，蔽天遮日，一望无际，属于森林文化，其面积大约有三百万平方公里。森林文化主要经济类型为渔猎经济，后来在狩猎和捕鱼之外，也兼采集、农耕、放牧等多种经济元素。草原文化与森林文化，东西相应，彼此联系，土地面积，约略相近。我国东北森林文化满-通古斯语族的民族，现在主要有满族、鄂温克族、鄂伦春族、锡伯族、赫哲族等。在古代森林文化各族中，诸族之间，分合来往，既有冲突，也有融合。参酌《满洲源流考》的载述，博采其他文献，其族系大致的演变脉络是：商周的肃慎，秦汉的挹娄，魏晋的勿吉，隋唐的靺鞨，辽金的女直，明朝的女真，清朝的满洲，民国的满族等，一脉相承，流派清晰，文献可稽。考古发掘出土的大量资料，也充分印证了这一点。

但是，满族的历史与肃慎、挹娄、勿吉、靺鞨、女直、女真的历史，既有密切联系，又有显著区别。《满族简史》撰者认为："肃慎的历代后裔和满族是既有关联又有区别的，不应该把肃慎、挹娄、勿吉、靺鞨、女真的发展过程作为满族自身的发展过程；但是，在满族史中如果把肃慎以下迄明代女真的世代相承的联系割裂开来，也是不能正确地反映满族悠久的历史渊源的。"[①] 满洲历史的根源，要从远古说起。

①《满族简史》（初稿），"少数民族史志丛书"本，铅印本，1963年，第2页。

先说远古。在新石器时代，黑龙江下游两岸地带，多有古人类史迹发现。如2010年，考古学家在西伯利亚丹尼索瓦一个洞穴里，发现了一块古人手指骨化石。在今黑龙江省双鸭山市饶河县饶河镇小南山遗址出土了石器。这说明在很早以前，在这一地区已经有人类"依山傍水毗连森林"居住和生活。考古资料表明：在新石器时代，满－通古斯人，就已经是东北亚这个广袤森林地域的原住民。据中国、俄罗斯国等考古资料表明：在新石器时期，约一万年前后，黑龙江流域中游和乌苏里江岸地带，已经有人类居住的考古遗迹。如在今黑龙江省饶河县濒临乌苏里江的小南山遗址，山高海拔106米，距江水高约60米，发现多处古文化遗址。从1958年发现，到2020年，前后经过多次发掘，出土石制长枪矛头、弓箭石镞和玉器等文物。约在五千年前后，在这一广阔森林地域，已有满－通古斯的文明出现。① 如考古发掘出土石器矛、镞，陶器罐、钵，玉器瑗、环等。肃慎使用的石砮，在今吉林、黑龙江地域，多有考古发现。而依据文献记载，最早的是为肃慎。

次说肃慎。从文献资料看，满族先民最早见于文献记载的是肃慎，或记载作息慎、稷慎、肃眘。息慎、稷慎、肃眘与肃慎为同音异译。《满族通史》撰者引述："《满洲源流考》记载：'金国本名珠里真。谨案：本朝旧称满珠，所属曰珠申，与珠理真相近，但微有缓急之异，实皆肃慎之转音也。'又《满洲源流考》云：'北音读肃为须，须、朱同韵；里、真二字合乎之音近慎，盖即肃慎转音。国初旧称所属曰诸申，亦即肃慎音转也。'按珠申又称诸申，为女真之音转，也就是肃慎之音转。"② 满洲先人为女真，音转为珠理真、诸申、肃慎。肃慎即息慎、稷慎、肃眘。所以，满洲族名上溯，即为商周之肃慎。

肃慎与诸申，语音很相近。乾隆帝既通满语，又通汉语，他说："史又称：金之先出靺鞨部，古肃慎地。我朝肇兴时，旧称满珠，所属曰'珠申'，后改称

---

① 姚中缙主编：《饶河县志》，黑龙江人民出版社，1992年，第175页。
② 李燕光、关捷主编：《满族通史》（修订版），辽宁民族出版社，2003年，第2页。

满珠,而汉字相沿,讹为满洲。其实即古肃慎,为珠申之转音,更足征疆域之相同矣。"① 珠申,又作诸申、珠理真,音相同,译不同,其实所指,为同一族群。

肃慎,文献记载,屡见于册,例如:

(1)《史记·五帝本纪》载,"……北山戎、发、息慎",《集解》郑玄曰:"息慎,或谓之肃慎,东北夷。"

(2)《尚书·周书·周官》载:"成王既伐东夷,肃慎来贺。王俾荣伯作《贿肃慎之命》。"

(3)《春秋经传集解》(晋杜预集解)载:"肃慎、燕、亳,吾北土也。肃慎,北夷,在玄菟北三千余里。"

(4)《大戴礼记·少间》载:"海外肃慎、北发、渠搜、氐、羌来服。"

(5)《国语·鲁语》载:"肃慎氏贡楛矢石砮,其长尺有咫。"

(6)《逸周书·王会解》载:"稷慎大麈。"晋孔晁解:"稷慎,肃慎也;贡麈,似鹿。"

(7)《竹书纪年·周纪一》载:"成王九年……肃慎氏来朝。王使荣伯锡肃慎氏命。"

(8)《史记·周本纪》载:"成王既伐东夷,息慎来贺,王赐荣伯,作《贿息慎之命》。"②

(9)《史记·孔子世家》载:"有隼集于陈廷而死,楛矢贯之,石砮,矢长尺有咫。陈湣公使使问仲尼。仲尼曰:'隼来远矣,此肃慎之矢也。'"③

(10)《史记·司马相如传》载:"邪与肃慎为邻。"《正义》曰:"邪,谓东北接之。"《括地志》云:"靺鞨国,古肃慎也,亦曰挹娄,在京东北八千四百里,南去扶余

---

① 《清高宗纯皇帝实录》第1039卷,乾隆四十二年八月壬子,中华书局影印本,1985年,第4叶。
② "成王",前引《尚书》作"武王";"贿",《集解》孔安国曰:"贿,赐也。"
③ 《史记·孔子世家》裴骃《集解》引韦昭曰:八寸曰咫,点校本二十四史修订本,2013年,中华书局,2317页。

千五百里，东及北各抵大海也。"

（11）《汉书·武帝纪》载："周之成、康，刑错不用，德及鸟兽，教通四海。海外肃慎、北发渠搜，氐、羌徕服。"晋灼注引《东夷传》曰："肃慎，今挹娄地是也，在夫余之东北千余里大海之滨。"

（12）《后汉书·东夷列传》载："及武王灭纣，肃慎来献石砮、楛矢。……康王之时，肃慎复至。"

以上记载，吉光片羽。到唐朝房玄龄撰《晋书》，才第一次为肃慎作传，就是《晋书》第九十七卷《四夷列传》内的《肃慎氏传》。

肃慎，居住在"白山黑水"地域，白山即长白山，黑水即黑龙江。① 早在旧石器时期，这一地域留下大量的历史遗迹。在黑龙江右岸呼玛县十八站境内，首次发现了旧石器时代的遗址，距今约一万年，出土石器有一千零七十件。② 新石器时期遗址，这一地域有多处发现。

文献记载，满族的先民肃慎人，约在公元前1046年，周武王克商，肃慎来贡"楛矢石砮"。③ "楛矢"是以楛木做箭杆，"石砮"是用青石做箭镞。这种楛木和青石，是由当地所产，为当时制造弓箭与矢镞的上好质材，受到中原王朝的喜爱，因此肃慎人以"楛矢石砮"向周朝进贡。周人重视肃慎贡献的"楛矢石砮"，而"铭其栝曰'肃慎氏之贡矢'"。上文的"砮"，《说文解字》云："砮，石可以为矢镞，从石，奴声。"这里，司马迁在《史记·孔子世家》里，记载了一个故事：

孔子遂至陈，主于司城贞子家。……有隼集于陈廷而死，楛矢贯之，

---

① 《钦定满洲源流考·上谕》，载《清高宗纯皇帝实录》第1039卷，乾隆四十二年八月壬子，中华书局影印本，1985年，第4叶。
② 《人民日报》1978年1月24日第4版。
③ 徐元诰：《国语集解·鲁语下》（修订本），中华书局，2002年，第204页。

石砮，矢长尺有咫。陈湣公使使问仲尼。仲尼曰："隼来远矣，此肃慎之矢也。昔武王克商，通道九夷百蛮，使各以其方贿来贡，使无忘职业。于是肃慎贡楛矢，石砮，长尺有咫。先王欲昭其令德，以肃慎矢分大姬，配虞胡公而封诸陈。分同姓以珍玉，展亲；分异姓以远方职，使无忘服。故分陈以肃慎矢。"试求之故府，果得之。①

上文的"咫"，韦昭说"八寸为咫"；"方"，为方物，就是地方特产；贿，指贡献；大姬，韦昭说是"武王元女"；展，是重的意思；"无忘服"，王肃说是"使无忘服从于王也"；"故府"，就是旧府。

其时人们对楛矢石砮已然不熟悉。孔子博学多识而熟悉掌故，讲了楛矢石砮的历史故事。这说明：早在周朝，肃慎与中原王朝，就有了交往，并成了贵族的美好记忆。

再说挹娄。秦汉时期，肃慎人后裔为挹娄。挹娄主要居住区域："在不咸山北，去夫余可六十日行。东滨大海，西接寇漫汗国，北极弱水。"②寇漫汗国即乌桓，不咸山即长白山，弱水即黑龙江。就是说，挹娄居住的地域，南起图们江和长白山，东临大海，西抵乌桓，北至黑龙江以北的广大地域。两汉时，挹娄臣服汉朝属国夫余（今吉林省农安县境），隶汉玄菟郡管辖，经常遣使，贡献方物。1950年，在黑龙江省依兰县挹娄人的遗址中，发现各式玉佩和精美玉石，这些正是黄河流域汉族常用的玉器。③考古之外，史籍记载，内容丰富，略加引述。范晔《后汉书》记载：

> 挹娄，古肃慎之国也。在夫余东北千余里，东滨大海，南与北沃沮接，

---

① 司马迁：《史记·孔子世家》第47卷，点校本二十四史修订本，中华书局，2013年，第2317页。
② 房玄龄：《晋书·四夷列传·肃慎氏传》第97卷，中华书局点校本，1974年，第2534页。
③ 李文信：《依兰倭肯哈达的洞穴》，载《考古学报》1954年第7册。

不知其北所极。土地多山险。人形似夫余,而言语各异。有五谷、麻布,出赤玉、好貂。无君长,其邑落各有大人。处于山林之间,土气极寒,常为穴居,以深为贵,大家至接九梯。好养豕,食其肉,衣其皮。冬以豕膏涂身,厚数分,以御风寒。夏则裸袒,以尺布蔽其前后。其人臭秽不洁,作厕于中,圜之而居。自汉兴已后,臣属夫余。种众虽少,而多勇力,处山险,又善射,发能入人目。弓长四尺,力如弩。矢用楛,长一尺八寸,青石为镞,镞皆施毒,中人即死。便乘船,好寇盗,邻国畏患,而卒不能服。东夷夫余饮食类(此)皆用俎豆,唯挹娄独无。法俗最无纲纪者也。①

这一地域的挹娄、夫余、高句骊等,秋冬的祭祀活动,对后来女真、满洲影响深远。同书又记载:

武帝灭朝鲜,以高句骊为县,使属玄菟,赐鼓吹伎人。其俗淫,皆洁净自熹,暮夜辄男女群聚为倡乐。好祠鬼神、社稷、零星,以十月祭天大会,名曰"东盟"。其国东有大穴,号禭神,亦以十月迎而祭之。其公会衣服皆锦绣,金银以自饰。大加、主簿皆著帻,如冠帻而无后;其小加著折风,形如弁。无牢狱,有罪,诸加评议便杀之,没入妻子为奴婢。其昏姻皆就妇家,生子长大,然后将还,便稍营送终之具。②

夫余的祭祀活动,浓重而热烈,史书记载,征引如下:

以腊月祭天,大会连日,饮食歌舞,名曰"迎鼓"。是时,断刑狱,

---

① 范晔:《后汉书·东夷列传》第85卷,中华书局点校本,1965年,第2812页。
② 范晔:《后汉书·东夷列传》第85卷,中华书局点校本,1965年,第2813页。

解囚徒。有军事亦祭天，杀牛，以蹄占其吉凶。行人无昼夜，好歌吟，音声不绝。其俗用刑严急，被诛者皆没其家人为奴婢。盗一责十二。男女淫皆杀之，尤治恶妒妇，既杀，复尸于山上。兄死妻嫂。死则有椁无棺。杀人殉葬，多者以百数。①

东汉末暨三国，二世纪初，挹娄不能忍受夫余"租赋重"的盘剥，脱离夫余自立，直接同中原王朝建立联系。三国时青龙四年（236），"肃慎氏向魏明帝"贡楛矢"。② 曹魏景元三年（262），挹娄又向魏元帝入贡：

（景元三年）夏四月，辽东郡言肃慎国遣使重译入贡，献其国弓三十张，长三尺五寸，楛矢长一尺八寸，石弩三百枚，皮骨铁杂铠二十领，貂皮四百枚。③

挹娄贡使受到魏元帝的隆重接待。由于挹娄同中原往来频繁，不断交流文化，于是既传布中原文化到挹娄，也将挹娄文化传到中原。

三国时期，中原与挹娄的关系，没有因中原地区战火频仍、社会动荡而中断、减弱，相反，史书对挹娄的记载，既更详细，也更具体：

挹娄在夫余东北千余里，滨大海，南与北沃沮接，未知其北所极。其土地，多山险。其人形似夫余，言语不与夫余、句丽同。有五谷、牛、马、麻布。人多勇力，无大君长，邑落各有大人。处山林之间，常穴居，大家深九梯，以多为好。土气寒，剧于夫余。其俗好养猪，食其肉，衣其皮。

---

① 范晔：《后汉书·东夷列传》第85卷，中华书局点校本，1965年，第2811页。
② 王钦若：《外臣部·朝贡第一》，载《册府元龟》第968卷，中华书局影印本，1960年，第7叶。
③ 陈寿：《三国志·魏书·三少帝纪》第4卷，中华书局点校本，1959年，第149页。

冬以猪膏涂身，厚数分，以御风寒。夏则裸袒，以尺布隐其前后，以蔽形体。其人不洁，作溷在中央，人围其表居。其弓长四尺，力如弩，矢用楛，长尺八寸，青石为镞，古之肃慎氏国也。善射，射人皆入目。矢施毒，人中皆死。出赤玉、好貂，今所谓挹娄貂是也。自汉已来，臣属夫余，夫余责其租赋重，以黄初中叛之。夫余数伐之，其人众虽少，所在山险，邻国人畏其弓矢，卒不能服也。①

上文，《后汉书》与《三国志》有关载述比较，略有雷同，亦有差异。如上引述，便于比对。择其要者，如下六则，影响后世，极为深远：

其一，地在极北，气候寒冷。冬天为避风寒，取半地穴屋居。以洞的深浅大小，显示财富之多寡与地位之高下。

其二，多好养猪，食肉衣皮。这个历史传统，直到清朝满洲，猪肉是其主要家畜食品，也是其主要祭祀宰牲。清入关后，定都北京，宫廷萨满祭祀，仍然宰杀肥猪，日日祭祀，经年不断。

其三，兄死之后，弟妻其嫂。至今人们仍在以此民俗为据，比附寡嫂孝庄太后下嫁了夫弟睿亲王多尔衮。

其四，树立木杆，祭神祭天。满洲神杆，既是对树林的敬仰，也是对天神的崇拜。在古代日本，曾有"御柱祭"，这"柱子是神与人通过它往来于天地之间的神圣的通路"②。满洲堂子的祭祀神杆，也含有神庙里祭祀森林之意。所以，满洲堂子神杆祭祀是满洲先人来自森林文化的一个重要佐证。

其五，勇力骑射，尚武好战。挹娄人骁勇坚强，体魄壮实，驰骋山林，长于弓箭，能耐饥寒，不畏艰苦，是一个骑射尚武的族群。

---

① 陈寿：《三国志·魏书·乌桓鲜卑东夷传》第30卷，中华书局点校本，1959年，第847~848页。
② [日]梅原猛：《森林思想——日本文化的原点》，卞立强、李力译，中国国际广播出版社，1993年，第34页。

其六，秋冬祭天，载歌载舞。这就是后来满洲萨满祭祀的风俗之源。清先在赫图阿拉，继在东京辽阳，又在盛京沈阳，后在皇都北京，都建八角形堂子，沿袭旧俗，祭神祭天。①

东汉后期，三国两晋，中原地区，战乱不已。两晋时，挹娄曾多次遣使到内地来贡献"楛矢石砮"。②

关于汉魏时期的挹娄，不仅有诸多的文献记载，而且有丰富的考古遗迹。在今黑龙江的佳木斯市、双鸭山市等地区，近年以来，多有发现。如佳木斯市郊区发现一批古代城堡遗址，呈圆形或椭圆形，半地穴居址。③又如双鸭山市地区发现的汉魏城址和遗址，分为国家级、省级和市级进行文物保护。国家级如双鸭山市三江平原汉魏仁和遗址群二十四处，集贤县滚兔岭城址和东辉城遗址各一处，宝清县三江平原青龙山城遗址一处、民富遗址群三十处，友谊县长胜遗址群四十二处、兴隆山遗址群十五处。省级如双鸭山市七一城遗址一处，集贤县古城山遗址群二十九处、索伦岗遗址群二十八处，宝清县四新遗址一处、大脑袋山遗址群六处，友谊县青峰东南山城遗址一处，饶河县宝顶山遗址群四处等。还发现有土城墙遗址，半地穴式房遗址，以及陶罐、陶碗、陶盘、陶钵、陶杯、陶豆、陶马、陶猪、石砮、玉器等。④这个地区发现的古城遗址，分布较广，尤为丰富。主要有集贤县滚兔岭城遗址、友谊县凤林城遗址、双鸭山宝山区七星镇保安二号城遗址、宝清县炮台山城遗址等。其中如炮台山古城遗址"系三城环套，外城作椭圆形，周长近3000米，也系土筑，残高1至2米，有四个城

---

① 《钦定满洲祭神祭天典礼》，台湾商务印书馆影印文渊阁《四库全书》本，1986年。
② 房玄龄等：《晋书·武帝纪》第3卷，中华书局点校本，1974年，第70页。
③ 魏国忠、贾伟明：《挹娄的考古学文化》，载王学良主编《追寻远古》，双鸭山市文物考古资料汇编委员会印本，2008年，第205页。
④ 王学良主编：《再现文明》，双鸭山市文物考古资料汇编委员会印本，2008年，第9~10页。

门"①。又如滚兔岭遗址,位于双鸭山市尖山区与集贤县交界处的滚兔岭上,发现近百座半地穴房屋遗址。其遗物陶器有陶罐、陶碗、陶壶、陶钵、陶杯等,石器有石刀、石镞、石磨、石臼等,铁器有刀、镞等。②滚兔岭遗址的族属,考古学家张忠培教授说:"滚兔岭文化的族属问题,黑龙江学者认为是挹娄,似乎也成为黑龙江史学界的共识。"③

文献与考古所揭示的挹娄,经过演进之后,被勿吉所取代。

复说勿吉。西晋短暂统一不久,中原地区又现战乱。北魏太和十七年(493),勿吉人推翻夫余政权,一部分勿吉人迁徙到松花江中游地带的夫余故地。尔后,勿吉人逐渐发展扩大。在东北地域,秦汉挹娄人的后裔,被称作勿吉。

勿吉之名称,始之于北魏。挹娄后裔,史书记载:"元魏时,曰勿吉。"④北朝常以勿吉称呼挹娄的后裔。虽然当时中国南北争战,烽火不熄,军阀割据,四分五裂,王朝更迭,非常频繁,但勿吉和中原地区,仍保持着朝贡关系。如南朝宋大明三年(459),勿吉遣使向宋孝武帝刘骏"献楛矢石砮"。⑤此期,勿吉与北朝北魏、东魏的关系,因距离较近,往来更密切,贡使不绝,络绎于路。北魏孝文帝要他们各部之间,相谐共处:"宜共和顺,勿相侵扰。"⑥勿吉与中原的关系,《北史》记载:

太和初,又贡马五百匹。

---

① 魏国忠、王学良:《两汉魏晋时期黑龙江东部地区的古城堡》,载王学良主编《追寻远古》,双鸭山市文物考古资料汇编委员会印本,2008年,第191页。
② 黑龙江省文物考古研究所:《黑龙江省双鸭山市滚兔岭遗址发掘报告》,载王学良主编《荒原觅古踪》,双鸭山市文物考古资料汇编委员会印本,2008年,第11~24页。
③ 张忠培:《黑龙江考古学的几个问题的讨论》,载王学良主编《追寻远古》,双鸭山市文物考古资料汇编委员会印本,2008年,第5页。
④ 欧阳修等:《新唐书·北狄传》第219卷,中华书局点校本,1975年,第6177页。
⑤ 王钦若:《外臣部·朝贡一》,载《册府元龟》第968卷,中华书局影印本,1960年。
⑥ 魏收:《魏书·勿吉传》第100卷,中华书局点校本,1974年,第2220页。

太和十二年，勿吉复遣使贡楛矢、方物于京师。

十七年，又遣使人婆非等五百余人朝贡。

景明四年，复遣使侯力归朝贡。①

由上可见，在魏晋、北朝时期，勿吉与中原皇朝，使臣往来，朝贡不绝，其关系也是密切的。

在隋唐时期，勿吉后裔，称为靺鞨。

再说靺鞨。 隋代，勿吉又称靺鞨。隋文帝开皇年间，靺鞨多次"相率遣使贡献"②。隋文帝杨坚得知靺鞨"与契丹相接，每相劫掠"后，向靺鞨来使诫谕道："宜各守土境，岂不安乐？何为辄相攻击，甚乖我意！"靺鞨使者听命，"高祖因厚劳之"③。隋炀帝时，靺鞨头领瞒咄"率其部内属于营州"。营州，今为辽宁省朝阳市境④。瞒咄死后，弟突地稽"代总其众，拜辽西太守，封夫余侯"⑤。到唐武德初，突地稽因战功，封耆国公；贞观初，进右卫将军，赐姓李。突地稽后徙部到幽州的昌平城定居。⑥突地稽死后，子李谨行继，又以战功，封燕国公，死后赠幽州都督，陪葬于唐高宗李治的乾陵。⑦

在唐朝，靺鞨与中原皇朝的关系，进入新的时期。先是，靺鞨内部，彼此独立，"各自有长，不相统一"⑧。其时，靺鞨分为粟末、伯咄、安车骨、拂涅、号室、

---

① 李延寿等：《北史·勿吉传》第94卷，中华书局点校本，1974年，第3125页。
② 王钦若：《外臣部·朝贡三》，载《册府元龟》第970卷，中华书局影印本，1960年。
③ 魏征等：《隋书·靺鞨传》第81卷，中华书局点校本，1973年，第1822页。
④《资治通鉴》胡三省注："《隋志》辽西郡、营州，并治柳城县。……龙城本和龙城，自后魏以来，营州治焉。开皇元年，改为龙山县，十八年改为柳城。"见司马光：《资治通鉴》第180卷，中华书局标点本，1956年，第5621页。
⑤ 王钦若：《外臣部·朝贡三》，载《册府元龟》第970卷，中华书局影印本，1960年。
⑥ 刘昫等：《旧唐书·靺鞨传》第199卷，中华书局点校本，1975年，第5359页。
⑦ 欧阳修：《新唐书·李谨行传》第110卷，中华书局点校本，1975年，第4123页。
⑧ 李延寿等：《北史·勿吉传》第94卷，中华书局点校本，1974年，第3123页。

白山、黑水七部。黑水靺鞨的地理位置与民族特点是:"最处北方,尤称劲健。"①黑水靺鞨主要分布在黑龙江流域。自唐初以来,黑水靺鞨,通使唐廷,往来密切,连续不断。唐贞观十四年(640),唐朝在黑水靺鞨地区,建立行政机构"黑水州"②。唐玄宗开元十年(722),黑水靺鞨酋首倪属利稽来朝,唐在黑龙江和乌苏里江汇合处地区设置勃利州,任命当地靺鞨首领倪属利稽为勃利州刺史③。勃利州治所伯力(今俄罗斯哈巴罗夫斯克),其地名一直延续至今。从此,唐朝中央政府逐步加强对黑龙江流域及其所居部民的管辖。开元十四年(726),唐增设黑水都督府,任命当地靺鞨首领为都督、刺史等官职。开元十六年(728),唐玄宗授黑水都督姓李名献诚,为云麾将军兼领黑水经略使,都督、刺史皆归幽州都督统辖,后改由平卢节度使辖制④。同时,唐朝政府通过设置机构,委派官员,征收贡赋,进行贸易,开辟交通,相互往来,行使主权,加以管辖,这一地域为大唐版图的一部分。

靺鞨粟末部,位于靺鞨七部的最南端,分布在松花江及其支流一带。粟末部首领乞乞仲象,被武则天封为震国公,他死后由其子大祚荣接替。粟末首领大祚荣,统其部众,兼并各部,日益壮大,建立震国,自号震国王。神龙元年(705),唐中宗李显派遣御史张行岌,宣谕皇威,前往招抚。大祚荣为表对唐帝的诚意,"遗子入侍"⑤。先是,开元元年(713),唐玄宗李隆基在粟末地区设置忽汗州,特派鸿胪卿崔忻前往,并授大祚荣为忽汗州都督。《新唐书》记载:"睿宗先天中⑥,遣使拜祚荣为左骁卫大将军、渤海郡王,以所统为忽汗州,领忽汗

---

① 刘昫等:《旧唐书·靺鞨传》第199卷,中华书局点校本,1975年,第5358页。
② 王溥:《唐会要》第96卷,清武英殿聚珍版,乾隆三十八年(1773)刻本,第8叶。
③ 欧阳修:《新唐书·黑水靺鞨传》第219卷,中华书局点校本,1975年,第6178页。
④ 刘昫等:《旧唐书·靺鞨传》第199卷,中华书局点校本,1975年,第5359页。
⑤ 欧阳修:《新唐书·北狄传》第219卷,中华书局点校本,1975年,第6180页。
⑥ "先天":《新唐书》"睿宗先天中"注云:"《册府》卷九六四作'玄宗先天二年',《通鉴》卷二一〇同。此误。"然崔忻返回时是在开元二年(714),也就是说,从先天元年(712)到开元二年(714),其间相距三年。

州都督，自是始去靺鞨号，专称渤海。"①由此可见，史载"渤海国"是因唐朝册封而得名。关于这次册封活动，当崔忻完成使命回京时，路经旅顺，在金州旅顺口黄金山之麓的井栏上刻石留念，其文曰："敕持节宣劳靺鞨使鸿胪卿崔忻井两口，永为记验，开元二年五月十八日。"②这个崔忻奉使返程留下的文物，是唐朝政府此次册封的历史见证。

渤海全盛时期，管辖地区东抵日本海，西至辽东开原，北邻黑水靺鞨，南接高丽。境内有五京、十五府、六十二州。渤海政权存在了二百多年。

于政治，渤海政权与唐朝保持臣属关系，渤海经常派王子或特使入贡述职，唐朝政府也不断派人前往渤海，册封其王或官吏，交往频繁。据统计，此间渤海"朝于唐者，凡一百三十二次；朝于梁者，凡五次；朝于后唐者，凡六次"③。朝贡使多达一百四十三次，而唐朝派往渤海的正式敕使前后共有十九次。如唐太（大）和七年（833）秋，唐文宗遣幽州卢龙节度押奚、契丹两番副使张建章等人赴忽汗州，时陆路为契丹所阻，他们"方舟而东"，第二年秋到达挹娄故地忽汗州，渤海王彝震得知张建章"赍书来聘"，以"重礼留之"。张建章"岁换而返"，临行前"王大会，以丰货、宝器、名马、文革以饯之"，太（大）和九年（835）八月，回到内地。张建章返回后，将沿途见闻，尤其是在渤海耳闻目睹情状，奏报朝廷，并著《渤海国记》三卷④。记中"备尽岛夷风俗，宫殿官品，当代传之"⑤。渤海向唐朝，"遣使朝贡""遣使来朝""又遣使来""亦修职贡"等，往来频繁，"朝贡不绝"⑥。

---

① 欧阳修等：《新唐书·北狄传》第219卷，中华书局点校本，1975年，第6180页。
② 罗福颐：《满洲金石志》第1卷，"满日文化协会"印行本，民国二十六年（1937），第23叶；又见《辽东志》第1卷《金州卫》鸿胪二井；再见《东北古史资料汇编》（下册），铅印本，1964年，第773~774页。
③ 金毓黻：《渤海国志长编》第16卷，社会科学战线杂志社刊印，1982年，第359页。
④ 欧阳修等：《新唐书·艺文志二》第58卷，中华书局点校本，1975年，第1508页。
⑤《唐张公建章墓志铭》，拓片，北京市文物研究所藏。
⑥ 刘昫等：《旧唐书·勿吉传》第199卷下，中华书局点校本，1975年，第5359页。

于文化，渤海"数遣诸生诣京师太学，习识古今制度"①。士子赴京并参加科举考试。还派专员和留学生到唐朝，抄写汉文书籍，如《汉书》《三国志》《晋书》《十六国春秋》《唐礼》等。唐朝著名诗人温庭筠有赠渤海王子的诗。当时渤海习用汉字，在通行的文字中，"大抵汉字居十之八九"②。

于工美，渤海也模仿唐朝。其时唐朝盛行的佛教，也被传入渤海地区，寺庙建筑，如同内地。近年吉林敦化六顶山出土的《渤海贞惠公主墓碑》，提供了文物例证。贞惠公主是渤海王大钦茂的二女，碑文用汉文写成，文体也为唐代风格，如把王女称公主，王墓称陵，国王称圣等，这些都是学习唐朝的。1971年，吉林省和龙地区渤海古墓出土的金器，金饰品的形制，显示唐代特色。由上可见，渤海和中原地区在政治、经济、文化、工艺等方面，联系密切，影响深远。这正如唐朝温庭筠《送渤海王子归本国》诗云：

疆里虽重海，车书本一家。

盛勋归旧国，佳句在中华。③

唐末以后，中原地区，四分五裂，史称五代十国。此期，靺鞨人后裔，被称为女直。

末说女直。 契丹建立辽朝，辽天显元年（926），辽太祖耶律阿保机，率领大军，"拔夫余城"④。大辽兴，渤海亡。后黑水靺鞨转属于辽。契丹人称靺鞨人为女真。⑤辽金时期，肃慎后裔称女直。女直，本应作女真，为肃慎、诸申的音转，但是，辽兴宗名耶律宗真，为避其名"真"字之讳，而改"真"作"直"，所以，称女

---
① 刘昫等：《旧唐书·北狄传》第199卷，中华书局点校本，1975年，第5362～5363页。
② 金毓黻：《渤海国志长编》第16卷，社会科学战线杂志社刊印，1982年，第377页。
③ 《全唐诗》第9册，第583卷，中华书局，1999年，第6811页。
④ 脱脱等：《辽史·太祖纪》第2卷，中华书局点校本，1974年，第21页。
⑤ 脱脱等：《辽史·太祖纪》第1卷，中华书局点校本，1974年，第2页。

真作女直。《元史》记载:"初号女真,后避辽兴宗讳,改曰女直。"① 在明朝一段时期,文献也称作女直。满洲兴起后,称作诸申,即女真。后来,如本章开头所述,自皇太极谕令,其族名一律称为满洲。

辽朝按女真人居住地域与经济习俗的不同,分女真为"熟女真"和"生女真"。"熟女真"主要生活在松花江以南地带,气候较为温暖,经济较为发展;"生女真"主要生活在松花江以北,东达大海,北到外兴安岭,这一广阔地带,以渔猎为主,有少量采集、畜养和农作。

金政权由女真人建立,取代辽朝之后,仍称为女直。金太祖完颜阿骨打说:"女直、渤海,本同一家。"② 女真的先人,《金史·世纪》记述:

> 金之先,出靺鞨氏。靺鞨本号勿吉。勿吉,古肃慎地也。元魏时,勿吉有七部:曰粟末部,曰伯咄部,曰安车骨部,曰拂涅部,曰号室部,曰黑水部,曰白山部。隋称靺鞨,而七部并同。唐初,有黑水靺鞨、粟末靺鞨,其五部无闻。……
>
> 五代时,契丹尽取渤海地,而黑水靺鞨附属于契丹。其在南者籍契丹,号熟女直;其在北者不在契丹籍,号生女直。生女直地有混同江、长白山,混同江亦号黑龙江,所谓"白山、黑水"是也。③

到北宋初,十世纪末,生女真中的完颜部,逐渐迁徙到按出虎水(今阿什河)流域定居。后农耕、冶铁、畜养、采集等经济都有新的发展。北宋政和四年(1114),完颜阿骨打建立猛安谋克组织。"猛安""谋克"为女真语音译,猛安意为千、千夫长;谋克意为百、百夫长。定三百户为一谋克,十谋克为一猛安。猛安谋克为女真人

---

① 宋濂等:《元史·地理志二》第59卷,中华书局点校本,1976年,第1399~1400页。
② 脱脱等:《金史·太祖纪》第1卷,中华书局点校本,1975年,第2页。
③ 脱脱等:《金史·世纪》第1卷,中华书局点校本,1975年,第1~2页。

的社会组织，具有军事、政治、经济、行政等多元功能。建立猛安谋克组织的翌年，金太祖收国元年即北宋政和五年（1115），完颜阿骨打建立金朝。天辅九年即北宋重和二年（1119），阿骨打命完颜希尹参考汉字和契丹字，创制女真字。后到金熙宗时，又创制女真新字。完颜希尹创制的女真字，称为女真大字；金熙宗所创制的女真新字，称为女真小字。女真跨进有文字记载历史的新时期。

金太宗天会五年即北宋宣和七年（1125），金与北宋联合灭辽。金海陵王完颜亮于金贞元元年（1153），由金上京（今黑龙江省哈尔滨市阿城区），迁鼎中都（今北京）。此项重大决策，《金史》记载：

> 三月辛亥，上至燕京。……乙卯①，以迁都诏中外。改元贞元，改燕京为中都，府曰大兴，汴京为南京，中京为北京。②

这是女真第一次在中原建都，并第一次与中原政权南宋对峙，而拥有半壁山河。女真建立金朝是女真演进史上的一个转折点，也是女真史上的划时代事件。金的地域，南达淮河，北到黑龙江以北，东临大海，西接蒙古。

元灭金和南宋后，建立大元帝国。元朝在东北地区，设辽阳等处行中书省，以辽阳为治所，管辖"路七，府一，属州十二，属县十"③。其所领七路为：辽阳路（辽阳地方），广宁府路（广宁地方），大宁路（辽西、热河等地方），东宁路（朝鲜平安道等地方），沈阳路（沈阳等地方），开元路（开原、会宁等地方），合兰府水达达等路（沿海州、松花江、黑龙江地带），各路设万户府、军民万户府、总管府等机构和官员进行管辖。

原金属东北地区的女真人，转而成为附属于元朝辽阳等处行中书省所辖各

---

① 贞元元年三月乙卯，乙卯为二十六日，合公历为1153年4月21日。
② 脱脱等：《金史·海陵本纪》第5卷，中华书局点校本，1975年，第100页。
③ 宋濂：《元史·地理志二》第59卷，中华书局点校本，1976年，第1395页。

路下的臣民。其中，散居于水达达等路的女真人，元朝政府设官辖治。

综上，考古文物和文献记载，资料丰富，有力证明：满洲先世肃慎族系之肃慎、挹娄、勿吉、靺鞨、女直（女真），两千多年间，不论王朝更迭，或是部族分合，他们和中原地区一脉相承，保持着密切的联系。其影响所及，直至满洲。

到了明代，女真南徙，政治地图，重新绘制。此为满洲兴起，提供历史条件。

二 明代女真南迁

明代的女真史，有着重要特点：一是国际环境，二是臣属明朝，三是大量迁徙，四是重新统合。概略阐述，分列于下。

在明代二百七十六年间，影响女真迁徙、加速满洲兴起的国际环境，主要包含朝鲜、日本和俄国。

朝鲜。高丽末期，社会危机异常严重，动荡不安。洪武元年（1368），明太祖朱元璋即皇帝位后，高丽恭愍王王颛遣使表贺，到应天（今南京），贡方物，且请封①。洪武二年（1369），明封高丽王王颛为国王，并赐金印、诰文和《大统历》等②。朝鲜恭愍王停用故元至正年号，改用洪武年号。恭愍王"反元亲明"。洪武七年（1374），恭愍王王颛被弑身亡。于是，"庙堂亲明派多被清除"③。此后，高丽王朝，王权更替，二十余年，三易其主。此期，高丽王趁辽东政权交替之际，

---

① 《明史·朝鲜传》第320卷，中华书局点校本，1974年，8279页。
② 《明太祖实录》第44卷，洪武二年八月丙子，台北历史语言研究所校勘本，1962年，第5～6叶。
③ ［日］河内良弘：《明代女真史の研究》，同朋舍，1992年，第12页。

曾多次出兵，越过鸭绿江，兵至辽阳、五老山城（今桓仁境）①。

朝鲜政变势力同"故元遗兵"相联系，辽东军政事态更为复杂。洪武二十年（1387），明廷命户部咨高丽王："以铁岭北、东、西之地，旧属开元，其土著军民女直、鞑靼、高丽人等，辽东统之；铁岭之南，旧属高丽，人民悉听本国管属。疆境既正，各安其守，不得复有所侵越。"②高丽国王接到明朝户部咨文后，高丽王辛禑上明朝表言："文高和定等州，本为高丽旧壤，铁岭之地，实其世守，乞仍以为统属。"明洪武帝因谕礼部尚书李原名曰：

> 数州之地，如高丽所言，似合隶之；以理势言之，旧既为元所统，今当属于辽。况今铁岭已置卫，自屯兵马，守其民，各有统属。高丽之言，未足为信。且高丽地壤，旧以鸭绿江为界，从古自为声教，然数被中国累朝征伐者，为其自生衅端也。今复以铁岭为辞，是欲生衅矣。远邦小夷，固宜不与之较，但其诈伪之情，不可不察。礼部宜以朕所言，咨其国王，俾各安分，毋生衅端。③

明洪武二十四年（1391），高丽大将军李成桂发动政变，夺取权力，自立为王。此事，《明史·太祖本纪》记载："高丽李成桂幽其主瑶而自立，以国人表来请命，诏听之，更其国号曰朝鲜。"④但是，《明太祖实录》将此事分作两条著录：其一，洪武二十一年（1388）十月庚申条记载："高丽国王王禑遣其臣禹仁烈等，上表请逊位于其子昌。上曰：前者闻其王被囚，今表请逊位，必其臣李成桂之谋，东夷狡诈，多类此，姑俟之，以观其变。"其二，洪武二十五年（1392）闰十二

---

① [朝] 郑麟趾：《高丽史》第43卷，恭愍王二十年九月辛亥，国书刊行会出版，明治四十一年（1908），第644页。
② 《明太祖实录》第187卷，洪武二十年十二月壬申，台北历史语言研究所校勘本，1962年，第6叶。
③ 《明太祖实录》第190卷，洪武二十一年四月壬戌，台北历史语言研究所校勘本，1962年，第3叶。
④ 《明史·太祖本纪三》第3卷，中华书局点校本，1974年，第50页。

月乙酉条记载:"高丽权知国事李成桂,欲更其国号,遣使来请命。上曰:东夷之号,惟朝鲜之称最美(古同"美"),且其来远矣,宜更其国号曰朝鲜。"① 河内良弘教授的《明代女真史の研究·年表》,也将其析为两条载录:洪武二十五年七月十七日,李成桂即位;洪武二十六年(1393)二月十五日,定国号为朝鲜②。由此可证,《明史·太祖本纪》误将发生在两年的两件事,合并在一年,并作一件事加以记述。从此,"朝鲜"这一国名出现在朝鲜的史册上,也出现在明清的史册上。朝鲜的李朝,从太祖李成桂始,经历明、清两个朝代,特别是在明朝,臣属于明,用明正朔,王朝统一,政权稳定。李朝的建立,清除了高丽末期"亲元反明"的势力。朝鲜李朝及其与明朝的关系,对女真的兴衰分合,迁徙变化,有着直接而重大的影响。

日本。明代女真崛兴之时,日本发生重大变化。先是,日本国在元末明初,处于分裂状态,即所谓"南北朝时期"(1336~1392),近六十年之久。尔后,军阀割据,内战不休,日本国的历史,进入"战国时期"(1467~1573),长达百年之久。到明嘉靖时,日本地方实力派织田信长(1534~1582),军事实力,不断强大,兼并各部,进占京都。他在统一日本过程中,于明朝万历十年(1582),也就是清太祖努尔哈赤起兵前一年,在本能寺被其家臣明智光秀谋杀。其部将丰臣秀吉,继续进行统一事业。丰臣秀吉(1536~1598),以大阪为基地,加强集权,四处征战,不断胜利,统一全国。丰臣秀吉初步统一日本之后,迈出对外侵略的步伐,矛头所向,首指朝鲜,而后明朝。明万历二十年(1592),在努尔哈赤统一海西女真扈伦四部之时,丰臣秀吉发起大规模的侵略朝鲜战争。朝鲜受到日军的突然袭击,力不能敌,节节败退,八郡尽失。明朝接到朝鲜国王请求,以唇亡齿寒,遂决定派军,进行抗倭援朝的战争。从万历二十年到

---

① 《明太祖实录》第223卷,洪武二十五年闰十二月乙酉,台北历史语言研究所校勘本,1962年,第4叶。
② [日]河内良弘:《明代女真史の研究》,同朋舍,1992年,第752页。

二十六年（1592~1598），明朝军队，"则七年之间，丧师十余万，糜金数千镒"①。此期，明军关外主力过江，辽东军事防务空虚，主将赴朝抗倭，无暇顾及女真，且明朝的军力、物力、财力、人力，损失巨大，国力亏耗，府库拮据。这为建州努尔哈赤兴起，提供了难得的历史机遇。

俄国。在公元十四到十六世纪，俄罗斯迅速发展。明弘治元年（1488），伊凡三世自称全俄罗斯大君主。相当于明朝前期，建立莫斯科大公国，以莫斯科为中心，成为俄罗斯集权国家，合并东北和西北的罗斯全部领土。明嘉靖二十六年（1547），伊凡四世（17周岁）改称号大公为沙皇。他在两年后，召开首届俄罗斯全国议会。五年后，伊凡四世开始征服喀山等地。明正德五年（1510），俄国菲洛费伊向大公瓦西里三世呈奏，提出第一罗马（罗马城）和第二罗马（君士坦丁堡）已经衰落，只有第三罗马（莫斯科）巍然屹立，永远不倒，激发了俄国的自信雄心和扩张野心②。尔后，瓦西里三世开始加快俄罗斯疆土拓张的步伐。继之，俄罗斯东部疆土向西伯利亚扩张。明万历十年（1582），即是努尔哈赤起兵前一年，俄国以叶尔马克为首的哥萨克，越过乌拉尔山，进入西伯利亚地带。随后，在明朝，辽东建州发生古勒山之战，努尔哈赤的祖、父死于兵火。万历十五年（1587），俄国建托博尔斯克，这里后来成为俄国在西伯利亚的一个中心。万历四十一年（1613），俄国罗曼诺夫为沙皇，从而开始了罗曼诺夫王朝，加速了对西伯利亚的扩张。三年后，努尔哈赤在赫图阿拉建立后金，自称昆都仑汗。天聪六年即崇祯五年（1632），俄国在勒拿河畔建立勒拿堡，即今雅库茨克。崇德三年即崇祯十一年（1638），哥萨克人才听到索伦人，即鄂温克人说有一条大河叫黑龙江（即阿穆尔河）。崇德八年即崇祯十六年（1643），俄国人波雅科夫带军到达黑龙江支流精奇里江（今结雅河）地带，侵入达斡尔人住地。清顺治七年（1650），俄国哈巴罗夫带领七十余人，翻越外兴安岭，侵入黑龙江地域。

---

① 谷应泰：《明史纪事本末·援朝鲜》第62卷，中华书局标点本，1977年，第980页。
② 雷丽平：《俄罗斯文化的历史变迁》，《光明日报》2013年7月4日第1版。

不久，他们占领达斡尔人居住的雅克萨（今阿尔巴津）。翌年，哈巴罗夫侵占索伦（鄂温克）头目托尔金的住地。托尔金是清太宗皇太极额驸巴尔达齐的亲戚。由上面所述，大历史背景，充分地说明，如果东北地区各个民族或部族之间，分裂争战，不相统一，那么，就不能共同抵御沙皇俄国的扩张势力；相反，努尔哈赤和皇太极父子对东北地域，沿袭元、明疆域，加以接管，重新统一，为其子孙后来抵御沙俄侵略提供了重要的历史条件。

满洲崛兴，不仅有国际环境，而且有国内环境，受到国内诸多因素的影响。

明朝初期，辽东地区主要有三种军政势力——明朝势力、"北元"势力、女真势力，相互交错，彼此分合，使当时辽东局势错综复杂，矢镞纷飞，争战纠葛。就建州女真的国内环境来说，在明代二百余年间，东北区域内影响女真南迁，加速满洲兴起，主要有蒙古势力、"野人"女真和海西女真三大要素。

蒙古势力。 明洪武元年（1368），明太祖朱元璋派大将军徐达率军北进，攻占大都（今北京），元亡。但是，故元势力，仍踞北方，辽东军力，尤为可观。洪武三年（1370），朱元璋派断事①黄俦等前往辽东，"诏谕辽阳诸处官民，帅众归附"②。诏谕之后，继之以兵。朱元璋派遣大军，前往辽东。洪武四年（1371）二月，《明太祖实录》记载："故元辽阳行省平章刘益，以辽东州郡地图并籍其兵马钱粮之数，遣右丞董遵、金院杨贤奉表来降。"③于是，明设置辽东卫指挥使司，以刘益为指挥同知。同年秋，设辽东都指挥使司管辖辽东，后来达到二十五卫、一百三十八所、二州、一盟④。

---

① 断事：《中文大辞典》释文：宋、元以后，置留守司、断事司，设断事、副断事等官。又明初于中书省、五军都督府设断事，后废。《明太祖实录》（卷十四）记载：朱元璋即吴王位，建百司官属：置中书省左右相国为正一品，平章政事从一品，左右丞正二品，参知政事从二品，左右司郎中正五品，员外郎正六品，都事、检校正七品，照磨、管勾从七品；参议府参议正三品，参军、断事官从三品，断事、经历正七品，知事正八品等。
② 谷应泰：《明史纪事本末·故元遗兵》第10卷，中华书局标点本，1977年，第131页。
③ 《明太祖实录》第61卷，洪武四年二月壬午，台北历史语言研究所校勘本，1962年，第5叶。
④ 万历《四镇三关志·辽镇》第1卷，明万历四年（1576）刻本，国家图书馆藏。

朱元璋在东北地区，首要之务是清除辽东"故元遗兵"。先是，明军逼近大都，元顺帝等北走上都（今内蒙古自治区锡林郭勒盟正蓝旗东境）。洪武二年（1369），明派常遇春、李文忠率军攻占元上都，元顺帝败走应昌（今内蒙古自治区克什克腾旗达里诺尔湖西）。洪武三年（1370），元顺帝于四月二十八日在应昌病死，年五十一。太子爱猷识理达腊继位，称必力克图汗，年号宣光。不久，徐达军大破扩廓帖木儿于沈儿峪，李文忠军攻占应昌。北元爱猷识理达腊在随从数十骑陪同下，逃往和林①。虽然蒙古地区故元势力大为削弱，但是辽东地区故元势力仍很强大。明洪武帝决心要接管故元疆土。洪武八年（1375），北元中书右丞相、河南王扩廓帖木儿死。洪武十一年（1378），北元爱猷识理达腊死。这两件事情，标志着辽东北元势力大衰。同时，明朝加紧对辽东的征抚活动。同年，故元枢密副使高家奴等归明。洪武十四年（1381），明大将军徐达出兵大胜，辽东北元势力动摇。同年，故元将校刘敬祖等三十余人降明，随之故元军官不断降明。在此大势之下，部分女真头人也纷纷投明。洪武十八年（1385），明将粮米七十五万二千二百余石海运往辽东②。这对改善生计、救济斯民有积极意义。翌年，故元降将高家奴从朝鲜以绮缎、布匹购马③，达三千匹。洪武二十年（1387），大将军冯胜率二十万大军北征，到达伊通河一带，故元洪伯颜帖木儿等投降。不久，故"元太尉纳哈出拥众数十万屯金山，数为辽东边害"④。明降纳哈出，得其部众三十余万人，"羊、马、驴、驼、辎重，亘百余里"⑤。

故元遗兵，相继降附，东北地区，归属明朝。明对北元，经过二十年征抚，取得重大胜利。大将军冯胜奏报，获纳哈出暨降附将校四千七百余人，国公、郡王、

---

① 和林：今蒙古国乌兰巴托西南，一名喀喇和林。元太祖时曾都于此。
② 《明太祖实录》第173卷，洪武十八年五月己丑，台北历史语言研究所校勘本，1962年，第2叶。
③ 《明太祖实录》第179卷，洪武十九年十二月戊子，台北历史语言研究所校勘本，1962年，第6～7叶。
④ 《明史·冯胜传》第129卷，中华书局点校本，1974年，第3798页。
⑤ 《明太祖实录》第182卷，洪武二十年六月丁未，台北历史语言研究所校勘本，1962年，第6叶。

太尉、司徒、平章、行省丞相、参知政院等大小官员六千四百余人，以及金银铜印一百颗，金银虎符及牌面一百二十五等，取得兵民来归，"喜溢臣民，欢腾远迩"的局面①。

女真势力。明朝在东北地区接管故元土地，引发"野人"女真、海西女真和建州女真的社会变动。明朝对女真主要采取以招抚为主、征抚兼施的"羁縻"政策，设立大量羁縻卫所。特别是在黑龙江入海口处，即元代奴儿哥征东元帅府的故地，设立了奴儿干都司，加封女真大小首领以不同的官职，有都督、都指挥使、指挥佥事、千户、百户、镇抚等，给予印信、敕书，并定期进京朝贡。明廷对女真各部，实行"各自授以官职而不相统属，各自通贡而不相纠合"的策略，女真诸部，"各有雄长，不使归一"②，以贻中国之安。

明朝随着征抚兼施策略的实行、军事的不断胜利，在辽东女真等地区，设立卫所，进行统辖。如洪武二十年（1387）：

> 置辽东三万卫指挥使司，以千户侯史家奴为指挥佥事。③

朝鲜《李朝实录》也记载：

> 礼曹参议安鲁生，回自京师，赍礼部咨文。……洪武二十一年间，都指挥使侯史家奴等，于斡朵里，开设衙门。④

---

① 《明太祖实录》第184卷，洪武二十年八月丁丑，台北历史语言研究所校勘本，1962年，第5～6叶。
② 杨道宾：《杨宗伯奏疏》，载《皇明经世文编》第453卷，中华书局影印本，1962年，第4977页。
③ 《明太祖实录》第187卷，洪武二十年十二月庚午，台北历史语言研究所校勘本，1962年，第6叶。
④ [朝]《李朝太宗大王实录》第13卷，七年三月己巳，日本学习院东洋文化研究所刊，1959年，第12叶。

千户侯史家奴指挥佥事开设衙门的地点在斡朵里，也就是三姓地方的马大屯（后文另述）。

以上两条史料说明：洪武中期，明朝势力已经达到并控制建州女真的故乡之地。元末明初斡朵里女真，既是明代建州女真史的起点，也是明代满洲兴起史的原点。

永乐年间，明廷对女真的招抚，获得重大成绩，取得重大突破。主要是加强了对整个东北地区女真的管辖，重大事件，列举如下：

永乐元年（1403），永乐帝派遣邢枢等官员，"往谕奴儿干，至吉烈迷诸部招抚之"①。

永乐二年（1404），《明太宗实录》记载："忽剌温等处女直野人头目把剌荅哈来朝，置奴儿干卫，以把剌嗒哈、剌孙②等四人为指挥同知，古驴等为千户所、镇抚，赐诰印、冠带、袭衣及钞币有差。"③同年，又派辽东千户王可仁前往豆满江（图们江）等地，安抚建州女直（真）④。

尔后，"北越辽河而亘沙漠，又东北至奴儿干，涉海有吉烈迷诸种部落，东邻建州、海西、野人女直，并兀良哈三卫，永乐初相率来归"⑤。

永乐三年（1405），《明太宗实录》记载："奴儿干卫指挥同知把剌荅哈及兀者左卫头目木荅忽等九十七人来朝，赐之钞币。"⑥同年，《明太宗实录》又记载：

---

① 严从简：《殊域周咨录·女直》第24卷，中华书局点校本，1993年，第733页。
② 《明实录·太宗实录校勘记》："把剌荅哈来朝，抱本哈作嗒；把剌嗒哈剌孙，旧校改嗒作荅，抱本哈作嗒，广本哈下有阿字。"查《明太宗实录》永乐三年三月己亥作"把剌荅哈"，永乐三年三月癸亥作"把剌荅"。又"把剌嗒哈剌孙"为一人或二人，待考。
③ 《明太宗实录》第28卷，永乐二年二月癸酉，台北历史语言研究所校勘本，1962年，第1叶。
④ [朝]《李朝太宗大王实录》第7卷，四年三月戊辰，日本学习院东洋文化研究所刊，1959年，第11叶。
⑤ 毕恭：《辽东志·序》，《辽海丛书》影印本，第1册，辽沈书社，1985年，第348页。
⑥ 《明太宗实录》第40卷，永乐三年三月己亥，台北历史语言研究所校勘本，1962年，第1叶。

"赐女直及奴儿干黑龙江忽剌温之地野人女直把剌荅……等宴于会同馆。"①

永乐七年（1409）四月，在黑龙江下游奴儿干地域居住的"野人"女真向明朝贡。闰四月，明朝设置奴儿干都指挥使司，任命康旺为都指挥同知，王肇舟为都指挥佥事。②奴儿干都司的所在地点，曹廷杰、间宫林藏、内藤虎次郎、和田清、杨旸等都考定在黑龙江入海口附近，并有永宁寺碑遗迹为证。奴儿干都司设置之后，"野人"女真与明廷往来更为密切。

永乐九年（1411），永乐帝派太监亦失哈、都指挥同知康旺等，"率军一千余人，巨船二十五艘"前往该地，实施建置"奴儿干都司"③。奴儿干都司的辖区，东濒海，西接兀良哈，南邻朝鲜，北至奴儿干北海④。明奴儿干地区所辖的卫所，时有变化，或因疏漏，各书记载，亦显差异。根据《明实录》记载统计，从永乐初到嘉靖间，先后在上述地区共设立三百七十个卫、二十个所⑤。在这些卫所中，留下诸多重要文物，其中有四块重要碑记：

一、永乐十一年（1413），明朝官员在奴儿干都司治所之地竖立的《敕修奴儿干永宁寺碑记》石碑，碑高五尺三寸六分，广二尺五寸，三十行，行六十四字。题额"永宁寺记"，正书。

二、宣德八年（1433），重修永宁寺竖立的《重建永宁寺记》石碑，碑高六尺二寸，广三尺六寸七分，三十行，行四十四字。额题"重建永宁寺记"，正书。

三、宣德元年（1426），《明辽东都指挥佥事昭勇将军崔源墓志铭》记载："宣德元年，同太监亦信下奴儿干等处诏谕，进指挥佥事。"⑥

---

① 《明太宗实录》第40卷，永乐三年三月癸亥，台北历史语言研究所校勘本，1962年，第4叶。
② 《明太宗实录》第91卷，永乐七年闰四月己酉，台北历史语言研究所校勘本，1962年，第1叶。
③ 《敕修永宁寺记》，载《历史的见证——明代奴尔干永宁寺碑文考释》附录，见《历史研究》1974年第1期。
④ 陈循等：《寰宇通志》第118卷，明景泰刻本，天津图书馆藏，又见《玄览堂丛书》本。
⑤ 李鸿彬：《清朝开国史略》，齐鲁书社，1997年，第11页。
⑥ 罗福颐：《满洲金石志》第6卷，"满日文化协会"印，民国二十六年（1937），第36页。

四、《明威将军宋国忠墓志铭》记载了其高祖宋卜花曾在明初奉命诏谕奴儿干的事迹。①

以上四通碑记和墓志，印证文献资料，有力证明：明朝在黑龙江下游地域设立军政机构，任命官员，开通站赤，适时朝贡，派员巡视，进行管辖，从而证明黑龙江下游地域，直至黑龙江入海口及口外库页岛（今萨哈林岛）是明朝所辖的疆土。

永乐十年（1412），《明太宗实录》记载：奴儿干等处女直野人头目准土奴、塔失等百七十八人来朝，贡方物，设置十一卫，"命准土奴等为指挥、千百户，赐诰印、冠带、袭衣及钞币有差"②。同年，《明太宗实录》又记载："置辽东境外满泾等四十五站，敕其提领那可孟常等曰：朝廷说奴儿干都司并各卫，凡使命往来，所经之地，旧有站赤者，复设各站头目，悉恭命毋怠。"③就是对故元的站赤加以整顿、完善、管理和使用。同年，《明太宗实录》再记载："奴儿干都司都指挥同知康旺等来朝，贡貂鼠皮等物，赐赉有差。"④

永乐十二年（1414），永乐帝允奴儿干都指挥使司都指挥同知康旺之请，向奴儿干都司增派兵三百名。⑤

永乐十八年（1420），明在吉林松花江畔船厂造船。⑥船只沿松花江而下，直达黑龙江口。后遣中官亦失哈等往奴儿干等处，又"令都指挥刘清领军松花

---

① 《黑龙江流域自古以来就是我国领土的又一铁证》，《辽宁日报》1975年1月5日。
② 《明太宗实录》第131卷，永乐十年八月丙寅，台北历史语言研究所校勘本，1962年，第2叶。
③ 《明太宗实录》第133卷，永乐十年十月丁卯，台北历史语言研究所校勘本，1962年，第2叶。
④ 《明太宗实录》第155卷，永乐十二年九月辛未朔，台北历史语言研究所校勘本，1962年，第1叶。
⑤ 《明太宗实录》第156卷，永乐十二年闰九月壬子，台北历史语言研究所校勘本，1962年，第2叶。
⑥ 《吉林阿什哈达摩崖》，《文物》1973年第8期。

江造船、运粮"①,也运送物资和军兵。

永乐十九年(1421),《明太宗实录》记载:"奴儿干等处都指挥王肇舟等……五百六十五人来朝,贡马。赐宴及钞币有差。"②

永乐二十年(1422),《明太宗实录》记载:"奴儿干等处都指挥王肇舟等来朝贡马。"③同年,《明太宗实录》又记载:"奴儿干等处都指挥王肇舟……等辞还,赐宴及钞币有差。"④

永乐帝死后,其孙宣德帝继承祖业,奴儿干都司按期朝贡,并受朝廷赐赏。如宣德三年(1428)、五年(1430)、七年(1432),太监亦失哈、都指挥康旺都往来于北京和奴儿干。⑤到宣德九年(1434),亦失哈奉旨回京。史载:"兀者卫指挥佥事猛可秃等三人,随内官亦失哈归自奴儿干,赐之彩币、表里、金织纻丝袭衣等物。"⑥

从永乐到宣德期间,明朝南北有两件大事:一件是太监郑和七下西洋,另一件是太监亦失哈八下奴儿干。至少七次下奴儿干的太监亦失哈,其重大意义可与七下西洋的太监郑和相媲美。⑦郑和为回族人,亦失哈为海西人⑧。《明史》郑和有传,亦失哈仅在《曹吉祥传》后附载。郑和下西洋与亦失哈下奴儿干,都是"明初盛事"⑨。此后,奴儿干都指挥使司的历史转入新的时期。

---

① 《明宣宗实录》第90卷,宣德七年五月丙寅,台北历史语言研究所校勘本,1962年,第2叶。
② 《明太宗实录》第242卷,永乐十九年十月癸巳,台北历史语言研究所校勘本,1962年,第1叶。
③ 《明太宗实录》第251卷,永乐二十年九月壬午,台北历史语言研究所校勘本,1962年,第3叶。
④ 《明太宗实录》第252卷,永乐二十年十月戊子,台北历史语言研究所校勘本,1962年,第3叶。
⑤ [日]江嶋寿雄:《明代清初の女直史研究》,日本中国书店,1999年,第61页。
⑥ 《明宣宗实录》第108卷,宣德九年二月壬申,台北历史语言研究所校勘本,1962年,第12叶。
⑦ [日]江嶋寿雄:《明代清初の女直史研究》,日本中国书店,1999年,第62页。
⑧ 《明英宗实录》第186卷,正统十四年十二月壬子,台北历史语言研究所校勘本,1962年,第4叶。
⑨ 《明史·郑和传》第304卷,中华书局点校本,1974年,第7768页。

明代女真地区的官员，包括都督、都指挥、指挥、千户、百户、镇抚等职，仍照旧俗，各统其属，按期朝贡，"给与印信"①。其官职世袭，父死子继、父老子替，都须由明廷谕准。

"野人"女真的朝贡，因路途遥远，不固定期限。朝贡的物品，主要是土特产，如海东青、马匹、貂皮、猞猁狲皮等。回赐的物品有彩缎、衣物、钞币等。

"野人"女真的变动，也影响海西女真。

海西女真，于明初期，在明帝国的管辖之下。此期海西女真人的一大特点是，逐渐向南迁徙。迁徙原因，择要有四：

其一，气候之因。地球上气候周期性寒暖交替，自辽、金到元、明的几个世纪，中国东北地区，处于相对寒冷时期。黑龙江、松花江地带的女真等部居民，为了避寒趋暖，举部向南迁徙。女真各部的分布地图，重新变动。

其二，时局之因。先是元朝中央政局变动，如从蒙古太祖成吉思汗元年（1206），中经太宗、定宗、宪宗、世祖（初期）等，到世祖至元十六年（1279），综合统计，七十三年，战云弥漫，矢镞纷飞。尔后，元世祖忽必烈两次用兵日本，征用女真军兵。元末明初，东北地区，战火不息，社会动荡。这也促使部分女真人避乱趋安，举部迁徙。

其三，战争之因。元末明初，中国历史又处于一个大动荡时期。明正统十四年（1449），蒙古瓦剌部首领也先，兵犯京师，明军迎击，发生"土木之变"。明朝军队惨败，正统皇帝被俘。蒙古瓦剌部势力，一度东达鸭绿江。中央皇朝虚弱，内部自顾不暇，东北地区之内，各个不同部族，各个不同集团，借机抢掠，进行争夺，彼此冲突，残酷厮杀，逼迫在松花江地域的女真人，进行迁徙。

其四，部族之因。女真不同部落、不同地域、不同集团、不同家族，互相纷争，彼此冲突，出现强凌弱、众暴寡的混乱局面。特别是"野人"女真，时

---

① 《明英宗实录》第43卷，正统三年六月戊辰，台北历史语言研究所校勘本，1962年，第6叶。

常侵袭建州女真和海西女真:"数与山寨仇杀,百十战不休。"①争战、抢掠、兼并,厮杀,促使海西女真、建州女真为躲避"野人"女真的侵扰,并加强同辽东及关内的经济联系,避害趋利,向南迁移。

所以,元末明初以来,散居于松花江、黑龙江地域的女真部落,频繁迁徙,动荡不定。

海西女真在建州女真南迁的同时也向南移徙。永乐初年,海西女真诸部归附明朝,明廷广设卫所,封官赏赉,定期朝贡,进行管辖。海西女真即扈伦四部——叶赫、哈达、乌拉、辉发,与明廷关系及其迁徙,依据史料,分别叙述。

先说叶赫部。永乐四年(1406),明廷在松花江北岸设塔鲁木卫,任命打叶为该卫指挥。《明太宗实录》记载:

> 女直野人头目打叶等七十人来朝,命置塔等②木、苏温河、阿速江、速平江四卫,以打絮③等为指挥、卫镇抚、千百户等官,赐诰印、冠带、袭衣及钞币有差。④

约在成化十九年(1483)前,打叶的后人不再袭职,改由的儿哈你⑤为塔鲁木卫指挥。尔后,的儿哈你因"入寇被杀",其子竹孔革⑥"听抚入贡"⑦。竹孔革

---

① 卢琼:《东戍见闻录》,《辽海丛书》影印本,辽沈书社,1985年,第456叶。
②《明实录·太宗实录校勘记》:"塔等木",广本、抱本"等"作"鲁",是也。
③《明实录·太宗实录校勘记》:"絮",广本、抱本作"葉"(叶),疑是也。
④《明太宗实录》第51卷,永乐四年二月庚寅,台北历史语言研究所校勘本,1962年,第5叶。
⑤ 的儿哈你:《明实录》作"的儿哈你",《清太祖高皇帝实录》和《满洲实录》均作"齐尔噶尼",《清太祖武皇帝实录》作"奇里哈尼",为同一人名的异译。
⑥ 竹孔革:一名多译,《清太祖武皇帝实录·诸部源流》作"出孔格",《满洲实录·诸部源流》作"楚孔革",《清太祖高皇帝实录》卷六作"褚孔格",而《明武宗实录》卷五一作"祝孔革",《明世宗实录》卷一〇三则作"竹孔革"等。
⑦《明武宗实录》第103卷,正德八年八月己亥,台北历史语言研究所校勘本,1962年,第2叶。

对明朝时顺时犯。以正德八年（1513）为例，正月，海西女真竹孔革等屡犯边，阻各夷朝贡。①六月，明兵部侍郎石玠到开原，遣大通事马俊出境，抚谕诸夷。竹孔革等听抚，率部二千人入关，各修职贡②。八月，竹孔革到北京入贡，《明武宗实录》记载：

> 兵部奏。海西卫夷人竹孔革等四人，听抚入贡，辄求升袭，并给印与敕，从之则示弱，不从则兴怨，臣等会廷臣议，以为竹孔革之父的儿哈你，本塔鲁木卫指挥佥事，以入寇被杀，今竹孔革既悔罪归顺，宜免勘，暂准袭其父职，以敕付辽东镇巡官收贮，俟一年以上不扰边境方许给之。③

明廷对竹孔革要考察一年，如不犯边，忠顺朝廷，才能给予敕书与印信。

武宗正德帝死，世宗嘉靖帝立。塔鲁木卫都督竹孔革的名字，出现在嘉靖朝的史册上。嘉靖三年（1524），竹孔革赴京朝贡，升为都督佥事，史载：

> 以塔鲁木卫都督佥事竹孔革升职久，给金带、大帽各一，从其请也。④

尔后，海西女真各部，向明廷朝贡，《明世宗实录》之记载，往来不断，下举三例：

> 海西塔鲁木卫女直都督竹孔革等三百七十八人来朝，贡马，赐宴，及彩币、袭衣、绢、钞有差。⑤

---

① 《明武宗实录》第96卷，正德八年正月戊子，台北历史语言研究所校勘本，1962年，第3叶。
② 《明武宗实录》第101卷，正德八年六月辛亥，台北历史语言研究所校勘本，1962年，第5叶。
③ 《明武宗实录》第103卷，正德八年八月己亥，台北历史语言研究所校勘本，1962年，第2叶。
④ 《明世宗实录》第36卷，嘉靖三年二月己未，台北历史语言研究所校勘本，1962年，第7叶。
⑤ 《明世宗实录》第36卷，嘉靖三年二月庚子，台北历史语言研究所校勘本，1962年，第1叶。

> 海西塔鲁木卫女直都督佥事竹孔革等，法因河卫女直都指挥佥事土剌等，建州卫女直都指挥佥事广武等凡二百五十人，各来贡马，赐宴赉如例。①

> 海西塔鲁木、建州等卫女直都督方巾撒哈、竹孔革等七百五十二人入贡，诏宴赉如例。②

不久，竹孔革率领部众，由松花江往南迁徙，到开原以北叶赫河一带定居。该部驻牧范围，大致在叶赫河流域，东北达伊通河上游，以及东辽河上游等地。该部因地近叶赫河而得名，称为叶赫部。叶赫部贝勒居住在山城。这就是海西女真扈伦四部之一的叶赫部。

次说哈达部。永乐四年（1406），明政府在松花江北岸呼兰河流域设塔山卫，命塔剌赤为指挥同知。正统十一年（1446），明廷为协调塔山卫内部的矛盾，而增设塔山左卫，命弗剌出为都指挥。该卫的地理特点，既地处冲要，"为迤北江上诸夷入贡必由之路"③；又势踞形胜，为东部蒙古攻略海西女真的必争之地。因此，成化年间，塔山左卫在蒙古势力的胁迫下，开始往南迁移，寻求明廷保护。弘治初年，该卫迁到今扶余、农安一带。不久明廷命速黑忒为都指挥，掌印管事。嘉靖十二年（1533），塔山左卫发生内乱，速黑忒被杀，克什纳袭职，后家族内讧遇害，由其子王忠任塔山左卫都督。因受"野人"女真侵袭，王忠率部由今扶余、农安一带南下，迁到小清河上游地域，今开原靖安堡广顺关外哈达地方定居。该部驻牧范围，由哈达河中上游，拓延到柴河中游以东地区。该部因地近哈达河，因河得名，称为哈达部。哈达部贝勒居住在山城。这就是海西女真扈伦四部之一的哈达部。

---

① 《明世宗实录》第48卷，嘉靖四年二月甲辰，台北历史语言研究所校勘本，1962年，第6叶。
② 《明世宗实录》第110卷，嘉靖九年二月乙亥，台北历史语言研究所校勘本，1962年，第9叶。
③ 《明世宗实录》第123卷，嘉靖十年三月甲辰，台北历史语言研究所校勘本，1962年，第16叶。

再说乌拉部。正当塔山左卫都督王忠率部南下时，他的叔伯侄子补烟（即布颜）也率其部众南下，在乌拉河沿岸定居，筑城称雄。该部驻牧范围，在今吉林省吉林市乌拉街以北，松花江以南，以及拉发河流域。该部因地近乌拉河，因河得名，称为乌拉部。乌拉部贝勒居住在临水平原之城。这就是海西女真扈伦四部之一的乌拉部。

复说辉发部。永乐七年（1409）三月，明朝在依兰设忽儿海卫，命恼纳、塔失为指挥使，一卫二雄，争夺卫印。五月，明从忽儿海卫中分出弗提卫，令恼纳掌忽儿海卫，塔失领弗提卫。塔失死后，传至王机砮。嘉靖时期，王机砮率众迁到辉发河畔的扈尔奇山，筑城居住。该部驻牧范围，由辉发河沿岸，南达柳河流域。该部因地近辉发河，因河得名，称为辉发部。辉发部贝勒居住在山城。这就是海西女真扈伦四部之一的辉发部。

总之，叶赫、哈达、乌拉、辉发，史称海西四部，又称扈伦四部[①]。扈伦四部的南迁、兴衰、分合、争战，都同建州女真的兴起，有着直接而重大的关系（后面专述）。

海西女真与明朝的贡贸关系，直接关系其兴衰分合，也直接影响建州女真崛兴。女真朝贡，略述如下。

朝贡制度。明朝政府规定，女真诸部，"迨入本朝，悉境归附，自开原迤北，因其部族所居，建置都司一、卫一百八十四、所二十，官其酋长，为都督、都指挥、指挥、千百户、镇抚等职，给与印信，俾仍旧俗，各统其属，以时朝贡"[②]。所以"自永乐年间俱来朝贡"，直到后金建立前，各部朝贡，连续不断。他们要向明朝政府交纳贡赋，明廷对"贡到方物，例不给价"[③]。这实际上是明政府向女真征

[①] 扈伦：为忽喇温的转音，忽喇温即海西女真驻牧地，这从一个侧面说明扈伦四部原是由海西迁来的。
[②] 李贤等：《女直》，载《大明一统志》第89卷，明天顺五年（1461）刻本，万寿堂刊，首都图书馆藏，第5叶。
[③] 申时行：《大明会典》第107卷，中华书局影印本，1989年，第579页。

收的赋税。明朝规定：建州女真和海西女真"令岁以冬月，从开原入朝贡"，"唯野人女真僻远无常期"①。据统计，仅嘉靖十五年（1536）入京的女真贡使，就达二千一百四十余名②。女真各卫所的朝贡人员到京后，由礼部会同馆官员负责接待，凡女真贡使俱在此馆安顿③。明朝皇帝接见贡使时，贡使除了报告所辖卫所的情状外，便向朝廷贡献方物，贡品都是地方出产的名贵土特产，如马匹、貂鼠皮、猞猁狲皮、人参、海东青等。明廷对朝贡者，按其官秩大小给予抚赏，进行回赐。④各卫所贡使来京所带除贡品外的货物，允许在京师指定的市场上出售，分官市和私市两种，朝廷所需货物由官家收购，剩余的物资可在私市上交易，换取他们所需的生产资料和生活用品——如瓷器、丝绸、盐茶、衣物等。

朝贡人数。《明会典》规定，海西女真、建州女真大体上每岁一贡，其人数，常变化。万历赠礼部尚书杨道宾于朝贡人数说："海西一千，建州五百。"大致每卫十五六人，海西女真二百卫，总数约三千人，建州女真约五六百人，每年女真朝贡总计约三四千人。⑤

马市贸易。马市具体情形，分作八点阐述。

---

① 苕上愚公：《东夷考略·女直》，载潘喆、孙方明、李鸿彬编《清入关前史料选辑》第1辑，中国人民大学出版社，1984年，第46页。
② 参见《明世宗实录》第184卷、第185卷、第187卷、第189卷，台北历史语言研究所校勘本，1962年。
③ 申时行：《大明会典·会同馆》第145卷，中华书局影印本，1989年，第735～736页。
④ 明万历《大明会典》卷一一一，礼部回赐东北夷女直条记载：都督每人给彩段（缎）四表里，折钞绢二匹，织金纻丝衣一套，靴袜各一双；都指挥每人给彩段（缎）二表里，绢四匹，折钞绢一匹，织金纻丝衣一套，靴袜各一双；指挥每人给彩段（缎）一表里，折钞绢一匹，素纻丝衣一套，靴袜各一双；千百户、镇抚、舍人、头目每人给彩段（缎）一表里，绢四匹，折钞绢一匹，奏事来者，每人给纻丝衣二件，折钞绢一匹，靴袜各一双，彩段（缎）一表里。赏赐之后，许于会同馆开市买卖三日。
⑤ [日] 江嶋寿雄：《明代女直朝贡贸易的概观》，日本《史渊》1958年12月第七十七辑。

其一，设市。明朝政府在辽东通往女真地区的交通重镇开设"马市"①，以便于女真和汉人以及东北各族之间进行交易。永乐初，由于军事所需马匹数量大，这成为贡贸的重要物资。如永乐三年（1405），福余卫指挥使喃不花等，率"其部属欲来货马，计两月始达京师。今天气向热，虏人畏夏"，经奏准，于永乐四年（1406）三月，在广宁、开原设立马市。此事，《明太宗实录》记载：

> 上谓兵部臣曰：福余卫指挥使喃不花等奏，其部属欲来货马，计两月始达京师。今天气向热，虏人畏夏，可遣人往辽东谕保定侯孟善，令就广宁、开原择水草便处立市，俟马至，官给其直，即遣归。②

翌年，在开原、广宁开设马市二所。后又增加一所。其时，辽东马市有三处："一于开原城南，以待海西女直；一于开原城东，一于广宁，以待朵颜三卫，各去城四十里。"③尔后陆续增设马市，如天顺八年（1464）为建州女真开设抚顺马市。《明宪宗实录》记载：

> 敕辽东镇守总兵等官，遇有建州等卫女直到边，须令从抚顺关口进入，仍于抚顺城往来交易。务在抚驭得宜，防闲周密，以绝奸宄之谋。毋或生事阻当，致失夷情，及纵令窥瞰，引起边患。④

后于成化时，在古城堡南（后迁庆云堡北）对海西女真增设马市一处。万

---

① 马市：初为买卖马匹的市场，故称马市，后贸易多种物品，习俗相沿，仍称马市。早在唐、宋，即开马市，以金帛、茶盐等市马。至明代，《明史·兵志·马政》载："马市者，始永乐间。辽东设三，二在开原，一在广宁，各去城四十里。"
② 《明太宗实录》第40卷，永乐三年三月癸卯，台北历史语言研究所校勘本，1962年，第2叶。
③ 毕恭：《辽东志》第3卷，《辽海丛书》影印本，辽沈书社，1985年，第29叶。
④ 《明宪宗实录》第4卷，天顺八年四月乙未，台北历史语言研究所校勘本，1962年，第4叶。

历三年（1575），在宽甸、瑷阳、清河增设马市。万历二十三年（1595），在义州开设木市。开原马市，后有广顺关、新安关、镇北关。广顺关在开原县东的貂皮屯，新安关在开原县庆云堡西北十里处，镇北关在开原县东北莲花屯①。

其二，日期。马市贸易日期，开始是定期，如每月一次或两次，每次三天或五天，而后是每旬一次或两次，每次三天或五天，再后是几乎成为日市，每天都开市交易。②

其三，人数。女真前来马市交易的人数增多，每次入市的人少则数十，多则数千。如海西女真部都督猛骨孛罗、歹商等从广顺关入市，一次竟达一千一百人③，建州女真朱长革等一次进入抚顺关互市的就有二百五十人④。

其四，馆舍。女真朝贡人员，在军民家住宿，易生事端。以建州女真为例，明巡抚辽东副都御史滕昭的奏疏，说明了当时情形，以及改进举措：

> 抚顺千户所乃建州诸夷入京朝贡之路，其来多或五六百人，少亦二百余，俱于城中军民家憩宿，间有觇知边情虚实，或内应为奸者，且孤城绝远，猝难赴援，请于本所城南置一马驿，拨馆夫十名，以备接待。……兵部会官议，以为便，从之。⑤

其五，物品。在马市上，女真人买入食盐、茶叶、瓷器、粮食、布匹、丝绢、

---

① [日] 河内良弘：《明代女真史の研究》，同朋舍，1992年，第19～20页。
② 万历十二年《广顺、镇北、新安等关易换货物抽分银两表册》，载《明档》，乙107号，辽宁省档案馆藏。
③ 万历十二年《广顺、镇北、新安等关易换货物抽分银两表册》，载《明档》，乙107号，辽宁省档案馆藏。
④ 万历六年《定辽后卫经历呈报经手抽收抚偿夷人银两各项清册》，载《明档》，乙105号，辽宁省档案馆藏。
⑤《明宪宗实录》第17卷，成化元年五月乙卯，台北历史语言研究所校勘本，1962年，第2叶。

袄裤、铁锅、铁铧、耕牛等，特别是大量耕牛和铁器工具。卖出人参、兽皮、木耳、蘑菇、松子、蜂蜜、明珠等。根据《明辽东残档·抽分清册》107号记录统计，运进海西女真的耕牛二百一十六头，铧子四千二百九十二件①。女真等从北京市买的瓷器，数量大，运输巧，如《夷人市瓷器》记载：

> 余于京师，见北馆伴当馆夫装车，其高至三丈余，皆鞑靼、女真诸虏，及天方诸国贡夷归装所载。他物不论，即瓷器一项，多至数十车。予初怪其轻脆，何以陆行万里。既细叩之，则初买时，每一器内纳少土，及豆麦少许，叠数十个，辄牢缚成一片。置之湿地，频洒以水，久之则豆麦生芽，缠绕胶固，试投之荦确之地，不损破者，始以登车。临装驾时，又从车上掷下数番，其坚韧如故者，始载以往。其价比常加十倍。②

其六，税收。明朝政府对马市货物征税不断增加，有的增加几成，也有的增加几倍。辽宁省档案馆现存明档共计一千零八十卷，在《明代辽东档案汇编》中，"财税"为其十个部分之一③，分量之重，可见一斑。

其七，纠纷。马市贸易不断有摩擦和纠纷。因马市人员多寡、抽分轻重、官员勒索、头目骄横而引发的冲突，时有发生，故马市也时有关闭等情况。

其八，制度。先是，马市时有摩擦和纠纷，甚至出现顶替、讹诈等乱象。如女直通事王臣言：海西女直夷人，阳顺阴逆，贡使方出，寇骑即至。今会同两馆，动有千数。臣等引领约束，颇知情弊，谨条陈上请。于是，条陈规则，制定制度。

---

① 万历十二年《广顺、镇北、新安等关易换货物抽分银两表册》，载《明档》，乙107号，辽宁省档案馆藏。
② 沈德符：《万历野获编·夷人市瓷器》，中华书局点校本，1959年，第780页。
③ 《明辽东档案汇编》上册"叁财税"，辽沈书社，1985年。

一、海西都督速黑忒，虽号强雄，颇畏法度，彼处头目，亦皆慑伏，宜降敕切责，及差廉干官一员，同往抚顺。节次犯边竹孔革等部落，如无效将差去官，并速黑忒治罪。

一、夷人敕书，多不系本名，或伊祖父，或借买他人，或损坏洗改，每费审驿。宜令边官，审本敕亲子孙，实名填注，到京奏换。

一、夷人升袭，自有旧例，往往具奏行边，年久不报，怀怨回家，致生边衅。宜再行定规，到边催缴。

一、夷人宴赏日期，自有定例，即今积聚数多，宴赏迟误，及至领赏，又多滥恶，故不怀惠。

一、速黑忒、牙令哈、阿剌哈等，俱自称有招抚边夷功，宜查实升赏。上命该部议行。①

随着明代东北地区经贸交易多，朝贡人员多，往来次数多，文化交流多，水陆交通，随之发展。明在元站赤的基础上，延长路线，增辟线路，新建驿站。特别是对黑龙江、松花江一带，明廷为保证辽东同奴儿干等地区的交通运输，永乐十年（1412）十月，自松花江到黑龙江下游，设置满泾等四十五个驿站。

置辽东境外满泾等四十五站，敕其提领那可孟常等曰：朝廷说奴儿干都司并各卫，凡使命往来，所经之地，旧有站赤者，复设各站头目，悉恭命毋怠。②

据《辽东志》记载，时从辽东通往东北各地交通，以开原为起点，交通干线，分布六条。其中，纳丹府东北陆路七站，开原西陆路四站，开原北陆路九站，

---

① 《明世宗实录》第12卷，嘉靖元年三月乙卯，台北历史语言研究所校勘本，1962年，第3叶。
② 《明太宗实录》第133卷，永乐十年十月丁卯，台北历史语言研究所校勘本，1962年，第2叶。

海西西陆路十站,海西东水路二十七站,乞列迷等狗站二十四站,共计八十一站。①盛明时期,东北地区,交通网络,四通八达:东到朝鲜,东北达特林地区的满泾;西达蒙古,西北通往今满洲里以北。

总之,明朝前期,在东北地区,增设驿站,创建船厂,开设马市,交通运输,有利于东北各部之间交往,有利于经济发展,有利于文化交流,更有利于中央政权对东北地域的管辖。

海西女真的南迁,到嘉靖时期,基本稳定下来,形成满洲兴起时的扈伦四部——哈达部、叶赫部、乌拉部和辉发部的格局地图。海西女真的南迁稳定,既给建州女真树立了竞争目标,也为满洲崛起充实了巨大能量。

明朝失策。明朝初期招抚女真的政策,既有得的一面,即加速实现对东北版图的再统一;也有失的一面,即大量女真南迁后,在开原城内设立自在、安乐州,也有女真人被安置在辽阳、沈阳等地,然而对他们疏于管理。大量南迁的海西女真、建州女真部落,主要聚集在今辽宁北部和东部一带地域。其前者,后来形成哈达、叶赫、辉发以及稍北的乌拉部;其后者,后来形成建州女真的建州五部和长白三部。万历三十六年(1608),明礼部官员奏言:"臣阅金、辽二史,辽人尝言:'女直兵若满万,则不可敌。'今奴酋精兵,业已三万有奇。按隆庆间辽镇图籍,马步官军实在八万,粮米豆草而外,主客岁饷二十万金。今称堪战亲兵不满八千,思之可为寒心。"②这自然留中,如石沉大海。努尔哈赤不断蚕食诸部,实现女真诸部统一,已经坐大,终不可制。

明朝的建州女真,其早期历史演变,兹略作如下叙述。

---

① 毕恭:《辽东志》第9卷,《辽海丛书》影印本,辽沈书社,1985年,第10～11叶。
② 《明神宗实录》第444卷,万历三十六年三月丁酉,台北历史语言研究所校勘本,1962年,第2叶。

三 建州女真演变

研究状况。 建州女真史的研究，二十世纪有突破性进展。其原因与成果，概略叙述如下：

第一，辛亥鼎革，解除禁锢。明代女真历史，限于官方研究，民间著述，不占主流。清朝几部重要满洲历史著作，都冠以"钦定"二字，如《钦定满洲源流考》《钦定满洲祭神祭天典礼》《钦定八旗满洲氏族通谱》《钦定八旗通志》等。清亡民兴之后，大量官私著作，相继问世，出现一批成果。

第二，资料开放。明清内阁密档、皇家文献，陆续开放，得到利用、研究。主要是"三录两档"的开放，即《清实录》、《明实录》、朝鲜《李朝实录》和清内阁大库档案、《满文原档》（即《旧满洲档》《无圈点档》《满文老档》），以及一批在清朝遭禁的私家著作可以公开出版、插架和利用。

第三，一批成果。日本国如稻叶岩吉的《建州女直の原地及び迁住地》（1913），池内宏的《鲜初の东北境と女真との关系》（1916），园田一龟的《明代建州女直史研究》（正编1948年、续编1953年），和田清的《建州本卫の移动について》（1955），三田村泰助的《清朝前史の研究》（1965），神田信夫等

的《满文老档译注》（Ⅰ～Ⅶ册，1955~1963），河内良弘的《明代女真史の研究》（1992），江嶋寿雄的《明代清初の女直史研究》（1999），阿南惟敬的《清初军事史论考》（1980）等。韩国如李仁荣的《丽末鲜初豆满江流域の女真分布》（1973），徐炳国的《宣祖时代女直交涉史研究》（1970）等。中国如孟森的《清朝前纪》（1930）和二十世纪三十年代《满洲开国史》（1992），陈捷先的《满洲丛考》（1963），杨旸、傅朗云等的《明代奴儿干都司及其卫所研究》（1982），孙进己、蒋秀松等的《女真史》（1987），杨旸的《明代辽东都司》（1988），李燕光、关捷的《满族通史》（2003），魏国忠主编《肃慎-女真族系研究》（2017）等。

在明初女真迁徙各部中，直接影响后来满洲兴起的主要因素，根植于元朝合兰府水达达等路的女真各部。

明初，女真分化，依其地域，概略区分为四大部：建州女真、海西女真、东海女真和黑龙江女真。建州女真分布在牡丹江、绥芬河及长白山一带；海西女真分布在松花江流域；东海女真分布在图们江、乌苏里江以东沿海地区；黑龙江女真分布在黑龙江中下游流域和库页岛（今萨哈林岛）等地。

历史演变。建州卫在元末明初，生长地点在松花江与牡丹江汇流处地带，今黑龙江省依兰县境。这里居住着女真胡里改部。先是，元兴金亡，东北地区的女真人转而成为元帝国的臣民。女真各部中，原属于"熟女真"的部分，同汉族等不断融合，逐渐汉化；原属于"生女真"的部分，主要散居于元朝合兰府水达达等路，即以今黑龙江依兰为中心，松花江下游流域。在这一区域，元政府"设官牧民"，设置桃温、胡里改、斡朵怜、脱斡怜、孛苦江等五个万户府。这些女真人，经过漫长的历史演进，后来成为建州女真的主体，也是满洲的先世所在。这五个万户府，其中三个万户府，即桃温、胡里改、斡朵怜三部实力更大，部众更多，首领更强，影响更广。在这三个万户府中，最先同明朝发生联系的是胡里改部的阿哈出。

金朝天兴三年即南宋理宗端平元年（1234），蒙古兴，金朝亡。《元史·地理志二》记载：

> 合兰府水达达等路，土地旷阔，人民散居。元初设军民万户府五，抚镇北边。一曰桃温，距上都四千里；一曰胡里改，距上都四千二百里、大都三千八百里（有胡里改江并混同江，又有合兰河流入于海）；一曰斡朵怜；一曰脱斡怜；一曰孛苦江。各有司存，分领混同江南北之地。其居民皆水达达、女直之人，各仍旧俗，无市井城郭，逐水草为居，以射猎为业。①

元朝在后称建州女真的地区，设置五个万户府，任命五个万户（官名）。到了明初，居住在三姓（今黑龙江省依兰县境）附近有五个万户中的三个万户，朝鲜《龙飞御天歌》记载：

> 如女真，则斡朵里豆漫夹温·猛哥贴木儿，火儿阿豆漫古论·阿哈出，托温豆漫高·卜儿阀。朵，都果切；斡朵里，地名，在海西江之东，火儿阿江之西。火儿阿，亦地名，在二江合流之东，盖因江为名也。托温，亦地名，在二江合流之下，二江皆自西而北流，三城相次沿江。夹温，姓也；哥，居何切，猛哥贴木儿，名也。古论，姓也；阿哈出，名也。高，姓也；阀，阿葛切，卜儿阀，名也。②

上文，斡朵里、火儿阿、托温，为地名，分别是三城。豆漫的汉译是万户，就是三个万户。夹温·猛哥贴（帖）木儿、古论·阿哈出、高·卜儿阀，其中的夹温、古论、高分别是姓，猛哥帖木儿、阿哈出、卜儿阀分别是人名，就是

---

① 宋濂：《元史·地理志二》第59卷，中华书局点校本，1976年，第1400页。
② [朝]《龙飞御天歌》第7卷，朝鲜古书刊行会本，第52章。

三个万户，分领其地，分统其众。前引斡朵里万户夹温·猛哥帖木儿、火儿阿万户古论·阿哈出、托温万户高·卜儿阏，他们的所在地——斡朵里猛哥帖木儿部，在牡丹江入松花江江口以西；火儿阿即胡里改阿哈出部，在牡丹江入松花江江口以东；托温部在二江合流以下。三地因江而名，三个万户，互相为邻。三江都自西向北流，斡朵里、火儿阿（胡里改）、托温三城，相次沿江，相互联系。

这里由于元末明初的社会变动，北面兀狄哈人的不断侵袭，部族动荡，不得安宁。猛哥帖木儿约于明洪武五年（1372）前后，率领部众，离开故土，溯牡丹江而上，南徙到珲春河流域居住。约到洪武九年（1376）至十七年（1384）之间，又离开珲春河畔，南渡豆满江（即图们江），进入朝鲜境东北庆源、镜城一带居住。其时，朝鲜李成桂对猛哥帖木儿举行酒宴，进行拉拢。洪武二十一年（1388），猛哥帖木儿又率部南移到阿木河（斡木河），即吾音会（今朝鲜会宁）地方，耕种牧猎，安家居住。移住的人口，据《李朝太宗大王实录》记载："猛哥帖木儿、答失等并管下一百八十余户，见居公崄镇迤南镜城地面。"①其人口，若以一户七口计，总人口约为一千二百六十名②。

与此同时，洪武五年（1372）前后，阿哈出也率领部众，背井离乡，沿着牡丹江南进，迁徙到豆满江（即图们江）以北，珲春河以西地域居住。

永乐帝取得皇位之后，不仅对"野人"女真、海西女真，而且对建州女真，采取积极招抚的政策。永乐元年（1403），永乐帝登位伊始，阿哈出等就到明朝都城应天（南京）朝贡。朝廷接待阿哈出，并在胡里改（火儿阿）部住地设置建州卫，任命阿哈出为建州卫指挥使。于此，《明太宗实录》记载：

---

① [朝]《李朝太宗大王实录》第9卷，五年五月庚戌，日本学习院东洋文化研究所刊，1959年，第19叶。
② [日] 河内良弘：《明代女真史の研究》，同朋舍，1992年，第37页。

女直野人头目阿①哈出等来朝,设建州卫军民指挥使司,阿哈出为指挥使,余为千百户所镇抚,赐诰印、冠带、袭衣及钞币有差。②

明朝正式设立建州卫指挥使司,任命阿哈出为指挥使司指挥使,以及经历司署经历等官员。

明廷又升阿哈出之子释加(家)奴为都指挥佥事,并赐汉姓。《明太宗实录》记载:

升建州卫指挥使释家奴为都指挥佥事,赐姓名李显忠……释家奴者,指挥阿哈出之子,皆以从征有功也。③

不久,清太祖努尔哈赤的六世祖、建州左卫首领猛哥帖木儿,出现在明朝和朝鲜的史册上。猛哥帖木儿(约1370~1433),其父挥厚,元末为万户,是女真的大家巨族;其母名也吾巨。猛哥帖木儿兄弟四人,另三人为於虚里、於沙哥(於沙介)和凡察。猛哥帖木儿之弟,有同父同母,有同母异父,还有异父异母,情状复杂,此不细述。④猛哥帖木儿的生年不详。⑤猛哥帖木儿初始生活在松花江与牡丹江汇流处偏西的马大屯附近。前引朝鲜《龙飞御天歌》记载其事。该部首领也曾向明廷朝贡:

---

①"阿",《明太宗实录》第25卷,永乐元年十一月辛丑条原文作"呵哈出";《明实录·太宗实录校勘记》该条对"呵"字未作校勘记。据同条任命"阿哈出为指挥使",又查《明太宗实录》第107卷,永乐八年八月乙卯作"阿哈出",再查《李朝实录》相关记载也作"阿哈出",故在此处改"呵"字作"阿"字。
②《明太宗实录》第25卷,永乐元年十一月辛丑,台北历史语言研究所校勘本,1962年,第6叶。
③《明太宗实录》第107卷,永乐八年八月乙卯,台北历史语言研究所校勘本,1962年,第4叶。
④[日]河内良弘:《明代女真史の研究》,同朋舍,1992年,第35页。
⑤[朝]《李朝世宗大王实录》第82卷,二十年七月辛亥,日本学习院东洋文化研究所刊,1959年,第12叶。

建州等卫都指挥李显忠、指挥使猛哥帖木儿等来朝,贡马及方物,特厚赉之。①

上文李显忠,就是阿哈出之子释加奴。

永乐三年(1405)三月,明朝敕谕猛哥帖木儿曰:

敕谕万户猛哥帖木儿等:前者阿哈出来朝言,尔聪明识达天道,已遣使赍敕谕尔。使者回复言,尔能恭敬朕命,归心朝廷,朕甚嘉之。今再遣千户王教化的等,赐尔等彩段表里,尔可亲自来朝,与尔名分、赏赐,令尔抚安军民,打围牧放,从便生理。其余头目人等,合与名分者,可与同来。若有合与名分,在彼管事,不能来者,可明白开写来奏,一体给与名分、赏赐。故敕。②

其实,猛哥帖木儿和永乐帝除同阿哈出参加北征有功外,还有一层特殊的关系,就是阿哈出的女儿是永乐帝的宠妃,朝鲜尊称她为第三皇后,所以猛哥帖木儿也算是永乐皇帝的姻亲。③

猛哥帖木儿,皇后之亲也。遣人招来者,皇后之愿欲也。骨肉相见,人之大伦也。④

---

① 《明太宗实录》第144卷,永乐十一年十月甲戌,台北历史语言研究所校勘本,1962年,第2叶。
② [朝]《李朝太宗大王实录》第9卷,五年三月丙午,日本学习院东洋文化研究所刊,1959年,第8叶。
③ [朝]《李朝太宗大王实录》第21卷,十一年四月丙辰,日本学习院东洋文化研究所刊,1959年,第17叶。
④ [朝]《李朝太宗大王实录》第10卷,五年九月己酉,日本学习院东洋文化研究所刊,1959年,第13叶。

猛哥帖木儿同明朝的关系，忠顺朝廷，来往密切，史书记载，择举如下：

永乐三年（1405）九月，猛哥帖木儿随明使到应天，觐见永乐皇帝，明廷授他为建州卫指挥使。

永乐四年（1406）春，阿哈出因与朝鲜关系恶化，再加上兀狄哈南下侵扰，便率领部众，由图们江北岸，西迁到辉发河上游的凤州（今吉林省梅河口市山城镇）居住。

永乐九年（1411）四月，猛哥帖木儿也因与朝鲜关系不谐，加之兀狄哈侵袭，便率领部众，前往凤州，与建州卫阿哈出同住一地。同年，阿哈出逝世，由其子释加（家）奴（即李显忠）袭官。

永乐十年（1412），猛哥帖木儿入京朝贡，明廷因其与阿哈出原先都是元朝万户，故增设建州左卫，命猛哥帖木儿领左卫，任指挥使。后《明太宗实录》记载：

> 赐……建州左卫指挥猛哥帖木儿等宴。①

猛哥帖木儿又奏举本部其他重要头目，请求明廷授予官职：

> 建州左卫指挥猛哥帖木儿，奏举其头目卜颜帖木儿、速哥等堪任以职，命为指挥、千百户。②

建州左卫住地，后经明廷允准，举部搬移到朝鲜斡木河③地带居住、农耕、牧猎和生息。

---

① 《明太宗实录》第173卷，永乐十四年二月壬午，台北历史语言研究所校勘本，1962年，第1叶。
② 《明太宗实录》第185卷，永乐十五年二月己巳，台北历史语言研究所校勘本，1962年，第2叶。
③ 《东国舆地胜览》记载：会宁府，胡言"斡木河"，又称阿木河、阿木火，一云吾音会，后为会宁镇。

约于永乐十八年（1420），释加奴（即释家奴、李显忠）去世，由其子李满住（阿哈出之孙）承袭，统辖建州卫。

永乐二十年（1422）九月，建州左卫猛哥帖木儿因凤州地方常遭蒙古骑兵侵扰，向明廷请求迁往他地定居。永乐帝谕准许其复还朝鲜境内阿木河（斡木河）地面居住。

永乐二十一年（1423），猛哥帖木儿率领部众回到阿木河（斡木河）驻牧、农耕，仍同明廷保持臣属关系，为明廷悉心任事。

宣德八年（1433）十月，猛哥帖木儿协同明军反击杨木答兀叛乱而遇害。

建州左卫首领猛哥帖木儿死后，其子董山，即童仓（1419～1479）被兀狄哈掳去，时年十五岁，明廷命凡察（猛哥帖木儿异父同母弟）执掌建州左卫事务。他深感在阿木河（斡木河）实难久居，故想返回明境定居，由于朝鲜的阻挠，几经周折，于正统五年（1440）六月，才率部经过婆猪江（佟家江、浑江），九月到达苏子河与李满住会合。明廷得知后，将凡察所领建州左卫，也安置在以苏子河上游赫图阿拉（今辽宁省新宾满族自治县永陵镇赫图阿拉村）为中心的地域，包括桓仁满族自治县以西的丘陵地带居住。

董山（童仓）被掳后，由毛怜卫指挥哈儿秃等将其赎回，明廷授他为建州左卫指挥使，随其叔父一同迁到苏子河。不久，董山（童仓）与凡察为争夺建州左卫的卫印，叔侄之间发生"卫印之争"。正统七年（1442），明政府析分建州左卫为二，增设建州右卫，董山（童仓）领左卫事，凡察掌右卫事。于是，建州卫、建州左卫和建州右卫，史称建州三卫。

同期，建州卫的阿哈出之孙李满住也经过曲折迁徙：

永乐二十年（1422），建州卫李满住向明廷请求迁往别处安居。

永乐二十一年（1423）初，明廷准许李满住迁往婆猪江（佟家江、浑江）多回坪等处居住。

永乐二十二年（1424）四月，李满住率领部众到达婆猪江西岸兀剌山南麓瓮村（今辽宁省桓仁满族自治县境）一带居住。

宣德八年（1433）六月，李满住因遭朝鲜侵袭，由瓮村迁到兀剌山北的吾弥府（今辽宁省桓仁满族自治县古城子）。

正统三年（1438）初，李满住又率部迁徙到浑河上游。六月，再移往灶突山（今辽宁省新宾满族自治县赫图阿拉烟筒山）地带。

于是，建州女真建州卫三部——建州卫、建州左卫、建州右卫，合居一处，迅速发展。

到清太祖努尔哈赤起兵之前，建州女真和海西女真的大体分布与位置，梗概而言，大致如下：

建州女真，分为两大部、八小部：

（1）建州本部五部，即苏克素浒河部、浑河部、完颜（王甲）部、栋鄂部、哲陈部。分布在今抚顺以东，鸭绿江以西，清源以南，桓仁以北，以浑河、苏子河（苏克素浒河）流域为主的地域。

（2）长白三部，即鸭绿江部、讷殷部、朱舍里部，分布在鸭绿江以北，图们江以南，长白山以西地带。

海西女真又称扈伦四部，分为：

（1）哈达部；

（2）叶赫部；

（3）乌拉部；

（4）辉发部。

明朝建州女真的经济形态，主要为：

（1）狩猎，猎获走兽，食其肉、取其皮——貂鼠皮、猞猁狲皮、狐狸皮等；

（2）采集，如挖人参、采松子、捡蘑菇、取蜂蜜、拾木耳；

（3）捕鱼；

（4）农耕——建州女真，早已"解耕纤，室居火食"①，女真在今桓仁兀喇（刺）山北隅兀弥府地方原野，农耕情形，目击者说："见水两岸大野，率皆耕垦，农人与牛，布散于野。"② 粮食产量，"春种即谷一亩，收十石"③。

（5）手工业，工具有铧、铲、锄、锛、斧等，有风炉，有冶工，加工箭镞、铠甲，有弓人、匠人。有贫富的差别：富者马匹"千百为群"，贫者沦为"阿哈"，即奴仆。被掳掠汉人或朝鲜人，长期不得解脱，有的二十余年，也有的终身。他们的生活，如同牛马，十分悲苦。下面引述一段对话（略有改动），以重现当时当地情景。

问：贼马何如？

答：人马皆壮健矣。

问：弓箭何如？

答：弓矢皆强劲，设风炉造箭镞，皆淬之。

问：作室何如？

答：其作室之形，一梁通四五间。如僧舍，以大铜釜排置左右，一釜炊饭而食，一釜用秕糠作粥以养马。

问：饭食何如？

答：食犬马之食，而非人之食也。

问：计活何如？

答：多储匹段（缎）、布物，一人所有貂鼠皮可至三百余张。

问：所事何事？

答：鸡初鸣始起，终日舂米。每日斫木负来，手足皆裂流血。痛苦呼泣，主人曰：

---

① 苕上愚公：《东夷考略·建州》，载潘喆、孙方明、李鸿彬编《清入关前史料选辑》第1辑，中国人民大学出版社，1984年，第62页。
② [朝]《李朝世宗大王实录》第77卷，十九年六月己巳，日本学习院东洋文化研究所刊，1959年，第35叶。
③ [朝]《李朝世宗大王实录》第77卷，十九年六月辛未，日本学习院东洋文化研究所刊，1959年，第37叶。

"谁能使汝坐费饮食乎！如此，则将杀之。臣畏，不敢复言。"云云①。

明代建州女真史上，不仅个人，而且部族，先后遭受过五次大磨难。

建州女真历史上的五次大磨难：一是宣德癸丑之难，二是成化丁亥之难，三是成化己亥之难，四是万历癸未之难，五是万历己未之难。后两次发生在万历朝，同建州崛兴有直接关联，在本书上卷有专章阐述。前三次发生在努尔哈赤兴起之前，下面分别阐述。

宣德癸丑之难。 事变发生在明宣德八年（1433），这一年为癸丑年，故史称宣德癸丑之变；又因事情发生在斡木河，故又称斡木河之变。

先是，永乐二十一年（1423）四月，猛哥帖木儿随从永乐帝北征后，得到谕旨，携子权豆（阿古），率正军一千名，妇女儿童六千二百五十名，到达斡木河，农耕牧猎，生活安定。不久，猛哥帖木儿之同母异父弟於沙哥、凡察也到达斡木河。他们受到朝鲜耕地、谷种、鱼盐、衣物等支给。随后，女真杨木答兀等也来到这一地带。杨木答兀原住开原，为女真豪族，明授为千户，谋叛剽掠，四处焚抢，杀人越货，受到追捕②，逃往斡木河。猛哥帖木儿年老，子权豆（阿古）受李朝国王李芳远的接见，欲授其为上将军，权豆（阿古）以"私交之嫌"而拒绝。宣德八年（1433）明升猛哥帖木儿为右都督，官位正一品，并授凡察为都指挥使。不久，明廷给猛哥帖木儿以新使命。

> 敕建州左卫掌卫事、右都督猛哥帖木儿，都指挥使凡察等，令以初随杨木答兀漫散官军，悉送京师。③

---

① [朝]《李朝成宗大王实录》第255卷，二十二年七月丁亥，日本学习院东洋文化研究所刊，1959年，第19～20叶。
②《明宣宗实录》第13卷，宣德元年正月癸亥，台北历史语言研究所校勘本，1962年，第13叶。
③《明宣宗实录》第99卷，宣德八年二月戊申，台北历史语言研究所校勘本，1962年，第6叶。

明派指挥同知裴俊，带领官兵一百六十一名，到斡木河。闰八月十五日，杨木答兀等抢掠裴俊所带赏赐物品及马匹等。十月十九日，杨木答兀纠合"七姓野人"等八百余人，骑马持械，突袭猛哥帖木儿住地，放火焚寨，抢掠财物。猛哥帖木儿、权豆（阿古）等进行抵御。在激战中，猛哥帖木儿、权豆（阿古）等，因突遭袭击，众寡不敌而被杀。这就是斡木河之变。

斡木河之变后，建州左卫衰落、分散。因猛哥帖木儿及其长子权豆（阿古）已死，明升建州左卫都指挥佥事凡察为都督佥事，仍掌建州左卫事。

> 升建州左卫都指挥佥事凡察为都督佥事，仍掌卫事，余升秩有差。先是遣都指挥裴俊往斡木河招谕，遇寇与战，而众寡不敌，凡察等率众往援，杀贼有功，故超升之。①

猛哥帖木儿之子董山（童仓）在斡木河之变时，被掳去，经赎回，幸躲一劫，后也搬移与叔父凡察同住。但董山（童仓）上奏明廷，请求准许前往辽东居住：

> 建州左卫都督猛可帖木儿子童仓奏，臣父为七姓野人所杀，臣与叔都督凡察，及百户高早化等五百余家，潜住朝鲜地，欲与俱出辽东居住，恐被朝鲜国拘留，乞赐矜悯。上敕朝鲜国王李祹，俾将凡察等家送至毛怜卫，复敕毛怜卫都指挥同知郎卜儿罕，令人护送出境，毋致侵害。②

后几经曲折，冲破磨难，董山（童仓）终于迁到辽东，与凡察住在一起。其间，发生纠纷，遭遇困难。《明英宗实录》敕谕朝鲜国王李祹言：

---

① 《明宣宗实录》第108卷，宣德九年二月癸酉，台北历史语言研究所校勘本，1962年，第12叶。
② 《明英宗实录》第36卷，正统二年十一月戊戌，台北历史语言研究所校勘本，1962年，第3叶。

今凡察等奏,将率众还,为王军马追逐抢杀,内有一百七十余家阻当不放。朕惟凡察疑惧不还,此小人之心,无足怪者,而使其父子、兄弟、夫妇离散,情则可悯。此或下人所为,王不知也。敕至,可遣人覆实,果有所遗人民一百七十余家,即遣去完聚;如凡察妄言,或其人在彼不欲去者,王善加抚恤,俾遂其生,亦用奏来。①

同时,诫谕凡察、董山(童仓)等,不要生衅抢掠扰边,不许侵犯王之边境。但是,建州左卫印信发生争执,情节曲折生动。《明英宗实录》记载:

敕建州左卫都督凡察及故都督猛哥帖木儿子指挥董山曰:往闻猛哥帖木儿为七姓野人戕害,掠去原降印信,宣德年间又复颁降,令凡察掌之。前董山来朝云,旧印已获。近凡察来朝又奏,欲留新印。一卫二印,于法非宜,敕至,尔等即协同署事,仍将旧印遣人送缴,庶几事体归一,部属信从。②

朝廷一纸敕谕,没有解决问题。建州左卫的印信,猛哥帖木儿死后,应当归其子董山(童仓)继承,时董山(童仓)失踪,卫印丢失,朝廷便命铸造新印,归凡察执掌。现在朝廷要收回旧印,新印归凡察掌管,董山(童仓)不服,又上奏文。明廷依然维持原敕,不予变更:

谕建州左卫都督凡察、指挥董山曰:比尔凡察奏,本卫印为七姓野人抢去,朝廷给与新印。后董山来朝,奏已赎回旧印。凡察来朝又请留新印,已允所言。令凡察暂掌新印,与董山同署卫事,遣人进缴旧印。

---

① 《明英宗实录》第73卷,正统五年十一月乙丑,台北历史语言研究所校勘本,1962年,第9叶。
② 《明英宗实录》第38卷,正统三年正月癸丑,台北历史语言研究所校勘本,1962年,第8叶。

今尔凡察又奏旧印传自父、祖，欲俱留之。朕惟朝廷自祖宗建立天下，诸司无一卫二印之理。此必尔二人以私意相争，然朝廷法度已有定制，尔等必当遵守。敕至，尔凡察仍掌旧印，尔董山护封如旧，协心管事，即将新印遣人进缴，不许虚文延缓，以取罪愆。①

一卫新旧两印，叔侄纷争不已，互不相让，如何解决？此时，建州左卫部民意愿，朝鲜派官进行了解。朝鲜咸吉道节制使金宗瑞访查后报：

> 今闻凡察非猛哥帖木儿同父弟，而童仓幼弱之时，犹领管下以为一部酋长。今童仓年满二十，体貌壮大，一部人心，咸归童仓，而轻凡察。②

朝鲜国王李祹接启后，为了慎重，命金宗瑞再行访查，备细启达。金宗瑞回启达曰：

> 凡察之母，金伊（官名）甫哥之女也吾巨，先嫁豆万（官名）挥厚，生猛哥帖木儿。挥厚死后，嫁挥厚异母弟容绍（官名）包奇，生於虚里、於沙哥、凡察。包奇本妻之子吾沙哥、加时波、要知，则凡察与猛哥帖木儿非同父弟明矣③。然猛哥帖木儿生时，如有兴兵之事，则必使凡察领左军、权豆领右军、自将中军，或分兵与凡察，故一部之人，素不贱恶。

---

① 《明英宗实录》第73卷，正统五年十一月乙丑，台北历史语言研究所校勘本，1962年，第9～10叶。
② [朝]《李朝世宗大王实录》第82卷，二十年七月辛亥，日本学习院东洋文化研究所刊，1959年，第12叶。
③ 此句标点：一、吴晗辑《朝鲜李朝实录中的中国史料》作"包奇本妻之子吾沙哥加时波要知，则凡察与猛哥帖木儿非同父弟明矣"。二、或作"包奇本妻之子吾沙哥、加时波要知，则凡察与猛哥帖木儿非同父弟明矣"。三、亦可作"包奇本妻之子吾沙哥、加时波、要知，则凡察与猛哥帖木儿非同父弟明矣"。以上三者，尚待酌定。

猛哥帖木儿死后，童仓与权豆妻皆被掳未还，凡察乘其隙，亟归京师，受都督金事之职，又受印信而还，斡朵里一部人心稍附之。及权豆妻与童仓生还，且得遗腹之子，一部人心归于权豆之子与童仓。其后，权豆之妻轻薄、善骂詈，童仓愚弱，一部稍稍失望。其赴京也，朝廷薄童仓而厚凡察，赐凡察以玉带，且令凡察曰："汝生时管一部，死后并印信与童仓。"以此，一部之人不得已附于凡察，然其心则或附童仓，或附权豆之子，时未有定。①

上文，权豆为猛哥帖木儿之子，在斡木河之变中死于难，其妻怀有遗腹子。这样，董山（童仓）和权豆之妻遗腹子，都属于猛哥帖木儿的直系血脉。尽管凡察家族势力很大，他有"七子二女"②，但是建州左卫部民之心，自然倾向于董山（童仓）和权豆妻遗腹子的一方。又因权豆妻性格粗俗及儿子幼小，部民自然更倾向于董山（童仓）。

明朝也要了解建州左卫的实情和民心。明辽东总兵官曹义，受命在开原同凡察、董山（童仓）面对面调解，并据历史经验，提出解决办法，奏报朝廷旨定。《明英宗实录》记载：

> 辽东总兵官、都督金事曹义言：比奉敕旨，以凡察、董山争掌卫印，宜审其所部人情所属者授之。臣即遣人奉宣诏旨，而二人各执一词，纷纭不已，遂同至开原。臣反覆谕以朝廷法制，凡察乃黾勉出其新印，且欲身自入朝，陈伦已省。令暂还本卫，至秋后赴京。臣窃观其部落，意

---

① [朝]《李朝世宗大王实录》第82卷，二十年七月辛亥，日本学习院东洋文化研究所刊，1959年，第12~13叶。
② [朝]《李朝世宗大王实录》第77卷，十九年六月乙丑，日本学习院东洋文化研究所刊，1959年，第34叶。

向赖在董山，而凡察怏怏，终难安靖。永乐中，海西野人都指挥恼纳、塔失，叔侄争印。太宗皇帝令恼纳掌忽鲁哈卫，塔失掌弗提卫，其人民各随所属。今兹事体，与彼颇同，请设建州右卫，以处凡察，庶消争衅，以靖边陲。上命俟其来朝议之。①

最后，经明正统帝谕准，将建州左卫，加以拆分，设建州右卫：

分建州左卫，设建州右卫。升都督佥事董山为都督同知，掌左卫事；都督佥事凡察为都督同知，掌右卫事。董山收掌旧印，凡察给新印收掌。②

叔侄印信之争，得到妥善解决。于是，出现建州三卫——建州卫、建州左卫和建州右卫。建州三卫，经过挫折，辗转迁徙，合住一处，开始建州女真发展的新阶段。

总之，女真，从商周肃慎、秦汉挹娄、魏晋勿吉、隋唐靺鞨、辽金女直、元明女真，虽部别不同，却语族相同，从人类学来说，属于同一族系。如中原汉族皇朝，秦帝姓嬴、汉帝姓刘、晋帝姓司马、隋帝姓杨、唐帝姓李、宋帝姓赵、明帝姓朱等。因此，从肃慎到女真，以人类学而言，应当属于肃慎-女真族系。③而满洲，其主体本是女真中的建州女真，后囊括各部女真，以及部分蒙古人、汉人、朝鲜人、赫哲人、鄂伦春人、鄂温克人等，故从历史看，也应算作肃慎-满洲族系。

然而，上文所述，到明中期，建州女真，发生大难，即在成化三年（1467），遭到丁亥之难。

成化丁亥之难。 事变发生在明成化三年（1467），故史称成化之变。这一年为丁亥年，故又称成化丁亥之变。是役的缘起是，建州三卫合住后，部族旺盛，势力强大，对明朝和朝鲜，时而进行抢掠和骚扰，受扰害的地方，都向明朝和

---

① 《明英宗实录》第82卷，正统六年八月丁丑，台北历史语言研究所校勘本，1962年，第5叶。
② 《明英宗实录》第89卷，正统七年二月甲辰，台北历史语言研究所校勘本，1962年，第6叶。
③ 参见魏国忠主编：《肃慎-女真族系研究》，黑龙江人民出版社，2017年，第26页。

朝鲜抱怨。于是，成化帝决定出动大军，会同朝鲜军队，合剿建州女真的驻地。先是，敕封曾在两广军事立功的中军都督府都督同知赵辅为武靖伯①。成化三年九月，明廷命监军太监黄顺、左都御史李秉、武靖伯赵辅等统兵八万，分作五路——黄顺、李秉、赵辅率军二万六千，出鸦鹘关往苏子河为中路；总兵官韩赞统兵一万三千向通远堡（今辽宁凤城）为右翼；总兵裴显统军一万三千向碱厂为左翼；总兵王英和参将孙璟各率军一万三千，分兵向抚顺和铁岭为后军。朝鲜以绫城君具致宽为都体察使，康纯、鱼有沼等为大将，分作右厢和左厢，领兵一万五千，分为五路，进攻建州。建州女真腹背受敌，左右遭击，势弱力寡，处于被动；虽尽力抵御，却遭到惨败。

是役，明军大胜，史载：

> 神枪发而火雷迅击，信炮举而山岳震摇。尽房酋之所有，罔一夷而见逃。剖其心而碎其脑，粉其骨而涂其膏。强壮尽戮，老稚尽俘。若土崩而烬灭，犹瓦解而冰消。空其藏而潴其宅，杜其穴而火其巢。②

此役，据不完全统计，明军擒掳九十五人，斩杀五百九十六人，并"尽焚其屯落，尽杀其头畜"，焚毁房屋仅其中一路即达千余家，牛马、粮食、财产无算。

与明军遥相配合的朝鲜军，分作两路，进攻建州：右厢由大将康纯等率领，左厢由大将鱼有沼等率领，过鸭绿江，攻剿捣巢。康纯率朝鲜右厢军，进攻建州左卫驻地苏子河（今辽宁省新宾满族自治县永陵镇赫图阿拉村）地带；鱼有沼率朝鲜左厢军，进攻建州卫驻地吾弥府（今辽宁省桓仁满族自治县西古城子）地带李满住及其子古纳哈等驻地，建州右卫驻地兀剌山城（今辽宁省桓仁满族自治县五女山）地带。建州三卫，遭受重创，城破人亡，家舍被焚。

---

① 《明宪宗实录》第36卷，成化二年十一月庚辰，台北历史语言研究所校勘本，1962年，第4叶。
② 李辅：《全辽志》第6卷，《辽海丛书》影印本，辽沈书社，1985年，第25叶。

朝鲜史书，作了记载。右厢大将康纯和左厢大将鱼有沼，分别奉书于承政院以启曰：

> 自满浦入攻婆猪江，斩李满住及古纳哈、豆里之子甫罗充等二十四名；擒满住、古纳哈等妻子及妇女二十四口；射杀未斩头一百七十五名；获汉人男一名、女五口，并兵械、器仗、牛马；焚家舍积谷。……左厢大将鱼有沼自高沙里入攻阿弥府，斩二十一级，射杀未斩头五十，获汉女一口，并兵仗、器械、牛马，焚家舍九十七区。①

朝鲜军得胜之后，砍斫大树，剥去树皮，露出白木，大字书曰：

> 朝鲜大将康纯领精兵一万，攻建州！世祖对康纯曰："攻"字未快，"灭"字最好！②

总之，成化丁亥之难，建州三卫遭受到建州女真史上，继斡木河之变后又一次沉重打击。建州女真厄运，十二年后重演。

成化己亥之难。事变发生在明成化十五年（1479），故史称成化之变。这一年为成化己亥年，故又称己亥之难，也称成化己亥之变。成化己亥之变，事出之因，各有诠释。

其一，明廷说建州肆行抢掠。大太监汪直、辽东巡抚陈钺奏请发兵，扫荡建州，以靖边陲。他们说："（建州）声言来寇辽东，且言往年建州三卫，构海西、毛怜，

---

① [朝]《李朝世祖大王实录》第44卷，十三年十月壬寅，日本学习院东洋文化研究所刊，1959年，第6叶。
② [朝]《李朝世祖大王实录》第44卷，十三年十一月辛巳，日本学习院东洋文化研究所刊，1959年，第42叶。

累犯边境，朝廷授以都督、都指挥之职，诸夷因起争端，纷纷扰乱，亦欲挟制以求显职，与其加升而招侮，莫若整兵而征讨。"①

其二，建州说明朝禁止贸易。在朝廷会议上，兵部尚书余子俊等则认为："驭夷之道，守备为本。我太祖载诸祖训，永以为法。建州女直，叛服不常，朝廷或开马市，以掣其党，或许买铁器，以结其心，皆羁縻之义，非示之弱也。今钺等历数其罪，意欲捣其巢穴，此军国大务，非臣等所敢专。"②在这里，"开马市"和"买铁器"两端，都是说的贸易。可见，边衅的原因之一，是贸易渠道不畅。

其三，前事之因为后事之果。先是，赵辅贪功，留下后果，"往年已招降都督董山等，而又杀之，已为失信；近复捣其巢穴，概杀无辜，故彼雠恨不服"③云云。建州女真骚扰辽东，既有经济原因，也有政治原因。前赵辅征建州，上奏报功称："征建州叛贼，斩首七百三十五级。"④赵辅等因军功，由伯升为侯，却留下后患。历史教训，经常重复。辽东监察御史强珍的奏疏，则提供了历史反思：

> 巡按辽东监察御史强珍奏：建州班师之后，虏即入叆阳、清河二堡之境，四散杀掠男妇五百余名，头畜无算，实由前巡抚都御史、今户部尚书陈钺启衅邀功，以致虏报复旧怨。其守堡指挥王英、白祥，及分守副总兵、都指挥吴瓒，右参将崔胜等，俱不能防御，而镇守总兵等官、太监韦朗、都督缑谦等，又各畏罪贪功，隐匿前事，直待朝廷论功升赏。陈钺回京之后，始以奏闻，实为欺罔，请皆逮问，以正其罪。兵部尚书余子俊等复奏，引《皇明祖训》，参钺累犯死罪，不宜再纵，当从珍言。上命吴瓒、崔胜戴罪杀贼，韦朗停岁赐食米半年，缑谦、陈钺各停俸一

---

① 《明宪宗实录》第195卷，成化十五年十月丁亥，台北历史语言研究所校勘本，1962年，第2叶。
② 《明宪宗实录》第195卷，成化十五年十月丁亥，台北历史语言研究所校勘本，1962年，第2叶。
③ 《明宪宗实录》第179卷，成化十四年六月戊戌，台北历史语言研究所校勘本，1962年，第3叶。
④ 《明宪宗实录》第210卷，成化十六年十二月己未，台北历史语言研究所校勘本，1962年，第3~4叶。

年，余皆属珍逮问之。①

强珍后遭汪直报复，械至京，受拷掠，戍辽东。汪直败，珍复官。

其四，文官说武官邀立边功。时大太监汪直执掌司礼监，左都御史兼提督团营王越、辽东巡抚陈钺等，党附汪直，内外勾结，"启衅召敌"②，请求征讨；成化帝采信汪直、王越、陈钺之言，决定发兵，征讨建州。汪直，《明史·宦官列传》记载：

十五年秋，诏直巡边，率飞骑日驰数百里，御史、主事等官迎拜马首，箠挞守令。各边都御史畏直，服橐鞬迎谒，供张百里外。至辽东，陈钺郊迎蒲伏，厨传尤盛，左右皆有贿。直大悦。……兵部侍郎马文升方抚谕辽东，直至不为礼，又轻钺，被陷坐戍，由是直威势倾天下。③

陈钺激变辽东，为御史强珍所劾，御史许进也率同官论之。"汪直怒，构珍下狱，摘进他疏伪字，廷杖之几殆。"④自然，御史谏言，无助于事。

此役，事变经过，简述如下。

庙堂争议。对建州三卫，是剿是抚，庙堂之上，意见不一。大太监汪直、辽东巡抚陈钺等主剿。巡抚辽东、右副都御史陈钺奏："宜复调军，捣其巢穴，以除边患。"事下廷议，兵部尚书余子俊等主抚。他奏言："建州、海西诸虏，比蒙恩谕，多已改悔。今钺以传闻之故，复请加兵，恐起旧衅。乞令钺等严敕所部，如侦瞭虏众犯边情状，不妄则击之；出境既远，可勿穷追。"⑤余子俊在同奏中并

---

① 《明宪宗实录》第204卷，成化十六年六月戊午，台北历史语言研究所校勘本，1962年，第3叶。
② 《明史·强珍传》第180卷，中华书局点校本，1974年，第4776页。
③ 《明史·汪直传》第304卷，中华书局点校本，1974年，第7780页。
④ 《明史·许进传》第186卷，中华书局点校本，1974年，第4925页。
⑤ 《明宪宗实录》第183卷，成化十四年十月辛丑，台北历史语言研究所校勘本，1962年，第2～3叶。

建议，对女真诸部应区别对待："诸夷有来朝不犯边者，勿令惊疑。"而汪直、陈钺等"乃遣使招诱建州夷人郎秃等四十人来贡，欲置之死。且言建州三卫，法当殄灭，若今日纵还，明日复为边患。……直等械郎秃等至，遂令都察院锦衣卫禁锢之"①。虚构事实，制造事端，开启边衅，兴师求功。

决策征剿。大太监汪直与左都御史王越、辽东巡抚陈钺等勾结，"越急功名。汪直初东征，越望督师，为陈钺所沮"②。汪直和陈钺受到成化帝的信任。明对建州决策，主战派的意见，终得成化帝的谕准，发兵征讨建州女真。明成化十五年（1479）十月丁亥（初五），明廷命太监汪直监督军务，抚宁侯朱永佩靖虏将军印，为总兵官，后命陈钺以巡抚辽东、右副都御史参赞军务，统率大军，征剿建州，攻其不备，捣其巢穴③。丙申（十四日），命朝鲜国王李娎出兵，配合明军，夹击建州。敕文曰：

> 建州女直，逆天背恩，累寇边陲，守臣交请剪灭，朕念彼中亦有向化者，戈铤所至，玉石不分，爰遣大臣抚谕，贳其反侧之愆，听其来京谢罪，悉越常例，升赏宴待而归。曾未期岁，贼首伏当加等，复纠丑类，侵犯我边，虽被官军驱逐出境，而未遭挫衄。廷议皆谓此贼冥顽弗悛，罪在不宥，已令监督总兵等官，选领精兵，刻期征剿。我师压境，王宜遣兵，遥相应援。贼有奔窜至国境者，必擒而俘献之。逆虏既除，则王敌忾之功愈茂，而声名永享，于无穷报酬之典，朕必不尔缓也。④

朝鲜国王李娎接到敕文后，派陪臣右赞成鱼有沼等，出兵策应，行至满浦、

---

① 《明宪宗实录》第196卷，成化十五年闰十月壬申，台北历史语言研究所校勘本，1962年，第3～4叶。
② 《明史·王越传》第171卷，中华书局点校本，1974年，第4574页。
③ 《明宪宗实录》第195卷，成化十五年十月丁亥，台北历史语言研究所校勘本，1962年，第2叶。
④ 《明宪宗实录》第195卷，成化十五年十月丙申，台北历史语言研究所校勘本，1962年，第5叶。

镇江，因江河冰封而后期。后继遣左议政尹弼商等率军从侧翼进攻建州。

这场征讨建州女真之役，自十月丁亥（初五）命将出征，中经闰十月，到十一月丁未（二十六日），其结局，《明宪宗实录》载抚宁侯朱永等奏报：

> 建州贼巢，在万山中，山林高峻，道路险狭，臣等分为五路，出抚顺关，半月抵其境。贼据险迎敌，官军四面夹攻，且发轻骑，焚其巢穴，贼大败，擒斩六百九十五级，俘获四百八十六人，破四百五十余寨，获牛马千余，盔甲、军器无算。①

此役，汪直领头功，陈钺由右副都御史升为右都御史，升官、晋级、加俸、纪功、受赏等，受赏者达二千六百六十二人②。

朝鲜国王李娎也向明廷奏捷称：

> 遣左议政尹弼商、节度使金峤等引兵渡江，进捣贼巢，斩首十六级，生擒男妇十五人，并获辽东被掳妇女七人，及驱其牛马，毁其庐舍。③

成化己亥之变，是建州女真史上，继宣德癸丑之变、成化丁亥之变后，建州女真再一次受到沉重打击。建州女真三部，遭受三次重击，从此之后，衰落百年。

边事体大，不可不慎。或抚或剿，理宜慎重。朝廷发兵，有理有节，征讨过当，引发报复。明成化时，马文升、余文俊等主抚，汪直、陈钺等主剿。成化年间，两次建州之役，兵部尚书余子俊等曾忠直奏言：

---

① 《明宪宗实录》第197卷，成化十五年十一月丁未，台北历史语言研究所校勘本，1962年，第6叶。
② 《明宪宗实录》第198卷，成化十五年十二辛未，台北历史语言研究所校勘本，1962年，第5叶。又，《明宪宗实录校勘记》卷一百九十八校勘记云："一十五百，旧校改十为千。"依校改数字统计。
③ 《明宪宗实录》第200卷，成化十六年二月壬申，台北历史语言研究所校勘本，1962年，第5叶。

今推诚抚安，事将就绪，若欲加兵，则抚安成命，不足为恩，适足为仇，无以示信。况六月兴师，兵法所忌，宜令总兵、巡抚等官，按兵境上，以戒不虞，仍与文升等协和定议，以抚安为主，少苏边困，果有深入为寇，方许征讨。①

明兵部尚书余子俊于辽东的边政，几次奏言，提出建议：其一，推诚抚安，边事慎重；其二，以抚为主，勿轻用兵；其三，区别良莠，玉石分清；其四，陈兵边上，犯则击之；其五，有理有节，不轻捣巢；其六，不以小事，开启边衅。《明史·余子俊传》详其西北之功，而略其东北之绩，但撰者公允评论道："余子俊尽心边计，数世赖之。"②

庙堂决策，对于边事，必须十分用心，不许纤毫任意，免贻后患，叠连环生。鉴于此，于谦说："刚柔兼济，宽猛适宜；本之以廉明，济之以通便；毋生事而激变，毋纵恶而长奸；毋贪小利以堕贼计，毋邀近功而防远图。"③

总之，有明一代，辽东边政，错综多变，有得有失——其得在于：明朝初期，东北统一，多方招抚，庙街库页，纳入版图，煌煌大明，万国来朝，屹立东方；其失在于：庙堂昏暗，太监擅政，文官求荣，武官邀功，招衅边事，百年之后，积重难返，边患丛生。明朝一系列的边政失当之举，最后引发努尔哈赤起兵叛明，从而加速朱明皇朝覆亡，拉开满洲兴起帷幕。

---

① 《明宪宗实录》第179卷，成化十四年六月戊戌，台北历史语言研究所校勘本，1962年，第3叶。
② 《明史·余子俊传》第178卷，中华书局点校本，1974年，第4746页。
③ 于谦：《于谦集》，中国文史出版社，2000年，第119页。

第二章 建州女真整合统一

一 清兴明亡的历史起点

在中国东北地区，有很多少数民族部民居住，其中对中国历史和世界历史产生重大影响的有两个民族：一个是蒙古，另一个是满洲。满洲的先世是女真，天聪时改称满洲，民国改称满族。在明朝后期，官私文献、档案典籍，称女真为三大部，即建州女真、海西女真和"野人"女真。其实，"野人"女真诸部在地域、生产、生活、习俗等方面均有所不同，本书将其细化，就是将"野人"女真分为两部分，濒临东海地带居民，称其为东海女真；濒临黑龙江地带居民，称其为黑龙江女真。于是，明代女真分为四大部：这就是建州女真、海西女真、东海女真和黑龙江女真。

先是，元末明初，在三姓（今黑龙江省依兰县境）地区，有五个万户，其中居住在胡里改（火儿阿）城的万户阿哈出，居住在斡朵里城的万户猛哥帖木儿，同后来建州女真兴起有着重要的直接关系。明永乐元年（1403），女真胡里改（火儿阿）首领阿哈出到应天（今江苏南京）朝贡。第二年明设建州卫，以阿哈出为建州卫指挥使。这是建州女真名称的由来。永乐十年（1412），女真斡朵里首领猛哥帖木儿到应天（南京）朝贡。明增设建州左卫，以猛哥帖木儿为指挥使。阿哈出死后其子释加奴袭官，释加奴死后又由其子李满住袭建州卫指挥使。建州卫女真几经迁徙，到明正统三年（1438），李满住率部自婆猪江（今浑江）瓮村，迁至浑河支流苏克素浒河（苏子河）灶突山（烟筒山）一带居住（后又迁回瓮村）。猛哥帖木儿也经过多次辗转迁徙，到朝鲜斡木河，即阿木河（今朝鲜会宁）居住。明宣德八年（1433），发生斡木河之变，猛哥帖木儿被杀，长子阿谷（权豆）战死、次子董山（童仓）被俘，弟凡察负伤出逃，寨破人亡，灾难空前。明廷命猛哥帖木儿之弟凡察执掌建州左卫事务。他经明朝允准，艰难地辗转迁徙到苏克素浒河（苏子河）一带居住。后董山被赎出，也来到灶突山（烟筒山）居住，被明廷授为建州左卫指挥使。不久，叔侄二人，争夺卫印。正统七年（1442），明廷从建州左卫析出建州右卫，由董山掌左卫印，凡察掌右卫印。于是出现建州卫、建州左卫、建州右卫，这就是建州三卫的由始。建州三卫，会合联姻，部族势力，日渐强大。明成化三年（1467），建州女真的著名首领董山和李满住，前者被明边官羁縻广宁（今辽宁省北镇市）而杀害，后者被明军与朝鲜军合攻而身亡寨破，建州女真又遭到一场劫难。

建州三卫合住，不断联姻融合，建州女真逐渐形成为两大部——建州本部和长白山部。建州本部又分为苏克素浒河部、浑河部、完颜部、董鄂部和哲陈部；长白山部又分为讷殷部、朱舍里部和鸭绿江部。当时建州各部的形势，如《满洲实录》所载："各部蜂起，皆称王争长，互相战杀。甚且骨肉相残，强凌弱，众暴寡。"[1] 其时，建州女真的巨族小族、强部弱部，或各据城寨，或自主屯堡，争雄长，相攻掠。《听雨丛谈》记载：数十姓世族，则各据城寨，小族亦自主屯堡，互相雄长，各臣其民，均有城郭。[2] 明朝辽东总兵李成梁，利用蒙古与女真、海西女真与建州女真以及海西女真和建州女真各自内部的诸种矛盾，纵横捭阖，分化瓦解，拉彼打此，威胁利诱，以实现明廷对辽东地区女真的统治。

---

[1]《满洲实录》第1卷，原清宫内府藏，台湾广文书局影印本，1970年，第6叶。
[2] 福格：《听雨丛谈》第1卷，中华书局点校本，1984年，第2页。

其时，明军与女真之冲突，或大或小，时常发生。就其基本原因而言：在明朝方面，边吏欺行霸市，劫掠民财、人参、皮张；在女真方面，女真入边犯抢，抢掠人口、耕牛、粮食。前者如明太监阮尧民、都指挥刘清等，率兵到辽东捕海东青，因与女真互市，"辄杀伤其人，女直衔之。尧民等征回京，女直集部落，沿途攻截，骑卒死亡者八九百人"①，事态闹大，边事紧张。后者如建州女真王杲恃强滋事，犯边抢掠，引发争战。在建州女真诸部中，以王杲的势力为最强，王杲为建州右卫指挥使，史称他"生而黠慧，通番、汉语言文字，尤精日者术"。他勇敢多谋，文武超群，"建州诸夷，悉听杲调度"②，成为当时建州女真的著名首领。王杲曾率兵"犯辽阳，劫孤山，略抚顺、汤站，前后杀指挥王国柱、陈其孚③、戴冕、王重爵、杨五美，把总温栾、于栾、王守廉、田耕、刘一鸣等，几数十辈"④，枭雄诸部，辽东大震。明万历二年（1574），王杲以明廷断绝贡市、部众坐困为借口，大举犯辽阳、沈阳。王杲率诸部三千余骑入五味子冲，明军四面突起；诸部兵悉走，退保红力寨⑤，因其为王杲所居而又称王杲寨。李成梁自认为声势强大，俘获王杲，可以坐待。但王杲寨在山上，形势阻险，城高堑深，易守难攻。明总兵李成梁率领六万车骑，携带炮石、火器，分路围攻红力寨。明军先挥斧砍断数重城栅，又用火器进攻。王杲督率守寨军兵，施放矢石，奋力据守。李成梁令军士冒矢石，攀险崖，登寨垣。王杲以三百勇士登城堞，射明军。明军纵火，火借风势，寨内房屋，五百余间，粮秣积储，遭到焚毁，烟火蔽天，守军大溃。明辽东总兵李成梁令明军纵击，"毁其巢穴，斩首一千余级"⑥。王杲势绌，突围遁走。明军车骑六万，杀掠人畜殆尽。翌年，王杲再出兵犯边，为明军所败。王杲兵败无依，逃

---

① 《明英宗实录》第4卷，宣德十年四月辛丑，台北历史语言研究所校勘本，1962年，第5叶。
② 瞿九思：《万历武功录·王杲列传》，中华书局影印本，1962年。
③ 瞿九思《万历武功录·王杲列传》作"陈其学"。
④ 《清史稿·王杲传》第222卷，中华书局标点本，1976年，第9124页。
⑤ 孙相迋：《王杲的城寨不是古勒寨》，自刊本，2015年。
⑥ 《明神宗实录》第2卷，万历二年十一月辛未朔，内阁文库本，第18叶。

到觉昌安六弟保实之子阿哈纳寨隐匿。后明军得信前来攻捕，阿哈纳穿戴王杲蟒挂红甲，伪装自己，掩护王杲出逃。王杲投奔海西女真哈达部首领王台。王台素忠于明朝，率子虎尔罕赤，缚王杲，献朝廷。明万历三年（1575）八月，"上命械解王杲，献俘正法"①。万历帝御午门城楼，受辽东守臣献王杲俘，命将其"磔尸剖腹"。这就是史籍记载的建州女真首领王杲被"槛车致阙下，磔于市"。王杲为努尔哈赤的外祖父，王杲之死给努尔哈赤埋下不满的种子。王杲之子阿台，逃脱而去。阿台之妻为努尔哈赤伯父礼敦之女。努尔哈赤父亲塔克世（他失）、祖父觉昌安（叫场），曾参与此事。先是，觉昌安、塔克世父子通于明辽东总兵李成梁。侯汝谅在《东夷悔过入贡疏》中载述："建州贼首差草场、叫场等部落之王胡子、小麻子等四名到关"②，联系本部与明朝通好之事。觉昌安和塔克世父子两代，都同李成梁结好，故史称李成梁同他们"有香火之情"③。另如《筹辽硕画》亦载："叫场、他失皆忠顺，为中国出力。"④可见他们父子均忠顺于明朝。特别是在明军进攻王杲寨时，塔克世对明军有所贡献。史称塔克世以助明征讨王杲之功，受封为建州左卫指挥使。⑤

王杲死后，其子阿台（阿太）驻古勒寨，另一头人阿海（阿亥）驻莽子寨，两寨相依，互为犄角，彼此联络，互援固守。哈达部王台缚献王杲以后，受明封为龙虎将军，其二子俱升都督佥事，并赏银币。但王台于万历十年（1582）死去，其子扈尔干（虎尔罕赤）怯弱。阿台、阿海怨王台缚献王杲，要向王台之子扈尔干（虎尔罕赤）报仇。同年，阿台、阿海约叶赫部清佳努贝勒和扬佳努贝勒共攻哈达。明辽东总兵李成梁提兵至曹子谷，大破之，斩俘一千五百六十三级。

---

① 《明神宗实录》第41卷，万历三年八月辛未，台北历史语言研究所校勘本，1962年，第1叶。
② 《东夷悔过入贡疏》，载《清朝全史》上一，商务印书馆，民国二年（1913），第79页。
③ 《明神宗实录》第580卷，万历四十七年三月癸卯，台北历史语言研究所校勘本，1962年，第17叶。
④ 程开祜：《东夷奴儿哈赤考》，载《筹辽硕画》首卷，民国二十五年（1936）影印本，首都图书馆藏。
⑤ 马晋允：《皇明通纪辑要》第19卷，高丽活字本，北京大学图书馆善本部藏。

万历十一年（1583）正月，李成梁以"阿台未擒，终为祸本"①，督兵攻阿台驻地古勒寨与阿海驻地莽子寨："总督周詠、巡抚李松与宁远伯成梁，决策往征之。成梁乃勒兵从抚顺王刚台出塞百里，直捣古勒寨。寨陡峻，三面壁立。……（李成梁）麾诸军火攻两昼夜，射阿台殪。而别将秦得倚已破阿海寨，诛海。"②时苏克素浒河部图伦城主尼堪外兰，受到明朝的扶植。明辽东总兵李成梁利用尼堪外兰为傀儡，企图通过他加强对建州女真各部的控制。尼堪外兰为讨好李成梁，引导明军至古勒寨，攻打阿台。古勒寨在苏克素浒河南岸、扎喀关西南，今新宾上夹河镇古楼村。阿台之妻是觉昌安的孙女（努尔哈赤伯父礼敦之女）。③觉昌安见古勒寨被围日久，想救出孙女免遭兵火，又想去劝说阿台归降，就同他的儿子塔克世到了古勒寨。塔克世留在外面等候，觉昌安独身进入寨里。因伫候时间较久，塔克世也进到寨里探视。明军攻城益急，双方交战激烈，觉昌安和塔克世父子都被围在寨内。

明宁远伯、辽东总兵李成梁，攻城不克，颇为恼怒，要绑缚尼堪外兰，问师老兵折之罪。尼堪外兰害怕，愿身往城下招抚。他到古勒寨下，高声喊话道："天朝大兵既来，岂有释汝班师之理！汝等不如杀阿太（阿台）归顺。太师有令，若能杀阿太（阿台）者，即令为此城之主！"④太师就是李成梁。阿台部下有人信以为真，便杀死阿台，打开寨门，投降明军。⑤李成梁虽然占领古勒寨，但因攻城，

---

① 《明神宗实录》第133卷，万历十一年二月戊戌，台北历史语言研究所校勘本，1962年，第12叶。
② 彭孙贻：《山中闻见录·王杲》，上虞罗氏刻本，民国十三年（1924）。
③ 孟森《清太祖起兵为父祖复仇事详考》载："阿台前妻，生女为景祖第四子妇；阿台后妻又为景祖长子之女也。"此述有一信二疑：一信为阿台之妻是觉昌安子礼敦之女，史言凿凿。二疑为，阿台前妻后妻说，未见记载，当属推论；阿台之女是景祖第四子塔克世之妻，即努尔哈赤之生母。《万历武功录·王杲传》载，王杲死于万历三年（1575），时年四十七岁。努尔哈赤生于嘉靖三十八年（1559），其时王杲30岁。其子之女为努尔哈赤之生母，于情理不合，故于此断存疑。
④ 《满洲实录》第1卷，辽宁通志馆影印线装本，1930年，第7叶。
⑤ 阿台之死，诸书记载不一，另如《明史纪事本末·补遗》第1卷载："成梁用火攻，冲其坚，经两昼夜，阿台中流矢死。"《万历武功录》第11卷载："李成梁出边百余里，追袭至古勒寨，击破之，斩阿台、阿海等首虏。"

损兵折将，极为恼怒，以杀泄愤。他在古勒寨降顺后，下令"诱城内人出，不分男妇老幼尽屠之"①。古勒寨内，男女老幼，均遭屠戮。全寨兵民，无一幸免，尸横屯巷，血流成河。努尔哈赤的祖父觉昌安和父亲塔克世，也在混乱中被攻陷古勒寨的明军所误杀。此事，《明神宗实录》据蓟辽总督周詠奏报作了记载："建州逆呆子阿台，复诱房酋阿海等，从静（靖）远、榆林入寇。总兵李成梁督兵破之，二酋就戮，荡扫巢穴，斩获者二千三百有奇。"②此事，《万历起居注》亦载："上御皇极门。鸿胪寺宣奏辽东捷，百官称贺。是日，以祭告郊庙。"③可见，明廷视古勒寨胜利之重大，举行礼仪之隆重。

是役，古勒寨与莽子寨共破，阿台与阿海并死。明军共得二千二百二十二级，并曹子谷之战，总共三千余级。明以此功，告捷郊庙，录周詠、李松、李成梁之功。

古勒寨之役，努尔哈赤父、祖死于寨内。《清太祖武皇帝实录》载述，较明人记述为详，现将全文，引录如下：

> 宁远伯李成梁，攻古勒城主阿太、夏吉城主阿亥。成梁于二月，率辽阳、广宁兵，与尼康外郎约，以号带为记，二路进攻。成梁亲围阿太城；命辽阳副将围阿亥城，城中见兵至，遂弃城遁，半得脱出，半被截困，遂克其城，杀阿亥。复与成梁合兵，围古勒城。其城倚山险，阿太御守甚坚，屡屡亲出，绕城冲杀。围兵折伤甚多，不能攻克。成梁因数尼康外郎谗构，以致折兵之罪，欲缚之。尼康外郎惧，愿往招抚，即至城边，赚之曰："天朝大兵既来，岂有释汝班师之理，汝等不如杀阿太归顺。太师有令，若能杀阿太者，即令为此城之主。"城中人信其言，遂杀阿太而降。成梁诱城内人出，不分男妇老幼，尽屠之。

---

① 《清太祖武皇帝实录》第1卷，原清官内府藏，台湾广文书局影印本，1970年，第9叶。
② 《明神宗实录》第133卷，万历十一年二月壬子，台北历史语言研究所校勘本，1962年，第12叶。
③ 《万历起居注》第2册，万历十一年闰二月己未，北京大学出版社，1988年，第324页。

阿太妻，系太祖大父礼敦之女。祖觉常刚，闻古勒被围，恐孙女被陷，同子塔石，往救之。既至，见大兵攻城甚急，遂令塔石候于城外，独身进城，欲携孙女以归，阿太不从。塔石候良久，亦进城探视。及城陷，被尼康外郎唆使大明兵，并杀觉常刚父子。①

上引《清太祖武皇帝实录》文字，古勒城即古勒寨，夏吉城即莽子寨，阿太即阿台，阿亥即阿海，觉常刚即觉昌安，塔石即塔克世，礼敦即礼敦，尼康外郎即尼堪外兰。在古勒寨之役中，努尔哈赤的祖父觉昌安和父亲塔克世，均被明军所杀。

努尔哈赤惊闻父、祖蒙难的噩耗，捶胸顿足，悲痛欲绝。他往诘明朝边吏道："我祖、父何故被害？汝等乃我不共戴天之仇也！汝何为辞？"明朝遣使谢过，称："非有意也，误耳！"遂还努尔哈赤祖、父遗体，并与"敕书三十道，马三十匹，复给都督敕书"②。

大明皇朝万历帝，辽东总兵李成梁，屠一座边塞小城，杀若干东夷草民，易如反掌，如耍儿戏。但是，人心不可欺，民志不可辱。怨，可化不可聚；仇，可解不可结。明朝万历帝、总兵李成梁，一次一次地焚掠女真屯寨，一次一次地屠杀女真部民，同女真各部，同女真民众，积下怨，结下仇。女真与明朝，边民与明军，其怨其仇，其愤其恨，集中表现在努尔哈赤身上。努尔哈赤同大明皇朝结下四重仇恨——外祖父王杲、姑父（亦为舅父）阿台、祖父觉昌安、父亲塔克世，都死于明朝官军之手。从此，努尔哈赤与大明皇朝，积下不可化解之怨，结下不共戴天之仇。万历帝、李成梁杀了觉昌安、塔克世，在他们子孙努尔哈赤心里，点燃起燎原之复仇星火，挖掘开溃堤之复仇蚁穴。东汉周纡有句名言云："涓流虽

---

① 《清太祖武皇帝实录》第1卷，原清官内府藏，台湾广文书局影印本，1970年，第9～10叶。
② 《清太祖高皇帝实录》第1卷，中华书局影印本，1986年，第10叶。

寡，浸成江河；爝火虽微，卒能燎野。"① 这说明一个道理：努尔哈赤将复仇的涓流，逐渐汇聚成为冲毁大明皇朝的波涛洪水；将复仇的星火，逐渐燃烧成为焚毁大明皇朝的燎原大火。他的子孙们，借李自成夺占明朝皇宫，崇祯帝煤山自缢之机，清摄政睿亲王多尔衮，统率八旗大军，在山海关大战，打败李自成，进军北京城，以清代明，江山易主。

明军杀害觉昌安、塔克世后，一面抚慰努尔哈赤安定其情绪，一面扶植尼堪外兰做"建州主"。当时建州女真的许多部，见尼堪外兰势力很大，又受到明朝的支持，纷纷投靠尼堪外兰。即使与努尔哈赤同族的宁古塔诸祖的子孙，也对天立誓，要杀害努尔哈赤，投附尼堪外兰。努尔哈赤对明朝扶持尼堪外兰极为不满，但又无力兴兵攻明，便将杀死其祖、父之仇，倾泻到尼堪外兰身上。他对明朝边官说："杀我祖、父者，实尼康外郎唆使之也，但执此人与我，即甘心焉！"② 明边吏婉辞拒绝了他的要求。努尔哈赤便椎牛祭天，起兵复仇。

---

① 范晔：《后汉书·周纡传》第77卷，中华书局点校本，1965年，第2495页。
②《清太祖武皇帝实录》第1卷，原清宫内府藏，台湾广文书局影印本，1970年，第10叶。

二 努尔哈赤起兵

灾难突然地降临到头上，会刺激有大志大勇者，奋扬精神，整顿内部，积聚力量，夺取胜利。努尔哈赤正是这样一位满族的大志大勇者。

努尔哈赤，姓爱新觉罗，明嘉靖三十八年（1559）生于建州左卫苏克素浒河部赫图阿拉（今辽宁省新宾满族自治县永陵镇赫图阿拉村）。他的祖父觉昌安（叫场），曾任建州左卫都指挥；父塔克世（他失），曾任建州左卫指挥。他的父祖，忠于明朝，实心任事，对努尔哈赤产生很大的影响。他的母亲是建州右卫都督王杲的女儿，姓喜塔拉氏，名额穆齐。喜塔拉氏诞育三子一女：长子努尔哈赤，三子舒尔哈齐，四子雅尔哈齐和一个女儿。他的继母纳喇氏，名肯姐（恳哲），是哈达贝勒万所养的族女，为人刻薄，只生育一个儿子，即第五子巴雅喇。他的庶母李佳氏，为古鲁礼之女，也养育一个儿子，即第二子穆尔哈齐。努尔哈赤身为长兄，待弟宽厚，聪明机智，喜爱骑射，勤于劳作，体格强壮，勇敢果断。他十岁时，生母不幸病逝。继母纳喇氏，心胸狭隘，待人刻薄，经常嫉妒、虐待他。父亲常偏听偏信，他幼年便经受世态炎凉。他曾到外祖父王杲家暂住，也受到表兄弟的冷遇。这些都锻炼他顽强自立的品格。万历五年（1577），努尔哈赤娶本部塔本巴颜之女佟佳氏、名哈哈纳札青为妻,这年他十九岁。他成家后,分立门户;但是,"家产所予独薄"。第二年,生下长女东果格格。为着维持小家庭的生活,他常到抚顺马市去出卖自己采集的松子、蘑菇、木耳、人参等。在马市贸易中,他同汉人、蒙古人、朝鲜人等广泛接触,磨炼意志,增长见识。他还到李成梁部下,"每战必先登,屡立功"[1]。他勤奋好学,"好看《三国》《水浒》二传,自谓有谋略"[2]。当然,努尔哈赤在同汉人交往中,会说汉语,喜听《三国》《水浒》故事,应是不成问题的。至于他是否会汉文、能读汉文书籍,还是值得再研究的。正当努尔哈赤在人生轨道上前进的时候,外祖父、姑(舅)父,特别是祖父和父亲蒙难的噩耗,改变了他人生的道路。努尔哈赤为报父、祖之仇,在赫图阿拉起兵,拉开满洲崛兴、反抗明朝的历史帷幕。

赫图阿拉是努尔哈赤起兵的根据地。赫图阿拉坐落在一座平顶冈丘上,北濒苏克素浒河(苏子河),东临苏克素浒河的支流皇寺河、加哈河,南为里加河(其水注索尔科河后汇加哈河入苏克素浒河)。赫图阿拉四面近水,三壁陡峭,平地兀凸,冈顶平展,是一座鬼斧神工的山寨城。它四面环水之外,又四面临山:东为皇寺山,南为鸡鸣山,西为烟筒山(呼兰哈达),北面则群峰起伏。建州的苏克素浒河部,因地处苏克素浒河而得名。苏克素浒河发源于今五凤楼岭,流到今抚顺东营盘地方与浑河汇合后,泻入辽东湾。苏克素浒河穿过千沟万壑与茂密丛林,到赫图阿拉附近形成一片宽敞的河谷平原。苏克素浒河其时水量较大,可以行船,水产丰富。苏克素浒河谷地,土层深厚,土壤肥沃,雨量充沛,气候宜农。沿河的两岸大野,谷地丘陵,都被垦殖。平原谷地,春日融融的季节,耕牛布散,禾谷丰茂。山坡丘陵,树木繁盛,人参、松子、榛子、山禽、野兽,给人们提供了丰富的山珍、林产、肉兽与毛皮。

生于赫图阿拉的努尔哈赤,要报祖、父之仇,杀尼堪外兰,需要组成一支队伍。

---

[1] 彭孙贻:《建州》,载《山中闻见录》卷一,上虞罗氏刻本,民国十三年(1924)。
[2] 黄道周:《博物典汇》第20卷,明崇祯八年(1635)抄本,第18叶。

他巧妙地把对尼堪外兰不满的人，拉到自己一边。如苏克素浒河部萨尔浒寨主卦喇，曾因尼堪外兰诬陷，受到明朝抚顺边关的责治。卦喇之弟诺米纳、嘉木瑚寨主噶哈善哈思虎①、沾河寨主常书及其弟扬书等，都忿恨尼堪外兰。他们投归努尔哈赤后说："念吾等先众来归，毋视为编氓，望待之如骨肉手足。"②努尔哈赤同四位寨主对天盟誓，共同反抗尼堪外兰。

万历十一年（1583）五月，努尔哈赤借报祖、父之仇为名，以塔克世"遗甲十三副"，率兵百余人，向尼堪外兰的住地图伦城发动进攻。图伦城，其满文体为 turun hoton，turun（图伦）汉意为囊，hoton 汉意为城。据《盛京吉林黑龙江等处标注战迹舆图》二排四上所标：图伦城在苏克素浒河与浑河汇流处东南，萨尔浒城之东，界凡渡口之南。图伦在今辽宁省新宾满族自治县汤图附近。是役，打败尼堪外兰，攻克图伦城。③努尔哈赤胜利而归，时年二十五岁。

但是，此战并未达到努尔哈赤之目的，让尼堪外兰逃跑了。原因是诺米纳违约，并未率兵会攻图伦城。先是，索长阿（努尔哈赤之三伯祖父）子龙敦言于诺米纳兄弟，尼堪外兰筑甲版城，得到明朝的支持和哈达的帮助，你们为何附和努尔哈赤，而去攻打尼堪外兰呢？所以，诺米纳背盟而不以兵来会，尼堪外兰又预知消息，携带妻子离开图伦城，逃至甲版城。同年秋，尼堪外兰又携妻子、近属及部众等，从甲版城徙至鹅尔浑，并筑城驻居。

鹅尔浑城，属浑河部。在浑河北岸，西通抚顺，近明边墙，易受明军庇护。万历十四年（1586）七月，努尔哈赤率兵征取尼堪外兰驻地鹅尔浑城。时努尔哈赤起兵已经三年，仇人尼堪外兰尚未擒获，埋藏在心底的仇恨并未消除。擒斩尼堪外兰，洗雪父祖之仇，成为努尔哈赤下一个奋斗目标。由是，努尔哈赤心急如焚，

---

① 《高录》称噶哈善哈斯虎，《满录》称噶哈善，《武录》称刚哈都。
② 《满洲实录》第 1 卷，辽宁通志馆影印线装本，1930 年，第 8 叶。
③ 萧一山：《清代通史》上卷，第 15 页云："遂克图伦，得兵百人，甲十三副。"《实录》载："上克图伦城而归。当是时，兵百人，甲三十副而已。"是知，《实录》所载为努尔哈赤其时所有之兵械，而非所获之兵械。

星夜兼驰，率兵往攻鹅尔浑城。努尔哈赤督兵径攻，城攻陷后，因尼堪外兰外出而没有将其索获。努尔哈赤登城遥望，见城外逃遁的四十余人中，为首一人头戴毡帽，身穿青绵甲，疑为尼堪外兰。他下城纵骥，眼冒仇火，单骑直入，身陷重围。他被乱矢中胸贯肩，受创三十余处，仍奋勇力战，射死八人，斩杀一人。他在余敌溃散后，返回鹅尔浑城。回到鹅尔浑城以后，当努尔哈赤得知尼堪外兰被明军保护起来的消息时，愤怒的乌云遮住了理智之光。努尔哈赤因仇恨而失去理智，杀死城内十九名汉人，对捉住的六名中箭的汉人，把箭镞重新插入伤口，让他们带箭去向明朝边吏传信，索要尼堪外兰："执送尼堪外兰；不然，且兴兵征明矣！"

明朝辽东边将并不害怕努尔哈赤的威胁，因为他的力量还很弱小；但是，明朝认为努尔哈赤势力日渐强大，留着尼堪外兰这个傀儡已成赘疣，就决定抛弃他。于是，明朝边吏派人答复道："尼堪外兰既已归我，岂便执送？尔自来杀之可也！"

努尔哈赤是个足智多谋的人，不肯轻易相信明朝边吏的许诺。他说："尔等叵测，将诳我耶！"明使者又言："毋亲往，以少兵来，即执与汝！"于是，努尔哈赤派斋萨率四十人去索取尼堪外兰。斋萨到后，尼堪外兰见到斋萨，要登台躲避。明边吏撤去梯子，将尼堪外兰绑缚，送给斋萨。斋萨斩杀尼堪外兰，向努尔哈赤跪献其首级。

明朝将尼堪外兰送给努尔哈赤，建州斩杀尼堪外兰；建州同明朝的矛盾，暂时得到缓解。《清太祖高皇帝实录》记载："明自此岁输银八百两、蟒缎十五匹，通和好焉！"

努尔哈赤克图伦城、鹅尔浑城，杀尼堪外兰，开始了统一建州女真的战争。这是清太祖努尔哈赤崛兴的起点，是满洲崛兴的起点，也是清朝崛兴的起点。

从此，崭露头角的努尔哈赤，采取"顺者以德服，逆者以兵临"①的策略，拉开了统一建州女真各部战争的帷幕。

努尔哈赤起兵之初，势力还很单薄，需团聚宗族，形成合力，共同对敌。其祖

---

① 《清太祖武皇帝实录》第1卷，清官内府藏，台湾广文书局影印本，1970年，第6叶。

父兄弟六人，共有子二十二人；其父兄弟五人，又有子多人，所以其父祖、伯叔、兄弟、宗侄多至数十人。努尔哈赤起兵初始，宗族之内，多人不服。如努尔哈赤伯祖德世库、刘阐、索长阿，叔祖宝实等之子孙，忌其才能，"誓于堂子，同谋害上"。又如其叔祖宝实之子康嘉等三人同谋，纠合外部势力，"劫上所属瑚济寨而去"。努尔哈赤采取宽宏态度，嘉善斥恶，团聚本族，发展实力。《满文老档》后来载述：聪睿恭敬汗自幼生活贫苦，心存公正，沉默寡言，善于劝阻族人殴斗。劝而不从，则责其用壮逞强者，并课以重罪。其知错认错、听从劝告者，则嘉之。重罪从轻，从容完结。其见善者，纵是仇敌，论功擢之。其犯罪者，即为亲戚，亦必杀之。因一贯公正善良，故此本族伯叔、兄弟等无论何事，俱委聪睿恭敬汗予以了结。①

努尔哈赤在起兵之时，既团结宗族，又知人善任。他身边有两个重要人物，如同左膀右臂，即额亦都和安费扬古。

额亦都（1562～1622），钮祜禄氏，小努尔哈赤三岁。额亦都世居长白山地方，"幼时父母为仇家所害"②，藏匿邻村，得以免死。额亦都十三岁，拔刀杀死仇人后，逃往建州苏克素浒河部嘉木瑚寨主穆通阿处。穆通阿是他的姑父，他依靠姑父、姑母，勤劳度日。万历八年（1580），努尔哈赤到嘉木瑚寨，夜宿穆通阿家。额亦都同努尔哈赤交谈，言语投契，要跟从努尔哈赤，但他的姑母不允。额亦都说："大丈夫生世间，能碌碌终乎？"③第二天，额亦都不告而别，跟从努尔哈赤而去。他之所以断然跟从努尔哈赤，史载："太祖过其地，额亦都识为真主，请事太祖。"④这显然有所渲染，但额亦都当时确已认识到，努尔哈赤并非常人，跟随他能够做出一番事业。这年努尔哈赤二十二岁，额亦都十九岁。努尔哈赤起兵攻图伦城，额亦都奋勇先登。额亦都对努尔哈赤，忠心效力，患难与共，曾小心护卫努尔哈赤，

---

① 《满文老档·太祖》上册，中华书局译注本，1990年，第41～42页。
② 《八旗满洲氏族通谱》第5卷，辽沈书社影印本，1989年，第1叶。
③ 《清代碑传全集·额亦都传》第3卷，上海古籍出版社影印本，1987年，第24页。
④ 《清史列传·额亦都》第4卷，中华书局，民国十七年（1928），第2页。

甚至夜间和努尔哈赤互换睡处，以防努尔哈赤遭到暗算。①努尔哈赤多次遇险，赖额亦都护卫左右，而消弭灾难。后努尔哈赤以第四女穆库什嫁给额亦都。额亦都对努尔哈赤的赤诚，《清史稿·额亦都传》记载了一个很生动的故事。额亦都次子达启，少年英武，聪明伶俐，深受努尔哈赤喜欢。努尔哈赤将达启养育在汗宫里，后将第五女指婚给他。达启恃宠而骄，甚至对努尔哈赤诸子也无礼貌。额亦都对达启很气愤，深恐成为日后之害。一日，额亦都在野外别墅，召集诸子前来饮酒。酒行正兴，命执达启，众皆惊愕。额亦都抽刀道："天下安有父杀子者？顾此子傲慢，及今不治，他日必负国、败门户。不从者，血此刃！"说完之后，将达启引入室内，用被覆面杀之。杀完达启，额亦都向努尔哈赤谢罪。努尔哈赤既惊愕，又惋惜，沉思良久，乃叹息道："额亦都为国深虑，不可及也！"额亦都跟随努尔哈赤四十余年，骁勇百战，身先士卒，"屡被重创，遍体疮痍"②，深受努尔哈赤信任，后为开国五大臣之一。

安费扬古（1559～1622），觉尔察氏，与努尔哈赤同岁，世居瑚济寨。他的父亲完布禄，跟从努尔哈赤，有章甲、尼麻喇人诱其背叛，不从；又劫其孙以相要挟，但终无贰志。努尔哈赤含恨起兵，安费扬古即跟从努尔哈赤。努尔哈赤率兵克图伦，攻甲版，安费扬古皆临阵，率先奋勇，不畏矢石。安费扬古跟随努尔哈赤四十余年，每遇强敌，挺身突入，冲锋陷阵，尤为杰出，后为开国五大臣之一。

努尔哈赤起兵之初，人数很少，军纪涣散。以攻打兆佳城为例。万历十七年（1589）正月，征兆佳城。此战，《清太祖武皇帝实录》记载："太祖率兵，往攻赵家城酋长宁谷钦章京。太祖伏兵赵家城下。城内兵百余，出遇伏兵，射之。敌兵直冲太祖所立之处，欲奔入城。太祖独入百人中，手刃九人，余众四散，未得进城。围四日，其城将陷，我兵少懈，四出掳掠牲畜、财物，喧哗争夺。太祖见之，解甲与大将奈虎曰：'我兵争此微物，恐自相残害，尔往谕禁之。'奈虎至，不禁人

---

① 《镶黄旗满洲钮祜禄氏弘毅公家谱》，哈佛燕京图书馆藏本。
② 《弘毅公额亦都碑文》，载李凤民《清弘毅公额亦都残碑简报》，见《沈阳故宫博物院论文集》，1983年。

之掳掠，亦随众掠之。太祖将己绵甲，复与把尔代，令往取奈虎铁甲来，以备城内冲突。把尔代复随众掳掠。忽城内十人突出。有族弟王善，被敌压倒于地，跨其身，将以枪刺之。太祖一见，身无甲胄，挺身驰往。发一矢，中敌面额，应弦而死。救起王善，克其城，杀宁谷钦而回。"①

但是，《清太祖高皇帝实录》却作了如下记载：

> 上率兵征兆佳城主宁古亲，伏兵城下。时城内兵百人出，伏兵不即击，引弓射之。敌知有伏，大惊，欲奔入城，冲至上前。上独入百人中，手刃九人，击败其众，悉溃走。攻四日，城将下。我兵遂弛备，争俘获，聚而哗。上见之，解甲授侍臣鼐护被之，曰："我兵互争，恐自相踩蹦，尔往禁之。"鼐护往，弗为禁，亦争取焉。上又以绵甲，授巴尔太被之，曰："敌将遁，趣取吾甲。"巴尔太往，亦争俘获，不即至。适敌兵十人突出。上有族弟王善者，敌掷之仆地，踞其身，欲刺。时上未甲，奋身直入，发矢中敌人额，应弦而踣，救王善，克其城，斩宁古亲而还。②

以上记载，可以看出：

第一，《高录》文字，明显修饰。《武录》为"我兵少懈，四出掳掠牲畜、财物，喧哗争夺"。《高录》将其改为"我兵遂弛备，争俘获，聚而哗"。可以明显看出，《高录》将"四出掳掠牲畜、财物"，改为"争俘获"。这样一改，就把其军队同百姓的利益冲突，变为其军队内部利益的均衡矛盾，从而掩饰了建州初期军队掳掠的野蛮行为。

第二，努尔哈赤之兵，纪律太差。军兵掳掠财物，下令而不能止；派官前往宣谕，官员同流合污；再派官前去，复随之掳掠。一而再，再而三，令不行，禁

---

①《清太祖武皇帝实录》第2卷，原清宫内府藏，台湾广文书局影印本，1970年，第25～26叶。
②《清太祖高皇帝实录》第2卷，中华书局影印本，1986年，第9叶。

不止。努尔哈赤力图整顿军队纪律，没有收到实效。这时，他还没有建立起首领的权威。后来在战争中逐渐加强军队纪律，树立起首领的权威。

第三，夺取赵家城，主要靠智谋。先是围城设伏，继是诱敌出城，次是以静击动，复是围而困之，再是打疲惫之敌，最后是攻而下之。这种作战的方法和韬略，后来一再重复，并不断地丰富和完善。

在这里，附带说明有关清太祖起兵的历史文献。现行清廷官修记载清朝开国之初的文献，主要为三种"实录"，就是《清太祖武皇帝实录》《清太祖高皇帝实录》和《满洲实录》。《清太祖实录》，始修于清太宗皇太极时。天聪九年（1635）八月，命画工张俭等合绘清太祖实录图告成。因为这同历代皇帝实录体例不合，寻命内国史院大学士希福、刚林等，对清太祖实录去图加谥，以满、蒙古、汉三体文字改编。崇德元年（1636）纂辑告成，题名为《清太祖武皇帝实录》，共四卷。这是《清太祖实录》的初纂本。清世祖顺治初年，命重缮《清太祖武皇帝实录》，初纂本遂佚。顺治重缮《清太祖武皇帝实录》，现存台北。这个本子，民国二十一年（1932）北平故宫博物院出版其铅印本。1970年台北广文书局刊行其影印本。康熙朝特开史局，仿清太宗实录体例，重修《清太祖实录》。历经五年，厘为十卷，题名为《清太祖高皇帝实录》。雍正十二年（1734）再加校订，历时五载，到乾隆四年（1739）告成，亦为十卷。是为《清太祖高皇帝实录》的定本，也是至今通行的版本。另外还有满、蒙古、汉三体文字的《满洲实录》。《清太祖实录》的三次重修，虽然每次都匡正疏误、润饰文字；但《清太祖实录》，屡经重修，"尽删所讳，湮没史迹"。上述引文，可见一斑。以上所述三种实录，其史料之来源，为满文《无圈点老档》（又称《旧满洲档》、《满文老档》、《满文旧档》和《满文原档》）。然而，《无圈点老档》从明万历三十五年（1607）开始，其前断简，文献残缺。其间，缺载从清太祖起兵的明万历十一年（1583）到万历三十四年（1606），共二十四年的历史记载。这段历史，清朝官方文献主要靠《清太祖武皇帝实录》顺治重缮本的记载。所以，顺治重缮本《清太祖武皇帝实录》是清朝官修清太祖起兵最重要、最基本的史料。

三 整合建州女真

努尔哈赤起兵后，东西征战，南北驰突，重新整合女真的事业一步步地取得进展。他当时没有战略规划，也没有总体部署，而是因时、因地、因部、因人，变换攻守，机动灵活，积累小胜，逐步推进。对苏克素浒河部、董鄂部获取重大胜利后，又兵指哲陈部，在统一建州女真的道路上策马奔驰。万历十一年（1583），努尔哈赤带领额亦都、安费扬古等百人的队伍，以打败尼堪外兰、夺取图伦城为起点，开始统一苏克素浒河部。努尔哈赤家族所在的苏克素浒河部，分布于苏克素浒河（即苏子河）下游到该河注入浑河处的一带地方。苏克素浒河部萨尔浒城主诺米纳、鼐喀达，曾同努尔哈赤歃盟，但因见尼堪外兰依恃明朝而势力较强，便背弃盟誓，"阴助尼堪外兰，漏师期，尼堪外兰得遁去"①。努尔哈赤对诺米纳、鼐喀达虽怀恨在心，但他不用力攻，而用计取。他暗自定下破诺米纳、鼐喀达而取萨尔浒城之计。

时值诺米纳、鼐喀达派人来约，会攻浑河部巴尔达城。努尔哈赤佯同诺米纳等约盟，合兵攻巴尔达城。临战时，他要诺米纳先攻，诺米纳不从。这时，努尔

---

① 《清史稿·安费扬古传》第225卷，中华书局标点本，1976年，第9186页。

哈赤便使用预设之计，轻而易举地除掉了诺米纳。据记载："太祖曰：'尔既不攻，可将盔甲、器械与我兵攻之。'诺密（米）纳不识其计，将器械尽付之。兵器既得，太祖执诺米纳、萧喀达杀之，遂取萨尔浒城而回。"①

努尔哈赤杀了诺米纳、萧喀达后，派安费扬古率兵攻克其城。努尔哈赤虽夺取萨尔浒城，但对诺米纳、萧喀达的部民不加伤害，让他们照旧住在萨尔浒城，并修整城栅。在统一女真各部战争中，努尔哈赤用兵的一个特点是，不仅用步骑强攻，而且以计谋智取。他很快地统一苏克素浒河部，势力渐强，威信日增。

万历十二年（1584），努尔哈赤起兵一年后，对附近城寨主动出击。

正月，努尔哈赤伐李岱，攻兆佳城。其时，天寒地冻，大雪纷飞，岭高路险，城在山上。努尔哈赤督众凿山为磴，鱼贯攀登。但李岱已预知有备，严守以待。兵士中有人畏难，要罢兵返回。努尔哈赤不允，曰："吾固知其有备而来，何遽回耶？"②遂督兵猛攻，克之，获李岱。

六月，努尔哈赤又伐萨木占，攻马尔墩寨。③先是，努尔哈赤的妹夫噶哈善哈思虎，被其继母之弟萨木占等邀杀于路。努尔哈赤闻信后，披甲跃马，引弓疾驰，抢回其遗体殓葬之。努尔哈赤为给噶哈善哈思虎复仇，率兵四百，往攻马尔墩寨。寨踞山顶，势险备严。努尔哈赤设木牌、蔽矢石，分三组、并列进。寨上飞石檑木齐下，兵士难以迎面仰攻，连战三日，损兵折将。努尔哈赤冒矢石，发矢射中寨上一头目讷申，穿面贯耳，又射倒四人，守兵遂怯。努尔哈赤连攻四日，不能攻克马尔墩寨。安费扬古夜间乘敌疏防，率兵从间道，跣足缘崖，崎岖而上，两面夹攻，破马尔墩。这是努尔哈赤起兵一年来，继图伦、兆佳之后夺取的第三座城寨。

但是，努尔哈赤既要攻取外部的敌人城寨，又要应付内部的身处逆境。他在

---

① 《满洲实录》第1卷，辽宁通志馆影印线装本，1930年，第10叶。
② 《清太祖高皇帝实录》第1卷，中华书局影印本，1986年，第16叶。
③ 马尔墩寨：今辽宁新宾上夹河乡马尔墩村，寨在马尔墩岭上。

内部的不利条件下，也能善机变，少树敌，逐渐由弱变强。

如在四月初一半夜，努尔哈赤听到窗外有脚步声，便起身佩刀执弓，将子女藏在僻静处，让他的妻子装作上厕所，他紧跟在后面，用妻子的身体作掩护，潜伏在烟囱的侧后。努尔哈赤借闪电见一人逼近，以刀背击仆，喝令近侍洛汉把他捆起来。洛汉把那人捆绑后要将他杀掉。努尔哈赤暗想：要是杀了他，其主人会以我杀人为名，派兵攻我，而我兵少难敌，于是佯言道："尔必来偷牛！"那人回答道："偷牛是实，并无他意。"近侍洛汉插话道："此贼实害我主，诈言偷牛，可杀之，以戒后人。"努尔哈赤高声道："此贼实系偷牛，谅无别意！"① 于是将那人释放。

又如在五月一个阴云密布的黑夜，有一个叫义苏的人，潜入努尔哈赤的住宅栅内。努尔哈赤发觉后，着短甲，持弓矢，假装外出如厕，藏在烟囱的后面。闪电一照，他看见贼人逼近，扣弦一箭，被贼人躲过；再发一箭，射中其足，后把义苏捆缚鞭挞。族中兄弟要把义苏杀死，努尔哈赤道："我若杀之，其主假杀人为名，必来加兵，掠我粮石。粮石被掠，部属缺食，必至叛散。部落散，则孤立矣。彼必乘虚来攻，我等弓箭、器械不足，何以御敌？又恐别部议我杀人启衅，不如释之为便。"②

说完便把义苏释放。努尔哈赤释义苏、少树敌，临事机变、深沉大度，是为着积蓄力量，准备条件，继统一苏克素浒河部之后，将董鄂等部吞并。

董鄂部与苏克素浒河部为邻，位置在董鄂河（今浑江）流域及其诸支流一带，东北邻讷殷部，西界苏克素浒河部，南接鸭绿江部，北抵辉发部。九月，努尔哈赤得知董鄂部"自相扰乱"的消息后，要乘时往攻。诸将谏阻说："兵不可轻入他人之境，胜则可，倘有疏失，奈何？"努尔哈赤力排众议，说："我不先发，倘彼

---

① 《满洲实录》第 1 卷，辽宁通志馆影印线装本，1930 年，第 12 叶。
② 《清太祖武皇帝实录》第 1 卷，原清宫内府藏，台湾广文书局影印本，1970 年，第 16 叶。

重相和睦，必加兵于我矣！"①他说服诸将后，率兵五百人，携带蟒血毒箭，往征董鄂部主阿海巴颜驻地齐吉答城。阿海巴颜聚兵四百，闭门守城。努尔哈赤统兵围攻城栅，并纵火焚毁城上悬楼和城外庐舍。城将陷，天降大雪，遂命还师。

在还师途中，又进攻翁科洛城。翁科洛人得知消息，敛兵城里，紧闭城门。努尔哈赤兵临城下后，下令放火焚烧城上悬楼和环城房屋。他登房跨脊，往城里弯射。城中有一人叫鄂尔果尼，引弓发矢，射中努尔哈赤，穿胄伤肉，深有指许。他拔下箭镞，血流至脚。即用所拔之箭，反射城下，一人应弦而倒，表现了顽强的战斗精神。努尔哈赤虽负箭伤，仍弯射不止。城中另一人名洛科，乘浓烟潜近，暗发一箭，正中努尔哈赤颈部，箭镞穿透锁子甲围领，镞卷如双钩，伤创寸余。他拔下矢镞，带出两块血肉，血涌如注。别人见努尔哈赤负重伤，要登房把他搀扶下来。努尔哈赤说："尔等勿得近前，恐敌知觉，待我从容自下。"②他一手捂住伤口，一手挂弓下房。努尔哈赤从容下来后，因箭镞创伤静脉血管，血流不止，几次昏迷，只得弃城而回。

努尔哈赤伤创愈合后，又率兵攻打翁科洛城。城陷后，俘获鄂尔果尼和洛科。众将把鄂尔果尼和洛科绑缚，让他们跪在努尔哈赤面前，请求对二人施以乱箭穿胸的酷刑，以雪翁科洛城之恨。但是，努尔哈赤说：

> 两敌交锋，志在取胜。彼为其主，乃射我；今为我用，不又为我射敌耶！如此勇敢之人，若临阵死于锋镝，犹将惜之，奈何以射我故而杀之乎！③

努尔哈赤没有杀掉鄂尔果尼和洛科，亲自给他们释缚，并授为牛录额真（后

---

① 《满洲实录》第1卷，辽宁通志馆影印线装本，1930年，第14叶。
② 《满洲实录》第1卷，辽宁通志馆影印线装本，1930年，第15叶。
③ 《清太祖高皇帝实录》第1卷，中华书局影印本，1986年，第21叶。

称佐领),加以厚养。努尔哈赤不计私怨、宽宏大度的襟怀,深深地感动了诸将,加强了其统治群体内部的团结,也加快了其统一建州女真的步伐。

万历十三年(1585),伐哲陈部。哲陈部分布于浑河上游,东接王甲部(完颜部)、南邻苏克素浒河部、西界浑河部、北邻哈达部,是苏克素浒河部的西邻。这年二月,努尔哈赤率披甲之士二十五人、士卒五十人攻哲陈部界凡(界藩)寨。因敌人预知有备,毫无所获。当回军至界凡南的太兰岗时,萨尔浒、界凡、东佳和巴尔达四城的城主,合兵四百余追袭努尔哈赤,到达界凡南太兰岗的原野。界凡城主讷申、巴穆尼疾驰逼近,努尔哈赤单骑拨马迎敌。讷申从军中疾驰而出,策骑猛扑,砍断努尔哈赤马鞭。努尔哈赤拨转马头,奋力挥刀,将讷申砍为两段;又转身回射,巴穆尼中箭落马毙命,追兵也因之惊怯呆立。努尔哈赤见敌众已寡,乘敌惊魂未定,一面指挥步骑退却,一面驻马讷申尸旁。讷申部众呼叫道:"人已死,何不去?欲食其肉耶!汝回,我辈欲收主尸!"努尔哈赤回答道:"讷申系我仇〔人〕,幸得杀之,肉亦可食!"①言毕,他作殿后,缓骑退却。努尔哈赤率七人,如埋伏之状,将身体隐蔽,仅"露其盔,似伏兵"②。敌军丧其首领,又疑有伏兵,边喊边退。努尔哈赤引兵徐返,敌兵未敢再追。

四月,努尔哈赤率马步兵五百人再征哲陈部。因途中遇大水,他令步骑回军,只留绵甲五十人、铁甲三十人,共八十人继续前进。到浑河畔时,因嘉哈的苏枯赖虎密报消息,于是托漠河、章甲、巴尔达、萨尔浒、界凡五城的城主,急集兵八百余人,凭浑河、依南山、阵界凡,声势强盛,驻兵以待。对方兵力,十倍于己,气势汹汹,阵势险恶。努尔哈赤的部属、五叔祖包朗阿之孙扎亲、桑古里③,见敌

---

① 《满洲实录》第2卷,辽宁通志馆影印线装本,1930年,第3叶。
② 《清太祖武皇帝实录》第1卷,原清宫内府藏,台湾广文书局影印本,1970年,第20叶。
③ 《满洲实录》第2卷,第4叶"有札亲、桑古哩二人(宝朗阿之孙也)";《清太祖武皇帝实录》第1卷,第7叶"有夹陈、桑古里二人(豹郎刚之孙也)";《清太祖高皇帝实录》第2卷,第3叶"包郎阿孙扎亲、桑古里二人";中华书局标点本《清史稿·太祖本纪》作"包朗阿之孙札亲桑古里",误。

兵众多,势焰高涨,吓得解下身上甲胄,交给别人,准备逃跑。努尔哈赤怒斥道:"汝等平昔在家,每自称雄于族中,今见敌兵,何故心怯解甲与人?"①说罢,亲自执纛,率弟穆尔哈齐和近侍颜布禄、兀凌噶,总共只有四人,往前冲击,奋勇弯射,杀二十余人。敌兵惊惶阵乱,涉河争遁回奔。

经过一阵厮杀,努尔哈赤汗流浃背,气喘吁吁。他用手断扣,卸甲稍憩。旋又见一股退敌,即着胄纵骑疾追,斩杀四十五级。驰至界凡险隘吉林崖,登崖遥望敌兵十五人一股,气势汹汹,奔崖而来。努尔哈赤取下盔缨,隐身待敌。等敌人逼近时,他先倾力射出一箭,敌兵为首一人中箭,穿脊而倒。穆尔哈齐继发一箭,又射死一人。余敌溃乱,逃至山崖,无路可走,坠崖而死。努尔哈赤全胜回师。

两军相逢勇者胜。勇敢,是战胜强敌的一个法宝,是努尔哈赤的重要品质,也是他夺取浑河之役胜利的基本原因。浑河之役,努尔哈赤展示勇敢与机智的品质,运用伏击与猎射的战法,创造了女真战争史上以少胜多的奇迹。他在总结浑河之役时说:"今日之战,以四人而败八百之众,此天助我以胜之也!"②有人认为"以四人而败八百"是无论如何也不可能的。说它无,没根据;说它有,为夸张。然而,以少胜多的奇例,史书里不胜枚举。应当说,《清太祖高皇帝实录》的浑河之役记载,不仅有夸张的笔墨,也有神秘的色彩。

两年之后,努尔哈赤派额亦都率兵复征哲陈部巴尔达城。额亦都夺取巴尔达城之战,打得异常勇敢、顽强、激烈、精彩。《满文老档》作了如下载述:

> 巴图鲁姑夫独攻巴尔达城,克之。取该城时,骑墙鏖战,身被敌乱箭射中,贯于城上,不能下,挥刀断之,遂乃入城。于该城所获敕书、户口、诸申,尽赐与彼。其离城逃往哈达复来归附于汗之户口,乃以彼户口缺,尽赐与彼。因克该城,汗亲来迎,杀二牛赐宴,又以巴尔达城备鞍辔之

---

① 《满洲实录》第2卷,辽宁通志馆影印线装本,1930年,第2叶。
② 《清太祖高皇帝实录》第2卷,中华书局影印本,1986年,第4叶。

栗色名马,赐与彼。该城之役,受透皮肉伤五十处,且红肿伤处甚多。①

上文中的巴图鲁姑夫,就是额亦都。因额亦都娶努尔哈赤之女为妻,故尊称之。这段文字后加修饰,成为额亦都生平的传记资料。《清史列传·额亦都》中有一段生动的记述:

(额亦都)督兵取巴尔达城,至浑河,河涨不能涉,以绳联军士,鱼贯而渡。夜薄其城,率骁卒先登。城中兵猝惊起拒,跨堞而战,飞矢贯股著于堞,挥刀断矢,战益力。被五十余创,不退,卒拔其城而还。②

额亦都率师凯旋,努尔哈赤亲迎于郊,行抱见礼,大宴劳师,将所有俘获赐赏之,并赐号"巴图鲁"。巴图鲁,为满文 baturu 的对音,为蒙古语借词,是大力士、勇士或英雄的意思。

至此,灭掉哲陈部。

同年九月,攻苏克素浒河部,克安土瓜尔佳城,其城主诺一莫浑被斩。

万历十四年(1586),五月,攻克浑河部播一混寨。

七月,招抚哲陈部托漠河城。

万历十五年(1587)六月,征哲陈,克阿尔泰寨,获寨主阿尔泰并斩之。

八月,攻克洞城,降其城主扎海。

万历十六年(1588)九月,又克完颜(王甲)城,斩城主戴度墨尔根,灭完颜(王甲)部。

万历十七年(1589)正月,征兆佳城。克其城,斩城主宁古亲。

建州在统一本部诸城寨的过程中,巧妙地处理同明朝的关系。这年九月,蓟

---

① 《满文老档·太宗》下册,中华书局译注本,1990年,第1221~1222页。
② 《清史列传·额亦都》第4卷,中华书局,1928年,第2页。

辽总督张国彦、辽东巡抚顾养谦等疏请对女真各部采取转剿为抚、"以夷制夷"的策略，并疏议让努尔哈赤做女真之哈达王台。万历皇帝从其请，以努尔哈赤为都督佥事。从此，努尔哈赤得到明廷的信任，既同明贡赏互市、充实军力，又加快统一步伐、避开干扰。

这样，努尔哈赤历时五年，先后吞并苏克素浒河部、董鄂部、浑河部、哲陈部和完颜部，重新整合了建州女真本部。

此后，对长白山三部的经营又延续了几年。

万历十九年（1591），努尔哈赤派兵攻略长白山之鸭绿江部，"尽收其众"，兼并其部。到万历二十一年（1593），又先后夺取长白山三部中的另两部——讷殷部和朱舍里部。

至此，明建州左卫都督佥事努尔哈赤，在十年之间，将蜂起称雄环建州而居的各部皆削平，实现建州女真的统一：

> 上招徕各路，归附益众。环境诸国，有逆命者，皆削平之，国势日盛。明亦遣使通好，岁以金币聘问。我国产东珠、人参、紫貂、元（玄）狐、猞猁狲，诸珍异之物，足备服用。于抚顺、清河、宽奠、叆阳四关口互市，以通商贾。自此，国富民殷。①

建州女真五部及长白山三部完全归一，建州女真实现了自元末以来二百多年空前大一统的局面。

在努尔哈赤统一建州女真过程中，万历十六年（1588）有苏完部长索尔果及其子费英东、董鄂部长克辙巴颜之孙何和礼、雅尔古寨扈喇虎及其子扈尔汉，各率其所属军民部众，到佛阿拉归顺。费英东、何和礼、扈尔汉，后来同额亦都、安费扬古并为开国五大臣。额亦都和安费扬古，前已略述；费英东、何和礼和扈

---

① 《清太祖高皇帝实录》第2卷，中华书局影印本，1985年，第7～8叶。

尔汉，下做概述。

费英东（1564～1620），瓜尔佳氏，苏完部人，为苏完部长索尔果次子。"瓜尔佳为满洲著姓，而居苏完者尤著。"① 苏完部长索尔果有十八子，其族繁盛。万历十六年（1588），费英东随其父索尔果率五百户，归顺努尔哈赤。这年费英东二十五岁，比努尔哈赤小六岁。努尔哈赤后将长子褚英之女，予费英东为妻。费英东年轻英武，聪颖机智，体强力大，精于骑射。史称其"自少从征诸国，三十余年。身先士卒，摧锋陷阵，战必胜，攻必克，屡奏肤功"②。费英东在归附努尔哈赤之后，赤诚忠耿，自励直言。《清史列传·费英东》记载："见人不善，必先自斥责，而后劾人；见人之善，必先自奖劝，而后举之。被劾者，无怨言；被举者，亦无骄色。"③ 费英东深得努尔哈赤的信任，并为满洲崛兴建立了殊勋。

何和礼（1561～1624），又作何和里、何和理，董鄂氏，以地为姓。其祖克辙巴颜、父额勒吉、兄屯珠鲁，世为部长。万历十年（1582），何和礼代兄长其部。何和礼所部素强，兵精马壮。其归附之事，《啸亭杂录》载："高皇初起兵时，满洲军士尚寡。时董鄂温顺公讳何和理者，为浑春部长，兵马精壮，雄长一方。上欲藉其军力，乃延之，至兴京，款以宾礼，而以公主妻之。公乃率众归降，兵马五万余，我国赖以缔造。"④

上文所记述，其兵马数字，颇有张饰。何和礼的祖先是瓦尔喀人，地在今图们江、乌苏里江一带，后迁到建州董鄂地方，以地为姓。何和礼的祖父克辙巴颜兵强部壮，与建州章甲城主阿哈纳相仇杀。阿哈纳为努尔哈赤堂伯父（或堂叔父），是"宁古塔六贝勒"之一。阿哈纳向哈达借兵，同克辙巴颜互相攻掠。努尔哈赤起兵后，对何和礼备加尊重，优礼相待。万历十六年（1588），努尔哈赤娶哈达

---

① 《八旗满洲氏族通谱·费英东传》第1卷，辽沈书社，1989年，第1叶。
② 《八旗满洲氏族通谱·费英东传》第1卷，辽沈书社，1989年，第1～2叶。
③ 《清史列传·费英东》第4卷，中华书局，1928年，第1页。
④ 昭梿：《啸亭杂录》第2卷，上海文瑞楼印行本，清宣统元年（1909），第24～25页。

贝勒扈尔干女哈达纳喇氏为妻，特邀何和礼率三十骑卫行。此行，何和礼与努尔哈赤加深友情。回到佛阿拉后，何和礼归附努尔哈赤。努尔哈赤后以长女东果格格给何和礼为妻，何和礼比努尔哈赤小两岁。何和礼原妻长于骑射，闻其尚主，怒率兵马，"扫境而出，欲与之战，高皇面谕之，然后罢兵降"。经努尔哈赤谕和，其原妻始罢兵降附。①后来世袭何和礼爵位者，都为公主所出，其前夫人所生者，不许列名。何和礼后随努尔哈赤征战三十六年，拼死征战，温顺勇勤，功绩显赫，位列元勋。

扈尔汉（1576～1623），佟佳氏，父为扈喇虎，世居雅尔古寨。②万历十六年（1588），扈喇虎同族人相仇，率部众投奔努尔哈赤。这年，扈尔汉十三岁，被努尔哈赤收为养子。稍长，努尔哈赤收其为侍卫，尤加恩宠。扈尔汉"感上抚育恩，誓以戎行效死，每出战，辄为先锋"③。扈尔汉忠心耿耿，效力内外，后列为开国五大臣之一。

努尔哈赤其时三十岁，诸子尚幼，赖额亦都、费英东、安费扬古、何和礼、扈尔汉等诸将，素忠悃，同甘苦，共赴难，并死生。筚路蓝缕，三十余年，"辅成大业，功绩灿然"。自努尔哈赤起兵，仅五六年的时间，使建州女真的内外发生了变局：

第一，攻克图伦城，斩尼堪外兰，洗雪父、祖被害之仇，开始了统一女真各部的军事活动。

第二，统一建州部，即统一建州女真主体五部和长白山三部，加强了建州女真的军事、政治、经济、文化、社会与部族的实力，使建州女真后来成为满洲诸部的核心。

第三，改善同明关系，明廷给努尔哈赤以赐封，又"岁输银八百两、蟒缎十五匹，

---

① 《清史稿·何和礼传》第225卷，中华书局点校本，1977年，第9183页。
② 《清代碑传全集·扈尔汉传》第3卷，上海古籍出版社影印本，1987年，第27页。
③ 《清史列传·扈尔汉》第4卷，中华书局，1928年，第3页。

通和好焉"①。努尔哈先后到北京朝贡。

第四，明开设关市，于抚顺、清河、宽奠、叆阳四关口设市，以通商贾，互市交易，加强了建州女真的经济实力。

总之，《清太祖武皇帝实录》对努尔哈赤起兵五年后的建州女真社会，及其同明朝的关系，作了如下的记述：

> 太祖遂招徕各部，环满洲而居者，皆为削平，国势日盛。与大明通好，遣人朝贡，执五百道敕书②，领年例赏物。本地所产，有明珠、人参、黑狐、玄狐、红狐、貂鼠、猞猁狲、虎、豹、海獭、水獭、青鼠、黄鼠等皮，以备国用。抚顺、清河、宽奠、叆阳四处关口，互市交易，照例取赏。因此，满洲民殷国富。③

上录稍作夸张的文字，如"满洲民殷国富"等云，不需讨论，以此作为本节"整合建州"的终结和下节"建佛阿拉"的铺垫。

---

① 《清太祖高皇帝实录》第2卷，中华书局影印本，1986年，第6叶。
② 其时努尔哈赤所持有的敕书不足五百道。
③ 《清太祖武皇帝实录》第1卷，原清官内府藏，台湾广文书局影印本，1970年，第24~25页。

附录 建州统一军事活动表

时　间（万　历）	重　要　军　事　活　动
十一年（1583）二月	觉昌安、塔克世在古勒寨被明军误杀。
五月	起兵征尼堪外兰，克图伦城。
八月	取萨尔浒城。复叛。
十二年（1584）正月	征李岱，克兆佳城。
六月	攻取马尔墩寨。
九月	攻董鄂部齐吉答城，寻罢。
十三年（1585）二月	攻界凡，斩其城主讷申、巴穆尼。
四月	征哲陈，中途战于界凡南山之野。
九月	攻苏克素浒河部安土瓜尔佳城，斩其城主。
十四年（1586）五月	克浑河部播一混寨。
七月	攻哲陈部托漠河城，遇雨罢兵。
同月	克鹅尔浑城，寻斩尼堪外兰。
十五年（1587）正月	兴筑佛阿拉城。
六月	征哲陈部，克山寨，获并斩其寨主阿尔泰。
八月	克巴尔达城。
同月	攻克哲陈部洞城，城主扎海降。
十六年（1588）九月	克完颜（王甲）城，斩城主戴度墨尔根。
十七年（1589）正月	克兆佳城，斩城主宁古亲。
十九年（1591）正月	收鸭绿江部。
二十一年（1593）十月	收服朱舍里部。
闰十一月	攻讷殷部佛多和山城，围战三月而下。

第三章 统一海西女真扈伦四部

一 周边的形势

明代的海西女真，住居嫩江以东到倭肯河的松花江及其支流地域。松花江在元、明两代又称为海西江，所以统称其为海西女真。海西女真支派纷繁，居住分散。后不断地南移、兼并。到明嘉靖年间，海西女真逐渐整合为四大部，总称为扈伦四部或海西女真四部，即哈达部、辉发部、乌拉部、叶赫部。扈伦四部南迁后的地域范围，东邻东海女真、朝鲜，东南接建州女真，南界明开原、铁岭边墙，西为漠南蒙古科尔沁部、喀尔喀部、郭尔罗斯部，北至混同江一带。其俗重耕稼，善驰猎，有室庐，作山寨。[①] 这与乐住种、善绩纺、长骑射、喜治生的建州女真之俗，没有大的差异。自明成化以降，建州与海西的势力，几经曲折，此消彼长。此际，建州女真在攻抚海西女真扈伦四部之前，其面临的周边形势，是有利于建州女真而不利于海西女真的。

第一，蒙古部落受明打击，内部互相征战厮杀，各部自身力量削弱。

明初，辽东地区，蒙古仍有很大的势力。经过洪武、永乐两朝的多次北征，蒙古各部受到严重军事打击。蒙古势力削弱，女真各部南迁，使辽东地区的蒙古

---

① 卢琼：《东戍见闻录》，载《辽东志》第7卷《艺文志》，《辽海丛书》本，民国二十三年（1934）。

与女真之力量消长，有了明显的变化。到明正统年间，蒙古瓦剌部兴起，辽东女真再遭重大打击。蒙古瓦剌部也先骑兵东犯，土木堡一战，不仅俘虏明英宗皇帝，而且直接威胁北京，史称土木之变。蒙古脱脱不花部大掠辽东，深入海西女真各部地域，掠夺蹂躏，致使海西女真许多著名首领死于兵荒马乱之中。蒙古瓦剌部的骑兵，横扫辽河流域，直到鸭绿江边。这不仅沉重打击了女真各部，而且打击了漠南蒙古各部。到隆庆末、万历初，蒙古察哈尔部也逐渐走向衰落。漠南蒙古各部衰落，逐渐退出军事政治舞台的主角地位，而先给海西女真各部、后给建州女真兴起，让出了辽东地区历史舞台。特别是建州女真兴起后，漠南蒙古各部在辽东逐渐退到配角地位。由于漠南蒙古各部，不同建州女真接壤，中间隔着海西女真哈达、叶赫与乌拉等部，也减少了建州女真同漠南蒙古的直接冲突。因而，建州女真登上辽东地区历史舞台之初，面对的竞争对手不是漠南蒙古与海西女真两个，而只是海西女真一个。

第二，海西诸部内讧厮杀，消耗部落军事实力，改变了其同建州的力量对比。

先是，建州阿哈出、董山称雄女真。成化三年（1467），明军征剿，首领被杀，寨焚部破，建州遭到重大打击。尔后，海西女真活跃起来。海西女真中以哈达和叶赫二部最强。叶赫部首领褚孔格（竹孔革）等，屡犯边，阻贡道。而哈达部首领速黑忒，恭谨修贡，日益强盛；又杀猛克而保贡路，进右都督、受金带大帽。哈达、叶赫两强相争，哈达首领王忠，计杀叶赫首领褚孔格。王忠死，侄王台继为贝勒，忠于明朝，盛极一时。但是，王台于努尔哈赤起兵前一年忧病而死，其长子扈尔干（虎尔罕赤）亦相继死。王台死后，"王台之四子又起内讧，甚至里通北关"①。与王台同时，北关叶赫有褚孔格之孙清佳努（逞加奴）、扬佳努（仰家奴）兄弟日益强大，欲借王台死后其部内讧之机，报王忠杀其祖父之仇，并雄长于海西。

---

① [日] 鸳渊一：《海西女真の发展》，载李澍田等：《海西女真史料》，吉林文史出版社，1986年，第552页。

但他们兄弟未能保持权力归一①,以同南关哈达相抗衡,而身死寨破。其继承者卜寨和纳林布禄,前者被杀,后者病死。至于扈伦四部中的另两部——辉发部原本较弱,又内讧不休;乌拉部距开原较远,部长满泰又荒淫无度,毫无谋略。所以,在扈伦四部中,明朝或借哈达,或借叶赫,以钳制建州。但由于李成梁之政策错误,哈达之内争不已,叶赫之二部角立,海西女真形不成民族核心力量。女真力量中心的转移,经过历史的轮回,即由建州董山转向叶赫褚孔格,由褚孔格转向哈达王台,再由哈达王台转向建州努尔哈赤。于是,新的形势使建州努尔哈赤逐渐成为女真军政力量的中心。

第三,明对海西残酷袭杀,削弱南关哈达与北关叶赫的军政实力,突出了建州女真的军事地位。

在扈伦四部中,以叶赫、哈达势力为强,是明朝用以牵制、抗衡建州的主要力量。但是,正当建州崛兴之时,明军却在五年之间,连续给叶赫、哈达以三次沉重打击。

第一次,万历十一年(1583)十二月,明辽东巡抚李松、总兵李成梁,利用叶赫贝勒清佳努和扬佳努到开原进行马市贸易的机会,在开原中固城设"市圈计"②,诱其入伏,而袭杀之。③ 是计,明辽东巡抚李松、总兵李成梁,令"三军皆解甲易服"④,设伏以待叶赫贝勒清佳努和扬佳努。清佳努和扬佳努率二千余骑,身擐甲胄,到镇北关。明边官及通事责问贝勒清佳努和扬佳努:你们既来听抚,为何骑甲数千如林?清佳努和扬佳努请以三百余人随从,获允。清佳努和扬

---

① 《皇朝开国方略》第6卷,清乾隆五十一年(1786)刻本,第12页。
② "市圈计":明辽东巡抚李松、总兵李成梁利用诸部到圈定市场,伪以赐赏约会,诱杀叶赫贝勒清佳努等三百余人,称"市圈计"。
③ 康熙《开原县志》上卷:"中固城,(开原)城南四十里,明永乐五年建,为抚顺站。弘治十六年(1503),参将胡忠奏,展筑高一丈八尺,周围七百三十五丈,池深二丈八尺。"
④ 瞿九思:《万历武功录·逞加奴仰加奴列传》第11卷,《国学文库》本,民国二十四年(1935),第23页。

佳努入中固城市圈之后，信炮鸣，伏兵起，贝勒清佳努和扬佳努及其三百余随从，全被斩杀。李成梁闻炮声，拥精兵突然进攻其在"市圈外"的骑兵，共斩俘一千二百五十二级，夺马一千零七十三匹。故史载，明"抚臣宣谕不从，因潜兵四起，当阵斩获仰加奴、逞加奴等首级共三百一十一颗，及外应李总兵伏兵斩获塞上屯贼首级一千二百五十二颗，并获马匹、夷器、衣甲等物无算。"①叶赫首领清佳努和扬佳努被杀害，并死一千五百六十三人，部族蒙受空前灾难。是为建州女真崛兴以来，明朝对海西女真的第一次重大打击。

第二次，万历十五年（1587）十月，辽东巡抚顾养谦引兵攻哈达孟格布禄。孟格布禄为王台妾温姐所生，王台死后其外妇子康古陆娶其父妾温姐为妻。温姐又为叶赫部所出，所以他们俱亲叶赫，而与王台之孙歹商（扈尔干之子）有隙。明廷按照既往支持哈达的理念——支持哈达贝勒王台、王台死后支持其长子扈尔干、扈尔干死后支持其长孙歹商，又恐孟格布禄同叶赫联结势大难制，决计以兵相攻之。顾养谦以降丁为向导，引兵出塞，攻哈达部孟格布禄。孟格布禄依恃叶赫，负固坚守。明军奋力强攻，"拔其二栅，斩首五百余级"②。明廷又革除孟格布禄原袭其先父王台龙虎将军之崇勋③，使其势单力孤。是为建州女真崛兴以来，明朝对海西女真的第二次重大打击。

第三次，万历十六年（1588）三月④，李成梁率兵攻打叶赫布寨和纳林布禄。叶赫贝勒清佳努和扬佳努被明军设计袭杀后，清佳努子布寨、扬佳努子纳林布禄，分别袭为叶赫贝勒，率其所部驻东西二城，元气日渐恢复，军力日益强盛。李成梁以哈达势弱，谋伐叶赫以杀其势。于是，李成梁率师直捣叶赫山城。山城四重，凭城坚守，明军围城，累攻不下。明军发巨炮，破其外郭，进拔二城，共"斩首

---

① 《明神宗实录》第145卷，万历十二年正月癸卯，台北历史语言研究所校勘本，1962年，第5页。
② 谷应泰：《明史纪事本末·辽左兵端》第1卷，中华书局，1977年，第1404页。
③ 《明神宗实录》（内阁文库本）第15卷，万历十五年十月丁丑："擒获夷人一骑并收猛骨部夷八百余名口，其猛骨原授龙虎将军抚赏所应革除。"
④ 《明史·李成梁传》作"五月"。

五百余级，二酋乞和"①。明朝为此，万历帝"御皇极殿，鸿胪寺宣奏捷音，百官致词称贺，祭告郊庙"②。此役，叶赫罹受重难，城中老少，昼夜号泣。是为建州女真崛兴以来，明朝对海西女真的第三次重大打击。

海西女真最强大的哈达、叶赫两部，恰在建州完成其本部统一的六年间，连遭明军三次重大打击，著名首领或被杀，或亡故，精壮战死，良马被获，兵械丧失，房舍遭焚，已经大伤元气，无力抗衡建州。

第四，明朝辽东主力入朝，进行援朝抗倭战争，松弛了对建州的军事遏制。

正当辽东建州女真崛兴之时，朝鲜李朝发生抗倭战争。朝鲜北部邻国日本，其关白③丰臣秀吉削平割据诸侯、统一日本之后，积极向外扩张，于万历二十年（1592），发动了侵略朝鲜的战争。这年为壬辰年，所以又称这场战争为壬辰战争。日本丰臣秀吉进攻朝鲜之目的，是要奴役朝鲜，并以朝鲜为跳板，进一步侵略明朝。丰臣秀吉派十五万日军，从釜山登陆，"倭奴猖獗，大肆侵凌，攻陷王城，掠占平壤"④。朝鲜生民蒙受涂炭，八道几乎全部沦陷。朝鲜国王李昖出奔义州，并遣使向明朝告急求援。明廷鉴于同朝鲜为"唇齿之国，有急当相救"⑤，派李应昌为经略，李如松为征东提督，率士马四万余⑥，大举入朝。翌年正月，李如松援朝之师与朝鲜军民配合作战，复平壤、克开城、攻王京，旋败绩于碧蹄馆。⑦

---

① 《明神宗实录》第197卷，万历十六年四月庚申，台北历史语言研究所校勘本，1962年，第3叶。
② 《明神宗实录》第198卷，万历十六年五月辛卯，台北历史语言研究所校勘本，1962年，第2叶。
③ "关白"是丰臣秀吉的官衔。
④ [朝]《李朝宣祖大王实录》第30卷，日本学习院东洋文化研究所刊，1959年，第1叶。
⑤ [朝]《李朝宣祖大王实录》第27卷，日本学习院东洋文化研究所刊，1959年，第18叶。
⑥ 明朝出兵数字，各书记载不同，如《明史纪事本末·援朝鲜》载明廷遣"如松将诸镇士马四万余"援朝鲜；《李朝宣祖大王实录》二十五年十月壬子载"天兵共计四万八千五名，将领、中军、千把总不计在数内"；《光海君日记》即位年二月甲戌载，明朝"派文武大臣二员，统帅辽阳各镇精兵十万，往助讨贼"；《明史·朝鲜传》作"扬言大兵十万且至"；《李朝宣祖大王实录》二十五年九月甲戌载"宋应昌率兵马七万，今月初七日辞朝"等。
⑦ 碧蹄馆：朝鲜京畿道高阳郡之馆邑，地处朝鲜通中国交通之要冲，李朝赴明朝之使节于此驻息。

努尔哈赤闻朝鲜遭到日军侵略，也禀报明兵部尚书石星，请求领兵驰援。据朝鲜史籍记载：

今朝鲜既被倭奴侵夺，日后必犯建州。奴儿哈赤部下原有马兵三四万，步兵四五万，皆精勇惯战。如今朝贡回还，对我都督说知，他是忠勇好汉，必然感怒，情愿拣选精兵，待严冬冰合，即便渡江，征杀倭奴，报效皇朝。①

上述建州的骑兵、步兵总数，显然有所张饰。但是，努尔哈赤援朝杀倭之请，受到明廷和朝鲜两方拒绝。这是因为明廷和朝鲜双方，都不愿意看到建州在这场壬辰战争中得以壮大。后来努尔哈赤说："壬辰（1592）年间，朝鲜被侵于倭奴，吾欲领兵驰救，禀报于石尚书，不见回答，故不得相援。"②明廷不允建州援朝抗倭的请求，而"诏如松提督蓟、辽、保定、山东诸军"渡江赴朝。在前后六年援朝抗倭战争期间，明朝以东征调发，而"库藏空乏，边饷无措"③；兵入朝鲜，"辽阳精锐，尽死于此"④。

第五，建州女真实现统一，利用全部整合力量，成为兼并扈伦四部内因。

建州女真迁徙到苏克素浒河（苏子河）、佟家江一带后，三卫合一，势力渐大。在努尔哈赤兴起前，建州女真主要有三位著名的首领，即李满住、董山、王杲。李满住为初设建州卫指挥使阿哈出之孙，明正统六年（1441）他派指挥歹因哈奏："旧住婆猪江，屡被朝鲜国军马抢杀，不得安稳。今移住灶突山东南浑河上，仍旧与朝廷效力，不敢有违。"获准后，建州卫女真定居在苏克素浒河（苏子河）流域。后建州左卫董山也迁居过来。不久，建州左卫析置出右卫，三卫合住，势

---

① [朝]《李朝宣祖大王实录》第30卷，日本学习院东洋文化研究所刊，1959年，第16叶。
② [朝]《李朝宣祖大王实录》第72卷，日本学习院东洋文化研究所刊，1959年，第19叶。
③ 《明神宗实录》第347卷，万历二十八年六月庚寅，台北历史语言研究所校勘本，1962年，第11叶。
④ 《东林事略》，不分卷，清刻本，首都图书馆地方文献部藏，第2页。

力日大。建州部众，左邻朝鲜，右接明朝。朝鲜与明朝都不愿意看到建州女真的统一与强大，于是，建州女真受到明朝和朝鲜的联合攻剿。明成化三年（1467），明朝将入京朝贡的建州左卫首领董山在回程途中羁于广宁（今辽宁省北镇市）。明朝同朝鲜合军攻建州。李满住及其子李古纳哈身死，寨破人亡，损失惨重："尽虏酋之所有，罔一夷而见逃。剖其心而碎其脑，粉其骨而涂其膏。强壮尽戮，老稚尽俘。若土崩而烬灭，犹瓦解而冰消。空其藏而潴其宅，杜其穴而火其巢。"百多年后，经过恢复，建州女真又出现一位著名首领王杲。《三朝辽事实录》记载："嘉靖间，王杲为建州右卫都指挥使，黠慧剽悍，数犯边。"明副总兵黑春率军捣王杲寨。王杲在媳妇山设伏，生擒黑春，磔而杀之，震动朝野。王杲进而深入辽阳，掠孤山、扰抚顺，终被明辽东总兵李成梁击败，逃到哈达，被擒送京，神宗亲御，午门献俘。可见这在明廷算是一件大事。建州女真虽经过以上两次打击，却终于在努尔哈赤时完成统一。由是，建州以新的生气、新的整合，登上辽东地区军政舞台。

漠南蒙古的衰落，海西女真的内讧，明军主力的入朝，辽东总兵的错误，都是建州女真灭亡扈伦四部的外在原因，其内在原因则是建州女真的统一与强大。这就为建州女真出兵海西、征抚扈伦四部，提供了一个难得的历史机遇。

总之，在十六世纪八十年代至九十年代初，辽东明军、扈伦四部和建州女真三种力量之间的关系，发生着急剧的变化。明朝不仅辽东主力赴朝、精锐受创，而且自李成梁解任后，"十年之间，更易八帅，边备益弛"[①]；扈伦四部屡遭明军重创，内讧自耗，趋向衰落；建州女真却诸部归一，生机盎然，兵强马壮，崛起辽东。建州女真先以佛阿拉、后以赫图阿拉为基地，利用本部统一后的合力，抓住明朝辽东军力虚弱，哈达、叶赫受创与辉发、乌拉内讧之机，以古勒山之战为先导，顺利地进行了统一海西女真即扈伦四部的战争。

建州女真统一海西女真的战争，开始于古勒山之战。

---

① 《明史·李成梁传》第238卷，中华书局点校本，1974年，第6191页。

二 古勒山之战

建州女真的重新整合与统一，影响着海西女真内部相互关系，及其同建州的军政关系。这种复杂的矛盾，在运用政治、通使、联姻等手段无法解决时，便诉诸武力，爆发了古勒山之战。

古勒山之战的爆发，并不是偶然的。建州、哈达、叶赫之间的矛盾，是导致古勒山之战发生的一个重要原因。其时，哈达贝勒孟格布禄诸兄弟俱已死，只有其长兄扈尔干之子歹商（戴善）同他角力争局。① 且叔侄不和，势同水火。孟格布禄亲叶赫，而歹商亲建州。叶赫贝勒布寨和纳林布禄欲图哈达，其障碍就是歹商，歹商则依附建州努尔哈赤。于是，叶赫二贝勒布寨与纳林布禄将矛头指向努尔哈赤，企图达到一石二鸟之目的：既削弱建州，又驯服哈达。所以，叶赫贝勒布寨和纳林布禄便以弹石投向建州。

万历十九年（1591）正月，叶赫贝勒纳林布禄遣使宜尔当阿和摆斯汉② 到佛

---

① 冯瑗：《开原图说》下卷，《玄览堂丛书》本，民国二十九年（1940）。
② 《清史稿·杨吉砮传》（中华书局标点本）载："十九年，纳林布禄令宜尔当、阿摆斯汉使于太祖。"《清太祖高皇帝实录》作："叶赫贝勒纳林布禄遣使宜尔当阿、摆斯汉来告。"

阿拉，对努尔哈赤道："乌拉、哈达、叶赫、辉发、满洲，言语相通，势同一国，岂有五主分建之理？今所有国土，尔多我寡，盍将额尔敏、扎库木二地，以一与我！"努尔哈赤回答道："我乃满洲，尔乃扈伦；尔国虽大，我岂肯取？我国即广，尔岂得分？且土地非牛马比，岂可割裂分给？尔等皆执政之臣，不能各谏尔主，奈何靦颜来告耶！"①说毕，令叶赫使臣返回。

叶赫贝勒纳林布禄碰了钉子之后，仍不甘心。于是，叶赫、哈达、辉发三部贝勒合谋，决定各部同时遣使到建州。叶赫贝勒纳林布禄遣尼喀里、图尔德，哈达贝勒孟格布禄遣戴穆布，辉发贝勒拜音达里遣阿喇敏，到达建州佛阿拉。努尔哈赤在客厅里宴请三部使臣。酒席间，叶赫贝勒纳林布禄的使臣图尔德，同努尔哈赤展开一场激烈的舌战。图尔德曰："我主有言，欲相告，恐触怒见责，奈何？"努尔哈赤曰："尔不过述尔主之言耳！所言善，吾听之；如出恶言，吾亦遣人于汝主前，以恶言报之。吾岂尔责乎！"图尔德曰："我主云：'欲分尔地，尔不与；欲令尔归附，尔又不从。倘两国兴兵，我能入尔境，尔安能蹈我地耶！'"努尔哈赤闻听这番政治讹诈之言，勃然震怒，举刀断案，道："尔叶赫诸舅，何尝亲临阵前，马首相交，破胄裂甲，经一大战耶！昔哈达国孟格布禄、戴善，自相扰乱，故尔等得以掩袭之。何视我若彼之易也？况尔地岂尽设关隘，吾视蹈尔地，如入无人境，昼即不来，夜亦可往，尔其奈我何？昔吾以先人之故，问罪于明。明归我丧，遗我敕书、马匹；寻又授我左都督敕书，已而又赉龙虎将军大敕，岁输金币。汝父见杀于明，曾未得收其骸骨。徒肆大言于我，何为也！"②

会后，努尔哈赤命人写出回帖，派阿林察巴克什持书前往叶赫。行前，努尔哈赤对阿林察说：你将此书送到叶赫贝勒布寨和纳林布禄面前，并向他们当面诵读；你要是害怕不敢当着他们面诵读，你就留在那里，不要回来见我。说完遣送阿林察往叶赫。叶赫贝勒布寨得知阿林察到来，派人迎他到家中。阿林察果然当

---

① 《清太祖高皇帝实录》第2卷，中华书局影印本，1986年，第10叶。
② 《清太祖高皇帝实录》第2卷，中华书局影印本，1986年，第11叶。

面诵读文书。布寨听完之后说,你不必见我弟纳林布禄贝勒。阿林察说:我主有令,此书二位贝勒都未见到,就不让我回去。布寨说:我弟脾气不好,要是他出言不逊,惹你主发怒,该如何是好?我是怕他发脾气伤害了你!于是,布寨将来书收下。阿林察返回建州。

阿林察回到佛阿拉后,长白山之讷殷部、朱舍里部引叶赫兵,劫掠建州所属洞寨。消息传来,努尔哈赤说:"任彼劫之可也。此不过我同国(部)之人,远附叶赫,劫掠我寨耳!水岂能越山而流?火岂能逾河而燃乎?盖水必下流,火必上燃。朱舍里、讷殷二路,终当为我有也!"这不仅表现出努尔哈赤胸怀大度,而且反映他谋略深远——叶赫力量强大,暂时不要硬碰。先咽下这口气,将来自可吐出。

建州对叶赫的暂时忍让,助长了叶赫的野心。叶赫对建州,既不能用联姻手段笼络,又不能以政治讹诈压服,便只有诉诸武力。由是,狡猾的纳林布禄先放一把小火对建州进行试探。

万历二十一年(1593)六月,叶赫纠合哈达、乌拉、辉发三部兵马,劫掠建州户布察寨。努尔哈赤闻信后率兵往追,直抵哈达部富尔佳齐寨。建州兵与哈达兵在富尔佳齐相遇。努尔哈赤令步骑前行,独身殿后,以诱敌入伏。这时追兵突至,前一人举刀猛扑,努尔哈赤回身扣弦,射中马腹,敌骑遁去;另三个联骑举刀冲来,当努尔哈赤坐骑惊跃几乎坠地之际,"三骑挥刀来犯,安费扬古截击,尽斩之"①。努尔哈赤赖右脚扳鞍得以复乘,并急发一矢,孟格布禄坐骑中箭倒地。他的侍从把自己的马让给主人,二人纵骑逃回。努尔哈赤化险为夷后,率马兵三人,步兵二十人迎敌,杀敌兵十二人,获甲六副、马十八匹,胜利而归。这场富尔佳齐战斗,吹响了古勒山大战的螺号。

叶赫贝勒没有从对建州政治失算和军事受挫中汲取教训,想以九部联军的强大兵力,制服建州,实现其称雄女真的目的。九月,以叶赫贝勒布寨、纳林布禄

---

① 《清史稿·安费扬古传》第225卷,中华书局标点本,1976年,第9186页。

为首，纠集哈达贝勒孟格布禄、乌拉贝勒满泰之弟布占泰、辉发贝勒拜音达里四部，长白山朱舍里、讷殷二部，蒙古科尔沁部，以及锡伯、卦尔察部，共有九部，结成联盟，合兵三万，分作三路，向建州军政中心佛阿拉，摇山震岳而来。

由叶赫贝勒统率的九部联军，自青龙山西麓三道关即扎喀关①东进。入夜，九部联军到浑河北岸，举火煮饭，火密如星。建州探骑武理堪驰报：敌军饭罢起行，夜渡沙济岭，向古勒山②而来。古勒山，今新宾满族自治县上夹河镇古楼村境，又称古楼岭，位于苏克素浒河南岸，扎喀关西南，图伦城东南，山麓有古勒寨。《兴京厅乡土志》记载："古楼岭在治城西一百里，古楼村界内。山位西而偏南，为大河南一带保障。苏子河贴其背下流，水势至此甚大。山络纵横，四披断崖峭壁，语难形状。其阵式如枕，酷类驼背。斜横即为南支干路，逾岭往萨尔浒等处要路。古楼村河南，一半依附其下。"③

敌军蜂拥而来，拂晓将要压境，其时态势极为严重。

《孙子兵法·地形》篇云："夫地形者，兵之助也。"④努尔哈赤根据地形险隘，进行了军事部署：在敌兵来路上，道旁埋伏精兵；在高阳崖岭上，安放滚木礌石；在浓密丛林里，砍树留下木桩；在沿河峡路上，设置横木障碍。布置就绪后，待天明率军出战，努尔哈赤就寝酣睡。其妻富察氏把他推醒后，问道："尔方寸乱耶，惧耶？九国兵来攻，岂酣寝时耶？"努尔哈赤答道：

> 人有所惧，虽寝，不成寐；我果惧，安能酣寝？前闻叶赫兵三路来侵，因无期，时以为念。既至，吾心安矣。吾若有负于叶赫，天必厌之，安得不惧？今我顺天命，安疆土，彼不我悦，纠九国之兵，以戕害无辜

---

① 章太炎：《清建国别记》，铅印本，民国十三年（1924），第37页。
② 民国《兴京县志》第11卷，油印本，民国二十四年（1935），第56页。
③ 光绪《兴京厅乡土志》第3卷，清光绪三十二年（1906）修，民国间油印本，第39页。
④ 《孙子兵法·地形》，上海广益书局石印本，民国元年（1912）。

之人，知天必不佑也！"①

说完，安寝如故。不难看出，沉着是努尔哈赤身临险境的一种宝贵的品格。他说"天"不佑海西而佑建州，自然是个天命主义者。如果抛弃"天命"的外壳，那么沉着的内核却蕴含着对形势的观察、敌我的分析、军力的计算、胜负的判断。这使他深信：即将降临的古勒山恶战——对建州可能是喜剧，而对海西必定是悲剧。

第一天拂晓，用完早饭，努尔哈赤率领诸贝勒大臣祭堂子。②拜祝曰："皇天后土，上下神祇，弩尔哈齐与叶赫，本无衅端，守境安居，彼来构怨，纠合兵众，侵凌无辜，天其鉴之。"又拜祝曰："愿敌人垂首，我军奋扬，人不遗鞭，马无颠踬，惟祈默佑，助我戎行！"③

努尔哈赤借助天神的威灵，发布檄文，鼓舞士气，统率兵马，出征杀敌。

但是九部联军的压境，引起建州军民的惊慌。《清太祖实录》记载，建州军兵先后三次"闻之色变"。武理堪驰报敌情，建州军"闻之色变"是其一。建州军行到扎喀城，城守鼐护、山坦报告：九部联军于辰时已至，先围攻扎喀城，不克；又退攻墨济格城，且敌兵众多，建州军"闻之色变"是其二。时叶赫营中有一名来降者，报告称："叶赫贝勒布寨、纳林布禄兵万人，哈达贝勒孟格布禄、乌喇贝勒布占泰、辉发贝勒拜音达里兵万人，蒙古科尔沁贝勒翁阿代、莽古斯、明安及席北部、卦尔察部兵万人，凡三万人。"④建州军"闻之复色变"，则是其三。以上三次记载"闻之色变"，说明当时态势之严重。

是夕，九部军与建州军均在做第二天决战的准备。

---

① 《清太祖高皇帝实录》第 2 卷，中华书局影印本，1986 年，第 14～15 叶。
② 祭堂子：堂子是满族举行祭神祭天的殿堂，凡元旦、出征、凯旋等均在堂子祭神祭天，叫作祭堂子。
③ 《清太祖高皇帝实录》第 2 卷，中华书局影印本，1986 年，第 15 叶。
④ 《清史列传》第 4 卷，中华书局，1928 年，第 7 页。

兵法云：合军聚众，务在激气；临境强敌，务在厉气。①就是说，在统兵迎敌，临战之前，要激励士气，鼓舞斗志。努尔哈赤是懂得这个道理的。他深知强敌逼境，将士怯畏，要激励士气，光靠祈祷神祇保佑是不够的。应当向将士们分析军事形势，以增强其必胜信心。他说道：

> 尔众无忧！我不使汝等至于苦战。吾立险要之处，诱彼来战——彼若来时，吾迎而敌之；诱而不来，吾等步行，四面分列，徐徐进攻。来兵部长甚多，杂乱不一。谅此乌合之众，退缩不前。领兵前进者，必头目也。吾等即接战之，但伤其一二头目，彼兵自走。我兵虽少，并力一战，可必胜矣！②

从上述兵略，可以看出：

第一，占据险要。在古勒山之战中，建州军队为守，九部联军为攻；或者说，建州军队为主，九部联军为客。这种主客关系，使建州处于主动地位。建州利用这种主动地位，占据有利地势，借助地势困敌。于是，古勒山一带的险要之处，先已被建州军队所占据并布防，使九部联军从进入古勒地带就开始陷于被动挨打的局面。

第二，诱敌入伏。在古勒山之战中，建州军队人少，九部联军人多。这是此次战役建州最为不利之处，也是建州最为被动之处。要变不利为有利，变被动为主动，其中重要一条是，利用地势，诱敌入伏。只要敌军进入设定的埋伏圈，对建州来说，局势就会发生变化：不利向有利方向转化，被动向主动方向转化。

第三，伤其头目。正所谓"擒贼先擒王""打蛇先打头"。在战争中，最难擒的是王，是统帅。因为统帅被保护在最核心的部位。在古勒山之战中，最精彩、

---

① 《孙膑兵法·延气》，文物出版社，1975年，第72页。
② 《满洲实录》第2卷，辽宁通志馆影印线装本，1930年，第14叶。

最要害之笔,就是"先擒王""打蛇头"。战争事实证明,建州军队获胜的关键,九部联军失败的枢机,就是两军刚一交锋,建州军队向九部联军"打蛇头",杀统帅,夺其魁,摧其坚。叶赫贝勒布寨被杀后,九部联军,群龙无首,全线崩溃,败局已定。

第四,并力攻战。九部联军虽然人数多,但来兵部长多——叶赫两贝勒,蒙古科尔沁三贝勒,哈达、乌喇(拉)、辉发、讷殷、朱舍里、锡伯、卦勒察各一首领,九部共十二位首领,各自率兵,不相统领,不能攥成拳头,难以形成合力。建州军队人数虽少,却指挥高度集中、统一。所以,"兵虽少,并力一战",就是集中兵力,合击九部联军。

借地以困之,设计以诱之,擒王以摧之,并力以击之——这就是在古勒山之战中,建州军队对付九部联军的军事策略。

努尔哈赤正确地分析了己之所长:据险设伏,以逸待劳;彼之所短:贝勒甚多,乌合之众。他又制定了战术原则:据险诱敌,伤其头目,集中兵力,奋勇合击。这就安定了军心,激励了士气,并为夺取古勒山之战胜利制定了兵略。

建州兵士,口衔枚,马勒口,准备迎接一场血战。努尔哈赤统率建州军队,朝发呼兰哈达,夕宿扎喀城。

第二日拂晓,努尔哈赤率领护军上古勒山,对着黑济格城,据险面城结阵。时九部联军又攻黑济格城,仍未下。叶赫贝勒布寨和纳林布禄求进图胜心切,但两城未克,进军受阻,急烦难耐。胸有成算的努尔哈赤,派巴图鲁额亦都率精骑百人,径直冲向九部联军营阵。叶赫兵见建州兵来,罢攻城之勇,转向额亦都。额亦都佯败,且战且退。叶赫贝勒布寨和蒙古科尔沁贝勒翁阿代、莽古斯、明安等,率领联军,并力合追,乘机前进,但沿途受障碍所阻,兵马不能成列,首尾像长蛇似的缓进。叶赫贝勒布寨和纳林布禄、蒙古科尔沁贝勒明安、乌拉贝勒布占泰等统率九部联军,中了努尔哈赤派额亦都诱布寨至古勒山下之计,追击额亦都于古勒山下隘口。叶赫贝勒布寨和纳林布禄等统率九部联军,"围古勒山,并力杀来,势如潮涌，其锐莫当"①。额亦都拨转马头，"以百骑挑战，敌悉众来犯，奋击斩九人"②。敌军受挫，前锋稍却。叶赫贝勒布寨被额亦都挑战激怒，策马挥刀，直前冲入。努尔哈赤遥见布寨勇猛冲杀，正在仓皇之际，布寨驱骑过猛，战马触木墩踣倒。建州兵士武谈迅猛扑去，骑在布寨身上，将他杀死。纳林布禄贝勒见其兄被杀，惊呼一声，昏倒在地。叶赫官兵见其一个贝勒被杀，另一个贝勒昏倒，惊慌失措，恸哭失声。联军无首，顿时慌乱。叶赫军急忙救起贝勒纳林布禄，携贝勒布寨尸体，调转马头，夺路而逃。其他贝勒、台吉、部长心胆俱丧，弃众奔溃。蒙古科尔沁贝勒明安"马被陷，弃鞍，赤身体，无片衣，骑骡马"③，仅以身免，狼狈逃脱。

两军相逢，夺其魁，摧其坚，以解其体，这是瓦解敌军的重要手段。努尔哈赤见叶赫贝勒布寨被杀，九部联军四散溃乱，便督率古勒山上之精兵和古勒山谷之伏兵，山上的官兵往下冲杀，林中的伏兵四起横击，漫山遍野，丛林峡谷，结绳截路，邀杀败兵。如山崩，似河决，一刹那间，横向卷击，骑涛呼啸，矢石如雨，杀得尸横马倒，整个山谷殷红。九部联军溃败的惨象是目不忍睹的——弃马丢盔，四散逃命，被屠戮，被蹂躏，积尸沟壑，血染莽野。④激战进行了一天一夜。

到天明，乌喇贝勒满泰之弟布占泰，被一名建州兵擒获，押送到努尔哈赤面前。努尔哈赤问：你是何人？布占泰答：我是乌喇贝勒满泰之弟布占泰，恐怕被杀，未敢言明身份；今日兵败被擒，死生惟贝勒之命！布占泰说完之后，就叩头。努尔哈赤说：汝等九部会兵，侵害无辜，天厌汝等。昨已擒斩布寨，彼时获尔，亦

---

① 《正白旗满洲叶赫纳喇氏宗谱》，不分卷，清抄本。
② 《钮祜禄氏弘毅公传》，载《清代碑传全集》第3卷，上海古籍出版社影印本，1987年。
③ 《满洲实录》第2卷，辽宁通志馆影印线装本，1930年，第14叶。
④ 朝鲜《李朝宣祖大王实录》三十八年七月戊子："如许（叶赫）酋罗里（纳林布禄）、忽温（乌拉）酋卓古（布占泰）等，往在癸巳年间相与谋曰：'老可赤（努尔哈赤）本以无名常胡之子，崛起为酋长，合并诸部，其势渐至强大，我辈世积威名，羞与为伍。'不意合兵来攻老酋，期于荡灭之际，老酋得谍大惊，先使精兵埋伏道旁，又于岭崖多设机械以待。而沿江峡路阻隘，故敌兵不得成列，首尾如长蛇而至。老酋之兵所在放石。兵马填江而死者不知其数，后军惊溃，先锋悉为老酋所获。于是罗里兄夫者（布寨）战死，忽酋卓古亦被擒而来。"

必杀矣！今既见汝，何忍杀？语曰："生人之名，胜于杀；与人之名，胜于取。"①遂解其缚，赐猞猁狲裘，豢养布占泰。

前面叙述叶赫部军兵携布寨尸体而逃，但王在晋的《三朝辽事实录·总略》中记载："北关（叶赫）请卜寨（布寨）尸，奴儿哈赤剖其半归之。北关、建州遂为不解之仇。"看来叶赫部兵败后，只得到其贝勒布寨半个遗体，从而使建州同叶赫的两部之仇不共戴天。

古勒山之役的战果是，建州军斩杀叶赫贝勒布寨及其以下四千人，俘虏乌拉贝勒满泰之弟布占泰，缴获战马三千匹，铠甲一千副。古勒山之役，努尔哈赤据险诱敌，"先斩蛇头"，纵向强击，横向卷击，集中兵力，以少敌多，大败九部联军。就军事指挥艺术而论，古勒山之战的两个统帅——布寨和努尔哈赤，一个是愚蠢，鲁莽，焦躁，骄傲，图侥幸，凭声势，暗己彼，无谋智，狎玩命运，乌合之众，不讲战术，兵败身死；另一个是机智，沉着，冷静，谨慎，务实际，靠劲旅，明彼己，有韬略，部署周密，据险诱敌，以逸待劳，获得胜利。古勒山之役表明，既然叶赫贝勒布寨不是建州左卫都督努尔哈赤的对手；那么，布寨之死不仅是其个人的悲剧，也不仅是叶赫女真的悲剧，而且是海西女真扈伦四部各部贝勒的阴影。

著名的古勒山之战，是明代女真各部统一战争史的转折点。它打破九部军事联盟，改变建州女真和海西女真的力量对比，表明女真力量核心由海西而转为建州。建州女真取得古勒山之战的胜利，成为海西女真扈伦四部灭亡的决定点。努尔哈赤自此"军威大震，远迩慑服"②。他利用古勒山之战的有利形势，对扈伦四部——哈达、辉发、乌拉、叶赫的关系，以联姻与联盟开始，以征抚与吞并告终。建州女真对扈伦四部，在古勒山之战以后，展开攻势，软硬兼施，近交远攻，先弱后强，征抚并用，逐个吞并。

---

①《满洲实录》第2卷，中华书局影印本，1986年，第91叶。
②《清太祖高皇帝实录》第2卷，中华书局影印本，1986年，第18页。

三 征抚哈达

古勒山之战后,建州女真又致力于征抚海西女真哈达部。

哈达部,先居于松花江海西地域。① 明在松花江呼兰河一带设塔山卫,后析置塔山左卫。明正统土木之变后,海西女真遭到蒙古骑兵骚扰,损失惨重。明成化、弘治、正德年间,重新聚合,数次南牧。哈达始祖为纳齐卜禄。纳齐卜禄生尚延多尔和齐,尚延多尔和齐生嘉玛喀硕珠古,嘉玛喀硕珠古生绥屯,绥屯生都勒喜。都勒喜子二:速黑忒、古对朱颜。② 速黑忒,其汉译名又作克什纳、克世纳、克习讷,为都指挥,掌印管事。至嘉靖初,速黑忒始显于世。《全边略记》载:"嘉靖十年三月,女真左督速黑忒,自称有杀猛克功,乞蟒衣、玉带等物。诏赐狮子彩繻一袭,金带、大帽各一。猛克者,开原城外山贼也,常邀各夷归路,夺其赏,速黑忒杀之。速黑忒居松花江,离开原四百余里,为迤北江上诸夷必由之路,人马强盛,诸部畏之。

---

① 《全辽志》第6卷载:"我朝永乐二年,头目来朝,置海西卫云。"
② 《乌拉哈萨虎贝勒后辈档册》载乌拉世系:纳齐布禄生子尚延多尔和其(多拉胡其),尚延多尔和其生二子佳玛喀、撮托(硕朱古),佳玛喀生四子,长子都勒希(都尔机)、次子扎拉布、三子速黑忒、四子绥屯。参见赵东升:《扈伦四部世系匡谬》,《满族研究》1991年第4期。

往年各夷疑阻，速黑忒独至，顷又有功，朝廷因而抚之，示特眷之意。"①

速黑忒为海西女真首领之一，以斩猛克功，得晋右都督。《东夷考略》记载："嘉靖初，海西夷酋速黑忒强，以修贡谨及捕叛夷猛克，特进右都督，赐金带、大帽。"②嘉靖十二年（1533），速黑忒为族人巴代达尔汉所杀。其子二：长子彻彻穆，次子旺济外兰。时彻彻穆之子万，逃往锡伯之绥哈城居住；而旺济外兰奔往哈达，成为哈达贝勒。旺济外兰又作王住外郎，明人称为王忠或王中。后其部众叛，旺济外兰（王忠）被杀。其子博尔坤舍进，杀死仇人，为父报仇；并到绥哈城迎回堂兄万，为哈达贝勒。万能用部众，攻取附近弱小部落，抚绥远者较大部落，日渐强盛，部号哈达，遂自称汗，称为万汗。明人以"台""万"音相近，而译为王台。明对辽东部落酋长称汗者，多译为"王"某，万亦为其例，于是称其为王台。"王台益强，能得众。居开原东北，贡市在广顺关，地近南，称南关。"③据《全辽志》记载：广顺关在开原城东六十里处。因哈达贝勒王台居住地在扈伦四部中，比较靠南，贡市在广顺关，所以明人称哈达为南关，"为迤北江上诸夷入贡必由之路"④。哈达贝勒旺济外兰常纳其赏，夺其敕书，又受明廷支持，日渐强盛。时叶赫贝勒褚孔格与哈达贝勒旺济外兰争雄，褚孔格被旺济外兰执而杀之。从此，叶赫转衰，并同哈达结下冤仇。

哈达，为满语 hada 的对音，其意译为山峰、石崖。哈达部以住山城而得部名，其时明人称之为南关，而女真人称之为哈达。哈达部南徙至开原广顺关外，居住在东辽河支流哈达河（今大、小清河）流域。或言哈达部迁居哈达河一带之后，遂以河名为部名。也有一部分居住在柴河一带。它东邻辉发，西近开原，南接建州，

---

① 方孔炤：《辽东略》，载《全边略记》第10卷，抄本，国家图书馆善本部藏。
② 茗上愚公：《东夷考略·女直》，抄本，国家图书馆善本部藏。
③ 茗上愚公：《东夷考略·海西》，抄本，国家图书馆善本部藏。
④ 《明世宗实录》第123卷，嘉靖十年三月甲辰，台北历史语言研究所校勘本，1962年，第16叶。

北界叶赫。哈达部的治所,是坐落在哈达河北岸的哈达城(今辽宁省西丰县境)。①

哈达部民,姓纳喇氏,又作那拉氏。部民南迁后,过着定居农耕的生活,"颇有室屋、耕田之业,绝不与匈奴逐水草相类"②。哈达地近开原,扼控贡道,收诸部入贡过路参、貂"居停"之利。万历初年,哈达贝勒王台,善驭部众,势力强大,所控土地,东则辉发、乌拉,西则蒙古,南则建州,北则叶赫,"延袤千里,保塞甚盛"③。王台忠顺明朝,"北收二奴,南制建州"④。也就是向北控制叶赫清佳努和扬佳努,向南控制建州。在建州各部中,苏克素浒河部同哈达部的关系更近。王台之女嫁给建州努尔哈赤三伯祖索长阿之子吴泰为妻,其抚养族女为努尔哈赤的继母。王台又纳叶赫贝勒清佳努之妹温姐为妾,同南北邻部联姻。王台盛时的舆图,"东尽灰扒、兀喇,南尽汤河、建州,北尽仰、逞二奴,延袤几千余里"⑤。其时,王杲称雄建州,欲同鞑靼东西遥应窥塞。但王台效忠明廷,支柱其间,不令相合。王台忠于明廷的明显一例,是他在万历二年(1574,即甲戌年)向明朝擒献王杲:"万历甲戌,东房王台擒叛酋王杲以献。台,官已为都督,当加一品勋阶。吏部议上,拟加柱国。有旨,加台龙虎将军。台大感悦。"⑥

王台受明封为右柱国、龙虎将军,勋阶一品,官二子都督佥事,赐黄金二十两、大红狮子纻丝衣一袭。特别是受封为龙虎将军,对于女真各部首领来说,是难得的殊荣。王台想依靠明廷的支持,居部近南关的地利优势,以统一女真各部。但是,明廷坚持"分而治之"的政策,并不予以支持。王台晚年贪婪暴戾,部内有诉讼

---

① 哈达城有三:哈达新城、哈达旧城和哈达石城。《盛京通志》第15卷,第9页:"哈达新城在衣车峰之上。"《吉林通志》第18卷,第25页:"哈达石城在衣车峰山下。"《盛京吉林黑龙江等处标注战迹舆图》二排四上:哈达旧城在哈达河北岸,哈达石城西南。哈达旧城系哈达贝勒王台之治城。
② 瞿九思:《万历武功录·王台列传》第11卷,中华书局影印本,1962年,第1页。
③《清史稿·万传》第223卷,第9131页,中华书局点校本,1976年。
④《明神宗实录》第203卷,万历十六年九月戊寅,台北历史语言研究所校勘本,1962年,第7页。
⑤ 瞿九思:《万历武功录·王台列传》第11卷,中华书局影印本,1962年,第6叶。
⑥ 于慎行:《穀山笔麈》第11卷,中华书局本点校本,1984年,第121页。

事，以贿赂有无、多少定其是非曲直。上行而下效，骄恣无忌，求贿鹰、犬、鸡、豚，为所欲为，诸部贰心。时叶赫部长清佳努、扬佳努兄弟势力日渐强大，王台娶清佳努妹温姐，又以女妻扬佳努。王台年老多病，其子扈尔干暴躁无能，部众或投奔叶赫。叶赫又挑唆乌拉与扈尔干为仇，并离间辉发同扈尔干的关系。自是辉发、乌拉诸部，皆不受哈达约束。王台势益绌，地日蹙，内外交困，忧愤不已。《满洲实录》记载："贿赂公行，是非颠倒，反曲为直。上既贪婪，下亦效尤。凡差遣人役，侵渔诸部，但见鹰犬可意者，莫不索取。得之，即于万汗前誉之；稍不如意，即于万汗前毁之。万汗不察民隐，惟听谮言，民不堪命，往往叛投叶赫，并先附诸部尽叛，国势渐弱。"① 王台部属叛离，忧病交加，于万历十年（1582）即努尔哈赤起兵前一年死去。

王台有六子：长子扈尔干②，次子三马兔，三子煖太，四子纲实，五子孟格布禄和外妇子康古鲁（康古六）。③ 其儿子三马兔和三子煖太前死。王台死后，长子扈尔干继为哈达贝勒。扈尔干袭受贝勒后，"外迫强敌，内虞众叛"④，面临着四个层面上的困难与复杂的局面。第一个层面是家庭内部兄弟叔侄的矛盾与纷争；第二个层面是女真内部的矛盾与纷争，主要是同左邻建州、右邻叶赫的关系；第三个层面是同邻近蒙古诸部的关系与争斗；第四个层面是同明朝的矛盾与纷争——在四个层面之间，相互交叉，盘根错节。

遗产之争，是王台殁后哈达走向衰落的初兆。王台死，康古鲁与扈尔干争夺父业。扈尔干怒道："若，阿翁奸生儿也，岂以若，今欲与我颜行而处乎？若不善避我，我杀若。"⑤ 扈尔干以康古鲁是其父非婚生子，加以蔑视，拒绝同他共分其父遗产。于是，康古鲁逃往叶赫，叶赫贝勒清佳努以女妻之。这时努尔哈赤正起兵。

---

① 《满洲实录》第1卷，辽宁通志馆影印线装本，1930年，第6页。
② 扈尔干：又称虎儿罕赤、虎儿罕、忽儿罕、虎儿哈赤。
③ 《清史稿·万传》作王台五子，或未计其外妇子康古鲁（康古六）。
④ 《明神宗实录》第131卷，万历十年十二月壬辰，台北历史语言研究所校勘本，1962年，第4叶。
⑤ 瞿九思：《万历武功录·虎尔罕赤列传》第11卷，中华书局影印本，1962年，第9叶。

万历十一年（1583）八月，扈尔干之兵由建州兆佳城主李岱为向导，劫努尔哈赤所属瑚济寨而去。努尔哈赤部将安费扬古和巴逊以十二人追击，杀哈达兵四十人，复归还其所掠。①扈尔干继位八个月遭暗杀。孟格布禄的二、三、四兄皆前死，长兄又死，便继为哈达贝勒，时年十九岁，并袭龙虎将军、左都督。康古鲁得知扈尔干已死，遂返还哈达，烝温姐。温姐，为叶赫贝勒清佳努之妹、王台之妾、孟格布禄生母。王台衰暮，而温姐盛年，有姿色，颇荒淫②，常与康古鲁私通。至是，康古鲁见父王台、兄扈尔干都已死，便娶温姐为妻。

叶赫攻掠，是扈尔干殁后哈达更趋衰落的征兆。扈尔干死后，其子歹商（戴善）与孟格布禄、康古鲁三人，将王台遗产鼎析为三。但是，康古鲁为报扈尔干之怨，释憾于其子歹商；孟格布禄以母之故，助康古鲁，同攻歹商。于是，在家族内部，以歹商为一方，以康古鲁、孟格布禄为另一方，叔侄三人进行争斗。叶赫贝勒清佳努、扬佳努兄弟，也借机谋攻王台子孙，以报哈达贝勒杀父之仇。万历十一年（1583），叶赫贝勒清佳努和扬佳努，值哈达贝勒王台、扈尔干两丧连报之机，先后纠合蒙古科尔沁贝勒瓮（翁）阿岱等，率领万骑，攻掠哈达。哈达不敌，兵败。自此，叶赫兵屡至，恣肆焚掠不已。但是，翌年，明总督侍郎周詠念歹商弱，孟格布禄年少，请加敕部诸酋，万历帝许之。不久，扬佳努等复挟蒙古科尔沁贝勒瓮阿岱等万骑攻哈达，孟格布禄及歹商以二千骑迎战而败。明廷鉴于支持哈达、控制女真的定则，万历十二年（1584），总兵李成梁诱杀清佳努、扬佳努兄弟，所部詟服，誓受孟格布禄约束。哈达屡受叶赫之难，得以暂纾。

内讧外扰，导致哈达部一蹶不振。孟格布禄虽袭父职龙虎将军、左都督，但年幼势弱，众心未附，便依附母族，亲善叶赫。康古鲁妻后母温姐，娶扬佳努女，同歹商结仇，也依附叶赫。且康古鲁既纳其父遗妾温姐，又娶叶赫贝勒清佳努之女，因弃室兄纳实之妻孙姐与其侄吉把太，再强夺其侄歹商之妻。内讧加剧，外敌益

---

① 《清太祖高皇帝实录》第 1 卷，中华书局影印本，1977 年，第 15 叶。
② 瞿九思：《万历武功录·温姐列传》第 11 卷，中华书局影印本，1962 年，第 24 叶。

扰。叶赫清佳努子布寨、扬佳努子纳林布禄分别继为贝勒后,部族势力,逐渐恢复。他们乘哈达内讧之隙,图报旧怨,争夺敕书。万历十五年(1587),纳林布禄以恍惚太部数千骑攻哈达,并阴结其姑母温姐,唆使孟格布禄同康古鲁,共图歹商。万历十六年(1588),歹商受到四重打击:康古鲁诱歹商所部叛歹商,掠其牲畜和赀财;孟格布禄将其妻孥从纳林布禄前往叶赫,更急图歹商;恍惚太以数千骑围歹商;纳林布禄掠歹商妻而去。

明廷折衡,不能力挽哈达衰败之颓势。在歹商、孟格布禄和康古鲁之间,采取偏袒并支持歹商的政策,其目的是使歹商内倚明廷,东结建州,北折叶赫。明辽东督抚官张国彦分析哈达与辽东形势道:"歹商不立,则无海西;无海西,则二孽南连北结,而开原危;开原危,则全辽之祸不可胜道。"① 上文中的"二孽"为叶赫贝勒布寨和纳林布禄。

明廷鉴于上述政策,采取如下措施:

第一,打击叶赫。王台子孙不和的外因在于叶赫,削弱叶赫冀可使歹商立、哈达和。万历十六年(1588)春,辽东大饥,诸部困难。辽东巡抚顾养谦决策值机征讨叶赫贝勒布寨和纳林布禄。总兵李成梁提兵至叶赫城下,攻城斩级,重创叶赫。② 叶赫受明军重创,其两贝勒愿同哈达均分敕书。

第二,分配敕书。叶赫与哈达之争,哈达的歹商、康古鲁和孟格布禄之争,主要焦点是部民、牲畜和敕书,尤以敕书为甚。敕书是女真诸部首领权势与财富的标志。敕书愈多,其权势愈大;财富愈多,其威望愈高。敕书之争,《万历武功录》述其原委曰:

> 故事,两关皆海西遗种,国初收为属夷。给敕书凡九百九十九道——南关凡六百九十九道,北关凡三百道。每一道,验马一匹入贡。中

---

① 《明神宗实录》第190卷,万历十五年九月癸丑,台北历史语言研究所校勘本,1962年,第6叶。
② 冯瑗:《开原图说·海西夷南关枝派图说》。此役,明人记载,多有张饰。

间两关,互有强弱,故敕书亦因之以多寡有异耳。初逞、仰兵力强盛,以故北关敕书独多。后王台盛,复大半归南关,而北关才得四之一耳。及台与虎儿罕赤死,延及歹商,势亦衰落。而卜寨、那林孛罗强,先已得八十道,竟欲以百二为请。于是,制置使欲均平,南关凡五百道,北关凡四百九十九道。五百,以一百八十一道给康古六,以一百八十二道给猛骨孛罗,以一百三十七道给歹商。①

就是说,九百九十九道敕书对各部之间的分配是一个变数。先是南关哈达多,而北关叶赫少;而后是北关叶赫多,而南关哈达少;再后是南关哈达多,而北关叶赫又少。大约到万历初年,南关哈达占六百九十九道,北关叶赫只占三百道。在南关哈达的六百九十九道敕书中,王台死后其子孙之间的分配也是一个变数。明廷欲在哈达与叶赫,哈达之歹商、孟格布禄与康古鲁之间,扶持歹商,摆平关系。

第三,扶持歹商。明廷在康古鲁、孟格布禄和歹商之间,支持歹商,使其内倚明朝,外结建州,阴折叶赫,控制辽东。明朝先派军袭击康古鲁营,执获康古鲁和温姐而归;又谕孟格布禄:"和岱善,还所掠,否则断若母头矣!"②但是,此计未能奏效。于是,明朝改议释谕康古鲁和孟格布禄,遂释康古鲁并谕之曰:"中国立岱善,以万故;囚汝,以助北关侵岱善也。汝亦万子,不忍杀。今释汝,和诸酋,修父业。岱善安危,汝则任之。"上文中的"万",就是王台,岱善就是歹商。康古鲁听命,偕温姐归故寨。明并令歹商以叔父事康古鲁,以祖母事温姐,刑牲盟,相和解。又敕孟格布禄还掠歹商妻子、部民、牲畜。果然,康古鲁与温姐转向忠顺明朝。不久,康古鲁病危,握温姐手说:"戒部众,勿盗边,不负朝廷恩典,我魂魄不愧矣!"康古鲁死后,孟格布禄谋徙依叶赫,纵火燔其居,促温姐行,温姐不可,强扶持上马,郁郁不自得。寻,温姐患乳花病死,年未满五十。万历

---

① 瞿九思:《万历武功录·歹商列传》第11卷,中华书局影印本,1962年,第21~22叶。
② 《清史稿·万传》第223卷,中华书局标点本,1977年,第9133页。

十九年（1591），叶赫贝勒纳林布禄诱杀歹商，而收其一百三十七道敕书。哈达部只剩下孟格布禄，在叶赫与建州之间求生存。

建州用兵，哈达灭亡。前述，在建州努尔哈赤兴起和哈达王台殁后的十年间，建州与哈达的历史轨迹，趋势相反——建州从分散到统一，从衰势到强盛；哈达则由统一而分散，由强盛而衰弱。所以，在而后的十年间，内讧与衰弱的哈达，对抗统一与强盛的建州，必然导致一个结果：哈达由一次一次失败，到一步一步覆亡。

努尔哈赤对哈达采取分化的策略，瓦解哈达，壮大自己。如哈达的索塔兰率所部归建州，努尔哈赤把族女嫁给他为妻；雅虎十八户附建州，努尔哈赤授其为牛录额真。同时，对孟格布禄的骚扰也予以还击，富尔佳齐一战是为一例（前已述及）。但是，努尔哈赤并不取攻势。

建州势力强大后，康古鲁、温姐已死，哈达实际上只存在歹商与孟格布禄两股军政力量。孟格布禄亲近叶赫，歹商则偏近建州。先是，扈尔干以女许给努尔哈赤为妻。扈尔干死后，其子歹商于万历十六年（1588），亲送妹到佛阿拉，努尔哈赤设宴成礼。同年，叶赫贝勒纳林布禄也将妹孟古姐姐给努尔哈赤为妻。哈达与叶赫都在笼络建州，壮威自己。是年，纳林布禄纠集五千骑围歹商。孟格布禄则将其妻孥从纳林布禄送往叶赫。明边吏议绝孟格布禄市，以所部及土田、牲畜尽归于歹商。布寨、纳林布禄诱孟格布禄图歹商如故。明令诸酋释怨憾，并入贡。三年后，歹商被叶赫暗杀，亲叶赫的孟格布禄成为哈达的首领。叶赫自恃力量强大，就同日渐强盛的建州为难。叶赫贝勒布寨、纳林布禄决定组织联军遏制建州。

万历二十一年（1593）六月，叶赫纠集孟格布禄及乌拉、辉发四部合兵攻建州，略户布察寨。努尔哈赤率兵追之，设伏于中途，引兵略哈达富尔佳齐寨。哈达兵至，努尔哈赤欲引敌到设伏处，挥众使退，单骑殿后。孟格布禄以三骑相追，努尔哈赤回身发矢，射中马腹，遂逸去。突然三骑骤至，努尔哈赤马惊几坠，右足挂于鞍，复乘马上，遂射孟格布禄马蹄地，其从者秦穆布禄授以己马，挟之驱驰逃去。九月，哈达孟格布禄从叶赫布寨、纳林布禄，以九部之兵三万人攻建州，就是著名的古勒山之战（前已述及）。

古勒山之战以后，叶赫贝勒兵攻哈达，欲吞并之。哈达贝勒孟格布禄力不能敌，送三个儿子到佛阿拉做人质，向建州乞师。①努尔哈赤派费英东和噶盖领兵二千助哈达，驻防其地。叶赫不愿意哈达倒向建州一边，设法离间哈达与建州的关系。叶赫贝勒纳林布禄通过明朝开原通事，致书哈达贝勒孟格布禄称："尔若执满洲来援二将，赎所质三子，尽歼其兵二千人，我妻汝以所求之女，修前好焉！"②孟格布禄应允，约于开原往议，但机密泄漏。努尔哈赤见时机已到，决定发兵征哈达。

万历二十七年（1599）九月，努尔哈赤统兵征哈达。其弟舒尔哈齐自请为先锋，领兵一千作前队，直抵哈达城下。哈达兵出城，迎战建州军。舒尔哈齐见哈达城坚兵盛，按兵不战，道："彼兵出矣！"努尔哈赤怒道："此来岂为城中无备耶！"③说毕，亲自带兵，沿城环攻。城上发矢投石，建州兵死伤很多。建州军团团围城，日夜猛攻。经过六昼夜激战，攻陷哈达城。建州军扬古利生擒哈达贝勒孟格布禄。孟格布禄匍匐进见努尔哈赤。努尔哈赤将自己的貂帽和豹裘，赐给孟格布禄，并把他带回佛阿拉监养。哈达部所属城寨，全被建州招服。建州对哈达的器械、财物、妻子秋毫无犯，降民，迁之以归，编入户籍。

努尔哈赤将孟格布禄加以监养后，"寻诬猛奴私事，射杀之"④。孟格布禄被杀之信报至明廷，万历帝宣谕建州，切责努尔哈赤夺取哈达、擅杀孟格布禄之事，并"革其市赏"。努尔哈赤表示遵从宣谕，忠顺明朝，愿意归还孟格布禄次子革把库及其部民一百二十户，并愿意以女莽古济给孟格布禄之子武尔古代为妻，

---

① 孟格布禄质三子于建州：《满洲实录》《清太祖武皇帝实录》系于万历二十七年，称"是时"；《清史稿·万传》系于万历二十七年秋；但《清太祖高皇帝实录》于万历二十七年秋九月丁未朔称"先是"，确切时间待定。
② 《清太祖高皇帝实录》第3卷，中华书局影印本，1986年，第3叶。
③ 《满洲实录》第3卷，辽宁通志馆影印线装本，1930年，第3叶。
④ 海滨野史：《建州私志》上卷，北平图书馆刊印，民国二十二年（1933）。

且于抚顺关外刑白马盟誓，抚保武尔古代之寨。而纳林布禄也归还原掳六十道敕书。

万历二十九年（1601）正月，努尔哈赤将武尔古代送回哈达，并以女妻之。但叶赫贝勒纳林布禄，又乘机攻扰哈达。其时，哈达大饥，向明乞粮，开原守将不与，只得"以妻子、奴仆、牲畜易而食之"①。武尔古代既得不到明朝的实际支持，又受到叶赫的武力威胁，便投归建州。其三百六十三道敕书，全部归建州所有。努尔哈赤乘机将哈达灭亡，并其部众，据其屯寨，收其牲畜，夺其敕书。②

建州灭亡哈达，明朝失掉南关，扈伦四部被打开一个缺口。努尔哈赤吞并哈达，是他统一女真各部道路上的一块里程碑："自此益强，遂不可制。"③

建州本部统一，又灭亡哈达，其结果正如熊廷弼所分析："自建州之势合，而奴酋始强；自五百道贡赏入，而奴酋始富。"④建州既强又富，下一个争夺目标便是辉发部。

---

① 《清太祖武皇帝实录》第2卷，原清宫内府藏，台湾广文书局影印本，1970年，第1叶。
② 努尔哈赤灭哈达后所得哈达敕书为：原康古鲁的一百八十一道，孟格布禄的一百八十二道，共三百六十三道。
③ 《明神宗实录》第366卷，万历二十九年十二月辛未，台北历史语言研究所校勘本，1962年，第5叶。
④ 熊廷弼：《答友人》，载《明经世文编》第480卷，中华书局影印本，1962年。

四 攻破辉发

辉发部，为扈伦四部之一，其先世姓益克得里氏，居住在松花江与黑龙江交汇地域，属尼马察部人。

先是，明永乐七年（1409）三月，设忽鲁哈（即忽儿海）卫，以悩纳哈为都指挥。不久，其侄塔失与之争卫印，明析置弗提卫，令塔失掌卫事。其人臣各随所属，"庶消争衅，以靖边陲"①。据考证，弗提卫址在今黑龙江省富锦市西古城，地近松花江口。后，弗提卫内一部分人逆松花江往西南迁徙。嘉靖年间，其首领昂古里星古力，载木主，率部民，移居渣鲁②地方。时扈伦部噶扬噶、图墨土二人居张城，二人姓纳喇氏，昂古里星古力因附其族，宰七牛祭天③，改姓纳喇氏（那拉氏），是为辉发始祖。昂古里星古力子二：长留臣，次备臣。备臣生纳领噶和耐宽，纳领噶生拉哈都督，拉哈都督生噶哈禅都督，噶哈禅都督生齐讷根达尔汉，齐讷根达尔汉生王机褚（王机咎）。由昂古里星古力，七传至王机褚。王机褚收服邻近诸部，

---

① 方孔炤：《辽东略》，载《全边略记》第10卷，抄本，国家图书馆善本部藏。
② 渣鲁，又作张或璋，其地一说在今吉林省伊通满族自治县营城子南碱场；另一说在松花江北岸呼兰河一带。
③ 《清太祖武皇帝实录》第1卷，原清宫内府藏，台湾广文书局影印本，1970年，第3叶。

势力日盛。王机褚于辉发河畔扈尔奇山上（今吉林省辉南县辉发乡长春堡西南，县城东北十七公里处），筑城以居，部以河为名，因号辉发。辉发部由此开始兴盛。

辉发①，为满语hoifa的对音。hoifa的汉译意为野茶汁，青色，可做染料。以意推求，辉发河水色青，似野茶之汁。以其临辉发河，因以其为部名。辉发部的地理条件，既有利于其生息，又限制了拓展。它临山依水，水草肥美，物产丰饶，宜农宜牧，或渔或猎。辉发部凭山筑城，形势极险②，城下临水，易守难攻。辉发部以辉发河流域为中心，东邻长白山讷殷、朱舍里部，西接哈达部，南邻建州部，东北邻乌拉部，西北连叶赫部，左右为分水岭和长白山所阻。辉发部介于哈达、叶赫、乌拉、建州四强之间，难以生存，更难发展。

王机褚死，其长子前死，其孙拜音达里杀了他的七个叔父，自立为辉发贝勒。由此，其堂兄弟及一些族人，逃到叶赫纳林布禄贝勒那里。他的部属，也在准备叛逃。拜音达里将其所属七臣之子送往建州作人质，乞请建州援兵。努尔哈赤借机拉拢辉发部，便发兵千人往援，攻破叛变的辉发村庄，抚定尚未叛逃去叶赫之人③。但是，拜音达里在建州兵帮助平息叛乱之后，并不想同建州联盟，而是想中立于建州与叶赫之间。④

万历二十一年（1593）六月，叶赫纠合哈达、乌拉诸部侵建州，辉发贝勒拜音达里也以所部随从。九月，拜音达里与叶赫贝勒布寨和纳林布禄、哈达贝勒孟格布禄、乌拉贝勒满泰之弟布占泰等，合兵九部，三万余人，进攻建州，就是古勒山之战，兵溃，败还。

万历二十三年（1595）六月，建州为报古勒山之仇，兵攻辉发，取其所属多璧城（今吉林省梅河口市北山城子），歼其守将克充格、苏猛格二人，辉发通向

---

① 辉发，又作回波、灰扒、晦发等。
② [朝]《李朝宣祖大王实录》第217卷，四十年九月丙午，日本学习院东洋文化研究所刊，1959年，第8叶。
③《满文老档·太祖》上册，中华书局译注本，1990年，第4页。
④《满文老档·太祖》上册，中华书局译注本，1990年，第4页。

建州的南门被打开。

叶赫贝勒纳林布禄见辉发质子于建州,便遣使告拜音达里道:"尔若撤回所质之人,吾即反尔投来族众。"①拜音达里胸无韬略,信以为真,乃曰:"吾其中立于满洲、叶赫二国之间乎!"他撤回在建州的七臣之子,并以其子与叶赫纳林布禄为质。但是,纳林布禄背弃诺言,不送还叛逃的辉发部众。拜音达里又派人去建州向努尔哈赤道:"我曾为叶赫纳林布禄所诳骗,今欲永赖聪睿恭敬汗谋生,请将尔许嫁给常书之女改适与我为婚。"②努尔哈赤为了争取辉发,孤立叶赫,便解除原来其女的婚约,改许给辉发贝勒拜音达里。但拜音达里又怕与建州联姻而得罪叶赫,所以迟迟不娶。拜音达里在建州与叶赫之间来回摇摆的错误政策,加速了辉发的灭亡,既而拜音达里背约不娶,努尔哈赤遣使诘问道:"汝昔助叶赫,再举兵侵我。我既宥尔罪,复许尔婚。今背约不娶,何也?"拜音达里诡对称:"吾子质于叶赫,须其归,娶尔女,与尔合谋。"就是说,等我辉发质子从叶赫回来,再娶回你的女儿,并商定合盟之事。同时,辉发筑城三重,加强自固,防备建州。后来,辉发在叶赫的质子归来,努尔哈赤复遣使往问。拜音达里倚恃城坚,想援兵即至,可固守,遂负盟。

辉发贝勒拜音达里患得患失,左盼右顾,出尔反尔,首鼠两端,招致身杀部亡之祸。万历三十五年(1607)九月,发生一件天象大事,初六日(丙申)彗星现于东方,八夜方灭。努尔哈赤借此天象,并以拜音达里两次"兵助叶赫"和"背约不娶"为借口,亲自统兵进攻辉发山城。③辉发山城,又称扈尔奇山城,三面环江,断崖绝壁,形势险峻,城垣坚固。城外仅西南面开阔,易守难攻。先时,蒙古察哈尔部"土门渣沙兔汗,自将来围其城,攻不能克,遂回"④。后为防御建州军队进攻,

---

① 《满洲实录》第3卷,辽宁通志馆影印线装本,1930年,第9叶。
② 《满文老档·太祖》上册,中华书局译注本,1990年,第5页。
③ 辉发山城:位于今吉林省辉南县治朝阳镇东北三十五里的辉发山上。
④ 《清太祖武皇帝实录》第1卷,原清宫内府藏,台湾广文书局影印本,1970年,第4叶。

拜音达里令筑城三重,恃险固守。努尔哈赤于初九日（己亥）①,率兵往攻辉发城。兵至色和里岭,降雨一昼夜,继而启行。建州军至扈尔奇山城下,十四日（甲辰）,外攻内应,取得胜利。此役,努尔哈赤早做内应准备,据《李朝宣祖大王实录》记载:

> 老酋欲图回波,暗使精兵数十骑,扮作商人,身持货物,送于回波,留连做商。又送数十人,依此行事。数十、数十以至于百余人,详探彼中事机,以为内应。后猝发大兵,奄至回波。内应者作乱开门,迎兵驱入,城中大乱,以至于失守。然回波兵以死应敌,极力大战,竟虽败没,老军亦多折损。②

回波即辉发,老酋即努尔哈赤,回波兵即辉发兵,老军即建州军。努尔哈赤督兵里应外合,攻破扈尔奇山城。建州军俘获辉发贝勒拜音达里父子而杀之,屠其兵,迁其民。建州师还,辉发部亡。

建州灭亡辉发后,又把统一扈伦四部的重点转向乌拉部。

---

① 《清史稿·拜音达里传》记载:"三十五年秋九月丙申,长星出东方指辉发,八夕乃灭。乙亥,太祖率师讨之。甲辰,合围,遂克之。"查:丙申为初六日,甲辰为十四日,是月无乙亥。《清太祖高皇帝实录》记为"己亥"（初九日）。是知中华书局标点本《清史稿》此处错误。
② [朝]《李朝宣祖大王实录》第217卷,四十年十月庚辰,日本学习院东洋文化研究所刊,1959年,第7～8叶。

五 并取乌拉

乌拉部，为扈伦四部之一，姓纳喇（那拉）氏，居住在乌拉河（今松花江上游）流域。乌拉，为满语 ula 的对音，其汉意译为江或河。同哈达部依山而为部名一样，乌拉部临乌拉河而为部名。乌拉部与哈达部的共同祖先为纳奇卜禄（纳齐卜禄），曾居于松花江海西地域。在明成化、弘治、正德年间，曾数次南徙。其南徙原因，主要有四：第一，部众繁衍而首领分裂；第二，被蒙古脱脱骑兵恣行侵逼；第三，新居地较暖而宜于耕牧；第四，新驻地近明边而便于贡市。

乌拉部始祖文献记载为纳齐卜禄。纳齐卜禄生尚延多尔和齐，尚延多尔和齐生嘉玛喀硕珠古撮托①，嘉玛喀硕珠古撮托生绥屯，绥屯生都勒喜（都尔机）、扎布拉。都勒喜（都尔机）子二：速黑忒、古对朱颜。速黑忒，其汉译名又作克什纳或克习讷或克世纳，长哈达部。速黑忒生辙辙木，辙辙木生万（后为哈达汗）；古对朱颜生太兰，太兰生布颜（补烟）。布颜（补烟）收附近诸部，筑城洪尼，日

---

① 《乌拉哈萨虎贝勒后辈档册》与《满文谱图》将加麻喀朱古作兄弟二人，即佳玛喀和撮托。《清太祖武皇帝实录》、《满洲实录》和《清太祖高皇帝实录》均作一人，即分别为麻哈芍朱户、嘉玛喀硕珠古、加麻喀朱古。

渐强盛:"补烟尽收兀喇诸部,率众于兀喇河洪尼处,筑城,称王。"① 城滨乌拉河,因号乌拉,为贝勒。布颜子六:长子布干(补干)、幼子博克多。② 布颜死,布干(补干)嗣为部长。布干(补干)子二:满泰(满太)、布占泰。③ 布干(补干)死,满泰(满太)嗣为部长。满泰(满太)死,其弟布占泰为部长。

乌拉部首领布颜(补烟),筑部城,称贝勒。乌拉部位于今吉林省吉林市北乌拉街镇为中心的松花江两岸地域,南邻辉发部,北连卦尔察、锡伯,东到朝鲜,西界蒙古,西南为叶赫。乌拉部城,位于乌拉河东岸,与金州城隔河相望,相距二里。④ 其地在今吉林省吉林市北七十里处乌拉街满族镇。后杨宾在《柳边纪略》中,目击乌拉城址,记载:"吴喇国旧城(人号大吴喇,以今之船厂亦名吴喇故也),周十五里,四门。内有小城,周二里,东西各一门。中有土台。城临江。"⑤ 康熙《盛京通志》的《城池志》亦载:"乌喇城(乌喇船厂城),城北七十里,混同江之东,旧布占太(泰)贝勒所居。周围十五里,四面有门。内有小城,周围二里,东西各一门。有土台,高八步,周围百步。"⑥

乌拉部在建州兴起时,为扈伦四部中疆域最广、兵马最众、部民最多、治城最大者。但是,乌拉在扈伦四部中,离建州本部最远。所以,在古勒山之战以前,建州忙于内部的统一,同乌拉的联系和矛盾较少。古勒山之战是建州同乌拉关系的一个转折点。明万历二十一年(1593)六月,叶赫纠扈伦诸部犯建州,乌拉贝勒满泰以所部从。九月,叶赫再纠扈伦诸部及蒙古科尔沁部等,九部联军,大侵建州。乌拉贝勒满泰派弟布占泰以所部从,与哈达贝勒孟格布禄、辉发贝勒拜音

---

① 《清太祖武皇帝实录》第1卷,原清官内府藏,台湾广文书局影印本,1970年,第7叶。
② 《满洲实录》和《清太祖武皇帝实录》未载布颜有几子。但《清太祖高皇帝实录》载其有二子:"长布干,次博克多。"《乌拉哈萨虎贝勒后辈档册》和《满文谱图》载布颜有六子,即布干、布勒希(布尔喜)、布三代(布三泰)、布云(布准)、乌三代(吴三泰)和博克多。
③ 《乌拉哈萨虎贝勒后辈档册》与《满文谱图》载:布干有三子,长子布丹、次子满泰、三子布占泰。
④ 《满文老档·太祖》上册,中华书局译注本,1990年,第10~13页。
⑤ 杨宾:《柳边纪略》第1卷,《辽海丛书》影印本,辽沈书社,1985年,第7叶。
⑥ 康熙《盛京通志》第10卷,康熙二十三年(1684)刻本,第11叶。

达里合军万人。战败，叶赫贝勒布寨死于阵，科尔沁贝勒明安单骑走，乌拉布占泰被俘。布占泰被缚跪见努尔哈赤道："今被擒，生死只在贝勒！"努尔哈赤在怒斥九部联军犯境之后，转为态度温和地对布占泰道："今既来见，岂肯杀汝！语云：'生人之名胜于杀，与人之名胜于取！'"[1] 说毕，即令给布占泰释缚，并赐猞猁狲裘，留栅收养。于此，朝鲜《李朝宣祖大王实录》也作了记载："老酋解缚优待，拘留城中，作为少酋女婿。"[2] 努尔哈赤不仅对布占泰加以优礼，还将其弟舒尔哈齐的女儿与之为妻。

自古勒山战后，努尔哈赤的铁骑驰出建州，踏向海西。海西女真扈伦四部，既实力很强，又彼此相连——乌拉与叶赫同祖，哈达与叶赫联姻，辉发与叶赫有约。建州北为辉发，西北为叶赫，西为哈达，东北为乌拉。建州首领努尔哈赤为着不使自己四面受敌，对扈伦四部采取远交近攻的策略，优礼布占泰，争取乌拉部。布占泰在佛阿拉留养三年，生活丰裕，优礼有加。其间，布占泰之兄乌拉贝勒满泰，欲以马百匹赎还其弟，努尔哈赤不许。布占泰在建州时，家眷上下等共二十余口。然而，乌拉的内乱，促使努尔哈赤将布占泰送还。万历二十四年（1596）七月，建州遣还布占泰，派图尔坤煌占、博尔坤斐扬古护行。未至，满泰及其子淫于所部，皆被杀。布占泰至，满泰叔兴尼雅欲杀之而夺其地，二使者严护之，兴尼雅谋不行，乃出奔叶赫。于是，布占泰为乌拉贝勒。此乱及布占泰返回乌拉原委，《满洲实录》记载：

> 先阵中所擒布占泰，恩养四载。至是七月，太祖欲放归，令图尔坤煌占、博尔坤斐扬古二人护送。未至其国时，布占泰兄满泰父子二人，往所属苏斡延锡兰处修边凿壕。父子淫其村内二妇，其夫夜入，将满泰

---

[1]《清太祖武皇帝实录》第1卷，原清官内府藏，台湾广文书局影印本，1970年，第33叶。
[2][朝]《李朝宣祖大王实录》第189卷，三十八年七月戊子，日本学习院东洋文化研究所刊，1959年，第14叶。

父子杀之。及布占泰至日，满泰叔父兴尼雅贝勒谋杀布占泰，欲夺其位。其护送二大臣，保守门户甚严，不能加害。于是，兴尼雅投叶赫而去。布占泰遂继兄位，为乌拉国主。护送二人辞回。十二月，布占泰感太祖二次再生，恩犹父子，将妹滹奈送太祖弟舒尔哈齐贝勒为妻，即日设宴成配。①

满泰被杀，可疑之点：

第一，满泰作为乌拉贝勒，看中部属女子，可纳为小福晋；无须夜入村庄，闯进民宅，奸淫民妇。且父子同夜淫妇，同其身份不符，并于情理不通。

第二，乌拉贝勒满泰拥有侍卫、亲军，随侍左右。满泰贝勒父子同夜被村夫夜入而杀，事属蹊跷。

第三，乌拉贝勒满泰死后，其叔兴尼雅欲杀布占泰，夺其位而为乌拉贝勒，透露了兴尼雅阴谋其事的政治野心。

第四，布占泰继兄为乌拉贝勒，兴尼雅逃往叶赫，更表明他同满泰兄弟间是一场乌拉贝勒权位之争。②

第五，布占泰自己说"我昔被擒，待以不死，俾我主乌喇"云云，表明布占泰当上乌拉贝勒，是由于建州的扶持。布占泰任乌拉贝勒后，同年十二月，以妹嫁给建州贝勒舒尔哈齐为妻，向建州表示酬谢。

第六，努尔哈赤恩养布占泰三年，以胞弟舒尔哈齐女妻之，又扶助其取得乌拉贝勒之位，从而密切了建州同乌拉的联盟，并强化了建州对乌拉的控制。

努尔哈赤为笼络布占泰，巩固建州与乌拉的联盟，曾先后与布占泰五次联

---

① 《满洲实录》第2卷，辽宁通志馆影印线装本，1930年，第15叶。
② 《满泰被害真相》，《长白学圃》1990年第6期。

姻①，七次盟誓。布占泰对努尔哈赤虽感不杀之恩、扶位之助，但外亲内忌，并不服输。他以世积威名自负，时值不惑盛年，羞与建州为伍，更不愿屈从于人。布占泰继兄为乌拉贝勒后，整饬部伍，施展谋略，朝鲜史书称"忽贼行军有纪律，为谋亦甚凶狡"②。乌拉贝勒布占泰想东山再起，形成乌拉、建州、叶赫鼎立的局面。布占泰西联蒙古，南结叶赫，东略六镇③，以与努尔哈赤争雄。布占泰采取阳奉阴违的策略：一方面讨好建州，另一方面讨好叶赫；同时拉拢蒙古，扩充乌拉军力。例一，万历二十五年（1597）正月，乌拉与叶赫诸部，遣使建州，请求结盟；盟誓刚完，布占泰就执建州所属瓦尔喀部安褚拉库、内河二路首领罗屯、噶石屯、汪吉努三人，送往叶赫，使其已招附部落，贰于建州。例二，布占泰以满泰妻都都祜的珍宝铜锤，送给纳林布禄，以取媚于叶赫。例三，万历二十六年（1598）正月，建州努尔哈赤长子褚英等伐安褚拉库路；十二月，布占泰来拜谒努尔哈赤，建州以舒尔哈齐女妻之，赐甲胄五十、敕书十道，礼而遣之。例四，万历二十九年（1601）十一月，布占泰以其兄满泰女归努尔哈赤。布占泰初聘布寨女，既又聘明安女，以铠胄、貂、猞猁狲裘、金银、驼马为聘，明安受礼后而不予其女。十三个月后，布占泰遣使建州告曰："我孤恩，尝聘叶赫、蒙古女，未敢以告。今蒙古受聘而复悔，我甚耻之！乞再降以女，当岁岁从两公主来朝。"努尔哈赤允其请，又以舒尔哈齐女给布占泰为妻。例五，万历三十一年（1603），布占泰出兵钟城乌碣岩地域，铁骑如云，戈甲炫耀，"焚荡藩胡，烟火涨天"④。他俘获牛马

---

① 万历二十四年（1596），布占泰以其妹与舒尔哈齐为妻；万历二十六年（1598），以舒尔哈齐女娥恩哲与布占泰为妻；万历二十九年（1601），布占泰以侄女阿巴亥与努尔哈赤为妻；万历三十一年（1603），再以舒尔哈齐女顾实泰与布占泰为妻；万历三十六年（1608），复以努尔哈赤第四女穆库什与布占泰为妻。
② [朝]《李朝宣祖大王实录》第187卷，三十八年五月己亥，日本学习院东洋文化研究所刊，1959年，第14叶。
③ 六镇：今朝鲜咸镜北道的会宁、稳城、钟城、庆源、庆兴和茂山，史称六镇。
④ [朝]《李朝宣祖大王实录》第166卷，三十六年九月甲寅，日本学习院东洋文化研究所刊，1959年，第2叶。

五百余头匹、男女数千余名口。万历三十二年（1604），布占泰声势日隆，极其嚣张。万历三十三年（1605），布占泰出兵攻陷距钟城二十八里之潼关，"潼关乃六镇咽喉之地，一道成败所系。顷日全城陷没，极其残酷"①。这表明努尔哈赤在招抚图们江地域女真诸部时，布占泰也在这一地区扩张势力。于是，布占泰与努尔哈赤的争夺，在图们江地带，势同水火。朝鲜咸镜道观察使李时发驰启道：

> 臣近观老酋所为，自去年以来，设置一部于南略耳，囊括山外，以为己有，其志实非寻常。今又诱胁水下藩落，欲使远近之胡尽附于己。江外诸胡积苦于忽胡之侵掠，无不乐附于老酋。故去冬以后，投入于山外者，其数已多，而此后尤当望风争附。此胡举措，实非忽胡之比。②

上述引文中的"老酋"为建州努尔哈赤，"忽胡"为乌拉布占泰。布占泰在图们江六镇地带的战掠，既使朝鲜深受其害，也使诸胡深切痛愤，更使建州深为忌恨。

建州同乌拉争夺图们江地域，还有一个重要的原因，这里曾是努尔哈赤先祖猛哥帖木儿耕牧之地，还有许多建州女真的族人。努尔哈赤要争取让他们归附建州，而不要成为乌拉的部民。努尔哈赤在处理这个问题时，打着"保护藩胡、助卫朝鲜"的旗号。努尔哈赤说："忽贼杀掠藩胡，寇犯朝鲜，我实痛之。"③然而，建州与乌拉军事冲突的爆发点，在于下述事件：万历三十四年（1606），乌拉派兵"围

---

① [朝]《李朝宣祖大王实录》第186卷，三十八年四月甲寅，日本学习院东洋文化研究所刊，1959年，第8叶。
② [朝]《李朝宣祖大王实录》第209卷，四十年三月庚辰，日本学习院东洋文化研究所刊，1959年，第6叶。
③ [朝]《李朝宣祖修正实录》第41卷，四十年二月甲午，日本学习院东洋文化研究所刊，1959年，第1叶。

县城诸处藩部,横行焚荡,所见痛愤"①。县城地域即瓦尔喀所居斐优城②一带。斐优城主策穆特赫因受布占泰兵害,亲谒努尔哈赤,请求派兵往援。努尔哈赤派兵至斐优城,建州兵与乌拉兵在乌碣岩相遇,爆发了女真史上著名的乌碣岩大战。

万历三十五年(1607)正月,东海瓦尔喀部斐优城主策穆特赫谒努尔哈赤,自陈属乌拉,但不能忍受布占泰的酷虐,乞移家归附建州。努尔哈赤派弟舒尔哈齐、长子褚英、次子代善、大臣费英东、侍卫扈尔汉和将领扬古利等率兵三千,到东海瓦尔喀部斐优城,收环城屯寨五百户,并护送新归附的部众回建州。同时,又遣官往朝鲜,说明布占泰之兵,杀掠藩胡,殃及朝鲜;为避免乌拉之扰,其城主等相率已去云云。③建州遣使通书朝鲜,意在为借道朝鲜、搬接策穆特赫而取得朝鲜的谅解。但是,乌拉布占泰派其叔博克多和大将常柱、胡思布统兵万人,前往朝鲜钟城图们江地带阻截建州军。建州军在搬接策穆特赫的回程路上,"布占泰变了心,要杀害护送人口和丈人的两位妻兄,因而在中途拦截"④。建州的三千

---

① [朝]《李朝宣祖大王实录》第201卷,三十九年九月甲戌,日本学习院东洋文化研究所刊,1959年,第11叶。
② 斐优城遗址:在今珲春市西北八公里的三家子满族乡古城村的村民四组。古城遗址内种了庄稼,现有十九户居民。它原是金代古城,其文物保护汉文碑记抄录如下:"斐优城为金代(1115~1234年)所筑,元、明沿用。城址呈方形,城墙用土夯筑,周长2023米。东南墙及东北墙有瓮门,墙上有角楼、马面,墙外有护城河。城内曾出土刻有东夏国年号的官印等重要文物。"其遗址东城520米,西城521米,南城460米,北城522米,周长2023米。每城各有一门。城基约9米,残垣高处有6米。此城为东海瓦尔喀部主策穆特赫所居。明万历三十五年(1607年),努尔哈赤派弟舒尔哈齐和长子褚英、次子代善等带兵三千往斐优城搬接,回经钟城(今朝鲜钟城)乌碣岩,遭布占泰兵拦截,激战获胜。这就是《无圈点老档》,即《旧满洲档》开篇所记载的史事。时斐优城及其周围屯寨有500户,全部归附努尔哈赤。斐优城在当时是一座很大的城(笔者1999年前往实地考察所记)。
③ [朝]《李朝宣祖大王实录》第208卷,四十年二月己亥,日本学习院东洋文化研究所刊,1959年,第3叶。
④ 《满文老档·太祖》上册,丁未年(万历三十五年)三月,中华书局译注本,1990年。

军队和乌拉的一万军队，三月在图们江畔钟城附近的乌碣岩①展开大战，史称乌碣岩之战。布占泰与舒尔哈齐，"既为妇翁，又为两女之婿"②，舒尔哈齐临阵同常书和纳各布率兵止于山下，畏葸不前。时建州分兵三百，守护带来的五百户，以扈尔汉、扬古利为先行。日暮，扈尔汉、扬古利率兵，依山结寨，树栅扎营。翌晨，乌拉兵前锋进攻，扈尔汉、扬古利率兵击败之。乌拉兵引退，渡河陟山，结阵为固。随后褚英与代善各率兵五百，分为两翼，缘山奋击。褚英率先冲入敌阵，时天寒雪飘，驰突厮杀。代善擒斩乌拉主将博克多。建州兵骁勇冲杀，自午至暮，愈战愈烈，乌拉军将死兵败，丢马匹、弃器械，一败涂地，尸相枕藉。《李朝宣祖大王实录》记载努尔哈赤与布占泰两军大战云："老、忽两军，大战于江边。忽兵不能抵敌，其北走之状，如天崩地裂云。"朝鲜侦探人得闻："忽贼大败，尽弃器械、马匹，奔忙逃遁，死伤不知其几许。老兵则仍留战场，散遣军马，收拾忽兵遗弃杂物。"①

是役，建州兵杀乌拉主将博克多，俘其将常柱、胡里布等，斩三千余级，获马五千匹、甲三千副，取得重大军事胜利。

在乌碣岩之战中，努尔哈赤和布占泰第一次单独地进行较量。它表明"悍勇无双"的布占泰，并不是"老谋深算"的努尔哈赤之对手。乌碣岩大战不仅进一

---

① 乌碣岩一带，见有如下三种名称：

甲、乌碣岩：如《李朝宣祖修正实录》四十年二月甲午："建州卫胡酋老乙可赤与忽剌温大战于钟城乌碣岩，大破之。"

乙、门岩：如《光海君日记》元年三月辛卯，乌拉"门岩之败，一军涂地，僵尸相枕于我境者，本国边臣亲计其数，亦且二千六百余名，而舆尸远遁，老兵追奔逐北，深入而还，其死于胡地者，边人皆言五六千云。故至今传者，咸以为忽兵之败死不下七八千"。又如《光海君日记》元年十二月丙寅：努尔哈赤"自得利门岩之后，威行迤东诸部"。

丙、文岩：如《光海君日记》二年十一月己未，乌拉："文岩大败之后，仅余六百，不暇自保，岂图他国乎？"

② 孟森：《明清史论著集刊》上册，中华书局，1959年，第179页。

① [朝]《李朝宣祖大王实录》第209卷，四十年三月辛卯，日本学习院东洋文化研究所刊，1959年，第13叶。

步增强建州力量并削弱乌拉力量,而且打通了建州通向乌苏里江流域和黑龙江中下游流域的宽广长廊。

乌碣岩大战之后,建州兵威更盛,雄于诸部。①努尔哈赤要与叶赫抗衡,统一乌苏里江以东地区和黑龙江中下游流域,乌拉就成为其前进道路上的一棵大树,阻碍前进。砍倒大树,扫除障碍,才能打开通路。努尔哈赤把征服乌拉比作砍伐树木,说道:

欲伐大木,岂能骤折?必以斧斤伐之,渐至微细,然后能折。相等之国,欲一举取之,岂能尽灭乎?且将所属城郭,尽削平之,独存其都城。如此,则无仆何以为主?无民何以为君?②

这是一个既生动形象又富于哲理的比喻。为砍倒乌拉这棵大树,从万历二十一年(1593)布占泰被擒,到万历四十一年(1613)乌拉覆亡的整整二十年间,努尔哈赤交替使用联姻盟誓与武力征伐的两手政策。总的说来,可分为三个阶段:

第一阶段——政治怀柔。从古勒山之战到舒尔哈齐第二次以女与布占泰为妻,他以恩养、宴赏、婚媾、盟誓等手段,对乌拉施行"远交"之计,以腾出手来对哈达和辉发采取"近攻"之策。

第二阶段——政治怀柔与武力征伐并用。从舒尔哈齐等第二次嫁女给布占泰为始,至努尔哈赤将亲生女穆库什嫁给布占泰为终,中经乌碣岩和宜罕阿麟城两次大战。乌碣岩之战,前已述及;宜罕阿麟城之战,略作叙述。万历三十六年(1608)正月,努尔哈赤命长子褚英及侄阿敏将五千人,进攻乌拉,克宜罕阿麟城,斩千人,获甲三百,俘其余众。布占泰纠集蒙古科尔沁贝勒翁阿代,合军屯乌拉城外二十里,畏褚英等军强,不敢进,引军还。九月,布占泰遣使建州,再请修好。建州也遣

---

①[朝]《光海君日记》第14卷,元年三月辛卯,日本学习院东洋文化研究所刊,1959年,第8叶。
②《满洲实录》第3卷,辽宁通志馆影印线装本,1930年,第14叶。

使报问。布占泰将抓到的叶赫纳林布禄所部之人,交建州使者全杀之。同时又遣使到建州,请曰:"吾数背盟誓,获罪君父,诚为汗颜,若再以亲生之女妻我,抚我如子,吾乃永赖以生矣。"①努尔哈赤再允其请,又以亲女妻之。但是,布占泰出尔反尔,言行无常。万历四十年(1612),布占泰复背盟。九月,派兵侵建州所属虎尔哈路,复欲娶努尔哈赤所聘叶赫贝勒布寨女,又以鸣镝射所娶舒尔哈齐之女。努尔哈赤闻之大怒,决意发兵征讨乌拉。

上述两次交战,乌拉元气大伤,哈达、辉发又相继灭亡,形势对建州颇为有利。从而,建州开始并取乌拉的新阶段。

第三阶段——武力征伐。这一阶段中,努尔哈赤曾两次率兵亲征乌拉。

万历四十年(1612)九月二十二日,努尔哈赤借口布占泰屡背盟约和以鸣镝穿射侄女娥恩哲②,亲自披明甲,乘白马,率第五子莽古尔泰、第八子皇太极,统兵征乌拉。建州军盔甲鲜明,声威甚壮。二十九日,建州军兵临乌拉河,布占泰以所部迎敌。乌拉兵隔河见建州军伍浩大、士马盛强,人人惴恐、不敢渡河。建州军沿乌拉河而下,连克河西六城,在距乌拉城西门二里的金州城驻营。

十月初一日,努尔哈赤以太牢告天祭纛,向乌拉城进军。军到乌拉,屯兵三日。布占泰引兵出城,晚又入城。建州军毁所下乌拉六城,庐舍、粮秣皆烬,移军驻伏尔哈河渡口。

建州兵放火烧庄,尽焚其粮秣。布占泰率其弟喀尔喀玛等乘舟出,乘独木舟到乌拉河中流,叩头恳求建州兵熄灭烧粮之火,撤退围城之兵。布占泰在舟中说:"乌喇国即父国也,幸毋尽焚我庐舍、糇粮。"说完叩首请。

努尔哈赤乘马驰进水深齐马腹的乌拉河中,对布占泰发表了愤怒而长篇的讲话:

---

① 《清太祖高皇帝实录》第3卷,中华书局影印本,1986年,第15叶。
② 《满洲实录》第3卷,第14叶和《清太祖武皇帝实录》第2卷,第5叶作"以骲箭射太祖侄女娥恩哲",《满文老档·太祖》壬子年九月作"他用骲箭射汗给他为妻的娥恩哲格格";但《清太祖高皇帝实录》第4卷,第2叶作"以鸣镝射所娶上女",《清史稿·布占泰传》作"以鸣镝射所娶太祖女"。后二书记载不确。

布占泰，你在战场上被擒应死，从宽收养，释回乌拉为贝勒。我把三个女儿嫁给你，你曾七次立誓说"天高地厚"，可竟变了心，两次袭击并掳掠我属下虎尔哈路。你布占泰扬言要强娶恩养父我给过聘礼的叶赫女子。我的女儿是给国主作福晋，才出嫁他国，岂是给你用骲箭射的吗？我的女儿如果做错了事，你要向我说明。你能举出动手打我爱新觉罗的先例吗？百世可能不知，十世以来的事也不知道吗？如果有人动手打我爱新觉罗的先例，那你是正确的，我兵来攻是错误的。如果没有那种先例，你布占泰为何用骲箭射我女儿呢？她死后还要蒙受被骲箭射过的恶名吗？活着就闷在心里吗？古人说："人若折名，甚于折骨。"如果看到绳子就以为是毒蛇，见到疮脓就以为是海水，这次出兵非所乐为。听到你用骲箭射我女儿的消息，十分愤恨，才领兵前来。①

努尔哈赤立马河中，数其罪。布占泰对曰："此特逺者离间，使我父子不睦。我今在舟中，若果有此，惟天惟河神，其共鉴之！"努尔哈赤指责布占泰道："河水无时，我兵来亦无时。汝口虽利，能齿我刃乎？"布占泰大惧，喀尔喀玛乞宥。

努尔哈赤斥责布占泰后，以布占泰子及所属大首领之子为质。建州军在乌拉河滨邑麻虎山上，以木为城栅。第六日，留千人戍守，大军返回建州。

诚然，努尔哈赤出兵乌拉，并非完全为其侄女受辱，如他多次受叶赫凌辱，未见兴师问罪；其主要的原因是，在建州的政治棋盘上，下一步要吃掉的棋子就是乌拉。

但是，布占泰不久又背盟。他幽禁努尔哈赤女及舒尔哈齐女，将其所部首领子十七人质于叶赫，并将娶努尔哈赤所聘贝勒布寨女，即叶赫老女。

万历四十一年（1613）正月，建州利用乌拉贵族众叛亲离，乌拉城孤立无援

---

① 《满文老档·太祖》第Ⅰ册，壬子年（万历四十年）九月，东洋文库译注本，1955年，第20～22页。

和部民"无不乐附于老酋"①的形势，再次征讨乌拉。建州出兵的借口有四：布占泰屡背盟约；幽禁努尔哈赤与舒尔哈齐之女；欲强娶努尔哈赤所聘叶赫贝勒布寨之女；送人质于叶赫。努尔哈赤带领次子代善、侄阿敏，大将费英东、额亦都、安费扬古、何和礼、扈尔汉及将士三万人，张黄盖，吹喇叭，奏唢呐，打锣鼓，向乌拉进军。

建州军进攻乌拉，连克孙扎泰、郭多、俄漠三城。布占泰亲率三万兵马，越伏尔哈城，列阵以待。伏尔哈城在乌拉河东，宜罕阿麟城西，乌拉城南，宜罕河北岸宜罕山上。在此紧要关头，领兵诸将欲奋勇抵敌。努尔哈赤却以"岂有伐大国，能遽使之无孑遗"②，重申"砍伐大树"之前喻。努尔哈赤高估了敌方实力，而低估了己方力量。在两军相峙、攻而不欲、退而不忍、徘徊犹豫之际，代善冒着违背父亲聪睿贝勒之命的罪名，率领诸将强谏道：

> 初所虑者，如何诱布占泰兵出城。今其兵已至郊野，反不出击斩杀。若知如此，何必喂饱马匹，整备盔甲、鞍辔、弓箭、刀枪，即自家中前来。今日不战，俟布占泰得娶叶赫之女再征讨之，将何为耶？其辱孰能忍之！③

努尔哈赤采纳代善等议，下令同乌拉兵郊原野战，速决取胜。诸贝勒、诸将领则欢欣雀跃，一军尽甲。努尔哈赤命令："胜即夺门，毋使复入！"乃率兵进战。

乌拉城，既高大，且坚固。城临松花江东岸，周围十五里，四面有门，内有小城，

---

① [朝]《李朝宣祖大王实录》第209卷，四十年三月庚辰，日本学习院东洋文化研究所刊，1959年，第6叶。
② 《清太祖武皇帝实录》第2卷，原清宫内府藏，台湾广文书局影印本，1970年，第17叶。
③ 《满文老档·太祖》上册，中华书局译注本，1990年，第16~17页。

周围二里，东西各一门；有土台①，高八尺，周围百步。布占泰凭城布阵，以待建州军进攻。建州军与乌拉军相距百步左右，下马步战，厮杀一片，矢如风发电落，声似狂飚雷鸣。努尔哈赤率先乘骑突阵，挺身而入，诸将、军士坚甲利剑，铁骑驰突。两军激战时刻，努尔哈赤护军皆舍马步战，矢交如雨，呼声震天。建州军鼓勇纵击，乌拉军拼死抗敌。布占泰所率三万之军，力不能御，四散溃败。败散的乌拉兵，十损六七，抛戈弃甲，尸横遍地，血洒原野。建州兵越过伏尔哈城，乘胜进夺乌拉城门。布占泰次子达穆拉率兵守城，拒门坚御。代善乘枣骝马（克勒马）②，马高大，驰如飞，率红旗军，摧陷当冲。安费扬古率攻城军，一面用云梯登城，一面用准备好的土袋，由兵士们迅速地抛向城下，积土与城平。攻城军登上城墙，先锋军夺门而入。努尔哈赤登城，坐在西门城楼上，两旁树立旗帜。时布占泰领败兵不满百人，奔城而来。他见城已失陷，遂大惊，急回奔，遭代善领兵阻截。布占泰"见势不能敌，遂冲突而走，折兵大半，余皆溃散。布占太仅以身免，投夜黑国去"③。后建州遣使叶赫，请交出布占泰，叶赫不允。后七年，建州克叶赫，布占泰已死。

乌拉城之役，努尔哈赤统率建州军，"破敌三万，斩杀万人，获甲七千副"④。建州军攻占乌拉城，灭亡乌拉部。乌拉部始建于永乐五年（1407），至此二百零六年，传九代，十贝勒，灭亡。

乌拉之役，布占泰失败与努尔哈赤获胜，原因固多，其中一点是：乌拉贝勒布占泰未取以逸待劳，避其锋锐，凭城固守，伺机克敌之策；努尔哈赤则取先击外围，引敌出城，利用机会，鼓勇速胜之策。在这里，机会尤为重要：

---

① 杨宾：《柳边纪略》第1卷，第7叶："吴喇国旧城，周十五里，四门；内有小城，周二里，东西各一门；中有土台。"
② 陈康祺：《郎潜纪闻初笔》第8卷，中华书局点校本，1984年，第164页。
③ 《清太祖武皇帝实录》第2卷，原清宫内府藏，台湾广文书局影印本，1970年，第18叶。
④ 《满文老档·太祖》上册，中华书局译注本，1990年，第17页。

> 作天下之事，本乎机；而成天下之事，存乎会。机以动之，会以合之。古今之所有事，率由是也。①

努尔哈赤听纳代善等谏言，机动会合，悉锐速决，取得灭亡乌拉之大胜。

努尔哈赤灭亡乌拉部后，在乌拉城停留十天，赏赉将士，"分配俘虏，编成万户"②，带回建州。③

努尔哈赤在砍倒乌拉部这棵大树之后，又马不停蹄地将兼并的矛头指向扈伦四部中最后的一部——叶赫部。

---

① 嘉靖《通州志略·杨序》卷首，嘉靖二十八年（1549）刻本，日本尊经阁文库藏，首都图书馆复印本。
② 《满文老档·太祖》上册，中华书局译注本，1990年，第18页。
③ 据载布占泰有八子，其第八子洪匡系舒尔哈齐女娥恩哲所出。建州灭亡乌拉后，洪匡图反抗，被杀。今存《乌拉哈萨虎贝勒后辈档册》即为洪匡后裔所保存。

六 灭亡叶赫

叶赫部，为扈伦四部之一，源于海西女真塔鲁木卫。先是，明永乐四年（1406年），在松花江北岸，设置塔鲁木卫，以来朝头人打叶为指挥。[1] 后历洪熙、宣德、正统、景泰、天顺五朝，塔鲁木卫指挥等官，向明廷朝贡不断。据记载：叶赫部始祖为星根达尔汉，后迁叶赫河地带。星根达尔汉生席尔克明噶图，席尔克明噶图生齐尔噶尼。成化十九年（1483），塔鲁木卫指挥齐尔噶尼（或作奇里哈尼、的儿哈你）到京朝贡，翌年被授官职。后他以"入寇"[2]，被斩于开原。其子褚孔格[3] 汲取父亡之鉴，听抚入贡，后受封为都督佥事。[4] 嘉靖三年（1524），褚孔格率三百七十八人入朝贡马，受赏彩币、袭衣、绢、钞有差。[5] 据《明世宗实录》所载，这是嘉靖朝女真首领中数量最多的一次朝贡人马。[6] 后褚孔格率部南迁到开

---

[1] 《明太宗实录》第51卷，永乐四年二月庚寅，台北历史语言研究所校勘本，1962年，第5叶。
[2] 《明武宗实录》第103卷，正德八年八月己亥，台北历史语言研究所校勘本，1962年，第2叶。
[3] 褚孔格：又作祝孔革、竹孔革、出空格、祝孔额。
[4] 《明武宗实录》第174卷，正德十四年五月己亥，台北历史语言研究所校勘本，1962年，第1叶。
[5] 《明世宗实录》第36卷，嘉靖三年二月庚子，台北历史语言研究所校勘本，1962年，第1叶。
[6] 《明世宗实录》，嘉靖十五年五月癸亥："女直夷人海西朵林山等卫真哥等四百余人……俱贡马来朝。"此非一卫入朝贡马之数。

原北叶赫河一带定居。叶赫褚孔格兴起,哈达速黑忒(克什纳)死去。速黑忒(克什纳)子旺济外兰(王忠)继为哈达贝勒。哈达贝勒旺济外兰与叶赫贝勒褚孔格"以敕书不平为争"①。褚孔格为旺济外兰(王忠)所杀,敕书与属寨等被哈达夺去。从此,叶赫与哈达两部结下多年不解之怨。褚孔格有三子:长子太杵(台柱、台出)、次子台坦柱、三子捏泥哈。褚孔格死后,长子太杵继续经营叶赫部。太杵死后,其弟台坦柱子二:长清佳努(逞加奴),次扬佳努(仰加奴)。清佳努(逞加奴)和扬佳努(仰加奴)继位叶赫贝勒后②,分居东西二城,叶赫部复振兴。

  叶赫,为满文 yehe 的对音,其汉意译为盔顶。它不似蒙古语的对音。叶赫部名称的来源,或因其居住山城,城高似盔顶而得名;或因其部民居于叶赫河畔,因叶赫河而得名。叶赫部地近北,向明朝贡,取道镇北关,所以明称之为北关。冯瑗《开原图说·海西夷北关枝派图说》记载:"镇北堡十里为白马儿山,山有关,即镇北关也,关外即夷人境。东北三十里,曰啰啰寨。寨东北又三十里曰夜黑寨,即白羊骨寨。而金台失寨又在台住焉。自寨至关六十里,至堡七十里,至开原城一百二十里。以二酋巢在镇北关北,故开原人呼为北关。"就是说,叶赫部城距开原城一百二十里,距镇北关约六十里,是其到北京朝贡的必经之路。它东邻辉发,南接哈达,西南临开原,西界蒙古,北与乌拉相近。叶赫部民"屋居火食,差与内地同。而户知稼穑,不专以射猎为生,故不忌其近我边疆。又参、貂、马尾之利"③,而有着耕、猎、牧、渔、采的多种经济。叶赫自建东、西二城后,与南关哈达贡敕之争更为激烈。

  叶赫部始祖的族属,史有四说。一是蒙古人说,《清太祖武皇帝实录》载:"夜黑国始祖蒙古人,姓土墨忒,所居地名张,灭胡笼国内纳喇姓部,遂居其地,因

---

① 《明神宗实录》第 203 卷,万历十六年九月戊寅,台北历史语言研究所校勘本,1962 年,第 7 叶。
② 额腾额《叶赫那兰氏八旗族谱》载:"二奴"为太杵二弟台坦柱之子。
③ 冯瑗:《开原图说·海西夷北关枝派图说》,清抄本,北京师范大学图书馆藏,第 2 叶。

姓纳喇。后移居夜黑河，故名夜黑。"①二是女真人说，魏源《圣武记》载："扈伦国之部四（扈伦亦作呼伦）——曰叶赫、曰哈达、曰辉发、曰乌拉，皆金代部落之遗，城郭、土著、射猎之国，非蒙古行国比也。"②魏源所记与《清实录》所载，似为相左。三是首领为女真化蒙古人、部众以女真人为主说，《明代漠南蒙古历史研究》载："我赞同其首领的家族是女真化的蒙古人，其部众以女真人为主的说法。"③四是蒙古入赘女真人说，《叶赫那兰氏八旗族谱》载："叶赫地方贝勒始祖，原系蒙古人，姓土默特氏。初自明永乐年间，带兵入扈伦国招赘，遂有其地，因取姓曰纳兰氏。明宣德二年，迁于叶赫利河涯建城，故号曰叶赫国。"④在上述四说中，虽各有史料来源，也各有相当道理；但《清太祖武皇帝实录》记载过于疏略，《圣武记》书出甚晚且过于笼统；《叶赫那兰氏八旗族谱》以载述本族谱系，其史料价值尤应重视。根据记载，似可认为：叶赫与蒙古土地接壤，往来频繁。蒙古人招赘于女真，入其部，有其地，取姓纳喇氏，史有其事，不足为怪。这并非民族征服，而是民族赘姻。且叶赫有十五部，就其总体上看，从历史上说，主要是女真人，也有蒙古人。但其中一部，始祖有蒙古人血统，尔后孳衍繁盛，其子孙为叶赫贝勒。⑤到清佳努和扬佳努贝勒时，叶赫部复兴，势力渐强大。

　　叶赫贝勒扬佳努与清佳努，能抚驭部众，依险筑二城——清佳努居西城，扬佳努居东城。⑥康熙《盛京通志》载，叶赫城"旧叶赫贝勒所居，周围四里，东西各一门。叶赫山城，叶赫城西北三里，周围四里，南北各一门；内有一小城，

---

① 《清太祖武皇帝实录》第1卷，原清宫内府藏，台湾广文书局影印本，1970年，第8叶。
② 魏源：《圣武记》第1卷，中华书局，1984年，第2页。
③ 达力扎布：《明代漠南蒙古历史研究》，内蒙古文化出版社，1998年，第257页。
④ 额腾额：《叶赫那兰氏八旗族谱》，清抄本，国家图书馆善本部藏，第1叶。
⑤ 阎崇年：《〈明珠及妻觉罗氏诰封碑文〉考述》，载《四平民族研究》1987年第2期。
⑥ 《明世宗实录》，嘉靖十五年五月癸亥："女直夷人海西朵林山等卫真哥等四百余人……俱贡马来朝。"此非一卫入朝贡马之数。

周围二里，南北各一门"①。叶赫西城，地理形胜，临水依山。②它位于叶赫河北岸三百米处山丘上。城依山兴筑，故称叶赫山城。城垣土石杂筑，分为内外二城。外城周约五里余，依地势围筑。③内城修建在外城之中东南部的平顶山丘上，随地势围筑，呈不规则形，周约二里。叶赫西城迤东三里处，为叶赫东城。它北临叶赫河（今寇河），南偎岭岗。④城依岗兴筑，城垣土石杂筑，亦有木栅垣，共为四重城。外城面水依山，形势优越，周长约七里。其中部偏南为内城，内城兴建在一个凸起的台地之上，高出地面约十米，再筑以高耸墙垣，突兀险峻，伟岸壮观。它周长近二里，墙随地形，颇不规整。外城之外，内城之内，各筑木城，以固御守。

叶赫贝勒扬佳努与清佳努，分据东、西二城，相距三里，实力渐强。隆庆末，扬佳努与清佳努尝率二万余骑，逐水草至上辽河，后又联土蛮汗，声势日隆。时哈达强，而叶赫弱。扬佳努与清佳努兄弟，事哈达贝勒王台恭谨。王台纳其妹温姐，又以女妻扬佳努。但是，叶赫贝勒扬佳努与清佳努兄弟，日夜思报先祖褚孔格（竹孔革）、父太杵（台出）被哈达贝勒王忠及其侄王台所杀之仇。

万历十年（1582），王台死，扬佳努与清佳努欲借机报世仇、索敕书，即洗雪褚孔格被王台所杀之怨恨，索回哈达所掠之敕书。王台死后不久，长子扈尔干也死，四子孟格布禄继为贝勒。时孟格布禄兄弟叔侄内讧，给叶赫进攻哈达造成机会。万历十一年（1583），叶赫四攻哈达：清佳努、扬佳努弟兄率白虎赤，并以煖兔、恍惚太所部万骑，袭败哈达贝勒孟格布禄，斩三百级，掠甲胄一百五十；又借猛骨太、那木塞兵，焚蹯孟格布禄所部室庐、庄稼殆尽；复焚孟格布禄及其兄所分庄各十，其侄歹商庄一，携所属百余人而去；再以恍惚太二千骑驰广顺关，攻下沙大亮寨，俘三百人，挟兵邀贡敕。明朝见叶赫强兵攻略哈达，便遣使谕叶赫清

---

① 康熙《盛京通志》第10卷，康熙二十二年（1683）刻本，第11叶。
② 叶赫西城址，在今吉林省四平市铁西区叶赫满族镇张家村大窝堡屯东南三里、老爷庙屯东北一里处。
③《叶赫古城》，载《梨树县文物志》，铅印本，1984年，第124页。
④ 叶赫东城址，在今吉林省四平市铁西区叶赫满族镇叶赫村西。

佳努、扬佳努罢兵，不听。明以停止贡市相胁，但无济于事。扬佳努与清佳努又与建州阿台合，称兵汉塞。于是，明辽东总兵李成梁攻破建州阿台后，就把打击重点转向叶赫。

万历十二年（1584），由巡抚李松、总兵李成梁、备御霍九皋布设擒斩叶赫贝勒扬佳努与清佳努兄弟的"市圈计"。明制，凡诸部互市，筑墙规市场，称之为"市圈"。明辽东巡抚李松以赐敕抚赏为名，邀扬佳努与清佳努到距开原四十里的中固城。又命三军解甲易服，在城内四隅埋伏。巡抚李松则坐镇南楼上，与军士约定：叶赫贝勒如入圈听抚，则张旗帜为号，诸军按甲不起；否则，鸣炮为号，伏兵四起，桴而击鼓，围而歼之。扬佳努与清佳努提兵二千余骑，擐甲诣镇北关中固城领赏。霍九皋斥责其甲骑如林，扬佳努与清佳努请以精骑二千屯镇北关，而以三百余骑入圈，应允。扬佳努与清佳努入圈后，霍九皋谕叶赫贝勒。清佳努、扬佳努兄弟不知有计，仍请敕书等。霍九皋责问之，双方语急。扬佳努兄弟瞋目，出语不逊。霍九皋扯其下马，激其愤怒。扬佳努从者白虎赤拔刀击九皋，微伤右臂。九皋还击，伤其一骑，余骑群噪，攻击明兵。于是，信炮鸣，伏兵起，斩杀清佳努及其子兀孙孛罗，扬佳努及其子哈儿、哈麻以及白虎赤等共三百一十一级。是时，李成梁闻信炮声，已先自中固城至，围击叶赫军，斩杀一千五百二十一级，夺马一千七百零三匹。又深入清佳努、扬佳努兄弟所居城寨。明师合围，叶赫两城，均被围攻。叶赫"诸虏皆出寨门叩头，愿从猛骨孛罗约束，即刑白马，钻刀歃血，誓称自今宁万死，不敢复入塞"①。明总督蓟辽、保定军务张佳胤以阵斩"二奴"报闻，李松、李成梁、霍九皋等进秩有差。

扬佳努子纳林布禄②、清佳努子布寨③，分别继为贝勒。数年之后，布寨、纳林

---

① 瞿九思：《逞加奴、仰加奴列传》，载《万历武功录》第11卷，《国学文库》本，民国二十四年（1935），第33叶。
② 纳林布禄，又作那林孛罗、那林卜罗，《李朝实录》作罗里。
③ 布寨：又作布斋、布戒，《李朝实录》作夫者。

布禄实力逐渐恢复,而哈达内讧亦剧(见前文)。他们兄弟,尤为狂悖,争贡敕,攻哈达,掠歹商,报世仇。时明支持歹商,袭执康古鲁,遏制叶赫逞强。

万历十六年(1588)二月,明辽东巡抚顾养谦决策征讨叶赫贝勒布寨、纳林布禄。总兵李成梁认为攻击叶赫应利用月明,时月已下弦,出兵往攻。遂备粮秣,整训军队。三月十三日,李成梁至开原,令哈达部歹商军以白布缀肩为帜。鸡鸣,李成梁提兵发威远堡,行六十里,到叶赫城下。布寨弃西城,奔纳林布禄东城,合兵相拒。叶赫军与明军夹道相持,明军不敢先发。叶赫贝勒麾其骑兵突袭明军,杀三人。李成梁纵兵击杀,初战展开。明游击吴希汉先驱,流矢集于面,创伤甚烈;其弟希周奋起,斩敌骑射希汉者,也被创。明军如墙推进,叶赫兵退入城内,坚壁以守。城以石为郭,石郭内外,设重叠障,巨木为栅。城中有山,环山四周,凿坂绝峻。其上为罗城,外石内木,分为二重。中建八角楼,楼内置妻孥、财货。明师攻城二日,破郭外栅二重。城上木石杂下,先登者辄死。城坚不可拔,成梁乃敛兵。明军发巨炮轰城,炮弹穿楼坏城。叶赫兵中炮,死伤者很多。明军斩杀叶赫大将把当亥等五百五十四级,城中军民,号泣不已。明军运来车载云梯,将巨炮置在云梯上,向内城开炮。叶赫贝勒布寨、纳林布禄大惧,出城乞降,请与南关分敕入贡。明总兵李成梁下令停止攻城,燔毁云梯;戒诸军毋发其窖贮粮谷,遂引师还。

同年四月,明释放康古鲁,遣还哈达。又派遣使者到叶赫宣谕:往昔若效顺,朝廷赏不薄。江上远夷,以貂皮、人参朝贡马市,必借叶赫通行。若布帛、米盐、农器,仰给明朝,利于耕稼、围猎;还可坐收木材、松子、山泽之利,实惠很大矣!今贡事绝,江上夷道梗,都怨苦。明传檄诸部,斩二酋头来,可以为部长,无须兴兵诛杀。但是,今宽贷你们,你们自作何回报?于是,叶赫与哈达,均分敕书。先是,明永乐初,赐海西诸部敕书,共九百九十九道。至是,因哈达忠顺,分领五百道;叶赫则分领四百九十九道。

是役,《万历武功录》记载:

我军如墙而进，直捣其城下。虏退入壁，坚闭拒守。矢石如雨，我军多死伤。其外大城以石，石城外为木栅，而内又为木城，城内外大濠凡三道。其中坚，则一山特起，凿山坂，周回使峻绝，而垒石城其上。城之内又为木城，木城中有八角明楼，则其置妻子资财所也。上下内外，凡为城四层，木栅一层。其中控弦之士以万，甲胄者以千计，刀剑矢石滚木甚具。我兵攻之两日，撤其外栅，破其城二层。其中坚坚甚，不可破。而我仰攻，先登之士，辄死于大石滚木。大将军乃急下令收兵，而以大炮击其中坚，凡再发炮，内有铅弹，弹所经城坏板、穿楼、大木断、壁颓，而中多洞胸死者，斩把当亥等首凡五百五十四级，夺获被卤凡八人，胡马凡九十八匹，盔凡二百七十五顶，甲凡二百八十一副，臂手凡八千三副。我官军亡陈勋等五十三人，伤吴希汉等五百三十五人，汉马死者凡一百一十三匹。于是，城中老小皆号泣。我军复以车载云梯，如楼橹直立之，与其中城齐，欲置大炮其上，击中城。虏皆丧胆，二酋始出城下马，匍匐悲号，告大将军，幸哀怜我，赦除前过，即欲与南关分敕入贡。大将军于是许诺。已，二酋复疑贰，乃言将军果不欲即杀我，愿将军烧云梯，勿复击大炮，毋尽发我窖粮。大将军度云梯重，挽车者疲不能还，乃烧之；止大炮不复击；而令军中毋复发其窖粮。遂罢兵而还。①

以上长篇引文，可作三点分析。

第一，李成梁浮冒战功。上引《万历武功录》长文，扬武张饰，浮词溢美。《满洲实录》载，李成梁"率兵攻纳林布禄东城失利而回"。《开原图说》载："李宁远

---

① 瞿九思：《万历武功录·卜寨、那林孛罗列传》第11卷，《国学文库》本，民国二十四年（1935），第39～41页。

奉旨讨北关不克。"明御史胡克俭亦劾其割死军级报验,掩败冒功。① 李成梁撤兵后,让哈达孟格布禄从其父王台遗下敕书中,拿出一百九十九道给叶赫,使南、北二关敕书均平,这也说明李总兵讨叶赫没有成功。

第二,叶赫部受到重创。叶赫虽从哈达得到一百九十九道敕书,但较哈达少一道,即南关五百道,而北关四百九十九道。更有甚者,叶赫东城的城垣、楼宇受到严重破坏,军兵死伤惨重,受到继扬佳努与清佳努之后又一次沉重的打击。

第三,建州部坐收渔利。明朝、哈达、叶赫之间,矛盾错综,争夺繁杂,尤其是李成梁之攻战,使建州坐收其利。李成梁曾"大捷共计十次,斩首五六千级"②。先后杀王杲、王兀堂、阿台、阿海、清佳努和扬佳努等,在客观上为建州崛起扫清了道路。正如章太炎所云:

> 然成梁已戮王杲,数年复大破逮东都督王兀堂,诛阿台。无几,又与巡抚李松诛北关首领清佳砮、杨吉砮,斩其骑兵千五百人,群夷詟服。而奴儿哈赤以枭雄之姿,晏然乘诸部虚耗,蚕食以尽。藩翰既溃,祸及全辽。则是成梁之功,适为建州之驱除也。③

布寨和纳林布禄受李成梁重创,元气再损;因哈达受到明朝支持,而希望拉近同建州的关系。叶赫贝勒纳林布禄送妹孟古姐姐给建州努尔哈赤完婚,是叶赫想改善同建州关系的表现。

先是,努尔哈赤起兵前,路过叶赫,叶赫部长扬佳努见他聪颖大度,气宇不凡,说:"我有幼女,俟其长,当使事君。"努尔哈赤说:"君欲结姻盟,盍以年已长者妻我?"扬佳努又说:"我虽有长女,恐未为嘉偶。幼女端重,始足为君配耳。"于是,

---

① 据《万历武功录》记载统计,明军死伤尚比叶赫军多三十四人。
②《明神宗实录》第141卷,万历十一年九月己亥,台北历史语言研究所校勘本,1962年,第7叶。
③ 章太炎:《清建国别记》,铅印本,民国十三年(1924),第37页。

努尔哈赤许聘。到万历十六年（1588）九月，叶赫贝勒纳林布禄送其妹孟古姐姐归努尔哈赤为妻，努尔哈赤率诸贝勒迎亲，大宴成礼，是为孝慈高皇后、清太宗皇太极的生母。是年，努尔哈赤三十岁，孟古姐姐十四岁。

在叶赫纳林布禄送妹给努尔哈赤为妻的同年，哈达贝勒扈尔干也将女儿给努尔哈赤为妻。哈达扈尔干与叶赫纳林布禄都在通过联姻拉拢建州。此期，努尔哈赤已统一建州女真。但叶赫二贝勒对建州的实力估计不足，他们从万历十九年（1591）开始，不断地向建州挑战。叶赫贝勒布寨、纳林布禄兄弟对努尔哈赤，先谈判，后索地。

万历十九年（1591），叶赫纳林布禄派宜尔当阿、摆斯汉使于建州，要建州将所属额尔敏、扎库木二地，以其一处给叶赫。努尔哈赤驳斥后，遣还叶赫使臣。随后，叶赫纳林布禄又令尼喀里、图尔德偕哈达、辉发二部使者再到建州，努尔哈赤举行招待宴会。图尔德道：我贝勒要分尔地，尔不给与。如两国兴兵，我能入尔境，尔能蹈我地乎？努尔哈赤大怒道：叶赫贝勒何曾马首相交，裂甲毁胄，经一剧战？因哈达内讧，故被乘隙掩袭。我建州并非哈达，不会像哈达那么容易！并诋讽叶赫贝勒布寨、纳林布禄，见父被明杀害，至今不得收其尸骨，奈何出此大言！建州以上述言论作书，派巴克什阿林察送往叶赫。叶赫贝勒布寨将阿林察遣还。建州与叶赫，三次使者往还，双方的矛盾，不但没有缓和，反而更加激化。一场大的战争风暴即将来临。

二十一年（1593）六月，扈伦四部以叶赫贝勒布寨、纳林布禄为首，合兵攻建州，劫户布察寨，遭到建州的强力抵御。九月，叶赫又纠集哈达、辉发、乌拉、蒙古科尔沁以及席北、卦尔察、朱舍里、讷殷，九路之师，进攻建州。是时，叶赫兵万人，哈达、乌拉、辉发三部合兵万人，蒙古科尔沁三贝勒及席伯、卦尔察三部又万人，凡三万人。建州兵少，态势严重。但是，叶赫以多败于少，以众败于寡。这就是著名的古勒山大战。此役，叶赫贝勒布寨被杀。布寨死，子布扬古（白羊骨）嗣为贝勒。布寨在古勒山下丧生，"北关请卜酋尸，奴酋剖其半归之。于是北关遂与奴酋为不共戴天之仇"①。布寨死后,"素性刚暴"的纳林布禄败回叶赫城,"因念兄仇,昼夜哭泣,不进饮食,郁郁成疾",后来死去。②布寨子布扬古、纳林布禄弟金台石继为贝勒。布扬古、金台石分别继为叶赫贝勒后,叶赫、明朝、蒙古和建州呈现着错综复杂的关系。

第一,叶赫：一方面南靠明朝,西联蒙古,北结乌拉,以同建州抗衡；另一方面又与建州结姻、歃盟、通使,以争取时间,积聚力量。如古勒山之败后,万历二十五年（1597）,叶赫等遣使至建州告曰："吾等不道,兵败名辱,自今以后,愿复缔前好,重以婚媾。"叶赫贝勒布扬古愿以其妹给努尔哈赤为妻,金台石愿以其女给努尔哈赤之次子代善为妻。努尔哈赤允诺,并备鞍马、甲胄作聘礼。他们杀牛宰马祭天,设卮酒、块土及肉、血、骨各一器皿,歃盟曰："既盟以后,若弃婚姻,背盟好,其如此土,如此骨,如此血,永坠厥命；若始终不渝,饮此酒,食此肉,福禄永昌！"③叶赫二贝勒同建州的婚盟,作为达到其政治目的一种权术,随着双方实力的消长,可以随意毁约背盟。

第二,明朝：先是支持哈达,利用哈达以左制叶赫,右控建州。但是,建州灭哈达后,辽东形势发生很大变化,明廷失去南关哈达,转而支持北关叶赫。明朝想利用强势的叶赫,以牵制崛起的建州。明礼部左侍郎何宗彦解释支持北关叶赫政策的原因说："有北关在,可牵奴酋之后,辽、沈或可恃以无恙。"④后明廷甚至想通过叶赫贝勒金台石、布扬古擒斩努尔哈赤,其酬赏为原给与建州的敕书和龙虎将军封号,转赏给叶赫贝勒。明朝扶持北关叶赫,以便使叶赫在西,通过叶赫联络乌拉在北,协同朝鲜在东,同蒙古察哈尔部盟约在南,以辽军为轴心,形

①《明神宗实录》第528卷,万历四十三年正月己亥,台北历史语言研究所校勘本,1962年,第12叶。
②冯瑗《开原图说》下卷：那林布禄于万历三十六年病死。永禄《正白旗满洲叶赫纳喇氏宗谱》载："戊戌二十六年春二月,贝勒纳林布禄薨。"后者误。
③《清太祖高皇帝实录》第2卷,中华书局影印本,1986年,第20叶。
④《明神宗实录》第586卷,万历四十七年九月辛卯,台北历史语言研究所校勘本,1962年,第9叶。

成一个对建州努尔哈赤的圆形包围圈。

第三,蒙古:漠南蒙古同叶赫的关系深远而密切,既血缘相连,又地缘相接。漠南蒙古恍惚太女儿嫁给扬佳努为妻,达尔汉贝勒娶叶赫贝勒布扬古的姐姐为妻,察哈尔林丹汗也娶叶赫贝勒金台什孙女为妻(即苏泰福金)。漠南蒙古又多次出兵援助叶赫掠哈达、攻建州。蒙古想联合叶赫,增强自身实力,增加对明讨赏筹码,增大对抗建州力量。叶赫也想联合蒙古,保持与扩大生存空间。叶赫联结蒙古得到两个后果:一个是叶赫延缓了城毁部亡的时间,另一个是叶赫导致了"自为刀俎"的结局。

第四,建州:努尔哈赤巧妙地臣属明朝,表面上朝贡驯顺,暗地里发展实力。建州对周边的策略是:结好朝鲜,姻盟叶赫,绥服蒙古,而灭哈达、并辉发、吞乌拉、略东海,壮大军事实力,解除后顾之忧。在扈伦四部中的哈达、辉发、乌拉相继灭亡之后,叶赫陷于孤立。建州对叶赫的策略变守势为攻势,变联姻结盟为军事打击。于是,建州以军事进攻,鲸吞叶赫,实现其统一扈伦四部之目的。

叶赫在古勒山之战后,调整对建州的策略:

万历二十五年(1597)正月,叶赫等扈伦诸部遣使建州:"吾等不道,以至于败兵辱名,今以后,吾等更守前好,互相结亲。"①布扬古请以妹给努尔哈赤为妻,金台石请以女给努尔哈赤次子代善为妻,建州应允,具礼以聘,宰牲告天,歃血盟誓。布扬古之妹,为清太祖高皇后之侄女,时年十四岁。②后叶赫贝勒纳林布禄背盟。不久,建州遣将穆哈达连侵蒙古,获马四十。叶赫邀击并夺其马,又执穆哈达送于蒙古。乌拉贝勒布占泰也背盟建州,结好叶赫纳林布禄。但是,两年后,建州派兵驻哈达;再过两年,建州灭哈达。叶赫因哈达亡而失去左臂,同建州的关系日益紧张。

万历三十一年(1603)九月,努尔哈赤嫡福晋叶赫那拉氏病危,思见生母。

---

① 《满洲实录》第2卷,中华书局影印本,1986年,第102~103叶。
② 《清史稿·杨吉砮传》第223卷,中华书局标点本,1977年,第9410页。

努尔哈赤遣使往迎。叶赫贝勒纳林布禄不许，令其仆南太来视疾。努尔哈赤数之曰："汝叶赫诸舅，无故掠我户布察寨，又率九姓之国，合兵攻我。汝叶赫、哈达、乌喇、辉发四国，因起兵开衅，自服厥辜。刑马歃血，祭天盟誓，愿联姻通好。汝叶赫背盟，将许我国之女，悉嫁蒙古。今我国妃病笃，欲与母诀，又不许，是终绝我好也！"① 不久，努尔哈赤嫡福晋叶赫那拉氏崩。建州同叶赫关系更为紧张。努尔哈赤决定以武力对叶赫进行报复。

万历三十二年（1604）正月初八日，建州兵往攻叶赫。十一日至叶赫国张城和阿气兰城，俱克之。收叶赫二城七寨，人畜二千余，胜利班师。是为建州首征叶赫。

万历三十五年（1607），叶赫贝勒纳林布禄闻辉发贝勒拜音达里背盟建州，建州因取辉发，纳林布禄不能救。叶赫为报复建州，要将布扬古年三十之妹（即叶赫老女），已许努尔哈赤，但十六年不遣，给乌拉贝勒布占泰为妻。万历四十年（1612），建州攻讨布占泰。

万历四十一年（1613），乌拉亡后布占泰逃往叶赫，建州三次遣使告叶赫贝勒，缚布占泰以献，但叶赫不从。时叶赫纳林布禄已死，其弟金台石嗣为贝勒，与布寨子布扬古分居东城与西城如故。先是叶赫贝勒布扬古欲以妹嫁布占泰，但布占泰逊谢不敢娶。努尔哈赤谋伐叶赫，先期遣第七子阿巴泰率所属阿都、干骨里等三十余人求质于明。阿巴泰等至广宁，谒巡抚都御史张涛，请敕叶赫遣送布占泰。张涛奏报朝廷，明万历帝下部议，以质子真伪不可辨，拒绝接纳。九月，努尔哈赤统兵四万，并会蒙古喀尔喀骑兵，再征叶赫。建州兵北入苏完境，迂回到北面攻入叶赫，收取张与吉当阿二路居民，继围兀苏城。城长山谈、扈石木，看到建州军"师众如林，不绝如流，盔甲鲜明，如三冬冰雪"，而开门迎降。努尔哈赤对降将赐东珠、金佛帽和衣物，并以金杯赐酒。随后，建州军又连下呀哈、黑儿苏、何敦城等大小二十六座城寨，尽焚其庐舍、粮储。因建州逃卒泄漏师期，叶赫有备，乃焚庐舍、携降民而回。

---

① 《清太祖高皇帝实录》第3卷，中华书局影印本，1986年，第7叶。

建州进攻叶赫，叶赫贝勒金台石和布扬古（白羊骨）求诉于明："哈达、辉发、兀喇已被尽取矣！今复侵吾地，欲削平诸部，然后侵汝大明，取辽阳为都城，开原、铁岭为牧地。"①明派游击马时楠、周大岐率兵千人，携带火器，助叶赫戍守其东、西二城。同时，明遣使告诫努尔哈赤道："自今以后，勿侵叶赫。若从吾言，是推吾之爱而罢兵也；若不从吾言而侵之，势将及我也！"②明廷的强硬态度与公开干预，迫使努尔哈赤只得缓图攻取叶赫之机。同年九月二十六日，努尔哈赤欲致书于明朝，遂亲到抚顺所。他在抚顺教场，见明抚顺所游击李永芳。努尔哈赤投书李永芳，长篇大论地述说其征伐叶赫之合情与合理：

> 昔叶赫、哈达、乌喇、辉发、蒙古、席北、卦尔察等九姓之国，于癸巳岁，合兵侵我，我是以兴师御之。天厌其辜，我师大捷。斩叶赫布寨，获乌喇布占泰以归。逮丁酉岁，刑马歃血，以相寻盟，通婚媾，无忘旧好。讵意叶赫渝弃前盟，将已字之女，悔而不予。至乌喇国布占泰，吾所恩育者也。反以德为仇，故伐之而歼其兵，取其国。今布占泰孑然一身，奔于叶赫，叶赫又留之不吾与。此吾所以征叶赫也。我与汝国，何嫌何怨，欲相侵耶！③

努尔哈赤的上述文书，主要解释进攻叶赫的原因，并表明要同明朝结好。建州想割断明朝与叶赫的联系，以免在进攻叶赫时腹背受敌。但由于他们的各自利益所在，这是难以办到的。努尔哈赤不仅向明申说其兵攻叶赫的理由，而且派其第七子阿巴泰率所属阿都等三十余人求质于明，以缓解关系，但遭明廷部议拒绝。

---

①《清太祖武皇帝实录》第2卷，原清官内府藏，台湾广文书局影印本，1970年，第7叶。
②《清太祖高皇帝实录》第4卷，中华书局影印本，1986年，第10叶。
③《清太祖高皇帝实录》第4卷，癸丑年（万历四十一年）九月庚辰，中华书局影印本，1986年，第11叶。

叶赫深感建州势力日渐强大，既诉求明朝支持，又联姻蒙古借力。在万历二十五年（1597），叶赫将原许聘于努尔哈赤次子代善的金台石之女，嫁给漠南蒙古内喀尔喀翁吉剌部宰赛。万历四十三年（1615），叶赫既得到明朝的公然支持，就想依恃明朝，联姻蒙古，以对抗建州。叶赫贝勒金台石将长女嫁给蒙古察哈尔部脑毛大黄台吉之孙桑阿尔寨，又将其次女嫁给察哈尔林丹汗。叶赫贝勒极力拉拢蒙古察哈尔部和内喀尔喀部，同他们共同对付建州的军事威胁。在这一年，叶赫贝勒做了一件令努尔哈赤，也令建州女真非常没有面子、非常恼怒的事情，这就是将已许聘给努尔哈赤的"叶赫老女"，改适蒙古内喀尔喀部巴哈达尔汉（明作煖兔）贝勒之长子莽古尔岱台吉。这个年已三十三岁的尚未出嫁的"叶赫老女"，串连着哈达、辉发、乌拉、叶赫、建州和蒙古的戏剧性故事。

先是，万历二十五年（1597），叶赫与建州睦和，布扬古贝勒以妹（布寨之女）许给努尔哈赤。旋悔婚，不于归，闰留叶赫，后为老女。此老女姻涉哈达、辉发、乌拉、蒙古和建州。

其一，哈达。叶赫贝勒诱哈达贝勒孟格布禄云："尔若执满洲来援二将，赎所质三子，尽歼其兵二千人，我妻汝以所求之女。"①此女即原许与努尔哈赤而未娶之"叶赫老女"。孟格布禄惑其言，努尔哈赤得其情，出兵哈达，攻破南关。

其二，辉发。贝勒拜音达里求努尔哈赤赐女为婚，既获允准，背约不娶；而欲娶叶赫老女。努尔哈赤以此借口启戎，亲率兵，灭辉发。

其三，乌拉。《清太祖努尔哈赤实录》载，努尔哈赤闻"布占泰以其女萨哈簾、子绰尔启鼐及十七臣之子，送叶赫为质，娶上所聘女，又幽上二女。上遂亲率大兵往征之"②。此女即叶赫老女。

其四，蒙古。叶赫见哈达、辉发、乌拉已亡，便拉蒙古，对抗建州，其办法之一，是利用"叶赫老女"，以笼络蒙古。此事之原委是：叶赫金台石有女，育

---

① 《清太祖高皇帝实录》第3卷，中华书局影印本，1986年，第3叶。
② 《清太祖努尔哈赤实录》第4卷，北平故宫博物院铅印本，1932年，第22页。

于其兄纳林布禄，嫁介赛；金台石既为贝勒，杀纳林布禄妻，介赛假为外姑复仇，觊得布扬古之妹以和解。布扬古之妹，誓死不愿行。介赛兵攻叶赫，时喀尔喀贝勒巴哈达尔汉为其子莽古尔岱请婚，布扬古将许之。叶赫贝勒既将金台石女嫁蒙古介赛，又将布扬古妹嫁蒙古莽古尔岱。《东夷考略》载："四十三年五月，白羊骨竟以老女许婚煖兔子蟒谷儿大，且执建州夷六人。开原谕止不听。七月，遂成婚。奴儿哈赤发兵三千屯南关，气氛甚恶。御史王雅量疏称：'向救北关，恐藩篱一撤，奴酋与煖兔合，而辽不支。今奴、煖争昏，势不骤合，而北关依强援于煖兔，适为中国利。请设防辽东，按甲不动，以观奴酋进止。奴或不听宣谕，我督北关阴约煖兔从南关入，大兵从清河、抚顺分道而东，兼以东山之民张牙露爪，思甘心奴利其貂、参，顺呼响应。金、白角之，朝鲜、我兵犄之，奴亡可翘足待。'已而，奴儿哈赤罢构，北关获全。"①

其五，建州。明边吏告谕叶赫贝勒，姑留此女，不要出嫁，以便不使努尔哈赤与介赛望绝，冀相羁縻；而以兵分屯开原、抚顺及镇北堡为犄角，卫护叶赫。当然，叶赫贝勒不听。这就引起介赛与努尔哈赤两方的怨恨，特别是后者。努尔哈赤的态度是："此女不祥，哈达、辉发、乌喇三部，以此女构怨，相继覆亡。今明助叶赫，不与我而与蒙古，殆天欲亡叶赫，以激其怒也。我知此女流祸将尽，死不远矣！"

果然，叶赫老女嫁给蒙古莽古尔岱，未一年，而死亡，年三十四。这一年恰为后金天命元年（1616）。上面所说努尔哈赤对叶赫以"老女"作政治筹码，采取"戒急用忍"的态度，主要是以理智制感情，以谋略制莽撞。

上述"叶赫老女"，最后嫁蒙古喀尔喀部巴哈达尔汉（明作煖兔）之子莽古尔岱。万历四十三年（1615）五月，布扬古以其妹许给莽古尔岱，七月成婚。为此，《清太祖武皇帝实录》万历四十三年（1615）六月书云：

---

① 茗上愚公：《东夷考略·海西》，不分卷，清抄本，国家图书馆善本部藏。

初，夜黑布羊姑以妹许太祖，受其聘礼。又欲与蒙古胯儿胯部蟒孤儿太台吉（乃八哈搭儿憨子也）。诸王臣曰："闻夜黑将汗聘之女欲与蒙古，所可恨者，莫过于是。当此未与之先，可速起兵。若已与之，乘未嫁时，攻其城而夺之。况此女汗所聘者，非诸王可比。既闻之，安得坐视他适？"皆力谏兴兵不已。

太祖曰："或有大事，可加兵于彼；以违婚之事兴兵，则不可。盖天生此女，非无意也，因而坏哈达、辉发、兀喇，使各国不睦，干戈扰攘至此。大明助夜黑，今其女不与我而与蒙古，是坏夜黑，酿大变，欲以此事激我忿怒，故如是也。今尽力征之，虽得其女，谅不久而亡，反成灾患。无论与何人，亦不能久。启衅坏国已极，死期将至矣！"

诸王臣反复谏之，必欲兴兵。太祖曰："吾以怒而兴师，汝等犹当谏之。况吾所聘之女，为他人娶，岂有不恨之理？予尚弃其忿恨，置身局外以罢兵；汝等反苦为雠校，令吾怨怒，何也？聘女者不恨，汝等深恨何焉①？岂因忿遂从汝等之言乎？汝等且止。"

言毕，令调到人马皆回。其女聘与蒙古，未及一年果亡。诸王臣奏曰："此女迄今三十三岁，已受聘二十年矣。被大明遣兵为夜黑防御，夜黑遂倚其势，转嫁与蒙古。今可侵大明。"太祖不允。②

努尔哈赤以理制情，据理谕众，不以"叶赫老女"兵兴蒙古，也不以"叶赫老女"兵犯明朝。此忿之源，在于叶赫。

在扈伦四部中，以叶赫部最强，又受明朝的支持。建州继对叶赫两次征讨之后，于万历四十七年即天命四年（1619），再次发兵攻打叶赫。正月初二日，努尔哈赤命大贝勒代善率将十六员、兵五千人，驻守扎喀关，防止明军偷袭建州；亲率

---

① "焉"：北平故宫博物院刊本《清太祖武皇帝弩儿哈奇实录》作"為"字，误。
②《清太祖武皇帝实录》第2卷，原清宫内府藏，台湾广文书局影印本，1970年，第22～23叶。

倾国之师起行,初七日深入叶赫界。建州兵自克亦特城、粘罕寨,焚掠至叶赫城东十里,俘获大量人民、畜产、粮食和财物,尽焚叶赫城十里外之大小屯寨二十余处。叶赫向明乞师,明开原总兵马林率合城兵驰救。建州军为避免两面受敌,班师而回。叶赫为报答明朝,派兵二千应援萨尔浒之战(后文叙述)的明军。时努尔哈赤密谋遣使诈降叶赫贝勒金台石,但金台石不应。于是,建州在取得萨尔浒大捷之后,乘机发兵再征叶赫。

善于捕捉战机是一个军事家必备的军事素质。所谓战机,是利于己而不利于敌的争战时机。它可以是战场上已经显现的,也可以是通过奋力创造的。捕捉战机,需要军事家独具慧眼;创造战机,需要军事家运筹帷幄。经过建州与叶赫的多次较量,建州向叶赫发起总攻击的时机已经成熟。这些条件主要是:第一,扈伦四部仅存之叶赫,既势力孤单,又力量削弱;第二,辽东明军在萨尔浒之役中一败涂地,无力增援叶赫;第三,蒙古各部,矛盾复杂,势力衰弱,不能全力支援叶赫;第四,建州的态势,如张弦之弓,似待扣之箭。于是,努尔哈赤决定亲率倾国之师,攻击叶赫,洗雪"叶赫老女"之耻,了此叶赫未结之局,解除进兵明朝后顾之忧,实现统一扈伦四部之愿。

叶赫同建州关系,发生了转折。其主要标志是:一为努尔哈赤建立后金政权,二为后金取得萨尔浒大捷。

天命四年即明万历四十七年(1619)三月,明杨镐指挥十万大军进攻后金都城赫图阿拉,叶赫派兵二千人响应。这更加深了建州同叶赫的矛盾。六月,建州攻开原,叶赫又以二千人增援明军。虽叶赫兵至而开原已陷,却激怒建州加快灭掉叶赫的步伐。九月,因明经略杨镐派使催叶赫发兵进攻后金,金台石之子德尔格勒率兵攻建州,克一寨、俘四百零七人、斩八十四级,受到明廷白金二千两、彩缎二十表里的赏赐。这些说明,明朝在哈达被建州吞并之后,其方针改变为:由扶持哈达、控制叶赫,而为扶持叶赫、遏制建州。但是,叶赫贝勒没有认识到在扈伦四部中哈达、辉发、乌拉三部灭亡,特别是萨尔浒大战后,后金军政实力发生的根本变化。上述叶赫对后金的小攻小击，只会加速自身灭亡。

八月，努尔哈赤召集诸王贝勒大臣会议，商讨对叶赫的作战计划，并誓言："此举如不克平叶赫，吾必不反国也！"① 时叶赫贝勒金台石住东城，贝勒布扬古住西城，两城相距三里。诸王贝勒大臣会议决定：大贝勒代善、二贝勒阿敏（舒尔哈齐之子）、三贝勒莽古尔泰、四贝勒皇太极等率护军健骑，扬言征讨蒙古②，绕路潜行，直奔叶赫贝勒布扬古驻地西城；又命额亦都等率领前锋军，"扮为蒙古兵"，驰奔叶赫贝勒金台石驻地东城；努尔哈赤亲督大军，随后进围金台石城。大军于十九日出发，即断绝往来信息，声言向蒙古，以欺骗明师。

叶赫贝勒金台石驻地东城，又称叶赫山城，依山修筑，坚固险要。原为金台石之兄纳林布禄住地，瞿九思记述东城言：

其外大城以石，石城外为木栅，而内又为木城。城内外大壕凡三道，其中坚则一山特起，凿山坂，周回使峻绝，而垒石城其上。城之内，又为木城，木城中，有八角明楼，则其置妻子、资财所也。上下内外，凡为城四层，木栅一层。其中控弦之士以万，甲胄者以千计，刀剑、矢石、滚木甚具。③

东城为叶赫城之役攻坚所在。

二十二日，后金军进至叶赫城下，叶赫贝勒金台石、布扬古各统兵出城，鸣角操鼓，准备迎战。后金军盔甲鲜明，剑戟林立，钲鼓相闻，山河震荡。两军混

---

① 徐乾学：《叶赫国贝勒家乘》，清抄本，国家图书馆善本部藏，第14叶。
② 《清史稿·杨吉砮传》作"声言向沈阳，以绥明师"；《三朝辽事实录》第1卷，第35页作"奴酋佯缀我师，拥众数万骑，直抵金台失寨"。沈阳在建州西，叶赫在建州北；而蒙古在建州西、北，故"声言向沈阳"不合情理。
③ 瞿九思：《万历武功录·卜寨那林孛罗列传》第11卷，《国学文库》本，民国二十四年（1935），第40页。

战多时，叶赫贝勒见势不能敌，令鸣角收兵，入城坚守。代善等四大贝勒督率护军围布扬古所住西城。努尔哈赤率领额亦都等督军围金台石所住东城。史载，建州军至叶赫城郊，布扬古与其弟布尔杭古率军出西城，鸣角而噪，望后金军盛，遂敛兵入城。代善等贝勒遂督军合围西城，努尔哈赤则围东城。

金台石东城被围后，八旗军毁其栅城，堕其外城。后金军呼金台石投降，不听，答道："吾非明兵比，等丈夫也，肯束手归乎？与其降汝，宁战而死耳！"① 东城守军誓死拒战，坚守城垣。后金兵攻城，两军矢交发。努尔哈赤见敌军负险顽抗，激励将士道："今日仍不克，则罢兵归矣！"众军齐喊道："愿赴死战！"努尔哈赤命军士拥楯车，陟山麓，冒矢镞，将穴城；城上射矢镞，发巨石，推滚木，掷火器。后金军二三十人，布楯列梯，冒矢登城。但城上发木石，掷火器；后金军死伤惨重。努尔哈赤又命穴其城。费英东和军士们冒飞矢，迎礌石，奋力攻城，鼓勇而前。史载：费英东"从征叶赫，城上矢石雨下，公奋臂先登，遂拔其城"。② 又载：军兵们"于城下掘穴，置药，乃陷"③。努尔哈赤指挥后金官兵，穴城，登城，上下交攻，攻陷内城。内城陷后，后金兵士拥入城中冲杀，守军迎战。叶赫兵不敌，四面溃散。努尔哈赤命执旗帜，约军士，毋妄杀，降者免死，城民请降。金台石见内城陷，携妻孥与幼子登禁城八角楼。

后金军进围禁城台楼。金台石求见四贝勒皇太极盟誓而后下。四贝勒皇太极，为高皇后所出，金台石的外甥。时四贝勒皇太极正攻西城，努尔哈赤派人往召。皇太极从西城驰骑至东城，向金台石劝降。金台石曰："我未尝见我甥，真伪乌能辨？"费英东、达尔汉在旁，曰："汝视常人中有奇伟如四贝勒者？且囊与汝通好时，尝以媪往乳汝子德尔格勒，盖使媪辨之！"金台石曰："何用媪为也！观汝辈辞色，特诱我下，杀我耳。我石城铁门，既为汝破，纵再战，安能胜？但我祖、父，

---

① 《清太祖高皇帝实录》第6卷，第25叶；徐乾学：《叶赫国贝勒家乘》，第16页，清抄本。
② 《开原关氏宗谱序》，载《盛京开原关氏宗谱》，不分卷，刊本，1943年。
③ 徐乾学：《叶赫国贝勒家乘》，清抄本，国家图书馆善本部藏，第16叶。

世长斯土，我生于斯，长于斯，则死于斯可已！"四贝勒皇太极尽力规劝，金台石似有心动。金台石派阿尔塔石先见努尔哈赤，努尔哈赤复令谕降。四贝勒皇太极尽力劝说，金台石对皇太极道：听到你说收养的一句善言，舅父我就下来；如果说不收养，要杀我怎么能下去呢？死就死在家里。①皇太极给金台石以"生杀惟父皇命"的回答。金台石又请求让近臣阿尔塔石往见努尔哈赤，观察其脸色后做决定。阿尔塔石被允准带至努尔哈赤面前，努尔哈赤怒数其罪责以后，以鸣镝射之。阿尔塔石回去后，金台石仍不降。金台石又求见其子德尔格勒，德尔格勒到后，金台石仍不下。四贝勒皇太极将缚德尔格勒，德尔格勒说："我年三十六，乃今日死耶！杀可也，何缚焉？"皇太极携德尔格勒见努尔哈赤，努尔哈赤撤所食食之，命四贝勒与共食。皇太极再派金台石子德尔格勒至台楼下劝降，金台石终不从。皇太极要将德尔格勒缚而杀之，努尔哈赤说："子招父降而不从，父之罪也；父当诛，勿杀其子。"②金台石三次拒降，后金兵持斧毁台楼。金台石走投无路，对皇太极道：

> 大丈夫岂肯受制于人乎？吾甥庶念汝母及诸舅氏骨肉至戚，弟全吾子孙足矣。吾誓不生也！③

言毕，金台石之妻将其幼子沙浑下台楼降。金台石引弓，其从者复攒甲。后金军进毁楼台。金台石引弓杀守台军士，夺路直入后室，举火焚楼，屋宇皆烬。金台石自焚未死，被俘而缢杀之。

东城既陷，西城闻风丧胆。布扬古孤城无援，军心涣散；四大贝勒督兵匝围，攻城益急。诸贝勒围西城，布扬古闻东城破，令其堂叔吴达哈（布寨之胞弟）领

---

① 《满文老档·太祖》上册，中华书局译注本，1990年，第111页。
② 《清太祖高皇帝实录》第6卷，中华书局影印本，1986年，第28叶。
③ 徐乾学：《叶赫国贝勒家乘》，清抄本，国家图书馆善本部藏，第16叶。

兵巡御四门，吴达哈见东城陷落，大势已去，遂"携妻孥开门出降"。四大贝勒兵由是得以长驱而入，径围布扬古居所。西城形势，更加危急。布扬古与布尔杭古派使请降，并请盟誓不死。大贝勒代善道："汝辈畏死，盖以汝母先来，汝母我外姑也，我宁能杀之？"布扬古之母到军前，代善向布扬古作了降后不杀的保证。但是，布扬古因疑惧而不敢出来。代善以刀划酒盟誓道：

今汝等降，我若杀之，殃及我；汝俾我誓，饮誓酒而仍不降，惟汝等殃。汝等不降，破汝城，必杀无赦！①

代善自饮誓酒一半，送给布扬古饮另一半。布扬古命开居所门，乃降。

大贝勒代善同布扬古往见天命汗努尔哈赤。布扬古上马后，勒马不前。代善挽其马的缰辔，劝他不要沮丧。布扬古见天命汗，以一膝跪，不拜而起。天命汗取金杯授酒给布扬古，布扬古又以一膝跪，酒不竟饮，不拜而起。努尔哈赤命大贝勒代善将布扬古引下。努尔哈赤因扈伦四部全亡，留着布扬古无用，便借跪拜礼节不恭为由，当晚命将他缢杀。又命贷布尔杭古不死。后布尔杭古分隶正红旗，授三等副将。

叶赫东西二城降后②，其所属各城俱降。时明游击马时楠，率助守叶赫二城兵一千人，也被后金军歼灭。明经略杨镐闻警，派总兵李如桢率军自抚顺出，虚张疑兵，为叶赫声援，仅得十余级而退。后明万历帝命给事中姚宗文行边，求叶赫子孙，德尔格勒有女二人，已嫁蒙古，各赐白金二千。明臣请为金台石、布扬古立庙；哈达余裔王世忠为金台石妻侄，授游击，将联络诸部，时叶赫已亡。

---

① 《清太祖高皇帝实录》第6卷，中华书局影印本，1986年，第29叶。
② 《明神宗实录》第586卷，万历四十七年九月甲申："据辽东总兵李如桢塘报称：奴酋于前月二十一日寅时攻陷金台失、白羊骨二寨，各到部为照，北关已破。"北关灭亡之日，应以《满文老档》记载为据。

后金对叶赫降民，父子兄弟不分，亲戚不离，原封不动地带来了，不动女人的衣襟，不夺男子带的弓箭，各家的财物，由各主收拾保存。①叶赫部民被迁徙到建州，入籍编旗，成为后金的臣民。

努尔哈赤同叶赫打交道历时三十六年，终于将共传八世十一贝勒的叶赫部灭亡。叶赫的灭亡，是女真-满洲发展史上的一块里程碑，它标志着女真统一海西女真扈伦四部的完成。叶赫部灭亡，明失去北关。

努尔哈赤相继灭亡哈达、辉发、乌拉和叶赫四部。《清史稿》论及此段史事曰："太祖渐强盛，四部合攻之，兵败纵散，以次覆灭。太祖与四部皆有连，夺其地，歼其酋，显庸其族裔。"②这段话论述了两层意思：其一，努尔哈赤灭亡扈伦四部之原因；其二，努尔哈赤安置扈伦部民之政策。前者，所论空泛；后者，所论略是。努尔哈赤对破灭扈伦四部，其首，皆为其所歼；其敕，皆为其所夺；其地，皆为其所有；其畜，皆为其所获；其财，皆为其所得；其民，皆为其所籍。

海西女真扈伦四部——哈达、辉发、乌拉、叶赫，在古勒山之役以后，相继被建州灭亡。努尔哈赤之所以能够灭亡扈伦四部，除了客观上有利条件之外，就主观条件来说，是他精神专注，不敢旁骛，志在必取，谨慎从事，壮大自身，孤弱敌人；采取了先弱后强，由近及远，利用矛盾，联大灭小，集中兵力，各个击破的谋略。他攻破扈伦四部，像伐树一样，目标集中，倾尽全力，一斧一斧地砍，一棵一棵地伐。如利用哈达与叶赫的矛盾及王台死后子孙内讧的忧困局面，先砍倒近邻哈达。继哈达之后，又砍倒四部中最弱的辉发。对实力雄厚的乌拉则谨慎一些。最后放倒的一棵大树，是扈伦四部中最强盛的叶赫。努尔哈赤就是这样有策略、有步骤地统一了海西女真。

努尔哈赤以战争手段，统一了扈伦四部。这是女真族的内战。同一民族的内战，有的造成民族分裂，有的则促成民族统一。如果有杰出的政治家、军事家出现，

---

① 《满文老档·太祖》第Ⅰ册，东洋文库译注本，1955年，第188页。
② 《清史稿》第223卷，中华书局标点本，1977年，第9151页。

削平割据群雄，取得最后胜利，那么民族内部分裂局面就会结束，而实现其民族统一。在中国古代社会史上，出现民族分裂局面，通过民族战争，达到民族统一。各朝各族，例不胜举。有战争，才有统一；无战争，难有统一。建州女真利用女真族内战争，统一扈伦四部，完成了女真一统的大业。

努尔哈赤在统一海西女真的同时，又逐步并附"野人"女真——东海女真和黑龙江女真。

附录

辽东巡抚郭光复上疏

祖宗朝以女直种类归款,分置建州、毛怜、海西等卫,各授指挥等官。万历初年,惟南关王台最强,自台故,而其子猛骨孛罗与其孙歹商相残遂弱。奴酋之祖教场、父他失,为我兵掩杀。奴酋亦孑然一孤雏也。彼时惟北关之逞加奴、仰加奴最强,遂日纠西虏,以攻杀南关为事。而我开、铁亦时被侵扰。

十一年,逞、仰二奴被戮,而奴酋于是渐长,与二奴子卜寨、那林孛罗角立矣。

二十二年,卜、那二酋思报父仇,又日与南关相构,遂反戈以攻奴酋。卜酋竟为奴酋所杀,而奴酋势骎骎盛。比北关请卜酋尸,奴酋剖其半归之。于是,北关遂与奴酋为不共戴天之仇。

二十六年,那酋又攻猛酋,猛酋力不能支,因质妻子寄命于建寨者几二年,奴酋视猛酋为釜底鱼,遂以计杀之。此二十八年事也。及我中国切责,欲问擅杀猛酋之罪,而革其市赏,奴酋因悔罪,许妻猛酋子吾儿忽答以女,厚送之归。中国原其悔罪,置不问。

至三十一年,那酋与白羊骨又纠庄南抢杀吾酋,吾酋穷,因投奴寨。自后吾酋不还,而南关之敕书、屯寨、地土、人畜,遂尽为奴酋有矣。

迩年以来,奴酋自称恭顺,每以北关戕杀南关为口实,而实以与为取,北关觖望于南关之不得,每以奴酋谋犯内地为口实,而依附愿效其忠。

自四十一年,北关又收奴婿卜占台,妻之以女,坚不放归奴酋,于是与北关深恨积怨,且其富强已非一日。每藉婚媾为名,种地为繇,必欲将北关一鼓而吞,以为窥伺内地之渐。我南关既失,止靠北关,如线之藩篱,若再失守,则奴酋纠结西虏,害可胜言哉!

故今日筹辽,必以救北关为主,惟是奴酋反覆靡常。顷抚臣提兵出塞,遣羁酋佟养性为间谍,遣备御萧伯芝为宣谕,谕之退地则退地,谕之罢兵则罢兵,而察其情形,实怀叵测。如以四十一年结退之地,四十二年春复种,秋复收,必待来年,然后已其退地,果真退乎?彼于金、白二酋,既云老女婿,不与亦罢,又云若不与我,凭何盟誓,其罢兵果真罢乎?始而具结退地,我信其退;既而背盟种地,我任其种;今复勒石以待来年,我亦与之;待彼不求婚婿,我信其不求;彼必求婚婿,我又代为讲求,亦为其所愚甚矣!

夫南关即不能遽复,而新种之地,必不当令其再收。当今春复种时,即当蹂其田、夺其牛、诛其人,乃隐忍姑息,业已示怯,转盼来春,垂涎有日,用兵剿逐,宁烦再计。至于婚婿两事,曲在北关,而奴酋未必直也。即完其婚婿,而两家亦不能式相好也。奴酋以婚婿为名,并吞为实,北关不与其婚婿,正不欲遂其并吞。我中国惟宜置之度外,听其自相猜忌,何必为彼居间作伐,强北关以难堪,狥奴酋之愿欲乎!一意决绝,处置得宜,乘其外宁,修我内治,如敌数火器急为建置,城堡墩台蚤为修补,设守瞭之军夫,禁出边之樵收,稽查虚冒,移置将官,责北关以训练之义,宽罪弁以使过之仁,挑选援兵,期得精壮,皆内修之实,所当听抚臣以便宜行事者也。①

---

① 《明神宗实录》第528卷,万历四十三年正月乙亥,台北历史语言研究所校勘本,1962年,第12~13叶。

第四章 征抚东海女真与黑龙江女真

一 对东海女真与黑龙江女真的征抚

努尔哈赤在基本统一建州女真之后，就开始了对"野人"女真的经营，先后约有三十年。这三十年大致可以分作三个阶段：第一个阶段，从建州统一到乌碣岩之战，大约十年。这个阶段建州用兵的重点，是东海女真临近建州和乌拉的部落。其目的是：壮大建州，削弱乌拉。第二个阶段，从乌碣岩之战到后金建立，大约十年。这个阶段建州用兵的重点，是征抚东海女真滨海地区的诸部。其目的是：扩充兵源，掠夺财富。第三个阶段，从建立后金到天命朝结束，也大约十年。这个阶段后金用兵的重点，是东海女真与黑龙江女真交替进行。其目的是：拓展地域，扩大影响。下面分三个阶段叙述。

第一阶段：从万历二十四年（1596）至万历三十四年（1606）。这个时期形势的特点是：建州女真内部基本实现统一，而建州外部受着东为朝鲜、西为叶赫、南为明朝、北为乌拉的四面包围。在整个女真内部，海西女真的哈达与辉发已经灭亡，女真形势出现新的军政格局：建州同叶赫、乌拉，实力相当，鼎立争雄。叶赫：既受明朝支持，又距建州较远，所以建州对其不做轻举妄动。乌拉：既以东海女真为后方，又在东海女真地区同建州争夺势力范围，所以对其重点征抚。

因此，建州此期用兵的一个特点是，征抚东海女真。建州在图们江流域蚕食东海女真时，动作谨慎，以抚为主，未敢动用大军，举兵远征攻击。它这样做的目的，一是同乌拉争雄，先争取东海女真站到建州方面，以孤立乌拉；二是在乌拉的后背，拉拢与征服乌拉的邻部，对其后方造成压力与威胁；三是夺取人口、牲畜，壮大自身实力；四是避开同明朝的正面冲突。所以，对东海女真用兵，就成为建州军政棋盘上的一着高棋。

东海女真是"野人"女真的重要一支，主要居住在黑龙江支流松花江和乌苏里江流域及乌苏里江以东滨海地区。东海女真主要有三部，如《清太祖高皇帝实录》所载："东海之渥集部，瓦尔喀部，库尔喀部。"① 渥集部又称窝集部、兀吉部②，为满语 weji 的对音，是密林的意思。渥集部历史久远，"汉、魏之沃沮，元之乌者、吾者，明之兀者，其部族不一，而地甚广袤，以音与地求之，盖即窝集也"③。明永乐元年（1403），兀者部长西阳哈、锁失哈等贡马一百三十匹，设置兀者卫，以西阳哈为指挥使，锁西哈为指挥同知。④ 渥集部主要居住在松花江与乌苏里江汇流处以上两江之间的广大流域地区。东濒乌苏里江，西接乌拉部，南界朱舍里部等，北邻使犬部。瓦尔喀部主要居住在图们江流域及乌苏里江以东滨海地区，东迄海滨及沿海岛屿之地。库尔喀部的居住区域，文献记载疏略，各书所述不一。

《清开国初征服诸部疆域考》载："虎尔喀部在渥集部之西北，其所属路城名称，稀见于史籍。《战迹舆图》置'库尔喀部'于黑龙江中流，精奇里江与呼玛尔河间之黑龙江流域。呼玛尔河上源有库尔喀河，盖因河得名也。其地有呼玛尔城、乌鲁苏城、穆鲁苏苏城及额苏哩城（今海兰泡附近）等。又《东华录》所记天聪间征虎尔喀部收取壮丁，常呼之曰'黑龙江地虎尔喀部'；大抵虎尔喀部包

---

① 《清太祖高皇帝实录》第1卷，中华书局影印本，1986年，第8叶。
② 《清太祖高皇帝实录》第1卷，第8叶作"渥集"；《满洲实录》第1卷，第6叶作"窝集"部；《清太祖武皇帝实录》第1卷，第3叶作"兀吉"。
③ 《满洲源流考》第13卷，辽宁民族出版社，1988年，第4页。
④ 《明太宗实录》第26卷，永乐元年十二月辛巳，台北历史语言研究所，1962年，第3叶。

括自松花江、黑龙江会流处以北，呼玛尔河黑龙江会流处以南，其东南接渥集部，东北接萨哈连部，西抵小兴安岭，接索伦部。"①

但也有人意见相左，将库尔喀部置乌苏里江以东滨海地区。②其实，库尔喀、虎尔喀、胡儿胯、瑚里哈等在《满文老档》中作hurha，即虎尔哈。在文献记载中，常出现"黑龙江虎尔哈""渥集虎尔哈""东海虎尔哈""松花江虎尔哈"等，分布区域很广。大体说来，黑龙江虎尔哈部主要居住地区，东邻渥集部，西接索伦部，南界乌拉部，北抵萨哈连部。前引刘选民《清开国初征服诸部疆域考》中虎尔哈部居住地区，即主要指黑龙江虎尔哈。总之，东海女真除女真族之外，还有赫哲人等。建州统一东海女真，就要并服东海地区女真及其他民族各部落。

统一东海女真，先从建州女真的近邻瓦尔喀部开始。东海女真渥集部王格、张格二位路长到建州入贡，瓦尔喀部斐优城主策穆特赫越过乌拉投附建州，是建州主抚政策初获成效的例证。

约在万历二十四年（1596），建州派费英东率兵"初征瓦尔喀，取噶嘉路"③。这是建州女真首次对东海女真地区用兵。瓦尔喀部一部分居民住在图们江下游地带，其中包括斡朵里地域。努尔哈赤曾说："邻朝鲜境瓦尔喀部众，皆吾所属。"建州对瓦尔喀用兵，拉开建州女真兼并图们江、乌苏里江流域及其以东滨海地区诸部的帷幕。

万历二十六年（1598）正月，建州派努尔哈赤的五弟巴雅喇、长子褚英和将领噶盖、费英东等，领兵一千，出征瓦尔喀的安褚拉库路（今松花江上游二道河一带），星夜兼驰，兵到后攻取二十个屯寨，收服从属屯落。这次出兵，建州获得重大战绩。《清史稿·巴雅喇传》记载："取屯寨二十，降万余人。"《清太祖武皇帝实录》记载："获人畜万余而回"，《满洲实录》也记载："获人畜万余而回。"

---

① 刘选民：《清开国初征服诸部疆域考》，《燕京学报》1938年第23期。
② ［苏］格·瓦·麦利霍夫：《满洲人在东北》，商务印书馆译本，1974年，第43页。
③ 《清史列传·费英东》第4卷，中华书局，1928年，第1页。

由上可知,《清史稿》记载有误。这次进攻安褚拉库路,获得人口和牲畜共一万余,实在是建州的一个很大胜利。同时,建州军又攻取内河路(今松花江上游一带)。因他们立下功劳,赐巴雅喇为卓礼克图,褚英为洪巴图鲁。后努尔哈赤上书万历帝,请敕令朝鲜国王查出并归还散居其境内的瓦尔喀部民一千户,得到谕准。经过征讨、绥抚、招降、外交等手段,瓦尔喀部民先后归附建州。

万历二十七年(1599)正月,东海渥集部虎尔哈路路长王格、张格归附努尔哈赤,贡纳"黑、白、红三色狐皮,黑、白二色貂皮"①。自此,渥集部之虎尔哈路,每岁向建州交纳贡献。他们中的部长博济里等六人求婚,努尔哈赤因其率先归附,将六位大臣之女分别嫁给他们做妻子,以联姻方式巩固建州女真与东海女真的关系。

王格、张格向建州贡纳的貂皮,是东海女真的重要特产。在乌苏里的莽林中,有古老的红松、柞树、杨树、桦树和杉树等,树木杂陈,风景如画。丛林中的貂鼠,因其皮毛珍贵,是女真人的最佳狩猎物。秋天——捕貂的季节,人们或用猎犬捕貂,或编栅结网捕貂。猎犬捕貂,《朔方备乘》中有如下记载:"捕貂以犬,非犬则不得貂。虞者往还,尝自减其食以饲犬。犬前驱停嗅深草间即貂穴也,伏伺擒之;或鹜窜树末,则人、犬皆息以待其下。犬惜其毛,不伤以齿;貂亦不复戕动,纳于囊,徐俟其死。"②编栅结网捕貂,是用树枝编成栅栏,栅栏中留一小口,口中吊着一个用马尾结的活套。捕貂人把栅网安放在貂鼠经过的路上,当貂鼠从栅网的圆口中穿过时,便被马尾网套住。捕貂人将捕捉到的貂,把其皮剥下晾干,用桦树皮包好收藏,以备交易和贡纳。王格、张格用部民狩猎的纯黑上等貂皮纳贡,表明了渥集部虎尔哈路对建州的归服。从此,建州加速了对乌苏里江流域各部的兼并进程。

万历二十九年(1601)春,朝鲜《李朝宣祖大王实录》记述建州对渥集用兵情状,"老酋选勇行赏之说,尤为可虞";并载:城底藩胡"队队成群,携妻挈子,显有

---

① 《清太祖高皇帝实录》第3卷,中华书局影印本,1986年,第1叶。
② 何秋涛:《朔方备乘》第45卷,宝善书局石印本,光绪七年(1881),第6叶。

搬家移入之状"①。这说明努尔哈赤对瓦尔喀诸部恩威兼施的措置，产生了石击波涌的影响。

此后五年间，建州集中人力、物力兴建赫图阿拉城，同时与叶赫关系紧张，而同乌拉关系缓和，所以没有对东海女真进行大的军事行动。

第二阶段：从万历三十五年（1607）至万历四十三年（1615）。这个时期以乌碣岩之战为转折点，建州军长驱直入，由两面夹击、到灭亡乌拉，其势力进而伸向图们江下游以及乌苏里江以东滨海地区，征抚兼施，成果辉煌。

万历三十五年（1607）正月，东海女真瓦尔喀部斐优城（今珲春北二十里古城）主策穆特赫至建州，对努尔哈赤说道："吾等因地方遥阻，附乌喇；乌喇贝勒布占泰，遇吾等虐甚，乞移家来附。"②

努尔哈赤决定派兵往图们江地域，前去搬接他们到建州。

同年，建州兵在搬接斐优城部众的归途中，受到乌拉贝勒布占泰军队的阻截，两军进行了乌碣岩之战，建州军击败乌拉军队，遂乘胜夺取高岭会宁路，打开了通往乌苏里江流域及其以东地区的大门（详见乌拉部分）。此后，建州以宁古塔（今黑龙江省宁安市境）为基地，向北往黑龙江中下游，向东往乌苏里江流域进军。

在乌碣岩之战以后，渥集部的赫席黑、俄漠和苏鲁与佛讷赫拖克索三路③，仍然服从乌拉贝勒布占泰。努尔哈赤说：

> 我们是一国人，因往相离很远，被乌拉国阻隔。你们至今服从乌拉国过活。今天我们同国人已有了汗，打败乌拉兵。现在你们要服从我们

---

① [朝]《李朝宣祖大王实录》第135卷，三十四年三月辛亥，日本学习院东洋文化研究所刊，1959年，第8叶。
② 《清太祖高皇帝实录》第3卷，中华书局影印本，1986年，第9叶。
③ 《吉林通志》第12卷载，赫席黑在敦化境，俄漠和苏鲁即敦化北之额默和索罗站，佛讷赫拖克索在敦化西北、宁古塔（宁安）西南。

同国人的汗。①

但他们仍不归附建州。建州为着孤立乌拉，这年五月，派巴雅喇、额亦都、费英东、扈尔汉等统兵一千，征讨东海渥集部，攻取赫席黑、俄漠和苏鲁与佛讷赫拖克索三路②，"获人、畜二千而回"③。

同年，努尔哈赤又以政治与外交手段，向朝鲜收回瓦尔喀部众。先是，在金朝时瓦尔喀部众失散，进入朝鲜，沿边境而居。他上书明万历帝称：将我瓦尔喀部众，悉行查还。万历帝谕朝鲜国王后，朝鲜国王查出瓦尔喀部众一千户，遣归建州。建州未费一矢一镞，而取得瓦尔喀部众回归的重大成果。

万历三十六年（1608）九月，建州兵向东北进击，受到渥集部虎尔哈路部民的抗拒。何秋涛在《东海诸部内属述略》中载："戊申年九月，窝集部之呼尔哈路千人，侵我宁古塔城。我驻防萨齐库路兵百击败之，斩百人，生擒十二人，获马四百匹、甲百副，余众悉降。既降人有逃至窝集部之瑚叶路者，匿弗以献。"④ 此段史事，《清太祖实录》阙载，而《满文老档》载述较详："前己酉年九月，获悉呼尔哈路之一千兵，来侵聪睿恭敬汗所属之宁古塔城。驻萨齐库之聪睿恭敬汗兵百人，即前往迎战。击败呼尔哈之一千兵，生擒其大臣十二人，斩人一百，获马四百匹、甲百副。其后，呼叶路人收留由已降聪睿恭敬汗之国中出逃之人。"⑤ 上述戊申年为万历三十六年，己酉年为万历三十七年（1609），两者相差一年，应以"老档"所记为是。由此，努尔哈赤以滹野路收纳其已降之虎尔哈路人为由，派兵前往征讨。

万历三十七年（1609）十二月，建州在臣服邻朝鲜而居的瓦尔喀部之后，派

---

① 《满文老档·太祖》第Ⅰ册，东洋文库译注本，1955年，第4页。
② 《图本档》第2卷，中国第一历史档案馆藏，第13页。
③ 《清太祖武皇帝实录》第2卷，第3叶和《满洲实录》第3卷，第8叶均作"获人畜二千而回"；但《清太祖高皇帝实录》第3卷，第12叶作"俘二千人而还"。
④ 何秋涛：《朔方备乘》第1卷，宝善书局石印本，清光绪十年（1881），第2叶。
⑤ 《满文老档·太祖》上册，中华书局译注本，1990年，第8页。

侍卫扈尔汉统兵千人，向东北深入，伐取渥集部所属滹野路，以报复其收纳降人的怨恨。滹野为满文 huye 的对音，意为射雕的隐身穴。滹野路即明正统年间设置的呼夜（兀也）卫，在珲春东北，乌苏里江上游支流瑚叶河（今俄罗斯滨海边疆区刀毕河）一带。① 扈尔汉击取滹野路，俘虏二千。② 他们在那里过了年节后，二月返回建州。扈尔汉因这次军功而被赏给甲胄、马匹，并被赐号达尔汉侍卫。

万历三十八年（1610）十一月，因绥芬路路长图楞降附建州后，被渥集部雅揽路人掳掠，建州遂派额亦都率兵千人，到图们江北岸，绥芬河和牡丹江一带，招服渥集部的那木都鲁、绥芬、宁古塔、尼马察四路。其首领康武理（康果礼）、喀克都里、明安图巴颜、阿尔松阿、伊勒古、苏尔休、哈哈纳、翁格尼、绰和诺、噶尔达、叶克书等，率丁壮千余降附，并举家迁至建州，归顺了努尔哈赤。额亦都又在回程中，乘胜率官兵，击取雅揽路。雅揽路以河得名，《吉林通志》载："雅兰河出锡赫特山，南行二百余里入海。"先是，明永乐六年（1408），设牙鲁卫。③ 卫设在临近海边的牙鲁河流域，牙鲁河清代称雅兰河。雅揽路即今俄罗斯符拉迪沃斯托克（海参崴）东北雅兰河一带。额亦都击取雅揽路，"获人、畜万余而回"。④

万历三十九年（1611）七月，努尔哈赤派其第七子阿巴泰和费英东、安费扬古带兵千人，征讨渥集部之乌尔古宸、木伦二路。《吉林通志》载："乌尔古宸路，一作库尔布新，河名也；在兴凯湖东北入乌苏里江，路亦以河名也。"⑤ 木伦路因穆棱河得名，《满洲源流考》载："穆伦河在宁古塔城东四百里，出穆伦窝集，东

---

① 《盛京吉林黑龙江等处标注战迹舆图》，三排上，辽宁大学历史系铅印本，1981年。
② 《满文老档·太祖》上册，己酉年（万历三十七年）十二月。但《清太祖武皇帝实录》第2卷，第4页和《满洲实录》第3卷，第10叶均作"获人畜二千而还"；《清太祖高皇帝实录》第3卷，第16叶和《清史列传·扈尔汉》均作"收二千户而还"。
③ 《明太宗实录》第77卷，永乐六年三月丁卯，台北历史语言研究所，1962年，第5叶。
④ 《清太祖武皇帝实录》第2卷，第4叶，《满洲实录》第3卷，第11叶和《图本档》第2卷，第17页均作"获人畜万余而回"；《清太祖高皇帝实录》第3卷，第16叶作"俘万余人而还"，《清史列传·额亦都》和《满文老档·太祖》庚戌年十二月均作"俘万人而还"。
⑤ 《吉林通志》第12卷，光绪十七年（1891）刻本，第21叶。

流入乌苏里江。"① 木伦路部民居住在今穆棱河流域及穆棱河与乌苏里江会流处附近。所以《圣武记》载:"穆林河会乌苏里江,入混同江,在宁古塔东北。"② 木伦路就在穆棱河流域。

先是,努尔哈赤赏给宁古塔路首领僧格、尼喀礼的甲四十副放在绥芬路,但被乌尔古宸、木伦路的人袭击绥芬路时夺去。努尔哈赤派博济里去通知他们说:"将那四十副甲,用四十匹马驮来!"③但他们没有这样做。建州兵到之后,将乌尔古宸和木伦二路收取,"共俘获一千"④。

同年十二月,建州派额驸何和礼、巴图鲁额亦都、侍卫扈尔汉率兵二千,征伐东海虎尔哈部扎库塔城。扎库塔城在图们江北岸,珲春河、海兰河之西,距珲春城一百二十里。⑤这次征讨扎库塔城的原因,是因其城主对建州和乌拉采取中立态度。努尔哈赤要求东海女真各部,在建州与乌拉之间,只能支持建州,不许倒向乌拉,也不许中立。他发兵惩罚扎库塔城主,兵到之后,围城三天,遭到守城军民顽强抵抗。建州军奋勇攻城,城陷后,"斩千余级,获俘二千人"⑥。并招抚环近诸路,收附近地区居民五百户而还。

万历四十二年(1614)十一月,建州派兵五百人,十二月袭击了锡林路;随后前进,袭击雅揽路。⑦雅揽路的位置前已叙及,锡林路的位置,各书记载不一:"西临路亦以河得名,《吉林通志》谓在珲春东南境西林河;实应改作珲春东境。《满洲源流考》谓在宁古塔境,尤属支离。《战迹舆图》以西璘路在西璘河流域,南流入海,在雅兰河之西。"⑧锡林为满文 sirin 的对音,意为铜。锡林路之位置,以

---

① 《满洲源流考》第 13 卷,辽宁民族出版社,1988 年,第 6 页。
② 魏源:《圣武记》第 1 卷,中华书局本点校本,1984 年,第 7 页。
③ 《满文老档·太祖》第Ⅰ册,东洋文库译注本,1955 年,第 15 页。
④ 《满文老档·太祖》上册,中华书局译注本,1990 年,第 11 页。
⑤ 《吉林通志》第 24 卷,光绪十七年(1891)刻本,第 28 叶。
⑥ 《清史稿·扈尔汉传》第 225 卷,中华书局点校本,1962 年,第 9188 页。
⑦ 《满文老档·太祖》上册,甲寅年(万历四十二年)十一月,中华书局译注本,1990 年,第 27 页。
⑧ 刘选民:《清开国初征服诸部疆域考》,《燕京学报》1938 年第 23 期。

《盛京吉林黑龙江等处标注战迹舆图》所指为是。锡林路在锡林河流域，因河得名。锡林河在海参崴（符拉迪沃斯托克）之东，雅兰河以西，南流入日本海。前引《满文老档》所记进军路线，即为证据。这次出征，建州军"收降民二百户，人、畜一千而回。"①

万历四十三年（1615）十一月，建州派兵二千人，征讨东海渥集部额赫库伦。额赫库伦部民"住在东边的东海之北"，即今俄罗斯乌苏里江以东滨海边疆区纳赫塔赫河地方。建州兵行进到顾纳喀库伦（又作固纳喀库伦、顾纳哈枯棱），招降不服，分兵两路，越壕三道，拆毁栅栏，攻入城内。建州军阵斩八百人，俘获万人，收抚其居民，编户五百而回。但是，"俘获万人"，《满洲实录》和《清太祖武皇帝实录》均作"俘获万余"，显然这是包括人口和牲畜在内。此役，争战相当激烈。《满文老档》做了详细载述，兹引如下：

十一月，遣兵二千；十二月二十日，征额赫库伦。横跨自河口以上至河源以下一百三十里处。八旗兵分两路并进，招固纳喀库伦人降服。是夜宿营，至次日仍未降。时又有四旗兵来会，乃复招之曰："愿降则降，不降即攻之！"夫其城民宣称投降，却聚其城外之兵入城。聚兵三日，仍不投降。六旗兵遂披甲，执旗，分翼，吹螺，列一字阵，越三层壕，拆毁其栅，攻入城中，歼其城内五百兵。有三百兵逃出，即选精骑追赶，杀之于郊野。是役，俘获万人，乃编户五百。②

此前，额赫库伦人曾对其周边诸部夸言道："据言满洲兵强勇。若言强勇乃我也！可捎信告之，遣兵来战。"建州派兵来攻，却未获胜，部破地空。额赫库伦之部，"所谓库伦，其意曰城"，就是额赫城。

---

① 《清太祖武皇帝实录》第2卷，第7叶。又见《满文老档·太祖》第3册，第27页。
② 《满文老档·太祖》上册，中华书局译注本，1990年，第33页。

额赫城虽部众兵强,却以失败告终。

此后,后金对"野人"女真的军事行动,不仅派往东部沿海地区,而且发往黑龙江地域。从此开始了征抚东海女真和黑龙江女真的第三个阶段。

第三阶段: 从天命元年即万历四十四年(1616)至天命十一年即天启六年(1626)。这个时期,建立后金政权,统一海西女真,取得萨尔浒大捷。努尔哈赤虽把注意力转向明朝,却继续对"野人"女真——东海女真和黑龙江女真用兵。

对东海女真的征抚,后金取得重大进展。

天命二年即万历四十五年(1617)正月,后金派兵四百人,攻取沿海散居未服诸部[①]。二月,"遂将东海沿岸散居之民尽取之"[②]。三月,造大刀船,渡过海湾,逮住占据海岛未服的诸部人。[③]

天命三年即万历四十六年(1618)十月,后金派兵东海虎尔哈部地域,搬接纳喀达为首的百户降顺部民至建州。后金对东海女真政策取得重大成果。

天命四年即万历四十七年(1619),后金在正月和六月,先后两次派穆哈连带兵千人,收取东海虎尔哈部居民。六月初八日,穆哈连返回,"携户一千、男丁二千、家口六千"[④]。努尔哈赤亲自出城迎接,并命搭八个凉棚,摆二百桌酒席,杀二十头牛,举行盛宴款待穆哈连及归顺的各部大小首领。

天命十年即天启五年(1625),后金在集中精力夺取辽沈地区并巩固对其统治,连续六年未曾大规模地向东海女真用兵。此期,明以大学士孙承宗经略辽东。孙承宗整饬防务,加强实力,后金军未得机会向明辽西进军。而于本年集中力量,先后六次发兵征讨东海女真。这是努尔哈赤对东海女真用兵最勤的一年。如:

第一次,正月,派遣博尔晋侍卫"带兵二千,征讨住在东海边的瓦尔喀"[⑤]。

---

① 《满文老档·太祖》上册,中华书局译注本,1990年,第45页。
② 《清太祖武皇帝实录》第2册,北平故宫博物院本,1932年,第10页。
③ 《满文老档·太祖》上册,中华书局译注本,1990年,第50页。
④ 《满文老档·太祖》上册,中华书局译注本,1990年,第90页。
⑤ 《满文老档·太祖》第Ⅲ册,东洋文库译注本,1958年,第958页。

第二次，先是，上年十二月，派喀尔达等统兵征讨瓦尔喀，"初九日进入柯伊，逮住和勒必、齐什纳、彻木德和三人，以后在柯伊获男子一百，新、旧人口三百七十"①。至三月初四日②，喀尔达、富喀纳、塔羽等率兵招降瓦尔喀部等三百三十二人而回，受到努尔哈赤的接见。

第三次，四月初四日，努尔哈赤迎接族弟王善、副将达朱户、车尔格，统兵一千五百人征讨瓦尔喀部凯归。努尔哈赤与三臣行抱见礼后，宴赏军士及降民，旋又命宰牛羊四十头，摆四百桌酒席，备四百瓶烧酒、黄酒，宴劳出征将士和编户降民。后又赐出征的披甲兵士每名银五两，跟马人每名银二两。③

第四次，八月，努尔哈赤出城至浑河岸，迎接宴劳前遣博尔晋侍卫等统兵二千，往征东海南路虎尔哈，招降五百户而还的诸将及其招来的头目。

第五次，同月，努尔哈赤再出城宴迎前遣雅护、喀穆达尼，率兵征东海北路卦尔察部，获其部民二千而还的诸将等。④

第六次，十月初四日，努尔哈赤出城迎接其第三子阿拜、第六子塔拜、第九子巴布泰，统兵一千征东海北路虎尔哈部，获一千五百部民而归，并赐宴犒师。⑤

对东海女真和黑龙江女真采取交叉征抚的策略——除继续并服东海女真外，

---

① 《满文老档·太祖》第Ⅲ册，东洋文库译注本，1958年，第961页。
② 《清太祖高皇帝实录》第9卷，第11叶载："庚午，上自东京启行，夜驻虎皮驿。辛未，至沈阳。初，上命喀尔达、富喀纳、塔羽引兵征东海瓦尔喀部。是日，率降附之众三百三十人归。"案：庚午为二十二日，辛未为二十三日。但是，（1）《满洲实录》第8卷，第2叶载："于初三日出东京，驻虎皮驿。初四日，至沈阳。是日，有前遣去喀尔达……"（2）《清太祖武皇帝实录》第4卷，第6叶载："于初三日出东京，宿虎皮驿。初四日，至沈阳，是日，有前遣去刚儿搭……"（3）《满文老档·太祖》天命十年载："三月初三，汗向沈阳迁移，在辰刻从东京出发。给他的父祖坟墓，供杭州细绸，在二衙门杀牛五头，烧了纸钱。随后向沈阳去。在虎皮驿住宿。初四，……在沈阳的河渡口，出征瓦尔喀的培羽、喀尔达、富喀纳向汗叩头谒见了。"据上可知，《清太祖高皇帝实录》此条所系日期误。
③ 《满文老档·太祖》上册，中华书局译注本，1990年，第628页。
④ 《清太祖高皇帝实录》第9卷，中华书局影印本，1986年，第13叶。
⑤ 《清太祖高皇帝实录》第9卷，中华书局影印本，1986年，第18叶。

开始征讨黑龙江女真。后金军的势力扩展到黑龙江中下游地区，从而达到其经营"野人"女真的极盛时期。

对黑龙江女真的征抚，是此阶段的一个重点和特点。

黑龙江女真是"野人"女真的另一支，因居住在黑龙江及其支流地域而得名。在黑龙江流域居住着黑龙江虎尔哈部、萨哈连部、萨哈尔察部、使犬部、使鹿部、索伦部和茂明安部等。他们分属多种民族，而不仅是女真。在这个广大的地域里，分布着许多村屯，住居着女真人、达斡尔人、鄂温克人、鄂伦春人、赫哲人、索伦人和蒙古人等。索伦主要为鄂温克人的先民，有时文献中的索伦，泛指鄂温克、达斡尔、鄂伦春人等，因为他们生活在黑龙江及其支流地带，所以统称他们为黑龙江女真。尽管他们属于不同的民族，但是他们的语言都属于阿尔泰语系，又都信仰萨满教，还有相似的生活习俗。

黑龙江流域有水量丰沛的河流，广阔茂密的丛林，水中的鱼虾蚌蛤，林中的飞禽走兽，山中的野果人参，为这个地区的部民提供衣食之源。他们靠狩猎、畜牧、采集、种植和捕鱼为生。捕鱼之外还采东珠。《满洲源流考》记载："东珠出混同江及乌拉、宁古塔诸河中，匀圆莹白，大可半寸，小者亦如菽颗，王公等冠顶饰之，以多少分等秩，昭宝贵焉。"① 长满水藻、绿苔的河汊，是捞采东珠的好地方。采珠人在每年四月至八月的采珠季节里，乘葳瓠（独木舟）并负袋潜水采珠。他们潜在水中，捞出河蚌，装入袋中，上岸取暖后，再潜到水里。将捞取的河蚌敲开，寻找珍珠。往往在几十个、几百个甚至几千个蚌壳里才能挖出一颗东珠。把采到的东珠装在鱼皮袋囊或桦树皮盒里，以备交易与贡赋。

上述地区的部民，元亡后受明廷的管辖。后金在统一东海女真的同时，为控制对黑龙江流域的统治权，曾多次发兵征讨黑龙江女真。后金军首先兵指萨哈连部。

萨哈连部因居住在萨哈连乌拉流域而得名，萨哈连为满语 sahaliyan 的对音，是黑色的意思；乌拉为满语 ula 的对音，是江或河的意思。《满洲源流考》解释："满

---

① 《满洲源流考》第 19 卷，辽宁民族出版社，1988 年，第 1 页。

洲语萨哈连乌拉,即黑龙江。"所以,萨哈连乌拉就是黑龙江,又称"黑水"。萨哈连部的居住区域,《东三省舆地图说》载:"萨哈连部即今黑龙江瑷珲城以下至黑河口西岸,及自三姓音达穆河以下至乌苏里口松花江南岸各地方。"①《盛京吉林黑龙江等处标注战迹舆图》将其标注在精奇里江瑷珲城东、黑龙江北岸一带。《清开国初征服诸部疆域考》载,萨哈连部分布在精奇里江和牛满河流域。萨哈连部居住在黑龙江中游流域。②其部东至乌苏里江口,接使犬部,西邻索伦部,南至黑龙江虎尔哈部,北界使鹿部。

后金对黑龙江女真用兵,从萨哈连部开始。

天命元年即万历四十四年(1616),后金派兵征讨萨哈连部。关于这次兵事,不仅《满文老档》《清太祖实录》和《满洲实录》均有载述,证明确有其事③;而且《满文老档》留下更详细的记载:

第一,征讨原因。

后金发兵征讨萨哈连部,是因为萨哈连部杀害了后金派往该部做生意的部民。萨哈连乌拉的萨哈连部和虎尔哈部商议说:"我们把来这里做生意的三十人,并同我们兄弟带来的四十人,全部杀死,一同叛乱。"在五月,把那七十人杀了。那时有九人脱逃,使这个惨杀的消息,在六月二十八日传到天命汗的耳中。天命汗愤慨地说:"派兵征讨!"天命汗得报自己的部民被萨哈连部杀死后,决定派军前去报复。

第二,会议师期。

后金军征讨萨哈连部的决定做出之后,出师的时间发生争论。一种意见认为

---

① 曹廷杰:《东三省舆地图说》,《辽海丛书》影印本,辽沈书社,1985年,第28页。
② 黑龙江全长四千四百余公里,从石勒喀河与额尔古纳河汇流处至精奇里江(结雅河)同黑龙江汇流处一段,为黑龙江的上游;乌苏里江与黑龙江会流处以下至海一段,为黑龙江的下游;中间的一段,为黑龙江的中游。
③ [苏]格·瓦·麦利霍夫《满洲人在东北》第47~48页载:"尽管在像《努尔哈赤实录》这样的文献资料中有证明此次远征(引者注:指后金征讨萨哈连部)的记载,仍不免令人产生一定疑问:此次远征是否确有其事。"见商务印书馆译本,1974年。

按照惯例在冬季出兵为宜，而不赞成努尔哈赤在夏季出兵的决定。诸贝勒大臣谏阻说："夏季多雨泥泞，大兵行动不便，最好在冬季结冰再进攻。"另一种意见则认为夏季出兵为宜。努尔哈赤不同意诸贝勒大臣的意见："在夏天如果不去，到秋天他们把粮食埋藏各处，自己抛弃屯寨去阴达珲塔库喇喇部。我们的兵回来后，他们又返回故地，取出埋藏的粮食吃……这个夏天，我们兵如果去，他们只顾自己逃避，没有时间埋藏粮食。他们以为在这个夏季大兵不会来，他们将安闲不备，所以现在出兵，能一举全胜。"最后决定在夏季出兵。

第三，军事准备。

征讨萨哈连部的出师时间决定之后，便着手进行准备。准备工作主要为三项：备马、造船和会军。

关于备马。七月初一日，努尔哈赤发布命令："从每一牛录挑选强壮的马各六匹，把一千匹马放在田野中养肥。"

关于造船。初九日，努尔哈赤又发布命令："从每牛录派出制造独木船者各三人。派六百人去兀尔简河发源处的密林中，造独木船二百艘。"

关于会军。努尔哈赤再发布命令：从各牛录抽调披甲骑兵，会合待命。

在上述准备工作大体就绪后，便开始征讨萨哈连部的军事行动。

第四，作战经过。

七月十九日，命令："达尔汉侍卫扈尔汉、硕翁科罗巴图鲁安费扬古率兵二千人，到兀尔简河后，领兵一千四百名，乘独木船二百艘前进；另六百名骑兵在陆上行走。"当日出发，第八天到达造独木船的地方。扈尔汉和安费扬古率兵乘独木船在乌拉河上前进，骑兵在陆上前进。出师后的第十八天，前进的水陆兵会合。又前进二昼夜，八月十九日到达目的地。袭击茂克春大人居住在河北岸的十六个屯寨，全部夺取了。博济里大人居住在河南岸的十一个屯寨，也全部夺取了。将在萨哈连江南岸的萨哈连部的九个屯寨夺取了。一共夺取了三十六个屯寨。在萨哈连江南岸的佛多罗衮寨驻营。……从前萨哈连江和松阿里江在十一月十五日至二十日后才结冰。大英明汗出兵那年，十月初就结冰了，所以汗的兵在初五日渡过了萨哈连乌拉。……夺取了萨哈连部内十一个屯寨，然后全部返回。

第五，胜利班师。

在十一月初七日，扈尔汉、安费扬古带领路长四十人，回到后金都城赫图阿拉。①

后金在这一年，还向黑龙江女真萨哈尔察部用兵。

萨哈尔察，为满语 sahalca 的对音，是黑色貂皮的意思。萨哈尔察的部民，居住在萨哈连部之北，活动在黑龙江中游北岸精奇里江（今结雅河）、牛满河（今布列亚河）流域的广阔地区。其部长萨哈连归附了后金，并成为后金的额驸。② 先是，天命三年即万历四十六年（1618），后金军攻打抚顺，萨哈连额驸随军从征，备受器重。在野营的夜晚，天命汗努尔哈赤向萨哈连额驸讲述"金朝往事"。③ 天命十一年即天启六年（1626）十二月，黑龙江二十六人④，携带名犬及黑狐皮、元狐皮、红狐皮、黑貂皮、水獭皮、青鼠皮等物，到沈阳朝贡。⑤ 翌年，"萨哈尔察部落六十人来朝，贡貂、狐、猞猁孙皮"⑥。萨哈尔察部向后金称臣、朝贡，表明其承认努尔哈赤为他们的最高统治者，部民已归附后金管辖，土地已列入后金版图。以上说明，满洲的势力已经达到黑龙江中游地带，从原明朝辖下而重新统一这一地区。

后金在征讨萨哈连部的同时，又征抚使犬部。《清太祖高皇帝实录》记载："招服使犬路、诺洛路、石拉忻路路长四十人。"⑦ 后金军水陆并进，深入千里，兵锋所指，

---

① 《满文老档·太祖》上册，天命元年七月至十一月，中华书局译注本，1990年，第48页。
② 额驸：后金和清代制度，皇族女儿之夫称为"额驸"。
③ 《清太宗文皇帝实录》第1卷，中华书局影印本，1985年，第14叶。
④ 王先谦：《东华录·天聪一》第1卷，光绪二十五年（1899）石印本，第24叶。
⑤ 《清太宗文皇帝实录》第1卷，中华书局影印本，1985年，第20叶。
⑥ 《清太宗文皇帝实录》第3卷，中华书局影印本，1985年，第38叶。
⑦ 《清太祖高皇帝实录》第5卷，中华书局影印本，1986年，第7叶。

"莫不慑伏"。①

使犬部,其满文体为indahūn takūrara golo,汉文音译作阴答珲塔库拉拉果罗。indahūn意为犬,takūra(mbi)意为使,golo意为路。所以,indahūn takūrara golo,其汉译为使犬部或使犬路。使犬部或使犬路名称的来源,是因为该部使用狗(犬)来狩猎、拉船和拖爬犁,作为代步工具和运输工具,因以得名。使犬部的居住范围相当广泛,大致主要在乌苏里江下游地区,松花江与黑龙江汇流处以下沿混同江两岸地带,北面同使鹿部相接。主要分为三部:奇雅喀喇部、赫哲喀喇部和额登喀喇部。②奇雅喀喇部,其地在乌苏里江口以南一带。③赫哲喀喇部,《满洲氏族源流考》载:"自宁古塔东北行千五百里,居松花江、混同江两岸者曰赫哲喀喇;又东北行四五百里,居乌苏里、松花、混同三江汇流左右者,亦曰赫哲喀喇。"④额登喀喇部,其地在赫哲喀喇之东北,混同江两岸。⑤

居住在黑龙江下游一带的使犬部,包括奇雅喀喇人、赫哲人、鄂伦春人等。他们畜犬,而且数量很大,一户能畜养几十只、几百只犬。犬的主要食物是鱼,也食野兔、田鼠等。犬被用来狩猎、拖拽爬犁和行船拉纤。狗拉爬犁的历史很久远。元代有狗站,就是用狗拉爬犁驿站。陶宗仪在《南村辍耕录》中记载:"征东行省每岁委官至奴儿干,给散囚粮,须用站车,每车以四狗挽之。"⑥明人罗曰褧《咸宾录》记载:"狗车形如船,以数十狗拽之,往来递运。"⑦这种狗车,形状各异,俗称爬犁,又称法喇。《满洲源流考》记载:"法喇,似车无轮,似榻无足,覆席如龛,引绳如御,利行冰雪中,俗呼扒犁,以其底平似犁。盖土人为汉语耳。"狗拉纤行船

---

① [朝]《李朝宣祖大王实录》第142卷,三十四年十月壬辰,日本学习院东洋文化研究所刊,1959年,第19叶。
② 何秋涛:《朔方备乘》第1卷,宝善书局石印本,光绪七年(1881),第7叶。
③ 刘选民:《清开国初征服诸部疆域考》,《燕京学报》1938年第23期。
④《满洲氏族源流考》,载《圣武记》第1卷,上海中华书局据古微堂原刻本校刊,第8叶。
⑤《东三省舆地图说》,《辽海丛书》影印本,辽沈书社,1985年,第28叶。
⑥ 陶宗仪:《南村辍耕录》第8卷,中华书局,1959年,第97页。
⑦ 罗曰褧:《咸宾录》,中华书局,1983年,第47页。

多在夏季，冰融河开，逆水而行，用犬拉纤行船；冬季冰雪狩猎，用犬拖曳爬犁。以犬拉纤行船时，用四只或六只犬，犬脖子上戴着套圈，套圈系着皮条，皮条的另一端系在船上，犬拖着船在逆水中航行。犬拉爬犁也是一样的，猎人要行猎时，将食品、猎具等装在爬犁上，爬犁前部拴上皮条，皮条的另一端系在犬的颈套上。在数条拉爬犁的犬中，有一条"辕犬"被套在最前面作为先导，其他犬相随而行。犬会伶俐而协同地听着主人的吆喝声，按着驭手的意思拖着爬犁左右、快慢、行止。因此，狗在使犬部的部民中有着特殊的地位，他们的习俗是不吃狗肉、不穿狗皮，有的甚至把狗当作图腾而加以崇拜。

使犬部部民的主要经济生活是狩猎和捕鱼。狩猎除捕捉野猪、驼鹿①、猞猁狲等外，也猎捕水獭。水獭喜栖息在多鱼的河里，胆小、狡猾、伶俐，月夜时常叼着鱼在河中嬉游。水獭排粪时要钻出水面，而且经常到固定的地点去。猎人摸着水獭这一习性，在其排粪时经过河滩的路上安放夹子。水獭从中往返，被猎人捕获。猎人捕到水獭后，把皮剥落风干，装在用桦树皮制作的箱子里，以备交换或贡献用。但他们主要靠捕鱼为生。黑龙江渔产丰富，其中有鲟鱼、鲇鱼、鲤鱼、鳇鱼、狗鱼和大马哈鱼等，为他们提供了丰富的资源。他们既用鱼叉捕鱼，也用渔网捕鱼。鱼的用处很多，鱼肉用作食物，鱼骨制作器物，鱼油可以点灯，鱼皮能缝制衣服。他们用各色的鱼皮，经过鞣制变软，缝合成色彩鲜艳的鱼皮衣。因其以鱼皮为衣，所以使犬部又叫鱼皮部，俗称鱼皮鞑子。

后金努尔哈赤、皇太极父子，对"野人"女真——东海女真、黑龙江女真的用兵，取得了明显的效果。

---

① 驼鹿：满语 kandahan，即堪达汉、犴达罕，是鹿的一种，体形壮大，颈短尾秃，耳长角白，鼻长下垂。因其肩上凸起很高一块，状似驼峰，故汉语称作驼鹿。

二 对东海女真与黑龙江女真的政策

后金天命朝对"野人"女真——东海女真和黑龙江女真的征抚,其成果,其政策,都是很重要的。取得积极的成果,有着重要的意义。

第一,后金对东海女真前后用兵达三十年,基本上统一了东海女真。日本稻叶君山说:"在西纪一六一六年(万历四十四年,天命元年)以前,太祖之兵,及于乌苏里江东方沿海。"① 朝鲜《光海君日记》当年记述努尔哈赤在东海一带势力时指出:"东至北海之滨,并为其所有。"② 后金在东起日本海,西迄松花江,南达摩阔崴湾、濒临图们江口,北抵鄂伦河这一广大疆域内,基本上统一了东海女真诸部等,并取代明朝而实行统辖。后来皇太极多次征抚,东海女真岁岁入贡,完全臣服。后金对东海女真的统一,展拓了地域,补充了财富,增多了丁壮,扩充了牛录。

第二,后金对黑龙江女真地区用兵开始的时间,日本学者阿南惟敬说:"可以认为,天聪八年清太宗征服虎尔哈,是清朝对黑龙江之最初用兵。这比俄国的波

---

① [日]稻叶君山:《清朝全史》上(一),中华书局,民国三年(1914),第88页。
② [朝]《光海君日记》第23卷,元年十二月丙寅,鼎足山房本、太白山本,俱同,第5叶。

雅科夫出现在黑龙江,早了约有十年。"① 阿南惟敬教授指出,后金军队在黑龙江流域出现比俄国波雅科夫为早,这无疑是正确的。然而,后金在黑龙江地区的最初用兵,是天命元年即万历四十四年(1616),而不是天聪八年即崇祯七年(1634年)。这充分表明,早在后金天命元年即明万历四十四年(1616),后金－清朝就开始从明朝手中接管对黑龙江流域广大地区的管辖权。

第三,后金军征讨黑龙江女真的意义在于:

一是,努尔哈赤的战略眼光,由东方的东海女真、西方的海西女真,转向北方的黑龙江女真,表明后金兼并女真各部视野的扩大。

二是,军种的构成,由骑兵、步兵而扩大为水兵。《清史稿·兵志六》载:"天命元年,以水师循乌勒简河,征东海萨哈连部。"《清史稿》撰者按:"此为清水师之始。"后金不仅有骑兵、步兵,而且有水兵。当然,这次水师的组成带有临时性质,还没有形成一个水师的军种;但它毕竟是后来清朝水师的滥觞。

三是,征讨萨哈连部的胜利,为后金－清朝对黑龙江地区用兵打开一扇大门,并增强了夺取和管辖该地区的信心。

四是,后金派军征讨萨哈连部,他们认为这是女真内部之事,也是逐步地替代了明廷对这一地区的管辖。

五是,后金用兵黑龙江地域,是自元朝后期以来二百多年所没有的重大军事行动,显示出满洲的政治志向与军事雄心、胸怀远略与进取精神。

综上,后金天命年间,对东海女真和黑龙江女真多年用兵,版图其土地,籍录其部民,从而在乌苏里江和黑龙江中下游广大地域,迅速而有效地取代了明朝的统治。

后来,皇太极又继续对黑龙江女真地域用兵。经过努尔哈赤、皇太极父子两代半个世纪的征抚,最终统一了黑龙江流域广大地区。为此,皇太极于崇德七年

---

① [日]阿南惟敬:《清の太宗の黑龙江征讨について》,载《清初军事史论考》,甲阳书房,日本昭和五十五年(1980)。

即崇祯十五年（1642），诏告天下：

> 予缵承皇考太祖皇帝之业，嗣位以来，蒙天眷佑，自东北海滨，迄西北海滨，其间使犬、使鹿之邦，及产黑狐、黑貂之地，不事耕种、渔猎为生之俗，厄鲁特部落，以至斡难河源，远迩诸国，在在臣服。①

就是说，东自鄂霍次克海，西北迄巴尔喀什湖，南濒日本海，北跨外兴安岭的广阔地域，明奴儿干都司、辽东都司（山东北部除外）和部分蒙古辖境内的各族人民，均已被置于清初的管辖之内。

后金对"野人"女真的征服，之所以取得巨大成绩，因为其对"野人"女真采取且征且抚、征抚兼施的正确政策。

建州－后金在上述经营"野人"女真的整个过程中，贯穿着"征抚并用、以抚为主"的政策。这种政策的基本出发点是：壮大自己，孤立敌人。要壮大自己，必先树羽翼于同部。"野人"女真与建州女真为同族类、同语言、同水土、同宗教、同习俗。因此，天命汗为着丰满羽翼，壮大军力，稳固后方，崛起辽东，就要并取"野人"女真。魏源在《圣武记》中说：

> 夫草昧之初，以一城一旅敌中原，必先树羽翼于同部。故得朝鲜人十，不若得蒙古人一；得蒙古人十，不若得满洲部落人一：族类同，则语言同，水土同，衣冠、居住同，城郭、土著、射猎、习俗同。②

因为努尔哈赤含恨起兵，其恼恨集中于明朝统治者，所以他对同族的"野人"女真诸部，始终采取征抚并用、以抚为主的策略。这种政策，后来皇太极得以继

---

① 《清太宗文皇帝实录》第61卷，崇德七年六月辛丑，中华书局影印本，1985年，第3叶。
② 魏源：《圣武记》第1卷，中华书局，1984年，第9页。

承和发展。《清太宗文皇帝实录》对这一政策有很好的说明。如皇太极对霸奇兰等率军往征黑龙江地方时,谕之曰:

> 尔等此行,道路遥远,务奋力直前,慎毋惮劳,而稍息也。俘获之人,须用善言抚慰,饮食甘苦,一体共之。则人无疑畏,归附必众。且此地人民,语音与我国同,携之而来,皆可以为我用。攻略时,宜语之曰:"尔之先世,本皆我一国之人,载籍甚明,尔等向未之知,是以甘于自外。我皇上久欲遣人,详为开示,特时有未暇耳!今日之来,盖为尔等计也。"如此谕之,彼有不翻然来归者乎?尔等其勉体朕意。①

皇太极对上述政策在不同情况下的实施,有过具体阐述。他对萨尔纠等率兵往攻库尔喀时说:"如得胜时,勿贪得而轻杀,勿妄取以为俘。抗拒者,谕之使降;杀伤我兵者,诛之;其归附者,编为户口,令贡海豹皮。"②显然,前述政策的最初制定者是天命汗努尔哈赤。

后金对"野人"女真的征讨,前已略及;其安抚策略——如联姻、筵宴、赏赐、移民、安置、封官、入旗等,在这里加以简述。

努尔哈赤对"野人"女真各部上层人物,总是千方百计地施以恩惠,争取他们归附自己。对前来归顺的各部首领,先是亲自迎接,大摆筵宴;接着是赏赐奴仆、绸缎、牛马、房田、甲胄;继又授予各种不同的官职;还把宗室的女儿嫁给他们做妻子;并且答应在他们返回之后,如果受到别部的欺凌和掠夺,会派兵给予保护。建州同"野人"女真各部,逐渐地建立起亲戚关系和臣属关系。如虎尔哈部博济里等路长归附建州时,《满文老档》记载:想到在寒冷时博济里要穿好衣服,所以大英明汗将自己穿的前胸吊貂皮、后背吊猞猁狲皮的皮端罩给他;还想到博济

---

① 《清太宗文皇帝实录》第21卷,天聪八年十二月壬辰,中华书局影印本,1985年,第9~10叶。
② 《清太宗文皇帝实录》第48卷,崇德四年八月甲午,中华书局影印本,1985年,第5叶。

里从远处来,乘马疲惫了,所以给有鞍辔的马以便骑来。① 路长们到达建州之后,《清太祖高皇帝实录》又记载:"路长各授官有差,其众俱给奴仆、牛马、田庐、衣服、器具,无室者并给以妻。"② 他的这一套争取各部上层人物归顺的办法,百试百中,屡行屡效。

努尔哈赤对"野人"女真的招抚政策,同乌拉贝勒布占泰的杀掠政策,形成鲜明对照。如朝鲜咸镜道观察使李时发在驰启中,对比努尔哈赤(老酋)和布占泰(忽胡)政策时说:

臣近观老酋所为,自去年以来,设置一部于南略耳,囊括山外,以为己有,其志实非寻常。今又诱胁水下藩落,欲使远近之胡尽附于己。江外诸胡积苦于忽胡(布占泰)之侵掠,无不乐附于老酋。故去冬以后,投入于山外者,其数已多,而此后尤当望风争附。此胡举措,实非忽胡之比。③

显然,乌拉贝勒布占泰对"野人"女真之贪婪侵暴政策,与努尔哈赤对"野人"女真之安抚招徕政策,胸中格局不同,策略手法也不同。努尔哈赤对"野人"女真的这一政策,《满文老档》中有两段记述:

其一,天命三年即万历四十六年(1618)二月,后金赏给阴达珲塔库喇喇部人妻子、阿哈、马牛、衣服、粮食、房屋以及生活用品碗、碟、盘、缸、瓶、柜等。

其二,同上年十月初十日,努尔哈赤对东海女真首领的策略,虽文字较长,但并不乏味。文中大意说:天命汗听说东海女真虎尔哈部长纳喀达,率民百户来

---

① 《满文老档·太祖》第Ⅰ册,东洋文库译注本,中华书局译注本,1955年,第112～113页。
② 《清太祖高皇帝实录》第5卷,天命三年二月,中华书局影印本,1986年,第10叶。
③ [朝]《李朝宣祖大王实录》第209卷,四十年三月庚辰,日本学习院东洋文化研究所刊,1959年,第6叶。

归，派二百人去迎接，于二十日到达。天命汗去衙门，虎尔哈部人叩头谒见。然后，天命汗赐宴，招待虎儿哈部的头人。宴毕，将要回家去的人站一行，愿留住的人另站一行。天命汗优厚赏给愿留者为首八人，每人阿哈（男女）各十对、牛马各十头，用豹皮镶边的挂蟒缎面的皮袄、长皮端罩、貂皮帽、皂靴、雕花腰带、蟒缎无扇肩朝衣、蟒缎褂，四季穿的衣服、布衫、裤和褥、衾等；其次的给阿哈（男女）各五对、牛马各五头、衣服各五件；再次的给阿哈（男女）各三对、牛马各三头、衣服各三件；最末的给阿哈（男女）各一对、牛马各一头、衣服各一件。来后金的百户人，不论长幼都按等充足地赏给。天命汗亲自去衙门颁赏，先后五天，把房屋和生活用品——锅、席、缸、瓶、杯、碗、碟、匙、筷子、桶、箕、盆等，全都充足地赏给。上述赏赐产生良好效果，原来想回家的人，"看见那样赏给，原说回家的人，又有许多留下不回去了"①。留下的人托回去的人，捎口信给家乡父老兄弟亲友说："（乌拉）国之军士欲攻伐，以杀我等、俘掠我家产，而上以招徕安集为念，收我等为羽翼，恩出望外。吾乡兄弟诸人，其即相率而来，无晚也！"②

上引清初官方文献的记载，虽不免有粉饰之词，但从中可以看出努尔哈赤的招抚确实获得了惊人的成功。

努尔哈赤还对归附的"野人"女真部民，给予永久的政治与经济特权，以笼络其更多的部民降顺。如他对虎尔哈部归顺部民说：

> 阿尔奇纳、彻齐克墨尔根、巴木布里、色勒文，是虎尔哈路的部长，住在东海的岛上，与鱼、鸟共同生活。抛弃父祖的坟墓、出生地、喝的水，翻山涉水地走一个月的路程来，还有比这更可怜的吗？这来投顺的功劳，从那里跟随来的人，其子孙万代都免纳贡赋；若误犯死罪，免死；

---

① 《满文老档·太祖》上册，天命三年十月初十日，中华书局译注本，1990年。
② 《清太祖高皇帝实录》第5卷，天命三年十月丁卯，中华书局影印本，1986年，第26叶。

若犯罚财物的罪,免罚。永沐仁爱之道。①

努尔哈赤宣布上述《汗谕》之后,接着公布了一张享有这种特权的四十七人的名单。按照当时的制度,"把这《汗谕》写在文书上,八贝勒以下,诸备御以上,挂在脖子上"②。俨然像一枚大胸章。

努尔哈赤对招抚的"野人"女真,迁其部民,编丁入旗,首领授官,分辖其众。建州由对抗海西、蒙古,进而对抗明朝,其兵源严重不足。努尔哈赤将征抚的"野人"女真部民,大量迁至建州,编牛录,设额真。如万历三十七年(1609)间,他命在东海地区"尽撤藩胡,得精兵五六千,作为腹心之军"③。

这些兵士悍勇、健壮,娴弓马、耐饥寒,为建州军补充了新生力量。他尤为信用其首领,如库尔喀部长郎柱,率先附建州。其子扬古利"日见信任,妻以女④,号为'额驸'。旗制定,隶满洲正黄旗"⑤。

扬古利位仅亚于八贝勒,为一等总兵官;后来其子塔瞻擢内大臣,孙爱星阿官至领侍卫内大臣。其弟冷格里为左翼总兵官⑥;幼弟纳穆泰后为八大臣之一;从弟谭布在崇德四年即崇祯十二年(1639),与索海等率兵攻取雅克萨,败索伦部长博穆博果尔⑦。

"野人"女真另一屯长哈哈纳,归附建州后,被努尔哈赤妻以宗女,后任满洲

---

① 《满文老档·太祖》第Ⅲ册,东洋文库译注本,1958年,第1055~1057页;又见中华书局译注本,1990年。
② 《满文老档·太祖》第Ⅲ册,天命十年,辽宁大学历史系译本,1990年。
③ [朝]《光海君日记》第23卷,元年十二月丙寅,日本学习院东洋文化研究所刊,1959年,第5叶。
④ 《清皇室四谱·皇女》载:清太祖生女八、养女及养孙女二,无一嫁与扬古利,疑误,应为"妻以族女"。
⑤ 《清史稿·扬古利传》第226卷,中华书局点校本,1977年,第9191页。
⑥ 《清史稿·冷格里传》第227卷,中华书局点校本,1977年,第9241页。
⑦ 何秋涛:《朔方备乘》第14卷,宝善书局石印本,光绪七年(1881),第4叶。

镶红旗调遣大臣。其子费扬古以平定吴三桂叛乱功，被康熙帝授为副都统。[①]而尼马察部长泰松阿子叶克书，归附后授为牛录额真。皇太极时位列十六大臣，为固山额真（都统）；其子道喇，康熙时任固山额真（都统）。

另以东海女真那木都鲁氏为例。在《八旗满洲氏族通谱》中，东海女真的那木都鲁氏，分为那木都鲁地方十三人、珲春地方七人、绥芬地方二十三人、其他地方十人，以上四个地方的那木都鲁氏，共有五十三人入传。其中康武理，《清史稿》作康果礼，原为那木都鲁地方的部落首领，投顺建州后，努尔哈赤以其弟穆尔哈齐之女给他为妻，封为额驸。将其部民编为两个牛录（佐领），康武理同其第三弟喀克都理各领一个牛录。后康武理官户部尚书、护军统领兼佐领。康武理的长子洪科，任前锋参领；次子色琥德，任佐领；第三子莽色，任护军参领；第四子赖塔（赉塔），功绩卓著，后面单述；第五子昂阿安巴，任前锋参领；第六子赖图库任头等侍卫兼佐领。康武理的二弟昂武任参领。其子玛克图任参领兼佐领。康武理三弟喀克都理初任佐领，后亦受重用。绥芬等四路屯长率兵壮归附建州，"分其众为六牛录，以康武理（康果礼）、喀克都里、伊勒占、苏尔休、哈哈纳、绰和诺世领牛录额真"[②]。后又以康武理（康果礼）"能管辖兵，为三等总兵官，免三次死罪"[③]。皇太极时，康武理位列十六大臣，任护军统领，为三等总兵官，后列八大臣，任都统，领蒙古正白旗。其子松兴额任佐领，希佛讷任侍卫。其家族到乾隆时已五代，共有四十八人入传，其中位列十六大臣一人、大将军一人、一等公三人、尚书二人、都统三人、统领五人、参领十二人、佐领十六人、侍卫九人、员外郎二人、六品官二人、笔帖式三人、国子监生二人（有的兼职）。康武理家族中，以其第四子赖塔（赉塔）武功最为显著。赖塔（赉塔），年十四，任三等侍卫。皇太极时，大兵入塞，赖塔在登梯攻新城、霸州、高阳时，第一先登，身中五创，

---

① 《清史稿·康果礼传》第227卷，中华书局点校本，1977年，第9225页。
② 《满文老档·太祖》上册，天命十年，中华书局译注本，1990年，第651页。
③ 见《清史稿·康果礼传附哈哈纳传》，与《清史列传·扬古利》并非一人。

被授为前锋侍卫。在攻山海关、进北京诸战中，都作战勇猛，建立功勋。顺治八年（1651），任正白旗蒙古都统。康熙十三年（1674）征耿精忠，挂平南将军印，后取建宁、薄延平、降精忠。十六年（1677）讨郑锦，二挂平南将军印，后战漳州、克海澄，郑氏军退守台湾。十九年（1680），四月为正白旗满洲都统；九月，挂平南大将军印，率师进云南。二十年（1681），连战皆捷，云南大定。二十一年（1682），平南大将军赖塔凯旋，康熙帝率领群臣到卢沟桥郊迎，行抱见大礼。两年后死，雍正帝以"赖塔克云南，功绩懋著"，追封其为一等公，封号为襄绩公。①

再如东海女真一部长克彻尼，为东京城（今辽宁省辽阳市）守臣，《清太宗文皇帝实录》载述："庚戌，车驾过东京，由城外行。守臣克彻尼夫妇，迎至河口，朝见，请上幸其第。上曰：'朕尝谕诸贝勒大臣，凡出行之次，各裹糇粮，毋得于民间取给饮食，致滋扰累。已誓诸天地，朕奈何自蹈之耶！'克彻尼夫妇叩头固请，曰：'臣家生业，皆蒙恩赐与，非民间比也。'上不忍拒，遂幸其家。克彻尼夫妇具膳以进。克彻尼者，东海一部长也。其妻乃太祖舅氏之女，于上为表姑云。"②

复如东海瓦尔喀一部长阿哥巴颜，《清雍正朝镶红旗档》载记，署理镶红旗满洲都统事务、尚书孙查齐等为补授佐领事谨奏：

> 臣旗佐领兼二等阿达哈哈番③钟海病故。窃查：该佐领，初阿哥巴颜率瓦尔喀部来投太祖，以肇兴之功编为牛录，委以阿哥巴颜之长子、首位十扎尔固齐阿兰柱管理。嗣后，依次由阿兰柱之次子布兰柱，布兰柱之三子布尔哈，阿兰柱之三子谭泰，谭泰之子图理，阿兰柱之四子恩和讷之孙齐勒管理。其后，齐勒之孙钟海继之。今钟海出缺，为补授佐领谨奏。

---

① 《八旗满洲氏族通谱》第21卷，辽沈书社影印本，1989年，第11～13叶。
② 《清太宗文皇帝实录》第5卷，天聪三年二月庚戌，中华书局影印本，1985年，第7叶。
③ 阿达哈哈番：汉译为轻车都尉。

实际上，后金在"野人"女真降民中授官之人，远不止以上数例；且其授官影响所及，至有清一代。仅据《满文老档》第六十七至第七十卷的不完全统计，仅天命十年即天启五年（1625），对"野人"女真各部首领及其部民晋官和恩赏的名单多至四百九十二人，约占升赏名单总人数七百八十四人的百分之六十二。可见努尔哈赤"征抚并用，以抚为主"政策的明显效应。

但是，在征抚"野人"女真时，其军纪并不像后金汗《谕旨》中的那样，而是异常残酷。如一次出征瓦尔喀的八旗军士，行至必音屯，将居民四人砍去手脚后杀死，又穿刺十九人的耳、鼻。①

总之，后金在统一建州女真和海西女真之后，运用且战且抚、征抚并用、绥抚为主、征讨为辅的策略，绥服"野人"女真，取得很大成绩。后来其继承者皇太极，又经过多次征抚，统一了整个乌苏里江和黑龙江流域。明代奴儿干都司，在清初则完全被置于后金－清朝的管辖之下，清朝取代明朝，有力地统治着乌苏里江和黑龙江流域的广大地区。

努尔哈赤在完全统一建州女真、海西女真和基本统一"野人"女真的同时，便着力征抚漠南蒙古诸部。

---

①《清雍正朝镶红旗档》，刘厚生译，东北师范大学出版社，1985年，第4页。

第五章 抚绥与征讨漠南蒙古

一 蒙古各部分合兴衰

在明朝中后期，东北地区主要存在三种军事政治力量——明朝、蒙古、女真。女真实现统一、建立后金，就要同明朝争夺在辽东的统治权。蒙古当时实际上处于明朝与后金的中间地带。明朝与后金双方在辽东胜败的关键，是争取和控制蒙古。后金争取并控制蒙古，就可能在辽东站住脚，进而叩打关门，问鼎燕京，入主中原。然而，蒙古诸部的分合与盛衰，时间漫长、地域广阔、纵横捭阖、情况复杂。

明兴元亡，是蒙古历史的根本性转折。明军占领大都，元主自大都出塞，遁回蒙古草原。但故元势力仍有"引弓之士，不下百万众"①。元主退回漠北地区，自称"大元"，史称"北元"。北元蒙古贵族仍维持其旧日统治，实行割据。他们不甘心于自己的失败，不时犯扰内地抢掠，企望重新入居中原，图谋恢复元朝，不断进行骚扰。明朝为解除蒙古在北方的威胁，曾多次出兵朔漠，力图消灭北元

---

① 谷应泰：《明史纪事本末·故元遗兵》第10卷，中华书局，1977年，第149页。

势力。明初，徐达四次北伐[①]，朱棣七次亲征[②]，夺取开平，攻占应昌，败王保保，降纳哈出。明朝击败北元势力，蒙古各部逐渐地分别与明朝建立了臣属或羁縻的关系。

北元势力虽被击败，但未被消灭。这同明太祖对故元势力的政策不无关系。当明太祖派右丞相徐达北攻元大都时，徐达奏问道："元都克，而其主北走，将穷追之乎？"洪武帝朱元璋答道：

> 元起朔方，世祖始有中夏。乘气运之盛，理自当兴。彼气运既去，理固当衰。其成其败，俱系于天。若纵其北归，天命厌绝，彼自渐尽，不必穷兵追之。但其出塞之后，即固守疆围，防其侵扰耳。[③]

但是，蒙古贵族势力并未因其气运衰败，而自渐自尽。明太祖朱元璋也认识到：为巩固明朝江山，必须对北元蒙古势力进行军事打击。于是，明太祖朱元璋对蒙古的北元势力，在西北、正北、东北三个方向，派遣大军，进行征讨。

当时，北元势力主要有三支：其一是扩廓帖木儿，元末大将，拥众十万，退居西北，不久被明军击败，部众溃散。其二是惠宗妥懽帖木儿及其宗室、重臣、部众，先退上都（开平），继退应昌（内蒙古克什克腾旗境），后驻牧于捕鱼儿海一带。其三是太尉、丞相纳哈出，驻牧嫩江地域。蒙古三支势力，被明军区隔，难以联合集中，遭到各个击破。北元的后两支主力部众，主要分布在东北，即大兴安岭两侧到呼伦贝尔的广阔地区。这两支蒙古势力，在东北方面，既为北元主力，又同女真有关，依时依地，分合盛衰，多用笔墨，略加叙述。

[①]《明史·太祖本纪二》载徐达四次北伐为：洪武三年、洪武五年、洪武六年和洪武十四年。
[②]《明史·太祖本纪三》和《明史·成祖纪二》、《明史·成祖纪三》载朱棣七次亲征为：洪武二十三年、洪武二十九年、永乐八年、永乐十二年、永乐二十年、永乐二十一年和永乐二十二年。
[③]《明太祖实录》第32卷，洪武元年六月庚子朔，台北历史语言研究所校勘本，1962年，第3叶。

第一，洪武、永乐年间。

明军在东北方面，对蒙古军力，有七次较大的军事行动，其中有五次给蒙古以极其沉重的打击。第一次，洪武七年（1374），将军李文忠出兵大宁（今宁城大明镇）、全宁（今翁牛特旗），斩元鲁王，平其属部。第二次，洪武十四年（1381），大将军徐达率军至北黄河（今西拉木伦河），获全宁四部而归。第三次，洪武二十年（1387），宋国公、大将军冯胜统军攻故元丞相纳哈出于金山，降其部众。先是，纳哈出是元臣木华黎的后裔，元末明初任太尉、丞相，"拥二十万众据金山，数窥伺辽"[1]。金山在今东、西辽河汇流处一带。此次明朝降服纳哈出，先后降其部属二十余万人，获其辎重、畜马绵亘百余里，对辽东形势产生重大影响。第四次，洪武二十一年（1388），大将军蓝玉率军在捕鱼儿海，袭破故元脱古思帖木儿汗营帐，获其部众七万余、马羊十万余。故元主脱古思帖木儿汗兵败西奔和林，中途被叛臣也速迭尔所弑，大臣纷降，部众离散，一蹶不振。第五次，洪武二十四年（1391），傅有德、郭英统军进攻故元辽王阿扎失里，师至洮儿河流域。

以上明军对辽东蒙古势力的五次重大打击，其中最重要的两次：一次是洪武二十年（1387）大将军冯胜金山之战，击败纳哈出。这次战役，摧毁了北元在辽东地区的军事主力，掌握了在辽东地区的主动权。另一次是洪武二十一年（1388），大将军蓝玉捕鱼儿海之战，攻破北元脱古思帖木儿汗营帐。这次战役，摧毁了北元蒙古军政势力的中枢，掌握了整个蒙古地区的控制权。总之，通过以上五次重大军事行动，使明朝力量伸展到大兴安岭以东、呼伦贝尔以南、嫩江流域的广阔地域，并在这个地区设立兀良哈三卫。

洪武期间，明在东北设立兀良哈三卫。前述洪武二十一年（1388），明军在捕鱼儿海一带打败蒙古军，而后故元辽王阿扎失里、会宁王塔宾帖木儿等部落归附明朝。次年，明在其地设兀良哈三卫，就是朵颜卫、福余卫、泰宁卫。其名称的来源，和田清在《兀良哈三卫的根据地》中解释：由于此三卫部民曾归元臣兀

---

[1]《明史·鞑靼传》第327卷，中华书局点校本，1974年，第8465页。

良哈人折里麦后裔所辖，为首的朵颜卫部民有兀良哈人后裔，所以习称其为兀良哈三卫。兀良哈三卫驻地在大兴安岭东侧，东抵嫩江流域。具体地说，朵颜卫在今绰尔河地域，福余卫在今乌裕尔河地带，泰宁卫在今洮儿河流域。后朵颜卫长昂强盛，与土蛮结合，屡为辽东祸患。此项举措，不仅改画了该地区政治与行政的地图，阻止蒙古势力南下，而且隔绝了蒙古与女真的联系，利于女真发展。

明成祖永乐帝对蒙古的政策，重点放在西北的漠西蒙古和正北的漠北蒙古。永乐初年，因刚取得政权，巩固尚需时日，而如连年用兵，消耗财力过大。所以，永乐帝对蒙古改采羁縻为主、征伐为辅的政策。永乐元年（1403），分派大臣招抚漠西蒙古瓦剌和漠北蒙古鞑靼的首领；同时招抚女真部落，设置卫所。后瓦剌部首领应召到京朝贡，永乐帝以高官厚爵相酬，封马哈木为顺宁王、太平为贤义王、把秃孛罗为安乐王。至于鞑靼部，其新可汗本雅失里（额勒锥特穆尔汗）态度强硬，拒不服从。从永乐七年（1409），明成祖派丘福等五位将军，率精骑十万，攻本雅失里，结果被围困，五将军皆殁。永乐帝先后连续发动六次进攻，其中有五次是御驾亲征，予蒙古以三次沉重打击，史称"五出三犁"。明军深入到胪朐河（饮马河）即今克鲁伦河、斡难河即今鄂嫩河。到永乐二十二年（1424），时本雅失里已被瓦剌马哈木所杀，明成祖朱棣亲征其知院阿鲁台，死于榆木川（今多伦西北）。《明史·鞑靼传》记载：后阿鲁台为瓦剌所败，"乃率其属东走兀良哈，驻牧辽塞"；阿鲁台后被瓦剌脱欢所杀。漠北蒙古受到沉重打击，兀良哈三卫随之摆脱其控制。

总之，明朝初期，洪武、永乐二帝，雄才大略，国力强盛，蒙古各部势力，没有大举内犯。但中期以后，局势有变化。蒙古贵族势力在不断地骚扰北陲，破墙而入，内犯中原，困围京师。尤以正统之后，明代北患益甚。《明史·鞑靼传》载：

当洪、永、宣世，国家全盛，颇受戎索，然畔服亦靡常。正统后，边备废弛，声灵不振。诸部长多以雄杰之姿，恃其暴强，迭出与中夏抗。

边境之祸,遂与明终始云。①

第二,正统、景泰年间。

明朝正统年间,漠西蒙古瓦剌部崛起,直接影响辽东女真各部。瓦剌游牧于今蒙古西部及俄罗斯境内。瓦剌部的首领,在明初为猛可帖木儿。猛可帖木儿死,其部众由马哈木、太平、把秃孛罗分领。时蒙古汗室衰微,瓦剌崛起,问鼎蒙古。马哈木死后,子脱欢袭顺宁王。脱欢攻杀北元主本雅失里,又袭杀其属臣阿鲁台。不久,脱欢内杀贤义、安乐两王,并其部众,统一瓦剌三部,立元裔脱脱不花为可汗,自称太师,为丞相。脱欢的势力,遍及整个蒙古。明正统四年(1439),脱欢死,子也先(额森)继位。正统十一年(1446),也先攻兀良哈。十四年(1449),也先内犯,在土木之役中,俘获明英宗朱祁镇,并进攻北京城。后也先再出兵兀良哈,兵及建州女真。也先强大,景泰二年(1451),自立为可汗,称大元天盛(天圣)可汗。明廷称也先为瓦剌可汗。第二年,也先军到"可阑海子、卜鱼儿海子等处地面驻扎"②。可阑海子即今呼伦湖,卜鱼儿海子即今贝尔湖。瓦剌盛时,席卷辽东。后瓦剌内讧,也先杀脱脱不花汗,阿剌知院杀也先,孛来复杀阿剌知院。《明史·瓦剌传》载:"自也先死,瓦剌衰,部属分散。"③但是,也先有两件事,对历史影响很大。其一是,正统十四年(1449),也先率瓦剌军南下攻明。明英宗朱祁镇亲征,兵败土木堡,也先俘获明英宗,后登上汗位。其二是,也先瓦剌军横扫辽东,破兀良哈三卫,东及海西、建州,兵锋直到鸭绿江。也先在辽东进攻兀良哈三卫,杀死泰宁卫都督拙赤、朵颜卫都指挥乃尔不花,福余卫也惨遭屠戮。三卫残部向南逃窜乞求救济,明廷准许他们"在辽东宽便处安插"。于是兀良哈三卫残部,往南转徙,自觅住地。自宣德年间兀良哈三卫开始南迁,再经此次较

---

① 《明史·鞑靼传》第327卷,中华书局点校本,1974年,第8494页。
② 于谦:《兵部为边情事》,载《于谦集》第10卷,中国文史出版社,2000年,第344页。
③ 《明史·瓦剌传》第328卷,中华书局点校本,1974年,第8503页。

大转徙,到正统以后,兀良哈三卫驻地大体固定:朵颜自大宁抵喜峰口;泰宁自锦(州)、义(州)、广宁至辽河口;福余自黄泥洼、沈阳、铁岭至开原。兀良哈三卫南迁,对女真产生多元影响:一则是兀良哈三卫历经此次创痛、迁徙后元气大丧,二则是女真各部受到重大打击,三则是海西女真也往南迁徙,四则是女真直接同兀良哈三卫相邻。

第三,正德、嘉靖年间。

到明正德、嘉靖年间,辽东蒙古又发生重大变化。明正德五年(1510),满都鲁汗小夫人满都海,扶持成吉思汗后裔巴图蒙克(1464~1543)登上汗位,称大元可汗,即达延汗。达延汗值瓦剌分裂与衰微之际,控弦之骑十万,统一各部蒙古,在祭祀成吉思汗的八白室(今鄂尔多斯市伊金霍洛旗成吉思汗陵地),宣布大汗称号,分封诸子,建六万户。这就是左翼三万户:察哈尔(察罕儿)万户、喀尔喀(哈剌哈)万户、兀良哈万户(后因叛乱被击灭);右翼三万户:鄂尔多斯万户、土默特万户、应绍不(永邵卜)万户。达延汗统一蒙古各部,结束蒙古诸部各自为政的混乱局面。达延汗死后,长子早丧,嫡孙年幼,汗权衰微,相互争斗。经过各部消长,分化重组,驻地转移,形成明末蒙古诸部落。到后金兴起时,同天命朝直接有关的重要蒙古部落有:

(1)察哈尔(察罕儿)万户,由达延汗及其长子铁力摆户(图鲁博罗特)统领。达延汗年八十乃死,长子铁力摆户(图鲁博罗特)先死,由铁力摆户之子博迪(卜赤)嗣为汗。时博迪汗专辖漠南蒙古东半,以其地近长城,故称察哈尔。但有的学者认为,"察哈尔原本是部族名而非地名。"① 博迪之子为打来孙汗(达赉逊库登汗)。打来孙汗东迁到老哈河以西、广宁(今辽宁省北镇市)以北地域。打来孙汗后裔,形成浩齐特(蒿齐特)、苏尼特、乌珠穆沁、敖汉、奈曼、克什坦(克什克腾)等部。因达延汗和其长子铁力摆户既领察哈尔万户,又统左翼三万户,故此系自诩为正宗嫡系,且为诸部之雄长。

---

① [日]和田清:《明代蒙古史论集》上册,商务印书馆,1984年,第387页。

（2）喀尔喀（哈剌哈）万户，由达延汗第九子纳力布剌和第十一子格列山只分领，共有十二个鄂托克（部）。他们的后裔分成两支：第十一子格列山只统领的七个鄂托克往西北发展，进入今蒙古国境内，驻牧在贝尔湖以南、河套以北的漠北地域，形成外喀尔喀蒙古，即外蒙古（喀尔喀蒙古）；第九子纳力布剌后裔统领的五个鄂托克向东北发展，在内蒙古境，形成内喀尔喀。内喀尔喀到虎喇哈赤时，其五子分牧，形成五部，各领其所属军民：长子兀把赛（乌巴什），领扎鲁特部；次子速把亥（苏巴海），领巴林部；三子兀班，领瓮吉剌部；四子索宁岱青，领巴岳特（巴约特）部；五子炒花自领大营，领乌齐叶特部，为泰宁卫都督。他们驻牧在开原、铁岭、沈阳、广宁边外，和泰宁卫地域大致相符，直接同海西女真为邻。后兀班之孙宰赛（斋赛）所领扎鲁特部移近福余卫，与开原北关叶赫女真交往，同后金发生不少纠纷。

（3）兀良哈万户，虽因叛乱被击灭，却对满洲兴起产生重要影响：海西女真扈伦四部乘其虚而据其地，部分兀良哈牧民融入海西女真。

（4）应绍不（永邵卜）万户，其后裔一部分西牧青海，另一部东牧今赤峰一带，就是喀喇沁部。主要在清太宗朝，后金同喀喇沁部发生较多的关系。

（5）鄂尔多斯万户，也是主要在清太宗朝双方发生较多的关系。

（6）土默特万户，由达延汗之子巴尔斯博罗特统领。巴尔斯博罗特之子俺答汗，在明隆庆年间，同明"盟约"，受明封为顺义王（后面叙述）。土默特后来分为归化土默特和东土默特。

此外，科尔沁部，驻牧在内喀尔喀北面，是成吉思汗之弟合萨尔的后裔，自立于六万户之外。科尔沁部主要分为两大部分：以大兴安岭为界，岭西称阿鲁科尔沁（阿禄科尔沁），岭东称嫩江科尔沁（通称嫩科尔沁或科尔沁）。后来嫩科尔沁或科尔沁分衍出郭尔罗斯、杜尔伯特、扎赉特等部。科尔沁部同后金相邻，成为后金最先绥服的漠南蒙古部落。

以上，达延汗统一蒙古，分封子孙，为六万户，重新绘制了蒙古各部的历史地图。在上述六个万户中,对天命朝历史产生重大影响的是:察哈尔万户、土蛮万户、喀尔喀万户的内喀尔喀五部以及自立于六万户之外的科尔沁部等。

第四,隆庆、万历年间。

隆庆时,俺答汗(阿勒坦汗)是一位重要人物。俺答汗(1507~1581),其祖父为达延汗,其父为巴尔斯博罗特。巴尔斯博罗特分领土默特部万户。巴尔斯博罗特死后,他于嘉靖二十九年(1550)称汗,时年四十三周岁。俺答汗曾率军内犯,进薄京师,史称"庚戌之变"。隆庆四年(1570),俺答汗纳娶外孙女即三娘子(1550~1612)。他先后多次遣使明朝,要求互市。隆庆帝采纳王崇古谏言,成"隆庆和议",准俺答汗朝贡、互市、抚赏、封爵。诏封俺答汗为顺义王,后封三娘子为忠顺夫人。《明史·鞑靼传》记载:俺答汗"自是,约束诸部无入犯,岁来入贡,西塞以宁"。俺答汗还把藏传佛教格鲁派即喇嘛教引入蒙古,对蒙古社会发展和蒙藏、满蒙关系有着极为重要的影响。俺答汗死后,长子黄台吉即汗位,又娶三娘子,袭顺义王,改名乞庆哈,三年后死。其子撦力克继汗位,再娶三娘子。《明史·鞑靼传》记载:三娘子"历配三王,主兵柄,为中国守边保塞,众畏服之,乃敕封为忠顺夫人。自宣、大至甘肃,不用兵者二十年"。实际上,三娘子"历配四王"。据《明史》记载,撦力克死后,撦力克之孙卜失兔求婚于三娘子,遭拒绝。后"卜失兔始婚于忠顺,东、西部长皆具状为请封。忠顺夫人旋卒,诏封卜失兔为顺义王"。俺达受封,西部较宁;东部土蛮,频频扰犯。

隆庆帝死后,万历帝继位。时为努尔哈赤青少年时期,辽东蒙古势力枝蘖纷繁,先后凌替,相互交错,举其大者,主要有:

土蛮汗(1539~1592),为达延汗后裔达赉逊库登汗(打来孙汗)的长子,又称图们、小王子,嘉靖三十七年(1558)即汗位,领察哈尔万户。嘉靖年间,因俺答汗强大,两部有隙,惧为所并,举部东移,由宣镇以北,迁至蓟、辽。从此不仅增多辽东边患,而且形成察哈尔同后金的摩擦。其弟为委正,其长子为布延(卜言台周),其弟为介赛,从弟煖兔、拱兔等。时土蛮(小王子)部众兵强,

"控弦十余万",①最为精壮,屡蹒辽东,"大人小人,岁为边患"②。《穀山笔麈》亦载:"土蛮部落,故元之后裔,于顺义王,君也。直蓟、辽边,从数十万,其下有六酋。自西虏通贡以来,惟三卫、海西诸夷,假土蛮之势,以扰蓟、辽,故东北多事耳。"③上文"西虏""顺义王"指俺答汗。俺答汗势力强大,驻牧河套,土蛮则徙帐辽东地域。土蛮汗联络东部各支蒙古,西结海西女真,东联建州女真,几乎年年扰边,月月犯辽。

林丹汗,名库图克图,明谐音称虎墩兔。林丹汗是建州兴起时漠南蒙古最强大的势力。林丹汗企图用武力迫使各部承认其大汗的地位和权威,反而加剧了各部的离心倾向,这给后金提供对漠南蒙古各部实行分化瓦解政策的机会。林丹汗同天命汗的关系,本章有专节论述。

此外,辽东蒙古有一定势力者:

速把亥(苏巴海),为内喀尔喀虎喇哈赤(和尔朔齐哈萨尔)次子,又称苏巴海,泰宁部长,其兄为乌巴什,其季弟为炒花,其妹夫为花大。速把亥在嘉靖时徙至辽阳北,连结土蛮等,累略辽塞:"嘉、隆以来,虏患何岁亡之?甚至杀大将军,如艾草菅。甚哉!速把亥之为祸首也。"④

黑石炭,为字只(博迪汗)第五子,土蛮叔父,与速把亥等联骑,剽掠辽左。瞿九思在《万历武功录·黑石炭列传》后评论曰:黑石炭"贻我辽左数十年大患,介胄至生虮虱"⑤。

---

① 《万历武功录·土蛮列传上》载:"土蛮,打来孙长男也,所部皆朵颜蟒惠、伯户、鹅毛、壮兔等,控弦之士六万,最精壮。嘉靖中,移徙黄河北,常引速把亥入海、盖、开原。顷之,大会矮塔必、兀鲁台周十余万骑,祭旗纛,声欲入河东、广宁。后从长勇堡、静远堡入,杀略沈阳迤南、辽阳迤北。……是岁嘉靖三十八年也。"是岁即清太祖努尔哈赤出生之年。
② 瞿九思:《万历武功录·黄台吉列传》第10卷,文殿阁书社本,民国二十四年(1935),第178叶。
③ 于慎行:《穀山笔麈》第18卷,中华书局本点校本,1984年,第127页。
④ 瞿九思:《万历武功录·速把亥列传》第12卷,文殿阁书社本,民国二十四年(1935),第114叶。
⑤ 瞿九思:《万历武功录·黑石炭列传》第13卷,文殿阁书社本,民国二十四年(1935),第11叶。

董狐狸，又称董忽力，为喀喇沁部，移帐在明朵颜卫故地。其重要首领为长昂、董忽力等。董忽力为革兰台第五子，其兄为影克，弟为兀鲁思罕、长秃（獐兔）。他们住牧宁前外边，牧马辽河，屡犯蓟门。

阿牙台皮，为达赉逊库登汗（打来孙汗）之堂弟，有十子，分十支，其第十子拱兔为强。另有内喀尔喀翁吉喇部首领煖兔，为虎喇哈赤第三子兀班之长子，即巴哈达尔汉，于万历初年"两兔尤桀骜甚"[①]。

此外，还有青把都、哈卜慎、长昂等诸部。

总之，其时在辽东地域，漠南蒙古的察哈尔部、内喀尔喀部、科尔沁部等，同明朝、后金发生着直接而重要的影响。

以上史料，可以看出：明万历年间，辽东地区强大的蒙古势力，主要有两股：其一是土蛮汗，其二是林丹汗。

土蛮汗于嘉靖三十七年（1558）即汗位，时年二十岁。他血气方刚，朝气蓬勃，主要活动在嘉靖三十七年（1558）到万历十六年（1588）的三十年间。土蛮汗于万历二十年（1592）死去。土蛮汗横行辽东时，天命汗则尚未兴起，双方没有利害纠葛，也没有正面冲突。到土蛮汗兵锋稍减时，天命汗忙于统一建州女真，两者没有利益矛盾，也没有马颈相交。

土蛮汗死后，其曾孙林丹汗于万历三十二年（1604）即汗位，时年十二周岁。林丹汗即位二十年后，当其正值盛年时，天命汗已经成了气候——吞并扈伦四部，创立八旗制度，建立天命政权，取得萨尔浒大捷。这时双方力量对比发生巨大变化，林丹汗已经不是天命汗的对手。所以，天命政权恰在辽东蒙古两股强大势力的高峰之间的低谷期，得以诞生、发展、壮大。当土蛮汗强大时，主要对手是明朝辽东总兵李成梁，斗争的结局是两败俱伤——既重击了蒙古土蛮军力，也削弱了明朝辽军实力。到林丹汗强大时，明朝拉林丹汗共同对付后金，说明他们任何

---

① 瞿九思：《万历武功录·煖兔拱兔列传》第13卷，文殿阁书社本，民国二十四年（1935），第23叶。

一方都不能战胜后金。后金则拆散二者的联盟，先吃掉漠南蒙古，再同蒙古联盟，共同对付明朝（详见后文）。

由上可见，严格说来，明朝万历初期，蒙古衰微，满洲初兴，故明朝北境之扰，重在蒙古，不在女真。

《明史·李成梁麻贵传》评曰："自俺答款宣、大，蓟门设守固，而辽独被兵。"此期，明廷在西北，同俺答汗与三娘子封贡，就是封俺答汗为顺义王、封三娘子为忠顺夫人，加以赏赐，开关通市，蒙古犯边形势大为缓解，"自宣、大至甘肃，不用兵者二十年"。在正北，戚继光镇守蓟门，修缮长城，整饬部伍，固若金汤。在东北，蒙古土蛮等大肆犯扰辽东。所以，当时在辽东地区，同明朝相对抗的政治势力，主要有蒙古和女真。而对辽东掳掠甚者，则为蒙古诸部贵族的铁骑。在努尔哈赤起兵的前十年，即从万历元年（1573）至十年（1582），蒙古土蛮、速把亥等部贵族，对辽东地区的扰犯，据《明神宗实录》《万历武功录》和《明史·鞑靼传》等史料，编年缕列如下：

万历即位年（1572），土蛮骑兵在旧辽阳北河建营，欲大举犯辽。上年，土蛮拥众犯辽塞，同李成梁战于卓山。土蛮军败退，遁骑腾山穿林，明军斩获五百八十八级。先是，隆庆五年（1571），明廷准俺答"封贡"，封俺答为顺义王。俺答死后，子黄台吉立，三年又死。其部四十二支，各相雄长，不统于一。此后，西塞较为安宁，东塞烽烟迭起。

万历元年（1573），正月，黑石炭、速把亥犯辽阳。四月，土蛮犯铁岭。十月，董狐狸之弟兀鲁思罕犯寺儿山台。十一月，土蛮略辽阳。十二月，董狐狸之弟长秃犯边。同年，明廷升赏辽东获功阵亡官兵一千一百四十员名，并修筑城堡边墙。①

---

① 《明神宗实录》第15卷，万历元年七月丙申，兵部侍郎汪道昆奏："阅过辽东全镇，修完城堡一百三十七座，铺城九座，关厢四座，路台、屯堡、门角、台圈、烟墩、山城一千九百三十四座，边墙二十八万二千三百七十三丈九尺，路壕二万九千九百四十一丈，俱各坚固，足堪经久。"

万历二年（1574），土蛮、黄台吉、速把亥等"虏骑二万，佯言略建州，以示汉不备"，而犯辽东，金、复、盖三卫被"杀掠数万，村堡荡然"①。

万历三年（1575），正月，土蛮、速把亥十万骑驰辽阳。四月，土蛮联合科尔沁；又以马牛等送叶赫杨佳努寨，并向哈达王台请婚；叶赫、哈达均报土蛮以礼。于是，土蛮声言合二十万众，秋高略锦（州）、义（州），河冻略海（州）、盖（州）。十一月，土蛮、速把亥、炒花等以二万骑犯锦（州）、义（州）。

万历四年（1576），正月，土蛮长子卜言台周会速把亥、黑石炭、黄台吉、歹青、长兔、煖兔等十一部，六万余骑踏冰辽河。二月，建州王杲会土蛮，五万骑略广宁。五月，太监冯保在会极门传旨，得报"虏贼数十万，欲犯辽东"。十月，速把亥、炒花、委正等三万骑犯威远堡。

万历五年（1577），二月，土蛮等五万余骑饮马辽河。五月，二十万众走大、小凌河。六月，略开原。十月，三万余骑犯掠辽东。是年，土蛮等几乎无月不犯。

万历六年（1578），正月，黑石炭、土蛮等六部大举窥塞，分犯广宁，李成梁提兵迎击，斩四百三十五级。二月，土蛮骑至辽阳。三月，明军又斩四百七十余级。四月，土蛮会速把亥等六部，数万骑掠铁岭。不久，土蛮等五万余骑欲入辽阳。五月，土蛮等会众二十万从锦州入，走大凌河，声势浩大，烟尘蔽天。时天降暴雨，风烈雷鸣，土蛮大惊，拨马退军。十二月，速把亥等三万余骑犯东昌堡，明军斩八百四十级，李成梁因受封宁远伯。

万历七年（1579），正月，犯丁字泊。二月，犯宁远。三月，土蛮"征黑石炭等，大率三十余万治兵，期草长而大举"。十月，土蛮以四万骑攻锦州营。总兵李成梁决策进剿，斩四百六十七级，夺马、牛、羊、驼三千零一十三头匹。明廷以辽东大捷，告祭郊庙。十一月，土蛮等请明开马市，否则陈兵塞上。十二月，土蛮等会十余万，声言略广宁、犯辽阳。李成梁等率军出击，斩八百二十级，获马一千二百四十八匹。

万历八年（1580），八月，土蛮等十余部会于兀炭，声言略广宁。不久，聚

---

①《明神宗实录》第30卷，万历二年十月丁巳，台北历史语言研究所校勘本，1962年，第4叶。

四万余骑,刑马祭纛,然后"人牵牛二角、羊三头",充粮食,走锦州。十月,辽东大雪,马牛冻馁,土蛮会黑石炭等部,"二十余万,空巢而来,略广宁"①。十一月,土蛮、黑石炭等聚二万余人,欲略广宁。李成梁提兵出塞,抵其大营,斩七百五十级。此前,戚继光率军出山海关应援辽军。因获大捷,明廷告祭郊庙,戚继光、李成梁等皆受封赏。

万历九年(1581),正月,王兀堂犯宽奠。土蛮聚九部,兵十万,声言略开原。李成梁提兵出塞,败土蛮于袄郎兔,先后斩三百四十级。四月,土蛮、黑石炭等万余骑入辽阳,明军在长安堡遇伏大败,死三百一十七人,伤一百五十八人,马死四百六十四骑。但明军杀辽民男妇二百九十八人、掳民间马、牛、驴三百九十七头报功。九月,蒙古贵族流言犯蓟门,"京师鼎沸,民携家赴安定门者,争门而入,多踩践死;通州民而夺渡者,多漂溺死;玉田散走林薄,多饥寒死"。十月,土蛮等十余万犯义州、大凌河,围广宁。

万历十年(1582),正月,土蛮、黑石炭等合兵祭天,聚众四万,犯锦州,过小凌河。二月,土蛮等深入大、小凌河,所过辽地,"焚略几尽"。李成梁率军迎击,斩三百四十三级,获马四百三十骑;而明军死马六百八十骑。虽明军伤亡惨重,万历帝却派官祭告郊庙,庆贺胜利。三月,速把亥率弟炒花、子卜言兔犯义州,中李成梁埋伏。速把亥中箭坠马,被斩死。炒花等恸哭败去。《明史·李成梁传》记载:"速把亥为辽左患二十年,至是死。"九月,蒙古五万骑犯掠。十月,土蛮等围广宁,攻义州。

以上史实说明,辽东地区蒙古贵族势力连年攻掠,兵联祸结,形势严重。但是,万历初年,张居正为相,"用李成梁镇辽,戚继光镇蓟门"②。据《明史·李成梁传》等资料统计:李成梁在任辽事二十二年间,率骑迎击蒙古兵,力战却敌,斩杀五千一百八十八级。蒙古骑兵屡受重创,土蛮、速把亥等又相继死去。《万

---

① 瞿九思:《万历武功录·土蛮列传上》第10卷,文殿阁书社本,民国二十四年(1935),第132叶。
② 《明史·张居正传》第213卷,中华书局点校本,1974年,第5646页。

历武功录·土蛮列传下》记载："土蛮老而厌兵，边患稍戢。久之以狗马死。"土蛮汗死后，其余部分枝众多，各相雄长。明廷采取的策略是：分其枝，纳其款，顺者市赏，犯边攻剿。漠南蒙古东部蒙古各部的势力，或受挫，或分化，逐渐地走向衰落，这个历史趋势一直持续到明朝灭亡。

到十六世纪末，辽东地区明朝军队同蒙古骑兵斗争的结果，历史在朝着他们各自愿望相反的方向发展——蒙古贵族骑兵兴师屡犯，严重地削弱明朝辽军的力量；明朝辽东总兵李成梁"前后大捷共计十次，斩首五六千级"[1]，又沉重地打击了蒙古诸部。他们相互争斗的结果，尤其是李成梁的战功，恰为后金兴起做了"嫁衣裳"。因为蒙古土蛮等部和明朝李成梁等军厮杀的结局，不仅双方都退出了角斗场，而且为后金崛兴铺平了道路。

因此，漠南蒙古的科尔沁部、内喀尔喀部、察哈尔部同后金接壤，清太祖朝同此三部发生错综复杂、极为重要的历史关系。下面分节，加以论述。

---

[1]《明神宗实录》第141卷，万历十一年九月己亥，台北历史语言研究所校勘本，1962年，第7叶。

二 对科尔沁部的姻盟

明代后期,后金兴起,其时生活在蒙古草原东部、大漠以南的漠南蒙古,西北为游牧于黄河河套地区的鄂尔多斯,正北为住牧在山西偏关外的归化土默特,东北则为蓟辽边外的喀喇沁、察哈尔、内喀尔喀和科尔沁等部。漠南蒙古的东、北、西诸部,介于明朝与后金之间。漠南蒙古的科尔沁部,同后金最早发生政治联系。

建州女真初兴,以"十三副遗甲"起兵,军队数量少,其实力远不足以同蒙古抗衡。但是,辽东地区的蒙古诸部,经过万历初期同明朝的战争以及其内部的变化,出现以下几个特点:

第一,蒙古残破凋敝。漠南蒙古自明初以来,已经遭受二百余年兵燹之难。明朝政府与北元势力之间,蒙古各部与各部之间,长期进行无休止的战争。特别是明初的残酷战争,导致辽东地区蒙古社会经济的破坏和部民生活的贫困;而蒙古各部贵族对明朝的犯边,也遭到明军的报复,其部民、马匹受到重大损失;蒙古各部之间的争斗,失利者携帐远徙,造成生活的剧烈动荡,从而使得蒙古族部民要求结束战乱割据局面,渴望得到安定统一。

第二,明朝拒绝互市。漠南蒙古的土蛮汗等,向明廷要求同俺答汗一样,请贡市，通贸易。明朝既腐败，又僵化，拒而绝之。如万历六年（1578），土蛮、速把亥率五万骑，略辽阳，挟贡市。李成梁以"亲临兵，疾力战"作回答。七年，黄台吉到关，言"土蛮复请比宣、大，开马市，索秣蘗绵絮等什物；不则陈兵塞上"，明廷严加拒绝。八年，土蛮派骑到关，求卖马、买布匹。明朝"关吏闭关，谢绝甚严"。土蛮愈却愈求，明则愈求愈却。土蛮等声言："汉不许我，我破乃城堡。"土蛮等得不到铁锅、布匹、盐茶等，许多贫苦牧民陷于"爨无炊""衣无帛"的悲惨境地。

第三，各部内讧争战。蒙古自达延汗以后，先分封诸子为六万户，其下又析分为若干部，部下再析分为若干支。蒙古有的部，其部长的兄长、长子等领有大支若干，其弟侄子孙等领有小支若干，其女婿等领有余支若干。大支小支，六十余股，枝蘗纷繁，各成体统。蒙古各万户、各部、各支之间，为权力、牲畜、女人、牧场，不断地进行争战。各部贵族长期内讧，无法实现其内部统一，也无力重新统一蒙古地区。在蒙古的各万户、各部、各支之间，王公贵族从一己利益出发，忽而联合一些王公贵族去反对另一些王公贵族；忽而翻云覆雨，昨天的盟友变成了今天的敌人，昨天的敌人又变成了今天的盟友。不断的内部争斗，既削弱了蒙古各部的实力，也加重了部民的负担。

因此，后金绥抚漠南蒙古，既利用了蒙古部民渴求统一的愿望，又利用了蒙古贵族对明朝的不满，也利用了蒙古王公分裂割据的因素。天命汗利用漠南蒙古同明廷的结盟与矛盾、各部之间的分裂与内讧，对于各部王公贵族，有的联姻笼络，有的分化瓦解，有的武力征讨，也有的征抚并用，先后逐一绥服东部漠南蒙古。

后金兴起，努尔哈赤之所以决意绥抚漠南蒙古，从后金内部来说，还因为：

其一，孤立海西女真。漠南蒙古同海西女真关系密切。如土蛮汗向哈达部王台请婚，向叶赫贝勒清佳努、杨佳努送布帛、马牛、貂皮等物，还结好科尔沁[①]；又如叶赫贝勒"金台什孙女为虎墩兔妇"[②]；再如蒙古内喀尔喀介赛贝勒夺娶努尔

---

① 瞿九思：《万历武功录》第10卷，文殿阁书社本，民国二十四年（1935）。
② 《明史·鞑靼传》第327卷。中华书局点校本，1974年，第8492页。

哈赤"已聘叶赫金台石贝勒之女",① 绥抚漠南蒙古有助于女真内部的统一。

其二,夺取经济利益。先是,漠南蒙古土蛮、恍惚太(翁阿岱)曾控制过海西女真。海西女真曾向恍惚太贡纳貂皮,土蛮汗也曾掠夺海西女真的产品。他们还通过海西女真同明朝间接进行贸易,甚至曾拦阻海西女真贡路而影响女真的贡市贸易。《东夷考略》记载明谕南关、北关曰:"江上远夷,以参、貂之属至,必藉尔通。若布帛、盐米、农器仰给汉,耕田围猎,坐收木耳、松子山泽之息,为利大矣。今贡市绝而江夷道塞,藉后恍惚太以首,房以千骑盛气抵,若有德色,需索无艺,部夷多怨"云云。恍惚太即漠南蒙古巴岳特部首领翁阿岱。可见蒙古的强大与掠扰,直接影响女真的利益。

其三,解除后顾之忧。漠南蒙古位于后金的右翼,只有征抚漠南蒙古,才能解除进入辽沈地区的后顾之忧。特别是漠南蒙古察哈尔林丹汗,与明朝缔结了共同抵御后金的盟约,钻刀歃血,立有盟词:"愿助兵灭奴,并力恢复天朝疆土。若奴兵到,憨兵不到,断革旧赏;倘奴酋通路,背盟阴合,罹显罚。"② 所以,后金只有拆散这个联盟,才能南犯明朝。

其四,扩充八旗兵源。后金为同明朝对抗,夺取山海关外地域,深感兵力不足,需要绥抚蒙古,扩充八旗兵源。努尔哈赤曾说:"蒙古与满洲,语言虽各异,而衣饰风习,无不相同,兄弟之国。"③ 魏源又说:"夫草昧之初,以一城一旅敌中原,必先树羽翼于同部。故得朝鲜人十,不若得蒙古人一。"④ 即是此理。

其五,开辟进军通路。后金军要攻打山海关,难以突破明军关锦防线。因此,要开辟新的进军通路。后皇太极突袭龙井关,由今法库、彰武,经土默特、内喀尔喀,再入喀喇沁,行军路线漫长。若能在锦、义之间,直接进入喀喇沁,

---

① 《满文老档·太祖》第Ⅰ册,东洋文库译注本,1955年,第192页。
② 王在晋:《三朝辽事实录》第11卷,天启二年二月,江苏省立国学图书馆藏本,第10叶。
③ 《满文老档·太祖》第Ⅰ册,东洋文库译注本,1955年,第192页。
④ 魏源:《开国龙兴记一》载《圣武记》第1卷,中华书局点校本,1984年。

必有利于进军塞内。

其六,延伸战略走廊。后金沿长城边外建立一条安全行军走廊,有赖于蒙古合作。而能够为此协力者,只有内喀尔喀五部和喀喇沁部。其管辖区域从蓟州喜峰口到宣化,过此便是察哈尔部林丹汗的势力范围。察哈尔部林丹汗同明订有共同对付后金的盟约,自然不肯屈从其所请。后天聪汗击败林丹汗,此后这条战略性走廊全线畅通。

鉴于以上因素,后金对待蒙古,耐心培养各部向心力,其目的在于联合蒙古以壮大自己、对抗明朝。所以,天命汗对待蒙古一反明廷以尊凌卑、视同草芥的姿态,而遣使报聘,互相联姻,建立同盟,平等相处;对于少数肆行侵掠或违反盟约者,也断然予以惩罚,逐渐树立其主导地位。

后金绥服漠南蒙古,先从其近邻科尔沁部开始。

漠南蒙古的科尔沁部,其首领为成吉思汗之弟合撒尔的后裔。先是,明永乐年间,蒙古主要分为鞑靼与瓦剌,东西对峙。后瓦剌败鞑靼,鞑靼合撒尔十三世孙为图美尼雅哈齐,十四世孙为奎蒙克塔斯哈喇,率部东走,驻牧于嫩江流域。所部称科尔沁,或称嫩江科尔沁,明人称好儿趁。科尔沁地域原为明太祖所设的福余卫,福余卫区域内,原有蒙古人、女真人,也有鲜卑、契丹、奚人的后裔。合撒尔后裔移帐嫩江流域称科尔沁后,蒙古人同当地原住民有摩擦,也有融合。他们两地无天然蔽障,以河流贯穿,且交通便利,都信奉萨满教,同属于阿尔泰语系,也有相似的习俗。所以建州女真同科尔沁蒙古比较容易沟通,这也是他们后来联姻的一个重要基础。奎蒙克塔斯哈喇定居嫩江流域称科尔沁后,其子博第达喇,有子九人,分掌诸部:长子齐齐克、次子纳穆赛,袭领科尔沁部;又次子乌巴什,领所部号为郭尔罗斯;又次子爱纳噶,领所部号为杜尔伯特;又次子阿敏,领所部号为扎赉特。齐齐克,号巴图尔诺颜,其子为翁果岱贝勒,翁果岱子奥巴贝勒。纳穆赛,子莽古斯贝勒,莽古斯子宰桑贝勒;子明安贝勒,明安子栋国尔贝勒;子洪果尔贝勒。科尔沁部东邻乌拉,东南近哈达、叶赫,西南界扎鲁特,南接内喀尔喀，北临嫩江上游地区。魏源《圣武记》载：

> 科尔沁部在喜峰口外，东西距八百七十里，南北距二千有百里，南界盛京边墙，北界索伦。①本元太祖弟哈萨尔之后，明初置兀良哈三卫之一也，后自立国曰科尔沁。明洪熙间，为厄鲁特所破，东避嫩江，以同族有阿鲁科尔沁，因号嫩江科尔沁以自别。其札赉特、杜尔伯特、郭尔罗斯三部，皆科尔沁一部所分，兄弟同牧，皆属插汉部。②

插汉部即察哈尔部，同科尔沁部，二部久不睦，"好儿趁与憨有不共之仇"。③科尔沁部为同察哈尔部争雄，就与势力较强的海西女真的叶赫、乌拉结盟。万历二十一年（1593），科尔沁部明安贝勒等率蒙古兵万骑，同叶赫、哈达、乌拉、辉发、锡伯、卦尔察、朱舍里、讷殷共九部之师，直指建州。攻赫济格不下，陈兵古勒山。九部兵大败，明安贝勒骑着失落马鞍的裸马尴尬地逃回。建州对俘获的蒙古科尔沁人，做出宽厚而友善的处理："奴酋选所获蒙古人二十，被锦衣，骑战马，使还其巢穴。二十人归，言奴酋威德。故剌八令次将晚者等二十余名，卒胡百十余名，持战马百匹，橐驼十头，来献马六十四、驼六头与奴酋；马四十四、驼四头与小酋。其将领等，奴酋皆厚待，给与锦衣。"④上文中的"剌八"当为奥巴。建州对待蒙古科尔沁部俘获，不仅不杀，而且遣返；遣返时，赏还战马，赐给锦衣。此举感动科尔沁部贝勒奥巴，派官前往佛阿拉答谢。

翌年，"北科尔沁部蒙古贝勒明安、喀尔喀五部贝勒老萨，始遣使通好"⑤。科尔沁部初次遣使建州。此后，蒙古各部贝勒，遣使往来不绝。

---

① 参见《清史稿·藩部列传一·科尔沁部》，指其最盛时之疆界。
② 魏源：《圣武记》第3卷，中华书局点校本，1984年，第97~98页。
③ 王在晋：《三朝辽事实录》第9卷，天启二年六月，江苏省立国学图书馆藏本，第61叶。
④ ［朝］申忠一：《申忠一书启与图录》，图版二十，日文本，建国大学刊印，1939年。
⑤《清太祖高皇帝实录》第2卷，中华书局影印本，1986年，第19叶。

科尔沁部右翼翁阿岱、左翼莽古斯和明安，虽然在古勒山之役遭到失败后，遣使建州，互通贸易，但并不认输。万历三十六年（1608）三月，建州兵往乌拉部的宜罕阿麟城，"科尔沁蒙古翁阿岱贝勒与乌拉布占泰合兵"①，科尔沁部遥望建州兵强马壮，自知力不能敌，便撤兵请盟，联姻结好。努尔哈赤从总的斗争利益出发，不念科尔沁两次动兵旧恶。他说："俗言：'一朝为恶而有余，终身为善而不足'。"②建州同意与科尔沁弃旧怨，结姻盟。万历四十年（1612），努尔哈赤闻科尔沁贝勒明安的女儿博尔济吉特氏"颇有丰姿，遣使欲娶之。明安贝勒遂绝先许之婿，送其女来"③。努尔哈赤以礼亲迎，大宴成婚。科尔沁左翼明安贝勒是蒙古王公贵族中第一个与建州联姻者，对后世影响深远。万历四十二年（1614），科尔沁左翼莽古斯嫁女给努尔哈赤第八子皇太极为妻。此女即后来孝端文皇后。莽古斯后来被授予扎尔固齐贝勒。万历四十三年（1615）正月，努尔哈赤又聘科尔沁左翼莽古斯之弟孔果尔贝勒女博尔济吉特氏为妻。④其后，明安第四子桑噶尔寨台吉送马三十匹，前往叩见。同年，明安长子伊尔都齐台吉，又送马四十匹，建州回赐盔甲、布帛、绸缎。天命元年即万历四十四年（1616），明安派次子哈坦巴图鲁到后金。次年正月，明安亲自到赫图阿拉，受到盛大欢迎。后授予明安达尔汉巴图鲁。同年十月，明安派第五子巴都玛率五十人，带马五十匹到后金。这些都说明蒙古科尔沁部明安贝勒同后金的密切关系。蒙古巴岳特部也同后金交好。天命九年即明天启四年（1624），蒙古科尔沁右翼翁阿岱贝勒之子奥巴，率众归附后金。天命十一年即天启六年（1626），后金封奥巴为土谢图汗。后金册封漠南蒙古各部首领，喀喇沁、内喀尔喀五部等不过号贝勒、洪台吉、岱青，唯独封科尔沁部右翼奥巴称土谢图汗。并以天命汗之侄女许奥巴为妻，奥巴则

---

① 《满文老档·太祖》第Ⅰ册，东洋文库译注本，1955年，第9页。
② 《满洲实录》第3卷，辽宁通志馆影印线装本，1930年，第10叶。
③ 《清太祖武皇帝实录》第2卷，原清宫内府藏，台湾广文书局影印本，1970年，第13叶。
④ 《满文老档·太祖》第Ⅰ册，东洋文库译注本，1955年，第41页。

成为后金的额驸。

恩格斯有一句名言：对王公贵族说来，"结婚是一种政治的行为，是一种借新的联姻来扩大自己势力的机会；起决定作用的是家世的利益，而决不是个人的意愿"①。建州女真贵族同科尔沁蒙古王公联姻，便是一个很好的例证。努尔哈赤不仅娶科尔沁两贝勒的女儿为妻，他的儿子也相继纳蒙古王公的女儿做妻子。仅万历四十二年（1614），努尔哈赤的四个儿子，即次子代善娶扎鲁特部钟嫩贝勒女为妻，第五子莽古尔泰娶扎鲁特部纳齐贝勒妹为妻，第八子皇太极娶科尔沁部莽古斯贝勒女为妻②，第十子德格类娶扎鲁特部额尔济格贝勒女为妻。尔后，第十二子阿济格娶科尔沁部孔果尔女为妻，第十四子多尔衮娶桑阿尔寨台吉女为妻。努尔哈赤在位时，同科尔沁联姻十次，其中娶入九次，嫁出一次。其子皇太极继续实行上述联姻政策。皇太极在位时，同科尔沁联姻十八次，其中娶入十次，嫁出八次。皇太极的两位皇后，都是莽古斯贝勒之女，其中孝庄后辅佐顺治、康熙两代皇帝，定鼎中原，功在社稷。努尔哈赤之孙顺治帝，两位皇后也都出自科尔沁。蒙古科尔沁部与后金政权，通过联姻，巩固同盟，以加强自己的势力，来对抗察哈尔部。总之，由于蒙古科尔沁部归附后金最早，博尔济吉特与爱新觉罗氏世为懿亲。清太祖、太宗、世祖和圣祖先后有四位皇后、十三位皇妃，出自蒙古

---

① 《马克思恩格斯全集》第21卷，人民出版社，1965年，第91～92页。
② 《清皇室四谱》第2卷载，清太宗皇太极后妃十四人，其中蒙古族七人：孝端文皇后，博尔济锦氏，科尔沁贝勒莽古思（斯）女；孝庄文皇后，博尔济锦氏，科尔沁贝勒塞桑女，为孝端文皇后之侄女，是清世祖福临的生母；敏惠恭和元妃，博尔济锦氏，为孝庄文皇后之姐；懿靖大贵妃，博尔济锦氏，阿霸垓额齐克诺颜贝勒女；康惠淑妃，博尔济锦氏，阿霸垓博第塞楚祜尔塔布囊女；侧妃，博尔济锦氏，扎鲁特巴雅尔图戴青女。另有庶妃，奇垒氏，察哈尔部人。清世祖福临后妃十九人，其中蒙古族六人：废后，博尔济锦氏，科尔沁吴克善亲王女，孝庄文皇后之侄女；孝惠章皇后，博尔济锦氏，科尔沁贝勒绰尔济女，为世祖废后之从侄女；恭靖妃，博尔济锦氏，鄂尔特尼郡王博罗特女；淑惠妃，博尔济锦氏，孝惠章皇后之妹；端顺妃，博尔济锦氏，阿霸垓布达希台吉女；悼妃，博尔济锦氏，科尔沁曼珠习礼亲王女，孝惠章皇后之姑。蒙古科尔沁博尔济锦氏，影响清太祖、太宗、世祖和圣祖四朝政治，尤以世祖、圣祖两朝为甚。

科尔沁等部。蒙古科尔沁部博尔济吉特氏影响清初五朝（天命、天聪、崇德、顺治、康熙）四帝（太祖、太宗、世祖、圣祖）的政治与血缘，其中以皇太极孝庄文皇后博尔济吉特氏尤为突出。

但是，科尔沁同后金的摩擦不断发生。天命八年即天启三年（1623），后金阿布泰的家人前往原乌拉地方捕貂，获貂七十六只，但被科尔沁蒙古人夺去；后金放网捕鹰人，其进网之鸟及鹰网，也被科尔沁蒙古人掠去。后金没有对科尔沁进行报复惩罚，而是通书相责。《满文老档》记载：我之人若去尔处有所猎获，尔当没收，其前往之人我亦拟罪。乌拉、叶赫乃我管辖之地，尔科尔沁蒙古人为何来我地夺取我所获之物？我之人若往尔科尔沁之地游牧，尔当如何？上面的话，责得有理，有利，也有节。此前，后金对科尔沁收纳乌拉、叶赫的逃人、马匹，既免追索，又不开罪，表现出宽容的态度和宽松的政策。同年，科尔沁蒙古奥巴、洪果尔、乌克善等二十五位台吉的使臣到后金，孔果尔又送其女儿到东京辽阳与天命汗完婚。天命汗派兵将杀死科尔沁使臣的扎鲁特部昂阿父子处置。当然，要完全绥服科尔沁蒙古，光靠克制的态度和宽容的政策是不够的，后金自身势力的强大，察哈尔对科尔沁的侵逼，是后金同科尔沁结盟的重要因素。

天命九年即天启四年（1624）二月，为了对付察哈尔林丹汗的征讨，科尔沁与后金建立联盟。但是，过了一段时间，林丹汗没有发兵东征，科尔沁奥巴对后金态度有所变化，天命十年即天启五年（1625）三月，科尔沁首领奥巴与科尔沁的杜尔伯特首领阿都齐台吉，向后金派遣使臣，并送一犬为礼物，要同天命汗相见。不久天命汗送回其使臣，并回赠厚礼，表示后金愿同科尔沁结盟。六月，努尔哈赤到了同奥巴约见的地点，但奥巴使臣前来说奥巴不能如约，原因是他同察哈尔结了亲。同年十月，奥巴突然得到内喀尔喀乌济耶特部首领炒花报信，察哈尔要东征科尔沁。奥巴不得不向后金求援，于是后金同科尔沁的关系发生转折。

察哈尔部林丹汗为统一漠南蒙古，行使大汗权力，防止后金扩张，先后讨伐与后金结盟的科尔沁等部。这种为渊驱鱼的作法，更加促使科尔沁投附后金。奥巴台吉致书天命汗，要同后金结好。据《无圈点老档》即《旧满洲档》《满文原档》记载：

> 汗如晴天日出，众星皆暗。威震国民，众主宾服。嫩江科尔沁诸贝勒，皆以汗言为是。我等唯恐察哈尔、喀尔喀率先兴兵，望汗英明，预悉其计！

科尔沁部翁果岱贝勒之子奥巴台吉，于天命十年即天启五年（1625）八月，遣使送信至建州，报告察哈尔部在"草枯前将夹击科尔沁"[①]，请求天命汗努尔哈赤出兵援助。不久，林丹汗派兵指向科尔沁，围攻奥巴台吉的驻地格勒珠尔根城。奥巴向后金告急，努尔哈赤派其子莽古尔泰、皇太极率精骑五千前往援救。时林丹汗"围鄂巴城已数日，攻之不下。闻满洲援兵至，仓皇夜遁，遗驼马无算，围遂解"[②]。后奥巴台吉亲自跪见天命汗，努尔哈赤将舒尔哈齐第四子图伦之女嫁给奥巴做妻子。天命十一年即天启六年（1626）六月初六日，努尔哈赤与奥巴刑白马黑牛，祭告天地，盟誓结好。从奥巴台吉的誓词中，可以看出蒙古贵族内部的纷争及奥巴台吉投附后金的原因。其誓词曰：

> 我以公忠之心，向察哈尔、喀尔喀。自札萨克图汗以来，我科尔沁诸贝勒，无纤微过恶，欲求安好，而不可得。杀伐我，侵掠我，殆无已时。将我科尔沁诸贝勒剪除无遗。其后我达赖台吉，以无辜被杀。介赛又以兵来，杀我六贝勒。我欲相安无事，而彼不从。将无辜之人，恣行杀掠；吾等拒之，又谓我敢于相抗。察哈尔、喀尔喀，合兵而来，欲行杀掠，仰蒙天祐，又赖皇帝助我，幸而获免。我不敢忘天祐及皇帝助，以故来

[①]《满文老档·太祖》第Ⅲ册，东洋文库译注本，1958年，第980页。
[②]《满洲实录》第8卷，中华书局影印本，1986年，第34叶。

此，与皇帝会，昭告天地，订盟好。①

努尔哈赤的誓言则明确地表示，他同奥巴结盟，是为了对抗察哈尔部及与察哈尔订有盟约的明朝。其誓言曰：

> 我以公直处世，被明及察哈尔、喀尔喀，辄肆陵侮，不能堪，乃昭告于天，天祐我。又察哈尔、喀尔喀合兵，侵掠科尔沁奥巴台吉，奥巴台吉亦蒙天祐。今奥巴台吉怨恨察哈尔、喀尔喀二部落，来此同谋国事，乃天以我两人被困厄，俾相合也。②

奥巴与努尔哈赤俱以"受害者"的身份，在浑河岸，对天焚香，贡献牺牲，行三跪九叩首礼，宣誓言，结盟好。

努尔哈赤还以召见、赏赉、赐宴等形式，抚绥科尔沁王公贵族。万历四十年（1612）正月，明安送女到赫图阿拉，与努尔哈赤完婚。努尔哈赤隆重礼迎，设宴成婚。万历四十三年（1615）九月，科尔沁贝勒明安第四子桑噶尔寨台吉到建州，送马十匹，叩头谒见。努尔哈赤赐给甲十副，并厚赏缎、布。③同年十月，明安贝勒长子伊尔都齐台吉又到建州，送马四十匹，叩头谒见。努尔哈赤赐给甲十五副，并厚赏缎、布。④天命元年即万历四十四年（1616）十二月，明安贝勒次子哈坦巴图鲁台吉带马匹到建州叩谒。⑤次年，明安贝勒第五子巴特玛台吉带僚友五十人，送马五十匹，到建州叩谒。⑥他们都受到努尔哈赤的赏赐。天命二年即

---

① 《清太祖高皇帝实录》第10卷，中华书局影印本，1986年，第13叶。
② 《清太祖高皇帝实录》第10卷，中华书局影印本，1986年，第12叶。
③ 《满文老档·太祖》第Ⅰ册，东洋文库译注本，1955年，第48页。
④ 《满文老档·太祖》第Ⅰ册，东洋文库译注本，1955年，第48页。
⑤ 《满文老档·太祖》第Ⅰ册，东洋文库译注本，1955年，75~76页。
⑥ 《满文老档·太祖》第Ⅰ册，东洋文库译注本，1955年，第78页。

万历四十五年（1617）正月，科尔沁明安贝勒到建州"朝贡"，努尔哈赤对其岳翁，郊迎百里，行马上抱见礼，设野宴洗尘。入城后，"每日小宴，越一日大宴"①，留住一月。当明安返回时，他又送行三十里，骑兵列队，夹道欢送，厚赠礼物，至为隆重。天命六年即天启元年（1621），科尔沁明安派使臣到后金。翌年，明安老人同天命汗仍有使臣往来。但是，漠南蒙古有两位明安：一位是科尔沁明安，另一位是察哈尔部兀鲁特明安，《清史稿·明安传》误将两位明安的事迹撮合在同人同篇。②

由努尔哈赤奠定的对蒙古科尔沁部的政策，后来得到了完全的成功。对此，魏源在《国朝绥服蒙古记》中评论道：

> 科尔沁从龙佐命，世为肺附，与国休戚。孝端文皇后、孝庄文皇后、孝惠章皇后皆科尔沁女，故世祖当草创初，冲龄践阼，中外帖然，繫蒙古外戚扈戴之力。自天命至乾隆初，额驸尚主者八，有大征伐，辄属橐前驱，劳在王室，非直亲懿而已。故顺治十有一年，上以诸札萨克蒙古久不见，恐壅上下之情，特赐敕存问，令有所欲请，随时奏闻，"朕世世为天子，尔等亦世世为王，屏藩百世。"③

因此，漠南蒙古科尔沁部成为后金的政治同盟和军事支柱，也成为清朝的帝室懿亲和军政屏藩。后赐封亲王，岁俸也最高。天命汗采用分化抚绥与武力征讨的两手政策，在蒙古科尔沁部取得成功。

天命汗在与科尔沁部姻盟之同时，又与内喀尔喀部会盟。

---

① 《清太祖武皇帝实录》第2卷，北平故宫博物院影印本，1932年，第10页。
② 达力扎布：《明代漠南蒙古历史研究》，内蒙古文化出版社，1998年，第126页。
③ 魏源：《圣武记》第3卷，中华书局点校本，1984年，第99页。

三 同内喀尔喀五部会盟

漠南蒙古内喀尔喀五部，即五鄂托克喀尔喀部。前面已述，达延汗第九子纳力布剌（阿尔楚博罗特）统领的五个鄂托克，在内蒙古境，形成内喀尔喀。内喀尔喀到虎喇哈赤时，其五子分牧，形成五部，各领其所属军民：长子兀把赛（乌巴什），领扎鲁特部；次子速把亥（苏巴海），领巴林部；三子兀班，领翁吉剌特（翁吉剌）部；四子索宁岱青，领巴岳特（巴约特）部；五子炒花自掌大营，领乌齐叶特部，为泰宁卫都督。由是，内喀尔喀分裂为五个鄂托克，即内喀尔喀五部。他们主要住牧在西拉木伦河和老哈河一带，即今辽宁省阜新蒙古族自治县一带地区。东界海西女真叶赫部，西接察哈尔部，南近广宁（今辽宁省北镇市），北为科尔沁部，在开原、铁岭、沈阳、广宁边外，和明泰宁卫地域大致相符。后兀班之孙宰赛（斋赛）所领扎鲁特部移近福余卫，与开原北关叶赫女真交往，同后金发生不少纠纷。内喀尔喀部其外有明朝、察哈尔和后金，同他们既相互利用，又彼此矛盾，或争或贡，亦盟亦分。其内五部之间，时而互相联合、联兵攻战，时而彼此倾轧、内讧不休，大大地削弱了自身的力量。天命汗利用其内外的困境与彼此的矛盾，进行分化瓦解，逐部争取，以吞而并之。《清太祖高皇帝实录》记载，努尔哈赤指着天上云雨，对贝勒大臣说明其对蒙古的策略：

> 蒙古之人，犹此云然，云合则致雨。蒙古部落，合则成兵；其散犹云收，而雨止也。俟其散时，我当蹑而取之耳。①

上述天命汗的话说明，后金对漠南蒙古诸部的基本策略是：运筹谋略，力使其分；乘其分散，逐一取之。后金对前述科尔沁诸部是如此，对下述内喀尔喀五部也是如此。

内喀尔喀巴岳特（巴约特）部达尔汉贝勒之子恩格德尔，率先归附建州。先是，万历二十二年（1594），内喀尔喀部老萨贝勒同科尔沁明安贝勒，最早遣使通聘努尔哈赤："甲午年，蒙古廓儿沁部明安贝勒、胯儿胯部捞扎贝勒，始遣使往来。"② 万历三十三年（1605），恩格德尔向建州努尔哈赤朝聘献马，"蒙古喀尔喀把岳忒部落达尔汉巴图鲁贝勒之子台吉恩格德尔来朝，献马二十匹"③。万历三十四年（1606）十二月，恩格德尔又引领内喀尔喀五部之使到建州："进驼马来谒，尊太祖为昆都仑汗（即华言恭敬之意），从此蒙古相往不绝。"④ 努尔哈赤为进一步笼络恩格德尔，天命二年即万历四十五年（1617），将舒尔哈齐第四女嫁给他做妻子，称巴岳特（巴约特）格格。恩格德尔成为后金的第一位蒙古"额驸"⑤，受到天命汗的特殊礼遇。天命九年即天启四年（1624）正旦，恩格德尔与巴岳特（巴约特）格格来朝，天命汗御八角殿，其朝拜顺序，《满文老档》记载："大贝勒

---

① 《清太祖高皇帝实录》第8卷，中华书局影印本，1986年，第20叶。
② 《清太祖武皇帝实录》第1卷，原清宫内府藏，台湾广文书局影印本，1970年，第33叶。
③ 《清太祖高皇帝实录》第3卷，中华书局影印本，1986年，第9叶。
④ 《清太祖武皇帝实录》第2卷，原清宫内府藏，台湾广文书局影印本，1970年，第7叶。
⑤ 《满洲实录》作"二月，以皇弟达尔汉巴图鲁郡主逊戴与蒙古喀尔喀巴岳特（巴约特）部恩格德尔台吉为妻"；《清太祖武皇帝实录》作"二月，以皇弟打喇汉把土鲁郡主孙带与蒙古胯儿胯部巴岳特卫（巴约特）恩格得里台吉为妻"；《清太祖高皇帝实录》作"二月丙申朔，上以弟达尔汉巴图鲁贝勒舒尔哈齐女，妻蒙古喀尔喀把岳忒部落台吉恩格德尔"。

先叩头,第二恩格德尔额驸率众蒙古贝勒叩头,第三阿敏贝勒、第四莽古尔泰贝勒、第五四贝勒(皇太极)、第六阿济格阿哥、第七多铎阿哥、第八阿巴泰阿哥……"① 恩格德尔朝觐后,要求偕公主留居建州。天命汗允其所请,并与之盟誓,誓词曰:

> 皇天眷佑,俾恩格德尔,远离其父及昆弟,怀德而来,以我为父,以我诸子为昆弟,弃生长之乡,视我土如其土焉。若不念其归附,抚以恩,穹苍不佑,殃必及矣。今天作之合,俾为我婿,以恩抚之,天其眷佑。②

天命汗对恩格德尔台吉等,除联姻、赐券③、盟誓和宴赏外,还赐给庄田和奴仆:赏给恩格德尔及其弟莽果尔代,"七男丁的诸申庄各二个,十男丁的尼堪庄各二个,在手下使唤的诸申(男女)各五对,担水砍柴的尼堪(男女)各五对"。④ 又赐其子侄岱青等六个台吉四男丁的诸申庄四个,三男丁的诸申庄二个,十男丁的尼堪庄六个。上文中的诸申庄即女真庄,尼堪庄即汉人庄。天命汗使他们成为后金的军事封建主。

恩格德尔及其弟莽果尔代被授为总兵官,后隶满洲正黄旗。⑤ 恩格德尔子额尔克戴青,初任侍卫,顺治时位列议政大臣,管銮仪卫,擢领侍卫内大臣,爵至一等公。

但是,内喀尔喀诸部对后金的政治态度并不完全一致。努尔哈赤对蒙古喀尔喀五鄂托克,既利用他们内部的矛盾,又利用他们同察哈尔及其同明朝的矛盾,区别对待,逐部瓦解。后金瓦解内喀尔喀的一个重要办法是,对其逃人或归附者

---

① 《满文老档·太祖》第Ⅱ册,东洋文库译注本,1956年,第881页。
② 《清太祖高皇帝实录》第9卷,华文书局影印本,1962年,第2叶。
③ 赐券,即免罪券,其制词曰:"若罪尔恩格德尔,惟篡逆,乃罪;此外一切罪属误犯,念异地来归之婿,俱勿罪。"
④ 《满文老档·太祖》第Ⅱ册,东洋文库译注本,1956年,第908页。
⑤ 《清史稿·恩格德尔传》第229卷,中华书局点校本,1977年,第9277页。

宴迎、赏赉、安置、封官、结亲。他们来到建州后，经济生活、政治权利和社会地位，均较前有着明显的提高，这就吸引更多的蒙古人逃归或投附后金。《满文老档》中这类记载触目皆是。如天命六年（1621）十一月二十一日，有蒙古喀尔喀部男女九十六人，带马一匹、牛三十六头、羊四十七只、车二十六辆，逃到后金；天命汗"亲御衙门，宴所来之逃人"[①]。内喀尔喀五部中的扎鲁特部和巴林部，后金对其归附者也优礼相待。先是，扎鲁特在黄台吉之孙乌巴什时号所部为扎鲁特。乌巴什长子巴颜达尔伊勒登之孙内齐、次子都喇勒诺颜之子色本，因怕察哈尔林丹汗侵袭，往依科尔沁。天命汗利用内喀尔喀扎鲁特部和巴林部的上述特点，争取将以上两部拉到自己一边。所以，天命汗对待扎鲁特古尔布什台吉和巴林莽果尔台吉，极为隆重，也极为礼遇。

内喀尔喀扎鲁特部，在万历四十二年（1614），其右翼首领钟嫩（忠嫩）嫁女给努尔哈赤次子代善。同年，其左翼首领内齐（内七）嫁妹给努尔哈赤第五子莽古尔泰。其另一台吉额尔济格，也嫁女给努尔哈赤第十子德格类。扎鲁特部同建州发生婚姻与贸易关系。天命六年（1621）十一月，内喀尔喀的扎鲁特部古尔布什台吉和巴林部莽果尔台吉率所属六百户，驱赶牲畜，投附后金。《清太祖高皇帝实录》对这件事作了详细记载：

> 上御殿，二台吉朝见毕，大宴之。各赐貂裘三，猞狸狲裘二，虎裘二，貉裘二，狐裘一，貂镶朝衣五，镶獭裘二，镶青鼠裘三，蟒衣九，蟒缎六，缎三十五，布五百，金以两计者十，银以两计者五百，雕鞍一，沙鱼皮鞍七，玲珑撒袋一，撒袋兼弓矢者八，甲胄十，僮仆、牛马、房舍、田亩及一切器具等物毕备。上以女妻台吉古尔布什，赐名青卓礼克图。给以满洲牛录一，凡三百人，并蒙古牛录一，授为总兵。又以族弟济白里

[①]《满文老档·太祖》上册，天命六年十一月二十一日，中华书局译注本，1990年，第258页。

杜济获女妻台吉莽果尔，亦授为总兵。①

上引文字说明，努尔哈赤不惜爱女、珍裘、金银、官爵、财物、房田、牛马、器物和奴仆，以瓦解内喀尔喀各部。但内喀尔喀部的扎鲁特部、扎鲁特部内的各首领，对后金的态度既前后不一，又忽此忽彼。扎鲁特有的贝勒参与同后金盟誓，又潜通于明。洪巴图鲁贝勒说："我子孙俱有二心，我虽训之，不能制，然我身必不负盟也！"不久，昂安以兵拦截后金使臣，掠夺其所携牛羊、所乘马匹。天命八年即天启三年（1623），后金派阿巴泰、德格类、岳托统兵三千，乘夜行，渡辽河，攻昂安。后金前锋戴穆布率锐直抵昂安大营，昂安率骑直冲戴穆布。昂安部下一人以枪直刺戴穆布，正中其口，落马而死。后金参将雅希禅、侍卫博尔晋奋勇冲击，杀昂安及其子与从者，尽获其妻孥、军民、牲畜而还。天命十一年即天启六年（1626）八月，努尔哈赤死，皇太极即汗位。十月，后金新汗皇太极以扎鲁特贝勒鄂尔斋图出兵阻止后金派往科尔沁使臣为由，命大贝勒代善、二贝勒阿敏统兵征扎鲁特。十一月，代善、阿敏等擒获扎鲁特巴克等十四位贝勒而还。至是，扎鲁特所属诸部皆服后金。

内喀尔喀翁吉剌特部，其首领为宰赛（介赛、斋赛）。宰赛为虎喇哈赤子兀班之孙，住牧于开原西北新安关外。在内喀尔喀五部中，宰赛骑兵众，牲畜多，实力大，最强盛。宰赛同叶赫联姻，对抗建州女真，攻掠科尔沁部。后金虽已经强大，宰赛尚自我陶醉。他在明朝与后金之间，对明朝既挟赏又靠拢，对后金既恃强又仇视。内喀尔喀翁吉剌特部贝勒宰赛，不理睬后金对内喀尔喀诸部初奏效验的瓦解，继续与后金对抗。史载："蒙古喀尔喀五部，兵众、畜旺、部富，原属斋赛统辖。用是逞强，藐视各国，欺压攘夺，刑戮已甚。各国嫌斋赛鬼魅，斋赛亦不视己为人，喻己为飞翔于天涯之鹜鸟，兽中之猛虎。"②

---

①《清太祖高皇帝实录》第8卷，中华书局影印本，1986年，第10叶。
②《满文老档·太祖》上册，中华书局译注本，1990年，第105页。

宰赛自恃兵强马壮，曾与明朝三次立誓。[①] 万历二十五年（1597），宰赛娶叶赫贝勒金台石已许聘给努尔哈赤次子代善之女。万历四十三年（1615），宰赛堂兄弟煖兔之子莽古尔岱又娶叶赫贝勒金台石原许聘努尔哈赤的"叶赫老女"（前已述及）。宰赛又袭击建州村屯，囚系后金使臣。天命四年即万历四十七年（1619）七月，天命汗在统兵夺取铁岭时，宰赛、巴克等领兵万人，埋伏在城外高粱地里，配合明军同八旗军作战。努尔哈赤命众贝勒大臣，率兵奋击宰赛军。宰赛兵败，八旗军追至辽河。是役，擒获宰赛[②]及其两个儿子、两个弟弟、三个女婿、诸贝勒、诸将二十余人，兵二百人[③]，后金获取大胜。但努尔哈赤没有杀死宰赛，而是把他囚在城楼内，作为人质，以争取同该部结盟。[④]两年后，喀尔喀部以牲畜万头赎宰赛，并送其二子一女为质。天命汗与宰赛盟誓，设宴赐赏，命诸贝勒送宰赛至十里以外，并以其所质之女与大贝勒代善为妻，结为姻盟。

经过对喀尔喀诸部的笼络、瓦解、征讨、结姻等，终于使喀尔喀五部在政策上发生了重大变化：由联合明朝抗御后金，转变为联合后金对抗明朝。这集中地表现为后金与喀尔喀五部的会盟。天命四年（1619）十一月，努尔哈赤命大臣额克星格、绰护尔、雅希禅、库尔缠和希福五人，携带誓词，与喀尔喀五部贝勒的使臣，会于冈干色得里黑孤树处，对天刑白马，对地宰黑牛，设酒一碗、肉一碗、土一碗、血一碗、骨一碗，对天地盟誓曰：

今满洲十旗执政贝勒，与蒙古国五部落执政贝勒，蒙天地眷佑，俾我两国相与盟好，合谋并力，与明修怨。如其与明释旧恨，结和好，亦

[①]《满文老档·太祖》第Ⅰ册，东洋文库译注本，1955年，第336页。
[②]《清太祖高皇帝实录》第6卷，第21叶载："上一夕梦天鹅、白鹤及众鸟，翱翔上下。上罗之，得白鹤一，曰：'得蒙古介赛矣！'呼未竟，遂觉。……翼日，复语众贝勒，皆对曰：'此吉兆也'！"后果擒介赛。这说明努尔哈赤把擒获介赛看作是一件大事。
[③]《满文老档·太祖》第Ⅰ册，东洋文库译注本，1955年，第225页。
[④]祁韵士：《内蒙古要略》，载《皇朝藩部要略》第1卷，浙江书局刻本，光绪十年（1884）。

必合谋，然后许之。若满洲渝盟，不偕五部落贝勒合谋，先与明和，或明欲败二国之好，密遣离间，而不相闻，皇天后土，其降之罚，夺满洲十旗执政贝勒算，溅血蒙土，暴骨以死。若明欲与蒙古五部落贝勒和好，密遣离间，不以其言告我满洲英明皇帝者，五部落执政贝勒：杜棱洪巴图鲁、奥巴戴青、厄参、巴拜、阿索忒晋、芒古尔代、厄布格德衣台吉、乌巴什杜棱、古尔布什、代达尔汉、莽古尔代戴青、毕登土、叶尔登、绰虎尔、达尔汉巴图鲁、恩格德尔、桑阿拉寨、布他齐杜棱、桑阿喇寨、巴呀喇土、朵勒济、内齐、卫徵、俄尔寨土、布尔哈土、额滕、厄尔济格等众贝勒，皇天后土，亦降之罚，夺其算，溅血，蒙土，暴骨以死。吾二国同践盟言，天地祐之，其饮是酒，食是肉，二国执政贝勒，尚克永命，子孙百世，及于万年，二国如一，共享太平。①

上面所引后金与喀尔喀五部誓词，仪式庄重，色彩神秘，但它清楚地表明，努尔哈赤的策略是满蒙联合，共同抗明。他们战和同步——"如征明，愿合议而征；如讲和，愿合议而和。"②虽然后来这个联盟有过反复，但所列内喀尔喀五部二十七位贝勒、台吉的长名单，确是努尔哈赤对漠南蒙古政策的一个胜利。

内喀尔喀先后降服后金的贝勒、台吉等，在明末清初，明清角逐中，发挥了重要的作用。以恩格德尔为例。恩格德尔归附后金，努尔哈赤以胞弟舒尔哈齐女与其为妻，号为额驸。天命九年（其年）授为三等总兵官。长子囊努克袭其爵，后封为一等奉义侯。子额尔克戴青，初任侍卫。多尔衮摄政时不阿附，顺治帝亲政进其为一等侯，列议政大臣、领侍卫内大臣，又进一等公。后再加少保，兼太子太保。子索尔噶、门都、答哈，《清史列传》中都有记载。恩格德尔之弟莽果尔代，与其兄同授三等总兵官，后进封为一等子。内喀尔喀的古尔布什、莽果尔，天命

---

① 《清太祖高皇帝实录》第6卷，中华书局影印本，1986年，第33~35叶。
② 《旧满洲档译注》第1册，天聪元年正月，中国台湾刊印本，1977年，第164页。

六年即天启元年（1621），率所属六百户，并驱赶牲畜投归后金。他们受到非常的礼遇。《清史稿·恩格德尔传附古尔布什传》记载：

> 太祖御殿，入谒与宴，各赐裘：貂三，猞狸狲、虎、貊皆二，狐一；缘貂朝衣五，缘獭裘二，缘青鼠裘三，蟒衣九，蟒缎六，缎三十五，布五百，黄金十两，白金五百两，雕鞍一，鲨鞍七，玲珑撒袋一，撒袋实弓矢八，甲胄十，僮仆、牛马、田宅、杂具，毕备。上以女妻古尔布什为额驸，赐名青卓礼克图，畀满洲、蒙古牛录各一，授一等总兵世职，隶满洲镶黄旗。①

莽果尔因与古尔布什同行投附后金，所以同受赏赉。天命汗并以族弟济白里杜济获女给莽果尔为妻，也授其为总兵。

努尔哈赤对蒙古古尔布什和莽果尔的接待、赏赐、封官、联姻、入旗，可谓隆重、丰厚。这表明：后金不同于明朝，他们对待蒙古归附的首领，看作是朋友，也是亲戚。满洲要同蒙古联盟，共同对付明朝。

然而，漠南蒙古的察哈尔部，却仍联合明朝，抗御后金。因此，努尔哈赤对漠南蒙古的注意力转向察哈尔部。

---

① 《清史稿·恩格德尔传附古尔布什传》第229卷，中华书局标点本，1977年，第9278页。

四 对察哈尔部灵活政策

漠南蒙古的察哈尔部,即插汉、察汉、擦汉儿、擦汉脑儿等。①哈尔为蒙古语"边"的音译;明嘉靖时打来孙汗(达赉逊库登汗),受俺答汗的逼迫,徙牧于辽东边外,以地近边而得部名。但日本学者和田清认为:"察哈尔原本是部名而非地名,它原来的根据地并不是今察哈尔地方。"②前面已述,元太祖成吉思汗的第十五世孙巴图蒙克被推举为大元可汗,即达延汗。达延汗统一东部蒙古各部,迫使瓦剌西迁,以漠南、漠北地区为左右翼六万户分封子弟,并设帐于察哈尔。此后,察哈尔部领主世袭蒙古汗位,号称蒙古各部共主。后来蒙古可汗实际上成了察哈尔部的汗。努尔哈赤在满洲建元称汗,库图克图也在蒙古登位称汗。库图克图汗就是林丹汗。

林丹汗(1592~1634),又称陵丹汗,名库图克图,明人称作虎墩兔。《明史·鞑靼传》载:"虎墩兔者,居插汉儿地,亦曰插汉儿王子,元裔也。其祖打来孙,始驻牧宣塞外。俺答方强,惧为所并,乃徙帐于辽,收福余杂部,数入掠蓟西,四

---

① 《明神宗实录》第373卷,万历三十年六月戊申:"擦汉脑儿,原系元裔,住牧旧大宁熬母林等处,部落繁衍,介在蓟、辽之间。"
② [日]和田清:《明代蒙古史论集》上册,商务印书馆,1984年,第387页。

传至虎墩兔，遂益盛。"① 先是，达延汗长子铁力摆户（图鲁博罗特）掌管察哈尔万户，并统领左翼三万户，驻帐察哈尔。铁力摆户之子博迪（博迪阿喇克），博迪子为打来孙汗（达赉逊库登汗）。打来孙汗，又称库登汗，因躲避俺答汗的威胁，移帐西拉木伦河流域。打来孙汗一传其子土蛮（图们），二传其孙布延（卜言台周），三传其曾孙莽和克，四传其玄孙林丹（库图克图）②，驻帐在广宁（今辽宁省北镇市）以北。万历三十二年（1604），林丹即汗位③，年十二周岁，号库图克图汗，明人谐其音称为虎墩兔汗。林丹汗登汗位比努尔哈赤登汗位时早十二年，但年龄比努尔哈赤小三十三岁。此期，林丹汗虽被各部名义上尊为大汗，却实际上各自为政。所以，林丹汗实际只统辖察哈尔部，因之称他为察哈尔汗。然而，林丹汗是建州兴起前漠南蒙古最强大的势力。林丹汗鉴于：一则察哈尔部是"漠南蒙古诸部的宗主部"④，二则其登临汗位又极盛一时，三则少年得志、血气方刚，四则崇拜其七世祖达延汗，并力图继承大元可汗的事业，号令漠南蒙古，并与后金争雄。

当时明朝、后金和察哈尔部，都要统一辽东地区。但后金势力的扩张威胁着察哈尔部，察哈尔部的强大又妨碍后金抚绥漠南蒙古；而在明朝看来，察哈尔部与后金相比较，主要威胁来自后金。因此，在明朝、后金和察哈尔部的三角矛盾中，明廷与后金的矛盾是主要的。后金为对抗明朝，必须先征抚察哈尔部；明朝为了对付后金，便利用林丹汗与努尔哈赤的矛盾，同察哈尔部联合抵御后金的进攻。明朝联合林丹汗，共同抵御后金，其条件是增加对林丹汗的岁币⑤，并把原由明朝直接给予漠南东部蒙古诸部的岁币，转交给林丹汗控制。明廷每年给林丹汗银四千两，后增至四万两，再增至八万两。

林丹汗与万历帝之关系变化，时阴时晴，十分微妙。林丹汗兴起之日，恰逢

---

① 《明史·鞑靼传》第327卷，中华书局点校本，1974年，第8491页。
② 高文德、蔡志纯：《蒙古世系》，中国社会科学出版社，1979年，第24页。
③ 张穆：《蒙古游牧记》第7卷，台湾商务印书馆影印文渊阁《四库全书》本。
④ 周清澍主编：《内蒙古历史地理》，内蒙古大学出版社，1994年，第214页。
⑤ 岁币：即明朝每年以赏赐的名义，给蒙古王公定额的物资和金银。

俺答汗衰落之时。俺答汗于万历十年（1582）死，其子黄台吉继承汗位，但立三年而死。黄台吉子撦力克登汗位。未几，撦力克又死。撦力克之孙卜失兔袭封爵，继汗位。其时，配四汗、主兵柄的三娘子死，卜失兔汗徒建空名，部势衰落。卜失兔衰，林丹汗兴。林丹汗借后金军陷抚顺、下开原之机，向明廷提出"助明朝，邀封赏。"天命三年即万历四十六年（1618），明蓟辽总督文球、巡抚周永春等，给林丹汗白金四千两，使其"联结炒花诸部，以捍大清"。第二年，明廷加林丹汗赏银至四万两。天命九年即天启四年（1624），林丹汗近属歹青因领赏不满在边关哗噪而被杀。明朝边臣议每年给偿命银一万三千两，而林丹汗怏怏不悦，对明若即若离。未几，后金军袭破炒花，其部半降后金，半投察哈尔。不久，林丹汗攻哈喇慎、卜言台周、卜失兔诸部；哈喇慎部多被掳，卜言台周仅以身免，卜失兔败走河套。察哈尔势力日盛，明廷商讨其对策。王象乾密奏抚赏察哈尔之计，崇祯帝命王象乾往与袁崇焕督师共商对策。《明史·鞑靼传》记载："象乾至边，与崇焕议合，皆言西靖而东自宁，虎不款，而东西并急。因定岁予插金八万一千两，以示羁縻。"就是明廷以牛羊、茶果、米谷、布匹、金银为附金，换取察哈尔林丹汗不犯边，而求得西边安靖；明廷得以集中力量对付东边后金。

天命汗与林丹汗之关系，既受明朝同察哈尔"抚赏"的制约，也受后金同察哈尔利害的影响。天命汗与林丹汗的关系变化，可分为初期、中期和后期三个阶段。

初期，努尔哈赤进入辽沈地区之前，忙于统一女真诸部，无暇顾及察哈尔部。其时，察哈尔部实力雄厚。林丹汗的势力范围，"东起辽东，西至洮河，皆受此房约束"①，他拥有八大部、二十四营，号称四十万蒙古。《山中闻见录》也作了类似载述："东起辽西，西尽洮河，皆受插〔汉〕要约。"② 林丹汗"帐房千余，牛羊

---

① 沈曾植：《蒙古源流笺证》第8卷，张尔田校补，海日楼遗书之一（沈氏藏版），孱守斋校补本，1932年。
② 彭孙贻：《西人志》，载《山中闻见录》第8卷，上虞罗氏刻本，民国十三年（1924）。

倍是"①，其牧地辽阔，牧畜孳盛，部众繁衍，兵强马壮，依恃明朝，声势浩大，对后金态度骄横。天命四年即万历四十七年（1619）十月，林丹汗遣使后金，称"统四十万众蒙古国主巴图鲁成吉思汗，问水滨三万人满洲国主"云云。诸贝勒大臣见来书大怒，要将其来使一半斩杀，另一半劓鼻馘耳放归。天命汗说使者无罪，暂加扣留，待派使臣返回后再做处理。天命五年即万历四十八年（1620）正月，天命汗遣使赍书报察哈尔部林丹汗。其书曰：

阅察哈尔汗来书，称四十万蒙古国主，巴图鲁成吉思汗，致书水滨三万满洲国主、神武英明皇帝云云。尔奈何以四十万蒙古之众，骄吾国耶？我闻明洪武时，取尔大都，尔蒙古以四十万众，败亡殆尽，逃窜得脱者，仅六万人。且此六万之众，又不尽属于尔，属鄂尔多斯者万人，属十二土默特者万人，属阿索忒、雍谢布、喀喇沁者万人，此右三万之众，固各有所主也，于尔何与哉？即左三万之众，亦岂尽为尔有？以不足三万人之国，乃远引陈言，骄语四十万，而轻吾国为三万人，天地岂不知之！

其书又曰：

吾固不若尔四十万之众也，不若尔之勇也，因吾国之少且弱也。遂仰蒙天地眷佑，以哈达、辉发、乌喇、叶赫暨明之抚顺、清河、开原、铁岭等八处，悉授予焉！……

昔吾未征明之先，尔曾与明构兵，尽失其铠胄、驼马、器械，仅得脱去。其后再构兵，格根戴青贝勒之从臣，并十余人被杀，毫无所获而回。尔侵明者二，有何虏获，克何名城，败何劲旅乎？夫明岂真以此赏厚汝耶？

---

① 《明神宗实录》第373卷，万历三十年六月戊申，台北历史语言研究所校勘本，1962年，第9叶。

以我征伐之故，兵威所震，男子亡于锋镝，妇女守其孤嫠。明畏我，姑以利诱汝耳！且明与朝鲜，言语虽殊，服制相类，二国尚结为同心；尔与我，言语虽殊，服制亦类，尔果有知识，来书宜云："明，吾深仇也，皇兄征之，天地眷佑，俾堕其城，破其众，愿与天地眷佑之主合谋，以伐深仇之明。"如是立言，岂不甚善与！①

这封笔锋犀利的赍书，天命汗试图祭起元顺帝的亡灵，并历数其兵败之辱，以激发林丹汗的隐愤，拆散察哈尔部与明朝的联盟；并通过炫耀八旗军威，拉拢察哈尔部倒向后金一边，共同对抗明朝。但是，林丹汗与天命汗在辽东地区现实利益的冲突，涂抹了孛儿只斤氏与朱姓贵族历史矛盾的旧账。林丹汗以囚械其来使，对努尔哈赤赍书作出回答。努尔哈赤误闻其使臣被林丹汗所杀，要杀前羁留的林丹汗来使；他又派使臣往约，互还使臣，但林丹汗不答。努尔哈赤怒杀其使，而后金使臣以贿赂守者逃归。后金同察哈尔的关系，在后金攻占辽阳后发生新的变化。

中期，即努尔哈赤进入辽沈地区，下沈阳，占辽阳，陷广宁。后金势力渐大，明朝力渐不支。明朝重要官员如辽东经略王在晋、总督王象乾、宁前道袁崇焕等，都先后主张加紧对蒙古抚赏，并与之结盟，以抗击后金。明廷面对东部后金与西部蒙古，其东西策略即东对后金、西对蒙古的策略，后来袁崇焕概括为："外战东夷，内抚西虏。"②袁崇焕在给天启帝的上疏中，详细分析了明朝、后金、蒙古的三方关系，并提出明廷应采取之对策：

虎带甲可数十万，强与弱，奴非虎敌；然奴百战枭雄，虎无纪律，乱与整，虎又非奴敌。臣故亲出，厚遗其领赏之人，嘱其无与奴野战，脱有急，移于我之近边，彼此声势相倚。量虎感皇上多年豢养之恩，且

---

① 《清太祖高皇帝实录》第7卷，中华书局影印本，1986年，第2～4叶。
② 佚名：《今史》第4卷，崇祯元年七月二十三日，清抄本。

自图存，必不折而入奴。若哈喇慎之三十六家，最称狡猾。自督臣王象乾一抚之后，顺多逆少。今日之计，我方有事于东（奴），不得不修好西房，即未必可用，然不为我害，即已为我用矣。岁费金钱数十万，其亦不虚掷乎！西款不坏，我得一意防奴。①

上文中的"虎"，即虎墩兔，也就是林丹汗；"奴"，即努尔哈赤，也就是天命汗。疏中对"外战东奴，内抚西房"，作了简明而深刻的分析与精练而透彻的表述。

在此期间，总督王象乾曾令王喇嘛、游击张定，往致三十六家。天命七年即天启二年（1622）四月，明与喀喇沁结盟。寻，祖大寿与察哈尔首领之一拱兔，朱梅与敖汉部首领结盟。林丹汗"见各部内附，亦孤而求款"。同年八月，明朝与察哈尔部结盟。八月，王在晋令山海道阎鸣泰、宁前道袁崇焕同抚夷官李增等出关，与林丹汗的使臣贵英恰盟誓，盟词曰："愿助兵灭奴，并力恢复天朝疆土。若奴兵到，憨兵不到，断革旧赏；倘奴酋通贿，背盟阴合，罹显罚。"② 袁崇焕致书林丹汗，晓之以大义；吊唁汗母忧，通之以殷勤；贻书其喇嘛，用之以影响——"保得边疆无事，便是本性圆明。"③ 这就加强和延续了明朝与蒙古的联盟。

然而，林丹汗却作茧自缚。他掠土地，劫牛羊，穷奢极欲，暴虐无道，"恖休悖慢，耳目不忍睹闻"④。他自恃士马强盛，横行漠南，破喀喇沁，灭土默特，逼喀尔喀，袭科尔沁。但是，察哈尔内部分崩离析。史载察哈尔部属五路头目的妻子，被林丹汗重臣贵英恰强占，受害头目含愤投巴林部首领炒花，"炒花不能养，投奴酋。奴酋用之守广宁"⑤。

---

① 《明熹宗实录》第72卷，天启六年六月戊子，台北历史语言研究所校勘本，1962年，第18叶。
② 王在晋：《三朝辽事实录》第7卷，天启二年二月，江苏省立国学图书馆藏本。
③ 陈伯陶：《袁崇焕传》，载《东莞五忠传》第10卷，见《袁崇焕资料集录》，广西民族出版社，1984年。
④ 《明史·鞑靼传》第327卷，中华书局点校本，1974年，第8493页。
⑤ 王在晋：《三朝辽事实录》第11卷，天启二年九月，江苏省立国学图书馆藏本，第12叶。

察哈尔的敖汉部、奈曼部，因对林丹汗不满，其使者往来于后金。①《旧满洲档》又载：兀鲁特部一位丧夫的福晋，率领其幼子及四百六十人等归顺后金。察哈尔兀鲁特部贝勒明安投附后金则是一个突出的例子。天命七年即天启二年（1622）二月，明安带领兀尔宰图、锁诺木、绰乙喇札尔、达赖、密赛、拜音代、噶尔马、昂坤、多尔济、顾禄、绰尔齐、奇笔他尔、布颜代、伊林齐、特灵等十六贝勒，及内喀尔喀五部台吉石里胡那克等"各率所属军民，三千余户，并驱其畜产"②，归附后金。从此别立兀鲁特"蒙古一旗"③，是为首设独立蒙古旗，奠定了尔后八旗蒙古的基础。④次年七月，蒙古兀鲁特诸贝勒同后金诸贝勒共同盟誓，以巩固双方的关系。

察哈尔蒙古兀鲁特部明安贝勒，是察哈尔蒙古降服后金的一个代表人物，也是清初满蒙关系的一个家族典型：明安先为初设兀鲁特蒙古旗，后改隶满洲正黄旗。后明安多次随军征战，在大凌河之战中立有大功。是役，明总兵祖大寿出城作战，明安贝勒同和硕图固山额真（都统）等夹击，祖大寿兵失利退入城内。后金军伪装成明军增援，祖大寿误中其计出战，明安等齐进奋击。祖大寿败阵，后率众投降。顺治初，进二等伯，雍正帝晋其为一等侯。其子昂洪、多尔济、纳穆生格、朗素等多有军功，地位显赫。长子昂洪，天命朝从征巴林、扎鲁特，后在大凌河战役中立功，进三等副将。昂洪子鄂齐尔，官内大臣，后授为领侍卫内大臣，乾隆追封为三等男。其子多尔济，为额驸，伐扎鲁特、征克什克腾，皆有战功。设六部，为刑部承政，专管蒙古事务。后授内大臣，预议政。子纳穆生格，清军入关后，从征福建，没死于海。幼子朗素，袭明安职。孙马兰泰，雍正时进其为

---

① 《满文老档·太祖》第Ⅱ册，东洋文库译注本，1956年，第560页。
② 《清太祖高皇帝实录》第8卷，中华书局影印本，1986年，第14叶。
③ 《清史稿·明安传》第229卷，中华书局标点本，1977年，第9272页。
④ "蒙古牛录"：始见于《满洲实录》第7卷，第6叶载：天命六年十一月，喀尔喀古尔布什台吉归后金，努尔哈赤"以聪古图公主妻古尔布什，赐名青卓礼克图，给满洲一牛录三百人，并蒙古一牛录，共二牛录，授为总兵"。

一等侯、署前锋统领，后官参赞大臣、领侍卫内大臣、军机大臣。科尔沁部的布颜代贝勒，天命七年（1622）同明安率所属归后金，娶公主，为额驸，后隶满洲镶红旗。他在觉华岛之役中率蒙古骑兵，同武讷格立有奇勋，以军功晋镶红旗固山额真。《清史稿·明安传附布颜代传》赞扬他的英勇精神：布颜代在一次战斗中，"身被数伤，所乘马亦创，犹力战冲锋殪敌，遂以创卒。年六十有一"。布当亦随明安投后金，后授二等参将世职，隶满洲正蓝旗，晋三等男。

林丹汗为抵御努尔哈赤对其附近部落的瓦解，从天命十一年即天启六年（1626）起，先后征伐与后金结为姻盟的科尔沁等部。科尔沁等部在后金援助下，打退了林丹汗的军事进攻。

后期，即天命朝的后期，其时，孙承宗、王象乾、袁崇焕或引退，或去职，明"抚西虏"之策未能继续，明朝、后金和蒙古之间的关系，发生了明显的变化。明朝与蒙古不稳固的同盟，被后金打开了缺口，林丹汗更加孤立。林丹汗之孙扎尔布台吉、色楞台吉逃往科尔沁，又从科尔沁至后金，向天命汗叩首行礼。① 这表明林丹汗更加虚弱和孤立。天命十年即天启五年（1625），林丹汗率兵围科尔沁。及后金军来援，乃退。林丹汗扩张势力，冯陵邻部，惹起诸部不满。天命汗凭借有利的形势，向漠南蒙古发动军事攻势。天命十一年即天启六年（1626）四月，天命汗努尔哈赤督令诸贝勒率领大军，八路并进，攻击巴林部。后金军前锋渡西拉木伦河，"获畜产无算，驱之不尽，乃还"②，是为后金军事进攻蒙古之始。③ 不久，敖汉部首领都令、色令与奈曼部首领黄把都儿"折入于奴"。努尔哈赤殁后，其子皇太极继续征抚漠南蒙古。天聪元年即天启七年（1627），喀喇沁部与后金会盟，双方"刑白马乌牛，誓告天地"④。林丹汗已多部叛离，四面楚歌。于是，皇太极

①《满文老档·太祖》第Ⅲ册，东洋文库译注本，1958年，第983页。
②《清太祖高皇帝实录》第10卷，中华书局影印本，1986年，第9叶。
③ 祁韵士：《内蒙古要略一》，载《皇朝藩部要略》第1卷，筠渌山房本，全国图书馆文献缩微复制中心，1993年。
④《清太宗文皇帝实录》第4卷，中华书局影印本，1986年，第17叶。

先后四征察哈尔。

努尔哈赤之子皇太极对林丹汗的四次军事进攻，在后金、明朝与蒙古的关系史上，是重大的历史事件。天聪二年即崇祯元年（1628）二月，皇太极率精骑进攻察哈尔部，先兵至敖木伦地方，击其所属多罗特部落，俘获一万一千二百余人。①同年九月，皇太极再率精骑攻击察哈尔军，兵至兴安岭，十月返回沈阳。②天聪六年即崇祯五年（1632），皇太极统领满洲八旗和投顺后金的科尔沁、内喀尔喀、敖汉、奈曼和喀喇沁等部蒙古骑兵，大举进攻察哈尔部。③后金军过西拉木伦河，越兴安岭，次大儿湖之古里河，又进至都勒河。察哈尔林丹汗闻后金军来攻，"大惧，谕部众弃本土西奔，遣人赴归化城，驱富民及牲畜渡黄河，国人仓卒逃遁，尽委辎重而去"④。林丹汗闻讯而溃，"星夜西遁"⑤。皇太极回师东返，旋归沈阳。天聪八年即崇祯七年（1634），林丹汗败遁后，众叛亲离，走投无路，"杀人以食，自相屠戮"⑥，后逃至青海打草滩，患病而死。天聪九年即崇祯八年（1635），后金军继续追击察哈尔部余众，林丹汗遗孀苏泰福金率子额哲降顺后金，并献"制诰之宝"。⑦多尔衮等率领后金军先后四征察哈尔部，察哈尔部被后金吞并。随着林丹汗的走死，漠南蒙古西部的鄂尔多斯部、土默特部等也相继降附后金（本书下卷另有专述）。

察哈尔部被后金征服，明朝失去北面屏障，边事越发不可收拾。《明史·鞑

---

① 《清太宗文皇帝实录》第4卷，中华书局影印本，1986年，第7叶。
② 王先谦：《东华录·天聪一》，天聪二年十月，光绪二十五年（1899）石印本。
③ 蒋良骐：《东华录·天聪朝》，天聪六年四月，清木刻本。
④ 王先谦：《东华录·天聪七》，天聪六年四月，光绪二十五年（1899）石印本。
⑤ 《清太宗文皇帝实录》第12卷，中华书局影印本，1986年，第2叶。
⑥ 《清太宗文皇帝实录》第19卷，中华书局影印本，1986年，第4叶。
⑦ 蒋良骐：《东华录》第3卷，天聪九年八月："多尔衮等凯旋，获历代传国玉玺。相传兹玺元顺帝携逃沙漠，后遂遗失。越二百余年，牧羊者见羊三日不食，以蹄刨地，掘得之。后归林丹汗，今得于苏泰太后所。其文汉篆'制诰之宝'四字，璠玙为质，蛟龙为纽，光气焕烂，洵至宝也。"

靼传》记载：

> 明未亡，而插先毙，诸部皆折入于大清。国计愈困，边事愈棘，朝议愈纷，明亦遂不可为矣！①

在征抚漠南蒙古过程中，后金天命朝同漠南蒙古重交结，重盟谊，不事讹诈，也少征讨。② 而到崇德朝时，既进而动员八旗蒙古实行联合作战，又对抗颜拒从者进行军事征讨。努尔哈赤对漠南蒙古的一大手段是：不仅利用蒙古诸部王公贵族之间的矛盾，而且利用同部各个王公贵族之间的内讧，采取不同策略，加以区别对待，从而一个王公一个王公、一个部落一个部落地加以绥服。漠南蒙古降顺后金，进"九白之贡"③，表示臣服。"九九之数"，为蒙古大礼之数，当年不儿罕谒见成吉思汗，以"九九金银器皿、九九童男童女、九九骟马骆驼等物，皆以九九为数来献"④。后金征服漠南蒙古，逐渐组成蒙古八旗，打通从西北进入中原的通路，改变后金与明朝的力量对比，占领更为广阔的地域，拥有更为雄厚的兵员，在战场上取得更为优势的地位。

伴随着统一女真各部和征抚漠南蒙古事业的发展，努尔哈赤着手主持制定满洲文字与创建八旗制度，为满洲崛兴做了两件具有划时代意义之创举。

---

① 《明史·鞑靼传》第327卷，中华书局点校本，1974年，第8494页。
② 《明清档案与蒙古史研究》，内蒙古人民出版社，2000年，第179叶。
③ 福格：《听雨丛谈》第2卷《九白》："蒙古地在沙漠，罕有出产，每爵献白马八匹、白驼一匹，谓之九白贡。"
④ 《蒙古秘史》，谢再善译，开明书店，1951年，第180叶。

第六章 创制满洲文字

一 满文的初制

满文的创制，是我国满族史上、中华文明史上、东北亚文化史上的一件大事，也是人类文明史上的一件大事。

满文是满族语言的文字符号。满语，属阿尔泰语系满－通古斯语族。我国同属于阿尔泰语系北方少数民族的语言，分为三个语族：即阿尔泰语系突厥语族，包括维吾尔语、哈萨克语、柯尔克孜语、乌孜别克语、塔塔尔语、撒拉语、西部裕固语等；阿尔泰语系蒙古语族，包括蒙古语、达斡尔语、土族语、东乡语、保安语、东部裕固语等；阿尔泰语系满－通古斯语族，包括满语、鄂伦春语、鄂温克语、锡伯语、赫哲语等。满族的先世女真人，讲的就是阿尔泰语系满－通古斯语族的语言。

女真族在金代参照汉字创制了女真文，有女真大字和女真小字两种。女真大字为完颜希尹所造，金太祖于天辅三年（1119）颁行。《金史·完颜希尹传》记载：

> 金人初无文字，国势日强，与邻国交好，乃用契丹字。太祖命希尹撰本国字，备制度。希尹乃依仿汉人楷字，因契丹字制度，合本国语，

制女直字。天辅三年八月,字书成,太祖大悦,命颁行之。赐希尹马一匹、衣一袭。其后熙宗亦制女直字,与希尹所制字俱行用,希尹所撰谓之女直大字,熙宗所撰谓之小字。①

金熙宗在天眷元年(1138),制成"女直(真)小字",②后杀完颜希尹。皇统五年(1145),"初用御制小字"③,女真小字颁行。大定四年(1164),金世宗"诏以女直字译书籍"④,后设女真进士科,而"用女直文字以为程文"⑤,并在中都设女真国子学,诸路设女真府学,以新进士充教授。到大定二十三年(1183)九月,译《易》、《书》、《论语》、《孟子》、《老子》、《扬子》、《文中子》、《刘子》及《新唐书》⑥成,命颁行之。而所译《史记》《汉书》和《贞观政要》等书,也已流行。

女真字是仿照汉字、契丹大字、契丹小字而创制的一种独特的文字。有些女真字采用了汉字的字义和字形,其读音则是女真语的;有些女真字对汉字笔画作了增减改动,其读音也是女真语的。所以,女真字是一种表音与表意相结合的方块字;但也有学者认为,女真大字是方块字,而女真小字是拼音字。所以,女真字与蒙古拼音文字有所不同。

在金代,由于汉族文化影响广泛而深远,女真字本身有固有弱点,难以普及,以及女真贵族垄断文化,广大女真民众多不会女真字,加上女真族接触中原文化后,学习汉语和汉字的人逐渐增多,因而到金朝后期,使用女真文的人已经不是很多。随着金亡元兴,蒙古族成为主导民族,蒙古语与女真语又同属于阿尔泰语系,在女真地区先是蒙古文和女真文并行,有不少女真人学会蒙古语和蒙古文,而真

---

① 《金史·完颜希尹传》第73卷,中华书局点校本,1975年,第1684页。
② 《金史·熙宗本纪》第4卷,中华书局点校本,1975年,第72页。
③ 《金史·熙宗本纪》第4卷,中华书局点校本,1975年,第81页。
④ 《金史·徒单镒传》第99卷,中华书局点校本,1975年,第2185页。
⑤ 《金史·选举志一》第51卷,中华书局点校本,1975年,第1130页。
⑥ 《金史·世宗本纪下》第8卷,中华书局点校本,1975年,第184页。

正会女真文的人日趋减少。到元朝末年，懂女真文的人已经为数不多。尔后女真文逐渐衰落。

元亡明兴，明初著名的《永宁寺碑记》，是用汉文、蒙古文和女真文三种文字书写并镌刻的，其中女真文的书写人为"辽东女真康安"①。明成祖招抚女真吾都里、兀良哈、兀狄哈诸部时，"其敕谕用女真书字"②。到明宣德九年（1434），据朝鲜《李朝世宗实录》记载："建州左卫指挥童凡察遣管下人，用女直文字献书。"③这说明此时建州女真还使用女真文。而在朝鲜的女真人子弟中，也不乏"解女真文字者"。

但是，明朝中叶以后，女真人已经不懂女真文。如《明英宗实录》记载："玄城卫指挥撒升哈、脱脱木答鲁等奏：'臣等四十卫无识女直字者，乞自后敕文之类第用达达字。'从之。"④达达字即蒙古字。这说明到十五世纪中叶，女真文字已失传，而使用蒙古文字。不仅明朝与女真的敕书用蒙古文，而且朝鲜同建州的公文也用蒙古文。如弘治三年（1490），朝鲜兵曹通书右卫酋长罗下的公文，"用女直字，〔以〕蒙古字翻译书之"⑤。到明朝后期满文创制之前，在女真与明朝和朝鲜之间，"凡属书翰，用蒙古字以代言者，十之六七；用汉字以代言者，十之三四。初未尝有清字也"⑥。由此可见，女真人已完全丢弃了女真文字。

努尔哈赤兴起之后，建州与明朝、蒙古、朝鲜的公文，由汉人龚正陆用汉文

---

① 《明代奴儿干永宁寺碑记校释——以历史的铁证揭穿苏修的谎言》，《中央民族学院学报》1976年第1期。
② [朝]《李朝太宗大王实录》第5卷，三年六月辛未，日本学习院东洋文化研究所刊，1959年，第31页。
③ [朝]《李朝世宗大王实录》第65卷，日本学习院东洋文化研究所刊，1959年，第20页。
④ 《明英宗实录》第113卷，正统九年二月甲午，台北历史语言研究所校勘本，1962年，第5页。
⑤ [朝]《李朝成宗大王实录》第241卷，二十一年六月戊子，日本学习院东洋文化研究所刊，1959年，第4页。
⑥ 福格：《听雨丛谈·满洲字》第11卷，中华书局点校本，1984年，第216页。

书写,"凡干文书,皆出于此人之手"①。努尔哈赤通女真语,会蒙古文,又粗知汉文,唯独缺少女真文字。所以,他在女真社会中的公文和政令,先由龚正陆用汉文起草,再译成蒙古文发出或公布;或用蒙古文发布。"时满洲未有文字,文移往来,必须习蒙古书,译蒙古语通之。"②女真人讲女真语,写蒙古文,这种语言与文字的矛盾,已不能满足女真社会发展的需要,更不能适应飞速发展的军事形势的需要,甚至已经成为满族共同体孕育、发展中的一个文化障碍。努尔哈赤为适应建州社会军事、政治、经济和文化迅速发展的需要,遂倡议并主持创制记录满洲语言的文字符号——满文。

万历二十七年(1599)二月,努尔哈赤"欲以蒙古字编成国书"③,命扎尔固齐噶盖和巴克什额尔德尼创制满文。《清太祖高皇帝实录》记载:

> 上欲以蒙古字制为国语颁行。巴克什额尔德尼、扎尔固齐噶盖辞曰:"蒙古文字,臣等习而知之。相传久矣,未能更制也!"
>
> 上曰:"汉人读汉文,凡习汉字与未习汉字者,皆知之;蒙古人读蒙古文,虽未习蒙古字者,亦皆知之。今我国之语,必译为蒙古语读之,则未习蒙古语者,不能知也!如何以我国之语制字为难,反以习他国之语为易耶?"
>
> 额尔德尼、噶盖对曰:"以我国语制字最善,但更制之法,臣等未明,故难耳!"
>
> 上曰:"无难也!但以蒙古字,合我国之语音,联缀成句,即可因文见义矣。吾等此已悉,尔等试书之。何为不可?"

---

① [朝]《李朝宣祖大王实录》第127卷,三十三年七月戊午,日本学习院东洋文化研究所刊,1959年,第25页。
② 《满洲实录》第3卷,辽宁通志馆影印线装本,1930年,第2叶。
③ 《图本档》,中国第一历史档案馆藏。

于是，上独断，将蒙古字制为国语，创立满文，颁行国中。满文传布自此始。①

前录引文，努尔哈赤说明两点：

其一，创制满文之必要在于，汉族人无论是识汉字者或不识汉字者，诵读汉文都能听懂；同样，蒙古人无论是识蒙古字者或不识蒙古字者，诵读蒙古文也都能听懂；但是蒙古语与女真语不同，女真人说女真语，再译成蒙古语诵读，不会蒙古语的人就听不懂。创制满文可以使满洲的语言与文字相统一。

其二，满文创制的方法是，参照蒙古文字母，协和女真之语音，制成满文，拼读成句，就可以使语言和文字统一。

究竟怎样以蒙古文字母，联缀女真之语音呢？据《无圈点老档》(《旧满洲档》《满文原档》) 天聪七年即崇祯六年 (1633) 记载：

初无满洲字。父汗在世时，欲创制满洲书，巴克什额尔德尼辞以不能。父汗曰："何谓不能？如阿字下合妈字，非阿妈乎？额字下合谟字，非额谟乎？吾意已定，汝勿辞。"

上述记载，《满洲实录》和《清太祖武皇帝实录》均录入，但《清太祖高皇帝实录》对用蒙文拼写的记述，付诸阙如。上面引文中的"父汗"即努尔哈赤，"阿妈"即满语父亲，"额谟"即满语母亲。由是，满洲人无论是识满文者或不识满文者，诵读满文都能听得懂。

于是，额尔德尼和噶盖遵照努尔哈赤提出的创制满文的原则和方法，仿照蒙古文字母，根据满洲语音特点，创制满文。这种草创的满文，没有加圈点，后人称之为"无圈点满文"，或"老满文"。从此，满族有了自己的拼音文字。满文制

① 《清太祖高皇帝实录》第3卷，台湾华文书局影印本，1962年，第2叶。

成后，努尔哈赤下令在统一的女真地区使用。

额尔德尼和噶盖，在努尔哈赤指导下创制满文，他们是满族杰出的语言学家，也是中华民族杰出的语言学家。

额尔德尼，满洲正黄旗人，姓纳喇氏，世居都英额，少年明敏，通晓蒙古语文，兼通汉语文。他投归建州，后被赐号巴克什。巴克什，为满语 baksi 的对音，是学者、文儒、博士的意思。源于蒙古语，原义为师傅。努尔哈赤起兵后，对通语言、识文墨的归附者赐号巴克什。额尔德尼随从努尔哈赤"征讨蒙古诸部，能因其土俗、语言、文字，传宣诏令，招纳降附，著有劳绩"①。额尔德尼一生虽建树武勋，但其主要历史功绩为创制满文。

噶盖，姓伊尔根觉罗氏，世居呼纳赫，屡次立功，"位亚费英东"②。他受命创制满文，同年因哈达孟格布禄之事牵连被杀。噶盖死后，额尔德尼"遵上指授，独任拟制"③。

满文的初创，有一个酝酿、切磋、研讨、实验和改进的过程。噶盖在"正法"之前，同额尔德尼共同擘画、磋商满文创制的方案。当时噶盖已是扎尔固齐，额尔德尼才是十九岁的青年。噶盖死后，才由额尔德尼独任之。所以说，满文的创制，是以额尔德尼为主，噶盖和额尔德尼共同拟制的，不能说仅出自额尔德尼一人之手。由额尔德尼、噶盖创制的满文，后称为"无圈点满文"或称"老满文"。满文制成，后额尔德尼亦被杀，年仅四十三岁。④但是，《八旗通志·额尔德尼传》记载"天聪八年，额尔德尼巴克什奉命迎察哈尔归附之众"⑤云云。《无圈点老档》即《旧满洲档》《满文原档》载额尔德尼死于天命八年即天启三年（1623），《八旗通志》却载其于天聪八年（1634）尚在人世。二者孰正孰误？先列举史料，再

---

① 《清史列传·额尔德尼》第 4 卷，中华书局，1928 年，第 9 页。
② 《清史稿·额尔德尼传附噶盖传》第 228 卷，中华书局标点本，1976 年，第 9254 页。
③ 《清史列传·额尔德尼》第 4 卷，中华书局，1928 年，第 9 页。
④ 《满文老档·太祖》上册，中华书局译注本，1990 年，第 474 页。
⑤ 《八旗通志·额尔德尼传》第 236 卷，东北师范大学出版社，1985 年，第 5326 页。

进行分析。

其一，《清太宗实录》天聪七年（1633）载："……额尔德尼遂遵谕编成满书。我国初无满字，额尔德尼乃一代杰出之人，今也则亡，彼所造之书，义或有在，其后巴克什库尔缠所增。"① 上文载明，天聪七年（1633）额尔德尼已死。

其二，《清代碑传全集·额尔德尼传》载："初，奉命偕理事大臣噶盖创制国书。后哈达贝勒孟格布禄以谋逆伏诛，噶盖坐其党死，额尔德尼遂独任之。既成，颁行国中，国书传布自此始。额尔德尼既卒，太宗复命儒臣达海、库尔缠等述其义而增益之。"② 达海改进老满文事在天聪六年（1632），上文载额尔德尼此时已死。

其三，《清史列传·额尔德尼》所载与上引《清太宗文皇帝实录》文同。《清史稿·额尔德尼传》载："太宗时，额尔德尼已前卒。"明确记载其天聪八年时已不在人世。

其四，《清太宗文皇帝实录》天聪八年（1634）十一月戊辰载："先是，遣额尔德尼囊苏喇嘛、哈尔松阿，往迎察哈尔国归附之众。至是还，奏称：渡黄河三日，方遇塞冷车臣寨桑、祁他特车尔贝寨桑、塞冷布都马尔寨桑、沙布古英寨桑、阿玉石台吉、巴特玛台吉、古鲁思希布台吉兄弟、班第库鲁克……等，计五千户、二万口。"③

其五，《旧满洲档》记载：天命八年（1623）五月，额尔德尼家婢女告发额尔德尼曾受朝鲜送献的绸绢，还将所获珍珠、金银等藏匿井中。天命汗召额尔德尼谈话，说将其缴出，可赦免无罪。但额尔德尼称东珠系其妻从亚苏家要来研末敷治牙病，而拒不承认藏匿，也不全数缴出。因此，命将额尔德尼夫妇处死。这条老满文档案说明，巴克什额尔德尼于天命八年五月，因细末之过而被处死。

① 《清太宗文皇帝实录》第16卷，台湾华文书局影印本，1962年，第4叶。
② 《清代碑传全集》第3卷，上海古籍出版社影印本，1987年，第28页。
③ 《清太宗文皇帝实录》第21卷，中华书局影印本，1985年，第5～6叶。

显然,《八旗通志·额尔德尼传》中"天聪八年,额尔德尼巴克什奉命迎察哈尔归附之众",源自上引《清太宗文皇帝实录》之文。但是,《八旗通志·额尔德尼传》的修纂者,误将"额尔德尼囊苏喇嘛"与"额尔德尼"混为一人,由是铸成史文之误。实际上,应据《无圈点老档》即《旧满洲档》《满文原档》所载,额尔德尼死于天命八年(1623)五月。额尔德尼虽以微末之罪受诛,其创制满文之功业却与世长存。清太宗皇太极曾谕文馆儒臣云:"额尔德尼乃一代杰出之人!"① 这个评价是公允的。

从此,满族有了记录本民族语言与思维的拼音文字——满文。满文的创制,是满族发展史上的划时代事件。但是,满文初创,很不完善,亟需加以改进。

---

① 《清太宗文皇帝实录》第16卷,中华书局影印本,1985年,第4叶。

二 满文的改进

努尔哈赤主持下由额尔德尼和噶盖创制的无圈点满文,后称老满文,在统一的女真地区推行三十三年,发挥了巨大的作用。然而,初创满文缺乏经验,蒙古语和满洲语的语音又存在差别,因而在创制的满文推行的过程中,不断地发现无圈点满文有一些亟待改进的问题。这些问题主要是:

第一,字母书写,没有划一。同一个字母,往往有几种书写形式,常引起疑惑,不便于使用。

第二,一字多音,时常混乱。老满文的元音和辅音,音位比较混乱,字母互相假借,很难辨识。

第三,汉语借词,难以拼写。在满语中有大量的汉语借词,但老满文在拼写汉语借词中的人名、地名、官名、爵名、书名等时,原有的语音、字母不够用。

第四,相互假借,不够规范。《八旗通志·初集》记载,老满文"不仅无圈点,且又有假借者,若不将上下字相合会意详究,则不易辨认"。

总之,老满文"形声规模,尚多未备"。老满文字母数量不够,辅音清浊不分,上下字无别,字形不统一,语法不规范,结构不严谨。所以,改进老满文,使之益臻完善，以便更加广泛地学习和使用，乃是势在必行之事。因此，天聪六年即崇祯五年（1632），天聪汗皇太极发布关于改进老满文的《汗谕》，《满文老档》记载：

> 十二字头，原无圈点，上下字无别，故塔、达、特、德、扎、哲、雅、叶等字，雷同不分，如同一体。书中平常语言，视其文义，尚易通晓。至于人名、地名，常致错误。①

皇太极命达海等对无圈点满文，"可酌加圈点，以分析之，则音义明晓，于字学更有裨益矣"②。

老满文改进的时间，因史料记载的不一，学界观点也有不同：一说是在天命八年（1623），其史料依据为《八旗通志·初集》；一说是在天聪三年（1629），其史料依据为乾隆年间重抄《满文老档》；一说是在天聪六年（1632）正月，其史料依据为《满文老档译注》；一说是在天聪六年三月，其史料依据为《清太宗文皇帝实录》。应当说，满文初创之后，设立师傅，教授满文；但在满文的教学与使用过程中，发现许多初始创制所没有想到的问题，这就在实践中产生改进老满文的需要。但是，将无圈点满文改进为加圈点满文，即由老满文改进为新满文，不会一蹴而就，而是有个过程。这个过程从上述文献记载看，大约经过十年的时间。从老满文到新满文的改进，主要经过问题提出、思想酝酿、设计方案、反复实验和谕准实行五个阶段。天聪六年三月，天聪汗皇太极发布《汗谕》，正式颁布、推行达海主持改进的新满文，表明这一改革的基本完成。对老满文进行改革做出重大贡献者，是满族杰出的语言学家达海。

达海（1595～1632），又作大海，满洲正蓝旗人，世居觉尔察，以地为氏。

---

① 《满文老档·太宗》下册，中华书局译注本，1990年，第1196页。
② 《清太宗文皇帝实录》第11卷，中华书局影印本，1985年，第13叶。

他"九岁读书,能通满、汉文义。弱冠,太祖高皇帝召直文馆。[①]凡国家与明及蒙古、朝鲜词命,悉出其手;有诏旨应兼汉文音者,亦承命传宣,悉当上意。旋奉命译《明会典》及《素书》、《三略》"[②]。天命五年即泰昌元年(1620),达海与纳扎通奸,拟罪当死;但努尔哈赤惜才,命杀死纳扎,将达海锁柱拘禁,后释放。[③]天命七年即天启二年(1622),达海因罪受到"贯耳鼻"之刑。有学者推断,达海在受刑期间开始对老满文进行改进。清太宗时,达海被重新起用,为文馆领袖,正式受命改进无圈点满文。他"酌加圈点,又以国书与汉字对音未全者,于十二字头正字之外增添外字,犹有不能尽协者,则以两字连写,切成其切音,较汉字更为精当,由是国书之用益备"[④]。达海又有未完译稿《通鉴》《六韬》《孟子》《三国志》[⑤]、《大乘经》等。[⑥]达海因积劳成疾,未竟天年,英年而逝,时在天聪六年(1632)七月十四日[⑦],年仅三十八岁。达海一生勤敏清廉,死殓时"求靴无完者"[⑧],连一双完好的靴子也没有。达海短暂而勤奋的一生,对满、汉文化交流做出了重大贡献。尤以改进无圈点满文为有圈点满文,是其一生中最杰出的业绩。所以史载:"达海以增定国书,满洲群推为圣人。"[⑨]后至康熙时,勒石纪绩。康熙帝旨称:"达海巴克式,通满、汉文字,于满书加添圈点,俾得分明。又照汉字,增造字样,

---

[①]《清史稿·达海传》载:"太宗始置文馆,命分两直:达海及刚林、苏开、顾尔马浑、托布戚译汉字书籍;库尔缠、吴巴什、查素喀、胡球、詹霸记注国政。"是知清太祖时尚未置文馆。
[②]《清史列传·达海》第4卷,中华书局,1928年,第10页。
[③]《满文老档·太祖》上册,中华书局译注本,1990年,第134页。
[④]《清史列传·达海》第4卷,中华书局,1928年,第10页。
[⑤]实为罗贯中的《三国演义》。
[⑥]《清太宗文皇帝实录》第12卷,台湾华文书局影印本,1962年,第14~15页。
[⑦]达海卒之月、日:《满文老档》载八月一日奏闻;《清太宗文皇帝实录》载为七月十四日;《八旗通志·大海巴克什传》载为七月二十日;《清史列传·达海》载为"六月卒";《清史稿·达海传》载为"六月,达海病,逾月病殂。……数日遂卒"。本书从《清太宗文皇帝实录》所记。
[⑧]《清史稿·达海传》第228卷,中华书局标点本,1977年,第9257页。
[⑨]《清史稿·达海传》第228卷,中华书局点校本,1977年,第9258页。

于今赖之。念其效力年久，著有劳绩，著追立石碑。"① 其碑文，今存世。②

库尔缠在改进老满文的过程中也作了贡献。库尔缠，又作库尔禅，钮祜禄氏，少时，被努尔哈赤养育于宫禁。喜读书，嗜学问。稍长，在文房办事，参与机密。他通蒙古语、汉语。天聪三年即崇祯二年（1629），后金兵临滦州，库尔缠用汉语谕令开城投降。城守降,兵入城。这说明他懂汉语。天聪五年即崇祯四年(1631)七月，皇太极谕：达海赐号巴克什。③ 其时满洲巴克什只有达海和库尔缠两人（额尔德尼已死）。据《盛京通志》记载：额尔德尼既卒，皇太极复命达海、库尔缠对老满文"述其义而增益之",这证明库尔缠参与了对老满文的改进。库尔缠之死，却是个故事。先是，辽东开原人刘兴祚（爱塔）降后金，为副将，领盖、复、金三卫。库尔缠同刘兴祚交谊深厚。刘兴祚欲逃走，后金议严加管束，库尔缠极力保奏说"断无逃理"。刘兴祚杀一酒醉盲人冒充自己身死，焚房舍，逸逃去。后在明金交战中被俘，斩杀。库尔缠脱下身上穿的衣服瘗埋刘兴祚尸。皇太极命挖其尸，寸磔之。库尔缠又偷葬其遗骨，被告发，遭处死。库尔缠重情义，遭杀害，但库尔缠协同达海对改进满文的功绩不可磨灭。

达海对额尔德尼、噶盖所创制的无圈点老满文，主要作了如下改进：

第一，编制"十二字头"。《国朝耆献类征》记载："达海继之,增为十二字头。"④《清史稿·达海传》也载："达海治国书,补额尔德尼、噶盖所未备,增为十二字头。"⑤ 达海为便于教授满文，编制了"十二字头"⑥（详见后文）。

第二，字旁各加圈、点。就是在字旁添加圈（o）、点（·），使之与原来字母不再雷同，做到一字一音。例如，蒙古文"ha"与"ga"读音没有区别，但满语"aha"

---

① 《清圣祖仁皇帝实录》第29卷，台湾华文书局影印本，1962年，第2叶。
② 《清代碑传全集·达海传》第4卷，上海古籍出版社影印本，1987年，第28页。
③ 《钦定八旗通志》第175卷，吉林文史出版社，2002年，第3059页。
④ 李桓：《国朝耆献类征·达海传》第1卷，光绪十六年（1890）刻本，第14叶。
⑤ 《清史稿·达海传》第228卷，中华书局标点本，1977年，第9257页。
⑥ 舞格：《清文启蒙》，清刻本。

（阿哈）意为"奴",而"aga"（阿戛）意为"雨"。达海在"ha"与"ga"旁各加圈、点,即让老满文的"aha"和"aga",就是"奴"和"雨"两字有所区别。

第三,固定字形。对字母的书写形式加以规范。如在老满文中,元音 u 的词首、词中、词尾共有十余种写法;但在新满文中,其词首、词中、词尾基本上各有一种写法。书写形式划一,消除老满文一字多种书写形式的不规则现象。

第四,确定音义。改进字母发音,固定文字含义。如在老满文中,元音 o、u、ū 经常相互混用,辅音 k、g、h 书写有时完全相似;在新满文中,o、u、ū 则加以区别,k、g、h 的字形书写也各不相同。

第五,创制特定字母。设计了十个专为拼写外来语（主要是汉语）借词的特定字母,以拼写人名、地名等。在语言学上解决了拼写一些外来语借词的困难。

第六,施用切音。《清史稿·达海传》记载:"旧有十二字头为正字,新补为外字,犹不能尽协,则以两字合音为一字,较汉文翻切尤精当。"翻切即反切,是汉语传统的一种注音方法,用两个字拼合成另一个字的音,就是反切上字与所切之字声母相同,下字则取韵和声调。达海将汉文的反切引入满文,解决了对一些人名、地名、官名等音译易错的问题,对老满文的改进起了一定的作用。

经过达海改进后的满文,后人称之为"有圈点满文"或"新满文",于是新满文较老满文更为完备。[①]

改进后的满文,按语言学音素来说,有六个元音字母,二十二个辅音字母,十个专门用作拼写外来语的特定字母,共三十八个字母。字母不分大小写,但元音字母以及辅音与元音相结合所构成音节,出现在词首、词中、词尾或单独使用时,大多数有不同的书写形式。

还有过去习称满语"十二字头",即六个元音和辅音与元音拼成的复合音节（约

---

① 清军入关后,满族人民逐渐采用汉文,满文的使用范围越来越小。现在满族都使用汉语文,只有黑龙江省的爱辉县、富裕县等地的部分满族老人还能讲满语。但满文图书国内今存一千零一十五种,满文档案仅中国第一历史档案馆藏即为一百五十二万八千二百二十八件（册）。

相当于汉语拼音的音节），共一百三十一个，这就是"第一字头";而"第一字头"内的各个音节分别与元音及辅音 ᠊ᡳ [i]、ᠷ [r]、ᠨ [n]、ᠩ(ᠪ) [ng]、ᡟ [y]、ᠯ 或 ᠺ [q'或 k']、ᠰ(ᡧ) [s]、ᡨ [t]、ᠪ [b]、ᠣ [o]、ᠯ [l]、ᠮ [m] 相结合所构成的音节，共十一个字头。以上总合为十二个字头。"十二字头"笼统地包括了满文中的元音、辅音、特定字母以及其他音节。

附：满文字母表

满文的语法，名词有格、数的范畴，动词有体、态、时、式等范畴。句子成分的顺序是"主—宾—谓"，谓语在句子最后，宾语在动词谓语之前，定语在被修饰词语之前。

满文的书写方式为竖行直写，字序从上到下，行序从左向右。

标点符号在书面语中是用作表示停顿、语气以及语词的性质和作用的符号。满文因其创制时间晚、使用时间短，因而只有两个标点符号，即"·"号和".."号。一般地说，"·"号相当于汉语的逗号","和顿号"、"，".."号相当于汉语的句号"。"和冒号"："等。"·"号常用于句子的结构停顿和行文的语气停顿，".."号常用于句子的末尾或段落的结束。满文的标点符号同古汉语相比，它比古汉语丰富，因为古汉语只有"句读"，其符号或为圈或为点（作用一样）。它比现代汉语又显得简略，因为现代汉语的标点符号，1951年国家定为十四种。满文的标点符号在实际应用中，使用极不规范。在满文书籍、档案里，通篇没有一个标点符号的例子是屡见不鲜的。

满文的创制和颁行，使满族从此有了本民族的文字，亦可交流思想、记载政事、传达政令、翻译汉籍等，对推动女真社会的发展和政权建设起了重要作用。

由努尔哈赤主持、额尔德尼和噶盖撰制的无圈点老满文，流传至今的历史文献主要为《无圈点老档》即《旧满洲档》、《满文原档》和《满文原档译注》。①据《满文老档》记载，创制满文为学校教育提供了重要手段。努尔哈赤下达文书，在八旗中选择师傅，举办学校，令青少年入学读书。《满文老档》载努尔哈赤的文书云："钟堆、博布赫、萨哈连、吴巴泰、雅兴噶、阔贝、扎海、洪岱，选为八旗的师傅。要对你们的徒弟们，认真地教书，使之通文理。这便是功。如入学的徒弟们不勤勉读书，不通文理，师傅要治罪。入学的徒弟们如不勤勉学习，师傅要向诸贝勒报告。八位师傅不参与各种的事。"②

满文的创制，促进了后金教育事业的发展。

人们通常所说的满文，是指"新满文"而言。"新满文"推行后，正式用以记载档案，据史料所载，始于崇德元年。

太宗丁卯，建元天聪，自元年至九年乙亥。至十年丙子四月，改元崇德，即为崇德元年。此后《老档》始有圈点。

上文中的丁卯年为天聪元年（1627），乙亥年为天聪九年（1635），丙子年为崇德元年（1636）。从崇德元年开始，满文档案开始使用加圈点满文即新满文记载。

---

① 《无圈点老档》即《旧满洲档》《满文原档》，是用无圈点老满文为主，兼以加圈点新满文并间杂蒙古文和个别汉文书写的，记载满洲兴起和清朝开国的史事档册，是现存最为原始、系统、详尽、珍贵的清太祖朝和太宗朝的编年体史料长编。后在乾隆三十九年（1774），命将原来《无圈点老档》重抄，共抄成七部：《无圈点字档》（底本）、《无圈点字档》（内阁本）、《无圈点字档》（崇谟阁本）和《加圈点字档》（底本）、《加圈点字档》（内阁本）、《加圈点字档》（崇谟阁本）、《加圈点字档》（上书房本），每部装订为一百八十本，分装成二十六函。其中《无圈点字档》（底本）、《无圈点字档》（内阁本）和《加圈点字档》（底本）、《加圈点字档》（内阁本）四部，由清内阁大库皮藏，现藏中国第一历史档案馆；《加圈点字档》（上书房本）藏上书房，今已佚；《无圈点字档》（崇谟阁本）、《加圈点字档》（崇谟阁本）藏盛京崇谟阁，今藏沈阳辽宁省档案馆。重抄工作于乾隆四十五年（1780）告竣。《无圈点老档》即《旧满洲档》《满文原档》原档一部，四十册，现存台湾。参见阎崇年《〈无圈点老档〉及乾隆抄本名称诠释》（载《历史研究》1998年第3期）和《〈无圈点老档〉乾隆朝办理钞本始末》（载《国学研究》第五卷，北京大学出版社，1998年）。

② 《满文老档·太祖》第Ⅰ册，东洋文库译注本，1955年，第353页。

所以，《无圈点老档》即《旧满洲档》《满文原档》的记载终于崇德元年。此事，乾隆四十年（1775），为对《无圈点老档》即《旧满洲档》《满文原档》进行整理、重抄，在向满本堂调阅《无圈点老档》即《旧满洲档》《满文原档》时，崇德元年以后没有《无圈点老档》即《旧满洲档》《满文原档》。大学士舒赫德、于敏中命国史馆向满本堂详查：

国史馆移付满本堂："照得本馆奉旨办理《无圈点老档》，先经贵堂付送《老档》三十七本在案。今奉舒、于中堂谕：恭阅《老档》内止有崇德元年《老档》二本，其二年起至八年《老档》，有无存贮之处，著即查。"

此事在乾隆四十年（1775）闰十月，大学士舒赫德和于敏中两位中堂，连续发出三道速查谕。二十一日谕："彻底清查，立等覆奏。"二十二日谕："著即查。"二十三日谕："事关紧要，幸无刻迟。"结果得到的答复是：《无圈点老档》即《旧满洲档》《满文原档》只有崇德元年一年，"其二年起至八年并无此档"[①]。

以上说明，加圈点满文即新满文的推广，大约用了十年的时间。到崇德年间，部分满文专家对"新满文"的使用基本上达到了熟练、规范的程度。因之，从崇德二年即崇祯十年（1637），始用加圈点的新满文书写档案。尽管在以后的个别满文档案和文献中，有时也会见到"老满文"的痕迹，但这只是个别的现象，就同天聪六年以前的档案偶见加圈点满文一样。

---

① 阎崇年：《〈无圈点老档〉乾隆朝办理钞本长编》，载《满学论集》，民族出版社，1999年。

满文元音字母表

拉丁字母 转写	a	e	i	o	u	ū
国际音标	ɑ	ə	i	ɔ	u	ʊ
独立形式	ᠠ	ᠡ	ᠢ	ᠣ	ᠤ	ᡡ
词首						
词中						
词尾						

满文辅音字母表（一）

拉丁字母	词头形式	词中	词尾
n			
k	(ao ū)		
	(ei u)		
g	(ao ū)		
	(ei u)		
h	(ao ū)		
	(ei u)		
b			
p			
s			
š			
t	(ao i)		
	(eu)		
d	(ao i)		
	(eu)		
l			
m			

满文辅音字母表（二）

拉丁字母	词头形式	词中	词尾
c	ᠴ	ᠴ	
j	ᠵ	ᠴ	
y	ᠶ	ᠶ	
r		ᠷ	ᠷ
f	ᡶ (a e)	ᡶ	
	ᡶ (i o u ū)	ᡶ	
w	ᠸ (a e)	ᠸ	
ng		ᠩ	ᠩ

满文特定字母表

拉丁字母	k'	g'	h'	ts'	ts'y	dz	ž	sy	cy'	jy
词头形式										
词中										
词尾										

三 满文的价值

满文创制并使用后，在关外发展时期，它是官方文字；在定都燕京时期，它成为"国书"，与汉文并用，是行使国家权力和谕敕外事咨文的官方文字。因此，满洲文字的创制，具有重要的价值。[①] 撮其大要，列举十点：

第一，进行满语文教育。在满洲兴起以前，建州女真、海西女真、东海女真和黑龙江女真都没有满语文学校。满文创制之后，天命汗规定，设立师傅，教授满文。《满文老档》记载："汗谕曰：命准托依、博布黑、萨哈廉、乌巴泰、雅星阿、科贝、札海、浑岱等八人为八旗之师傅。八位巴克什尚精心教习尔等门下及所收之弟子。教之通晓者赏之，弟子不勤学不通晓书文者罪之。门下弟子如不勤学，尔等可告于诸贝勒。该八位师傅，无需涉足他事。"后金出现专职满语文教师。

第二，发布满文的政令。在创制满文之前，建州的政令、军报、文书，用蒙古文或汉文记载。在发布这些军令、政令时，还要再转译成女真语（满语）。有了满文，便可以直接用满文记载政事、发布军令与传宣政令。由是后金政权同贵族、诸申的关系沟通，更加快捷、简明、方便、准确，极大地提高了办事的效率。

[①] 阎崇年：《满文的创制与价值》，《故宫博物院院刊》2002年第2期。

满文创制与使用后,在关外发展时期,它是官方文字;在定都燕京时期,它成为"国书"与汉文并用,是行使国家权力和御敕外事咨文的官方文字。

第三,促进满族的强盛。满文创制之后,得到迅速推广。满族有了满文,既提高满洲的民族文化素质,又汲取汉族的文化营养。满文创制和八旗创建——这两条纽带将满族部民联结在一起,加速满族共同体的形成,大大增强精神的和物质的力量,带来了满族的发展和强盛,后清军入关,定鼎燕京,统一华夏。

第四,记录了满族语言。在中国历史上,许多少数民族,曾叱咤风云,建立过政权。如匈奴、鲜卑、羌、氐等,都没有文字,其民族语言的状况,后人无从知晓。满族有了自己民族的文字,虽其语言现已基本消失,但赖有满文存在,尚可了解其语言状况。

第五,记载于满文档案。有清一代,满文的使用非常普遍,从中央到地方各级机构在办理政务、机务时,重要事件多用满文书写。尤其是天命、天聪、崇德、顺治、康熙、雍正、乾隆七朝,更是如此。现存最早的满文档册,为清入关前的《无圈点老档》(即《旧满洲档》《满文原档》)。它保存着满洲最原始的史料,为汉文记载所无,具有极高史料价值。在清朝早期,关于边疆、民族、宫廷、军机、外事的满文档案,多为汉文档案所阙。中国第一历史档案馆、辽宁省档案馆、内蒙古自治区档案馆以及台北历史语言研究所等,现存满文档案约二百余万件(套),是中国历史上保存数量最大、最为系统完整、史料价值最高的少数民族文字历史档案。

第六,记录了口头文学。据有人初步调查,现有大量满文萨满教《神词》流散在民间。这些满文《神词》,没有汉文译本。满文《尼山萨满传》,原本也仅有满文本,但近年已有汉文、英文、意大利文、韩文等译本。赖有满文,才使许多满族民间的祭祀文学、民俗文学、口头文学等被记录并流传下来。此外,还有大量的满文碑刻和谱书等。

第七,保留了满译汉籍。早在关外时期,满洲学者就用满文大量翻译汉文典籍，尔后满译汉籍更多。经部如《孟子》，史部如《资治通鉴纲目》《辽史》《金史》《元史》《明会典》，子部如《孙子兵法》《六韬》《三略》《三国演义》《水浒传》《西厢记》《樵史演义》《红楼梦》《聊斋志异》《金瓶梅》等，佛教经典如《大乘经》《满文大藏经》，集部如唐陆贽的《陆宣公集》。据统计，现存满文册籍有一千余种①。这些对于促进满、汉及其他少数民族的文化、政治、经济之相互交流、相互提高，起着重要的桥梁作用。

第八，为别族文字借鉴。在满－通古斯语族诸民族中，有的使用满文，也有的没有文字。他们在创制本民族的文字时，其简单而便捷的途径，就是借鉴满文。满－通古斯语族的锡伯族，在清代和民国初期通用满文。到二十世纪四十年代，锡伯族的学者，在满文基础上略加改动而成为锡伯文。现新疆察布查尔锡伯自治县，锡伯族用锡伯文进行教学、出版报刊，还将锡伯语用于广播、电视，以及其他形式的文艺演出。此外，达斡尔族也曾有过满文字母的达斡尔文字。满文对这些民族文字的制定，起着重要的借鉴作用。

第九，利于文化人类学的研究。在中国东北和东北亚满－通古斯语族诸民族中，最早是十二世纪创制的女真文，既早已失传，且罕见留存文献。尔后直至二十世纪，在中国，1947年据满文稍加改动而创制的锡伯文，其时间短，使用面窄，影响有限；在俄罗斯，二十世纪二三十年代虽创制埃文基文、埃文文、那乃文，但与满文历史价值无法比拟。可见，在中外满－通古斯语族诸民族中，唯有满族留下大量满文的档案与文献。这对于了解与研究满－通古斯语族各民族的语言、历史、宗教、民俗、文化、经济、军事、哲学和社会，具有重要的价值。尤其是对于东北亚诸多没有文字或文字不完善、文字创制甚晚的民族的语言，如鄂温克语、鄂伦春语、涅基达尔语、埃文语、埃文基语、赫哲语、那乃语、乌利奇语、奥罗克语、奥罗奇语、乌德盖语等，其人类文化群体之文化人类学的研究，更具有特殊的价值。

---

① 屈六生、黄润华：《全国满文图书资料联合目录》，书目文献出版社，1991年；又见吴元丰等主编：《北京地区满文图书总目》，辽宁民族出版社，2008年。

第十，国际文化交流桥梁。现今俄罗斯、意大利、日本、韩国、蒙古、哈萨克斯坦、日本等国都有当时作为"国书"的满文档案。清前期来华的耶稣会士，出入宫廷并用满语向康熙帝讲述天文、数学、医学等知识，他们还借用满译汉文古籍来阅读和研究中国古代典籍。后来俄罗斯出版《满俄词典》，德国出版《满德词典》，日本出版《满日辞典》，美国出版《满英词典》等。在清代，一些兼通满、汉语文的专家学者，将汉文"四书""五经"等重要典籍译成满文，来华耶稣会士又将其译成法文、英文、俄文、德文等，为中国传统文化在西方的传播，起着中西文化交流桥梁的作用。在当代，许多西方学者不会汉文而径直阅读满文历史档案，因为满文同西方文字一样都是拼音文字，故而他们学满文比学汉文容易得多。在中国诸多的民族文字中，因多了一种满文，有利于外国学者了解与研究中国历史文化，更有利于国际间的学术与文化交流，从而增设起一座中西文化交流的津梁。①

总之，满文的创制和颁行，是满族文化发展史上的里程碑。②从此，满族人民有了自己的文字，可以用它从书面交流思想、书写公文、记载政事、编写历史、传播知识、翻译汉籍。这不仅加强了满族人民的思想交流，而且促进了满、汉之间的文化交流。努尔哈赤主持创制满文后，在女真地区广泛推行，使女真各部和

---

① 阎崇年：《满文——中西文化交流的桥梁》，《中外文化交流》1996年第1期。
② 满文的创制与演进过程，吴振棫《养吉斋丛录》第21卷有较详记述，征引如下："太祖天命四年，欲创造书籍，命额尔德尼、噶盖，以蒙古字合我国语音，联缀成句，编为国语，满文盖自此始。达海继之，增十二字头。太宗复命加十二字头圈点。又以国书与汉字对音未全者，于十二字头正字之外，增添外字。犹有不能尽叶者，则以两字连写切成。其后又有库尔缠增补之字。康熙间，御纂《清文鉴》成，付诸臣展译，并发朱笔稿本七函。盖于清文精研义蕴如是。至乾隆间，高宗以当时编纂诸臣未列三合切音汉字，且注中采撷经传，恐后人不明其义，妄行傅会。复命廷臣重加增订，凡二合、三合切音，不失毫黍。诠解务用常谈，今读者寥寥。又续入新定国语五千余句，若古官名、冠服、器用、花果、鸟兽等，别为《补编》四卷，附于末。而清文于是大备。此外尚有《满洲蒙古文鉴》、《同文韵统》、《清汉对音字式》、《清文启蒙》及翻译'四书'、'五经'，习国书者，皆当浏览。近时则稗官小说，多有翻译成书者矣。"上文中，满文创于天命四年，误，应为万历二十七年（1599）。

女真人民之间的交往更为密切,这对满族共同体的形成,无疑是一条重要的精神纽带。特别是后金执政者,下令用满文翻译大量的汉文典籍,汲取中原王朝治国经验,加速了满族社会的封建化。同时,满文记录和保存了大量的文化遗产,丰富了中华民族的文化宝库。

天命汗主持制定了无圈点老满文后,又创建了八旗制度。

第七章 创建八旗制度

一 八旗制度的创立

后金创建的八旗制度,是满族史、清朝史上,也是中华民族发展史上的一项极其重要的社会制度。

八旗制度的发生和发展,有一个漫长的过程。它始于女真氏族的狩猎时的生产组织。在女真社会的族寨部民中,或围猎,或出师,常有一定的组织形式,这就是后来八旗制度的萌芽。《满洲实录》记载八旗制度的起源道:

> 前此,凡遇行师出猎,不论人之多寡,照依族寨而行。满洲人出猎开围之际,各出箭一枝,十人中立一总领,属九人而行,各照方向,不许错乱。此总领呼为牛录(汉语大箭)额真(额真汉语主也),于是以牛录额真为官名。①

牛录,为满语 niru 的对音,是大箭的意思;额真,为满语 ejen 的对音,是主的意思。牛录额真即大箭主,原是狩猎时的十人之长。它起源甚早,后"牛录"

---
① 《满洲实录》第3卷,辽宁通志馆影印线装本,1930年,第3~4叶。

演变而成为组织,"额真"演变而成为官名。

随着女真社会生产的发展、部落活动范围的拓展,牛录的组织日益扩大,逐渐复杂。到女真社会出现贫富分化和利益对抗后,以及遭到外部攻击时,牛录不仅是狩猎的生产组织,而且是争战的军事组织——演变成为部落贵族发动掠夺战争或进行军事防御战争的工具。

女真的军事组织,早见于《金史·兵志》记载:"金之初年,诸部之民,无它徭役,壮者皆兵。平居则听以佃渔射猎习为劳事,有警则下令部内及遣使诣诸孛堇征兵,凡步骑之仗糗皆取备焉。"其军事组织形式,同打围射猎攸关。①《三朝北盟会编》记载,女真"国中最乐,无如打围,其行军布阵,大概出此"。女真的军队,"部卒之数,初无定制,至太祖即位之二年,既以二千五百破耶律谢十,始命以三百户为谋克,谋克十为猛安。继而诸部来降,率用猛安、谋克之名,以授其首领而部伍其人。出河之战,兵始满万,而辽莫敌矣。"②三百户为一谋克,十谋克为一猛安,形成猛安谋克组织。

建州女真的军事组织,在努尔哈赤先祖猛哥帖木儿时即已有之。时,其军队分为左军、右军和中军。据朝鲜《李朝世宗大王实录》记载:"猛哥帖木儿生时,如有兴兵之事,则必使凡察领左军,权豆领右军,自将中军,或分兵与凡察,故一部之人,素不贱恶。"③但是,这段记述过于简略,也未见牛录额真的记载。稍后《李朝成宗大王实录》记述女真作战的细节、组织与人数:"或挥剑挥杖,若为击刺之状;或抽矢弄弓,若如舍括之状。于是六十余人为先锋,三百余人为后援,作鹤翼阵,拥盾长驱也。"这里提到三百人的军事组织。到万历十一年(1583),努尔哈赤起兵,攻克图伦城,"当是时,兵百人,甲十三副"。④这百人军队的组织

---

① 《金史·兵志》第44卷,中华书局点校本,1975年,第992页。
② 《金史·兵志》第44卷,中华书局点校本,1975年,第992~993页。
③ [朝]《李朝世宗大王实录》第82卷,二十年七月辛亥,日本学习院东洋文化研究所刊,1959年,第13叶。
④ 《清太祖高皇帝实录》第1卷,中华书局影印本,1986年,第13叶。

细节，没有留下文字记载。

牛录额真成为官名，最早见于《满洲实录》和《清太祖实录》万历十二年（1584）的记载。努尔哈赤起兵已经一年，他的军队至少发展到五百人："上率兵五百，征董鄂部主阿海巴颜。"① 因军队人数较多，便出现三百人一牛录的军事组织。《清太祖高皇帝实录》记载："擢鄂尔果尼、罗科为牛录额真，统辖三百人。"② 授鄂尔果尼、罗科为牛录额真当是史实，但其统辖军队的数量可能有所夸大。从此，牛录额真已经不仅是出师行猎的临时性的十人之长，而且成为女真的一种官名。牛录既是围猎组织，也是军事组织；额真则是其官长。

万历十七年（1589），努尔哈赤统一建州女真的战争已经进行六年，随着统治区域的扩大，管辖部民的增多，以及王权的建立，他便组织了一支军队。当时这支军队分为四个兵种：环刀军、铁锤军、弗赤③军和能射军。这仅见于朝鲜文献《李朝宣祖大王实录》，现抄录如下：

> 左卫酋长老乙可赤兄弟，以建州卫酋长李以难等为麾下属。老乙可赤则自中称王，其弟则称船将。多造弓矢等物，分其军四运：一曰环刀军，二曰铁锤军，三曰弗赤军，四曰能射军。间间练习，胁制群胡。④

上文中的老乙可赤即努尔哈赤，以原建州卫酋长李以难等隶之麾下。他多造弓矢，分为四军，练习骑射，严定军纪。四军编制，实即后来四旗、八旗的基础。

建州四军的官兵数量，《李朝宣祖大王实录》记载，万历二十年（1592），"奴

---

① 《清太祖高皇帝实录》第1卷，中华书局影印本，1986年，第20叶。
② 《清太祖高皇帝实录》第1卷，中华书局影印本，1986年，第22叶。
③ 朝鲜李民寏《建州闻见录》：铁皮弗牌，以张牛皮四五重为牌，矢不能穿。"弗赤"可能就是铁皮弗牌。
④ [朝]《李朝宣祖大王实录》第23卷，二十二年七月丁巳，日本学习院东洋文化研究所刊，1959年，第6叶。

儿哈赤部下原有马兵三四万，步兵四五万，皆精勇惯战"①。但这话出自建州贡民马三非等之口，显然有所夸大。三年后，朝鲜通事河世国到佛阿拉，大概目睹："老乙可赤麾下万余名，小乙可赤麾下五千余名，常在城中，而常时习阵千余名，各持战马着甲，城外十里许练兵。而老乙可赤战马则七百余匹，小乙可赤战马四百余匹，并为考点矣。"②这时努尔哈赤已统一建州女真，上述目测数字较为可靠。万历二十四年（1596），明朝官员余希元到佛阿拉，入城前，有建州骑兵四五千左右成列随行；又有"步兵万数，分左右列立道旁者，至建州城而止"③。由上推算，当时建州的步骑兵约有二三万人。这些军队，已按旗编制。《满洲实录》在记述万历二十一年（1593）古勒山之役时，作如下记载："太祖兵到，立阵于古呼山险要之处，与赫济格城相对。令诸王大臣等，各率固山兵，分头预备。"④而《清太祖高皇帝实录》也作了同样记载："上至古勒山，对黑济格城，据险结阵。令各旗贝勒大臣，整兵以待。"⑤据此可知，努尔哈赤早已将建州士兵编成各旗⑥，并已早有军旗。万历二十四年（1596），朝鲜人申忠一到佛阿拉，所见建州军旗："旗用青、黄、赤、白、黑，各付二幅，长可二尺许。"⑦

努尔哈赤始设四旗一事，清朝有的史籍⑧，系于万历二十九年（1601）。这一年，

---

① ［朝］《李朝宣祖大王实录》第30卷，二十五年九月甲戌，日本学习院东洋文化研究所刊，1959年，第16页。
② ［朝］《李朝宣祖大王实录》第69卷，二十八年十一月戊子，日本学习院东洋文化研究所刊，第17叶，1959年。
③ ［朝］《李朝宣祖大王实录》第73卷，二十九年三月甲申，日本学习院东洋文化研究所刊，1959年，第16页。
④ 《满洲实录》第2卷，辽宁通志馆影印线装本，1930年，第14叶。
⑤ 《清太祖高皇帝实录》第2卷，中华书局影印本，1986年，第17叶。
⑥ 《清太祖武皇帝实录》第1卷，原清宫内府藏，台湾广文书局影印本，1970年，第32叶。
⑦ ［朝］《李朝宣祖大王实录》第71卷，二十九年正月丁酉，日本学习院东洋文化研究所刊，1959年，第45叶。
⑧ 乾隆《清会典则例》第171卷载："太祖高皇帝辛丑年，满洲生齿日繁，诸国归服人众，设四旗以统之，以纯色为辨，曰黄旗、曰白旗、曰红旗、曰蓝旗。"

在八旗制度演变史上、在满族发展史上，发生一件大事，就是对满洲牛录的整编与改革。据《清太祖高皇帝实录》记载：

> 上以诸国，徕服人众，复编三百人为一牛录，每牛录设额真一。先是，我国凡出兵校猎，不计人之多寡，各随族党屯寨而行。猎时，每人各取一矢，凡十人，设长一，领之，各分队伍，毋敢紊乱者。其长称为牛录额真。至是，遂以名官。①

实际上，努尔哈赤在这一年，对建州军队进行了一次整编，主要做了四件事情：

第一，规范牛录组织。此前，按族党屯寨组织牛录，族党屯寨大小不一，牛录人数多寡悬殊。这次整编，"复编三百人为一牛录"，就是重新编设牛录，将每牛录定为三百人，虽实际上多寡难以划一，但作出大体整齐的规定。牛录既成为固山的基层组织，也成为政权的基层组织，还成为氏族的血缘组织。

第二，设立牛录额真。此前，虽有牛录额真名称，但实际上并不规范。这次整编，每牛录设额真一员，牛录额真正式成为官名。牛录额真，大汗任免；牛录官员，整齐划一；额真职责，确定范围。

第三，松弛血缘关系。此前，许多牛录额真为部落酋长、族长、城主、寨首。他们有浓厚的血缘或地缘关系，父子兄弟，叔侄亲朋，关系盘根错节，不利权力集中。这次整编，虽保留很多酋长、城主为牛录额真，但他们都由努尔哈赤任命；努尔哈赤还任命一些新的军功贵族为牛录额真，从而松弛了牛录额真的血缘纽带，强化了牛录额真的军政色彩。

第四，划分旗纛颜色。此前，旗纛的颜色，如前文所述，初无红色，其青色与黑色，也不大容易辨别。这次整编，以黄、白、红、蓝四色为旗纛的标志。

这次建州对牛录的整编，上距努尔哈赤起兵已经十八年，是清朝八旗演变史

---

① 《清太祖高皇帝实录》第3卷，中华书局影印本，1986年，第6叶。

上，也是清朝发展史上具有重大意义的事件。此期建州的牛录数目，没有留下当时的记载。据后来的档案所记，大约有四十个牛录①，实际上可能还多一些，是为努尔哈赤最基本的武装力量。这次建州对牛录的重大改革，为而后八旗制度的确立奠下了基础。

此期，在建州整编牛录时，是否已经建有四旗，学界看法，很不一致。主张万历二十九年（1601）已经建有四旗者，主要根据是《清实录》《清会典》的载述；主张万历二十九年尚未建立四旗者，主要根据是当时的满文档案和明朝文献中没有固山、固山额真的记载。笔者认为在万历四十三年（1615）以前，已具四旗雏形。因为：

第一，早在万历二十四年（1596），朝鲜人申忠一到佛阿拉，所见建州军队用青、黄、赤、白等颜色作为军旗的标识。说明在整编牛录五年之前，建州军队在牛录之上已经有旗的建制。

第二，建州的军队开始为一军，由努尔哈赤统领。继之一分为二，由努尔哈赤及其胞弟舒尔哈齐分别统领。《李朝宣祖大王实录》记载，万历二十三年（1595），朝鲜通事河世国到佛阿拉，目睹建州军队"老乙可赤麾下万余名，小乙可赤麾下五千余名"云云，说明这时建州至少有两旗的军队。努尔哈赤长子褚英、次子代善成年后，建州军队又二分为四：努尔哈赤、舒尔哈齐、褚英、代善各领一支队伍，这实际上就是四旗的基础。

第三，建州统一之后，朝鲜人记载建州的军队，分为四军，练习骑射，严定军纪，部伍整肃。此期的四军，同后来的四旗并不相同，但为后来建立四旗，准备了经验。

第四，史家论述舒尔哈齐被幽死后，其子阿敏掌镶蓝旗；褚英被处死后，其子杜度掌镶白旗；努尔哈赤将舒尔哈齐的另一部分军队改编、扩充为正蓝旗，由其第五子莽古尔泰掌管；又将褚英的另一部分军队改编、扩编为正白旗，由其第八子皇太极掌管。但舒尔哈齐、褚英都死于万历四十三年（1615）正式设立八旗

---

① 《历朝八旗杂档》，转引自《清入关前国家法律制度史》，辽宁人民出版社，1988年，第139页。

制度之前。这说明此时已有旗的军队建制。

第五，不能以明人未记作为史据。明朝对努尔哈赤内部情状，极其无知。这是因为：明人自诩，好说大话，不务实际；双方语言不同；建州封锁信息。如后金建国此等重要信息，明朝知之甚晚。因而不能以未见明人记载，而断定没有此事。

总之，从牛录到四旗，从四旗到八旗，又从八旗到十六旗，再扩展为二十四旗，是一个长达五十余年的过程。可以说，万历二十九年（1601）正式整编牛录，建立牛录制度；万历四十三年（1615）正式整编八旗，建立八旗制度。八旗满洲建立后，又建立八旗蒙古，再建立八旗汉军，从而使八旗制度逐步完善。

八旗制度建立的标志，则在万历四十三年（1615）。

万历四十三年（1615）十一月，建州社会建立八旗制度的条件已经成熟。在内部，努尔哈赤胞弟舒尔哈齐、长子褚英均已死，努尔哈赤的权力更加集中；在外部，建州已吞并哈达、辉发和乌拉，史载其降俘乌拉卒骑，"不下数万人"[1]；又征抚大量东海女真部民。建州幅员益广，步骑增多，"归附日众，乃析为八"[2]。就是除原有四旗，再增设四旗，共为八旗。《清太祖武皇帝实录》记载：

> 太祖削平各处，于是每三百人立一牛禄厄真，五牛禄立一扎拦厄真，五扎拦立一固山厄真，固山厄真左右立美凌厄真，原旗有黄、白、蓝、红四色，将此四色镶之为八色，成八固山。[3]

固山是满洲户口和军事编制的最大单位。每个固山各有特定颜色的旗帜，所以汉语意译固山为旗。原有的四旗，用黄、白、红、蓝四种颜色作旗帜；增添的

---

[1] [朝]《李朝宣祖大王实录》第69卷，日本学习院东洋文化研究所所刊，1959年，第17叶。
[2] 昭梿：《啸亭杂录》第10卷，中华书局点校本，1980年，第13页。
[3] 《清太祖武皇帝实录》第2卷，乙卯年即万历四十三年（1615）十一月，原清宫内府藏，台湾广文书局影印本，1970年，第25叶。

四旗，用镶黄、镶白、镶红、镶蓝四种颜色作旗帜。然而，八旗的颜色有一个变化过程。据文献所载，初始为青、黄、赤、白、黑五种颜色旗帜，而后为黄旗无画、黄旗画黄龙、赤旗无画、赤旗画青龙、白旗无画、白旗画黄龙、青旗无画、青旗画黑龙八种颜色旗帜。① 至于比较规范的八旗颜色，到天命七年即天启二年（1622）二月，始见之于《无圈点老档》即《旧满洲档》《满文原档》的记载：正黄、镶黄、正白、镶白、正红、镶红、正蓝、镶蓝共八种颜色的旗帜。其四镶旗为：将原来整黄、整白、整红、整蓝的旗帜周围镶上一条边，黄、白、蓝三色旗帜镶红边，红色旗帜镶白边，成了八种不同颜色的旗帜。不镶红边的黄色旗帜称为整黄旗，即整幅的黄旗，习称正黄旗；镶红边的黄色旗帜称为镶边黄旗②，习称镶黄旗，俗写厢黄旗；其他六色旗帜也是一样。于是形成正黄旗、镶黄旗、正白旗、镶白旗、正红旗、镶红旗、正蓝旗、镶蓝旗，合起来称为八旗。③

关于八旗蒙古，也有一个形成过程。除上述八旗满洲之外，天命六年（1621）始设蒙古牛录④，天命七年（1622），始分设蒙古旗。⑤ 天聪三年（1629），已有"蒙古二旗"。⑥ 天聪九年（1635），始设八旗蒙古⑦，旗色与满洲八旗色相同。

关于八旗汉军，天聪五年（1631）正月，皇太极将八旗满洲中的汉人拨出，另编一旗⑧，以佟养性为固山额真。汉军初名乌真超哈，为满语 ujen i cooha 的对音。ujen 是重的意思，cooha 是兵的意思，ujen i cooha 意为重兵，因其多使用火炮等重型武器而得名，后称汉军，以黑色为旗帜。崇德二年（1637）七月，

---

① [朝]《光海君日记》第169卷，三年九月戊申，日本学习院东洋文化研究所刊，1959年，第9叶。
② 《明清史料》甲编，第1本，第5页载有《厢边红旗备御祝世胤奏本》即为1例。
③ 《满洲实录》第7卷，辽宁通志馆影印线装本，1930年，第6叶。
④ 《清太祖高皇帝实录》第8卷，中华书局影印本，1986年，第10叶。
⑤ 《满文老档·太祖》上册，天命七年三月二十九日，中华书局译注本，1990年，第369页。
⑥ 《清太宗文皇帝实录》第5卷，中华书局影印本，1985年，第38叶。
⑦ 《清太宗文皇帝实录》第22卷，中华书局影印本，1985年，第17页。
⑧ 王先谦：《东华录》，天聪五年正月乙未，光绪二十五年（1899）石印本。

分设汉军为二旗①，以马光远、石廷柱为固山额真。崇德四年（1639）六月，又增设汉军二旗，旗色为纯皂（黑）、皂镶黄、皂镶白、皂镶红②，增王世选、巴颜为固山额真。崇德七年（1642）六月，汉军四旗扩充为八旗③，旗色改为与八旗满洲、八旗蒙古相同，取消了黑色，其固山额真分别为祖泽润、刘之源、吴守进、金砺、佟图赖、石廷柱、巴颜和李国翰。从此，实际有八旗满洲、八旗蒙古、八旗汉军，共二十四旗④，但习惯上仍统称之为八旗。⑤ 当时官书的正式称谓是：八旗满洲、八旗蒙古、八旗汉军；后来也有俗称为：满洲八旗、蒙古八旗、汉军八旗。

　　清太祖朝创建八旗制度，将国家的中枢机构，与基层的牛录组织相联结，成网络，为系统。八旗制度把星散于深山密林间的满洲臣民，组成一个社会军事化、军事社会化的新型社会机体。这是满洲社会崛兴的一个关键，也是明军失败的一个机缘。

---

① 《清太宗文皇帝实录》第37卷，中华书局影印本，1985年，第30叶。
② 《清朝文献通考》第170卷，清刻本，第7页。
③ 《清太宗文皇帝实录》第61卷，中华书局影印本，1985年，第7叶。
④ 乾隆《清会典》第95卷载："始立四旗，重为八旗，合满洲、蒙古、汉军为二十四旗，制度备焉。"
⑤ 金德纯：《旗军志》，不分卷，《辽海丛书》影印本，辽沈书社，1985年，第1叶。

二　八旗制度的组织

八旗组织的一个重要特征，是对所属军民，既按不同地域，又按氏族部落，加以划分，进行组编。八旗的组织结构，主要分为三级：牛录、甲喇、固山。

牛录，其长官初为牛录额真，后称牛录章京，入关后称佐领。① 牛录额真为满语 niru i ejen 的对音，就是牛录长或牛录主，其音译为牛录额真。牛录额真下设岱子二人、章京四人、村拨什库四人。《满文老档》对牛录额真以下官员作了记载："牛录额真以下设岱子二人、章京四人和噶珊拨什库四人。四名章京分领三百男丁编成的达旦。"② 岱子，为满语 daise 的对音，是副职的意思。章京，为满语 janggin 的对音，是办事员的意思。噶珊拨什库，噶珊为满语 gašan 的对音，是村或屯的意思；拨什库为满语 bosokū 的对音，是领催的意思；噶珊拨什库即村领催（村长），后称领催。达旦，为满语 tatan 的对音，是窝铺的意思，相当于连，后被取消。

每牛录的丁数，多寡不均。如索尔果率苏完部众归顺努尔哈赤，其部民五百

---

① 郑天挺：《探微集·牛录额真》，中华书局，1980年，第141页。
② 《满文老档·太祖》第Ⅰ册，东洋文库译注本，1955年，第55页。

户并十子等人，编为五个佐领，平均每个佐领百户上下，清开国五大臣之一费英东就在其中。当然也有的人数较多。

八旗所属牛录、每牛录所属兵卒，也多未划一。据李民寏经眼所记：

> 胡语呼八将为八高沙，奴酋领二高沙，阿斗、于斗总其兵，如中军之制；贵盈哥亦领二高沙，奢夫羊古总其兵；余四高沙：曰红歹是，曰亡古歹，曰豆斗罗古（红破都里之子也），曰阿未罗古（奴酋之弟小乙可赤之子也，小乙可赤有战功、得众心，五六年前为奴酋所杀）。一高沙所属柳累（胡语柳累云者，如哨军之制）三十五，或云四十五，或云多寡不均。一柳累所属三百名，或云多寡不均。共通三百六十柳累云。①

高沙即固山，奴酋为努尔哈赤，阿斗为阿敦，于斗为额亦都，贵盈哥为代善，奢夫羊古为安费扬古，红歹是为皇太极，亡古歹为莽古尔泰，豆斗罗古为杜度，红破都里为褚英，阿未罗古为阿敏，小乙可赤为舒尔哈齐，柳累即牛录。努尔哈赤通过兄弟子侄及亲信，统领八旗军队。

经万历二十九年（1601）、四十三年（1615）两次整编，每个牛录的丁数，虽大体划一，却参差不齐。所以，《建州闻见录》记载："一柳累所属三百名，或云多寡不均。"每牛录按三百丁计，其下设四个达旦，平均每个达旦七十五人（相当于一个连），由四位章京分管。

牛录额真即佐领，随着八旗军队的扩大和满洲社会的发展，逐渐分为勋旧佐领、世管佐领、互管佐领和公中佐领等。《养吉斋丛录》记载："国初，各部落长率属来归，授之佐领，以统其众者，曰勋旧佐领；率众归诚，功在旂常，赐户口者，曰优异世管佐领；仅同兄弟族里来归，授之以职者，曰世管佐领；户少丁稀，合编佐领，两姓三姓，迭为是官者，曰互管佐领；各佐领拨出余丁，增编佐

---

① [朝] 李民寏：《建州闻见录》，日本天理大学图书馆藏今西文库本，第30叶。

领，为公中佐领。"① 上文中的勋旧佐领，主要是天命汗起兵之初，满洲各部落酋长率属归顺，授为牛录额真即佐领，仍率其众，世袭罔替。世管佐领，主要是天命汗起兵之初，女真各部落长携族归附，授为牛录额真即佐领，仍统其民，世亦不替。互管佐领，主要是因本族户少丁稀，合编两姓三姓或数姓为一牛录，牛录额真即佐领的承袭，递世互袭，交叉继承。公中佐领，主要是"或世袭之家已绝，改为公中；或人户滋多，另编公中；或合庶姓之人，编为公中"②。公中佐领有增编、分编、抽编之例，其牛录额真即佐领的继任，按其户丁，轮流承袭。总之，不同牛录额真即佐领的承袭和权力都不完全相同。③

八旗中的佐领——勋旧佐领、世管佐领、互管佐领和公中佐领之官制，既是满洲兴起凝聚力量、由小到大、从弱到强的重大因素，也是清朝衰落、外荣内枯、由活到僵、从鲜到腐的重大根因。

牛录额真的主要职责是：

第一，征调兵员。遇有战事，奉命向本牛录征调甲士，并自备马匹、干粮、器械。其兵员的器械完好、马肥膘壮，牛录额真受到淑勒贝勒的褒奖；否则，受到责罚。

第二，指挥征战。在天命朝，牛录额真的主要责任是带领所属官兵，冲锋陷阵，攻城略地，拼搏厮杀，夺取胜利。

第三，征派赋役。后金牛录的属民，要向后金汗缴纳赋税，还要负担徭役。以上两项，当时目击者记载："凡有杂物收合之用，战斗力役之事，奴酋令于八将，八将令于所属柳累将，柳累将令于所属军卒，令出不少迟缓。"④"八将"为八固山额真，"柳累将"为牛录额真。

第四，督催耕作。八旗制下的部众，"出则为兵，入则为民；耕战二事，未

---

① 吴振棫：《养吉斋丛录》第1卷，北京古籍出版社，1983年，第2页。
② 福格：《听雨丛谈》第1卷，中华书局点校本，1984年，第28页。
③ 《清史稿·职官志四》第117卷，中华书局标点本，1977年，第3369页。
④ [朝]李民寏：《建州闻见录》，日本天理大学图书馆藏玉版书屋本，第33叶。

尝偏废"①。即跨马从戎时，按军队的编制驰骋征战；解甲卸鞍后，又按民事的编制从事生产。军卒返屯后，修整器具，耕种田地，牧放马匹，采集狩猎。牛录额真又成为生产的管理者。万历四十一年（1613），努尔哈赤命"一牛录各出男丁十人，牛四头，垦荒屯田，悉蠲贡赋"②。以后随着归并的土地和人口日渐增多，便组织庄田进行生产。牛录额真是本牛录生产的组织者，天命汗要牛录额真重视所属部民种粮植棉，规定：如额真所属诸申秋后衣食不足可以告状，然后将其从收成较差的额真那里拨出，交给收成较好的额真，以示奖惩。后来由于丁口增加，牛录下的民户"三丁抽一"③，即每户如有三名男丁，抽一人去作战，另二人称余丁，在家从事生产劳动。"无事耕猎，有事征调，战胜分俘受赏。人自为兵，人自为饷，无养兵之费，故用无不给。"④随着战争的频繁，兵士不再弃戈务农，而变成职业军人："军卒则但砺刀剑，无事于农亩者。"⑤牛录额真指挥军事职能逐渐加强，组织生产职能日趋减弱。

第五，管理民事。凡婚丧嫁娶、户口登记、部民纠纷、抚恤孤寡、赈济贫困等事，该牛录额真，进行统辖。

第六，举荐官员。凡本牛录的官员，其有关举荐、询证、催办、具保等事宜，会同族长共同办理，等等。

牛录额真的任免权在天命汗，其时牛录额真位高、权重。

甲喇，为牛录与固山之间的一级组织机构，是牛录额真同固山额真机构运转的中间关节。甲喇额真，其满语体为 jalan i ejen，jalan，原意为草节、竹节之节，为承启固山额真与牛录额真之间的官职，辖五个牛录，所以满文又称 sunja niru i ejen，意为五牛录之主或五牛录之长，后称甲喇章京，入关后称参领。

---

① 《清太宗文皇帝实录》第7卷，中华书局影印本，1985年，第5叶。
② 《满文老档·太祖》上册，癸丑年（1613），中华书局译注本，1990年，第19页。
③ 《清太宗文皇帝实录》第17卷，中华书局影印本，1985年，第15叶。
④ 魏源：《圣武记》第1卷，中华书局点校本，1984年，第21页。
⑤ [朝]李民寏：《建州闻见录》，日本天理大学图书馆藏玉版书屋本，第31叶。

固山，为八旗最高的编制单位。固山为满语 gūsa 的对音，是旗的意思；其满语体为 gūsa i ejen，意为旗之主，后称固山章京，入关后称都统。梅勒额真，梅勒为满语 meiren 的对音，是两侧、副手的意思；其满语体为 meiren i ejen，意为副（旗）主，后称梅勒章京，入关后称副都统。

八旗的管理，归固山额真。固山额真的地位，仅次于本旗的旗主贝勒、非旗主议政贝勒。固山额真负责本旗的管理，又称作管旗大臣。天命年间的固山贝勒，主要有开国五大臣、宗室觉罗和望族强宗者。开国五大臣如额亦都及其子车尔格、费英东、何和礼，宗室如阿敦、济尔哈朗、汤古代、铎弼、阿巴泰等；望族强宗如达尔汉额驸、喀克笃礼、博尔晋等。固山额真常在家族父子兄弟之间流转担任，如开国元勋额亦都掌镶白旗，他的三个儿子车尔格、图尔格、伊尔登也都相继为镶白旗固山额真。车尔格，幼事天命汗，后进游击、总兵官、领镶白旗；图尔格，尚主为额驸，天命十一年即天启六年（1626）晋镶白旗固山额真，位列八大臣；伊尔登，幼年在天命汗宫中养育，后晋侍卫、游击、副将，图尔格被罢固山额真，以伊尔登任之。后伊尔登获罪，又以图尔格任镶白旗固山额真。他们父子四人，《清史稿》皆有传。后来清太宗皇太极谕："图尔格兄弟三人，俱为固山额真，并获罪。今复用尔为固山额真者，非从尔兄弟起见也。因尔才能，加恩特用。尔嗣后若不勉力，则用他人矣！"① 从上可以看出，八旗固山额真在宗室贵族、军功贵族、勋旧贵族中联姻攀缘、盘根错节，形成顽固而强大的势力。固山额真的职责，主要是执掌"八旗之政令，稽其户口，经其教养，序其官爵，简其军赋，以赞上理旗务"②。实际上固山额真掌管本旗的一切旗务，包括军事、政治、经济、司法、官爵、户籍、民政、赋役、族务、教育等。正如《清太宗文皇帝实录》所言，八旗固山额真"入则赞襄庙谟，出则办理国事，上下中外，一切事宜，未有不知者"③。然而，

---

① 《清太宗文皇帝实录》第29卷，崇德元年五月己巳，中华书局影印本，1985年，第8叶。
② 光绪《钦定大清会典》第84卷，光绪二十五年（1899）刻本，第1叶。
③ 《清太宗文皇帝实录》第8卷，中华书局影印本，1985年，第14叶。

八旗固山额真在天命大汗之下，只是为其本旗之旗主贝勒管理本旗事务而已。

八旗分设旗主，由旗主贝勒统领。旗主贝勒的满文体为 gūsa ejelehe beile，他们是八旗之主，所以称为旗主贝勒，或称为主旗贝勒。八旗的旗主，经常有变动。天命六年（1621）九月，据朝鲜《李朝实录》记载：天命汗努尔哈赤领正黄、镶黄两旗，其次子代善领正红、镶红两旗①，其八子皇太极领正白旗，其长子褚英之子杜度领镶白旗，其五子莽古尔泰领正蓝旗，其胞弟舒尔哈齐之子阿敏领镶蓝旗。②《无圈点老档》即《旧满洲档》《满文原档》天命七年即天启元年（1621）二月初五日记载如下："大贝勒、豪格父贝勒自锦州，率红二旗及正白一旗，往驻义州；阿敏贝勒率镶蓝一旗，往驻白土厂；汗率黄二旗、镶白一旗、正蓝一旗，驻锦州。"

上文中的大贝勒为代善，豪格父贝勒为皇太极，而领正蓝旗的莽古尔泰因罪被皇太极惩治，故修《无圈点老档》时将他的名字删去。先是，舒尔哈齐领两蓝旗。舒尔哈齐死后，由其子阿敏领镶蓝旗；努尔哈赤将其另一部分产业分给自己第五子莽古尔泰，改编并组成正蓝旗。而褚英被处死后，他所领的旗，由其长子杜度领镶白旗；由皇太极领正白旗。这就表明，努尔哈赤兄弟及其儿侄掌握着八旗的军政大权。其弟、其长子死后，八旗中的七个旗归努尔哈赤及其子掌握，另一个旗归其侄子掌握，军政大权，更加集中。天命汗努尔哈赤则是八旗的最高统帅，也是八旗的最高领袖。

旗主贝勒，位高权重。

第一，进入最高决策集团。清初在建州时期或天命时期，在天命汗之下，由旗主贝勒等组成议政诸王贝勒大臣会议，决定汗位继承、军国大政、出师征讨、政策法令、重大审判等。

第二，分配经济利益。乾隆《大清会典》载述："天命间，立八和硕贝勒，共

---

① 朝鲜李民寏《建州闻见录》载代善掌黑旗。
② [朝]《光海君日记》第169卷，十三年九月戊申，日本学习院东洋文化研究所刊，1959年，第9页。

议国政,各置官属,朝会燕飨,皆异其礼,锡赉必均及,是为八分。"① 清初有"入八分"与"不入八分"的区别,就是在宗室中,只有极少一部分特权贵族,能享有"八份均分"的特权。凡是"入八份均分"者,才能享有"八份均分"的殊荣;而"不入八份均分"者,则不能享有"八份均分"的特权。清入关后,有"入八分公"和"不入八分公"的区别。天命时的旗主贝勒,都在"入八份均分"之列。征战掳掠的财富往往按八份分之。

第三,总理三个旗分。后来八旗分设八旗满洲、八旗蒙古、八旗汉军,每旗分为满洲、蒙古、汉军三个旗分,虽有满洲、蒙古、汉军三个固山额真,但其旗主贝勒只有一个。同旗的满洲、蒙古、汉军三个固山额真,在其旗主贝勒的总领下,分管自己的旗分。

第四,管理本旗经济。大凡征战所获的土地、牲畜、财物、人口、布帛、金银等,八份或按八旗进行分配;赋税、徭役也按八旗分摊。重大招待宴会,也按八旗分摊举行。后来生员胡贡明关于八旗分配和税收的奏言,也反映天命朝的情状。他说:

> 我国地窄人稀,贡赋极少,全赖兵马出去抢些财物。若有得来,必同八家平分之;得些人来,必合八家平养之。譬如皇上出件皮袄,各家少不得也出件皮袄;皇上出张桌席,各家少不得也出张桌席。②

第五,管理司法诉讼。本旗内的重要案件,其诉讼、审理、判决等,都需经过旗主贝勒。一些重大事情,也需报告旗主贝勒。

第六,管理民事教育,等等。

八旗的组织同其功能密不可分。

---

① 乾隆《大清会典》第1卷《宗人府》,清乾隆武英殿刻本。
② 《天聪朝臣工奏议》上卷,辽宁大学历史系铅印本,1980年,第10页。

三 八旗制度的功能

八旗制度是满洲，也是清朝独特的、根本的社会组织和社会制度。这个八旗社会组织和社会制度，前古未有，后世也无。清代八旗制度是一个庞大而复杂的社会系统，其军事、政治、经济、文化、教育、行政、司法、祭祀、宗族等，都被涵盖在内。

八旗制度首先是军事制度。

八旗军在创立的初期，是一支勇敢善战的军队。史载："其俗勇悍，喜战斗，耐饥渴，善骑射。上下崖壁如飞，济江渡河不用舟楫，浮马而渡。"①《清太祖高皇帝实录》对八旗制度的军事性质，作了明确的记载：

> 行军时，地广，则八旗并列，分八路；地狭，则八旗合一路而行。队伍整肃，节制严明。军士禁喧嚣，行伍禁搀越。当兵刃相接时，被坚甲、执长矛大刀者，为前锋；被轻甲、善射者，从后冲击；俾精兵立他处，

---

① 罗曰褧：《咸宾录》第 2 卷，中华书局标点本，1983 年，第 47 页。

勿下马，相机接应。每预筹方略，了如指掌，战则必胜。①

这里除记述八旗军的军容军纪整肃、攻战克敌制胜外，还记载八旗军在兵种上分为三等，即长甲军、短甲军和巴牙喇，后来演变成前锋、骁骑和护军等。护军即精兵，时称巴牙喇。巴牙喇，为满语 bayara 的对音，意为精兵或护军。其首领为 bayara i jalani janggin，汉语音译为巴牙喇甲喇章京，后称护军参领。朝鲜称巴牙喇为拜阿罗，据朝鲜人李民宬所见："胡语呼拜阿罗军者，奴酋之手下兵也，五千余骑，极精勇云（七将皆有手下兵，而未详其数）。"②巴牙喇是从各牛录中选拔的精壮，兵勇马骠，甲坚剑利，在后金夺取抚顺、沈阳、辽阳等战役中，发挥了重要的作用。③

八旗军是一支以骑兵为主的军队。兵书有言："国之大事在戎，兵之驰骋在马。"④八旗军虽然步兵众多，开始没有火器，用皮弦木箭、大刀钩枪，射程近，威力弱；但是，八旗军却以铁骑决胜。八旗骑兵的战马饲养，栏里不蔽风雪寒暑，不喂菽粟，野外牧放，能耐饥渴。出征时，兵士乘马，带上自备军器和数天干粮，驱骑驰突，速战速决；利用行军或战斗的闲暇，脱缰放牧，不需后勤。李民宬又记载："胡中之养马，罕有菽粟之喂。每以驰骋为事，俯身转膝，惟意所适；暂有卸鞍之暇，则脱靮而放之。栏内不蔽风雪寒暑，放牧于野，必一人驱十马。养饲调习，不过如此。而上下山坂、饥渴不困者，实由于顺适畜性也。我国之养马异于是，寒冽则厚被之，雨雪则必避之，日夜羁縻，长在枥下，驰骋不过三四百步。菽粟之秣，昏昼无阙，是以暂有饥渴，不堪驰步，少遇险仄，无不颠蹶。且不作骟，风逸蹄啮，不顺鞭策，尤不合战阵也。"⑤

---

① 《清太祖高皇帝实录》第 4 卷，中华书局影印本，1986 年，第 20 叶。
② [朝] 李民宬：《建州闻见录》，日本天理大学图书馆藏玉版书屋本，第 31 叶。
③ 《满洲实录》第 4 卷，第 10 叶；第 6 卷，第 13 叶；第 7 卷，第 3 叶，辽宁通志馆影印线装本，1930 年。
④ 戚继光：《练胆气》，载《练兵实纪》第 3 卷，《学津讨源丛书》本。
⑤ [朝] 李民宬：《建州闻见录》，日本天理大学图书馆今西文库藏本，第 37 叶。

上引后金与朝鲜战马的对比，实际上也反映了后金同明朝战马的对比。后金骑兵，兵悍马壮，兵皆铁甲，马也披甲。据《咸宾录》载女真军法云："其军法，五十人为一队；前二十人披重甲，持戈矛；后三十人轻甲，操弓矢。每遇敌，则两人跃马而出，观阵虚实，然后四面结阵驰击，百步之外，弓矢齐发。"① 骑兵作战时，分作"死兵"和"锐兵"两种："死兵在前，锐兵在后。死兵披重甲，骑双马冲前，前虽死而后仍复前，莫敢退，退即锐兵从后杀之。待其冲动我阵而后，锐兵始乘其胜。"② 这说明八旗军骑兵的勇敢与顽强。每当后金军吹角螺，鸣号炮，发动进攻时，八旗军的骑兵，冲锋，厮杀，摧坚，陷阵，铁骑奔驰，冲突蹂躏，无与争锋，所向披靡。

相反，明朝军队习于平原作战，长于施放火器。他们临阵时，摆列方阵，弯弓挥刀，士气不高，行动迟缓。但后金骑兵有两个显著的特点：一个是速度快，另一个是冲力大。从某种意义上说，战争就是作战双方速度与力量的竞赛。因此，行动慢、摆方阵的明朝步兵，与速度快、力量大的后金骑兵交锋之后，明军未及再装弹药时，后金的骑兵已冲陷方阵，倏来倏往，任意横行。所以，袁崇焕说：明朝"兵不利野战，只有凭坚城、用大炮一策"③。然而，八旗兵攻城时，先用楯车④ 运载登城士卒到城下，竖起罩着牛皮的筒梯，⑤ 军士冒矢石、援筒梯，鱼贯登城。有时从城下挖洞，兵士穴城而入。也有时"则每于马上人持一袋土，一时俱进，积于城下，则顷刻与城壕平，而人马践踏逾越"⑥，取得攻城的胜利。

八旗军又是一支严格训练的军队。天命汗重视军事训练，提高军队素质，培

---

① 罗曰褧：《咸宾录》第2卷，中华书局标点本，1983年，第44页。
② 陈仁锡：《无梦园初集·山海纪闻二·纪奴贼战法》，明刻本，崇祯八年（1635），安徽省图书馆藏。
③ 《明史·袁崇焕传》第259卷，中华书局点校本，1974年，第6711页。
④ 楯车：是一种攻防两用的战车，形似双轮手推车，前面安设高厚木板，蒙以牛皮，以避矢镞。
⑤ 筒梯：是一种攻城用的长梯，蒙牛皮，似筒状，以蔽矢石；有轮，可推动行进。
⑥ [朝]《李朝宣祖大王实录》第69卷，二十八年十一月庚寅，日本学习院东洋文化研究所刊，1959年，第22叶。

养勇敢精神,熟谙弓马技艺。在佛阿拉有很大的操场,天天操练兵马。练兵时,他常亲自检查战马的膘情,马肥壮者赏酒,马羸瘦者鞭责。练兵除演习枪、刀、骑、射外,还进行"水练"和"火练"——练习跳涧的叫作水练,练习越坑的叫作火练;优秀者受赏,怯劣者受罚。天命汗之所以严格军训,是因为他深知武艺对一个兵士之重要。他自己便是一个弓马精熟、武艺超群的射手。如《清太祖高皇帝实录》记载一个努尔哈赤"百步穿柳"的故事:

> 初,上出迎时,至洞城之野,有乘马佩弓矢过者。上问左右曰:"谁也?"左右曰:"此董鄂部人,善射,部中无出其右,所称善射钮翁金是也。"上召钮翁金至,指百步外柳,命之射。钮翁金发五矢,中其三,上下相错。上发五矢,皆中,众视之,五矢所集,仅五寸许,众共叹为神技云。①

上文称赞清太祖弯射神技,五箭环中,技艺超群。这个故事同金太祖阿骨打射艺超群的故事类似。《金史》记阿骨打射艺:"十岁,好弓矢。甫成童,即善射。一日,辽使坐府中,顾见太祖手持弓矢,使射群鸟,连三发皆中。辽使矍然曰:'奇男子也!'太祖尝宴纥石烈部活离罕家,散步门外,南望高阜,使众射之,皆不能至。太祖一发过之,度所至逾三百二十步。宗室谩都诃最善射远,其不及者犹百步也。"②

八旗军还是一支严军纪、明赏罚的军队。《周易·师》曰:"师出以律,失律凶也。"努尔哈赤从建军之初,便军律严、赏罚明。他制定不成文军令,并规定:"从令者馈酒,违令者斩头。"③到万历四十三年(1615),努尔哈赤把军纪、赏罚制度化:

---

① 《清太祖高皇帝实录》第2卷,中华书局影印本,1986年,第7叶。
② 《金史·太祖本纪》第2卷,中华书局点校本,1975年,第19~20页。
③ [朝]《李朝宣祖大王实录》第23卷,二十二年七月丁巳,日本学习院东洋文化研究所刊,1959年,第6叶。

克城破敌之后，功罪皆当其实：有罪者，即至亲不贳，必以法治；有功者，即仇怨不遗，必加升赏。用兵如神，将士各欲建功。一闻攻战，无不忻然。攻则争先，战则奋勇，威如雷霆，势如风发。凡遇战阵，一鼓而胜。①

　　上述记载如"用兵如神"云云，出自清朝文人的讴歌。但是，他确有一套办法，在每次战后核查军士战功时，重赏勇者，以励兵卒。雅荪即为一例。"雅荪素微贱，因叶赫兵临兀扎鲁城时，有战功。太祖高皇帝擢为大臣，宠任特优。太祖在时，雅荪尝以殉葬自矢"②，以死相报，拼战必厉。又如据朝鲜满浦金使郑忠信至赫图阿拉所目击云："军卒则盔上有小旗以为认。每部各有黄甲二统，青甲二统，红甲二统，白甲二统。临战则每队有押队一人，佩朱箭，如有喧呼乱次、独进独退者，即以朱箭射之。战毕查验，背有朱痕者，不问轻重斩之。战胜则收拾财畜，遍分诸部，功多者倍一分。"③

　　努尔哈赤在每次战后，"赏不逾日，罚不还面"④。按功行赏，依罪惩罚，兵士们齐一心志，统一战力，奋勇征杀，有进无退。

　　有人总结后金的骑兵，在作战时有进无退的原因，说道："只以敢进者为功，退缩者为罪[面带枪伤者为上功；凡大小胡人之所聚，面颈带瘢（瘢）者甚多，其屡经战阵可知]。有功则尝之以军兵，或奴婢、牛马、财物；有罪则或杀，或囚，或夺其军兵，或夺其妻妾、奴婢、家财，或贯耳，或射胁下。是以临阵有进无退云。"⑤在某种意义上说，后金是以掠财赏功，酷刑罚罪，来维持一支强大的八旗铁骑劲旅。

---

① 《满洲实录》第4卷，辽宁通志馆影印线装本，1930年，第6叶。
② 《清太宗文皇帝实录》第5卷，中华书局影印本，1985年，第18～19叶。
③ [朝]《光海君日记》第169卷，十三年九月戊申，日本学习院东洋文化研究所刊，1959年，第9叶。
④ 银雀山汉墓竹简整理小组编：《孙膑兵法·将德》，文物出版社，1975年，第109页。
⑤ [朝]李民寏：《建州闻见录》，日本天理大学图书馆藏玉版书屋本，第34叶。

关于后金军队的严酷刑罚，可从《满文老档》中选择两件事情加以说明：后金军攻抚顺城时，在前面的人竖梯登城，后面的人没有跟上，先上的人被射死，命将后面没有跟上的伊赖，削掉鼻子，罚为阿哈（奴仆）。又有苏克达的舒赛牛录的阿奇，擅离兵营，去杀鸡烧着吃，另四人知道后和阿奇一起吃烧鸡。他们五人被清河的明兵杀了。命割取阿奇尸体的肉，给各牛录传观，以儆效尤。①尽管八旗军的军纪严酷，但兵士因参战能得到物质利益和精神鼓励，仍把出征视同节日："出兵之时，无不欢跃，其妻子亦皆喜乐，惟以多得财物为愿。如军卒家有奴四五人，皆争偕赴，专为抢掠财物故也。"②因此，诱之以利，绳之以法，这是后金八旗军队战斗力强的两项重要因素。

八旗军不仅勇敢善战、长于骑射、勤加训练、号令严肃、卒伍整齐、赏罚分明，而且"最工间谍"③。后金为了刺探明军的指挥、部署、数量、军器、城邑、士气、粮秣等情报，曾利用明降将李永芳，每月花银一百两，收买与明辽东官员有交往的刘保，按月递送情报。④后金还曾派谍工男扮女装，设计焚烧明军在海州的粮草。⑤后金因善用谍工，对辽东明军的虚实动静了如指掌。在《三朝辽事实录》和《无梦园初集》等书中，特别是明朝兵部尚书兼辽东经略王在晋，对努尔哈赤善用谍工屡有记述，如：

奴遣奸细探三岔，破联舡，阴图金苕寨。

开原未破，而奸细先潜伏于城中，无亡矢遗镞之费，而成摧城陷阵之功。

奴酋多遣奸细，潜伺内境。

---

① 《满文老档·太祖》上册，中华书局译注本，1990年，第60页。
② [朝]李民寏：《建州闻见录》，日本天理大学图书馆藏玉版书屋本，第33～34叶。
③ 王在晋：《三朝辽事实录》第1卷，江苏省立国学图书馆藏本，第24叶。
④ 王在晋：《三朝辽事实录》第4卷，江苏省立国学图书馆藏本，第29叶。
⑤ 王在晋：《三朝辽事实录》第1卷，江苏省立国学图书馆藏本，第42叶。

奴中间谍，无地不有。

奴酋最狡，善用奸细，我之动静，无不悉知。

贼之奸细，混入其中，如沈阳攻陷，皆由降夷内应，其明验也。

奴自清、抚、开、铁，以及河东、西之陷，何者不由奸细之潜伏？

其用计最诡，用财最广，用人最密，故破奴之法，莫要于查奸细。

此外，明人陈仁锡也说：

奴贼善愚我，而我无一事愚奴。①

后金军统帅努尔哈赤，用精心的策划，诡诈的计谋，丰厚的财物，秘密的手段，派遣谍工，刺探军情，取得指挥战争的主动权。

八旗制度不仅是军事制度，而且是行政制度。后金政权既以旗统兵，又以旗统人。八旗的军事职能前已述及，其社会职能，包括政治、民政、氏族、司法和教育五个方面：

八旗是政权组织。后金的政权组织分为三级——固山、甲喇和牛录。固山额真、甲喇额真、牛录额真，既是军事长官，又是行政长官。他们出则统率军队，入则统领部民。八旗各有旗主，各置官衙，各领属民。基层单位为牛录，牛录额真是本牛录旗人的"父母官"。后金汗通过各级额真，管治其部民。

天命汗同各级额真是君臣隶属关系。天命六年即天启元年（1621）二月，萨尔浒城营筑竣工，努尔哈赤升殿聚诸王大臣曰："君明乃成国，国治乃成君。至于君之下有王，王安即民安，民安即王安。故天作之君，君恩臣，臣敬君，礼也。"②

可见后金八旗中的君臣等级是很森严的。后金政权依靠八旗的固山额真、甲

---

① 陈仁锡：《无梦园初集·山海纪闻二·纪奴奸细》，明刻本，崇祯八年（1635），安徽省图书馆藏。
② 《满洲实录》第6卷，辽宁通志馆影印线装本，1930年，第11叶。

喇额真和牛录额真等各级官吏，组成管理后金部民的国家机器。

八旗也是民政组织。固山、甲喇、牛录，既是军事编制单位，也是户口编制单位。编入八旗的人户，称为旗人。牛录额真及其属下村领催等官员，掌管本牛录、本村屯的民政事务，诸如登记户籍，查勘田地，分配财物，经营房宅，收纳赋税，摊派劳役，管理治安，拘捕逃人，婚丧嫁娶，排解纠纷，清理卫生，送往迎来等。①

八旗又是宗族组织。女真族到努尔哈赤时代，仍保留有氏族残余形态。虽然牛录早已变成军事组织和行政组织，但牛录额真多为一族之长或众族之长。一个牛录往往是一个大宗族，牛录额真即成为该族的族长。如康果礼先世居那木都鲁，以地为氏。康果礼等率兵一千余人，归服努尔哈赤。努尔哈赤命康果礼等"分辖其众，为世管佐领六，隶满洲正白旗"②。康果礼既统辖旗下所属的部众，又为其旗下宗族的族长。尤其是东海女真部民降服后，努尔哈赤即以其首领委任官职，统领所属部民。这种牛录额真，既为军事长官，也为行政长官，又为该族的族长。所以光绪《大清会典》载有"每佐领下，每设族长，管束同族之人，其独小族，即令兼管"③。因此，牛录额真也是家族长、宗族长或总族长。但后来招服日众，情况有所不同，同一牛录内不仅有满洲人，也有蒙古人和汉人等。尽管如此，牛录额真仍管牛录内的宗族事务。

八旗还是司法组织。后金社会八旗下的牛录，是基本的司法单位，是由早期族长审判权而演化为牛录额真审判权的，而牛录额真往往是本牛录的族长。牛录额真有着调解、裁断、审结本牛录属下人的一定权力。后随着国家权力的强化和司法制度的演化，牛录额真仅审理一般民事纠纷，事有大者交理事官审理。下面从《盛京刑部原档》中牛录章京布尔萨海等一案可以窥见后金时牛录额真的司法权力："镶黄旗布尔萨海牛录下青吉儿，首告本牛录下额托齐于法司——先前，额

---

① 《满文老档·太祖》上册，中华书局译注本，1990年，第436～437页。
② 《清史列传·康果礼》第4卷，中华书局，1928年，第12页。
③ 光绪《大清会典》第84卷，清光绪二十八年（1902年）刻本，第10叶。

托齐曾持腰刀砍我们，我青吉儿夺其所配之弓。此情告于牛录章京布尔萨海后，将额托齐鞭二十七；又夺青吉儿我所佩之弓。经审属实，鞭额托齐七十。牛录章京布尔萨海擅自审结持腰刀一罪，鞭五十，准折赎，罚银十六两六钱六分入官。"①

上录案例说明，牛录额真最初享有审判权；但在天聪五年（1631）将民事纠纷以外之审判权交由刑部审理。牛录额真布尔萨海循旧章、违新制，遭到鞭责折赎之罚。

八旗亦是教育组织。满文创制之后，在八旗的牛录里，进行满文的教习。每牛录设立师傅，教授其属民满文。清军入关后，按八旗设立学校，称八旗官学。

八旗制度不仅是军事制度、行政制度，而且是经济制度。这主要表现在天命汗和固山额真除指挥作战和管理行政外，还占有土地、奴仆、牲畜、金银，坐拥田庄，管理生产，分配财物。八固山共同占有土地。胡贡明奏议称："有人必八家分养之，地土必八家分据之。"②这虽是努尔哈赤死后六年的奏议，但反映其在世时八固山占有土地、奴仆和牲畜的史实。后面将较详地叙述后金的土地所有制问题，这里姑且从简。

八旗也是分配财富的单位。如天命三年（1618）四月十五日，攻取明抚顺诸城堡，次日，天命汗就在甲版③野地设营，按旗分配"俘获"三十万人畜。④每次战胜之后，"降者编为户口，所俘各照牛录，派数上献"⑤。他还将在战争中掳获的大量人口、牲畜、金银、布帛，按八旗分赐与贝勒和各级额真等。如萨尔浒之役后，将缴获的战利品堆放八处，按照八旗，进行分配⑥。

---

① 《盛京刑部原档》第166号，崇德三年四月，群众出版社，1985年。
② 《天聪朝臣工奏议》卷上，《清初史料丛刊》本，辽宁大学铅印本，1980年，第10页。
③ 《清太祖高皇帝实录》作"甲版"，《清太祖武皇帝实录》作"甲板"，《满洲实录》则作"嘉班"，其地为一，其译则异。
④ 《满文老档·太祖》上册，中华书局译注本，1990年，第59页。
⑤ 《清代碑传全集·扬古利传》第3卷，上海古籍出版社影印本，1987年，第26页。
⑥ 《满文老档·太祖》上册，天命四年四月初三日，中华书局译注本，1990年，第88页。

此外，八旗还是税收单位。①后金政权凡是需要征调兵员、差役、物资时，都是按八旗分摊，再由旗主贝勒按牛录在本旗内分派。根据天命汗的旨意，各旗主贝勒调发本旗所属牛录的披甲、壮丁、徭役、粮赋等。据申忠一在佛阿拉所见记载："前则一任自意行止，亦且田猎资生。今则既束行止，又纳所猎。"就是说，要缴纳田之所获、狩之所猎。至于行军作战，诸贝勒各领其军兵，而"军器、军粮，使之自备"。后胡贡明于天聪六年即崇祯五年（1632）时奏言："譬如皇上出件皮袄，各家少不得也出件皮袄；皇上出张桌席，各家少不得也出张桌席。"②以上见闻和奏言充分说明，八旗也是税收单位。

女真社会历史发展与生产关系形态所产生的独特社会结构——八旗制度，既有利于其社会生产力的发展，又有利于满族共同体的形成。天命汗通过八旗把分散的女真部民组织起来，管理女真的渔猎业、农业、畜牧业、采集业和手工业生产，促进了女真社会生产力的提高。同时，随着对瓦尔喀、虎尔哈、卦勒察、萨哈连、鄂温克、达斡尔、蒙古人、汉人等的征抚，得到一部人就编为一牛录。努尔哈赤把各部女真人等都包容在旗制之中，加速了满族共同体的形成。天命初年，已发展到约二百个牛录③。

天命汗创建八旗制度，以其为纲，把女真社会的军事、行政、生产统制起来，实行军事、行政、生产、教育、分配、财税、司法和氏族等八种社会职能一元化。女真各部的部民，被按军事方式，分为三级，加以编制。女真社会"是按军事方式组织成的，像军事组织或军队组织一样"④。努尔哈赤用军事方法管理行政、管理经济、管理社会、管理司法、管理民事、管理教育、管理祭祀、管理氏族，使女真社会军事化。因此，在清太祖朝时期，八旗制度既使军事社会化，也使社会

---

① 《剑桥中国明代史：1368—1644》，中国社会科学出版社，1992年，第622页。
② 《天聪朝臣工奏议》卷中，《清初史料丛刊》本，辽宁大学历史系铅印本，1980年，第30页。
③ 孟森：《八旗制度考实》，载《清史讲义》，中国文化服务社，1947年，第30页。
④ [德]马克思：《资本主义生产以前各形态》，人民出版社，1956年，第8页。

军事化。这一点，正是天命汗统治时期女真社会的一个重要特征。

后金天命汗努尔哈赤，以八旗制作纽带，把涣散的女真各部连结起来，形成一个组织严密、生气勃勃的社会整体，在当时历史条件下是有积极意义的。克劳塞维茨在《战争论》中说："战斗与生活合一的民族与社会必强。"后金时期的女真民族和女真社会，是战斗与生活合一的民族，也是战斗与生活合一的社会，整个女真社会就是一座大兵营。这正是后金崛起东北地区，整合女真各部，统一东北地区，施行社会改革和屡败明朝军队的重要原因之一。

历史往往有惊人的相似之处，金朝是以兵得国，后金亦以兵得国。后金与金朝的崛兴、胜利，有着相同、近似之处。《金史·兵志》论道：

> 金兴，用兵如神，战胜攻取，无敌当世。曾未十年，遂定大业。原其成功之速，俗本鸷劲，人多沉雄，兄弟子姓，才皆良将，部落保伍，技皆锐兵。加之地狭产薄，无事苦耕，可给衣食，有事苦战，可致俘获。劳其筋骨，以能寒暑；征发调遣，事同一家。是故将勇而志一，兵精而力齐。一旦奋起，变弱为强，以寡制众，用是道也。①

后来金亡元兴，究其原因之一，《金史·兵志》又论道：

> 岂非自坏其家法而致是欤！抑是道也可用于新造之邦，不可以保长久之天下欤！

清朝八旗制度的正面价值与负面价值，及其在清军入关前与入关后的作用，是有所区别的，亦是有所不同的。八旗制度关系着大清帝国的"荣枯盛衰"②。清

---

① 《金史·兵志》第44卷，中华书局点校本，1975年，第991页。
② [日] 阿南惟敬：《清初军事史论考》，甲阳书房，1980年，第343页。

军入关统一并巩固政权之后,清帝"率祖旧章""持盈保泰",未能对八旗制度随时应变,并加以改革,而使其日渐显现负面的因素,日积月累,而无以自拔。清朝终于由强而弱,由盛而衰,由荣而枯,由生而灭,未能逃过"生者必灭"的历史运行法则。

清朝通过八旗制度,加强了对女真诸申的军事统治和军事独裁,从而给女真劳动民众戴上了一副沉重的枷锁。而八旗军入关之后,对中原地区人民实行野蛮掠夺与军事统治,推行高压政策,同时自我异化,影响了社会的前进,加速了自身的瓦解。

综前,满洲文字的创制,八旗制度的确立,从精神上和物质上准备了后金政权的建立。

第八章 金政权建立及社会结构

一 建州军政势力的发展

金政权的建立,是满洲兴起的转折点,也是建州与明朝关系史上的转折点。在中国皇朝历史上,每当中央皇权衰微的时候,总会出现地方割据。其中有农民武装割据,有军阀武装割据,也有民族政权割据。万历朝廷的衰微,建州势力的崛兴,为建州冲决臣属关系的网罗,建立金民族割据政权,准备了条件。

就建州而言,从万历十一年(1583)努尔哈赤起兵,到万历四十四年(1616)建立大金,其间整整三十三年。在这段时间里,建州社会发生了巨大的变化。

第一,女真各部基本统一。建州兴起后,完成本部统一,又陆续吞并哈达、辉发、乌拉,还对长白山、图们江、乌苏里江等地域的女真部落大体进行了统一,对黑龙江中游女真等部落征讨取得重大成绩。这时建州的地域东到鸭绿江、图们江,东北到乌苏里江暨沿海,西达大兴安岭,南接明界。其地域远远超出建州的范围,并从地理上对明朝辽东重心——辽阳和沈阳形成弧形包围圈。这就需要以新的名号来反映新版图和新臣民的版图现实。

第二,满洲民族正在形成。满族的先世为女真,这是不争的史实。自努尔哈赤起兵后,以赫图阿拉为政治中心的军政势力,其居民成分已经不仅是女真人,还包括鄂伦春人、鄂温克人、锡伯人、赫哲人、汉人、蒙古人、朝鲜人等等。无圈点满文创制且推行，民族意识、民族文化和民族凝聚力加强，一个新的满洲的民族共同体正在形成中。为反映上述新的客观现实，用建州早已不能够概括这个现实，这就需要以新的名号来反映新的民族现实。

第三，八旗军队已成气候。建州的军队，从开始的"十三副遗甲"，到千军万马，已经发展成为一支非常强大的铁骑。万历二十九年（1601），正式整编牛录，初编四旗；万历四十三年（1615），重新整编军队，设立八旗。八旗满洲的军队，大约有二百个牛录，大体有五六万军队。这支八旗满洲军，勇猛善战，纪律严明，野战争锋，所向披靡。这就需要以新的名号来反映新的军事现实。

第四，蒙古贵族奉上尊号。以漠南蒙古科尔沁为例。科尔沁贝勒明安曾参加九部联军进攻建州，结果兵败，落荒而逃。明安从失败中认识到建州的力量与前景，并将自己的爱女给努尔哈赤为妻。再以漠南蒙古内喀尔喀为例。早在万历二十二年（1594），内喀尔喀部老萨贝勒同科尔沁明安贝勒，率先遣使通聘努尔哈赤。万历三十三年（1605），恩格德尔向建州努尔哈赤朝聘献马。万历三十四年（1606）十二月，恩格德尔又引领内喀尔喀五部之使到建州进献驼、马，并"尊太祖为昆都仑汗"，即恭敬汗。这就需要以新的名号来反映新的政治现实。

由上，可以看出，努尔哈赤用新的名号，反映建州社会新的现实，不仅有现实的需要，而且有实现的可能。这也是因为明朝的衰落与腐败，恰为努尔哈赤建国称汗提供了历史机遇。

就明朝而言，从万历十一年（1583）努尔哈赤起兵，到万历四十四年（1616）建立大金，其间整整三十三年。在这段时间里，明朝社会发生了巨大的变化。

第一，明廷内部，更加腐败。万历朝后期，主昏臣庸，纲纪废弛，党争日烈，腐败至极。万历帝深居简出，二十几年不御朝政，以久病亏衰之躯，高卧内廷深宫之中，日与宫女、太监厮混。一切奏章，多留中不发；阁部大臣，亦遇事敷衍。即如朝廷会议，大都流为故套。朱国祯《涌幢小品》记载："朝廷会议，皆成故套。

先一日，应该衙门于各该与议官，通以手本画知。至期集于东阙，该衙门印官，首发一言，或班行中一二人，以片言微语，略为答问，遂轮书题稿，再揖而退。既出阙门，尚不知今日所议为何事，或明知其事不言，出门啧啧，道其状以告人者。"①

明万历帝晚年及以后，朝廷腐败突出的史例为"三案"。所谓"三案"是万历帝晚年及他殁后，明宫中发生的"梃击案"、"红丸案"和"移宫案"。万历帝晚年，宠幸郑贵妃，立储之争，久不能决，由是有"梃击案"的发生。万历四十三年（1615），蓟州男子张差手执木棍，闯入太子朱常洛居住的慈庆宫，击伤守门太监。张差被执后，狱具，供系郑贵妃手下太监庞保、刘成引进。事连及郑贵妃及其内珰，时人因疑郑贵妃欲谋杀太子。"梃击案"反映了万历帝、郑贵妃、皇太子及宫内监的复杂关系。如何处理？大学士吴道南咨问万历三十二年（1604）殿试榜眼、中允孙承宗。孙回答："事关东宫，不可不问；事连贵妃，不可深问；庞保、刘成而下，不可不问也；庞保、刘成而上，不可深问也。"②道南具奏。万历帝与太子不愿深追，便以疯癫奸徒为罪，"戮差于市，毙内珰二人于禁中"③。其余不问。"梃击案"已结，后万历帝死。朱常洛继立，改元泰昌。泰昌元年（1620），朱常洛即位后生病，司礼监秉笔太监兼掌御药房太监崔文昇下药，帝病愈剧，鸿胪寺丞李可灼进红色药丸，自称仙药，泰昌帝服药后死去。其在位时间，仅仅一个月。时人疑系神宗郑贵妃所指使，仅以崔文昇发遣、李可灼遣戍结案。这就是"红丸案"。泰昌帝死，天启帝立。天启帝朱由校，为光宗泰昌帝长子，其母为王选侍。他即皇位时，年十六，生母已死。时抚养由校的李选侍欲居乾清宫（时有两位李选侍，为加区别，称其为西李选侍），与心腹太监魏进忠（即魏忠贤）谋借机把持朝政。甚至

---

① 朱国祯：《涌幢小品》第8卷，上海进步书局石印本，第3页。
② 《明史·孙承宗传》第250卷，中华书局点校本，1974年，第6465页。
③ 《明史·光宗本纪》第21卷，中华书局点校本，1974年，第294页。

有言郑贵妃欲"与李选侍同居乾清宫,谋垂帘听政者"①。朝臣杨涟、左光斗等疏请选侍移宫,两派推拉撕扯,闹得乌烟瘴气,寻选侍移仁寿殿。②后朱由校(熹宗)即皇帝位,移居养心殿。这就是"移宫案"。"三案"事虽属内廷,但朝议汹汹,政治风波,久荡不息,成为党争的重要题目,朝廷更加腐败。

第二,明朝财政,捉襟见肘。在外朝,万历朝主要在十六世纪二十年代,发生了"三大征":其一,抗倭援朝,万历二十年(1592)到二十七年(1599);其二,"平哱拜",万历二十年;其三,"平杨应龙",万历十七年(1589)到二十八年(1600)。这三场战争,一在东北,一在西北,一在西南,牵动朝廷,同期进行,开支巨大,浩繁亿万。史评曰:"七年之间,丧师十万,糜金数千镒。"③在内廷,万历帝掷金如土,挥霍无度:郑贵妃生子,赐宫中赏银十五万两④;生日寿节,赏银二十万两;潞王就国,用珠宝银三十万两;营建定陵,费银至八百余万两;皇子诸王册封、冠婚、袍服费银一千二百余万两;采办珠宝用银,多至二千四百万两。

万历朝以皇帝、宦官、王公、佞臣为代表的贵族官僚集团,已成为统治阶级内部最反动、最顽固、最寄生、最腐朽的集团。腐朽集团,宗藩为甚,仅以其禄饷为例。御史林润言:"天下之事,极弊而大可虑者,莫甚于宗藩禄廪。天下岁供京师粮四百万石,而诸府禄米凡八百五十三万石。以山西言,存留百五十二万石,而宗禄三百十二万;以河南言,存留八十四万三千石,而宗禄百九十二万。是二省之粮,借令全输,不足供禄米之半,况吏禄、军饷皆出其中乎!故自郡王以上,犹得厚享,将军以下,多不能自存,饥寒困辱,势所必至,常号呼道路,聚诟司。守土之臣,每惧生变。"⑤

朱明贵族,将军以下,多数不能自存,何遑平民百姓。一个皇朝,在财政上

---

① 《明史·后妃列传二》第114卷,中华书局点校本,1974年,第3539页。
② 《明史·熹宗本纪》第22卷,中华书局点校本,1974年,第297页。
③ 谷应泰:《明史纪事本末》第62卷,中华书局,1977年,第980页。
④ 《万历邸钞》上册,江苏广陵古籍刻印社,1991年,第315叶。
⑤ 《明史·食货志六》第82卷,中华书局点校本,1974年,第2001页。

如果连宗室贵族都因贫困而不能自存，这个皇朝就已经到了垂死之期。

第三，边备废弛，辽军腐败。辽东巡按御史胡克俭曾在奏疏中指出："国之大事在边，边之大弊在欺。"①辽东军官，上下欺诳，左右盘结，骄奢淫逸，克扣兵饷，杀民冒功，偷卖火药，肆无忌惮。官兵偷卖火药，《李朝实录》载朝鲜平安道观察使朴东亮状启称："自辽阳至镇江，其间许多镇堡，官上火药，暗里偷出，或五六百斤，或千余斤。本国买卖人处夜间潜卖。以此，其价虽歇，所偷愈多。数年来辽阳一带火药，尽皆见失。镇堡之官，亦不以时点检，徒闭虚库。"官兵又杀民冒功，据《万历邸钞》载："若投诚之住牧者，与虏之所使住边及摆拨哨探者，投虏潜归，跋涉千里，饥饿数十日，历万死一生而来者，皆我黎民也，一切杀之。然此犹曰在外也，若往来怀挟之弊，民谣曰'带着人头去杀贼'，盖新葬者不能保其坟，独行者不能留其首，惨酷尤甚。又并其阵亡之军，一概割首以报数。"②明朝辽军一次并未交战，却割汉人首三百余级；另在一次战斗中，攻围不克，死伤众多，"因无虏功，割死军五百五十余颗报验"。③

第四，辽东边官，骄纵放纵。明朝宁远伯、"辽东王"、总兵官李成梁，骄纵贪黩，苛索殃民。《万历邸钞》中记载阅视辽左给事中侯先春劾李成梁疏。这封万历二十年（1602）四月的奏疏，因不多见，转录如下：

  李成梁负国厚恩，敛民深怨。齿衰力惫，久惭专阃之司；发短心长，日事营家之计。在市场则岁选良马千匹，扣索官价四五万两，大司马输马价以入边，只填溪壑之欲；在盐课则岁占盐目万引，又受献纳三四万，大司农开盐引以充饷，徒供垄断之私。宽甸、靖（清）河等处，岁科军饷银三万两，买纳年例参五千斤余矣。又派民屯每家十斤或五七

---
① 《万历邸钞》上册，江苏广陵古籍刻印社影印本，1991年，第556叶。
② 《万历邸钞》上册，江苏广陵古籍刻印社影印本，1991年，第565叶。
③ 《万历邸钞》上册，江苏广陵古籍刻印社影印本，1991年，第565～566叶。

斤，计价银二三万两。科派者，心腹夏守茂、谬（缪）惟等；收受者，家人李定也。家之肥，民之瘠矣！开原、伍奠等处，岁献貂皮一千五百张，各将领家献沙金二十余两矣。又派住户金三千两，商贩貂皮三千张，计直不下二万余两。散派者心腹张文学及谢二等，收受者亦家人李定也。财之聚，怨之府矣！遇地方失事，则会各路将领，每出银五百，名曰谢部礼，计一次则收万金，尽入私囊；而谢部等费，或几千金，或万金，则出自本营将官。如李宁失事，则出银四蒲包可推也。遇朝廷赏赉，则以衣物、皮张等项，分给各军一半，名曰搭对。计每次所领万金，半充私囊。而升一官，封缺千两或五百两，各有定额。如近日戴良栋之升参将，则得银一千两可质也。两年间凡虏入矣，而任其杀掠数日，掳去人民十余万，端坐海州城郭，何异门庭之寇？三年内凡三出塞矣，而坑我劲卒千人，甲马奚止五六千；积尸遍野荒丘，谁招口外之魂？怯战殃民，全镇恨深入骨；剥军耗国，两河地已无皮。惟是财足弥缝，智工结纳。是以杀擒日亟，生聚日疏，而报捷之封章，日肩摩于阙下；功名寝盛，爵禄寝崇，而生民之命脉，寝（浸）告瘵于边彊（疆）。即三年前过端无庸苛索，据三年内罪状业已昭彰。此一臣者，留之适贻祸于地方，而罢之可瓦全其终始。①

上引侯先春劾李成梁之疏，只及李成梁个人，未及其后之制度。疏入，李成梁解任。后又任他为辽东总兵官。旧病依旧，愈来愈重，万历悲剧，则在于此。虽然李成梁早年战功卓著，但他居功骄横，穷奢极侈。下面摘录一段材料："平辽伯李成梁父子五人，相继掌兵柄，劲卒数万，雄视绝塞，附郭十余里，编户鳞次，树色障天，不见城郭。妓者至二千人，以香囊数十，缀于系袜带，而贯以珠宝，一带之费，至三四十金。数十步外，即香气袭人，穷奢极丽。每未、申时，夹道

① 《万历邸钞》上册，江苏广陵古籍刻印社影印本，1991年，第661～664叶。

皆弦管声矣！"①

李成梁父子环任，骄奢淫逸，姑容羁縻，建州得益。明兵部尚书李化龙疏言："然辽事之坏，自李成梁父子盘据三十余年，结构要津，羁媚奴虏，部伍之籍，皆厮养之名，太仓半入私囊。间常袭杀近境屯种属夷，斩其首功，蹿爵甘饵者，又从而拥戴之，以致养成祸患。奴得侦我虚实，愈肆骄逞。"②

努尔哈赤与李成梁的关系，是其时明边臣议论的一个话题。明辽东重臣熊廷弼洞悉辽东情状，尝言："昔建州诸夷，若王兀堂、王杲、阿台辈尝分矣。而合之则自奴酋始，使之合之，则自李宁远始。何则？正统间，海、建勾北虏，也先为患，卒被夺其敕书，失贡市利，不能过活，乞哀守臣，复请补给，或十数道、三五道，各自入贡，势莫能相一也。自宁远为险山参将，以至总兵，诱此间彼，诱彼间此，专以掩杀为事，诸部或绝或散。而是时，奴酋之祖曰教场、父曰他失。他失者，阿台壻也。其袭阿台也，宁远寔使诱之。已而城下，并杀其父、祖，而奴酋请死。宁远顾思各家敕书无所属，悉以与奴酋，且请为龙虎将军以宠之。于是，奴酋得以号召东方，尽收各家故地遗民，归于一统，而建州之势合矣。自建州之势合，而奴酋始疆；自五百道之贡赏入，而奴酋始富。"③就是说，李成梁的错误政策，使努尔哈赤得敕书、受封赏，相一相合，且富且强，号令东方；使女真诸部统合，而崛兴辽东。

然而，李成梁之错，还有徙宽奠等六堡。此事之原委：当万历初年时，兵部侍郎汪道昆阅边，成梁献议移建孤山堡于张其哈剌佃，险山堡于宽佃，沿江新安四堡于长佃、长岭诸处，仍以孤山、险山二参将戍之，可拓地七八百里，益收耕牧之利。道昆上于朝，报可。自是生聚日繁，至六万四千余户。及万历三十四年（1606），成梁以地孤悬难守，与督、抚蹇达、赵楫建议弃之，尽徙居民于内地。居民恋家室，则以大军驱迫之，死者狼藉。成梁等反以招复逃人功，增秩受赏。

---
① 王一元：《辽左见闻录》，不分卷，清抄本，谢国桢先生藏本。
② 《明神宗实录》第40卷，万历四十年正月乙巳，内阁文库本。
③ 熊廷弼：《答友人》，载《明经世文编》第480卷，中华书局，1962年，第5287叶。

兵科给事中宋一韩力言弃地非策。巡按御史熊廷弼勘奏如一韩所言，一韩复连章极论。皇帝素眷成梁，悉留中不下。

李成梁放弃宽奠等六堡，其结果是：第一，明失去广大辽土，而建州得到大片土地；第二，明丧失大量汉民，而建州得到大量劳力；第三，明辽军开始出现劣势之态，而建州军开始呈现上升之势。简而言之，这是明朝日后要失去辽东的一个历史信号。但是李成梁不仅未意识到其严重后果，反而一味虚憍、冒功、奢侈、欺上。《明史·李成梁传》载："成梁镇辽二十二年，先后奏大捷者十，帝辄祭告郊庙，受廷臣贺，蟒衣金缯，岁赐稠叠。边帅武功之盛，二百年来未有也。其始锐意封拜，师出必捷，威振绝域。已而位望益隆，子弟尽列崇阶，仆隶无不荣显。贵极而骄，奢侈无度。军赀、马价、盐课、市赏，岁乾没不赀，全辽商民之利，尽笼入己。以是灌输权门，结纳朝士，中外要人，无不饱其重赇，为之左右。每一奏捷，内自阁部，外自督抚而下，大者进官荫子，小亦增俸赍金。恩施优渥，震耀当世。而其战功，率在塞外，易为缘饰。若敌入内地，则以坚壁清野为词，拥兵观望；甚或掩败为功，杀良民冒级。阁部共为蒙蔽，督抚、监司稍忤意，辄排去之，不得举其法。先后巡按陈登云、许守恩，廉得其杀降冒功状，拟论奏之，为巡抚李松、顾养谦所沮止。既而物议沸腾，御史朱应毂、给事中任应徵、佥事李琯交章抨击。事颇有迹，卒赖奥援，反诘责言者。"①

这是一幅上下串通、左右逢源、是非混淆、功过倒衡的黑暗政治图画。朝廷、辽军如此黑暗，辽民无法生存，便逃往建州。

第五，辽东军民，生活困苦。正值努尔哈赤建立后金政权的明朝万历年间，社会矛盾空前激化，土地兼并日益激烈。在关内，以皇帝、贵族、畹戚、权臣、缙绅为代表的大小地主集团，更加疯狂地掠夺土地。明神宗万历帝的皇庄占地二百一十万亩。其弟翊镠，生四岁而封，占田"多至四万顷"②。而其子福王分封，

①《明史·李成梁传》第238卷，中华书局点校本，1974年，第6190页。
②《明史·诸王列传五》第120卷，中华书局点校本，1974年，第3648页。

"括河南、山东、湖广田为王庄,至四万顷。群臣力争,乃减其半"①。至于缙绅豪富,占田少者数百亩,多至数千亩,乃至数万亩。庄田侵夺民业,地主兼并土地,大量自耕农破产。致有田者什一,而无田者什九;富者连田阡陌,而贫者无立锥之地。在关外,土地高度集中的表现是军屯制的破坏。明初,辽东实行军屯制,各卫屯军领之于卫所。辽东卫所只有官舍与军余,正子为军,次子为余,都属于军屯。后来,边外屡遭兵燹,屯军多有逃死;屯田多为军官占夺,屯法尽坏。有的军官隐丁占地:"一户之丁,以百口计矣;一官之地,以千亩计矣。"②军屯破坏,军余亦乱。其结果是:"军失,是以无兵;屯失,是以无饷。"③而且,有司对军余惨毒搜括,渔敛无已,军余穷不堪言:"沿边穷卒,月止粮银四钱,尚不及蓟镇台兵三分之一。且每岁修守,时时防虏,非如他边。虏来有时,其防有候,其苦奚啻数倍。况粮赏已薄,又每越三四个月不沾实惠,除揭贷出息外,而该管司又有公私使用之扣,名虽四钱,计所得不过一二钱。而一人在军,一家仰赖,其将何以为生?此相率而窜徙逃亡者十有八九矣。台堡虽存,士卒多空,谁与为守?"④未逃之卒,困苦不堪。他们除屯田、科粮、帮军、买马、修城、贴驿、排车、号头各正项杂差之外,每丁还要包纳矿税,每人多者二三两,少者一二两。以致富者日贫,贫者日逃,逃者不返,返者更逃。结果,"辽卒不堪,胁众为乱"⑤。辽东地区军屯破坏,兵无月粮,差役烦苛,悲苦万状。朝鲜领议政李元翼目睹辽东一带疲弊已极之状:"财殚力竭,万无生理,闻见惨然。"⑥辽东军民,怨声沸腾。再加上税监高淮,肆虐辽东,引发激变,聚众数千,攻围高淮:"夫激变之事,不数月间,一见于前屯,再见于

---

① 《明史·食货志一》第77卷,中华书局点校本,1974年,第1889页。
② 《明神宗实录》第37卷,万历三十七年五月辛巳朔,内阁文库本。
③ 沈国元:《两朝从信录》第32卷,天启六年十二月,明刻本。
④ 何尔健:《按辽御珰疏稿》,中州书画社,1982年,第6页。
⑤ 《明史·食货志一》第77卷,中华书局点校本,1974年,第1885页。
⑥ [朝]《李朝宣祖大王实录》第108卷,三十二年正月辛卯,日本学习院东洋文化研究所刊,1959年,第10叶。

松山，三见于广宁，四见于山海关，愈猖愈近。又各镇额饷，屡请不发。以此饥军，合于乱众，臣等更不知其祸之所终极也。"①

第六，辽民纷逃，迁往建州。汉民视辽东为苦海，以建州为乐土。辽民为鱼、为雀，建州为渊、为丛，而明朝官吏则为獭、为鹯。明万历年间辽东巡按御史何尔健给万历皇帝的上疏中，所奏实情更为悲惨："我等穷军，朝不保夕，典妻鬻子，析家荡产，苦苦赔纳，已经数年。今委实穷极，无所出办矣。乃今日说罢，今日也不见罢；明日说罢，明日也不见罢。看来官司只是哄我。我等上天无路，入地无门，再看几时不罢，也都钻入彝地，自在过活去罢。"②辽民难以忍受万般克剥，敲骨吸髓，年甚一年，走投无路，穷极计生，正如辅臣朱赓等疏云："遂率合营男妇数千人，北走投房。"③

辽东的汉民，无法生存，逃往建州；而建州似另有一番天地，诱汉人徙往："建州彝地有千家庄者，东西南北周回千余里，其地宽且肥。往年辽、沈以东，清河、宽奠等处，与彝壤相接，其间苦为徭役所逼者，往往窜入其中，任力开垦，不差不役，视为乐业。彝人利其薄获，阳谓天朝民也，相与安之，而阴实有招徕之意。然矿税未行，人重故土，去者有禁，就者有限，即官司有事勾摄，犹未敢公然为敌也。乃今公私之差，日增月益，已不自支，而矿税之征，朝加夕添，其何能任。况在此为苦海，在彼为乐地。彼方为渊为丛，民方为鱼为雀，而我为獭为鹯。以故年来相率逃趋者，无虑十万有余。"④

总之，辽民之失，辽事之坏，责在明廷，咎在万历。后来清嘉庆帝在《谒明陵纪事》中，总结明朝灭亡之历史经验，在于皇帝之怠荒，尤其是万历帝之怠惰、天启帝之愚骏。这段文字稍长，但读来颇引人深思："勤政实为君之大本，怠荒实

---

① 《明神宗实录》第446卷，万历三十六年五月甲寅，台北历史语言研究所校勘本，1962年，第6叶。
② 何尔健：《按辽御珰疏稿》，中州书画社，1982年，第36页。
③ 《明神宗实录》第36卷，万历三十六年四月丁丑，内阁文库本。
④ 何尔健：《按辽御珰疏稿》，中州书画社，1982年，第36～37页。

亡国之病源。可不慎其几与？夫明代诸君，洪武、永乐，皆大有为之主。中叶以后，荒淫失德者鲜，亦无暴虐放恣诸弊。然其大病，则在于不勤政、耽宴安。夫不勤，则上不敬天，下不爱民。人君为天之子，不敬则不孝，不孝之子，天必降罚；人君为民之父，不爱则不慈，不慈之父，民必俏之。天罚民俏，国事尚有为乎！前明亡于宦官，固不待言。然深信宦官之故，亦由于怠惰偷安，不亲朝政，使此辈乘机弄权。而外廷臣工，君门万里，抱忠者徒上弹章，憸壬者竞图富贵。上下不交，遂成倾否，不可救药矣。呜呼！明之亡，不亡于崇祯之失德，而亡于神宗之怠惰、天启之愚骏！"①

嘉庆帝论述明亡之机要，并不中肯綮；但指出万历帝之怠惰，为明亡之机要。后史学家赵翼亦指出："论者谓明之亡，不亡于崇祯，而亡于万历。"②所以，万历皇帝之懒惰怠政，努尔哈赤之勤奋勇武，实为明亡清兴之历史枢机。

然而，前述辽东总兵李成梁，毕竟是万历帝怠惰政事的产物，也是明朝溃烂肌体上的脓包。直到八十三岁才解任的辽东总兵官李成梁，曾多次集中兵力，将打击目标集中指向蒙古骑兵，而努尔哈赤以"退地、镌盟、减夷、修贡"赚取其信任，得以从容统一女真诸部，暗自发展，势渐强大。明朝有远见卓识的兵部尚书李化龙，在分析建州"列帐如云，积兵如雨，日习征战，高城固垒"的军事形势后断言："中国无事必不轻动，一旦有事为祸首者，必此人也！"③此人，就是努尔哈赤！

果然，努尔哈赤建立了同明朝相对峙的金国（后金）政权。

---

① 《清仁宗睿皇帝实录》第127卷，嘉庆九年三月壬寅，中华书局影印本，1986年，第9叶。
② 赵翼：《廿二史札记》第35卷，中华书局，1984年，第799页。
③ 《明神宗实录》第484卷，万历三十九年六月丁亥，台北历史语言研究所校勘本，1962年，第4叶。

二 金国（后金）政权建立的过程

努尔哈赤在赫图阿拉称汗，建立后金政权，需要有两个相互依存、不可分割的基本因素：一个是明朝的腐朽衰败，另一个是女真的统一强大。明朝的腐朽衰败，是其建立政权的外部条件；女真的统一强大，则是其建元称汗的内在根据。但是，这两个基本因素的结合，既要有历史发展的机遇，也要有杰出人物的才能。努尔哈赤的杰出，在于他利用明朝衰败的历史趋势，制定出诸如对明廷采取两面策略等一系列行之有效的政策，促使满族崛起，从而实现了上述两个基本条件的统一。

建州女真从含恨起兵到建立后金政权，走过了三十三年路程。在这段漫长的道路上，建州不仅要处理女真族内部的关系，而且要处理建州同明廷的关系。建州与明朝的关系是地方与中央的关系。这种关系的建立，要有两个前提：其一是双方存在共同利益，其二是两方力量对比悬殊。建州与明廷这种既同一又矛盾的关系，决定了建州与明朝各自的策略。总的说来，明朝对建州采取一面政策——封官晋爵，按敕纳贡；加以抚绥，不去征讨。建州对明朝则采取两面政策——既朝贡称臣，表示忠顺；又暗自称雄，发展势力。在这里，把建州同明朝的关系，作一简要的回述。

万历十一年（1583），努尔哈赤父、祖被明军误杀，他表面上迁怒于尼堪外兰："害我祖、父者，尼堪外兰所构也！"他在内心里虽埋藏着仇恨明朝的怒火，却在表面上接受明廷敕封指挥使职，而对明朝佯示忠顺。

万历十七年（1589），努尔哈赤虽统一建州本部，但他仍表示"忠于大明，心若金石"①。并斩木札河部头人克五十以献。据《东夷考略》载："有住牧木札河部夷克五十等，掠柴河堡，射追骑，杀指挥刘斧，走建州。宣谕奴酋，即斩克五十以献，乞升赏。"②努尔哈赤斩献克五十，以表示忠于明廷。明廷以努尔哈赤送归汉人，斩献叛夷，父、祖殉忠，晋升他为都督佥事。③关于明廷与建州的微妙关系，《明神宗实录》有如下记载："惟建州奴酋者势最强，能制东夷。其在建州，则今日之王台也。既屡送回被掳汉人，且及牛畜，又斩犯顺夷酋克五十献其级，而慕都督之号益切，则内向诚矣！及查其祖、父，又以征逆酋阿台为我兵向导，并死于兵火。是奴儿哈赤者，盖世有其劳，又非小夷特起而名不正者也。查得《大明会典》内一款，建州、毛怜〔等〕三大卫夷人，如有送回抢掳男妇者，止许给赏，不愿赏〔者〕，量升千百户、指挥，存留都督名邑（义），以待能杀犯顺夷酋，及执缚为恶夷人与报事、引路、杀贼有功者。此盟府之典，用以信外夷而安封疆者也。若录奴酋父、祖死之功，即当与之都督亦不为过，而献斩逆酋之级，则又与明例合矣。奏入，上从其请，准与都督佥事。此奴贼受我殊恩之始也。"④

上录蓟辽督、抚、按的奏文，至少说明两方面的问题：

明朝方面，蓟辽督抚张国彦、顾养谦曾言，对努尔哈赤的策略是："因其势，用其强，加以赏赉，假以名号，以夷制夷，则我不劳而封疆可无虞也。"⑤努尔哈

---

① 孟森：《明清史论著集刊》上册，中华书局，1959年，第210页。
② 茅瑞征：《东夷考略·建州》，不分卷，传抄本，国家图书馆善本部藏，第16叶。
③《明神宗实录》第215卷，万历十七年九月乙卯，台北历史语言研究所校勘本，1962年，第2叶。
④《明神宗实录》第17卷，万历十七年九月辛亥，内阁文库本。
⑤《明神宗实录》第17卷，万历十七年九月辛亥，内阁文库本。

赤之"佯恭顺"①，迷惑了明廷官员。后来历史发展证明，这只是一厢情愿。

建州方面，努尔哈赤汲取王台、尼堪外兰与王杲、王兀堂的历史教训——前者依恃明朝来统一女真，终成泡影；后者对抗明朝去统一女真，兵败身殒。努尔哈赤则走着一条同上述两种极端相折中的道路。他从这种政策中得好处：既借明廷封赏，提高自己在女真诸部中的声威；又借明廷信任，几乎未受明军干扰而统一女真各部。努尔哈赤受明廷封为都督佥事表明，他对明朝采取的两面政策初奏成效。努尔哈赤为感激明廷的封赐，扬鞭策马，察视形胜，首入京师，进贡谢恩。

万历十八年（1590）四月，都督佥事努尔哈赤率领一百零八人，装载着人参、貂皮、东珠、蜂蜜等贡市方物，经抚顺进山海关，到北京朝贡。《明神宗实录》记载："建州等卫女直夷人奴儿哈赤等一百八员名，进贡到京，宴赏如例。"②明廷的常例宴赏，如指挥使受赏彩缎一表里，绢四匹，折纱绢一匹，素纻丝衣一套，靴、袜各一双等；赏赐之外，又举行宴会。宴会后，开市贸易三天。努尔哈赤到北京朝贡，同时进行贸易，获取财货，开阔眼界，增长见识，了解明廷虚实，学习中原文化，而且这也是他臣属明朝的标志。

万历二十年（1592）八月，努尔哈赤奏文求封龙虎将军。③龙虎将军被女真视为崇勋，因为在努尔哈赤之前，只为哈达部长王台所膺。据《明神宗实录》记载："建州卫都督④奴儿哈赤等奏文四道，乞升赏职衔、冠服、敕书，及奏高丽杀死所

---

① 叶向高：《籑编》第10卷，抄本，美国国会图书馆藏，第89叶。
② 《明神宗实录》第222卷，万历十八年四月庚子，台北历史语言研究所校勘本，1962年，第7叶。
③ 《明史·职官志一》：龙虎将军为武职散阶正二品。
④ 张鸿翔在《燕京学报》第38期《奴儿哈赤受明封赏考实》一文中，据此及《清太祖武皇帝实录》辛卯年(万历十九年)"太祖曰，坐受左都督敕书"，以及《万历武功录·奴儿哈赤列传》的"赞曰"，认为努尔哈赤受明封为左都督。但征引"宜拜大都督而称忠顺也"时，将"宜"字删掉，而含义全非。又据《皇明通纪辑要》第20卷记载：万历二十三年八月，总督侍郎张国彦奏，"奴儿哈赤保塞有功，得升都督，上命升为龙虎将军"。"宜拜"与"得升"都是盖然之词，而不是实封。

管部落五十余名。命所司知之,并赐宴如例。"① 这次努尔哈赤是否亲自入京求封,因记载疏略,无从确知。又据同书之内阁文库本记载:"建州等卫都督等官奴儿哈赤等,进上番文,乞讨金顶大帽、服色及龙虎将军职衔,下所司议行。"② 上录引文说明,明廷虽对努尔哈赤求封龙虎将军"下所司议行",但因李成梁刚遭劾辞职,迟而未予实授。直到万历二十三年(1595),努尔哈赤才得偿夙愿。如《明神宗实录》载蓟辽督臣塞达疏言:"奴儿哈赤忠顺学好,看边效力,于二十三年加升龙虎将军。"③ 孟森《清太祖由明封龙虎将军考》一文,也力主万历二十三年封努尔哈赤为龙虎将军说:"而至龙虎将军之封,则《清实录》固未书,《明实录》亦不见④,惟明代诸家记载,皆言万历二十三年,加奴儿哈赤龙虎将军秩,视王台时。马晋允《皇明通纪辑要》且著其时为二十三年八月,茅瑞征《建州夷考》、沈国元《皇明从信录》则皆浑言二十三年,王在晋《三朝辽事实录》亦叙为二十年之后三年。"⑤ 此外,如《山中闻见录》、《建州私志》等书,也记载努尔哈赤于万历二十三年被加升为龙虎将军。努尔哈赤既表示忠顺明廷,便先后八次到北京进贡。⑥ 努尔哈赤在建立金政权之前的二十余年间,平均每三年到北京进贡一次。他一面向明廷朝贡称臣,表示忠顺;一面又兴兵统一女真各部,称王称汗。特别是努尔哈赤多次到京师,"往来窥探,夷险熟知"⑦。他亲见明朝政局虚实,熟悉明代典章制度,了解中原经济

---

① 《明神宗实录》第251卷,万历二十年八月丁酉,台北历史语言研究所校勘本,1962年,第5叶。
② 《明神宗实录》第20卷,万历二十年八月丁酉,内阁文库本。
③ 《明神宗实录》第36卷,万历三十六年二月癸未,内阁文库本。
④ 《明神宗实录》屡载有关努尔哈赤为龙虎将军事,如:第251卷,万历二十年八月丁酉;内阁文库本第20卷,万历二十年八月丁酉;内阁文库本第36卷,万历三十六年二月癸未;第577卷,万历四十六年十月乙丑;第578卷,万历四十七年正月丁未,内阁文库本第47卷,万历四十七年正月辛未;第580卷,万历四十七年三月癸卯;第580卷,万历四十七年三月戊申。
⑤ 孟森:《明清史论著集刊》上册,中华书局,1959年,第187页。
⑥ 阎崇年:《努尔哈赤入京进贡考》,载《燕步集》,北京燕山出版社,1989年。
⑦ 《明神宗实录》第373卷,万历三十年六月戊申,台北历史语言研究所校勘本,1962年,第10叶。

文化，察访辽东明军戍守，为实现其对明廷的两面政策而往来奔走。

努尔哈赤汲取了明代女真诸部首领血与泪的历史教训：先是，哈达王台，只称臣不称雄，病老而死，未能完成女真的统一；建州王杲，只称雄不称臣，身首异处，也未能完成女真的统一。努尔哈赤则智慧而巧妙地制定自己的谋略，依据彼己的力量变化，对称臣与称雄的关系，分作四个时期，施行动态策略：初始，只称臣、不称雄；继而，明称臣、暗称雄；尔后，既称臣、又称雄；最后，不称臣、只称雄。总之，努尔哈赤采取了既称臣、又称雄的两面策略，暗自坐大，形成气候，称汗建元，夺占辽东。

努尔哈赤对明廷的两面政策，蒙住了明朝昏主庸臣的眼睛，不仅使明军在三十三年间未对建州军进行过一次"围剿"，而且连蓟辽督抚到万历四十三年（1615），还奏称他"惟命是从"！努尔哈赤对明朝一面"明里称臣"，另一面却在"暗里称雄"。

努尔哈赤黄衣称汗，建立政权，有一个历史发展的过程。他沿着通向汗位宝座的阶梯，不声不响、一步一步地拾级而上。

第一步，"定国政"。万历十五年（1587），努尔哈赤在起兵四年大体上统一建州本部之后，在佛阿拉围筑城栅，建衙门楼台。这年六月二十四日，《满洲实录》记载："定国政，凡作乱、窃盗、欺诈，悉行严禁。"①

从此，努尔哈赤在苏克素浒河地区，初步建立起政治权力。这是后金政权的雏形。

第二步，"自中称王"。万历十七年（1589），努尔哈赤一面受明封为都督佥事，一面在佛阿拉"自中称王"。朝鲜平安兵使转书建州女真人童坪者等言："老乙可赤则自中称王，其弟则称船将。"②努尔哈赤在建州本部的女真人中，已经称王，

---

① 《满洲实录》第2卷，中华书局影印本，1986年，第7叶。
② [朝]《李朝宣祖大王实录》第23卷，二十二年七月丁巳，日本学习院东洋文化研究所刊，1959年，第6叶。

建立王权。

第三步,称"女直国建州卫管束夷人之主"。努尔哈赤在大败叶赫等九部联军,受明封为龙虎将军,完全统一建州女真之后,万历二十四年(1596)在与朝鲜南部主簿申忠一回帖中称:"女直国建州卫管束夷人之主佟奴儿哈赤禀,为夷情事:蒙你朝鲜国、我女直国,二国往来行走营好;我们二国,无有助兵之礼(理)。"①努尔哈赤的王权范围已扩展到整个建州女真。但是,他既自称"女直国",又署"建州左卫之印",这个矛盾怎样解决呢?下一步就诠释这个矛盾。

第四步,自称"建州等处地方国王"。万历三十三年(1605),努尔哈赤在赫图阿拉称"建州等处地方国王"。努尔哈赤统一建州女真之后,万历二十七年(1599)创制满文,万历二十九年(1601)吞并哈达、整编牛录,万历三十一年(1603)迁至赫图阿拉:"上自虎拦哈达南冈,移于祖居苏克苏浒河、加哈河之间赫图阿喇地,筑城居之。"②万历三十三年(1605)又在"赫图阿喇城外,更筑大城环之"③。赫图阿拉成为建州崛起与拓展的基地。同年,朝鲜《东国史略事大文轨》记载,努尔哈赤在赫图阿拉向明辽东总兵官李成梁呈文称:"有我奴儿哈赤收管我建州国之人,看守朝廷九百五十余里边疆。"④同年十一月十一日,努尔哈赤又致书朝鲜边将,自称:"建州等处地方国王佟,为我二国听同计议事,说与满浦官镇节制使知道……"⑤以上说明这时努尔哈赤既称"建州国",也称"国王",从而使其王权又提高一步。

第五步,称"昆都仑汗"。万历三十四年(1606)蒙古恩格德尔引领喀尔喀

① [朝]申忠一:《建州纪程图记》,图版十五,载《兴京二道河子旧老城》,日文本,建国大学刊印,1939年。
② 《清太祖高皇帝实录》第3卷,癸卯年(万历三十一年)正月,中华书局影印本,1986年,第7叶。
③ 《清太祖高皇帝实录》第3卷,乙巳年(万历三十三年)三月,中华书局影印本,1986年,第8叶。
④ [朝]《东国史略事大文轨》第46卷,第16页;转引自《清史论丛》第1集,文海出版社,第23页。
⑤ [朝]《东国史略事大文轨》第46卷,第29页;转引自《清史论丛》第1集,文海出版社,第24页。

五部贝勒之使臣，到赫图阿拉谒见努尔哈赤，"尊太祖为昆都仑汗（即华言恭敬之意）"①。此前，努尔哈赤被称为"sure beile"，其汉文音译为"淑勒贝勒"，其汉文意译为聪睿贝勒；现今，努尔哈赤则被尊为"kundulen han"，其音译为"昆都仑汗"。"昆都仑"为蒙古语，其汉意为"恭敬"②，其合译就是"恭敬汗"。这既为他自称大汗作了舆论准备，又为他登临汗位作了政治预演。此后，万历三十七年（1609）努尔哈赤将胞弟"二都督"舒尔哈齐幽禁死；万历四十三年（1615）又将主持国政的长子褚英处死，并建立八旗制度。于是，昆都仑汗努尔哈赤的权力达到一个高峰。至此，努尔哈赤在建州外部，初步具备了建立国家政权的条件；在建州内部，先后建立基地，创制文字，兴建都城，设立法制，整编八旗，封官分职，贝勒议政，削弱分权，增强实力，也完成了建立国家政权的基本条件。

第六步，建元称汗。努尔哈赤建元称汗，是建州由小变大、由弱变强的一个根本性的政治标志。这就表明，努尔哈赤有"射天之志"③，要夺取明统。在《满文老档》中载有一份文书，记录女真贵族关于王朝兴替的大段议论：

> 由大变小，由小变大，这种古今兴亡的事例是很多的。过去桀王暴虐无道，仅有七十里的成汤起兵，获得了桀王的天下。纣王暴虐无道，仅有五百里的文王起兵，获得了纣王的天下。秦始皇暴虐无道，泗上亭长汉高祖起兵，获得了秦始皇的天下。大辽天祚帝，要我们的金太祖起舞，因没有起舞便要杀害他；金太祖愤恨起兵，获得大辽皇帝的天下。宋徽宗收容金汗征讨的辽臣张觉，因而导致宋金战争，徽宗、钦宗父子被俘，后送到东方的五国城。金末代帝在蒙古成吉思汗来叩见时，

---

① "即华言恭敬之意"，是解释"昆都仑"的，应在"昆都仑"三字后面、"汗"字前面；《清太祖武皇帝实录》和《满洲实录》此处均欠妥。
② 《清太祖高皇帝实录》第3卷，第9叶，将"昆都仑汗"译为"神武皇帝"，似欠妥。
③ [朝]《光海君日记》第133卷，十年十月戊辰，日本学习院东洋文化研究所刊，1959年，第14叶。

看到他的相貌，便要杀害他；成吉思汗起兵，获得金帝的天下。明朝万历皇帝暴虐无道，干涉异国的事务，以是为非，以非为是，背理裁断，天以为非。①

上述撰者力图从历史实例中，演绎出一个结论：万历帝实在暴虐无道，努尔哈赤应当建元称汗。

万历四十四年（1616）正月初一日，努尔哈赤在赫图阿拉称汗，建立金国政权。努尔哈赤的登极典礼，后来经过几次纂修的《清太祖高皇帝实录》，作了详细记载：

> 天命元年，丙辰，春正月，壬申朔，四大贝勒代善、阿敏、莽古尔泰、皇太极，及八旗贝勒大臣，率群臣集殿前，分八旗序立。上升殿，登御座。众贝勒大臣，率群臣跪。八大臣出班，跪进表章。近侍侍卫阿敦、巴克什额尔德尼接表。额尔德尼跪上前，宣读表文，尊上为覆育列国英明皇帝。于是，上乃降御座，焚香告天，率贝勒诸臣，行三跪九叩首礼。上复升御座，众贝勒大臣，各率本旗，行庆贺礼。建元天命，以是年为天命元年。②

努尔哈赤这年五十八岁。他在隆重的礼仪中，登上汗位，建元天命。③

但是，据《旧满洲档》记载：

---

① 《满文老档·太祖》第Ⅱ册，天命七年四月十七日，东洋文库译注本，1956年，第600～602页。
② 《清太祖高皇帝实录》第5卷，天命元年正月壬申朔，中华书局影印本，1986年，第1～2叶。
③ 清史学界对此有两种看法：一种是努尔哈赤建立国号同时建立年号，根据是《清太祖实录》已有年号；另一种是努尔哈赤当年只建国号而未建年号，根据是《无圈点老档》即《旧满洲档》《满文原档》只记载建国号，并未记载建年号，其年号是后来才建的，《清太祖实录》是后来纂修的。其实，辽太祖耶律阿保机、元太祖成吉思汗建国号时也未建年号，其年号都是后来才有的。详见后文。

fulgiyan muduri aniya, sure han i susai jakūn sede, aniya biyai
丙　　辰　　年，淑勒　汗的　五十　八　岁时，正　月

ice de bonio inenggi, (amba) gūruni beise ambasa geren gemu
朔　在　申　日，（大）　国的　诸贝勒　诸大臣　众人　皆

acabi gisureme : musei gurun (han be waliyabubi), han akū
会　云：我们的　国　（汗　将　失去），汗　没有

banjime joboho ambula obi。abaka musei gūrun be jirgabukini
生活　极　因为。天　我们的　国人　把　安居

seme banjibuhabidere。abka i banjibuha (geren) yadara joboro
欲　生养　天　的　使　生众　贫　苦

gūrun be gosire (mangga akū yadara niyalmabe ujire) mergen,
国　将　仁慈　（难　不　贫　者将　养）贤良，

ujire faksi han de amba gebu hūlaki seme geren hebedeme
恩养　才智　汗　于　大　名　尊　欲　众人　议

gisureme toktobubi, jakūn gusai beise ambasa gerembe gaibi
商　定，八　旗的　诸贝勒　诸大臣　将众人　率

duin fadarai duin hosio arame jakūn bade ilibi, ; jakūn gūsaci
四　面的　四　隅　分作　八　处　站立，八　自旗

jakūn amban bithe jafabi gerenci tūcibi jūleri niyakūraha manggi,
八　大臣　文书　捧　从众人　出　前　跪　后，

jakūn gūsai beise ambasa geren be gaibi amala niyakūraha, han
八　旗的　诸贝勒　诸大臣　众人　将　率　后　跪，汗

i ici ergide iliha adūn hiya, hashū ergide iliha erdeni baksi.
的　右　侧　站立　阿敦　侍卫，左　侧　站立　额尔德尼　巴克什

(jūwe nobi) emte ergici okdome genebi, jakūn amban i jafabi
（二个）各一　侧　迎　前，八　大臣　的　呈

niyakūraha bithe be alime gaibi, han i jūleri tukiyehe (ambafulgiyan)
跪　文书　把　接　受，汗　的　前　捧　（大红）

dere i dele sindabi。erdeni baksi han i hashū ergide jūleri ilibi
桌　的　上面　放。额尔德尼　巴克什　汗的　左　方　前　站立

(han i susai jakūn se de fulgiyan mudrui aniya, aniya biyai
（汗的 五十 八 岁于 丙 辰 年, 正 月

ice de bonio inenggi muduri erinde amban ），abka geren gurumbe
朔 在 申 日 辰 于时 大臣），天 众 将国

ujikini seme sindaha （amba） genggiyen han seme gebu hūlaha,
抚育 欲 授命 （大） 聪睿 汗 称 号 尊,

(hūlaha manggi ），niyakū rahabeise ambasa geren gemu iliha,
（呼颂 后）， 跪 诸贝勒 诸大臣 众人 皆 起立,

tereci tuttu geren ba iliha manggi, han tehe sorinci ilibi yamunci
由此 那 众人 处 站立 后, 汗 坐 从御座 起立 从衙门

tucibi, abka de ilanggeli hengkilehe. hengkilebi amasi bederebi
出, 天 对 三次 叩头 叩头 毕 回

soorinde tehe manggi, jakūn gūsai beise ambasa ilhi ilhi se
御座 坐 后, 八 旗的 诸贝勒 诸大臣 依次 岁

baha serne han de ilata jergi hengkilehe.[①]
得 而 汗 向 各三 次 叩头.

上述满文汉译:"丙辰年,淑勒汗五十八岁,正月朔壬申（初一）日,大国中的诸贝勒、诸大臣等众人会议云:'因我们的国中（没有汗),没有汗的生活极苦。天欲使我们的国人安居乐业。天的仁慈使贫苦的国中生有贤明智能者,将贫苦之人恩养。欲给汗上尊号。'于是众人议定,八旗的诸贝勒、诸大臣等率领众人,分四面四隅,在八处站立,由八旗的八大臣捧文书,从众人中走出,跪于前面,八旗的诸贝勒、诸大臣等率众跪于后面。阿敦侍卫立于汗的右前,额尔德尼巴克什立于汗的左前,（汗五十八岁的丙辰年正月朔壬申日辰时),颂汗为'天命抚育列国(大)聪睿汗'。（呼颂后)跪着的诸贝勒、诸大臣与众人皆起立,仍回其原处站立。汗自座位起立,走出衙门,对天三叩首。叩首毕回原座位坐定后,八旗的诸贝勒、诸大臣等,依次各向汗三叩首祝贺。"

在《清太祖武皇帝实录》和《满洲实录》中,所载文字与上引文字虽稍异,

[①]《旧满洲档》,中国台湾影印本,1969年。

然大体相同。但是，前引《清太祖高皇帝实录》记载，与《旧满洲档》即《满文原档》所载相较，有如下几点不同：

第一，突出"四大贝勒"的地位。《旧满洲档》即《满文原档》、《清太祖武皇帝实录》及《满洲实录》，均只称"八固山的大臣"，而《清太祖高皇帝实录》却称"四大贝勒代善、阿敏、莽古尔泰、皇太极及八旗大臣，率群臣集殿前，分八旗序立"。

第二，称"覆育列国英明皇帝"。《旧满洲档》即《满文原档》记载，尊努尔哈赤为 ambagenggiyen-han，汉意兼音译为"大庚寅汗"，汉意译为"大聪睿汗"或"大英明汗"，而《清太祖高皇帝实录》却译为"英明皇帝"。

第三，称"建元天命，以是年为天命元年"，《旧满洲档》即《满文原档》并无此记载。

努尔哈赤建立金国、建元天命的载录，直至天命四年即万历四十七年（1619），在建州夺得萨尔浒大捷之后，始出现在朝鲜和明朝的史册上：

其一，李民寏在《栅中日录》中同年三月十五日记载："后金国王敬达朝鲜国王七宗恼恨事。"①

其二，赵庆男在《乱中杂录》中，同年载三月二十一日②"后金国汗奉书于朝鲜国王"。③

其三，《光海君日记》同年四月十九日，载后金与朝鲜的文书，经朝鲜详察后回启："胡书中印迹，令解篆人申汝櫂及蒙学通事翻解，则篆样番字，俱是'后金天命皇帝［印］'七个字。"④

其四，沈国元《皇明从信录》和王在晋《三朝辽事实录》，都在同年五月记

---

① ［朝］李民寏：《栅中日录》，日本天理大学图书馆藏玉版书屋本，第14叶。
② 《满文老档·太祖》上册，中华书局译注本，1990年，第88页。
③ ［朝］赵庆男：《乱中杂录》，转引自《清史论丛》，文海出版社。
④ ［朝］《光海君日记》第139卷，十一年四月壬申，日本学习院东洋文化研究所刊，1959年，第15叶。

载后金天命政权建立事。王在晋于五月二十九日记:"朝鲜咨报,奴酋僭号后金国汗,建元天命,指中国为南朝,黄衣称朕,词甚侮嫚。"①

其五,《明神宗实录》同年六月十九日,载礼科给事中亓诗教《题逆酋僭号疏》云:"近如朝鲜咨报所云,辄敢建国、改元、称朕。"②

其六,傅国《辽广实录》同年夏记载:"奴始僭号,称后金国汗,建元天命。"③又记载其黄衣称朕,指明朝为南朝云云。

此外,朝鲜《光海君日记》六年即万历四十二年(1614)六月,载述努尔哈赤建号之事。因这段记述较前引诸文早五年,故征录如下:"建州夷酋佟奴儿哈赤,本名东狘。我国讹称其国为老可赤,此本酋名,非国名,酋本姓佟。其后或称金,以女真种故也。或称雀者,以其母吞雀卵而生酋故也。今者国号僭称金,中原人通谓之建州。"④

查《光海君日记》,上述引文是光海君李珲同平安兵使李时言对话中的一段插文,当为《光海君日记》纂修者所加之言。光海君李珲在位十四年,被废。《光海君日记》为李朝仁祖时所修,故其所载上述文字不能视作努尔哈赤建国称号的原始史料。

以上数例说明,努尔哈赤在赫图阿拉登极称汗,至天命四年即万历四十七年(1619),始见称后金的记载。而《旧满洲档》即《满文原档》出现"后金国汗"的载录,则在天命六年即天启元年(1621)三月二十一日。⑤因此,一些史书载称:万历四十四年(1616),努尔哈赤建立"大金"(史称后金),是缺乏史实根据的。至于"大金"之号,见诸史册文物,则更晚一些。

---

① 王在晋:《三朝辽事实录》第1卷,江苏省立国学图书馆藏本,第15叶。
②《明神宗实录》第583卷,万历四十七年六月庚午,台北历史语言研究所校勘本,1962年,第8叶。
③ 傅国:《辽广实录》上卷,载《清入关前史料选辑》第1辑,中国人民大学出版社,1984年。
④《明代满蒙史料李朝实录抄》第13册,文海出版社印本,第358页;《朝鲜李朝实录中的中国史料》第7册,六年六月丙午,中华书局,1980年,第2903~2904页。
⑤《满文老档·太祖》上册,中华书局译注本,1990年,第181页。

努尔哈赤所建的政权又作"大金",其史籍根据为李永芳于天命六年即天启元年(1621)五月致朝鲜边将的三件文书:

第一件,"大金国驸马王李永芳谕朝鲜守边官知道:我大金皇帝收取辽东……"

第二件,"大金驸马王李,为招抚军民事,票仰义州节度使……"

第三件,"大金国驸马王李,谕义州节度使知道:昨天古河汉人过江,你地方收藏。叫你通送来,屡唤不应;送过文书又不看,我才发兵过江,你地方人心未不惊动。今我到镇江地方,军民安抚已定。中有畏法愚民,跟随韩参将,见在你义州地方,我故行文,叫你送过江来,彼此两便。你又不接谕帖,不送过人来,反说满浦行文。昨你答通事来说,今后就进贡大金皇帝,今又何出此言?你乃礼义之邦,何为出言反吐?且辽东城堡,全归大金。镇江正朝鲜要路,已属大金。行文不由此地,而言满堡(浦),何也?此言甚是可笑。或者你以我大金尚未一统,非可统驭你国……"。①

上引李永芳致朝鲜边官书帖,凡八见"大金"。因其文繁,不赘全录。

文献记载之外,文物亦相印证。其文物根据主要是:

第一件,天命八年即天启三年(1623)所铸云板铭文:"大金天命癸亥年铸"。②

第二件,东京辽阳城德胜门石额书"大金天命壬戌年仲夏立"。

第三件,东京辽阳城天佑门石额书"大金天命壬戌年吉辰立"。

综上,努尔哈赤建立后金,是有演变过程的。从万历十五年(1587)"定国政",至天命十一年即天启六年(1626)他的死,中经六变,似需历史地对待之。由后金、朝鲜、明朝三方面的文献记载与文物实证可知,万历四十四年(1616)正月朔壬申(初一)日,努尔哈赤在赫图阿拉登极称汗,其时未称后金,亦未建后金。至万历四十六年即天命三年(1618)闰四月,"奴儿哈赤归汉人张儒绅等,赍夷文请和,

---

① [朝]赵庆男:《乱中杂录续录》第1卷,引自《清史论丛》,文海出版社。
② 沈阳故宫博物院藏"大金天命癸亥年云板"。

自称建州国汗，备述恼恨七宗"①，仍称"建州国汗"。尔后于万历四十七年即天命四年（1619），才始见载称其年号天命，国号后金。至于"大金"，据现有史料，则为天启元年即天命六年（1621）以后之事。

但是，有些学者对后金之建国、年号、国号，提出如下三点见解：

第一，关于建国。万历四十四年（1616）正月，努尔哈赤根本没有建立国家政权。

其根据是：《旧满洲档》即《满文原档》《清太祖高皇帝实录》《清太祖武皇帝实录》《满洲实录》四种清朝官方经典文献，都是只记载该年正月初一日，群臣给努尔哈赤上尊号，而没有关于建国号的记载。至于后来清朝官方文献记载该年正式建国是靠不住的；其时朝鲜、明朝的官私文献记载该年努尔哈赤建国，因系间接史料，也是不可信的。对此，大多数学者持相反见解，他们认为万历四十四年（1616）正月，努尔哈赤在赫图阿拉建国称汗，这是确定无疑的。一个新皇朝建立的标志，通常为定尊号、国号、年号，努尔哈赤确实在万历四十四年正月，借鉴蒙古成吉思汗的汗制，定为"奉天覆育列国英明汗"。

应当说，女真－满洲政权，草昧初创，极不完善，也不规范。不能以中原王朝建国的范型，去套努尔哈赤之建国。也不能因当时努尔哈赤只有尊号，没有国号，没有年号，而不承认努尔哈赤建国。其国号、年号有个逐步完善的过程，到皇太极时改国号为大清，改年号为崇德，才算是比较完善，也才算此过程的完结。因此，万历四十四年（1616）正月，努尔哈赤在赫图阿拉建国称汗，史料证据充分，当是确定无疑。

第二，关于年号。万历四十四年（1616）正月，努尔哈赤建国时根本没有使用"天命"年号。孟森《清史讲义》说："太祖之建号天命，本自称为金国汗，而亦用中国名号，自尊为天命皇帝，其实并非年号，并未以'天命'二字为其国内臣民纪年之用，特帝业由太祖开创，在清史自当尊为开国之帝，入关后相沿以天

---

① 沈国元：《皇明从信录》第40卷，明刻本，国家图书馆善本部藏。

命为太祖之年号，则亦不足深辨。"[①] 其后亦有学者赞同此说。概括地说，其根据是：《旧满洲档》万历四十四年（1616）正月初一日记载努尔哈赤只上尊号，而没有定年号；其后无圈点满文编年体《旧满洲档》即《满文原档》记事，仍用干支纪年或用努尔哈赤年龄纪年，而不用天命纪年。这说明当时"天命"只是努尔哈赤的尊号，而不是后金的年号。有的学者对后金时期的六件文物——"天命汗钱"、信牌中"天命金国汗之宝"、"大金天命云板"、"天命金国汗之印"和东京辽阳城门石额"大金天命壬戌年仲夏立"与"大金天命壬戌年吉辰立"，一概解释为"不论是满文的'天命'（abkai fulingga），还是汉文的'天命'，都是努尔哈赤的尊号，而不是后金国的年号"。

不赞成上述意见的学者郭成康在《从清入关前年号的演变看满洲统治者的帝王意识》一文中，列举三件历史文献驳辩孟森先生的论点：（一）《天命丙寅年封佟延敕》照片，其末署汉文"天命丙寅年六月　日"和老满文"abkai fulingga fulgiyan tasha aniya ninggun biyai"。（二）《明清档案存真选辑》（初集）载"天命丙寅老满文诰命"，其末署汉文"天命丙寅年　月　日"、满文"abkai fulingga fulgiyan tasha aniya i ninggun biyai"。（三）《旧满洲档》里的"刘学成奏本"的纸质行间空白处书写满文，奏本末署汉文"天命辛酉年拾贰月　日"。所以，作者结论是："天命作为努尔哈赤的年号，不仅以汉文的形式，而且以老满文'abkai fulingga'形式通行国内臣民，孟森先生所说有误。"

先建国号，后定年号，史有先例。辽太祖耶律阿保机在907年建国，到916年才建年号"神册元年"。应当说，万历四十四年（1616）正月，努尔哈赤建国称汗时，没有确定年号。因为至今没有看到一条可信的史料，证明他在称汗建国时确定年号。既然努尔哈赤于万历四十四年正月建国称汗，自立国家，背弃大明，便不宜用明朝正朔，而应建自己的年号。但是，其时最早的满文文献，用干支纪元、用努尔哈赤年龄纪元、用太祖起兵之年纪元。这种纪年，既不规范，也不方

---

① 孟森：《清史讲义》，中国文化服务社，1947年，第15~16页。

便。后来纂修的《清太祖实录》,才用天命纪年,已成通例,约定俗成,相沿至今,不必更动。

第三,关于国号。清太祖朝所建国号的争论,有"满洲""金""后金""大金"四说:

(一)清太祖国号"满洲"说。魏源在《圣武记·开国龙兴记》中载述:"太祖高皇帝天命元年,受'覆育列国英明'尊号,国号满洲,时明万历四十有四年,太祖年五十有八矣。"经笔者统计,在《清太祖高皇帝实录》中出现"满洲"或"满洲国"字样三十五处,在《清太祖武皇帝实录》中出现"满洲"或"满洲国"字样八十一处,在汉文本《满洲实录》中出现"满洲"或"满洲国"字样九十二处。甚至到天聪年间,还称其国号为"满洲"。皇太极于天聪九年十月十三日(1635年11月22日),诏谕满洲的称名"我国建号满洲,统绪绵远,相传奕世"云云。无疑,上述统计与载述是清太祖国号为"满洲国"说的重要依据。

(二)清太祖建国号"金"说。稻叶君山《清朝全史》记载:"万历四十四年正月,奴儿哈赤自登可汗之位,国号金国,建元天命,或以区别于前代之金,称为后金。"后李燕光、关捷《满族通史》与李洵、薛虹《清代全史》(第一卷)等,均主其"国号金国"之说。

(三)清太祖建国号"大金"说。李鸿彬《清朝开国史略》记述,万历四十四年(1616)努尔哈赤"称汗登位,建立'大金'(史称后金),改元天命"①。金启孮、张佳生《满族历史与文化简编》等都为此说。

(四)清太祖建国号"后金"说。拙著《努尔哈赤传》记载:"努尔哈赤在赫图阿拉称汗,建立后金政权。"其后金为自称,并非后来史称后金。周远廉《清朝兴起史》、黄彰健《清太祖天命建元考》等都持此说。其主要根据,为当时的朝鲜四条文献史料和明朝六条文献史料。

应当说,努尔哈赤所建的国号,称金、后金、大金都有文献和文物依据。大

---

① 李鸿彬:《清朝开国史略》,齐鲁书社,1997年,第57页。

金的"大"字，是"金"的修饰词。这在中国皇朝史上屡见不鲜，大唐、大宋、大元、大明、大清都是史例。后金的"后"字，则是同阿骨打的"金"相区别。金、大金、后金三者，都共有"金"字。如用"金"，则同阿骨打建立的金朝容易混淆；如用"大金"，也容易同阿骨打所建的金朝混淆。后来史家用"后金"，已成通例，约定俗成，不应再动。

  总之，努尔哈赤称汗建国，既是对中原汉族国家政权的模仿（如前引王朝兴替的长篇议论，可为例证），也是对金朝政权制度的再现（如努尔哈赤讲述金代的历史故事，即为例证），还是对蒙古行政制度的借鉴（如扎尔固齐、巴克什等官职的创设，亦为例证）。努尔哈赤称汗建国，结束满洲氏族部落时代，开创崭新勃兴历史时期，是满族历史上的划时代事件；拉开清朝历史的序幕，开创中国新的皇朝，也是中华历史上的划时代事件。

三 金国（后金）政权的组织

努尔哈赤建立的金国政权，有许多问题需要阐述，仅择其议政会议与司法审判两点，作一概述。

议政会议。先是，努尔哈赤起兵之初，诸子年幼，尚在冲龄，议商军国大事，要依靠五大臣。努尔哈赤起兵后，实力日增，骑兵日众，建佛阿拉，"自中称王"，到万历十六年（1588），以费英东、何和礼为一等大臣，其时努尔哈赤届而立之年。这年，五大臣中的安费扬古三十岁，何和礼二十八岁，额亦都二十七岁，费英东二十五岁。其时长子褚英九岁，次子代善六岁，侄阿敏三岁，五子莽古尔泰二岁，八子皇太极尚未出生。从上述年龄的统计与比较来看，努尔哈赤军国要务只能由五大臣组成中枢议政集团，进行议商赞决。努尔哈赤同五大臣组成议政、行政机构，他们成为淑勒汗的枢辅重臣。后努尔哈赤又借鉴蒙古汗国的制度，借用蒙古官名，命五大臣分工管理各方面事务：费英东为大扎尔固齐（蒙古语意为"理事官"）主司法刑政；额亦都、安费扬古两位巴图鲁主管军事；达尔汉辖（"辖"蒙古语意为"侍卫"）扈尔汉主管侍卫扈从；何和礼亦参与执政。五大臣或为淑勒贝勒的额驸，或为淑勒贝勒的养子，他们都是率先归附、勋劳卓著、忠心无二、文武兼备的核心人物。

随着努尔哈赤权力的日益强化，诸子侄成为军政骨干。到万历四十三年（1615年），努尔哈赤在建立八旗制度、改造传统部落组织同时，建立议政会议制度："每五日一次，诸贝勒大臣聚集衙门议事，是非公断，作为常规。"以后，努尔哈赤子、侄次第长成，到天命元年（1616），努尔哈赤次子代善三十四岁，侄阿敏三十一岁，五子莽古尔泰三十岁，八子皇太极二十五岁，都已年富力强，战功卓著，他们成为各掌一旗的旗主贝勒，或称主旗贝勒，即和硕贝勒。小贝勒或台吉如第十子德格类二十五岁、侄济尔哈朗十八岁、长孙（褚英子）杜度二十岁、孙（代善子）岳讬十八岁。努尔哈赤不仅子辈，而且孙辈，都逐渐成长起来。与此同时，五大臣却逐渐同核心议政疏远，分别任各旗固山额真，成为和硕贝勒的附属。他们虽参与议事，但失去权柄，这是汗权强化的表征。

议政会议在汗的主持下，每五日一聚，军国大事，共同议商，并由在八旗制度基础上新设的八大臣（每旗大臣一员）、四十理事官（每旗理事官五员），辅佐办理军政事务。这就突破了传统氏族社会组织的束缚，赋予国家行政机构更明确的职能。天命年间，十部执政者先后有：天命汗努尔哈赤及其次子代善、侄阿敏、五子莽古尔泰、八子皇太极、十子德格类、十二子阿济格、长孙杜度以及布尔杭古、德尔格勒等。在不同时期，参政成员有不同变化。这些参与议政的成员，以天命汗家族为核心，带有浓厚家族政治色彩。努尔哈赤"凡有所谋，必与执政诸贝勒大臣共议"。在中国古代北方少数民族中，由于氏族社会残余影响，常见的一个历史现象，就是国家议政机构与执政家族组织，二者融合，难分难解。北魏拓跋氏有"八公会议"，实即八部大人会议；金代女真建国初有军国大事"适野环坐，画灰而议"的习俗；蒙古成吉思汗也有贵族议事的制度，等等。金国的勃极烈议政制度，其勃极烈即贝勒——金太祖阿骨打建国，设勃极烈四人，以家族近亲或子弟担任，组成以皇帝为核心的最高军政机构。这种历史现象的一再重演，说明从氏族酋长会议到建立贵族议政会议，是一种带有普遍性的历史现象。至于满洲的贵族议政会议,既保留了古老议事制的传统,又演变为以汗为首的贵族集权制。清初国家机构的大汗,也是血缘家族组织的首领,国家的权力机构与血缘的家族组织相结合,政治关系与家族关系合二为一。正如《天聪朝臣工奏议》所说:"汗犹一家之祖父也,贝勒犹一家子弟也。"努尔哈赤以诸亲近子侄为和硕贝勒,分掌八旗,把持议政,建立起集族权、政权、军权于一身的"汗父"统治。这种作为国家中枢机构的议政会议,其职能之军政不分,其成员之血缘色彩,反映出它的民族性与原始性。八旗贵族议政在建筑上的标志——盛京(今沈阳)的笃恭殿(大政殿)暨列署亭式殿(十王亭),是清太祖举行议政与盛典的殿堂。康熙《大清会典》记载:"国初于笃恭殿前列署十,为诸王议政之所。"所谓"笃恭殿"即大政殿,又称大衙门;所谓"殿前列署十",就是大政殿前东西两侧由北而南排列各五座亭式殿,为八旗两翼王及八旗王、贝勒等的"朝会之所"。凡遇有议政王、贝勒、大臣等应议之军国大计,常在此处举行。故《清实录》中称之为"会议处""议政处""议政衙门"。

据《清太宗文皇帝实录》记载:"天命元年,太祖以上(皇太极)为大贝勒,与代善、阿敏、莽古尔泰共理机务。"①《八旗通志·初集·代善传》也载:"天命元年,太祖正大号,叙群臣功,封和硕大贝勒四人,以代善为首。"②四大贝勒,即代善、阿敏、莽古尔泰和皇太极。他们在此以前,已经崭露头角,显示出军事才干,成为努尔哈赤亲信而得力的助手。天命元年即万历四十四年(1616),努尔哈赤封四大贝勒,使议政的成员由五大臣转移到努尔哈赤及其诸子、侄中间。到天命六年即天启元年(1621)二月,努尔哈赤更命"四大贝勒,按月分直,国中一切机务,俱令直月贝勒掌理"③。这标志着四大贝勒权势更加提升,五大臣权势更为下降。从天命中期至天命末年,费英东、额亦都、安费扬古、扈尔汉、何和礼相继去世,

---

①《清太宗文皇帝实录》第1卷,中华书局影印本,1985年,第2叶。
②《八旗通志·初集》第129卷,东北师范大学出版社,1985年,第3536页。
③《清太宗文皇帝实录》第5卷,天聪三年正月丁丑,中华书局影印本,1985年,第2叶。

议政的权力更集中于努尔哈赤及其爱新觉罗家族之中。

在努尔哈赤诸子孙当中，除四大贝勒外，众小贝勒台吉也开始随班议政。天命六年即天启元年（1621）正月，努尔哈赤与诸子、侄盟誓不诛宗室，参与盟誓的有：代善、阿敏、莽古尔泰、皇太极四大贝勒和德格类、济尔哈朗、阿济格、岳讬四小贝勒，以后又有杜度、硕讬等陆续加入议政行列。天聪初年，诸贝勒指责阿巴泰耻与诸小贝勒同列时说："尔先时尚不得随五大臣之列，德格类、济尔哈朗、杜度、岳讬、硕讬，早已随班议政，尔不与焉。"① 阿巴泰为努尔哈赤第七子，年长于皇太极三岁，非努尔哈赤嫡子，战功亦不显赫，所以参与议政较晚。天命八年即天启三年（1623）四月，阿巴泰以征扎鲁特蒙古昂安功，晋封为贝勒。次年，与来归的蒙古巴约特部盟誓时，除四大贝勒外，还有努尔哈赤第七子阿巴泰、第十子德格类、第十二子阿济格，舒尔哈齐之子宰桑古、济尔哈朗，努尔哈赤长孙杜度，代善之子岳讬、硕讬、萨哈廉也参与其事。他们当是努尔哈赤晚年名列议政者。努尔哈赤以自己的子、侄议政、理政，充分表明天命政权带有浓厚的亲贵用事的血缘家族烙印。

满洲爱新觉罗亲贵议政之制，始于天命朝，终于宣统朝。清太祖努尔哈赤是满洲亲贵议政制度的经始者。后来诸贝勒大臣说："太祖在时，凡有所谋，必与执政诸贝勒大臣共议。"曾参与议政的济尔哈朗也说："太祖武皇帝开创之初，日与四大贝勒、五大臣及众台吉等，讨论政务之得失。"② 亲贵议政制后来在不同时期有不同变化。清入关后，礼亲王昭梿在《啸亭杂录》中说："国初定制，设议政王大臣数员，皆以满臣充之。凡军国重务不由阁臣票发者，皆交议政大臣会议。"亲贵会议军国大政之制，迄至军机处建立，实际上起了很大的变化。然而，清代诸王，赞理枢廷，"内襄政本，外领师干"。亲贵用事，太祖定制，贯穿清代，为兴亡之源。《清史稿·诸王传·论曰》道：

---

① 《清太宗文皇帝实录》第3卷，天聪元年十二月辛丑，中华书局影印本，1985年，第28叶。
② 《清世祖章皇帝实录》第89卷，顺治十二年二月壬戌，中华书局影印本，1986年，第4叶。

国初开创，栉风沐雨，以百战定天下，繄诸王是庸。康熙间，出讨三藩，胜负互见，而卒底荡平之绩。其后行师西北，仍以诸王典兵。雍正、乾隆谅暗之始，重臣宅揆，亦领以诸王。嘉庆初，以亲王为军机大臣，未几，以非祖制罢。穆宗践阼，辍赞襄之命，而设议政王，寻仍改直枢廷。自是相沿，爰及季年，亲贵用事，以摄政始，以摄政终。论者谓：有天焉，诚一代得失之林也！

在清太祖努尔哈赤时代，参与议政的先后有五大臣、四大贝勒、众台吉等，他们既要具备宗室贵胄或异姓勋戚的资格，又要具有智慧谋略与显赫战功。这是当时清太祖朝最优秀的精英集团，是努尔哈赤团结之核心，也是八旗力量之所在。但是，后来历史证明："始所以得，终所以失。"① 满洲爱新觉罗亲贵柄政之制，最终成为清朝覆亡的一大枢机。

司法审判。天命汗努尔哈赤重视立法治民。他谕众贝勒大臣曰："为国之道，存心贵乎公，谋事贵乎诚。立法布令，则贵乎严。若心不能公、弃良谋、慢法令之人，乃国之蠹也，治道其何赖焉！"② 他又训道："生杀之际，不可不慎。必平心和气，详审所犯始末，方能得情。"③ 努尔哈赤的"平"与"诚"、"慎"与"详"，且不去评论，但立法布令、整肃严明，却是他治国、治军、治官、治民的一贯思想。先是，建州社会没有成文法。其非成文法，令人毛骨悚然。据朝鲜人申忠一所见云："奴酋不用刑杖，有罪者，只以鸣镝箭脱其衣而射其背，随其罪之轻重而多少之；亦有打腮之罚云。"④

---

① 《明史·食货志一》第77卷，中华书局点校本，1974年，第1877页。
② 《清太祖高皇帝实录》第4卷，癸丑年（万历四十一年）正月，中华书局影印本，1986年，第8叶。
③ 《大清十朝圣训》第4卷，北京燕山出版社，1998年，第8叶。
④ [朝]申忠一：《建州纪程图记》，图版十八，载《兴京二道河子旧老城》，日文本，建国大学刊印，1939年。

另据李民寏之见闻："有罪则或杀，或囚，或夺其军兵，或夺其妻妾、奴婢、家财，或贯耳，或射其胁下，是以临阵有进无退。"①

但是，无论成文法或不成文法，没有审判机关是不能保证法制执行的。随着努尔哈赤王权的不断强化，需要建立审理和惩罚机关。万历四十三年（1615），努尔哈赤设置理政听讼大臣五人，扎尔固齐②即理事官十人，并对审理程序作了规定：

> 国人凡有听断之事，先经扎尔固齐十人审问；然后言于五臣，五臣再加审问；然后言于诸贝勒。众议既定，奏明三覆审之事；犹恐尚有冤抑，令讼者跪上前，更详问之，明核是非。③

上文中的扎尔固齐，即为元代蒙古的达鲁花赤，有悠久的蒙古历史渊源。早在元太祖成吉思汗建国时，即设立达鲁花赤，满文体为 jargūci，其音译作扎尔固齐，其意译作都堂，为司理狱讼的官员。此官的设置，当在万历二十一年（1593）以前。④努尔哈赤于万历十五年（1587）初定国政时的核心任务之一，便是建立法制，"禁悖乱，戢盗贼"。说明在国家形成过程中，法制及其有关的职官建设，具有重要意义。扎尔固齐的主要职掌是鞫审讼狱。它的设立，标志着新国家在形成过程中，注入了前所未有的政治机器的职能。

《清史稿》记载："国初置五大臣，以理政听讼，有征伐则帅师以出。"就是说五大臣的主要职责是"理政听讼"、"帅师以出"，可见他们身兼议政、军事、行政、

---

① [朝]李民寏：《建州闻见录》，日本天理大学图书馆藏玉版书屋本，第34叶。
② 扎尔固齐：福格《听雨丛谈》第8卷，"曾于《清文鉴》中查之不得，应是蒙古语也"。扎尔固齐，满语作 jargūci，系蒙古语达鲁花赤之借词。达鲁花赤为成吉思汗统一蒙古各部后设立的一项司法制度。
③ 《清太祖高皇帝实录》第4卷，乙卯年（万历四十三年）十一月，中华书局影印本，1986年，第21叶。
④ 郑天挺：《探微集》，中华书局，1980年，第144页。

司法四重职任。论者谓扎尔固齐主刑政、巴图鲁主军政、巴克什主文书。这只是平日职能的大致划分；一旦有战事，人不分文武，事不分忙闲，投笔从戎，弃耕从战，去完成最紧迫、最重要的征战任务。因为战争是当时军国事务的中心与重心。

扎尔固齐中增设"大扎尔固齐"，即司法大臣。其满文体为 amba jargūci。"大扎尔固齐"费英东，不但总理刑政，而且统兵争战，冲杀勇猛直前，所向"莫不披靡"，被努尔哈赤誉为"万人敌"。努尔哈赤初设十扎尔固齐时，以阿兰柱为首，但他早年从征乌拉战殁，没有留下较多的文字记载。扎尔固齐赫东额"首先慕义"归附，屡立战功，后升为扎尔固齐。扎尔固齐噶盖，不但能战，而且参与创制满文。由上可见，扎尔固齐平日"听讼治民"，战时统军出师，他们是文武双全的一代杰出人才。

司法诉讼的程序，据上面引述史料，其程序有五点：第一，小案由各牛录额真等官员聚议初审。第二，讼案由扎尔固齐即理事官复审。第三，大案由理政听讼五大臣会审。第四，由议政会议贝勒大臣等复审。第五，终审——任何案件，"犹恐尚有冤抑，令讼者跪上前"，最后由天命汗裁夺。实际上，在审理案件过程中，因时间、地点、案件、性质以及犯罪人身份的不同，其审理程序也有所不同。

后金诉讼程序有个逐步完善的过程。八旗军占领沈、辽之后，努尔哈赤再谕各贝勒、大臣，要每五天聚集一次，对天焚香叩头，在审理衙门里，对各种罪犯进行审判。时有受贿、荒怠之事，所以规定不许向有罪者索银，在审案时也不许喝烧酒、吃佳肴。① 并明令允许各地可以到赫图阿拉告状申冤——如属实，给予免罪；如诬告，反坐定谳。

在执法时，天命汗强调要按法规办事，虽子弟侄孙，也触法不贷。据《满文老档译注》记载，一次他的侄子济尔哈朗、宰桑古和孙子岳讬、硕讬，因财物相关的事而获罪。努尔哈赤命他们在赫图阿拉的都堂衙门里，穿上女人的衣服、短袍、裙子，加以羞辱。并画地为牢，监禁三天三夜。他还亲去四位贝勒幽坐的地方，

---

① 《满文老档·太祖》上册，中华书局译注本，1990年，第 199～200 页。

叱责诸侄孙，向他们脸上啐唾沫。① 天命汗如此大动肝火，故作姿态，显然想利用这件区区琐事，既惩儆子侄，又严诫诸臣。不过，勋臣如犯重罪，他们有因军功而获得的免死券，仍可得到赦免。

建州的刑法极为惨酷。下面举几个例子。住在广宁的三个八旗兵被蒙古人杀死，命将犯罪的蒙古人，两手钉在木头上，两脚捆在驴腹下，骑着驴子押解到赫图阿拉行刑。② 阿纳的妻子以烙家婢的阴部犯罪，命刺其耳、鼻。③ 另如男人盗窃，妻子要规劝、告发；否则，其妻要脚踏赤红火炭，头顶灼热铁锅，处以死刑。④ 伊兰奇牛录的工匠茂海，因奸污编户汉人妇女，命将他杀死后，碎尸八段，八旗每旗，分尸一段，悬挂示众。⑤ 但是，随着女真社会的巨大进步，又受到明朝辽东刑法的影响，酷刑被逐渐减少、减轻，以至废止。如天命七年即天启二年（1622）六月，后金宣布"废除刺鼻耳之刑"⑥。

为巩固后金政权，加强法制，天命汗还指令翻译《刑部会典》和《明会典》。他在下达给阿敦、李永芳的文书中，要他们将明朝的"各种法规律例，写在文书里送上；抛弃其不适当的条文，而保留其适当的条文"⑦。后来，天聪汗皇太极仿照明朝有关典章，制定出《登基后议定会典》。会典的前二十条，都是有关和硕亲王、多罗郡王、多罗贝勒、固山贝子、固伦公主、和硕公主、多罗格格、固山格格等的等级名号，效法汉族伦理纲常，改革满洲旧习。皇太极继承努尔哈赤的法制思想，制定典章，这对后金社会的发展，满洲政权的巩固，都是有积极作用的。

---

① 《满文老档·太祖》上册，中华书局译注本。1990年，第247页。
② 《满文老档·太祖》上册，中华书局译注本，1990年，第358页。
③ 《满文老档·太祖》上册，中华书局译注本，1990年，第388页。
④ 《满文老档·太祖》上册，中华书局译注本，1990年，第553页。
⑤ 《满文老档·太祖》上册，中华书局译注本，1990年，第308页。
⑥ 《满文老档·太祖》上册，中华书局译注本，1990年，第387页。
⑦ 《清太宗文皇帝实录》，稿本，北京图书馆善本部藏。

四 金国（后金）的社会结构

金国的社会结构，按其社会地位与财产多寡，分为不同的等级。努尔哈赤统治后金社会，主要是依靠统治阶层中的一批新兴军事农奴主贵族。他们主要由以下几种人组成：

第一种人，是宗室贵族。这些人主要为爱新觉罗宗室，特别是努尔哈赤的子、侄。努尔哈赤在世时，年满十六岁的儿子有十二人：褚英、代善、阿拜、汤古代、莽古尔泰、塔拜、阿巴泰、皇太极、巴布泰、德格类、巴布海和阿济格。还有他的弟弟穆尔哈齐、舒尔哈齐、雅尔哈齐、巴雅喇和侄子阿敏、济尔哈朗等。他们多辖有很多的牛录，掌握着很大的权力。如天命六年即天启元年（1621），《满文老档》记载，仅济尔哈朗、汤古代和阿巴泰三人，就占有一百零一个牛录，另有三百七十五甲。在努尔哈赤子、侄中，逐渐形成四大贝勒，即大贝勒代善，其满文体为 daisang beile；二贝勒阿敏，其满文体为 amin beile；三贝勒莽古尔泰，其满文体为 manggūltai beile；四贝勒皇太极，其满文体为 hongtaiji beile。四大贝勒又称四和硕贝勒。和硕，为满文 hoso 的对音，是东南、东北、西南、西北四方或四角的意思。hosoibeile 意为一方之贝勒。稍后，又逐渐形成八和硕贝勒，或称八固山贝勒、八执政贝勒。但是，其中以四大贝勒权势最为显赫。努尔哈赤的子、侄、孙们，不仅手握兵权，而且占有大量的土地、奴仆、牲畜、金银和财物。如努尔哈赤对元妃佟佳氏所生的长子褚英和次子代善，各给予"部众五千户，牲畜八百群，银一万两，敕书八十道"①。以后随着军事上的不断胜利，他们占有更多的财富、更大的权力，形成天命汗以下最大的军事农奴主贵族。

第二种人，是军功贵族。这些人包括八旗的固山额真、梅勒额真、甲喇额真、牛录额真等。他们多为早年归顺努尔哈赤，如《清太祖高皇帝实录》万历十六年（1588）记载："时苏完部主索尔果，率本部军民来归。上以其子费英东为一等大臣。又董鄂部主克辙巴颜之孙何和里，亦率本部军民来归。上以长女妻之，授为一等大臣。又雅尔古寨扈喇虎，因杀其族人，率军民来归。上以其子扈尔汉为养子，赐姓觉罗，亦授为一等大臣。"②

费英东（1564～1620），瓜尔佳氏，万历十六年（1588），随其父苏完部长索尔果率五百户归附，受到努尔哈赤的嘉奖。后授为一等大臣，并以长子褚英女妻之。费英东征瓦尔喀部，取噶嘉路、安褚拉库路，收降人，克屯寨，战乌拉，征叶赫，力战破敌，夺门陷城，"自少从征诸国，三十余年，身先士卒，摧锋陷阵，战必胜，攻必克，屡奏肤功"③。他"为人忠直，见国事稍有阙失，辄毅然强谏，毕智殚力，克输勇略，以佐成帝业"④。皇太极赞誉费英东："见人不善，必先自斥责而后劾之；见人之善，必先自奖励而后举之。其所奏善恶，被劾者亦无怨言，被举者亦无骄色。"⑤

何和礼（1561～1624），又作何和里、何和理，栋鄂氏，又作董鄂氏，祖克彻（辙）巴颜、父额勒吉、兄屯珠鲁巴颜，世为董鄂部长。董鄂部强盛，何和礼代其兄为部长。

---

① 《满文老档·太祖》第Ⅰ册，东洋文库译注本，1955年，第31页。
② 《清太祖高皇帝实录》第2卷，戊子年（万历十六年）四月，中华书局影印本，1986年，第7叶。
③ 《八旗满洲氏族通谱》第1卷，辽沈书社影印本，1989年，第1叶。
④ 《清代碑传全集》第3卷，上海古籍出版社影印本，1987年，第25页。
⑤ 《八旗满洲氏族通谱》第1卷，辽沈书社，1989年，第2叶。

万历十六年（1588），何和礼率部归附，努尔哈赤以长女妻之。征虎尔哈，攻灭乌拉，战萨尔浒，攻克沈阳，占领辽阳，何和礼俱有战功。何和礼"性宽和，识量宏远"①，随努尔哈赤征战三十余年，为其股肱之臣。

扈尔汉，（1576～1623），佟佳氏，世居雅尔古，父扈喇虎于万历十六年（1588）率所部归附。时扈尔汉十三岁，努尔哈赤收为养子。稍长后，任侍卫。他战乌拉，伐渥集，略虎尔哈路，攻萨哈连部，萨尔浒之役合击毙刘綎，取沈阳，破辽阳，皆立战功。②

安费扬古（1559～1622），觉尔察氏，世居瑚济寨，早年从其父事努尔哈赤。万历十一年（1583），从努尔哈赤起兵，战尼堪外兰，攻克图伦城。后努尔哈赤几次遭遇凶险，均赖安费扬古或出奇制敌，或突骑斩敌，化险为夷，转危为安。古勒山之役，与破九部之师；萨哈连之征，率师渡江取胜。诸多重大战役，冲锋破敌，攻城夺门，身先士卒，屡立战功。史称其"自癸未来归，即从征伐。开国功臣惟安费扬古与额亦都二人，效力最在先，并以早岁行兵，迄于白首，战辄居前，还则殿后，屡受重伤，多树勋伐"③。

额亦都（1562～1621），钮祜禄氏，世居长白山，移居英峨峪。幼时父母为仇人所害。年十三，手刃仇人。其早期事功，前已述及。额亦都骁勇善战，挽十石弓，以少击众，所向克捷。努尔哈赤有所征讨，额亦都"皆在行间，未尝挫衄。每克敌受赐，辄散给将士之有功者，不以自私。太祖厚遇之，始妻以族妹。"④后以女妻之。⑤额亦都大义灭亲的故事，生动感人："（额亦都）尤明于大义，而谨于事上。事有关于国家，虽己子亦不稍存姑息。公次子达启，少英异，太祖养于宫中。及长，材武过人，太祖爱之，俾尚公主。达启怙宠渐骄，遇皇子皆无礼，公患之。一日，

---

① 《清代碑传全集》第3卷，上海古籍出版社影印本，1987年，第27页。
② 《清史稿·扈尔汉传》第225卷，中华书局标点本，1977年，第9188～9189页。
③ 《清代碑传全集》第3卷，上海古籍出版社影印本，1987年，第27页。
④ 《清史稿·额亦都传》第225卷，中华书局标点本，1977年，第9177页。
⑤ 《衍庆录》第3卷，乾隆刻本。

假他事集诸子、僮仆宴城外园中。酒甫行，公忽起，命众执达启。众愕然，莫知所措。公大怒，露刀厉声曰：'天下有父杀子乎？诚以此子傲慢不驯，不除他日必负国恩，而败门户。不从者，血此刃！'众乃惧，引达启入室，以衣被覆杀之。公诣太祖，陈且谢罪。太祖惊惋累日，深以让公。久之知公心，弥加嗟叹其为国远虑，忘己效忠。"①

费英东、额亦都、何和礼、扈尔汉和安费扬古为后金的五大臣。昭梿在《啸亭杂录·五大臣》中载述："国初太祖时，以瓜尔佳信勇公费英东、钮钴禄宏毅公额亦都、董鄂温顺公何和理、佟忠烈公扈尔汉、觉罗公安费扬古为五大臣，凡军国重务，皆命赞决焉。"②

他们同努尔哈赤结为亲戚，分掌兵权，赞画机要，襄理国政。努尔哈赤对那些勋戚重臣和各级额真，按其军功大小分赐大量的土地、牧畜、奴仆、布帛、金银、器皿等。据朝鲜李民寏到赫图阿拉所见，将官的农庄多至五十余所，马匹"千百为群"③。他们跟随努尔哈赤南征北战，伤痕遍体，倾心效力，"始终尽瘁"④，逐渐形成后金的军事农奴主贵族。

第三种人，是蒙古贵族。这部分人主要是指归降努尔哈赤的蒙古贝勒、台吉。如明安达礼，世居科尔沁，早年随父归努尔哈赤，授为牛录额真⑤，后为正白旗蒙古固山额真，官至兵部尚书、议政大臣。布颜代，为蒙古兀鲁特部贝勒，归附后金，"尚主为额驸"⑥，后为镶红旗蒙古固山额真。明安、古尔布什、莽果尔代等前已述及。这些蒙古贝勒、台吉等，投附努尔哈赤之后，不仅成为军事贵族，而且成为大农奴主。以恩格德尔为例，恩格德尔原是蒙古巴岳特（又作巴约特）部的小台

---

① 《清代碑传全集》第3卷，上海古籍出版社影印本，1987年，第24页。
② 昭梿：《啸亭杂录》第2卷，中华书局点校本，1980年，第43页。
③ [朝]李民寏：《建州闻见录》，日本天理大学图书馆藏玉版书屋本，第32叶。
④ 《何和礼碑记》，载《辽阳碑志选》第1集，铅印本，第33页。
⑤ 《清史列传·明安达礼》第5卷，中华书局，1928年，第7页。
⑥ 《清史稿·布颜代传》第229卷，中华书局标点本，1977年，第9274页。

吉，他率先归顺努尔哈赤后，不但成为额驸，还被赐予大量的土地与奴仆。仅录《满文老档》的两次记载：天命七年即天启二年（1622），努尔哈赤把"平虏堡民四百三十男丁，给蒙古恩格德尔额驸"①；并命额驸和格格出门，要演吹喇叭、奏唢呐的礼仪。恩格德尔及其妻、弟、子"总计八千男丁，一年征收银五百二十两，粮八百八十斛，当差一百四十人，牛七十头，护卫兵丁一百四十人"②。这些受努尔哈赤恩封为勋贵的贝勒蒙古、台吉，后为八旗蒙古的各级额真，成为后金政权的重要支柱。

第四种人，是汉军贵族。这些人主要是明朝投降后金的官将、生员、商人等。如李永芳、佟养真、佟养性、石廷柱、李思忠、金永和、王一屏、孙得功、张大猷、李国翰、范文程、宁完我、鲍承先等。他们或在努尔哈赤时，或在皇太极时，早归降，被起用。由于汉人降服日众，后来别置汉军，组成与八旗满洲、八旗蒙古鼎足的八旗汉军，从而逐渐形成汉军贵族。汉军贵族既是后金政权的重要支柱，也是天命汗统治辽沈地区的社会基础。这类人如佟养真，辽东人，原系商人，早年与其从弟养性向后金"潜输款"③，后携家眷及族属投归努尔哈赤。他以从征辽阳功，被授为游击世职。不久在奉命驻守镇江时，以身殉后金。努尔哈赤命其子佟图赖袭世职，官至都统。其女为顺治帝福临之妃，系康熙帝生母，后追封为孝康皇后。佟图赖被赠为一等公，其长子佟国纲于"编审册内俱开为满洲"④，曾与索额图同俄国订立《尼布楚条约》，后在出击噶尔丹的乌兰布通之役中阵亡；其次子佟国维，官至领侍卫内大臣、议政大臣。国维之女为康熙帝孝懿皇后；子隆科多宣谕传位胤禛（即雍正）之遗命，雍正初为总理事务四大臣之一。清初佟氏官员之多，时有"佟半朝"之谚。努尔哈赤招降汉人而形成的汉军贵族，从佟氏

---

① 《满文老档·太祖》第Ⅱ册，东洋文库译注本，1956年，第477页。
② 《满文老档·太祖》第Ⅱ册，东洋文库译注本，1956年，第659页。
③ 《清史稿·佟养性传》第231卷，中华书局标点本，1977年，第9323页。
④ 《八旗通志·初集》第143卷，东北师范大学出版社，1985年，第3页。

一门，可以看出其对清初政治影响实为深重。

又如李永芳，辽东铁岭人，为明抚顺所游击。曾于万历四十一年（1613）在抚顺所教场，与努尔哈赤相见。①后努尔哈赤率兵攻抚顺，李永芳出城降。"太祖伐明取边城，自抚顺始；明边将降太祖，亦自永芳始。"②努尔哈赤想以李永芳为诱饵，瓦解明朝边将，对他尽力厚待："仍依明制，设大小官属，令李永芳统辖；上复以子台吉阿巴泰之女妻永芳，授为总兵官。"③李永芳后随努尔哈赤拔清河、克铁岭，下沈阳、占辽阳，以军功进三等总兵官，成为后金的汉军贵族。但是，尽管李永芳效忠于天命汗，仍不免受到歧视：诸子被捆绑，自己遭呵斥——如一次因议兵进取与贝勒阿敏意见相左，阿敏怒叱道："尔蛮奴，何得多言！我岂不能杀尔耶！"④"抚顺额驸"李永芳尚且如此，其他明朝降金官将的境遇更可想而知。另如范文程，将在以下文臣中叙述。

此外，还有依附和服务于后金军事农奴主的文臣。他们撰制满文，通使往来，左右赞襄，参与筹划，对女真各部的统一，满族共同体的形成，后金政权的建设，满、蒙、汉的文化交流，都起了重要作用。如额尔德尼、噶盖、达海、库尔缠、尼堪和希福等，多兼通满、汉、蒙古文字，被赐号巴克什。后尼堪官至理藩院尚书，希福官至内弘文院大学士，都跻身显贵。

在后金的文臣中，也有汉族儒生。除前已叙及的龚正陆外，范文程又是一例。范文程，沈阳人，曾祖鏓，官至明兵部尚书。⑤他少时为县学生员，喜好读书，聪颖敏捷，形貌颀伟。天命三年即万历四十六年（1618），八旗兵陷抚顺，范文

---

① 《满文老档·太祖》上册，中华书局译注本，1990年，第26页。
② 《清史稿·李永芳传》第231卷，中华书局标点本，1977年，第9327页。
③ 《清太祖高皇帝实录》第5卷，天命三年四月，中华书局影印本，1986年，第19叶。
④ 《清史列传·李永芳》第78卷，中华书局，1928年，第11页。
⑤ 《明世宗实录》第347卷，嘉靖二十八年四月丙辰载："升经理两关兵部左侍郎范鏓为兵部尚书。鏓疏辞内有'衰朽之年，栖栖可耻，及仰奉宸谟，自足万全之策，随事变通，实乏将顺之宜'等语。诏责其欺肆不恭，黜为民。"

程被努尔哈赤"得而育之"。努尔哈赤陷辽阳后,范文程险些丧生。据彭孙贻在《客舍偶闻》中记范文程所言:"公曰:'太祖定辽阳,壮者配营中,杀老弱。已而渐及拥厚资者,虑有力为乱也。'从行一地曰:'此我就僇处也。'十七人皆缚就刑,太祖忽问曰:'若识字乎?'以生员对。上大喜,尽十七人录用。"范文程为原明诸生而幸存。后随军,历战阵。天聪三年即崇祯二年(1629)设立文馆,范文程以生员入馆。同年,皇太极率军入塞,兵攻京师。范文程在破大安、陷遵化诸战中,皆立军功。天聪汗皇太极在京师广渠门外兵败于袁崇焕军时,范文程秘进反间计:"时明宁远总制某将重兵居前,公进秘谋,纵反间,总制获罪去。"① 这个故事,《清史稿·鲍承先传》作了记载:

> 是时,承先以宁完我荐,直文馆。翌日,上诫诸军勿进攻,召承先及副将高鸿中授以秘计,使近阵获明内监系所并坐,故相耳语云:"今日撤兵,乃上计也。顷见上单骑向敌,有二人自敌中来,见上,语良久乃去。意袁经略有密约,此事可立就矣。"内监杨某,佯卧窃听。越日,纵之归,以告明帝,遂杀崇焕。

上述的"反间计",由范文程设计,皇太极定计,鲍承先和高鸿中施计,而崇祯皇帝中计。结果,明蓟辽督师袁崇焕被逮捕入狱,后惨遭凌迟处死。第二年,范文程因功为文馆之文臣。② 后升为游击。文馆改为内三院后,范文程被授为内秘书院大学士,"凡宣谕各国敕书,率撰拟以进"③。后范文程颇受皇太极之知遇:"时文程所领皆枢密事,每入对,必漏下数十刻始出,或未及食、息,复奉召入。"④ 后来,

---

① 《清代碑传全集》第4卷,上海古籍出版社影印本,1987年,第29页。
② 《清太宗文皇帝实录》第6卷,天聪四年二月甲子,中华书局影印本,1985年,第16叶。
③ 《清国史·范文程列传》第5册,中华书局,1993年,第329叶。
④ 《清史列传·范文程》第5卷,中华书局,1928年,第1页。

进军山海,直取京师,传檄而定大江南北,废除三饷,编行保甲,广行招垦,屯政兴农,科考取士,重大治策,经纶筹划,多出自范文程或由其参与运筹。

除汉族儒臣外,还有蒙古族医士。如绰尔济:"天命中,率先归附。善医伤。时白旗先锋鄂硕与敌战,中矢垂毙,绰尔济为拔镞,傅良药,伤寻愈。都统武拜身被三十余矢,昏绝,绰尔济令剖白驼腹,置武拜其中,遂苏。有患臂屈不伸者,令先以热镬熏蒸,然后斧椎其骨,揉之有声,即愈。"①蒙古族医士绰尔济等具有民族特点与地方色彩的高超技艺,赢得了人们的尊敬,被誉为"神医华佗"。②

综上所述,由宗室贵族、军功贵族、蒙古贵族、汉军贵族以及依附他们的文臣干吏等所组成的统治者集团,是努尔哈赤统治后金社会的政治杠杆与社会基础。

在后金社会中统治集团之外的广大民众,也有不同的等级,他们主要由以下几种人组成:

第一种人,是农奴。他们的来源,或由奴隶转化,或从诸申分化,或系部民迁徙,或为辽沈农民。农奴是后金社会的一个基本阶级。八旗军进入辽沈地区后,农奴阶级的队伍空前扩大。如将官农庄多至有五十余所,"奴婢耕作,以输其主"③。这里的奴婢即农奴,天命汗治下"民"的主体部分。

第二种人,是牧民。后金的牧民既包括建州的,也包括蒙古的。漠南蒙古地区,在元明时期进入封建制社会。后金辖区的蒙古牧民多为牧奴,而后金的牧民,也多为牧奴。

第三种人,是工匠。农奴、牧民、工匠是后金社会创造物质财富的主要劳动者。后金的工匠,主要是来源于辽东、朝鲜的手艺人。他们进行器物的制造,如烧瓷器、制弓矢、造器械、打农具等。

第四种人,是阿哈。阿哈为满语 aha 的对音,其阶级地位即是奴仆。阿哈有

---

① 《清史稿·绰尔济传》第502卷,中华书局标点本,1977年,第13880页。
② 《盛京通志》第40卷,清康熙二十三年(1684)刻本,第3叶。
③ [朝]李民寏:《建州闻见录》,日本天理大学图书馆藏今西文库本,第31叶。

时称包衣阿哈，为满语 booi aha 的对音，booi 意为家里的，包衣阿哈是家内奴的意思。他们在后金社会中的地位比较低下。

第五种人，是部民。这主要是指"野人"女真中未被迁往建州而处于氏族部落的居民。他们向天命汗缴纳贡赋，成为臣民。

第六种人，是诸申。诸申为满语 jušen 的对音。他们在建州女真社会中，是"一任自意行止,亦且田猎资生"①的平民。随着建州社会的发展，诸申逐渐地发生分化：有的上升为军事农奴主，有的降为阿哈，其中大部分转化为"既束行业，又纳所猎"的农奴、猎民。他们耕田纳赋，披甲从征，出差服役，生活贫苦。但总的说来，其生活状况还是比氏族制下的部落居民有所改善。

---

① [朝]申忠一：《建州纪程图记》，图版十八，载《兴京二道河子旧老城》，日文本，建国大学刊印，1939年。

五 天命汗改革政体

努尔哈赤政体改革有其历史原因。在努尔哈赤汗权集中的演进路程上,其内部上层发生过三次大的权力冲突。

第一次是努尔哈赤同他的胞弟舒尔哈齐的冲突。早在努尔哈赤起兵之初,舒尔哈齐处于其副手的地位,他们兄弟之间的关系是主副配合、相辅相成的。但是,随着建州事业的发展,他们兄弟的矛盾日渐加深。努尔哈赤由当众怒斥舒尔哈齐,到将其手下二将常书、纳奇布论死,并削夺其兵权。万历三十七年(1609)三月,舒尔哈齐被夺去兵权后,郁闷不乐,常出怨言,认为活着还不如死了的好,遂移居黑扯木。努尔哈赤命收回其财产、阿哈,杀了他的儿子阿布什,又将他的部将武尔坤吊在树上用火烧死。万历三十九年(1611)八月十九日,舒尔哈齐贝勒死。据明人黄道周(号石斋)《建夷考》载:"酋疑弟二心,佯营壮第一区,落成置酒,招弟饮会,入于寝室,锒铛之,注铁键其户,仅容二穴,通饮食,出便溺。"《三朝辽事实录》也载:"奴酋忌其弟速儿哈赤兵强,计杀之。"据《栅中日录》记:"奴酋为人猜厉威暴,虽其妻子及素亲爱者,少有所忤,即加杀害,是以人莫不畏惧。"孟森先生断言舒尔哈齐之死,"实乃杀之"。努尔哈赤以幽死舒尔哈齐,结束了他们兄弟之间的权力之争。

第二次是努尔哈赤同其长子褚英的冲突。舒尔哈齐死时，褚英三十二岁。褚英为嫡长子，屡立战功，被努尔哈赤授命执掌国政。但他受到"四贝勒"——代善、阿敏、莽古尔泰、皇太极和"五大臣"——费英东、额亦都、扈尔汉、何和礼、安费扬古，从内外两方面的倾轧。他们上告褚英有争嗣之嫌。褚英对这些建州的"柱石"和"元勋"缺乏谦恭之态，想趁汗父在世时逐渐削夺他们的财富和权力，以便巩固储位。这促使"四贝勒"与"五大臣"经过密议之后，联合向努尔哈赤告发褚英。努尔哈赤让他们每人写一份文书呈送。他们控告褚英的"罪状"：一是使"四贝勒""五大臣"彼此不睦，二是声称要索取诸弟的财物、马匹，三是曾言"我即位后将诛杀与我为恶的诸弟、诸大臣"。努尔哈赤在权衡利弊之后，断然疏远褚英。褚英不肯悔过，被幽禁在高墙之中。万历四十三年（1615）八月二十二日，努尔哈赤下令将褚英处死，褚英时年三十六岁。褚英是自死还是被处死？《清史列传》中失载，无从述其死因；《清史稿·褚英传》作"乙卯闰八月死于禁所"，不仅死月误系，且未及其死因。乾隆间重抄本《加圈点老档》即《满文老档》记载简略，且讳言其被努尔哈赤下令处死之史实。但是，此段史事在《无圈点老档》即《旧满洲档》或《满文原档》中，载述较详细，其译文如下：

> 聪睿恭敬汗以其长子阿尔哈图土们，心术不善，不认己错，深恐日后败坏治生之道，故令将其囚居于高栅（屋内）。经过二年多之深思，虑及长子若生存，必会败坏国家。倘怜惜一子，则将危及众子侄、诸大臣和国民。遂于乙卯年聪睿恭敬汗五十七岁，长子三十六岁，八月二十二日，始下决断，处死长子。①

上述文中自"经过"以下，至"长子"以上的文字，在乾隆重抄该档时，被

①《旧满洲档》第1册，中国台湾影印本，1969年，第73～74叶。

谕圈删画，故为乾隆间重抄本《无圈点老档》和《加圈点老档》即《满文老档》所讳阙。后来清朝官修《清太祖武皇帝实录》、《清太祖高皇帝实录》和《满洲实录》都因"为尊者讳"而缺载。褚英被处死后，努尔哈赤次子代善逐渐取代其地位，于是再次发生他们父子之间的权力斗争。

第三次是努尔哈赤同其次子代善的冲突。褚英死后"建储"之争主要在代善和皇太极之间进行明争与暗斗。代善与皇太极，以序齿言，褚英已死，代善居长，皇太极为弟行；以武力言，代善独拥二旗，为皇太极掌一旗所不及；以才德言，代善宽厚得众心，皇太极则威厉为人畏惮，努尔哈赤自然决定让代善继褚英执掌国政。《建州闻见录》记载，努尔哈赤死后，"则贵盈哥必代其父"①，贵盈哥即大贝勒代善。努尔哈赤说过："俟我百年之后，我的诸幼子和大福晋交给大阿哥收养。"②大阿哥即大贝勒代善，大福晋是努尔哈赤的大妃乌拉那拉氏阿巴亥。努尔哈赤将爱妃大福晋和诸心肝幼子托付给代善，即预定他日后袭受汗位。然而，代善也有其弱点。随着代善的权位日重，他同其汗父及其弟皇太极的矛盾便趋向激化。这组矛盾以德因泽的告讦而爆发。《满文老档》记载，万历四十八年即天命五年（1620）三月，小福晋德因泽向天命汗告发道："大福晋两次备佳肴送给大贝勒，大贝勒受而食之。一次备佳肴送给四贝勒，四贝勒受而未食。大福晋一天二三次派人去大贝勒家，大约商议要事。大福晋有二三次在深夜出宫院。"③努尔哈赤派扈尔汉等四大臣去调查，后查明告发属实。努尔哈赤对大贝勒同大福晋的暧昧关系极为愤慨，但他既不愿家丑外扬，又不愿加罪于儿子，便借口大福晋窃藏金帛，勒令离弃。小福晋德因泽因告讦有功，被升为与努尔哈赤同桌共食。或言德因泽告讦之谋出自皇太极，皇太极借大贝勒与大福晋的阴私，施一箭三雕之计——既使大福晋被废，又使大贝勒声名狼藉，并离间了努尔哈赤与代善的父子之情，为

---

① ［朝］李民寏：《建州闻见录》，日本天理大学图书馆藏玉版书屋本，第34叶。
② 《满文老档·太祖》第Ⅰ册，东洋文库译注本，1955年，第216页。
③ 《满文老档·太祖》第Ⅰ册，东洋文库译注本，1955年，第217页。

他后来夺取汗位准备了重要条件。

努尔哈赤先后三次向胞弟、长子、次子开刀，而觊觎汗位的政潮仍不能平息。究其症结原因，并不完全是舒尔哈齐、褚英、代善、皇太极等人的非分野心或性格缺陷，而在于他们任何一个人替代努尔哈赤登台，便会打破八旗之间的权势均衡，从而引起多数反对——不肯诚心支持汗父指定的继承人得势，也不愿看到汗父指定的接班人崛起。时天命汗努尔哈赤年事已高，选立嗣君的计划一次又一次地破产。这促使他试图废除立储旧制，改革后金政体，实行八大贝勒共理国政的制度。

努尔哈赤政体改革有其社会原因。在汗权集中演进的路程上，经济、政治、军事、宗族四项基本因素，起着重要的作用。

在经济上，八旗的每旗都是一个庞大的经济集团，旗主贝勒（或主旗贝勒）又都是本旗最大的财富拥有者。当时的习俗是，"有人必八家分养之，地土必八家分据之"①。努尔哈赤告诫子孙们："预定八家，但得一物，八家均分公用，毋得分外私取。"②每次兵马出征所获，按照八旗依军功大小进行分配。其中各旗的旗主贝勒，在该旗中是金帛、牲畜、房田和人口的最大占有者。如大贝勒代善为正红旗的旗主贝勒，他早在万历四十一年（1613），就占有诸申五千户，牲畜八百群，白银一万两，敕书八十道。③八旗军进入辽沈地区之后，旗主贝勒占有的财富更急剧地膨胀。八旗的旗主贝勒既为该旗最大的财富拥有者，他必然要求在政权机关中，有与其财富相应的政治权力。

在政治上，金国的社会成员，都隶于八旗之下，旗外没有独立的政治势力。八旗的每旗都是一个巨大的社会集团，旗主贝勒又都是本旗最高军政长官。各旗的固山额真、梅勒额真、甲喇额真和牛录额真，各置官属，领有部众，分辖属民，

---

① 《天聪朝臣工奏议》上卷，辽宁大学历史系铅印本，1980年，第30页。
② 《清太祖武皇帝实录》第4卷，原清官内府藏，台湾广文书局影印本，1970年，第11叶。
③ 《满文老档·太祖》上册，中华书局译注本，1990年，第21页。

等级严格，名分有定。从后来盛京笃恭殿（大政殿）暨列署亭式殿（十王亭）的建筑格局与形式，反映出在天命汗下八旗的旗主贝勒所具有的特殊政治地位。旗主贝勒既为该旗的总代表，他必然要求在国家政权机关中，分享相应的决策权力与执政权力。

在军事上，八旗的每旗都是一个强大的军事集团，旗主贝勒又都是本旗的军事统帅。努尔哈赤以"十三副遗甲"起兵，连年征战，南北驰突，占领辽沈，建立后金，主要是靠军事胜利发展起来的。后金对外掠夺，对内镇压都需要有一支精锐的军队。天命汗努尔哈赤依恃铁骑劲旅，吞并诸部，攻城略地，掳掠金帛，俘获人畜，因而八旗军队成为后金最高权力机构的八根支柱，他们实力均衡，互不统属，所以旗主贝勒在后金执政机构中占有极重要的地位。旗主贝勒既为该旗的主帅，他必然要求在后金政权机关中，握有与本旗军事实力相应的军政权力。

在宗族上，八旗的每旗都是一个血缘的宗亲集团，旗主贝勒又都是本旗的宗亲宗族长。努尔哈赤起兵以来，各归降部众，由其酋长统领，编丁入籍，披甲入旗。旗下之甲喇，甲喇下之牛录，往往是同一血缘的宗亲家族。由宗亲家族，组成宗亲集团。有的牛录额真，兼任族长。各级额真除管其所属的经济、政治和军事外，还兼理宗族内部事务。所以，旗主贝勒既为该旗的总族长（或委他人为族长），他就必然要在后金政权机关中握有与本旗宗族利益攸关、实力相当的执政权力。

由上，旗主贝勒在后金政权机构中的权力，是按其经济、军事、社会和宗族的实力来分配的。努尔哈赤又鉴于胞弟舒尔哈齐和嗣子褚英、次子代善的历史教训，决定实行八大贝勒共理国政的制度。

努尔哈赤政体改革的主要内容——天赐基业，如何长治？天赐福祉，如何久安？为解决这两个重大问题，天命汗努尔哈赤于天命七年即天启二年（1622）三月初三日，发布实行八大贝勒共治国政的《汗谕》：

众贝勒问上曰："基业，天所予也，何以宁辑休命？休命，天所锡也，何以凝承？"

上曰："继朕而嗣大位者，毋令强梁有力者为也。以若人为君，惧其尚力自恣，获罪于天也。且一人纵有知识，终不及众人之谋。今命尔八子，为八和硕贝勒，同心谋国，庶几无失。尔八和硕贝勒内，择其能受谏而有德者，嗣朕登大位。若不能受谏，所行非善，更择善者立焉。择立之时，若不乐从众议，艴然变色，岂遂使不贤之人，任其所为耶！至于八和硕贝勒，共理国政，或一人心有所得，言之有益于国，七人宜共赞成之。如己既无才，又不能赞成人善，而缄默坐视者，即当易此贝勒，更于子弟中，择贤者为之。易置之时，若不乐从众议，艴然变色，岂遂使不贤之人，任其所为耶！若八和硕贝勒中，或以事他出，告于众，勿私往。若入而见君，勿一二人见，其众人毕集，同谋议以治国政。务期斥奸佞，举忠直可也。"①

同日，努尔哈赤关于八大贝勒共理国政的《汗谕》，除《清太祖高皇帝实录》上述载引外，《满文老档》中还载有如下内容：

其一，八王共议，设诸申大臣八人，汉大臣八人，蒙古大臣八人。在八大臣之下，设诸申理事官八人，汉理事官八人，蒙古理事官八人。众理事官审理后，报告诸大臣；诸大臣审理并拟定后，上报八王；八王定断拟定之罪。

其二，国主在一月之内，于初五日、二十日，两次升殿。正月初一日，向堂子叩首，向神祇叩首。随后，国主向诸叔诸兄叩首。然后，汗坐在御座上。汗及接受汗叩首之诸叔诸兄，均坐在一处，接受国人的叩贺。

其三，在汗父所规定八分所得之外，若另自贪隐一物，贪隐一次，革一次应得之一分；贪隐二次，革二次应得之一分；贪隐三次，则永革其应得之分。

其四，如不牢记汗父的训言，不听取兄弟的规劝，仍悖理行事，初则定罪；

①《清太祖高皇帝实录》第8卷，天命七年三月己亥，中华书局影印本，1986年，第15～16叶。

若不改，即没收其诸申；若再不改，即加以监禁，等等。

上述八王即八大贝勒，又称八和硕贝勒，也称旗主贝勒。努尔哈赤颁布八和硕贝勒共理国政谕，改革政体，旨在提高八和硕贝勒的地位，限制继嗣新汗的权力，以维护后金长治久安。通过这次政体改革，努尔哈赤使后金政权掌握在八和硕贝勒手中，八和硕贝勒拥有相当大的权力。如：

第一，推举新汗。《汗谕》规定：天命汗身后新汗的继立，在"八和硕贝勒内，择其能受谏而有德者，嗣朕登大位"，八和硕贝勒握有拥立新汗的大权。新汗既不由先汗指定，也不是自封，而是由八和硕贝勒议后共同推举。新汗既被八和硕贝勒共同推举，继位之后不能独揽后金大权，其权力受到很大的限制。

第二，并肩共坐。《汗谕》规定：新汗与八和硕贝勒并肩共坐一处，同受国人朝拜。新汗在正旦，一拜堂子，再拜神祇，三拜叔兄，随后升御座，与八和硕贝勒并肩共坐一处，同受诸臣叩贺。这项朝仪，规定将八和硕贝勒位列堂子、神祇之次，而居于新汗之上；在接受群臣朝拜时，新汗与八和硕贝勒居于平等地位，从而在礼仪上给予新汗以严格的限制。

第三，共议国事。《汗谕》规定："一人纵有知识，终不及众人之谋"，因命八和硕贝勒"同心谋国，庶几无失"。努尔哈赤规定在会议军国大政时，新汗要与八和硕贝勒共同议商，集体裁决。这就使八和硕贝勒操持后金军国大事的最高决策权，从而限制了新汗的恣肆纵为，独断专行。

第四，八份分配。《汗谕》规定：凡是八旗军掠获金帛、牲畜等，归八和硕贝勒共有，按"八分"即八份，也就是八旗进行分配。这既为着防止"八家"因财富分配不均而祸起萧墙，更为着防止新汗一人垄断财货。这项规定使诸和硕贝勒与新汗在经济上享有同等的权利，从而对新汗的经济特权加以限制。

第五，任贤退奸。《汗谕》规定：八和硕贝勒要"斥奸佞，举忠直"。凡牛录额真以上官员，其任用、奖惩、升迁、贬斥，都由八和硕贝勒会议决定，而不由新汗一人专决。八和硕贝勒要撤换"己既无才，又不能赞成人善，而缄默坐视"

的庸臣，并从八旗贵族子弟中选择贤能者加以补充。这样新汗丧失了任免官吏的权力，而人事大权掌握在八和硕贝勒手中。

第六，断理诉讼。《汗谕》规定：后金审理诉讼的程序分为三级：理事官初审，诸大臣复审，最后由八和硕贝勒定谳。新汗操生杀予夺之权受到限制，八和硕贝勒掌握最高司法权。

第七，禁止私议。《汗谕》规定：八和硕贝勒有故而他适，当告知于众，不可私往。若面君时，当聚众共议国政、商国事、举贤良、退谗佞，不可一二人至君前。不许和硕贝勒在家中私议国政，也不许新汗同和硕贝勒单独密议，以防奸谋。军国大事，在庙堂上，聚集谋商，共同议决。

第八，废黜新汗。《汗谕》规定：八和硕贝勒如共同认为所拥立的新汗，"不能受谏，所行非善"，有权罢免，另为择立。

努尔哈赤政体改革的重大价值与局限。

努尔哈赤改革设计八和硕贝勒共理国政的制度，旨在确立八和硕贝勒的集体权威，代替国君个人的专制独断，以此限制可能膨胀起来的国君专制权威，制裁那些自行其是的君主、贝勒，以扩大分权与分治，而实现权力的集中与统一。他将原来的君主集权，改革为八和硕贝勒共理国政，使其拥有国君立废、军政议决、司法诉讼、官吏任免等重大权力。由八和硕贝勒组成的贵族会议，成为后金国家的最高权力机关。努尔哈赤试图通过实行八和硕贝勒共治国政制，在新汗嗣位之后，改革君主专制，实行贵族共治。这在我国两千多年的帝制社会历史中，是一项重大的创举，也是一次可贵的尝试。

后金的政体，即其政权构成的形式，是君主集权制。但是，天命汗努尔哈赤，为使其汗权具有稳定性和延续性，解决择立汗位继任者的难题，试图改革君主集权制政体，实行八大贝勒共理国政的体制。

但是，上述努尔哈赤改革后金政体的措施有其局限性。

首先，这次改革仅局限在调整后金执政集团内部新汗与八和硕贝勒之间的关系。八和硕贝勒是天命汗之下最大、最高的满洲贵族，后金的执政权实际上掌握在几个大贵族，主要是四大贝勒手中。

其次，这次改革将异姓贵族排除在后金最高执政集团之外。如努尔哈赤建立后金政权，由五大臣执政。其后，"诸子皆长且才，故五大臣没而四大贝勒执政"①。这时，费英东、额亦都虽死，何和礼、安费扬古、扈尔汉尚在，但并不预政。这表明最高执政权局限在爱新觉罗氏大贵族之中，基本排除了异姓军功贵族。

最后，这次改革是以努尔哈赤《汗谕》形式进行的，意在平衡四大贝勒之间的关系，但这种权力平衡只能是暂时的。天聪六年即崇祯五年（1632）正月，皇太极始"南面独坐"②，四大贝勒的平衡关系被打破，重新建立君主独裁，先汗政体改革，最后宣告失败。

总之，在清太祖朝，天命汗专制权力与八旗贝勒权势之间，以天命汗为主轴，彼此制约，相对平衡，八旗和谐，国家稳定。在国家政体上，表现为以八旗诸贝勒有限的议政权为补充的君主集权制。

努尔哈赤颁布八和硕贝勒共理国政《汗谕》时已届晚年，他逐渐将权力移交给八和硕贝勒，特别是四大贝勒，进行权力过渡，准备身后之事。

---

① 《清史稿·列传十二》第225卷，中华书局标点本，1977年，第9190页。
② 《清太宗文皇帝实录》第11卷，天聪六年正月己亥朔，中华书局影印本，1985年，第1叶。

第九章 抚清之战

一 战略重点转移

天命三年即万历四十六年（1618），后金实行战略重点转移，就是由重点统一女真内部，转向重点攻击大明皇朝；由重点同女真军队作战，转向重点同明朝军队作战。这是后金与明朝关系史上的一个转折点。

努尔哈赤在赫图阿拉建元称汗后，花费两年多的时间，把主要精力放在整顿内部问题上。同时，他的军事战略眼光仍向着北方，先后有三次大的军事行动：派兵征萨哈连部，招服使犬路、诺洛路、石拉忻路路长四十人，遣兵征取东海沿海散居诸部。但是，下一步棋应当怎样走？

先是，努尔哈赤自起兵以来，从其历史轨迹看，先是一统建州女真，次是海西女真，继是东海女真，再是黑龙江女真，以及抚绥东部漠南蒙古，其间也有交错进行，努尔哈赤军事行迹，可谓是一路顺风，诸战得意；但在兵指北关即叶赫时，却屡屡碰到障碍。究其原因是，叶赫得到明廷的支持。在此困难形势下，有两种策略选择：或坚持以往，继续死磕，不计代价，罔顾后果，不胜叶赫，誓不罢休；或调整策略，转移方向，兵指明军，先取小胜，获取实效，再图叶赫。天命汗努尔哈赤选择后者：虽有风险，却有风景——"山重水复疑无路，柳暗花明又一村！"

天命三年即万历四十六年（1618）正月，天命汗努尔哈赤对诸贝勒大臣宣布："吾意已决，今岁必征大明国！"①这个决定对努尔哈赤来说，既是重大的，却也是艰难的。从此，后金战略攻击重点由女真转向明朝，发布"七大恨"告天布民，军事攻击目标由北方转向南方。

发布"七大恨"告天布民的背景，主要有六：

其一，后金深知万历帝晚年政治更加腐败，辽东军备更加废弛。

其二，后金已基本完成女真的统一（除明支持的叶赫外），并建立了后金政权。

其三，后金组建了一支英勇善战、纪律严明的八旗铁军。敌弱己强，彼消此长——这就产生一个结果，后金要把进攻矛头，直接指向大明皇朝。

其四，后金要吞并叶赫，而叶赫受明廷支持，后金只有攻陷抚顺、清河、开原、铁岭，才能打开进攻叶赫的通道，进而并取叶赫。

其五，后金建立巩固基地。努尔哈赤经过三十三年的积聚，建立了以赫图阿拉为中心的稳固基地。在这个基地上，后金的政治、军事、经济、财政、民族、文化、社会的雄厚实力，为大举南进提供了出发点和归宿。

其六，辽东女真地区灾荒严重，粮食奇缺，景象悲惨。通过战争，掠夺财富，缓和危机，稳定社会。

在上述六项因素中，前五项是必然因素；后一项则是偶然因素。总之，必然因素与偶然因素的结合，便拨快了后金向明朝发动军事进攻的时间表。

后金地区，灾荒严重，粮食奇缺，哀鸿遍野。据朝鲜《光海君日记》万历四十五年即天命二年（1617）四月二十三日记载："今年民间饥困之患，近古所无，流离道路，饿莩相望。雨水周足，民有耕种之望②，而种子、农粮俱乏，至有抱农器而饿死于田野〔者〕，极为矜恻。"③

---

① 《清太祖武皇帝实录》第 2 卷，原清官内府藏，台湾广文书局影印本，1970 年，第 30 叶。
② ［朝］《光海君日记》太白山本"耕种之望"作"耕农之望"。
③ ［朝］《光海君日记》第 114 卷，九年四月丁巳，日本学习院东洋文化研究所刊，1959 年，第 10 叶。

灾情严重，农作失稔，不仅限于朝鲜半岛，而且殃及建州地区。朝鲜平安兵备使李时言，据后金女真人罗可多等十一名所报驰启："……且言：'上年水灾，胡地尤甚，饥寒已极，老弱填壑。奴酋令去觅食'云云。许多群胡，逐日出来，则供给之物，想必浩大。而年条所纳，亦未毕捧，其间需用，势似难继，是用为虑。其赤身乞食，其情虽似可矜①，而桀骜之心，有同饥鹰，在我防备之道，不可小缓。而赠给杂物，亦不可不预为算定。请令庙堂，斯速指挥。"②

上录驰启除奏报后金地区灾荒惨重外，还谏言加强防备。这比明朝辽东的庸劣官将有见识。

后金地区遭遇凶年，女真灾民，饿殍塞路，四处乞食，老弱填壑。天命汗努尔哈赤怎样解决这一严重的社会危机？翻开中国皇朝社会史册，在中原地区，农民起义往往在大灾之年爆发，因为灾荒使本来尖锐的社会矛盾更加激化；在边疆地区，民族抢掠也往往在大灾之年发生，因为严重灾荒使本来尖锐的民族矛盾更加激化。努尔哈赤正是选择这个既不利而又有利的时机，发布"七大恨"告天布民，把女真人的困惑、不满、艰难、怨恨引向明朝，并借对明朝战争胜利和掠夺汉人财粮，振奋女真部民精神，缓解后金社会危机。向明朝辽东汉民地区要粮食、布帛、财物、牲畜——解决后金女真部民的困难与危机，这就是后金执政者的重大战略决策的根因。

后金发布"七大恨"告天布民，将后金部民的不满与怨恨泄向明朝。

---

① [朝]《光海君日记》九年二月戊申太白山本"矜"作"怜"。
② [朝]《光海君日记》第112卷，日本学习院东洋文化研究所刊，1959年，第13～14叶。

二 "七大恨"告天布民

"七大恨"告天布民，是后金将战略重点由北方转移向南方，兵锋由统一女真诸部转移到公然指向明朝的政治标志。

天命三年即万历四十六年（1618）四月十三日，天命汗努尔哈赤以"七大恨"告天布民。关于"七大恨"的内容，各书记载，略有差异。其文①，《清太祖高皇帝实录》记载：

我之祖、父，未尝损明边一草寸土也，明无端起衅边陲，害我祖、父，恨一也。

明虽起衅，我尚欲修好，设碑勒誓："凡满、汉人等，毋越疆圉，敢有越者，见即诛之；见而故纵，殃及纵者。"讵明复渝誓言，逞兵越界，卫助叶赫，恨二也。

---

① "七大恨"文：《满文老档》、《清太祖武皇帝实录》和《满洲实录》、《清太祖高皇帝实录》、蒋氏《东华录》、《明神宗实录》、《李朝实录》及天聪四年《木刻揭榜》等所录文字各异，此据《清太祖高皇帝实录》所载。

明人于清河以南、江岸以北，每岁窃逾疆埸①，肆其攘夺，我遵誓行诛；明负前盟，责我擅杀，拘我广宁使臣纲古里、方吉纳，挟取十人，杀之边境，恨三也。

明越境以兵助叶赫，俾我已聘之女，改适蒙古，恨四也。

柴河、三岔、抚安三路，我累世分守疆土之众，耕田艺谷，明不容刈获，遣兵驱逐，恨五也。

边外叶赫，获罪于天，明乃偏信其言，特遣使臣，遗书诟詈，肆行陵侮，恨六也。

昔哈达助叶赫，二次来侵，我自报之。天既授我哈达之人矣，明又党之，挟我以还其国。已而哈达之人，数被叶赫侵掠。夫列国之相征伐也，顺天心者胜而存，逆天意者败而亡。何能使死于兵者更生，得其人者更还乎？天建大国之君，即为天下共主，何独构怨于我国也。初扈伦诸国，合兵侵我，故天厌扈伦启衅，惟我是眷。今明助天谴之叶赫，抗天意，倒置是非，妄为剖断，恨七也。

欺陵实甚，情所难堪。因此七大恨之故，是以征之。②

"七大恨"的第一条，诉说明军"起衅边陲，害我祖、父"，即倾诉对明朝施行民族压迫政策的不满。早在成化年间，明军先后两次对建州女真"捣其巢穴，绝其种类"③，杀建州女真首领李满住和董山。据不完全统计，共擒斩女真人一千七百二十余名，焚烧庐舍一百九十五座，及其积聚二百一十七所。焚荡之余，

---

① 《清太祖高皇帝实录》原文作"疆塲"。《康熙字典》曰："塲，《集韵》同场。"《康熙字典》又曰：场，音亦。埸，从易，与塲字别。又引《说文解字》曰："场，田畔也，大界曰疆，小界曰埸。"《汉书·食货志》云："瓜瓠果蓏，殖于疆埸。"埸，又意边境也。
② 《清太祖高皇帝实录》第5卷，天命三年四月壬寅，中华书局影印本，1986年，第12～13叶。
③ [朝]《李朝世祖大王实录》第43卷，十三年八月庚戌，日本学习院东洋文化研究所刊，1959年，第38叶。

幸存者过着"结草穴土而居"①的悲苦生活。其后,"汪直开边隙,出塞扑杀诸夷。诸夷益大愤,入塞,杀掠无算。遣马文升往抚定之,诸夷遂解散。直怒,诬文升,下诏狱,谪戍重庆。嘉靖间,巡抚於敖减赏赐,夷人大恨。因数入塞,辽东、西大困"②。明军又在万历初的十余年间,以追剿女真"犯抢"(犯抢是应当反击的)为名,曾先后五次"搜讨",共斩杀三千八百五十余级,对女真社会生产力破坏极大。明朝辽东官兵,勒买人参,强征貂皮,横行马市,"杀夷冒功",引起女真人的强烈不满。所以"七大恨"开宗明义说:

> 我祖宗以来,与大明看边,忠顺有年。只因南朝皇帝高拱深宫之中,文武边官,欺诳壅蔽,无怀柔之方略,有势力之机权,势不使尽不休,利不括尽不已,苦害侵凌,千态莫状。③

这就倾吐了女真人对明朝专制者的不满与愤恨。

"七大恨"的第二、三、五条,表达了对明朝蚕食疆土和收割禾谷,对明朝拘留使臣纲古里、方吉纳和杀死十名女真人于边境的不满。

"七大恨"的第四、六、七条,诉说明朝偏袒哈达、卫助叶赫,给其对手以支持与帮助,即倾诉对明朝施行民族分裂政策的不满。明廷对哈达、叶赫、建州的基本政策是:"各自雄长,不相归一。"这正如明礼部侍郎杨道宾疏言:

> 夫夷狄自相攻击,见谓中国之利,可收渔人之功。然详绎成祖文皇帝所以分女直为三,又析卫所地站为二百六十二,而使其各自雄长,不

---

① [朝]《李朝成宗大王实录》第112卷,十年十二月辛未,日本学习院东洋文化研究所刊,1959年,第17叶。
② 罗曰褧:《咸宾录》第2卷,中华书局点校本,1983年,第47页。
③ 转引自孟森《明清史论著集刊》上册,中华书局,1959年,第209页。

相归一者，正谓中国之驭夷狄，必离其党而分之，护其群而存之。①

打破明廷分裂女真的传统政策，实现女真各部的统一，这就表达了女真人的共同愿望。

显然，"七大恨"中有"四恨"直指对明朝的不满，有"三恨"因明对哈达，特别是对叶赫的支持妨碍其统一而间接地对明朝不满。所以，"七大恨"将后金恼怒之水泼向明朝。"七大恨"表明："努尔哈赤最终成了在腐败而专横的中国官员们手下受到恶劣对待的直率的满族人的维护者。"②但是，"七大恨"具有两重性：它既是女真部民对明朝民族压迫和民族分裂政策的控诉，又是女真贵族向明朝公然犯顺和策骑称兵的借词。显而易见，上述"七大恨"带有历史的、地域的、民族的局限性。

就以努尔哈赤借叶赫老女抒发饮恨为例。叶赫老女为叶赫贝勒布寨之女，布寨在古勒山之役中被杀，叶赫请尸，努尔哈赤命剖其半与之，由此结下不解之仇，后此女多年未嫁，遂称老女。努尔哈赤利用老女，作为兴师攻明的一种借口，如王雅量所疏言："夫奴酋，冶容之人，何求不得，而斤斤一三十五岁之老女？且夷俗何所不为，而未嫁之老女有何体面？所系不过留其不了之局，以兴问罪之名，乘间窃发，基图渐大，渐可蚕食，此奴之本志也！"③由此可见，努尔哈赤所谈叶赫老女之事，不过是借题发挥，作为兴师攻明的一个借口。

天命汗努尔哈赤发布"七大恨"，是利用女真人的民族情绪，把女真人的不满引向明朝，并借对明战争的掠获，以缓和其因灾荒而加剧的社会矛盾。"七大恨"誓师后，努尔哈赤即率师攻明，兵锋所指：一是抚顺城，一是清河城。抚顺城与

---

① 《明神宗实录》第36卷，万历三十六年九月辛卯，内阁文库本。
② [美]牟复礼、[英]崔瑞德编：《剑桥中国明代史：1368—1644年》，中国社会科学出版社，1992年，第620页。
③ 《明神宗实录》第43卷，万历四十三年八月壬辰，内阁文库本。

清河城是明朝为防止女真军西进沈辽地区而设的两道重要关隘，位于平原与山峦的接合部——打破抚顺城，可以进入沈阳；打开清河城，可以进入辽阳。因此，后金军要进入辽沈地区，必须攻破明军坚守的两座犄角形的前沿堡垒——抚顺和清河。努尔哈赤第一着棋的布局是：计袭抚顺城。

三 计袭抚顺城

天命汗率兵大举征明,是后金战略上的重大转变——进攻抚顺,向明挑战。为做好征明的准备,他除发布"七大恨"进行政治思想动员外,还修整器械、申明军纪、颁布《兵法之书》,进行军事训练。他说:

> 平时以正为上,军中以智巧谋略、不劳己、不钝兵为上。若我众敌寡,我兵不令之见,须伏于隐僻处,少遣兵诱之——诱而来,是中吾计;若诱而不来,详观其城邑之远近,相距若远,即尽力追袭,近则直抵城门,使自壅塞而掩杀之。倘我兵只一二固山,遇敌兵之众,勿令近我,即回觅大兵,然后寻敌所在。若只二三处兵,须酌量之。此乃遇敌野战之法也。
>
> 至于攻城,当观其势,势可下,则令兵攻之,否则勿攻。倘攻之不拔而回,反损名矣!夫不劳兵力而克敌者,是擅智巧谋略,诚为三军之主帅。若劳兵力,虽胜何益?当征战之际,最上者莫过于不损己兵,而能胜敌者也。①

---

① 《清太祖武皇帝实录》第 2 卷,原清宫内府藏,台湾广文书局影印本,1970 年,第 31 叶。

两军作战，兵贵勇，帅贵谋。后金汗努尔哈赤统率的八旗满洲大军，经过战前深入动员与严格训练，兵强马壮，勇敢拼搏；前引后金统帅努尔哈赤的智巧、诱敌、野战、避强、攻城、谋略，朴实而具体，丰富而精粹——在夺取抚顺之役中，再次加以巧妙地运用。对努尔哈赤军事思想的全面分析留待后文，这里特别强调其军事思想的精华——用兵之道，贵在计谋。其特点是"不损己兵，而能胜敌"。计袭抚顺，获得全胜，便是八旗军统帅努尔哈赤这种军事指挥艺术的一个成功战例。

在计袭抚顺之前，又申明军纪："阵中所得之人，勿剥其衣，勿淫其妇，勿离其夫妻；拒敌者杀之，不拒敌者勿妄杀。"①同时，又诡秘地进行作战准备。如命军丁伐木缮治云梯、楯车，却扬言砍伐木材，修整马厩。木材运回赫图阿拉之后，又恐修缮器械泄露机密，竟将所砍伐的木材，用来兴建房舍。

努尔哈赤既发布"七大恨"告天，又颁布《兵法之书》谕军，修器械，严军令，一切准备就绪之后，于天命三年即万历四十六年（1618）四月十四日，命将出师。后金军分为两路：令左翼四旗兵攻取东州、马根单，作为围攻抚顺的外势；亲率右翼四旗兵及八旗巴牙喇直奔抚顺，作为围攻抚顺的内势。

抚顺城，建于明朝洪武十七年（1384），成化四年（1468）重修，其意为："抚绥边疆，顺道夷民。"据《全辽志》记载，抚顺城"周围二里三百七十六步，池深一丈，阔二丈，城门一，曰迎恩"。抚顺城濒临浑河，为沈阳中卫隶属之千户所。明为防御女真西进，在抚顺城外围修筑四堡：会安堡（今抚顺市顺城区会元乡）、东州堡（今抚顺市抚顺县小东乡大东村）、马根单堡（今抚顺市抚顺县救兵乡马郡村）、散羊峪堡（今抚顺市抚顺县救兵乡山龙村），沿边建烽火台二十一处②，构成辽东都司东部前沿军事哨堡。抚顺的地理特点，明人章潢在《图书编》中说："通百夷贡市，内外皆山，多伏莽，我难于斥堠。"③抚顺既是明朝控制建州女真的前

---

① 《满洲实录》第 4 卷，辽宁通志馆影印线装本，1930 年，第 10 叶。
② 抚顺市社会科学院等编：《抚顺市志》，辽宁民族出版社，2005 年，第 6～7 页。
③ 章潢：《图书编》第 40 卷，文渊阁《四库全书》本，第 5 叶。

哨，又是建州女真出入辽东的门户。它西距沈阳八十里，西北为开原、西南为辽阳，是明朝与建州三卫往来的要冲，也是建州女真与辽东汉民的交接点，还是明朝防卫建州女真的前沿重镇。抚顺马市为女真与明朝互市的重要场所。努尔哈赤青年时经常到抚顺贸易，他对抚顺的山川、道里、形胜、城垣与军备、器械、守兵、民情，非常熟悉，了如指掌。时抚顺游击李永芳率兵驻守，此人早在六年之前，曾同努尔哈赤在抚顺所教场并马交谈。

先是，万历四十一年（1613）九月二十六日，努尔哈赤在抚顺教场，见明抚顺所游击李永芳。事情的起因是建州欲攻叶赫，而叶赫受到明军的保护。努尔哈赤欲致书明朝，遂到抚顺所。据《清太祖高皇帝实录》记载，努尔哈赤"至抚顺所，游击李永芳出城三里外，迎上，以礼接见，导入教场"。努尔哈赤将书信给李永芳。书上说："昔叶赫、哈达、乌喇、辉发、蒙古、席北、卦尔察等九姓之国，于癸巳岁，合兵侵我。我是以兴师御之。天厌其孽，我师大捷。斩叶赫布寨，获乌喇布占泰以归。逮丁酉岁，刑马歃血，以相寻盟，通婚媾，无忘旧好。讵意叶赫，渝弃前盟。将已字之女，悔而不予。至乌喇国布占泰，吾所恩育者也，反以德为仇，故伐之而歼其兵，取其国。今布占泰孑然一身，奔于叶赫。叶赫又留之不吾与。此吾所以征叶赫也。我与汝国，何嫌何怨，欲相侵耶！"①

努尔哈赤将以上文书交李永芳后，返回赫图阿拉。这封信主要是解释要进攻叶赫的原因，并表明要同明朝结好，力免其进攻叶赫时受到明军的阻遏。

然而，事过三年，建州发生巨大变化。主要是已组创八旗，建立后金，羽翼丰满，又遇饥荒。所以，努尔哈赤改变对明朝的策略，以谋略与兵攻，指向建州女真与明朝辽东最近的重镇与马市——抚顺城。

努尔哈赤对抚顺的计谋是：主用智取，辅以力攻。这个方案采纳的是皇太极的献策。据《明季北略》记载：努尔哈赤六十诞辰，诸子庆贺，议及入边。八子皇太极曰："抚顺是我出入处，必先取之。今四月八日，闻李永芳大开马市，至

---

①《清太祖高皇帝实录》第4卷，万历四十一年九月辛巳，中华书局影印本，1986年，第11叶。

二十五日止，边备必疏。宜先令五十人佯作马商，驱马五路入城为市。嗣即率兵五千，夜行至城下，举炮（为号），内外夹击，抚顺可得。他处不战自下。"① 他先一日派人到抚顺，声言有三千女真人于明日来赴市。到十五日寅时，假冒商人的后金先遣队果然来到抚顺叩市，将抚顺商人和军民诱出城外贸易，并由输款于努尔哈赤的佟养性导军先入②，后面接踵而来的右翼四旗军主力，遂乘机突入城内，里应外合，夹击夺城。又据《明神宗实录》四月十五日记载：

> 建酋奴儿哈赤，诱陷抚顺城。中军千总王命印死之，李永芳降。先一日，奴于抚顺市口言：明日有三千达子来做大市。至日，寅时，果来叩市，诱哄商人、军民出城贸易，随乘隙突入掳杀。③

王在晋在《三朝辽事实录》中，也作了类似的记载：

> 四月十五日，奴儿哈赤计袭抚顺，佯令部夷赴市，潜以精兵踵后，突执游击李永芳，城遂陷。④

朝鲜《光海君日记》据明游击丘坦票文记载："奴酋向来与抚顺互市交易，忽于前面四月十〔五〕日，假称入市，遂袭破抚顺。"⑤

但是，《满文老档》和《满洲实录》等书却力言努尔哈赤的武功：八旗军布

---

① 计六奇：《明季北略》第1卷，光绪十三年（1887）刻本，第2叶。
② 《国朝先正事略·佟图赖传》第2卷，汉读楼书局石印本，光绪二十八年（1902），第11叶。
③ 《明神宗实录》第568卷，万历四十六年四月甲辰，台北历史语言研究所校勘本，1962年，第4叶。
④ 王在晋：《三朝辽事实录》第1卷，江苏省立国学图书馆藏本，第1叶。
⑤ [朝]《光海君日记》第127卷，十年闰四月甲戌，日本学习院东洋文化研究所刊，1959年，第24叶。

兵百里，旌旗蔽空，驰趋抚顺，兵到围城；旋派被捕汉人入城，送书与守将李永芳——以禄位相诱，以屠城相胁。"李永芳览毕，衣冠立南城上，言纳降事，又令城上备守具。"① 努尔哈赤命八旗军竖梯登城，不久，兵士攀梯上城。抚顺城中军千总王命印等力战而死，"游击李永芳勉强投降，穿官服乘马出城，镶黄旗固山额真阿敦引与汗见，不让下马，互相拱手示礼"②。但《清太祖武皇帝实录》作"永芳下马跪见，帝于马上拱手答礼"③；《清太祖高皇帝实录》作"永芳下马匍匐谒上，上于马上以礼答之"④，均系溢美之文，使真相被掩饰。

努尔哈赤设计，佯称互市，潜以精兵，外攻内应，计陷抚顺，守将李永芳剃发降。同日，后金军左翼四旗兵占东州、马根单。随之，后金军驻师五日，分配俘获。二十日，后金军分配完毕，分派六万军队，押携俘获，有序而行。

抚顺败报，驰至广宁。明辽东巡抚李维翰急檄总兵官张承胤⑤仓猝率军出战。"承胤请集兵后行，维翰不听，促之愈急，承胤悲愤以所部进。"⑥ 张承胤急率副将颇廷相、参将蒲世芳、游击梁汝贵等领兵万余人，尾追努尔哈赤所率军队。二十一日，后金哨探将所得消息，急报大贝勒代善、四贝勒皇太极，代善和皇太极一面部署迎战，一面奏报汗父努尔哈赤。这时，后金大军已到明朝与后金的边境，努尔哈赤接报后笑道："彼兵非来战我，乃欲诈称追诸申兵出边，以诳其皇帝

---

① 《满洲实录》第4卷，辽宁通志馆影印线装本，1930年，第11叶。
② 《满文老档·太祖》第Ⅰ册，东洋文库译注本，1955年，第92页。
③ 《清太祖武皇帝实录》第2卷，原清官内府藏，台湾广文书局影印本，1970年，第25叶。
④ 《清太祖高皇帝实录》第5卷，天命三年三月甲辰，中华书局影印本，1986年，第16叶。
⑤ 张承胤：《清太祖高皇帝实录》作"张承荫"，《清太祖武皇帝实录》作"张承胤"，《满洲实录》作"张承荫"，《明史》其本传也作"张承荫"。查《明神宗实录》自第336卷，万历二十七年六月己卯，到第595卷，万历四十八年六月甲寅，出现"张承胤"凡三十七次，而无"张承荫"。因此，应作"张承胤"。但是，《明史》其人相关记载均作"张承荫"。《明史》为清人纂修，为避雍正帝"胤禛"之名讳，而改"胤"为"荫"。亦可见《武录》比《高录》和《满录》纂修时间为早。
⑥ 叶向高：《遵编》第11卷，美国国会图书馆藏，抄本，第16叶。

而来！"总兵张承胤指挥明军，据山险，分军三，立营浚壕，布列火器。努尔哈赤命大贝勒代善、四贝勒皇太极统军三面环攻明军，并利用风沙大作的有利天时，山峦密林的有利地形，奋勇作战，猛攻明军。"大溃，承荫、世芳皆战死，廷相、汝贵已溃围出，见失主将，亦陷阵死，将士死者万人，生还者十无一二"①，"主将兵马，一时俱没"②。

此战，后金军大胜，获马九千匹、甲七千副，兵仗器械，不可数计。明军张承胤的失败原因，时任御史的张铨做出分析："夫承荫不知敌诱，轻进取败，是谓无谋；猝与敌遇，行列错乱，是谓无法；率万余之众，不能死战，是谓无勇。"③这个分析，颇有见地。张承胤作为总兵，无谋、无法、无勇，丧失战机，故而取败。此外，还有两点：一是明军作战地点不利，因为地近边境，山峦起伏，无城凭借，不利明军；二是明军作战时机不利，因为后金军已将三十万人畜分配完毕，否则被俘军民与追击明军内应外合，并力作战，必是又一番景象。客观的"两不"——不利的时机、不利的地域；主观的"三无"——无谋、无法、无勇，必然导致一个结果：明朝军失败，后金军胜利。

然而，明总兵张承胤、副将颇廷相、参将蒲世芳、游击梁汝贵等官兵，见难勇进，奋力拼杀，身死疆场，精神可嘉！

抚顺之役，历时一周，八旗军不仅夺占抚顺、东州、马根单，而且骑兵横排百里，梳掠所过堡、台、庄、屯等五百余处④，掳获人畜⑤三十余万，编为千户，毁抚顺城；又击败张承胤总兵的追击军队万人，获九千匹马、七千副甲；获取大批粮食、金银、

---

① 《明史·张承荫传》第239卷，中华书局点校本，1974年，第6208页。
② 《明神宗实录》第568卷，万历四十六年四月丙辰，台北历史语言研究所校勘本，1962年，第7叶。
③ 《明史·张铨传》第291卷，中华书局点校本，1974年，第7454页。
④ 《满文老档·太祖》上册，中华书局译注本，1990年，第59页。
⑤ 《满文老档》、《清太祖武皇帝实录》和《满洲实录》均作"俘获人畜三十万"；《清太祖高皇帝实录》却作"俘获人口三十万"，后者似误。

布帛。二十六日，还赫图阿拉。

努尔哈赤命将在抚顺之战中俘获人口，编为千户。若每户以六口计，则共六千人。看来所谓掳获人畜三十余万，多为牲畜。天命汗率军在短短几天内，掳掠数以十万计的牲畜以及粮食、财物，按军功大小进行分配，缓和了因灾荒缺粮而加剧的社会矛盾。

抚顺城陷，京师震动。明朝辽左失陷抚顺，殒将丧师，损辱国威。由此，举朝震骇，群臣神经，极度紧张，筹划对策，有的官员奏请加强外城九门、内城七门和皇城四门的警卫。刑科给事中姚若水奏请，"罢内市，慎启闭，清占役，禁穿朝"①，并给宫监各发腰牌，出入查验，以防努尔哈赤的奸细混入京城大内。

后金相反，首战告捷。进攻抚顺是努尔哈赤起兵三十五年以来，第一次同明军正面交锋，师出顺利，初战告捷，获得完全破城歼敌的战果。先是，努尔哈赤对明朝明里觳觫遵命，暗里伺机倏进，从来谨慎小心，未敢宏图大举。甚至他在发兵进攻抚顺之前，仍告诫统兵贝勒、诸臣，要"自居于不可胜，以待敌之可胜"——尚有此举胜负未卜之虑。但是，他袭破抚顺，碰了一下明朝这个庞然大物，竟然俘获人畜三十万，这是自兴兵以来从未有过的大掳掠，从而刺激了努尔哈赤更大的贪欲——继续进兵，蚕食辽东。

五月十七日，后金又发动小的攻势，两天后，攻取抚顺、铁岭之间的抚安堡、花豹冲、三岔儿等大小十一堡。后金军在攻松山屯堡时，派李永芳去劝降，招降了这个山寨。但是，其他屯寨，拒不投降。后金官兵恼怒，将人全部杀死。此战，后金军共攻下十七座寨堡，并沿屯搜掘粮窖，"迁其积粟"②。到六月初九日，后金军返回赫图阿拉。

六月二十二日，明广宁巡抚派通事一人、随员五人，就后金前遣人送书信一

---

① 《明神宗实录》第570卷，万历四十六年五月戊子朔，台北历史语言研究所校勘本，1962年，第1叶。
② 《清太祖高皇帝实录》第5卷，中华书局影印本，1986年，第23叶。

事回复说:"欲两国修好,可还所俘数人,并遣使来。"按说其条件并不高,但明辽东巡抚没有认识到自己在谈判方面已经处于不利的被动地位。后金则明确答复说:"征战所得者,虽一人何可还哉!若以我为是,于所得之外,更加金帛方和;若以我为非,我则不和,征伐如故!"[①] 遂仅将明来使遣还,而俘虏连一人都不放还,说明后金没有和的诚意。既然不和,只有战争。

七月,后金军入鸦鹘关,进攻清河。

[①]《清太祖武皇帝实录》第2卷,天命三年六月二十二日,原清宫内府藏,台湾广文书局影印本,1970年,第38叶。

四 强拔清河堡

明军失陷抚顺后,"烽火彻山海、蓟门,朝廷大震"①。明廷命辽东巡抚李维翰由广宁移驻辽阳,以强化辽左御守。又起升杨镐为辽东经略,重新谋划东事战守。寻调失陷抚顺之辽东巡抚李维翰回籍听勘,后将其革职为民。明廷又派陈王庭巡按辽东兼监军事,并由经略杨镐兼任巡抚。杨镐派官员及通事往后金议和,以刺探其内情,暂扼其西进,筹划兵事,图复失地。

明朝与后金,疆场争战,兵马交锋,后金重骑兵,明军重车营。戚继光总结同蒙古骑兵作战历史经验道:"往事,敌人铁骑数万冲突,势锐难当。我军阵伍未定,辄为冲破,乘势蹂躏,至无孑遗。且敌欲战,我军不得不战;敌不欲战,我惟目视而已。势每在彼,故常变客为主。我军畏弱,心夺气靡,势不能御。"②抚顺之役,张承胤立营浚壕,布列车阵,图阻敌骑,全军覆没,就是明军车营战法同后金军骑兵作战失败的第一例。然而,明军将帅并未由此吸取教训,仍然以车阻骑,以静制动,以短击长,以主为客,在清河之役中又一次因失算而败北。

---
① 傅国:《辽广实录》上卷,清刻本,第1叶。
② 戚继光:《车营解》,载《练兵实纪杂集》第6卷,《中国兵书集成》本,解放军出版社,1987年。

先是,抚顺之役,明朝军近万人,列营而战,"则陷伏中,无一人生还"①。后金军数万人,驱骑驰突,旗开得胜,俘获人畜而归。一胜一败,其因固多,战法不同,结果则异。兵书云:"夫大战之道有三:有算定战,有舍命战,有糊涂战。何谓算定战?得算多、得算少是也。何谓舍命战?但云我破着一腔血报朝廷,敌来只是向前便了,却将行伍等项,平日通不知整饬是也。何谓糊涂战?不知彼、不知己是也。"②在清河之役中,努尔哈赤打的是算定战、舍命战、明白战,明守将邹储贤却恰恰相反,先是失算,继是糊涂,终以舍命而陷落清河城。

清河城,今辽宁省本溪满族自治县清河城镇,位置在赫图阿拉城西南一百六十里,其城"周围四里零一百八十步,东、南、西、北四门"③,有小路与抚顺相通。清河城势极险隘,地极孤悬,"号天险,独东隅稍平"④,是后金与明朝出入辽东边墙的重要孔道。王在晋在《三朝辽事实录》中论述清河地理与形胜之重要时说:"清河——三里之城,高山四拥,北控宽奠,南枕辽阳,左近沈阳,右近叆阳,皆相去百里,中有小路通抚顺。"⑤后金攻破清河堡,东驱宽奠,南逼叆阳,西拒辽阳,北攻沈阳,明朝上述四城,失去守卫屏障。后金袭破抚顺后,下一个征战目标就是清河城。

天命三年即万历四十六年(1618)七月二十日,努尔哈赤亲统八旗军出征清河城。此前努尔哈赤用声东击西之计,麻痹明朝官军。辽东经略杨镐奏报:"回乡高得功等报,奴酋约在七月初三日,犯清河一带,收割田禾,才往北攻金台失去。"⑥这给明朝造成一种假象:后金军出动主要是攻打叶赫金台石、布扬古,顺便割点

---

① 叶向高:《籧编》第10卷,抄本,第9叶。
② 戚继光:《练兵实纪杂记》第4卷,影印《四库全书》本,第9叶。
③ 康熙《盛京通志》第10卷,康熙二十三年(1684)刻本,第2叶。
④ 谈迁:《国榷》第83卷,中华书局,1958年,第5122页。
⑤ 王在晋:《三朝辽事实录》第1卷,江苏省立国学图书馆藏本,第4叶。
⑥ 《明神宗实录》第572卷,万历四十六年七月戊戌,台北历史语言研究所校勘本,1962年,第8叶。

田禾回去。其真实意图在于：迷惑明军，刺探情报，忽真忽假，演习军事，进鸦鹘关，攻清河城。

二十一日，后金军队，破鸦鹘关。鸦鹘关（今辽宁省新宾满族自治县苇子峪镇三道关村地方）①，是明朝防御建州女真西进的关隘，也是明军扼守清河的门户。鸦鹘关明成化年间修建，西南距清河百里②，东北距赫图阿拉八十里。鸦鹘关包括三道关，即头道关、二道关、三道关，每关相距大约一里，道窄如线，崎岖蜿蜒，依险而建，扼守冲要。三座雄关鼎立，互相依托，彼此呼应，一夫当关，万勇难攻。后金军出征后，先进攻鸦鹘关，明守军不敌，后金军破关。从此，鸦鹘关为后金军占领。天命汗努尔哈赤攻破鸦鹘关，直奔清河城。

二十二日，后金大军，围清河城。守城副将邹储贤、援辽游击张旆率兵一万，撄城固守。守城明军，千名炮手，从城上施放火器，八旗兵死伤千余。努尔哈赤命军士头遮厚板、粗木，冒炮火，顶矢石，从城墙下，奋勇挖墙。③城东北角，被挖大洞，后金军涌入，城陷。邹储贤斩战马，烧官房，率亲丁，守城南。张旆力战，不屈而死。李永芳从城外招降，遭邹储贤大骂。邹储贤战死，兵民万人，全部陷没。明失清河，全辽震动。是役，《三朝辽事实录》记载：

二十二日，奴从鸦骨关入围清河。参将邹储贤拒守，以火器杀贼千余，贼退而复合。援辽游击张旆战死。贼冒板挖墙，城东北角堕，叠尸上城。储贤见李永芳招降，大骂，尽焚衙宇及妻孥，领兵战于城上，力屈死之。④

此役，朝鲜《光海君日记》载述较明书更为详尽，引录如下：

---

① 房守志主编：《新宾满族自治县志》，辽宁人民出版社，1993年，第447页。
② 2002年9月2日，笔者对鸦鹘关、清河城遗址踏查，经实测，鸦鹘关至清河城为五十公里。
③ 《满文老档·太祖》上册，天命三年七月二十二日，中华书局译注本，1990年，第65页。
④ 王在晋：《三朝辽事实录》第1卷，江苏省立国学图书馆藏本，第4叶。

虏兵进薄清河,使李永芳招降城主。城主披甲登城,谓曰:"你既投彼,则无朋友之义,可速去,不然且放箭。"乃严兵固守,矢石如雨。虏兵八进八退,死伤极多。朝而战、见星未已者累日。及至城陷,城主力战而死,士卒亦无投降者。①

清河之役,朝鲜陈奏使尹晖驰启战事经过云:"奴酋本月二十一日,围清河城,四更攻城。二十二日未时城陷,游击中军及添兵游击俱被害,军兵及居民五万余人或被掳,或被杀。辽东总兵及都司率兵登城防备。辽、广骚扰,五六十里人烟不通。"②

后金夺取清河,既以力攻,又用智取。据史载,努尔哈赤破清河,先令"驱貂、参车数十乘入城,貂、参穷而军容见。因入据城门,延入诸骑。故清河之破,视抚顺尤速"③。

明朝的各路援军,参将贺世贤自瑷阳赴援,破后金一寨,但遭后金军的拦截;李如柏自辽阳领兵援救,得到城陷的探报止兵不进;游击吴立郊带兵自沈阳增援,江万仞统兵自宽奠来援,畏缩观望,中途而回。贺世贤率兵往援未能奏效,见城已陷,遂斩女真屯寨中妇幼一百五十一人而还。辽东经略杨镐闻清河已失,单骑急赴河东,斩千总陈大道。杨镐胸中无对策,斩千总以泄积愤。

后金军攻打清河城,遭到守城军民反抗。城陷后,据文献记载,"军兵及居民五万余人或被掳,或被杀"。事后,清朝文献没有记载对俘获的清河兵民编户,可见大部分战死或被杀。

抚、清之役后,天命汗做了一系列的事情:第一,分配俘获。第二,安置辽

---

① [朝]《光海君日记》第169卷,十三年九月戊申,日本学习院东洋文化研究所刊,1959年,第9叶。
② [朝]《光海君日记》第131卷,十年八月辛酉,日本学习院东洋文化研究所刊,1959年,第3叶。
③ 黄道周:《博物典汇·四夷附奴酋》第20卷,清刻本,第18叶。

民。第三，摧毁城堡，将抚顺城、清河城及其城内房舍毁掉，将抚顺、清河一带数百里的台墩百余座进行毁坏。第四，运回粮食（详见后文）。第五，整顿纪律，将甲喇额真噶尔泰、常古纳、纳齐布、阿希布以管带不力等因革职。第六，同明议和——闰四月，遣鲁太监下四人将"七大恨"文书带回明朝；选出俘获到抚顺贸易的山东、山西、苏州、杭州等十六名汉人，给路费，将"七大恨"文书带到关内。

抚顺、清河之战，产生了重大的影响。

五　抚清之战的影响

后金进攻明朝的抚顺、清河之役，产生的严重后果与重大影响，主要表现在：第一，后金登上明清争局的历史舞台。

乾隆帝东巡，途经抚顺城，吟诗说："洪武城抚顺，意在抚顺我。"此诗寓意，十分深邃。明朝设置抚顺卫所，意在抚顺建州女真。明、清历史乾坤，由此开始倒转。原本是抚顺建州女真的抚顺城，却成为建州反抗明朝的首击点。后金与明朝的关系，由"忠顺"从属，转变为"犯顺"进攻。这是一个历史信号：满洲民族崛起，后金政权建立——开始了挖掘埋葬明朝的坟墓。所以，抚顺之败，警报传出，明廷上下，举朝惊骇！

抚顺失陷的消息由辽东巡抚李维翰、蓟辽总督汪可受奏报明廷，万历帝接报后，发出圣旨："狡虏计陷边城，一切防剿事宜，行该地方官相机处置，军饷着上紧给发。其调发应援，该部便酌议具奏。"[①] 署兵部尚书薛三才[②] 报告总兵张承胤全

---

① 《明神宗实录》第568卷，万历四十六年四月甲辰，台北历史语言研究所校勘本，1962年，第4叶。
② 薛三才：浙江定海人，万历进士，历官都给事中、布政使、宣府巡抚、蓟辽总督、兵部侍郎、署理兵部尚书、兵部尚书等。抚顺之役，薛为署理兵部尚书。推为兵部尚书，他疏辞，既未御定，也未允辞。大学士方从哲疏催，不报。到万历四十七年四月辛未，薛三才"昼夜不交睫者五阅月，遂以劳瘁卒于京师"。《明神宗实录》载以"兵部尚书薛三才卒"奏报，但《明史·七卿表》兵部尚书中却无其名。真是明廷官场的一笔糊涂账。

军覆没的消息，引起举朝震骇。万历帝谕旨："辽左覆军殒将，虏势益张，边事十分危急。尔部便会推堪任总兵官一员，令刻期到任，料理军务。一应防御驱剿事宜，着督抚等官，便宜调度，务期殄灭，以奠封疆。"①努尔哈赤陷抚顺、破清河，是后金给明朝最为沉重的第一次打击。

回顾明朝同建州的战争史，可以说明这一点。明朝对女真先后有三次大的军事征讨。第一次是杀李满住、董山。明天顺、成化年间，建州女真首领李满住、董山寇掠辽东。明命李秉以左都御史、提督军务，赵辅佩征虏将军印、充总兵官，调集大军，围剿建州。明兵分五路，在朝鲜援军配合下，攻至建州女真大本营婆猪江兀弥府（今辽宁省桓仁满族自治县五女山城），李满住及子古纳哈并属下数百人被杀，董山后在赴京朝贡返回途经广宁（今辽宁省北镇市）被缚，后被斩首。经此沉重打击，女真元气大伤。第二次是杀王杲、王台。"二王"继李满住、董山后崛起，大有统一建州女真之势，并不时犯抢辽东。明军兴师，使用计策，将其擒斩或攻杀（前已述及）。第三次是杀清佳努、扬佳努。万历初年，女真各部蜂起，引起明朝关切，但其防御重点已不是建州女真而是海西女真。时亲明的海西女真哈达部首领王台老死，叶赫部首领清佳努、扬佳努想乘机复仇，吞并哈达，统一女真。明朝对女真的军事重点，在于制服叶赫贝勒清佳努、扬佳努二位首领。辽东巡抚周詠、总兵李成梁等设计，将清佳努和扬佳努诱杀（见前述）。他们意在防止叶赫统一海西、兼并建州，联络蒙古，凭陵辽、沈。但是，这些所谓深知"夷"情的封疆大吏们，三十六年以来，没有看出真正后来给明廷造成麻烦者，正是其敕封的表面驯顺的龙虎将军努尔哈赤。

后金军陷抚顺、破清河，明朝才开始对建州女真的骚扰产生了危机感。此前，明朝一些有识之士，早已洞察建州女真的潜在危险。努尔哈赤于万历十一年（1583）起兵，拉开统一女真的帷幕，并在三十三年间取得了完全的成功。在这个过程中，明朝有人对努尔哈赤势力不断扩大一再表示担心。万历十六年（1588），努尔哈赤

---

①《明神宗实录》第568卷，万历四十六年四月丙辰，台北历史语言研究所校勘本，1962年，第7叶。

将环满洲而居之各部统一时，辽东巡抚顾养谦奏称："奴儿哈赤者，建州黠酋也。骁骑已盈数千，乃曰奄奄垂毙。倘闻者不察，谓开原之情形果尔，则辽事去矣！"① 万历二十九年（1601），努尔哈赤灭哈达，明人认为"奴酋自此益强，遂不可制"②。万历三十六年（1608），蓟辽总督蹇达奏疏中提到，努尔哈赤已蓄养精兵三万有奇，对明朝则"渐萌反侧之念"。然而，明廷官员谁也没有认识到努尔哈赤是大明皇朝的掘墓人。万历三十七年（1609）五月，明兵部尚书李化龙援引辽东按臣熊廷弼言，谓："今为患最大，独在建奴！"③ 万历四十三年（1615），辽东巡抚郭光复认为："我南关既失，止靠北关，如线之藩篱若再失守，则奴酋纠结西虏，害可胜言哉！"④ 总之，皇帝对明臣正确谏言，不予采纳；空泛之言，闻而任之；阿谀之言，听而悦之。明在辽东尽管发生了如此众多的事件，而最为引起明朝统治者惊恐的是抚顺城的失陷。

令人奇怪的是，努尔哈赤从起兵到陷抚顺，整整三十六年期间——统一建州，吞并哈达，征服辉发，灭亡乌拉，创建八旗，建立大金，居然没有受到明朝的一次军事打击。明朝长期对建州女真忽视、轻视、漠视和蔑视，反过来不得不吞下自己酿成的苦酒。明末有所谓"辽事"问题，实际上是从努尔哈赤攻陷抚顺城开始的。王在晋的《三朝辽事实录》，以万历四十六年（1618）四月十五日，"奴儿哈赤计袭抚顺"为"辽事起"⑤，就是作为万历、泰昌、天启、崇祯四朝辽东战事的开篇。所以说，后金攻陷抚顺是明、清关系史的一个转折点。从此，后金－清

---

① 《明神宗实录》第194卷，万历十六年正月己酉，台北历史语言研究所校勘本，1962年，第8叶。
② 《明神宗实录》第366卷，万历二十九年十二月辛未，台北历史语言研究所校勘本，1962年，第5叶。
③ 《明神宗实录》第458卷，万历三十七年五月丁酉，台北历史语言研究所校勘本，1962年，第6叶。
④ 《明神宗实录》第528卷，万历四十三年正月乙亥，台北历史语言研究所校勘本，1962年，第12叶。
⑤ 王在晋：《三朝辽事实录》第1卷，江苏省立国学图书馆藏本，第1叶。

朝开始正式登上明清争局的历史舞台。

第二,八旗官兵获得空前巨大财富。

抚顺、清河之役不仅使后金在政治地位与政治影响上有极大的提升,在军事训练与指挥艺术上有极大的锻炼,而且军械装备与物质资源上有很大的利益,在经济特别是在粮食方面,得到巨大的收获。后金八旗官兵获得人口、牲畜三十余万,这是建州兴起以来所俘获数量最大的一次,也是明朝以来女真掳掠辽东数量最多的一次。从其对一千户汉人的安置,可以看出掳掠数量之大:每户分给马、牛、奴仆、衣服、被褥、粮食、器皿等;又每户分给牛一头、猪两口、犬四条、鸭五只、鸡十只等。这么巨大的财富,部分来自关内百姓所缴纳的赋税,部分来自对关外辽民残暴的掠夺。

这次掠获最突出的是粮食。如攻陷抚顺、清河后,派兵抢运、收割、打晒粮谷,据后金官书的记载:

搜掘粮窖,迁其积粟。

将该路窖藏之粮谷,尽行运回。所种田禾,尽行秣马。

又派兵,收割沿边粮禾。

遣达尔汉侍卫率兵四千,往守抚顺路沿边,以护我收割之粮食。

将八百人均分为二,纳林率浑河南岸之众打谷,殷德依率北岸之众打谷。

时两路边外粮谷,皆已打晒完毕。

后金因编户增多、天灾人祸造成的粮食奇缺现象,经过这次大规模的抢掠,有的已得到解决,有的则得到缓解。

第三,明朝调整对付后金军事方略。

明朝从洪武以来,东北地区战略防御重点为蒙古。建州兴起后,明朝始终未作根本性的战略调整。努尔哈赤在成气候之前,没有受到明朝军队的一次打击。明朝没有像对李满住、董山、王杲、阿台、清佳努、扬佳努那样,在他们可能变得过分强大之前,就发兵摧毁之。明朝在失掉抚顺之后,开始觉醒到问题的严重,要对努尔哈赤的挑战,给予毁灭性的惩罚。于是,明朝对辽东战略作出调整:集中兵力,打击后金。为此,作了一些部署。

其一,镇守山海关。蓟辽总督汪可受到山海关。刑科给事中姚若水提出守山海、蓟门的疏议:"山海、蓟门去京数百里,不可无重兵守御。"明朝在惶恐气氛中,决定设立山海关镇。议者谓宜简选大帅据关扼险,分割蓟镇东协四路,属山海关为一镇。该镇以六千兵,分左右二营,左营由游击吴自勉充本镇中军兼管山海路事,右营仍驻四路之中,与东协台头营相为犄角,与蓟镇画地分管。

其二,调派官员。起用原辽东巡抚杨镐,添兵部左侍郎兼右佥都御史衔,为辽东经略。后万历帝特赐杨镐尚方剑,总兵以下不用命者,得以军法从事。任命御史陈王庭巡按辽东兼监军事。起用旧将李如柏为镇守辽东总兵官,征调旧将杜松屯山海关,刘綎、柴国柱赴京候用。不久又谕令杜松、刘綎等"星驰出关,以备调遣"。御史熊化奏议蓟辽总督汪可受移驻广宁,巡抚李维翰移驻辽阳,与李如柏协力拒守。顺天巡抚和保定总兵则移驻山海,保定巡抚移驻易州,相为接应,以护京师。后辽东巡抚李维翰因丢失抚顺而被削职为民,以杨镐兼辽东巡抚。新设辽东饷司于广宁,管理东征粮饷,增加海道,运输粮料。管山海关主事邹之易提出一个"大兵分为三路,各以大将统之"的分兵合击的作战方案,实际构成了后来萨尔浒之战明兵的作战蓝图。①蓟辽总督汪可受奏"大张挞伐"之计,提出"成化三年遣兵五万,三道并进;朝鲜率兵万人会剿"②的历史经验。

其三,征集兵员。时后金精兵六万,而明朝辽东全镇才有兵六万,除去城堡

---

① 《明神宗实录》第569卷,万历四十六年闰四月甲子,台北历史语言研究所校勘本,1962年,第3~4叶。

② 《明神宗实录》第570卷,万历四十六年五月甲午,台北历史语言研究所校勘本,1962年,第5叶。

驿站之役，能作战者才二万有余。所以，如从各部调一万六千兵员，再从辽东招募二万兵员，兵员仍感不足。这就要从关内、关外多方募集兵员。招集往年东征留下的余兵，利用其骑射之长，冲锋破阵以陷敌；发令调蓟镇、保定、天津等兵丁六千五百名，并筹措金银，听抚镇自募；起用废弃家丁，亦可得数千人；辽河东西，招募新兵。加上关内已经招募兵员，总计或可得三万余人。再于旅顺、汪家口等地派驻舟师，与镇江、宽甸兵合，并征集福建、江西、浙江、四川、山东、山西、陕西、甘肃等地主客兵星驰援辽。

其四，筹措粮饷。兵部尚书薛三才请饷奏疏说：户部应发额饷自去年秋天到本年夏天，计五十余万，即不能尽发，亦须先给一半，以解燃眉之急。而万历帝不肯动用内帑，所缺饷银命着户部措处。复开辽东海运，自登州至盖州并娘娘宫，再转陆运至广宁、辽阳。万历帝从户部尚书李汝华奏，加派辽饷：除贵州外，万历四十六年（1618）每亩增加三厘五毫，计增二百万两；明年再加三厘五毫，后年复加二厘，前后共九厘，增赋五百二十万两。① 转输粮秣，以应军需。

其五，咨文朝鲜。明廷鉴于朝鲜处于后金的后方，且其同明朝有着久远密切的关系，冀借其兵力，打击后金都城。辽东都司咨文朝鲜，胁迫出兵，合力征讨。咨文称："皇上赫然，计必剿除。用调四方之锐，遄兴六月之师；输粮若阜，军气如雷；奴之期命，其焉至矣。"②

其六，重金悬赏。明廷想利用叶赫与建州的矛盾，出重金悬赏瓦解其内部。明万历帝允准兵部悬赏：擒斩努尔哈赤者赏银一万两，升都指挥；擒斩其八大总管（八大贝勒）者赏银二千两，升指挥使；擒斩其十二亲伯叔弟侄及有名头目等者赏银一千两，升指挥同知；被掳如李永芳等、投房如佟养性等，若能俘献努尔哈赤，俱得免死。还规定叶赫贝勒金台石、布扬古擒斩努尔哈赤，给予建州敕书

① 《明史·食货志二》第78卷，中华书局点校本，1974年，第1903页。
② [朝]《光海君日记》第127卷，十年闰四月乙酉，日本学习院东洋文化研究所刊，1959年，第44叶。

并封龙虎将军。①

第四，潘多拉盒打开，演绎惨烈事变。

努尔哈赤破抚顺、拔清河后，胆愈壮、气愈粗，将屯民三百斩于抚顺关，留一名被掳汉人割去双耳，令其鲜血淋漓地送信与明。这封辞令强硬的信中说：

> 若以我为非理，可约定战期出边，或十日，或半月，攻城决战；若以我为合理，可纳金帛，以图息事！②

在上述信里，努尔哈赤吐露了自己的愿望，很简单，就是"输纳金帛"，要明朝向后金缴纳一定数量的金银和布帛。看来，此时的努尔哈赤不想把事情闹大。然而，努尔哈赤在信中表示的愿望，遭到明朝万历皇帝的拒绝。万历帝对天命汗抚、清之捷的回答是："经略出关，援兵四集，即合谋大彰挞伐，以振国威！"③万历帝对天命汗——调兵遣将，转运粮饷，兴师进剿，犁庭扫穴。于是，天命汗与万历帝双方相互交错愿望所产生的一个历史事变，就是萨尔浒大战。战争的后果，又出现他们谁也没有料想到的一系列复杂而残酷、重大而深刻的历史事变。

---

① 《明神宗实录》第578卷，万历四十七年正月丁亥，台北历史语言研究所校勘本，1962年，第7叶。
② 《满洲实录》第5卷，天命三年九月二十五日，中华书局影印本，1986年，第13～14叶。
③ 《明神宗实录》第569卷，万历四十六年闰四月癸亥，台北历史语言研究所校勘本，1962年，第3叶。

第十章 萨尔浒大战

一 明军的部署

万历帝为报复天命汗攻陷抚顺的公然挑战，决定大举发兵征剿，予后金以毁灭性的打击。

明朝为惩罚后金的军事进攻，从万历四十六年四月十五日，到四十七年三月初一日，共进行了十个半月的准备。这不能说时间仓促，也不能说不够充分。《明神宗实录》从万历四十六年四月十五日开始记载：辽东巡抚李维翰、蓟辽总督汪可受奏报失陷抚顺的当日，万历帝曰："狡虏计陷边城，一切防剿事宜，行该地方官相机处置，军饷着上紧给发，其调发应援，该部便酌议具奏。"① 这里发出一个明确信息，指示有关官员，商讨防剿事宜。二十七日，署兵部尚书薛三才奏报"奴酋突袭抚顺，分兵四掠"云云。万历帝谕曰："辽左覆军陨将，虏势益张，边事十分危急。尔部便会推堪任总兵官一员，令刻期到任，料理军务。一应防御驱剿事宜，着督抚等官，便宜调度，务期殄灭，以奠封疆。"这里又进一步发出军事信息，由"防剿"到"驱剿"，就是由防御性的攻剿到驱赶性的攻剿。或者说，由防御性的不再失地，到进攻性的收复失地。二十九日，奉旨会议提出两项意见：一是

---

① 《明神宗实录》第568卷，万历四十六年四月甲辰，台北历史语言研究所校勘本，1962年，第4叶。

派兵部左侍郎杨镐为辽东经略，二是征调募集五万兵员。这是两项具体措施，但是没有制定出总的攻剿方略。闰四月初五日，谕兵部："辽左失陷城堡，陨将丧师，损威殊甚……经略出关，援兵四集，即合谋大彰挞伐，以振国威。"① 这里再进一步发出信息，由"防御驱剿"到"大彰挞伐"，就是对后金进行大规模的攻剿挞伐。具体如何军事"挞伐"，尚待制定作战方案。闰四月初六日，管山海关主事邹之易奏三路出师的作战方案。这个方案的要点是：大兵分为三路，各以大将统领——从广顺间道直走宁宫②以捣其巢；从叆阳、清河截其前；从辽阳城或走穆家、蒲河，或走懿路、武静（靖），以横遏其冲，突列虎蹲大将军诸火（器）攻于前，助以神枪短刀，渐次而前。并请下诏征叶赫金台失（金台石）、白羊骨（布扬古）以为侧翼等。邹之易的作战方案，其要点有三：一是举兵捣巢，将兵力直指后金的政治和军事中心赫图阿拉；二是兵分三路，突出军事重点，主辅密切配合；三是利用副翼，借助叶赫等军队从侧面配合，起策应作用。③

五月初七日，蓟辽总督汪可受在奏疏中，为落实"大彰挞伐"的谕旨，提出成化三年（1467）征剿建州女真李满住、董山的军事历史经验。那次以明朝军为主，朝鲜军配合，出兵六万，分为三路，对建州女真——攻其中心、犁其庭穴、焚其屯寨、屠其部民，从而使建州女真衰落，百年缓不过气来。汪可受在奏疏里说："成化三年，遣兵五万，三道并进；朝鲜率兵万人会剿，此以天威胜也。"④

明辽东经略杨镐根据万历帝"大彰挞伐"的谕旨，吸取蓟辽总督汪可受提出成化三年"遣兵五万，三道并进"征剿建州女真的军事历史经验，参照管山海关

---

① 《明神宗实录》第569卷，万历四十六年闰四月癸亥，台北历史语言研究所校勘本，1962年，第3叶。
② "宁宫"：明山海关主事邹之易在此疏开始有一段话，"奴儿哈赤女直一部落耳，与弟素儿哈赤，据有宁宫塔哈喇赛之地，富饶狡黠"云云。据此可知，"宁宫"即"宁宫塔"，即是宁古塔六贝勒之地，也就是指赫图阿拉。
③ 《明神宗实录》第569卷，万历四十六年闰四月甲子，台北历史语言研究所校勘本，1962年，第4叶。
④ 《明神宗实录》第570卷，万历四十六年五月甲午，台北历史语言研究所校勘本，1962年，第5叶。

主事邹之易"兵分三路、以捣其巢"的作战方案，同蓟辽总督汪可受、辽东巡抚周永春、辽东巡按陈王庭等集议后，正式奏报攻剿后金的进军方略。杨镐攻剿后金方略的要点是：

第一，集中兵力，捣其都城。明朝集中其所能调募到的兵力，将打击的重点汇聚于后金的政治中心和军事中心——赫图阿拉。

第二，攻剿大军，分为四路。就是吸取邹之易"兵分三路"加上成化年间的朝鲜东路出兵的经验，共分为东、西、南、北四路。

第三，作战方法，分进合击。四路大军，各设主将，分路前进，共同合击后金的都城赫图阿拉。

第四，借助外力，形成侧翼。就是吸取邹之易用叶赫军的建议和成化间用朝鲜军的经验，借助叶赫的骑兵和朝鲜的军队，从东路和北路，形成侧翼，配合作战。

所以，杨镐攻剿后金的作战方案，是吸收邹氏方案与成化方案而形成的复合方案。杨镐攻剿后金方案的特点是：攻剿大军，分为四路，分进合击，捣其都城。其分兵四路，具体部署是：

西路，即沈阳路，从抚顺关出边，以山海总兵官杜松为主将；以保定总兵王宣，原任总兵赵梦麟为左右；以职标下右翼营管游击事都司刘遇节，原任参将龚念遂，原任参将柴国栋，原任游击王浩、张大纪、杨钦、汪①海龙、管抚顺游击事备御杨汝达等为隶属，以分巡兵备副使张铨为监督，以按察司经历左之似为赞理。此路官兵二万余人，总兵官三员，为四路大军之重点，由沈阳出抚顺关，沿浑河右岸（北岸），入苏克素浒河谷，从西面进攻赫图阿拉。

北路，即开原路，从靖安堡出边，以原任总兵马林为主将，以开原管副总兵事游击麻岩、管铁岭游击事都司郑国良、管海州参将事丁碧、管新兵中营原任参将李应选、原任游击葛世凤、管新兵右营原任游击赵启祯、原任守备江万春等为隶属，以开原兵备道佥事潘宗颜为监督，以岫岩通判董尔砺为赞理。并有叶赫军

① 原作"桂"，《明神宗实录校勘记》：广本、抱本及《筹辽硕画》"桂"作"汪"。

二千余人助攻，以庆云管游击事都司窦永澄监叶赫军。此路官兵二万余人、叶赫兵二千余人，由靖安堡出，趋开原、铁岭，从北面进攻赫图阿拉。

南路，即清河路，从鸦鹘关出边，以辽东总兵李如柏为主将，以管辽阳副总兵事参将贺世贤、职标下左一营管游击事都司张应昌、管义州参将事副总兵李怀忠、总镇坐营游击戴光裕、总镇右翼营管游击事都司冯应魁、武清营游击尤世功、西平备御徐成名、加衔都司李克泰、原任游击吴贡卿、于守志、张昌胤等为隶属，以分守兵备参议阎鸣泰为监督，以推官郑之范为赞理。此路官兵二万余人，由清河出鸦鹘关，从南面进攻赫图阿拉。

东路，即宽奠路，从凉马佃出边，以总兵刘綎为主将，以管宽奠游击事都司祖天定、南京陆营都司姚国辅、山东管都司事周文、原任副总兵江万化、叆阳守备徐九思、浙兵营备御周翼明等为隶属，以海盖兵备副使康应乾为监督，以同知黄宗周为赞理。同时，明朝咨文朝鲜国王李珲，派都元帅姜弘立、副元帅金景瑞领兵一万三千人，受总兵官刘綎节制，并以管镇江游击事都司乔一琦为监军。宽奠路由凉马佃出，会合朝鲜军，从东面进攻赫图阿拉。①

另外，清河东、叆阳西尚有一路，亦可通赫图阿拉，但因山险路狭，林木蔽空，只派轻兵出奇，张疑设伏，以听临时相机调度。

兵分四路，出边之后，须合探合哨，声息相闻，脉络相通。各路的监军，兼管催办粮草，纪籍功罪，招收降人。

辽阳和广宁为明朝辽东根本重地，以原任总兵官、前府金书官秉忠、辽东都司张承基，领兵驻守辽阳；又派新添总兵官李光荣，戍守广宁。各领兵马，以备不虞。

以管屯都司王绍勋，总管运输各路粮草。②

---

① 《明神宗实录》第579卷，万历四十七年二月乙亥，台北历史语言研究所校勘本，1962年，第6叶。
② 《明神宗实录》第579卷，万历四十七年二月乙亥，台北历史语言研究所校勘本，1962年，第5~7叶。

同时制定赏罚条例。

其悬赏规格：擒斩努尔哈赤者，赏银一万两，升都指挥；擒斩其八大总管（八大贝勒）者，赏银二千两，升指挥使；擒斩其十二亲伯叔弟子侄及有名头目等者，赏银一千两，升指挥同知；被掳如李永芳等、投房如佟养性等，若能俘献努尔哈赤，俱得免死。还规定叶赫贝勒金台石、布扬古擒斩努尔哈赤，给予建州敕书并封龙虎将军。上述赏格，经题奉钦准，已榜示中外，并传播到女真地区。①

其严惩条例：经略杨镐制定并奏闻《罚约备款》即"十四斩"。《罚约备款》共十四条：

一、各路信地，距奴地城寨计道途远近，定出兵日期。如违日期者，明系逗留，主将以下领兵官皆斩。

二、本路虽杀贼收兵，见别路为贼所乘，不即救免者，明系观望，主将以下领兵官皆斩。

三、主将与将领、千把总及军士，或有私仇，于阵中乘机陷害者，审实处斩。

四、官军临阵退缩不前者，登时立斩。

五、马步兵前队以冲锋陷阵破敌为功，不许割级，俟贼败走之后，方许后队割级，验功之时，前后三七分赏；如贼未败，而争先割级、来抢级者皆斩。

六、临阵私逃及诈称病规免者斩。

七、营中畜（蓄）藏妇女者斩。

八、营中不加谨严，致失火延烧火药、粮草者斩。

九、杀中国被掳人民报功者斩。

十、滥杀投降夷人及老幼妇女充功者斩。

十一、争夺高丽及北关所获首级者斩。

十二、攻尅贼寨争抢财物致有失机者斩，仍罪及本路将领。

---

① 《明神宗实录》第578卷，万历四十七年正月乙巳，台北历史语言研究所校勘本，1962年，第7叶。

十三、俘获贼属子女及被掳汉人妇女隐匿不报者斩。

十四、督运及护粮草官违误军兴者斩。①

以上"十四斩",由辽东经略杨镐在全军誓师大会上,亲自宣布,铿锵有声。这说明了辽军统帅杨镐之严肃军纪、钢铁态度、果决执法、威严震慑;但是,杨镐作为全军统帅,最重要的是谋略正确,全军协调,心齐力一,夺取全胜。否则,纸上谈兵,口上作秀,严酷后果,历史可证。

杨镐的上述方略,当时就遭到有识之士的反对。巡按张铨在奏疏中说:"奴之三川险易,诸将未必悉谙。今悬军深入,保无抄绝?且突骑野战,夷之所长,而我之所短也。以短击长,以劳赴逸,以客当主,非计之得。夫以文皇帝之神武,兵精将勇,而胪朐河之战,五将不还,全军歼焉。则出塞之役,奈何轻言!"②明确提出不同意举行"分进合击"进剿后金的兵略。

历史经验,值得考鉴。《金史》记载:"自用兵以来,彼聚而行,我散而守,以聚攻散,其败必然。"③当然,上述意见,无人理会。

分派既定,罚约已颁,参战官兵,举行誓师。

天命四年即万历四十七年(1619)二月十一日,辽东经略杨镐、蓟辽总督汪可受、辽东巡抚周永春、辽东巡按陈王庭,在辽阳演武场,会集征讨努尔哈赤兵马誓师。杨镐宣布《罚约备款》十四条,并取尚方剑,令将抚顺临阵先逃、已经题明正法的指挥白云龙,当场枭首示众。但在祃祭时,大将屠牛,刀不锋利,"三割而始断"④;刘招孙在教场驰马试槊,木柄蠹朽,槊头堕地。誓师后,经略杨镐等令兵分四路,分进合击,直捣赫图阿拉。

---

① 《明神宗实录》第579卷,万历四十七年二月乙亥,并参阅《神宗实录校勘记》,台北历史语言研究所校勘本,1962年,第7叶。
② 《明神宗实录》第572卷,万历四十六年七月壬辰,台北历史语言研究所校勘本,1962年,第2~3叶。
③ 《金史·徒单镒传》第99卷,中华书局点校本,1975年,第2189页。
④ 王在晋:《三朝辽事实录》第1卷,江苏省立国学图书馆藏本,第5叶。

经略杨镐为诸路军总指挥,坐镇沈阳。各路兵总共十万余人,号称四十七万,以张扬声势。杨镐既庸懦昏聩,又骄躁寡谋。定于二十一日分道出师,分进合击后金都城赫图阿拉。适十六日天降大雪,跋涉不前,复改为二十五日出师。

明朝经过十个月的酝酿和准备,各路援辽兵马聚集辽阳。但兵马未及休息喂养,明廷求胜心切,又恐师老财匮,便促杨镐进兵。虽出师日期已定,但突然天气变化,二月十六日,天降大雪,杨镐奏请延至二十五日出师,朝廷不同意。大学士方从哲、兵部尚书黄嘉善等连发红旗,催杨镐进兵。方从哲接到延期出师奏报后,在三月初一日,为万历帝草拟谕帖一道,令兵部传谕东征将士,用示鼓舞。

杜松因大雪迷路,请缓师期。刘綎也以未谙地形,再请缓师。杨镐勃然大怒道:"国家养士,正为今日,若复临机推阻,有军法从事耳!"① 遂悬尚方宝剑于军门,以阻谏缓期出师者。

杨镐只图侥幸取胜,既不知己,又不知彼,不顺天时,不察地理,不谐军心,不务事情,便大张旗鼓地下令出兵。

兵法曰:"善攻者,动于九天之上,藏于九地之下。"但明军尚未出动,军期早已泄露。据山西道御史冯嘉会言:

> 我师进剿,出揭发抄,略无秘密,以致逆奴预知,在在设伏……又闻奴酋狡黠异常,不但辽左事机,尽为窥瞰,而长安邸报,亦用厚赀抄往,盖奸细广布,则传递何难?②

明军浩荡,来势凶猛,天命大汗,如何对策?或有四种方案,可供统帅选择:其一,军民一体,破釜沉舟,硬拼死守,迎战明军;其二,彼强己弱,坚壁清野,

---

① 谷应泰:《明史纪事本末·辽左兵端》第4册,中华书局点校本,1977年,第1412页。
② 《明神宗实录》第582卷,万历四十七年五月乙酉,台北历史语言研究所校勘本,1962年,第6叶。

化整为零，全面隐退；其三，黄白红蓝，分兵四路，各自为战，立军令状；其四，集中兵力，统一指挥，快速机动，各个击破。天命汗努尔哈赤没有选择前三种方案，因为那或莽撞，或消极，或愚蠢，或寡谋；而是采取明智积极的迎战兵略。

努尔哈赤探知明军的部署、师期、分路、特点等，便确定了迎击明军的战略原则。

大明经略杨镐的兵略是：兵分四路，分进合击；后金努尔哈赤的兵略是：集中兵力，逐路击破。努尔哈赤没有分兵四路，四面迎击，而是集中兵力，统一指挥，快速机动，各个击破。他说："凭尔几路来，我只一路去！"[1] 这就是集中优势兵力，逐路击破明军。他在确定反击明军的战略原则之后，又"调度安排，机构周密"[2]，作出相应准备：操练兵马，整备器械；派出哨骑，搜集军报；查勘地形，寻机设伏；坚壁清野，埋粮填井；撤回各路屯寨兵民，将力量集中到赫图阿拉，攥成一个拳头——迎击来势汹汹的四路明军。

---

[1] 夏允彝：《幸存录·东夷大略》第15卷，《明季稗史初编》本，商务印书馆，民国元年（1912），第10叶。

[2] 王在晋：《三朝辽事实录》第1卷，江苏省立国学图书馆藏本，第7叶。

二 大战的经过

明军西路总兵杜松,率所部二万余官兵,二十八日从沈阳起行,二十九日至抚顺关。杜松是一员勇健虎将,但刚愎自用,骄傲轻敌,鲁暴无谋,急贪首功。史载:

> 松,榆林人①,守陕西,与胡骑大小百余战,无不克捷,敌人畏之,呼为杜太师而不名。被召过潞河,裸示人曰:"杜松不解书,第不若文人惜死。"体创如疹,潞人为挥涕。松方出师,牙旗折为三,识者忧之。李如柏阳酒酒拜送曰:"吾以头功让汝。"松慷慨不疑。临行携杻械自随,曰:"吾必生致之,勿令诸将分功也。"如柏复遣人语之曰:"李将军已自清河抵敌寨矣!"松踊跃向前。②

杜松抱着生擒努尔哈赤而将其杻送到京师献俘的必胜信心,统率西路军急速前进。杜松统领的抚顺路大军,于二月二十八日离开沈阳,当日夜出抚顺关。约

---

① 《明史》第239卷作"昆山人"。
② 谷应泰:《明史纪事本末·辽左兵端》第4册,"杻",该书误作"扭",今正之,第1413页。

定于三月初二日，兵至二道关，合营前进。建州女真为防御明军进剿，曾依马尔墩岭（今青龙山）的险隘形势，修筑三道关：头道关，即雅哈尔关，在马尔墩岭东麓；二道关，即代珉关，在马尔墩岭上；三道关，即扎喀关，在马尔墩岭西麓。三道关即扎喀关往西，苏子河与浑河交汇之处，就是萨尔浒山口。

三月初一日，西路杜松军出抚顺关后，头盔似海，刀枪如林，星夜燃火炬，日驰百余里，急渡五岭关，直抵浑河岸。杜松执意渡浑河，诸将请宿营稍息，不听；总兵赵梦麟谏之，也不听；车营将官恳止，竟发怒。① 杜松酒意正浓，袒露胸怀，挥舞大刀，裸骑径渡。众将请他披甲，杜松笑道："入阵被坚，非夫也。吾结发从军，今老矣，不知甲重几许！"② 遂乘兴麾兵，横渡浑河。先是，努尔哈赤派人在浑河上游筑坝蓄水，至是"决上流，师冲为两"③。兵士们脱衣涉河，陡然水涨，"水深没肩"④，淹死多人。辎重渡河困难，"尚遗车营、枪炮在后"⑤。杜松率前锋渡河后，俘获女真十四人，焚克二栅。他一面疾书报捷，一面策骑急驰，追至二道关。这时，后金于界藩设四百伏兵，在萨尔浒谷口，待杜松军过谷口将半而击之。这支伏兵追至界藩渡口，与筑城夫役汇合，占据界藩山（铁背山）上之吉林崖。明人记载："伏夷突起，约三万余骑，与我兵对敌。松率官兵奋战数十余阵，欲图聚占山头，以高临下。不意树林复起伏兵，对垒鏖战。天时昏暮，彼此混杀。而车营枪炮，以浑河水势深急，拥渡不前。"⑥ 杜松军到萨尔浒山口，天已黑，扎营寨。但是，龚念遂所率的车营，因辎重行缓而未能渡河，后驻营于斡珲鄂漠。

---

① 《明神宗实录》第47卷，万历四十七年三月丙戌，内阁文库本。
② 谷应泰：《明史纪事本末·辽左兵端》第4册，中华书局点校本，1977年，第1412页。
③ 宋幼清：《九籥集》第1卷，明平露堂刻本，第8叶。
④ [朝]《光海君日记》第138卷，十一年三月戊戌，日本学习院东洋文化研究所刊，1959年，第13叶。
⑤ 《明神宗实录》第580卷，万历四十七年三月甲午，台北历史语言研究所校勘本，1962年，第7叶。
⑥ 《明神宗实录》第580卷，万历四十七年三月甲申朔，台北历史语言研究所校勘本，1962年，第1叶。

后金探骑不断地到赫图阿拉向努尔哈赤报警。被派往西方的探骑先报："昨二十九夜,见明国兵执灯火出抚顺关。"①派往南方的侦骑又报："清河路也发现敌兵!"天命汗向诸贝勒大臣分析错综复杂的敌我态势,认为明军主力一定会先从西面向抚顺方向来。努尔哈赤命令:派兵五百名防守南路;以左翼四旗和右翼四旗共八个旗的兵力,驰向萨尔浒——"全军向西方"②,迎击杜松军。

三月初一日,杜松军驰至萨尔浒。萨尔浒,位于界藩山(铁背山)下浑河南岸处(今大伙房水库)。铁背山(界藩山)在今辽宁省抚顺市新宾满族自治县南杂木镇高丽营子村南三里地方,浑河与苏子河汇合处迤东,悬崖峭壁,山势险要。山石陡崖,即吉林崖。浑河从东北向西南、苏子河从东南向西北,在界藩山(铁背山)的西山脚下汇流。山麓下浑河南岸就是萨尔浒(今抚顺市李家乡竖碑村西北十里一带地方),萨尔浒山与界藩山(铁背山)隔河相望。③其时,东路刘綎虽二月二十五日出宽奠,但因约于凉马佃会朝鲜军,尚在马家口一带行进中;北路马林军二月二十九日出铁岭,也因叶赫兵尚未出动,后金砍树塞道阻滞,尚在途中;南路李如柏军,是日则刚出清河行向鸦鹘关,且行动迟缓。杜松骁勇鲁莽,贪功急进,孤军突出,驰驱至萨尔浒,分兵为三:以一部在萨尔浒山结营;亲自率领另一部进抵界藩城下吉林崖,准备攻打界藩城;后进辎重由龚念遂率领在斡珲鄂漠扎营。

同日早上,努尔哈赤即派大贝勒代善,带领众贝勒大臣及八旗军,前往萨尔浒迎敌。明军在进抵萨尔浒之先,前军遭遇八旗兵的伏击,后军又受到八旗兵的截击,兵伤马毙,锐气大挫。他们抵萨尔浒后,占据山上,居高临下。明军大营,战车环阵,外列火器,旗鼓壮威,准备进行一场厮杀。时侦骑明军清河路有警急报,《清太祖高皇帝实录》载大贝勒代善道:"清河之界,道途逼仄,地势崎岖,

---

① 《满洲实录》第5卷,辽宁通志馆影印线装本,1930年,第5叶。
② 《满文老档·太祖》第Ⅰ册,东洋文库译注本,1955年,第120页。
③ 杜景琴主编:《抚顺县志》,辽宁人民出版社,1995年,第97页。

纵有兵来，未能骤至。我兵惟先往抚顺，以逆敌兵。"午后，大贝勒代善率领八旗兵过扎喀关到赫济格，得报：杜松指挥明军一部要进攻吉林崖，而其另一部在萨尔浒山上结阵。代善立即派兵千人增援吉林崖，并传令右翼四旗进攻吉林崖杜松军。这时，努尔哈赤赶到军前，询问代善作战部署后，决定先集中兵力，破萨尔浒明军大营。天命汗说：现已申时，天色已晚，命左翼四旗和右翼二旗共六旗兵，先攻击萨尔浒明军，此兵败走，界藩明军，自必动摇。①待击败萨尔浒明军之后，再增援吉林崖的后金兵。遂命六旗兵合力驰向明军萨尔浒大营，并以另二旗兵前去牵制吉林崖杜松大营。于是，努尔哈赤遣六旗兵约四万余人，以绝对优势的兵力，突然猛攻萨尔浒山的明军。他令六旗先锋军，向萨尔浒山明军仰攻冲杀。明军立营结阵，放火铳，发巨炮，炸弹爆炸，血肉横飞。八旗兵仰面扣射，万矢如雨；铁甲骑军，奋力冲击。在震撼山岳的呐喊中，如风暴，似雷霆，狂扑明军萨尔浒大营。努尔哈赤的军事才能是最善于使用骑兵，铁骑集中于一点，攻陷方阵，突破战线，粉碎联队，驱散步兵，这便是他胜利的秘诀。天命汗的骑兵，纵横驰突，越碍破阵，厮杀蹂躏，所向披靡，一鼓攻下萨尔浒明军大营。

攻下萨尔浒明军大营的六旗铁军，麾师驰援吉林崖。时进攻吉林崖的杜松军，听到萨尔浒营陷没的败报，军心已动摇；又遇到从吉林崖山上压下来的后金兵，士气更颓落。时后金军攻打萨尔浒的六旗兵同部署在吉林崖的两旗兵共八旗兵，聚集汇合。吉林崖上后金军，与山下后金援军，上下夹击，合力进攻。明西路抚顺军主将杜松，亲率官兵，"奋战数十余阵，欲图聚占山头，以高临下，不意树林复起伏兵，天时昏暮，彼此混杀"②。八旗劲旅在河畔与莽林，山麓与谷地，以数倍于杜松的兵力，将明军团团围住。明军点燃火炬，从明击暗，铳炮打入丛林，野草瑟缩，万木染红。八旗军矢发风落，从暗击明，万矢射向明垒，矢孔沥血，

---

① 《满文老档·太祖》第Ⅰ册，东洋文库译注本，1955年，第121页。
② 《明神宗实录》第580卷，万历四十七年三月甲申朔，台北历史语言研究所校勘本，1962年，第1叶。

伤兵呼叫。明军抚顺路主将杜松,虽眼发火光,左右冲杀,但矢尽力竭,落马而死。据从石洞和积尸中逃生的朝鲜援明杜松军炮手李守良所目击言:"贼自东边山谷间迎战,又一阵从后掩袭,首尾齐击。汉兵收兵结阵,贼大噪薄之;汉兵亦哈喊齐放,贼中丸中马者甚多。方谓酣战,贼一大阵,自山后下压,汉兵大败。……贼从山上乱下矢石,我军百余人及汉兵数千皆死。贼四面合围,厮杀无余。"①

平原、山冈、河谷、树林,都被溃军塞满了。杜松部尸横遍野,血流成渠,甲仗山积,全军覆没。后金军又北追明军溃卒二十余里,至硕钦山,胜利而返。《清太祖高皇帝实录》记载:

> 明总兵杜松、王宣、赵梦麟等皆没于阵,横尸亘山野,血流成渠,其旗帜、器械及士卒死者,蔽浑河而下,如流澌焉!②

然而,明杜松军的官兵,不乏英勇顽强者。朝鲜李民寏据在赫图阿拉听努尔哈赤奴仆所言而记载:"西路天兵一阵极精勇,胡兵几不能挡。"③虽个别兵士英勇,但不能改变全军命运。明军统帅协调的无能,西路主将指挥的错误,直接预示明军抚顺路大军将在萨尔浒地方兵败。

杜松萨尔浒之败,明人责咎其有"六失"④。此论有对有错,留待后文评论。杜松、

---

① [朝]《光海君日记》第138卷,十一年三月戊戌,日本学习院东洋文化研究所刊,1959年,第13叶。
② 《清太祖高皇帝实录》第6卷,中华书局影印本,1986年,第7叶。
③ [朝]李民寏:《建州闻见录》,日本天理大学图书馆藏玉版书屋本,第34叶。
④ 《明神宗实录》,内阁文库本,万历四十七年三月丙戌载:"乃本将虑恐功不出己,于二十九日半夜出关,哨见浑河南岸走有游骑,亟将兵先期竟进,其失一也;此时三路兵马未济,浑河水势汹涌,人马渡河,被水推溺数十余骑,巡道止之不听,赵梦麟谏之不听,军营将官恳止而怒,愎众自用,其失二也;且不按队为营,临期每队挑选数人,以致队伍错乱,为贼所击,其失三也;临阵生擒活夷数人,克一二寨,不加傍哨,扑踊而前,致赚入贼伏,被诱不知,其失四也;将兵不习,背水而战,其失五也;轻骑深入,撤弃火器车兵,师无老营,其失六也。"

王宣、赵梦麟三位总兵，都是陕西榆林人，俱为将略世家，都是明军中杰出的将领。杜松骁勇过人，久历封疆，屡获奇捷，至是以援辽起升为山海总兵。经略杨镐命杜松从抚顺出边，以王宣与赵梦麟为左右。杜松奋勇喜功，策马疾驰；努尔哈赤素惮杜松，因而谨慎对待，厚集伏兵，以计诱之，遂为所中。论者谓：杜松虽骁勇惯战，却刚愎寡谋，身死军没，在所难免。其实，杜松悬军深入，长途疾驰，不谙地形，构成己短；而突骑野战，据险设伏，又为八旗军所长。所以，努尔哈赤以众击寡，以逸待劳，以长制短，以客为主，以合迎分，以智斗勇，打败杜松军而获得萨尔浒之捷。因萨尔浒一战，是此次战争明军与后金军的首战，并关系萨尔浒之战的命运，以明军惨败而后金军大胜为结局，所以史称这次整个战役为萨尔浒之战。

八旗兵刚击败杜松军，侦骑又飞报开原路马林军至。北路开原马林军，本应三月初一日出口，却于初二日午时到三岔口。时马林闻杜松已于初一日出抚顺口，急率军"出三岔口，营稗子峪，夜闻杜松败，林军遂哗"①。天明，与八旗军相遇；其时，杜松、王宣、赵梦麟已经败殁。

初二日，北路总兵马林军在萨尔浒西北三十余里富勒哈山的尚间崖安营，浚壕堑，严斥堠。先是，马林领开原兵，从三岔儿堡（今辽宁省铁岭市三岔子村）出边，营于稗子峪。夜间闻后金陷杜松军，军中遂哗。及旦，后金军至，马林甚为恐惧。马林见杜松兵败，所部军哗，急忙转攻为守：马林亲自率军营尚间崖，依山结成方阵，环营挖三层壕，壕外排列骑兵，骑兵外布枪炮，火器外设骑兵，壕内布列精兵，开原兵备金事、监督潘宗颜率军在其三里外斐芬山扎营。于是，马林军结成"牛角阵"。同时，杜松后部龚念遂在斡珲鄂漠结营，两营相距数里。这样，北路军的马林营、潘宗颜营同西路军余部的龚念遂营，组合成"品"字形阵，抗击后金军的进攻。明北路军主将马林，将门出身，好诗文，工书法，交游名士，自

---

① 《明史·潘宗颜传》第291卷，中华书局点校本，1974年，第7454页。

许甚高,徒有虚名,并无将才。①辽左四路用兵,马林被命为主将。他率领北路开(原)铁(岭)军,自以为"牛角阵"既能互相救援,又能以战车和壕堑阻遏后金骑兵的驰突,以炮铳和火箭制服后金的弓矢。且可借用杜松余部龚念遂营,结成"品"字形阵,抗击后金军。但马林消极防御,兵力分散,鼎足成阵,各营茧缚,形成被动挨打的局面,给后金八旗军提供可乘之机。

聪明的努尔哈赤尽管有三倍于敌的兵力,却没有分兵围攻明军的三个营垒,而是以两个旗的兵力将其三个营阻隔,集中六个旗的兵力,先砍其"品"字形阵的一点——龚念遂营。龚念遂为杜松军的一支,未能同本部汇合,时杜松在萨尔浒、吉林崖两营覆没,而成为孤雁。参将龚念遂、游击李希泌统领步骑,楯车屯营,环营浚壕,排列枪炮,严密防守。努尔哈赤挥军攻打龚念遂营,也没有四面包围,而是亲自率领一千精骑,命四贝勒引骑兵,朝着其薄弱的一隅猛冲,攻打进去,推倒楯车②,突破一个缺口。八旗兵像洪水似的从缺口涌进龚念遂营,骑兵踩撞着死人和活人,冲突、砍削、狂奔、蹂躏,龚念遂营破战死,全营败没。日午,努尔哈赤在斡珲鄂漠得胜之后,跃马急驰尚间崖。

尚间崖的马林营防守严整。努尔哈赤急命:"先据山巅,向下冲击。"③他见马林军营内与壕外之兵会合,又命:"停止攻取山上,下马徒步应战。"④大贝勒代善、二贝勒阿敏、三贝勒莽古尔泰各率兵鼓勇急进,冲向马林营。营中明军发鸟枪,放巨炮,但"火未及用,刃已加颈"⑤。两军短兵相接,骑兵横驰,利刃飞舞。后

---

① 《明史·马芳传附子林传》第211卷,中华书局点校本,1974年,第5587页。
② 《满文老档·太祖》上册,天命四年三月初二日,中华书局译注本,1990年。
③ 《清太祖高皇帝实录》第6卷,中华书局影印本,1986年,第9叶。
④ 《满文老档·太祖》上册,天命四年三月初二日。案:《清史稿·太祖本纪》载"上趋登山下击,代善陷阵,阿敏、莽古尔泰麾兵继进,上下交击,马林遁,副将麻岩战死"。据《满文老档》、《满洲实录》、《清太祖武皇帝实录》和《清太祖高皇帝实录》所载,虽始命登山,但后并未登,故《清史稿·太祖本纪》记载"上下交击",误。
⑤ 于燕芳:《剿奴议撮》(五),中央大学图书馆印本,民国十七年(1928)。

金兵受伤者甚多，勇将扬古利不顾"被伤者勿行"的旨令，"独裹创"①，率牛录额真驰击，兵马齐拥激战。正在酣战之际，马林恐甚，策马先奔。《明神宗实录》记载："及旦，敌至，林甚恐，遂提部下兵，避其锋以去。"副将麻岩战死，主将马林以数骑遁，余众大溃，全营皆没。马林的两个儿子——马燃、马熠，也战死于尚间崖。明马林军兵败惨状："死者遍山谷间，血流尚间崖下，河水为之尽赤。"②努尔哈赤攻下尚间崖马林营，又马不停蹄地驰往斐芬山潘宗颜营。

在斐芬山的潘宗颜据山扎营，楯车为垒，环列火器，督军坚守。努尔哈赤指挥八旗军，令一半兵下马，重甲兵持刀枪在前，轻甲兵操弓矢在后；另一半兵骑马，包围斐芬山——步骑冒死前进，仰山而攻。③潘宗颜"奋呼冲击，胆气弥厉"④。明军居高临下，施发火器，八旗军拼死冲击，突破营阵，两军混战、周旋、厮杀、肉搏。炮队迎步兵，铁骑冲炮队；蜿蜒动荡，血肉横飞。马林"牛角阵"的另一只犄角也被砍掉，潘宗颜营溃战死，其死时"骨糜肢裂，惨不忍闻"，年三十六⑤。时叶赫贝勒金台石、布扬古"约助明兵，与潘宗颜合，至开原中固城，闻明兵败，大惊而遁"⑥。据《明神宗实录》载述潘宗颜战况：马林避锋逃遁，潘宗颜独留殿后，他"奋呼杀贼，胆气益厉。与游击窦永澄、守备江万春、通判董尔励等，及所部健丁，冲突鏖战，贼死者枕籍。自辰至午，力竭不支，遂同时遇害。"《明神宗实录》又记载："宗颜，字士潜，万全都司保安卫人，能诗赋，善古文辞，至天文、兵法，亦时时玩习。为诸生，便究心时事，有筹边赋及韬略十二对。癸丑，成进士，授

---

① 《满洲名臣传·扬古利列传》第1卷，黑龙江人民出版社，1991年，第7页。
② 《清太祖高皇帝实录》第6卷，中华书局影印本，1986年，第9～10叶。
③ 《满文老档·太祖》上册，中华书局译注本，1990年，第77页。
④ 《明史·潘宗颜传》第291卷，中华书局点校本，1974年，第7454页。
⑤ 《明神宗实录》第580卷，万历四十七年三月乙酉，台北历史语言研究所校勘本，1962年，第2叶。
⑥ 《清太祖高皇帝实录》第6卷，中华书局影印本，1986年，第10叶。

户部主事。"①潘宗颜见辽事危急，条具奏议，未受重视，遂挺身关外，往督辽饷。时开原道缺，特用补任，值四路出师，为北路监督。至是，殉职。

至此，明北路马林军，除主将马林仅以数骑逃回开原外，全军覆没。先是，开原道兵备佥事潘宗颜知马林无将才，在出师之前致书经略杨镐言："林庸懦，不堪当一面，乞易他将，以林为后继，不然必败。"②

杨镐刚愎不听，果然马林兵败。

初三日，努尔哈赤败抚顺路杜松军和开原路马林军后，又接到侦骑驰传明总兵刘綎由宽奠进董鄂路、总兵李如柏由清河进虎拦路的警报。他派一支军队往南方防御清河路李如柏军，又派达尔汉侍卫扈尔汉率兵一千前往迎敌，再派二贝勒阿敏带兵二千设伏山谷，以待刘綎军。他初步安排后，先将八旗军集结于古尔本，又来到界藩，杀八牛祭纛告天，庆祝连破两路明军的胜利，并激励将士去迎接新的驰突。努尔哈赤在界藩祭告后，夜里返回赫图阿拉。初四日凌晨，努尔哈赤率兵四千留守赫图阿拉，待南路李如柏军，坐镇指挥；命大贝勒代善、三贝勒莽古尔泰、四贝勒皇太极统领八旗大军，疾驰阿布达里冈，迎击明东路宽奠刘綎军。先是，原定东路宽奠刘綎军二月二十五日出口。刘綎则于二十六日，自宽奠过凉马佃到榛子头地方，同朝鲜军联营。二十九日，刘綎领兵前进，路上遭遇后金兵的埋伏。他率军一面少有斩获，一面缓慢行进。

刘綎，江西南昌人，抗倭名将刘显之子，是明军中与杜松齐名的勇将。他身经大小数百战，名闻海内。他善用大刀，"所用镔铁刀百二十斤，马上轮转如飞，天下称'刘大刀'"③。善弓马，如尝"命取板扉，以墨笔错落乱点，袖箭掷之，皆中墨处。又出战马数十匹，一呼俱前，麾之皆却，喷鸣跳跃，作临阵势，见者称

---

① 《明神宗实录》第580卷，万历四十七年三月乙酉，台北历史语言研究所校勘本，1962年，第2叶。
② 《明史·潘宗颜传》第291卷，中华书局点校本，1974年，第7454页；又见《明神宗实录》第580卷，台北历史语言研究所校勘本，1962年，第2叶。
③ 《明史·刘綎传》第247卷，中华书局点校本，1974年，第6396页。

叹"①。又嗜酒，每临阵饮酒斗余，激奋斗志。刘𫄧受命之后，二月二十五日刚出宽奠，天时不利："风雪大作，三军不得开眼，山谷晦冥，咫尺不能辨。"②他率领一万余器械龃龉，又无大炮火器的混杂队伍，同朝鲜都元帅姜弘立、副元帅金景瑞统领的一万三千人会师后，在不得天时地利的险远道路上行进。如二十七日"过涉横江，比鸭儿河深广，少有雨水，渡涉极难。鸭儿河凡四渡，深没马腹，水黑石大，人马艰涉。军人各持行装，未到半路，疲惫已甚。所赉之粮，亦已垂尽"③。在刘𫄧驰往赫图阿拉的路上，不仅群山峻岭险隘，大川萦纡，山径崎岖，丛林密布；而且后金设置路障，道路蜿蜒，山民出逃，坚壁清野。如朝鲜《光海君日记》载："贼新斫大木，纵横涧谷，使人马不得通行，如此者三处。且斫且行，日没时到牛毛寨④。原有三十余胡家，已经焚烧，埋置米谷。"⑤后金屯寨埋藏粮谷，宽奠路军粮不继，朝鲜兵尤甚，其"三军不食，今已屡日"⑥。军粮短缺，行军迟缓，至三月初二日，始到深河（今桓仁满族自治县二户来镇附近）。深河离牛毛寨六十里，山路险隘，官兵饥馁，行军竟三日。这时杜松和马林军已经败殁，刘𫄧却全然不知。在这段艰难的行军中，宽奠路明军几经小的战斗，"生擒斩获共二百一名颗"⑦，其中除女真游骑外，多为屯寨妇幼。刘𫄧焚克十余寨，"军声大震"⑧。时后金牛录额真讬保、额尔纳、额黑乙率五百人诱敌。刘𫄧中了努尔哈赤的诱兵之计："夷贼

---

① 钮琇：《觚賸·刘将军》正编，第4卷，上海古籍出版社，1986年，第65页。
② [朝]《光海君日记》第137卷，十一年二月己卯，日本学习院东洋文化研究所刊，1959年，第11叶。
③ [朝]《光海君日记》第137卷，十一年二月辛巳，日本学习院东洋文化研究所刊，1959年，第12叶。
④ 今辽宁省桓仁满族自治县四河乡大甸子村。
⑤ [朝]《光海君日记》第137卷，十一年二月壬午，日本学习院东洋文化研究所刊，1959年，第12叶。
⑥ [朝]李民寏：《栅中日录》，日本天理大学图书馆藏玉版书屋本，第6叶。
⑦ 《明神宗实录》第580卷，万历四十七年三月甲午，台北历史语言研究所校勘本，1962年，第6叶。
⑧ 谷应泰：《明史纪事本末·辽左兵端》第4册，中华书局点校本，1977年，第1413页。

精兵五百余骑，直逼对山诱战，连诱连退。"① 额尔纳、额黑乙战死，讬保引金兵与扈尔汉军合，伏兵山隘，严守以待。刘綎继令哨探侦察前路，回报称："嘉哈岭外，绝无贼警。"刘綎信以为真，命令军队：一面分掠屯寨粮食，一面不成行伍行进。明东路宽奠刘綎军，进至距赫图阿拉约七十里的阿布达里冈（今老道沟岭）。它位置在今老道沟岭南麓富沙河谷地带，地形复杂，易于设伏。刘綎军陷于努尔哈赤及其子代善在阿布达里冈的埋伏之中。

初四日，努尔哈赤派去迎击刘綎的八旗军互相配合：扈尔汉率千人设伏山隘；皇太极等率右翼四旗兵，隐伏在阿布达里冈山麓的丛林里；二贝勒阿敏率兵潜伏在冈的南谷，待放过刘綎军一半之后，拦腰截击；四贝勒皇太极引右翼兵登山，以待下击②；大贝勒代善等率左翼四旗三万官兵，自冈之西向东夹攻之；又派降顺汉人装扮成杜松军卒，赚诱刘綎：

> 建州兵得杜松号矢，使谍驰给之，令亟来合战。綎曰："同大帅，乃传矢，禆我哉！"谍曰："主帅因事急取信耳。"綎曰："殆不约传炮乎？"谍曰："塞地烽堠不便，此距建州五十里，三里传一炮，不若飞骑捷也。"綎首肯。③

谍骑驰报，努尔哈赤密令以刚缴获的杜松军大炮，燃炮"传报"。刘綎军在阿布达里冈山谷的行进途中，"遥闻大炮三声，隐隐发于东北"④。刘綎听到"信炮"声，以为西路杜松大军已到赫图阿拉，唯恐杜松独得头功，急命火速进军。阿布达里冈一带，重峦叠嶂，隘路险夷，马不能成列，兵不能成伍，刘綎督令兵马单列急进。

---

① 《明神宗实录》第580卷，万历四十七年三月甲午，台北历史语言研究所校勘本，1962年，第6叶。
② 《满文老档·太祖》上册，中华书局译注本，1990年，第79页。
③ 谷应泰：《明史纪事本末·辽左兵端》第4册，中华书局点校本，1977年，第1413页。
④ [朝]李民寏：《栅中日录》，日本天理大学图书馆藏玉版书屋本，第7叶。

刘綎亲率精锐的前锋部队行到阿布达里冈地带①，隐伏在山麓、溪谷、丛林、险隘中的后金伏兵四起，阿敏、达尔汉侍卫等率兵从瓦尔喀什②沟谷密林突出袭击，将刘綎军拦腰切断而攻其尾部。刘綎被前诱后逼到阿布达里冈的瓦尔喀什旷野，与后金军主力相遇。这时努尔哈赤设计骗刘綎：

> 奴酋设计诱之，用杜松阵亡衣甲、旗帜，诡称我兵，乘机督战。綎始开营，遂为奴酋所败。③

皇太极等率兵从山上往下驰击，似山洪暴泄，漫山冲杀。

后金军山上官兵下冲，山麓伏兵四起，上下夹攻，首尾齐击，弥山漫谷，四围厮杀。刘綎奋战数十合，力竭败死。其养子刘招孙冲突力救，亦死。据史载：

> 建州兵假杜将军旗帜奄至，綎不之备，遂阑入阵，阵乱。綎中流矢，伤左臂。又战，复伤右臂。綎犹鏖战不已。自巳至酉，内外断绝。綎面中一刀，截去半颊，犹左右冲突，手歼数十人而死。刘招孙救之，亦死。④

刘招孙之勇，实令人惊叹："有刘招孙者，綎帐下卒也。负綎尸，手挟刃，与我军相格，亦被杀死。"⑤是战，明人史书亦载：

---

① 阿布达里冈地带：笔者实地踏查，包括今辽宁省桓仁满族自治县铧尖子镇、二户来镇老道沟南麓富沙河谷地带，及海青伙洛沟、洼子沟、半截沟等地域。
② 瓦尔喀什：朝鲜文献作"日可时"，据考证其地在今辽宁省桓仁满族自治县铧尖子镇洼子沟一带地方。沟谷长十五里，最宽处三里，沟谷有十余个支岔。
③《明神宗实录》第581卷，万历四十七年四月戊辰，台北历史语言研究所校勘本，1962年，第8叶。
④ 谷应泰：《明史纪事本末·辽左兵端》第4册，中华书局点校本，1977年，第1413～1414页。
⑤ 高士奇：《扈从东巡日录》下卷，《辽海丛书》影印本，辽沈书社，1985年，第1叶。

贼兵逼山诱我，守备马进忠单骑入贼阵，贼惧收兵，屯扎山菁，我兵亦用壁相距。令奴中犇张抚顺军帜，讹言杜将军战胜合兵。刘将军不及擐甲开营，而夷兵猛炽，二万人合围。自巳至酉，我兵冲破数阵，奴以胜兵之锐，当深入之疲，将军脸被一矢，又戳一刀，毕命。①

东路宽奠军主将刘綎身死兵败②后，有数千浙兵败屯山上，据目击者记："胡数百骑，驰突而上，浙兵崩溃，须臾间，厮杀无余。目睹之惨，不可胜言。"③这些手执竹矛、身披藤甲的可怜步兵，惨遭后金铁骑横杀，抛尸异地富察荒野！明军东路宽奠刘綎军败殁的战场④，当时目击者记载，从富察通往嘉哈的道路上，"所经僵尸如麻，数十里不绝"。

阿布达里冈的刘綎军失败之后，代善等移师富察⑤，进击监军康应乾统领的刘綎余部及助明作战的朝鲜兵。在明监军乔一琦游击的督催下，姜弘立率朝鲜兵于四日到达富察之野。都元帅姜弘立下令军队，分左、中、右安营，自驻中营固拉库崖。营刚扎下，代善统领数万骑兵冲向富察，漫山遍野，烟尘蔽天。此前，四贝勒皇太极破刘綎兵后，复击败明海盖道康应乾军；二贝勒阿敏、扈尔汉得胜后，遇明游击乔一琦兵，乔兵败，乔一琦率残兵奔向朝鲜兵营。至是，后金兵进攻朝

---

① 《都督刘将军传》，不分卷，太仓王衙藏版本。
② 《剑桥中国明代史》（中国社会科学出版社本）第630页记载：刘綎之死有三种说法——"中国人后来声称刘綎是在战斗中被杀。满族人说他被俘并被处死。朝鲜人说他点燃他身下的黑色火药而自杀。"
③ [朝]李民寏：《栅中日录》，日本天理大学图书馆藏玉版书屋本，第11叶。
④ 刘綎英勇杀敌殁后，明朝官吏仍勒索死难英雄之钱——明河南道御史张捷奏言："至如吏、兵二部作毙要钱，牢不可破。刘綎死事疆场，忠魂久郁，其子骥数宅始邀一恤；土弁秦氏，千里裹粮，急纾国难，行月之给，索贿千金；王威领敕闻，勒索至八十金。一涉武臣，便作贿薮。若是，豪杰忠勇之士欲不灰心，不可得也。愿大小诸臣，共痛除之。报闻。"（《明熹宗实录》第9卷，第23叶，天启元年四月己丑）明朝腐败，至已极矣。
⑤ 富察：又称富车，距赫图阿拉约六十里，距阿布达里冈约十里。"富察之野"或"富车地方"，据考证在今辽宁省桓仁满族自治县铧尖子镇东堡村至二户来镇釜山村之间沟谷平野地带。

鲜兵营,当朝鲜左右营兵铳炮初放,还没有来得及再燃之时,后金骑兵已突入营中。朝鲜的兵卒,被纸作甲,柳条为胄,饥馁数日,饿渴并剧,"欲走则归路断绝,欲战则士心崩溃"①。进退两难,无可奈何。这时代善指挥八旗兵对朝鲜军,分作两路,加以包围。

朝鲜军偃旗息纛,遣官求降,代善同三大贝勒等商量后,同意朝鲜军派官前来商讨。姜弘立派官到代善大营说:"此来非吾愿也。昔倭侵我国,据我城郭,夺我疆土,急难之时,赖明助我,获退倭兵,今以报德之故,奉调至此,尔抚我,我当归附,且我兵从明将士攻战者,已被杀,此营中皆高丽兵也。明兵逃匿于我,止游击一人,及所从军士而已,当执之以献。"②后金命其主将先来。姜弘立以恐军乱逃窜为由,派其副元帅金景瑞到代善大营,作为人质留宿后金军营帐中。

初五日,朝鲜都元帅姜弘立、副元帅金景瑞投降③,后金景瑞因抗节而被杀④。他们在投降大贝勒代善前,将朝鲜营中明游击乔一琦及其随从之兵驱赶下山,送给后金军。明监军乔一琦走投无路,留下遗书,投崖而死(一说自缢而死)⑤。

明军杜松抚顺路、马林开原路、刘綎宽奠路相继败北,经略杨镐急檄清河路李如柏回师。李如柏,为李成梁第二子,由父荫为锦衣千户,放情酒色,贪淫跋扈。后居家二十年,以辽东用人,起自废籍。李如柏怯懦蠢弱,出师滞缓,他从清河出发,于三月初一日巳时才出鸦鹘关口。鸦鹘关(今新宾苇子峪镇境内)西南距

---

① [朝]李民寏:《栅中日录》,日本天理大学图书馆藏玉版书屋本,第9叶。
② 《清太祖高皇帝实录》第6卷,中华书局影印本,1986年,第13~14叶。
③ 朝鲜《光海君日记》第139卷,十一年四月乙卯记载:"姜弘立等书职名状启略云:'臣至背东关岭,先遣胡译河瑞国密通于虏云:虽被上国催驱至此,常在阵后,不为接战计,故战败之后,得以款好。若速成和议,则臣等可以出归'云云。(先是,王密令会宁府来市商胡通报此举。商胡未返而瑞国先入奴穴,奴酋疑而囚之。既而会宁报至,遂释瑞国,仍使招纳弘立。弘立之降,盖其素定之计也。——原注)"
④ 朝鲜《李朝仁祖大王实录》记载,金景瑞"被擒之后不忘本朝,得因藩胡传疏本而备陈贼情,因及防御之策,以此见觉于虏,遂被杀"。
⑤ 《清史稿·阿敏传》作"一琦自经死"。

清河堡一百里,东北距赫图阿拉八十里。李如柏军行动缓慢,还没有同后金军交锋,在接到杨镐檄令后,急命回军。后金牛录额真武理堪,受命率二十名哨骑在呼兰山巡逻,见李如柏退师,在山上鸣螺,作召集大军追击状,李如柏军大惊。武理堪率军机智地呼噪下击,斩杀四十人,获马五十匹。明军大乱,奔走相践,死者千余人。据《清史列传·武理堪》所载:

> 武理堪率二十骑至呼兰山,见敌军行山麓,乃于山巅驻马大呼,弓手四顾,为指麾伏兵状。敌望见惊溃。武理堪遂纵骑疾驰击之,斩四十人,获马五十。敌相踩躏,死者千余。①

《满文老档》《满洲实录》和《明史·李如柏传》也作了类似的记述。上述记载,虽不免张饰,但可以看出李如柏退师时风声鹤唳、草木皆兵的惊惶之状。

李如柏退师之后,明朝言路极愤,劾其与努尔哈赤有香火情,因之,李如柏逗留观望,努尔哈赤也一矢未加。户科给事中李奇珍疏劾李如柏娶努尔哈赤之弟舒尔哈齐女为妾,现生第三子,有"奴酋女婿作镇守,未知辽东落谁手"②之谣。李如柏逃回清河,言官交章论劾。诏命李如柏还京候勘,即入都城,言者不已。《明史·李如柏传》记载:"如柏惧,遂自裁。"

至此,明朝进攻后金的萨尔浒大战,以明朝军失败,后金军胜利而结局。

---

① 《清史列传·武理堪》第4卷,中华书局,1928年,第7页。
② 《明神宗实录》第582卷,万历四十七年五月癸未朔,台北历史语言研究所校勘本,1962年,第1叶。

三 胜败的原因

研究萨尔浒大战，有相关的三个问题，就是双方兵力、胜败原因和历史影响。

第一，萨尔浒大战的双方兵力。

明军和后金军在萨尔浒大战中所投入的兵力，各书记载，出入很大。

明军在萨尔浒之战的兵力，各书记载，相差悬殊。明军最少的数字是七万多人，《明神宗实录》万历四十七年三月十一日，杨镐奏称："盖奴酋之兵，据阵上共见，约有十万，宜以十二三万方可当之。而昨之主客出口者仅七万余，岂能相敌！"这个数字是杨镐在杜松战败后向朝廷奏报中提出的，其目的在于强调"敌众我寡"，为自己开脱罪责。同书载巡按辽东陈王庭奏称，"援辽民〔兵〕马除续调川、陕三万未到外，据臣亲查点过，主客军丁各四万有奇"，就是说八万多人。此外，《明史纪事本末·辽左兵端》作十万人；《辽广实录》作十二万人；朝鲜《光海君日记》作十四万人。后金方面的数字，其出入更大，《清太祖实录》作二十万人、号四十七万等；《清史稿》作二十万人；《清鉴辑览》作二十四万人；《无圈点老档》即《旧满洲档》《满文原档》作"二十七万兵，号称四十七万"。上述后金所列的数字，依据明人的宣传，并无实际根据。他们往多里说明军的数字，是为着讥笑杨经略的无能和宣扬天命汗的睿智。

上述数字都是当时双方或奏报或张扬的数字,当然是既不客观,也不真实。至于朝鲜记载的数字,不是第一手资料,也缺乏真实性。事情过后,两个数字,比较客观,值得参考。

其一是,后任辽东经略王在晋在《三朝辽事实录》中的记述。他说:"各路除丽兵外,主客出塞官军共八万八千五百五十余员名。阵亡道、镇、副、协、参、游、都司、通判、守备、中军、千把总等军官共三百一十余员名,并印信一颗;阵亡军丁四万五千八百七十余名;阵失马、骡、驼共二万八千六百余匹头只。今阵回见在并召集官军共四万二千三百六十余员名。"① 以上,明军死亡官兵加召集回的官兵总数为八万八千五百四十余员名。实际数字可能还要多一些,因为未死的"四万二千三百六十余名"军丁,只是"今阵回见在并召集官军",其"生还现在并未召集回营"者,也会有一定的数量。所以,明军参加萨尔浒之战的官兵实际在八万八千五百四十余员名以上。还有朝鲜军一万三千余人。所以,明军和朝鲜军合计总数在十万一千五百四十余员名以上。此外,还有侧翼部队、后勤部队等。

其二是,兵部尚书黄嘉会奏言:"辽自三路败创,开铁继陷,文武将吏陨命者不下三四百员,军丁亦不下四五万人。"② 同期,兵部、户部合奏萨尔浒之战抚恤死亡官兵的数字,同兵部尚书黄嘉会、后任辽东经略王在晋记述的数字大体吻合。

此外,朝鲜兵的数字。朝鲜《光海君日记》记载:"都元帅姜弘立、副元帅金景瑞领三营兵马一万三千人,自昌城渡江。"李民寏《栅中日录》记载:"元帅令生查勘渡江军兵实数:三营兵一万一百余名,两帅票下二千九百余名。"李氏查点的数字总和为一万三千余名。以上两书,数字相符。朝鲜兵总数为一万三千余人。至于叶赫兵数,《燃藜室记述·浑河之役》作一万人;《明史纪事本末·辽左兵端》

---

① 王在晋:《三朝辽事实录》第1卷,江苏省立国学图书馆藏本,第13叶。
②《明神宗实录》第592卷,万历四十八年三月戊子,台北历史语言研究所校勘本,1962年,第5叶。

作"叶赫以二千骑赴三岔",明师覆。叶赫军为二千余人。

由上,可以得出一个结论:萨尔浒之战明军投入前线官兵总数为八万八千五百五十余员名,另有朝鲜军一万三千余人,叶赫军二千余人,以上合计十万五千余员名。

后金在萨尔浒之战的兵力,各书记载,相差也悬殊。最多的数字是杨镐的奏报十万余人。

实际上后金当时没有这么多的兵力。努尔哈赤于万历四十三年(1615)建成八旗,八旗军的人数当是后金的兵数。按八旗制度规定,每一旗包括五个甲喇(参领),每一甲喇包括五个牛录(佐领)。每一牛录规定由三百人组成,实际上每牛录的人数多寡不一。每旗按编制满额算,当时应有二百个牛录;每牛录按满员计,当时每旗人数为七千五百名,八个旗总计为六万人。张铨在萨尔浒之战中,为杜松抚顺路的监军,他奏报说杜松进兵至二道关,遇到后金伏兵突起,约三万余骑。后金其他士兵约有三万,合起来不超过六万。辽东经略杨镐也说过"奴酋精兵约六万余"。这应当是后金在萨尔浒之战投入的总兵力。

从明朝与后金双方的兵力看,的确明军投入的军队比后金的军队数量多。后金军击败明军四路进攻,在战略上确系以少胜多,在战术上又确系以多胜少。明朝因为军队数量多,采取"分进合击"的战略;后金因为军队数量少,则采取"合进分击"的战术。而在每场战斗中,后金投入数倍于明朝的兵力而战胜明军。

第二,萨尔浒大战的败胜原因。

明朝辽东经略杨镐与后金汗努尔哈赤、明朝与后金,在双方决定雌雄的萨尔浒大战中,以明朝军的溃败和后金军的胜利而结束。

明军在萨尔浒大战中之所以失败,从辽东经略杨镐第一份奏报以来,已经三个半世纪,人们进行了各种分析。军事学家从战争的指挥、战术、战略、后勤等方面加以分析,历史学家从谋略、政治、经济、社会、人文等因素进行论述,他们都各有所见,也各有道理。萨尔浒之战,就战争指挥而言,可以分为主将、经略、兵部、辅臣和皇帝五个层次。战争失败的责任,自然各有其分。但是,责任有大小，事情有主次。战场初败的飞报刚到明军总指挥部沈阳，辽东经略杨镐和巡按陈王庭就分别给万历皇帝呈上奏疏，他们将萨尔浒兵败的责任，首先推给该路主将。杨镐三月十一日奏疏称："原以二十一日陆续发兵到边，二十五日该宽奠一路出口，初一日该沈阳、开铁、清河三路出口，俱约定初至二道关，合兵前进。乃总兵杜松出师，要占首功，单马行前，辄弃车营。初一日申时，既以活捉夷贼报功，旋又以焚克二栅报功，而不知其已入贼之伏也。贼以备开铁之兵与备抚顺之兵合而攻之，乌得不败？既初二日午时，开铁总兵马林行至三岔，闻杜松已先出一日，亦仓皇疾出，比至二道关，杜松与王宣、赵梦麟兵马时已败亡，又以备抚顺之兵与备开铁之兵合而攻之，何能久支？"杨镐与陈王庭不了解建州的地理、地形，杜松初一日行军到萨尔浒，不仅没有到二道关即代珉关，就是三道关即扎喀关也未到。同日，巡按监察御史陈王庭也将失败罪责推给抚顺路主将杜松："约三月初一日出口，乃先期竟进，其失一；刚愎自用，其失二；队伍错乱，为贼所击，其失三；擒夷尅寨，不加傍哨，致赚贼伏内，被诱不知，其失四；将兵不习，背水而战，其失五；轻骑深入，撤弃火器、车兵，师无老营，其失六。智不能料敌，谋不能驭众，致二万余官军，一时并遭陷溃。至于开铁兵马，初派繇三岔出口，马林苦执繇靖安出边，临期复繇三岔出口。乃抚顺交锋，而该镇未至，比奴乘胜北驱，守备不设，致虏袭营，兵亦败溃。"①

杨镐作为全军统帅、陈王庭身为监察御史，在奏报中竟无一字自责，而将战败的责任，全部推给主将，于事于理不通。

查杜松部二月二十八日从沈阳出发，二十九日出抚顺关，初一日到萨尔浒，应于初二日至二道关；马林部也于初二日至二道关。他们并无抢先或延误军期之罪。当然，杜松、马林自有其责，马林不以殉疆场为职，而以逃遁为先，其罪该斩。杜松之责：一是单马前行，缺乏统一部署；二是分营为三，削弱自身兵力；三是

---

① 《明神宗实录》第580卷，万历四十七年三月甲午，台北历史语言研究所校勘本，1962年，第7叶。

急躁轻敌，被诱陷于埋伏；四是一介武夫，未能统协全军。

近年对萨尔浒大战明军失败原因的研究，视野更为宽广。拙著《努尔哈赤传》中分析，明军失败原因主要在于政治腐败、军事废弛、将帅不和、指挥失算。①李鸿彬在《清朝开国史略》中认为明军失败原因有三：不得人心，兵民厌战；主帅无能，决策错误；将领不和，互不声援。②孙文良在《萨尔浒之战》中，对明军失败原因进行了多方面的论述。③《中国历代战争史》作者，特别对统帅杨镐作出论析："未能统制全局。"④《中国军事通史》著者，则着重论析明军指挥失措⑤。

论者或谓其"决策错误"。杨镐吸取成化年间五道分进、朝鲜协攻和蓟辽总督三路出兵、叶赫相助的历史经验与初议方案，而制定"兵分四路，分进合击"的作战方略，似乎看不出存在明显的错误。论者或谓其政治黑暗。应当说，万历朝后期政治黑暗是事实，也是明军萨尔浒战败的深层因素；但天启朝明廷更加黑暗，宁远之战明军却取得胜利。论者或谓杨镐"意在虚张挞伐"。杨镐调兵遣将为虚张声势，打几个小仗，给上边看的。认为杨镐以举国之精锐、百万之粮饷，分兵四路，大张挞伐，为着打几场小仗、破几座屯寨，是没有历史根据的。论者或谓：杨镐派抚顺降人到后金下战书，则是缺乏必胜信心的表现。恰恰相反，这却是明朝狂妄自大的典型表现。

上述分析，都有道理。对明军萨尔浒战败的论析，更应关注其直接要害因素。

在萨尔浒大战中，明军失败原因诸多。诸如不顺应天时，不明察地利，不选优秀统帅，不定睿智谋略。从庙堂与谋略看，其最主要的因素有二：一是统帅指挥失误，二是皇帝用帅不当。

辽东经略指挥失误。辽东经略杨镐作为萨尔浒之战明军的统帅，其主要职责

---

① 阎崇年：《努尔哈赤传》，北京出版社，1983年，第196～197页。
② 李鸿彬：《清朝开国史略》，齐鲁书社，1997年，第67～68页。
③ 孙文良：《满族崛起与明清兴亡》，辽宁大学出版社，1992年，第221～229页。
④ 《中国历代战争史》第15册，黎明文化事业出版公司，1980年，第77页。
⑤ 邱心田、孔德骐：《中国军事通史》第16卷，军事科学出版社，1998年，第38页。

是，调查研究彼己，制定作战方案，选择称职将领，协调各方力量，以实施战略目标。杨镐不懂军事，迂腐执拗，轻躁寡谋，不善协调，对敌方短长虚实、山川险隘全然不知。主帅杨镐兴师，未谙兵家三阵："兵家有三阵——日月风云，天阵也；山林水泉，地阵也；兵车士卒，人阵也。"① 辽东经略杨镐在天、地、人三阵未协，帅、将、官、兵、粮、草、械七事未备的状态下，便誓师出兵，对许多可能发生的情况，也未见作预先安排。特别是在选将与协调两个关节上，铸下历史性大错。

关于选将。明军四路，四位主将，马林、李如柏二人，显然不堪任一路大军之主将。早在出师之前，开原兵备佥事潘宗颜知马林无将才，致书经略杨镐言："林庸懦，不堪当一面，乞易他将，以林为后继，不然必败。"② 杨镐刚愎不听，马林果然兵败。潘宗颜同役身殉，"战没之日，骨糜肢裂，惨不忍闻，年三十六"。李如柏同马林一样，也是庸才懦夫。李如柏为李成梁次子，由父荫为锦衣千户，后官至总兵。他战前已家居二十多年，贪淫跋扈，纵情酒色，时以疆场乏人起自废籍。临阵怯懦畏敌，见后金哨兵大惊，"奔走相蹴，死者千余人"③。

明军帅与将和将与将之间，"心怯而忌，气骄而妒"④。如杜松同刘綎争魁，马林同杜松互妒，潘宗颜对马林不满，刘綎对杨镐怨恨等等。而刘綎对杨镐不悦之色，溢于言表。《光海君日记》记载朝鲜都元帅姜弘立和刘綎的下述对话，可见一斑："臣问曰：'然则东路兵甚孤，老爷何不请兵！'答曰：'杨爷与俺自前不相好，必要致死。俺亦受国厚恩，以死自许，而二子时未食禄，故留置宽田（佃）矣。'臣问曰：'进兵何速也！'答曰：'兵家胜筹，唯在得天时、得地利、顺人心而已。

---

① 何承矩：《太平治迹统类》，载《日下旧闻考》第5卷，北京古籍出版社，1981年，第71～72页。
② 《明史·潘宗颜传》第291卷，中华书局点校本，1974年，第7475页。
③ 《明史·李如柏传》第238卷，中华书局点校本，1974年，第6196页。
④ 《明神宗实录》第577卷，万历四十六年十二月乙丑，台北历史语言研究所校勘本，1962年，第6叶。

天气尚寒,不可谓得天时也;道路泥泞,不可谓得地利也;而俺不得主柄,奈何?'"①颇有不悦之色。

关于协调。首先是协调时间。既然是"兵分四路,分进合击",那么"分进较易,合击则难"。而要"合击",则要"同时"。因此,协调主题,在于时间。刘𬘡为常胜之将,上言兵事,未被采纳。谓:"庙堂战守之议未定,将之责委未决,兵之分布未明,即火器、铠仗、车马未备,诸省征发未集,召募者未练,臣故所统旧将卒绎络未至,况今日主兵事者,中无成算,诚有可忧。闻警辄汹汹,危形若旦夕。而稍退,则处堂怡怡,竟置度外。应事过于张皇,绸缪疏于桑土,是宜虑而后动,战乃克胜。"②时刘𬘡因谤语夺官,失势居里。及奉诏,疏不报,促行急,驰辽东。心不能齐一,力岂能合一?后金军就是打了一个四路明军不能协调合一的时间差!

其次是协调步骤。"兵分四路,分进合击",其关键不是"分进",而是"合击"。因为:只有合击,才能集中兵力;只有合击,才能重击敌人;只有合击,才能己胜敌败;只有合击,才能实现目标。如果说一路、两路失败,可能由于主将错误,然而三路、四路皆败,则充分说明统帅运筹错误。经略杨镐身为明军统帅,其最主要的职责是协调四路兵马,集结于一点,打击八旗军,实现预定目标。但他致命的错误,是未能将四路兵马,集中会合,打击后金。

萨尔浒大战,明军遭惨败,问题关键,就是一点,兵分四路,未能合击。杜松急进,马林迟缓,刘𬘡迂回,李如柏故拖,参差不齐,无法合击。分路进兵最终是要集中力量,进行"合击"。即使四路不能全合,做到两路合或三路合,也可以形成打击力量。而明军四路,却各自为战。在这种情况下,或时间就是胜利,或时间就是失败。

---

① [朝]《李朝光海君日记》第137卷,十一年二月庚辰,日本学习院东洋文化研究所刊,1959年,第11叶。
② 查继佐:《罪惟录·刘显传附子𬘡传》,浙江古籍出版社,1986年,第2401～2402页。

经略杨镐指挥失算，是明军萨尔浒之败的直接原因。杨镐既不察敌情，不听谏言，也不熟谙地理，不亲临战阵。他虽议兵分四路，分进合击，却分散兵力，西路冒进，击而未合。致主力冒进，分路被破，使明军由战略上的优势，变为战术上的劣势，从而导致四路出师，两双败北。

万历皇帝选帅错误。作为萨尔浒之战明军最高责任者的万历皇帝，最主要的事情是任用辽东经略，批准作战方略。而定下作战方略之后，就是遴选指挥战争的统帅。选择杨镐担任萨尔浒之战明军的统帅，是万历皇帝最大的错误。《明史·杨镐传》记载：杨镐，商丘人，万历八年（1580）进士。初任知县，入为御史。迁山东参议，分守辽海道。万历二十五年（1597），偕副将李如梅出边，失败。后朝鲜用兵，被免罪起用，经略辽东。岛山之战，明军大败。史称"是役也，谋之经年，倾海内全力，合朝鲜通国之众，委弃于一旦，举朝嗟恨"。杨镐既不引罪，且诡以报捷。言官劾其"当罪者二十八，可羞者十"。因首辅赵志皋营救，免于一死。后起用辽东，因招事，再丢官。后金破抚顺之后，被命为辽东经略。

其实，有人根据杨镐在朝鲜指挥错误，提出其人不宜委以如此重任。吴应箕说："会麻贵一日败倭十一阵，倭栖釜山，疲困之极。麻贵谓辽抚杨镐曰：'今日乘胜一攻，尽歼丑类矣！'时镐因如梅未到，鸣金收军。盖镐与如梅结盟，惧其不得预功耳。诘朝，倭已结寨，如梅始到。镐欲攻之，麻贵不可，谓'倭已有备，攻之必败'。镐不听，引兵而进。倭用弩铳乘风迎战，镐、如梅、麻贵仅以身免，辽东精锐尽丧于此，乃匿不以闻。独赞画兵部主事丁应泰疏其实于朝，参张淇阳、沈蛟门、杨镐等，于是淇阳与镐奉旨为民。"① 史载，有人推荐熊廷弼为辽东经略，但未被采纳。后辽东经略熊廷弼，对此战丧师辱国极为愤慨。他直接斥责"今朝堂议论，全不知兵。冬春之际，敌以冰雪稍缓，哄然言师老财匮，马上促战。及军败，始愀然不敢复言"。他把"马上催而三路丧师"②，当作明军萨尔浒之败的最

---

① 吴应箕：《东林本末》（上），上海书店印行，1982年，第4页。
②《明史·熊廷弼传》第259卷，中华书局点校本，1974年，第6694页。

大的教训，将明军萨尔浒兵败的责任指向庙堂。

万历帝在选帅之后，又未能给统帅以威势与权柄。史载明军四路主将中，主将名重，难以驾驭。杜松、刘綎、马林、李如柏，或为名将，或为老将，或为骄将，或为痞将，各有性格，很难驾驭。杨镐论资历、论战功、论才能、论后台，都没有驾驭上述将军的条件。所以，江西巡按张铨在奏疏中说："李如柏、杜松、刘綎诸人，以宿将并起，势不相下。必得天语严切，责成杨镐使之约束。诸将如临敌不用命者，偏裨以下，以军法从事。大将即夺其军，列状奏请。庶可作其敌忾之心，抑其跋扈之气。"①万历帝并没有采纳这个"天语严切"的奏议。

所以，萨尔浒之战明军之败的最后、最高责任者是万历皇帝。明朝浙江道御史杨鹤上萨尔浒之败疏言：

> 辽之错，不料彼己情形，丧师辱国，误在经略；不谙进止机宜，马上催战，误在辅臣；调度不闻，束手无策，误在枢部……若诸臣误国，罪在诸臣；若我皇上优游不断，是自误矣。②

清修《明史·杨鹤传》，其文有曰：

> 辽事之失，不料彼己，丧师辱国，误在经略；不谙机宜，马上催战，误在辅臣；调度不闻，束手无策，误在枢部；至尊优柔不断，又至尊自误。③

杨鹤刚直之言，竟直指万历皇帝。萨尔浒之战的失败，虽然主将、经略、兵部、

---

① 《明神宗实录》第572卷，万历四十六年七月甲寅，台北历史语言研究所校勘本，1962年，第13叶。
② 《明神宗实录》第582卷，万历四十七年三月癸卯，台北历史语言研究所校勘本，1962年，第19叶。
③ 《明史·杨鹤传》第260卷，中华书局点校本，1974年，第6726页。

宰辅都有各自的责任；但是从根本上说，万历皇帝腐朽无能之枯树，结下萨尔浒大战兵败之苦果。杨鹤确实抓住了明军失败问题之核心、病象之症结、诸因之精髓和精华之论断。

但是，杨鹤忠耿之言，当事者，因其直，借他由，而逐之。他引疾归里。天启时，被起用，遭阉忌，被除名。崇祯时，再起用，又被戍，死戍所。

此外，还有两点，附作讨论。

一是军事废弛。萨尔浒战前，明军临时征调，仓促赴战，军心不一，斗志不齐，粮饷乏继，器械钝朽，援兵号泣，将领叛逃。如新调到的援兵皆"伏地哀号，不愿出关"①。明军不但援兵啼号，而且援将脱逃，如"陕西固原游击佟国祚，领兵援辽，于万历四十六年九月二十八日，师次昌平，国祚闻伊父原任总兵鹤年降奴，遂萌叛志。给各官领兵先行，至二十九日，又诡称家人佟六汉亡，即差牢役邵进忠等分投追赶，国祚遂得只身轻骑脱逃以去"②。

二是泄漏师期。据《清太祖武皇帝实录》记载："辽阳经略杨镐以二十万兵、号四十七万，遣满洲人一名，系取抚顺时叛投者，于二十四日赍书至。言：'大兵征取满洲，领兵将帅及监军文臣齐至。三月十五日乘月明之时，分路前进。'"③杨镐战前先向后金下战书，自以为聪明，实则很愚蠢。这就使后金有备，先立于不败之地。

后金军则同明朝军相反，在萨尔浒大战中所以获胜，既利用了明朝的弱势，更发挥了自身的优势。后金在萨尔浒之战中，有上下一致、将领智勇、兵马精强、部民支持等内在因素，更为重要的是后金军统帅努尔哈赤指挥得当。满族杰出的军事家努尔哈赤，在萨尔浒之役中的卓越功绩，在于他谨慎地利用了上述的外部条件和内部因素，巧妙地抓住了杨镐④产生悲剧的各个特殊环节，充分地发挥了

---

① 《明神宗实录》第571卷，万历四十六年六月壬戌，台北历史语言研究所校勘本，1962年，第3叶。
② 《明神宗实录》第578卷，万历四十七年正月癸卯，台北历史语言研究所校勘本，1962年，第6叶。
③ 《清太祖武皇帝实录》第3卷，原清官内府藏，台湾广文书局影印本，1970年，第2叶。
④ 杨镐于崇祯二年（1629）九月丁未（二十六日）被弃市。

自己的聪明才智。试缕述如下：

其一，侦察敌情，判断正确。同杨镐不料彼、已相反，天命汗重视侦探敌情。他通过哨探、谍工、商人、降卒等多种途径，对明军的统帅、主将、兵力、分路、师期等都有所了解。尤其在各路哨骑报警时，他能够把握时势吉凶，确定主攻方向。努尔哈赤接到西路和南路报警后，认为"南路有兵者，诱我兵而南也，其由抚顺所西来者，必大兵也，急宜拒战"，确定首先以迎击杜松军为重点。继之得到明军清河路探报，代善判断其道路险仄不会骤至，仍集中精神对付西路。努尔哈赤及到赫济格，调整代善左右两翼平分兵力的计划，集中六旗兵力攻打萨尔浒明军，取胜后再挥军攻打吉林崖杜松本部，从而取得萨尔浒大战初捷。当夜，他营宿巴尔达冈。翌晓，他又亲自指挥，集中兵力，先后吃掉斡珲鄂漠敌营和尚间崖、斐芬山马林两营，使明北路开原马林军覆没。继之不被南路李如柏军哨报疑惑，而决策集中迎击明东路刘𬘭军。

其二，集中兵力，各个击破。明军向赫图阿拉进攻，官兵总数十万余人，号称四十七万。① 后金军投入作战的兵力，据《满文老档》记载，仅有八个旗，约六万人。后金军在总的数量上少于明军。但努尔哈赤在诸路告警时，东路派兵五百人② 御敌，南路派二百兵防守③，北路派兵文献缺载，也不会太多，确定"凭尔几路来，我只一路去"④ 的原则，集中兵力，合击明军。努尔哈赤每战以三倍、四倍或五倍于敌的兵力，将明军逐路逐营击破。而在迎击明军各路时，也采取"集中兵力，各个击破"的原则。如同杜松军作战，杜松分作三营，后金集中军队，将其依次逐营歼灭；又如同马林军作战，马林分作两营，后金再集中军队，将其

---

① 《明神宗实录》第580卷万历四十七年三月甲午载杨镐奏言："盖奴酋之兵，据阵上共见，约有十万。"显系其掩败虚张之词。
② 《清太祖高皇帝实录》第6卷，台湾华文书局影印本，1962年，第12叶。
③ 《满文老档·太祖》上册，中华书局译注本，1990年，第73页。
④ 夏允彝：《幸存录·东夷大略》第15卷，《明季稗史初编》本，商务印书馆，民国元年（1912），第10叶。

依次逐营歼灭；再如同刘綎军作战，刘綎军分部为三，其主力逶迤蜿蜒形不成阵，后金则将其分割，集中兵力，依次逐营，将其歼灭。总之，萨尔浒之战，明军兵分四路，分进合击，分而未合，击而失败；后金集中兵力，合力进击，各个击破，取得胜利。这就使后金军在战略上的相对劣势，变为在战术上的绝对优势。萨尔浒之战，是努尔哈赤军事指挥艺术一次精湛而经典的表演。

其三，铁骑驰突，速战速决。这是努尔哈赤在萨尔浒之战中，克敌制胜的重要法宝。明朝张铨在大战之前就指出："突骑野战，夷之所长，而我之所短也。以短击长，以劳赴逸，以客当主，非计之所得！"在萨尔浒山口，在阿布达里冈隘口，后金都是将明军诱到山口平原野地，以利于骑兵驰突，发挥八旗军之所长。天命汗统率骑兵，集中兵力，连续作战，速战速决——即在明朝四路大军合围前的四天之中，第一天败西路抚顺杜松军，第二天破北路清河马林军，第三天设伏准备，第四天灭东路宽奠刘綎军。如果后金军拖泥带水、行动迟慢一天或两天，那么战局或会逆转。

其四，"善伏善诱"[①]，以静制动。努尔哈赤军事指挥的一个特点是，利用地形，诱敌入伏，以静制动，夺取胜利。明军大举远袭，挞伐后金，既不占天时，更不占地利。明朝张铨在大战之前曾指出："奴之山川险易，诸将未必悉谙。今悬军深入，保无抄绝？"这个正确意见，并未引起重视。事实发展结果，恰被张铨言中。如后金军利用萨尔浒的山川形胜，先设计诱杜松入伏，而将辎重、器械撒弃在后，使其军兵失去老营，由有枪炮之长，变为无枪炮之短。又如后金军利用阿布达里冈复杂地形，计诱刘綎入伏，以逸待劳，以长制短，以假乱真，以静击动，将其在行动中加以消灭。

其五，以饱待饥，善于用计。后金以士饱马腾之军，对明朝士饥马疲之旅。明朝东路刘綎军官兵缺粮，冻馁数日。朝鲜记载："三营军卒，不食屡日。"[②] 粮饷

---

① 《明清史料》乙编，第1本，中央研究院历史语言研究所集刊，商务印书馆，1936年，第79页。
② ［朝］李民寏：《栅中日录》，日本天理大学图书馆藏玉版书屋本，第7叶。

难继,官兵饥馁。时后金屯民隐藏粮食,明宽奠路军,"士卒饥馁,运粮未到"①。后金军先以自己局部的优势和主动,对着明朝局部的劣势和被动,初战取胜,再及其余。并巧于行诈,善于用间,将收降汉人装扮成杜松军兵,赚骗刘铤,使之上当。于是,逐渐使局部的优势与主动,转化为全局的优势与主动,从而取得全胜。

其六,亲临战阵,全民行动。八旗军本是亦兵亦民、亦战亦农的组织,面对明军的大举攻剿,后金兵民,融为一体,举国上下,同志同心,共同反击明军的进攻。即使在边远山区屯寨,也能埋藏粮谷,坚壁清野,遍设路障,抗御明军。正如后来乾隆帝所言:"同兄弟子侄之众,率股肱心膂之臣,亲冒矢石,授方略,一时圣嗣贤臣,抒劳效悃,用成鸿勋。"同时,努尔哈赤在萨尔浒之战中,亲临战阵,策马驰突,冲锋陷阵,调度指挥。相反,明军统帅杨镐却在远离前线的沈阳坐镇指挥,不能及时协调各路大军行动,分进未合,三路覆没。

努尔哈赤在萨尔浒之役的整个过程中,自始至终掌握着指挥战争的主动权。努尔哈赤在明军合围之前,针对明军"兵分四路,分进合击"的方略,采取"集中兵力,合进分击"的兵略,集中优势兵力,逐路击破明军,从而表现了卓绝的军事指挥才能。

明朝与后金的萨尔浒大战,产生了广泛而深远的影响。

第三,萨尔浒大战的历史影响。

其一,明朝军队损失惨重。这次战役,明军损失,据统计:明军文武将吏死亡三百一十余员,军丁死亡四万五千八百七十余人,阵失马、骡、驼共二万八千六百余匹。②后金在萨尔浒之战中损失官兵极少,后金官方说仅死不足二百人,诸贝勒大臣无一损伤。但是明朝统计的数字比后金官书的数字要多,因明军是失败方,许多割级数字无法上报,也难以统计真实的数字。明人的统计:杨镐奏报杜松出口至二道关,"生擒活夷十四名";马林一军阵上"斩首六级"。

①[朝]李民寏:《栅中日录》,日本天理大学图书馆藏玉版书屋本,第5叶。
②王在晋:《三朝辽事实录》第1卷,江苏省立国学图书馆藏本,第13叶。

刘綎路因深入其后方，交战激烈，二月二十九日，"斩获真夷八十五级，生擒夷汉八十八名"；三月初一日，"马进忠单骑杀入贼队，砍伤夷贼三人，斩首一级，行至五里外，复斩首三级。朝鲜副元帅金景瑞与金廷苏斩首一级"。徐九思从叆阳边外出口，在离边二百余里处，"撞遇达贼，斩首一十五级，生擒一名"，刘綎一路擒斩共二百零一名。谈迁《国榷》记载刘綎路斩获三千级。总之，明军四路总计斩获后金兵民不超过三千人，其中并无贝勒大臣。

其二，大明皇威受到挑战。明军萨尔浒三路丧师的败报传到京师，庙堂内外，举朝震惊，朝野上下，一片恐慌。言官频上劾章，要求追究丧师责任；官吏收拾细软，准备遣送眷属南逃；商民惶恐不安，京城九门辰开午闭；部院官员戍守，稽防后金谍工潜入。大明皇朝从京师到直省，到处被埋怨、失望的悲观情绪笼罩着。内阁大学士方从哲说："三路丧败之后，人心不固，兵气不扬。"① 这可谓是其时的真实写照。相反，乾隆皇帝在《萨尔浒山之战书事》中说："允因我太祖，求是于天，复仇乎祖。同兄弟子侄之众，率股肱心膂之臣，亲冒矢石，授方略，一时圣嗣贤臣，抒劳效悃，用成鸿勋。我大清亿万年丕丕基，实肇乎此。"乾隆帝，称萨尔浒之捷奠下清朝的基业。

其三，努尔哈赤的军事艺术。《清太祖武皇帝实录》记载："大明皇帝以二十万兵，声言四十七万，分四路来战，各国闻之，若为我分兵破敌，必谓吾兵众；若为我往来剿杀，必谓我兵强。究言之，闻于四方，无有不称善者也。"当时后金的军队，既不众，也不强，他们是在彼强己弱的态势下，在没有把握胜利的情况下，集合全力，起而应战。努尔哈赤自二十五岁起兵，至萨尔浒大战已经三十三年，先后取得古勒山之役、乌碣岩之役、哈达之役、辉发之役、乌拉之役、抚清之役等六次大捷。但是，萨尔浒之战是努尔哈赤起兵以来遇到的最为严重的一次挑战。他在萨尔浒之战中，采取"凭尔几路来，我只一路去"，就是"集中兵力，

---

① 《明神宗实录》第583卷，万历四十七年六月丁丑，台北历史语言研究所校勘本，1962年，第11叶。

各个击破"兵略,成为中国军事史上以少胜多的经典战例,也成为世界军事史上以少胜多的典范战例。在建州崛起的历次战争中,最关紧要的是古勒山之战与萨尔浒之战,前者戳破扈伦四部不可战胜的神话,后者戳破大明皇朝不可战胜的神话。萨尔浒之战,八旗军统帅在军事谋略上,在指挥艺术上,集中兵力、各个击破、以逸待劳、铁骑驰突,发挥高超智慧,为其精彩之笔。萨尔浒之战,虽然只有四天,却是他在作战指挥艺术上一次出色的表演:对许多军事原则——重视侦察、临机善断、诱敌深入、据险设伏、巧用疑兵、驱骑驰突、纵向强攻、横向卷击、集中兵力、各个击破、一鼓作气、速战速决、用计行间、里应外合等,都能熟练运用并予创新,极大地丰富了中国古代军事思想的宝库。萨尔浒之战表明,天命汗缔造和指挥的八旗军,号令严肃,器械精利,纪律整肃,赏罚严明,兵马精强,勇猛拼搏,是当时中国一支最强大,也是当时世界一支最富有战斗力的骑兵。

其四,明清历史的转折点。萨尔浒之战使明朝和后金互换了位置:明朝由进攻转为防御,后金由防御转为进攻,所以,萨尔浒之战是后金和明朝兴衰史上的转折点。后来乾隆帝在《萨尔浒山之战书事》三千四百四十二字的碑文中说:萨尔浒一战,使"明之国势益削,我之武烈益扬,遂乃克辽东,取沈阳,王基开,帝业定"。由此,"我大清亿万年丕丕基,实肇乎此"①。

萨尔浒战后,后金军接着向开原、铁岭进兵。

---

① 弘历:《萨尔浒山之战书事》,载《清高宗纯皇帝实录》第996卷,乾隆四十年十一月癸未,中华书局影印本,1987年

附录

《御制己未岁我太祖大破明师于萨尔浒山之战书事》文：

盖闻国之将兴，必有祯祥；然祯祥之赐，由乎天；而致天之赐，则由乎人。予小子于己未岁，我太祖大破明师于萨尔浒之战，益信此理之不爽也。尔时草创开基，筚路蓝缕，地之里未盈数千，兵之众弗满数万。惟是父子君臣，同心合力，师直为壮，荷天之龙，用能破明二十万之众。每观《实录》，未尝不流涕动心，思我祖之勤劳，而念当时诸臣之宣力也。谨依《实录》，叙述其事如左。

己未二月，明帝命杨镐、杜松、刘𬘩等，统兵二十万，号四十万来攻。左翼中路，以杜松、王宣、赵梦麟、张铨，督兵六万，由浑河出抚顺关。右翼中路，以李如柏、贺世贤、阎鸣泰，督兵六万，由清河出鸦鹘关。左翼北路，以马林、麻岩、潘宗颜，督兵四万，由开原合叶赫兵，出三岔口。右翼南路，以刘𬘩、康应乾，督兵四万，合朝鲜兵，出宽甸口，期并趋我兴京。

三月朔，我西路侦卒，遥见火光驰告；甫至，而南路侦卒，又以明兵逼境告。我太祖曰："明兵之来，信矣。南路驻防之兵有五百，即以此拒之。明使我先见南路有兵者，诱我兵而南也。其由抚顺关西来者必大兵，急宜拒战。破此，则他路兵不足患矣。"即于辰刻，率大贝勒代善及众贝勒大臣，统城中兵出。而令大贝勒前行。时侦卒又以明兵出清河路来告。大贝勒曰："清河之界，道途逼仄崎岖，兵未能骤至，我兵惟先往抚顺，以逆敌兵。"遂过扎喀关，与达尔汉侍卫扈尔汉，集兵以待上之至。时四贝勒以祀事后至，谓大贝勒曰："界藩山上，我筑城夫役在焉。山虽险，倘明之将帅，不惜士卒，奋力攻之，陷夫役奈何？我兵宜急进，以安夫役之心。"大贝勒等善是言，下令军士尽擐甲。日过午，至太兰冈。大贝勒及扈尔汉，欲驻兵隐僻地以待敌。四贝勒艴然曰："正宜耀兵列阵，明示敌人，壮我夫役士卒之胆，俾并力以战，何故令兵立隐僻地耶？"巴图鲁额亦都曰："贝勒之言是也，我兵当堂堂正正，以向敌人。"遂督兵赴界藩，对明兵营，列阵而待。

初，众贝勒兵未至，我国防卫筑城夫役之兵，仅四百人，伏萨尔浒谷口，俟明总兵杜松、王宣、赵梦麟之兵，过谷口将半，尾击之。追至界藩渡口，与筑城夫役，合据界藩山之吉林崖。杜松结营萨尔浒山，而自引兵围吉林崖，仰攻我兵。我兵四百人，率众夫役下击之，一战而斩明兵百人。时我国众贝勒甫至，见明兵攻吉林崖者，约二万人。又一军列萨尔浒山巅，遥为声势。四大贝勒与诸将议曰："吉林崖巅有防卫夫役之兵四百人，急增千人助之。俾登山驰下冲击，而以右翼四旗兵夹攻之。其萨尔浒山之兵，则以左翼四旗兵当之。"遂遣兵千人往吉林崖。上至，问四大贝勒破敌策，四大贝勒俱以前议告。上曰："日暮矣，且从汝等。今分右翼四旗之二，与左四旗兵合①。先破萨尔浒山所驻兵。此兵破，则界藩之众，自丧胆矣。再令右二旗兵，遥望界藩明军，俟我兵由吉林崖驰下冲击时，并力以战。"是时我国近都城之兵，乘善马者先至，乘驽马者后至，其数十里外者尚未至。于是合六旗兵，进攻萨尔浒山。明兵驻营列阵，发枪炮。我兵仰而射之，奋力冲击。不移时，破其营垒，死者相枕藉。而所遣助吉林崖之兵，自山驰下冲击。右二旗兵，渡河直前夹击。明兵之在界藩山者，短刃相接，我兵纵横驰突，无不一当百，遂大破其众。明总兵杜松、王宣、赵梦麟等皆殁于阵，横尸亘山野，血流成渠，其旗帜、器械及士卒死者，蔽浑河而下，如流澌焉。追奔逐北二十余里，至硕钦山时已昏，军士沿途搜剿者又无数。

是夜，明总兵马林兵营于尚间崖，浚濠严斥堠，鸣金鼓自卫。我兵见之，乘夜驰告于大贝勒。

翼旦，大贝勒以三百余骑驰往。马林兵方拔营行，见大贝勒兵至，回兵结方营，环营浚濠三匝，列火器，俾习火器者立濠外；继列骑兵以俟。又潘宗颜一军，距西三里外营斐芬山。大贝勒见之，使人驰告于上。时我国远路之兵，亦陆续至，与大贝勒兵合。明左翼中路后营游击龚念遂、李希泌，统步骑万人，驾大车，持坚楯，

---

① 《清高宗纯皇帝实录》第996卷，第23叶"与左四旗兵合"，其"左"与"旗"字之间，未有"翼"字。

营于斡珲鄂漠地，环营浚濠，外列火器。上见之，与四贝勒率兵不满千人，分其半下马步战，明兵发火器拒敌，四贝勒引骑兵奋勇冲入，我步兵遂斫其车，破其楯，明兵又大败，龚念遂、李希泌皆阵殁①焉。会大贝勒使人至，知明兵已营尚间崖，上不待四贝勒兵，急引侍从四五人往，日中至其地，见明兵四万人，布阵成列。上趣令我军先据山巅，向下搏击。众兵方欲登山，而马林营内之兵与濠外兵合。上曰："是将与我战也，我兵且勿登山，宜下马步战。"令大贝勒往谕。时左二旗兵下马者，方四五十人。明兵已自西突至，大贝勒代善言于上曰："兵已进矣！"即怒马迎战，直入其阵。二贝勒阿敏、三贝勒莽古尔泰与众台吉等，各鼓勇奋进，两军搏战，遂败明兵，斩首、捕卤过当。方战时，我六旗兵见之，不及布列行阵，人自为战，前后弗相待，纵马飞驰，直逼明营。明兵发鸟枪巨炮，我兵冲突纵击，飞矢利刃，所向无前。明兵不能支，又大败遁走。我兵乘胜追击，明副将麻岩及大小将士皆阵没，总兵马林仅以身免，灭迹扫尘，案角陇种，尚间崖下河水为之尽赤。

上复集军士，驰往斐芬山，攻开原道潘宗颜兵，令我兵之半下马，仰山而攻。宗颜兵约万人，以楯遮蔽，连发火器，我兵突入，摧其楯，遂破之，宗颜全军尽没。时叶赫贝勒锦台什、布扬古欲助明，与潘宗颜合，其兵甫至开原中固城，闻明兵败，大惊而遁。是时，我军既击破明二路兵，上乃收全军至固勒班地方驻营。而明总兵刘𬘩、李如柏等由南路进者，已近逼兴京。侦卒驰告，上遂命扈尔汉先率兵千人往御。

翼旦，上复命二贝勒阿敏率兵二千继之。上率众贝勒大臣，还军至界藩，行凯旋礼，刲八牛，祭纛告天。大贝勒代善请曰："吾先归，从二十骑，微行探信。"祀毕，上徐来，上许诺。三贝勒莽古尔泰亦相继行。四贝勒驰至上前，请与俱往。上曰："汝兄微行往探，汝随吾后行。"四贝勒曰："兄独往，吾留此，未安也。"遂

---

① 《清高宗纯皇帝实录》，华文书局本"殁"作"没"。

亦行。日暮，大贝勒回至兴京，入宫。则皇后、内廷①等见大贝勒至，亟问御敌策。大贝勒曰："抚顺、开原二路敌兵已破，诛戮且尽。南来兵已遣将往御。我待父皇命，当即往破之。"于是，大贝勒复出城，迎上于大屯之野。上自界藩启行至兴京。

平明，命大贝勒、三贝勒、四贝勒，统军士御刘綎，而留兵四千于都城，待李如柏、贺世贤等之兵。

初，刘綎兵出宽甸，进栋鄂路。我居民避匿深山茂林中，刘綎悉焚其栅寨，杀其孱弱。佐领讬保、额尔讷、额赫率驻防五百人迎敌，刘綎兵围之数重，额尔纳、额赫死之，并伤我卒五十人。讬保引余兵与扈尔汉军合，扈尔汉伏兵山隘以待。巳刻，大贝勒及三贝勒、四贝勒，引兵甫出瓦尔喀什窝集。时刘綎所率精锐二万，先遣万人前掠。将趋登阿布达哩冈布阵，大贝勒欲引兵先登，驰下击之。四贝勒曰："兄统大兵留此，相机为援，吾先督兵登冈，自上下击之。"大贝勒曰："善。吾引左翼兵出其西，汝引右翼兵登山，俾将士下击，汝立后督视，勿违吾言。"辄轻身入也。四贝勒遂率右翼兵往。先引精骑三十人，超出众军前，自山驰下，奋击之。兵刃交接，战甚酣，后军随至，冲突而入。大贝勒又率左翼兵，自山之西至，夹攻之。明兵大溃。四贝勒乘胜追击，与刘綎后队两营兵遇，綎仓卒不及阵。四贝勒纵兵奋击，歼其两营兵万人，刘綎战死。

是时，明海盖道康应乾步兵合朝鲜兵，营于富察之野。其兵执筤筅长枪，被藤甲、皮甲；朝鲜兵被纸甲，其胄以柳条为之，火器层叠列待。四贝勒既破刘綎兵，方驻军，众贝勒皆至，遂复督兵攻应乾。明兵及朝鲜兵敌，竞发火器，忽大风骤作，走石扬沙，烟尘反扑敌营，昏冥昼晦。我军乘之，飞矢雨发，又大破之。其兵二万人歼焉，应乾遁去。

先是，二贝勒阿敏、扈尔汉前行，遇明游击乔一琦兵，击败之。一琦收残卒，奔朝鲜都元帅姜功②烈营。时功烈据固拉库崖，众贝勒复整兵逐一琦，遂攻朝鲜

---

① 《清高宗纯皇帝实录》，华文书局本"廷"作"庭"。
② "功"：本作"弘"，因避乾隆帝"弘历"名讳而改为"弘"为"功"。

营。功烈知明兵败大惊，遂按兵偃旗帜，遣通事执旗来告曰："此来非吾愿也，昔倭侵我国，据我城郭，夺我疆土，急难之时，赖明助我，获退倭兵。今以报德之故，奉调至此。尔抚我，我当归附。且我兵之在明行间者，已被尔杀，此营中皆高丽兵也。明兵逃匿于我者，止游击一人，及所从军士而已，当执之以献。"四大贝勒定议，乃曰："尔等降，先令主将来，否则必战。"功烈复遣使来告曰："吾若今夕即往，恐军乱逃窜。其令副元帅先往，宿贝勒营以示信。诘朝，吾率众降。"遂尽执明兵，掷于山下付我。明游击乔一琦自缢死。于是，朝鲜副元帅先诣众贝勒降。

翼日，姜功烈率兵五千下山降，众贝勒宴劳之，送功烈及所部将士，先诣都城。上御殿，朝鲜都元帅姜功烈及副元帅等，匍匐谒见。上优以宾礼，数赐宴，厚遇之，士卒悉留豢养。四大贝勒既歼南路明兵四万人，我军驻三日，籍其俘获人马、辎重、铠仗而还。

是役也，明以倾国之兵，云集辽、沈，又招合朝鲜、叶赫，分路来侵。五日之间，悉被我军诛灭，其宿将猛士，暴骸骨于外，士卒死者，不啻十余万。我军邀天佑助，以少击众，无不摧坚挫锐，迅奏肤功。策勋按籍，我士卒仅损二百人。自古克敌制胜，未有若斯之神者也。

时明经略杨镐，驻沈阳，闻三路兵败，大惊，急檄总兵李如柏、副将贺世贤等回兵。如柏等自呼兰路遁归，我哨兵二十人见之，据山上鸣螺，系帽弓弰挥之，作招集大兵状。已而呼噪下击，杀四十人，获马五十匹，明兵夺路而逃，相蹂践死者，复千余人。

庚寅，大军还至都城。上顾众贝勒大臣曰："明以二十万众，号四十七万，分四路，并力来战。今我不逾时破之，遂获全胜。各国闻之，若谓我分兵拒敌，则称我兵众；若谓我往来剿杀，则服我兵强。传闻四方，孰不慑我军威者哉！"

呜呼，由是一战，而明之国势益削，我之武烈益扬，遂乃克辽东，取沈阳，王基开，帝业定。

夫岂易乎？允因我太祖，求是于天，复仇乎祖。同兄弟子侄之众，率股肱心膂之臣，亲冒矢石，授方略，一时圣嗣贤臣，抒劳效悃，用成鸿勋。我大清亿万年丕丕基，实肇乎此。予小子披读《实录》，未尝不起敬起慕起悲，愧未能及其时，以承训抒力于行间马上也。夫我祖如此勤劳所得之天下，子若孙睹此战迹，而不思所以永天命，绵帝图，兢兢业业，治国安民，凛惟休惟恤之诚，存监夏监殷之心，则亦非予子孙而已尔。此予睹萨尔浒之战，所由书事也。此予因《实录》尊藏，人弗易见，而特书其事，以示我大清亿万年子孙臣庶，期共勉以无忘祖宗开创之艰难也。①

---

① 《御制己未岁我太祖大破明师于萨尔浒山之战书事》，原碑在今抚顺市李家乡竖碑村西北六里萨尔浒山西麓。碑座高84厘米、长233厘米、宽52厘米，碑身高210厘米、宽184厘米、厚32厘米。碑文正面为汉文，背面为满文。1978年将碑亭拆除，石碑移至沈阳故宫博物院藏。碑文又见《清高宗纯皇帝实录》第996卷，乾隆四十年十一月癸未，中华书局影印本。

第十一章 开铁之战

一 萨尔浒战后形势

萨尔浒之战以后,明朝与后金做出不同的反响,进行不同的部署,出现不同的形势。

明朝方面,同后金的欢庆胜利、厉兵秣马相反,萨尔浒三路败绩报至京师,吏民骇愕,举朝震惊。言官频上劾章,要求追究丧师责任;官吏收拾细软,准备遣送眷属南逃;商民惶恐不安,京城九门辰开午闭;部院官员戍守,稽防后金谍工潜入。但是,朝廷在一片埋怨和混乱之中,却拿不出扭转辽东局势的对策。大学士方从哲在萨尔浒之败的当日,疏请万历帝"即日出御文华殿,召集文武百官,令各摅所见,备陈御房方略,庶几天威一震"。他在疏奏中分析三路丧师之后的形势时言:"军气日益灰沮,人心日益惊惶。开原商贾士民,逃窜几半;宽、叆城堡,奔溃一空,辽之为辽,真岌岌乎有不保之势矣。"① 但是,他的疏奏,留中不报。

明朝在萨尔浒之战后一百天期间,主要做了几件事情:议商守御方略,改派辽东经略,调募援辽官兵,筹集辽东粮饷,恤赏殉难官员,惩罚逃兵逃将,等等。

---

① 《明神宗实录》第580卷,万历四十七年三月甲辰,台北历史语言研究所校勘本,1962年,第19叶。

其中，议商守御方略和选派辽东经略，是两件全局性的大事。

第一，祈盼万历帝御殿共议守御方略。明朝萨尔浒兵败，庙堂震惊，形势危殆。当时，万历帝不上朝御政，也不召见臣工。户部尚书李汝华等上疏请饷，"合词号泣，引领呼天"。结果，不报。就是大学士、首辅方从哲，也不能亲见万历皇帝奏报军国要事。许多奏章，许多大事，等待万历皇帝"乾断""批行"。大学士、首辅方从哲以三路丧师、形势危急，疏奏举朝大小臣工于文华门合词叩吁皇帝"大奋乾断，立赐批行"。疏上，不报。他又疏请皇上为辽事、为京师、也为社稷，要"重临轩之遣，下罪己之诏，发内帑之积"。疏再上，也不报。方从哲祈恳吁请，疏凡五上，一概不报。他复疏奏："今早入阁，见举朝大小官员，约于思善门，同上公疏，伏阙候旨。"其结果，亦不报。他再疏奏："惟愿皇上亟御文华殿，召见文武群臣，共议守御方略。"还是不报。他复上疏："恭诣宫门，长跽候旨。"留中不发。①

吏部尚书赵焕率领廷臣诣文华门，悬公疏跪请万历帝召见群臣，共议辽东战守长策。疏言"经臣极言辽、沈危急之形，无将、无兵、无马、无器械，军民离心，不能战守，倘奴乘胜长驱，必薄都城之下。臣等无限忧惶，谨合大小衙门官员，恭于昨日诣文华门，直陈辽左垂亡、京师立蹙，恳乞圣明临朝"云云。至暮，始遣中官口传："圣旨：昨偶感暴寒，服药调摄，御殿不便。"以帝疾，谕之退。其时，防守急务，摆在御前，万历帝竟然"一再推，不应；数十催，不从"。防守之策，百无一备。赵焕等再疏奏万历帝御文华殿听政，疏言："直待蓟门残破，奴酋叩阍，此时陛下高枕深宫，称疾谢却之乎？"② 当时万历皇帝确实有病，如不能在文华殿召见群臣共商军国大事，而在内廷便殿接见宰辅、尚书等数人，议商乾断机要国事，

---

① 《明神宗实录》第586卷，万历四十七年九月丙申，台北历史语言研究所校勘本，1962年，第10叶。
② 《明神宗实录》第586卷，万历四十七年九月己丑，台北历史语言研究所校勘本，1962年，第8叶；《明史·赵焕传》第225卷，中华书局点校本，1974年，第5923页。

总是可以的。然而，万历帝既不同臣工商讨国事，也不批答奏章。吏部尚书赵焕在写了上述奏章后不久死去。

庙堂已然休克，政府已经瘫痪。方从哲疏称：今日六部九卿，只有户部、通政司为正官掌印；刑部和工部由别的衙门官署掌印；都察院、大理寺既无正官，也无掌印官；吏部赵焕病故后大印高悬；礼部何宗彦出城，印也高悬；兵部黄嘉善杜门不出而大印尘封。朝廷六部——户部、刑部、工部、吏部、兵部、礼部，或没有正堂，或大印高悬。户部不能正常筹措粮饷，工部不能正常制造枪械，吏部不能正常荐任官员，兵部不能正常调募军队，于非常之时，于非常之地，辽东怎能堵御敌人？京师怎能进行守御？所以，方从哲沉重地疏奏："此皆何等衙门，所司者何等事务，其在今日是何等时节，而皇上可漫然不加之意耶！"① 吁请立赐简发，结果还是不报。

第二，调整辽东经略大员。杨镐兵败，罪责重大。明廷在群臣促议之下，终于起用原任御史熊廷弼为大理寺丞兼河南道御史，宣慰辽东。寻升熊廷弼为兵部右侍郎兼右佥都御史，取代杨镐，经略辽东。

熊廷弼（1569~1625），字飞白，号芝冈，江夏（今湖北省武汉市江夏区）人。万历二十五年（1597）举乡试，中第一，第二年成进士，后任御史。他身高七尺，满腹经纶，有胆有识，雷厉风行，能左右射，刚直不阿，严明有声。万历三十六年（1608），以御史，巡按辽东。他在巡行金州路上，有一个同城隍神作斗争的故事："岁大旱，廷弼行部金州，祷城隍神，约七日雨，不雨毁其庙。及至广宁，逾三日，大书白牌，封剑，使使往斩之。未至，风雷大作，雨如注，辽人以为神。"② 这个传说，活灵活现地反映出熊廷弼敢于斗争的无畏精神。时巡抚赵楫、总兵李成梁放弃宽奠新开疆土八百里给建州，并将六万民户焚舍内徙，熊不畏权贵炙炎，疏劾二人

---

① 《明神宗实录》第588卷，万历四十七年十一月戊子，台北历史语言研究所校勘本，1962年，第3叶。
② 《明史·熊廷弼传》第259卷，中华书局点校本，1974年，第6691~6692页。

罪状，不应论功受赏，而应究其罪责。并劾奏前任巡按何尔健、康丕扬包庇，但疏奏竟不发下。他奏言在辽东地区兴屯田、重防守、缮城垣、建寨堡，多被采纳，推行于边。熊廷弼在辽数年，"杜馈遗，核军实，按劾将吏，不事姑息，风纪大振。"①后党争案起，熊廷弼回籍听勘。

杨镐萨尔浒之战丧师，明廷于三月二十三日，以熊廷弼熟悉辽事，起用为大理寺丞兼河南道御史，宣慰辽东。时廷弼家居，年五十，闻命后，每昼夜兼驰二百余里，赴京请敕书、关防，但两上奏疏，不即给发。六月二十二日，擢升熊廷弼为兵部右侍郎兼右佥都御史，取代杨镐，经略辽东。熊廷弼赴任之前，入京陛见。国子监司业张鼐疏谏简选京营三千精兵随行，仅得千人，实际是羸卒八百人。

熊廷弼出关之前，明廷以原辽东总兵李如柏回京听勘，改派李如桢为辽东总兵官。李如桢为李成梁第三子，如柏之弟。李如桢抵辽后，经略杨镐派他驻守铁岭。明朝护卫辽阳与沈阳的两个重镇——开原和铁岭，镇守开原的是原总兵马林，镇守铁岭的是新总兵李如桢。马林是名将马芳之子，李如桢是名将李成梁之子。经略杨镐因三路丧师，正遭朝臣奏劾，待罪管事，心中忐忑，惶恐不安。丧师之帅杨镐，统领败军之将马林守开原、纨绔之将李如桢守铁岭。然而，后金下一步同明朝争夺的目标正是开原和铁岭。

后金方面。天命汗取得萨尔浒大捷之后，在赫图阿拉的衙门里搭起凉棚，八旗诸贝勒、大臣分坐八处，大贝勒代善、二贝勒阿敏、三贝勒莽古尔泰、四贝勒皇太极和投降的朝鲜都元帅姜弘立、副元帅金景瑞六人坐在凳子上②，举行大宴会欢庆胜利。后金汗下令将缴获的甲胄、兵仗、衣物、枪炮等，像小山似的堆积八处，按军功进行分配。又指令休整士卒，牧放马匹，缮治器械，等待时机，夺占开原、铁岭。为此，后金进行了几项准备工作：

---

① 夏燮：《明通鉴》第76卷，万历四十七年六月癸酉，中华书局标点本，1959年，第2945页。
② 《满文老档·太祖》上册，天命四年五月初五日载：在此之前，设宴时贝勒们不是坐在凳子上，而是坐在地上。

第一，兴建西进基地界藩城。①界藩（界凡）在赫图阿拉西一百二十里，浑河与苏子河汇流处界藩山上，山体东西走向，山形酷似刀背，南北夹水，悬崖陡立，形势险峻，易守难攻。界藩西距沈阳百余里，西南距辽阳二百余里，在后金与明朝边界的接合部，成为后金进兵辽、沈的军事基地。天命三年即万历四十六年（1618），后金开始在界藩山上筑城，为向西进攻明朝建筑新的城堡。筑城期间，明军发动萨尔浒之战，工程被迫停止。后金取得萨尔浒大捷后，天命汗于四月初三日，亲自到界藩督责修城。据朝鲜李民寏记载界藩即者片："今者弃其旧穴，移据者片，列筑坚城于中原之界。且耕且守，更出迭入，焚劫沈、辽之间，殆尽无遗。"②努尔哈赤等住在界藩城里，官兵等住在城外水边。修筑界藩城的目的，在于向辽沈地区进兵。

第二，调整同邻国朝鲜关系。朝鲜出兵参加萨尔浒之战，后金同朝鲜的关系一度紧张。后金俘虏朝鲜元帅姜弘立、副帅金景瑞等万余人。努尔哈赤致书朝鲜称："我二国素无怨衅，遂与我合谋以仇明。"其意在挑拨朝鲜与明朝的关系，拉拢朝鲜，消除西进后顾之忧。朝鲜回书云："吾二国各守疆圉，复修前好。"后金既无后顾之虞，自可向西专注于辽沈地区进兵。

第三，了解明辽东官员调动。明朝新任辽东经略熊廷弼尚未出山海关，旧经略杨镐被疏劾而戴罪任事，开原前总兵马林遭劾烦闷且为败军之将，明廷的粮饷尚未解开原守军燃眉之急。明开原守将原总兵马林、铁岭守将总兵李如柏，后金都对其了如指掌。

第四，探听明军城防之虚实。后金不断地向明进行袭击，侦察明军防守的实情。明军三路丧师之后，清河、抚顺数百里之间，烽堠全虚，哨探尽绝。这就使后金军如突然发动进攻，明军则处于完全被动局面。后金于四月初九日，派兵千

---

① 有学者认为，界藩是后金都城之一，其实不然。参见拙著《后金都城佛阿拉驳议》，载《满学论集》，民族出版社，1999年。
② ［朝］李民寏：《建州闻见录》，日本天理大学图书馆藏玉版书屋本，第35叶。

骑略铁岭，俘获千人；又于初九日，派兵攻陷十方寺堡①，以此给明军造成一种假象，后金军进攻的重点是铁岭，或是叶赫，或其他城堡，而不是开原。明总督蓟辽兵部右侍郎薛三才曾分析说："奴酋窥伺我开原，志久不小，所忌南、北二关款酋，为我开原藩篱，未敢遽逞。比年席卷南关，蚕食卜酋，而又厚结煖、宰西酋，阴谋大举，群驱耕牧，罄垦猛酋旧地，震惊我开原边垒，此其志岂在一北关哉！无北关则无开原，无开原则无辽，无辽而山海一关谁与为守？"②薛三才判断努尔哈赤要先取叶赫，次取开原。后金军事动向，使人难以捉摸。

　　果然，明军麻痹大意，开原疏于防守。因此，后金下一个进攻目标，就是辽东重镇开原。

---

① 《明神宗实录》第584卷，万历四十七年七月戊戌，台北历史语言研究所校勘本，1962年，第17叶。
② 《明神宗实录》第507卷，万历四十一年四月甲午，台北历史语言研究所校勘本，1962年，第2叶。

二 攻取开原

萨尔浒丧师过去三个月之后，明廷对辽东局势并未作出有力的决策。努尔哈赤见时机有利，便乘胜率军进攻开原。

开原是一座古城。康熙《开原县志》记载："开原本元开元[①]路地，明洪武二十二年设三万卫，二十五年设辽海卫。因旧土城之东，修筑砖砌。周围十二里二十步，高三丈五尺，深池一丈，阔四丈，周围二十三里二十步。门四：东曰阳和，西曰庆云，南曰迎恩，北曰安远。角楼四，鼓楼在中街。"[②]

开原在元时称开元，明洪武年间，因避朱元璋之名讳，改开元为开原，治所移到今辽宁省开原市老城。开原"跨据之雄，甲于诸镇"。开原之重要，主要表现在：

第一，开原位置重要。《明史·地理志》载述辽东都司管辖的范围是："东至鸭绿江，西至山海关，南至旅顺海口，北至开原。"开原城处于辽东都司辖境的北端，控带女真，牵制蒙古，扼制东北。

第二，开原势据形胜。它位于辽河中游左岸，以河为障；其东、北为山地，

---

① 元代开元城址，本文不作讨论。
② 康熙《开原县志·城池》上卷，《辽海丛书》影印本，辽沈书社，1985年，第8叶。

据险为守。开原,"跨龙冈,临大漠,边徼咽喉之路"①。它东邻建州,西接蒙古,北界叶赫,南邻哈达,所以,"辽左三面临险,而开原孤悬一隅"②。

第三,开原凭借马市。明在辽东开设的马市,主要分在两处:一在广宁,另一在开原。开原因其三面"邻夷",前后开设三个马市,就是一在新安关(称西关),一在广顺关(称南关),一在镇北关(称北关)。其时辽东马市四关,开原附近即占其三。

第四,开原控制贡道。明制女真贵族朝贡需由开原道入,在此查验敕书、身份、人数、马匹贡物等——或放行入关,或拒之而回。

第五,开原屏障辽、沈。明朝东北地区,军政布局,重点为四:辽阳、广宁、沈阳和开原——经略驻辽阳,巡抚驻广宁,而沈阳与开原,一南一北,各驻重兵,形成掎角。

第六,开原控扼北关。开原位于建州与叶赫之间,后金已并取海西女真扈伦四部中的哈达、辉发、乌拉三部,而未吞并叶赫。叶赫依恃明朝,又在萨尔浒之战中出兵助明。后金萨尔浒大捷后,要吞并叶赫,就必先攻克开原,以打开进军叶赫的通道。

开原在地理、政治、军事、经济、民族等方面,具有特殊的地位,明廷在辽东对抗蒙古贵族和女真贵族南进,开原就成为其前沿堡垒,因此,开原是后金同明朝争局辽东的一枚重要棋子。明朝自然对开原城的防守,可谓坚固而严密。明朝中叶以后,开原城逐渐疏于防守。早在熊廷弼巡按辽东时就指出:救辽之策,宜于开原增兵,以居中策应,并防奴内袭。后来,他回籍听勘,其议被束之高阁。

努尔哈赤要攻取叶赫,进兵辽、沈,自然要先摧毁明朝孤悬前沿而又防守薄弱的堡垒——开原。

明开原道韩原善时在山海关内,以推事官郑之范摄理道事,原总兵马林、副

---

① 康熙《开原县志·形胜》上卷,《辽海丛书》影印本,辽沈书社,1985年,第5叶。
② 熊廷弼:《熊襄愍公集》第2卷,清刻本,第1叶。

将于化龙、参将高贞、游击于守志、守备何懋官等率兵戍守。郑之范是当地极为腐败的官员，异常贪暴，素失军心，"赃私巨万，天日为昏"①。开原城中，军备松弛，官无斗志，兵无粮饷，马缺草料，民心动摇，重镇开原的御守，呈现官贪、兵逃、马倒、械朽的混乱状况。据史料记载："先是，备御罗万言高价易市马东援，赴署开原兵备事推官郑之范处，领草、豆，并无升束，马食刍秆，一日而倒死二百四十九匹。把总朱梦祥到开原领钱粮，一月不给。各军衣物尽变，马倒人逃，离城草茂之处，趁青喂养马匹。贼至，猝不及收。"②

后金先派谍工到开原，对其内部的军队多寡、兵士勇怯、粮饷虚实、将吏智庸都了如指掌，尤其是探知守军到城外远处牧放马匹，便决定乘虚突然进攻开原。

天命四年即万历四十七年（1619）六月初十日，努尔哈赤率八旗军四万人往征开原。行军三日，天降大雨，河水暴涨，道路泥泞。当时行军方案，或有三种选择：进兵，恐开原大雨；回兵，怕影响士气；滞留，虑明军探知。努尔哈赤先派哨探侦察开原一带雨量及道路状况，得到的回报是："开原无雨，道路不泞。"于是，天命汗将兵分为奇正两路：以小股部队直奔沈阳为疑兵，沿途杀三十余人、俘二十人以虚张声势；主力部队进靖安堡，驰向开原。

六月十六日，努尔哈赤率领四万大军突抵开原城外。

开原前总兵马林，当时同蒙古介赛、煖兔订有盟约，他们答应后金进攻开原时，出兵援助马林。守将马林，重视信誓，依恃盟约，而不设防。八旗军驰抵开原城下，马林先期全无侦探，来不及布防。郑之范等慌忙登城守御，并在四门增兵。八旗军一面在南、西、北三门攻城，布战车，竖云梯，鱼贯而上，沿城冲杀，杀得城上守兵溃散；一面布重兵于东门，进行夺门搏战。自卯至巳，几个时辰，攻冲三阵，

---

① 《明神宗实录》第584卷，万历四十七年七月甲辰，台北历史语言研究所校勘本，1962年，第24叶。
② 王在晋：《三朝辽事实录》第1卷，江苏省国立国学图书馆藏本，第16叶。

争战激烈。由于后金派进的谍工"开门内应"①，八旗兵得以夺门②进城。摄道事郑之范临阵仓皇，身受箭伤，下城乘马，带领家丁从北门③逃窜。辽东经略杨镐疏参开原丢失原因，在于郑之范贪婪。后郑之范被逮，死于狱中。

开原城陷，游击于化龙、于守志，参将高贞、招兵游击任国忠、守备何懋官、知州张文炳、中军孙勇等皆死，马林被斩，城中官兵，被杀几尽。马林，父马芳，行伍出身，升为大帅。④《明史·马芳传》称其"大小百十接，身被数十创，以少击众，未尝不大捷"。所以，马芳"威名震边陲，为一时将帅冠"。马林由父荫为参将，进副总兵，升辽东总兵官。在萨尔浒之战中，马林率北路开铁军出三岔口，于吉林崖兵败，仅以数骑逃命。既丧师，谪为事官，御守开原。马林雅好文学，能诗工书，交游多名士，自诩亦甚高。他图虚名，书生气重，未经大战，未遇强敌，并无将才，终至败死。《明史·马林传》评论道："林虽更历边镇，然未经强敌，无大将才。当事以虚名用之，故败。"

但是，开原城之明朝军民，仍能竭力拼死守城。据朝鲜《光海君日记》记载：

> 开元城中最多节义之人，兵才及城，人争缢死，屋无虚梁，木无空枝，至有一家全节，五六岁儿亦有缢死者。⑤

---

① 《明神宗实录》第584卷，万历四十七年七月辛丑，台北历史语言研究所校勘本，1962年，第20叶。
② 《盛京通志》第15卷，第6叶载，开原城"砖砌，周围十二里二十步，高三丈五尺；池深一丈，阔四丈，周围二十三里二十步；门四：东曰阳和，西曰庆云，南曰迎恩，北曰安远，角楼四，鼓楼在中街"。
③ 《明神宗实录》第584卷，万历四十七年七月癸未；王在晋《三朝辽事实录》作"西门"；从前书。
④ 《明史·马芳传》第211卷，中华书局点校本，1974年，第5586页。
⑤ [朝]《光海君日记》第169卷，十三年九月戊申，日本学习院东洋文化研究所刊，1959年，第9叶。

努尔哈赤进攻开原，受到顽强抵抗，故得胜后杀戮甚惨。《清太祖武皇帝实录》载述较详，不繁赘述，稍冗引文："我兵遂布战车、云梯进攻。欲先破东面，塞门掩杀。正夺门时，攻城者云梯未竖，遂逾城而入。城上四面兵皆溃。其城外三面兵，见城破大惊，冲突而走，被抵门之兵，尽截杀于濠内。郑之范预遁，马林、于化龙、高贞、于守志、何懋官等，并城中士卒尽被杀。……收人畜、财物，三日犹未尽。……将士论功行赏毕，毁其城郭，焚公廨并民间房屋，遂回兵。"①后金、朝鲜和明朝的记载，都说明开原之战残酷，开原之劫残暴。王在晋《三朝辽事实录》记载："贼四下焚掠士民男妇不下十余万口。"朝鲜李民寏《栅中日录》记载："十六日，奴酋陷开原，屠害人民亡虑六七万口；子女财帛之抢来者，联络五六日。"②确切数字，难以考定，受害的汉族人，数量是很大的。男、妇逃生者，仅千余人。但对努尔哈赤而言，取开原是继袭抚顺、破清河之后，攻陷明朝辽东的第三座城池。

时明铁岭卫守军得知后金军进攻开原的哨报，派兵三千增援，后金诸贝勒急带兵迎击。明军见开原已经失陷，后金兵马前来接战，便调拨马头回军，但被斩四十余人。

八旗军占领开原城，打退明朝铁岭援军。努尔哈赤登上开原城，坐南楼。前后巡视，听取军报，举目四眺，阅览形胜。他以声东击西、乘虚而攻、步骑摧坚、里应外合的策略，智取开原。曾任明兵部尚书、辽东经略的王在晋说："开原未破而奸细先潜伏于城中，无亡矢遗镞之费，而成摧城陷阵之功。奴盖斗智而非徒斗力也。"③这对努尔哈赤智谋取胜，夺取开原，是一例很好的说明。

后金军夺占开原之后，"志骄气满，夜醉如泥"④，纵掠三日，满载而归。据明人记载，开原"城大而民众，物力颇饶，今住城中，用我牛马、车辆，搬运金钱、

---

① 《清太祖武皇帝实录》第3卷，台湾广文书局影印本，原清官内府藏，1970年，第13～14叶。
② [朝]李民寏：《栅中日录》，日本天理大学图书馆藏玉版书屋本，第18叶。
③ 王在晋：《三朝辽事实录》第1卷，江苏省国立国学图书馆藏本，第22叶。
④ 《明神宗实录》第47卷，万历四十七年八月甲戌，内阁文库本。

财货，数日未尽，何止数百万！"①《满文老档》也记载，后金夺取开原，将掠获的财宝、金银、布匹、粮食等，用马骡驮载，牛车装运，竟达三日夜。然后放火焚烧了开原城的衙署、房舍、仓廪、楼台。后金将掠获的财物运至界藩城，按军功大小进行分配。如一等固山额真、诸大臣等各分银二百两、金二两，二等固山额真、诸大臣各分银一百两、金二两，以下三至八等，各分银两有差。②

智取开原之后，努尔哈赤更为重视对降服汉官的政策。他说："彼知天意佑我，又闻吾国爱养人民，故相继来归耳。"③明原任开原城千总王一屏、戴集宾、金玉和、白奇策等六人，因妻子被掳，投降后金。他们各被赐人五十名、马五十匹、牛五十头、羊五十只、骆驼二头、银五十两、缎布若干匹，其随从人员也被赐给妻仆、耕牛、乘马、衣物、粮食、田庐、器用等。④这个优厚投降后金汉官的政策表明，努尔哈赤要分化明朝官员，收买汉族乡绅，进占更多的辽东城镇。

开原与铁岭，掎角相峙，互为声援，开原失，铁岭危。后金夺取开原后，接着进攻铁岭。

---

① 熊廷弼：《熊襄愍公集》第3卷，文渊阁《四库全书》影印本，第9叶。
② 《满文老档·太祖》上册，中华书局译注本，1990年，第94页。
③ 《清太祖高皇帝实录》第6卷，中华书局影印本，1986年，第21叶。
④ 《满洲实录》第5卷，辽宁通志馆影印线装本，1930年，第15叶。

三 夺取铁岭

"开原破不移时,辽左危不终日。"这是辽东巡抚周永春概括明朝失陷开原后的危难态势。明朝辽左失陷开原之后,首先"危不终日"的就是铁岭。

铁岭,"诸夷环绕,三面受敌,最为冲要"①。铁岭是明朝沈阳北部的重要军事城堡。堡垒是最容易从内部攻破的。天命汗为了从明军内部攻破堡垒,不惜重金收买明军中的叛徒,使铁岭守军陷于腹背受击的境地。先是,同年四月,明廷派李如桢为辽东总兵官。李如桢为李成梁第三子,由父荫为指挥使,官至右都督,并在锦衣卫,曾掌南、北镇抚司,"虽将家子,然未历行阵,不知兵"②。他受命之后,借父亲权势,又以锦衣近臣自诩,未出山海关,就遣使与总督汪可受争相见礼仪,闹得朝议哗然。既抵辽东,经略杨镐以其为铁岭人,派他守铁岭。铁岭是李氏宗族、先人坟墓所在,但在李如柏还京候勘时,其族党部曲、豪门大户皆随之而去,车载马驮,城中空虚,连游击陈维翰也将一百五十两银锭运走,至于城中百姓,"妇

---

① 《蓟辽奏议》,不分卷,台湾国风出版社影印本。
② 《明史·李成梁传附子如桢传》第238卷,中华书局点校本,1974年,第6197页。

女老幼，空国而逃"①。杨镐以铁岭孤城难守，令李如桢改驻沈阳。铁岭仅以参将丁碧等领兵防守，兵力更加单弱。因此，努尔哈赤是在探知明军将领之间的矛盾及铁岭城守空虚之后，才带兵进攻铁岭的。努尔哈赤把铁岭参将丁碧作为饵下游鱼。

天命四年即万历四十七年（1619）七月二十五日，努尔哈赤继夺取开原之后，又率领贝勒大臣，统兵五六万人，出三岔儿堡，围攻铁岭。②后金军进抵铁岭城外，天命汗坐在铁岭城东南的小山上③，指挥八旗军的步骑攻城。城上游击喻成名、吴贡卿、史凤鸣、李克泰等率军坚守，放火炮，发矢石，八旗兵死伤很多。铁岭城兵民，"一城皆忠义"④，拼死守城。努尔哈赤派兵竖起云梯，登城毁陴；同时，被收买的明"参将丁碧开门迎敌"⑤，引导八旗军进城。明游击喻成名等因外无援兵，内有叛徒，城陷后阵亡。铁岭陷后，城内"士卒尽杀之"。后金屯兵三日，论功行赏，将所获人畜尽散三军。⑥努尔哈赤通过明军中的叛徒，从内部攻破堡垒，智取了铁岭。铁岭附近的小堡，则被后金军横扫。

然而，总兵官李如桢未能闻警驰援，是明失去铁岭的一个重要原因。据山东巡按陈王庭参劾李如桢言："据七月二十四日酉时，署铁岭游击李克泰以虏入三岔儿堡，紧急夷情飞报李如桢矣。闻虏距边只十四五里，设使亲提一旅，衔枚疾趋，一夜可度铁岭。虏闻援至，自不得不解铁岭之围，何乃缩朒观望。延至二十五日申时，方抵新兴铺，俟贺镇守兵至方才合营，而铁岭于是日辰时陷矣。"⑦

---

① 《明神宗实录》第583卷，万历四十七年六月己卯，台北历史语言研究所校勘本，1962年，第14叶。
② 康熙《铁岭县志》上卷，第1叶："按辽东旧志，古铁岭城在今治东南五百里，地接高丽界。明洪武二十一年，即彼地为卫；二十六年，移卫于此，即古银州地也。在辽河东，挹娄北。太祖龙兴之初，兵入残毁。"
③ 《满文老档·太祖》第Ⅰ册，东洋文库译注本，1955年，第166页。
④ 王一元：《辽左见闻录》，抄本。
⑤ 王在晋：《三朝辽事实录》第1卷，江苏省国立国学图书馆藏本，第24叶。
⑥ 《清太祖武皇帝实录》第3卷，原清宫内府藏，台湾广文书局影印本，1970年，第17叶。
⑦ 《明神宗实录》第47卷，万历四十七年八月甲戌，内阁文库本。

铁岭失陷之后，城内军丁死亡四千余人，城乡男妇被杀掳万余人。但李如桢纵兵割后金死兵一百七十九颗首级报功而还。朝中言官交章论劾李如桢，经略熊廷弼疏论其"十不堪"。李如桢以拥兵不救、失陷铁岭罪，被罢任。后言官又攻其罪，被下狱论死。崇祯四年（1631），李如桢被免死充军。杨镐先后以宁远伯、辽东总兵李成梁的三个儿子——如梅、如柏、如桢为总兵，如梅败于朝鲜岛山之役，如柏羞于萨尔浒之役，如桢则辱于铁岭之役。《明史·李成梁传》论道："语曰'将门有将'，诸人得无愧乎？"

开原和铁岭，是明朝辽东防御后金军西进的屏障，二城被陷，其失甚大。明人评曰："铁岭、开原，为辽重蔽，既并陷贼，则河东已在贼握中。"① 此为中肯之言。后金军攻破开原、铁岭，打开了进军叶赫的通道，从而为吞并强敌叶赫、完全统一海西，排除了障碍，准备了条件。

正当努尔哈赤智取开原、铁岭，连连得志的时候，明兵部右侍郎兼右佥都御史、辽东经略熊廷弼，驰骑兼程，来到辽阳。熊廷弼的到来，使辽东形势发生急剧变化，努尔哈赤进取辽阳与沈阳的计划遇到了困难。天命汗召集诸贝勒大臣及李永芳等，会议进取方略。据熊廷弼获明生员降顺后金并为其谍工的贾朝辅，得到后金进兵方略的信息：努尔哈赤会集诸王贝勒大臣及李永芳等，商讨进兵方略。有人主张先攻辽阳，有人主张先攻沈阳，也有人主张熊经略已到，应先攻叶赫。最后天命汗接受李永芳的意见，决定先取叶赫，免去内顾；将来用全力进攻辽、沈。②

由上看出，熊廷弼经略辽东，打乱了努尔哈赤拟定的进军日程表。他根据辽东局势的变化，重新作了部署：北取叶赫，西抚蒙古，等待时机成熟后，再取沈阳和辽阳。

---

① 苕上愚公：《东夷考略·女直》，载《清入关前史料选辑》第1辑，中国人民大学出版社，1984年，第52页。
② 熊廷弼：《熊襄愍公集》第3卷，文渊阁《四库全书》影印本，第33叶。

四 熊廷弼整顿辽东防务

熊廷弼受任辽东经略后,国难当头,兼程赴辽。至天命四年即万历四十七年(1619)七月初七日,始京师陛辞,时开原已失。刚出山海关,行至杏山,铁岭报陷。熊廷弼于二十九日抵辽阳后,展现在面前的是一幅残破凋敝的画面:

辽东官将:明自丧败以来,辽军总兵以下官将死者五六百员,降者百余员,"辽将、援将已是一扫净尽,今残兵零碎,皆无人统率"①;幸存者也是终日兀兀,畏敌如虎。他令开原道佥事阎鸣泰,至虎皮驿(今沈阳市南十里处),对方畏敌心悸,大哭而返。

辽东兵士:辽军中残兵,"身无片甲,手无寸械,随营糜饷,装死扮活,不肯出战"②;额兵,或死于征战,或图厚饷逃为新兵;募兵,多为无赖之徒,不习弓马,朝从甲营领出安家月粮,而暮投乙营点册有名;援兵,更为滥竽充数,弱军朽甲,不堪入目。这五六万辽兵,各营逃者日以千百计,且"望敌而逃,先敌

---

① 熊廷弼:《熊襄愍公集》第3卷,文渊阁《四库全书》影印本,第35叶。
② 熊廷弼:《熊经略疏稿》第1卷,中华书局影印《明经世文编》本,第54叶。

而逃，人人要逃，营营要逃"①。

辽东之民：辽东人民在一年之间，"或全城死，或全营死，或全寨死，或全家死。军散之日，辽、沈余民，放声大哭。魂魄虽收，头颅犹寄。人有百死，而无一生；日有千愁，而无一乐。家家抱怨，在在思逃"②。逃难的辽东饥民，吃草根树皮度日，草根树皮吃尽，竟然父子相食。

辽东军器：明自抚（顺）、清（河）失陷以来，百年所藏贮或养育的盔甲、弓刀、枪炮、军马等，一空如洗。"坚甲、利刃、长枪、火器丧失俱尽，今军士所持，弓皆断背断弦，箭皆无翎无镞，刀皆缺钝，枪皆顽秃"③。甚至在辽阳教军场受检阅的近三万兵士中，有的全无一物，借他人残盔朽甲应付；竟有两万多人戴毡帽、着夹衫，徒手应点。④

辽军粮饷：到户部领粮饷，连续三个月，俱不发给。熊廷弼说："岂军到今日尚不饿，马到今日尚不瘦不死，而边事到今日尚不急耶！军兵无粮，如何不卖袄裤什物，如何不夺民间粮窖，如何不夺马料养自己性命，马匹如何不瘦不死！"⑤

战马：辽东原有战马数万匹，兵败之后，一朝而空。所余马匹，羸损不堪。除因短料缺草外，"率由军士故意断绝草料，设法致死，图充步军，以免出战。甚有无故用刀刺死者"⑥。

总之，自天命汗袭破抚顺到夺占铁岭，只有一年零三个月的时间，明朝辽东形势急转直下。经略熊廷弼在《东事答问》中概括辽东局势颓败时言：

始下清、抚，警火始然；三路覆师，厥攸灼矣；开、铁去而游骑纵横，

---

① 熊廷弼：《熊襄愍公集》第3卷，中华书局影印《明经世文编》本，第36叶。
② 夏燮：《明通鉴》第76卷，万历四十七年六月癸酉，中华书局标点本，1959年，第2945～2946页。
③ 熊廷弼：《熊襄愍公集》第3卷，文渊阁《四库全书》影印本，第36叶。
④ 熊廷弼：《熊经略疏稿》第1卷，中华书局影印《明经世文编》本，第33叶。
⑤ 夏燮：《明通鉴》第76卷，万历四十八年三月庚寅，中华书局标点本，1959年，第2952页。
⑥ 熊廷弼：《熊襄愍公集》第3卷，文渊阁《四库全书》影印本，第36叶。

火燎于原；今且并窥辽、沈，遂成不可向迩之势。①

但是，辽东经略熊廷弼，面对颓坏的局势，卓然独立，力挽狂澜。他上疏皇帝，阐明辽东形势："辽左为京师肩背，欲保京师，则辽镇不可弃。河东，辽之腹心也；开原，河东之根柢也。今开原破，清河弃，庆云掠，镇西围，铁岭数城人逃亡尽矣，独辽阳、沈阳，为河东孤立，而昨杨镐奏沈阳民逃，军亦逃，辽、沈何可守也？然不守辽、沈，必不能保辽镇；不复开原，必不能保辽、沈。"②熊廷弼针对上述时弊与分析，断然采取整顿的措施。

第一，躬自巡历，诛贪斩懦。熊廷弼初抵辽阳，派佥事韩原善往抚沈阳，惮不敢行；继命分守道阎鸣泰往，至虎皮驿恸哭而回。于是熊廷弼亲自巡历，自虎皮驿抵沈阳，又乘雪夜赴抚顺关，勘视屯堡形势。总兵贺世贤以近敌斥堠，恐有不虞，极力加以劝阻。他说："似此冰雪满地，断不料经略轻身往！"③并鼓吹进抚顺关。后金侦报熊经略巡边，天命汗命斩木运石堵绝山口，以防明军袭击。熊廷弼令严法行，骈斩逃将游击刘遇节、王捷和弃城逃命的铁岭游击王文鼎等，献首各坛，举哀大哭，以祭死节兵民，顿时"居民哀感，官军恐栗"④。诛贪银三千二百两的游击陈伦，称"有贪淫如伦，法无赦！"，又劾罢总兵官李如桢。号令专一，军纪整肃，哀民欢呼，辽军震动。

第二，筹措粮饷，招集流亡。熊廷弼莅任后，上书朝廷，疏请调拨银两、粮料；整饬军伍，裁汰冗兵粮饷；招集流亡，返乡耕农，足食裕粮。熊廷弼招集流移数十万人，使"去者归，散者聚，嬉嬉然室家相乐也；商贾逃难回籍者，今且捆载麇至，塞巷填衢，不减五都之市也"⑤。并兴屯垦，植粮谷，助兵饷，安民心。

---

① 熊廷弼：《熊襄愍公集·东事答问》第8卷，文渊阁《四库全书》影印本，第1叶。
② 谷应泰：《明史纪事本末·熊王功罪》第2卷，中华书局校本，1977年，第1417～1418页。
③ 熊廷弼：《熊襄愍公集》第8卷，文渊阁《四库全书》影印本，第22叶。
④ 熊廷弼：《熊经略疏稿》第1卷，中华书局影印《明经世文编》本，第41叶。
⑤ 熊廷弼：《熊襄愍公集》第4卷，文渊阁《四库全书》影印本，第70叶。

第三，修整器械，缮治城池。熊廷弼在疏言中称，除请内库拨发器械外，自筹打造定边大炮三千数百尊，百子炮数千尊，三眼枪、鸟铳等七千余杆，盔甲等四万五千余副，枪刀、锐叉二万四千余件，火箭四十二万余支，火罐等十余万个，双轮战车五千余辆等。①他又浚壕缮城，修辽阳墙垣，"城高厚壮，屹然雄峙"②；城外挑壕三道，每道宽三丈，深二丈，壕外复筑大堤潴水，以加强守御。沈（阳）、奉（集）、宽（甸）、叆（阳）等城也都强化防守。各地援兵、募兵陆续到辽东，主客官兵总计不下十三万。城堡屯集，城池设防，辽东守备，极大改观。

第四，激励士气，任用辽官。熊廷弼为振奋士气，集官兵于教场，杀牛数百头，置酒数千坛，蒸饼数十万个，连飨军士四日，风声颇盛。又遍巡各营，操练队伍，赏功罚过，整肃军容。并任用辽官，采纳辽人之议。辽人刘国缙倡辽南四卫聚结抗金，受到熊廷弼的器重与俯纳。他表彰贺世贤，以鼓励奋勇作战。又以李怀信为辽东总兵官。

第五，联朝结蒙，两翼策应。辽东东翼为朝鲜，先是抗倭援朝，战退倭兵，使朝鲜收其疆土，复其城郭。朝鲜虽出兵宽甸（叆），助明杨镐之师而兵败，但仍忠于明朝。辽东西翼为蒙古，其漠南蒙古察哈尔部林丹汗，誓抗后金。熊廷弼联络朝鲜，笼络蒙古，从东西两翼，挟制后金，缓图大举。

第六，疏陈方略，布兵固守。《辽筹》载《答经略熊司马书》有云："惟清野坚壁，以老其师；设机置炮，以挫其锐；出奇埋伏，以乘其惰；厚集固守，勿轻与战。而奴来不得志则去，因以重困矣。此安危之机，在台省固自有妙算也。"③熊廷弼在广集众议，巡视堡隘，刺探敌情，审度形势之后，上《敬陈战守大略疏》，请集兵十八万，马九万匹，军饷三百二十四万两，在叆阳、清河、抚顺、柴河、

---

① 熊廷弼：《熊襄愍公集》第4卷，文渊阁《四库全书》影印本，第82叶。
② 熊廷弼：《熊襄愍公集》第8卷，文渊阁《四库全书》影印本，第22叶。
③ 张鼐：《辽筹》，不分卷，抄本。

三岔河、镇江、金州（今大连市金州区）、复州（今瓦房店市）、海州（今海城市）诸要口，设置重兵，画地而守，联络东西，防护海运，分合奇正，以成全局。无警就地操练，小警自为堵御，大敌互相应援。更挑精悍者为游徼，乘间捉哨探，扑零骑，扰耕牧，轮番迭出，渐进渐逼，使其疲于奔命，徐议相机进征。

熊廷弼镇辽一年，勇于任事，躬亲察巡，号令严肃，雷厉风行。他整顿了濒于溃散状态的军队，稳定了陷于混乱状态的前线，守备大固，功绩卓著。史评其事功曰："一时大臣，才气魂力，足以揩拄之者，唯熊司马一人耳。"① 熊廷弼经略辽东，给后金带来新的形势。据熊廷弼捉到明朝抚顺廪生贾朝辅，降顺后金并为其谍工，于同年八月的供词：

> 本月初十日，降主会集诸部各头目及李永芳等，问此番攻取何先？或曰当先辽阳，倾其根本；或曰当先沈阳，溃其藩篱；或曰熊经略已到，彼必有备，当先北关，去其内患。降主曰："辽已败坏至此，熊一人虽好，如何急忙整顿兵马得来！"李永芳曰："凡事只在一人，如憨一人好，事事都好。"降主曰："说得是。我意亦欲先取北关，免我内顾；将来好用全力去攻辽、沈。"②

上述供词中的"降主"即天命汗，"憨"即汗，"北关"即叶赫。熊廷弼经略辽东，打乱了天命汗拟定的进军辽东的日程表。他根据熊廷弼经略辽东后，辽东军政局势的变化，重新作了部署：北取叶赫，西抚蒙古，等待时机，攻取辽、沈。

由上可见，大学士方从哲曾言熊廷弼任辽东经略，"庶可遏其长驱之势，而边事犹可为也"，确是卓见之言。

天命汗努尔哈赤在熊廷弼任辽东经略的一年零三个月期间，见辽东军容整肃，

---

① 全祖望：《书明辽东经略熊公传后》，载《鲒埼亭集》，清刻本。
② 熊廷弼：《熊襄愍公集》第3卷，文渊阁《四库全书》影印本，第33叶。

防务改观，便调整了全力向辽东进攻的部署。他把两只军事触角，一只伸向北关，吞并叶赫（见前文），另一只伸向东部漠南蒙古诸部（见前文）。关于前者，天命汗率大军攻灭乌拉后，本欲一举吞灭叶赫，却为明军所阻，故而决策先对明开战，扫除障碍，再伺机攻取叶赫。萨尔浒大战之后，时机已经成熟，发兵吞灭叶赫，实现了女真的大一统。关于后者，据《满文老档》所载，这段时间有关蒙古的记录共二十二条，而有关明朝的记录仅有四条。这反映出天命汗对明朝采取谨慎的态度，但他也进行了一些小规模的试探性行动。

如天命五年即万历四十八年（1620）五月，八旗军两入明边，略花岭①山城②，俘获约四百人。③六月，八旗军共二万余分为两股，一股自抚顺关进境，总兵贺世贤御之；一股从东州地方直抵奉集堡，总兵柴国柱御之。④旋退掠王大人屯等十一屯寨，"挖取窖里粮食"⑤而归。八月，天命汗带领诸王大臣统兵围懿路、蒲河，兵临沈阳城下。熊廷弼乘马趋救，督将策应，八旗兵退屯灰山，后撤回界藩。天命汗因师行不利，令将十余名官将捆绑，额亦都自缚请罪。⑥九月，八旗兵又进入懿路、蒲河地方，抢掠粮食⑦，被贺世贤率兵斩杀八十九人。

但是，正当明朝辽东形势初步好转，后金挥戈南进屡受挫折的时候，明朝庙堂内部发生重大政治变化。于是，关外局势，发生突变，爆发了影响明清之际中国历史之命运的沈辽大战。

---

① 《明史·熊廷弼传》和《明通鉴》于万历四十八年五月载："大清兵略地花岭。"按：《熊襄愍公集·边事查报异同疏》中凡三称"花岭"；《明熹宗实录》第7卷，天启元年闰二月戊戌载给事中朱童蒙查勘辽东疏也称"花岭"；谈迁《国榷》第83卷，第5152页作"旁掠山城花岭"，是知《明史·熊廷弼传》和《明通鉴》作"地花岭"误。
② 谈迁：《国榷》第83卷，中华书局，1958年，第5152页。
③ 《满文老档·太祖》上册，中华书局译注本，1990年，第145页。
④ 《明光宗实录》，第4卷，泰昌元年八月壬子，台北历史语言研究所校勘本，1962年，第9叶。
⑤ 《满文老档·太祖》上册，中华书局译注本，1990年，第146页。
⑥ 《满文老档·太祖》上册，中华书局译注本，1990年，第154页。
⑦ 《满文老档·太祖》上册，中华书局译注本，1990年，第154页。

第十二章 沈辽大战

一 明朝政局突变

后金取得萨尔浒大捷之后，在军事上主要做了两件事：一件是攻取开原、铁岭，另一件是攻灭叶赫。前一件事得到一石三鸟的结果——政治上夺取明朝辽东的两座重镇，经济上获取大量粮食和财富，军事上打开大规模进军叶赫的通路。后一件事则是上述三点汇聚为一个成果，就是吞并扈伦四部中最顽强、最强大的叶赫部，从而实现女真的统一。此事为后金与明朝的重大关节。早在万历四十一年（1613）四月，明蓟辽总督薛三才就看清后金攻取叶赫（北关）的意图。他说："奴酋窥伺我开原，志久不小，所忌南、北二关款酋，为我开原藩篱，未敢遽逞。比年席卷南关，蚕食卜酋，而又厚结煖、宰西酋，阴谋大举，群驱耕牧，罄垦猛酋旧地，震惊我开原边垒，此其志岂在一北关哉！无北关则无开原，无开原则无辽，无辽而山海一关谁与为守？"① 当然，薛三才计算努尔哈赤进攻城镇的顺序与努尔哈赤的实际顺序不同，而是先开原、次北关（叶赫），却都是为了进一步夺取沈阳和辽阳。因之，后金在吞并叶赫与夺取抚顺、清河、开原、铁岭之后，使明朝

---

① 《明神宗实录》第507卷，万历四十一年四月甲午，台北历史语言研究所校勘本，1962年，第2叶。

在辽东最重要的两座城镇——沈阳和辽阳,完全暴露在后金进攻的前沿。后金与明朝在辽东的形势,发生了重大的历史性变局。

后金军事意图,尚不十分明朗,兵锋所指,扑朔迷离。一说是南向金州、盖州。山东巡抚王在晋奏报:"探知奴酋破开原后,计欲不攻辽、沈,先取金、盖。因见海运有数十万之粮,欲绝饷道。"①就是说其目的在于,既可取粮明朝,又可骚扰山东。二说是东向宽甸、镇江。辽东巡抚周永春据得自朝鲜消息上奏:乞请添兵买马,分防宽甸、岫岩等处,戍守镇江,强固东藩,防海运,佐声援。三说是西向沈阳、辽阳。后金大贝勒代善领兵掳掠辽沈地区,一路由抚顺关入,一路由东州堡入,进至仅距沈阳十里的浑河,抢掠大批粮食和人口。后金的军事动向,或东,或南,或西,故意虚张声势,试探明朝防务,进兵沈阳预演,使人难以捉摸。但是,熊廷弼指出:"惟倾巢引其人马,移驻新寨,添筑山城,扎屯关口,专心并力,以图我辽、沈。谓辽、沈得,而宽、叆、镇江,可无更举,此贼扼要之计。"②辽东巡按御史陈王庭也认为:"贼谋不在抢掠,而在攻克;志不在村屯,而在沈、奉。"③就是说后金用兵的意图,是重要城镇,而不是村屯;是攻占城镇,而不是掳掠。那么,后金进攻的重镇,是辽阳,还是沈阳?

沈阳和辽阳,孰轻孰重?时有人主张坚守沈阳,因其为明朝辽东的枢纽、辽阳的屏障。也有人主张坚守辽阳,因其为辽东的首府、军政的中心。熊廷弼力主重点防守辽阳,他以"沈阳空垒,独力难支"而奏请并得旨允准坚守辽阳。为着力保辽阳,遏敌深入,除在辽阳城挑壕固垣,借水为防外,他向皇帝奏议厚集兵马,分守险要。熊廷弼说:"今日制贼之说有三:一曰恢复,一曰进剿,一曰固守。"又说:"顾以此时漫谈进剿之事,何敢草草,似又不如分布险要,以守为稳着。何也?

---

① 《明神宗实录》第586卷,万历四十七年九月丙戌,台北历史语言研究所校勘本,1962年,第5叶。
② 熊廷弼:《扶病看边疏》,载《明经世文编》第6册,中华书局影印本,1962年,第5285叶。
③ 《明光宗实录》第4卷,泰昌元年八月壬子,台北历史语言研究所校勘本,1962年,第9叶。

守正所以为战也。然而守何容易？"并认为："顷臣亲至各边隘口，相度地形，算贼之出路即可为我之入路者有四：在东路为叆阳，南路为清河，西路为抚顺，北路为柴河、三岔儿间。俱当设置重兵，为今日防守他日进剿之备。而镇江南障四卫，东顾朝鲜，亦其不可少者。此分布险要之大略也。"①

面对后金的进逼，明朝采取了措施。调遣大将领兵援辽，有总兵柴国柱、游击朱万良、总兵李怀信。李如柏被罢，李怀信代之为辽东总兵；他告疾，又以柴国柱代之。命四川副总兵陈策援辽，升其为总兵。四川土司女将秦良玉也奉命率兵援辽。明朝辽军有来自全国的川兵、浙兵、蓟兵、保定兵、宁夏兵、宣府兵、大同兵、固原兵、甘肃兵等，以及淮、浙水兵。同时还调集九万马匹。

但是，正当明朝辽东形势初步好转之时，后金挥戈西进时机不利之际，明廷内部发生重大政局变化。万历四十八年即天命五年（1620）七月二十一日，明神宗万历帝朱翊钧病死。其长子朱常洛于八月初一日继皇帝位，是为光宗泰昌帝。但在九月初一日，新皇帝朱常洛又吞红丸死于乾清宫。朱常洛长子朱由校，年十六岁，袭受皇位，是为熹宗天启帝。"今上所遭，二帝见背"②。天启帝是在"一月之内，梓宫两哭"的悲氛中袭受皇位的。其时，"三案构争，党祸益炽"③。"三案"就是"梃击案""红丸案""移宫案"。天启朝庙堂内部的"党争"，日争日甚，愈演愈烈。庙堂宦竖，大臣之间，内外勾结，结党营私，排斥异己，互相评告。熊廷弼虽在辽东防务上力挽颓势，劳绩可纪，但他秉性刚直，拒受私贿，也不曲意逢迎，得罪了一些人，成为党争中的被攻讦者。

光宗暴死，熹宗初立，党争激烈，封疆议起。先是，庙堂之上，"日事攻击，议论纷呶，帝一无所问，则益植党求胜，朝端哄然"④。至是，御史刘国缙和给事

---

① 熊廷弼：《敬陈战守大略疏》，载《明经世文编》第6册，中华书局影印本，1962年，第5281叶。
② 《明熹宗实录》第1卷，泰昌元年九月己亥，台北历史语言研究所校勘本，1962年，第35叶。
③ 《明史·光宗本纪》第21卷，中华书局点校本，1974年，第295页。
④ 《明史·孙丕扬传》第224卷，中华书局点校本，1974年，第5903页。

中姚宗文先挟私鼓煽同类，上奏讦告，倾陷熊廷弼，廷弼上疏自辩；御史冯三元、顾慥、张修德又弹奏熊廷弼。廷弼再疏自明："辽已转危而致安，臣且之生而致死。"①给事中魏应嘉等复连章攻劾，朝廷派袁应泰代熊廷弼为辽东经略。熊廷弼在朝廷内部政治斗争中再次被挤下台。他含愤抗辩道：

> 今朝堂议论，全不知兵。冬春之际，敌以冰雪稍缓，哄然言师老财匮，马上促战；及军败，始愀然不敢复言。比臣收拾甫定，而愀然者又复哄然责战矣。自有辽难以来，用武将，用文吏，何非台省所建白，何尝有一效！疆场事，当听疆场吏自为之，何用拾帖括语，徒乱人意，一不从，辄怫然怒哉！②

廷弼心中不平，奏请查明事实。天启帝即命魏应嘉、冯三元、张修德三人往辽东。给事中杨涟反对派原来上疏弹劾的人前去调查，于是改派朱童蒙。朱童蒙调查后的奏报，"备陈廷弼功状"，其言《明史·熊廷弼传》记载："臣入辽时，士民垂泣而道，谓数十万生灵，皆廷弼一人所留。其罪何可轻议？"至于其罪："独是廷弼受知最深，蒲河之役，敌攻沈阳，策马趋救，何其壮也！及见官兵孥弱，遽尔乞骸以归，将置君恩何地？廷弼功在存辽，微劳虽有可纪，罪在负君，大义实无所逃。此则罪浮于功者矣。"就是说，熊廷弼经略辽东一年，如果有罪，其罪在于，辞职乞归，有负君恩。这就是"罪浮于功"。经过调查和熊廷弼自辩，天启帝认为廷弼"力保危城，仍议起用"。然而，庙堂上还是小人嚣张，发出要求罢免熊廷弼、任用袁应泰的声音。

熊廷弼先后五疏，极辩边吏得不到君主的信任，针砭当时弊政的要害。明廷罢免辽东经略熊廷弼，任命袁应泰为辽东经略，正是自坏辽东长城。

---

① 《明熹宗实录》第 2 卷，泰昌元年十月戊申，台北历史语言研究所校勘本，1962 年，第 2 叶。
② 《明史·熊廷弼传》第 259 卷，中华书局点校本，1974 年，第 6694～6695 页。

袁应泰代熊廷弼为经略，薛国用为巡抚。袁应泰受职后，杀白马祭神，愿与辽事相始终。但《明史·袁应泰传》评论他道："历官精敏强毅，用兵非所长，规画颇疏。"①熊廷弼在辽，部伍整肃，法令严明，守御为主；袁应泰则宽纵将士，虚妄自诩，谋取抚顺。袁应泰改变熊廷弼原来部署，撤换许多官将，造成前线混乱；又收纳过多蒙古和女真降人，混入大量谍工，阴为后金内应。

后金在明统治集团内部发生政局变化之时，既有胜利，也有困难。后金灭叶赫，抚蒙古，女真实现统一，实力空前强大，军队近十万人。②同时，辽东大旱，赤地千里，年荒米奇贵，石米银四两。③后金人口增多，粮食奇缺，数以千计的女真人东乞西丐。天命汗为摆脱经济困境，渡过灾荒，需向辽河流域兴兵。但熊廷弼任经略使努尔哈赤原拟进军辽、沈的计划推迟一年多。他经过耐心地等待，向明进兵时机终于到来。机不可失，时不再来。善于等待时机，巧于捕捉时机，是努尔哈赤聪明机智的火花。努尔哈赤与八大贝勒等，就进兵事宜，"聚会诸将，逐日谋议"④。

努尔哈赤紧紧地抓住明朝皇位更替，党争益烈，经略易人，军心涣散，辽东大饥，防务紊乱的有利时机，决定统率八旗军向沈阳、辽阳大举进发。

---

① 《明史·袁应泰传》第259卷，中华书局点校本，1974年，第6689页。
② 熊廷弼：《熊经略集》第3卷，载《明经世文编》第6册，中华书局影印本，1962年，第5282叶。
③ 《明光宗实录》第7卷，泰昌元年八月庚午，台北历史语言研究所校勘本，1962年，第8叶。
④ ［朝］李民寏：《栅中日录》，日本天理大学图书馆藏玉版书屋本，第19叶。

二 大战序幕

天命六年即天启元年（1621）春，努尔哈赤为夺取沈阳、辽阳，进入辽河流域，发动了沈辽大战。他在战前，刺侦情报，厉兵秣马，制钩梯，造楯车，作了精心准备。福余卫头目煖兔名下把速等向明边吏密报："有达子哈喇等四名持布匹，前往奴儿哈赤家贸易，闻奴酋欲于闰二月来克沈阳。"① 被后金掳掠辽民逃回者，也"皆言奴酋制造钩梯、营车，备糗粮，将犯沈、奉"②。后金军在辽沈地区的目标是：先沈阳，后辽阳。

后金军要夺取沈阳，则要率先砍掉沈阳前卫的两个犄角——奉集堡和虎皮驿。这是因为：奉集堡和虎皮驿为沈阳前锋堡垒，驻重军，守御坚。如果不先将其攻下，在进攻沈阳时，八旗军会陷于腹背受敌、前后夹击的局面，甚至危险的境地。于是，努尔哈赤先略奉集堡和虎皮驿，打击进攻沈辽的明军外围堡垒；同时，加以前哨试探。

奉集堡，位于沈阳东南约四十里处。今地为沈阳市苏家屯区陈相街道的奉集

---

① 《明熹宗实录》第6卷，天启元年二月乙丑，台北历史语言研究所校勘本，1962年，第20叶。
② 《明熹宗实录》第7卷，天启元年闰二月丙戌，台北历史语言研究所校勘本，1962年，第9叶。

堡。此堡是明朝辽东沈阳和辽阳之间的战略要地。熊廷弼言："沈之东南四十里为奉集堡，可犄角沈阳。奉集之西南三十里为虎皮驿，可犄角奉集。而奉集东北①距抚顺、西南距辽阳各九十里，贼如窥辽阳，或入抚顺，或入马根单，皆经由此堡，亦可阻截也。不守奉集则沈阳孤，不守虎皮则奉集孤，三方鼎立。"②努尔哈赤深知奉集堡和虎皮驿，居于辽、沈之间的重要战略地位。明给事中倪思辉言："奉集居辽、沈之中，奉集危则辽、沈中断，此奴之所眈眈而视也！"③努尔哈赤正是要举兵略奉集堡，以武力侦探辽阳和沈阳两城明军的实力和动向。

天命六年即明天启元年（1621）二月十一日，努尔哈赤率诸贝勒大臣，统左右翼步骑劲旅，分兵八路，略奉集堡，拉开沈辽大战的序幕。

此战，明朝与后金、官方与民间、早期与后期、原档与史书之记载，既有相同，也有差异。略废笔墨，赘引原文，不厌其烦，以求真相。

其一，《清太祖武皇帝实录》记载：

> 二月十一日，帝率诸王臣，统大军分八路，掠大明奉集堡。守城总兵李秉诚闻之，领三千骑出城六里安营。令兵二百为前探，左四固山兵遇之，二路追杀至山上；山下有大明兵结阵，一见我兵至，即开营奔城。我兵随后击之，大明兵败走，两路拥二门争进，杀至壕边方回。当塞门掩杀之时，有参将吉布哈答，及一卒，被城上炮打死。帝率大兵离城三里，方立冈上，右侧兵亦至，午时将回兵，有小卒来报曰："吾同行三人，遇大明兵二百，被杀其二，其兵不远。"帝谓诸王臣曰："右侧王可领本部兵追杀，吾率左侧兵立此。"于是，得格垒台吉、姚托台吉、芍托台吉，寻敌所在，因追二百兵，遂杀至二千兵。所立之处，敌兵见之惊走。四

---

① 阎按：奉集堡在沈阳的东南、抚顺的西北，故应作奉集堡东南距抚顺九十里。
②《明经世文编》第6册，中华书局影印本，1962年，第5311叶。
③《明熹宗实录》第7卷，天启元年闰二月乙酉，台北历史语言研究所校勘本，1962年，第7叶。

王领部下健卒至黄山时，署总兵事朱万良率大营兵，见我兵势重不能抵敌遂惊走。四王追击至武靖营而回。路遇分投破敌之诸王相遇收兵，合大营，论功行赏毕，乃旋师。①

上文的得格垒即努尔哈赤第十子德格类，姚托即岳讬、芍托即硕讬为努尔哈赤次子代善之长子和次子。吉布哈答又译作吉普喀达、吉巴克达、吉拔克达、纪布喀达等，为后金八旗军之参将。

其二，《满洲实录》记载：

二月十一日，帝率诸王大臣，统大军分八路，略明之奉集堡。守城总兵李秉诚闻之，领三千骑出城六里安营。令兵二百为前探，左四固山兵遇之，二路追杀至山上，其山下有明国兵结阵，一见我兵至，即拔营奔城。我兵随后击之，明国兵败走，两路拥二门争进，杀至壕边方回。当拥门掩杀之时，有参将吉巴克达及一卒，被城上巨炮击死。帝率大兵离城三里，方立冈上，右翼兵亦至，午时将回兵，有小卒来报曰：吾同行三人，遇明国兵二百，被杀其二，其兵不远。帝谓诸王大臣曰："右翼王可领本部兵追杀，吾率左翼兵驻此。"于是德格类台吉、岳讬台吉、硕讬台吉，寻敌所在。因追二百兵，遂杀至二千兵。所立之处，敌兵见之惊走。四王领部下健卒至黄山时，署总兵事朱万良率大营之兵，见我兵势重不能抵敌，亦遂惊走。四王追击至武靖营而回，适与分路破敌之诸王相遇，收兵同归大营。论功行赏毕，乃旋师。②

---

① 《清太祖武皇帝实录》第3卷，天命六年二月十一日，原清宫内府藏，台湾广文书局影印本，1970年，第31叶。
② 《满洲实录》第6卷，天命六年二月十一日，中华书局影印本，1986年，第74~78叶。

其三,《清太祖高皇帝实录》记载:

二月……癸丑(十一日),上率贝勒诸臣,统大军,分八路,略明奉集堡。明总兵李秉诚闻之,引三千骑,出城六里,驻营。遣兵二百来侦,遇我左四旗兵,两路驰击,追至山巅。山下有明兵,结为方阵,见我军至,遂拔营奔。我军尾击之,明兵两路败遁,争入城。我军追击,奋射之,抵壕岸而还。当拥门拒战时,城上发巨炮,我参将吉拔克达中炮死,厮卒死者一人。上统大军驻跸高冈,离城北三里,适右翼兵亦至。日午,师将还,有厮养卒来告:"同三人行,遇明兵可二百人,二人被伤,独已得脱。今其兵不远。"上谓贝勒诸臣曰:"右翼贝勒大臣,可率兵追击,吾率左翼兵驻此。"于是,右翼贝勒诸臣率兵搜剿,台吉德格类、岳讬、硕讬等,追击二百兵,至明兵屯聚之所,其众二千见我军惊遁,四贝勒别引精锐护军,至黄山,明副将朱万良驻大营于其地,见我军势盛,不能相抗,亦大惊而遁。四贝勒掩杀穷追,至武靖营还兵时,会诸贝勒分路破敌而来,遇于途,乃收兵,同归大营。上集诸将士,论功行赏,班师。①

其四,《清太祖高皇帝实录》(稿本)记载略异,仅举部分文字如下:

二月癸丑(十一日),上率贝勒诸臣,统大军分八路,略明奉集堡。守城署总兵李秉诚闻之,领三千骑出城六里安营。遣兵二百前侦之,遇我左四旗兵两路追杀至山之巅。山下有明兵结阵,见我兵遂拔营奔城。我军尾击之。明兵两路败遁,向二门争进,我军追战抵壕岸而还。当拥门交战时,我参将吉巴克达中炮死之,一卒阵亡。②

① 《清太祖高皇帝实录》第7卷,天命六年二月癸酉,中华书局影印本,1986年,第11~12叶。
② 《清太祖高皇帝实录》(稿本三种),天命六年二月癸丑,史料整理处影印本,癸酉年(1933)。

以上四则，均为清官修实录，如说此战死二人，显系粉饰。明方记载，征引如下。

其五，《明熹宗实录》记载：

奴酋以数万骑，薄奉集堡，我师用灭虏炮却之。副将朱万良引兵至，见虏而溃，死者数百人。虏次日出境。①

其六，彭孙贻《山中闻见录》记载：

癸丑（十一），建州以数万骑，攻奉集堡。监军副使高出誓死守，矢、石、火器四发，击杀其王子，伤众千余，稍引却，尤世功、贺世贤婴城。②

上文记述，此战"击杀其王子"。经查，努尔哈赤之子孙，无一在此战中死亡。此人是谁？尚待研究。

其七，《满文老档》记载：

参将吉布喀达，于奉集堡被擒。因其战功，仍封其子为参将职，封其兄吉思哈为游击职，令管其弟所管之五牛录，其弟兑勒申拔为汗前巴牙喇之纛额真。③

其八，日本神田信夫、松村润、石桥秀雄等译注的《满文老档》，亦有记载：

十一日，吉布喀达参将在奉集堡被擒捕。因曾有功，封其子也为参

---

① 《明熹宗实录》第6卷，天启元年二月癸丑，台北历史语言研究所校勘本，1962年，第10叶。
② 彭孙贻：《山中闻见录》，载潘喆、李鸿彬、孙方明编《清入关前史料选辑》第3辑，中国人民大学出版社，1991年，第3页。
③ 《满文老档》上册，中华书局译注本，1990年，第164页。

将。他的兄长吉斯哈为游击。并管其弟的五个牛录。其弟度勒申是汗近侍巴牙喇纛额真。①

其九,《内阁藏本满文老档》记载:

参将吉布喀达于奉集堡被擒。因其战功,仍授其子为参将职,授其兄吉思哈游击职,令管其弟所管之五牛录,擢其弟兄勒申为汗前巴牙喇之纛额真。②

从以上所引同一件事的九条史料可见:

第一,后金军略奉集堡、虎皮驿,有得有失。其得,抢掠粮食,野战居优势,显示出军威;其失,攻城处劣势,伤亡多人,失参将一员等。

第二,后金参将吉布喀达,是阵亡,还是被擒?史料不足,只能分析。如说阵亡——何以所见最早史料记载"被擒"?如说被擒——何以明人史料不见记载"被擒"?不妨存疑,以待来者。

总之,奉集堡之战,明奉集堡守城总兵官李秉诚,得到八旗兵来攻的哨报。他未能固守坚城,凭借堑壕,施放火炮,抗御敌兵,却领三千骑兵出城六里,安营迎战。他先派二百骑兵为前探,与后金军左翼四旗相遇,被击败。李秉诚率兵结为方阵,后金军驰击,便拔营奔城。后金军追至城下,明军争相入城。后金军追至壕外,城上发射火器。后金参将吉拔克达中炮而死,兵士也死伤多人。时努尔哈赤在城北三里高岗处指挥,他命其第十子德格类等率右翼四旗兵追击明军。明军二万骑兵溃逃,德格类率骑兵冲杀,至明兵屯聚之所,其众惊遁。明副将朱

---

① 《满文老档》第Ⅰ册,东洋文库译注本,1955年,第266页。
② 《内阁藏本满文老档》第19册,辽宁民族出版社,2009年,第58页。

万良引师来援，但"见房而溃，死者数百人"①。明监军道高出，得后金军围奉集堡的驰报后，"睨视佩刀，即有意外，引以自裁"②，完全失去战斗的意志与胜利的信心。总兵李秉诚、朱万良交锋失利，兵溃而退。

后金军在略沈阳的一只犄角奉集堡四天之后，又略沈阳的另一只犄角虎皮驿。③

虎皮驿，后金军在奉集堡与虎皮驿之间行动。虎皮驿是沈阳与辽阳之间一个重要节点，设立驿站。今址在沈阳市苏家屯区十里河地方。同月十六日，后金汗率军犯虎皮驿。明抚臣、镇臣奏报：

> 奴酋率众犯虎皮驿，抚镇以闻。时兵部尚书崔景荣、侍郎张经世，皆引疾求去。司官仙克谨亦以人言杜门。传谕速出视事，并催侍郎未到者。④

这时，明军已是"惊弓之鸟"，兵部尚书、侍郎在"引疾求去"；辽东经略、巡抚在"戴罪惊恐"。两天后即十八日，后金兵又至奉集附近王大人屯等地，次日东去，"往来无定，骎图大举"⑤。努尔哈赤麾兵四击，忽东忽西，既试探明军的虚实，又麻痹明兵警觉，以准备率倾国之师，进取沈阳。

后金汗努尔哈赤在奉集堡和虎皮驿进行的两场"矢镞侦察"，抢掠了粮食、牲畜、衣物、金银，了解更多沈阳和辽阳城防信息，为其进攻沈阳和辽阳，拉开了序幕，做足了准备。

---

① 《明熹宗实录》第6卷，天启元年二月癸丑，台北历史语言研究所校勘本，1962年，第10叶。
② 王在晋：《三朝辽事实录》第3卷，江苏省国立图书馆藏本，第38叶。
③ 《明熹宗实录》第6卷，天启元年二月戊午，台北历史语言研究所校勘本，1962年，第14叶。
④ 《明熹宗实录》第6卷，天启元年二月戊午，台北历史语言研究所校勘本，1962年，第16叶。
⑤ 《明熹宗实录》第6卷，天启元年二月庚申，台北历史语言研究所校勘本，1962年，第15叶。

三 夺取沈阳

沈阳是明朝在辽东的重镇，为辽东首府辽阳城的屏藩，具有极为重要的战略地位。先是，沈阳在辽代建土城，置沈州，是为沈阳建城之始。金袭沈州之名。元改称沈阳路，初创城郭。元贞二年（1296）以沈州地处沈水（今浑河）之北，水南为阴、水北为阳，改沈州为沈阳①。明朝改为沈阳中卫，领有左、中、右、前、后五个千户所，后又增设汛河、蒲河两千户所。明洪武二十一年（1388），指挥闵忠重修沈阳旧城，城垣包砖。沈阳城墙垣高广，堑濠深阔。史载其城池曰："周围九里三十步，高二丈五尺。池二重，内阔三丈，深八尺，周围一十里三十步；外阔三丈，深八尺，周围一十一里有奇。城门四：东曰永宁，南曰保安，北曰安定②，西曰永昌。"③

沈阳城为辽东之咽喉。时明户科给事中官应震指出："奴若一军繇抚顺直犯沈阳，则沈阳必不能支。沈阳破，而辽阳之藩篱撤，东西两路之血脉断矣！"因之，

---

① 《元史·地理志》第59卷，中华书局点校本，1976年，第1399页。
② "安定"于万历二十六年（1598）改名为"镇远"。
③ 毕恭：《辽东志·建置》第2卷，《辽海丛书》影印本，辽沈书社，1985年。

明朝将沈阳作为辽东重点防守的要镇。明之兵力，总兵贺世贤率亲兵一千余人和收降兵等共五六万之众，副将尤世功兵一万五千人，总兵力约七八万人。明朝守军，捍卫沈阳。

天命六年即明天启元年（1621）三月十日，努尔哈赤亲率诸贝勒大臣，统领八旗大军，从萨尔浒新城启程，将板木、云梯、楯车、器械，以舟装载，"顺浑河而下，水陆并进"①，向沈阳进发。明军闻警，举燧传报。沈阳守将总兵官贺世贤、尤世功得警报后，连夜率领一万兵丁守城。"沈阳城颇坚，城外浚濠，伐木为栅，埋伏火炮。"②城周挖有沟堑，设置陷阱，陷阱底插有尖桩③，并覆盖秋秸，虚掩浮土。城上环列火器，分兵昼夜坚守。

十一日，明辽军台兵在晚间已望见后金兵来攻的烽火。后金大军进逼的哨报，传到沈阳城内，辽东总兵官贺世贤等得到后金大军直逼沈阳的警报后，部署兵力，登城戍守。

贺世贤，陕北榆林人，出身卑微，从军行伍，屡经战阵，多立军功，从沈阳游击，升至总兵官。时为抵御后金进攻，辽东汇集四方宿将，畏缩怠战者多，勇敢拼搏者少。贺世贤是辽东最骁勇的一员战将，他在沈阳积极设防，城外挖掘陷阱十道，陷阱底插上丛密尖桩。城壕以内，一箭之远，挖一道壕，安设栅栏。城外栅栏一侧，又挖两道大壕。其内筑拦马墙一道，留下炮眼，布设楯车，排列火炮。

十二日，八旗军兵临沈阳城郊，在城东七里处浑河北岸安营扎寨。努尔哈赤统兵猝至，鉴于城守严密，未敢遽逼攻城，先派数十精骑，隔壕进行侦探。武举出身的明总兵尤世功，带家丁冲出，杀死四人，略获小胜。努尔哈赤又命"用战车冲锋，马步继之"④。后金军进战不利，撤回营寨，准备明日的厮杀。数万八旗军队，

---

① 《清太祖高皇帝实录》第7卷，天命六年三月壬子，中华书局影印本，1986年，第15叶。
② 《明熹宗实录》第8卷，天启元年三月乙卯，台北历史语言研究所校勘本，1962年，第7叶。
③ 《满文老档·太祖》第Ⅰ册，东洋文库译注本，1955年，第284页。
④ 《明熹宗实录》第8卷，天启元年三月甲寅，台北历史语言研究所校勘本，1962年，第6叶。

将沈阳城逼围。

十三日,后金军进攻沈阳城。八旗兵采用轻骑诱敌策略,将守城军队诱出,以骑兵战而歼之。是日清晨,努尔哈赤再派骑兵挑战。行伍出身的总兵官贺世贤勇而寡谋,且日饮酒①,贪功出战。贺世贤亲率家丁千余人,出城迎击,宣称杀尽敌兵,胜利而返。有人谏止,拒而不听。后金军利用贺世贤的弱点,佯败退却,进行引诱。贺世贤乘锐轻进,突遭敌骑四合,虽经力战,招架不住,边抵挡,边退却。退到永昌门,身已中四箭。据《明熹宗实录》记载:

世贤故嗜酒,次日②取酒引满,率家丁千余出城击奴,曰:"尽敌而反!"奴以羸卒诈败诱我,世贤乘锐轻进。奴精骑四合,世贤且战且却,至沈阳西门,身已中四矢。③

此刻城中,一片混乱。有人劝贺世贤退向辽阳,但遭拒绝。他说:"吾为大将,不能存城,何面目以见袁经略!"贺世贤锐意拼杀,但转瞬之间,后金骑兵,将他包围。贺总兵挥起铁鞭,进行顽强决斗,又杀了数十人。虽挥铁鞭奋力抵御,却身中十四矢,坠马而死。总兵尤世功出西门营救,士卒哄散,马仆身死。时努尔哈赤一面派精骑追杀贺世贤部众,一面督兵用云梯、楯车攻城。八旗兵从城东北角挖土填濠,城上连发炮,因发炮过多,炮身炽热,至装药即喷。④八旗兵乘机蜂拥过濠,急攻东门。此时,城中闻贺世贤兵败,尤世功战死,参将夏国卿、张纲等被斩,官兵慌乱,汹汹溃散。后金军绕城,更拼力纵击,攻守激烈,伏尸累积。危急关头,降夷内叛。先是,"辽左降夷日众,总兵贺世贤受之,多至

---

① 《明史·贺世贤传》第271卷,中华书局点校本,1974年,第6952页。
② 次日,即十三日,有的著述作十二日。本文据《满文老档》、《明熹宗实录》、《满洲实录》、《清太祖高皇帝实录》、《清太祖武皇帝实录》和《明通鉴》等有关记载。
③ 《明熹宗实录》第8卷,天启元年三月乙卯,台北历史语言研究所校勘本,1962年,第7叶。
④ 谷应泰:《明史纪事本末·熊王功罪》第4册,中华书局点校本,1977年,第1424页。

三千人"①。至是,沈阳城内,"降夷复叛,吊桥绳断"②,八旗兵拥门而入,进占沈阳城,明兵民被杀死者,据说有七万人。③

沈阳城内激战刚结束,城外浑河野战正开始。时明总兵官童仲揆、陈策等统川、浙兵由辽阳北上援沈,行至浑河,得到哨报,沈阳已陷。陈策下令还师,游击周敦吉等坚请进战。他们说:"我辈不能救沈,在此三年何为?"④先是,明征石砫女土官秦良玉率兵援辽。良玉有胆智,善骑射,兼通词翰,仪度娴雅。且驭部下严,每行军令,上下贯一,军伍肃然。辽东事急,征良玉兵。良玉先遣兄邦屏以数千人行,时已至沈阳,即投入激战。明军遂分为两大营,周敦吉与四川石砫都司金书、副总兵秦邦屏等率四川石砫、酉阳土司之兵先渡河营桥北;童仲揆与陈策及副将戚金、参将张名世等统浙兵三千营桥南。努尔哈赤得到侦报后,急命右翼四旗兵前去驰击。明军桥北川兵营结阵未就,被四面围攻,双方开展激战。这支四川步兵,手执一丈五尺的竹柄长枪和大刀,戴棉帽,披棉被,特别勇敢,无所畏惧,迎战后金兵二三千人。后金军"却而复前,如是者三";明军既远道而来,又交锋激烈,攻势减弱,饥疲不支。后金军前仆后继,顽强拼杀。在后金骑兵猛击下,这支川兵,或在陆上,或在河中,虽经力战,大部被歼。周敦吉、秦邦屏及参将吴文杰、守备雷安民等皆战死,其余兵将奔桥南浙兵营。后金军参将布哈、游击朗格、石尔泰等俱战死。桥南的浙兵营,在浑河五里外布阵,列置车炮,掘壕安营,秫秸为障,外涂泥巴,后金军渡河后将浙兵营围困数重。桥南的浙兵营,继续坚持作战。这时明守奉集堡总兵李秉诚,守武靖营总兵朱万良、姜弼领兵数万来援,至白塔铺,观望不前。特别是朱万良,作为总兵官,拥兵不救,临阵脱逃。援军遣兵一千为前探,遇到后金军将领雅荪率二百精兵也来侦探。雅

---

① 《明熹宗实录》第6卷,天启元年二月壬戌,台北历史语言研究所校勘本,1962年,第16叶。
② 《明熹宗实录》第8卷,天启元年三月乙卯,台北历史语言研究所校勘本,1962年,第7叶。
③ 《满文老档·太祖》第Ⅰ册,东洋文库译注本,1955年,第284~286页。
④ 《明史·童仲揆传》第271卷,中华书局点校本,1974年,第6954页。

苏见明兵就退，明兵放鸟铳紧追，直追到后金左翼四旗兵营附近。努尔哈赤闻报大怒，亲率大军往击。行到皇太极大营，告知这一军报。皇太极自告奋勇，愿为父汗代劳。皇太极得到努尔哈赤同意后，引军策马飞驰，把追来明兵杀得东逃西散，一直击杀到白塔铺。明总兵李秉诚、朱万良、姜弼等始进前一战，不能拒敌，惊慌而退。时大贝勒代善、台吉岳讬所率后军又到。明三总兵力不能敌，大败而逃，被后金左翼四旗兵杀三千人①，遁归大营。傍晚，后金军左右两翼，并力进攻浙兵营。后金军用楯车进攻，明浙兵以火器射击，互有死伤，尸体枕藉。浙兵营火药罄尽，短兵相接，激烈拼搏，力战拒敌，步兵对铁骑，竹矛对弓箭，夜幕降临，鏖战犹酣。明军浙兵秋栅徒步，抵挡不住铁骑驰突，浙营被冲垮，陈策先战死，总兵童仲揆、副将戚金及袁见龙、邓起龙、张名世等皆战死。②浙兵营虽败，但奋死殊战，极为壮烈。《明熹宗实录》记载："自奴酋发难，我兵率望风先逃，未闻有婴其锋者。独此战，以万余人当虏数万，杀数千人。虽力屈而死，至今凛凛有生气。"③当时亡归残卒，有至辽阳者，以首功献，按臣张铨命照例给赏。但是，《明熹宗实录》记载："卒痛哭阶前，不愿领赏，但愿为主将报仇！"

努尔哈赤攻陷沈阳，击破明两路援军之后第五天，即三月十八日，集诸贝勒大臣道："沈阳已拔，敌兵大败，可率大兵，乘势长驱，以取辽阳。"④诸贝勒大臣会议同意努尔哈赤的重大军事决策。会后，天命汗亲率八旗军，"旌旗蔽日，弥山亘野"⑤，向辽阳进发。

---

① 《满文老档·太祖》第Ⅰ册，东洋文库译注本，1955年，第286页。
② 《明史·童仲揆传》第271卷，中华书局点校本，1974年，第6954页。
③ 《明熹宗实录》第8卷，天启元年三月乙卯，台北历史语言研究所校勘本，1962年，第8叶。
④ 《满洲实录》第6卷，辽宁通志馆影印线装本，1930年，第15叶。
⑤ 《清太祖高皇帝实录》第7卷，台湾华文书局影印本，1962年，第16叶。

四 攻占辽阳

辽阳自汉朝以来，是一座历史名城。明洪武四年（1371），故元辽阳行省平章刘益，以辽东州郡图籍献明投降，明太祖朱元璋始设辽东卫指挥使司，又改为定辽都卫指挥使司，是为明在辽阳设治之始。洪武八年（1375），改定辽都卫指挥使司为辽东都指挥使司，简称辽东都司。尔后逐渐发展扩大，总辖辽东二十五卫。自隆庆元年（1567），镇守辽东总兵官由广宁（今北镇）移驻辽阳。①

辽阳是明朝辽东的首府，是东北地区政治、经济、军事和文化的中心。辽阳城规制宏伟，"两倍于沈有奇"，居东北诸城之首。城高广大，墙垣包砖，周十六里二百九十五步，高三丈三尺，设六门，俱有城楼，四隅有角楼。②辽阳为辽东繁华之区，人烟稠密，市井喧闹。其时，明辽东经略驻守辽阳。辽阳成为后金占沈阳之后，必与明朝争夺之地。辽东经略熊廷弼、袁应泰，都先后驻镇辽阳，他们部署的辽东防务，都以辽阳为中心，而将周围城镇寨堡，作为其护卫之屏藩。熊廷弼在开原、铁岭失陷后，力主固守辽阳。他在辽阳挑堑浚壕，增强兵力，修

---

① 《明史·职官五》第76卷，中华书局点校本，1974年，第867页。
② 康熙《辽阳州志·城池志》，康熙二十三年（1684）刻本。

筑工事，布设火器。经熊廷弼之策划，在辽阳城周围，挖掘数层城壕，沿壕排列火器枪炮，环城四面分兵把守。沈阳、奉集陷落后，辽阳失去屏障："初，辽阳恃沈阳、奉集二城为藩蔽，而沈东捍建州，西障土蛮，较奉集更重。沈阳既陷，奉集失犄角之势，亦没。时骁将劲卒，皆萃沈、奉，辽兵不满万。"①袁应泰得知沈阳失陷的败报之后，急檄撤各路兵马，集卫辽阳。他下令撤奉集堡、虎皮驿、威宁营的全部守军，力卫辽阳，缘城布兵，加强防守。

其实，后金攻占沈阳之前，便准备先取沈阳，再占辽阳。努尔哈赤占领沈阳后，在沈阳城驻扎五天，论功行赏，惩罚懦将，整顿兵马，补充器械。接着，后金下一个攻夺的目标就是辽阳。努尔哈赤在攻陷沈阳，击破明两路援军之后第五天，即三月十八日，集诸贝勒大臣作出进攻辽阳的重大决策。②

明辽东经略袁应泰、巡按张铨得到这一哨报后，部署兵力，登埤坚守，并命令放代子河水于城壕，想用水防来抵御后金的攻城。但是，辽阳的最大屏障是沈阳，沈阳既失，辽阳孤立。袁应泰将辽阳周围城堡撤得越多，其结果是固然增多辽阳城御守兵力，却也更加失去存在的四方卫障。

天命六年即明天启元年（1621）三月十八日到二十一日，后金军与明辽军展开辽阳攻守战。

十八日，后金进军辽阳。商议已定，立即行动。后金八旗大军，由北向南挺进。渡过浑河后，夜至虎皮驿，城内军民，逃避一空，就地扎营，准备进战。明军哨探飞报辽阳：后金大军，来攻辽阳。八旗军"旌旗蔽日，漫山亘野，莫测首尾"，已到虎皮驿扎寨。辽阳城坚池深，外围城壕，沿壕列火器，环城设重炮。明军放代子河水，注入壕内，排列枪炮，四面设兵，严密防守。

十九日，城外激战。后金军出虎皮驿，扑向辽阳。中午，后金军进抵辽阳东南城外。经略袁应泰乘后金军尚未全部过代子河之时，急催总兵官李秉诚、侯世禄、

---

① 谷应泰：《明史纪事本末·熊王功罪》第4册，中华书局点校本，1977年，第1424页。
② 《清太祖高皇帝实录》第7卷，天命六年三月庚申，中华书局影印本，1986年，第16叶。

梁仲善、姜弼、朱万良五总兵①，率兵五万，出城五里，扎营结阵，与敌对垒。袁应泰留张铨据守，亲自出城督战。后金兵发现明军，努尔哈赤即率左翼四旗兵前往迎战。后金兵见辽阳城池险固，兵众甚盛，多意沮欲退。据《光海君日记》记载："老酋曰：'一步退时，我已死矣。你等须先杀我，后退去。'即匹马独进。"② 时皇太极带领精锐骑兵赶到请战。努尔哈赤说已派左翼兵上阵，并命他带领右翼四旗兵驻守城边瞭望。皇太极则说让后到的两红旗兵瞭望。努尔哈赤命阿济格去劝止，皇太极却执意要去。努尔哈赤同意，并派两黄旗护军协助。皇太极引军直前，奋力冲杀，进击明兵营左侧，明兵放炮接战。皇太极破明军营，杀入营内。时后金左翼四旗兵赶到，两相夹攻，明兵大溃。其逃走之兵，溃散南奔。后金军乘胜追击六十里，至鞍山胜利返回。同时，有明兵从辽阳西关出援，同后金两红旗兵相遇。明军受阻，转身回返，争相入门，人马自践踏，死者相枕藉。辽阳西关出援的明兵，也被后金军击败。后金军进薄城下，攻打小西门受挫。是夜，明兵在城外扎营，经略袁应泰宿营中。努尔哈赤也在城南七里地方安营，在包围辽阳的八旗军营中过夜。

二十日，两面攻城。先是，努尔哈赤已探明辽阳的护城河水，西有闸门，东有水口。是日早上，他命令诸贝勒大臣们，率左翼四旗兵掘开西边的闸门，放泄城壕之积水；率右翼四旗兵堵塞东边的水口，断绝城壕之入水。时明朝辽阳守城军队，兵力重点放在东门和小西门，努尔哈赤命后金兵分为左右两翼，右翼四旗兵攻打东门，左翼四旗兵攻打小西门，双方在辽阳城的东门与小西门展开激战。

---

① 五总兵：《清太祖武皇帝实录》第3卷，第13叶，载为李秉诚、侯世禄、梁仲善、姜弼、童仲揆，《满洲实录》第7卷，第2叶载为李怀信、侯世禄、柴国柱、姜弼、童仲魁（揆），《清太祖高皇帝实录》第7卷，第17叶载为李怀信、侯世禄、蔡国柱、姜弼、童仲揆，《明史·袁应泰传》和《三朝辽事实录》均作侯世禄、李秉诚、梁仲善、姜弼、朱万良。按：童仲揆已死于沈阳城外，本文从后二书。
② [朝]《光海君日记》第169卷，十三年九月戊申，日本学习院东洋文化研究所刊，1959年，第9叶。

明军三万人在城东门外安营，抵抗后金军进攻。辽东经略袁应泰认为后金军容易战胜，督兵出城作战，还派由家丁组成的"虎旅军"助阵。①明军排列枪炮三层，炮火连射不止。明军布阵，步兵在前，骑兵在后。两军交锋之初，明军火力势猛，后金军威受挫。努尔哈赤命令绵甲兵，推拥楯车，进战明兵。明军排列三层，施放火器抵御。后金兵呼喊而进，明骑兵先动摇，步兵坚持作战。后金兵发动强攻，明军步兵受挫败退。后金骑兵猛冲，呐喊向前，两军酣战。后金两股精兵，并力冲杀而来，明兵不敌，乱了阵脚。先是骑兵动摇，接着后金精兵，一齐冲杀，反复夹攻，明兵一败涂地。明总兵梁仲善、朱万良战死，步骑兵大溃，望城而奔退。明兵争先夺路，纷往城内退却。后金兵紧跟追击，明军人马蜂拥过河，许多官兵落入水里淹毙，死者满积，河水尽赤。袁应泰退入城内，与巡按御史张铨分陴固守。

此前，当两军激战之时，努尔哈赤命右翼分兵堵塞城东入水口，左翼分兵挖开小西门闸口以泄壕水。当入水口被堵住，城壕开始干涸时，天命汗又命右翼四旗兵推楯车攻城。

与右翼四旗兵攻打城东门的同时，左翼四旗兵在攻打小西门。明军在城上放火箭，掷火罐，隔壕射击，奋力守御。时后金的左翼四旗兵遣人向努尔哈赤报告：西边闸门，难以掘开，夺桥而入，可望成功。努尔哈赤命令：桥可夺则夺之，如夺到手，速来报告。不久，堵塞水口既已完毕，左翼军派官向努尔哈赤驰报：小西门桥，能夺下来！天命汗努尔哈赤命令道："你们试夺桥入！"②莽古尔泰贝勒、阿敏贝勒遂率兵，冒着炮火，拼力夺桥。扬古利奋勇陷阵，夺桥渡河，近城强攻。城上万矢下射，后金兵奋死前进。傍晚，左翼军竖云梯，列楯车，登城而上，同城垛守军展开肉搏战。明军提灯夜战，直至天亮。当辽阳城危时，监军高出、胡嘉栋、韩初命、牛象乾、邢慎言等乘乱缒城而逃，后被斥为"同逃五监军"③。户

---

① 《明熹宗实录》第8卷，天启元年三月壬戌，台北历史语言研究所校勘本，1962年，第12叶。
② 《满文老档·太祖》第Ⅰ册，东洋文库译注本，1955年，第288页。
③ 计六奇：《明季北略·五监军》第2卷，光绪十三年（1887）刻本，第4叶。

部督饷郎中傅国、道员牛维曜等也乘乱而逃。辽阳城内，官员出逃，军心动摇，民心离沮。

二十一日，攻陷辽阳。努尔哈赤督率左右翼军，悉尽精锐，发起总攻。所有八旗官兵，一致行动，沿城追杀。袁应泰列楯大战，奋死守城。后金军施放火炮，倾力攻城。时明军大势已去，兵败如山倒。傍晚，后金派入城内的谍工放火骚扰。小西门火药起火，城上各军窝铺、城内草场俱焚，守城军士溃乱，全城土崩瓦解。先是，袁应泰仁柔，拒巡抚薛国用慎纳降夷之议，而取贺世贤用降夷之说，大量收纳"降夷"；至是，"堕奴计也"①。城外后金军夺门，城内谍工巨族内应："薄暮，谯楼火，大清兵从小西门入，城中大乱，民家多启扉张炬以待，妇女亦盛饰迎门，或言降人导之也。"②《东江疏揭塘报节抄》亦载后金用奸事："李永芳儿女亲家马汝龙亲弟马应龙子马承林，于天启元年三月十六日，与柯汝栋为奴酋多带奸细进辽阳城，藏匿于家窖中。二十日，献城。"③

袁应泰见城楼火焰冲天，知城已陷。他在城东北镇远楼上，佩剑印，自缢死，其妻弟姚居秀同死。其仆人唐世明伏尸恸哭、纵火焚楼而死。④袁应泰自缢前望阙哀叹道："臣至辽，见人心不固，不可以守，是以有死辽、葬辽之誓。今果陷，臣力竭而死，望皇上收拾人心为恢复计。"⑤分守道何廷魁备兵辽阳，反对招纳降人，主张乘后金兵半渡代子河击之，并议后金兵临城下悉锐御之，皆未被袁应泰采纳，城破后著官服、怀玺印、率妻妾投井死。都司徐国全闻信，也在公署中自经而死。监军道崔儒秀分守辽阳东城，兵溃后北向跪拜，雉颈而死。其他总兵、副将、参将等战殁多矣。辽东巡按御史张铨被俘不屈而死，《明史》表彰其为"洪量同天地，大义悬日月"的丹青人物。在明朝辽东死难文武诸臣中，张铨之英烈，尤动人肝胆。

---

① 《明熹宗实录》第8卷，天启元年三月壬戌，台北历史语言研究所校勘本，1962年，第14叶。
② 《明史·袁应泰传》第259卷，中华书局点校本，1974年，第6690页。
③ 毛承斗辑：《东江疏揭塘报节抄》第5卷，浙江古籍出版社，1986年，第67页。
④ 查继佐：《罪惟录·袁应泰传》第25卷，浙江古籍出版社，1986年，第2491页。
⑤ 计六奇：《明季北略·袁应泰传》第2卷，光绪十三年（1887）刻本，第2叶。

张铨,字宇衡,山西沁水人,万历三十二年(1604)进士[1]。天启元年(1621),出按辽东。袁应泰收纳降人,张铨以恐杂有奸细力争,不听。张铨预言:"祸始此矣!"后金军进攻辽阳,张铨与袁应泰画城防守:张铨守西门,应泰守北门。在城危之时,袁应泰令张铨退保河西:"应泰以身许国,按臣无颛阃责。盍收余烬,为河西计。"遣人护铨下城,张铨不从。城将失,他又"衣绣衷甲",被随从的人拥出小西门,劝他换去官服,不听,返回衙署。城破,被俘。李永芳劝降,铨怒麾之;天命汗诱以高爵,铨山立不跪,声言:"我身为天子大臣,岂能屈膝!"后金贝勒举刀相逼,铨引颈以待。问他送回如何?铨说:"力不能杀贼,无颜求归!"皇太极敬仰他的忠诚精神,引宋徽、钦二宗被大金天会帝所擒,屈膝叩见受封公侯的故事,劝他不必执迷不悟。张铨仍不为所动,只求速死。他说:我受朝廷厚恩,如降你们,遗臭万年。你们虽想活我,我却只想一死。养人,这是你们做的好事;死去,则使我的美名流芳。最后,张铨终于被后金下令用绳索勒死。[2]张铨与何廷魁及后来广宁失守自缢的高邦佐都是山西人,明朝下诏为他们在北京宣武门外建祠,称为"三忠祠"[3]。

明朝辽左之将,委身许国,见危而上,死得壮烈,令人重之。张神武又是一例。神武,新建(今江西省南昌市新建区)人。万历中举,武会试第一。授四川都司佥书。既论死,辽左兵兴,用经略袁应泰荐,诏谕从征立功。神武率亲丁二百四十余,疾驰至广宁。会辽阳已失,巡抚薛国用固留之,不可,曰:"奉命守辽阳,非守广宁也。"曰:"辽阳殁矣,若何之?"曰:"将以歼敌。"曰:"二百人能歼敌乎?"曰:"不能,则死之。"前至辽河,遇逃卒十余万。神武以忠义激其帅,欲与还战,帅不从。

---

[1] 明朝进士有三位张铨,其中万历三十二年(1604)甲辰科进士,"同姓名张铨者,一大名人,一沁水人,俱乙亥(万历三年)正月二十六日生。"参见查慎行《人海记》,但其书中"甲辰"误作"甲申"。
[2] 《满洲实录》第7卷,第4叶。又,京师有三忠祠,祀张铨、高邦佐、何廷魁等辽东死事者,见《藤阴杂记》,载《日下旧闻考》第3册,北京古籍出版社,第951页。
[3] 《明史·高邦佐传》第291卷,中华书局点校本,1974年,第7459页。

乃独率所部渡河，抵首山，去辽阳十七里而军。将士不食已一日，遇大清兵，疾呼奋击，孤军无援，尽殁于阵。^①后监察御史方震孺绘神武像，率领将士，肃敬罗拜，并作祭文，进行追悼。

但是，辽阳的居民，英烈者少，普通者众，迎降者有。辽阳城内百姓，有的打开街门，男人剃了头发，妇女穿上盛装^②，迎接后金军队入城。《清太祖高皇帝实录》记载，辽阳城民"阖城结彩焚香，以黄纸书万岁牌"，欢迎后金天命汗。他们抬着大轿，恭候天命汗努尔哈赤进城。当天正午，大张鼓吹，导引入城，官民俯伏，夹道山呼。此为清官书所记，显然系张饰之词。努尔哈赤作为胜利者，进入被大明统治二百五十多年的辽东首府——辽阳。昨日辽东经略镇守的官署，今日成为后金大汗的衙门。

努尔哈赤攻占辽阳，下令汉民剃发，以示归顺。他派三人骑着马，持红旗，传令"自髡者，皆不杀"！后金利用"自髡降奴"的原明通判黄衣，剃去头发，穿红蟒衣，骑着骡子，沿街游说。黄衣得到后金重用，被派到广宁游说劝降。辽东巡抚薛国用发现黄衣，将其捉拿，戮之枭示。^③

后金连陷沈、辽，"河东十四卫生灵尽为奴属"。努尔哈赤夺取辽阳之后，"数日间，金、复、海、盖州卫，悉传檄而陷"^④。据《清太祖武皇帝实录》记载：

辽阳既下，其河东之三河、东胜、长静、长宁、长定、长安、长胜、长勇、长营、静远、上榆林、十方寺、丁字泊^⑤、宋家泊、曾迟、镇西、殷家庄、平定、定远、庆云、古城、永宁、镇夷、清阳、镇北、威远、静安、孤山、洒马吉、叆阳、新安、新奠、宽奠、大奠、永奠、长奠、

---

① 《明史·童仲揆传附张神武传》第271卷，中华书局点校本，1974年，第6954~6955页。
② 《明熹宗实录》第8卷，天启元年三月壬戌，台北历史语言研究所校勘本，1962年，第13叶。
③ 《明熹宗实录》第9卷，天启元年四月癸未，台北历史语言研究所校勘本，1962年，第16叶。
④ 王在晋：《三朝辽事实录》第4卷，江苏省国立图书馆藏本，第12叶。
⑤ 丁字泊：《满洲实录》第7卷，第4页作"丁家泊"，误。

镇江、汤站、凤凰、镇东、镇夷、甜水站、草河、威宁营、奉集、穆家、武靖营、平房、虎皮、蒲河、懿路、汛河、中固、鞍山、海州、东昌、耀州、盖州、熊岳、五十寨、复州、永宁监、栾古、石河、金州、盐场、望海埚、红嘴、归服、黄骨岛、岫岩、青台峪等，大小七十余城官民，俱剃发降。①

从此，后金占领了辽阳、沈阳及辽东、辽南、辽北广大地区。

①《清太祖武皇帝实录》第3卷，原清宫内府藏，台湾广文书局影印本，1970年，第39叶。

五 后金进占辽东

后金占领辽东，明朝失去辽东，对广大辽民而言，是一场巨大灾难。明官员为此具禀："近因辽、沈失陷，河东十四卫生灵，尽为奴属，杀掳之惨，言之酸心。"①

在此前后的时间，明帝在忙什么？新登极的天启皇帝，在群臣簇拥下，在忙三件事：一是封客宠魏，二是选美册后，三是增扩宦官。其封客宠魏，天启帝"封乳保客氏为奉圣夫人"并官其子，后宠魏进忠（忠贤），很快形成"客魏集团"，阉党专权，残害忠良，扰乱朝纲，祸国殃民，内外交困，国将不国。其选美册后，下诏天下美女，分层筛选，在皇宫元辉殿选定"一后二妃"。②其增扩宦官，"诏选净身男子三千人入宫"，时"民间求选者至二万余人"，蜂拥礼部，要求入选。"朕心悯恻，准再收一千五百名。"③一次新招四千五百名太监入宫，实属空前绝后。这时，京师戒严，九门昼闭，辽东难民，无家可归。

后金占领沈阳、辽阳及辽东地区，产生重大而深远的历史影响。

---

① 《明熹宗实录》第9卷，天启元年四月甲戌，台北历史语言研究所校勘本，1962年，第5叶。
② 《明熹宗实录》第9卷，天启元年四月甲戌，台北历史语言研究所校勘本，1962年，第6叶。
③ 《明熹宗实录》第9卷，天启元年正月乙酉，台北历史语言研究所校勘本，1962年，第5叶。

第一，明清兴亡史上的一个转折点。

自天命元年即万历四十四年（1616）以来，六年之间，辽东地区，接连发生三次影响中国近世历史进程的重大事件。第一件是建立后金。这是满洲兴起与明朝灭亡的历史性转折点（本书前已有述）。第二件是萨尔浒大战。这是在辽东地区，明朝由进攻转为防守、后金由防守变为进攻的转折点（本书前已有述）。第三件是沈辽大战。这是明朝在辽东地区结束统治，后金在辽东地区确立统治的转折点。同时，女真－满洲的政治、军事、经济、文化中心，由女真－满洲文化地区，转移到汉文化地区。以上述三件重大历史事件为标志，从此后金－清朝进入辽河流域汉文化地区，并以辽东为根据地，发展壮大，开拓进取，以清代明，入主中原，一统华夏。

在沈辽之战中，明朝军队何以失败，后金军队何以胜利？究其原因，多因一果。但其根本原因在于，明朝先失民心，后失辽沈。时任御史毕佐周奏言："臣闻攻城而破者矣，未闻不攻而破者也。沈阳以吊桥绳断破，说者谓降夷实为之；辽以角楼火起破，的系辽人为内应。闻辽城中私通李永芳者凡数十家，相与约期举事，不知二百年来休养抚字之人，何一旦若此？则我实有以失其心耳！军兴以来，援卒之欺凌诟谇，残辽无宁宇，辽人为一恨；军夫之破产卖儿，贻累车牛，辽人为再恨；至逐娼妓而并及张、刘、田三大族，拔二百年难动之室家，辽人为益恨；至收降夷而杂处民庐，令其淫污妻女，侵夺饮食，辽人为愈恨。有此四恨，而冀其为我守乎！"[①]

明朝在辽东统治的黑暗腐朽，已历时很久，且愈演愈烈。明失辽、沈直接原因，还需进行具体分析。

在沈阳、辽阳的攻守争局中，时仅十天，地限辽河，其兵力之集结，其局面之复杂，其拼搏之激烈，其战术之诡变，迥异于萨尔浒之残酷野战，超越于后金

---

① 《明熹宗实录》第9卷，天启元年四月壬午，台北历史语言研究所校勘本，1962年，第14～15叶。

以往之攻城激战。本来,明军长于守城,短于野战;而后金军长于野战,短于攻城。但在沈辽之战中,后金军却能以短击长,在十天之间,连陷沈阳和辽阳。这固然由于明朝战机不利,失去民心,经略易人,士气不振,用将不当,滥收降人,援兵不救,指挥失措;后金战机有利,上下一心,将士勇猛,兵力集中,准备周详,战术灵活,里应外合,指挥得当。

然而,更由于努尔哈赤的策略,有两个显著的特点:

其一是,诱敌出城,歼其精锐。如沈阳的贺世贤,辽阳的袁应泰,都误堕其计。明军没有发挥"凭坚城、用大炮"的优势,而出城同八旗军野战争锋。其结果是:明朝变己之长为短,变敌之短为长;后金则使敌之长为短,使己之短为长。

其二是,用计行间,里应外合。朝鲜《光海君日记》载义州府尹郑遵驰启:辽阳和沈阳"城中(人)受虏间金,开门引入,经略袁应泰、总兵贺世贤死之。盖奴贼攻城非其所长,前后陷入城堡,皆用计行间云"①。这是一语破的之言。前引明朝官员在疏奏中也指出:"臣闻攻城而破者矣,未闻不攻而破者也。沈阳以吊桥绳断破,说者谓降夷实为之。辽以角楼火起破,的系辽人为内应。闻辽城中私通李永芳者凡数十家,相与约期举事。"②努尔哈赤从夺取明朝辽东第一座城堡抚顺起,中经清河、开原、铁岭、沈阳,直至辽东首府辽阳,都是用计行间,里应外合而得手的。

明朝因兵略的错误,付出沉重的代价。依据《明史》记载,自明朝与后金交战以来,明朝阵亡总兵官十三员——抚顺之战的张承胤,萨尔浒之战的杜松、王宣、赵梦麟、刘綎,开原之战的马林,沈阳之战的贺世贤、尤世功、童仲揆、陈策,辽阳之战的杨宗业、梁仲善、朱万良。辽东的勇将、战将、能将、虎将几乎丧失殆尽,至于副总兵以下官兵,则数以万计。

---

① [朝]《光海君日记》第163卷,十三年三月庚午,日本学习院东洋文化研究所刊,1962年,第5~6叶。
② 《明熹宗实录》第9卷,天启元年四月壬午,台北历史语言研究所校勘本,1962年,第14叶。

第二，疯狂掠夺辽东巨大社会财富。

后金政权与明朝政权，在辽东地区争夺的基点，是权力、土地、人民和财富。可以说是在辽东地区明清权力与财富的一次再分配。后金汗占领辽阳、沈阳及广大辽东地区后，首先是财富：

> 奴首据辽阳，封贮府库，民间金钱、缯绮，搂取一空，分遗西虏，驱辽民聚城北，奴众聚城南，遣三骑持赤帜，传令：自髡者赏不杀。于是河东之民无留髡矣！家有父子五人者，抽三人为兵，有三人者，抽二人。酋之第三子循海州而南，四卫之人望风奔窜，武弁青衿，各携家航海，流寓山东，不能渡者，栖各岛间，此岛众所蝥集也。①

辽东地区官府之统治、库储、图籍、财赋，民间之土地、粮食、金钱、布帛等，或归后金农奴主所有，或掳掠一空归八旗官兵所有。辽民，剃发降顺新农奴主，成为其治下的顺民。

第三，后金进占辽沈地区辽阔区域。

努尔哈赤早想在辽河地区建立统治，果然占领了辽阳、沈阳，统治辽河以东广阔地域。其实，叶赫贝勒金台石、布扬古早在告明万历帝书中，就明白表示：努尔哈赤并哈达、灭辉发、亡乌拉、攻叶赫，其目的在于尽取女真诸部后，征明朝、取辽阳、占沈阳，并意欲建都辽阳。天命汗进城不久，就命令都堂阿敦、副将李永芳等，将原来辽东地区的兵员、城堡、百姓、工匠等，全部调查，如数上报。然而，当时明朝一些封疆大吏，并没有认识到努尔哈赤的久驻之计。明朝辽东巡抚王化贞说："奴自得辽阳后，搂括民间米粟牛羊，俱置新寨。而辽城一切器具，如盆盎之类，尽挈以去。海州盖殿而不果，辽阳修城砖石又复中止。城中房屋，半撤为薪。意欲俟收获后，尽驱父女出边为质，胁其子弟为先锋，胜则前进，

---

① 《明熹宗实录》第9卷，天启元年四月丁卯，台北历史语言研究所校勘本，1962年，第22叶。

败则归巢，意不安于辽阳。此奴酋之情形也。"①王化贞分析并论断努尔哈赤不想占据辽阳。这个分析和论断，不久就被努尔哈赤迁都辽阳而否定。朝鲜官员的分析和论断，同王化贞迥异。朝鲜处于明朝与后金之间，看法要比明朝官员客观一点，报告的情况也真实一些。当后金刚占有辽阳时，《乱中杂录续》记载："守直胡人末介等来言，酋有因据辽东之意。其妻子尽令移住，诸酋妻子亦尽随去之。"按照朝鲜人的看法，努尔哈赤取得辽阳后，后金大军，屯驻不撤，甚至努尔哈赤及诸贝勒大臣们，都把妻子接到辽阳——这就说明努尔哈赤想占据而不想放弃这座明朝辽东的首府。

上述王化贞给朝廷奏报的时间，是天启元年（1621）八月乙未，就是八月二十六日。然而，早在同年三月二十一日，也就是后金占领辽阳的第二日，《清太祖高皇帝实录》记载：

> 上集贝勒诸臣议曰："天既眷我，授以辽阳。今将移居此城耶，抑仍还我国耶？"贝勒诸臣俱以还国对。上曰："国之所重，在土地、人民。今还师，则辽阳一城，敌且复至，据而固守。周遭百姓，必将逃匿山谷，不复为我有矣！舍已得之疆土而还，后必复烦征讨，非计之得也。且此地，乃明及朝鲜、蒙古接壤，要害之区，天既与我，即宜居之。"贝勒诸臣皆曰："善！"遂定议迁都。迎后妃诸皇子。②

上面载述，可以看出：

其一，努尔哈赤决定迁都辽阳，其决定之迅速，实在是令人惊讶。这充分说明，他攻夺并占据辽阳是久已谋划的国策。

其二，努尔哈赤政策作了重大调整，就是从以掳掠金银、财物为主，转变为

---

① 《明熹宗实录》第13卷，天启元年八月乙未，台北历史语言研究所校勘本，1962年，第23叶。
② 《清太祖高皇帝实录》第7卷，天命六年三月癸亥，中华书局影印本，1986年，第22~23叶。

以占有土地、人民为主。即是说，不作"山寇"，而作"国君"。

其三，占据辽东四达之中枢的辽阳，东联朝鲜，西结蒙古，南抗明朝，北靠女真，以图后金更大的拓展。

所以，明朝的兵部、督抚，对努尔哈赤、对后金国，识见之浅，谋略之乏，估算之错，应对之慢，说明大明天子不是后金大汗的对手。由此可见，清朝之兴，明朝之亡，并非天意，亦非偶然。

后金八旗贵族对迁都辽阳并不理解。如四月十一日，扬古里额驸儿子的尸体要送回萨尔浒，努尔哈赤就此事召集诸贝勒说："为何要归葬萨尔浒？在那里的尸骨，也将要移葬这里。你们这些贝勒大臣，天所赐予辽东城（辽阳）都不想居住。我国奴仆们逃跑，都是因为没有盐吃，现在有了。辽河以东，各路已降，为何要丢弃而还呢？从前金国阿骨打汗征伐宋和蒙古尚未尽降，到其弟吴乞买汗时才使他们全降。蒙古成吉思汗征而未服各部，至其子窝阔台汗才完全征服。为父我为你们创业兴兵，你们有何不能呢？"① 于是，定都辽阳。

上述努尔哈赤的《汗谕》，表明：

其一，后金要长久占领辽东。他认为后金能攻下辽阳是巨大的胜利，既然已经占领辽阳，不应再返回萨尔浒，而要从萨尔浒迁到辽阳；辽阳是辽东的政治中心，有了辽阳就有了全部辽东地区。

其二，要提升部民的生活。后金部民，原居住条件很差，不要说穿衣吃饭，就连食盐也极为困乏，何况其他。既已占领富庶的辽东地区，为何要弃富而趋贫呢！

其三，后金要有更大拓展。他引述阿骨打、成吉思汗的史例说明，一个弱小的政权，要战胜强大的政权，往往需要经过几代人的奋争，万万不可将已经到手的果实，轻易地自己丧失掉。经过浴血奋战得来的辽东，不能放弃。

五月初三日，他率领诸贝勒大臣，坐轿登上城楼远眺，并说："天不把这个辽

---

① 《满文老档·太祖》第Ⅰ册，东洋文库译注本，1955年，第312～313页。

东城赏给我们，我怎么能登上这个城呢！"他抑制不住内心的兴奋，富庶的辽东地区到手，于是举行庆典，摆设大宴。从此，辽沈大地成为后金的国土，辽沈百姓也成为后金的臣民。

迁都辽阳是后金进占辽沈地区的重大决策。攻取辽阳以后，不到一个月，努尔哈赤并诸贝勒、大臣们就把他们的妻子都从萨尔浒接到辽阳城。到了八月，努尔哈赤又决定在代子河（太子河）北岸，建筑新城。他向诸贝勒大臣说，辽阳城年久失修，已颓废不堪。城又宽广，出去打仗，需要很多人防守。东边的朝鲜，西边的蒙古，都对我们不驯服，如不顾他们而去进攻大明国，会有后顾之忧。建筑坚固小城，集中留下的兵，不为后方的家担忧，可放心大胆地出征南方。诸贝勒、大臣因怕国人受苦，反对建筑新城。天命汗劝谕他们说，不能只从小处着眼，你们想的是小苦，我想的则是大处。最后按照天命汗的意志行事，建成东京新城，它成为后金时期继赫图阿拉之后的第二个都城。

第四，颁布实行"计丁授田"汗谕。

后金进入辽沈地区后，对降服汉人不杀，保护劳动力。朝鲜人李肯翊《燃藜室记述》记载："贼得辽之后，不杀一人，尽剃头发，如前农作云。"① 所谓"不杀一人"，显系溢词，不足征信。至于土地，天命六年即天启元年（1621）七月十四日，天命汗颁布"计丁授田"汗谕：吾今计田，每一男丁，种粮田五日，种棉田一日，均平分给。每三男丁，种官田一日。每二十男丁中，征一丁当兵，以一丁应公差。② 后金综合明辽东封建军事屯田制和后金八旗牛录屯田制，颁布的"计丁授田"制度，是对女真生产关系的一次重大变革。他命将收取辽阳等地方田地共计三十万日（每日约合六亩），给予进入辽沈地区八旗官兵及其眷属。

"计丁授田"就其土地所有制来说，后金国家是土地的最高所有者，将土地分为官田和份地，直接生产者除以无偿劳役耕种规定的官田外，可在所得份地上

---

① [朝]李肯翊：《燃藜室记述》第5辑，第21卷，朝文本，第662叶。
② 《满文老档·太祖》第Ⅰ册，东洋文库译注本，1955年，第355页。

经营自己的经济,而无真正的土地所有权;就其直接生产者地位来说,直接生产者虽不像奴隶有那种人身隶属关系,但不许隐匿人丁,成为被钉附在土地上,依附于八旗封建农奴主土地上的农奴;就其分配形式来说,生产者耕种规定官田,作为劳役地租,份地则为"一家衣食,凡百差徭,皆从此出"①。"计丁授田"制度表明,土地所有制、直接生产者地位和产品分配形式,都属于封建生产关系的范畴,而其基础则是八旗满洲军事封建土地所有制。

天命十年即天启五年(1625)十月初三日,努尔哈赤发布"按丁编庄"谕。先是,万历四十一年(1613),建州在其辖区内实行牛录屯田,规定:每一牛录出男丁十名,牛四头,以充公差。令其于空旷地方垦田,耕种粮食,以增加收获,储于粮库。②万历四十三年(1615)又重申:因向国人征粮为贡赋,国人必定困苦,乃令每牛录出男丁十人,牛四头,耕种荒地,多获谷物,充实仓库。③实行牛录屯田之后,诸申要披甲执弓,从征厮杀;种田植谷,交纳贡赋;筑城应差,负担徭役。后金进入辽沈地区,普遍推行牛录屯田:"男丁十三人,牛七头,编成一庄。"庄头之姓名、庄中男丁之姓名、牛驴之毛色,书写清楚,给村领催,然后上报。规定:总兵官以下,备御以上,每备御给予一庄。后金的"按丁编庄",每庄男丁十三人,牛七头,地百日,其中二十日交纳官粮,八十日供壮丁食用。这是大规模地用划一标准建立起来的田庄。"按丁编庄"就其生产关系来说,田庄的土地,分为纳粮和自食两个部分:纳粮部分,每丁用自己的劳动、耕牛和农具,耕种庄主的土地,产品作为劳役地租,归农奴主占有;自食部分,对壮丁来说它提供生活资料,对庄主来说它提供劳动力。田庄的壮丁,有自己的经济,其身份是附着在土地上,为农奴主服徭役、纳租赋的农奴。

此外,《建州闻见录》记载,后金特别"告谕"国人要养蚕、植棉。这同建

---

① 《天聪朝臣工奏议》上卷,辽宁大学历史系铅印本,1980年,第7页。
② 《清太祖朝老满文原档》第1册,台北历史语言研究所刊本,第51页。
③ 《满文老档·太祖》上册,中华书局译注本,1990年,第37页。

州女真衣服奇缺有关:"闻胡中衣服极贵,部落男女殆无以掩体。近日则连有抢掠,是以服著颇得鲜好云。战场僵尸,无不赤脱,其贵衣服可知。"①后金提倡要饲养家蚕,以缲丝织缎;种植棉花,以纺纱织布。②从而促进了男耕女织的、一家一户的、农业与家庭手工业相结合的自然经济的发展。

总之,努尔哈赤进入辽沈地区之后,控制了其辖区的全部土地。他通过后金政权,一面使原有的牛录屯田发展为"计丁授田",就是将其中一部分土地,授给后金诸申和汉族民户,从而使屯田转变为旗地;另一方面使奴隶制托克索转化为农奴制托克索,就是将其中另一部分土地,分给大小军事农奴主,"按丁编庄",从而使庄田转变为官田。无论是"计丁授田"或是"按丁编庄",其共同特点是,直接生产者作为农奴被束缚在土地上,而且必须为土地占有者交纳劳役地租。在这种经济下,直接生产者必须分有一般生产资料特别是土地,同时他必须被束缚在土地上。所以,天命汗行"计丁授田"和"按丁编庄",都是封建主占有土地,农奴分得份地,依附于土地,为农奴主纳租税、服徭役,并受其超经济的强制。这种官庄与旗地,对清朝入关后的圈地与庄田,产生深远而广泛的影响。

后金在辽沈地区,实行"仍依明制"和"如前农作"两点,说明努尔哈赤不仅在后金原有辖区,而且在新占辽东地区,都实行封建制的生产关系。不过,"按丁编庄"制度,存在诸多弊病。《清太宗文皇帝实录》对此记载详明:"先是,汉人每十三壮丁,编为一庄,按满官品级,分给为奴。于是同处一屯,汉人每被侵扰,多致逃亡。上洞悉民隐,务俾安辑,乃按品级,每备御止给壮丁八、牛二以备使,令其余汉人,分屯别居,编为民户,择汉官之清正者辖之。"③至于后来实行部分汉民"分屯别居",这在生产关系上没有发生根本性的变化,只不过是在民族关系上作了一些调整。

---

① [朝]李民寏:《建州闻见录》,日本天理大学图书馆藏玉版书屋本,第32叶。
② 《满文老档·太祖》第Ⅰ册,东洋文库译注本,1955年,第355~356页。
③ 《清太宗文皇帝实录》第1卷,天命十一年九月丁丑,中华书局影印本,1985年,第7叶。

努尔哈赤的"计丁授田"和"按丁编庄",对于辽东地区相当发达的封建经济,是个历史的回旋。后金在辽东地区的经济政策及其实施,主要引起四种人的不满:

第一种是后金诸申的不满。如在计丁授田时,上等肥饶之地,或被本管官占种,或被豪家占据,余剩薄地,"绳扯分田,名虽五日,实在不过二三日"①。他们除纳劳役地租外,还应公差,服兵役。连年战争,马不卸鞍,卖牛典衣,买械治装,丧身疆场,妻子无依,其生活苦不堪言。

第二种是汉族地主的不满。所谓没收"无主之田"和实行"按丁贡赋"的政策,直接损害辽东汉族地主的利益。因为"无主之田"原是有主的,其主人多为原辽东官僚地主、缙绅豪富,他们或死或逃,同后金贵族利益相矛盾。同时,"按丁贡赋"对辽东汉族地主也是一个打击。

第三种是辽东自耕农的不满。辽东的广大汉民,他们的土地,以"无主之田"而被"绳扯分田",自身降为"计丁授田"的民户,或"按丁编庄"的壮丁。无论是"计丁授田"的民户,还是"按丁编庄"的壮丁,其身份都被降作大汗、贝勒、额真的农奴,所受人身奴役,较前更为严重。

第四种是辽东汉人的不满。他们或为城市居民,或为村屯农民,除少数投靠新主者外,其经济,其身份,都有所下降。特别是强行剃发,杀戮儒生,他们所遭受的物质与精神、族群与人格的落差,就民族情感来说,是一种莫大的凌辱。

后金沈辽大战的胜利,后金统治重心的转移,无论是对后金这个国家,还是对满洲这个族群,都产生了巨大而深远的影响。后金既占领辽河以东广大地区,更贪婪辽河以西的土地和人民,为了扩大统治的范围,便兵指辽西重镇广宁。

---

① 《天聪朝臣工奏议》上卷,辽宁大学历史系铅印本,1980年,第7页。

第十三章 广宁之战

一 决策战守

天命六年即天启元年（1621）三月，后金军在十天之内，连下沈阳、辽阳，明在辽河以东的统治终结。河东，辽镇腹心；辽左，京师肩背。明朝丢掉沈、辽，辽镇腹心失，京师肩背摇。明朝失陷辽、沈，朝廷惊惶，举国震动，京师戒严，九门昼闭。在辽东，兵民一片混乱，全面望风溃逃。兵逃，将逃，民逃，商逃，官也逃。据山东登州海防道按察使陶朗先奏报，他接渡的辽左避难官民，其中有原任监司府佐将领等官共五百九十四员，金、复、海、盖等所属官民男女共三万四千二百余名。逃入朝鲜境内的辽东百姓，《燃藜室记述》记载"前后数十万口"。明朝自万历四十六年（1618）失陷抚顺出现辽事以来，中经失陷清河、开原、铁岭，到天启元年（1621）再失沈阳、辽阳，四年之间，每况愈下。御史温皋谟题称："今日国是之至重、至亟，莫如东事。"① 东事就是辽事，辽事成为天启朝庙堂之上，最为严重、最为紧迫、最为复杂、最为棘手的难题。

辽阳失守，朝野惊恐。廷臣在失败中想起了听勘回籍的原辽东经略熊廷弼。沈阳失，大学士刘一燝言："庙谟之胜，只在用舍得人。即如熊廷弼守辽一年，奴

---

① 《明熹宗实录》第15卷，天启元年十月庚午，台北历史语言研究所校勘本，1962年，第3叶。

酋未得大志，不知何故，首倡驱除。及下九卿科道会议，又皆畏避不敢异同，而廷弼竟去。"①辽阳陷，山西道御史江秉谦又力陈熊廷弼保守危辽之功，疏言："其才识胆略有大过人者，使得安其位，而展其雄抱，当不致败坏若此。"②天启帝也谕部院："熊廷弼守辽一载，未有大失；换过袁应泰，一败涂地。"③明廷在不得已的情势下，再次起用努尔哈赤"独怕的那个熊蛮子"。于是明廷惩治前劾熊廷弼的御史冯三元、张修德和给事中魏应嘉，各降三级，并除姚宗文名。诏起廷弼于乡籍，冀其经略并支撑辽西残局。

时悲观论者，甚嚣于庙堂。他们认为"河西必不能保"，有大厦将倾之感。天启帝几次召开朝廷会议，听取奏言，集议方略。言官们格外激切，疾言厉色，攘袂诟谇。但诸大臣多谨慎持议。争论的焦点是：河西是固守，还是放弃？原辽阳监军道、城未破而先逃者高出，主张放弃广宁，全力守御山海关。御史刘廷宣斥之为"误国之计"。他指出："弃广宁即弃山海，弃山海即弃蓟、永，一惑此言，天下事弃矣！"④天启帝命将高出下锦衣卫狱。上述悲观论者，毕竟是个别人，朝臣多主固守辽西。兵部尚书崔景荣说："今辽左惟有辽西一块土耳，若不固守，何以遏其长驱！"⑤河南道御史张捷奏言："刻刻以失河东为恨，着着以守河西为主！"⑥

守辽河以西，必守三岔河。明朝已经认识到坚守三岔、广宁（今辽宁省北镇市）之重要，兵部覆总督摄经略事文球疏言"辽、沈既失，便当守三岔河、广宁，次方守山海"⑦云云，王象乾也指出：今逆奴眈眈，逼我藩篱。河西所恃，以隔虏马者，

---

① 《明熹宗实录》第8卷，天启元年三月辛酉，台北历史语言研究所校勘本，1962年，第11叶。
② 《明熹宗实录》第8卷，天启元年三月甲子，台北历史语言研究所校勘本，1962年，第16叶。
③ 《明熹宗实录》第9卷，天启元年四月癸酉，台北历史语言研究所校勘本，1962年，第3叶。
④ 谷应泰：《明史纪事本末·熊王功罪》第2卷，中华书局标点本，1977年，第1429页。
⑤ 《明熹宗实录》第8卷，天启元年三月己巳，台北历史语言研究所校勘本，1962年，第24叶。
⑥ 《明熹宗实录》第9卷，天启元年四月己丑，台北历史语言研究所校勘本，1962年，第23叶。
⑦ 《明熹宗实录》第9卷，天启元年四月癸丑，台北历史语言研究所校勘本，1962年，第8叶。

止三岔河一衣带水耳。三岔之西,旧有沙堤,增筑高厚,酌量地形远近,可堡者堡,可台者台,多置火器,以防贼西渡。三岔之北,沿堤有河路一道,及时挑浚,务增深广,虽不御大虏,但使虏骑迟渡一时,则我军亦得收敛防御,早一时之备。广宁,全辽根本,当设重兵,简练教阅,精其技击,时其转饷,又必以辽阳为鉴。因此,守御辽西,必先固守广宁;守御广宁,必先固守三岔。防河与守城,成为守御辽西、抗御后金西进的两项战略任务。

要固守辽西,关键在广宁。就全辽而言,开原、辽阳、广宁三大镇,雄踞鼎峙,相互依托。开原,地处辽东北关,"三面临虏",设总兵镇守,为"河东根本"。辽阳,居辽河之东,为辽东腹心,位置最重要。广宁,地处辽河之西,与辽阳仅一水相隔,互为犄角,凭依山海,位置冲要。其时,明朝已经先后失陷开原、辽阳,要守辽西,必守广宁。因此,稳定辽西,屏卫山海,确保京师,进图恢复,雄峙辽河西岸的广宁,位居险要,首当其冲。沈辽之战后,明朝与后金在军事上一个重大的变化,是开辟了辽西战场。辽西重镇广宁,成为明朝与后金争夺辽西的第一个战略目标。

御守辽西,要在得人。熊廷弼以辽东经略,遭谗去职,回籍听勘,重被起用。熊廷弼第三次赴任,出任辽东经略,时明朝失陷抚顺、清河、开原、铁岭、沈阳、辽阳之后,局势更加严峻,任务更加艰巨。熊廷弼针对后金短于攻坚、缺乏水师、后方不稳、兵力不足等弱点,提出坚守辽西、渐图恢复的战略防御兵略。天命六年即天启元年(1621)六月初一日,熊廷弼建"三方布置策"——"恢复辽左,须三方布置:广宁用骑、步对垒于河上,以形势格之,而缀其全力;海上督舟师,乘虚入南卫,以风声下之,而动其人心;奴必反顾,而亟归巢穴,则辽阳可复。"[①]八月初一日,又疏言:"三方建置,须联合朝鲜。……我兵与丽兵声势相倚,与登、莱音息时通。"[②]其要点有四:陆上以广宁为中心,集中主要兵力,坚城固守,

---

① 《明熹宗实录》第11卷,天启元年六月辛未朔,台北历史语言研究所校勘本,1962年,第1叶。
② 《明熹宗实录》第13卷,天启元年八月庚午朔,台北历史语言研究所校勘本,1962年,第1叶。

沿辽河西岸列筑堡垒，用步骑防守，从正面迎击后金的主力；海上各置舟师于天津、登州、莱州，袭扰后金辽东半岛沿海地区，从南面乘虚击其侧背；东翼联合朝鲜，侧面配合，相倚声势；并利用各种力量，扰乱其后方，动摇其人心——待后金回师内顾，即乘势反攻，可复辽阳。而经略坐镇山海关，节制三方，以一事权。①

　　熊廷弼的"三方布置策"，为天启帝和阁臣们所接受。朝廷遂命熊廷弼为兵部尚书兼右副都御史，驻山海关，经略辽东军务；命王化贞为都察院右佥都御史、广宁巡抚，驻广宁，受经略节制。天启帝旨允熊廷弼推荐，任命陶朗先为都察院右佥都御史，巡抚登莱等处军务，以辽东人刘国缙为登莱招练副使、佟卜年为登莱监军佥事。被逮罪臣原监军道高出与胡嘉栋也经保荐出狱，戴罪立功。朝廷还简派张鹤鸣任兵部尚书管左侍郎事，命王象乾出镇蓟辽、抚绥蒙古。王在晋为户、兵、工三部总理兼督兵饷、器械。朝廷在兵员、粮饷、军械等军事要务上，都给熊廷弼以支持。于兵员，三方布置总兵力为二十六万，加上蓟辽总督添加新兵，约近三十万，其中广宁地区兵员十二万。于兵饷，时国库空虚，财政竭绌，决定加派地亩银，并将淮、浙岁入八十二万余两由各边镇解用。其马匹、粮秣、兵器、火药，所需之数，照请给发。仅硝黄火药解至广宁，即达二十一万四千六十斤。原"议兵三十万，议饷千余万"，朝廷依允。这正如王一元在《辽左见闻录》中所言："极天下之力，以充辽饷。"

　　天命六年即天启元年（1621）七月初五日，天启帝在熊廷弼离京前夕，赐他敕书一道、尚方剑一把，凡将士不用命者，副总兵以下先斩后奏。初六日，熊廷弼戎装出发。临行，天启帝又赐赏他大红麒麟一品服、纻丝四表里、银五十两；随行将官也赐赏有差。天启帝命在京城外赐宴饯行，文武大臣陪饯，以示宠任，且壮其行。宴罢，熊廷弼在京营兵五千名、马六千匹，及将官薛来胤等护送下，陛辞启行，出关赴命。经略熊廷弼、巡抚王化贞共同统兵，抵御后金军的进攻。

---

① 《明史·熊廷弼传》第259卷，中华书局点校本，1974年，第6696页。

王化贞，万历二十一年（1593）进士，由户部主事历右参议，分守广宁。辽、沈陷后，晋右佥都御史，巡抚广宁。"化贞为人骁而愎，素不习兵，轻视大敌，好谩语。文武将吏进谏悉不入，与廷弼尤牴牾。妄意降敌者李永芳为内应，信西部言，谓虎墩兔助兵四十万，遂欲以不战取全胜。一切士马、甲仗、粮糗、营垒俱置不问，务为大言罔中朝。尚书鹤鸣深信之，所请无不允，以故廷弼不得行其志。广宁有兵十四万；而廷弼关上无一卒，徒拥经略虚号而已。延绥入卫兵不堪用，廷弼请罪其帅杜文焕，鹤鸣议宽之。廷弼请用卜年，鹤鸣上驳议。廷弼奏遣之垣，鹤鸣故稽其饷。两人遂相怨，事事龃龉。……是时，廷弼主守，谓辽人不可用，西部不可恃，永芳不可信，广宁多间谍可虞。化贞一切反之，绝口不言守，谓我一渡河，河东人必内应。且腾书中朝，言仲秋之月，可高枕而听捷音。识者知其必偾事，以疆场事重，无敢言其短者。"①时任兵部尚书为杨鹤鸣，与化贞同气相投；大学士叶向高则为化贞的座主——朝里有人好做官，故王化贞巡抚说话格外声音大、底气粗。

王化贞先派二万兵守三岔河，河长一百二十里，步骑一字摆开，每数十步，搭一窝棚，置军六人，画地分守。其时，三岔河以西，四百余里，人烟断绝，军民散尽，怎样为守？御史方震孺已向朝廷进言："河广不七十步，一苇可航，非有惊涛怒浪之险，不足恃者一；兵来，斩木为排，浮以土，多人推之，如履平地，不足恃者二；河去代子河不远，兵从代子径渡，守河之卒不满二万，能望其半渡而遏之乎？不足恃者三；沿河百六十里，筑城则不能，列栅则无用，不足恃者四；黄泥洼、张叉站冲浅之处，可修守，今地非我有，不足恃者五；转眼冰合，遂成平地，间次置防，犹得五十万人，兵从何来？不足恃者六。"又言："我以退为守，则守不足；我以进为守，则守有余。"②熊廷弼则斥言，"东兵过河，所置地仅里许，窝卒仅百

①《明史·熊廷弼传附王化贞传》第259卷，中华书局点校本，1974年，第6698～6700页。
②《明史·方震孺传》第248卷，中华书局点校本，1974年，第6428～6429页。

许,空散二万众于沿河"①,不能阻遏后金骑兵。化贞不听,经抚抵牾。经抚不和,意见相左:经臣主守,抚臣主战。王化贞寄望于蒙古察哈尔部林丹汗的援兵:"虎墩兔憨调兵四十万助攻奴酋"②,可不战而取胜;妄臆李永芳为内应,必兵到而敌自溃。他具疏"愿以六万进战,一举荡平"③后金;至"仲秋之月,可高枕而听捷音"④,然后解戈释甲,归老山林。他对士马、甲仗、粮秣、营垒一概不问,兵士或"毡帽布衫、执棍而立",或"沿村乞食、弓刀卖尽",却务空言,以娱朝廷。尽管如此,王化贞还是得到廷臣的宠信。因为他以辅臣叶向高为座主,以兵部尚书张鹤鸣为奥援。正如《明史》所说:"化贞本庸才,好大言。鹤鸣主之,所奏请无不从,令无受廷弼节度。中外皆知经、抚不和,必误封疆。"⑤而兵部尚书张鹤鸣又投靠阉党。因此,满朝为忧的经略、巡抚不和,根子在于朝廷党争。

熊廷弼离京后,按其原定"三方布置策"以守为战。王化贞主战而不言守,宣称:不战必不可守,不过辽河必不可战。两人异见,互不相让。王化贞既不懂军事,又好说大话,提出与熊廷弼不同的兵略:以投降后金的李永芳为"内应",外借察哈尔林丹汗(即虎墩兔憨)兵四十万,实行内外夹攻,"以不战取全胜"。这是一个空想的、不切实际的兵略。他屡次"遣谍"招降李永芳,永芳假意"内应";但"谍工"一走,李永芳即向努尔哈赤奏报。⑥相反,李永芳借此得以在明军内部策反,诱使王化贞的心腹孙得功等人秘密与后金联络,从而给后金不战智取广宁提供了条件。

王化贞邀林丹汗之兵夹攻后金,纯属纸上谈兵。虽然明朝每年给蒙古察哈尔部"岁币",林丹汗却不听命于明朝。察哈尔部同明朝共同对付后金,既有相同利益,

---

① 《熊襄愍公集》第8卷,载《明经世文编》,中华书局影印本,1962年,第31~32叶。
② 《明熹宗实录》第14卷,天启元年九月癸丑,台北历史语言研究所校勘本,1962年,第6叶。
③ 《明熹宗实录》第18卷,天启二年正月戊申,台北历史语言研究所校勘本,1962年,第8叶。
④ 《明史·熊廷弼传》第259卷,中华书局点校本,1974年,第6700页。
⑤ 《明史·张鹤鸣传》第259卷,中华书局点校本,1974年,第6618页。
⑥ 《清史稿·李永芳传》第231卷,中华书局标点本,1977年,第9327页。

也有根本矛盾。王化贞早在天启元年（1621）三月，就提出"以虏攻奴"的谋略，就是借蒙古以攻后金。他后又宣称："亟救燃眉，惟有用虏一着。"王化贞请求朝廷发帑金百万，宣谕诸虏，共讨后金。他升任广宁巡抚后，继续推行这一做法。事实表明，王化贞"以虏攻奴"的计谋，不仅全部计算落空，而且招致广宁之败。天启元年七月，王化贞遣都司毛文龙，以二百余众袭取镇江①，化贞"自谓发踪奇功"，举朝视为"奇捷"，兵部听信其主张，催促廷弼出关督师，进兵赴援。廷弼不得已出关，驻扎右屯卫（今辽宁省凌海市右卫满族镇）。熊廷弼认为："三方兵力未集，文龙发之太早，致敌恨辽人，屠戮四卫军民殆尽，灰东山之心，寒朝鲜之胆，夺河西之气，乱三方并进之谋，误属国联络之算，目为奇功，乃奇祸耳！"②天命七年即天启二年（1622）正月，广宁巡抚王化贞上言："愿以六万兵进战，一举荡平！臣不敢贪天功，但愿从征将士厚加赏赉，辽民赐复十年，海内除去加饷，而臣归老山林，于愿足矣！即有不称，亦必杀伤相当，敌不复振，保不为河西忧也。稍需时日，经臣以三路蹙之，歼敌必矣。臣又愿与经臣约：怒蛙可式，无摧战士之气；劳薪可念，无灰任事之心。但过河之后，将士有不能破敌逃归者尽杀之。其军前机宜，许臣便宜从事。若一切指挥必待报而后行，则无幸矣。如以臣言为不可，乞罢臣而宥责经臣。庶得一意恢复，不至为臣所挠乱也。"③王化贞豪言：以六万军队进战，可一举荡平后金。

在"战"与"守"的兵略上，经略熊廷弼与巡抚王化贞相角力。熊廷弼向朝廷奏明："河西之役，臣主守者也，谓修守即以修战。而抚臣不任守，则臣不得完守之局。"熊、王两人，"争战争守"，相互弹劾，意气相加。经抚不和，朝野皆知。巡抚之所以敢于冒犯经略，因为大学士、首辅叶向高是其座主，兵部尚书张鹤鸣是其后台。时张鹤鸣与熊廷弼相失，独佑王化贞。王化贞所有奏请，张鹤鸣

---

① 今辽宁省丹东市振安区九连城镇。
②《明史·熊廷弼传》第259卷，中华书局点校本，1974年，第6699页。
③ 谷应泰：《明史纪事本末·熊王功罪》第4册，中华书局标点本，1977年，第1431页。

无不顺从。张鹤鸣甚至怂恿巡抚王化贞不受经略熊廷弼之节制。熊廷弼上疏抨击张鹤鸣，说："臣既任经略，四方援军，宜听臣调遣。乃鹤鸣竟自发戍，不令臣知。七月中，臣咨部问调军之数，经今两月，置不答。臣有经略名，无其实。辽左事，惟枢臣与抚臣共为之。"①兵部尚书、辽东经略与辽东巡抚之间的矛盾，跃然纸上，哄然庙堂。部署在辽西十余万军队，受王化贞控制，而廷弼只有五千人。结果形成化贞节制廷弼，非经略节制巡抚的局面。广宁败后，给事中周朝瑞等七人疏劾张鹤鸣破坏封疆，要张、熊、王三人同罪。时枢臣、科道多佑王化贞而左熊廷弼。

正值经抚纷争之时，恰为阉党得势之日。先是，天启帝冲龄登极，未及半月即赐魏进忠（忠贤）世荫，封乳母客氏为奉圣夫人。不久，魏忠贤谋杀中官王安，结成客魏集团。天启帝既喜"倡优声伎，狗马射猎"，又好"亲斧锯髹漆之事，积岁不倦。每引绳削墨时，忠贤辈辄奏事。帝厌之，谬曰：'朕已悉矣，汝辈好为之。'忠贤以是恣威福惟己意"②。魏忠贤势炎日炽，廷臣如顾秉谦③、张鹤鸣，辽将如王化贞、毛文龙等依媚谄附。辽东的兵略之议，朝廷的朋党之争，彼此联系，相互影响。辽东经抚不和，既系于枢部阁臣，亦根于庙堂：

> 乃庙堂业以兵属王，又以尚方属熊，王握兵而不制令，熊制令而不握兵。王耻熊下，熊妒王成，一柄两雄，权分意左，私争之念，夺其急公，愤激之感，不虑偾事。④

吏科给事中赵进用言："经抚相与哄于外，会议相与哄于朝。"⑤天启帝命廷议

---

① 《明史·熊廷弼传》第259卷，中华书局点校本，1974年，第6699页。
② 《明史·魏忠贤传》第305卷，中华书局点校本，1974年，第7824页。
③ 《明史·阉党列传》第303卷，中华书局点校本，1974年，第7843页。
④ 傅国：《辽广实录》下卷，载《清入关前史料选辑》，中国人民大学出版社，1984年，第175页。
⑤ 《明熹宗实录》第17卷，天启元年十二月甲午，台北历史语言研究所校勘本，1962年，第23叶。

经抚的去留。天命七年即天启二年（1622）正月十一日，在东阁召集九卿科道会议，由兵部尚书张鹤鸣主持，就经、抚去留问题进行讨论。这是一次极为重要的朝廷中府会议，与会者八十一人，诸臣之议，歧见纷呈。明确表示支持经略熊廷弼，将"登莱、广宁二抚互换者"，仅徐扬先一人，其余或党护王化贞，或操持两端。①熊廷弼自料得不到阁部的支持，恐惧涕泣地疏言："经抚不和，恃有言官。言官交攻，恃有枢部。枢部佐斗，恃有阁臣。臣今无望矣！"②这次朝廷中府会议，不仅注定尔后熊廷弼政治失败，而且表明阉党已开始居主导地位。两年后，杨涟疏劾魏忠贤二十四大罪状，则不过是东林党同阉党的公开决裂。所以，辽东经抚不和，仅仅是明朝政治傀儡戏台上两个互斗的木偶，其操纵者则隐伏在后台，即明朝最高决策集团内部的党争。

议上，得旨：着吏、兵两部会奏。经议：拟留王化贞，对熊廷弼则"斟酌推用"。天启帝尚未旨决，后金军已经进攻——西渡辽河，围攻西平。

---

① 《明熹宗实录》第18卷，天启二年正月戊申，台北历史语言研究所校勘本，1962年，第8叶。
② 《明史·熊廷弼传》第259卷，中华书局点校本，1974年，第6702页。

二 激战西平

后金在攻下辽阳后,将军事进攻的矛头,指向明朝辽河以西的重镇广宁。作为广宁的前沿堡垒西平堡,自然成为明朝与后金双方的血战疆场。八旗军为夺取这座辽西重镇,在进行战前准备。

努尔哈赤在攻下辽阳的第六天,即三月二十七日,派遣第十子德格类和侄儿斋桑弧,率领八旗的八个大臣及由各牛录抽出的一千官兵,前往辽河,侦察船只与浮桥,进行渡河准备。辽河流经海州城(今辽宁省海城市)西七十里,在此形成三岔河。过三岔河渡口西北行百余里,达广宁。三岔河渡口为河东与河西的交通要道,明朝视三岔河为广宁之天险。每年春夏秋以"苇缆大船三十只为桥,便民往来"。努尔哈赤派兵侦察,欲从三岔渡河,袭取广宁。这支部队至海州驻扎,另派部分骑兵驰往三岔河,察看浮桥及明军动静。第二天,德格类等回辽阳报告:桥已被拆毁,河的两岸与河面,没有木船。渡三岔河,既无桥,又无船,这给后金骑兵进攻广宁造成极大困难。

后金要攻广宁,不时传出哨报。五月,后金李永芳等已集舟师,联木为筏,顺流而下,至狭之处,即欲从黄泥洼,西渡辽河,进兵广宁。六月,明朝又获谍报,后金已于张义站集结兵力,准备发起攻势。但是,努尔哈赤迟迟没有采取大规模军事行动。这是因为:一则渡河时机需要耐心等待,二则夏秋河水涨满不利涉渡,三则对明朝内情尚需深入了解,四则新占辽东地区很不安定。此时,辽南地区连续发生汉人反抗活动,特别是毛文龙只率二百余人,于六月间袭取镇江。天命汗十分震惊,急忙派八旗官兵,镇压汉民的反抗。虽然后金推延进攻广宁的时间,但是明军仍注视后金军队的动向。

正值明朝九卿科道会议争论经、抚去留的时候,努尔哈赤准备进兵河西。先是,努尔哈赤夺取辽阳、沈阳后的十个月期间,探察明朝动静,未敢轻启干戈。他通过李永芳与王化贞之间谍工往来①,探知明朝辽东经、抚不和,战守举棋不定,熊廷弼内外受困,王化贞浪言玩兵,广宁军备废弛,沿河防守单弱。努尔哈赤决计乘有利时机,西渡辽河,夺取广宁。

时广宁巡抚王化贞得到后金军西进的驰报,仓促布兵防守。广宁,分作广宁卫、广宁中卫、广宁左卫、广宁前屯卫、广宁左屯卫、广宁右屯卫、广宁中屯卫、广宁后屯卫,还有广宁中前所、广宁中后所、广宁中左所、广宁中屯所、广宁中后所,另有大量堡、台,可谓密如蛛网,布局精细。原议总兵刘渠领兵二万人守镇武堡,总兵祁秉忠领兵万人守闾阳驿②,分南北两路,与广宁掎角;副总兵罗一贵③率三千人守西平堡,又在镇宁堡驻兵。经略熊廷弼驻右屯,王化贞自带重兵驻广宁,部署以镇武堡、镇宁堡、闾阳驿、西平堡等四堡为前沿堡垒,屏障广宁防卫,阻击后金进犯。

---

① 《熊襄愍公集》第7卷,载《明经世文编》,中华书局影印本,1962年,第60叶。
② 《大明一统志》第35卷,第37叶:"闾阳城在广宁卫西南五十五里,本汉无虑县地。辽置奉陵县,金改闾阳,元省县置千户所,本朝驿。"
③ 罗一贵:《明史·罗一贯传》《明史·熊廷弼传》《明史纪事本末·熊王功罪》《明通鉴》等书均作"罗一贯";《明神宗实录》第554卷,万历四十五年二月丁未,《明熹宗实录》第18卷,天启二年正月丁巳,《三朝辽事实录》第7卷,第14叶,《明史稿·熊廷弼传》,《国榷》第85卷,第5200页,《清太祖武皇帝实录》第4卷,第1叶,《满洲实录》第7卷,第8叶,《清太祖高皇帝实录》第8卷,第11叶等,均作"罗一贵",从后者。

西平堡（今辽宁省盘山县古城子），既是辽西历史重镇①，又是明朝在辽河以西的头一座重要堡垒。先是明沿边大修长城、边墙、堡台墩，相互关联，列兵戍守。在辽东防边，从山海关至开原、铁岭，每三十里，即筑一城，势如连珠。关外各重镇之间，每三十里置一堡，每五里置一墩，在两墩间，又筑长墙，上植木栅，以防越突。广宁周围，遍布堡台。堡是军事防务据点，台为军事哨所。堡以下为台，每堡辖台若干。台原为五里一座，嘉靖时又在每两座之间增设一座。堡台烟墩，设如蛛网，棋布星罗，千里相望，沿边山顶，珠联璧贯。王一元《辽左见闻录》记载："明季防边，至周且备，不知费几万万金钱！"堡台烟墩，数以千计，防御体系，完整严密。但是，明朝镇堡墩台，后金崛兴以来，一座座被夺占，一个个被摧垮。广宁的前沿堡垒西平堡，就成为后金军进兵辽西、夺取广宁的第一个猎取物。

天命七年即天启二年（1622）正月初一日，后金军先后乘夜发兵三千，携带攻城器具，自辽阳出发，前往海州，进逼牛庄。②其时明军得报"奴酋将各处兵马，尽数发在海州一带"，遥见"牛庄东南，起烟雾，五里宽，十里长"③。明军已经判断：后金在调兵遣将，集结军队，渡三岔河，兵指西平。

十八日，后金军队，分路西进。先是，后金自攻下辽阳后，努尔哈赤用近一年时间，完成了进攻广宁的备战。从春节前后，就开始向海州、牛庄一带调兵，共五万人马，计划分作三路进兵：一自柳河（今海城市附近），一自黄泥洼（今辽阳太子河畔），一自三岔（今海城西七十里处）。至是，天命汗努尔哈赤命族弟铎弼、贝和齐及额驸沙津和苏巴海等统兵留守辽阳④，亲率诸贝勒大臣，带领八旗大军，"各带干粮并攻城车辆、钩梯及挖城铁锹"等，离开辽阳，经鞍山、牛庄，向西挺进，目标直指广宁。面对后金大军压境之势，明朝却党争激烈，经、抚不和，

---

① 《明太祖实录》第81卷，洪武六年四月丁亥："丁亥，置西平卫，以故元来降知院撒尔扎拜为指挥佥事。"
② 《明熹宗实录》第18卷，台北历史语言研究所校勘本，1962年，第9叶、第14叶。
③ 王在晋：《三朝辽事实录》第7卷，天启二年正月十一日，江苏省立国学图书馆藏本，第9叶。
④ 《满文老档·太祖》上册，天命七年正月十八日，中华书局译注本，1990年，第18页。

战守不定——"战不成战，守不成守。"① 十九日，驻东昌堡。是日夜，天命汗率大军宿于东昌堡（今海城市牛庄南）。东昌堡位于海州西南，辽河东岸。天命汗经鞍山驿（今鞍山旧堡），过牛庄，到东昌。自牛庄抵广宁二百余里，道路泥泞，一片沼泽，霖雨汪洋，川旅难行。朝鲜使臣麟坪大君在《松溪集·燕途纪行》中写道："周回顾望，野天一色，四际无山，浩浩荡荡，恍如乘船大海中。"但时值隆冬，地面结冰，后金步骑，得以冰渡。

努尔哈赤到三岔河——代子河、浑河、辽河三河合流，故称三岔河。三岔河渡口，为河最狭处，是广宁前沿防守要地。三岔河宽，约七十步，水流平缓，守御颇难。沿河一百二十里，黄泥洼、张义站，已被后金占领。广宁城的外围，主要有镇宁堡、镇武堡、西平堡和闾阳驿诸堡，弓形环卫，相互应援。但西平堡最为凸出，明副将罗一贵率三千兵驻守，前卫广宁。因此，欲取广宁，必占西平。努尔哈赤第一次派人侦察，首先来这里察看地形，其余两路是在黄泥洼与柳河渡河。从八旗军渡河后的调动，可以看清努尔哈赤的军事意图：不直接进攻广宁，而攻击其前哨西平堡，引诱广宁兵东来，至旷野处，展开野战，以己之长，制敌之短，歼灭明军，夺占广宁。

时王化贞估计后金军不敢渡河，甚至打算派兵过河将其诱来，然后以精骑袭击，给予重创。熊廷弼则提出"内护广宁，外扼镇武、闾阳"②的防御措施。就是坚守广宁，城外防御，掎角立营。徐光启曾向天启帝疏议："广宁以东一带，大城只宜坚壁清野，整齐大小火器，待其来攻，凭城击打，一城坚守，彼必不敢蓦越长驱，数城坚守，自然引退。"熊廷弼令总兵刘渠以二万人守镇武堡，祁秉忠以万人守闾阳驿③，罗一贵以三千人守西平。沿河一线，布兵设防。其时，河水冰坚，策马

---

①《明熹宗实录》第14卷，天启元年年九月辛丑，台北历史语言研究所校勘本，1962年，第1叶。
②《北镇县志》（辽宁人民出版社本）第480页记载："闾阳驿城，位于城西南25公里闾阳镇内，旧城二里五十步，有南、北两门，金代系闾阳县治所，明代置驿。"
③《明史·熊廷弼传》第259卷，中华书局点校本，1970年，第6700页。

可渡，既无天险扼其冲，又无金汤阻其锋，西平孤堡，暴露在前。

二十日，后金大军，西渡辽河。晨，后金军拔营，进至河边，五万人马，分作三路，从毛家寨、夏家屯、郎家屯、通江、咬沟、杨林子等处，乘坚冰，横渡河。王化贞部署的防河官兵，见势不妙，掉头逃跑。后金前哨兵猛追二十里，进到明军兵力单弱的西平堡。晚，后金军进抵西平堡。明西平堡参将黑云鹤率兵出击。后金军城外安营，准备攻城。

二十一日，攻西平堡。参将黑云鹤率兵出战失利，兵败还城，及至城门，追兵赶到，被歼而死（一说二十日死）。《明史·罗一贯传》记载，后金军过三岔河，"兵渐近，参将黑云鹤出击。一贯止之，不从。明日，云鹤战败，奔还城，追兵歼焉"。是日，后金军歼灭黑云鹤，进攻西平堡南门。副总兵罗一贵，坚壁固守，奋力抵抗，城上发炮还击，城下死伤很多。后金军攻城不下，李永芳力图劝降，派出使者，举着旗，到城下，招降罗一贵，并遣使游说之。罗一贵拒降，说："岂不知一贵是忠臣，肯作永芳降贼乎！"遂斩其来使。并在城上竖起招降旗①，遭到后金军更为猛烈的攻击。时各城守军，消极自保，不作援应；王化贞蜷缩广宁，不敢出击。熊廷弼急檄王化贞督战，并激之曰："平日之言安在？"②王化贞遂命总兵官祁秉忠率闾阳兵，心腹骁将孙得功率广宁兵，熊廷弼又督总兵官刘渠率镇武兵，分作三路，驰援西平。天命汗努尔哈赤分一半军队围西平，以另一半军队迎击前来增援的三路明军。③

二十二日，平阳桥之战。西平堡被围告急，经略熊廷弼、巡抚王化贞派军前去救援。令总兵刘渠尽撤镇武兵二万人，又派总兵祁秉忠撤闾阳驿一万人，再派

---

① 《明熹宗实录》第18卷，天启二年正月丁巳，台北历史语言研究所校勘本，1962年，第16叶。
② 谷应泰：《明史纪事本末·熊王功罪》第4册，中华书局标点本，1977年，第1432页。
③ 《清太祖高皇帝实录》记载："丁巳（二十一日）招其城守副将罗一贵降，不从。辰刻，布梯楯，攻大城。四面兵皆溃。午刻，克之。"《明熹宗实录》天启二年正月丁巳记载，西平之战，"奴尽锐攻之，相持两昼夜"。

广宁孙得功、祖大寿统兵前往助战解围。孙得功原为贺世贤部下，已暗降后金。①孙得功既已暗降，便利用援西平之机，阴谋使明军失败。后金兵发现明援兵后，整队迎战，发起攻击，两军交战于平阳桥。孙得功、刘渠、祁秉忠在平阳桥迎战后金军。时孙得功分兵为左右翼，推刘渠部、祁秉忠部先出战。刘渠"前往迎敌，连攻打三阵，奴兵稍却"。其时，"孙得功等故意上前一冲，即卸（却）去，因而各营俱起，以至大败"②。孙得功等大喊："兵败了！兵败了！"边喊边逃。副将鲍承先紧随其后逃去（后剃发降）。明兵见主帅已逃，惊恐而遁，四面溃散。正在交战的刘渠，见阵大乱，拨马而走。后金兵乘势追杀，至沙岭地带，纵骑驰歼明兵。总兵刘渠坐骑蹶倒，身翻落地，惨遭杀死。总兵祁秉忠"扶病而战"，身中二刀三矢，被家丁救起，扶上马，破重围，行至途中，伤重而死。③副总兵麻承宗战殁于沙岭。④副将刘征中箭落马。刘式章"被矢贯髀"。明援兵三万余人，在平阳桥与沙岭之间全军覆没。

同日，攻陷西平堡。天命汗努尔哈赤指挥八旗军击败明三路援军之后，遂集中八旗兵力，继续围攻西平堡。后金兵先发火炮，继拥楯车、竖云梯、挥铁钩攻城。罗一贵督率明军，凭城固守，在城上发炮，杀伤大量后金兵。后金官兵，死伤累累，城下积尸，几与城平！西平之战，异常惨烈。在激战中，一矢飞来，射中罗一贵眼睛，不能指挥。虽兵士们仍然坚持守城，但火药、矢石已用尽。后金兵看到城上轰击停止，矢石亦断，便急速地推着楯车，进至城下，树起云梯，英勇登城。罗一贵决心殉国，北面再拜，曰："臣力竭矣！"遂自刎而死。都司陈尚仁、王崇

---

① 《清史稿·孙得功传》第231卷，中华书局标点本，1977年，第9343页。
② 《熊襄愍公集》第7卷，载《明经世文编》，中华书局影印本，1962年，第60叶。
③ 《明熹宗实录》第19卷，天启二年二月乙亥，台北历史语言研究所校勘本，1962年，第8叶。
④ 《明史·祁秉忠传》第271卷，第6957页："自辽左军兴，总兵官阵亡者凡十有四人：抚顺则张承荫，四路出师则杜松、刘𬘩、王宣、赵梦麟，开原则马林，沈阳则贺世贤、尤世功，浑河则童仲揆、陈策，辽阳则杨宗业、梁仲善，是役，渠与秉忠继之。"按：辽阳还有朱万良。所以，清太祖时明军死于后金阵下总兵共十五员。

信也死。据《明熹宗实录》载：

> 罗一贵将三千人守西平。各坚壁勿战，有急互相应援。贼先攻西平，黑云鹤出战而死。罗一贵固守不下，杀奴数千人。李永芳竖招降旗，阴遣人说一贵。一贵骂之曰："岂不知一贵是忠臣，肯作永芳降贼乎？"斩其使，亦于城中竖招降旗。奴尽锐攻之，相持两昼夜。用火器杀贼，积尸与墙平。会一贵流矢中目，不能战，外援不至，火药亦尽，一贵北向再拜曰："臣力竭矣！"遂自刭。奴尽屠西平。①

罗一贵以三千人抵御后金军五万人的围攻，最后矢尽援绝，城陷身亡。②剩余将士，继续抵抗——在城墙上，短兵相接；在巷子里，肉搏厮杀。三千明兵，全部被歼，血肉横飞，僵尸遍地。后金军在西平堡下，损失极为惨重。《三朝辽事实录》记载后金兵死伤六七千人，这个数字或有夸大，但实际伤亡数字是很大的。所以《满文老档》有关西平之战的记载颇为疏略。特书于二十二日举行庆祝破西平之礼，并杀八牛祭纛。③

后金西平-沙岭之捷，扫除进军广宁障碍，歼灭广宁明军精锐，意义重大，影响深远。后清朝汉官石廷柱总结历史经验时说："当年沈阳得，而辽阳随破；沙岭捷，而广宁随顺。"④这就是说，在广宁之役中，西平-沙岭决战，消灭广宁明军精锐，重镇广宁传檄可下。

后金军在攻破西平、拔除镇武堡和闾阳驿之后，驻师西平堡，准备夺取广宁。

---

① 《明熹宗实录》第18卷，天启二年正月丁巳，台北历史语言研究所校勘本，1962年，第16叶。
② 叶向高《籇编》第12卷载："二十，奴酋举兵渡河，总兵刘渠与战，锋初交，后阵已溃，诸兵将皆逃，渠死之。参将罗一贵守西平堡，血战杀奴数千人，火药尽，死之。"
③ 《满文老档·太祖》第Ⅱ册，东洋文库译注本，1956年，第493页。
④ 《清太宗文皇帝实录》第56卷，崇德六年七月丁酉，中华书局影印本，1985年，第24叶。

三 智取广宁

广宁城在山隈，"形势若盘，俗谓之盘城"①，北依医巫闾山为屏，东恃三岔河为阻，在辽阳西四百二十里。广宁北靠医巫闾山，"雄峙城北，以御大漠"。明初辽东主要防御蒙古，广宁特殊的自然形胜，为辽东都指挥使分司，巡抚与总兵驻地，因而成为辽西军事重镇。广宁位于河东与河西之间的冲要之区，明洪武初，在辽、金时广宁府旧址筑城，周长九里余，高三丈，池深一丈五尺、宽二丈。洪武二十三年（1390）置广宁卫，设总兵官抚镇。②自此，广宁以优越的地理位置、险要的自然形势、复杂的民族关系、悠久的历史传统，成为明代辽西的军事重镇。到明朝中后期，城内常驻官军一万余人，加上其所辖卫所镇堡台墩守军，则达一万四千四百余人。广宁城之沿革、城池，康熙《广宁县志》记载：

金置广宁府。元为广宁路。明洪武间，指挥王雄因旧址修筑，都督刘真甃以砖。永乐间，总兵刘江增展东南关。弘治间，备御胡忠展西隅。

---

① 康熙《盛京通志》第15卷，康熙二十三年（1684）刻本，第12叶。
② 《全辽志》第1卷《沿革·图考》，《辽海丛书》影印本，辽沈书社，1985年。

正德间，备御李凑展南关。周围五百四十六丈，池深一丈五尺、阔二丈。周围十一里四十五步。后展新城，周围十七里，门六：东曰永安，东南曰泰安，南曰迎恩，西曰拱镇，西一门土塞，北曰靖远。角楼四座，北曰镇朔，东南曰柔远，西南曰望京，西曰瞻秀。①

康熙《盛京通志》载述与上文有同有异，其异文为："广宁县城池，即明广宁中、左、右三卫地"，"嘉靖丁酉，都御史任洛、总兵马永重修"云云。② 先是，明洪武二十三年（1390），置广宁卫。洪武二十五年（1392），封辽王于此。次年，复为广宁卫，统左、中、右三卫，左卫于城东北隅、右卫于城西北隅、中卫于城西门内。

清代顾祖禹在《读史方舆纪要》中记述，广宁"西卫榆关，东翼辽镇，凭依山海，隔绝戎奚，地大物繁，屹然要会"。又载昔之议边事者尝曰："备镇静，则南寇不能北来；驻三岔，则寇不能东渡。"③ 广宁背靠医巫闾山，南临大海，西界锦州，东隔辽河与辽阳对峙，成为辽阳、沈阳通往山海关之咽喉要地。广宁是明朝辽东巡抚的驻地，辽西防御的镇城。失陷辽阳之后，广宁一些生员，暗自私通后金，军官贪懦怯战，兵士漫无纪律，西平已经失守，百姓惊恐不安。

后金在西平－沙岭大败明军，摧毁广宁的前哨堡垒，歼灭广宁的精锐部队，为其实现此次用兵的战略目标——夺取广宁，奠定了有利条件。但是，后金不敢轻信孙得功暗降，因而没有立即进军广宁。努尔哈赤令八旗军屯驻沙岭，遣游骑哨探消息，以静观广宁之变。先是，孙得功已暗约降金，预谋回广宁，擒获王化贞，将王巡抚与广宁城，一起献给后金。努尔哈赤自然愿意兵不血刃地得到广宁这座辽西重镇。还在后金兵渡辽河时，消息一传到广宁，全城绅士官民，多逃出城，避难山中。明军西平－沙岭败后，孙得功等逃回城里，同其党羽散布"敌兵快到

---

① 康熙《广宁县志》第2卷，《辽海丛书》影印本，辽沈书社，1985年，第1叶。
② 康熙《盛京通志》第10卷，康熙二十三年（1684）刻本，第13叶。
③ 顾祖禹：《读史方舆纪要》第37卷，上海书店出版社影印本，1998年，第34页。

广宁城"的流言，人心惊恐，坊巷混乱，城门紧闭，甚至有士兵自城墙上缒下逃命，广宁成为一座空城。孙得功及其党羽一面煽惑人心，一面封府库、封火药库，准备迎接后金军进城。①

二十二日，王化贞得到西平失守、沙岭陷落的败报后，督将士登城戍守，众皆不应。游击孙得功在援救西平时佯败先归，因"潜纳款于太祖，还言师已薄城，城人惊溃"②。王化贞急召得功至衙署，仍委以守城重任。他刚"出衙门，即发炮，堵城门，封银库，封火药"③，以待后金军入城。城中军民一片混乱，携带家眷夺门出逃。

时王化贞正在衙署阅视军报，突然参将江朝栋未经报告，擅自闯入他的卧室。化贞大怒，厉声呵斥。

（参将江朝栋）急入化贞卧内，化贞方检书，见之大怒，呵责之。
朝栋急拉化贞曰："事急矣，快走，快走！"④

王化贞顿时吓得不知所措。江朝栋边说边挟着王化贞，径直奔向马厩，但马被窃走，仅余两峰骆驼。王化贞的四箱行李，用两峰骆驼装载，在江朝栋及二友二仆等陪护下，步随到城门。时城门已被叛兵把持，阻止王化贞出城。叛兵要打开箱子，王化贞说："此皆往来书札，并无他物！"破开箱子，果无他物。叛兵向王化贞打来，将其随行一人脸打破。在混乱中，王化贞仅有江朝栋、陈一元和书办梁应科三人相从，得以逃脱。史载，王化贞等逃到城门，"而城门刀棍堵截如林，仅以身免。身旁一相伴朋友已劈头打伤，驼箱已被打夺"⑤。王化贞后得马匹，弃

---

① 王在晋：《三朝辽事实录》第7卷，江苏省立国学图书馆藏本，第16叶。
② 《清史稿·孙得功传》第231卷，中华书局标点本，1977年，第9342页。
③ 《熊襄愍公集》第7卷，载《明经世文编》，中华书局影印本，1962年，第59叶。
④ 王在晋：《三朝辽事实录》第7卷，江苏省立国学图书馆藏本，第15叶。
⑤ 《熊襄愍公集》第7卷，载《明经世文编》，中华书局影印本，1962年，第59～60叶。

守广宁，狼狈南逃。辽东巡按方震孺还在城内，得知王化贞已逃，慌张单骑南逃。监军牛维曜、邢慎言也随之逃走。

王化贞弃城逃跑后，广宁守门游击孙得功、守备黄进和千总郎绍贞、陆国志等，把守城门，控制广宁。

二十三日，后金军虽夺取西平堡，但受重创。努尔哈赤驻西平，哨探广宁虚实，未敢策骑轻进。是日，孙得功等派七人前往天命汗驻地西平堡，跪请后金军进城。努尔哈赤赏给来人印信与银两，并遣他们回广宁，并没有即刻发兵，向广宁城行进。

同日，王化贞一行，逃至大凌河，同率领五千援军至闾阳回撤途中的经略熊廷弼相遇。① 化贞一见廷弼，不禁哭了起来。巡抚向经略"叹诉辽人内溃，孙得功等谋献，几不得免之状"②。廷弼冷笑道："六万军荡平，竟何如？"化贞愧不作答。经略熊廷弼"哀而慰之"。接着，化贞向廷弼建议固守宁远、前屯。熊廷弼说："晚矣！公不受给慕战，不撤广宁兵于镇武，当无今日。此时兵溃之势，谁与为守？惟护百万生灵入关，勿以资敌足矣！"③ 熊廷弼以所带五千兵给王化贞作殿后，自己与韩初命等引领溃散军民往山海关行进。其时，"熊廷弼在右屯有兵万人亦逃，所过宁远、宁前诸屯堡，悉纵火焚之。辽人相随逃入关者数十万。逃兵十余万至关下，大司马王公象乾以总督莅关，闭不纳。廷弼至，按剑叱关吏开门，悉纳之，纵之南"④。蓟辽总督王象乾向朝廷奏报辽西兵马溃退的悲惨景象：

> 日来援辽溃兵数万，填委关外，遍山弥谷，西望呼号者竟日达夕。逃难辽民数十万，隔于溃军之后，携妻抱子，露宿霜眠，朝乏炊烟，暮

---

① 熊廷弼与王化贞逃亡相遇之地，《明史纪事本末·补遗》与《三朝辽事实录》载遇于闾阳；《国榷》载为前屯；唯《明史》与《明熹宗实录》载为大凌河，今从此说。
② 《熊襄愍公集》第5卷，载《明经世文编》，中华书局影印本，1962年，第29叶。
③ 王在晋：《三朝辽事实录》第7卷，江苏省立国学图书馆藏本，第18叶。
④ 叶向高：《籲编》第12卷，明刻本，第1叶。

无野火，前虞溃兵之劫掠，后忧塞虏之抢夺，啼哭之声，震动天地。①

明朝腐朽的统治，后金贵族的铁骑，给辽西人民造成多么凄惨的境况！

二十四日，先是，努尔哈赤对广宁降金仍存疑虑。至是，后金人石天柱投明为千总，出迎并报告，广宁的守城官吏都已逃遁，秀才郭肇基等司管城门。于是，天命汗努尔哈赤率贝勒大臣，统领大军，开赴广宁。后金大军到广宁城东三里望昌岗，孙得功与黄进等带领降顺后金的官将、生员、士绅等，已剃发，抬龙亭，举旗子，张伞盖，吹喇叭，奏唢呐，俯伏道旁，焚香山呼，迎接天命汗统率后金军进城。②时移居广宁之女真人，出门迎降。石氏三兄弟——国柱、天柱、廷柱献城迎降："天柱首先出迎，国柱、廷柱以城献。"③努尔哈赤先令八旗诸贝勒与李永芳"同至广宁，扎营教场，使人搜城毕"，然后，才放心地骑马进城，至明巡抚衙门前下马。昨日辽东巡抚的衙门，成为今日后金国汗的行宫。④至此，后金军全部占领广宁。

二十五日，天命汗驻跸广宁城，明军游击罗万言、平阳桥守堡冈云龙、锦州都司陈尚智等，或出山，或弃堡，先后到广宁投降。

二十六日，熊廷弼抵山海关，说明情况后，守将才将他们放入关。接着，王化贞、高出、胡嘉栋等也先后进关。惟有兵备道参政高邦佐独自赴松山（今辽宁省凌海市松山镇），长叹道："不能存广宁，何颜入关！"以身报国，自缢而死。⑤

后金占领广宁后，八旗将士，休整十天，准备向山海关进军。八旗大军途经大凌河、小凌河、松山、杏山、塔山等镇堡，行至中左所，沿途百余里，满目荒

---

① 王在晋：《三朝辽事实录》第7卷，江苏省立国学图书馆藏本，第26叶。
② 《清太祖高皇帝实录》第8卷，第13叶，"城中比户焚香，绅士庶民，备乘舆，设鼓乐，执旗张盖，伏俯迎谒"天命汗努尔哈赤进入广宁。
③ 徐乾学：《憺园全集》第31卷，清刻本。
④ 《满文老档·太祖》第Ⅱ册，东洋文库译注本，1956年，第495页。
⑤ 《明熹宗实录》第19卷，天启二年二月乙亥，台北历史语言研究所校勘本，1962年，第8叶。

凉，人烟断绝，几无所得，返回锦州。时广宁西的义州（今辽宁省义县），地处冲要，尚在坚守。努尔哈赤派二子代善、八子皇太极领兵取义州，城守将拒听招抚，闭门拒降。代善与皇太极兄弟下令攻城，经过八个多小时的激战，城被攻破，斩三千级。①

后金占领广宁，并连陷义州、平阳桥、西兴堡、锦州、铁场、大凌河、锦安、右屯卫、团山、镇宁、镇远、镇安、镇静、镇边、大清堡、大康堡、镇武堡、壮镇堡、闾阳驿、十三山驿、小凌河、松山、杏山、牵马岭、戚家堡、正安、锦昌、中安、镇彝、大静、大宁、大平、大安、大定、大茂、大胜、大镇、大福、大兴、盘山驿、鄂拓堡、白土厂、塔山堡、中安堡、双台堡等四十余城堡，后金军将广宁等地数百万饷帑、粮食、军器、火药、马牛、布帛等运回辽阳，并把辽河以西的人民驱赶到河东。以右屯卫为例，被驱赶的人口有一万四千七百二十八人，被掠走的牲畜为六千一百九十七头②，被运走的粮食有五十万三千六百八十一石七斗七升③。

为庆贺努尔哈赤占领广宁，福晋们二月十一日从辽阳出发，十四日④来到广宁。大福晋率领众福晋，在铺设红地毯的衙门里，向坐在衙署正堂的天命汗努尔哈赤叩贺道："天眷佑汗，占领了广宁！"⑤随后依次行庆贺礼，摆设盛宴。十七日，天命汗在福晋们陪伴下返回辽阳。

几天之后，后金军又放火烧毁广宁城。⑥后努尔哈赤下令撤离广宁、义州等城，守军全部返回辽阳。

广宁之役，影响深远。

① 《清太祖武皇帝实录》第4卷，原清官内府藏，台湾广文书局影印本，1970年，第3叶。
② 《满文老档·太祖》上册，天命七年二月，中华书局译注本，1990年，第323页。
③ 《满文老档·太祖》上册，中华书局译注本，1990年，第309页。
④ 《清太祖高皇帝实录》第8卷，第14叶载："丁丑，后妃等自辽阳起行，庚申，至广宁城。"《满文老档》、《清太祖武皇帝实录》和《满洲实录》均载"十四日"至广宁。查"十四日"为庚辰，该月无"庚申"，是知《清太祖高皇帝实录》载"庚申"误。
⑤ 《满文老档·太祖》第Ⅱ册，东洋文库译注本，1956年，第544页。
⑥ 《满文老档·太祖》上册，中华书局译注本，1990年，第445页。

其一，据明朝兵部题奏，此次全国增援广宁，"调兵十数万，转饷二百万，发帑数百万，器械、火药、盔甲、鞍马、头畜、刍料数十万，尽付于奴酋！而四方驱车驰马，海运陆输，臣等目不交睫，手不停批者，皆以助狂夷之毒焰"①。明朝从全国调募十万计的兵员，或成为鬼魂，或沦为溃兵；明朝投入数以百万计的财富，或化为一堆灰烬，或转入后金之手！

明朝万历以来的武将精锐，阵亡相继，几乎丧尽。《明史》记载：

> 自辽左军兴，总兵官阵亡者凡十有四人：抚顺则张承荫，四路出师则杜松、刘𫓩、王宣、赵梦麟，开原则马林，沈阳则贺世贤、尤世功，浑河则童仲揆、陈策，辽阳则杨宗业、梁仲善。是役，（刘）渠与（祁）秉忠继之。朝端恤典，俱极优崇。②

上引十四员总兵之外，还有朱万良。朱原是副总兵，在辽阳之战中，已是实际上的总兵官。所以，短短四年之间，明军丧失十五员总兵官。他们亡得英勇，死得壮烈！确是中华民族史上的英烈！

其二，据明朝兵部题奏：河西失守，人皆岌岌，百万难民，齐拥入关，居无屋，寒无衣，食无米，炊无薪。在山海关内，"米为珠而薪为桂"。未逃之民，被后金"尽驱锦（州）义（州）百姓渡河东去"。③后金从而获得大量粮食、人口、牲畜、金银、布匹等，进一步充实其军事与经济的实力，并缓解因灾荒而窘困的民生。

其三，后金获广宁大捷，突破明朝辽河防线，进入辽西地区，打开新的局面。广宁是辽西的重镇，西通明朝、北邻蒙古，这就为后金进攻宁远、绥服蒙古，提供了一个前哨基地。明朝失掉广宁，影响极为深远。明朝有广宁在，辽西完整，

---

① 王在晋：《三朝辽事实录》第7卷，江苏省立国学图书馆藏本，第35叶。
② 《明史·罗一贯传附祁秉忠传》第271卷，中华书局点校本，1974年，第6957页。
③ 《满文老档·太祖》上册，中华书局译注本，1990年，第322页。

恢复辽东，似为有望。后金夺占广宁，进入辽西，巩固辽东，威胁关门。

其四，明朝遭广宁之败，关外局势，更趋恶化，社会危机，更为深重。明朝弃守广宁之后，辽东形势，为之一变。明辽东经略王在晋分析道：

> 东事离披，一坏于清、抚，再坏于开、铁，三坏于辽、沈，四坏于广宁。初坏为危局，再坏为败局，三坏为残局，至于四坏——捐弃全辽，则无局之可布矣。逐步退缩之于山海，此后再无一步可退。①

明朝失陷广宁，丢弃全辽，无局可守。危及山海，殃及京师。明失守广宁，其严重性，正在于此。

---

① 王在晋：《三朝辽事实录》第8卷，江苏省立国学图书馆藏本，第22叶。

四 兵略得失

后金与明朝的广宁之役，兵略得失，关系胜败。

明清辽左争局的第一局是萨尔浒之战，第二局是沈辽之战，第三局则是广宁之战。明军以上三局，每局皆输。其输之原因，既有相同，也有不同。

广宁争战，明辽军失败的原因固多，诸如朝廷腐败、戎部昏聩、用人不当、经抚不和、化贞虚妄等，但一次独立战役的胜败，主帅的谋略是争战演化否泰的枢轴。所以，乃胜乃败，原因固多，揭橥其要，首在兵略；谋略巧拙，成败系焉。广宁之役谋略集中表现于双方军事统帅的争战谋划及其实施。明方统帅主要为辽东经略熊廷弼和辽东巡抚王化贞，后金统帅主要为天命汗努尔哈赤。

熊廷弼作为广宁之役明朝辽军的主帅，其兵略"三方布置策"空浮虚泛，是不容辞其咎的。论者不能以怜悯熊廷弼的个人悲惨结局，而忽视对其"三方布置策"作理性的批判。

熊廷弼的"三方布置策"，明末、清代、民国以来，学者所论，颇予赞肯。"熊廷弼的'三方布置策'是积极防御思想，是可以实现的，应当肯定"[1]。但是，细

---

[1] 邱心田、孔德骐：《中国军事通史》第16卷，军事科学出版社，1998年，第46页。

加分析，盖谓不然，熊经略"三方布置策"之失，列举八点：

其一，着眼于攻，疏失于守。辽东经略熊廷弼奏明此策之指归是："恢复辽左，须三方布置。"时明军总的态势是，一败于抚、清，二败于萨尔浒，三败于开、铁，四败于沈、辽，惟战惟微，惟局惟危。在战略上已无力进攻，仅能做一个"守"字，恢复辽阳，如同化城。①

其二，沿河列垒，对垒河上。河窄水浅，履冰可涉，兵多堡少，难容马步，布防河岸，兵分力散，彼骑强渡，力不能支，一营失守，诸营俱溃。

其三，天津舟师，难能入卫。在中国古代军事史上，尚无天津水师入辽败敌、收复失地之先例。虽津门为运道咽喉，疏请天津设立巡抚，却只能加强粮料补给；若水师渡海作战辽南，必定遭到后金骑兵围歼。

其四，登莱水师，无力出击。登州与莱州的舟师，可运输、通声息，可牵制、张声势，既无力登陆攻城略地，也无助恢复辽左寸土。

其五，风声下辽，海市蜃楼。熊经略计划天津、登州、莱州之舟师，从海上登岸，乘明军风声，下辽南诸卫。另如时人指出："至于皮岛，则陆绝海外，风波限隔，自毛文龙开镇以来，十余年间，曾得其半矢之用否？"所以，遂顺风前进，可光复辽阳，纯属海市蜃楼，虚幻构想而已。

其六，朝鲜之兵，难助声威。朝鲜军在萨尔浒之役，兵没帅俘，剧痛犹新。熊廷弼在疏议中，冀望朝鲜"尽发八道之师，连营江上，助我声势"，纸上谈兵，空浮幻想，无视实际，虚泛之见。

其七，蒙古之兵，难以借用。时虎墩兔憨（林丹汗）号称四十万之兵力，而林丹汗只求市赏，哪肯出兵？侈言四十万，岂能当真？这虽是王化贞的幻想，也

---

① 拙著《清净化城塔名辨正》一文，据《妙法莲华经·化城喻品第七》诠释："化城"出自佛典。化城，是指一时化作之城郭。其寓意是，一切众生成佛之所为清净宝所，到此宝所，路途遥远险恶，为恐众生疲倦退却，于途中变化一座城郭，舍宅庄严，楼阁高耸，园林葱葱，渠流涔涔，使之在此止息。众生到此止息，即灭幻化之城。文载《燕步集》，北京燕山出版社，1989年。

影响了熊经略。

其八，三方为辅，辽军为主。此意固属愿望，但熊廷弼手下五千官兵，如何对抗六万八旗铁军！所谓辽军为主，意愿虽好，画饼充饥。

因此，熊廷弼忠于明君，热血满腔，勇气冲霄；但两军作战，以实力对实力，以谋略对谋略，来不得半点浮言空论。虽然，熊廷弼三次赴辽，在整顿防务、整肃军纪、整治台堡、整修器械等方面，成绩卓著，功劳显赫。然而，他并没有乘骑跃马，刀枪相交，坐镇指挥，夺取胜利！说来说去，书生谈兵，赵括在前，殷鉴可记。

事后，崇祯初礼部尚书黄汝良评论熊廷弼"三方布置策"等，则谓："此亦谋国不忠之甚也！"① 这个评论，或有些许道理，却是言之过苛。熊廷弼是个清官："廷弼不取一金钱，不通一馈问，焦唇敝舌，争言大计。"② 在明末浑浊官场中，廷弼一身清廉，忠心社稷，情操高尚，实为难得。

由上可知，熊经略三赴辽东，其前功可奖，忠心可嘉，雄心可钦，冤死可悯；但其鸿猷硕略，未料彼、己，浮幻不实，断难操作。如按其策行，无化贞掣肘，辽阳必不复，广宁亦难保。③

王化贞乘危时，以微功，受命为广宁巡抚。化贞进士出身，素不习兵，刚愎自用，狂言娱上。他的御敌兵略是："部署诸将，沿河设六营，营置参将一人，守备二人，画地分守。西平、镇武、柳河、盘山诸要害，各置戍设防。"④ 时人已有疏驳其议者，御史方震孺即上言防河"六不足恃"——"河广不七十步，一苇可航，非有惊涛怒浪之险，不足恃者一；兵来，斩木为排，浮以土，多人推之，如履平地，不足恃者二；河去代子河不远，兵从代子径渡，守河之卒不满二万，能望其半渡而遏

---

① 《崇祯长编》第53卷，崇祯四年闰十一月壬戌，台北历史语言研究所校勘本，1962年，第26叶。
② 《崇祯长编》第22卷，崇祯二年五月癸卯，台北历史语言研究所校勘本，1962年，第15叶。
③ 拙文：《辽西争局兵略点评》，载《满学论集》，民族出版社，1999年，第91页。
④ 《明史·熊廷弼传附王化贞传》第259卷，中华书局点校本，1974年，第6697页。

之乎？不足恃者三；沿河百六十里，筑城则不能，列栅则无用，不足恃者四；黄泥洼、张叉站冲浅之处，可修守，今地非我有，不足恃者五；转眼冰合，遂成平地，间次置防，犹得五十万人，兵从何来？不足恃者六。"①所驳六条，切中肯綮。方震孺以此疏，而为辽东巡按，监纪军事。他虽按辽"居不庐、食不火"者七月，其疏议却没有被王化贞采纳。

王化贞兵略的错误在于：其一，错估形势，攻守错位。明自萨尔浒败后，就军事态势而言，已显被动，转呈守势。而辽阳失陷后，三岔河西四百余里，人烟断绝，军民尽逃，文武将吏，谈敌色变。明军已处被动局面，实无恢复辽阳之力。其二，沿河设防，甚属荒唐。河窄水浅，隆冬冰合，骑兵驰驱，瞬间可渡。后金骑兵，奋疾蛮冲，明军防线，必溃无疑。其三，无险可凭，反主为客。河滩平地，列栅无用，筑城不能，面对敌骑，失去凭依，以弱迎强，野战之败，鉴戒在前。其四，兵分力弱，泰极否来。明军兵力，多于后金。但临战时，长线布防，分散兵力，反强为弱。后金军队，每逢作战，兵力集中，化弱为强。如按其策行，无经抚不和，辽阳必不复，广宁亦必不保。总之，辽东巡抚王化贞是"有忧国之心，而无谋国之智；有吞胡之志，而无灭胡之才"②。

熊廷弼在疏驳王化贞部署时，提出分兵防河、先为自弱、大兵悉聚、固守广宁这一正确的兵略。时朝议多右化贞，而左廷弼。俟广宁兵败、廷弼斩首之后，物议则反之。

事后，广宁失陷的历史责任，熊廷弼"传首九边"，王化贞后亦伏诛，做了历史责任的担当者！由此思考：明朝重学历、重文凭，轻实践、轻经验，兵部尚书、经略多为文官、进士出身。盘点明万历以来辽事军务，经略辽东兵事，萨尔浒之战经略杨镐（万历八年进士）、沈辽之战经略袁应泰（万历二十三年进士）、广宁之战经略熊廷弼（万历二十六年进士）、宁远之战经略高第（万历十七年进

---

① 《明史·方震孺传》第248卷，中华书局点校本，1974年，第6428～6429页。
② 《明熹宗实录》第21卷，天启二年四月壬午，台北历史语言研究所校勘本，1962年，第14叶。

士）、松锦之战总督蓟辽军务洪承畴（万历四十四年进士）五位大战的军事统帅，都是进士出身，全不谙军事，皆全军覆没。其中宁远袁崇焕（万历四十七年进士），未遵高第兵略，而采取"守坚城、用大炮"的兵略得以取胜。鉴于以上重大战役明军失败的教训，大学士孙承宗奏疏言："以将用兵，而以文官招练；以将临阵，而以文官指发；以武略备边，而日增置文官于幕；以边任经、抚，而日问战守于朝。此极弊也。"①

纵观明朝后期，重心学、轻实学，重理论、轻实践，重文官、轻武官，重内臣、轻朝官，导致官场高调浮言，空话连篇，如在官场，尚可混混，如在战场，幽冥昭然。

而在广宁之战的另一方，后金的兵略如何呢？

努尔哈赤的兵略，同熊廷弼的"三方布置策"、王化贞的"沿河布防策"相反。努尔哈赤的兵略是：集中兵力，纵骑驰突，里应外合，速战速决。具体说来，如下六点：

其一，选择战机。后金占领辽阳之后，等待十个月，寻找战机。这里的"战机"，主要是天、地、人。天，选在正月，隆冬寒天，河水冰封，便于渡河。地，选在西平与沙岭，前者为孤堡，利于攻坚，后者为丘地，利于野战。人，明军经、抚不和，经略有职无兵，巡抚有兵无能，且朝廷内部，互相争吵，指挥不一。

其二，集中兵力。后金与明朝，兵员的总数，后者居于绝对优势，前者则处于绝对劣势。仅就双方军队数量而言，努尔哈赤在战略上虽为劣势，在战术上却为优势。广宁之战是继萨尔浒之战、沈辽之战后，天命汗"集中兵力、各个击破"的又一典型战例。

其三，纵骑驰突。后金军队，骑兵为主，速度迅猛，冲击力大。明军如不凭城据守，而是旷野列阵，驱骑争锋，难以抵挡后金骑兵强攻。熊经略的海上舟师、王巡抚的沿河布兵，均是纸上游戏，不堪实地争战。

①《明史·孙承宗传》第250卷，中华书局点校本，1974年，第6466页。

其四，围堡打援。后金军围西平堡，熊廷弼督镇武刘渠兵两万，王化贞派闾阳祁秉忠兵一万及广宁孙得功兵，增援西平，在平阳、沙岭之间，遭后金骑兵的迎击。明军失去城堡依托，以短击长；后金发挥骑兵优长，以长击短。结果，明朝军队之精锐，尽被后金军歼灭。

其五，里应外合。举兵之要，上智用间。堡垒是最容易从内部攻破的，后金骑兵攻城，城坚池深，难以奏效，但天命汗巧于从对方营垒中寻找叛降者，孙得功"潜纳款于太祖"。孙得功降，广宁城陷，是天命汗继降抚顺李永芳之后，沈阳得计"吊桥绳断"，辽阳得计"谯楼起火"，里应外合的又一典型实例。

其六，速战速决。后金军队攻明，远离后方，孤军出击，长途跋涉，野外宿营，缺乏粮秣，不利久战。后金军出辽阳、渡辽河，在西平、围堡、野战，攻陷西平；在沙岭，打援歼灭镇武刘渠、闾阳祁秉忠的援军而获胜，进向广宁。孙得功以城降，后金军矢未离弦、兵不血刃地占领明朝辽西重镇广宁。

总之，从兵略上说，明朝广宁之失，在于主帅兵略错误；而后金广宁之得，在于统帅兵略正确。

或谓：广宁之失在于经、抚不和。诚然，经略与巡抚不和，是明朝丧失广宁的一个重要因素。但是，熊廷弼太自恃，也太愚忠。《尉缭子》曰："夫将者，上不制乎天，下不制乎地，中不制乎人。故兵者，凶器也；将者，死官也！"①将帅统兵与敌争战，胜则庙堂受赏，升官晋爵；败则降官受罚，甚至身死。将者既为死官，则应预为己置于身死之地，尔后方可不死。设如熊经略临危出关，身守广宁，胜或功罪相抵，败或捐躯殉国——七尺之躯，死得壮烈，庙堂受谥，名垂千古！何至传首九边，罪及妻孥子女。古今之人，皆悯廷弼；但于昏君，何用"愚着"！

此外，以熊廷弼而言，还有三个失误。

其一，未能集中兵力，凭城固守。熊廷弼再任经略，出关后，至右屯，"议以重兵内护广宁，外扼镇武、闾阳。乃令刘渠以二万人守镇武，祁秉忠以万人守闾阳，

---

① 《孙子·谋攻》，杜牧注，上海广益书局，1922年。

又令罗一贯以三千人守西平"。熊经略复申令曰："敌来，越镇武一步者，文武将吏诛无赦。敌至广宁而镇武、闾阳不夹攻,掠右屯饷道而三路不救援者,亦如之。"①时后金军围攻西平，熊廷弼没有集中兵力，固守广宁；而是驰檄刘渠"撤营赴援"，与敌野战。天命汗正欲诱敌出城、平原野战，熊廷弼恰中其计。熊经略未能汲取血的教训——沈阳贺世贤、尤世功，浑河童仲揆、陈策，辽阳杨宗业、梁仲善，不做坚城固守，而去平原争锋，以短击长，导致失败。

其二，未能勇赴前敌，坚守广宁。他在广宁处于危险境遇时，参议邢慎言劝急救广宁，却听从佥事韩初命之言，没有及早赴援，而是观望不前。以熊廷弼之声望、地位和权势，危难时机，坐镇广宁，可以稳定军心，不致军民溃乱。王化贞在丢弃广宁后给皇帝奏疏中也承认，他弃守广宁之前，城内守军尚有一万六千余人，"守御之具甚设，即贼至城下，未必可攻而入也"②。熊廷弼不计党争恩怨，以所带五千人共守全城，再调各堡兵马，可达三万以上，是可以坚守广宁的，或不会发生王化贞弃守广宁的严重后果。但熊廷弼计不及此，是畏敌还是要抓王化贞的笑柄？他的真实想法，是个历史之谜。

其三，未能阻敌西进，阻守宁前。熊廷弼在王化贞后撤时，不仅未加制止，反而殿后掩护其撤退。王化贞的错误是弃守广宁，熊廷弼的错误则是丢弃辽西，由此，将山海关暴露于后金面前，将京师置于极为危险的境地。熊廷弼还没见后金一兵一卒，居然闻风而退，不敢停留关外！时虽然失去广宁，还有锦州、宁远、中前、中后等多处要塞，只要稍加整顿，凭城固守，互相援应，是可以抵挡后金军攻势的。后袁崇焕孤军坚守宁远，打退努尔哈赤进攻是一史例。但熊廷弼虑不及此，竟轻率地作出决定，放弃河西大片土地，军民一体撤出关外，并把储积付之一炬，百姓膏脂，化作灰烬。

经略熊廷弼以上失误，给辽民造成深重灾难。其时，辽西兵马溃退的黑暗景

---
① 《明史·熊廷弼传》第259卷，中华书局点校本，1974年，第6079～6701页。
② 谷应泰：《明史纪事本末·熊王功罪》第4册，中华书局标点本，1977年，第1432页。

象："化贞所招西虏肆杀掠，逃军和之，难民西奔者十不得一，遗弃老幼于途，蹂躏死者相望。"①

经略熊廷弼、巡抚王化贞的兵略失误，确使熊廷弼、王化贞自取杀身之祸。熊廷弼、王化贞广宁之败，造成了辽西人民的灾难；熊廷弼之妄断撤退、王化贞之弃守广宁，则加重了辽西人民的灾难。

---

① 王在晋：《三朝辽事实录》第7卷，江苏省立国学图书馆藏本，第26叶。

五 熊王结局

广宁兵败，京师大震，经略熊廷弼、巡抚王化贞自然要承担广宁兵败的责任。但是，广宁沦陷是明朝腐烂政治的产物，天启帝和阉党却把熊廷弼等作为替罪羊。

辽东经略熊廷弼与辽东巡抚王化贞，作为天启帝其时最为信赖的辽东经、抚，负责辽西之战守。庙堂付以重托，朝野寄予厚望。熊廷弼的才望，为人们所推重，朝廷认为他经略辽西，定会抵挡后金军进犯，使局势转危为安，甚至收复辽、沈，重新占有辽东。事实完全相反，他们弃守广宁，带领军民溃退，将辽西土地、人民、城堡、粮食、财物，拱手让给后金。广宁失守之严重，天启帝为之震惊。按照明律，封疆失守，"情罪深重，国法难容"。经略杨镐三路丧师，前有戒鉴，已正刑典。熊廷弼、王化贞清楚自己的罪责及应得之刑科，广宁一弃守，化贞即上疏：本职"席蒿待罪""罪应万死"。熊廷弼也于二月初二日自山海关上奏："今辜负圣恩，已在不赦之科矣。臣回关之日，拟即槛车赴阙，以候诛戮。"但他正在安置自关外逃来的六七万溃军和数十万难民，一经办理妥帖，就"奔趋藁街，愿以身明白受法"。熊廷弼有敢于承担责任的气度，也埋下"明白受法"的伏笔。天启帝谕旨："封疆失守，熊廷弼罪将何辞？姑准戴罪守关，立功自赎。"①

然而，事情背景，极为复杂。明朝庙堂之上，不同派别，不同利益，为着不同目的，施展不同手段，围绕丢失封疆责任，而纷纷登台表演。兵科都给事中蔡思允首先发难，奏请惩治熊、王及高出、胡嘉栋等人之罪。天启帝对熊、王缓论，命他们"戴罪候处"。对先时辽沈之战逃将，此时广宁之战又为逃将的高、胡二人，令"锦衣卫拿解来京"。接着，二月十一日，大理寺少卿冯从吾、太常寺少卿董应举、太仆寺少卿何乔远合疏，要求逮捕熊、王，"以伸国法"。②十三日，天启帝旨准逮捕王化贞，将熊廷弼革职，回家听候处理。③但他没有回乡里，却留京以作应对。

熊廷弼为人刚直，树敌多，辽西兵败之后，政敌们纷纷出来打击他。兵部尚书张鹤鸣说："化贞功罪相等，廷弼有罪无功。"④多数人以"经抚功罪一体"，要求同罪处分。御史王允成等合词疏言："经、抚同罪，国法不可不正。"有的重如蓟辽总督王象乾流露"怜才"之意，也有的阁臣请求留用熊廷弼，说此人"似胜王化贞"。但是，天启帝倾向严惩熊廷弼，再也无人敢奏言将其留用，形势愈来愈变得对熊廷弼不利。

广宁明军失守之日，正是阉党猖獗之时。他们借机谋兴大狱，借严惩熊廷弼，以打击东林党人。于是，他们在"功罪一体"的名义下，审理熊、王"封疆失守案"。先是，经、抚不和，天启帝命集廷臣大议，议撤廷弼者数人，其余多请分任责成。兵部尚书张鹤鸣独言"化贞一去，毛文龙必不用命，辽人为兵者必溃，西部必解体，宜赐化贞尚方剑，专委以广宁，而撤廷弼他用"。议上，不从。命吏、兵二部再奏。时后金军逼近西平，遂罢议。朝廷"仍兼任二臣，责以功罪一体"⑤，至是，许多廷臣主张熊、王"功罪一体"。

---

① 《明熹宗实录》第19卷，天启二年二月戊辰，台北历史语言研究所校勘本，1962年，第2叶。
② 《明熹宗实录》第19卷，天启二年二月丁丑，台北历史语言研究所校勘本，1962年，第19叶。
③ 《明熹宗实录》第19卷，天启二年二月己卯，台北历史语言研究所校勘本，1962年，第12叶。
④ 谷应泰：《明史纪事本末·熊王功罪》第4册，中华书局标点本，1977年，第1434页。
⑤ 《明史·熊廷弼传》第259卷，中华书局点校本，1970年，第6702页。

四月初九日，由刑部尚书王纪、左都御史邹元标、大理寺卿周应秋等会审熊廷弼、王化贞。熊廷弼跪下言："职起田间，复起经略，原议驻扎山海，并无驻扎广宁字样！"审王化贞时，王纪、邹元标说："请过王巡抚来！"王化贞一进大堂，长跪痛哭，说："职苦职自知，一言难尽！"从袖里取出一揭投上。王纪、邹元标以"好语慰之"，并说："公必须还有在朝班之日。"他们对王没有严审，最后都站起来与王化贞"一躬而散"。①

审讯之后，奏上狱词，廷弼、化贞并论死。会审对熊、王的狱词是：

奴酋猖獗，辽阳失陷，拔化贞于监司，起廷弼于田间，畀以军旅重任，二臣被非常宠遇，宜同心戮力，誓灭此而朝食。不虞其相闹一场，挈河西拱手送奴，竟以一逃结局也。王化贞受命于败军之际，广宁危若累卵，只手撑持八阅月，人谁不怜之！但朴实不知兵，用房而反为房用，用间而反为间用。叛逆孙得功辈，日侍左右而不悟，认贼作子，声声立战；贼尚在百里之外，而弃广宁如敝屣，匹马宵遁。哀哉化贞，有忧国之心，而无谋国之智；有吞胡之志，而无灭胡之才。事已至此，安所逃罪？宜服上刑，以正厥辜。若熊廷弼，才识气魄，睥睨一世，往年镇辽而辽存，去辽而辽亡，关系匪轻。再起经略，赐剑赐蟒，侑以金帛，饯以九卿，受此异数，何以仰答眷宠？迨其初出春明，即邀有控扼山海之旨，识者已知其无意广宁矣。抵关以后，虽言我兵不宜浪战，西房不足尽信，永芳降情之叵测，广宁人心之不固，语语若持左券。独其刚愎之性，虚憍之气，牢不可破，以争毛文龙功罪一事，开衅化贞。水火之形既分，玄黄之战逐力，笔锋舌枪，相寻不已。守备之计，等闲置之，虏骑一来，错愕不知所出。飞檄催战，盖曰："胜可以成吾之名，败亦可以验吾之言也。"不知封疆大臣，破坏封疆，国有定律，百口何辞！廷弼试扪心

---

① 王在晋：《三朝辽事实录》第8卷，江苏省立国学图书馆藏本，第40～41叶。

一思：比之杨镐，更多一逃；比之袁应泰，反欠一死。若厚诛化贞，而廷弼少及于宽政，不惟无以服天下万世之心，恐无以服杨镐、袁应泰之心矣。宜用重典，以警将来！①

狱词奏入，诏旨依拟。

熊、王虽被判为死刑，但没有立即执行。熊、王入狱时，朝野党争非常激烈。时魏忠贤等必欲尽快处决熊廷弼，否则他们陷害杨涟、左光斗等人的阴谋就会败露。熊廷弼令汪文言贿内廷四万金祈缓，却事机败露。魏忠贤欲速杀廷弼，其党羽亦趣之。时大学士冯诠、顾养谦也憾慊廷弼，值侍讲之机，出呈《辽东传》，说此书为"廷弼所作，希脱罪耳"！天启帝大怒，天启五年即天命十年（1625）八月，杀熊廷弼②，籍没家产，暴尸不葬，传首九边。③廷弼长子兆珪自刭死，其母称冤。江夏④知县王尔玉去其两婢衣，鞭打四十，远近闻之，莫不嗟愤！

熊廷弼之死，时人认为："廷弼不死于封疆，而死于时局；不死于法吏，而死于奸珰也。"⑤由于杨涟、左光斗等公开对抗阉党魏忠贤，并替熊廷弼申辩，更加速了对他的处决。熊廷弼之死，却做了朝廷党争的牺牲品。熊廷弼作为一代杰出的统帅、军事家，被诬害致死，确是明朝一大损失。熊廷弼死后，辽东之镇守，更难得其人。

时王化贞尚在狱中。王化贞虽得到阉党支持，后终未逃得一死，至崇祯五年即天聪六年（1632），朝廷追论广宁失守之事，在众多廷臣的坚持下，将王化贞

---

① 《明熹宗实录》第21卷，天启二年四月壬午，台北历史语言研究所校勘本，1962年，第14～16叶。
② 《明熹宗实录》第62卷，天启五年八月壬寅，台北历史语言研究所校勘本，1962年，第22叶。
③ "九边"：即辽东镇、蓟州镇、宣府镇、大同镇、山西镇（太原镇）、延绥镇（榆林镇）、固原镇、宁夏镇、甘肃镇共九个军事重镇，合称"九边"。
④ 熊廷弼为江夏（今湖北省武汉市武昌区）人。
⑤ 谈迁：《国榷》第87卷，中华书局，1958年，第5311页。

斩于西市。

对于熊、王之死，计六奇评论："广宁事，廷弼以控扼山海而罪其西奔，然王化贞一败实为首罪，廷弼但不能收散卒固守宁前耳，惟杀化贞而戍廷弼始称平允。至于传首九边，过矣！"①

天启帝死，崇祯帝立。崇祯帝惩治阉党，魏忠贤自尽。崇祯初，考选候补工部主事徐尔一上《辨功罪疏》，为熊廷弼疏冤：

> 廷弼以失陷封疆，至传首陈尸，籍产追赃。而臣考当年，第觉其罪无足据，而劳有足矜也。广宁兵十三万，粮数百万，尽属化贞。廷弼止援辽兵五千人，驻右屯，距广宁四十里耳。化贞忽同三四百万辽民一时尽溃，廷弼五千人，不同溃足矣，尚望其屹然坚壁哉！廷弼罪安在？化贞仗西部，廷弼云"必不足仗"。化贞信李永芳内附，廷弼云"必不足信"。无一事不力争，无一言不奇中，廷弼罪安在？且屡疏争各镇节制不行，屡疏争原派兵马不与。徒拥虚器，抱空名！廷弼罪安在？②

新登大位的崇祯皇帝，没有贸然为熊廷弼平反，也没有采纳徐尔一的奏议。次年，即崇祯二年（1629）五月，大学士韩爌等人为熊廷弼翻案，追述他经略辽东的功绩与失误，认为功劳大于失误，不应处以极刑，尤其是"先以贿赃拷坐杨涟、魏大中等，作清流陷阱，既而刊书惑众，借题屈杀"。韩爌认为："臣等平心论之，自有辽事以来，诓官营私者何算！廷弼不取一金钱，不通一馈问，终日焦唇敝舌，与人争言大计"③，扶伤救败，收拾残瓯；但逸言纷纷，三起三落，借题曲死，传

---

① 计六奇：《明季北略·附记辽事》第2卷，上海图书集成印书局，光绪十三年（1887）刻本，第6叶。
② 《明史·熊廷弼传》第259卷，中华书局点校本，1974年，第6704页。
③ 韩爌：《讼冤疏》，载《熊襄愍公集》，见《明经世文编》，中华书局影印本，1962年。

首陈尸。熊廷弼之死，《明史·熊廷弼传》评曰：

> 惜乎！廷弼以盖世之材，褊性取忌。功名显于辽，亦隳于辽。假使廷弼效死边城，义不反顾，岂不毅然节烈丈夫哉！广宁之失，罪由化贞，乃以门户，曲杀廷弼，化贞稽诛者且数年。①

刑章颠倒，明祚倾危，熊廷弼做了明朝腐败政治的牺牲品。熊廷弼之死，不仅使明朝失去一位优秀的统帅，而且使后金缺少一个刚毅的对手。

后金努尔哈赤占领广宁后，铸下移民与止兵二错。

其一，移民。他自惑于占地面大，战线过长，难以防守，恐多事端，便实行空其地、移其民之策（后文另述），而未能乘胜进兵。

其二，止兵。他如乘胜进兵，直叩关门，或可创一大局面。佚名《天聪二年奏本》称："先皇帝席卷河东，正成破竹之势，怀疑中止，是皇天之所以留大明也。"②后皇太极沉重地总结当年克广宁后不进兵山海关的历史教训时言："如取广宁时，不进山海关，以致后悔。"③后皇太极又言：

> 我师既克广宁，诸贝勒将帅，咸请进山海关。我皇考太祖，以昔日辽、金、元，不居其国，入处汉地，易世以后，皆成汉俗。因欲听汉人居山海关以西，我仍居辽河以东，满、汉各自为国，故未入关，引军而返。④

但是，努尔哈赤自"七大恨"誓师后，四年之间，陷抚、清，败杨镐，取开、

---

① 《明史》第259卷，中华书局点校本，1974年，第6723页。
② 《明清史料》甲编，第1本，中央研究院历史语言研究所集刊，1930年，第48叶。
③ 《清太宗文皇帝实录》第2卷，天聪元年三月辛巳，中华书局影印本，1985年，第10叶。
④ 《清太宗文皇帝实录》第3卷，天聪元年四月甲辰，中华书局影印本，1985年，第4叶。

铁，夺沈、辽，占广、义，兵锋所向，频频告捷。天命汗努尔哈赤占领广宁，达到了他四十年戎马生涯的顶峰。

明军广宁之败，使明清争局之地，由辽东转移到辽西。此后，在二十二年之间，于关锦狭短地带，明与后金－清双方集结二十余万军队，进行了中国古代史上最激烈、最残酷、最集中、最精彩的争战。争局双方，施展谋略，极尽聪慧才智之能事。其结果，明清争局双方，不是平局言和，而是一胜一败——胜者太和金殿登极，败者退出历史舞台。

满洲崇尚骑射，重视战争。后金夺取广宁之后，又向宁远发起攻击。

第十四章 宁远之战

一 明建关宁防线

广宁兵溃报至明廷,风鹤魂惊,举朝一震;京师戒严,官民汹汹。天启帝惊慌失措,抓住首辅叶向高"衣袂而泣"。①京师的官宦们,借差出京,望眼欲穿,"苟出春明一步,即为放生之场"。会试的举子们:"上公车者,但得马首回南,胜似春风得意;点闱中者,一闻燕台选骥,不觉泣对牛衣。"②明朝局势,极为严重。

当时最为紧迫之事,就是选任得力经略,速往前线,主持军政,收拾残局。兵部尚书张鹤鸣深恐承担袒护巡抚王化贞,而化贞弃广宁逃遁之罪责,便自请行边,督师山海关。天启帝为张鹤鸣加太子太保、赐蟒玉与尚方剑。其时,明朝官兵被后金军吓破了胆,认为"入关一步,便为乐园;出关一步,便是鬼乡"。张鹤鸣心里害怕,逗留十七日,始抵山海关。抵关数月,无所作为,以病为由,辞职归里。③天启帝又升宣府巡抚解经邦为兵部右侍郎兼都察院右佥都御史、辽东经略。他为苟全性命,躲避杀身之祸,三次上疏,力辞重任。天启帝以经邦"托词避难",

---

① 张岱:《石匮书后集·孙承宗传》第8卷,中华书局,1960年,第75页。
② 王在晋:《三朝辽事实录》第9卷,天启二年五月,江苏省立国学图书馆藏本,第21叶。
③《明史·张鹤鸣传》第257卷,中华书局点校本,1974年,第6618页。

将其"革职为民,永不叙用"。于是,命会推经略,旨准就任,如再规避,重治不贷。天命七年即天启二年(1622)三月,中府会推王在晋为辽东经略。任命王在晋为兵部尚书兼都察院右副都御史,经略辽东、蓟镇、天津、登、莱等处军务。王在晋不愿就任,请求辞职。天启帝不准,令其"刻期就道"。有鉴于解经邦的教训,他不敢再辞,便走马上任。

时辽东经略驻地在山海关。山海关城建于明洪武十五年(1382),尔后增修,愈加坚固。山海关被誉为"两京锁钥无双地,万里长城第一关",有"天下第一关"之称。山海关处于辽西走廊的咽喉地带,是东北出入华北的陆上重要孔道,其军事地理地位是"内拱神京,外捍夷虏",成为蒙古、女真－满洲不可逾越的铜墙铁关。明朝自从失去广宁,自大小凌河、锦州、宁远、中前、中后等地,整个狭长辽西走廊,兵民尽撤,蜂拥进关,山海关外,几断烟火。明军撤出关外之后,原宁远以西五城七十二堡,重为蒙古喀喇沁诸部占领。山海关完全暴露在后金军事进攻面前,所以,山海关之门,系天下安危。明朝抵御后金,保卫京师,其当务之最急,在于严守山海关。明朝调集山西、陕西、四川、湖广、山东、河南、直隶等军兵驻扎山海关,到天命十年即天启五年(1625),已达官兵十一万七千八十六人,马五万九千五百匹。然而,如何防守山海关,却发生了一场大的争论。一种意见是在山海关外八里处设一重关,另一种意见则是在宁远筑城坚守。

新任辽东经略王在晋,万历二十年(1592)进士,初为中书舍人,中历监司,后迁布政使,又督河道,没有军事经历,代熊廷弼,经略辽东①,虽不懂军事,却颇为自信。广宁失守后,他曾提出守山海关,说:"臣以为守关必外有城郭为藩篱,有营屯为犄角,有烽堠以严瞭望,有哨探以通消息。关以外尚为我之地面,然后可容布置。"又说:"倘乘此际,虏骑未侵,急率兵出关,收复宁、前,徐伺机便,以图恢复,则可冀桑榆之功。"他就任辽东经略后,态度急剧转变,还未离京,就上奏章,声称:山海之防,亦艰难矣!"奴之煽惑,攻无坚城,战无劲敌。"

---

① 《明史·王在晋传》第257卷,中华书局点校本,1974年,第6625~6626页。

他还认为山海关之兵力、民心、地势均不可恃："恃兵力，而兵力不可恃；恃人心，而人心不可恃；恃地险，又不可恃。"他在另一份奏疏中，力贬山海关的战略价值，说："山海一关，不过防军民之出入，稽商旅之往来，左为山，而右为海，所以名山海，究竟则犹郡邑之城郭也。彼辽、沈、开、铁、广宁，皆东方之重镇，且望风瓦解，岂一关所能独御哉！"① 王在晋错误估计山海关的战略作用，就必然产生抚赏蒙古与再筑重城之主张。

天启二年即天命七年（1622）三月十八日，王在晋将起程赴山海关，天启帝特赐蟒衣、玉带与尚方剑，勉励他建树功勋。他抵关后不久，便提出"拒奴抚虏、堵隘守关"的兵略。这个兵略主要有两点：

其一是"抚虏"，就是由朝廷以金银笼络、羁縻蒙古。他认为"今日东事，惟抚赏西虏为第一紧要着数"。他说：俟赏事成，督臣可以还政，枢臣可以还朝。其实，此创意不是出自王在晋，而是出自蓟辽总督王象乾。王象乾在蓟门久，熟悉蒙古情性。他极力主张以金银笼络蒙古诸部。后王化贞沿用此策守广宁，结果失败。王在晋不从前车之覆汲取教训，仍坚持"抚虏"。

其二，是"堵隘"，就是在山海关外再修一座重关。其实，此创意也不是出自王在晋，而是出自蓟辽总督王象乾。王象乾告诉王在晋：利用蒙古，袭取广宁，即使"得广宁，不能守也，获罪滋大。不如重关设险，卫山海，以卫京师"②。

于是，王在晋就以"抚虏、堵隘"作为守御山海关的疏报方略。

五月，王在晋提出关门守御方略。他认为关门形势是：山海关南为海，敌人如舍骑乘舟，乘风破浪，瞬息可达；北为角山，设有逶迤边墙，峰峦高于墙垣，如敌人据高扼险，成凭高搏击之势，山海关便不能守；中为关城，欢喜岭紧抱关门，岭高于城，斗城如锅底，由上击下，则无守地。王在晋既无远略，又无胆识，主张再筑边城、兴修重城。

---

① 王在晋：《三朝辽事实录》第8卷，江苏省立国学图书馆藏本，第24叶。
② 《明史·孙承宗传》第250卷，中华书局点校本，1974年，第6467页。

其一,再筑边城。从芝麻湾①或八里铺起,再筑一边墙,约长三十余里,北绕山,南至海,把关外一片石②角山及欢喜岭等包罗在内。使之关外有关,墙外有墙,以四万人守卫,成为关门捍蔽。用人夫数万,计银百余万两。他强调:山海关外墙不筑,则关门必不可守。疏上,谕旨:"封疆事重,还悉心筹画,以计万全。"③王在晋的《三朝辽事实录》对"圣旨"的记载,却为"着该部议行"④。以上两者,颇有出入。事实上,该议并未谕准,也并未实施。王在晋见"再筑边城"之议不能实现,于是又提出"兴筑重城"之疏。

其二,兴修重城。王在晋再申筑城之议,疏请在山海关外八里铺地方修筑重城。他在《题关门形势疏》中言:"画地筑墙,建台结寨,造营房,设公馆,分兵列燧,守望相助",估算用银九十三万两。王在疏中,列举"是役也,有十二便也"。并提出兴筑八里铺重城,则"钟虡不惊,宸居永奠",辽事"最急莫尚于此"⑤。天启帝谕准,先发帑金二十万两。⑥

王在晋筑重城的做法,遭到他属下宁前兵备佥事袁崇焕、主事沈棨、赞画孙元化等人的反对,王在晋不听。袁崇焕两次奏记首辅叶向高,叶认为"此事不可臆度",分不清事情是非。大学士管兵部事孙承宗自请度边,亲赴山海关实地考察,然后再定大计。叶向高很赞成,天启帝也大喜,特加孙承宗太子太保,赐蟒玉、银币,以示隆礼。六月十五日,孙承宗受命后,带着主事鹿善继、中书舍人宋献等,前往山海关巡视。

孙承宗(1563～1638),字稚绳,高阳(今河北省高阳县)人。"貌奇伟,须

---

① 芝麻湾:又名止锚湾,位于今辽宁省绥中县万家镇,距山海关12公里。
② 一片石:又名九门口,位于今辽宁省绥中县李家堡乡,距山海关15公里。
③《明熹宗实录》第22卷,天启二年五月丙午,台北历史语言研究所校勘本,1962年,第10叶。
④ 王在晋:《三朝辽事实录》第9卷,江苏省立国学图书馆藏,"筑城"条,第25叶。
⑤ 王在晋:《三朝辽事实录》第9卷,江苏省立国学图书馆藏,第28叶。
⑥《明熹宗实录》第23卷,天启二年六月庚寅,台北历史语言研究所校勘本,1962年,第19叶。

髯戟张。与人言，声殷墙壁。"①万历三十二年（1604）成进士，授编修。天启帝即位，以左庶子充任日讲官。初，天启帝每听承宗讲授，常言"心开"，故眷注殊殷。孙承宗早在为县学生时，尝留意边郡之事，"伏剑游塞下，历亭障，穷阨塞。访问老将退卒，通知边事要害"②。至沈、辽兵败，边事危急，廷臣以承宗知兵，屡疏谏其为兵部侍郎，管辽东军事。但天启帝不愿承宗离开讲席，廷臣屡疏，不予采纳。广宁兵败，兵部尚书张鹤鸣惧罪行边，遂拜孙承宗为东阁大学士，摄理兵部，主管辽事。他上疏言："迩年兵多不练，饷多不核。以将用兵，而以文官招练；以将临阵，而以文官指发；以武略备边，而日增置文官于幕；以边任经、抚，而日问战守于朝。此极弊也。今天下当重将权，择一沉雄有气略者，授之节钺，得自辟置偏裨以下，勿使文吏用小见沾沾陵其上。边疆小胜小败，皆不足问，要使守关无阑入，而徐为恢复计。"③孙承宗从萨尔浒之战、沈辽之战、广宁之战的失败中，引出的一条覆车之鉴：择边将，重将权。这一奏疏，明确而深刻地表述了孙承宗"择边将、重将权"的军事思想。

时孙承宗受命往山海关巡视。六月二十六日，孙承宗由兵部主事鹿善继等陪同，抵山海关。孙承宗在相关人陪同下，巡察边关形势，并就关城防御问题，同王在晋进行了辩论。《明史·孙承宗传》记载这场辩论如下：

孙问："新城成，即移旧城四万人以守乎？"

王答："否，当更设兵。"

孙问："如此，则八里内守兵八万矣。一片石西北，不当设兵乎？且筑关在八里内，新城背即旧城趾，旧城之品坑地雷，为敌人设，抑为新兵设乎？新城可守，安用旧城？如不可守，则四万新兵倒戈旧城下，将开关延入乎，抑闭关以委敌乎？"

王答："关外有三道关，可入也！"

---

① 《明史·孙承宗传》第250卷，中华书局点校本，1974年，第6465页。
② 张岱：《石匮书后集·孙承宗传》第8卷，中华书局，1960年，第75页。
③ 《明史·孙承宗传》第250卷，中华书局点校本，1974年，第6466页。

孙问:"若此,则敌至而兵逃如故也,安用重关?"

王答:"将建三寨于山,以待溃卒。"

孙问:"兵未溃而筑寨以待之,是教之溃也。且溃兵可入,敌亦可尾之入。今不为恢复计,画关而守,将尽撤藩篱,日哄堂奥,畿东其有宁宇乎?"

王在晋虽然无言以对,却坚持修筑重城的主张。孙承宗出示袁崇焕给朝廷的奏疏,王在晋"始丧失色"①。孙承宗召集将吏讨论如何防守山海关,监军阎鸣泰主守觉华岛(今辽宁省兴城市菊花岛),佥事袁崇焕主守宁远卫(今辽宁省兴城市),王在晋都反对。旧监司邢慎言、张应吾等兵败逃遁在山海关,都随声附和王在晋。孙承宗以事关重大,意见分歧,没有立即做出决断,便带着袁崇焕等策骑出关,察看形势。王在晋哭求孙承宗不要冒险出关,孙重任在身,还是坚持前往关外巡视。时关外至宁远之间的五座城堡——中前所、前屯卫、中后所、中右所和宁远卫,满目凄凉,腥膻扑人。

孙承宗等到中前所,满目所见,一片凄凉,城内仅存两间破屋,井臼依然,潸然泪下。登上城楼,向东北眺望,遥见宁远形势,"天设重关,以护神京";又见宁远东南,而"觉华孤峙海中,与宁远如左右腋,可厄敌之用"②。他看中宁远是山海关的天然"重关",认为宁远与觉华"必不可不守"。他认为:不如以百万之金钱筑宁远之城,更以守八里之四万当宁远之冲;支持袁崇焕坚守宁远的意见,希望王在晋能赞成袁崇焕的建议。孙承宗同王在晋"推心告语,凡七昼夜"③,而在晋"终缩朒不应"。孙承宗知王在晋意不可夺,只能回京,别图良策。

孙承宗回京后,先同首辅叶向高交流,叶表示赞成,即上奏疏。他主张筑宁远城与觉华岛,互为犄角,彼此应援。即便没有战事,亦收复二百里疆土。不破

---

① 九龙真逸:《明季东莞五忠传·袁崇焕传》卷上,民国刻本。
② 孙铨:《高阳太傅孙文正公年谱》,第2卷。
③ 《督师纪略》第2卷,载潘喆、李鸿彬、孙方明编《清入关前史料选辑》第3辑,中国人民大学出版社,1991年,第168页。

庸人之论，辽事终不可为！几天后，他乘给天启帝侍讲之机，"极言在晋本末"，并疏奏在晋"笔舌更自迅利，然沉雄博大之未能"①。天启帝命王在晋任南京兵部尚书，八里铺修筑重城之议，随王在晋去职而作罢。明以孙承宗为辽东经略。

王在晋在山海关任职半年，毫无作为，兵未合营，将未束伍，议墙议城，不切实际。王在晋一走，山海关外防务，落在孙承宗与袁崇焕的肩上。孙承宗上任后，整顿、练兵、请饷、安民、屯田、筑城、置炮等等。其中，筑宁远坚城与置西洋大炮，下面重点论述。

---

① 《督师纪略》第 2 卷，载潘喆、李鸿彬、孙方明编《清入关前史料选辑》第 3 辑，中国人民大学出版社，1991 年，第 169 页。

二 筑宁远坚城与置西洋大炮

大学士、兵部尚书孙承宗督师蓟辽上任后,营筑宁远城与置西洋大炮,在抵御后金汗努尔哈赤,统领举国兵力进攻宁远之战中,发挥了重大而关键的、扭转军事局势与影响历史进程的作用。

其一,营筑宁远坚城。

前文已述,王在晋力主耗银百万在山海关外八里铺地方,修筑一座重城,守御山海关。袁崇焕力主在山海关外二百里至宁远,修筑宁远城。孙承宗到任后,支持并实施宁远城的修筑,并派袁崇焕担此重任。

孙承宗与袁崇焕主守关外的兵略,建成一道坚固的关(山海关)宁(远)防线,成为后来的后金-清骑兵不可逾越的障碍。直至崇祯十七年即清顺治元年(1644),清摄政睿亲王多尔衮率清军入关,仍避开宁远城。后金天命汗努尔哈赤与崇德帝皇太极,始终没能打破关宁防线。就是这道关宁防线,不仅保卫山海关免受攻击,而且在此后二十年间,基本上稳定了辽西走廊的局势。

明朝关宁防线的后劲为山海关,前锋则为宁远城。孙承宗支持袁崇焕营筑宁远城,并置西洋大炮,部署防御兵力,标志着关宁防线的初建。

孙承宗以原官督山海关及蓟、辽、天津、登、莱诸处军务。经他推荐，阎鸣泰被任命为辽东巡抚。九月初二日，孙承宗到山海关正式"视事"，首先，调整指挥系统，命将任职：以总兵官江应诏定兵制、监军袁崇焕修营房、总兵官李秉诚练火器、广宁道万有孚主采木、司务孙元化筑炮台、游击祖大寿驻觉华岛并负责粮饷与器械。孙承宗一到任，就把防务部署得井然有序。时辽东巡抚阎鸣泰被张凤翼替代，主张守关内，与承宗意见相左①。孙承宗坚持守关外，于天命八年即天启三年（1623）九月初八日，出山海关东巡，达于宁远以东。他奏报道："若失辽左，必不能守榆关，失觉华、宁远，必不能守辽左。"孙承宗的战略意图是，山海关外以宁远为重点，将沿线原有各城都恢复起来，派驻军队，层层设防，因而把山海关至宁远二百里之间镇堡收为内镇，建成关宁防线。对于山海关的防御，具有战略意义的是，他与袁崇焕布置了一条把山海关——宁远联结成一体的关宁防线。袁崇焕在孙承宗支持下，为建立关宁防线发挥了重大作用。

袁崇焕（1584～1630），字元素，生于万历十二年（1584）四月二十八日，祖籍广东东莞，落籍广西藤县。②万历四十七年即天命四年（1619）成进士，后授福建邵武知县。他为人机敏，胆壮，善骑艺，喜谈兵。史载：

崇焕少好谈兵，见人辄拜为同盟，肝肠颇热。为闽中县令，分校闱中，日呼一老兵习辽事者，与之谈兵，绝不阅卷。③

天命七年即天启二年（1622）正月，春，崇焕大计在京，他单骑出阅塞外，

---

① 《明史·张凤翼传》第257卷，中华书局点校本，1974年，第6631页。
② 袁崇焕籍贯有广东东莞、广西藤县和平南县三说，参见拙文《袁崇焕籍贯考》，载《历史研究》1982年第1期。又见拙著《燕步集》，燕山出版社，1989年。
③ 夏允彝：《幸存录·辽事杂志》第14卷，《明季稗史初编》本，第3叶。

巡历关上形势。① 回京后言："予我军马钱谷，我一人足守此。"② 时广宁已失，廷臣惶惧，崇焕请一人守关的壮语，对收拾珍宝准备南逃的朝臣，是一剂安神良药，同僚们赞叹他的胆略。在失陷广宁的第四天，御史侯恂题请破格擢用袁崇焕，疏言："见在朝觐邵武县知县袁崇焕，英风伟略，不妨破格留用。"③ 明廷授袁崇焕为兵部职方司主事，旋升为山东按察司佥事山海监军。④ 时京师文武各官，"皆缩朒不敢任，崇焕独攘臂请行"。后他在《边中送别》诗中，抒发了赴辽的雄心抱负：

　　五载离家别路悠，送君寒浸宝刀头。
　　欲知肺腑同生死，何用安危问去留。
　　策杖只因图雪耻，横戈原不为封侯。
　　故园亲侣如相问，愧我边尘尚未收。

受职后，袁崇焕上《擢佥事监军奏方略疏》。奏疏中一扫文臣武将中普遍存在的悲观、恐惧情绪，力请练兵选将，整械造船，固守山海，远图恢复。疏言："不但巩固山海，即已失之封疆，行将复之。"⑤ 袁崇焕赴任前，往见革职听勘在京的熊廷弼。"廷弼问：'操何策以往？'曰：'主守而后战。'廷弼跃然喜。"⑥ 袁、熊为图先守后战，恢复辽东方略，二人商酌竟日。袁崇焕辞别熊廷弼，策骑驰往山海关，会同经略，商度战守。

袁崇焕赴任后，先驻山海关，不久移驻中前所。又受命赴前屯安置辽人。他即夜行虎豹出没的荆棘丛林中，于天亮前入城，将士们都赞叹其胆量。王在晋深

---

① 《新明史列传·袁崇焕》，不分卷，民国抄本。
② 《明史·袁崇焕传》第254卷，中华书局点校本，1974年，第6707页。
③ 《明熹宗实录》第18卷，天启二年正月甲子，台北历史语言研究所校勘本，1962年，第21叶。
④ 《明熹宗实录》第18卷，天启二年正月甲子，台北历史语言研究所校勘本，1962年，第21叶。
⑤ 《明熹宗实录》第19卷，天启二年二月甲午，台北历史语言研究所校勘本，1962年，第21叶。
⑥ 《袁崇焕先生遗稿》，民国抄本，第19叶。

为器重他，于七月初，题为宁前兵备佥事。

王在晋在山海关外八里铺筑重城之议，是一个只图苟安、无所作为的消极防御方略。袁崇焕同王在晋相反，力主积极防御，坚守关外，屏障关内，营筑宁远，以图大举。他虽敬重王在晋，但以关外八里筑重城为非策，极力陈谏。王在晋不听，袁崇焕两次具揭于首辅叶向高。叶向高不能臆决，孙承宗自请行边，支持了袁崇焕等人的意见。

同年八月，王在晋既去，孙承宗自请督师，获允，天启帝赐尚方剑。孙启行时，阁臣送出崇文门外。孙承宗抵关，重用袁崇焕，整饬边备。先是，孙承宗驳关外八里筑重城议，召集将吏谋御守，阎鸣泰主守觉华岛，袁崇焕主守宁远城，王在晋等力持不可，但孙承宗极力支持袁崇焕的意见。孙承宗在《又启叶首揆》疏中言："门生苦令抚官，初移之中前为四十里，再移之前屯为七十里，又再移之中后为百里，又再移之宁远为二百里。"① 后孙承宗巡视关外形势，略谓：失辽左，必不能守榆关；失觉华、宁远，必不能守辽左。其疏陈守关大略言：

> 盖前屯备而关城安，宁远备而前屯益安。倘不以此计，而以一步不出关，焉守关？遂以安插辽人为强迎，遂以经营宁远为冒险。夫无辽土何以护辽城，舍辽人谁与守辽土，无宁前何所置辽人，不修筑何以有宁前，而修筑之事不一劳，何以贻永逸而维万世之安！②

孙承宗的奏疏，"得旨：览卿奏关外情形及区画防守，甚为明晰，依议；俱听卿便宜调度施行"。可见孙承宗、袁崇焕守宁护关、筑城固御、相机进取、徐图恢复的大计，得到朝廷的旨准。

天命八年即天启三年（1623）春，袁崇焕受孙承宗命，往抚蒙古喀喇沁部。

---

① 张伯桢：《明蓟辽督师袁崇焕传》，载《正风》半月刊第 7 期。
② 孙承宗：《高阳集》第 19 卷，清刻本，第 22 叶。

先是，明失广宁后，宁远以西五城七十二堡尽为喀喇沁诸部占据，明军前哨不出关外八里铺。袁崇焕亲抚喀喇沁诸部，收复自八里铺至宁远二百里；又抚循军民，整治边备，成绩卓著。秋，孙承宗从袁崇焕议，排除巡抚张凤翼、佥事万有孚等力阻，决计戍守宁远。

宁远，位于山海关外二百里，居辽西走廊中部，内拱严关，南临大海，居表里之间，扼山海要冲，"为必据必争之地"①。宁远扼辽西走廊中部咽喉之地，其东为首山连峦至海，其西为螺峰山（崆珑山）接燕山，两山之间有一狭窄隘口，经笔者实测，路宽百米，系锦州到山海关必经之路。在隘口之南侧，营筑宁远城，恰为天设之关，地控之隘。宁远城背山面海，居山海要冲，扼边关锁钥，明初属广宁前屯、中屯二卫地，宣德三年（1428），置宁远卫；五年（1430），始修卫城。城周长六里八步，高二丈五尺；池深一丈，宽二丈，周长七里八步。呈方形，有四门：东为春和、南为迎恩、西为永宁、北为广威。②景泰中，指挥韩斌重修。③嘉靖四十三年（1564），副使陈绛再修。时额定城内驻军一千二百五十余名。在明朝前期，辽西军政重点为广宁；明朝后期失陷沈阳、辽阳、广宁，宁远处于关宁防线的前沿。后金攻破广宁后，山海关成为明朝阻挡后金进军的关门，宁远的战略地位才尤为突显。但这时，宁远城垣坍塌，房舍弃毁，人逃地空，一片废墟。明朝战略家们没有认识到宁远的重要战略地位。随着明朝与后金的形势变化，这才开始为具有远见卓识的战略家们所认识。袁崇焕首先发现宁远的战略价值，展现出其卓越的军事才能。

孙承宗采纳袁崇焕议，守御宁远，命游击祖大寿兴工营筑④，袁崇焕与满桂驻守。但祖大寿臆度朝廷不能远守，便草率从事，工程疏薄，仅筑十分之一。袁崇

---

① 《明熹宗实录》第40卷，天启三年闰十月丁亥朔，台北历史语言研究所校勘本，1962年，第6叶。
② 顾祖禹：《读史方舆纪要》第37卷，上海书店出版社影印本，1998年，第37页。
③ 《宁远州志》，《辽海丛书》影印本，辽沈书社，1985年，第1叶。
④ 《全辽志》第1卷，《辽海丛书》影印本，辽沈书社，1985年，第16叶。

焕手订规制，亲自督责，军民合力，营筑宁远：

> 崇焕乃定规制：高三丈二尺，雉高六尺，址广三丈，上二丈四尺。大寿与参将高见、贺谦分督之。明年迄工，遂为关外重镇。桂，良将，而崇焕勤职，誓与城存亡；又善抚，将士乐为尽力。由是商旅辐辏，流移骈集，远近望为乐土。①

次年即天启四年（1624），重修宁远城完工②，成为关外一重镇。③

宁远城，孙承宗先疏载："又一日，过曹庄，遂抵宁远。曹庄为宁远后劲，官民自相团结五十余家。臣初以宁远去关愈远，去虏愈近，且城大而瑕，地广而荒。"④《孙文正公年谱》亦载述其前后变化云："往还绝塞，道旁多敌骑足迹。士卒皆恐，宿寨儿山，藉草而卧。风雨饥饿，与从行士共之。凡战守之具，自关门渐移前屯，自前屯渐移宁远。袁崇焕领三参将，经营宁远。而公令马世龙等三大将，更番练兵于二百里内外。简阅宁前以西，可屯之田五千余顷，官屯其半。身督将吏分买牛、种，治耕具。诸部将轮防边堡，以护屯。辽人出关者又十余万。车牛属途，轮蹄相续，城堡辐辏，如承平时。行采青之法，不复仰给于关东，省度支巨万。因煤以铸钱，因海以煮盐，因舟以贸易货物，而军需广矣。"⑤

孙承宗、袁崇焕等为构筑关宁防线，采取诸多措施：一是修筑城堡，二是驻

---

① 《明熹宗实录》第40卷，天启三年闰十月丁亥朔，台北历史语言研究所校勘本，1962年，第6叶。
② 今实测，宁远（兴城）城墙周长3274米，底宽6.5米，顶宽5.5米，高8.8米。
③ 日本神田信夫教授在《〈满洲写真帖〉所载の辽西の史迹》中记载：光绪三十一年（1905），日本内藤湖南到宁远（今兴城）考察，并拍下宁远城照片。见[日]神田信夫：《满学五十年》，刀水书房，1992年，第204～205页。
④ 《明熹宗实录》第40卷，天启三年闰十月丁亥朔，台北历史语言研究所校勘本，1962年，第2叶。
⑤ 孙铨：《高阳太傅孙文正公年谱》第3卷，清刻本。

扎军队,三是召回辽人,四是垦荒屯田,五是贸易货物,六是抚绥蒙古,七是请粮请饷,其八是置西洋大炮(后面专述)。中前所兵民已近五千人,前屯军民有六万余人,中后所兵民不下万余人,宁远兵民达五万余,总计已恢复五城十三堡,垦田五千余顷,兵民已达十余万。宁远经过袁崇焕亲率军民经营,由原先"城中郭外,一望丘墟",极度荒凉凋敝,变为"商旅辐辏,流移骈集,远近望为乐土"。宁远成为明朝抵御后金南犯的关外重镇。关外形势,顿为改观。关宁防线,初步建成。

在"以辽人守辽土,以辽土养辽人"①的战略思想下,天命九年即天启四年(1624)九月,孙承宗派总兵马世龙"偕巡抚喻安性及袁崇焕东巡广宁"②,水陆马步军一万二千人,历十三山,经右屯,又由水路抵三岔河,以都司杨朝文探盖州。袁崇焕等东巡三州、两河,相度形势,察访虚实,训练士卒,增长胆气,实为熊廷弼雪夜巡边后的又一壮举。孙承宗督师以来,为建关宁防线,定军制,建营垒,备火器,置大炮,治军储,缮甲仗,筑炮台,买马匹,采木石,练骑卒,汰逃将,"层层布置,节节安排,边亭有相望之旌旗,岛屿有相连之舸舰,分合俱备,水陆兼施"③。由是,辽东形势,为之一变。不久,袁崇焕晋升为兵备副使,再晋时升为右参政,又被吏部列为预储(后备)巡抚。④

其二,置设西洋大炮。

先是,古已有炮,以机发石。中国发明火药,并传到了国外。石炮与火药结合,出现火炮。后元得西域炮,开始有火炮。明初火炮,名目繁多。发射时,大者用车,小者用架,或者用托。嘉靖初,始有铜制佛郎机炮,重者千余斤,小者百余斤,长颈巨腹,射程百丈。火炮名目,日渐繁多。如神炮、神机炮、襄阳炮、碗口炮、旋风炮、流星炮、虎尾炮、石榴炮、龙虎炮、炮里炮、毒火飞炮、十眼铜炮、

---

① 孙承宗:《高阳集》第19卷,清刻本,第21叶。
② 《明史·马世龙传》第270卷,中华书局点校本,1974年,第6933页。
③ 茅元仪:《督师纪略》第6卷,清抄本,第1叶。
④ 《明熹宗实录》第65卷,天启五年十一月甲戌,台北历史语言研究所校勘本,1962年,第22~23叶。

三出连珠炮、百出先锋炮、铁捧雷飞炮、连珠佛郎机炮、神铳、斩马铳、木厢铜铳、碗口铜铁铳、手把铜铁铳、佛郎机铁铳、一窝蜂神机箭铳、大中小佛郎机铜铳等数十种。①但这些火器，归军器局等，属内库，太监管。不予革新，逐渐落后。到万历年间，已然不能适用于对后金军队的攻击。

明朝军队并不缺少火炮。②到万历后期，火炮的装填和发射速度都很慢，又很笨重，无法迅速转移阵地，所以明军与后金骑兵野战时，只能在开战后定点轰击，但遇到后金铁骑冲击，就难以快速做出反应，反而被后金用来进攻明朝城池。如徐光启总结万历朝使用火炮之教训言："万勿如前，列兵营、火炮于城之壕外，待兵力果集，器甲既精，度能必胜，然后与战……辽、沈丧失中外大小火铳，悉为奴酋有，我之长技与贼共之，而多寡之数，且不若彼远矣。"③明军使用佛郎机等火炮百年以来，碰到的新问题主要有二：一是火炮制造不够先进，二是火炮使用不甚得法。于此，明军在萨尔浒和沈辽两场争战大败之后，明朝一些明智士人，开始着眼于西洋大炮的引进及其使用。晚明民间对荷兰等西洋人称为"红夷"，所以时荷兰、英国等西洋商船或战舰上的大炮，便称之为"红夷大炮""西洋大炮"。西方英、法、西班牙、葡萄牙、荷兰等国崛起，先后制造或使用新式铁铸前装滑膛炮，使中国的火炮相形见绌。中国火器领先世界之势，在受到西洋大炮冲击后，

---

① 《明史·兵志四》第92卷，中华书局点校本，1974年，第2263~2266页。
② 《明熹宗实录》第20卷，第10~11叶，天启二年三月庚戌日记载：明工部自万历四十六年起至天启元年止，已发过援辽军炮枪火器总数为：天威大将军十位、神武二将军十位、轰雷三将军三百三十位、飞电四将军三百八十四位、捷胜五将军四百位、灭虏炮一千五百三十位、虎蹲炮六百位、旋风炮五百位、神炮二百位、神枪一万四千四十杆、威远炮十九位、涌珠炮三千二百八位、连珠炮三千七百九十三位、翼虎炮一百一十位、铁铳五百四十位、鸟铳六千四百二十五门、五龙枪七百五十二杆、夹靶枪七千二百杆、双头枪三百杆、铁鞭枪六千杆、钩枪六千五百杆、快枪五百一十杆、长枪五千杆、三四眼枪六千七百九十杆、旗枪一千杆、大小铜铁佛朗机四千九十架、清硝一百三十万零六千九百五十斤、硫黄三十七万六千二百八斤、火药九万五百斤、大小铅弹一千四万二千三百六十八个、大小铁弹一百二十五万三千二百个。
③ 《明熹宗实录》第10卷，天启元年五月己酉，台北历史语言研究所校勘本，1962年，第10叶。

已彻底让位于西方先进国家。万历二十九年（1601），耶稣会士利玛窦等先后来到北京传教，随之将欧洲先进的科学技术和火炮科技之信息带来京华。徐光启、李之藻等士人，"从西洋人利玛窦学天文、历算、火器，尽其术"①，所学科技新知，耳目为之一新。天命五年即万历四十八年（1620），与利玛窦交往甚密的徐光启和李之藻，率先派人到澳门，购买了四门从荷兰沉船上拆卸下来的新式火炮，称其为"红夷大炮"或"西洋大炮"。天命六年即天启元年（1621）三月，明朝连续失去沈阳和辽阳；天命七年即天启二年（1622），明朝又失去广宁。庙堂震惊，无计可施，先进士人，上疏献策，建议运用红夷大炮或西洋大炮。

红夷大炮及技术的双引进，显现出明朝爱国士人的精神、胸怀、勇气和智慧。明萨尔浒战败之后，以西学和知兵闻名的徐光启，奉旨在通州训练新兵并防御都城，他与李之藻和杨廷筠等士大夫，转而积极策划自澳门引进西洋制火炮，以抵抗女真对辽东城镇的攻占。他们安排奉教的张焘和孙学诗赴澳，并在耶稣会的协助之下，向夷商募得四门大铁炮（或是打捞自一艘荷兰沉船），且于万历四十八年即天命五年（1620），自费雇请澳门的葡萄牙籍铳师四人以及傔伴、通事六人起运来华。但因徐光启以词臣练兵，遭人议论而告病辞官，遂将炮暂置于江西，并将澳人遣还。②

此后两年间，明廷又从澳门购进了二十六门从英国沉船上拆卸下的红夷大炮。以上两次，共计买进三十门红夷大炮，"调往山海者十一门，炸者一门，则都城当有十八门"③。

随着沈阳与辽阳在天启元年即天命六年（1621）三月的相继陷落，徐光启和李之藻乃被委以襄理军务和调度军器的重责。而当时工部的虞衡司以及户部的新饷司，恰由徐光启的门生沈棨和鹿善继分别担任主事。此外，李之藻也兼管工部

---

① 《明史·徐光启传》第251卷，中华书局点校本，1974年，第6493页。
② 徐光启在天启七年之间，三次遭诋毁而去官回里。这说明一项新事物的萌生与发展是多么艰难。
③ 《明熹宗实录》第68卷，天启六年二月戊戌，台北历史语言研究所校勘本，1962年，第30叶。

郎中事。这些都是处理辽事的重要行政机构。在内外环境的配合之下，再加上朝廷有的官员支持，第一批西方铸造的大炮终在同年分两次解运至京，其中的第二门并应辽东经略熊廷弼所请而先发出关。

由于边事孔棘，而当时广东肇庆府推官兼海防同知邓士亮方打捞出几十门在阳江触礁之英国东印度公司商船独角兽号上的炮，此外，海康县亦从一艘欧洲沉船中捞得二十几门炮，故在协理戎政李宗延的建议之下，孙学诗旋即奉旨再赴广东取炮，并"选募惯造、惯放夷商赴京"。唯因保守人士的掣肘，认为夷炮可用但夷人不可用，导致解运之事一再拖延。

其时，师事徐光启习学火器和算法的孙元化，虽然会试不第，却在同乡前辈吏科给事中侯震旸和师门长辈孙承宗的协助下，入王在晋幕中担任赞画军需一职。孙元化曾向王在晋上《清营设险呈》《议三道关外造台呈》《乞定三道关山寨铳台揭》《铳台图说》等疏，深盼自己在军事方面的才学能为当朝所用。

天启二年即天命七年（1622）六月，前文已述王在晋议筑新城于山海关外的八里铺，众人力争不得。大学士、侍讲孙承宗自请阅关，返京后向皇帝面陈边事，遂罢筑新城且召还王在晋。孙承宗奉旨以原官督理山海关及蓟辽、天津、登莱等处军务。孙承宗抵关视事后，在命监军道袁崇焕"修营房"，兵部司务孙元化"相度北山南海，设奇兵于高深之间"，令兵部职方司主事鹿善继"按兵马钱粮"之同时，令沈棨和孙元化等"按军器火药钱粮"。孙元化曾奉孙承宗之命铸造西铳，但经三次试验俱轰裂，便引咎请罢，孙承宗则曰："君非冒者，但大器晚成耳。"①

上述新购进的这批红夷大炮或西洋大炮，与明朝已有火器相比，具有三个优势和特点：

第一，射程更远。红夷大炮"不以尺寸为则，只以铳口空径为则"，即炮身各部位的尺寸，如炮管长度、炮口管壁厚度等，均与炮管口径成一定比例，因而

①《督师纪略》第2卷，载潘喆、李鸿彬、孙方明编《清入关前史料选辑》第3辑，中国人民大学出版社，1991年，第177页。

弹道低伸，射程更远。

第二，射得更准。红夷大炮要架在炮架或炮台上，炮手用矩度测算距离，用铳规测算火炮的仰角，用铳尺把握弹药的装填量。这就比之前完全靠经验和目测，更加科学，所以射得更远，出现炸膛等事故的概率也降低了。

第三，威力更大。红夷大炮的炮身较长、口径较大，筒壁较厚，因此装药量多、推动力大，炮弹爆炸力也更大，因而火炮显现的威力则更加巨大。①

天启年间，红夷大炮的引进和使用，有两个特点：一是大炮与技术同时引进；二是大炮设置在城上。

其一，大炮与技术同时引进。在边事日棘的严重局势下，两广总督胡应台于天启二年即天命七年（1622），遣张焘将二十二门铁铳和四门铜铳起解，同时聘雇来自澳门的独命峨等夷目七名及通事一名、傔伴十六名随行。翌年四月，第二批西洋大炮抵京，并随即在京营内精择一百名选锋，由葡籍军事顾问传习炼药及装放之法。其中十门口径较小的铁铳，稍后由茅元仪运送出关，连同先前的那门西洋大炮，均辗转运至宁远。

其二，大炮安置在宁远城上。在宁远之战前夕，新购进的红夷大炮或西洋大炮安置在什么地方？第一种方案是安设在隘口，以挡后金来犯之军。言者谓：一旦敌军攻入，火炮岂不成为敌攻我之火器！第二种方案是安设在城下，以挡后金攻城之军。言者谓：沈阳、辽阳都是将火炮设在城壕内，两城都失陷了！第三种方案是以锻铁将各炮火门封死，敌军得了也无用。言者谓：花费巨资买炮是为了无用吗？第四种方案是安设在城上，以挡后金攻城之军。把总彭簪古建议将原在城外演武场中的十一门西洋大炮尽移入城，得到袁崇焕的支持。袁崇焕命彭簪古把红夷大炮配置在高大的城墙之上，由彭簪古率人将诸炮吊至城头各处布置。且

---

① 本节阐述，参阅了黄一农教授的《天主教徒孙元化与明末传华的西洋火炮》（1996）、《红夷大炮与明清战争——以火炮测准技术之演变为例》（1997）、《欧洲沉船与明末传华的西洋大炮》（2004）、《明末萨尔浒之役的溃败与西洋大炮的引进》（2008）等论文。

派事先经过训练了的彭簪古、金启倧、罗立等亲自操作燃放,更好地发挥了红夷大炮的威力。

这就是徐光启所言西洋诸国的"铳城"。徐光启在疏奏中言:"并依大臣原疏,建立敌台,以台护铳,以铳护城,以城护民,万全无害之策,莫过于此。"[1]在宁远之战中,将"凭坚城"与"用大炮"相结合,从而赢得明朝的"宁远大捷"。

从以上引进过程可以知道,红夷大炮和操炮技术是同时引进的,如果仅仅引进大炮,而没有掌握了操炮技术的炮手,也是徒劳。

其三,革新明军兵略。

明朝自有辽事以来,在辽东地区,明军作战,因循旧法,屡战屡败,久未改进。先是,明朝辽军,主要防御北元残余,各个部落,群骑蜂拥,抢掠财富,扰乱社会。明军骑兵,出城追击,蒙古军队,相率逃遁。明军追击,截其老弱,割级报功,或杀民割级,虚报充数。明万历时,辽东总兵官李成梁,一门兄弟子孙有五总兵、五参将,为明武将之盛,达到历史高峰。《明史·李成梁传》赞称:"成梁镇辽二十二年,先后奏大捷者十,帝辄祭告郊庙,受廷臣贺,蟒衣金缯,岁赐稠叠。边帅武功之盛,二百年来未有也。"辽东地区,蒙古衰落,女真崛起,建州为盛。建州女真努尔哈赤举兵叛明,成为明朝后期辽东一大疾患。女真先民,渔猎为业,定居生活,不同于蒙古逐水草而居,游牧为生。后金军队征战,出则为兵,入则为民,没有后勤补给,其马匹、器械、干粮自备,作战一般只能速战速决。辽军用对付蒙古的战法对待女真,在时间上、战法上都错了位。

天命三年即万历四十六年(1618),后金汗努尔哈赤犯顺,后金军矢镞,指向抚顺。后金军里应外合,夺取抚顺。明守军李永芳降,总兵张承胤战死。后金仍用此法,又夺取清河。明军本应吸取连失两城的教训,发挥己之坚城火炮的优势,遏制彼之铁骑驰突的所长,以长制短,克敌制胜。但是,明军依然如故,错误指挥重演。努尔哈赤率领八旗大军进攻沈阳,明军本应吸取事前连失抚顺、清

---

[1]《明熹宗实录》第10卷,天启元年五月己酉,台北历史语言研究所校勘本,1962年,第10叶。

河、开原、铁岭四城的殷鉴,采取凭坚城用火炮的优长,遏制后金骑兵冲突的所长,守城总兵贺世贤却喝足酒,下令放下吊桥,打开城门,率领骑兵到城外,总兵尤世功亦率军出城,同后金骑兵马颈相交,纵骑拼杀,结果贺世贤中矢落马而亡,尤世功也战死。将死兵乱,奔溃回城,遭到夹击,全军覆没。后金又以里应外合,夺取辽东重镇沈阳。同役,贺世贤、尤世功、童仲揆、陈策四员总兵阵亡!事可一,不可再。明军将帅却再而三,三而四。

在辽阳之战中,努尔哈赤采用同样战法,八旗大军围城,城外叫阵,出城野战,一决雌雄。经略袁应泰,进士出身,一介书生,没有军事经历,更无作战经验,却率军出城夜驻军营,与努尔哈赤营帐对垒。两军交锋,明军失利,袁应泰拨转马头,奔回城内,明军大乱。总兵杨宗业、梁仲善、朱万良阵亡。后金又是里应外合,夺取明朝辽东首府辽阳。

同样,在广宁之战中,明军仍是在堡、驿、岭、镇布兵,刘渠、祁秉忠两员总兵丧生疆场,而没有坚守明辽东巡抚驻地广宁。后金用同样方法,里应外合,轻取广宁。

至此,明军在五年之间,阵亡十五员总兵官。

袁崇焕在明军连续失陷抚顺、清河、开原、铁岭、沈阳、辽阳、广宁、义州,阵亡十五员总兵,伤亡数以十万计的官兵,罹难数以百万计的辽民,血与泪、灾与难的教训中,总结并创新出"凭坚城、用大炮"的兵略和战法,去迎接比上述八城更为艰苦、更为危难的宁远之战。这个艰苦与危难的根源是明朝庙堂政局,发生了巨大变化。

明朝庙堂,形势陡变。到天命十年即天启五年(1625),孙承宗与袁崇焕议,遣将率卒分据锦州、松山、杏山、右屯及大、小凌河,缮城郭,驻军队,进图恢复大计。然而,孙承宗罢去,阉党分子兵部尚书高第代为经略,明朝辽东,形势陡变。

孙承宗于天启二年即天命七年(1622),临危受命,前赴山海关,经营辽东近三年，共恢复疆土四百里，安插辽人四十万，稳定了屡战屡败的军心和民心。作为明末抗后金影响深远的重要人物，他也受到魏忠贤阉党的排挤，而于天命十年即天启五年（1625）五月去职。继任的高第旋即欲尽撤锦州、宁远等防线，并驱屯兵入关。宁前道袁崇焕坚不从命，他在城上布置了十一门西洋大炮，并由曾在京营中向葡萄牙习学燃炮的彭簪古等人负责操作。但策划引进这些大炮的徐光启、李之藻和杨廷筠等奉教士人，却均已因各种因素而于先前相继罢官。

明朝高层内部的党争，直接牵系着辽东的军事态势。魏忠贤自窃夺权柄之后，贬斥东林，控制阁部，提督东厂，广布特务，恣意拷掠，刀锯忠良，祸及封疆，败坏辽事。客、魏擅权，内结宫闱以自固，外纳阉党以淫威，天启帝则成了他们的傀儡。他们恐妃嫔申白其罪孽，矫旨赐泰昌帝选侍赵氏自尽，浸假幽裕妃张氏别宫，设计堕皇后张氏胎，又杀冯嫔、禁成妃，将天启帝妃嫔女侍尽为控制，以擅权柄威势，残害忠良朝臣。他们为使"内外大权，一归忠贤"①，安插率先附己的顾秉谦和魏广微等入阁，又将东林党的阁臣、六部尚书和卿贰以及秉宪、科道次第罢黜。天命九年即天启四年（1624）六月，正当孙承宗、袁崇焕营筑宁远、日复辽土的时候，副都御史杨涟劾魏忠贤罪疏奏上。阉党凶焰更嚣，中官聚围首辅叶向高府第。后逐吏部尚书赵南星等，东林党首辅叶向高、次辅韩爌等先后罢去，阉党顾秉谦、魏广微柄政，魏忠贤夺取内外大权。

魏忠贤专权后，因孙承宗功高权重，德劭资深，声誉满朝野，欲使其附己，令刘应坤等申明意图，嘱送金银。孙承宗刚直不阿，拒之不纳，魏忠贤由此衔恨之。孙承宗疾恶如仇，杨涟疏劾魏忠贤二十四大罪，孙承宗诗赞其"大心杨副宪，抗志万言书"②。御史李应昇奏疏挟弹阉竖，魏忠贤恚其与孙承宗同党。③十一月，魏忠贤尽逐左都御史高攀龙、左副都御史杨涟、佥都御史左光斗等。孙承宗正西巡

---
① 《明史·魏忠贤传》第305卷，中华书局点校本，1974年，第7821页。
② 孙承宗：《高阳集》第3卷，清刻本，第16叶。
③ 孙承宗：《高阳集》第3卷，清刻本，第18叶。

蓟、昌,欲抗疏阉党,请以"贺圣寿"入朝,面奏机宜,疏论魏忠贤罪端。魏广微得报,奔告魏忠贤:"枢辅拥关兵数万,清君侧,兵部侍郎李邦华为内应,公等为齑粉矣!"① 魏忠贤惶惧,到天启帝前,绕御床哭。天启帝为之心动,命内阁拟旨。次辅顾秉谦奋笔曰:"无旨离信地,非祖宗法,违者不宥。"② 午夜,开大明门,召兵部尚书入,命以三道飞骑,阻止孙承宗入觐。又矫旨命守九门宦官:"承宗若至齐化门,反接以入!"③ 孙承宗抵通州后,闻命而返。孙承宗在《高阳集》中记载请入觐不果时说:"要人欲并杀予,曰杨、左辈将以某清君侧。"④

天命十年即天启五年(1625)夏,孙承宗与袁崇焕计议,遣将分据锦州、松山、杏山、右屯及大凌河、小凌河各城,修缮城郭,派军驻守。自宁远向前,推进二百里,宁远则成为"内地"。宁远至山海关二百里,宁远至锦州又二百里,共为四百里,初步形成了以榆关为后劲、宁远为中心、锦州为前锋的关宁锦防御体系。《三朝野纪》记载:"自承宗出镇,关门息警,中朝宴然,不复以边事为虑矣。"正当孙承宗与袁崇焕组建关(山海关)—宁(远)—锦(州)防线、锐意恢复之际,阉党势力猖獗。

孙承宗于天启二年即天命七年(1622),临危受命,前赴山海关,已成绩卓然,却受到魏忠贤阉党的排挤,而于天命十年及天启五年(1625)五月去职。继任的高第旋即欲尽撤锦州、宁远等防线,并驱屯兵入关。宁前道袁崇焕坚不从命,他在城上布置了十一门西洋大炮,并由曾在京营中习学的彭簪古等人负责操作。但策划引进这些大炮的徐光启、李之藻和杨廷筠等奉教士人,却均已因各种因素而于先前相继罢官。

孙承宗返回之后,天命十年即天启五年(1625)五月,高第为兵部尚书,阉

---

① 孙铨:《孙文正公年谱》第3卷,清刻本,第14叶。
② 夏燮:《明通鉴》第79卷,天启四年十一月,中华书局标点本,1959年,第3058页。
③ 《明史·孙承宗传》第250卷,中华书局点校本,1974年,第6472页。
④ 孙承宗:《高阳集》第3卷,清刻本,第16叶。

党控制枢部。七月，魏忠贤诬杀杨涟、左光斗等于狱。时东林"累累相接，骈首就诛"①。正值魏忠贤要借机削夺孙承宗兵权时，八月②，发生马世龙柳河之败。马世龙，宁夏人，由世职举武会试，历游击、副总兵。世龙貌伟，承宗奇其人，荐充总兵官。承宗出镇，又荐世龙为山海总兵。世龙感恩承宗知遇，颇效力，与承宗定计出守关外诸城。天命九年即天启四年（1624），马世龙偕巡抚喻安性及袁崇焕东巡广宁，又与袁崇焕、王世钦航海抵盖州海滨，相度形势，扬帆而还。其时，孙承宗统士马十余万，用将校数百人。马世龙自信势强，遣师轻袭，兵败柳河。

原来马世龙误信降人刘伯漒言，遣前锋副将鲁之甲、参将李承先，率小股军队，从娘娘宫渡口过河，夜袭耀州（今辽宁省大石桥市大石桥镇耀州村），败于柳河，鲁、李战殁，死士四百人，丢马六百七十匹，弃甲六百余副。言官交章劾奏，抨劾马世龙，并及孙承宗，参劾章疏，达数十道。圣旨切责，令戴罪图功。承宗气急，连上二疏，进行自辩，并请罢官。魏忠贤拟由阉党高第代孙承宗，高第性情懦弱，不敢接受，"叩头乞免"，忠贤不听。十月，孙承宗不安其位去。孙离职前，袁崇焕深感"边事不可为"，见承宗时，痛哭流涕。明以兵部尚书高第，代孙承宗为辽东经略。

明廷不信忠臣、贤臣、能臣孙承宗，而信阉臣、庸臣、懦臣高第，这就给天命汗努尔哈赤进攻宁远提供了一个难得的历史机遇。

天命汗努尔哈赤知明经略易人，便准备亲率大军，西渡辽河，进攻宁远。

---

① 《东林纪事本末论》，民国刻本，第2叶。
② 柳河之役：《明史·孙承宗传》《明史·马世龙传》记于九月，《明熹宗实录》《明通鉴》系于九月壬子（初七日），《国榷》载为九月二十一日；但《清太祖武皇帝实录》、《满洲实录》、《清太祖高皇帝实录》和蒋良骐《东华录》均记于八月；《三朝辽事实录》记为八月二十八日；《满文老档》载为"八月初八日，驻守耀州之诸大臣，击败明军，解所获之马六百七十匹及甲胄等诸物前来"。九月当是战报到京师时间。

三 后金兵败宁远城

高第以兵部尚书经略蓟、辽，驻山海关。高第于万历十七年（1589）中进士，宦业不显①，素不知兵，胆怯无能，以谄附阉党得受封疆重任。高第曾力扼孙承宗守关外以捍关内、先固守以图恢复的积极防御方略，及抵关之后，借柳河兵败为由，下檄山海总兵马世龙，令弃关外城堡，尽撤关外戍兵。高第的守关方略是：枢辅抚镇，"各率重兵驻关，共图防守之策"。就是弃守关外疆土，退保山海关。高第完全采取不谋进取、只图守关的消极防御策略。

先是，孙承宗和袁崇焕等督率军民，在关外辛勤经营四年，缮城修堡，造炮制械，设营练兵，拓地开屯，召集流亡，请求兵饷，劳绩显著，大见成效。据《明史·孙承宗传》记载："承宗在关四年，前后修复大城九、堡四十五，练兵十一万，立车营十二、水营五、火营二、前锋后劲营八，造甲胄、器械、弓矢、炮石、渠答、卤楯之具合数百万，拓地四百里，开屯五千顷，岁入十五万（石）。"②

至是，高第同孙承宗相左，色厉内荏，畏敌如虎，折辱将士，撤防弃地。他

---

① 《明史·王洽传附高第传》第257卷，中华书局点校本，1974年，第6626页。
② 《明史·孙承宗传》第250卷，中华书局校勘本，1974年，第6472～6473页。

命尽撤锦州、右屯、大凌河、宁前等诸城守军，将器械、枪炮、弹药、粮料移至关内，放弃关外四百里。锦州、右屯、大凌河三城，为辽东明军的前锋要塞，如仓皇撤防，将使已兴工修筑的城堡弃毁，布置戍守的兵卒撤退，安顿垦耕的辽民重迁，收复二百里的封疆丢失。时管锦右粮屯通判金启倧呈照："锦、右、大凌三城，皆前锋要地，倘收兵退，既安之民庶复播迁，已得之封疆再沦没，关内外堪几次退守耶？"①袁崇焕力争兵不可撤，城不可弃，民不可移，田不可荒。他据金启倧呈照具揭言：

> 兵法有进无退，锦、右一带，既安设兵将，藏卸粮料，部署厅官，安有不守而撤之〔理〕？万万无是理。脱一动移，示敌以弱，非但东奴，即西虏亦轻中国。前柳河之失，皆缘若辈贪功，自为送死。乃因此而撤城堡、动居民，锦、右摇动，宁、前震惊，关门失障，非本道之所敢任者矣。②

他在揭言中坚信，锦州、右屯、大凌河"三城屹立，死守不移，且守且前，恢复可必"。

高第凭借御"赐尚方剑、坐蟒、玉带"③的势焰，不但执意要撤锦州、右屯、大凌河三城，而且传檄撤防宁前路（宁远卫——前屯卫），宁前道袁崇焕身卧宁远，斩钉截铁地表示：

> 宁前道当与宁、前为存亡！如撤宁、前兵，宁前道必不入，独卧孤城，以当虏耳！④

---

① 《明史·袁崇焕传》第259卷，中华书局点校本，1974年，第6708页。
② 王在晋：《三朝辽事实录》第15卷，江苏省立国学图书馆藏本，第11叶。
③ 《明熹宗实录》第64卷，天启五年十月甲申，台北历史语言研究所校勘本，1962年，第7叶。
④ 周文郁：《边事小纪》第1卷，《玄览堂丛书》本，第19叶。

高第无可奈何,只撤锦州、右屯、大凌河及松山、杏山、塔山守具,尽驱屯兵、屯民入关,抛弃粮谷十余万石。这次不战而退,闹得军心不振,民怨沸腾,死亡塞路,哭声震野。

宁前道袁崇焕既得不到兵部尚书、蓟辽经略高第的支持,又失去其座师大学士韩爌和师长大学士孙承宗的奥援,在关外城堡撤防、兵民入关的极为不利情势下,率领一万余名官兵孤守宁远,以抵御后金军的进犯。

天命汗努尔哈赤在占领广宁后的四年间,虽派兵攻夺旅顺,但未曾大举进攻明朝。这固然因天命汗忙于巩固其对辽沈地区的治理——整顿内部,移民运粮,训练军队,发展生产,施行社会改革,镇压汉民反抗。同时,更由于孙承宗、袁崇焕等防务工作井然有序,无懈可击,不敢轻发。因此,努尔哈赤蛰伏不动,等待时机。善于待机而动的努尔哈赤,曾值熊廷弼下台之机,夺占辽、沈;又值熊、王"经抚不和"之机夺取广宁;这次再值孙承宗罢去,高第撤军向关内,宁远孤守之机,决定师指宁远城,进攻袁崇焕。

后金要大举渡河的军情被明军探得。天命十一年即天启六年(1626)正月初六日,高第奏报:"奴贼希觊右屯粮食,约于正月十五前后渡河。"① 果然,后金大军渡辽河,向西扑来。此后,初十日,努尔哈赤"从十方寺出边,前至广宁临近地方打围。十二日回到沈阳。当即分付各牛鹿并降将,每官预备牛车三十辆、扒犁三十张,每达子要叭喇三双,达妇也要各备炒米三斗"②。他做好准备,便率师出征。

天命十一年即天启六年(1626)正月十四日,天命汗努尔哈赤亲率诸王大臣,统领十三万大军,号称二十万③,往攻宁远。

---

① 《明熹宗实录》第67卷,天启六年正月庚戌,台北历史语言研究所校勘本,1962年,第1叶。
② 毛承斗辑:《东江疏揭塘报节抄》第4卷,浙江古籍出版社,1986年,第65页。
③ 后金军的兵数,《明熹宗实录》第67卷,天启六年二月甲戌朔,兵部尚书王永光据山海关主事陈祖苞塘报奏称:"虏众五六万人,力攻宁远";《清太祖武皇帝实录》第4卷,第8叶称引袁崇焕言:"乃谓来兵二十万,虚也,吾已知十三万。"此据《清太祖武皇帝实录》所载数字。

十六日，至东昌堡。

十七日，西渡辽河。八旗军布满辽河以西平原，清官书称其前后络绎，首尾莫测，旌旗如潮，剑戟似林。八旗劲旅像狂飙一样，军容强盛，雄伟壮观，扑向宁远，远迩大震。

后金兵渡辽河，警报驰传明朝，举国汹汹，人心惶惶。时兵部尚书王永光"集廷臣议战守，无善策"。明经略高第和总兵杨麒，闻警丧胆，计无所出，龟缩山海，拥兵不救。如道臣刘诏等要统兵二千出关应援，高第令已发出的兵马撤回；李鼻援兵蜷缩在中后所，李平胡的援兵不满七百人，又退至中前所。所以"关门援兵，并无一至"①。袁崇焕既后无援军，又前临强敌：八旗军连陷右屯、锦州、大凌河、小凌河、松山、杏山、塔山、连山等八座城堡。原驻守军都已焚毁房舍、粮谷，撤入关内，后金兵如入无人之境，未遇任何抵抗，直奔宁远。宁远形势愈加严峻险恶，对于后金有利。

袁崇焕驻守孤城宁远，城中士卒不满二万人。但城中兵民，"死中求生，必生无死"，誓与城共存亡。他在紧急关头，上奏疏，表决心："本道身在前冲，奋其智力，自料可以当奴。"他召集诸将议战守：参将祖大寿力主未可与争锋，塞门奋死守，诸将皆赞同祖大寿之议。宁前道袁崇焕面临强敌，后无援师，临危不惧，指挥若定。他采纳诸将的议请，做了如下守城准备：

第一，制定兵略，凭城固守。宁远战前，彼己态势，强弱悬殊。袁崇焕前临强敌，后无援兵，西翼蒙古不力，东翼朝鲜无助，关外辽西，宁远孤城，故只有扬长避短，凭城固守。他尝言："守为正著，战为奇著，款为旁著。以实不以虚，以渐不以骤。"②他汲取抚（顺）、清（河）、开（原）、铁（岭）、沈（阳）、辽（阳）、西（平）、广（宁）失守之惨痛殷鉴，决意凭城而守，拼死而守，敌诱不出城，敌激不出战。宁远守略，要在固守。

---

① 《明熹宗实录》第68卷，天启六年二月丙子，台北历史语言研究所校勘本，1962年，第4叶。
② 《明熹宗实录》第84卷，天启七年五月庚辰，台北历史语言研究所校勘本，1962年，第11叶。

第二，激励士气，画地分守。袁崇焕偕总兵满桂，副将左辅、朱梅，参将祖大寿，守备何可刚，通判金启倧等，集将士誓死守御宁远。他"刺血为书，激以忠义，为之下拜，将士咸请效死"①。他命将"库银一万一千一百有奇，置之城上，有能中贼与不避艰险者，即时赏银一锭"②，以赏勇退敌。又派都督佥事、总兵满桂守东面，副将左辅守西面，参将祖大寿守南面，副总兵朱梅守北面，满桂提督全城，分将画守，相互援应。袁崇焕则坐镇于城中钟鼓楼，统筹全局，督军固守。③

第三，修台护铳，布设火炮。袁崇焕在宁远城上，实施"以台护铳，以铳护城，以城护民"④的措置。在宁远城设置西洋大炮，《明熹宗实录》载孙元化疏奏与旨批云："守关宜在关外，守城宜在城外。有离城之城外，则东倚首山，北当诸口，特建二堡，势如鼎足，以互相救。有在城之城外，则本城之马面台、四角台，皆照西洋法改之，形如长爪，以自相救。因请以本衔协佐院臣料理。夏、秋贼来则却之而后归，不则安设犄角，教练兵将，使尽其法而后归。上命速赴宁远与袁崇焕料理造铳、建台之策。"⑤孙元化疏奏之西洋大炮即红夷大炮（红衣大炮），为英国制造早期加农炮，具有炮身长、管壁厚、射程远、威力大的特点⑥，是击杀密集骑兵的强力火炮。先是，澳商闻徐光启练兵购进四门，又经李之藻购进二十六门，共三十门，其中留都城十八门，炸毁一门，解往山海十一门。用茅元仪等议，在城上设置西洋大炮，防御后金兵的南犯。遂将这十一门西洋大炮架设在宁远城上⑦，成为袁崇焕凭城用炮退敌的强大武器。敌兵逼临，袁崇焕从王喇嘛等议，撤西洋大炮十一门入城，制作炮车，挽设城上，备足弹药，训练炮手。由在京营中

---

① 《明史·袁崇焕传》第259卷，中华书局点校本，1974年，第6709页。
② 《明熹宗实录》第70卷，天启六年四月己亥，台北历史语言研究所校勘本，1962年，第33叶。
③ 《明熹宗实录》第68卷，天启六年二月丙子，台北历史语言研究所校勘本，1962年，第4叶。
④ 徐光启：《谨申一得以保万全疏》，载《徐光启集》上册，中华书局，1963年，第175页。
⑤ 《明熹宗实录》第68卷，天启六年二月戊戌，台北历史语言研究所校勘本，1962年，第30～31叶。
⑥ 王兆春：《中国火器史》，军事科学出版社，1991年，第228页。
⑦ 《颂天胪笔》，转引自计六奇《明季北略》第2卷，上海图书集成印书局本，第8叶。

受过葡萄牙人训练的孙元化、彭簪古等官员，培训炮手，加以使用。

第四，坚壁清野，严防奸细。袁崇焕令尽焚城外房舍、积刍，转移城厢商民入城，转运粮米藏觉华岛。又以同知程维楧率员稽查奸细，"纵街民搜奸细，片时而尽"①，派诸生巡守街巷路口。所以，在辽东诸城中，"宁远独无夺门之叛民、内应之奸细"②。

第五，兵民联防，送食运弹。袁崇焕令通判金启倧按城四隅，编派民夫，供给守城将士饮食。又派卫官裴国珍带领城内商民，鸠办物料，运矢石，送弹药。

第六，整肃军纪，以静待动。袁崇焕严明军纪，派官员巡视全城，命对乱自行动和城上兵下城者即杀。官兵上下，一心守城，"以必一之法，则心无不一，此则崇焕励将士死守之法。其所以完城者，亦在此"③。他又从后金细作处，获取谍报，得以为备。一切准备，就绪之后，偃旗息鼓，以静待敌。袁崇焕在紧张而有序地防御宁远，后金汗在驱骑急驰而整肃地奔向宁远，一场震惊朝野的宁远激战迫近，一幕阴云密布的战火即将爆发。

努尔哈赤统率八旗军西渡辽河之后，"如入无人之境"④，长驱直前，指向四虚无援的孤城宁远。袁崇焕缮筑之宁远城⑤，成为嬰城用炮固守、抵御后金的强固堡垒。

二十二日，袁崇焕守城部署甫定。他与几个幕僚至鼓楼，同朝鲜使臣翻译韩瑗等谈古论今，镇静如常。他先令兵民"偃旗息鼓待之，城中若无人"，待后金兵近城。

二十三日，八旗军穿过首山与崆珑山之间隘口，兵薄宁远城郊。努尔哈赤命离城五里，横截山海大路，安营布阵，并在城北扎设大营。努尔哈赤在发起攻城之前，释放被掳汉人回宁远城，传汗旨，劝投降，但遭到袁崇焕的严词拒绝。《清太祖武皇帝实录》载：

---

① 《明熹宗实录》第72卷，天启六年六月戊子，台北历史语言研究所校勘本，1962年，第17叶。
② 《明熹宗实录》第68卷，天启六年二月乙亥，台北历史语言研究所校勘本，1962年，第2叶。
③ 《明季东莞五忠传·袁崇焕传》，民国铅印本。
④ 《袁督师事迹》，道光伍氏刻本，第35叶。
⑤ 袁崇焕增筑之宁远城外城已毁，今存兴城（即宁远）之城为内城。

放捉获汉人,入宁远往告:"吾以二十万兵攻此城,破之必矣!尔众官若降,即封以高爵。"宁远道袁崇焕答曰:"汗何故遽加兵耶?宁、锦二城,乃汗所弃之地,吾恢复之,义当死守,岂有降理!乃谓来兵二十万,虚也,吾已知十三万,岂其以尔为寡乎!"①

袁崇焕拒绝努尔哈赤诱降之后,命家人罗立等向城北后金军大营,施放西洋大炮,"遂一炮歼虏数百"②。后金军不敢留此驻营,将大营移到城西。努尔哈赤见袁崇焕既拒不投降,又炮击大营,遂命准备战具,次日攻城。

二十四日,后金兵推楯车,运钩梯,步骑蜂拥进攻,万矢齐射城上。城堞箭镞如雨注,悬牌似猬皮。明军凭坚城护卫,既不怕城下骑兵猛冲,又能够躲避箭矢射击。后金军集中攻打城西南角,左辅领兵坚守,祖大寿率军应援,明军用矢石、铁铳和西洋大炮下击,后金兵死伤累累。又移攻南面,努尔哈赤命在城门角两台间火力薄弱处凿城,守城军"则门角两台,攒对横击"③。明军以城护炮,以炮护城。都司金书彭簪古指挥东、北二面大炮,罗立指挥西、南二面大炮,"从城上击,周而不停,每炮所中,糜烂可数里"④。后金兵顶炮火,用楯车撞城;冒严寒,用大斧凿城。明军发矢镞,掷礌石,飞火球,投药罐,后金兵前仆后继,冒死不退,前锋挖凿冻土城,凿开高二丈余的大洞三四处,宁远城受到严重威胁。袁崇焕在严重危机关头,身先士卒,不幸负伤,"自裂战袍,裹左伤处,战益力;将卒愧厉,奋争先,相翼蔽城"⑤。在城危之时,用芦花、棉被装裹火药,号"万人敌";又以"缚柴浇油,并掺火药,用铁绳系下烧之"⑥;又选五十名健丁缒下,用棉花火

---

① 《清太祖武皇帝实录》第4卷,原清宫内府藏,台湾广文书局影印本,1970年,第24叶。
② 茅元仪等:《督师纪略》第1卷,载潘喆、李鸿彬、孙方明编《清入关前史料选辑》第3辑,中国人民大学出版社,1991年,第14页。
③ 《明熹宗实录》第70卷,天启六年四月辛卯,台北历史语言研究所校勘本,1962年,第19叶。
④ 计六奇:《明季北略》第2卷,光绪十三年(1887)刻本,第8叶。
⑤ 《袁督师遗稿遗事汇辑》第3卷,民国铅印本。
⑥ 《明熹宗实录》第67卷,天启六年正月辛未,台北历史语言研究所校勘本,1962年,第20叶。

药等物烧杀挖城的后金兵,"火星所及,无不糜烂"。据明方塘报载:"贼遂凿城高二丈余者三四处,于是火球、火把争乱发下,更以铁索垂火烧之,牌始焚,穴城之人始毙,贼稍却。而金通判手放大炮,竟以此殒。城下贼尸堆积。"①

是日,后金军攻城,自清晨至深夜,尸积城下,几乎陷城。在激战中,袁崇焕家人罗立,因素习装放火炮之法,在守城一役中出力颇多,而通判金启倧亦曾以一炮打坏敌营一角,以致"虏乃旋退,危城得全",但他稍后却于放炮时不慎受"火伤"而死。

二十五日,后金兵再倾力攻城,城上施放炮火,"炮过处,打死北骑无算"②。后金兵惧怕利炮,畏葸不前,"其酋长持刀驱兵,仅至城下而返"③。后金兵士一面抢走城下尸体,运至城西门外砖窑焚化,一面继续攻城。但"又不能克,乃收兵"。其"攻具焚弃,丧失殆尽"。后金军二日攻城,共折游击二员,备御二员,兵五百。④ 努尔哈赤被迫停止攻城,退到西南侧离城五里的龙宫寺扎营。

二十六日,后金兵继续围城,明兵不断发射西洋大炮旁击。努尔哈赤无计可施,便改变进攻策略,命武讷格率军履冰渡海,进攻明军储存粮料的基地觉华岛(见后文)。

明朝取得宁远大捷不久,荣立首功的西洋大炮被封为"安国全军平辽靖虏大将军"⑤,其管炮官彭簪古也获加官晋职,其炮手罗立亦获授为把总。至于首批解京之四门西洋大炮中的第二位,亦被封为"安边靖虏镇国大将军"。四月,礼部奉旨差官祭宁远退奴西洋大炮。⑥ 从此,正式奠定了红夷大炮在中国军事史上的地位。

---

① 《明熹宗实录》第70卷,天启六年四月辛卯,台北历史语言研究所校勘本,1962年,第19叶。
② 张岱:《石匮书后集·袁崇焕列传》第11卷,中华书局,1960年,第91页。
③ 《明熹宗实录》第70卷,天启六年四月辛卯,台北历史语言研究所校勘本,1962年,第19叶。
④ 《清太祖武皇帝实录》第4卷,原清宫内府藏,台湾广文书局影印本,1970年,第24叶。
⑤ 《明熹宗实录》第69卷,天启六年三月甲子,台北历史语言研究所校勘本,1962年,第20叶。
⑥ 《明熹宗实录》第70卷,天启六年四月己丑,台北历史语言研究所校勘本,1962年,第17叶。

朝廷此次嘉奖以赏银来分，银五十两、四十两、三十两、二十两、十五两、十二两、十两、八两、六两共九等，一等为阉党魏忠贤、首辅顾秉谦，二等为辅臣丁绍轼、黄立极等，三等为监军太监刘应坤、胡良辅、纪用、陶文等，四等为满桂、赵率教、左辅，五等为朱梅、祖大寿，六等为何可刚、彭簪古等，七等为程维楧、金启倧等，八等、九等赏银八两或六两。① 上述赏单可以看出，庙堂阉党分子、监军太监等获得重赏，战场拼杀官将仅得低赏，这怎样激励拼命流血的官兵？

袁崇焕刚击退后金进攻，派景松和马有功，将他们从城上系下，疾驰山海关，报告经略高第战况。高第急奏报朝廷："奴贼攻宁远，炮毙一大头目，用红布包裹，众贼抬去，放声大哭。分兵一枝，攻觉华岛，焚掠粮货。"②

后金汗努尔哈赤是否在宁远之战中被红夷大炮击伤，学界存在两种不同的看法：一是没有被击伤，二是确实被击伤，历史学界，意见不一。《中国历史文献丛刊》1980 年第 1 期载孟森先生遗著《清太祖死于宁远之战不确》及商鸿逵教授附《赘言》，《社会科学战线》1980 年第 2 期载李鸿彬先生《努尔哈赤之死》等文，均对努尔哈赤在宁远城下负伤持异议。努尔哈赤在宁远负伤，为什么仅见于朝鲜记载，而不见于明朝与后金记载？下述两个问题值得研究：

于前者，宁远之役，后金汗努尔哈赤没有受伤，其根据是：

（1）袁崇焕奏报战况时并没有言及此事。

（2）明朝官方没有明确努尔哈赤被明军炮击所伤。

（3）后金官书也没有记载天命汗受伤。

（4）朝鲜李星龄其时到中国，并到宁远，缺乏史料旁证或确证。

（5）宁远之战后，努尔哈赤还统军征战蒙古。

---

① 《明熹宗实录》第 70 卷，天启六年四月辛卯，台北历史语言研究所校勘本，1962 年，第 22～23 叶。

② 《明熹宗实录》第 68 卷，天启六年四月辛卯，台北历史语言研究所校勘本，1962 年，第 4 叶。

于后者,宁远之役,后金某重要人物为明炮弹击伤。各书记载略异,现征引如下:

(1)明蓟辽经略高第奏报:"奴贼攻宁远,炮毙一大头目,用红布包裹,众贼抬去,放声大哭。"① 后来史料表明,后金军贝勒、固山的将领没有一位伤亡者。

(2)张岱在《石匮书后集》中记载:"炮过处,打死北骑无算,并及黄龙幕,伤一裨王。北骑谓出兵不利,以皮革裹尸,号哭奔去。"② 后金统帅或高官有人中伤,此人与其他事实联系起来看,此人应是努尔哈赤。

(3)朝鲜李星龄在《春坡堂日月录》中记载宁远之役较详,兹抄录于下:

> 我国译官韩瑗,随使命入朝。适见崇焕,崇焕悦之,请借于使臣,带入其镇,瑗目见其战。军事节制,虽不可知,而军中甚静,崇焕与数三幕僚,相与闲谈而已。及贼报至,崇焕轿到敌楼,又与瑗等论古谈文,略无忧色。俄顷放一炮,声动天地,瑗怕不能举头。崇焕笑曰:"贼至矣!"乃开窗,俯见贼兵,满野而进,城中了无人声。是夜,贼入外城,盖崇焕预空外城,以为诱入之地矣。贼因并力〔攻〕城,又放大炮,城上一时举火,明烛天地,矢石俱下。战方酣,自城中每于堞间,推出木槵子,甚大且长,半在堞内,半出城外,中实伏甲士,立于槵上,俯下矢石。如是层〔屡〕次,自城上投枯草油物及棉花,堞堞无数。须臾,地炮大发,自城外遍内外,土石俱扬,火光中见胡人,俱人马腾空,乱堕者无数,贼大挫而退。翌朝,见贼拥聚于大野一边,状若一叶。崇焕即送一使,备物谢曰:"老将横行天下久矣,日见败于小子,岂其数耶!"奴儿哈赤先已重伤,及是具礼物及名马回谢,请借再战

---

① 《明熹宗实录》第68卷,天启六年二月丙子,台北历史语言研究所校勘本,1962年,第4叶。
② 张岱:《石匮书后集·袁崇焕列传》第11卷,中华书局,1960年,第91页。

之期，因懑恚而毙云。①

（4）据登莱巡抚李嵩奏言："回乡张有库等口称，新年老汗于二十四日，在宁远等处攻城，不料著伤。"②

（5）袁崇焕为什么没有奏报努尔哈赤受伤？因为当时他没有得到确切相关信息可据，如果奏报失实，则有欺君之罪！

（6）从后来后金满文文献记载来看，后金贝勒、固山等要员，没有重要官员和武将在宁远之役中伤亡。

（7）《满文老档》独于宁远之败断简，应是为尊者讳。

（8）袁崇焕部将周文郁《边事小纪》今见本，又于宁远之役存目阙文，是否清代修《四库全书》时先被删后阙失？

总之，宁远之役，努尔哈赤虽在觉华岛获取小胜，并以此慰自己、慰诸臣、慰官兵、慰部民；但就总体而言，就战术而论，历史的结论是：努尔哈赤兵败宁远。明朝与后金的宁远之战，以明朝的胜利和后金的失败而结束。明朝由"宁远被围，举国汹汹"③，到闻报宁远捷音，京师士庶，空巷相庆。宁远之捷是明朝从抚顺失陷以来的第一个胜仗，是自"辽左发难，各城望风奔溃，八年来贼始一挫"④的一仗，也是"遏十余万之强虏，振八九年之积颓"的一仗。明天启帝旨称："此七八年来所绝无，深足为封疆吐气！"⑤因之，宁远与宁远大捷，对于明朝有着特殊的历史地位与政治意义：宁远，为山海之藩篱，关京师之安危，系明朝之存亡。与明相反，努尔哈赤原议师略宁远城，夺取山海关，不料败在袁崇焕手下。时袁崇

---

① [朝]李肯翊：《燃藜室记述》第6辑，第25卷，转引自潘喆、李鸿彬、孙方明编《清入关前史料选辑》第1辑，中国人民大学出版社，1984年。
② 《明熹宗实录》第70卷，天启六年四月辛丑，台北历史语言研究所勘本，1962年，第38叶。
③ 《明熹宗实录》第68卷，天启六年二月丁丑，台北历史语言研究所校勘本，1962年，第8叶。
④ 《明熹宗实录》第68卷，天启六年四月辛丑，台北历史语言研究所校勘本，1962年，第2叶。
⑤ 《明熹宗实录》第68卷，天启六年四月辛丑，台北历史语言研究所校勘本，1962年，第4叶。

焕四十二岁，初历战阵；努尔哈赤已六十八岁，久成沙场。努尔哈赤在宁远遭到用兵四十四年来最严重的惨败。对于军事统帅，最大的痛苦莫过于指挥失败。《清太祖武皇帝实录》记载努尔哈赤宁远之败时说：

> 帝自二十五岁征伐以来，战无不胜，攻无不克，惟宁远一城不下，遂大怀忿恨而回。①

明军获得宁远大捷，庙堂上下，长城内外，官民欢腾，朝廷封赏。从阉党首领魏忠贤，到管炮高手彭簪古②，明朝大张旗鼓地表彰和奖励有功人员，并封红夷大炮。三月，为明立首功的大炮："封西洋大炮为安国全军平辽靖虏大将军，其管炮官彭簪古加都督职衔从兵部覆请也。"③四月，天启帝"谕礼部差官祭宁远退奴西洋大炮"④。这就表明：红夷大炮即西洋大炮正式奠定在中国军事史上的地位。

后金骑兵在宁远城下失败，其骑兵进攻的打击点，宁远之战后由宁远城移向觉华岛。

---

① 《清太祖武皇帝实录》第4卷，原清宫内府藏，台湾广文书局影印本，1970年，第25叶。
② 《明熹宗实录》第70卷，天启六年四月辛卯，台北历史语言研究所校勘本，1962年，第19～23叶。
③ 《明熹宗实录》第69卷，天启六年三月甲子，台北历史语言研究所校勘本，1962年，第20叶。
④ 《明熹宗实录》第70卷，天启六年四月己丑，台北历史语言研究所校勘本，1962年，第17叶。

四 明军溃败觉华岛

明朝与后金进行著名的宁远之战，其主战场在宁远城，分战场则在觉华岛。①觉华岛之役，是明清甲乙之际，明朝与后金一次剧烈的军事碰撞，产生了重要的影响。

先是，明军丢失广宁，参将祖大寿拥残兵驻觉华岛上。《明史·方震孺传》记载：明朝任满在右屯等待新任的原辽东巡按方震孺，召水师帅张国卿，相与谋曰：

"今东师四外搜粮，闻祖将军在岛上，有米豆二十余万，兵十余万，人民数万，战舰、器仗、马牛无数，东师即媾得岛兵，得岛兵以攻榆关，岂有幸哉？"于是，震孺、国卿航海见大寿，慷慨语曰："将军归，相保以富贵；不归，震孺请以颈血溅将军！"大寿泣，震孺亦泣，遂相携以归，获军民辎重无算。②

---

① 《中国近八十年明史论著目录》和《清史论文索引》，均无著录觉华岛之役的专题论文。
② 《明史·方震孺传》第248卷，中华书局点校本，1974年，第6429页。

可见，觉华岛在明朝与后金的军事冲突中，占重要的地位，有特殊的作用。

觉华岛由于其具有军事冲要、囤积粮料和设置舟师三重价值，而为明辽军所必守，也为后金军所必争。

觉华岛位置冲要。觉华岛悬于辽东湾中，与宁远城相为掎角，居东西海陆中途，扼辽西水陆两津。觉华岛早在唐代，就已开发，港口著名，其北边海港，称为靺鞨口，已为岛上要港，出入海岛咽喉。辽、金时代，岛上更为开发，住户日多，且有名刹。其时岛上高僧，法名觉华，因以名岛，称为觉华岛。金亡元兴，塞外拓疆，辽西走廊，更为重要。明初北元势力强大，朱棣几次率军北征，关外地区，屡动干戈。后蒙古势力，犯扰辽东，军用粮料，储之海岛，觉华岛成为明军一个囤积粮料的基地。满洲崛兴后，觉华岛的特殊战略地位，日益受到重视。天命七年即天启二年（1622），明失陷辽西重镇广宁后，辽东明军主力，收缩于山海关。明军的山海关外防线，经略王在晋议守八里铺，佥事袁崇焕议守宁远城，监军阎鸣泰则主守觉华岛。天命八年即天启三年（1623）九月初八日，大学士孙承宗出关巡阅三百里情形，疏奏决守榆关之大略。由是，孙承宗巡视觉华岛。据孙承宗巡觉华岛的奏报称："又次日（十三日），向觉华岛，岛去岸十八里。而近过龙宫寺，地濒海而肥，可屯登岸之兵。次日（十四日），遍历洲屿，则西南望榆关在襟佩间，独金冠之水兵与运艘在。土人附夹山之沟而居，合十五沟，可五十余家。而田可耕者六百余顷，居人种可十之三。盖东西中途，水陆要津。因水风之力，用无方之威，固智者所必争也。其旧城遗址，可屯兵二万，臣未出关，即令龙、武两营，分哨觉华。而特于山巅为台，树赤帜，时眺望。时游哨于数百里外，以习风泛曲折。"①

上述奏报可见，觉华岛成为明军必守之地，有其军事地理优越因素：一是岛在辽西海湾中，控四方水陆津要；二是岛距岸十八里，严冬冰封，既便冰上运输粮料，又可凿冰为壕御守；三是岛距宁远三十里，掎角相依，互为援应；四是岛上有旧

---

① 《明熹宗实录》第40卷，天启三年闰十月丁亥朔，台北历史语言研究所校勘本，1962年，第2～3叶。

城址，有耕田、民居、淡水，可囤粮驻兵；五是岛北岸有天然港口，可泊运艘，亦可驻舟师；六是岛上山巅树赤帜、立烽堠，便联络、通信息；七是海岛安全，可作新招辽兵训练之地；八是岛港便于停靠从旅顺、登莱、天津驶来的运艘。孙承宗奏报"失辽左必不能守榆关，失觉华、宁远，必不能守辽左"。其奏报得到旨允。于是，孙承宗既经营宁远城之筑城与戍守，又经营觉华岛之囤粮与舟师。

觉华岛囤积粮料。先是，明在辽东防务，向置重兵。其兵粮马料、军兵器械，为防备蒙古与女真骑兵抢掠，或置于坚城，或储于海岛，芝麻湾、笔架山、觉华岛为明军海上囤积粮料的重地。明广宁失陷后，御守重在宁远城，粮储则重在觉华岛。觉华岛有一主岛和三小岛（今称磨盘岛、张山岛、阎山岛），共13.5平方公里，其中主岛12.5平方公里，"呈两头宽，中间狭，不规则的葫芦状，孤悬海中"①。其地貌，呈龙形，"龙身"为山岭，穿过狭窄的"龙脖"以北，便是"龙头"。"龙头"三面临海，地势平坦，北端有天然码头，停泊船只。在"龙头"的开阔地上，筑起一座囤积粮料之城。这座囤粮城，依据踏勘，简述如下："觉华岛，明囤粮城，今存遗址，清晰可见。城呈矩形，南北长约五百米，东西宽约二百五十米，墙高约十米，底宽约六米。北墙设一门，通城外港口，是为粮料、器械运输之道；南墙设二门，与'龙脖'相通，便于岛上往来；东、西墙无门，利于防守。城中有粮囤、料堆及守城官兵营房遗迹，还有一条纵贯南北的排水沟。"②觉华岛囤储的粮料，既有来自天津的漕运米，又有征自辽西的屯田粮。岛上的储粮，天命七年即天启二年（1622）二月初一日，据杨嗣昌具疏入告称："照得：连日广宁警报频叠，臣部心切忧惧。盖为辽兵将平日贪冒，折色不肯运粮，以致右屯卫见积粮料八十余万石，觉华岛见积粮料二十余万石……今边烽过河，我兵不利，百万粮料，诚恐委弃于敌，则此中原百万膏髓涂地，饷臣百万心血东流。"③此时，

---

① 安德才主编：《兴城县志》，辽宁大学出版社，1990年，第67页。
② 笔者实地踏查记录。
③ 《杨文弱先生集》第4卷，抄本，北京图书馆善本部藏，第12叶。

辽左形势陡变，明军危在眉睫。杨嗣昌具上疏时，明朝已经失陷广宁。占领广宁的后金军，乘胜连陷义州、锦州、右屯卫等四十余座城堡，并从右屯卫运走粮食五十万三千六百八十一石八斗七升①，余皆焚毁。但是，觉华岛囤储之二十万石粮料，因在海岛，赖以犹存。可见明朝储粮海岛，后金没有舟师攻取。然而，囤积大量粮料的觉华岛，对缺乏粮食的后金而言，虽没有一支舟师，亦必为死争之地。

觉华岛设置水师。明朝于觉华岛，在广宁失陷前，"独金冠之水兵与运艘在"。孙承宗出关前，如上所述"即令龙、武两营，分哨觉华"，旋有"国宁督发水兵于觉华"②。先是，"守觉华岛之议，始于道臣阎鸣泰之呈详"③。至是，经略孙承宗采纳阎鸣泰之议，以"觉华岛孤峙海中，与宁远如左右腋，可厄敌之用"④，便命游击祖大寿驻觉华。其时，孙承宗令总兵江应诏做了军事部署："公即令应诏定兵制：袁崇焕修营房；总兵李秉诚教火器；广宁道万有孚募守边夷人采木，〔督〕辽人修营房；兵部司务孙元化相度北山、南海，设奇于山海之间；游击祖大寿给粮饷、器械于觉华，抚练新归辽人。"⑤祖大寿驻军觉华岛的任务有四：一为抚练新归辽人，以辽人守辽土；二为护卫岛上囤储的粮料、器械；三为以岛上存贮粮械供应辽军所需；四为相机牵制南犯的后金军。后因宁远事关重大，采纳袁崇焕的建议，将祖大寿调至宁远。明觉华岛的水师，仍由游击金冠统领。其作用：一则守卫岛上之粮料、器械；二则配合陆师进图恢复；三则策应宁远之城守——"以筑八里者筑宁远之要害，更以守八里之四万当宁远之冲，与觉华岛相犄角。而寇窥城，则岛上之兵，旁出三岔，烧其浮桥，而绕其后，以横击之。"⑥

由上，觉华岛以其地位重要、囤积粮料和设置水师，而成为明辽军与后金军的

---

① 《满文老档·太祖》第Ⅱ册，东洋文库译注本，1956年，第498页。
② 《明熹宗实录》第40卷，天启三年闰十月丁亥朔，台北历史语言研究所校勘本，第6叶。
③ 王在晋：《三朝辽事实录》第10卷，天启二年七月，江苏省立国学图书馆藏本。
④ 孙铨：《高阳太傅孙文正公年谱》第2卷，天启三年九月初八日，清刻本。
⑤ 孙铨：《高阳太傅孙文正公年谱》第2卷，天启三年九月初三日，清刻本。
⑥ 王在晋：《三朝辽事实录》第10卷，江苏省立国学图书馆藏本，第34叶。

必据必争之地。但后金军于何时、从何地、以何法，同明辽军争夺觉华岛？这个历史的爆发点，是在天命汗努尔哈赤兵败宁远之后，而演化成的一场残酷的征战。

努尔哈赤一向刚毅自恃，屡战屡胜，难以忍受宁远兵折之耻，誓要洗雪宁远兵败之辱。他决心以攻泄愤，以焚消恨，以胜掩败，以戮震威。这正如明蓟辽总督王之臣所分析："此番奴氛甚恶，攻宁远不下，始迁戮于觉华。"①

先是，二十五日，努尔哈赤攻宁远城不下，见官兵死伤惨重，便决定攻觉华岛。是夜，后金一面派军队彻夜攻城，一面将主力转移至城西南五里龙宫寺一带扎营。其目的：一则龙宫寺距觉华岛最近，便于登岛；二则龙宫寺囤储粮料，佯装劫粮。此计确实迷惑了明军，高第塘报可以为证："今奴贼见在西南上离城五里龙官②寺一带扎营，约有五万余骑。其龙宫寺收贮粮囤好米，俱运至觉华岛，遗下烂米，俱行烧毁。讫近岛海岸，冰俱凿开，达贼不能过海。"③

但是，觉华岛明参将姚抚民等军兵，受到后金骑兵严重威胁。时值隆冬，海面冰封，从岸边履冰，可直达岛上。姚抚民等守军，为加强防御，沿岛凿开一道长达十五里的冰壕，以阻挡后金骑兵的突入。然而，天气严寒，冰壕凿开，穿而复合。姚抚民等率领官兵，"日夜穿冰，兵皆堕指"④。二十六日，后金一面派少部分兵力继续攻打宁远城；一面命大部分骑兵突然进攻觉华岛。后金军由骁将武讷格率领蒙古骑兵及满洲骑兵，约数万人⑤，由冰上驰攻觉华岛。后金军涉冰近岛，"见

---

① 《袁崇焕资料集录》上册，广西民族出版社，1984年，第27页。
② 孙承宗于天启三年闰十月丁亥奏报巡历关外情形记为"龙宫寺"，《明熹宗实录》时作"龙官寺"，时作"龙宫寺"。下同，不注。
③ 《明熹宗实录》第67卷，天启六年正月辛未，台北历史语言研究所校勘本，1962年，第20～21叶。
④ 王在晋：《三朝辽事实录》第15卷，江苏省立国学图书馆藏，第33叶。
⑤ 后金军出师觉华岛之兵数，《清太祖高皇帝实录》作"吴讷格率所部八旗蒙古、更益满兵八百"；《明熹宗实录》作"奴众数万"，又作四万。但是，天命七年即天启二年后金始设蒙古旗，至天聪三年即崇祯二年已有蒙古二旗，又至天聪九年即崇祯八年始分设八旗蒙古，故其时并无八旗蒙古。

明防守粮储参将姚抚民、胡一宁、金观①,游击季善、吴玉、张国青,统兵四万②,营于冰上。凿冰十五里为壕,列阵以车楯卫之"③。辰时,武讷格统领的后金骑兵,分列十二队,武讷格居中,扑向位于岛"龙头"上的囤粮城。岛上明军,"凿冰寒苦,既无盔甲、兵械,又系水手,不能耐战,且以寡不敌众"④;不虞大雪纷飞,冰壕重新冻合,故后金军迅速从鞑鞡口登岸,攻入囤粮城北门,攻进城中。后金骑兵驰突乱斫,岛上水兵阵脚遂乱。后金军火焚城中囤积粮料,浓烟蔽岛,火光冲天。旋即转攻东山,万骑驰冲;巳时,并攻西山,一路勇杀。后金军的驰突攻杀,受到明守岛官兵的拼死抵抗:"且岛中诸将,金冠先死,而姚与贤等皆力战而死。视前此奔溃逃窜之夫,尚有生气。金冠之子,会武举金士麒,以迎父丧出关。闻警赴岛,遣其弟奉木主以西,而率义男三百余人力战,三百人无生者。其忠孝全矣!"⑤

觉华岛争战的结局,是明军覆没而后金军全胜。此役,明朝损失极为惨重,四份资料可为力证:

其一,经略高第塘报,觉华岛"四营尽溃,都司王锡斧、季士登、吴国勋、姚与贤,艟总王朝臣、张士奇、吴惟进及前、左、后营艟百总俱已阵亡"⑥。

其二,总督王之臣查报:"贼计无施,见觉华岛有烟火,而冰坚可渡,遂率众攻觉华,兵将俱死以殉。粮料八万二千余及营房、民舍俱被焚……觉华岛兵之丧者七千有余,商民男妇杀戮最惨。与河东堡、笔架山、龙官寺、右屯之粮⑦,无不

---

① 金观:《清太祖高皇帝实录》作"观",而《清太祖武皇帝实录》、《明熹宗实录》、《明史》和《满洲实录》均作"金冠","冠"为是,而"观"为误。
② 觉华岛明军之兵数,《清太祖高皇帝实录》作"四万";《明熹宗实录》作四营、七千余人。应以后者为是。
③《清太祖高皇帝实录》第10卷,天命十一年正月庚午,原清宫内府藏,台湾广文书局影印本,1962年,第6叶。
④ 王在晋:《三朝辽事实录》第15卷,江苏省立国学图书馆藏本,第33叶。
⑤《明熹宗实录》第70卷,天启六年四月辛卯,台北历史语言研究所校勘本,1962年,第21叶。
⑥ 王在晋:《三朝辽事实录》第15卷,江苏省立国学图书馆藏本,第33叶。
⑦《明熹宗实录》天启六年正月庚午条载:"右屯储米三十万"石。

焚毁，其失非小。"①

其三，同知程维楧报："虏骑既至，逢人立碎，可怜七八千之将卒，七八千之商民，无一不颠越糜烂者。王鳌，新到之将，骨碎身分；金冠，既死之樣，俱经剖割。囤积粮料，实已尽焚。"②

其四，《清太祖高皇帝实录》载："我军夺壕口入，击之，遂败其兵，尽斩之。又有二营兵，立岛中山巅。我军冲入，败其兵，亦尽歼之。焚其船二千余，并所积粮刍，高与屋等者千余所。"③

此役，觉华岛上明军七千余员名和商民七千余丁口俱被杀戮；粮料八万余石和船二千余艘俱被焚烧，主岛作为明朝关外后勤基地亦被摧毁。同时，后金军也付出代价，明统计其死亡二百六十九员名。④

明辽军在宁远城获胜，在觉华岛惨败；后金军在宁远城惨败，在觉华岛获胜。其胜其败，略做论析。

---

① 《明熹宗实录》第 70 卷，天启六年四月辛卯，台北历史语言研究所校勘本，1962 年，第 20～21 叶。
② 王在晋：《三朝辽事实录》第 15 卷，江苏省立国学图书馆藏本，第 33 叶。
③ 《清太祖高皇帝实录》第 10 卷，天命十一年正月，中华书局影印本，1986 年，第 6 叶。
④ 《明熹宗实录》第 70 卷，天启六年四月辛卯，台北历史语言研究所校勘本，1962 年，第 21 叶。

五 明金胜败的兵略

明朝与后金在宁远城和觉华岛的争战，结果是双方各一胜一败。斯胜斯败，兵略得失，均有短长。

宁远之战，后金之所以大败、明朝之所以大捷，其原因方面诸多而又错综复杂。

在政治方面，后金进攻宁远的战争，已由统一女真各部、反抗民族压迫的正义战争，变成为掠夺土地人民、争夺统治权力的不义战争，因而遭到辽东汉民的强烈反对。尤其是努尔哈赤对辽沈地区汉民的错误政策，引起后金与明朝辖区两方辽民的不满和恐惧，从而促使宁远军民拼死抵御后金军的进犯。所以，人心向背是袁崇焕获胜与努尔哈赤失败的一个基本因素。

于军事，三年之间，后金兵没有大的野战，额真怠惰，兵无斗志，器械不利[①]；忙于整顿内务，未作军事准备。明朝袁崇焕却在积极备战，修筑坚城，整械备炮，训练士马，组成关宁防线。后金打了一场兵家最忌的无准备之仗。

于策略，以往后金向明进行攻坚战，在坚城深堑之前，炮火矢石之下，多以诱敌出城，歼其主力，或以智取力攻，里应外合而获胜。这次袁崇焕坚壁清野，

[①]《满文老档·太祖》上册，中华书局译注本，1990年，第694页。

婴城固守,又"纵街民搜奸细",在宁远城里,"无夺门之叛民,内应之奸细"①。努尔哈赤以劳赴逸,以主为客,以骑攻城,以箭制炮,引诱而敌军不出城,派谍而城中不内应。后金军以短击长,终至败北。

于思想,后金军居于劣势,努尔哈赤思想僵化,骄傲轻敌;明军处于优势,袁崇焕群策群力,小心谨慎。后金刘学成在奏陈中分析道:"汗自取广宁以来,马步之兵,三年未战,主将怠惰,军无战心,车梯、藤牌朽坏,器械不利。汗视取宁远甚易,故天劳苦。"②努尔哈赤犯了骄师必败的错误。明军则正如天启皇帝指出:"袁崇焕血书誓众,将士协心,运筹师中,调度有法,满桂等捍御孤城,矢心奋勇。"故能"首挫凶锋"③。明军官兵同心,上下一致,众志成城,夺得胜利。

于指挥,天命汗在宁远的对手已然不是纸上谈兵的经略袁应泰,也不是浪言求宠的巡抚王化贞,而是杰出的将领袁崇焕。袁崇焕在宁远之役中,"委任专,事权一"。但这不是经略高第委任的,而是袁崇焕拼死争得的。在宁远之战中,袁崇焕婴城固守,凭城用炮,调度得体,指挥有方,确胜过老谋深算的后金军统帅努尔哈赤一筹。

于武器,明军已使用最新式的武器红夷大炮,而八旗兵照旧袭用弓箭刀戈。后金兵的进攻,被袁崇焕凭坚城、用洋炮所击败。袁崇焕说:"虏利野战,惟有凭坚城以用大炮一著。"④宁远获捷,使红夷火炮声名大噪,明廷封一门红夷大炮为"安国全军平辽靖虏大将军"。事实证明,明朝引进、购买和仿制的红夷大炮,在袁崇焕守卫宁远之战中,火力突显,威力强大,发挥了重大的作用,扮演着

---

① 《明熹宗实录》第68卷,天启六年二月乙亥,台北历史语言研究所校勘本,1962年,第2叶。
② 《满文老档·太祖》第Ⅲ册,东洋文库译注本,1958年,第1069页。
③ 《明熹宗实录》第67卷,天启六年正月癸酉,台北历史语言研究所校勘本,1962年,第21叶。
④ 《明熹宗实录》第79卷,天启六年十二月己未,台北历史语言研究所校勘本,1962年,第19叶。

重要的角色。①

当然，上述诸因素中任何孤立的一项，都不是后金宁远之败的必然因素。努尔哈赤的悲剧在于，他对上述条件的整合及其变化，尤其是对明军的指挥与武器这两个重要因素的变化，没有起码的认识，结果以己之短击彼之长，铸下了历史性错误。

红夷大炮是中国军事史上出现的最新武器，也是明军装备中的最新因素。明军首次在宁远之战中使用红夷大炮，并获得成功。本来在明朝，"中国长技，火炮为上"。据统计，从万历四十六年（1618）至天启元年（1621）的三年之间，明朝发往辽东前线的将军炮、灭虏炮、虎蹲炮、旋风炮、威远炮、佛朗机等共有二万二千一百四十四门（位），数量之多，实属惊人。但明军火炮在对后金军作战中，没有发挥它的应有威力。这是因为火炮的射程近、威力弱，又没有同城墙结合。前此明军同后金军作战，出城布阵，野地争锋，火器列前，步骑在后。双方交战之时，明兵先放火炮。后金铁骑冲突，飞驰而来，冲过火力；有时明兵"火器不点，贼骑已前"，其结果往往是明军炮弹落在八旗骑兵后面，后金骑兵冲来，火炮失去作用。明军宁远之战的胜利，是袁崇焕凭坚城、用洋炮的胜利。这里有两个因素：一是用红夷大炮，二是使城炮结合。通过宁远之战，袁崇焕认识到红夷大炮的重要价值。他说："辽左之坏，虽人心不固，亦缘失有形之险，无以固人心。兵不利野战，只有凭坚城用大炮一策。"② 他从抚顺、清河、开原、铁岭、沈阳、辽阳、西平、广宁诸城兵败失陷中认识到：旷野厮杀，明军所短；凭城用炮，明军所长。所以，"凭坚城、用大炮"是明军以长击短、克敌制胜的法宝。应当说，徐光启、孙元化等人提出"以炮护城、以城护民"的战术思想，而袁崇焕将这一战术思想应用于作战实践。由是袁崇焕形成"凭坚城、用大炮"的守城战术，首

---

① 黄一农：《欧洲沉船与明末传华的西洋大炮》第75本，台北历史语言研究所集刊，2004年，第3页。
② 《明史·袁崇焕传》第259卷，中华书局点校本，1974年，第6711页。

次实战，获得胜利。

相反，努尔哈赤的悲剧在于，根本没有认识到宁远运用新式武器红夷大炮，也没有认识到袁崇焕"凭坚城、用大炮"的守城战术。后金军队毫无顾忌，蜂拥攻城，遭到城上红夷大炮轰击，死伤惨重。后金在军事上犯了以己之短，攻彼之长的错误。后金军的长处是平原野战，铁骑驰突，迅速机动，速战速决。朝鲜人李民寏说，后金"铁骑奔驰，冲突蹂躏，无不溃败"[①]。努尔哈赤没有认识到明军战术武器和战术思想的重大变化，继续使用旧的武器和旧的战术。出乎他意料之外，铁骑冲到城下，遇到红夷大炮，遭到轰击，碰壁而返。明兵坚守城池，施用大炮，改变了守城战术，以对付后金骑兵。努尔哈赤却没有看到这个新的变化，仍用旧的武器、旧的战术，进攻宁远，吃了大亏，铸成大错，兵败城下。

同样，觉华岛之役，后金之所以大胜、明朝之所以大败，其原因也是方面诸多而又错综复杂的。

努尔哈赤虽在宁远城失败，却在觉华岛获胜。在觉华岛之役中，明军恰恰没有凭坚城、用大炮，后金军则发挥了骑兵争锋、野战驰突的优长。

觉华岛之役是古代战争史上因势而变、避实击虚的典型范例。仅就后金军之得与明辽军之失，略述如下。

第一，天命汗释坚攻脆。从已见史料可知，努尔哈赤此次用兵，亲率倾国之师，长驱驰突，围攻宁远，志在必克。然而，事与愿违，围城强攻，兵败城下。努尔哈赤蒙受四十四年戎马生涯中，最惨重的失败，最惨痛的悲苦。然而，努尔哈赤能在极端不利的困境里，在极度恼怒的氛围中，因敌情势，察机决断，释坚攻脆，避实击虚。《孙子兵法》云：

夫兵形象水，水之行，避高而趋下；兵之胜，避实而击虚。水因地

---

① [朝]李民寏：《建州闻见录》，日本天理大学图书馆藏玉版书屋本，第40叶。

而制行，兵因敌而制胜。故兵无成势，（水）①无恒形。能因敌变化而取胜者，谓之神。②

努尔哈赤从多年戎马经历中，深知《孙子兵法》中的上述用兵之道：水流必避高趋下，兵胜要避实击虚；水因地之倾仄而制其流，兵因敌之虚懈而取其胜；水无常形，兵无常势，临敌变化，方能取胜。努尔哈赤其时面临着两个可供选择的攻击点：一个是宁远城，另一个是觉华岛。宁远城明军城坚、池深、炮利、死守，觉华岛明军则兵寡、械差、冰封、虚懈。于是，努尔哈赤在宁远城攻坚失利态势下，依据情势，临机决断，避其固守之宁远城，捣其虚懈之觉华岛。他以少部分兵力围宁远城，佯作攻城，以迷惑守城之敌；而以大部分兵力攻觉华岛，突然驰击，以猛捣虚懈之敌。明人指出，其"共扎七营，以缀我师，不知其渡海也"①。甚至袁崇焕当时也做出"近岛海岸，冰俱凿开，贼不能过海"④的疏忽判断。努尔哈赤利用严冬冰封的天时，又利用海岛近岸的地利，复利用官兵愤恨的士气，再利用骑兵驰突的长技，乘觉华岛明军防守虚懈、孤立无援之机，出其不意，乘其无备，围城袭岛，避实攻虚，集中兵力，驰骑冲击，速战速决，大获全胜。天命

---

① 《孙子兵法》各本作"兵无常势，水无常形"。但银雀山汉墓竹简《孙子兵法》即汉简本《孙子兵法》作"兵无成执（势），无恒刑（形）"。吴九龙《孙子校释》曰："汉简本此句以'兵'为两'无'之主语，言兵既无常势，又无常形。唯上文一言'水之行避高而趋下'，又言'水因地而制行'，汉简本皆作'行'，而不作'形'。故此句之'形'无'水'字，而将'行'字属之于'兵'。故今依汉简本，且删'水'字。"此注臆断也，因为：第一，银雀山汉简本《孙子兵法》，仅为汉代《孙子兵法》之一种版本，虽实属珍贵，却屡有衍、脱，此为一例，故不能以此定谳。第二，各本俱有"水"字，不宜轻率删削之。第三，"形"与"行"字在古汉语中，同音通假，故"形"字属之于"水"。第四，此段话凡四句：首句"水"与"兵"并列，以"水"喻"兵"；次句亦"水"与"兵"并列，亦以"水"喻"兵"；再句首为"故"字，即此句承上二句小结，亦应"水"与"兵"并列；末句为结论。所以，"水"字砍削不当。
② 吴九龙主编：《孙子校释》，军事科学出版社，1990年，第102页。
① 王在晋：《三朝辽事实录》第15卷，江苏省立国学图书馆藏本，第33叶。
④ 王在晋：《三朝辽事实录》第15卷，江苏省立国学图书馆藏本，第37叶。

汗努尔哈赤转宁远城之败，释攻其坚；为觉华岛之胜，转攻其脆，可谓释坚攻脆，乘瑕则神。这是战争史上避实击虚的典范战例。

第二，明水师攻守错位。明失广宁后，议攻守之策，应以守为主，无论城池，抑或岛屿，均应主守，而后谈攻。明廷赋予觉华岛水师的使命，着眼于攻，攻未用上，守亦未成。觉华岛明军应当主守，是其时关外双方军力对比与岛上水师特质所规定的。以后者言，岛上明朝水师登岸，不能对抗后金骑兵。登岸之水兵，舍舟船，无辎重，失去依恃，弃长就短；陆上之骑兵，速度快，极迅猛，机动灵活，冲击力大——登岸之明朝水兵对抗陆上之后金骑兵，是注定要失败的。但是，明廷重要官员对此缺乏认识。先是，大学士孙承宗纳阎鸣泰主守觉华之议后，言"今边防大计"为"曰守、曰款、曰恢复"，其"进图恢复，则水师合东，陆师合北，水师〔陆〕之间，奇一正一，出没无端"①，赋予觉华岛水师以进图恢复的水上重任。他认为：后金骑兵不会从水上攻岛，岛上水师又负重任，故应加强岛之地位："而又于岛之背设台，以向其外，则水道可绝。盖大海汪洋，虽可四达，而辽舟非傍屿不行。虏固不以水至，即以水亦望此心折。且三门之势，若吸之应呼，无论贼不能从水旁击，即由陆亦多顾盼也。"②孙承宗断言后金不以舟师从水上攻觉华岛，却未料后金会以骑师从冰上攻觉华岛。王在晋和孙承宗相左，看到觉华岛水师之局限："若谓觉华犄角，岛去岸二十里，隔洋之兵，其登岸也须船，其开船也待风。城中缓急，弗能救也；水步当骑，弗能战也。岛驻兵止可御水中之寇，弗能遏陆路之兵。"③

时至天命十一年即天启六年（1626）正月二十三日，署协理京营戎政兵部右侍郎阎鸣泰仍无视王在晋的上述意见，谏言宁远制敌之策："制敌之策，须以固守

---

① 《明熹宗实录》（梁本）第39卷，天启三年十月丁亥，台北历史语言研究所校勘本，1962年，第2～3叶。
② 《明熹宗实录》第40卷，天启三年闰十月丁亥朔，台北历史语言研究所校勘本，1962年，第3叶。
③ 王在晋：《三朝辽事实录》第10卷，江苏省立国学图书馆藏本，第56叶。

宁远为主，但出首山一步即为败道。而首山左近如笔架、皂隶等山险隘之处，俱宜暗伏精兵、火炮，以待贼来，慎勿遽撄其锋，惟从旁以火器冲其胁，以精兵截其尾；而觉华岛又出船兵遥为之势，乘其乱而击之，此必胜之著也。"①阎鸣泰此策，得旨"俱依拟着实举行"。此策得遂，明朝关外孤城宁远必为后金据有，萨尔浒之役杜松吉林崖兵败和刘綎阿布达里冈兵殁，沈辽之役沈阳贺世贤和辽阳袁应泰出城迎敌失其精锐而城破身亡，都是例证。而觉华岛出水师以击敌，此亦非必胜之着。此策着眼于攻，疏失于守，攻守错位，致攻未出师，而守亦败没。

第三，觉华岛防守虚懈。觉华岛之功能，主要是作为明军关外囤储粮料、器械的后勤基地。应以此作为重点，而进行防御部署。先是，广宁之役，频传警报，前车之鉴，应引为训。杨嗣昌疏稿称："昨接户科抄出户科都给事中周希令一疏，内言觉华等岛粮食，宜勒兵护民，令其自取无算，余者尽付水火。未出关小车与天津海运，不可不日夜预料速备等因。奉圣旨：该部作速议行。"②上引疏稿为天启二年即天命七年（1622）二月初六日，而后金军已于上月二十三日占领广宁，但兵锋未至觉华岛。同年十二月，岛上游击金冠水兵一千二百七十六员名，参将祖大寿辽兵八百七十五员名，共二千一百五十一员名。后祖大寿及其辽兵调出，又增加水兵，达七千余员名。这些水师，责在防守。如将觉华岛作为水师基地，应时出击，或作策应，则不现实。因为觉华岛不具备水师基地的地理条件，且岛上水兵用于对付后金骑兵，不宜登陆作战，即使登陆绕击，失去所长，暴露所短，以短制长，兵家所忌。觉华岛的水师应重于防守，却防守疏漏。如囤粮城守军集于岛上山巅——东山与西山，距离囤粮城较远。驻兵虽可居高临下，却不利于急救囤粮城之危。这就使得囤粮城防守虚懈，难以抵御后金军的突击。后金骑兵骤至，守军营于冰上，凿冰为壕，摆车列阵，布设官兵，以作防卫。但时逢隆冬，所凿冰壕，开而复封。致使后金骑兵横行无阻，直捣囤粮城。明军既侥幸于广宁之役

---

① 《明熹宗实录》第67卷，天启六年正月丁卯，台北历史语言研究所校勘本，1962年，第7叶。
② 《杨文弱先生集》第4卷，抄本，北京图书馆善本部藏，第13叶。

觉华岛免遭兵火，又迷信于宁远之役觉华岛天设之险。然而，宁远不是广宁，历史不会重演。后金骑兵避宁远之实，而击觉华之虚。觉华岛明军全部覆灭，吞下防守虚懈之苦果。

第四，明庙堂以胜掩败。明朝觉华岛兵败，胜败乃兵家常事；但吃一堑，需长一智。明觉华岛兵败之后，蓟辽总督王之臣疏报称："此番奴氛甚恶，攻宁远不下，始迁戮于觉华。倘宁城不保，势且长驱，何有于一岛哉！且岛中诸将，金冠先死，而姚与贤等皆力战而死，视前此奔溃逃窜之夫，尚有生气。"①诚然，奏报明军固守宁远之功绩，褒扬觉华死难官兵之英烈，昭于史册，完全应当。但是，胜败功过，理宜分明，既不能以胜掩败，也不能以功遮过。王之臣身为蓟辽总督，对觉华岛之败，未作一点自责。大臣搪塞，朝廷则敷衍。朝廷旨准兵部尚书王永光疏奏："皇上深嘉清野坚壁之伟伐，酬报于前；而姑免失粮弃岛之深求，策励于后。"②于是，满朝被宁远大捷胜利气氛所笼罩，有功将卒，加官晋爵；伤亡军丁，照例抚恤；内外文武，论功升赏。但是，于明军觉华岛之败，朝廷、兵部、总督、经略、巡抚以至总兵，未从整体上进行反思，亦未从战略上加以总结，汲取教训，鉴戒未来。对待失败的态度，是吸收殷鉴，还是掩盖搪塞，这是一个王朝兴盛与衰落的重要标志。明廷失辽（阳）、沈（阳），陷广（宁）、义（州），杀熊廷弼，逮王化贞，只作个案处置，并未深刻反省。因而，旧辙重蹈，悲剧重演，一城失一城，一节败一节，结果，明廷江山易主，社稷倾覆。

觉华岛之役，明军变宁远城之胜为觉华岛之败，后金军化宁远城之败为觉华岛之胜，实为历史之偶然。但是，偶然之中，蕴涵必然。觉华岛之役表明，后金在失败中升腾，明朝则在胜利中降落。这一偶然的觉华岛之役，应是明朝与后金多年争斗结局的历史征兆。

宁远之战，使刚刚建立的关宁防线初步经受住了考验，证明明军坚守城池，

---

① 《明熹宗实录》第70卷，天启六年四月辛卯，台北历史语言研究所校勘本，1962年，第21叶。
② 《袁崇焕资料集录》上册，广西民族出版社，1984年，第28页。

使用大炮，城炮有机结合，发挥火器威力，是阻止后金强大攻势的有效手段。明朝方面所使用的武器与战术的改变，已经带有近代战争的特点，反映了军事技术和战略战术的新的进步。

第十五章 修好东邻朝鲜

一 历史恩怨

建州与朝鲜，仅鸭绿江、图们江、珲春江的一水之隔，虽彼此为邻、互相往来，却关系复杂、恩怨纠结。建州同朝鲜的关系，《明史·朝鲜传》记载：

> 朝鲜，箕子所封国也。汉以前曰朝鲜。始为燕人卫满所据，汉武帝平之，置真番、临屯、乐浪、玄菟四郡。汉末，有扶余人高氏据其地，改国号曰高丽，又曰高句丽，居平壤，即乐浪也。已，为唐所破，东徙。后唐时，王建代高氏，兼并新罗、百济地，徙居松岳，曰东京，而以平壤为西京。其国北邻契丹，西则女直，南曰日本，元至元中，西京内属，置东宁路总管府，尽慈岭为界。①

上引文字，所列史实，为明、清官方的历史观点。朱元璋建立明朝后，朝鲜与明朝的关系，发生了重大的变化。这不仅影响到明朝与朝鲜的关系，而且影响到建州同明朝的关系。

---

① 《明史·朝鲜传》第320卷，中华书局点校本，1974年，第8279页。

明初，高丽国王为王颛，时明太祖朱元璋登极称帝，建立明朝，王颛派遣使臣到应天（今南京），上表恭贺，且请封。朱元璋遂遣使去该国王京，赐金银、诰文，封王颛为高丽国王。后赐"六经""四书""通鉴"等典册。洪武七年（1374），朝鲜权相李仁人杀王颛，立其宠臣辛肫之子辛禑。后经曲折，到洪武十八年（1385），朱元璋派遣使臣往朝鲜，"诏颁诰于高丽国，封王禑为高丽国王"①。其时，明朝与朝鲜的关系密切，于两国发生的问题，彼此理解，通过协商，获得解决。

洪武二十一年（1388），高丽大将李成桂发动政变，废国王辛禑，以其子辛昌继之。洪武二十二年（1389），李成桂废国王辛昌，而立定昌国院君王瑶。二十四年（1391），李成桂再废王瑶，自立为王。二十五年（1392），李成桂值明太祖朱元璋太子朱标薨逝之机，派使奉表慰哀，并请更改国号。此事，《明太祖实录》记载：

> 高丽权知国事李成桂欲更其国号，遣使来请命。上曰："东夷之号，惟朝鲜之称最美，且其来远矣！宜更其国号曰'朝鲜'。"②

从此，朝鲜之国名，不仅出现在朝鲜的史册上，而且书写在明清的史册上。而后，明朝与朝鲜，在有明一代，邦交友好，往来不断，年节贡使，络绎于路。特别是在抗倭援朝期间，更是唇齿相依，共铸友邦情谊。是役，明朝付出了巨大代价，《明史·朝鲜传》记载：

> 自倭乱朝鲜七载，丧师数十万，糜饷数百万。③

---

① 《明太祖实录》第174卷，洪武十八年七月甲戌，台北历史语言研究所校勘本，1962年，第3叶。
② 《明太祖实录》第223卷，洪武二十五年闰十二月乙酉，台北历史语言研究所校勘本，1962年，第5叶。
③ 《明史·朝鲜传》第320卷，中华书局点校本，1974年，第8299页。

历代朝鲜国王,对于大明皇朝,守信义,贯始终。正是由于明朝与朝鲜保持这种宗主友邦的关系,一方面决定了朝鲜对后金和努尔哈赤的政治态度、既定政策和历史走向,另一方面决定了后金和努尔哈赤对朝鲜既恩又怨、既战又和的特殊政策。

本来,建州与朝鲜友好相处,彼此交往,互通有无,史有传统。如建州的渔猎、采集、农耕、纺织等经济,需同朝鲜互通有无。明朝对女真,尤其是对建州女真,常以停止贡市相要挟、作制裁。女真发展农作,离不开铁铧、铁犁、耕牛、农具,需要从朝鲜进口。挖采人参,在深山老林,往往越界;而朝鲜参民,也时有越界。建州衣服奇缺,有时从死人身上剥脱衣服,带回穿用。后来军队进入长城内掳掠,掳获的衣服是其一项重要的战利品。日常用的纸张,歉收时的粮食,生活中的食盐等,都是女真生活的必需品。因为朝鲜对建州女真的关系受到明朝的影响,政策时松时紧,马市时开时关,影响着后金与朝鲜双方的关系。努尔哈赤曾亲自派人,携带貂皮等物,前往朝鲜,以物易物,进行交换。但是,建州与朝鲜的关系,交相纠结,既恩又怨,主要表现在:

第一,罹难纠缠,惊动朝廷。前已述斡木河之变突发后,猛哥帖木儿与其长子权豆（阿谷）等死于兵难,其子董山（童仓）被掳,部破、寨焚、人亡、屋毁,已然无法继续在斡木河地区生活下去。在此危难之际,朝鲜未予安抚、救济,反而借机对猛哥帖木儿之弟凡察、之子董山（童仓）等返回明朝,加以搅扰、阻挠、限制和纠缠。后董山（童仓）被赎回,凡察、董山（童仓）等经明朝皇帝允准,先后率领受难的部民,迁移到鸭绿江西岸,今辽宁怀仁一带居住。由是,在猛哥帖木儿家族的子孙中,留下在朝鲜的几片不甚愉快的旧影。

第二,遇事协商,友好往来。早在万历二十三年（1595）,建州女真人越境采参,被朝鲜边将斩杀。努尔哈赤表示气愤,双方关系紧张。朝鲜为缓和局势,一面表示严惩边将,一面遣使建州修好。朝鲜派南部主簿申忠一到建州佛阿拉（费阿拉）。努尔哈赤隆重接待申忠一,双方紧张态势,得到暂时缓解。申忠一为刺探情报,沿途所经，绘制地图，并就见闻，分条记载，附于图后，而成为《建州纪程图记》，向其国王进呈。《建州纪程图记》是研究努尔哈赤兴起初期建州社会的珍贵第一手资料。万历二十四年（1596），朝鲜派官员二人，随明朝官员，总计二百人，到达建州，受到努尔哈赤的隆重礼遇，盛情接待，以示友好。史载：

> 丙申年二月，大明国遣官一员，高丽国亦遣官二员，从者共二百人来。太祖令部兵尽甲，亲迎至妙弘廓地界，接入大城，以礼相叙。公事毕，辞别而去。①

第三，助明攻剿，结下仇怨。成化年间，明军攻剿建州，朝鲜出兵助剿，李满住父子、部众，以及董山（童仓）暨部众等，遭到明朝军与朝鲜军的夹攻，李满住父子蒙难，屯寨被焚毁，部民遭劫杀，董山（童仓）也被明朝杀害。建州三卫部民，所受劫难，百年难复。李满住、凡察、董山（童仓）的后裔，为了部族复仇，在鸭绿江畔，边境袭扰，时隐时现，时静时动，经常不断。建州女真骚扰、抢掠辽东和朝鲜边境地区民众的财产、牲畜、人口、粮食，明朝接到的奏报，朝鲜收到的咨文，接二连三，频繁不断。

第四，日本侵朝，出兵相助。万历年间，日本发兵侵略朝鲜，朝鲜八道尽失，两京陷没，国王出逃避难，生民遭受涂炭。此时，努尔哈赤正值统一海西女真扈伦四部之时，毅然向明朝兵部尚书石星申请出兵朝鲜，攻打倭寇。同时，努尔哈赤咨文朝鲜，表示出兵支援。由于明朝和朝鲜双方，虽急需努尔哈赤的军队，却顾及建州力量壮大，尾大不掉，因而明朝没有允诺努尔哈赤的请求，朝鲜也没有理会努尔哈赤的善意。努尔哈赤的善意和善举，遭到拒绝，未能实现。但是，朝鲜深记明朝恩德，久久不忘。

---

① 《清太祖武皇帝实录》第 1 卷，万历二十四年（1596）二月，原清官内府藏，台湾广文书局影印本，1970 年，第 34 叶。

我国之于天朝，有君臣父子之恩义，若非皇恩，壬辰之恢复，未可为期也。……况再造东韩之恩，何可忘也。①

　　总之，从猛哥帖木儿以降，建州同朝鲜的历史恩怨，成为努尔哈赤制定对朝鲜政策的一个历史借鉴。后金与朝鲜的现实利益与矛盾，直接影响着努尔哈赤同朝鲜亦友亦敌的关系。

---

① [朝]《李朝仁祖大王实录》第10卷，三年十月庚寅，日本学习院东洋文化研究所刊，1959年，第18叶。

二 现实敌友

努尔哈赤建立后金,进而攻取抚顺,公然叛明,而明是朝鲜宗主国,因此,后金同明朝、同朝鲜的政治关系,发生了根本性的变化——既是同明朝关系的转折点,也是同朝鲜关系的转折点。

努尔哈赤对朝鲜总的策略是:集中力量,对付大明皇朝,争取朝鲜中立,力求避免腹背受敌。具体分析,如下几点:

第一,尽管朝鲜出兵助明攻打后金,努尔哈赤仍然在取胜后,通使朝鲜,希望睦邻。天命四年即万历四十七年(1619)三月,在前述萨尔浒大战中,朝鲜派姜弘立为元帅、金景瑞为副帅,统领一万三千军队,会同明军,攻剿赫图阿拉。战争的结果,明军大败,姜弘立率全军投降。

三月初七日,后金取得萨尔浒大战胜利的八旗军队,回到赫图阿拉,庆功封赏,分配财物。时过十四天即三月二十一日,努尔哈赤借此事件,令朝鲜降将、翻译等四人,携带"七大恨"书文,通使朝鲜,没有扬威,而是解释,讲明事因,希望睦邻。史书记载:

书曰:"昔者金、元二国之主,并三四国,归于一统。虽如此亦未得享国长久,吾亦知之。今动干戈,非吾乐举,因明国欺凌已甚,故兴此兵。吾自来若有意与明国结怨,穹苍鉴之。今天之眷顾我者,岂私我而薄明国耶?亦不过是者是、非者非,以直断之,故祐我而罪明国。尔兵来助明国,吾料其非本心也,乃因尔国有倭难时,明国曾救之,故报答前情,不得不然耳!昔者金大定帝时,有朝鲜官赵惟忠,以四十余城叛附。帝曰:"吾征徽、钦二帝时,尔朝鲜王不助宋,亦不助金,是中立国也。"遂不纳。由此观之,吾二国原无仇隙。今阵擒尔官十员,特念尔王故留之。继此以往,结局惟在王矣!且天地间国不一也,岂有使大国独存,令小国皆亡耶?吾意明朝大国,必奉行天道。今违天背理,欺凌我国,横逆极矣,王岂不知?又闻明国欲令子侄主吾二国,辱人太甚。今王之意以为吾二国原无衅隙,同仇明国耶,抑以为既助明国,不忍背之耶?愿闻其详。①

努尔哈赤的态度还是争取朝鲜,希望其在后金与明朝之间,或倾向后金,或保持中立。但是,事过两个多月,朝鲜国王以平安道观察使朴烨的名义,回书后金。朝鲜回书,坚持奉明事大的国策,不守中立政策。努尔哈赤的意愿,碰到挫折。因此,努尔哈赤回书朝鲜国王李倧,再次申明立场,遣使于朝鲜国王,书曰:

遗朝鲜国王书曰:满洲国汗致书于朝鲜国王,如仍助大明,则已不然。有辽人济江而窜者,可尽反之。今辽东官民,已削发归降。其降官俱复原职,汝若纳我已附之辽民而不还,异日勿我怨矣。②

这一来一往的文书,既埋下后来双方关系逐渐恶化的种子,并埋下而后双方

---

① 《满洲实录》第5卷,中华书局影印本,1986年,第82～85叶。
② 《清太祖武皇帝实录》第3卷,原清官内府藏,台湾广文书局影印本,1970年,第40叶。

战争的根因。

第二，战后关系，极力调整。天命六年即天启元年（1621）三月，努尔哈赤夺占沈阳、又陷辽阳，先迁都辽阳，后迁都沈阳。虽后金与朝鲜的关系，发生了历史性变化；但努尔哈赤仍望争取朝鲜在明朝与后金之间中立。然而，朝鲜国王仍然倾向明朝，拒绝中立。这就加剧了双方的紧张关系。朝鲜之所以如此，是因为朝鲜国王李倧，自推翻光海君政权、取得王位以来，推行"事大主义"政策，就是尊明帝为宗主，奉明朝正朔，既不保持中立，更不依靠后金。在此基本政策下，同明总兵毛文龙联系密切。

毛文龙，浙江钱塘（今杭州）人。少不羁，为乡曲所轻，走塞外，潦倒行间者十余年。① 明失广宁，收集辽民，拉起队伍，抵御后金。

毛文龙做出一件惊人的举动，就是镇江（今辽宁省丹东市振安区九连城镇）辽民反抗后金的严重事件。此事，《满洲实录》记载：

> 镇江中军陈良策，与民潜通于明海岛大将毛文龙，令堡外民呐喊，诈言敌来，城中人闻之皆溃，良策乘乱执城守游击佟养真②，杀其子佟丰年，并从者六十人，叛投毛文龙。其汤站、险山二堡民，亦执守堡官陈九阶、李世科以叛。③

此事，《明熹宗实录》也做了记载：

> 初，辽抚王化贞，遣都司毛文龙，率二百二十余人，由海东规取镇江，

---

① 谷应泰：《明史纪事本末·毛帅东江》第4册，中华书局标点本，1974年，第1461页。
② 《清史稿·佟图赖传》："养真改曰养正，避世宗嫌名也。"为避雍正帝胤禛名讳，佟养真改名为佟养正。
③ 《满洲实录》第7卷，中华书局影印本，1986年，第33～34叶。

至朝鲜弥串堡，侦知伪署游击佟养真，抄杀黄嘴、商山等处，城中空虚。时右卫生员王一宁，往朝鲜借兵适回，文龙延与共计，令千总陈忠乘夜渡江，潜通镇江中军陈良策为内应，夜半袭擒养真及子松年等贼党六十人，收兵万人，旧额兵八百人，南卫震动。①

毛文龙部将乘虚袭杀后金镇江守将，获得胜利。上报巡抚王化贞，又呈奏朝廷，后明授毛文龙为总兵官、左都督、挂将军印、赐尚方剑，设军镇于皮岛。皮岛又称东江，"在登、莱大海中，绵亘八十里，不生草木，远南岸，近北岸，北岸海面八十里即抵大清界，其东北海则朝鲜也"②。岛上之兵，本是辽河地区人民，自辽沈失陷后，辽民逃入岛中众多。毛文龙笼络逃难辽民，收其为兵，分布哨船，既接朝鲜，又联登州，遂成为一股势力。皮岛之事，由此而起。

镇江事件引发明朝与后金双方回响：明朝拟大举而动（后未实行）；后金则进行报复。努尔哈赤得报后，命四贝勒皇太极、二贝勒阿敏率领官兵三千，迁移镇江沿海居民于内地；又命大贝勒代善、三贝勒莽古尔泰领兵二千，迁移金州居民到复州。

尔后，毛文龙以皮岛做基地，逼迫朝鲜供应军需，多次举兵，袭击后金，屡遭失败。这就直接影响了后金与朝鲜的关系。天命六年即天启元年（1621）十一月十八日，努尔哈赤命二贝勒阿敏率军，渡过鸭绿江，攻剿毛文龙。史载：

> 命二王领兵五千，渡镇江入朝鲜地，欲剿毛文龙兵至镇江。连夜入朝鲜境，杀刘游击兵一千五百，文龙仅以身免。乃还。③

---

① 《明熹宗实录》第13卷，天启元年八月丙子，台北历史语言研究所校勘本，1962年，第9叶。
② 《明史·袁崇焕传》第259卷，中华书局点校本，1974年，第6715页。
③ 《清太祖武皇帝实录》第3卷，原清宫内府藏，台湾广文书局影印本，1970年，第42～43叶。

毛文龙在当时、在尔后、在现今，都是一个有争议的人物。《明史纪事本末》纂者评论说："毛总兵灭敌则不足，牵敌则有余。"① 对毛文龙的功过，不仅在国内，而且在朝鲜，都有不同的评论。如朝鲜知事李廷龟，借资政殿讲《孟子》时，对仁祖李倧曰：

（毛）都督不修兵器，不炼军士，少无讨虏之意，一不交战而谓之十八大捷，仅获六胡而谓之六万级，其所奏闻天朝，无非欺罔之言也。②

毛文龙对朝鲜的骚扰，使得朝鲜军力益损，仓廪益虚，社会益困，百姓益贫。

（毛将）既伪陈擒斩欺罔皇上，又虚辞恐吓诈瞒本国，肝肺毕露，明若观火……毛将十余万众，及老弱男妇，仅数十万，糊口之资，皆取办于本国，而以贸贩为名，令本值相当。生之者寡，食之者众。一人之耕，十人之食，民益贫而仓廪益虚。③

朝鲜对毛文龙和后金，处于极为矛盾的状态：一方面，毛文龙为明朝皇帝任命的总兵官，而明朝又是朝鲜的宗主国，且朝鲜在日军侵略最危急时刻，明军相助，所以于情于理不能拒绝毛文龙；另一方面，毛文龙不断向朝鲜索粮索饷，进行骚扰，也为朝鲜所不满。同时，朝鲜又要同明朝结盟，防御后金势力越境而受到威胁。然而，后金不能容忍毛文龙，于是，再度出兵越境，攻打毛文龙。天命九年即天启四年（1624）八月，努尔哈赤再次命将出兵，追击毛文龙。史载：

---

① 谷应泰：《明史纪事本末·毛帅东江》第4册，中华书局标点本，1974年，第1453页。
② [朝]《李朝仁祖大王实录》第12卷，四年四月丙戌，日本学习院东洋文化研究所刊，1959年，第28叶。
③ [朝]《李朝仁祖大王实录》第12卷，四年四月丙戌，日本学习院东洋文化研究所刊，1959年，第28叶。

帝闻毛文龙兵渡朝鲜义州城西鸭绿江，入岛中屯田，命整白旗固山副将冷格里，镶红旗固山游击兼副将事兀善，领兵一千，往袭之。于途中获一谍者，诘之告曰："昼则渡江，入岛收获；夜则敛兵过江，宿于义州西岸。"冷格里连夜领兵，从于山僻处前进，遂隐伏至天明，料大明兵已渡江，遂纵兵前进。大明侦探未及举炮传烽，冷格里即渡夹江①，突至其岛。大明兵将大惊，俱抛戈溃走。冷格里等于陆地，掩杀五百余人，其余夺船渡江，皆溺死。冷格里等尽焚其粮而回。②

努尔哈赤的上述两次出兵，主要目的是追剿毛文龙，可进则进，可止则止，事有分寸，行有进止。因而，没有殃及朝鲜，可谓亦理亦节。

---

① 夹江，为镇江的支流；镇江，为鸭绿江的支流。
②《清太祖武皇帝实录》第4卷，原清宫内府藏，台湾广文书局影印本，1970年，第15叶。

三 兼顾理节

在后金天命时期,朝金双方关系,发生了根本变化。此期,以三件大事为主轴,影响了后金与朝鲜的关系。这三件大事是:其一,朝鲜助明出兵,官兵全部降金;其二,毛文龙驻朝鲜,双方关系纠结;其三,朝鲜韩润投降后金,后续影响巨大。朝鲜出兵助明、支持毛文龙,前面已述,本节阐述重点,在于韩润投金及其而后后金与朝鲜关系的变化。

先是,在努尔哈赤兴起之时,李朝宫廷政争正在激化。朝鲜与努尔哈赤兴起及天命时期对应的国王是宣祖李昖(在位四十一年)后期、光海君李珲(在位十四年)和仁祖李倧(在位二十六年)初期。朝鲜王位交替,宫廷内讧,政局动荡,乱事迭起。特别是李倧登位的第二年(1624),也就是李适(适)发动政变之年,努尔哈赤不仅统一女真诸部,而且已经占领沈阳和辽阳,并攻破广宁,据有辽河东西土地。其时,朝鲜对明朝与后金的关系,政见分歧,极为严重:一种政见是宣祖李昖实行"事大主义"政策,即奉大明为宗主国,用明朝正朔(即纪年);另一种是光海君实行"两面睦好"政策,在明朝与后金之间维持"两面平衡",尤其是同后金维系睦邻之邦。仁祖李倧继位之初,无视后金强大并巩固的事实,也无视努尔哈赤已占据辽东的态势，却实行所谓"仁祖反正"，就是恢复到宣祖李昖时期的"事大主义"政策，也就是"亲明背金"的政策。其表现是：不仅因出兵萨尔浒而双方关系日趋紧张并趋向恶化，而且因支持毛文龙，进而导致朝鲜韩润、韩义投奔努尔哈赤，以至于导致皇太极两次出兵朝鲜，即丁卯之役和丙子之役，于朝鲜和后金关系，有着根本性的重大而深远的影响。

早在朝鲜发生壬辰战争期间，宣祖李昖退到鸭绿江畔的义州（今新义州），立李珲为世子，在国内奉宗庙、社稷。李昖既没有立嫡子永昌君李㦙，也没有立长子临海君李珒，而是立了自己恩宠和信任的李珲为世子，且奏报明朝而迟迟不被承认，这就埋下了日后朝鲜宫廷斗争的祸根。李珲作为世子，直到李昖病故前，长达十余年，未得明朝册立。李昖病故，朝鲜国陪臣李好闵等二十三员到北京，赍进表笺、方物，为其故王李昖告讣、请谥。因在其丧期，而使臣辞宴、不开市、受颁赏，而返回。李珲的世子与嗣立，均未得到明朝万历皇帝的册封。此事，《明神宗实录》记载：

> 礼科给事中胡忻题：朝鲜国王李昖两子，临海君珒居长、光海君珲居次，今国王即世，其妃金氏为次子请封，光海君珲业以署国事，告讣。夫使该国安陋承舛不禀，俟我天朝则可废置，自繇诚秉礼慕义，惟天朝之命是听，安得不以典礼相要束，而骨肉相怨，梯之祸哉。上曰："立国以长，万古纲常。该国素称礼义之邦，岂可擅行废立！移文该国耆老大臣，会同军民人等，秉公详议，临海何以当废，光海何以当立，万口一辞，然后奏请定夺。"①

明朝礼部遵旨经过查询后奏议：从既定事实出发，册封光海君李珲为朝鲜国王。史载：

---

①《明神宗实录》第445卷，万历三十六年四月壬午，台北历史语言研究所校勘本，1962年，第7叶。

礼部言：朝鲜次子袭封，已经多官勘实，臣部疏请，不啻再三，伏望亟涣纶音，以信令甲。得旨：舍长立少，原非纲常正理，但临海君既已久废，光海君臣民共推，情有可亮，且事在夷邦，姑从其便，准与册封，其差官照隆庆元年例行。①

李昖病故后，李珲继位，是为光海君。光海君继位后，请明册封。明万历帝以"立国以长，万古纲常"为由，疏请再三，一再慎重，拖而不决，直到万历三十七年（1609）二月，才派官前往朝鲜册封光海君。

予故朝鲜国王李昖，谥昭敬。仍册封承袭国王李珲及妃柳氏诰命。命行人熊化，赍赐之。②

光海君对明朝和后金，采取两面政策：对明朝"事大"即尊奉宗主；对后金"通小"即暗中联系。这样，于朝鲜，减少同后金的摩擦，求得国内安定；于明朝，尊为宗主奉明正朔，不忘援朝之恩。但是，光海君的王位虽然册定，事情却拖得太久，久则生变，上层分裂。

光海君既已得到明朝万历皇帝的册立，为巩固王位，先废掉母后仁穆大妃，又杀死仁穆大妃所生、年仅八岁的嫡长子永昌大君李㼁和宣祖庶长子临海君李珒。此事，被称作"废母杀弟"。时朝鲜宫廷势力的"西人党"李适（适）等，以光海君"废母杀弟"相号召，于天启三年即天命八年（1623）三月十二日，发动宫廷政变，废黜光海君李珲，而拥立绫阳君李倧，是为李朝仁祖。史称这次成事的政

---

① 《明神宗实录》第451卷，万历三十六年十月庚辰，台北历史语言研究所校勘本，1962年，第4叶。
② 《明神宗实录》第455卷，万历三十七年二月乙卯，台北历史语言研究所校勘本，1962年，第1叶。

变为"仁祖反正"。仁祖李倧一反光海君对外的两面政策，而采取"一边倒"的政策：对明朝奉行"事大主义"，对后金断绝一切交往。李倧忽略了基本的政治现实：努尔哈赤已然统一女真、建立八旗、建号称朕，且已然占领辽东。这就引发了一连串的历史事变。后来李倧与皇太极发生的丁卯之役和丙子之役——朝鲜人民蒙受两次战争灾难，对李朝历史产生了划时代影响。

李倧登上王位之后，上下交困，内外不满，宫廷局势，非常严峻。在外部，亲明朝疏后金，并支持毛文龙，引起后金的不满与不安；在内部，原光海君势力即"大北势力"，与仁祖在政变后因利益分配不均而形成的"西人势力"，双方不满，导致裂变。由是，内外不满，彼此利用，于仁祖二年即明天启四年、后金天命九年（1624）正月己卯（二十四日），发生政变。这次政变的首领，一个是朝鲜副元帅李适①，在仁祖初政时被疏离，心存芥蒂；另一个是韩明廉②，原为总兵官，在仁祖初被降为参将，内心不满——于是，李适与韩明廉等合谋，举兵政变，杀死禁府督事高德祥等，仁祖李倧被迫撤离王京。但是，在胜利的形势面前，李适等内讧，李适和韩明廉等被执，并被诛杀。韩明廉被杀后，其子韩润、侄韩义，逃匿隐藏，一年之后，投奔后金。

后金汗努尔哈赤在上述复杂变幻的关系中，巧妙地利用韩润③、韩义④投归后金事件，做出一篇大文章，演出一台大活剧，从而演绎着一系列的历史事变。

韩润、韩义是朝鲜官宦子弟中，最早投归后金的人。韩润、韩义堂兄弟投归后金这件事，努尔哈赤显然是出于政治考虑，他抓住机会，利用时势，从朝鲜营垒中，寻找可以利用之人。努尔哈赤对率先来投奔的朝鲜官宦子弟韩润、韩义堂

---

① 李适：《清太祖高皇帝实录》作李国，《内阁藏本满文老档》译注本也作李国，《清太祖武皇帝实录》作李果，《满洲实录》也作李国，《满文老档》译注本作李适（古适字），《李朝仁祖大王实录》作李适（古适字，音阔，kuò）。
② 韩明廉：廉，又作兼，也作谦，亦作琏，《李朝仁祖大王实录》作琏。
③ 韩润："润"又作云、运。
④ 韩义："义"又作尼、泥、季、基。

兄弟，隆重接待，优礼有加。努尔哈赤对韩润、韩义授予官职，给予妻妾、奴仆、田宅、牛马、衣服、器物等。于此，《清太祖武皇帝实录》记载：

> 正月，朝鲜国韩润、韩义来降。润父韩明廉，与总兵官李果，谋篡兴兵，攻王京。国王遣兵迎之，为明廉等所败，遂弃城而走。二人领兵入城。有李果部下中军，执二人，杀之。明廉子润与侄义脱走来归。帝赐韩润游击之职、韩义备御之职，仍给妻奴、房田、牛马、财帛、衣服，一切应用之物。①

此事，《内阁藏本满文老档》记载更详，征引如下：

> 毛巴里、萨木什喀、吴善等前往朝鲜方向搜寻踪迹，获名韩润、韩义之二朝鲜人带来。经讯之，告曰："韩润之父韩明廉，在朝鲜先王时，曾任总兵官，因得罪新王，降为参将。有名李国者，乃新王继位之功臣，然新王并未留彼于身边，而遣往外省任总兵官。故李国怨恨新王，与我父韩明廉共谋，举兵攻打新王，途中连克三处之兵。王闻之，离位南逃。我军得京城，正欲寻王杀之。不料，因李国总兵官之中军哗变，李国与我父皆被杀。我二人力战得脱，无处投身，欲投汗而来，藏身于义州所属之箭匠家中，拟俟渡口结冰后前来。因毛文龙之哨卡密布，至今始得前来。"汗闻之，悯其来归，著韩润为游击，其堂弟韩义为备御，给足所用之诸物。②

另有剃发汉人王四明从后金逃到朝鲜云：

---

① 《清太祖武皇帝实录》第4卷，原清官内府藏，台湾广文书局影印本，1970年，第15～16叶。
② 《内阁藏本满文老档·太祖》第19册，天命十年正月初二日，辽宁民族出版社译注本，2009年，第229页。

  韩姓人兄弟，以甲子十二月投入奴穴，自称其父谋叛伏诛，尽输本国事情，又诳被拘诸将姜弘立等，以父母妻子尽被诛夷，为诱贼东抢之计云。其后剃汉之归毛营者，所言皆与此合。则其为韩润兄弟甚明，本国之忧尤大矣。①

  在韩润、韩义投归后金的第二年，努尔哈赤死，皇太极继位。皇太极于天聪元年（1627）和崇德元年（1636），先后两次用兵朝鲜，韩润作为八旗军的向导，发挥了特殊的作用。为说明努尔哈赤接纳韩润投靠后金的作用，下面引述一段史料，可以清楚证明这一点。

  韩润堂兄弟投奔后金，产生一系列后果。

  其一，促使姜弘立降金。先是，萨尔浒之战被俘的朝鲜都元帅姜弘立、副元帅金景瑞的状况，据原金景瑞帐下金进，投后金八年，逃回朝鲜，言其中情形：

  副元帅金景瑞病死已三年矣。都元帅姜弘立尚不剃发，故不给犾女，嫁以汉女生男。韩润兄弟变姓投奴，老汗极其厚待，即以胡女嫁之云。②

  另据《李朝仁祖大王实录》记载：

  九月朔丙午，备边司启曰："即见义州府尹李莞状启，韩贼投虏之说颇似详实。姜弘立等闻韩贼期满之说，误认其老母妻子被诛，则必诚心附贼，如李陵之辜恩负德。如使弘立之子或其奴子，持各人家信，潜

---

① [朝]《李朝仁祖大王实录》第12卷，四年四月丙戌，日本学习院东洋文化研究所刊，1959年，第28～29叶。
② [朝]《李朝仁祖大王实录》第13卷，四年六月丙申，日本学习院东洋文化研究所刊，1959年，第13叶。

入虏中，令弘立等得知其家属无恙，想必觉悟，图报于本国，而韩贼不得兽其凶计。"从之。于是，将资送姜弘立子磾，朴兰英子䨓，而䨓则除实职以遣之。适其时毛将因事生怒，故恐为执言之地，竟不果行。①

其二，报告毛文龙军情。韩润兄弟向后金提供毛文龙的信息，《满文老档》记载：

> 初六日，来投之朝鲜人韩润、韩义奏称："义州城有南来之援兵千余人，本地兵民老幼合计不足二千人，城大兵少，守之不易。我曾暗中与本地人约定：金国出兵时，我骑白马，执白纛，于军前唤尔等，众人会合擒其主将后出降，否则于夜间出降。众皆应允。至于毛文龙，自去年八月驻于铁山，船皆在岛上，兵不足七八千人，皆乃乌合之众。内地前来之商人极多，财积如山。人数虽多，取之甚易。况且由义州出发，过一夜，次日晨即可至毛文龙处。安州城有兵民四五千人，亦乃乌合之众，若闻义州失守，则彼自然鸟散。即使守城，亦可招降也。京城之南二十里处，有由北迁来之瓦尔喀百余人，他处亦有许多。彼等皆为金国之人，当可索还其人。毛文龙所遣之人，多在黄海道，京城之内亦有许多，亦可称前去捉拿其人。先王愿和，故使者不断，新王倚恃毛文龙，不遣使者。今亦可先发一欲和之书，尔后发兵至平壤，令新王亲自前来议和。新王自继位以来，人心不服，思念旧主。我父韩明廉与李国总兵官仅率兵三千，即大获全胜，夺其京城。兵民皆无随新王而去者，六名常随外郎等曾执档册迎于五十里之外。不幸，我等因内乱而败，今闻大金国汗之兵率朝鲜官员而来，谁不乐降。我情愿来归，视汗如天地父母。但有

---

① [朝]《李朝仁祖大王实录》第10卷，三年九月丙午朔，日本学习院东洋文化研究所刊，1959年，第1叶。

一句谎言,焉将存也,实乃一劳永逸之时机也。"①

其三,利用内线做向导。据朝鲜史书记载:

> 奴兵昨夜攻陷义州,而前昌城府使朴姓人、宣沙浦金使吴姓人及韩润,皆在阵中,姜弘立、李英芳②则为大将,贼将八人,而势甚炽盛云。③

朝鲜其他史书如《乱中杂录》也记载韩润导引后金军入朝鲜:

> (韩润)焚火军器,一城大乱,反氓开门。④

韩润为了复仇,前导后金军兵,进入朝鲜。据义州,到黄州,李倧主持会议,商讨战守之策。情势危急,接到驰报:

> 三公驰启曰:"朴兰英、吴信男为贼先导,攻陷本国,至于此极。此人等皆偾事被掳之将,朝廷怜其不忘本国,犹着巾帽,特施大恩,德至厚也。渠等仇敌宗国,忍行此举。请姜弘立、朴兰英二子,并令严囚。其余子侄,亦如察问,从律处置。"上曰:"弘立之来,尤未昭著,兰英之前导,亦不十分真的,囚其子侄,似未妥当矣。"备局复以此陈启,

---

① 《内阁本满文老档·太祖》第19册,天命十年正月初六日,辽宁民族出版社译注本,2009年,第229~230页。
② 李英芳,当作李永芳。《清太宗文皇帝实录》天聪元年(1627年)三月辛巳记载:后金总兵官李永芳,随阿敏等军到朝鲜黄州,因和议之事,向阿敏建言,而遭阿敏斥责:"我岂不能杀尔蛮奴,尔何得多言。"李永芳自是终无一言。
③ [朝]《李朝仁祖大王实录》第15卷,五年正月乙酉,日本学习院东洋文化研究所刊,1959年,第7页。
④ 李鸿彬:《满族崛起与清帝国建立》,天津古籍出版社,2003年,第35页、第81页。

上命招置阙下。①

姜弘立、韩润等作为向导,引后金兵入朝,对后金与朝鲜双方,均产生极大的作用和影响。

其四,引领后金军,进兵朝鲜。天聪元年即天启七年(1627)正月,皇太极派阿敏等统兵征毛文龙,兵到朝鲜。阿敏等率军渡鸭绿江后,进逼朝鲜义州(新义州)。义州军人抵御,阿敏等采取外攻内应的策略,这个引领者、内应者,就有韩润。史载:

韩润兄弟亦随姜弘立渡来,驻在义州云矣。②

韩润兄弟,不仅引领后金军入朝鲜,而且作为内应导致城破。史载:

(韩润)变着华服,潜引贼入城。及晓,贼薄城驰突,反民开城纳贼,城遂陷。③

朝鲜韩润一行,潜入城里,以为内应。他还令人登南山呼曰:"城中将士,解甲出降,南土军兵,悉出归乡,不然铁骑蹂躏,乱杀靡遗。"是夜,后金兵攻义州城,树立云梯,突然攻城。阿敏命巴图鲁艾搏率八旗精锐,攀梯登城。总兵楞额礼与副将阿山、叶臣等率八十人,继之登城。时镇节度使李莞酒醉不醒,军伍

---

① [朝]《李朝仁祖大王实录》第15卷,五年正月丙戌,日本学习院东洋文化研究所刊,1959年,第11叶。
② [朝]《李朝仁祖大王实录》第15卷,五年正月戊子,日本学习院东洋文化研究所刊,1959年,第7叶。
③ [朝]《春坡堂日月录》第12卷,第11页,转引自刘家驹《清朝初期的中韩关系》,文史哲出版社,1986年,第30页。

废弛，李莞、崔梦亮①等仓促应战。此时韩润率先潜入官兵，作为内应，焚火冒烟，城中大乱，打开城门，遂克义州，杀府尹李莞，通判崔梦亮等自尽。城中有明兵一万、朝鲜兵二万，后金军攻克义州后，屠其兵卒，俘其居民。《李朝仁祖大王实录》记载："众寡不敌，力不能支，李莞、崔梦亮等抗贼不屈，同被磔杀，大小将官，数万民兵，屠戮无遗。"②

是日，后金官兵，驻军义州。

十七日，后金兵以朝鲜降将姜弘立、韩润为向导，进抵定州。阿敏派人向该城守将金搢投致朝鲜国王书，书曰："我方统大兵来，尔国要和好，差官认罪，火速来讲。"朝鲜答书称："我国与尔，本来无怨恨。我国臣事皇朝，二百余年。皇朝伐尔国时，要我兵马。既有天子敕命，何敢违也？……尔若息兵通好，则必以礼义相接，不可以兵戈相胁。"③

阿敏见朝鲜定州守将拒绝和议，便发动进攻，一举下定州。阿敏掳获定州节度使金搢、郭山节度使朴惟健等。

其五，降金编旗，效忠新主。韩润、韩义堂兄弟投归努尔哈赤后，随着后金事业的发展，不断有朝鲜人员归顺。有学者据《八旗满洲氏族通谱》记载统计，八旗满洲中包括李、金、朴、韩等朝鲜姓氏有四十四姓。④其中最早且最重要的就是韩润。碑刻资料于韩润的记载是：

　　韩云，尔原系朝鲜人。以尔弃彼来归，故授为二等阿达哈哈番。后

---

① 《清太宗文皇帝实录》第2卷，天聪元年三月辛巳作"崔鸣亮"；《李朝仁祖大王实录》第16卷，第2叶，五年四月丁酉朔作"崔梦亮"，从后者。
② [朝]《李朝仁祖大王实录》第16卷，五年四月丁酉朔，日本学习院东洋文化研究所刊，1959年，第2叶。
③ [朝]《李朝仁祖大王实录》第16卷，五年四月丁酉朔，日本学习院东洋文化研究所刊，1959年，第3叶。
④ 李贤淑：《论朝鲜李适之乱与韩润来投》，傅波主编《从兴京到盛京——努尔哈赤崛起轨迹探源》，辽宁民族出版社，2008年，第461页。

> 三次围锦州时，松山马兵来夺我红衣炮，尔于梅勒章京瞻前杀入对阵，败之；落雨之日，击松山洪军门来犯左翼兵，尔同固山额真叶格书对阵，败之；击洪军门三营兵，尔又同固山额真叶格书对阵，败之；定鼎燕京、入山海关之日，击流贼马步兵二十万，尔又同固山额真、和硕额夫杜磊对阵，败之；追及流贼至庆都县，尔同和硕额夫、固山额真叶格书对阵，败之；嘉尔由二等阿达哈哈番，升为一等阿达哈哈番。①

后每逢重大节庆，累加韩云至二等阿思哈哈番，世世罔替。康熙十七年（1678），特为其立御祭碑。

总之，在努尔哈赤时期，虽然跟朝鲜有矛盾，但始终没有加之以兵。两次用兵朝鲜，都是为毛文龙，且不涉及朝鲜。李倧曾问："此贼为擒毛将而来耶，抑专为我国耶？"②

据《清太祖高皇帝实录》记载，努尔哈赤派军追剿毛文龙，重要的有两次：

其一，天命六年即天启元年（1621）十一月，为报复毛文龙在同年七月袭镇江，杀守将佟养真之举。《清太祖高皇帝实录》记载：

> 乙卯（十八日），上命二贝勒阿敏统兵五千，渡镇江，入朝鲜境，攻剿明将毛文龙。二贝勒至镇江，遂乘夜入朝鲜，斩游击刘姓者，及兵一千五百级，文龙仅以身免。乃班师。③

二贝勒阿敏率军渡鸭绿江，进入朝鲜境，斩首一千五百级，毛文龙仅以身免。

---

① 盛昱：《雪屐寻碑录》第6卷，《辽海丛书》影印本，辽沈书社，1985年，第16叶。
② [朝]《李朝仁祖大王实录》第15卷，四年正月乙酉，日本学习院东洋文化研究所刊，1959年，第7页。
③ 《清太祖高皇帝实录》第8卷，天命六年十一月乙卯，中华书局影印本，1986年，第10叶。

旋即回师。

其二，天命九年即天启四年（1624）八月，努尔哈赤为报复毛文龙部，在同年五月派军沿鸭绿江、长白山到后金东部原辉发地带。《清太祖高皇帝实录》记载：

> 上闻明将毛文龙兵，渡朝鲜义州城西鸭绿江，入岛中屯田。命左翼正白旗梅勒额真副将楞额礼，右翼镶红旗梅勒额真游击署副将吴善，引兵千人，袭之。途中，获间谍，讯知：明兵昼则渡江，入岛收获；夜则收兵复渡江，宿义州江岸。楞额礼乘夜进兵，潜伏山僻处。平旦，度明兵已渡江，纵兵驰。明侦者未及声炮、举烽燧，楞额礼已渡镇江支流，突至其岛。明将士大惊，悉弃戈奔溃。楞额礼等于陆地追逐，斩五百余级，其余争入舟，堕水尽溺而死。楞额礼等尽焚岛中之粮而还。①

此次，后金副将楞额礼（冷各里）、游击署副将吴善（兀善）率军渡鸭绿江，夜宿义州，天明出击，斩毛文龙官兵五百余级，焚岛中储粮而返。

以上两次努尔哈赤派军进入朝鲜境，没有深入，获胜即返，如李倧所思："为擒毛将而来"，非"专为我国"而来！这两次出兵，都表现了努尔哈赤有理有节的策略原则，其目的在于争取朝鲜中立，结好邻邦朝鲜，以集中力量，来对付明朝。

---

① 《清太祖高皇帝实录》第9卷，天命九年八月壬辰，中华书局影印本，1986年，第8叶。

第十六章 明代女真文化

一　语言文字

　　一个民族的基本文化形态是其语言和文字。女真－满语，在语言学上属于阿尔泰语系。阿尔泰语系主要分作三个语族，即突厥语族、蒙古语族和满－通古斯语族。满－通古斯语族的地域范围，主要在东北亚地域，大约南到长城，北跨外兴安岭，东临大海，西接蒙古。满－通古斯语族的族群，主要有女真语、满语、锡伯语、赫哲语、鄂伦春语、鄂温克语等。

　　满－通古斯语族的族群，在历史上曾创制文字，这就是女真字。前文已经述及，金天辅三年（1119），完颜希尹创女真大字；天眷元年（1138），金熙宗又创女真小字。大定十一年（1171），创女真进士科。十三年（1173）设女真国子学，诸路设女真府学。诸路生员达到三千人。[1] 赴会试者近九千人。[2] 史评讥其有人数太多太滥之虞。大定二十三年（1183），以女真字译《孝经》千部，分赐护卫新军。不久，译《易》《书》《春秋》《论语》《孟子》《老子》及《新唐书》等。大定二十八年（1188），命建女真大学。这对后金努尔哈赤和皇太极产生巨大影响。金亡之后，女真人及其后裔，

---

[1]《金史·选举志》第51卷，中华书局点校本，1974年，第1133页。
[2]《金史·选举志》第51卷，中华书局点校本，1974年，第1139页。

或住居在关外，或留居于中原，同其他族群融合，逐渐消失了自己的文字。到明万历二十七年（1599），努尔哈赤命额尔德尼和噶盖创制满文，因无圈点，且创制时间较久，后被称作无圈点满文或老满文。皇太极时，命巴克什达海改进满文，增加圈点等，因有圈点，且改进时间较近，后被称作加圈点满文或新满文。至今流传最重要的、最系统的、唯一的原始满文档案或典册，就是《无圈点档》或《旧满洲档》、《满文原档》，前已简略介绍，不再重复论述。

满文创制之后，先在赫图阿拉，由满文师傅教授努尔哈赤子孙，以及官员子弟。皇太极、多尔衮等应是满洲第一批有文化的贵族。

文字，是一个民族或部族的文化发展过程中具有标志性的价值和意义。就人类历史而言，曾将没有文字的时代称作"野蛮时代"，将创制了文字的时代称作"文明时代"。因此，明代女真发展到万历中期，创制了自己的文字，后因其族名改称满洲，其文字亦称作满文。满文的创制，不仅是女真－满洲历史上，而且是中华文化历史上，也是人类文明历史上，一件具有划时代意义的大事件。有了满文，才有了流传至今的一千余种满文册籍，也才有了数以百万计的满文档案，以及借拼音文字的满文为津梁，将大量汉文文献翻译成拼音文字的西方文字，从而增进了中西文化交流，其作用之大之伟，难以用文字形容。

二 宗教祭祀

在中国古代文化中，认为："国之大事，在祀与戎。"①一个民族或部族的早期文明，宗教与祭祀是其文化的重要内容和鲜明标志。

女真－满洲同阿尔泰语系其他各语族的族群一样，信奉萨满教。Saman（萨满）一词，萨满学家认为其源自满语。萨满即巫，女性居多。萨满教理念认为，萨满是人与神之中介。在古代萨满世界的诸部落和诸村屯中，多有自己的萨满。萨满还有为人治病、驱邪、祭祀等作用。萨满在祭祀时，身穿萨满衣，系着腰铃，手击铃鼓，边唱边念，且歌且舞，振响腰铃，耸动身躯。

女真－满洲祭祀多元，有林、有山、有飞禽、有走兽、有祖先、有雄杰。禽兽离不开山，山中生长森林。早在汉代，女真先人挹娄人，就有立大木祭祀的习俗。如《后汉书·东夷列传》记载："常以五月田竟祭鬼神，昼夜酒会，群聚歌舞，舞辄数十人相随，蹋地为节。十月农功毕，亦复如之。诸国邑各以一人，主祭天神，号为'天君'。又立苏涂，建大木，以县铃鼓，事鬼神。"②

---

① 《左传·成公十三年》，宋本《十三经注疏》附校勘记本，中华书局影印本，1980年。
② 《后汉书·东夷列传》第85卷，中华书局点校本，1965年，第2819页。

以上是野祭，祀大木，即树木，也即森林。到明代女真，在建州女真已然不是野祭，而是建立庙宇，名"堂子"，竖立大木，祭天祀神。女真－满洲祭祀的庙宇为"堂子"。在佛阿拉、在赫图阿拉、在东京辽阳、在盛京沈阳、在首都北京，均设堂子，凡过年、盟誓、出师、告捷等重大活动，皆到堂子拜祭。堂子祭祀，《钦定满洲祭神祭天典礼》记载：

> 每岁春、秋二季，堂子立杆大祭，所用之松木神杆，前期一月，派副管领一员，带领领催三人、披甲二十人，前往直隶延庆州，会同地方官，于洁净山内，砍松树一株，长二丈，围径五寸，树梢留枝叶九节，余俱削去，制为神杆。①

上述神杆，曾有多种解释：

其一，为祀长矛，示表武功也；②
其二，为祀参槌，挖参棒槌也；③
其三，为祀社稷，五谷丰登也；④
其四，为祀天穹，上天之神也；⑤
其五，为祀鬼神，驱疾祛病也。⑥

上述五说，均不符合实际，也不符合礼仪。笔者根据考古文物、历史典籍、祭杆仪注、神杆图形、满文原意、生产方式和生活方式等方面，综合研究，揭示

---

① 《钦定满洲祭神祭天典礼》第3卷，台湾商务印书馆影印文渊阁《四库全书》本，1986年，第18叶。
② 福格：《听雨丛谈》第1卷，中华书局点校本，1984年，第7页。
③ 黄维翰等修：《呼兰府志》第10卷，宣统年间刻本，第13叶。
④ 震钧：《天咫偶闻》第2卷，北京古籍出版社，1982年，第21页。
⑤ 姚元之：《竹叶亭杂记》第3卷，中华书局点校本，1982年，第61页。
⑥ 吴振臣：《宁古塔纪略》，载杨宾等《龙江三纪》，黑龙江人民出版社，1985年，第248页。

其义,则认为:立杆子,祭大木,是祭树木、祀森林。①

一个民族或部族,一个地域的人群,其生产方式和衣食之源,同其祭祀有着密切的关系。例如农耕文化的生产和生活的主要特点是土地及其所产的五谷,所以农耕文化族群祭祀社(土地)稷(五谷);又如海洋文化的生产和生活的主要特点是海洋及其产品或海上运输,所以海洋文化族群祭祀妈祖。再如森林文化的生产和生活的主要特点是森林及其产品,所以森林文化族群祭祀森林。女真先人生活在森林中,生活之源来自山林中的飞禽走兽、植物的根茎叶果,因之,女真-满族文化的祭祀大木,就是树木,就是森林。如《钦定满洲祭神祭天典礼》图所示,祭坛立着一片大木,每根大木上部留有九节枝叶,酷似一片森林。这是当年女真人野祭森林的一个形象缩影。

满洲文献最早记载"堂子"祭祀的是《满文老档》之所载:"除夕,谒堂子,拜神主后,先由国君亲自叩拜众叔、诸兄,然后坐汗位,汗与受汗叩拜之众叔、兄,皆并坐于一列,受国人叩拜。"②这段记载,属于回忆。其历史记载:"甲子年元旦卯时,汗往祭堂子,遂还家叩拜神主。辰时,出御八角殿。"③其实,早在后金建立之前,就实行堂子祭祀。如明万历十一年(1583),"上(即努尔哈赤)同族宁古塔诸祖子孙,至堂子立誓,亦欲害上,以归尼堪外兰"④。这个礼仪,沿袭有清一代,达三个多世纪。

在民间,则在家中院内东南地方,树立神杆,俗称"索罗杆子",祭神祭天。

建州女真祀神,除堂子祭祀外,还有"八大庙",如《清太祖武皇帝实录》记载:乙卯年即万历四十三年(1615)四月,"于城东阜上,建佛寺玉皇庙十王殿,

---

① 阎崇年:《满洲神杆祀神考源》,载《历史档案》1993年第3期,见《满学研究》,民族出版社,2000年,第49~87页。
② 《满文老档·太祖》上册,天命七年三月,中华书局译注本,1990年,第346页。
③ 《满文老档·太祖》上册,天命九年正月初一日,中华书局译注本,1990年,第570页。
④ 《清太祖高皇帝实录》第1卷,癸未年即万历十一年(1583)二月,中华书局影印本,1986年,第11叶。

共七大庙，三年乃成"①。

总之，从女真－满洲的宗教祭祀，反映出文化的内容、特点、鲜活与多彩。

---

① 《清太祖武皇帝实录》第2卷，乙卯年即万历四十三年（1615），原清宫内府藏，台湾广文书局影印本，1970年，第22叶。

三 节庆礼仪

建州-后金的节庆礼仪，有民间，也有贵族，有村屯，也有庙堂。下面文字，分别叙述。

在贵族、在庙堂。如过年。乙丑年即天命十年、天启五年（1625）正月初二日，天命汗率众福晋，八旗诸贝勒、福晋，众汉官及官员之妻，到辽阳太子河上进行冰嬉活动：

> （汗）至太子河冰上，玩赏踢球之戏。诸贝勒率随侍人等玩球二次之后，汗与众福晋坐于冰之中间，命于二边等距离跑之，先至者赏以金银，头等各二十两，二等各十两。先将银置于十八处，令众汉官之妻跑往取之。落后之十八名妇人，未得银，故每人赏银三两。继之，将每份二十两银置于八处，令蒙古众小台吉之妻跑往取之。落后之八名妇人，各赏银十两。继之，将每份银二十两，金一两，置于十二处，令众女儿、众小台吉之妻、福晋及蒙古之众福晋等跑之，众女儿、众贝勒之妻及福晋等先至而取之，蒙古众福晋落于后，故赏此十二名女儿金各一两、银各五两。跑时摔倒

于冰上者，汗观之大笑。遂杀牛羊，置席于冰上，筵宴，戌时回城。①

上述文字，可以看出：妇女是分等级的，满洲（诸申）妇女地位最高，蒙古妇女地位次之，汉人妇女地位最低。上段文字之后，原档有所评论："昔太平之时，诸申与汉人互市往来，且不论汉官之妻，即是平民之妻，亦不得被诸申所见，且轻蔑诸申之官员，欺凌殴打，不准立之于其门。而汉人之小官及平民人等往诸申处，却可径入众贝勒大臣之家，同席饮宴，尽礼款待。得辽东后，汉人之廉耻皆已扫地矣。"②这段文字表明：后金汗占有并统治辽东后，汉人的地位，尤其是汉人妇女的地位，遭到轻视、鄙视，甚至于凌辱。

过年时，后金汗举行家宴招待其宗亲及眷属。这段史料，难得一见。受宴请者，有四位男宾和四位"女媪"即女宾，其"四位男宾"为：努尔哈赤之伯父拜珠虎、郭兴阿和叔父多璧、贝和齐；"四媪"即"四女宾"为：外姑，即乌拉贝勒满泰汗之妻、天命汗之岳母；察木布之母，系常柱贝勒之妻、天命汗之姐；布尔杭古之母和德勒格尔之母，系叶赫布寨（布斋）贝勒、锦泰希（金台什）贝勒之妻，即天命汗之嫂。其原文汉译曰：

汗对诸贝勒曰："拜珠虎伯父、郭兴阿伯父，昔日遗恨于我，无所裨益。又乌拉外姑及叶赫国诸媪，与我为敌，烦苦于我，何益有之？然我以孝悌之礼，迎来宴请之。"请拜珠虎伯父、郭兴阿伯父及乌拉外姑、叶赫布尔杭古额驸之母、德勒格尔阿哥之母、察木布之母入中房，二伯父坐于上炕，汗以年礼叩拜二伯父，叩拜四媪。后汗退回，坐于西炕下垫毡之墠上。继之，由三福晋以儿媳之礼叩拜二伯父及四媪。设宴，命众大臣为二伯父、四媪把盏，汗于坐处即随同跪饮。诸福晋以儿媳之礼

---

① 《满文老档·太祖》上册，天命十年正月初二日，中华书局译注本，1990年，第619页。
② 《满文老档·太祖》上册，天命十年正月初二日，中华书局译注本，1990年，第619～620页。

于稍远跪之,令众妇人为之把盏。宴毕,将离去时,汗曰:"本年行猎获兽肉甚多,故未杀牛羊以奉尔等。"遂以兽肉奉送二伯父、四媪各一份,并给二伯父补缎披领各一件。汗复对诸贝勒曰:"筵宴或饮食之时,仅我等独宴,不妥,当请贝和齐叔、多璧叔同宴而食。"遂赏给贝和齐叔、多璧叔补缎披领各一件,补缎短褂各一件。①

上文旨在表明:天命汗尽弃同族和诸部之前嫌,"以孝悌之礼迎来宴请之",和谐血亲,共同对明。

---

① 《满文老档·太祖》上册,天命十年正月初七日,中华书局译注本,1990年,622~623页。

四 民风民俗

明代女真重要部落首领,大多到过中原地域,进过京城——先是南京,后是北京,所以受中原文化影响很大,但也有自己传统特点。

崇尚骑射。 女真-满洲文化的一个重要特点是"首崇骑射"。"骑射之外,他无所慕。"① 皇太极继承汗位的条件之一是"步射骑射,矢不虚发"。因之,《钦定满洲源流考》中"国俗"首列骑射。少年儿童,重习骑射,少长之后,弓马娴熟。儿童用榆柳树枝做弓,以荆蒿秆做箭杆,以雉鸡翎毛做箭羽,做成小弓箭,满语叫作"斐阑"。男人从儿童学起,全部长于骑射。皇太极曾谕其九弟阿巴泰说:

> 尔尝自谓手痛,似觉不耐劳苦,不知人身血脉,劳则无滞。尔等惟图家居佚乐,身不涉郊原,手不习弓矢,忽尔行动,如何不痛?若能努力奋励,日以骑射为事,何痛之有!尔诸贝勒,各有统帅之责,若不亲率士卒骑射,教演精勤,孰肯专心武事?平日既未娴熟,一旦遇敌,何

---

① 《钦定满洲源流考》第16卷,台湾商务印书馆影印文渊阁《四库全书》本,1986年,第1叶。

以御之？试思丈夫之所重者，有过于骑射者乎！①

总之，骑射是女真－满洲最基本的生活（骑马）、生产（围猎）、军事（作战）、社会（交往）所必备之技能。因之，社会道德、舆论、礼仪、教育，都将"骑射"列于首位。

可以说，满洲兴起，首因之一是长于骑马，善于射箭；同理，满洲衰落，原因之一是，忘掉初心，怠于骑射。

日常生活，衣食住行。

女真－满洲人之衣，主要为动物之皮，如鹿皮、猪皮等，以捕鱼为生的人，常穿鱼皮衣，旧俗称"鱼皮达子"。衣服款式，男人上衣有马褂，护住前胸后背，衣服严谨，马蹄袖，便于骑射，而汉族宽衣广袖，不利于行动。足穿皮靴，或穿靰鞡——用鹿皮或猪皮缝制，内楦乌拉草，在冰雪中行走，既保暖又防水。女人多穿布衣，上为裳，下着裙，天足。

从努尔哈赤穿戴等，可见女真人生活习俗。以下之史料，为目睹所记，至为珍贵，原文引录，不做解释。

> 奴酋不肥不瘦，躯干壮健，鼻直而大，面铁而长。
>
> 头戴貂皮，上防耳掩，防上钉象毛，如拳许。又以人造莲花台，台上作人形，亦饰于象毛前。诸将所戴，亦一样矣。
>
> 身穿五彩龙文天益，上长至膝，下长至足。皆裁剪貂皮，以为缘饰。诸将亦有穿龙文衣，缘饰则或以貂，或以豹，或以水獭，或以山鼠皮。
>
> 护项以貂皮八九令，造作。
>
> 腰系银入丝金带，佩帨巾、刀子、砺石、獐角一条等物。
>
> 足纳鹿皮兀剌鞋，或黄色，或黑色。

---

① 《清太宗文皇帝实录》第24卷，天聪九年七月壬戌，中华书局影印本，1985年，第2叶。

胡俗皆剃发，只脑后留少许。上下二条，辫结以垂。口髭亦留左右十余茎，余皆镊去。

奴酋出入，别无执器械、军牢等引路，只诸将或二或四作双。奴酋骑则骑、步则步而前导，余皆或先或后而行。

小酋体胖壮大，面白而方，耳穿银环，服色与其兄一样矣。①

在接见申忠一时，努尔哈赤坐在中厅的黑漆椅子上。②

女真-满洲的服装，以其生活所需而相沿成习。如皇太极有一大段言论：

先时儒臣巴克什达海、库尔缠，屡劝朕改满洲衣冠，效汉人服饰制度，朕不从，辄以为朕不纳谏。朕试设为比喻，如我等于此聚集，宽衣大袖，左佩矢，右挟弓，忽遇硕翁科罗巴图鲁、劳萨，③挺身突入，我等能御之乎？若废骑射，宽衣大袖，待他人割肉而后食，与尚左手之人，何以异耶！朕发此言，实为子孙万世之计也。在朕身岂有变更之理？恐日后子孙，忘旧制，废骑射，以效汉俗，故常切此虑耳！④

女真-满洲人之食，因其为渔猎族群，故以狩猎的鹿、兔、野猪、獐子、狍子、江湖捕获的鱼、蛤蚌等，畜养的猪、鸡、牛、羊，以及林中所出蘑菇、木耳、榛子、松子、蜂蜜、野果等为食，临江河平原种植五谷等为食。

---

① [朝] 申忠一：《建州纪程图记》，图版十六、十七，载《兴京二道河子旧老城》，日文本，建国大学刊印，1939年。
② 《满文老档·太祖》，天命四年五月初五日记载：在此以前，贝勒们设宴，不坐凳子，而是坐在地上。诸将不能坐在椅子上。天命四年（1619）以后，贝勒设宴方许坐凳子。
③ "硕翁科罗巴图鲁"即安费扬古，清开国五大臣之一，以英勇闻名；劳萨，亦以英勇闻名，是清开国著名英雄人物。《清史稿》均有其传。
④ 《清太宗文皇帝实录》第32卷，崇德元年十一月癸丑，中华书局影印本，1985年，第8～9叶。

女真－满洲人之住，女真－满洲人定居，不像游牧族群"逐水草而居"，所以家家养猪，多者至数百口。早期住撮罗子，树木起架，围以桦树皮，冬季半地穴式房屋。明代女真南迁后住草房、睡三面火炕。"通考女真俗，以桦皮为屋。"[①]

女真－满洲人之行，平时多以马代步，或乘船行，冬季则做爬犁在冰雪中行。其船"刳巨木为舟，平舷，圆底，唇锐，尾修，大者容五六人，小者二三人，剡木两头为桨，一人持之，左右运棹，捷若飞行"[②]。

法喇即爬犁，似车无轮，似榻无足，覆席如龛，引绳如御，利行冰雪中，俗呼扒犁，以其底平似犁，盖土人为汉语耳。有诗形容云：

架木施箱质莫过，致遥引重利人多。
冰天自喜行行坦，雪岭何愁岳岳峨，
骏马飞腾难试滑，老牛缓步未妨蹉。
华轩诚有轮辕饰，人弗庸时奈若何。[③]

"狗车木马"：狗车，"以木为之，其制轻简，形如船，长一丈，阔二尺许，以数狗拽之"；木马，"形如弹弓，长四尺、阔五寸，一左一右，系于两足，激而行之，雪中冰上，可及奔马"[④]。其实，这里的"木马"，在雪上滑行，就是后来的滑雪。其滑雪板，牵头翘起，长四尺，宽五寸，用皮条捆在双脚下，两手拄着木棍，飞快前行，相似奔马。

女真－满洲人之用，多用木制品，如木碗、木盘、木勺、木匙、木铲、木筷、木桶、木弓、木箭杆、木烟囱，也有部分陶器、骨制品，贵族也有瓷器。其包、篮、

---

① 《钦定满洲源流考》第20卷，文津阁《四库全书》影印本，商务印书馆，2006年，第10叶。
② 《钦定满洲源流考》第20卷，文津阁《四库全书》影印本，商务印书馆，2006年，第1叶。
③ 《钦定满洲源流考》第20卷，文津阁《四库全书》影印本，商务印书馆，2006年，第2叶。
④ 《钦定满洲源流考》第20卷，文津阁《四库全书》影印本，商务印书馆，2006年，第12叶。

盒、箱多用桦树皮制作。其武器，楛矢石砮，闻名中原，列为贡品。

音乐舞蹈，独具特色。 明万历二十四年（1596），朝鲜派官员二人，随明朝官员，总计二百人，到达建州佛阿拉（费阿拉），受到努尔哈赤的隆重礼遇，盛情接待，极示友好。申忠一目睹当时女真人礼仪娱乐的场景。这场宴会是在明万历二十四年丙申正月初一日。申忠一不仅是参加者，而且在《申忠一书启及图录》中作了唯一的、详细的记载。现引录如下：

> 丙申正月初一日巳时……臣等及奴酋女族在西壁。
>
> 奴酋兄弟妻及诸将妻，皆立于南壁炕下，奴酋兄弟则于南行东隅地上，向西北，坐黑漆倚（椅）子，诸将俱立于奴酋后。酒数巡，兀剌部落新降将夫者太（卜占台）起舞。奴酋便下倚（椅）子，自弹琵琶，耸动其身，舞罢，优人八名，各呈其才，才甚生疏。
>
> 宴时，厅外吹打，厅内弹琵琶、吹洞箫，爬柳箕，余皆环立，拍手唱曲，以助酒兴。
>
> 诸将进盏于奴酋时，皆脱耳掩，舞时亦脱，唯小酋不脱。①

说到上述宴会的舞蹈，后来杨宾在《柳边纪略》中有一段载述，可与上述对照。现将其引录于下：

> 满洲有大宴会，主家男女必更迭起舞。大率举一袖于额，反一袖于背，盘旋作势，曰"莽势"；中一人歌，众皆以"空""齐"二字和之，谓之曰"空齐"。②

---

① ［朝］申忠一：《建州纪程图记》，图版十一，载《兴京二道河子旧老城》，日文本，建国大学刊印，1939年。
② 杨宾：《柳边纪略》第3卷，《辽海丛书》影印本，辽沈书社，1985年，第15叶。

儿童玩具，亦有特色。罗丹，汉语称欻拐（耍拐），用鹿蹄腕骨，或猪蹄腕骨等做儿童玩具。

朝贡珍品，交换物品。动物有貂皮（紫、黄、黑、红、白五色）、水獭皮、獾皮、狐狸皮、鹿茸、麝香、熊胆、虎皮、虎骨、马匹等；飞禽有海东青、飞龙等；水产有东珠、鲟鳇鱼、牛鱼（大如牛）等；植物有人参、松子、榛子、木耳、蘑菇等；其他有松花玉、蜜蜡、蜂蜜等；中药有石决明、防风、白附子、茯苓、黄芪等。

第十七章 后金建都与迁都

一 建州卫城佛阿拉

在建州女真统一进程中，努尔哈赤为着兴基立业，巩固权位，暗自发展，扩展势力，做了一件重要的事情，这就是兴筑建州卫城佛阿拉。万历十五年（1587）正月，努尔哈赤在苏克素浒河部虎拦哈达下东南夹哈河①与硕里口河之间的南冈上筑城，这就是后来的佛阿拉城。②佛阿拉，初称虎拦哈达南冈："上自虎拦哈达南冈，移于祖居苏克苏浒河、加哈河之间赫图阿喇地，筑城居之。"③其城所在的阜冈，位置在虎拦哈达东南与赫图阿拉西南之处，因称其为南冈。万历三十一年（1603），努尔哈赤由佛阿拉迁居赫图阿拉后，虎拦哈达南冈城就成为老城，即佛阿拉城，始有佛阿拉之称。佛阿拉城的满文体为 fe ala hoton，满文 fe 汉意译为旧，满文 ala 汉意译为冈，满文 hoton 汉意译为城。满文 fe ala hoton，汉直译为旧山城，但习称为旧老城。这是因为后金－清初的都城，经过三次大的迁徙。天命六年（1621）

---

① 夹哈：河名，在建州呼兰哈达山下，其名"实录"记载有三：《清太祖高皇帝实录》作"加哈河"，《清太祖武皇帝实录》作"夹哈河"，《满洲实录》作"嘉哈河"，为一名多译。
② 佛阿拉城：见诸史册，一城七称：即佛阿拉、费阿拉、虎拦哈达南冈、奴酋城、二道河子城、建州卫城和旧老城。
③ 《清太祖高皇帝实录》第3卷，癸卯年（1603）正月，中华书局影印本，1986年，第7叶。

三月，后金迁都辽阳。翌年，后金又在辽阳太子河东岸建新城，后尊称其为东京。天命十年（1625）三月，后金再迁都沈阳，后尊称其为盛京。天聪八年即崇祯七年（1634）四月，尊赫图阿拉城曰兴京；光绪三年（1877），兴京府移治新宾堡，它被称作老城。因为，由第一个都城赫图阿拉，一迁至东京辽阳，二迁至盛京沈阳，三迁至京师北京，所以习称赫图阿拉作"老城"，而称佛阿拉（又作费阿拉）为"旧老城"。因之，佛阿拉城即老城之称再变——"民间呼为旧老城"[①]。它除上述虎拦哈达南冈城、佛阿拉城、费阿拉城和旧老城四称之外，早时朝鲜人称之为"建州城""奴酋城"[②]，后来日本人又称其为"二道河子城"[③]。由上可见，佛阿拉城，见诸史册，一城七称，其所指的都是同一座城。

佛阿拉城位置在今辽宁省新宾满族自治县永陵镇南十八里处，在赫图阿拉东南约八里的虎拦哈达南岗上，今新宾满族自治县永陵镇二道河子村境内。佛阿拉的形胜，东依鸡鸣山，南傍哈尔撒山，西假烟筒山（虎拦哈达），北临苏克素浒河即苏子河支流——加哈河与索尔科河，即二道河之间三角形河谷平原南缘的虎拦哈达平冈上。它的东、南、西三面为冈阜，仅西北一面开展。东有首里口即硕里口河（黄土岗子河），东北流入索尔科河；西北有二道河，注入加哈河。索尔科河与加哈河交汇后，北流入苏克素浒河（苏子河）。

努尔哈赤从其祖居地赫图阿拉[④]，迁至新筑成的佛阿拉，似因为：

第一，建州基本统一后，开始出现以努尔哈赤及其弟舒尔哈齐为首的新的女真军事贵族，其地位、等级、权势、军队、利益等，均发生了根本变化，需要兴建与之相适应的城垣、治所、堂子、楼宇、屋舍。所以，要选择新的城址，按照新的等级，规划新的格局，作出新的安排，兴建新的山城。

---

① 光绪《兴京厅乡土志》第3卷，光绪三十二年（1906）修，民国年间油印本，第27叶。
② [朝]申忠一：《建州纪程图记》，图版五，载《兴京二道河子旧老城》，日文本，建国大学刊印，1939年。
③ 《兴京二道河子旧老城》，日文本，建国大学刊印，1939年，第17叶。
④ 有学者认为：努尔哈赤迁居佛阿拉之前，居住于北砬背山城（今新宾镇网户村东北）。

第二，努尔哈赤基本统一建州前，赫图阿拉已为其诸祖、伯叔、兄弟和侄辈所安居多年，在此重新规划房舍，势必触犯诸多宗族利益，引发新的宗族矛盾。另选新址，重新规划，则既不妨害原宗族的利益，又能满足新贵族的需要。

第三，努尔哈赤基本统一建州后，下一步是同明廷和扈伦四部打交道，在彼强己弱的情势下，需要选择一个既地形隐蔽又便于出击的新基地。

所以，从政治、军事、经济、地理、宗族等方面筹划，兴筑佛阿拉城是努尔哈赤的一个重大决策。决策既已确定，便筑佛阿拉城。《清太祖武皇帝实录》记载：

> 丁亥年，太祖于首里口、虎拦哈达下，东南河二道——一名夹哈，一名首里，夹河中一平山，筑城三层，启建楼台。①

丁亥年，即万历十五年（1587年）。《清太祖高皇帝实录》所载，与上述文字大致相同。但满文《满洲实录》载述文字略异：

fulahūn ulgiyan aniya, taidzu sure beile, soli anggaci hūlan
丁　　亥　　年　　太祖　淑勒　贝勒　硕里　隘口　虎拦
hadai sun dekdere julergi giyaha birai juwe siden ala de
哈达　横　稍高　南面　加哈　河　二　间　冈　于
ilarsu hoton sahafi yamun loose tai araha。②
三层　城　筑　衙门　楼　台　建

即"丁亥年，太祖淑勒贝勒，于虎拦哈达下东南，硕里隘口与加哈河两界中之平冈，筑城三层，兴建衙门和楼台"。这里的记载，同《清太祖实录》相较，不

---

① 《清太祖武皇帝实录》第1卷，原清官内府藏，台湾广文书局影印本，1970年，第23叶。
② 《满洲实录》（满文），不分卷，丁亥年（1587），中国第一历史档案馆藏。

仅声明"硕里口"为"硕里隘口",而且增记了"兴建衙门"。此外,《皇朝开国方略》将佛阿拉城兴建的时间,系至"丁亥年春正月"①,较前引各书更为具体。

清太祖朝的三种实录,记载佛阿拉城过于疏略,《无圈点老档》即《旧满洲档》或《满文原档》,又失之于阙载。《盛京通志》在清代志书中,对佛阿拉城垣与各门的载述最早且最详:

> 老城(在治城赫图阿拉)城南八里,周围十一里六十步,南、东二门,西南、东北二门。城内西有小城,周围二里一百二十步,东、南二门。城内东有堂子,周围一里零九十八步,西一门。城外有套城,自城北起,至城西南止,计九里九十步,西、西南、北、西北四门。②

但是,清代的康熙、雍正、乾隆《盛京通志》和光绪《兴京厅乡土志》,对佛阿拉城的记述均语焉不详。且康熙《盛京通志》称其"建置之年无考",可见其纂修者未见《清太祖实录》。然而,朝鲜南部主簿申忠一,于万历二十三年十二月(1596年1月)奉命至"奴酋城"即佛阿拉。他在《申忠一书启及图录》即《建州纪程图记》中,对佛阿拉作了九十六条详细的记述。关于佛阿拉城的记载,《申忠一书启及图录》既是第一手的,又是最为详尽的;而明朝和清朝的文献,或完全阙载,或极其简略。因这份史料极为珍贵,也不易找到,下面就其有关佛阿拉城的十三条记载,因其不易查到,而以全文引述。

一、奴酋家在小酋家北,向南造排;小酋家在奴酋家南,向北造排。

一、外城周仅十里,内城周二马场许。

一、外城先以石筑,上数三尺许,次布椽木;又以石筑,上数三尺,

---

① 《皇朝开国方略》第2卷,清刻本,第1叶。
② 康熙《盛京通志·城池志》第10卷,康熙二十三(1684年)刻本。

又布椽木；如是而终。高可十余尺，内外皆以黏泥涂之。无雉堞、射台、隔台、壕子。

一、外城门以木板为之，又无锁钥。门闭后，以木横张，如我国将军木之制。上设敌楼，盖之以草。内城门与外城同，而无门楼。

一、内城之筑，亦同外城，而有雉堞、无隔台。自东门过南门至西门，城上设候望板屋，而无上盖，设梯上下。

一、内城内，又设木栅，栅内奴酋居之。

一、内城中，胡家百余；外城中，胡家才三百余；外城外四面，胡家四百余。

一、内城中，亲近族类居之；外城中，诸将及族党居之；外城外，居生者皆军人云。

一、外城下底，广可四五尺，上可一二尺；内城下底，广可七八尺，上广同。

一、城中泉井仅四五处，而源流不长，故城中之人，伐冰于川，担曳输入，朝夕不绝。

一、昏晓只击鼓三通，别无巡更、坐更之事。外城门闭，而内城不闭。

一、胡人木栅，如我国垣篱，家家虽设木栅，坚固者每部落不过三四处。

一、城上不见防备器具。①

《建州纪程图记》记载：佛阿拉城分为三重。

---

① [朝]申忠一：《建州纪程图记》，图版九、十，载《兴京二道河子旧老城》，日文本，建国大学刊印，1939年。

第一重为栅城，以木栅围筑城垣，略呈圆形①，比金太祖阿骨打栽柳禁围的"皇帝寨"②更为谨严，栅城内为努尔哈赤行使权力和住居之所。城垣有三座门。栅城内分为东西两区。西区主要有六组建筑，包括鼓楼、客厅、行廊等。鼓楼建在二十余尺的高台上，为楼式建筑，楼顶覆盖丹青瓦。客厅五间，厅顶盖草。东区主要有九组建筑，除一间便房盖草外，其余八组都是瓦房。努尔哈赤的居室比较居中，为三间楼房，房顶覆丹青瓦，外面围筑高墙。其南有楼一座，建在十余尺的高台上；其北也有楼一座，三间，盖瓦。在东区与西区之间，有墙隔开，中开一门。栅内的楼宇、房舍，墙抹石灰，柱椽彩绘。

第二重为内城，周围二里余，城墙以木石杂筑，有雉堞、望楼。内城中居民百余户，由努尔哈赤"亲近族类居之"③。努尔哈赤之弟舒尔哈齐的治居之所在内城，其栅内结构、建筑布局，同努尔哈赤的栅城很相似。以木栅围筑城垣，略呈圆形。城垣有二座门。栅城内分为东西两区，西区主要有四组建筑，包括草房两处，各两间；瓦房两处，一为三间，一为四间。东区主要有十组建筑，包括三层楼房一座，其楼梯有二十八级，还有马厩八间等。舒尔哈齐房屋的大门上贴着对联，其残留字迹为："迹处青山，身居绿林。"在东区与西区之间，有墙隔开，中开一门。在城东设有堂子。④

第三重为外城，周约十里，城垣"先以石筑，上数三尺许，次布椽木，又以石筑，上数三尺，又布椽木，如是而终。高可十余尺，内外皆以黏泥涂之。无雉堞、射台、隔台、壕子。……外城门以木板为之，又无锁钥，门闭后，以木横张"。⑤

---

① ［朝］申忠一：《建州纪程图记》，图版八，载《兴京二道河子旧老城》，日文本，建国大学刊印，1939年。
② 顾炎武：《历代宅京记》第30卷，中华书局标点本，1984年。
③ ［朝］申忠一：《建州纪程图记》，图版十，载《兴京二道河子旧老城》，日文本，建国大学刊印，1939年。
④ 光绪《兴京厅乡土志》第3卷，光绪三十二年（1906）修，民国年间油印本。
⑤ ［朝］申忠一：《建州纪程图记》，图版九，载《兴京二道河子旧老城》，日文本，建国大学刊印，1939年。

外城门上设敌楼,盖之以草。外城中居民三百余户,由努尔哈赤诸将及族属居住。

外城外居民四百余户,由军人、工匠等居住。工匠等主要居住在南门外,他们多是汉人、朝鲜人等。清朝实行满、汉分城居住,可能从佛阿拉就开始了。后迁都东京(辽阳),旗人同民人是完全分城而居的。佛阿拉城居民,总计近千户。

日本稻叶岩吉在《兴京二道河子旧老城》一书的《代序》中,称旧老城即佛阿拉城是清太祖努尔哈赤的"第一个都城"①。尔后,踵袭此说,例不胜举。但是,作为努尔哈赤长达十六年治居之所的佛阿拉城,不能算作是后金的第一个都城,而是建州女真的城堡,建州左卫的治城。② 这是因为:

其一,京都为天子治居之城。《诗经·大雅·公刘》载"京师之野",《正义》曰:《春秋》言,京师者,谓天子所居。《公羊传·桓公九年》又载:"京师者何?天子之居也。京者何?大也。师者何?众也。天子之居,必以众大之辞言之。"尔后,上述诠释,渐成公论。蔡邕《独断》载:"天子所都,曰京师。"③汉刘熙《释名》又载:"国城曰都者,国君所居,人所都会也。"《华严经音义》亦载:"天子治居之城曰都。"④以上说明,都城为国家政治神经集中之城,也就是国家政治重心所在之城。虽然佛阿拉如前述已具有城的规模,努尔哈赤又在佛阿拉城治居长达十六年之久,但其时他只是明朝建州卫的一名地方官员,并未登极建元。如他在建佛阿拉三年后到北京朝贡:"建州等卫女直夷人奴儿哈赤等一百八员名,进贡到京,宴赏如例。"⑤他在佛阿拉接见朝鲜南部主簿申忠一,并请其代达朝鲜国王李昖回帖末"篆之以建州左卫之印"⑥,可见其时他自诩为明朝辽东建州左卫的一个地方官,而被明朝

---

① 《兴京二道河子旧老城代序》,日文本,建国大学刊印,1939年,第1叶。
② 阎崇年:《后金都城佛阿拉驳议》,《清史研究通讯》1988年第1期;又见《满学论集》,民族出版社,1999年。
③ 蔡邕:《独断》上篇,"子书丛书"本,广益书局。
④ 慧苑:《新译大方广佛华严经音义》卷下,清木刻本。
⑤ 《明神宗实录》第222卷,万历十八年四月庚子,台北历史语言研究所校勘本,1962年,第7叶。
⑥ [朝]《李朝宣祖大王实录》第71卷,二十九年正月丁酉,日本学习院东洋文化研究所刊,1959年,第45叶。

视之为"建州黠酋"。努尔哈赤并未在佛阿拉城告祭天地,自号后金,登极建元,黄衣称朕;佛阿拉城尽管为其治居之所,但不能称作后金的都城。

其二,都城有宗庙先君之主。《左传·庄公二十八年》载:"凡邑有宗庙先君之主曰都,无曰邑。"许慎《说文解字》亦载:"有先君之旧宗庙曰都。"清段玉裁据杜氏《释例》注:"大曰都,小曰邑,虽小而有宗庙先君之主曰都,尊其所居而大之也。"中国古代都城史表明,都城总是同宗庙与陵寝相联系。《周礼·考工记》云:"匠人营国,方九里,旁三门,国中九经九纬,经涂九轨,左祖右社,面朝后市。"这里的"左祖右社",成为后来都城规划与营建的模式。一般地说,除割据政权临时都城之外,中国古代都城与陵庙有着不可分割的关系。元大都有宗庙而无陵寝则属例外。清初关外的兴京、东京、盛京,皆有陵庙,祭祀其先君之主。然而,佛阿拉却未建陵庙,这为佛阿拉不算清初都城提供了一个佐证。

其三,钦定《清实录》不称佛阿拉城为京都。查《清太祖高皇帝实录》,"都城"凡出现十七次,其中赫图阿拉十三次,辽阳三次,沈阳一次,未有佛阿拉;"京城"凡出现十一次,其中东京(辽阳)十次,盛京(沈阳)一次,也未及佛阿拉。《清太祖武皇帝实录》和《满洲实录》载述情况与上略同。此外,《清太宗实录》载,天聪八年即崇祯七年(1634)四月,尊沈阳城曰盛京,赫图阿拉城曰兴京。① 在此之前,天命七年即天启二年(1622)三月,尊辽阳新城曰东京。后金所尊关外的"三京"——兴京(赫图阿拉)、东京(辽阳)、盛京(沈阳),没有涉及佛阿拉。这说明清太祖努尔哈赤和清太宗皇太极,并未视佛阿拉为都城;后来顺治、康熙、雍正和乾隆四朝纂修《清太祖实录》和《清太宗实录》时,也未视佛阿拉为都城。因此,佛阿拉在后金-清初时期,不具有都城的地位。

其四,清代官私史籍均不称佛阿拉为都城。清嘉庆官修志书《大清一统志》,不载佛阿拉为京城。康熙《盛京通志》载:"志首京城,重建极也。盛京为坛庙宫殿所在,故先于兴京。至东京,虽国初暂建,然圣祖始创之地,旧以京名,不

---

① 《清太宗文皇帝实录》第18卷,天聪八年四月辛酉,中华书局影印本,1985年,第9叶。

得与郡县城池并列,故附于京城之后。"①雍正《盛京通志》完全袭引上述的文字。乾隆《盛京通志》谓:"盛京为坛庙宫殿所在,谨先志之,以明王业之本也。至兴京为发祥之初基,仰见列祖诒谋世德作求之盛。东京国初暂建,然圣祖创业初基,肇域自东,遂奄九有,俱不得与郡县城池并列。"②可见康熙、雍正、乾隆三朝《盛京通志》,均将兴京、东京和盛京列为京城,而将佛阿拉与郡县城并列。尔后,今仅见清修兴京志书《兴京厅乡土志》,也不将佛阿拉列为都城。《兴京县小志》则置佛阿拉城于"古郡城"之列。③《清会典》和《清史稿·地理志》均不以佛阿拉为清初都城而加以载述。魏源在《圣武记·开国龙兴记》中,所记都城亦未及佛阿拉城。

努尔哈赤在佛阿拉城"自中称王"④,建立王权。他在佛阿拉"称王",据记载是在万历十五年(1587)六月:"上始定国政,禁悖乱,戢盗贼,法制以立。"⑤同时建立一支纪律严明的军队。努尔哈赤还制定初具规模的礼仪,如他出入栅城时,在城门设乐队,吹打奏乐,以示威严。因此,佛阿拉成为当时女真政治、经济和军事的中心。努尔哈赤在栅城的客厅里接见朝鲜申忠一,从申忠一的记述中,可以窥见他"称王"后生活细节的一斑。

努尔哈赤长得"不肥不瘦,躯干壮健,鼻直而大,面铁而长"⑥。他头戴貂皮帽,"上防耳掩,防上钉象毛,如拳许。又以人造莲花台,台上作人形,亦饰于象毛前"。脖子护着貂皮围巾。身穿貂皮缘饰的五彩龙纹衣。腰系金丝带,佩帨巾、刀子、砺石、獐角,足纳鹿皮靴。男子都剃发,只在脑后留发,分结两条辫子垂下,口髭仅留

---

① 康熙《盛京通志·京城志》第1卷,清康熙二十三年(1684)年刻本。
② 乾隆《盛京通志·京城志》第18卷,清乾隆元年(1736)刻本。
③ 《兴京县小志》第11卷,民国年间油印本。
④ [朝]《李朝宣祖大王实录》第23卷,二十二年七月丁巳,日本学习院东洋文化研究所刊,1959年,第6叶。
⑤ 《清太祖高皇帝实录》第2卷,中华书局影印本,1986年,第6叶。
⑥ [朝]申忠一:《建州纪程图记》,图版十六,载《兴京二道河子旧老城》,日文本,建国大学刊印,1939年。

十余根，其余都镶去。在接见申忠一时，努尔哈赤坐在中厅的黑漆椅子上①，诸将佩剑卫立。宴会时，大厅内外，吹洞箫，弹琵琶，爬柳箕，拍手唱歌，以助酒兴。酒行数巡后，努尔哈赤高兴地离开椅子，"自弹琵琶，耸动其身；舞罢，优人八名，各呈其才"②。说到宴会的舞蹈，后来杨宾在《柳边纪略》中有一段载述，可与上述对照。现将其引录于下：

> 满洲有大宴会，主家男女必更迭起舞。大率举一袖于额，反一袖于背，盘旋作势，曰"莽势"；中一人歌，众皆以"空""齐"二字和之，谓之曰"空齐"。③

这场宴会是在明万历二十四年（1596）正月初一日。申忠一不仅是参加者，而且在《申忠一书启及图录》中作了唯一、详细的记载。现将全文，引录如下：

> 丙申，正月初一日，巳时，马臣、歪乃，将奴酋言来，请臣参宴。臣与罗世弘、河世国往参。奴酋门族及其兄弟姻亲，与唐通事在东壁。蒙古、沙割者、忽可、果乙者、尼麻车、诸愈时、束温、兀剌各部在北壁。臣等及奴酋女族在西壁。奴酋兄弟妻及诸将妻，皆立于南壁炕下。奴酋兄弟则于南行东隅地上，向西北坐黑漆倚（椅）子，诸将俱立于奴酋后。酒数巡，兀剌部落新降将夫者太起舞。奴酋便下倚（椅）子，自弹琵琶，耸动其身。舞罢，优人八名，各呈其才，才甚生疏。是日，未宴前相见。时奴酋令马臣传言曰：继自今，两国如一国，两家如一家，永结欢好，

---

① 《满文老档·太祖》天命四年五月初五日记载：在此以前，贝勒们设宴，不坐凳子，而是坐在地上。诸将不能坐在椅子上。1619年以后贝勒设宴方许坐凳子。
② [朝]申忠一：《建州纪程图记》，图版十一，载《兴京二道河子旧老城》，日文本，建国大学刊印，1939年。
③ 杨宾：《柳边纪略》第3卷，《辽海丛书》影印本，辽沈书社，1985年，第15叶。

世世无替云。盖如我国之德谈也。宴时,厅外吹打,厅内弹琵琶、吹洞箫、爬柳箕,余皆环立,拍手唱曲,以助酒兴。①

宴会后,努尔哈赤给朝鲜国王的回帖交与申忠一,回帖是由汉人龚正陆书写的。龚正陆,女真名歪乃,浙江绍兴人。客居辽东,被抢到佛阿拉。努尔哈赤让他掌管文书,参与机密,教子读书,称为"师傅"。在朝鲜文献中,保存有他的资料,如:"折(浙)江绍兴府会稽县人龚正六,年少客于辽东,被抢在其处,有子姓群妾,家产致万金。老乙可赤号为师傅,方教老乙可赤儿子书,而老乙可赤极其厚待。虏中识字者,只有此人,而文理未尽通矣。"②

又如:"歪乃本上国(明朝)人,来于奴酋处,掌文书云,而文理不通。此人之外,更无解文者,且无学习者。"③再如:"有汉人龚正陆者,掳在其中,稍解文字。因虏中无解文之人,凡干文书,皆出于此人之手,故文字字画前后如一云云。"④

上文中的"老乙可赤"就是努尔哈赤,"歪乃"就是龚正陆。汉族人龚正陆在佛阿拉执掌文书,教授学生,参与政事,干预机密,为女真统一事业和满汉文化交流作出了贡献。

龚正陆代努尔哈赤给朝鲜国王李昖写的回帖称:"我屡次学好,保守天朝九百五十于(余)里边疆",回帖后"篆之以建州左卫之印"。⑤

---

① [朝]申忠一:《建州纪程图记》,图版十一,载《兴京二道河子旧老城》,日文本,建国大学刊印,1939年。
② [朝]《李朝宣祖大王实录》第70卷,二十八年十二月癸卯,日本学习院东洋文化研究所刊,1959年,第5叶。
③ [朝]申忠一:《建州纪程图记》,图版十一,载《兴京二道河子旧老城》,日文本,建国大学刊印,1939年。
④ [朝]《李朝宣祖大王实录》第127卷,三十三年七月戊午,日本学习院东洋文化研究所刊,1959年,第25叶。
⑤ [朝]申忠一:《建州纪程图记》,图版十五,载《兴京二道河子旧老城》,日文本,建国大学刊印,1939年。

建州左卫指挥使努尔哈赤，起兵十年之后，兵力由"遗甲十三副"发展到一万五千余人①，统一了建州女真，在佛阿拉"称王"。

但是，佛阿拉城存在很大的地理局限性。《诗经·大雅·公刘》载公刘都城选址，将临河泉、地广平和高阜冈作为京城选址的三个地理因素。佛阿拉在上述三个因素中，一是水缺乏——"城中泉井仅四五处，而源流不长，故城中之人，伐冰于川，担曳输入，朝夕不绝"②；二是地狭窄——三面环山，一面阻河，前无开阔之野，后无辽广腹地；三是冈高峻——在军事上，虽有利于出攻，却不利于御守，且不宜向四面发展。选址在如上地理因素中的佛阿拉城，规模狭小，房舍简陋，不足千户居民，没有宫殿宗庙（仅有堂子）。在努尔哈赤统一女真各部战争中，佛阿拉既是具有进攻、防御和瞭望功能的建州军事堡垒，又是具有军事、行政和祭祀功能的建州左卫治城。

---

① [朝]《李朝宣祖大王实录》二十八年十一月戊子，朝鲜人河世国到佛阿拉，"大概目睹，则老乙可赤麾下万余名，小乙可赤麾下五千余名"。
② [朝]申忠一:《建州纪程图记》，图版十一，载《兴京二道河子旧老城》第71卷，日文本，建国大学刊印，1939年，第41叶。

二 初都赫图阿拉

随着建州管辖区域的扩大与统一事业的发展，佛阿拉城已经不能适应新形势的需要，建州兴筑了更大的政治中心——赫图阿拉城。努尔哈赤在佛阿拉城——建州卫城十六年，万历三十一年（1603），建州政治中心迁到赫图阿拉。

赫图阿拉，为满语 hetu ala 的对音，hetu 意为横，ala 意为冈，赫图阿拉就是横冈的意思。《盛京通志》"兴京"注云："国语赫图阿拉，即汉语横甸也。"① "甸"字多义，如五服之一的甸服；又如田野的产物；再如治理，《毛传》："甸，治也。""甸"又音田，狩猎的意思。不过，曾有"丘"与"甸"相联系之文，《周礼·地官·小司徒之职》文曰"九夫为井，四井为邑，四邑为丘，四丘为甸，四甸为县，四县为都"，这里的"丘"与"甸"都不含高阜之意。所以，释 ala（阿拉）作甸，似为不当。该书纂者或取《禹贡》"甸服"，《周礼》"邦甸"②、《左传》"郊甸"③ 之义，但诠释牵强。天聪八年即崇祯七年（1634）四月，谕尊"赫图阿喇城

---

① 乾隆《盛京通志·京城志》第 18 卷，清乾隆元年（1736）刻本。
② 《周礼·天官·大宰》，宋本十三经注疏附校勘记本，中华书局影印本，1980 年。
③ 《左传》襄公二十一年，宋本十三经注疏附校勘记本，中华书局影印本，1980 年。

曰天眷兴京"①。兴京的满文体为 yenden hoton。yenden 意为兴起；hoton 意为城，yenden hoton 汉译意为兴起的京城，简称兴京。

赫图阿拉城，明称其为"蛮子城"②，朝鲜称其为"奴酋城"或"奴城"③。建在苏克素浒河及其两条支流——皇寺河与加哈河之间开阔小平原中的冈阜上，是中国古代最后一座山城都城。卢琼《东戍见闻录》载，女真各部多"依山作寨"④，住居山城。叶赫贝勒的东西二城俱为山城，哈达贝勒建城在衣车峰上，辉发贝勒筑城在扈尔奇山上，俱是佳例。其实，依山筑城，高阜而居，不唯女真族所独具，汉族也早已有之。《诗经》载公刘都城选址谓："逝彼百泉，瞻彼溥原；乃徙南冈，乃觏于京。"⑤将高冈阜作为都城选址条件之一，正如王肃所言，是为着"避水御乱"。《管子》亦载："凡立国都，非于大山之下，必于广川之上，高毋近旱而水用足，下毋近水而沟防省。因天材，就地利，故城郭不必中规矩，道路不必中准绳"⑥。赫图阿拉在佛阿拉之东北，平原更为开阔，河泉更为丰沛，冈阜更为广平，交通更为便利，其优越条件正与上述诸种地理因素符合。佛阿拉"城中泉井仅四五处，而源流不长，故城中之人，伐冰于川，担曳输入，朝夕不绝"⑦。即此一点，佛阿拉就不宜作为都城。这也是努尔哈赤迁至赫图阿拉的一个重要原因。

赫图阿拉位于今辽宁省新宾满族自治县永陵镇东偏南八里的赫图阿拉村，佛阿拉东略偏北十里，苏克素浒河（苏子河）南岸的横冈上。西南隔鸡鸣山与佛阿拉城相望，正南为羊鼻子山，正北隔河与头道堡山相对，东北与皇寺相接。赫图

---

① 《清太宗文皇帝实录》第18卷，中华书局影印本，1985年，第9叶。
② 《明神宗实录》第524卷，万历四十二年九月壬戌，台北历史语言研究所校勘本，1962年，第4叶。
③ [朝]李民寏：《栅中日录》，日本天理大学图书馆藏玉版书屋本，第12叶。
④ 《东戍见闻录》，载《辽东志》第7卷，《辽海丛书》影印本，辽沈书社，1985年。
⑤ 《诗经·大雅·公刘》，宋十三经注疏附校勘记本，中华书局影印本，1980年。
⑥ 《管子·乘马》第1卷，上海广益书局，民国十一年（1922），第5页。
⑦ [朝]申忠一：《建州纪程图记》，图版一，载《兴京二道河子旧老城》，日文本，建国大学刊印，1939年。

阿拉位置优越，气候宜农，河水丰沛，势踞形胜："群山拱护，河水萦流。"①城东有黄寺河，城西是加哈河，城北为苏克素浒河②，城南有羊鼻山，可谓一面傍山，三面环水。其三面河水之外，又为众山环护。赫图阿拉的地理形势，《兴京县志》载："东缘柳条之边，西据三关之险。其东南与北，则万山峥嵘，三川之所滥觞也；其西南与西，则千峰回互，五城之所映带也。前瞻凤岭、鸡鸣、灶突之秀，棼缭驰骤，太谷平原，纡□□□，桑麻之所蓊郁也；后依龙冈、滚马、金岭之卫，周匝翰藩，高林苍翠，长股纷披，材木之所钟毓也。远控红泥，近抚黄花，山中苏河流域以贯腹心，左右太、浑两河以限幅员。"③

赫图阿拉城建在羊鼻子山向北延伸的一个自然突起的台地上，台地南高北低，南边最高处距地表约二十余米，北面距地表约九米。城址略呈正方形，全城东西长约一千三百二十米，周长约五千米。内城墙垣高约四米，底厚约十米。城的东、南、北三面有门，西面为断崖。④《筹辽硕画》载："城高七尺，杂筑土石，或用木植横筑之。城上环置射箭穴窦，状若女墙，门皆用木板。内城居其亲戚，外城居其精悍卒伍。内外现居人家约二万余户。北门外则铁匠居之，专治铠甲。南门外弓人、箭人居之，专造弧矢。东门外则有仓廒一区。"⑤

赫图阿拉城在十二年之间，先后经过三次大的兴筑工程。《清太祖高皇帝实录》

---

① 乾隆《盛京通志·京城志》第18卷，清乾隆元年（1736）刻本。
② 《兴京厅乡土志》第3卷载：苏克素浒河源出兴京分水岭，西流三十里经新宾堡，又西流三十里至老城北，再西北流八十里至营盘东入浑河。索尔科河源出兴京陀和罗岭，西北流四十里，经老城西南三里处汇入里加河。里加河源出兴京分水岭，东北流十五里，经老城东南三里转西会索尔科河。哈尔撒河源出兴京哈尔撒山，西北流经老城西南十一里处会索尔科河。加哈河源出兴京分水岭，东北流至距老城西南十六里处会索尔科河。索尔科河迎以上三水后，西北流入苏克素浒河。
③ 民国《兴京县志》第1卷，民国年间铅印本。
④ 光绪《兴京厅乡土志》，光绪三十二年（1906）修，民国年间油印本，第28叶。
⑤ 程开祜：《东夷奴儿哈赤考》，载《筹辽硕画》首卷，见潘喆、李鸿彬、孙方明编《清入关前史料选辑》第1辑，中国人民大学出版社，1984年。

记载："上自虎拦哈达南冈，移于祖居苏克苏浒河、加哈河之间，赫图阿喇地，筑城居之。"①是为第一次大的工程。两年以后，努尔哈赤又增筑外城，命在"赫图阿喇城外，更筑大城环之。"②是为第二次大的工程。万历四十三年（1615），又于"城东阜上建佛寺、玉皇庙、十王殿共七大庙，三年乃成"③。是为第三次大的工程。赫图阿拉城经过上述三次大的营建，都城规模，已经初具。

赫图阿拉城分为内外两重。内城建在一个自然突起的平冈上，冈顶距地表高约十至二十米，城垣依冈势修筑，呈不规则图形。城墙底宽十米，高约十米，南、东南、东、北各一门，西为断崖。经实测，南北长约五百一十二米，东西宽五百五十一米，占地约二十四万六千平方米。墙外有环城的马道。内城中建有汗王殿、衙门等。东南、西北各有望楼一座，为城内制高点，并有官署衙门等。中部有饮水井一口。此井现俗称"汗王井"。井水丰沛，全年旺满，井水距地面约十厘米，干旱雨涝水位不变。全城军民牲畜用水，经年充沛不枯不竭。

外城东北、北及西濒依河岸，南城墙从山腰兴筑，周长约十一里。《兴京厅乡土志》载："兴京城周围五里，南一门、北一门、东一门。外城周围九里，南三门、北三门、东二门、西一门。据山为城，外城西北关为平地，东、南二面仍就山坡。"④内外城墙均用木石杂筑。外城东南建堂子，城西北设练兵场。外城平面呈不规则图形，经实测，南北长一千三百五十二米，东西宽一千三百三十五米。

天命元年即万历四十四年（1616）正月，聪睿贝勒努尔哈赤在赫图阿拉黄衣称朕，建立金国。努尔哈赤在赫图阿拉登极，"天命元年，众贝勒大臣上尊号曰覆育列国英明皇帝，以兴京为都城"⑤。从此，赫图阿拉就成为后金－清的第一个都城，即兴京城。

---

① 《清太祖高皇帝实录》第3卷，中华书局影印本，1986年，第7叶。
② 《清太祖高皇帝实录》第3卷，中华书局影印本，1986年，第8叶。
③ 《清太祖武皇帝实录》第2卷，台湾广文书局影印本，原清官内府藏，1970年，第21叶。
④ 光绪《兴京厅乡土志》第3卷，光绪三十二年（1906）修，民国年间油印本。
⑤ 乾隆《盛京通志·京城志》第18卷，清乾隆元年（1736）刻本。

赫图阿拉是继佛阿拉之后,努尔哈赤崛起的又一个基地。同年,朝鲜《东国史略事大文轨》记载,努尔哈赤在赫图阿拉向明辽东总兵官李成梁呈文称:"有我奴儿哈赤收管我建州国之人,看守朝廷九百五十余里边疆。"① 同年十一月十一日,努尔哈赤又致书朝鲜边将,自称:"建州等处地方国王佟,为我二国听同计议事,说与满蒲官镇节制使知道……"② 以上说明赫图阿拉成为建州的政治中心。

兴京赫图阿拉独具浓郁的女真文化特色。兴京的都城文化,是满洲渔猎文化的典型。兴京志书引《盛京通志·风俗志》云,兴京之民,"性情劲朴,不事文饰,射猎尤娴"③。表现在其都城文化上,京城建在冈阜之巅,沿袭女真多山城的传统。城垣或用木栅围绕,或以木石杂筑。整个建筑,青砖素瓦,不事文饰,朴实无华。屋顶或盖草,或覆瓦。建筑等级,不够森严。城内居民照出猎行师的八旗制,按牛录加以组织,主要成分为八旗满洲官兵及其家属。旗人骁勇强悍,娴习骑射。城外备有巨大练武场,提倡骑射,技术娴熟。城中的居民,着满装,习满俗,讲满语,行满文。因此,赫图阿拉是后金初期满洲渔猎文化的中心。

后金在建赫图阿拉城之后,又建界凡(界藩)城。

界凡城始建于天命三年即万历四十六年(1618)。其时,努尔哈赤已制定满文,创建八旗,建立后金政权,实力空前强大。他颁谕《兵法之书》,宣布"七大恨"告天,并统领大军西指,开始向明进攻,陷抚顺,破清河。后金为着实行重大战略转移,即由统一女真内部,转为向明军进攻,需要选择并建立一个新的进军基地。天命汗与诸贝勒大臣议曰:"今与明为难,我仍居国内之地,西向行师,则迤东军士道远,马力困乏,需牧马于沿边之地,近明界筑城界凡居之。"④ 议定之后,

---

① [朝]《东国史略事大文轨》第46卷,第29页,转引自《清史论丛》,文海出版社,第1集,第24页。
② [朝]《东国史略事大文轨》第46卷,第16页,转引自《清史论丛》,文海出版社,第1集,第23页。
③ 光绪《兴京厅乡土志》第1卷,光绪三十二年(1906)修,民国年间油印本,第8叶。
④ 《清太祖高皇帝实录》第5卷,天命三年九月,中华书局影印本,1986年,第25叶。

营基址，运木石，始筑界凡城。天命四年即万历四十七年（1619）二月，天命汗派夫役一万五千人往界凡运石筑城。同年六月，界凡城修竣。

界凡城在界凡山（铁背山）上。界凡山（铁背山）在今抚顺市章党镇高丽营子村南三里，浑河与苏子河汇合处，山体狭长，东西走向，悬崖峭壁，山势险要。浑河从东北向西南、苏子河从东南向西北，在界凡山（铁背山）的西山脚下汇流。界凡城在萨尔浒山东四里，东南距赫图阿拉一百二十里。城筑在界凡山（铁背山）顶峰上，山势险陡耸立，山下河水夹流。① 其西为吉林崖，崖形陡峻，峭壁剑立。界凡又称者片，据朝鲜李民寏目击所载："者片城在两水间，极险阻，城内绝无井泉。以木石杂筑，高可数丈，大小胡家皆在城外水边。"② 这座山城极小，康熙《盛京通志》载："界蕃城，（兴京）城西北一百二十里，在铁背山上……周围一里，东一门，又一小城，周围一百八十步，西一门。"③ 铁背山即为界藩山（界凡山）。后经实测，"该城东西狭长，约二百米，南北较短，约五十米"④。实测与史载，基本上相同。

天命汗在界凡城营竣之后，谕诸贝勒等曰："吾等勿回都城，筑城界凡，治屋庐以居，牧马边境，勿渡浑河，何如？"众贝勒大臣不愿移驻界凡，议曰："不如还都，近水草，息马浓阴之下，浴之、饲之，马乃速壮，且使士卒归家，缮治兵仗便。"天命汗又曰："此非尔所知也。今六月盛夏，行兵已二十日矣。若还都，二三日乃至，军士由都至各路屯寨，又须三四日，炎蒸之时，复经远涉，马何由壮耶？吾居界凡，牧马于此，至八月又可兴师矣！"⑤ 遂驻跸界凡，令军士尽牧马于边。天命汗

---

① 2002年8月31日，笔者到界凡山踏查。界凡山海拔283.5米，山体东西走向，全长4300米，山脊最宽处约200米，最窄处约1米。山上有"宫殿"建筑遗址。
②［朝］李民寏：《建州闻见录》，日本天理大学图书馆藏玉版书屋本，第30叶。
③ 康熙《盛京通志·城池志》第1卷，清康熙二十三年（1684）刻本。
④ 铁玉钦：《论清入关前都城城郭与宫殿的演变》，载《明清史国际学术讨论会论文集》，天津人民出版社，1982年，第644页。
⑤《清太祖高皇帝实录》第6卷，天命四年六月庚辰，中华书局影印本，1986年，第20叶。

迎接后妃并诸贝勒福晋到界凡，盛摆大宴，进行庆贺。但康熙《盛京通志》却载："天命三年，我太祖取抚顺，自兴京迁至此。"①后雍正、乾隆《盛京通志》和光绪《兴京厅乡土志》皆蹈袭此说。据《满文老档》、《清太祖武皇帝实录》、《满洲实录》和《清太祖高皇帝实录》记载，努尔哈赤于天命四年即万历四十七年（1619）六月，自赫图阿拉迁跸至界凡，可证上说之讹误。

虽然努尔哈赤移驻界凡城，同治居佛阿拉城有所不同，即其时努尔哈赤已建元称汗四年，但界凡城仍不能称为后金的都城。这是因为：

其一，《清实录》称界凡为行宫，而不称其为都城。《清太祖武皇帝实录》记载，天命汗努尔哈赤谓王臣曰："吾等不回都城，于界凡筑城架屋居之。"界凡城竣工时又载："帝行宫及王臣军士房屋皆成。"②同样，《满洲实录》也载："是月，帝行宫及王大臣军士房屋皆成。"③

其二，天命汗谕称界凡为驻跸之所，而称赫图阿拉为都城。前引努尔哈赤在同诸贝勒大臣议迁驻界凡城时，《清太祖高皇帝实录》共载述一百五十四字，其中"都"字出现四次，皆指赫图阿拉，无一指界凡。如努尔哈赤曰"吾等勿回都城，筑城界凡，治屋庐以居，牧马边境"云云，仍视赫图阿拉为都城，而以界凡为军事据点、临时行宫。

其三，后金修筑界凡城是为着屯牧防卫，驻跸治兵。努尔哈赤在其《汗谕》中，表述了营筑界凡的意图——"帝曰：战马羸弱，当趁春草喂养。吾欲据界凡筑城，屯兵防卫，令农夫得耕于境内。"④可见努尔哈赤亲自卜基筑城，又亲选牧马旷野，主要是为着进攻明朝辽军与防御明军攻剿的需要。界凡居高临下，在山上远眺，"北

---

① 康熙《盛京通志·城池志》第1卷，康熙二十三年（1684）刻本。
② 《清太祖武皇帝实录》第3卷，天命四年六月，原清宫内府藏，台湾广文书局影印本，1970年，第14叶。
③ 《满洲实录》第5卷，天命四年六月，中华书局影印本，1986年，第101叶。
④ 《清太祖武皇帝实录》第3卷，原清宫内府藏，台湾广文书局影印本，1970年，第12叶。

望开原，西瞻抚顺，郁郁苍苍，四顾无极"①。在铁壁山上筑城，御守山下界凡渡口与萨尔浒路口，为控扼往来抚顺的水陆咽喉。因此，界凡城是后金同明朝争战具有进攻、御守和瞭望功用的军事堡垒，而不是具有祭礼、行政和军事三位一体功能的都城。

其四，界凡不具备都城的规制。界凡外城周围一里，内城周围一百八十步，规模狭小，房舍简陋，没有宗庙，城中无井，位置西偏，交通不便，根本不具有都城的规制。清代的志书将其列为城邑，而不视为京城。界凡城是天命汗的临时行宫与军事堡垒，努尔哈赤在界凡驻跸一年零三个月，即迁往萨尔浒山城。

萨尔浒城建在萨尔浒山上，萨尔浒山与界凡山（铁背山）隔河相望。萨尔浒，位于界凡山（铁背山）下浑河南岸处（今大伙房水库）。山麓下浑河南岸就是萨尔浒（今抚顺市上马镇竖碑村西北十里一带地方）。萨尔浒山城东距赫图阿拉一百二十里，西离抚顺约一百里。山位西而偏南，高约七十米，北临浑河，西濒萨尔浒河，东接古楼岭。山势"南、西两面高耸，东北平坦，中间虎踞龙蟠，阴晴万状"②。萨尔浒城建在萨尔浒山顶东北平坦地带，城始建于天命五年即泰昌元年（1620）九月，在原建州诺米纳、奈喀达旧城基址上改建与扩建，至来年闰二月十一日竣工。城依山势兴建，呈不规则图形。城垣分内外两层："内城周围三里，南、东二门，西南、西北二门③；外城周围七里，东、西、南、北各一门。"④内城有汗王殿宇，史载"帝乃升殿聚诸王臣曰：人君无野处露宿之理，故筑城也"⑤。这可为明证。外城的修筑，"凿石于山，采木于林"。城垣为木石建筑，或夯土版筑；

---

① 光绪《兴京厅乡土志》第3卷，光绪三十二年（1906）修，民国年间油印本，第28叶。
② 光绪《兴京厅乡土志》第3卷，光绪三十二年（1906）修，民国年间油印本，第39叶。
③ 光绪《兴京厅乡土志》第3卷载，萨尔浒城之内城"南与东各一门"，与康熙《盛京通志》所载其内城四门不同。
④ 康熙《盛京通志·城池志》第1卷，康熙二十三年（1684）刻本。
⑤ 《清太祖武皇帝实录》第3卷，天命六年闰二月十一日，原清宫内府藏，台湾广文书局影印本，1970年，第32叶。

土石杂筑，或以石砌筑。因其为山城，故同界凡城一样，均无壕堑。

天命五年即泰昌元年（1620）九月，天命汗自界凡城迁于萨尔浒城，至翌年三月迁都辽阳，其间驻居萨尔浒山城仅半年。历史文献与考古资料表明，萨尔浒山城既不具有都城的规制，也未形成后金的都城。因此，萨尔浒山城是继界凡山城之后，天命汗的又一处行宫。

所以，佛阿拉是努尔哈赤崛兴的基地，界凡城是天命汗的军事行宫，萨尔浒城则是清太祖的战时后方基地。

赫图阿拉作为后金的都城，地处偏东一隅，随着军事胜利，疆域不断拓展，它已不能承担作为后金都城的功能。于是，后金将都城迁移到辽阳。

三 迁都辽阳

天命六年即天启元年（1621）三月二十一日，天命汗在攻克辽阳的当天，立即决定迁都辽阳。

辽阳，又称东京。辽太祖神册四年（919），修葺渤海辽阳故城。辽太宗天显三年（928），升为南京。会同元年（938），"改南京为东京，府曰辽阳"①。金仍为东京。元至元二十五年（1288），改东京为辽阳路。明洪武四年（1371）置定辽都卫，六年（1373）置辽阳府，八年（1375）改定辽都卫为辽东都指挥使司。辽东都指挥使司所辖"东至鸭绿江，西至山海关，南至旅顺海口，北至开原"②。后置辽东经略驻辽阳，置衙署（辽东巡抚驻广宁）。天命六年即天启元年（1621），后金军连陷沈阳、辽阳，据有河东之地。后金占据辽左，欲迁都辽阳。其开国之地兴京，已不能适应后金新军政形势的需要。《兴京县志》载述，兴京地偏辽左东隅，四

---

① 《辽史·地理志二》第38卷，中华书局点校本，1974年，第457页。
② 《明史·地理志二》第41卷，中华书局点校本，1974年，第952页。

面均为山峦阻隔。它适于据守、崛兴,不宜于开拓、四达。①《盛京通志》也载:"兴京之地,东傍边墙,西接奉天,南界凤凰城,北抵开原,层峦叠拱,众水环洄。"这种偏隅闭塞的地理形势,不能满足天命汗西抚蒙古、南攻明朝的军事政治需要,选择辽阳作为都城,其有利的条件更多。

辽阳所具有的政治、军事、经济、文化价值,已为辽、金、元三朝契丹、女真、蒙古的历史所充分显示。先是,契丹占有辽阳,而据有河北;女真占有辽阳,而灭亡辽朝;蒙古先取辽东,而动摇金朝。元亡明兴,辽东防务,设城屯兵,分为五路:东路辽阳、西路义州、南路前屯、北路开原、中路广宁,一路有警,相互策应。时后金已经占有上述五路中的东路辽阳与北路开原,迁都辽阳,便于进一步谋取中路广宁、西路义州。而作为明朝辽东首府的辽阳,势踞形胜,地处冲要。《大明一统志》记载辽阳形胜:"负山阻河,控制东土。秦筑障塞,以限要荒。临闾之西,海阳之北,地实要冲……东北一都会也!"②辽阳不仅具有军事地理价值,而且具有经济交通价值。辽阳"负山面海,水深土衍,草木丰茂,鱼盐饶给"③。

辽阳位于辽河平原与辽东山地接合之部,是农耕文化与森林文化相邻之地,汉族文化与满洲文化交汇之区。后金奠都辽阳,进宜攻取,退宜御守。《盛京通志》概述辽阳的地理形势与战略地位,略谓:"东京之地,以辽阳为屏蔽,以浑河为襟带。北接开原、铁岭,南连海城、盖平,山林蕃薪木之利,沮泽沃水族之饶。我太祖高皇帝创业之初,筑城于此,一以经画宁、锦,一以控制沈、辽。"④后金以辽阳作为都城,既能大汗守边,控扼辽东;又能率骑驰驱,进攻辽西。努尔哈赤

---

① 《兴京县志》讹误甚多,如"(天命)十一年八月庚戌,龙驭上宾,享寿七十,葬福陵",此段文字讹误有三:其一,"戍"应作"戌";其二,清太祖享年六十八;其三,应作天聪三年二月葬福陵。又如:"崇德八年,(清太宗)驾崩。谥曰文皇。葬昭陵。世宗嗣位,改元顺治,是年入关。"此段文字,疏误有三:其一,应作"文皇帝";其二,应作"世祖嗣位";其三,应作顺治元年入关。
② 《大明一统志》第35卷,三秦出版社影印本,1985年,第29叶。
③ 顾祖禹:《读史方舆纪要》第37卷,上海书店出版社,1998年,第28页。
④ 乾隆《盛京通志·京城志》第18卷,清乾隆元年(1736)刻本。

明确认识到辽阳的重要价值,占据辽阳,首先决策的一件大事就是迁都辽阳。

后金迁都辽阳,先后发生两次大的争论:第一次是要不要迁都辽阳,第二次是要不要兴建新城。

第一次争论发生在后金刚占领辽阳。这次关于要不要迁都辽阳的争论,天命汗同诸贝勒对话如下:

天命大汗谕曰:"天既眷我,授以辽阳。今将移居此城耶,抑仍还我国耶?"

贝勒诸臣谏曰:"还国!"

天命大汗谕曰:"国之所重,在土地、人民。今还师,则辽阳一城,敌且复至,据而固守。周遭百姓,必将逃匿山谷,不复为我有矣!舍已得之疆土而还,后必复烦征讨,非计之得也!且此地,乃明及朝鲜、蒙古接壤要害之区。天既与我,即宜居之。"

贝勒诸臣皆曰:"善!"①

努尔哈赤从土地、人民、军事、政治、民族、地理、文化、外交等方面,阐述迁都辽阳诸利,并折服贝勒诸臣,遂定议迁都。《满文老档》记载天命汗迁都的原因,还有经济方面。如赫图阿拉地处山区,离海较远,交通不便,又受明封锁,没有食盐吃。后金贵族的包衣阿哈因没有盐吃,纷纷逃亡。

于是定议迁都,迎后妃贝勒等到辽阳。无疑,迁都辽阳是努尔哈赤一个勇敢而迅速、英明而果断的决策。后金将都城从赫图阿拉迁到辽阳。

第二次争论发生在后金迁都辽阳之后。这次关于要不要建新城的争论,天命汗同诸贝勒对话如下:

天命大汗谕曰:"我国家承天眷佑,遂有辽东之地。但今辽阳城大,年久倾圮。东南有朝鲜,北有蒙古,二国俱未弭帖。若舍此征明,恐贻内顾忧,必更筑坚城,分兵守御,庶得固我根本,乘时征讨也。"

贝勒大臣皆曰:"舍见居之城郭、室庐,更为创建,毋乃劳民耶!"

---

① 《清太祖高皇帝实录》第7卷,天命六年三月癸亥,中华书局影印本,1986年,第22~23叶。

天命大汗谕曰："今既与明构兵，岂能即图安逸？汝等所惜者，一时小劳苦耳！朕所虑者大也。苟惜一时之劳，何以成将来远大之业耶！朕欲令降附之民筑城，而庐舍各自营建。如此虽暂劳，亦永逸已。"

贝勒大臣皆曰："善"。

遂筑城于辽阳城东五里太子河边，创建宫室，迁居之，名曰东京[①]。

上文的太子河，又称代子河。

于是，后金开始兴建辽阳新城即东京城，创建宫室，迁民居之。后金在辽阳太子河东岸建东京新城，其目的有四：一是凭河为障，防明军东扑；二是驻足不稳，另建新城；三是满洲聚居，改为满汉分城，以防汉人反抗；四是旗民分住，防止满人汉化。

辽阳原有南、北两城，南城驻辽东都司军政机构，北城住平民百姓。后金官兵及其眷属迁入辽阳后，先是"移辽阳官民于北城，南城诸王臣民居之"。

辽阳的东京城，在今辽宁省辽阳市东京陵新城北，离辽阳旧城八里。它东南依韩家碏山，东北傍老大石山，西濒太子河，建在山川之间突起的台地上。台地四周与城垣四周大致相仿。《辽阳州志》记载：东京城在太子河东，离辽阳城八里。天命六年建。城周围六里零十步，高三丈五尺，东西广二百八十丈，南北袤二百六十二丈五尺。城门八：东门二，一曰抚近，一曰内治；西门二，一曰怀远，一曰外攘；南门二，一曰德胜[②]，一曰天佑；北门二，一曰福胜，一曰地载。号曰东京。[③]

东京城的城墙，为砖石包砌，中实土石。环城挖壕，以河护城。城略呈方形，八座城门，各有城楼。据实测，城南墙长九百七十五米，西墙长九百四十五米，北墙长九百七十米，东墙长九百二十四米，实测尺寸与《辽阳州志》所载基本符合。

[①]《清太祖高皇帝实录》第8卷，天命七年三月己亥，中华书局影印本，1986年，第17叶。
[②] 康熙《辽阳州志》卷首《东京城图》：南向东门为"德盛"。康熙《盛京通志》亦作"德盛"。
[③] 康熙《辽阳州志·京城志》第1卷，康熙二十年（1681），《辽海丛书》影印本，辽沈书社，1985年。

城内建有八角殿、汗宫、堂子等。天命七年即天启二年（1622）四月，城尚未完工，便匆迁入住。

东京城是后金－清朝第一座建在平原、图形方正、砖包墙垣、城池兼具的都城。它在清代都城史上，上承兴京城，下启盛京城，是一座具有重要意义的都城。①

后金东京的都城文化，表现为满、汉文化既相互排斥，又相互融合。

满、汉文化的相互排斥，主要反映于满汉分城居住。辽阳原有南、北两城，南城周长十六里，为辽东都指挥使司驻地；北城周长十里，居住平民。后金迁都辽阳之初，实行满汉分南北城居住，还下令对汉人剃发、查粮、迁民、服役。东京城建成后，辽阳旧城居汉民，东京新城则居旗人。这是清朝满汉分城居住之始。其实，早在辽初即实行契丹与汉人分城居住。契丹人得辽阳，居住内城，汉人则居住外城，"外城谓之汉城"②。这是少数民族居于统治民族时，其族人住居在以汉人为主体居民城市的一种文化隔离政策。但两种文化间的交融是任何城墙也阻隔不了的。这种满汉分居的形式，是在农耕文化圈内，将渔猎文化与农耕文化隔离，即在东京城除保持原农耕文化外，还保持一个渔猎文化模式，从而在辽沈地区出现尖锐的民族矛盾。

满、汉文化的相互融合，反映于建筑方面，既具有满洲文化特色，又吸收汉族文化风格。东京城筑于半山城，保留其"依山而居"的旧习，又建在平原；汗王宫设在城内突起台地上；其主要殿堂除吸取汉族建筑艺术外，所兴筑的八角殿，又是八旗文化在建筑风格上的反映。八角殿的殿堂内和丹墀上满铺绿色釉砖，则是昔日森林和猎场生活在宫殿建筑色彩艺术上的表现。建堂子以用于祭神祭天等，

---

① 康熙、雍正、乾隆《盛京通志》和康熙《辽阳州志》均载天命六年建东京城，误；《满文老档》和《清太祖实录》俱载为天命七年建。雍正、乾隆《盛京通志》俱载东京"城门八：东向者，左曰迎阳，右曰韶阳；南向者，左曰龙源，右曰大顺；西向者，左曰大辽，右曰显德；北向者，左曰抚远，右曰安远。"疑《盛京通志》编者将辽东京城门名误录为清东京城门名，且源与原相驳，大顺与显德错位。存此待考。

② 《辽史·地理志二》第38卷，中华书局点校本，1974年，第456页。

均为满洲文化的特色。同时又大量吸纳汉族传统建筑特点——城郭为汉族方正形，建有城墙、敌楼、瓮城、券洞、壕堑；宫、殿分离，使用琉璃构件，饰以栏板、望柱等。东京城门额如德盛、福胜、天佑、地载、抚近、怀远、内治、外攘诸门名称等，都受汉族儒家文化的影响。而东京城门额内外各嵌满文、汉文一幅，则是满汉文化融合的佳证。

后金东京的都城文化，表现了满、汉文化的二元性——满洲文化与汉族文化、森林文化与农耕文化的冲突与融合。

后金迁都辽阳，时仅四年，又迁都沈阳。

四 移鼎沈阳

天命十年即天启五年（1625）三月初一日，天命汗努尔哈赤决定从辽阳迁都沈阳。

迁都定鼎，社稷大事。历史上每次定都与迁都，总要伴随着激烈的论争。昔刘邦都洛阳或关中，犹疑不能定夺，君臣各有所重。张良曰："夫关中左殽、函，右陇、蜀，沃野千里，南有巴蜀之饶，北有胡苑之利，阻三面而守，独以一面东制诸侯。诸侯安定，河渭漕挽天下，西给京师；诸侯有变，顺流而下，足以委输。此所谓金城千里，天府之国也。"① 但在庙堂议争都城的问题上，清太祖与汉高祖不同：汉高祖刘邦为臣谏君，清太祖努尔哈赤则为君谕臣。努尔哈赤第二次迁都沈阳，又发生一场君臣之争。

《满洲实录》记载："帝聚诸王大臣议，欲迁都沈阳。"但是，努尔哈赤的意见遭到诸王贝勒的阻谏。诸王大臣谏曰："迩者筑城东京，宫室既建，而民之庐舍，尚未完缮。今复迁移，岁荒食匮，又兴大役，恐烦苦我国！"努尔哈赤不许。他为了说服诸王贝勒，阐述迁都沈阳的理由：

---

① 《史记·留侯世家》第55卷，中华书局点校本，1959年，第2044页。

沈阳形胜之地。西征明，由都尔鼻渡辽河，路直且近。北征蒙古，二三日可至。南征朝鲜，可由清河路以进。且于浑河、苏克苏浒河之上流伐木，顺流下，以之治宫室、为薪，不可胜用也。时而出猎，山近兽多。河中水族，亦可捕而取之。朕筹此熟矣，汝等宁不计及耶！①

天命汗努尔哈赤迁都沈阳的《汗谕》，长达九十九字（未计标点符号），概述其都城选址沈阳的道理。后金迁都沈阳，可概括为八利：

一利是地理方面，势踞形胜之地，位于冲要之区，土地肥沃，河水充沛，扼全辽东西之枢纽，襟松辽平原之腹地。

二利是交通方面，上引《汗谕》，共八句话，其中四句，讲了交通：水陆两路，四通八达，利于行军，便于运输。

三利是经济方面，上引《汗谕》，共九十九字中，内有四十七个字讲经济（占总字数的约48%）：辽河平原，盛产粮棉，物资富饶，河林之利，可猎可渔，适于满洲发展经济。

四利是民族方面，离其"民族故乡"既不过远，又不过近，在汉族、满洲、蒙古结合地带，依其军政实力，便于展缩进退，征抚蒙古，更为有利。

五利是外交方面，同朝鲜交往，也较方便。

六利是文化方面，汉族为农耕文化，满洲为森林文化，蒙古为草原文化，不同民族与不同文化之间的相互接触，益于文化交融与发展。

七利是军事方面，"前之进无穷，后之退有限"②，西抚蒙古，北定女真，阻三面而守，以一面攻明——进兵宁远，叩打关门。

八利是政治方面，其时受到东江总兵毛文龙、辽东总兵马世龙的军事袭扰，特别是受到金、复、海、盖四卫汉民的反抗，迁都沈阳较辽阳更为安定，而且便

---

① 《清太祖高皇帝实录》第9卷，天命十年三月己酉朔，中华书局影印本，1986年，第10～11叶。
② 《方舆胜略》，转引自《日下旧闻考》，北京古籍出版社，1981年。

于西进，稳固辽东，争雄辽西，问鼎天下。

天命汗迁都沈阳，是一项具有历史意义的重大战略决策。

但是，诸王大臣仍然拒不同意迁都沈阳。

"成大功者，不谋于众。"先是，北魏孝文帝欲从平城（今山西大同）迁都洛阳，群臣怀恋故土，稽颡泣谏。他在谕南迁的原因之后，命"欲迁者左，不欲者右"。但安定王休等相率站在右边，表明不愿迁都。魏太和十七年（493），孝文帝"谋南迁，恐众心恋旧，乃示为大举，因以胁定群情，外名南伐，其实迁（都）也。旧人怀土，多所不愿，内惮南征，无敢言者，于是定都洛阳"①。北魏孝文帝施展政治权术，佯称南征，实迁都城。

金海陵王迁都，也是故事重演。海陵王从上京会宁府（今黑龙江省哈尔滨市阿城区境），迁都燕京（今北京）后，即"命会宁府毁旧宫殿、诸大族第宅及储庆寺，仍夷其址而耕种之"②。

努尔哈赤则不同，而是与贝勒诸臣辩议，并力求说服他们。努尔哈赤没有说服他的诸王大臣，最后断言："吾筹虑已定，故欲迁都，汝等何故不从！"于是，努尔哈赤不徇众见，决然迁都，乃于天命十年即天启五年（1625）三月初三日，出东京城，宿虎皮驿；初四日，到达沈阳。③

这次迁都之议，《满文老档》、《满洲实录》、《清太祖武皇帝实录》和《清太祖高皇帝实录》等，均未在后金迁都《汗谕》之后，书"贝勒诸臣皆曰'善'"。《满文老档》的记载是：汗给他的父祖坟墓，供祭杭州纺织细绸；又杀牛五头，烧了纸钱。然后从东京出发，夜宿虎皮驿。④翌日，未刻，进入沈阳城。可见他是力排众议，

---

① 《魏书·李冲传》第53卷，中华书局点校本，1974年，第1183页。
② 《金史·海陵王本纪》第5卷，中华书局点校本，1975年，第108页。
③ 《清太祖高皇帝实录》载天命十年三月"庚午（二十二日），上自东京启行，夜驻虎皮驿。辛未（二十三日），至沈阳"。但《清太祖武皇帝实录》作："初三日，出东京，宿虎皮驿；初四日，至沈阳。"《满洲实录》也作："初三日，出东京，驻虎皮驿；初四日，至沈阳。"
④ 《满文老档·太祖》第Ⅲ册，东洋文库译注本，1958年，第965页。

断然迁都沈阳的。

沈阳，又称盛京，是一座历史名城。辽、金为沈州治，元为沈阳路总管府治。它是"辽东根本之地，依山负海，其险足恃，地实要冲，东北一都会"①。明为沈阳中卫。洪武二十一年（1388），指挥闵忠因旧土城修筑砖城，城为方形："周围九里三十步，高二丈五尺；池二重，内阔三丈，深八尺，周围一十里三十步；外阔三丈，深八尺，周围一十一里有奇；城门四：东曰永宁，南曰保安，北曰安定，西曰永昌。"②明中叶以后，沈阳在辽东的地位日趋重要。它襟山环海，地处冲衢，"据险立关，架川成梁，以通行旅，资利涉哉。"③但是，天命汗对沈阳战略地位的认识有一个过程。努尔哈赤占领沈、辽之后，并没有迁都沈阳，而是决定迁都辽阳。后金迁都辽阳，翌年夺取广宁，占有河西大片土地。摆在天命汗面前的战略安排是：内固根本，东结朝鲜，西抚蒙古，北稳后方，南进宁远，径叩关门。为此，其都城应即由辽阳迁至沈阳。但天命汗囿于辽阳为辽东首府的传统之见，不仅未迁都沈阳，反而营筑东京城，此可谓得失参半：巩固政权，进退兼顾，是为得；巨耗民力，延宕四年，是为失。天命汗经过五年的选择，终于决定将都城由辽阳迁至沈阳。这是后金－清朝历史，是清代都城历史，也是清代东北历史的一个转折点。

沈阳位于辽河平原的腹部，沈水之阳，辽阳、广宁、开原三镇雄踞鼎峙之中。它在松辽平原的南部，"源钟长白，秀结巫闾，沧海南回，混同北注。"④沈阳不仅地处形势冲要之区，而且位于民族纷争之地。正如《全辽志》所载，沈阳"左控朝鲜，而右引燕蓟；前襟溟渤，而后负沙漠"⑤。沈阳在辽东地区的位置，康熙《盛京通志》载述：盛京沧海朝宗，白山拱峙；浑河辽水，绕带西南；黑水混同，襟

---

① 雍正《盛京通志》第9卷援引《今史》《元志》，雍正十二年（1734）本。
② 毕恭等修：《辽东志·城池》第2卷，《辽海丛书》影印本，民国二十三年（1934），第4叶。
③ 康熙《盛京通志》第11卷，康熙二十三年（1684）刻本。
④ 雍正《盛京通志》第1卷，雍正十二年（1734）刻本。
⑤ 毕恭等修：《全辽志》第1卷，《辽海丛书》影印本，民国二十三年（1934）。

环东北。控制诸邦，跨驭六合。①控制东北诸族之民，辖驭关外六合之众，这就是沈阳的重要战略地位。

天命十年即天启五年（1625）三月，后金迁都沈阳。这是后金－清朝的第二次迁都，沈阳成为后金－清朝的第三个都城。在中国皇朝历史上，都城迁移，屡见不鲜。昔"自契至于成汤八迁，汤始居亳"②。迁都定鼎选址，必择要害之区。汉初刘邦相宅未定，娄敬说刘邦都关中，称："夫与人斗，不搤其亢，拊其背，未能全其胜也。今陛下入关而都，案秦之故地，此亦搤天下之亢，而拊其背也。"③后金迁都沈阳，正是扼明朝辽东之亢而拊其背，阻三面为守，独以一面南制明朝。其时辽东局势，关系明廷全局。毕恭在《辽东志》中引据史典预言："昔人有言：'洛阳之盛衰，天下治乱之候也；园囿之兴废，洛阳治乱之候也。'余于辽亦云：夫辽，必争之地也。天下之治乱候，于辽之盛衰而知；辽之盛衰候，于夷夏之兴废而知。"④满洲据辽东之形胜，关系大明皇朝之衰败。后金都城的选址，又关系满洲之盛衰。因之，天命汗努尔哈赤毅然决定从辽阳迁都沈阳。

努尔哈赤初到沈阳，宫殿坛庙尚未兴筑，住在临时行宫，据《盛京城阙图》（满文）所绘，一座四合院为"太祖居住之宫"⑤。行宫位于原明沈阳中卫城的北门内——镇边门之南，是一座二进式四合庭院。努尔哈赤迁此居住一年零五个月后死去。他临朝听政之所，为八角形大殿（又称大政殿）及其列署亭式殿（又称十王亭）。⑥后皇太极于天聪五年即崇祯四年（1631），开始增拓沈阳旧城并兴筑盛京宫殿。新建的沈阳城分为内外两重，皇宫在内城居中。"其制：内外砖石，高三丈五尺，阔一丈八尺，女墙七尺五寸，周围九里三百三十二步。四面垛口六百五十一，敌

---

① 康熙《盛京通志·形胜》第8卷，康熙二十三年（1684）刻本。
② 《尚书·夏书·胤征》第7卷，宋十三经注疏附校勘记本，中华书局影印本，1980年，第46页。
③ 《史记·刘敬叔孙通列传》第99卷，中华书局点校本，1959年，第2716页。
④ 毕恭等修：《辽东志》第1卷，《辽海丛书》影印本，民国二十三年（1934）。
⑤ 《盛京城阙图》（满文），中国第一历史档案馆藏。
⑥ 昭梿：《啸亭杂录》第2卷，上海鸿章书局石印本，第21页。

楼八座，角楼四座。改旧门为八：东之大东门曰抚近，小东门曰内治；南之大南门曰德盛，小南门曰天佑；西之大西门曰怀远，小西门曰外攘；北之大北门曰福胜，小北门曰地载。池阔十四丈五尺，周围十里二百四步。"① 后在增拓旧城同时，又"创天坛、太庙，建宫殿，置内阁、六部、都察院、理藩院等衙门，尊文庙，修学宫，设阅武场，而京阙之规模大备"②。又建堂子、实胜寺等［见《清朝开国史》（下）］。清移鼎北京后，盛京仍以满洲"发祥重地"被清尊为陪都。康熙、乾隆东巡时，对盛京均有增建。天聪八年即崇祯七年（1634），清太宗皇太极谕："其沈阳城称曰天眷盛京。"③

后金-清朝的都城盛京，规制宏伟，雉堞巍峨，宫殿壮丽，布局严整。盛京宫殿坛庙，不仅是满洲发展史上一项辉煌的文化财富，而且是中国都城史上一篇瑰丽的艺术杰作。经过努尔哈赤、皇太极父子两代的经营，建成了一座历史与文物的瑰宝——盛京皇宫。努尔哈赤迁都沈阳，奠下沈阳作为中国东北政治、军事、经济、文化、交通中心大都会的基础。但是，盛京作为后金-清初都城二十年，因顺治帝迁鼎北京，而尊为留都。清朝由盛京移鼎北京④，是清初的第三次迁都，也是清朝最后一次迁都。从此，清朝定都北京，至宣统帝退位，长达二百六十八年之久。

盛京的都城文化，既表现了森林文化与农耕文化的冲突，又反映了满洲文化与汉族文化的融会。于民族文化冲突：后金军初入辽沈地区，火烧城郭、掠获人畜、滥杀汉人、屠戮儒生、牧放牛马、任吃庄稼、勒征粮食、焚毁房屋、强令移民、抛荒耕地，下令剃发、严惩逃人——是森林文化与农耕文化冲突的显现。于民族文化融会：盛京是建在平原上的方正形城池，八角形大政殿及其列署的十座

---

① 康熙《盛京通志·京城志》第8卷，康熙二十三年（1684）刻本。
② 雍正《盛京通志·京城志》第2卷，雍正十二年（1734）本。
③ 《清太宗文皇帝实录》第18卷，天聪八年四月辛酉，中华书局影印本，1985年，第9叶。
④ 阎崇年：《北京"十二为都"刍议》，载《中国古都研究》第3辑，浙江人民出版社，1987年。

亭式殿（又称十王亭），清宁宫内设萨满祭祀神堂、煮神肉大锅、举行萨满祭祀并院内竖立神竿，建于高台上歇山式三层重檐凤凰楼，大清门、崇政殿既为硬山式，又饰五彩琉璃螭首，殿顶盖黄琉璃瓦、镶绿色剪边，彩绘既有京师皇宫和玺彩画，又有关外三宝珠吉祥草图案，宫内匾额为满汉文合璧书写——是满洲文化同汉族文化融会的结晶。盛京宫殿既有汉族建筑规制，又有满洲民族特色，成为满、汉文化融合的典型建筑。大政殿顶的宝瓶火焰珠、梵文天花、多彩藻井等，则是满、汉、蒙、藏多民族建筑艺术的融合。总之，盛京皇宫是皇太极"参汉酌金"、融会多民族传统文化在宫殿建筑上的集中反映。

清入关前都城，在二十多年间，每次迁徙奠都，都伴随着军事上的节节胜利，激发着政治上的勃勃生机。后金－清初都城迁徙的轨迹，自东而西，由北而南，从山区到平原，经关外到关内，既表现了森林文化与农耕文化的冲突，也反映了满洲文化与汉族文化的融合。后金进入辽沈地区，由八旗满洲，而八旗蒙古，而八旗汉军，其文化机制，当属满洲森林文化为主，兼有蒙古草原文化、汉族农耕文化的多元色彩。后金两次迁都的历史，展现出满洲、蒙古、汉族的森林、草原、农耕三种文化在都城文化中的冲突、交流、融会和发展。兴京、东京、盛京，既展现了女真－满洲文化的发展脉络，也显现出中华民族多元文化的绚丽奇葩。

清入关前的三座都城，是在不同历史、不同地域、不同经济、不同文化背景下依次建成的，它们相互之间，既有承继，又有创新；既有共性，亦具特点。都城是国家或政权的政治中心。后金－清初的政治棋弈，实际分为三步：第一步，统一女真各部，以兴京为其政治中心；第二步，统一东北地区，先以东京继以盛京为其政治中心；第三步，统一整个中国，以北京为其政治中心。

后 记

《清朝开国史》(上卷)完稿之后,有几句要说的话,作为本册的后记。

《清朝开国史》(上卷)的清太祖朝史,从万历十一年(1583)到天命十一年即天启六年(1626),总共四十四年。在后金方面,以努尔哈赤为一方;在明朝方面,以万历帝、泰昌帝、天启帝为另一方。在明朝皇帝中,特别是万历皇帝,对东北少数民族问题,采取许多措施,诸如修长城、建城堡、设卫所、例朝贡、行封赏、开马市、施军威等。明朝对北方少数民族政策的基本点,就是一个"分"字,分而弱之,间而治之,各自为雄,不相统一。用熊廷弼的话说,就是:

> 国初区画东胡,置卫三百有奇,分其部落以弱之,别其种类以间之。使之人自为雄,而不使之势统于一者,何也?夷狄合则强,分则弱。此祖宗立法深意也。

所谓"女直兵若满万不可敌"。明朝的基本政策是:使之分,不使之合。

努尔哈赤则同明朝的上述政策基本点针锋相对,其谋略的基本点,就是一个"合"字,合则部众,众则力大,大则强盛,无敌天下。语云:"女真兵满万,天下不能敌"[①]。还是用熊廷弼的话说,就是:

> 昔建州诸夷,若王兀堂、王杲、阿台辈尝分矣,而合之则自奴酋始。使之合之,则自李宁远始。何则?正统间,海、建勾北虏也先为患,卒被夺其敕书,失贡市利,不能过活,乞哀守臣,复请补给。或十数道、三五道,各自入贡,势莫能相一也。自宁远为险山参将,以至总兵,诱

---

① [朝]《光海君日记》第127卷,日本学习院东洋文化研究所刊,1959年,第23叶。

此间彼，诱彼间此，专以掩杀为事，诸部或绝或散。而是时奴酋之祖曰教场，父曰他失。他失者，阿台婿也。其袭阿台也，宁远寔使诱之。已而城下，并杀其父、祖，而奴酋请死。宁远顾思各家敕书无所属，悉以与奴酋，且请为龙虎将军以宠之。于是奴酋得以号召东方，尽收各家故地、遗民，归于一统，而建州之势合矣。自建州之势合，而奴酋始疆；自五百道之贡赏入，而奴酋始富。得以其力，远交近攻，兼并南关、灰叭诸部，而海、建、乌龙江之势又合矣。自诸部之势合，而奴酋始敢与我争地要盟。①

熊廷弼上述文字，只强调"合"，并强调宁远伯、总兵李成梁使之合，是建州势力强大的重要因素，当然还应有其他因素。

努尔哈赤对付明朝的基本策略"分"，而采取的基本策略是"合"——使建州女真合，使海西女真合，使东海女真合，使黑龙江女真合，使漠南蒙古合，使降顺汉人合。合则土地广、人口众、兵力强、马匹壮、财力富、国势盛——"夫何敌于天下！"

明以分，分未成，则败；清以合，合而成，则胜。此一分、彼一合，便是明亡清兴的关键所在。合则兴，分则亡，这是明清易鼎的历史经验。

《清朝开国史》（上卷），突出军政大事，采用专题体例，共列十八个题目。尽管本卷总字数较多，但还有许多重要专题阙漏。如经济、文化、典制、宗教、民俗等，或则未写，或则疏略。即使本应突出的军政大事，有些也未列入专题。同时，因为对某些专题叙述较详，故而对另一些专题之阐述或阙或简。在此说明，敬祈谅解。

《清朝开国史》上卷交稿之日，就是笔者重新开始研究清朝开国史之时。如果用十年时间，写一部《清太祖朝史》，我想可能会比现在的这册书要好一些。如

---

① 《熊经略集》第1卷，载《明经世文编》，中华书局影印本，1962年，第17～18叶。

果再用十年时间,将《清太祖朝史》加以补充修订,可能会更好一些。这是我在本书交稿时的感受和心情。

仅以上面的话,作为本册结语。

阎崇年

阎崇年作品

清朝开国史

阎崇年 著

修订本 下

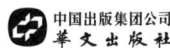

  阎崇年，北京社会科学院研究员，著名历史学家。获北京市有突出贡献专家称号、中国版权事业终生成就者奖，享受国务院颁发的特殊津贴。

  研究清史、满学和北京史。论文集有《燕步集》《燕史集》《袁崇焕研究论集》《满学论集》《清史论集》等；专著有《努尔哈赤传》《清朝开国史》《森林帝国》《康熙大帝》《北京文化史》等。

引言

满族建立的清帝国,从天命元年(1616)到宣统三年(1911),长达二百九十六年。清朝在自秦以降整个中国皇朝历史舞台上,占据的时间约为其七分之一。在中国秦始皇以来两千多年的皇朝历史上,开创过二百年以上大一统皇朝的,只有汉朝、唐朝、明朝和清朝。在上述四朝中,汉高祖刘邦、唐高祖李渊和明太祖朱元璋都是汉族人,只有清太祖努尔哈赤是满族人。大清帝国"康乾盛世"时,在世界舆图上,是一个疆域最为辽阔、国力最为强盛、人口最为众多、物产最为富庶、文化最为昌盛的大帝国。

树有根而枝叶茂,水有源而百川流。清前历史是清朝历史之根源。清朝迁都燕京以前的历史,就是清朝入关以前的历史,习称为清前历史。兹将清前历史文化,做个简明概略叙述。

清前的历史,明万历十一年(1583),辽东总兵李成梁提兵进攻建州女真古勒寨,城破之后李成梁下令屠城,男女老幼,全遭屠戮,斩杀一千余级。努尔哈赤的祖父觉昌安和父亲塔克世也在混乱中被杀。从此,努尔哈赤与大明皇朝,积下不可化解之怨,结下不共戴天之仇。万历帝、李成梁杀了觉昌安、塔克世,在他们子孙努尔哈赤心里,点燃起燎原之复仇星火,挖掘开溃堤之复仇蚁穴。随之,努尔哈赤以父"十三副遗甲"起兵复仇。努尔哈赤将复仇的星火,逐渐燃烧成为焚毁大明皇朝的燎原大火;将复仇的穴水,逐渐汇聚成为冲毁大明皇朝的汹涌洪水。最终，清军在李自成军推翻明皇朝后，又打败李自成军队，占领北京，以清代明，江山易主。因此，古勒寨之役是明朝灭亡与清朝崛兴的历史起点。

清前的历史文化，从明万历十一年（1583）努尔哈赤起兵，到清崇德八年即明崇祯十六年（1643）皇太极病死，其间整整六十年。这段清前六十年的历史，从时间来说，可以分作两个时期：清太祖朝时期（1583—1626）和清太宗朝时期（1627—1643）。

清太祖朝的历史，以时间来说，从明万历十一年（1583），到清天命十一年即明天启六年（1626），总算四十四年。以空间来说，大体上东起鸭绿江、图们江及乌苏里江以东滨海地区，西到大兴安岭，南近宁远（今辽宁兴城），北至整个黑龙江流域地区。清太祖朝的历史，在《清朝开国史》（上卷）即清太祖朝史已做叙述；下面将《清朝开国史》（下卷）即清太宗朝的历史梗概，分作四点，略作浅言。

一

清太宗朝的历史，以时间来说，从后金天聪元年即明天启七年（1627），到清崇德八年即明崇祯十六年（1643），总算十八年。以空间来说，大体上东临日本海，西到河套，南到锦州，西南到宣府、大同边外，北达外兴安岭，东北至库页岛（今萨哈林岛）。清太宗朝的历史，可以分作天聪朝和崇德朝两个时期。

天聪朝的历史，从天聪元年（1627）到天聪九年（1635），共有9年。如从天命十一年（1626）九月初一日皇太极继承汗位，到天聪十年（1636）四月十一日建清改元，实际上为十年。十年历史，概略如下。

军事方面。主要是进行五场大的战争，其中三胜、一败、一有胜有败。

第一场是朝鲜之战。皇太极继承汗位后，为着以军事胜利来加强和巩固新取得的汗位，从朝鲜获取粮食和物品，进一步孤立毛文龙，并解除南进攻打明朝后顾之忧，发动了对朝鲜的战争。天聪元年即明天启七年（1627）正月，皇太极派贝勒阿敏等率三万大军东征朝鲜。三月，后金军占义州、陷平壤，过大同江，逼近汉城。朝鲜国王李倧逃往江华岛。经过谈判，后金与朝鲜在江华岛焚书盟誓，后又举行平壤盟誓，结为"兄弟之盟"。此年为丁卯年，史称这场战争为丁卯之役。战争结束，签订盟约，后金撤兵，回到沈阳，阿敏等受到天聪汗皇太极的隆重欢迎。皇太极发动对朝鲜的军事进攻，达到了预期的目的。

第二场是宁锦之战。皇太极对于乃父努尔哈赤宁远之败不服输，亲率大军进攻明朝袁崇焕守御的宁远和祖大寿守御的锦州。天命汗努尔哈赤于宁远城兵败后不久身死，吞下其攻打宁远城错误兵略的苦果。其子皇太极未从乃父错误兵略中汲取教训，于天聪元年即天启七年（1627），再率倾国之师，进攻锦州、宁远。皇太极先攻锦州不克，再攻宁远又不克，复攻锦州仍不克。贝勒济尔哈朗、大贝勒代善第三子萨哈廉和第四子瓦克达俱受重伤，游击觉罗拜山、备御巴希等阵殁。宁锦之战，后金军攻城，明辽军坚守，凡二十五日，大战三次，小战二十五次，明辽军以全城奏捷。此役，明人称之为"宁锦大捷"。后金军以攻城开始，以失败告终。皇太极怒道："昔皇考太祖攻宁远，不克；今我攻锦州，又未克。似此野战之兵，尚不能胜，其何以张我国威耶！"这既是皇太极第一次亲自独立指挥的，又是他第一次军事失败的战争。

第三场是京师之战。皇太极宁锦之战失败后，认为进攻明朝宁远城不可下、攻打袁崇焕不可胜。天聪三年即明崇祯二年（1629），皇太极亲自统率八旗军，绕过袁崇焕守御的关锦防线，以蒙古军为先导，取道漠南蒙古，远袭明朝都城——北京。明总兵满桂守北京德胜门失利。袁崇焕率军入援，激战于北京广渠门、左安门；皇太极不能得胜。他施"反间计"，陷害袁崇焕。明崇祯帝误中其计，将袁崇焕下狱。后皇太极北撤，占领永平等四城，主力返回沈阳。翌年八月十六日（9月22日），崇祯帝命将袁崇焕寸磔处死。今北京广渠门内东花市斜街建有"明袁大将军墓""袁督师祠"。后又在今北京龙潭湖公园内建"袁督师庙"。

第四场是大凌河之战。皇太极攻宁锦失败、攻北京不下。他经过深省之后，终于明白了一个道理：明辽军之所以取胜，重要原因在于有新式武器红衣大炮；八旗军之所以战败，重要原因在于没有新式武器红衣大炮。此炮为西人制造的新式铁铸前装滑膛炮，明朝派员从澳门购入，称作红夷大炮；满洲讳"夷"而谐音为"衣"，称作红衣大炮。于是，天聪四年即崇祯三年（1630），皇太极命汉官仿造红衣大炮。翌年正月，后金仿造的第一批红衣大炮，共十四门，在沈阳造成，定名为"天佑助威大将军"。从此，满洲终于有了自己制造的红衣大炮。同年八月，皇太极派军用新制造的红衣大炮，攻围大凌河城。此役，八旗军用红衣大炮攻坚、打援、围城、破堡，大炮所向，尽显神威，攻克大凌河城，降明将祖大寿，且缴获明军含红衣大炮在内的大小火炮三千五百门。皇太极后来用红衣大炮装备八旗汉军，并相应变革八旗军制。

第五场是察哈尔之战。皇太极继承汗位之后，后金先后三征察哈尔：第一次在天聪二年（1628）、第二次在天聪六年（1632）、第三次在天聪九年（1635）。皇太极先于天聪六年即明崇祯五年，亲率大军远征察哈尔，即二征察哈尔，林丹汗兵败远逃青海。后林丹汗死于青海大草滩（打草滩）。天聪九年即崇祯八年，皇太极派多尔衮率军渡黄河，进围林丹汗余部大营。林丹汗遗孀苏泰太后及其子额哲降，并献"传国宝玺"。林丹汗另外两位遗孀囊囊福金和窦土门福金，分别率众降附后金。其他各部，在此前后，纷纷率众，投附后金。这标志着漠南蒙古归附于清朝。

政治方面。皇太极先后惩治二贝勒阿敏、三贝勒莽古尔泰，警示大贝勒代善，取消四大贝勒"并肩共坐"，而为皇太极"南面独坐"，皇权集中，乾纲独断。仿照明制，设立六部。皇太极攻陷大凌河城，降祖大寿将士。尔后孔有德、耿仲明、尚可喜等，航海北渡，归降后金。后皇太极封孔有德为恭顺王、耿仲明为怀顺王、尚可喜为智顺王。这为汉军八旗建立奠下基础。他吸取努尔哈赤晚年错误的教训，推出调整满、汉关系，令汉人与满洲分屯别居，重视儒生，任用汉官等重大举措，取得较好社会效果。天聪十年（1636）三月，改文馆为内国史院、内秘书院、内弘文院。四月，满洲大贝勒多尔衮等、蒙古贝勒科尔沁部土谢图济农巴达礼等四十九贝勒、汉人都元帅孔有德等各进满、蒙、汉表文，请皇太极"上尊号"。

文化方面。天聪三年（1629），设立文馆。同年，皇太极命巴克什达海等翻译汉文书籍。谕："自古国家，文武并用，以武功戡祸乱，以文教佐太平。朕今欲振兴文治，于生员中，考取其文艺明通者优奖之，以昭作人之典。诸贝勒府以下，及满、汉、蒙古家，所有生员，俱令考试。于九月初一日，命诸臣公同考校，各家主毋得阻挠。有考中者，仍以别丁偿之。"寻初试生员，拔出二百人。天聪五年（1631），皇太极以围困大凌河城，"城中人相食，明人犹死守"，皆因"读书明理尽忠其主"；而谕令"自今凡子弟年十五岁以下、八岁以上，皆令读书"。天聪六年（1632），达海等改进老满文，增加圈点，新制字母，成有圈点满文，即新满文。天聪八年（1634），考试汉人生员。又礼部考试满洲、蒙古、汉人通书义者，取刚林等十六人为举人。天聪九年（1635），皇太极命文馆翻译宋、辽、金、元四史。还命翻译汉文书籍如《三国演义》《明会典》《通鉴》《六韬》《孟子》《大乘经》等。编绘《太祖实录图》书成。

经济方面。皇太极发布《汗谕》，保护耕牛，及时耕种，勿扰降民耕田禾苗。鼓励农业生产，惩罚忽视农业生产的牛录额真。在盛京、杀虎口等地，进行贸易；还同蒙古、索伦、朝鲜通商贸易。调整生产关系，实行满、汉分庄。于手工业制造，较前有大的发展，已能制造红衣大炮。先是，天命汗努尔哈赤的宁远之败、天聪汗的宁锦之败，都是败于袁崇焕"凭坚城、用大炮"的兵略，或者说败于当时最新式的武器——红衣大炮。天聪五年即明崇祯四年（1631）正月，在沈阳制造出第一批红衣大炮。满洲"造炮自此始"。这批红衣大炮，是仿照明朝从澳门购买的西洋制造的新式火炮。此炮，炮管长、口径粗、装药多、射程远，安置城上，铳规瞄准、技术先进、威力巨大，是当时中国，也是世界最为先进的火炮。皇太极能先在盛京，后在锦州，仿造成功，批量制造，说明后金的工业与技术之高超水平。

民族方面。皇太极于天聪九年即崇祯八年（1635）十月十三日（公历11月22日），为着反映已经形成新的满族共同体的事实，发布《汗谕》，将族名诸申（女真）改为满洲。由是，满洲的族名开始正式出现在中华大地上，满族成为中华统一多民族大家庭中的一员，其影响广泛而深远。授明降将马光远、王世选、麻登云等为总兵官。对蒙古提出联姻、封官、赏赐、重教等治策外，"编喀喇沁部蒙古壮丁为十一旗，每旗设都统、副都统、参领等官统之"。

崇德朝的历史，从崇德元年（1636）到八年（1643），共有8年。

政治方面。建立满洲贵胄名号等级，设亲王、郡王、贝勒、贝子、公主、额驸等。完善国家机构，除三院六部外，设立理藩院、都察院。皇太极在天聪十年（1636）四月，正式改国号为大清，改年号为崇德，即皇帝位。改蒙古衙门为理藩院。西藏达赖喇嘛遣使到沈阳，从此满、藏文化有了进一步的交流。

军事方面。崇德朝主要进行五场大的战争，其中有胜有败。

第一场是对朝鲜的战争。先是，在皇太极即皇帝位的典礼上，朝鲜使臣不行三跪九叩大礼。大清官员对他们殴捽厮打，强行跪拜；但他们"衣冠尽破，虽或颠仆，终不曲腰"。皇太极认为这是朝鲜国王李倧背弃盟誓使然，并以此为借口，发动第二次对朝鲜的战争。崇德元年即明崇祯九年（1636）十一月，皇太极亲率大军进攻朝鲜。清军战平壤、攻南汉山城。南汉山城守御甚坚，清军加以包围。翌年正月，清军大将扬古利率军迎敌，受创身死。清军分出一支攻江华岛，获朝鲜王妃一人、王子二人及官员、眷属等。朝鲜国王李倧闻讯惊慌，派员在汉城（今首尔）附近三田渡同清军谈判。最后，朝鲜国王李倧答应清朝提出的十七项条件，身着青衣，在三田渡向清军投降。皇太极命在三田渡竖立"大清皇帝功德碑"，至今仍在。

第二场是关内的诸战。皇太极军队入口作战，规模较大者有七次：其一，天聪三年即崇祯二年（1629）的第一次迂道入塞之战。是役，皇太极首次统军入塞，攻打北京，并攻占永平等四城，翌年回军，此前已述；其二，天聪六年即崇祯五年（1632），皇太极在第二次征战察哈尔林丹汗的回师途中，发动了第二次入塞攻明的掳掠之战。其三，天聪八年即崇祯七年（1634）的第三次破墙入塞之战。是役，蹂躏宣府、大同，掳获而归。其四，天聪九年即崇祯八年（1635），后金军第四次入塞攻明，为着补给，大肆抢掠。其五，崇德元年即崇祯九年（1636）的第五次迂道入塞之战。是役，虏获人畜十八万，耀兵京畿，得意北归。其六，崇德三年即崇祯十一年（1638）八月，皇太极派多尔衮、岳讬率军入口作战。清军由墙子岭、青山关毁城而入，越迁安、过通州。一路沿京杭大运河、一路顺太行山东麓，分兵南进。清军经涿州，围高阳。大学士孙承宗年七十六，率乡民抗清，全家死于难。清军连陷衡水、霸州、平乡、高邑等。钜鹿一战，明兵部尚书、总督卢象昇身亡。翌年正月，清军会师济南城下，并一举攻陷之。三月，回师沈阳。此役，皇太极第六次入塞掳掠之战，清军掠京畿、蹂冀南、渡运河、陷济南，攻克一府、三州、五十七县，杀死明总督两人、将吏百余人，蹂躏数千里，掠获人畜四十六万二千三百余、黄金四千零三十九两、白银九十七万七千四百六十两等。清扬武大将军岳讬、辅国公玛瞻死于军中。皇太极闻丧报震悼"辍饮食三日"。其七，崇德七年即崇祯十五年（1642）的第七次迂道入塞之战。是役，再入山东，翌年出塞，破明三府、十八州、六十七县，大肆俘掠，满载而归。

第三场是旅顺、皮岛之战。先是，孔有德、耿仲明渡海归降后，后金得将、得兵、得船、得炮。天聪七年即崇祯六年（1633）六月，后金发兵万余进攻旅顺。后金军先抵旅顺外围，开始攻城。明守将黄龙指挥发西洋大炮御守，双方伤亡很大。后金军乘明兵撤入城内休整之机，分兵为三，发起总攻：一部兵力攻城东北角，一部兵力从北部渡海暗袭，另一部则在城下攻坚。时明军火药用尽，偷渡金兵登岸，勇猛杀向城内。在城东北角进攻的后金兵进展迅速，很快进抵城门前。城内明兵撄城固守，双方展开激战。明官兵全部阵亡，后金军攻占旅顺。

皮岛之战主要进行了两次。第一次是在天聪五年即崇祯四年（1631）五月，皇太极乘皮岛毛文龙被杀后明军混乱之机，派兵往征皮岛。后金兵因不习水战，缺乏火器，失利撤退。第二次是在崇德二年即崇祯十年（1637）二月，皇太极征服朝鲜后率军班师，同时令硕托率军转攻皮岛。清军以孔有德、耿仲明、尚可喜等部汉兵为先锋，冲向皮岛，四面环攻。明军依险发炮，奋力抵御。清军力攻，相持月余。清阿济格，率军增援。八旗骑兵和孔、耿、尚部佯攻，汉军固山额真石廷柱等于岛北隅督战。四月初八日，清军乘船，分头出发；佯攻部队，进行掩护；主攻部队，偷袭成功——攻占岛西北山嘴。清军乘夜登陆，经过激战，占领全岛，取得胜利。清军拔掉明朝辽东沿海据点，切断明朝与朝鲜的海上联系，明军辽东沿海防线崩溃，清军解除西进后顾之忧。

第四场是松锦大战。皇太极从天聪元年即天启七年（1627），至崇德八年即崇祯十六年（1643），先后对明朝发动八次大规模的军事进攻，其中五次在关内（前已述），三次在关外。关外战役，重大者有：其一，天聪元年即天启七年的宁锦之战。是役，皇太极同其父汗努尔哈赤的宁远之战一样，损兵折将，失败而返。其二，天聪五年即崇祯四年（1631）的大凌河之战。是役，毁大凌河城，逼祖大寿降。其三，崇德四年即崇祯十二年（1639）的松锦之战。先是，清军围困锦州，守将祖大寿城危求援。明崇祯帝派洪承畴为经略，率八总兵、十三万大军前往救援。明、清双方大战于松山、锦州，史称松锦之战。清军初战受挫，皇太极从沈阳赶赴前线。他鼻衄流血不止，以椀盛血，昼夜驱骑疾驰，赶到松山前线。皇太极到前线后，采取围城打援、横堑山海、断彼粮道、隘处设伏、集中兵力、据险掩杀的战术。是役，明朝总督洪承畴、巡抚丘民仰被擒，全军覆没；清军获得大胜，克松山城、占杏山城、陷塔山城，夺锦州城，再降祖大寿。

第五场是索伦战争。皇太极多次对黑龙江地区用兵，特别是对黑龙江上游地区索伦部用兵。崇德帝皇太极先后两次发军征讨，兵锋所至，远达齐洛台（今俄罗斯赤塔），擒获博穆博果尔。又用兵外喀尔喀（今蒙古国）。所以，皇太极时期清朝的疆域，北界包括整个黑龙江流域，已达外兴安岭。

文化方面。《清太祖武皇帝实录》告成。内国史院的清太祖天命朝、清太宗天聪朝的编年体史料长编《无圈点老档》即《旧满洲档》《满文原档》初成。此档以无圈点老满文为主、兼以加圈点新满文并间杂蒙古文和个别汉文书写，记载满洲兴起和清朝开国的史事册档。后乾隆朝将其重抄七部——《无圈点字档》（底本）、《加圈点字档》（底本）、《无圈点字档》（内阁本）、《无圈点字档》（崇谟阁本）、《加圈点字档》（内阁本）、《加圈点字档》（崇谟阁本）和《加圈点字档》（上书房本）。《无圈点老档》即《旧满洲档》《满文原档》今为孤档，存台北故宫博物院图书文献处。其七部抄本除《加圈点字档》（上书房本）已佚外，其他六部分藏于中国第一历史档案馆和辽宁省档案馆。皇太极又兴文教，考生员。设立文馆，分为两班：达海、刚林、苏开、顾尔马浑、托布戚翻译汉文书籍；库尔缠、吴巴什、查素喀、胡球、詹霸等记注朝政。记载清开国的满文史料长编《内国史院档》，积累了大量系统珍贵的史料。还就祭祀、礼制、爵位、萨满等做出一系列规定。完成盛京皇宫的建筑。建筑莲华净土实胜寺（俗称皇寺或黄寺）和"四寺"——东为永光寺、西为延寿寺、南为广慈寺、北为法轮寺，寺各建佛塔。后在盛京建清太祖陵——福陵（沈阳东陵）和清太宗陵——昭陵（沈阳北陵）。

二

清太宗朝在清朝中的历史地位，清太宗在清朝的历史贡献，应当怎样评价？皇太极身历天聪汗、崇德帝两种角色。其历史贡献，举大端者有：

第一，调整满汉关系。皇太极父汗清太祖努尔哈赤晚年所留下最大的弊政是对汉民、汉官、汉儒的错误政策及其恶果。

其一，改变对汉政策。先是，八旗军攻陷沈阳、辽阳后，占据辽东，进兵辽西，所向披靡，十分顺利。努尔哈赤在顺境中，实行了若干失当之策：大量迁民，按丁编庄，清查粮食，强占田地，满汉合居，杀戮诸生等，引起辽东汉民、汉官、汉儒的强烈不满。努尔哈赤怀着"七大恨"起兵，仇视汉民，屠杀汉儒。史称努尔哈赤"诛戮汉人，抚养满洲"。抚养满洲，于理可通；而诛戮汉人，实为大错。

天命汗在对汉民、汉官、汉儒的重大民族政策上，举措轻率，严重失误，引起汉人反抗，造成社会震荡。在后金社会内部，满、汉之间的民族矛盾，成为当时主要的社会矛盾。恰当处理满汉关系，是皇太极继承父汗事业、缓和社会矛盾、平息汉民动乱、保持社会安定、巩固后金政权、进图更大发展的一个关键大题。皇太极在九月初一日登极继位，初五日即颁布《汗谕》："治国之要，莫先安民。我国中汉官汉民，从前有私欲潜逃，及令奸细往来者，事属已往，虽举首，概置不论。"此项政策，产生结果："汉官汉民皆大悦。逃者皆止，奸细绝迹。"初七日，皇太极又宣布《汗谕》：(1)"工筑之兴，有妨农务"，今后停止筑城等过重劳役，使农人可以"专勤南亩，以重本务"。(2)"村庄田土，八旗移居已定"，今后不得随意移占，以使百姓各安其业。(3)"满汉之人，均属一体"，凡审判罪犯，差徭公务等，不得差别对待。(4)不准诸贝勒大臣及其下人，对庄民擅取牛、羊、鸡、猪、鱼等物，严禁进行勒索扰害。(5)满、汉分屯别居。"先是，汉人每十三壮丁，编为一庄，按满官品级，分给为奴。于是同处一屯，汉人每被侵扰，多致逃亡。"初八日，皇太极再发布《汗谕》："乃按品级，每备御止给壮丁八、牛二，以备使令。其余汉人，分屯别居，编为民户，择汉官之清正者辖之。"这项规定，使大量满洲庄屯下的农奴，分拨出来，编为民户，成为农民。汉民壮丁，分屯别居——缓解过去汉人受满洲奴役的悲苦；汉族降人，编为民户——改变过去掳获汉民，悉做满洲奴仆的悲剧。(6)禁止骚扰汉官。同日，皇太极严谕："禁止诸贝勒大臣属下人等，私至汉官家，需索马匹、鹰犬，或勒买器用等物，及恣意行游，违者罪之。"皇太极的上述措施，产生积极影响："由是汉人安堵，咸颂乐土云。"上文的"乐土"，显然有所夸张，较前却有改善。皇太极登位八天，就连续发布《汗谕》，调整满汉关系。(7)编审壮丁。天聪四年即崇祯三年（1630）十月，皇太极下令编审壮丁，对违规隐匿、溢额的壮丁（主要是汉人），从总兵官到拨什库，进行或自誓、勘验、或告发、举首，分别不同情节，处以应得之罪。(8)颁布《离主条例》。先是，努尔哈赤在得到明朝辽东时，辽东城乡汉人，"抗拒者被戮，俘取者为奴"。大量汉民,沦为满洲奴仆。皇太极了解其弊,天聪五年即崇祯四年(1631),颁布《离主条例》,规定:一、除八分(即八固山贝勒)外,有被人讦告,私行采猎者,其所得之物入官,讦告者准其离主。二、除八分外,出征所获,被人讦告,私行隐匿者,以应分之物,分给众人,讦告者,准其离主。三、擅杀人命者,原告准其离主,被害人近支兄弟并准离主。四、诸贝勒有奸属下妇女者,原告准其离主,本夫近支兄弟并准离主。五、诸贝勒有将属下从征效力战士,隐匿不报,乃以并未效力之私人冒功滥荐者,许效力之人讦告,准其离主。六、本旗人欲讦其该管之主,而贝勒以威钳制,不许申诉,有告发者,准其离主。以上六种,可以告发,审查属实,准其离主,听所欲往。崇德三年即崇祯十一年(1638)正月,皇太极再次下令,奴仆无须告发,准其离主为民。皇太极谕:"朕因念此良民,在平常人家,为奴仆者甚多,殊为可悯。故命诸王等以下,及民人之家,有以良民为奴者,俱著察出,编为民户。"这些措施,奴仆离主,编为民户,使许多奴仆改变身份,成了普通居民。对于逃人,放宽惩治——"民皆大悦,逃者皆止"。天聪七年(1633)六月,孔有德、耿仲明投顺金国,皇太极为此严谕:"向者,我国将士于辽民多所扰害,至今诉告不息。今新附之众,一切勿得侵扰。此辈乃攻克明地,涉险来归,求庇于我。若仍前骚扰,实为乱首,违者并妻子处死,必不姑恕。"经过皇太极的三令五申,骚扰辽民状况有所收敛。总之,皇太极强调满洲、蒙古、汉人之间的关系,"譬诸五味,调剂贵得其宜。若满洲庇护满洲,蒙古庇护蒙古,汉官庇护汉人,是犹苦酸辛之不得其和"。因此,恰当调剂满汉关系,是清夺取并巩固全国政权的一个重要因素。

其二,任用汉官汉儒。满洲占有辽东地区后,要进一步巩固和发展,没有汉官和汉儒的合作与支持是不可能的。先前,汉官"俱分隶满洲大臣,所有马匹,尔等不得乘,而满洲官乘之;所有牲畜,尔等不得用,满洲官强与价而买之;凡官员病故,其妻子皆给贝勒家为奴;既为满官所属,虽有腴田,不获耕种,终岁勤劬,米谷仍不足食,每至鬻仆典衣以自给"。汉人归附官员,地位极为悲惨。由是许多汉官，虽"身在曹营"，却"潜通明朝"。皇太极谕告，将汉官皆"拔出满洲大臣之家，另编为一旗。从此尔等，得乘所有之马，得用所畜之牲，妻子得免为奴，择腴地而耕之，米谷得以自给。当不似从前之典衣、鬻仆矣。"他对归降的汉官，加以"恩养"，盛宴款待，给以田舍，分配马匹，封官赏赐。皇太极重用汉官，范文程是一史例。范文程在太祖时，未受重用。"太宗即位，召直左右"。尔后，军国之大计，文程皆与谋。《清史稿·范文程传》称其"左右赞襄，佐命勋最高"。崇德元年（1636），范文程任内秘书院大学士，是为汉人任相之始。他对"三顺王"——孔有德、耿仲明、尚可喜的政策也是成功的。

先是，天命十年即天启五年（1625）十月，努尔哈赤对明朝生员通明者，"令察出明绅衿，尽行处死"。此次事件中屠杀后的"隐匿得免者"，约有三百人，尽沦在八旗包衣下为奴。皇太极命对这些为奴的生员进行考试。天聪三年即崇祯二年（1629）八月，皇太极谕曰："朕今欲振兴文治，于生员中，考取其文艺明通者优奖之，以昭作人之典。诸贝勒府以下，及满、汉、蒙古家，所有生员，俱令考试。于九月初一日，命诸臣公同考校，各家主毋得阻挠。有考中者，仍以别丁偿之。"是为后金国科举考试之始。这次考试，得中者共二百人。他们从原来"皇上包衣下、八贝勒等包衣下、及满洲、蒙古家为奴者"，尽被"拔出"，按考取的等级，获得缎布奖赏，优免二丁差徭。天聪八年即崇祯七年（1634）三月，又举行汉人生员考试，取中一等十六人，二等三十一人，三等一百八十一人，共二百二十八人。一个月后，又命礼部从中考取通晓满洲、蒙古、汉书文义者为举人。满洲人习汉书者查布海、汉人习满书者宜成格等十八人为举人。他们受到赏赐，并优免四个丁的差徭。皇太极开科取士，曾有"奴仆中式者，即行换出，仁声远播"。

重用汉官汉儒，听取汉官奏谏。在明末清初政治舞台上，大明、大清、大顺之间竞争，归根结底是人才的竞争、智慧的竞争。谁占有优秀人才愈多，用其所长，用其智慧，谁就能战胜对方，一统天下。大明杰出人才如云，但亲小人而疏君子；大顺没有鸿儒硕彦，牛金星不过是个举人；大清能否占有人才并发挥其优长，就成为其鼎立争雄的关键因素所在。满洲占有辽东地区后，要进一步巩固和发展，没有汉官、汉军和汉儒的合作与支持是不可能的。天聪六年即崇祯五年（1632）八月，皇太极召王文奎、孙应时、江云，至内廷，赐宴筵。皇太极征求他们"此番出兵，与明国议和，尔三人之意云何？可各抒所见，具疏奏闻"。于是，王文奎疏曰："汉人以宋时故辙为鉴，举国之人，俱讳言和。虽我皇上好生为念，不忍明国生民之涂炭，欲安息以待时，而汉人反以我为可愚，区区边塞小臣之盟誓，宁足据哉！"直言对明议和，不可期望过高。立足之点，仍在决胜。孙应时疏曰："臣思明国之主，恃其土广人众，生物繁盛，制度严谨，必不轻于议和。其下大臣，亦阿谀将顺，和之一字，不敢轻言。昔皇上大军临边，其防边诸臣，修备未完，恐我兵猝入，故以和议迁延，以诱我耳，即实心议和，其馈遗之礼，于我所定额数，减一分，我则不可，增一分，彼又不从，和岂易言哉！和既不成，结仇愈深，两国势难并立，我国当秣马厉兵，有进无退也。"江云疏曰："今皇上姑遣使往明，以和议试之，明若不识天时，怠忽和事，则我兵入境攻取，亦为有名。天下闻之，孰有议我之非者。今皇上欲与明和，而不能即决者，未免怀疑也。夫我兵战则必胜，攻则必克，可以纵横于天下。明欲和，则与之和；否则，是天以天下与皇上也。宜速布信义，任用贤人，整师而入，天下指日可得，又何必专言和事耶。"提出后金用议和与征战两手，立于不败之地。

其三，不杀降官降民。先是，努尔哈赤进占辽东，屠杀汉民，引起反抗。皇太极继承汗位后，后金贝勒，旧习未改，攻占城镇，杀戮汉民。皇太极总结其父过去政策上的错误，争取明将、明兵、明儒、明民，不杀降官、降兵、降儒、降民，取得效果，获得成功。以大凌河之战为例。天聪五年即崇祯四年（1631）十月间，皇太极率兵围困明军死守的大凌河城。大凌河守将祖大寿派义子祖可法，与后金大贝勒代善长子岳讬议商和谈。祖大寿及其将领之所以坚守拒降，其重要原因是怕杀降。岳讬问："汝等死守空城，何意？"祖可法答："天与尔辽东、永平兵民，若不加屠戮，则天下之民，闻风归顺。因屠戮降民，是以人皆畏缩耳！"岳曰："前杀辽东兵民，此亦当时事势使然，然我等不胜追悔。后杀永平兵民者，乃二贝勒阿敏之事。上以其违命妄杀，已将阿敏论罪幽禁，夺其属员矣！我皇上自即位以后，敦行理义，治化一新，抚养黎民，爱惜士卒，仁心仁政，尔等岂不闻之！"皇太极实行不杀投降汉官汉民的政策，用各种手段，招降祖大寿。果然，明朝辽东地区在袁崇焕之后，"祖家军"中的祖大寿及其全部将领（何可刚除外），都归顺了后金-清。明朝辽西战将，丧失殆尽。皇太极继而争取了毛文龙死后离散的部下孔有德、耿仲明、尚可喜等部明军。后来这些官将，成为八旗汉军的将领、大清朝的重臣。他们是：总兵官祖大寿，副将刘天禄、张存仁、祖泽润、祖泽洪、祖可法、曹恭诚、韩大勋、孙定辽、裴国珍、陈邦选、李云、邓长春、刘毓英、窦承武，参将、游击姜新、吴良辅、高光辉、刘士英、盛忠、祖泽远、胡弘先、祖克勇、祖邦武、施大勇、夏得胜、李一忠、刘良臣、张可范、萧永祚、韩栋、段学孔、张廉、吴奉成、方一元、涂应乾、陈变武、方献可、刘武元、杨名世等。其中，七人后为部院承政：张存仁为都察院承政、祖泽洪为吏部承政、韩大勋为户部承政、姜新为礼部承政、祖泽润为兵部承政、李云为刑部承政、裴国珍为工部承政。在崇德七年即崇祯十五年（1642）六月，汉军又由四旗扩编为八旗时，八位固山额真和十六位梅勒章京中，固山额真有祖泽润、刘之源、吴守进、金砺、佟图赖、石廷柱、巴颜、墨尔根侍卫李国翰八人。梅勒章京有祖可法、张大猷、马光辉、祖泽洪、王国光、郭朝忠、孟乔芳、郎绍贞、裴国珍、屯泰、何济吉尔、金维城、祖泽远、刘仲金、张存仁、曹光弼十六人。其中祖泽润、祖可法、祖泽洪、祖泽远四人是祖大寿的子侄，张存仁、裴国珍等是祖大寿的副将，他们是原"祖家军"中的主要人物。皇太极就是以这批人为骨干，以原辽东汉官、汉将、汉兵、汉民为基础，组建八旗汉军。这样就使后金的军队，形成了满洲、蒙古、汉军三个方面军。八旗军由满洲、蒙古、汉军三部分组成，既具有满洲、蒙古野战骑射之长技，也兼有汉军大炮火器之优长。

第二，统一蒙古诸部。皇太极在其父汗努尔哈赤对漠南蒙古既定政策和已有成就的基础上，对蒙古的征抚取得极大成绩，对蒙古的政策获得极大成功。除继续绥服科尔沁蒙古外，完全吞服内喀尔喀五部——扎鲁特部、巴林部、瓮吉剌部、巴岳特（巴约特）部、乌齐叶特部。又降服察哈尔部。后金统一察哈尔，具有重大的意义。其一，获得传国宝玺。察哈尔林丹汗死后，由其子额哲将"制诰之宝"呈献给天聪汗皇太极。皇太极得膺"一统万年之瑞"，亲自告祭太祖福陵。察哈尔汗不仅是察哈尔部的大汗，而且是蒙古各部的宗主。察哈尔部的灭亡，既是漠南蒙古全部归于后金统治的标志，也是成吉思汗创立的大蒙古国在其故土最终覆灭的标志。察哈尔部被后金征服，明朝失去北面屏障，边事越发不可收拾。《明史·鞑靼传》记载："明未亡，而插先毙，诸部皆折入于大清。国计愈困，边事愈棘，朝议愈纷，明亦遂不可为矣！"其二，补充大量兵源。《圣武记》曰："夫草昧之初，以一城一旅敌中原，必先树羽翼于同部。故得朝鲜人十，不若得蒙古人一。"皇太极统一漠南蒙古后，扩大了兵源，仿照八旗满洲兵制，编设八旗蒙古。从此以后，八旗蒙古作为八旗劲旅的重要组成部分，成为对明征战的主力军队。其三，后金可靠盟友。皇太极继东征朝鲜解除左翼威胁之后，又解除右翼蒙古的威胁，使后金从根本上扭转了"四境逼处"的被围态势，从战略上由被朝鲜、明朝、蒙古三面包围的局面，变为对明朝三面包围的态势。其四，直接马市贸易。后金吞并察哈尔蒙古，南部边界已同明朝宣府、大同接近，从而便于直接或间接地同明进行贸易。天聪八年即崇祯七年（1634）后金首次在宣府、大同与明互市，尔后在宣府、大同、张家口、杀虎口等地，进行互市贸易。其五，打开入塞通道。在征抚漠南蒙古过程中，后金天命朝同漠南蒙古重交结，订盟谊，不事讹诈，也少征讨。后金统一漠南蒙古，使明朝防御战线拉长，由宁远直至宁夏，都成为与后金直接对峙的前线。后金征服漠南蒙古，逐渐组成八旗蒙古，打通从西北进入中原的道路。北京则成为后金-清军随时可以进攻的目标。皇太极的军队，先后七次迂道入塞，甚至攻陷济南府城，都是间道蒙古破墙入塞的。其六，政治同盟。到天聪十年即崇祯九年（1636）三月二十二日，漠南蒙古十六部、四十九贝勒，在盛京集会，尊皇太极为"博格达·彻辰汗"(宽温仁圣皇帝),尊奉皇太极为共主。这表明漠南蒙古诸部,共尊皇太极也为蒙古的大汗,皆臣服于后金-清朝。四月初五日,"管吏部和硕墨尔根戴青贝勒多尔衮捧满字表文一道,科尔沁国土谢图济农巴达礼捧蒙古字表文一道,都元帅孔有德捧汉字表文一道,率诸贝勒大臣、文武各官,诣阙跪进"。这表明崇德皇帝是由满洲、蒙古、汉人共同拥戴的。皇太极征服漠南蒙古,从根本上改变关外军政力量对比:由万历、天启年间的明朝、蒙古、满洲鼎足三分之势,到满洲与蒙古联盟,共同对付明朝,清朝与明朝分庭抗礼的局面,从而改变后金与明朝的力量对比,占有更为广阔的地域,拥有更为雄厚的骑兵,据有更为丰厚的资源,辖有更为众多的人口,从而在政治上、军事上、民族上、经济上、地理上取得优势的地位,为后来建立清朝,清军入关,迁鼎燕京,入主中原,一统华夏,奠下基础。

蒙古诸部在天聪朝,内喀尔喀五部,完全臣服后金;察哈尔部,已经归降后金。在崇德朝,皇太极加强并完善对蒙古诸部的治策与管理。至于外喀尔喀诸部,经过天命、天聪、崇德三朝的抚绥与征战,也已向清朝遣使朝贡。

皇太极在天聪时期,突出业绩是征服漠南蒙古察哈尔部。察哈尔部林丹汗之子额哲归附后金,皇太极命其率部住牧义州边外孙岛习尔哈地方。翌年正月,皇太极第二女马喀塔下嫁额哲。四月,额哲等蒙古十六部四十九贝勒,同上皇太极尊号,承认其为蒙古的共主。同月,额哲被封为和硕亲王,继续管领随其归降的部众。后康熙帝追述道:"昔额哲、阿布奈被俘,不没入旗下为奴,封额哲为亲王,所部人员,亦加抚养。"额哲及其弟阿布奈没有编入八旗满洲下役使,而是另立外藩旗分,就是组成扎萨克旗。在崇德年间,外藩蒙古分为左右两翼会盟。科尔沁部土谢图亲王为左翼科尔沁等十旗首领,额哲为右翼扎萨克各旗首领。

蒙古林丹汗病死部散,其子额哲降后金,对漠南蒙古各部产生巨大影响。先是,漠南蒙古右翼三万户,鄂尔多斯部、土默特部、喀喇沁部,到明末时,逐渐分化,领地众多,各自为政。漠南蒙古右翼三部,受到察哈尔部打压,喀喇沁部被击溃,土默特、鄂尔多斯避兵于河套。天聪六年即崇祯五年（1632），后金第二次征讨察哈尔，林丹汗率部西迁。其时察哈尔部众，纷纷脱离林丹汗。右翼诸部乘机摆脱察哈尔部控制，投附后金。天聪八年即崇祯七年（1634）闰八月，皇太极命鄂尔多斯济农额林臣、土默特部博硕克图汗子俄木布，分别收集其部众，在其移牧处住牧。清对曾被察哈尔兼并的蒙古右翼三部，采取与左翼不同的处置方法。有的部落如土默特，对后金采取若亲若疏的政策。后归化城土默特正式"编立旗分牛录，设固山额真、梅勒章京、牛录章京，仍依品级，各授以世职"。另外，巴林部受察哈尔侵扰，大部分逃往嫩科尔沁。后巴林部色特尔台吉、满珠习礼台吉（昂阿子）等率领部属，自科尔沁归附皇太极。皇太极建立扎萨克旗时，色特尔之子色布腾掌右翼，满珠习礼掌左翼。扎鲁特部在天聪初归附后金。从蒙古诸部共上皇太极尊号，及每年正旦朝贺的名单来看，漠南蒙古各部都已经臣服清朝。蒙古诸部臣服清朝的纪录证据，是《钦定外藩蒙古回部王公表传》天命、天聪、崇德三朝封爵简表。

后金对外喀尔喀蒙古影响很大。天聪九年即崇祯八年（1635）五月，外喀尔喀蒙古车臣汗等，发出两封信函：一封给天聪汗皇太极，冀图同后金友好；另一封给林丹汗之子额哲，拉拢其投归外喀尔喀。同年十二月初七日，车臣汗等派遣一百三十六人的使团至盛京，向崇德帝奉表朝贡。其书云："成吉思汗后裔，马哈撒嘛谛塞臣汗等，书奉天下无敌天聪皇帝，伏惟皇帝，躬膺厚祉，起居康泰。向者，察哈尔胡土克图汗，居必不可败之势，与大国抗衡，今已既灭其国矣！现今安迩怀远，以图太平之道，天聪皇帝自有睿裁。但今抚有大宝，必声名洋溢，为天下法，使政令炳曜，如日方升。庶几当时利赖，万世传休。倘蒙睿鉴，以此言为然，愿往来通问不绝，共守盟约，以享太平。"这份表文说明，皇太极降服察哈尔部，震动外喀尔喀蒙古；获得"制诰之宝"，更加声名远播。因此，外喀尔喀车臣汗愿同天聪汗"往来通问不绝，共守盟约，以享太平"。在外喀尔喀蒙古三部中，车臣（塞臣）部在大兴安岭西麓以西，是靠后金最近的一部。车臣汗遣使同后金聘问盟约，影响其另外两部。外喀尔喀部落土谢图汗也遣朝贡使臣，上表行礼。扎萨克图汗距盛京较远，也遣使朝贡。时外喀尔喀扎萨克图汗、车臣汗、土谢图汗及厄鲁特四部落，都承认皇太极为清朝皇帝。崇德三年即明崇祯十一年（1638），喀尔喀三部遣使来朝，皇太极规定喀尔喀三部每年贡"白驼一，白马八，谓之九白之贡"。从此，外喀尔喀蒙古开始臣属于清朝。到崇德七年即崇祯十五年（1642），西藏达赖喇嘛等也遣使到盛京。

皇太极在统一蒙古的过程中，对蒙古各部，颁行政策，相互联姻，制定法令，封赏官爵，设立衙门，加强管理。

其一，相互联姻。皇太极在位时，同科尔沁联姻十八次，其中娶入十次、嫁出八次。皇太极的两位皇后，都是莽古斯贝勒之女，其中孝庄后辅佐顺治、康熙两代皇帝，定鼎中原，功在社稷。皇太极的中宫皇后和四宫之妃都是蒙古博尔济吉特氏。清太祖、太宗、世祖和圣祖先后有四位皇后、十三位皇妃，出自蒙古科尔沁等部。所以，魏源评论道："科尔沁从龙佐命，世为肺附，与国休戚。孝端文皇后、孝庄文皇后、孝惠章皇后皆科尔沁女，故世祖当草创初，冲龄践阼，中外帖然，繄蒙古外戚扈戴之力。自天命至乾隆初，额驸尚主者八，有大征伐，辄属橐前驱，劳在王室，非直亲懿而已。"蒙古科尔沁部博尔济吉特氏影响清初五朝（天命、天聪、崇德、顺治、康熙）四帝（太祖、太宗、世祖、圣祖）的政治与血缘，其中以皇太极孝庄文皇后博尔济吉特氏尤为突出。皇太极还先娶察哈尔林丹汗的遗孀窦土门福金（巴特马·璪），后封为衍庆宫淑妃。又娶其遗孀囊囊福金（娜木钟）。皇太极还将第二女马喀塔下嫁给林丹汗之子额哲为妻。额哲死后马喀塔再嫁其弟阿布奈。和硕贝勒济尔哈朗妻子已死，继娶其妻妹、林丹汗遗孀苏泰福金为妻。大贝勒代善娶林丹汗之女、额哲之妹泰松格格为妻。皇太极之子豪格娶察哈尔伯奇福金，皇太极七兄阿巴泰也娶察哈尔俄尔哲图福金。满洲与察哈尔，由昔日之仇敌，成为今日之亲家。相互联姻，彼此嫁娶，婚配血缘融合，结成政治联盟。

其二，编入八旗。皇太极对蒙古各部不同情况，采取不同措置，划定牧界，编设牛录。在此基础上，进行编旗。有的编入八旗满洲，有的编入八旗蒙古，有的则编为扎萨克旗。崇德元年即崇祯九年（1636）十月，清廷派遣蒙古衙门承政尼堪等，偕阿什达尔汉、达雅齐塔布囊等人，前往察哈尔、喀尔喀、科尔沁等蒙古地区，与蒙古诸王、台吉会盟，清点壮丁，统编牛录，以五十户，编一牛录，任命牛录额真，编制册籍，加强管理。在蒙古正式推行满洲制度。崇德元年即崇祯九年，漠南蒙古户口的核查、甲兵的编册、牛录的编定、牛录额真的任命、扎萨克的封赐，标志着蒙古扎萨克旗的建立。皇太极按照八旗满洲的办法，创建了八旗蒙古，它具有组织严密、纵骑驰驱、机动灵活、战斗力强等特点，成为后金重要的军事力量。扎萨克旗制度最初建立于漠南蒙古，至康熙年间增至四十九旗。清代称之为内扎萨克旗或内扎萨克蒙古，简称内蒙古。这个制度后来逐渐被推广到陆续归附的其它蒙古部落，形成了外扎萨克旗。

其三，册封赏赐。漠南蒙古十六部、四十九王公，因上皇太极尊号之功，受到皇太极的册封。崇德帝皇太极分叙外藩蒙古诸贝勒军功："封科尔沁国巴达礼为和硕土谢图亲王，（科尔沁部）吴克善为和硕卓礼克图亲王，（察哈尔部）固伦额驸额哲为和硕亲王，（科尔沁部）布塔齐为多罗扎萨克图郡王，（科尔沁部）满朱习礼为多罗巴图鲁郡王，（奈曼部）衮出斯巴图鲁为多罗达尔汉郡王，（翁牛特部）孙杜棱为多罗杜棱郡王，（敖汉部）固伦额驸班第为多罗郡王，（科尔沁部）孔果尔为冰图王，（翁牛特部）东（即栋戴青）为多罗达尔汉戴青，（四子部落）俄木布为多罗达尔汉卓礼克图，（喀喇沁部）古鲁思辖布为多罗杜棱、（土默特部）单巴为达尔汉，（土默特部）耿格尔为多罗贝勒。各赐雕鞍、甲胄、金银、器皿、彩缎、文绮有差。"皇太极先封爵号的蒙古贵族共十四人。后封乌珠穆沁右翼多尔济为亲王，封苏尼特左翼腾机思为郡王。据《钦定外藩蒙古回部王公表传》记载统计，至顺治五年（1648），蒙古王公获封爵和扎萨克衔者超过二十七人。《清圣祖实录》记载，康熙元年（1662）二月，理藩院题请差大臣往科尔沁、乌珠穆沁等四十七旗会盟，说明时已增至四十七旗。崇德帝授予蒙古贵族满洲爵号之后，其原有的汗、济农等蒙古称号，随之而逐渐取消。除上之外，还封其妻为福金。崇德二年即崇祯十年（1637）九月，皇太极遣内弘文院大学士希福、蒙古衙门参政艾松古等，赍诰命，前往封。如赐衮出斯巴图鲁妻诰命制曰："今朕诞登大宝，效法前王，爰定藩封，特颁制诰，封尔多罗达尔汉郡王之妻，为多罗达尔汉郡王福金。尔其恪守闺箴，毋违妇德，益辅佐尔多罗达尔汉郡王，敬慎持心，忠勤践职，勋垂当世，誉显来兹。"

其四，重喇嘛教。满洲原来的宗教是萨满教，蒙古原来的宗教也是萨满教。先是，十六世纪后半叶，藏传佛教传入蒙古地区。后来藏传佛教逐渐在蒙古取得统治地位。万历四年（1576），漠南蒙古土蛮（图们）汗，往见噶尔玛喇嘛，遂受禅教。后聚集六万人，宣示教令。万历二十年（1592），图们汗殁。翌年，子布延台吉即位，称彻辰汗，实行"以政治佛教，致大国于太平"的政策。布延汗于万历三十一年（1603）殁，翌年，其孙林丹（陵丹）即位。林丹汗时期，喇嘛教在蒙古地区盛行。《蒙古源流》记载：林丹汗从迈大哩诺们汗、卓尼绰尔济等，"承受秘密精深之灌顶，扶持经教"。后又遇萨斯嘉班辰沙喇巴胡土克土，复"承受秘密精深之灌顶，创修昭释迦牟尼佛庙，以及各项庙宇"。后魏源曰："葱岭以东，惟回部诸城郭国自为教外，其土伯特四部、青海二十九旗、厄鲁特汗王各旗、喀尔喀八十二旗、蒙古游牧五十九旗、滇蜀边番数十土司皆黄教。"时藏传佛教在今西藏、青海、北疆、外喀尔喀蒙古、漠南蒙古地区广泛传播。所以，"黄教服，而准、蒙之番民皆服"。因之，后金对藏传佛教的政策，直接关系到后金同蒙、藏关系的成败。然而，满洲地区的藏传佛教，是从蒙古地区传入的。皇太极沿袭乃父对蒙古喇嘛教的政策，继续尊重喇嘛教。天聪元年即天启七年（1627），乌木萨忒绰尔济喇嘛将至沈阳，天聪汗皇太极命国舅阿什达尔汉同达雅齐，率八人往迎之。翌年，喀喇沁部落使喇嘛四人，率五百三十人到沈阳议和。皇太极命贝勒阿济格、硕讬、萨哈廉往迎，设宴宴之。四年，喀喇沁部落满朱习礼胡土克图喇嘛至沈阳，皇太极令其住于城外五里馆舍。随之，皇太极与两大贝勒及诸贝勒出城，至馆喇嘛所,设帷幄,并宴之。优礼喇嘛,保护寺庙。皇太极在多次出征前的《汗谕》中,屡屡申告,保护寺庙。既保护寺庙,更兴建寺庙。他在盛京兴建实胜寺。修寺的缘起是,皇太极征察哈尔时,察哈尔汗惧,出奔图白忒部落,至打草滩而卒。有墨尔根喇嘛、载古帕斯八喇嘛,将所供嘛哈噶喇佛奉至盛京。皇太极命于盛京城西三里外,建寺供奉之。至是告成,赐名实胜寺。努尔哈赤、皇太极制定的尊重喇嘛教政策,顺治、康熙、雍正、乾隆四朝,效法先祖,统绪传承,产生深远而重大的影响。康熙年间,外喀尔喀蒙古决定投向俄国还是清朝时,哲布尊丹巴胡图克图喇嘛曰:"俄罗斯持教衣冠俱不同,必以我为异类。宜投中国兴黄教之地。"乾隆年间,乾隆帝对西藏问题的解决也是一样的。清朝尊重喇嘛教的政策,对外喀尔喀蒙古完全归顺清朝,对巩固同内蒙古的联盟,以及对西藏的统一,均起了极为关键的作用。

其五,制定法令。皇太极对蒙古,颁谕法令,进行管理。天聪三年即崇祯二年(1629),皇太极对已归附的蒙古科尔沁、敖汉、奈曼、喀尔喀、喀喇沁五个部落,令其"悉遵我朝制度",就是遵行后金的制度。皇太极遣国舅阿什达尔汉同尼堪等,赍敕往谕归顺各部落蒙古诸贝勒,申定军令。天聪六年即崇祯五年(1632),皇太极遣济尔哈朗、萨哈廉等人,前往蒙古地域,"指授归顺蒙古诸贝勒牧地,申明约法"。

其六,设理藩院。先是创立专门管理蒙古事务的衙门——理藩院。后理藩院成为清朝管理民族事务的行政机构。

第三,统一东北地区。 黑龙江流域地区包括黑龙江以北、外兴安岭以南,整个黑龙江的上、中、下游地域及其支流乌苏里江以东滨海地域。明朝末年,天命时期,在黑龙江流域、乌苏里江以东滨海地带、图们江地区,居住着众多族群部落。在图们江以北、乌苏里江以东地域,主要居住瓦尔喀、库尔喀、赫哲等民族部落。在黑龙江中下游地带,主要居住着虎尔哈、库尔喀、鄂伦春、女真、使犬部、使鹿部等部落的部民。在黑龙江中上游地带,贝加尔湖以东,精奇里江(今结雅河）两岸，一般称之为索伦地区，居住着索伦、毛明安（茂明安）、萨哈连、萨哈尔察等部落。各部落以血缘为纽带，地缘为基地，分散居住，互不统属。天命、天聪、崇德三朝，努尔哈赤与皇太极父子，采取征讨与抚绥兼施的策略，逐步完成了对外兴安岭以南、整个黑龙江流域的统一，各部居民，归属于清。

在黑龙江上游地区。先是，清太祖努尔哈赤时期，已经用兵图们江口以北、乌苏里江以东滨海地区，也已经用兵于黑龙江中游地区，均取得重大军事与政治之成果。皇太极继承汗位后，多次在上述地区征抚兼施，并取得巨大成绩，但对黑龙江上游地区用兵，主要是皇太极时期。在贝加尔湖以东，大兴安山（今雅布洛诺夫山）与额尔古纳河之间，有毛明安部落、叶雷部落、索伦部落等，于石勒喀河流域游牧。皇太极即位之年，黑龙江上游地区萨哈尔察部落头人到沈阳朝贡："萨哈尔察部落六十人来朝，贡貂、狐、猞猁狲皮。"从此，皇太极对黑龙江上游地区采取积极地征讨与绥服的策略。崇德三年即崇祯十一年（1638）三月二十四日，毛明安部落首领巴特玛到盛京，受到崇德帝的赐宴。但这些部落，对清朝降叛不定，皇太极数次发兵征讨，完全取得对该地区的统治权。

在黑龙江从石勒喀河与额尔古纳河汇流处以下地区，主要有索伦等部落。索伦诸部众首领中，最为著名的有两位头人：一位是巴尔达齐，另一位是博穆博果尔。他们由于对待清朝皇帝态度的差异，所得结果，完全相反。巴尔达齐在天聪八年即崇祯七年（1634）五月初一日，首次到盛京朝贡："黑龙江地方头目巴尔达齐，率四十四人来朝，贡貂皮一千八百一十八张。"尔后，在天聪九年、十年和崇德二年、三年、五年、六年、八年等，先后十二次到沈阳朝贡，其中派其弟二次、遣官二次，亲自八次到盛京朝贡。在蒙古噶尔珠塞特尔、索伦博穆博果尔事件中，巴尔达齐忠于皇太极，配合后金-清军，起了积极的作用。皇太极将巴尔达齐招为额驸。崇德六年即崇祯十四年（1641）正月初一日，巴尔达齐受到礼遇，参加正旦"堂子行礼"。博穆博果尔则相反，对清朝的态度，亲疏不定，遭到征讨，兵败被俘，结局悲惨。

在黑龙江中游地区，主要有黑龙江呼尔哈等部。后金-清多次发兵征讨，完全统治了这一地区。

在黑龙江下游地区，即乌苏里江与黑龙江汇流处以下地区，主要有使犬部、使鹿部等。皇太极多次发兵征抚，在这一地区建立统治。

在黑龙江支流乌苏里江以东滨海地区，有瓦尔喀、东海虎尔哈等部。皇太极在其父汗已有成就基础上，继续实行征讨与绥服，完全统治该地域，直至库页岛（今萨哈林岛）。

总之，明初在东北地区设有奴儿干都司和辽东都司（隶属山东布政使司），以实施对这一地区的管辖。但明中期以后皇权衰落，已不能对东北广大地区实行有效管辖。努尔哈赤兴起后，不仅基本统一了女真各部，而且初步统一了东北地区。皇太极又经过十七年的用兵，马不停蹄，四向拓疆，比其父汗努尔哈赤，于疆域之开拓，有突破性进展。皇太极已经完全统一了黑龙江流域地区。崇德七年即崇祯十五年（1642），清太宗崇德帝皇太极诏告天下曰：

> 予缵承皇考太祖皇帝之业，嗣位以来，蒙天眷佑，自东北海滨，迄西北海滨，其间使犬、使鹿之邦，及产黑狐、黑貂之地，不事耕种、渔猎为生之俗，厄鲁特部落，以至斡难河源，远迩诸国，在在臣服。

就是说，东自鄂霍次克海，西迄贝加尔湖，南濒日本海，北跨外兴安岭的广阔地域，明奴儿干都司、辽东都司和蒙古部分辖境内的各族部民，均已被置于清朝的管辖之内。黑龙江地区的重新统一，东北地区的重新统一，结束了元末以来近三百年民族之间、部族内部蹂躏掳掠、相互杀伐的混乱局面。进而为后来康熙二十八年（1689）中俄《尼布楚条约》的签订奠下了基础。如果没有天命、天聪、崇德三朝，努尔哈赤、皇太极父子两代奠定的清初对东北版图的重新统一，后来沙俄兵东侵，日本军南进，东北疆域，外强争逐，谁人占有，实在难卜。

第四，改族名为满洲。满洲的先世，从北到南，几经迁徙，到达长白山、图们江地域。长白山与图们江一带地域，是满洲的发祥地。满洲的先人族系，为女真（诸申）。明末女真大体分为四大部，即建州女真、海西女真、东海女真和黑龙江女真。建州女真兴起后，其中的满洲部居于主导地位。从努尔哈赤于万历十一年（1583），到皇太极天聪九年（1635），已经五十二年。努尔哈赤和皇太极在半个多世纪中，统一女真、统一东北诸族、统一东北地区的过程，也就是满洲民族形成的历史过程。女真各部的统一、东北诸族的统一、东北地区的统一、八旗的创建、满文的创制，使得新的满族共同体出现在中华民族大家庭之中。满洲族是以建州女真为核心，以女真为主体，吸收部分汉人、蒙古人、鄂温克人、锡伯人、鄂伦春人、赫哲人、达斡尔人、萨哈尔察人、朝鲜人等，组成的一个新的民族共同体。为了反映这个满洲共同体的事实，需要将民族名称规范化。天聪汗皇太极于天聪九年即崇祯八年（1635）十月十三日（11月22日），诏谕满洲的称名：

> 我国原有满洲、哈达、乌喇、叶赫、辉发等名，向者无知之人，往往称为诸申。夫诸申之号，乃席北超墨尔根之裔，实与我国无涉。我国建号满洲，统绪绵远，相传奕世。自今以后，一切人等，止称我国满洲原名，不得仍前妄称。

显然，新的民族现实，需要对旧有族名进行变更。然而，上述《汗谕》，学者认为难于理解。因"诸申"即"女真"，都是 jušen 的汉语音译，为什么皇太极认为它与金国无涉，而将"诸申"说成是"席北超墨尔根之裔"？如果把这件《汗谕》，同翌年皇太极建立改国号为"清"相联系，似并不难理解。因为天聪九年（1635）十月十三日，改的是族名；而天聪十年（1636）四月十一日，改的是国号。"族名"与"国号"，既相联系，也有区别。金国对本族人称女真（有时译为诸申），对蒙古族人称为蒙古，对汉族人则称为尼堪。这都属于习惯上的泛称。皇太极在上述《汗谕》中曰：女真人有满洲、哈达、乌拉、叶赫、辉发等族名，为了统一称呼本族的族名，需要统一族名，也需要规范族名。在满洲、哈达、乌拉、叶赫、辉发等称谓中，后四者，部已亡，神已毁；只有满洲是胜利者。因此，以满洲代替原来的泛称诸申。诸申可能是借用的族名，可以废弃不用，至于诸申是否是席北超墨尔根的后裔或满洲是否有原名，本书不做讨论。这种改族名为满洲，是根据建立新王朝的需要而改动的。"满洲"之名，有学者认为是部名，有学者认为是地名，有学者认为是人名，也有学者认为是佛名等。清朝人则说，他们原名满洲，而明朝人"误为建州"的。皇太极以这个满洲为本族名，来统称新的民族共同体。

从此，满洲族的名称正式出现在中国，也出现在世界的史册上。顺治元年（1644）清军进关，入主中原，满洲族成为清朝的主体民族或主导民族。满洲初由东北边隅小部，继而发展，不断融合，形成新的民族共同体，以至发展到当今千万人的大民族，先后涌现出一大批灿如星汉的政治家、军事家、文学家、艺术家、科学家、语言学家等。而满洲族肇兴的领袖，就是清太祖努尔哈赤及其子清太宗皇太极。努尔哈赤、皇太极带领满洲族经受考验与磨炼，变得更加自信、更加勇敢、更加凝聚、更加坚强，使满洲族谱写出其民族发展史上最为辉煌、最为壮丽的篇章。

第五，建国号为大清。努尔哈赤于明万历四十四年（1616）建国，本书上卷已经记述。皇太极的贡献是将其原有的国号"大金"，改名为"大清"。后金-清政权从建立到完善，有一个发展的过程。天聪十年即崇祯九年（1636）四月十一日，皇太极即皇帝位，改元崇德，国号大清。这不仅是改换一个名字，而是反映一个新的政治现实。

其一，政治目标更远大。制定宏观目标，建立专制体制，是皇太极继承父汗事业、巩固后金政权、进图更大发展之政治棋盘上一步关键之棋。后金政权是局处东北一隅，还是夺取全国江山？清太祖努尔哈赤对此没有做出明确的回答，天聪汗皇太极却做出明确回答。天聪三年即崇祯二年（1629）十一月十五日，皇太极发表《告谕》：

若谓我国褊小，不宜称帝，古之辽、金、元，俱自小国而成帝业，亦曾禁其称帝耶！且尔朱太祖，昔曾为僧，赖天佑之，俾成帝业。岂有一姓受命，永久不移之理乎！天运循环，无往不复。有天子而废为匹夫者，亦有匹夫而起为天子者。此皆天意，非人之所能为也！上天既已佑我，尔明国乃使我去帝号，天其鉴之矣！

上述宣言，充分表明：第一，引述古代历史，说明偏隅小国，可以完成帝业；第二，引述民族历史，说明东北民族小部，可以战胜中原大国；第三，引述明朝历史，论证明太祖朱元璋，原是个穷和尚，也可以成为皇帝，别人为何不能称帝？第四，天道证明，循环往复，历史轮回，帝位易主，没有万世；第五，上天眷佑，命我称帝，明朝皇帝，岂能禁之？总之，皇太极要效法契丹耶律阿保机、女真完颜阿骨打、蒙古成吉思汗，建元称帝，进军中原，推翻朱明，一统天下！皇太极在这个总战略思想之下，值天聪十年即崇祯九年（1636）四月，获得故元传国宝玺的机会，改元崇德，建号大清。皇太极怀着雄心，部署战略，同明崇祯，争夺国统。

其二，政治基础更广阔。努尔哈赤建立后金时，其地域陷于抚顺关以外，其民族限于建州女真等部。到皇太极改国号为大清时，民族成分，主要特点——满洲为主体，蒙古、汉人为两翼，其他民族为羽毛，形成一个多民族的政权。崇德帝皇太极登极改元，上皇太极尊号表文者：和硕贝勒多尔衮捧满字表文，蒙古科尔沁土谢图济农巴达礼捧蒙古字表文，汉人都元帅孔有德捧汉字表文各一道。此事《清太宗实录》天聪十年四月初五日记载："大贝勒代善、和硕贝勒济尔哈朗、和硕墨尔根戴青贝勒多尔衮、和硕额尔克楚虎尔贝勒多铎、和硕贝勒岳讬、豪格，贝勒阿巴泰、阿济格、杜度，超品公额驸杨古利，固山额真谭泰，宗室拜尹图，叶克书、叶臣、阿山、伊尔登、达尔汉，宗室篇古阿格，蒙古八固山额真、六部大臣，都元帅孔有德，总兵官耿仲明、尚可喜、石廷柱、马光远，外藩蒙古贝勒科尔沁国土谢图济农巴达礼、扎萨克图杜棱布塔齐、卓礼克图台吉吴克善、喇嘛斯希木寨、杜尔伯特部落塞冷、扎赖特部落蒙夸、郭尔罗斯部落布木巴、古木、杜棱济农,奈曼部落衮出斯巴图鲁、巴林部落阿玉石、满珠习礼,扎鲁特部落内齐、车根,吴喇忒部落土门、杜巴、塞冷,喀喇沁部落古鲁思辖布、塞冷,土默特部落塔布囊耿格尔、单把,及满洲、蒙古、汉人文武各官,恭请上称尊号。管吏部和硕墨尔根戴青贝勒多尔衮捧满字表文一道,科尔沁国土谢图济农巴达礼捧蒙古字表文一道,都元帅孔有德捧汉字表文一道,率诸贝勒大臣、文武各官,诣阙跪进。"皇太极以满洲多尔衮、蒙古巴达礼、汉人孔有德三人,分别用满文、蒙古文、汉文宣读表文,力图显示:大清不仅是满洲的政权,而且是蒙古的政权,还是汉人的政权,也是东北各族人的政权。

其三,国家机器更完善。努尔哈赤建立后金时,主要根据满洲特点,参酌蒙古经验,组建国家机构,尚属草昧,很不完善。架构国家管理体系,是皇太极继承父汗事业、巩固后金政权、进图更大发展之重大举措。大明有健全的国家机构,但运转不灵;大顺没有完善的政权机构,也未及去完善;满洲天命建元,国家机构以女真军事组织为主,参照蒙古模式(如理事官之设)等,建立起国家机构的雏形。随着后金地域之拓展,人口之众多,民族之纷繁,文业之兴举,军事之远征,经济之多元,就需要改革并完善政权机器。一是,废除天聪大汗同三位大贝勒并坐制,改为皇太极"南面独坐",强化君主集权;二是,改蒙古衙门为理藩院,以专门处理民族事务;三是,逐步设立八旗汉军,以管理汉军及其眷属之军、政、民等事宜;四是,完善并扩编八旗蒙古,加强对蒙古的统辖;五是,制定一系列法典,使管理有法律依循。六是,仿效明制,设立内三院、六部、都察院,并创设理藩院,基本上完成了国家机器的架构。皇太极改革和完善国家组织的特点是,以满洲政权组织为基础,蒙古历史经验为参酌,中原皇朝为范式,架构后金-清的国家组织形式。在进行国家体制改革时,皇太极告谕廷臣"凡事都照《大明会典》行",即依据明朝政府的组织机构,改革和设置后金-清的国家机构。天聪三年（1629）四月，设立文馆，分为两班：达海巴克什等翻译汉文典籍；库尔缠巴克什等记注本朝政事。天聪五年（1631）七月，设立六部——吏、户、礼、兵、刑、工，分部管理国家行政事务。天聪十年（1636）三月，改文馆为内三院：内国史院，管记注起居、撰拟诏令、纂修实录等；内秘书院，管记录各衙门奏疏、草拟同外藩公文、代汗起草谕令等；内弘文院，管给皇帝讲解经史等。四月，内三院设大学士、学士，分别由满、汉担任。这是清代设大学士之始。清承明制，不设宰相，大学士参与议商军国之大政。崇德元年（1636）五月，设立都察院，独立行使监察权。崇德三年（1638）七月，改蒙古衙门为理藩院，管理民族事务。这就形成内三院、六部、都察院和理藩院所谓"三院六部二衙门"的政府架构，基本完善了政府组织。

其四，历史使命更重大。皇太极在上尊号前，满、蒙、汉贝勒诸臣表文称："恭惟我皇上，承天眷佑，应运而兴，辑宁诸国，爱育群黎。当天下昏乱之时，体天心，行天讨。逆者以兵威之，顺者以德抚之。宽温之誉，施及万方。征服朝鲜，混一蒙古，更获玉玺，受命之符，昭然可见。上合天意，下协舆情。臣等遇景运之丕隆，信大统之攸属。敬上尊号，一切仪物，俱已完备，伏愿俯赐俞允，勿虚众望。"皇太极则表示："数年来，尔诸贝勒大臣，劝朕受尊号，已经屡奏。但朕若受尊号，恐上不协天心，下未孚民志，故未允从。今内外诸贝勒大臣，复以劝进尊号，再三固请，朕重违尔等之意，弗获坚辞，勉从众议。朕思既受尊号，岂不倍加乾惕，忧国勤政，唯恐有志未逮，容有错误，唯天佑启之。尔诸贝勒大臣，既固请朕受尊号，若不各恪共乃职，赞襄国政，于尔心安乎？"于是，诸贝勒大臣，皆踊跃欢欣。皇太极力图表明，其所作所为，在于"体天心，行天讨"；"协天心，孚民志"。这就为大清政权穿上上合天心、下合民意的华丽外衣。

总之，天聪汗皇太极改国号"金"为"清"，它标志着原先以女真-满洲为主体的女真国（金国），已经发展为以满洲为主体，包含汉族、蒙古族、东北和漠南地域其他民族在内，民族多元、国体一统的大清帝国，并为清军入关后移鼎燕京、入主中原做了政治准备。

第六，完善八旗建制。八旗制度既是军事制度，也是社会制度。八旗制度是清朝独具的，前古未有，后世也无。皇太极在八旗满洲建制的基础上，创建八旗蒙古和八旗汉军，从而充实、完善了八旗建制。先是，天命六年即天启元年（1621），后金攻占辽、沈后，归降的蒙古军民，部分编为牛录，是为始设蒙古牛录，称蒙古军，隶八旗满洲。翌年，始设蒙古旗。皇太极即位后，蒙古归附军民日众，天聪三年即崇祯二年（1629），已将原有的蒙古军，扩编成"蒙古二旗"。蒙古八旗正式整编、建制，是在天聪九年即崇祯八年（1635）。二月二十六日，皇太极命编审蒙古壮丁，将蒙古二旗，扩充、建制为八旗蒙古——正黄、镶黄、正红、镶红、正白、镶白、正蓝、镶蓝，时合有蒙古壮丁七千八百三十名；并另设三旗，合有壮丁九千一百二十三名。以上十一旗，共有壮丁一万六千九百五十三名。其旗色和建制，与八旗满洲相同。皇太极按照八旗满洲的办法，创建了八旗蒙古，它具有组织严密、纵骑驰驱、机动灵活、战斗力强等特点，成为后金重要的军事力量。扎萨克旗制度最初建立于漠南蒙古，至康熙年间增至四十九旗。清代称之为内扎萨克旗或内扎萨克蒙古，简称内蒙古。这个制度后来逐渐被推广到陆续归附的其他蒙古部落，形成了外扎萨克旗。创建八旗蒙古，其意义在于：一是，补充大量兵源。《圣武记》曰："夫草昧之初，以一城一旅敌中原，必先树羽翼于同部。故得朝鲜人十，不若得蒙古人一。"皇太极在统一蒙古的过程中，扩大了兵源，仿照八旗满洲兵制，编设八旗蒙古。如天聪九年即崇祯八年，编内外喀喇沁蒙古壮丁一万六千多名，除盲人和残废者外，凡年在六十岁以下、十八岁以上者都被编入。从此以后，八旗蒙古作为八旗劲旅的重要组成部分，成为对明征战的主力军队。二是，蒙古成为满洲盟友。到天聪十年即崇祯九年（1636）三月二十二日，漠南蒙古十六部、四十九贝勒，在盛京集会，尊皇太极为"博格达·彻辰汗"（宽温仁圣皇帝），尊奉皇太极为共主。三是，实行"蒙古人打蒙古人"的政策。皇太极在征讨察哈尔部时，以蒙古军队充当先锋，实行"以蒙攻蒙"的谋略，取得成功。四是，在蒙古正式推行满洲的社会制度。

皇太极还创建八旗汉军。"汉军"一词，初见于《清太宗实录》天聪八年五月初五日："上谕曰：朕仰蒙天眷，抚有满洲、蒙古、汉人兵众。前此，骑、步、守、哨等兵，虽各有营伍，未分名色，故止以该管将领姓名，称为某将领之兵。今宜分辨名色，永为定制。随固山额真行营，马兵名为骑兵，步兵为步兵，护军哨兵为前锋，驻守盛京炮兵为守兵，闲驻兵为援兵，外城守兵为守边兵，旧蒙古右营为右翼兵、左营为左翼兵，旧汉兵为汉军，元帅孔有德兵为天祐兵、总兵官尚可喜兵为天助兵。"由此可知，原先的"旧汉兵"，从此定制为"汉军"。早在建州时期，其汉人来源，主要有五类：一是抢掠，二是逃入，三是买进，四是俘获，五是归顺。满洲八旗中最早汉人数量，已不可考。八旗中最早的"旧汉兵"牛录，当自李永芳始。抚顺游击李永芳降金后，努尔哈赤命将"其归降人民，编为一千户"，并命"仍依明制，设大小官属，令李永芳统辖"。李永芳被招为额驸，授为总兵官。其统辖的牛录，当是初始的"旧汉兵"。天聪到崇德年间，汉人组成的军队，主要有两股：一股是八旗汉军，另一股是"三王"汉兵。前者纳入八旗序列，后者自成独立系统。这两股汉人军队，为后金－清军增添了火器和水兵。于是，满洲、蒙古原有的"娴于骑射"，加上汉军的"长于火器"，明军有的，清军也有；清军有的，明军却无。经过诸种条件的变化，明军在军事上由优势而转为劣势，清军则在军事上由劣势而转为优势。

八旗汉军的组建，是皇太极的一个创造。自契丹辽朝、女真金朝、蒙古元朝以来，没有建立过一支类似八旗汉军的"汉军"。[①] 崇德帝皇太极创建八旗汉军，对清初关外发展、对后来入主中原，历史作用，至为重大。一是，于军事，清军八旗增加新的兵种，组建专业火器部队。天命汗努尔哈赤宁远之败，天聪汗皇太极宁锦之败，其重要军事原因，在于没有新式武器。明军用当时世界上最先进的

---

① "汉军"，《元史·兵志·序》云："（蒙古）既平中原，发民为卒，是为汉军。"此为元之"汉军"，非清之"汉军"。元之"汉军"类似清入关后由汉人组成的"绿营"。清朝"汉军"，全称为"八旗汉军"。清朝八旗分为八旗满洲、八旗蒙古、八旗汉军，而八旗汉军不是汉人都可以编入的，正如清朝"八旗蒙古"不同于元朝的蒙古军一样，清朝八旗汉军亦不同于元朝由汉人组成的"汉军"。所以，清朝八旗汉军是皇太极的一个创制。

火炮——红夷大炮，凭守坚城；后金军却沿袭传统落后的武器——弓弦矢镞，野地浪战。其结果是，宁远一败，宁锦再败。皇太极吸取了缺乏火炮攻城而失败的惨痛教训，转向寻求制造红衣大炮、装备火器部队，并组建能够操作大炮、使用火器的新军种。二是，于经济，佟养性在《奏议》中说，八旗汉军，"有事出门，全擎火器，大张军威；无事归农，各安生理"。辽东的八旗汉军，出则为兵，入则为农。就是将明代辽东先进的农业生产方式，引进八旗汉军及其眷属，从而在辽左地区，加速了满洲由渔猎经济向农耕经济的转化，为后来进入中原、巩固统治，在生产方式上做了准备。三是，于策略，清朝建立八旗汉军，对汉人发生重大策略变化。皇太极对汉官、汉将、汉儒、汉军、汉民的策略调整，集中体现于建立八旗汉军。将汉军（包括汉官、汉将、汉儒、汉民）吸纳到国家权力的核心层。皇太极在松锦之战、在对朝鲜作战、在入塞攻明诸战，都充分利用装备火器的汉军。特别是后来清军入关，吴三桂降清，清军打李自成、灭张献忠、攻南明，多是以八旗汉军和"三王一吴"的汉人军队充当先锋，实行"以汉攻汉"的策略。四是，于政治，清朝政权将八旗满洲、八旗蒙古、八旗汉军，作为其鼎足而立的三个基础或三根支柱。当然，在八旗内部，八旗满洲、八旗蒙古、八旗汉军的实际地位，并不完全相同（八旗满洲内部各旗的地位也不完全相同）。皇太极在称帝改元时，多尔衮捧满字表文、科尔沁土谢图济农巴达礼捧蒙古字表文、都元帅孔有德捧汉字表文，"率诸贝勒大臣、文武各官，诣阙跪进"。皇太极以此显示：大清皇朝是满洲、蒙古、汉人等之共同政权；崇德皇帝不仅代表满洲利益，也不仅代表蒙古利益，而且代表汉人利益。五是，于文化，皇太极将汉军纳入八旗，表明满洲进一步吸纳、融合汉文化。由于女真与汉人在历史、地缘、血缘、语言、习俗、宗教、经济、政治等方面，关系密切，长期互融；由于满洲对汉官、汉将、汉儒、汉军、汉民采取吸收、合作、接纳的政策，使得满洲文化不仅具有满、蒙文化二元性特征，而且具有满、蒙、汉文化三元性特征。这是满洲之所以进入辽河流域并得以巩固政权，也是其后来入主中原并得以巩固政权之机缘所在。皇太极善于利用满洲文化的满、蒙、汉三元特征，使其能应付西北蒙古草原文化和中原汉族农耕文化的两种挑战，兼容蒙古之犷武雄风与博大气派和汉族先进科技与儒家墨蕴，加以利用，溶解吸纳。

八旗满洲、八旗蒙古、八旗汉军，三者统编，形成合力，既具有满洲、蒙古野战骑射之优长，也兼有汉军大炮火器之优长。当年以蒙古一族之力，曾几度兵围北京，甚至俘虏明朝正统皇帝；而以满、蒙联合之力，岂不动摇明朝社稷？再以八旗满洲、八旗蒙古、八旗汉军联盟，怎能不摧毁明朝统治？李自成既不会结盟于满洲、蒙古，又不会笼络汉族官员、缙绅、将领、儒士，所以，李自成农民军必败于八旗军；明末诸帝视满洲为"东夷"、蒙古为"西鞑"，南明军队也必败于八旗军。总之，八旗满洲、八旗蒙古、八旗汉军，是满洲的满、蒙、汉三元文化的一个表征。满洲的满、蒙、汉三元文化，则是其绥服蒙古、入主中原的基本文化因素，也是八旗汉军的价值所在。

第七，丰富武经宝库。皇太极执政的十七年间，亲自参加并指挥了八次大的战争：天聪元年（丁卯，1627）的宁锦之战、天聪二年（戊辰，1628）的第一次察哈尔之战、天聪三年（己巳，1629）的北京之战、天聪五年（辛未，1631）的大凌河之战、天聪六年（壬申，1632）的第二次察哈尔之战、天聪八年（甲戌，1634）的第二次入塞之战、崇德元年（丙子，1636）的朝鲜之战、崇德六年（辛巳，1641）的松锦之战。其中对察哈尔的征战，第一次是师出纵骑，无果而归；第二次是劳师远袭，未遇而返。这两次都是"谋而不周"、无果而回。其对明的五次战争，失败者一次，即宁锦之战；有得有失者三次，即己巳（1629）北京之役、甲戌（1634）第二次入塞之役、辛未（1631）大凌河之役；胜利者一次，即松锦之战。皇太极的军事指挥艺术，松锦会战获胜，为其兵略精品。皇太极自宁锦之役失利后，十年间未在辽西同明军做大的争战（大凌河之战规模较小）。崇德四年即崇祯十二年（1639）清军围锦州，守将祖大寿告急。崇祯帝派洪承畴为总督，率八总兵、十三万步骑、四万匹马，解锦州之围。洪承畴于翌年出关。洪总督采取"步步为营，且战且守，待敌自困，一战解围"的兵略，于崇德六年即崇祯十四年（1641）七月，进军至松山。两军初战，"清人兵马，死伤甚多"，清军失利，几至溃败。败报驰传到盛京，皇太极带病急援。史载："上行急，鼻衄不止，承以椀"，昼夜兼行，至松山驻营。他部署：浚壕布兵，断敌退路；袭劫积粟，断敌粮秣；高桥设伏，击敌退兵；大路列阵，截敌援兵。经激战，获大胜。《清太宗实录》记载："是役也，计斩杀敌众五万三千七百八十三，获马七千四百四十四、骆驼六十六，甲胄九千三百四十六副。明兵自杏山南至塔山，赴海死者甚众，所弃马匹、甲胄以数万计。海中浮尸漂荡，多如雁鹜。"明清松锦之战，明朝方面——总督被擒，全军败没；清朝方面——连克四城，获得大胜。就兵略而言，其关键在于明军统帅洪承畴兵略之错误，清军统帅皇太极兵略之正确。一次独立战役的胜败，主帅的谋略是争战否泰演化的关键。皇太极的松锦大捷，产生了深远的历史影响。明朝与后金-清自万历四十六年即天命三年（1618）抚顺第一次交锋，至崇祯十七年即顺治元年（1644）清军入关前，在近三十年间，曾发生大小数百次战争，但对明清兴亡产生极其深远影响的主要是三大战役，这就是萨尔浒之战、沈辽之战和松锦之战。萨尔浒之战是明清正式军事冲突的开端——标志着明朝与后金军事态势的转化，后金由军事防御转为军事进攻，明朝则由军事进攻转为军事防御；沈辽之战是明清重大军事较量的高峰——标志着双方政治形势的转化，明朝在辽东统治的终结，后金在辽东统治的确立；松锦之战是明清辽东军事冲突的结束，标志着双方辽西军事僵局的打破——明军顿失关外的军事凭借，清军转入新的战略进攻，为定鼎燕京、入主中原奠下基础。清人评论皇太极在松锦之役的兵略云："神谋勇略，制胜出奇。"这个评断，似不为过。

第八，兴建盛京宫殿。天命十年即天启五年（1625）努尔哈赤迁都沈阳后，便开始兴建沈阳宫殿。但努尔哈赤迁居沈阳后，仅一年零五个月就死去。所以，盛京沈阳宫殿的建筑，主要在皇太极的天聪、崇德两朝。经过十余年的时间，大体建成今沈阳故宫东路笃恭殿即大政殿，及其列署左右十座亭式殿即俗称十王亭；

中路前朝之大清门、崇政殿、凤凰楼，后寝之清宁宫及其四宫——关雎宫、麟趾宫、衍庆宫、永福宫等。盛京宫殿是当时中国除北京皇宫以外，最雄伟、最辉煌、最壮丽的皇宫。后修建福陵与昭陵。盛京皇宫与永陵、福陵、昭陵，成为清初在关外留下的最重要的历史文化遗产，也是皇太极等的一项重大的文化贡献。

《孟子·告子下》曰："生于忧患而死于安乐。"皇太极的不幸也许正使他"困于心，衡于虑，而后作"。皇太极在孤独中成长，在诸多考验磨炼中淬砺奋发，不但使他在众多的异母兄弟中脱颖而出，而且成就了他日后的英雄事业！一个杰出的人物，在和平年代，主要是在学校中成长；在战争年代，则主要是在战火中考练。皇太极出生于东北边陲的女真族，那里没有乡学、县学和府学，也没有科举考试，他不可能走童试、乡试、会试、殿试的道路，而成为秀才、举人、贡士、进士，只能于劳作、骑射、战火中，学习本领，增长才干，磨炼毅力，丰富智慧。所以，战争是一所大学校，它把皇太极培育成为杰出的经国济世之才。《三国演义》中的一句话：胸怀大志，腹有良谋，有包藏宇宙之机，吞吐天地之志——这或是清太宗皇太极的一面镜子。

皇太极既继承其父汗开创的基业，又革除其父汗遗留的弊政。皇太极怀抱拓疆图霸的目标，腹藏高广远大的雄心，肩负时代使命的重任，配合着超人的意志与智慧，而且勤奋不懈地努力着，终成大业。皇太极以其家世、个性、才能、阅历、际遇、智力、能力、体力、耐力、毅力，为清朝拓展基业而奋斗终身。总之，皇太极在十七年的军政生活中，戎旅成才，实力积聚，明暗兼施，玄机精算，终于成为中国历史上杰出的政治家、军事家。

三

皇太极作为军事家，打过胜仗，也打过败仗。其军事谋略，其指挥艺术，自有可圈可点之处，但也有许多败笔。下面列举数例。

第一，作战时机不当。皇太极自继承汗位并亲自主持重要战役以来，一个重大的缺陷，是不善于把握作战时机。他即位后亲自指挥的宁锦之战，之所以失败，其原因之一，是时机不利。因为略早一些，锦州城未筑完；略晚一些，则袁崇焕去职。他恰选了不利的时机——锦州城刚筑完，袁崇焕未去职。他亲自指挥的北京之战，之所以失利，其原因之一，也是时机不利。因为略早一些，袁崇焕尚未受命、阉党尚未铲除、东林内阁亦未形成；略晚一些，阉党则重新控制阁部，也会是另一番局面。而北京之战恰恰是处在两次阉党失势、东林内阁执政这个对他来说极为不利的时间。他亲自指挥的大凌河之战，作战时机选择，也是慢了半拍。皇太极发动大凌河之战，主要是不让明军筑城，逼其退回锦州。要是天聪汗进攻大凌河城，时间提早一个月，即在明军筑城未完之时，那么驱赶筑守大凌城的明朝官军、班军，会容易得多，不至于费时三个月，也不至于伤亡那么多。以上三个战例，都共同地说明：皇太极在指挥重大战役之时，作战时机，选择失当，决策迟疑，缺乏睿断。选择战机，善时而动，这既是一条重要的军事原则，也是一条宝贵的历史经验。

第二，作战方略欠周。明清辽西军事之争局，主要是攻守关锦防线。先是，天命汗努尔哈赤攻宁远兵败；继而，天聪汗皇太极攻宁、锦又兵败。皇太极愤恨地说："昔皇考太祖攻宁远，不克；今我攻锦州，又未克。似此野战之兵，尚不能胜，其何以张我国威耶！"其时，明辽东巡抚袁崇焕建成了以锦州为前锋、松山为重城、宁远为后劲、山海关为依托的关宁锦防线，并在辽西地区坚壁清野、严防奸细。于是，皇太极改变谋略，对蒙古和朝鲜用兵，剪除明朝左右两翼，免去南进后顾之忧。随之，皇太极制定南进中原的新兵略：避开宁锦，绕道蒙古，插入塞内，七掠中原。

第一次是天聪三年即崇祯二年（1629），皇太极亲自领兵，绕过宁远、锦州和山海关，用蒙古人做向导，并取道漠南蒙古，发动第一次入口之战。后金军攻破龙井关和大安口，兵临燕京，京师戒严。后金军在德胜门、广渠门、永定门同明军激战，但因北京城高池深、京都勤王之师奔集，皇太极只好牧马南苑，祭祀金陵，掳掠人口牲畜，翌春北归沈阳。其二贝勒阿敏据守永平、遵化、滦州、迁安四城，屠戮官民，掠夺财富，孤立无援，不久败归。第二次是天聪六年即崇祯五年（1632），皇太极在西征察哈尔蒙古的回程中，发动小规模的入塞掳掠。第三次是天聪八年即崇祯七年（1634），皇太极又亲自领兵，绕过锦州、宁远，远袭宣府、大同，蹂躏五旬，大肆杀掠。第四次是天聪九年即崇祯八年（1635），后金军骚扰大同、朔州、宣府等地。较之第三次，更加深入内地。第五次是崇德元年即崇祯九年（1636），皇太极派阿济格等率军逼北京、过保定，凡五十六战，攻陷十二城，横掠京畿，历时三月，掳获人畜十八万。第六次是崇德三年即崇祯十一年（1638），皇太极派岳讬、多尔衮等为大将军，分率左右翼大军由墙子岭和青山关毁垣而入，掠京畿、蹿冀南、渡运河、陷济南，历时半年多，俘获人畜四十六万二千三百余、黄金四千零三十九两、白银九十七万七千四百六十两。第七次是崇德七年即崇祯十五年（1642），皇太极派阿巴泰统兵入山东，俘人口三十六万余、获牲畜三十二万余，因不在本引言讨论之内而从略。

　　皇太极耀兵塞内，对崇祯皇帝、对中原人民是一大历史悲剧。史载，后金-清军所过，"遍蹂畿内，民多残破"；"一望荆棘，四郊瓦砾"；"畿南郡邑，民亡什九"；"荒草寒林，无人行踪"。而对皇太极、对八旗官兵是一大历史喜剧，后金-清军所过，重创明军，俘获人畜，贝勒将士，暴发致富。这对皇太极是喜悦，还是悲哀？抛开政治的、民族的、经济的、心理的因素不说，仅从兵略来说，皇太极纵兵入口作战，不是成功范例。因为：

　　一是，兵贵据城。用兵的目的，在于夺取城镇。城镇是彼方地域之行政、经济和文化的重心，占有它就占有或控制一方土地。后金-清军至明城堡，或则仅为空城。如崇德三年即崇祯十一年（1638），清军攻至遵化，遵化"守城之卒，不战自溃，时得空城三座"；或则仅为屯堡，即零星镇屯和分散寨堡。后金-清军所抵明朝城镇，尽管明军腐败，也不乏兵民之抵抗者。以其第二次入口为例，所攻多不能克，劫掠小城堡，盘桓两月多，遭到明军堵截。明宣府巡抚焦源清奏本称：

"奴贼步步受亏，始不敢存站。……奴贼连年大举入犯，似未见如此番之踉跄者。"清军扫荡州、府、县城后，抢掠完就走，没有占据通衢大城和边塞要隘，达不到军事之政治目的。

二是，兵贵得民。得到土地和人民，就得到实际控制权，也得到获取贡赋的权力。后金-清军扫荡州、府、县城后，掳掠大量人口，回到盛京沈阳，男人作耕农、奴仆，女人作妻妾、奴婢。这虽可补充其劳力困乏，但演出背井离乡、家破人亡的惨剧。其所掠牲畜、财帛，虽可缓解其经济之困难，但不能促进其经济之发展，达不到军事之经济目的。用兵之法：全国为上，其次破国，其次伐兵，其次攻城，掳掠最下。皇太极六次派兵入口，屠城，杀戮，焚毁，抢掠，这是兵略中之最下者。

三是，兵贵攻坚。宁远和锦州是后金-清军要攻夺关门的障碍，皇太极在两次受挫之后，不是愈挫愈奋，巧计攻坚，而是绕开坚城，入塞远袭。以其第四次入口作战为例，皇太极将八旗军分作两大部，一部入边袭扰，另一部进攻锦、宁。其入边军队，先分作两翼，复析为八道，逼燕京、迫大同、陷济南。此路清军，虽俘获大量人口、牲畜，却达不到战略目的。其辽西军队，抵中后所，同祖大寿军激战。清军"土默特部落俄木布楚虎尔及满洲兵甲喇章京翁克等，率众先奔。护军统领哈宁噶，甲喇章京阿尔津、俄罗塞臣等，且战且退"。而由豫亲王多铎率领之先锋五百人，亦被祖大寿军"四面围住，扑战良久后，稍开一路，则十王仅以百余骑突阵而出"。是知，祖大寿胜皇太极甚明。由是，清军统帅皇太极率领郑亲王济尔哈朗、豫亲王多铎等败退。可见，皇太极既定锦州、宁远为坚城，却用兵分散，以寡击众，以弱敌强，结果失利。

四是，兵贵争时。在一切财富中，时间是最宝贵的财富。皇太极从天聪三年（1629）到崇德四年（1639），共费时十年，占其帝位生涯十七年的大半时日，而未能夺取锦州一城，是不能耶，抑不为耶？自袁崇焕死后，皇太极已于天聪五年即崇祯四年（1631）制成红衣大炮。同年八月，皇太极用红衣大炮攻围明将祖大寿据守的大凌河城。此役，八旗军用红衣大炮攻城、破堡、打援，克大凌河城，降明将祖大寿（寻归明），并缴获明军含红衣大炮在内的大小火炮三千五百多位。实事求是地说，其时，皇太极如采用大凌河之役用红衣大炮、围城打援的战法，完全有可能较早地攻破并夺取锦州城。乘胜前进，再接再厉，亦有望攻取宁远城。

第三，军事谋略不当。皇太极对明朝总的战略是：攻破山海关，占领北京城。于此，他经常思忖："大兵一举，彼明主若弃燕京而走，其追之乎？抑不追而竟攻京城，或攻之不克，即围而守之乎？彼明主若欲请和，其许之乎，抑拒之乎？若我不许，而彼逼迫求和，更当何以处之？倘蒙天佑，克取燕京，其民人应作何安辑？"为着实现皇太极上述战略目标，汉人降附生员杨名显、杨誉显等条奏急图、缓图和渐图三策：急图之策——先攻燕京，燕京乃天下之元首，天下乃燕京之股肱，未有元首去而股肱能存者；缓图之策——先取近京府、县，府、县乃京都之羽翼，京都乃府、县之腹心，未有羽翼去而腹心能保者；渐图之策——拓地屯田，驻兵于宁、锦附近地方，耕其田土，时加纵掠，使彼不得耕种，彼必弃宁、锦而逃矣，宁、锦一为我有，山海更何所恃？山海既得，我自出入无阻。以上三策，虽有道理，但有隙缺，均不完善。回顾历史，看得更清。皇太极第一次入口作战，千里绕袭，避实击虚，出其不意，攻其不备，破墙入塞，直捣京师，可谓"实有超人之创意"！此举，或可称为急图之策。但明朝京师，城高兵众，国力雄厚，后金攻打，并非"如石投卵之易"！皇太极后三次缓图之攻，均在关内，站不住脚，纵掠而归，燕京亦非"不攻而自得"！皇太极第四次既派兵入口，又带兵攻宁、锦：于前者，仍蹈旧辙；于后者，兵挫而归。所谓渐图之策，明军不会自弃锦州，更不会自弃宁远；清军则不会"不劳而收万全者也"！所以，以上急图、缓图、渐图三策，书生之见，不中用也。那么，清军统帅皇太极正确的兵略应是什么呢？

皇太极应于天聪五年即崇祯四年（1631），在大凌河取胜之后，集中兵力，乘威南进，筑城屯田，长久计议，以围城打援、施红衣炮的战术，围锦州，攻宁远，奋力拼打，逐个击破，但此机错过。崇德六年即崇祯十四年（1641）七月至翌年四月，皇太极取得松锦大战的全胜。他如乘己之锐、趁彼之虚，用"围锦打松"之兵略，围攻宁远，逐节推进，兵叩关门，那么，攻破山海关，问鼎北京城，登上金銮宝殿者，可能是皇太极，而不是李自成。但是，主帅的谋略是征战否泰演化的枢轴。"一朝被蛇咬，十年怕井绳。"父子宁远两次兵败的"魔影"，始终笼罩在皇太极的头上。因而，皇太极在松锦大捷后第五次派大军入口，继续其兵略之错误。由是，皇太极与紫禁城的金銮宝座有缘，却失之交臂。尽管，皇太极"入口作战"的兵略，清史研究者多加以肯定；但是，余却不以为然，从战略上说，皇太极"入口作战"的兵略，是其军事谋略艺术中的败笔。

清前历史、皇太极的历史贡献，举出以上八例，作出初步评价。清前历史，争论问题，限于篇幅，仅列数项。

四

争论的问题很多，举例做如下简述。

第一，皇太极"反间计"的设计者。

皇太极"反间计"的设计者，主要有三种意见。第一种是为皇太极所设计。其根据是《清太宗实录》记载："先是，获明太监二人，令副将高鸿中，参将鲍承先、宁完我，巴克什达海，监守之。至是，还兵。高鸿中、鲍承先，遵上所授密计，坐近二太监，故作耳语云：'今日撤兵，乃上计也。顷见上单骑向敌，敌有二人来见上，语良久乃去。意袁巡抚有密约，此事可立就矣！'时杨太监者，佯卧窃听，悉记其言。"第二种是后金副将高鸿中陈奏的，李光涛《袁崇焕与明社》和《明季边防与袁崇焕》均谓"反间计"系高鸿中所献。第三种是范文程陈奏的。拙著《袁督师保卫北京之战》中提出"反间计"是由范文程向皇太极进献的。① 其根据是黄宗羲《大学士机山钱公神道碑铭》载为范文程所献。其文曰："己巳之冬，大安口失守，兵锋直指阙下，崇焕提援师至。先是，崇焕守宁远，大兵屡攻不得志，

---

① 阎崇年：《袁督师保卫北京之战》，载《袁崇焕研究论集》，文史哲出版社，1994年，第181页。

太祖患之。范相国文程时为章京，谓太祖曰：'昔汉王用陈平之计，间楚君臣，使项羽卒疑范增，而去楚。今独不可蹈其故智乎？'太祖善之，使人掠得小奄数人，置之帐后，佯欲杀之。范相（国）乃曰：'袁督师既许献城，则此辈皆吾臣子，不必杀也！'阴纵之去。奄人得是语，密闻于上。上领之，而举朝不知也。崇焕战东便门，颇得利，然兵已疲甚，约束诸将不妄战，且请入城少憩。上大疑焉，复召对，缒城以入，下之诏狱。"上文"太祖"应作"太宗"，"东便门"应作"左安门"。李霨在《内秘书院大学士范文肃公墓志铭》中，也记载"反间计"为范文程所献。

第二，内扎萨克旗的建立时间。

扎萨克旗是最初在漠南蒙古建立的，称之为内扎萨克旗或内扎萨克蒙古，简称内蒙古。这个制度后来逐渐被推广到归附的其他蒙古部落，形成了外扎萨克旗。对内扎萨克旗的初建时间和数目等问题，至今众说纷纭。

扎萨克旗成立的标准，一般认为应具备牛录的编制、牧地的划分、旗主——扎萨克的任命和旗的命名等因素。对扎萨克旗初建的时间，有天命九年（1624）、天命十一年（1626）、天聪八年（1634）、天聪九年（1635）、崇德元年（1636）等说。学者认为天命年间说法明显不能成立，而对天聪年间建旗之说进行讨论。认为天聪八年建旗者，是将该年皇太极遣官往外藩蒙古敖汉等十部会盟，划分牧地，统计户口，作为建扎萨克旗的标志。但有学者认为当时未编牛录，也未任命官职，故此时还没有建立扎萨克旗。认为天聪九年建旗者，其依据是后金编审喀喇沁壮丁为十一旗，除喀喇沁的古鲁思辖布、耿格尔和单巴，以及土默特俄木布楚虎尔所辖三旗外，其余八旗喀喇沁壮丁都与满洲八旗旧属蒙古分别合并，建立了蒙古八旗。然而，古鲁思辖布等所辖三旗的设立，是否标志着内扎萨克旗的建立呢？学者认为这也不能算作扎萨克旗制度的建立。因为这八旗蒙古不是与八旗满洲并列的旗，而是分别附属于八旗满洲。在这三个旗内当时虽然编审壮丁，但是没有按五十户为单位编设牛录，也没有像其他八个旗那样设立梅勒章京等官员。这次编审喀喇沁壮丁时划分出的类似后来外藩旗的三旗，无论是从其性质上，还是在其规模上，都不标志着扎萨克旗制度的正式确立。《明代漠南蒙古历史研究》著者达力扎布认为：扎萨克旗制度的建立和实施在崇德元年（1636）。因察哈尔林丹汗已死，漠南蒙古十六部四十九王公与满洲八旗王公和汉人诸王一道共上皇太极尊号，标志着漠南蒙古诸部的全部归顺。同年四月，清廷为酬谢有推戴之功的蒙古贵族，分别赐予世爵，并授予扎萨克，继续管领部落。同年十月，清廷派遣蒙古衙门参政阿什达尔汉等，分头前往蒙古地区，与蒙古诸王、台吉会盟，清点壮丁，编设牛录（以五十户编为一牛录），任命额真，建立旗分，在内蒙古地区，推行满洲制度。在确定旗分和编制牛录时，一般不改变原有的隶属关系。其旗长时汉译为"瓜政贝勒"或"扎萨克贝勒"，自崇德七年始统一译为"扎萨克"（蒙古语意为执政者）。实际上这个名称的确定应在崇德元年，只是在汉译文中不是译自蒙古文，而是译自满语，所以出现了所谓"瓜政贝勒""扎萨克贝勒"等不同称呼。因此牛录的编定，牛录额真及扎萨克的任命，标志着扎萨克旗的建立，而这些都是在崇德元年完成的。

第三，后金国号"大清"的不同诠释。

先是，明万历四十四年（1616）正月，建州左卫首领努尔哈赤在赫图阿拉称汗，称"覆育列国英明皇帝"或"恩养众国英明汗"尊号。天命四年即万历四十七年（1619），努尔哈赤取得萨尔浒大捷后，在明朝和朝鲜文献中开始出现"后金国汗"，并用"后金天命皇帝（印）"。其后在致毛文龙书信中，努尔哈赤自称"大金国皇帝"。努尔哈赤把国号定为"金"，意在表明自己是女真人所建金朝的后继者。因为金朝是女真史上的辉煌时期，用"金"作为国号，既有继承金国事业之意，也有团聚女真各部之义。皇太极在改国号之前，也自称大金国。努尔哈赤和皇太极父子，都崇拜金朝的太祖、世宗。皇太极喜读《金史》，天聪三年即崇祯二年（1629），率兵远袭北京时，还派贝勒阿巴泰、萨哈廉到北京西南房山金太祖完颜阿骨打（完颜旻）、世宗完颜雍二帝陵去祭奠。天聪六年即崇祯五年（1632）八月，书房相公汉人王文奎，奏议皇太极——"集众誓师曰：幽、燕本大金故地，吾先金坟墓，现在房山，吾第复吾之故疆耳！"这里把金朝称作"先金"，把"幽、燕"视为金朝故地，将夺取河北视作恢复"吾之故疆"。但皇太极没有采纳，因为其时军事实力不够，而以此作为"兴师问罪"的理由，于争取汉官、汉将、汉儒、汉兵、汉民，名之不正，行之不利。

皇太极改"汗"为"帝"，"汗"即"可汗"的简称，为蒙古语，汉意译为"王"或"帝"。女真族与蒙古族相邻，受蒙古文化影响很深，故努尔哈赤建国即位之后，称"汗"。但努尔哈赤在一些对明朝或朝鲜的文书中，称"大金国汗"或"大金国皇帝"，实际上是"汗"即"帝"。万历皇帝在满文中就是"万历汗"。皇太极继位后仍称"汗"。在满文中，凡大金国皇帝处，"帝"仍用"汗"。皇太极与袁崇焕议和时，汉文书信中所写"大金国皇帝"字样，曾被袁崇焕指责为议和的障碍。皇太极对此作出让步，曾声明不称"帝"而称"汗"。这是因为在明朝人看来，只有明朝皇帝才能称"皇帝"，"帝"与"汗"是不同等级的尊称。随着后金军政势力的发展与强大，皇太极的尊称，由"大汗"向"皇帝"提升，当属必然。因为在女真族的概念中，虽然"汗"即"帝"，但"皇帝"一词，在汉文化中是比少数民族的"汗"更为尊贵的称谓。皇太极在绥服蒙古、战败朝鲜、南攻明朝、北征索伦，屡次取得胜利之后，自然不甘于做"大汗"，而是要做"皇帝"。皇太极在建号大清的同时，接受了满、蒙、汉群臣恭上"宽温仁圣皇帝"的尊号。皇太极尊称"皇帝"，而把出于蒙古语的"汗"封赐给外藩蒙古王公。

皇太极不仅将尊号"大汗"改称"皇帝"，而且将国号"金"改成"大清"。皇太极改"金"为"清"，实际上是改换了一个发音相近的汉字而已。汉字的"清"和"金"字，发音相近，字义吉祥。然而，皇太极做这种更改，自己没作说明，文献也无记载。于是，后来学者做出许多推测。有人从字面上附会，说"金"与"清"的汉字语音相近；有人从历史上作说明，因为"清"字，以往皇朝没有用过；有人从五行说——"明"为"火"，"清"为"水"，水能克火，加以诠释；也有人从萨满文化找答案；更有人从民族方面去解释——皇太极声明过，他们不是金国的后裔,当然这里面也包含如果沿用历史上的"金"为国号,有刺激汉族"以宋为鉴"的禁忌。应当说,皇太极把国号由"金"改成"大清",主要是由于当时形势发展,他本人已不仅是满洲的"大汗",也不仅是满洲和蒙古的"大汗";而是满、蒙、汉的"共主",是天下的"共主"。因此,皇太极要建立一个新的皇朝,改换一个新的国号,以同明朝抗衡,并且取而代之。既改新国号为"大清",也改纪元为"崇德"。在清代十二位皇帝中,除皇太极有两个年号外,其余十一帝都是一个皇帝一个年号。这同明朝一样,在明代十六位皇帝中,除朱祁镇有两个年号外,其余十五帝也都是一个皇帝、一个年号。从中国皇朝史来看,当朝的皇帝,改年号是常事,改国号却仅见。只是在改朝换代之际,才出现新皇朝的国号。所以,皇太极改国号、改年号,既具有政治家之气魄与胆略,也标示改革家之更制与维新。

总之,清太宗皇太极改国号"金"为"大清",标志着原先以女真-满洲为主体的女真国(金国),已经发展为以满洲为主体,包含汉族、蒙古族、东北和漠南地域其他民族在内的清帝国。

第四,皇太极身后的皇位之争。

清太宗皇太极自崇德五年(1640)七月二十七日,到八年(1643)四月初一日,《清太宗实录》记载"圣躬违和"凡八次。崇德八年八月初九日上午,皇太极御崇政殿听政。当夜,猝然得病,不治而死。清太宗崇德帝皇太极的皇位继承,在肃亲王豪格同睿亲王多尔衮等之间角逐,结果皇位却由第三者——六岁的福临继承。六岁的福临继位,谁是经始议者?这是一个清朝历史之谜。有学者认为:拥立福临继位之首议,出自睿亲王多尔衮。我则认为:拥立福临继承皇位之首议,出自郑亲王济尔哈朗。

前者认为:在议商皇位继承的大衙门会议上,索尼与鄂拜首先发言,声称定立皇子。多尔衮命其暂时退下。阿济格、多铎劝多尔衮即帝位。多尔衮犹豫未允,多铎即毛遂自荐说:"若不允,当立我,我名在太祖遗诏。"多尔衮不同意,说:"肃亲王(豪格)亦有名,不独王也。"代善提出,豪格"帝之长子,当承大统"。以代善的地位和两红旗的支持，豪格以为大局已定，辞让表示谦恭，等待劝进。虎口（豪格）曰："福少德薄，非所堪当！"这颇像乃父皇太极当年被议立时所说："吾凉德，惧不克负荷也。"待众人"坚请不已，然后从之"。其所言显系固套。豪格言后，旋即"固辞退去"，故作姿态，以效乃父。豪格离去后，多铎又提出："不立我，当立礼亲王。"礼亲王代善说："吾以帝（皇太极）兄，常时朝政，老不预知，何可参与此议乎？"又说："睿亲王若允，我国之福，否则当立皇子，我老矣！能当此位耶？"代善的话是面面俱到，但其倾向于立皇子之意则甚明。会上各执一词，各有所立，"定策之议，未及归一。帝之手下将领（黄旗大臣）之辈佩剑而前，曰：'吾属食于帝，衣于帝，养育之恩与天同大，若不立帝之子，则宁死从帝于地下而已。'"以武力胁迫多尔衮拥立皇子，否则将以死相拼。八旗中除多尔衮兄弟所领两白旗支持自己外，两黄旗之重要带兵将领，代善（两红旗）都明确支持豪格，镶蓝旗济尔哈朗内心实则支持拥立皇子。力量对比不利于多尔衮，如若强自为君，势必爆发满洲贵族内部的大厮杀。多尔衮当机立断，拥立福临，由己摄政，而黜政敌豪格。①

我的拙见是：按照清太祖努尔哈赤规定的皇位继承《汗谕》，由满洲八旗贵族共议嗣君。时亲王、郡王共有七人：礼亲王代善、郑亲王济尔哈朗、睿亲王多尔衮、肃亲王豪格、英郡王阿济格、豫郡王多铎和颖郡王阿达礼。那么，拥立福临继位的首议出自谁呢？先出自济尔哈朗的分析是：其一，福临继位之首议，出自多尔衮，直接史料，未见一条；所引《沈阳状启》之记载，其辞含糊，且存疑点。其二，从代善坚决辞让、圆融建言、退席避锋与未行摄政四事，可以反证其并未首议福临继位。其三，从豪格或因故套谦恭，或由愤懑退席与未行摄政两事，可以反证其并未首议福临继位。其四，三位郡王均未首议立福临——英郡王阿济格主张立胞弟多尔衮，豫郡王多铎也主张立胞兄多尔衮，颖郡王阿达礼因"坐与硕讬谋立

---

① 参见王思治、吕元骢：《清代皇位继承制度之嬗变与满洲贵族间的矛盾》，载《满学研究》第3辑，民族出版社，1996年。

睿亲王,谴死"。其五,上述七王中只剩下郑亲王济尔哈朗。因此,从《沈阳状启》《顺治上谕》《清史稿·索尼传》等史料,进行历史与逻辑分析来看,郑亲王济尔哈朗在大衙门诸王皇位继承会议上,鉴于豪格与多尔衮争夺皇位陷于僵局,能从大局出发,平衡各旗利益,提出折中方案,首议由福临继承皇位,得到多尔衮的回应,也得到诸王贝勒公议。其六,济尔哈朗能以非帝系而为辅政王、摄政王,从侧面佐证其在决策皇位继承关键时刻所发挥的作用。否则,辅政王、摄政王是轮不到济尔哈朗的。总之,清太宗皇太极遗位争夺的结果,既不是角力一方的肃亲王豪格,也不是角力另一方的睿亲王多尔衮,而是由第三者六岁的福临继承。福临缵承皇位,是当时政治与军事、帝胤与血缘、智谋与达变、明争与暗斗,诸种因素相互斗争与相互平衡的结果。这个方案及其结果,对于四位和硕亲王来说——于礼亲王代善无利无弊,于睿亲王多尔衮有利有弊,于肃亲王豪格有弊无利,于郑亲王济尔哈朗则有利无弊。所以,皇太极遗位由福临继承,得益最大的四个人是:福临、孝庄太后、济尔哈朗和多尔衮。①

从此,在清代史、满洲史上开了一个幼童继承皇位的先例,其后有八岁的康熙、六岁的同治、四岁的光绪和三岁的宣统继承皇位,在清入关后的十帝中竟占了五位。由此,清朝皇位与皇权,出现分离的状态。稚童继位,必有摄政。大清皇朝,亲贵用事,太后垂帘,亲王摄政,"以摄政始,以摄政终"。论其影响,可谓深远!

皇太极死后,其子福临继位,改年号为顺治。清太宗朝史,随之而结束。清太宗朝的历史,天聪九年之间,进行重大战争有六次(细分更多)。崇德八年之间,也进行重大战争六次(细分更多)。皇太极在位十七年,以弓马打天下,战争成为清太宗朝历史的主线。因此,本卷撰写战争的文字相对地多一些。依据本书撰者原则,突出军政大事,阐述重大专题,本卷六十三万五千余字,分列十八个专题。分开来看,叙述文字较详;总起来看,许多要事缺略。总之,突出军政大事,受到字数所限,诸多史事,或则疏漏,或则缺简,附此说明。

---

① 阎崇年:《顺治继位之谜新解》,《光明日报·史学》2000年10月20日。

目录

第一章 皇太极继承汗位
一 天命前的权位斗争　　002
二 天命朝的权位斗争　　010
三 八旗合议汗位制度　　015
四 天命末汗位的继承　　020
五 天聪汗位斗争风波　　030
六 皇太极"南面独坐"　　041

第二章 宁锦之战
一 明建关宁锦防线　　046
二 宁锦之战　　062
三 胜败兵略　　076

第三章 袁崇焕督辽
一 明政局突变　　094
二 袁崇焕督辽　　100
三 计斩毛文龙　　107

第四章　迂道远袭燕京之役

一　战前的军政形势　　　　　　　112

二　破墙入塞，攻打北京　　　　　117

三　皇太极施"反间计"　　　　　131

四　且战且退，夺弃四城　　　　　142

五　双方的攻守兵略　　　　　　　155

第五章　大凌河之战

一　孙承宗重整辽西防务　　　　　172

二　皇太极研制红衣大炮　　　　　179

三　围城与打援　　　　　　　　　186

四　逼降祖大寿　　　　　　　　　195

五　金明的策略　　　　　　　　　204

第六章　破塞攻明掳掠诸战

一　入攻腹地之战略决策　　　　　220

二　第二次破塞攻明掳掠　　　　　229

三　第三次破塞攻明掳掠　　　　　231

四　第四次破塞攻明掳掠　　　　　241

五　第五次破塞攻明掳掠　　　　　246

六　第六次破塞攻明掳掠　　　　　256

七　第七次破塞攻明掳掠　　　　　265

八　明清胜败之得失论析　　　　　273

第七章　统一蒙古诸部

一　漠南蒙古分化　　　　　　　　290

二　林丹汗之败亡　　　　　　　　306

三　统一漠南蒙古　　　　　　　　332

四　对蒙古之治策　　　　　　　　　　342

第八章　松锦大战
　　一　战前形势　　　　　　　　　　　360
　　二　围困锦州　　　　　　　　　　　369
　　三　松山激战　　　　　　　　　　　382
　　四　攻陷四城　　　　　　　　　　　391
　　五　胜败申论　　　　　　　　　　　399

第九章　东征朝鲜
　　一　朝金关系　　　　　　　　　　　416
　　二　丁卯之役　　　　　　　　　　　423
　　三　丙子之役　　　　　　　　　　　436

第十章　明清议和
　　一　天命议和　　　　　　　　　　　462
　　二　天聪议和　　　　　　　　　　　473
　　三　崇德议和　　　　　　　　　　　487

第十一章　改国号为大清
　　一　天聪政策的重大调整　　　　　　504
　　二　改国号前的军政形势　　　　　　519
　　三　政府机构的重要变革　　　　　　527
　　四　国号后金与建号大清　　　　　　536

第十二章　统一黑龙江地域
　　一、天聪朝的军政活动　　　　　　　544
　　二　崇德朝之经营索伦　　　　　　　554

三　清入关前东北版图　　571

第十三章　盛京宫殿与陵寝
　　一　定都沈阳　　582
　　二　盛京宫殿　　605
　　三　关外三陵　　620

第十四章　顺治帝继承皇位
　　一　皇太极猝然病逝　　636
　　二　争皇位七王会议　　643
　　三　顺治帝六岁登极　　653

第十五章　清朝迁都北京
　　一　形势之变局　　662
　　二　山海关大战　　679
　　三　清迁都北京　　690
　　四　中原之底定　　704

第十六章　明亡清兴之鉴
　　一　民族分　　714
　　二　官民分　　717
　　三　君臣分　　720

明朝、后金－清与朝鲜纪年对照表　　725
清朝开国史研究文献要目　　734

第一章　皇太极继承汗位

清朝开国史（下）（修订本）

一 天命前的权位斗争

天命汗位的争夺，过程漫长，纷繁复杂。努尔哈赤称汗前，建州先后进行了两次大的权位斗争。

第一次是努尔哈赤同胞弟舒尔哈齐的斗争。

早在努尔哈赤起兵之初，胞弟舒尔哈齐处于其副手的地位。在明官书中，往往努尔哈赤与舒尔哈齐并称。舒尔哈齐曾以建州卫都督等身份，多次进京"朝贡"，如：万历二十三年（1595）八月，"建州等卫女直夷人速儿哈赤等赴京朝贡，命如例宴赏"①。万历二十五年（1597）七月，"建州等卫夷人都督都指挥速儿哈赤等一百员名、纳木章等一百员名，俱赴京〔朝〕贡，赐赏如例"②。万历三十四年（1606）十二月，"建州卫都督、都指挥速儿哈赤等入贡"③。万历三十六年（1608）十二月，"颁给建州右等卫女直夷人速儿哈赤等一百四十名，贡赏如例"④。舒尔哈齐多次进

---

① 《明神宗实录》第23卷，万历二十三年八月丙寅，内阁文库本。
② 《明神宗实录》第312卷，台北历史语言研究所校勘本，1962年，第9叶。
③ 谈迁：《国榷》第80卷，中华书局，1958年，第4966页。
④ 《明神宗实录》第453卷，万历三十六年十二月甲戌，台北历史语言研究所校勘本，1962年，第5叶。

京"朝贡"，这在他兄弟五人中，除其长兄努尔哈赤外是仅见的。

另从朝鲜史籍中，也能反映出舒尔哈齐的显贵地位。如申忠一到佛阿拉所绘建州首领住家图录仅二幅，即《木栅内奴酋家图》和《外城内小酋家图》。他所见舒尔哈齐"体胖壮大，面白而方，耳穿银环，服色与其兄一样"①。比申忠一先到佛阿拉的朝鲜通事河世国，分别受到努尔哈赤和舒尔哈齐兄弟的接见与宴赏："老乙可赤常时所住之家，麾下四千余名，佩剑卫立，而设坐交椅。唐官家丁先为请入拜辞而罢，然后世国亦为请入，揖礼而出。小乙可赤处一样行礼矣。老乙可赤屠牛设宴，小乙可赤屠猪设宴，各有赏给。"②

朝鲜和明朝的史籍记载，都说明努尔哈赤与舒尔哈齐曾是主副配合、相辅相成的。但努尔哈赤与舒尔哈齐之间的矛盾，在万历二十三年（1595）已见端倪。虽然努尔哈赤觉得他们兄弟之间"敕书、奴仆以及诸物，皆同享之"；申忠一却见舒尔哈齐家里的"凡百器具，不及其兄远矣！"。舒尔哈齐也向申忠一诉言："日后你金使若有送礼，则不可高下于我兄弟。"③这表露出舒尔哈齐之对所获权位与财货的不满。努尔哈赤对舒尔哈齐之怨怼，有所察觉，也做指摘。舒尔哈齐深感压抑，心怀怨望。尔后，万历二十七年（1599）建州兵征哈达时，努尔哈赤在哈达城下当众怒斥舒尔哈齐，④他们之间的裂痕已然公开表露。万历三十五年（1607），努尔哈赤以舒尔哈齐在乌碣岩之役作战不力，命将其二将常书、纳奇布论死，后依舒尔哈齐恳请，虽二将免死，但罚常书银百两、夺纳奇布所属牛录。⑤自此，

---

① ［朝］申忠一：《建州纪程图记》，图版17，载《兴京二道河子旧老城》，日文本，建国大学刊印，1939年。
② ［朝］《李朝宣祖大王实录》第69卷，二十八年十一月戊子，日本学习院东洋文化研究所刊，1959年，第17叶。
③ ［朝］申忠一：《建州纪程图记》，图版20，载《兴京二道河子旧老城》，日文本，建国大学刊印，1939年。
④ 《满洲实录》第3卷，辽宁通志馆影印线装本，1930年，第3叶。
⑤ 《清太祖武皇帝实录》第2卷，原清宫内府藏，台湾广文书局影印本，1970年，第9叶。

努尔哈赤"不遣舒尔哈齐将兵"①，削夺其兵权。万历三十七年（1609）三月，舒尔哈齐被夺去兵权后，郁闷不乐，常出怨言："此生有何可恋，不如一死。"遂带领部众，移居黑扯木，脱离大营，另立门户。努尔哈赤命"尽夺赐弟贝勒之国人、僚友以及诸物，使其孤立"，并杀了他的第一子阿尔通阿、第三子扎萨克图，又命将其部将武尔坤吊在树上以火烧死。舒尔哈齐对其兄自责道："多蒙兄汗赡养，曾欲别往以居，洵属狂妄，实乃我之过也。"②遂幡然回来。努尔哈赤也归还其所夺的国人、财产。同年,明辽东巡按熊廷弼计谋离间努尔哈赤与舒尔哈齐的兄弟关系，行"间速酋以断其手足"之策。③他们兄弟之间的裂隙不但没有弥合，反而日益加深。万历三十九年（1611）八月十九日，舒尔哈齐贝勒被幽禁而死。

舒尔哈齐之死，据明人黄石斋《建夷考》记载："酋疑弟二心，佯营壮第一区，落成置酒，招弟饮会，入于寝室，锒铛之，注铁键其户，仅容二穴，通饮食，出便溺。弟有二名裨，以勇闻，酋恨其佐弟，假弟令召入宅，腰斩之。"④另如《三朝辽事实录》也载："奴酋忌其弟速儿哈赤兵强，计杀之。"⑤据明人诸书所载，舒尔哈齐被其兄努尔哈赤加害，但清朝史书讳言之。努尔哈赤的性格，据《栅中日录》记载："奴酋为人猜厉威暴，虽其妻子及素亲爱者，少有所忤，即加杀害，是以人莫不畏惧。"⑥

据努尔哈赤的威暴性格及明代史书的有关记载，努尔哈赤为着强化汗权，幽杀其胞弟舒尔哈齐贝勒。孟森先生断言舒尔哈齐之死，"实乃杀之"⑦。

舒尔哈齐死后，建州权位之争的焦点，移向努尔哈赤的长子褚英。

---

① 《清史稿·舒尔哈齐传》第215卷，中华书局标点本，1977年，第8942页。
② 《满文老档·太祖》上册，己酉年（万历年三十七年）三月十三日，中华书局译注本，1990年，第8页。
③ 《熊廷弼书牍》第1卷，清刻本，第35叶。
④ 黄道周：《建夷考》，抄本。
⑤ 王在晋：《三朝辽事实录·总略》卷首，江苏省立国学图书馆藏本，第16叶。
⑥ ［朝］李民寏：《建州闻见录》，日本天理大学图书馆藏今西春秋本，影印本，第34叶。
⑦ 孟森：《明清史论著集刊》上册，中华书局，1959年，第182页。

第二次是努尔哈赤同长子褚英的斗争。

褚英，为努尔哈赤十六子中的长子，母元妃佟佳氏，万历八年（1580）生。①万历二十六年（1598），褚英十九岁，在乌碣岩之战中立功，被赐号阿尔哈图土门；翌年，又偕贝勒阿敏等攻乌拉，克宜罕山城。万历四十年（1612），努尔哈赤五十四岁，年事已高，褚英居长，屡有军功，立其为嗣，执掌国政。褚英柄政后，年纪轻，资历浅，心胸褊狭，操之过急，受到"四贝勒""五大臣"内外两方面的反对。"四贝勒"即努尔哈赤"爱如心肝"的次子代善、侄子阿敏、五子莽古尔泰、八子皇太极。他们各为旗主贝勒，握军队、拥权势、厚财帛、领部民。建州没有立嫡以长的历史传统，他们不满于褚英当嗣子、主国政的地位。"四贝勒"上告长兄褚英，似有争嗣之嫌，于是争取同"五大臣"联合，倾轧褚英。"五大臣"即努尔哈赤所"信用恩养、同甘共苦"的费英东、额亦都、扈尔汉、何和礼、安费扬古。他们早年追随努尔哈赤，威望高、权势重，历战阵、建殊勋，当克图伦城时褚英尚在襁褓之中，自然也不满于褚英专军机、裁政事的地位。他们首告嗣储褚英，似有贰心之嫌，于是也力求同"四贝勒"结合。努尔哈赤察觉到"四贝勒""五大臣"对褚英的不满，认为"焉能弃其兄而令其弟执政？"②，坚持立嫡立长，而以褚英为嗣。

努尔哈赤嗣子褚英，对建州的柱石"四贝勒"和元勋"五大臣"，缺乏谦恭的态度，想趁父汗在世时，削夺其财富和权力，以便巩固储位。褚英让诸弟对天立誓，听命于己，"不拒兄言，不将我之所言告于父汗。"并威胁诸弟众臣："凡与我不睦之诸弟及众大臣，待我即位后，皆诛之。"由是，"四贝勒"与"五大臣"担心在努尔哈赤身后，财物难保，生命危殆，而陷于忧惧之中。这促使"四贝勒"与"五大臣"密议："莫若将我等无以为生之苦，告知汗后而死。"于是，他们联合向努尔哈赤告发褚英。努尔哈赤让他们每人写一份文书呈送。他们各写文书、联合控告褚

---

① 唐邦治：《清皇室四谱》第3卷，"中国近代史资料丛刊"本，文海出版社，1966年，第3叶。
② 《满文老档·太祖》上册，中华书局译注本，1990年，第20页。

英的"罪状"是：第一，使"四贝勒""五大臣"彼此不睦；第二，声称要索取诸弟的财物、马匹；第三，曾扬言即位后，"欲杀与尔不睦之诸弟及众大臣"①。

努尔哈赤在权衡长子褚英与"四贝勒""五大臣"两方力量对比之后，断然采取措施：在政治上，开始寖疏褚英；在经济上，将分给褚英国人五千、牧群八百、银一万两、敕书八十道，而与诸弟们合在一起再平分；在军事上，尔后两次耀兵乌拉，没有派褚英出征，让他留居在家中。褚英非但不思改悔，反而怨恨其父，对僚友说："若以我国人与诸弟平分，我即死矣，尔等愿与我同死乎？"其僚友表示愿与同死。褚英希望努尔哈赤出兵打败仗，"将出征之父汗、诸弟及五大臣等书于咒文，望天地焚之"。又对其僚友说：愿出战之我军为乌拉击败。被击败时，我将不容父及诸弟入城。"褚英意不自得，焚表告天自诉。"②事情被揭发后，努尔哈赤震怒，"汗欲杀长子，又恐后生诸子引以为例，故未杀之"。于是，努尔哈赤将其幽禁于木栅高墙之内。③

万历四十一年（1613）三月二十六日，努尔哈赤将褚英幽禁于高墙之内。褚英"仍怀恶意，拒不反省"。万历四十三年（1615）八月二十二日，努尔哈赤经过"深思熟虑，顾虑长子的存在会败坏国家。若是怜惜一个儿子，将会危及大国、众子及大臣们"。于是，下令将长子褚英处死，时褚英年仅三十六岁。

褚英之死，是自死还是处死？《清史列传》中褚英失传，无从述其死；《清史稿·褚英传》作："乙卯闰八月④，死于禁所。"⑤这条记载，不仅死月误系，且未及其死因。《满文老档》记载简略，且讳言其被努尔哈赤下令处死之史实。但是，褚英之死，《无圈点老档》即《旧满洲档》《满文原档》载述较详：

---

① 《满文老档·太祖》上册，癸丑年（万历四十三年），中华书局译注本，1990年，第22页。
② 《清史稿·褚英传》第216卷，中华书局标点本，1977年，第8966~8967页。
③ 《满文老档·太祖》上册，癸丑年（万历四十三年）三月二十六日，中华书局译注本，1990年，第23页。
④ 《清史稿·褚英传》中"闰八月"误，应作"八月"。
⑤ 《清史稿·褚英传》第216卷，中华书局标点本，1977年，第8967页。

sure kundulen han i amba jui arhatu tumen mujilen ehe, ini waka
淑勒　昆都仑　汗　的　长　子　阿尔哈图图们　心意　恶　他的　过错
be beye de alime gaijarakū ofi, amala banjire doro be efulerahū
把　自己　于　承担　不受取　因为　将来　生活的　道　把　恐怕败坏
seme gūnifi, den hashan i（boode gajifi tebuhe）boode tebufi,
等情　想　高　栅　的　于房屋　带到　使住了　于房屋　使住
juwe aniya arafi ilan aniya otolo seolehe。seoleci（amba jui）bihede
二　年　过了　三　年　将及　思考了　思考得　长　子　若在
gūrun be efulemb。iemu jui be hairaci, geren juse ambasa amba
国　把　败坏　一　子　把　若爱惜　众多　子们　大臣们　多
gūrun de ehe ombi seme, niohon gūlmahūn aniya sure kundulen han
人　于　恶　将会　以为　乙　卯　年　淑勒　昆都仑　汗
i susai nadan se de, ini jūsin ninggūn se de, jakūn biyai orin juwe
的五十　七　岁　于　他的　三十　六　岁　于　八　月的　二十　二
de umesi mujilen be jafafi enteheme efulefi unggihe。①
于　坚决的　心意　把　拿定　永久地　除掉　送走了

上引《无圈点老档》即《旧满洲档》、《满文原档》之汉译文是：

聪睿恭敬汗以其长子阿尔哈图土们，心术不善，不认己错，深恐日后败坏治生之道，故令将其囚居于高栅（屋内）。经过二年多之深思，虑及长子若生存，必会败坏国家。倘怜惜一子，则将危及众子侄、诸大臣

---

① 《旧满洲档》第 1 册，原清宫内府藏，中国台湾影印本，第 73～74 页；参见广禄、李学智译注：《清太祖朝老满文原档》（第 1 册荒字档老满文档册），台北历史语言研究所，1970 年，第 29～30 页。

和国民。遂于乙卯年聪睿恭敬汗五十七岁,长子三十六岁,八月二十二日,始下决断,处死长子。

上述文字中,自"经过"以下,至"长子"以上的文字,在《无圈点老档》即《旧满洲档》《满文原档》中被圈画,故在乾隆重抄《无圈点字档》和《加圈点字档》即《满文老档》时所讳阙。

努尔哈赤为加强汗权而幽弟杀子,心怀惭德,久不平静。他年事渐高,不愿子孙们骨肉相残;要不咎既往,惟鉴将来,子孙环护,长治久安。天命六年即天启元年(1621)正月十二日,天命汗召集诸子、侄孙代善、阿敏、莽古尔泰、皇太极、德格类、济尔哈朗、阿济格及长孙岳讬等,对天地神祇,焚香设誓:"蒙天父地母垂祐,吾与强敌争衡,将辉发、兀喇、哈达、夜黑,同一音语者,俱为我有。征仇国大明,得其抚顺、清河、开原、铁岭等城,又破其四路大兵,皆天地之默助也。今祷上下神祇:吾子孙中,纵有不善者,天可灭之,勿令刑伤,以开杀戮之端。如有残忍之人,不待人①诛,遽兴操戈之念,天地岂不知之?若此者,亦当夺其算。昆弟中若有作乱者,明知之而不加害,俱坏理义之心,以化导其愚顽。似此者,天地祐之,俾子孙百世延长。所祷者此也。自此之后,伏愿神祇,不咎既往,惟鉴将来。"②

后金宗室贵族残酷的政治斗争,并不会因努尔哈赤率领众子侄等,对神祇设誓,而自行消失。同样,"坏理义之心"的诸王贝勒,对于觊觎汗位者,必

---

① 《清太祖高皇帝实录》载:"其不善之人,惟天诛之。若不俟天诛,存心戕害,天地鉴之,夺其算,无克永年。"《满洲实录》也载:"吾子孙中纵有不善者,天可灭之,勿念戕害以开杀戮之端。如有残忍之人,不待天诛,遽兴操戈之念,天地岂不知之。"《清太祖武皇帝弩儿哈奇实录》亦载:"吾子孙中纵有不善者,天可灭之。勿令刑伤以开杀戮之端。如有残忍之人,不待天诛,遽兴操戈之念,天地岂不知之。"《太祖高皇帝实录稿本三种》(甲种本)作"不俟天诛",《太祖高皇帝实录稿本三种》(乙种本)也作"不俟天诛"。以上五例,可以证明,"武录"此处的"人"字当为"天"字。

② 《清太祖武皇帝实录》第3卷,原清宫内府藏,台湾广文书局影印本,1970年,第30叶。

不能"化导其愚顽"。在后金-清朝决策集团中，有汗位，就有激烈的争夺；有争夺，就有残酷的斗争。满洲这种为争夺皇位而骨肉相残的宫廷斗争史，后来一再重演。

二 天命朝的权位斗争

在天命朝，后金先后进行了两次大的储位斗争。

第一次是努尔哈赤同次子大贝勒代善的斗争。

努尔哈赤称朕建元之后，年事渐高，思虑晚年，谁来接班？他第一次立长子褚英为嗣失败后，便属意于次子代善。

代善，母元妃佟佳氏，万历十一年（1583）生，为褚英胞弟，比褚英小三岁。褚英失宠之后，代善地位日重，权力日大。努尔哈赤在处死褚英当年（1615），将原建的满洲四旗，扩充为八旗，建立八旗制度。努尔哈赤自领两黄旗，代善领两红旗，阿敏、莽古尔泰、皇太极、杜度（褚英长子）各领一旗。代善的政治地位与军事实力，已居于诸贝勒之上。代善年居长，性温和，多战功，建奇勋，故为努尔哈赤所重。天命元年即万历四十四年（1616），努尔哈赤称汗，封代善为和硕贝勒，倚重信任，军国大事，委其执行，隐意立嗣。但是，努尔哈赤的"建储"之争，随着代善地位日隆而日趋剧烈。这主要表现在四大贝勒中的代善和皇太极之间进行明争与暗斗。四大贝勒时指代善、阿敏、莽古尔泰和皇太极。于此，学者论道："天命年间四大贝勒各拥重兵，觊觎大位。顾阿敏为太祖侄，莽古尔泰之母则得罪太祖，故以代善与太宗最为有望。当开国之初，削平诸部，夺取辽、沈，二王功最高。"① 代善与皇太极，以序齿言，褚英已死，代善居长，皇太极为弟行；以武力言，代善独拥二旗，为皇太极掌一旗所不及；以才德言，代善宽厚得众心，皇太极则威厉为人畏惮。努尔哈赤自然决定让代善继褚英后执掌国政。代善因被赐号古英巴图鲁，朝鲜史籍谐音称他为贵盈哥。《建州闻见录》记载，努尔哈赤死后，"则贵盈哥必代其父"②。努尔哈赤也说过：俟我百年之后，我的诸幼子和大福晋，给大阿哥收养。③ 努尔哈赤将爱妃大福晋和诸心肝幼子托付给代善，即预定他日后袭受汗位。这里的"大福晋"和"诸幼子"学者理解不同，笔者认为"大福晋"应指大妃乌拉那拉氏；"诸幼子"应指大妃所生之多尔衮和多铎。本来，代善性宽柔、孚众望，军功多、权势大，自协助父汗主持国政后，凡努尔哈赤不在时，一些重大军机，便先报告给他。

然而，代善也有其弱点。代善对待后妻之子偏爱，将好的财产、人口分给后妻所生的幼子，将不好的财产、人口分给次子硕托。硕托愤恨不平，又有人告发其与他女通奸，于是硕托与斋桑古（阿敏弟）、莫洛浑夫妇共谋欲叛逃投明。事觉，经审：莫洛浑夫妇承认"确有此事"；硕托则咬定说"绝无此事"。于是杀莫洛浑夫妇等数人。如何处置硕托呢？代善身为其父，却要杀死硕托。但努尔哈赤不允代善杀硕托之请，命将其幽禁。代善听信后妻谗言，先后五六次跪请父汗诛杀硕托，并要求将硕托交给自己亲手杀之。努尔哈赤坚不允其所请，并斥责代善说："因为妻的唆使便想除掉亲子与诸弟，像你这种人如何够资格当一国之君！"④ 旋命将硕托释放。这件事情说明代善在处理家事与国事上，都缺乏公平与情理，也缺乏胸怀与圆通。当然，随着代善的权位日重，他同其父汗及其弟皇太极的矛盾日渐激化。

---

① 赵光贤：《清初诸王争国记》，载《辅仁学志》第12卷第1、2合期。
② [朝] 李民寏：《建州闻见录》，日本天理大学图书馆藏今西春秋本，影印本，第34叶。
③ 《满文老档·太祖》上册，天命五年三月二十五日，中华书局译注本，1990年，第134页。
④ 王思治主编：《清代人物传稿》第3卷，中华书局，1986年，第6页。

代善同努尔哈赤、皇太极之间的矛盾，因德因泽的告讦而爆发。《满文老档》记载，天命五年即万历四十八年（1620）三月，小福晋德因泽向天命汗告发代善与继母大福晋关系暧昧道："大福晋曾二次备办饭食，送与大贝勒，大贝勒受而食之。又一次送饭食与四贝勒，四贝勒受而未食。且大福晋一日二三次差人至大贝勒家，如此往来，谅有同谋也！福晋自身深夜出院亦已二三次之多。"①德因泽又讦告：每当诸贝勒大臣在汗的家里宴会、集议国事时，大福晋饰金佩珠、锦缎妆扮，倾视大贝勒，彼此眉来眼去。诸贝勒大臣虽内心不满，却因惧怕大贝勒和大福晋而不敢向汗报告。努尔哈赤派扈尔汉、额尔德尼、雅逊和莽阿图四员大臣去调查，后查明告发属实。同时，又查出大福晋于多处藏匿金银财物。努尔哈赤对大贝勒同大福晋的暧昧关系极为愤慨，遂将大福晋之罪宣示于众，说："该福晋奸诈虚伪，人之邪恶，彼皆有之。我以金珠装饰尔头尔身，以人所未见之佳缎，供尔服用，予以眷养。尔竟不爱汗夫，蒙我耳目，置我于一边，而勾引他人，不诛之者，可乎？"②但他既不愿加罪于儿子，又不愿家丑外扬，还虑及杀大福晋后"我三子一女犹如我心，怎能使伊等悲伤耶？"便借口大福晋窃藏金帛，勒令离弃。③小福晋德因泽因告讦有功，被荣升与努尔哈赤同桌共食。或言德因泽告讦之谋出自皇太极——大福晋送皇太极饭食而皇太极未吃，德因泽身在深宫内院何以晓得？皇太极借大贝勒与大福晋的阴私，施一箭三雕之计：既使大福晋被废，又使大贝勒声名狼藉，并离间父汗同大贝勒父子骨肉之情，从而为他后来夺取汗位准备了重要的条件。

《满文老档》未载所废大福晋的姓氏。此事发生在天命五年即万历四十八年（1620）三月二十三日，《清太祖高皇帝实录》、《清太祖武皇帝实录》和《满洲实

---

① 《满文老档·太祖》上册，天命五年三月二十五日，中华书局译注本，1990年，第134页。
② 《满文老档·太祖》第Ⅰ册，天命五年三月二十五日，东洋文库译注本，1955年，第320页。汉文另译，下同。
③ 《满文老档·太祖》天命六年四月十六日载，时天命汗已复立大福晋。

录》，都不载此事。《满文老档·太祖》天命五年三月所载大福晋，也未明言其姓氏。因有两种看法：一种认为大福晋为继妃富察氏衮代，即昂阿拉（与前夫所生之子）、莽古尔泰、德格类和莽古济格格的生母；另一种认为大福晋为大妃乌拉那拉氏阿巴亥，即阿济格、多尔衮、多铎的生母。主张大福晋为富察氏者，据《清史稿·后妃传》载继妃富察氏，生子二、女一，即为莽古尔泰、德格类、莽古济之生母，"天命五年，妃得罪，死"。其死期及所生子女之数与废大福晋时间基本相符。但"二子"与"三子"，差一子怎样解释？因其与前夫生子昂阿拉，前夫战死而改嫁努尔哈赤，昂阿拉随母被努尔哈赤收养。由此可知，所废大福晋是富察氏，而不是有的论者所指的那拉氏。天命汗当时并未杀富察氏，只是将其废黜，何以又得罪死？原来富察氏之死，是莽古尔泰希宠于其父而弑其生母。

我认为大福晋为乌拉那拉氏者，可以列出五条根据：根据之一是年龄。富察氏衮代的生年，一说生于嘉靖四十二年（1563），于万历十三年（1585）嫁给努尔哈赤，时年二十三岁（比努尔哈赤小四岁），两年后生莽古尔泰。如此算来，天命五年（1620）事发时，富察氏五十八岁，莽古尔泰三十三岁。而那拉氏阿巴亥生于万历十八年（1590），天命五年事发时，那拉氏三十一岁，幼子多尔衮九岁、多铎七岁。这一年，大贝勒代善三十八岁，那拉氏比代善小七岁即三十一岁，富察氏则比代善大二十岁即五十八岁。根据之二是档案。《旧满洲档》记载天命汗不杀大福晋的一个原因是"幼子患病，令其照顾"。《玉牒》记载多铎为努尔哈赤幼子，由大福晋那拉氏所出，时年七岁。而富察氏所出最小儿子德格类时年二十五岁，既非幼子，且已成人。根据之三是文献。《清史稿·后妃传》中记载太祖只有一位大妃即大福晋，就是乌拉那拉氏，她在孝慈高皇后死后被立为大妃，是为阿济格、多尔衮、多铎之生母；而富察氏为继妃。根据之四是《玉牒》。努尔哈赤的上述《汗谕》，说明大福晋生有三个儿子。根据之五是生育，在《清史稿·后妃传》中载天命汗十六位妻子中，生育三个儿子者，只有乌拉那拉氏阿巴亥一人。根据之六是《满文老档》天命六年（1621）四月十五日记载。天命汗得辽阳城后，"迁汗之大福晋来辽东城"云云，努尔哈赤自宁远战败回归，召大妃出迎。可证努尔哈赤后来复立那拉氏为大福晋。天命汗死，大妃那拉氏殉葬，故所废大福晋应是乌拉那拉氏阿巴亥。

努尔哈赤从舒尔哈齐、褚英、代善的三次储位斗争中，认识到要建立汗位继承制度，以使自己身后的权力过渡，避免骨肉相残，巩固大金政权。

三 八旗合议汗位制度

天命汗第二次欲立次子代善（褚英死后已是长子）为嗣，又遭到失败。这时努尔哈赤六十二岁，年逾花甲。努尔哈赤晚年，汗位继承问题，颇费心思踌躇。一次，他同亲信重臣阿敦言及"汗储"之事。阿敦，是努尔哈赤从弟，任正黄旗固山额真，有勇谋，多战功，为侍卫，受宠信。《光海君日记》载述努尔哈赤同阿敦的一段秘密对话：

> 天命汗曰："诸子中谁可以代我者？"
> 阿斗答曰："知子莫若父，谁敢有言！"
> 天命汗曰："第言之。"
> 阿斗答曰："智勇俱全，人皆称道者，可。"
> 天命汗曰："吾知汝意之所在。"

上文的纂者诠释"汝意之所在"说："盖指洪太主也！"①
阿敦在朝鲜文献中称为"阿斗"，皇太极在朝鲜文献中称"洪太主""红歹是"，

---

① ［朝］《光海君日记》第169卷，十三年九月戊申，日本学习院东洋文化研究所刊，1959年，第9叶。

都是同音的异译。阿敦认为皇太极是天命汗"汗储"的合适候选人。这次关于努尔哈赤继承人的十分机密的谈话,却被传播出去,在诸贝勒中引发了轩然大波。

代善曾是褚英之后希望最大的努尔哈赤汗位继承人,因处事不慎和受到讦告而失去父汗的信任。但是,代善并未完全打消争取"汗储"的念头。他在得知阿敦荐举皇太极为"汗储"后,"贵盈哥闻此,深衔之"。贵盈哥即代善。阿敦怕得罪代善,又密告代善说:皇太极、莽古尔泰、阿济格"将欲图汝,事机在迫,须备之"①。皇太极等欲图谋代善,当时正在后金的朝鲜满浦佥史郑忠信得到传闻:"洪太主虽英勇超人,内多猜忌,恃其父之偏爱,潜怀弑兄之计。"上述史料,是否可信,因无佐证,难以定断。但是,一个外国使臣能闻知如此重要的军国机密,定然已在后金宗室贵族中流传。于是,代善泣告父汗:将遭皇太极等诸弟之谋害。天命汗召皇太极、莽古尔泰、阿济格对质,三人矢口否认。于是,努尔哈赤命将阿敦逮捕,其罪名是挑拨代善与皇太极、莽古尔泰等诸兄弟"交构两间"。诸贝勒及众执法大臣商议,拟将阿敦处死。天命汗曰:"昔在萨尔浒时曾有言,凡有罪恶之人等,不得由我等亲杀之,当囚于木栅高墙之内。今若违前言而杀之,何以取信于国人?"命将阿敦"缚以铁索,囚禁于牢中"。②

阿敦遭重惩后,博尔晋侍卫为其鸣不平。他对莽古尔泰说:"阿敦阿哥受汗宠爱时,尔等亦呼'阿敦阿哥、阿敦阿哥'以相好之,于是阿敦阿哥获罪。"博尔晋居然敢向莽古尔泰出此怨言,说明"汗储"的争夺不仅激烈,而且激化。济尔哈朗质问博尔晋何不早言,博尔晋以自己是三等副将推脱责任。莽古尔泰大怒,告于法司,定博尔晋为死罪。奏报天命汗,天命汗免其死,命将博尔晋"烟灰涂面,就地铺草为牢,囚禁十昼夜"③。

---

① [朝]《光海君日记》第169卷,十三年九月戊申,日本学习院东洋文化研究所刊,1959年,第9叶。
② 《满文老档·太祖》上册,天命六年九月十八日,中华书局译注本,1990年,第242页。
③ 《满文老档·太祖》上册,天命六年十一月十八日,中华书局译注本,1990年,第255页。

上述若隐若现的记载表明，四大贝勒中的大贝勒代善、三贝勒莽古尔泰、四贝勒皇太极，希冀汗位，明争暗斗。后金是个新兴的政权，其汗位的继承，没有汉族嫡长制的传统，也没有满洲现成的制度。天命汗努尔哈赤年事已高，选立嗣汗的计划先后两次破产。他不愿意看到诸子因争夺汗位而刀光剑影，骨肉相残。这促使天命汗必须解决择立汗位继任者的难题，决定建立汗位继承制度。

天命七年即天启二年（1622）三月初三日，天命汗努尔哈赤发布《汗谕》，不仅规定八和硕贝勒共议国政制度，而且规定汗位继承制度。下面是《清太祖高皇帝实录》记载努尔哈赤同诸贝勒大臣的对话。

> 众贝勒问上曰："基业，天所予也，何以宁辑？休命，天所锡也，何以凝承？"
>
> 上曰："继朕而嗣大位者，毋令强梁有力者为也。以若人为君，惧其尚力自恣，获罪于天也。且一人纵有知识，终不及众人之谋。今命尔八子，为八和硕贝勒，同心谋国，庶几无失。尔八和硕贝勒内，择其能受谏而有德者，嗣朕登大位。若不能受谏，所行非善，更择善者立焉。择立之时，若不乐从众议，艴然变色，岂遂使不贤之人，任其所为耶！至于八和硕贝勒，共理国政，或一人心有所得，言之有益于国，七人宜共赞成之。如己既无才，又不能赞成人善，而缄默坐视者，即当易此贝勒，更于子弟中，择贤者为之。易置之时，若不乐从众议，艴然变色，岂遂使不贤之人，任其所为耶！若八和硕贝勒中，或以事他出，告于众，勿私往。若入而见君，勿一二人见，其众人毕集，同谋议以治国政。务期斥奸佞，举忠直可也。"①

---

① 《清太祖高皇帝实录》第8卷，天命七年三月初三日，中华书局影印本，1986年，第15～16叶。又见《满文老档·太祖》第Ⅱ册，天命七年三月初三日，东洋文库译注本，1956年，第554～555页。

上述八王即八大贝勒又称八和硕贝勒，也称旗主贝勒或主旗贝勒。努尔哈赤颁布的《汗谕》等，其中的一项重要内容，就是确立汗位继承制度。这项汗位继承制度的要点是：

第一，推举新汗。新汗由八和硕贝勒推举产生。努尔哈赤身后新汗的继立，在"八和硕贝勒内，择其能受谏而有德者，嗣朕登大位"。八和硕贝勒握有拥立新汗的大权。新汗既不由先汗指定，也不是自封，而是由八和硕贝勒共同会议推举。新汗既被八和硕贝勒共同推举，继位之后便不能独揽军政大权，其权力受到众和硕贝勒的制约。

第二，"并肩共坐"。新汗同八和硕贝勒"并肩共坐"。新汗坐朝时与众和硕贝勒并肩共坐，同受国人的朝拜。新汗在正旦，一拜堂子，二拜神祇，三拜叔兄。随后升御座，与众和硕贝勒并肩坐于一处，同受诸臣叩贺。这项朝仪规定将八和硕贝勒位列堂子、神祇之后，而居于新汗之上；在接受群臣朝拜时，新汗与众和硕贝勒居于平等的地位。从而在礼仪上给予新汗以严格的限制。

第三，共议国政。新汗同众和硕贝勒共议军政国事。"一人纵有知识，终不及众人之谋。"因命八和硕贝勒"同心谋国，庶几无失"。努尔哈赤规定在会议军国大政时，新汗要与八和硕贝勒共同议商，集体裁决。这就使八和硕贝勒操持后金军国大政的最高决策权，从而限制新汗恣肆纵为，独断专行。

第四，"八分"分配。新汗同诸贝勒按"八分"分配。就是后金军掠获的金帛、牲畜、人口、土地等，归八和硕贝勒共有，按"八分"（八份）即八旗进行分配。这既为着防止"八家"因财富分配不均而祸起萧墙，更为着防止新汗一人垄断财货。这项规定使诸和硕贝勒与新汗在经济上享有同等的权力，从而对新汗的经济权加以限制。

第五，任贤退奸。努尔哈赤规定八和硕贝勒要"斥奸佞，举忠直"。凡牛录额真以上官员，其任用、奖惩、升迁、贬斥，都由八和硕贝勒会议决定，而不由新汗一人专决。八和硕贝勒要撤换"己既无才，又不能赞成人善，而缄默坐视"

的庸者，并从八旗贵族子弟中选择贤能者加以补充。

第六，断理诉讼。努尔哈赤规定后金审理诉讼的程序分为三级：理事官初审，诸大臣复审，最后由八和硕贝勒定谳。新汗操生杀予夺之权受到限制，八和硕贝勒掌握最高立法权、审判权和司法权。

第七，禁止私议。努尔哈赤规定，八和硕贝勒如"以事他出，告于众，勿私往。若入而见君，勿一二人见，其众人毕集，同谋议以治国政"。不许和硕贝勒在家中私议国政，也不许新汗同和硕贝勒单独密议，以防奸谋。军国大事需在庙堂之上，聚集谋商，共同议决。

第八，废黜新汗。八和硕贝勒如认为拥立的新汗，"不能受谏，所行非善"，有权罢免，另为择立。规定八和硕贝勒有集体罢免新汗的权力，既有八王共议举废国君的规定，又有八王共议军国大政的体制。总之，这就确立了八王共议举废国君的制度和八王共议军国大政的制度，是一种满洲宗室贵族共和制度。

天命汗努尔哈赤改革后金政体，施行汗位继承制度。他将原来的君主集权，改革为八和硕贝勒共理国政，使其拥有国君立废、军政议决、司法诉讼、官吏任免等重大权力。由八和硕贝勒组成的贵族会议，成为后金国家的最高权力机关。

但是，上述努尔哈赤改革后金政体的措施有其局限性。

努尔哈赤颁布《汗谕》，不仅规定八和硕贝勒共议国政制度，而且确立汗位继承制度。天命汗已届晚年，他逐渐将权力移交给八和硕贝勒，特别是四大贝勒，避免在汗位继承上，兄弟内讧，骨肉自残，进行权力过渡，准备身后之事。

四 天命汗汗位的继承

天命十一年即天启六年（1626）八月十一日，努尔哈赤死，享年六十八岁。此事，《清太祖高皇帝实录》记载："（七月）癸巳（二十三日），上不豫，幸清河坐汤。八月庚子朔，丙午（初七日），上大渐，欲还京，乘舟，顺太子河而下。使人召大妃来迎。入浑河，大妃至，溯流至瑗鸡堡，距沈阳城四十里。庚戌（十一日），未刻，上崩。"努尔哈赤死前五年曾发布关于汗位继承的《汗谕》，临终以前，遗位之事，未再言及。《清太祖高皇帝实录》记载："上于国家政事，子孙遗训，平日皆预定告诫，临崩，不复言及。"遵照天命汗生前《汗谕》，他的汗位继承人，由诸王贝勒共同议定。

努尔哈赤在世时，有十六个儿子和两个亲侄子——阿敏和济尔哈朗，共十八人。其中，最有望继承汗位的是努尔哈赤生前最受信任、最被器重的四大贝勒，即第二子大贝勒代善、侄子二贝勒阿敏、第五子三贝勒莽古尔泰和第八子四贝勒皇太极。他们谁能继承汗位，取决于三个互相关联的因素：其一，个人在汗父心目中的位置；其二，母系在汗父心目中的位置；其三，他们在人事关系中的位置。以其母系而言，阿敏、济尔哈朗虽受努尔哈赤恩养，但非帝系血胤，首先排除继承汗位之可能。但是，帝制宫廷史表明：母以子贵，子以母显。其前者，儿子继承皇位，母亲成了太后；其后者，母亲受到宠幸，儿子更加显贵。而在努尔哈赤十六个亲子中，分别为不同母亲所生。据《清史稿·后妃传》所载，努尔哈赤十六后妃中，分为皇后、元妃、继妃、大妃、侧妃、庶妃六个等级。其中，后谥皇后叶赫那拉氏，生皇太极；元妃佟佳氏，生褚英和代善；继妃富察氏生昂阿拉（为改嫁努尔哈赤前所生）、莽古尔泰、德格类；大妃乌拉那拉氏，生阿济格、多尔衮、多铎。以上努尔哈赤血胤的共八子。另八子为侧妃、庶妃所生，未能直接参与竞争汗位继承。

其直接参与汗位之争的八子，即元妃佟佳氏所生褚英和代善。褚英已经被杀，代善自然居长。但元妃佟佳氏早逝，代善失去元妃势力的支持。继妃富察氏与前夫生子昂阿拉，非帝血胤，不在序列；其所生莽古尔泰，因母过而亲手弑之，也难以继承汗位；大妃乌拉那拉氏，生阿济格、多尔衮、多铎，但大妃被迫殉葬，多尔衮和多铎母死、年幼，也难以继承汗位；而叶赫那拉氏孟古哲哲，生皇太极，虽然母妃已故，却身多战功，又多谋略，气势咄咄逼人。因此，其汗位继承人主要在没有母妃家族势力支持的大贝勒代善和八贝勒皇太极之间争夺。

天命汗生前，命"四大贝勒，按月分直，国中一切机务，俱令直月贝勒掌理"①。在以上十八人中，时列名参与商议汗位继承会议的共十二人：四大贝勒为代善、阿敏、莽古尔泰、皇太极，四小贝勒为阿济格、多尔衮、多铎、济尔哈朗，其他贝勒为阿巴泰、德格类、杜度、硕讬、豪格。阿敏和济尔哈朗为舒尔哈齐之子，属于旁支，不能争位。莽古尔泰有勇无谋、生性鲁莽、军力较弱、亲弑生母，可做统兵大将，不宜做一国之君，也没有条件争夺汗位。承嗣汗位鼎争者主要是皇太极、代善和乌拉那拉氏所出的多尔衮。大福晋乌拉那拉氏是努尔哈赤晚年的宠妃，为阿济格、多尔衮和多铎的生母。努尔哈赤死时，阿济格二十二岁，多尔衮十五岁，多铎十三岁，因受父汗偏爱，多尔衮和多铎领有正白、镶白二旗，又有其三十七岁正当盛年的生母乌拉那拉氏，影响宫廷，势力较大。这自为皇太极等所难容。

---

① 《清太宗文皇帝实录》第5卷，天聪三年正月丁丑，中华书局影印本，1985年，第2叶。

天命汗努尔哈赤的尸骨未寒，就发生汗位继嗣的刀光剑影。诸王以"遗言"为由，迫令大妃乌拉那拉氏阿巴亥殉死：

> 后饶丰姿，然心怀嫉妒。每致帝不悦，虽有机变，终为帝之明所制。留之恐后为国乱，预遗言于诸王曰："俟吾终，必令殉之。"诸王以帝遗言告后，后支吾不从。诸王曰："先帝有命，虽欲不从，不可得也。"后遂服礼衣，尽以珠宝饰之，哀谓诸王曰："吾自十二岁事先帝，丰衣美食，已二十六年。吾不忍离，故相从于地下。吾二幼子多尔哄、多躲，当恩养之。"诸王泣而对曰："二幼弟，吾等若不恩养，是忘父也。岂有不恩养之理！"于是，后于十二日辛亥，辰时，自尽。寿三十七。乃与帝同柩。①

上述文字载于《清太祖武皇帝实录》，而《清太祖高皇帝实录》则删去此段记载，仅言大妃身殉，不及缘由。《北游录·纪闻下》载，大妃被"宗室大臣勒令自尽"。大福晋乌拉那拉氏成为天命汗遗位争夺的牺牲品。同时殉葬的还有二庶妃阿济根和德因泽。

大妃乌拉那拉氏死后，阿济格、多尔衮、多铎失去总契之人，多尔衮与多铎年少又失去母妃依恃，兄弟三人分析，无力争夺汗位。汗位的争继者主要在皇太极与代善二人之间角逐。

代善有资格、有实力，也有条件继承汗位。代善为大贝勒，齿序居长，也算贤能，性宽柔、得众心，军功多、权势大，努尔哈赤已预示日后由其袭受汗位。天命汗说过："百年之后，我的幼子和大福晋，交给大阿哥收养。"大阿哥就是代善。朝鲜人写的《建州闻见录》也记载，"酋死之后，则贵盈哥必代其父"，贵盈哥即古英巴图鲁代善。但是，后金没有"立长"的传统，代善性情"宽柔"，比较平庸，朝鲜

---

① 《清太祖武皇帝实录》第4卷，原清宫内府藏，台湾广文书局影印本，1970年，第33叶。

人满浦金使郑忠信对他的印象是"贵盈哥特寻常一庸夫"①，且先已失宠，并被削压一旗，无力与皇太极抗争。皇太极则立大志、藏玄机，怀君王之术，有帝王之才，必同其兄代善进行汗位继承的争夺。皇太极同乃兄代善争夺汗位继承，各方面均处于不利的地位，既不得不施尽机关，也不得不费尽心机。代善在努尔哈赤生前，因恐皇太极图己，曾跪在乃父面前泣诉。这说明代善与皇太极争夺嗣位，已经居于下风。汗位的继承者，首选为皇太极。

皇太极继承汗位，论血缘、阅历、军事、关系，论才能、武功、实力、英略，他在诸贝勒中，智高一筹，出类拔萃。

第一，跟随父汗，学习才智。皇太极因少年丧母，受父偏爱，父汗努尔哈赤便成为他的第一位教师。追随父汗，顺从父汗，景仰父汗，学习父汗，就成为皇太极青少年生活的准则。努尔哈赤因宠爱的福晋叶赫那拉氏，在年韶情深时离世，他便把对亡妃的挚爱移给其子皇太极。皇太极生母灵秀聪慧，又"颖悟过人"。皇太极记忆力强，《清太宗实录》说他"一听不忘，一见即识"。这或有谀饰之辞，但说明他的天分很高。十二岁生母病逝后，他常随父兄外出狩猎，娴熟鞍马，弯弓射箭，驰骋山林。在少年时，受父之命，管理家务。文献记载："委以一切家政，不烦指示，即能赞理，钜细悉当。"这话显然夸大其词，但说明他的非凡才能。皇太极少年时，因母亲过世太早，不能像同父异母兄弟姐妹们那样，在生母膝下，接受慈爱，聆听教诲。这种生活环境养成他少言寡欢、长于心计、通达世情、刚毅坚韧的品格。皇太极从小只能在父亲的身边，跟随父汗，学习父汗，锻炼才能，增长器识。

第二，初上疆场，聆父教诲。到万历四十年（1612），皇太极年过二十岁，《清太祖实录》第一次记载他随父汗出征乌拉（今吉林省吉林市乌拉街镇）。乌拉是扈伦四部中的大部，城高池广，兵强马壮。兵攻乌拉，这是努尔哈赤亲率倾国之师，

---

① ［朝］《光海君日记》第169卷，十三年九月戊申，日本学习院东洋文化研究所刊，1959年，第8叶。

将要进行的一场大战。努尔哈赤兵到布占泰驻城郊外乌拉河后，皇太极带兵沿河循行，寻找战机；乌拉贝勒布占泰统率大军，隔河观望。皇太极年轻稚嫩，请渡河进击乌拉贝勒布占泰。努尔哈赤分析彼己力量后说：战胜乌拉部，譬如砍伐大树，怎能骤断？必以斧斤，一斧一斧，多次砍伐，然后可断。今同势均力敌大国，欲一举取之，能尽破灭吗！要先破其外城，再占其大城。第二年，皇太极跟随父汗再征乌拉，一举攻占乌拉城，灭亡乌拉，取得全胜。上述既通俗，又哲理的分析，既激烈，又严酷的实践，给皇太极以深刻的启迪。后他在统军伐明围攻北京时，就是用砍伐大树做比喻，教育官兵——先削枝叶、再砍主干。皇太极跟随父汗，四处征战，勇力绝伦，颇有战功。

第三，旗主贝勒，参与机务。万历四十三年（1615），努尔哈赤建立八旗制度。皇太极受命为正白旗的旗主贝勒，成为一旗的统帅。万历四十四年（1616），努尔哈赤登上汗位，设异姓军功显贵为五大臣——额亦都、费英东、何和礼、安费扬古、扈尔汉；设宗室显贵为四和硕贝勒——代善、阿敏、莽古尔泰、皇太极，又称为"四大贝勒"。皇太极以和硕贝勒位居父汗之下、众贝勒大臣之上。当时，他的长兄褚英已死，所以二兄代善就成为大贝勒。堂兄阿敏已多有战功，位列二贝勒。五兄莽古尔泰勇猛顽强，为三贝勒。比皇太极年长的还有三兄阿拜、四兄汤古代、六兄塔拜和七兄阿巴泰，都没有列于四大贝勒，可见皇太极在他父汗心目中的重要地位。这年皇太极二十五岁。后来阿巴泰发牢骚说："我战则擐甲胄，猎则佩弓矢，为什么不能成为和硕贝勒？"代善会同诸贝勒责问阿巴泰说："尔先时尚不得随五大臣之列，德格类、济尔哈朗、杜度、岳托、硕托，早已随班议政，尔不与焉！因尔在诸弟之列，幸得六牛录户口，方居贝勒之次。今尔妄欲自尊，将谁欺乎！阿济格、多尔衮、多铎，皆系皇考分给全旗之子，诸贝勒又先尔入八分之列。尔今为贝勒，心犹不足，欲与大贝勒抗行，僭越甚矣！"①众议对阿巴泰实行罚甲胄、鞍马的处分。从这里可以看出，做和硕贝勒，既要受到父汗的器重，

---

① 《清太宗文皇帝实录》第3卷，天聪元年十二月辛丑，中华书局影印本，1985年，第28叶。

又要得到兄弟的认同。

第四，屡历战阵，勇敢坚毅。皇太极在二十至三十五岁的十五年间，经历了建州女真史上划时代的转折时期，也是他一生事业最重要的奠基时期。他在这十五年的戎马生涯中，不仅锻炼成为勇猛善战的旗主贝勒，并且脱颖而出，成为文武兼备的后金国汗。皇太极自万历四十年（1612）正式从征后，在父汗统率下，驰骋疆场，勇敢打拼，参与十次重大的战役，这就是：哈达之役、辉发之役、乌拉之役、叶赫之役、萨尔浒之役、抚清之役、开铁之役、沈辽之役、广宁之役和宁远之役。在萨尔浒之战中，皇太极表现尤为突出。在这场决定后金生死命运的决战中，皇太极表现出英勇拼搏，足智多谋的品质。在这次战役中，对明西路总兵杜松军，皇太极率领正白、镶白和镶红三旗，同父汗军配合，死战吉林崖，大败杜松军。又对明东路总兵刘𫄧军，皇太极率领右翼四旗——正白、镶黄、镶红、镶白，抢占山头，隐蔽待敌；代善率领左翼四旗——正黄、正红、正蓝、镶蓝，正面布阵，截敌拼杀。皇太极和代善两股重兵，山上下冲，迎面截击。三路配合，打败明军，取得大捷。上述十次重大战役，是皇太极最重要的人生机遇。在战争中学习军事，在战争中领悟韬略。这段人生中的非凡经历，造就他"勇力绝伦，颇多战功，所领将卒，悉皆精锐"，得众心，孚众望。这就为皇太极后来成为八旗军最高统帅，登上后金国汗宝座，准备了军事实力，奠定了政治基础。

第五，勤于学习，精于谋略。皇太极不仅从实践中体验，还从书本里学习。朝鲜目击者记述，"闻胡将中惟红歹是仅识字云"，红歹是即皇太极。皇太极喜爱读书，史书记载他"性嗜典籍"。有人统计，《清太宗实录》等书记载，涉及皇太极学史、讲史的，至少有五十余处。作为一个边陲少数民族的首领，能如此习书崇文，嗜爱典籍，非胸怀大志、腹藏玄机，则是做不到的。后他重用巴克什达海，命他改进无圈点老满文而成为加圈点新满文，以满文翻译汉文典籍，兵法书如《六韬》《素书》，法律书如《刑部会典》，历史书如《金史》《通鉴》，说部书如《水浒传》《三国演义》等。皇太极尤其喜欢阅读和听讲《三国演义》。官员们在奏疏中称他"喜阅三国志传""深明三国志传",说明他对《三国志》和《三国演义》,既很喜欢看,也很喜欢听,还能从中学习兵法、增长智慧、胸怀大志、腑藏韬略。他向朝鲜使臣李俊讲述《三国演义》中黄忠与关公交战易马尚义的故事。后他仿照《三国演义》中的"反间计",布设政治圈套,陷害袁崇焕。他命巴克什达海、大学士范文程等将《三国演义》译成满文,顺治七年(1650)告成,广为流传,影响很大。《郎潜纪闻》载述:"国初满洲武将不识汉文者,类多得力于此。"[1] 他读书学史是为了"治道",就是治理国家的道理。有时他召集诸王、贝勒、大臣,命弘文馆的官员给大家读《金史》。上述史例,充分说明:皇太极不仅骁勇善战,熟谙骑射;而且喜爱读书,长于谋略。

皇太极在十五年的军政生涯中,跟随父汗,四面征战,英勇陷阵,出谋献策,戎旅成才,智勇双全,明暗兼施,玄机精算,为被诸贝勒推举成为新汗准备了条件。

努尔哈赤的汗位,经诸贝勒议定,由皇太极继承。《清太宗文皇帝实录》记载:

> 天命十一年八月庚戌,太祖高皇帝崩。大贝勒代善子贝勒岳讬、萨哈廉,兄弟共议,至其父代善所,告曰:"国不可一日无君,宜早定大计。四大贝勒才德冠世,深契先帝圣心,众皆悦服,当速继大位。"代善曰:"此吾夙心也。汝等之言,天人允协,其谁不从!"遂与岳讬、萨哈廉定议。翼日,诸贝勒、大臣聚于朝。代善以其议告大贝勒阿敏、莽古尔泰及诸贝勒阿巴泰、德格类、济尔哈朗、阿济格、多尔衮、多铎、杜度、硕讬、豪格等,皆喜曰:"善。"议遂定。乃合词请上即位。

> 上辞曰:"皇考无立我为君之命。我宁不畏皇考乎!且舍诸兄而嗣位,我又畏上天。况嗣大位为君,则上敬诸兄,下爱子弟,国政必勤理,赏罚必悉当,爱养百姓,举行善政,其事诚难,吾凉德,惧不克负荷也。"辞至再三。三大贝勒及诸贝勒曰:"国岂可无君,众议已定,请勿固辞。

---

[1] 陈康祺:《郎潜纪闻二笔》第10卷,中华书局点校本,1984年,第514页。

上又不允。自卯至申，众坚请不已。然后从之。"①

显然，皇太极与代善有着双重性的关系——既是兄弟，又是政敌。所以，皇太极对代善采取双重性的策略——既暗打，又明拉。这种双重性的策略，不失兄弟之谊，又得夺位之实。代善因肯俯首顺从，得以保住了地位；皇太极施展谋略权术，终于登上了宝座。

从上述议立皇太极继位的过程看，皇太极嗣位似无异议，大贝勒及诸贝勒皆喜，像是诚心拥护，实则并非如此。至少代善的表态，迫于形势，言不由衷。其间的明争暗斗，纷繁复杂。

除上述《清太宗文皇帝实录》关于皇太极嗣位的记载外，零星史料，歧异互见：

其一，朝鲜人的记载。《丙子录》记述："建州虏酋奴尔赤，疽发背死。临死命立世子贵荣（一作永，二王子）介。贵荣介让位于弟弘他时（一作弘太始）曰：'汝智勇胜于我，汝须代立。'弘他时略不辞让而立。"《李朝仁祖大王实录》记载，郑忠信还自后金，谓皇太极"其即位系夺立云"。《春坡堂日月录》记载："奴儿赤临死，谓贵荣介曰：'九王子应立而年幼，汝可摄位，后传于九王。'贵荣介以为嫌逼，遂立洪太氏云，僭号天聪。"②上文中"奴尔赤"为努尔哈赤，"贵荣介"或"贵永介"为代善，"弘他时"或"弘太始"或"洪太氏"为皇太极，"九王"为多尔衮。

其二，明朝人的记载。明辽东督师王之臣、辽东巡抚袁崇焕奏报："奴酋哈赤死于沈阳，四子与长子争继，未定。"天启帝旨批"奴毙已真，其子争位，狡黠叵测"云云。③到九月二十八日，即努尔哈赤死后四十七天，明朝才得到努尔哈赤死亡的确切信息，还没有得到皇太极继位的奏报。

---

① 《清太宗文皇帝实录》第1卷，中华书局影印本，1985年，第3叶。
② 《清入关前史料选辑》第1辑，中国人民大学出版社，1984年，第437页。
③ 《明熹宗实录》第76卷，天启六年九月丁酉，台北历史语言研究所校勘本，1962年，第15叶。

其三，清朝人的记载。《清史稿·索尼传》记述：清太宗皇太极死，议立皇位继承时，多尔衮胞兄英郡王阿济格、胞弟豫郡王多铎，劝睿亲王多尔衮即帝位，多尔衮犹豫未允。多铎说："若不允，当立我，我名在太祖遗诏。"多尔衮说："肃亲王亦有名，不独王也。"①肃亲王为皇太极长子豪格。

其四，清朝档案记载。《明清史料》载顺治八年（1651）二月二十二日，追论睿亲王多尔衮罪状诏云："自称皇父摄政王……以为太宗文皇帝之位原系夺立。"②《清世祖实录》也有相似记载，《追论多尔衮罪状》云，多尔衮"擅自诳称'太宗文皇帝之即位，原系夺立'，以挟持中外"③。

由上可知，嗣君之事，天命汗不但有《遗诏》，而且列名者不止一人。然而，所谓《太祖遗诏》，至今未见于其他文献档案，仅见于《清史稿·索尼传》。

上引史料，说法六种：一说天命汗临终立代善为君；二说立多尔衮为君，由代善摄位，多尔衮年长后传位于他；三说《遗诏》列名者多人；四说代善辞让，立皇太极为君；五说皇太极夺立汗位；六说皇太极为众贝勒会议拥立为君。总之，勾稽史料，有关记载，矛盾很多，情况芜杂，表明定议皇太极继承汗位时，斗争激烈，相互倾轧。

史料简阙，诸多疑问，颇难索解，亦难确论。然而，从这些雪泥鸿爪的记载，可见在议立皇太极过程中，明争暗斗，时隐时显。应当说，皇太极继承汗位是遵照天命汗八和硕贝勒共同推举新汗的仪规，通过诸贝勒共议，正式推选产生的。

天命十一年即天启六年（1626）九月初一日，皇太极举行登极大典。代善、阿敏、莽古尔泰三大贝勒以下，诸贝勒大臣及文武各官，聚于大政殿前，具法驾、设卤簿。新汗皇太极率群臣先祭祀堂子，焚香告天，行九拜大礼毕，皇太极入座，即大汗位。诏令以明年为天聪元年（一说当时并未以天聪为年号）。

---

① 《清史稿·索尼传》第249卷，中华书局标点本，1977年，第9673页。
② 《明清史料》丙编，第3本，中央研究院历史语言研究所集刊，1936年，第306页。
③ 《清世祖章皇帝实录》第53卷，顺治八年二月己亥，中华书局影印本，1985年，第15叶。

初二日，新汗皇太极又率领诸贝勒向天地盟誓。祷告说"皇天后土，既佑相我皇考，肇立丕基，恢弘大业。今皇考龙驭上宾，凡统理庶务，临莅兆民，厥任綦重焉。诸兄弟子侄，共议（皇太极）缵承皇考鸿绪，嗣登大位，惟当励志继述，夙夜黾皇，以迓天庥"云云。他又誓言，"我若不敬兄长，不爱子弟，不行正道，明知非义之事而故为之，兄弟子侄微有过愆，遂削夺皇考所予户口，或贬或诛，天地鉴谴，夺其寿算"云云。

接着，大贝勒代善、二贝勒阿敏、三贝勒莽古尔泰率诸弟子侄阿巴泰、德格类、济尔哈朗、阿济格、多尔衮、多铎、杜度、岳讬、硕讬、萨哈廉、豪格宣誓，"我等兄弟子侄，询谋佥同，奉皇帝缵承皇考基业，嗣登大位，宗社式凭，臣民倚赖。如有佥壬，心怀嫉妒，将不利于上者，天地谴责之，夺其寿算"云云。

三大贝勒代善、阿敏、莽古尔泰，诸贝勒阿巴泰、德格类、济尔哈朗、阿济格、多尔衮、多铎、杜度、岳讬、硕讬、萨哈廉、豪格等都表了忠心："一心为国，不怀偏邪，克尽忠荩，天地皆眷佑焉。"①

盟誓结束，新汗皇太极"以三大贝勒推戴，初登宸极，不遽以臣礼待之"，率诸贝勒向代善、阿敏、莽古尔泰行三拜大礼。皇太极既感激他们的拥戴之功，又畏惧他们的军政势力，还轸念他们的兄长情谊。同时开启四大贝勒联合执政的新格局。

"盟誓"暂时缓和了皇太极同三大贝勒之间的矛盾。随着时间的推移，发生皇太极同二贝勒阿敏、三贝勒莽古尔泰、大贝勒代善的激烈冲突。

---

① 《清太宗文皇帝实录》第1卷，天命十一年九月辛未，中华书局影印本，1985年，第6叶。

五 天聪汗位斗争风波

在天聪朝，皇太极先同二贝勒阿敏、继同三贝勒莽古尔泰、后同大贝勒代善，发生了剧烈冲突。其结果是，皇太极汗权加强，"南面独坐"；代善地位削弱，阿敏和莽古尔泰则以悲剧结局。

天聪汗皇太极的第一个政敌是其堂兄、和硕贝勒阿敏。

阿敏（1586—1640），是努尔哈赤胞弟舒尔哈齐之子，皇太极的堂兄。他在四大贝勒中，以年齿序，在大贝勒代善之后，位列二大贝勒，在三大贝勒莽古尔泰、四大贝勒皇太极之上。万历三十九年（1611），舒尔哈齐被努尔哈赤幽禁而死，努尔哈赤收养其两子——阿敏和济尔哈朗。阿敏感恩努尔哈赤养育之恩，慑于其威严权势，虽有隐衷，却不敢言。阿敏承其父另立门户之志不变，天命汗死后，遂谋逞其志。

皇太极即位初，诸大贝勒仍如天命汗生前，按月轮值，处理政事。代善、阿敏、莽古尔泰在朝贺时，与皇太极俱面南并坐，权势极大、地位很尊。隶镶红旗下新臣胡贡明上奏说：

> 贝勒不容于皇上,皇上亦不容贝勒,事事掣肘。(天聪汗)虽有一汗之虚名,实无异镶黄旗一贝勒也。①

天聪汗权与八旗旗主,集权与分权,矛盾仍存在。这场冲突,首先在皇太极同阿敏之间爆发。

皇太极初登宝座时,同三大贝勒,并肩而坐,接受朝拜,四人轮流分值,处理军政大事。皇太极宝座刚有些坐暖之后,就要削减其他和硕贝勒的权力。皇太极要集权,先拿堂兄二大贝勒阿敏开刀。阿敏虽和代善、莽古尔泰、皇太极并肩同坐,却因他是努尔哈赤的侄子而非儿子,又仅掌控镶蓝旗一旗,自然被首先修理。阿敏被天聪汗皇太极抓住几件事:

第一件,努尔哈赤晏驾哭临之时,镶蓝旗贝勒阿敏遣甲喇章京傅尔丹,告皇太极曰:"我与诸贝勒议立尔为主,尔即位后,使我出居外藩可也。"皇太极闻之,颇为惊异,问阿敏弟济尔哈朗是否知道此事。济尔哈朗回答:"彼曾告于我,我以其言乖谬,力劝阻之。彼反责我懦弱,我用是不复与闻。"皇太极认为,阿敏出去居住外藩,可能产生连锁反应:"若令其出居外藩,则两红、两白、正蓝等旗,亦宜出居于外,朕统率何人?何以为主乎?"并会产生严重后果:"若从此言,是自弱其国也。皇考所遗基业,不图恢廓,而反坏之,不祥莫大焉!"②阿敏在八旗军队拓边开垦、定界驻防时,令所属镶蓝旗越界至黑扯木地方开垦、驻防,此地是他当年与乃父舒尔哈齐共谋,欲离努尔哈赤另立门户的移居之地。代善、莽古尔泰将他们父子两次移居黑扯木之事相联系,面责阿敏道:"擅弃防敌汛地,移居别所,得无有异志耶?"指责他有离心异志。阿敏几次受到谴责,非常不悦,牢骚满腹,认为虽身为和硕贝勒,却不如被任意砍伐的山木、遭禽兽溲勃的山石。他说:

---

① 胡贡明:《五进狂瞽奏》,载《天聪朝臣工奏议》上卷,辽宁大学历史系铅印本,1980年,第30叶。
② 《清太宗文皇帝实录》第48卷,崇德四年八月辛亥,中华书局影印本,1985年,第11叶。

"山木之属，虽供人伐取为薪；大石之上，虽不免禽兽之溲渤——比之于我，犹为愈也。"阿敏不但没有从规劝中汲取教训，恭谨谦逊，严格自律，反而更加不满。他预感到身处险境，危若朝露。

第二件，天聪元年即天启七年（1627），皇太极命阿敏偕岳讬率军攻打朝鲜，兼攻朝鲜境内明军毛文龙部。阿敏统军直破义州，分兵攻毛文龙屯地铁山，文龙败走。进克定州，并下平壤。朝鲜国王李倧遣使迎师，阿敏拒之。师进黄州，倧复遣使来。岳讬等贝勒主张同朝鲜国王定盟回师；阿敏则主张攻占王京即汉城（今首尔）。总兵官李永芳进言："我等奉上命，仗义而行，前已遗书，言遣大臣莅盟即班师，背之不义。"①他劝阻阿敏不可一意孤行。阿敏怒斥道："我岂不能杀尔蛮奴？尔何得多言！"师再进平山，朝鲜国王李倧退避江华岛。岳讬与济尔哈朗驻平山，遣将入江华岛，李倧派族弟等到军前，会宴。宴后，岳讬等议还师。阿敏曰："吾恒慕明帝及朝鲜王城郭宫殿，今既至此，何遽归耶？我意当留兵屯耕，杜度与我叔侄，同居于此。"杜度闻言变色，拒绝同住。岳讬让济尔哈朗去劝谏其兄：说岳讬要自率两红旗军回师，两黄、两白旗军也会随之回师。阿敏在不得已情状之下，同意班师。阿敏拒不执行天聪汗之命，指挥自专，一心要到朝鲜王京，据其宫殿，留住朝鲜。由于众贝勒反对，阿敏虽"心怀异志"，却未能得逞。

第三件，天聪三年即崇祯二年（1629），皇太极亲自率军入塞，攻打北京城。因北京城高池深、严兵防守，又有袁崇焕率骑拼死抵抗，皇太极退兵。次年二月皇太极东归时，留阿巴泰等戍守已占领的永平（今卢龙）、滦州、迁安、遵化四城。三月，皇太极派阿敏、硕讬率兵六千，前去替换阿巴泰、济尔哈朗、萨哈廉守卫的永平等四城。阿敏驻永平；分遣诸将，戍守三城。他令永平等城官民一体剃发，并令"众兵尽掠降民牲畜、财物，又驱汉人至永平，分给八家为奴"。后金军驻守山海关内四座孤城，离明京师很近，又距盛京太远。五月初九日夜，明大学士、经略孙承宗会同宁锦镇将祖大寿，并山东、山西、宁夏、陕甘诸地援军，围攻滦州。

---

① 《清史稿校注》第10册，台湾商务印书馆，1999年，第7709页。

阿敏派兵增援，收迁安守兵入卫永平。滦州守将不支，十二日弃城奔永平。遵化守将察哈喇弃其城，率军突围，后回沈阳。阿敏将"永平、迁安归顺之民，尽杀之；天所与之四城，尽弃之"①。已归降的汉官巡抚白养粹及城中官民惨遭屠杀。阿敏以孤城难守、寡不敌众，遂弃永平，收拾金帛，夜出冷口，退回沈阳。阿敏守永平不足二月，弃城、屠民、东归的军报传到沈阳，皇太极震怒。六月初四日，阿敏败绩师还，不许入城，令在城外十五里屯驻。皇太极感伤落泪，宣谕汗旨，诘责阿敏。初七日，皇太极借此机会，对政敌阿敏，宣布其罪状，进行总清算。

天聪汗皇太极命诸贝勒大臣议阿敏罪状共十六款：太祖时，阿敏唆使其父移居黑扯木，另立门户，早怀异志；征朝鲜，心怀异志，彼时已现；师还东京，悖行无忌；遣使蒙古，违背上旨；私自婚嫁，常怀怨恨；移居别所，显露异志；心怀不轨，形之梦寐；不守城池，唯耽逸乐；自视如君，欺凌贝勒；曾言"吾自杀吾弟，将奈我何"；礼仪逾制，妄自尊大；时时怨谤，誉己讪上；屠城掠物，扰害汉人；怙非文过，恧怨君上；求婚蒙古，恃强逼娶；丧失城池，毁坏基业。②上述阿敏的十六条罪状，以弃守永平等四城而起，亦当以此事件而定其罪。上文阿敏第十三条罪，虽涉及永平，却为"彼前略地时"，即指上年十月入塞时的掳掠；虽有"今故意扰害汉人"云云，却与第十六条相同。所以，在阿敏的十六条罪状中，同弃守永平事件直接紧密相关的只有一条，即第十六条，也是最后一条。且此条罪状，应是"半条有罪""半条无罪"：所谓"半条有罪"，主要是他下令屠杀"归顺之民"；所谓"半条无罪"，主要是他在明军对孤城永平，实施包围之前，主动率部撤退，避免全军覆没，保存了军事实力。由此可见，阿敏的罪状，一言以蔽之：居功居位，藐视大汗，傲慢抗上，不甘居下，自恃若君，心怀贰志。所以皇太极与阿敏之间的矛盾，从根本上说，仍然是皇太极维护汗位、阿敏挑战汗权的问题。众议其罪当诛，皇太极命将阿敏幽禁，夺其财产、属人、牲畜给济尔哈朗，只给

---

① 《清太宗文皇帝实录》第7卷，天聪四年五月壬寅，中华书局影印本，1985年，第4叶。
② 《清太宗文皇帝实录》第7卷，天聪四年六月乙卯，中华书局影印本，1985年，第7叶。

他庄六所、人二十、羊五百等。崇德五年即崇祯十三年（1640）十一月，阿敏忧愤死于幽所，终年五十五岁。

皇太极同阿敏的矛盾，也是汗位与汗权、向心与离心的矛盾。这场斗争，皇太极除掉一个心腹之患，大汗权位，更加巩固。

天聪汗皇太极的另一个政敌是其五兄、和硕贝勒莽古尔泰。

莽古尔泰（1588—1633），是皇太极的五兄，为正蓝旗的旗主贝勒。在四大贝勒中，以齿序居三，为三大贝勒。莽古尔泰作战勇猛，多立功勋。努尔哈赤在世时，莽古尔泰"潜弑其生母，幸事未彰闻，彼复希宠于皇考"[①]。《清史稿·莽古尔泰传》记载，莽古尔泰"是固尝弑其母以邀宠者"！为取得汗父宠信，并冀图大位，莽古尔泰竟至弑其生母。天命六年（1621），因正黄旗固山额真阿敦曾举荐皇太极为"汗储"，代善"深衔之"。时有皇太极与莽古尔泰欲图代善之说，但他们否认有其事。在长兄褚英被处死后，次兄代善居长，若反大贝勒代善"汗储"得逞，二贝勒阿敏因堂兄而无嗣位之可能，三贝勒莽古尔泰以齿序排在皇太极之前，很有继承汗位的可能。莽古尔泰性情暴躁，勇而无谋，希冀汗位。皇太极登上汗位并除掉阿敏之后，便将打击的目标，集中到莽古尔泰身上。

事情的导火线是，在天聪五年即崇祯四年（1631）八月，后金与明朝大凌河之战中，皇太极与莽古尔泰兄弟二人发生冲突。语云："没有难做之事，只有难得之机。"皇太极抓住时机，打击莽古尔泰。明朝祖大寿驻守大凌河城，莽古尔泰从皇太极率军围大凌河城。莽古尔泰所属正蓝旗围其南，莽古尔泰与德格类率巴牙喇兵策应。莽古尔泰军遭到城上炮火猛轰，死伤惨重。莽古尔泰维护本旗利益，请调整兵力，皇太极不允，反诘问："闻尔所部兵，凡有差遣，每致违误。"莽古尔泰不满，道："何尝违误？"皇太极道："若告者诬，则置告者于法；告者实，则不听差遣者亦置于法。"皇太极不悦，欲乘马离去。莽古尔泰怒问道："皇上宜从公开谕，奈何独与我为难？我止以推崇皇上，是以一切承顺，乃意犹未释，而欲

[①]《清太宗文皇帝实录》第9卷，天聪五年八月甲寅，中华书局影印本，1985年，第20叶。

杀我耶？"①遂举佩刀之柄，前向频频摩视，以皇太极欲杀己，意在拔刀相向。时其胞弟德格类贝勒见状，说："尔举动，大悖！谁能容汝！"边说边举拳殴之。莽古尔泰大怒，手拔刀出鞘五寸许。德格类将其推出帐外。代善说："如此悖乱，殆不如死！"皇太极怒道："昔人有云：'操刀必割，执斧必伐。'彼引佩刀，其意何为？"于是，皇太极与莽古尔泰兄弟二人的矛盾公开化、激烈化。当晚，莽古尔泰到皇太极营外，以空腹饮酒过量，狂言失态，竟不自知，特来叩头请罪，皇太极拒不接纳。莽古尔泰自恃为皇太极的兄长，虽尊其为汗，却没有视作君臣关系。他认为八弟没能关照本旗，借机发泄心中不满，言行过激，闯下大祸。寻诸贝勒议莽古尔泰大不敬罪，夺和硕贝勒，降多罗贝勒，削五牛录，罚银万两及甲胄鞍马等。

莽古尔泰与皇太极在大凌河军营，刀刃相见，矛盾激化。尔后，莽古尔泰与其胞弟德格类、胞妹莽古济等结盟"要夺御座"。②他们三人，焚香盟誓。莽古尔泰说："我莽古尔泰，已结怨于皇上，尔等助我，事济之后，如视尔等不如我身者，天其鉴之。"莽古济与其夫蒙古敖汉部长琐诺木杜棱誓云："我等阳事皇上，而阴助尔，如不践言，天其鉴之。"③一场争夺汗位的密谋正在进行。然而，天聪六年十二月初二日（1633年1月11日），莽古尔泰却"中暴疾不能言而死"，年四十六岁。其弟"德格类亦如其病死"。

莽古尔泰死后周年岁暮，其所属正蓝旗固山额真觉罗色勒，率领正蓝旗大臣及莽古尔泰姻戚二十五人，到莽古尔泰墓前祭奠。祭毕，入谒莽古尔泰遗孺福金家献酒，大醉。事闻，查实。皇太极认为这是一起严重的政治事件，在大殿举行会议，议处额真色勒等。初拟将色勒等处斩，命从宽免死，"众唾其面"，加以羞辱，并罢黜之。还议莽古尔泰诸遗孺福晋拟斩，命免死，诸福晋往"辱罟"而训诫之。④

---

① 《清太宗文皇帝实录》第9卷，天聪五年八月甲寅，中华书局影印本，1985年，第19叶。
② 《汉译〈满文旧档〉》，辽宁大学历史系铅印本，1979年，第156页。
③ 《清太宗文皇帝实录》第26卷，天聪九年十二月辛巳，中华书局影印本，1985年，第3叶。
④ 《清太宗文皇帝实录》第17卷，天聪八年正月丁巳，中华书局影印本，1985年，第17叶。

皇太极还命将莽古尔泰之妹莽古济、莽古尔泰之子额必伦处死。后皇太极命将莽古尔泰的三个儿子都杀死。此次天聪朝因汗位之争而引起的一场天潢贵胄之间的内讧，酿成正蓝旗被杀者千余人的空前悲剧。

正蓝旗莽古尔泰及其弟德格类贝勒俱死。天聪九年即崇祯八年（1635）十二月二十六日，莽古济的家仆冷僧机首告莽古尔泰、德格类生前与莽古济三人结盟"要夺御座"。冷僧机，世居叶赫，姓那拉氏，叶赫亡，归建州，隶满洲正蓝旗，属三贝勒莽古尔泰属下。天聪元年即天启七年（1627），蒙古敖汉部部长琐诺木杜棱率众归附后金，尚莽古济格格为额驸。冷僧机改隶琐诺木杜棱属下，为莽古济家仆。莽古尔泰、德格类兄弟俱已"暴疾卒"后，冷僧机首告莽古尔泰、德格类、莽古济、琐诺木杜棱"结党设誓谋不轨"①。同案尚有参领屯布禄、巴克什爱巴礼等。在籍没莽古尔泰家产时，又搜出所造木牌印十六枚，其文皆为"金国皇帝之印"②，由是，定莽古尔泰罪为"潜图叛逆""谋危社稷"。

天聪汗皇太极对莽古尔泰事件的处理：

第一，莽古尔泰以"大逆无道""负恩怀逆""倾危宗社"等罪，本应寸磔，但莽古尔泰及其弟德格类已死，追夺莽古尔泰爵，杀莽古尔泰子额必伦，其余五子——迈达礼、光衮、阿喀达、舒孙噶、纳海及德格类子邓什库等，俱黜宗室。正蓝旗"附入皇上旗分"，分编入两黄旗，改归皇太极直接统辖。后于崇德元年即崇祯九年（1636）正月，工部平毁莽古尔泰、德格类二人茔墓，将"已寒之骸骨，复行抛弃"③。命复葬之。

第二，将莽古济处死。莽古济格格有二女，长女嫁给代善长子贝勒岳讬为妻，次女嫁给皇太极长子豪格为妻。豪格说："吾乃皇上所生子，妻之母既欲害吾父，吾岂可与谋害我父之女同处乎？"遂杀其妻。岳讬也奏请要杀死他的妻子，皇太

---

①《清史列传·冷僧机》第 4 卷，中华书局，1928 年，第 33 页。
②《清太宗文皇帝实录》第 26 卷，天聪九年十二月辛巳，中华书局影印本，1985 年，第 7 叶。
③《清太宗文皇帝实录》第 27 卷，崇德元年正月庚申，中华书局影印本，1985 年，第 3 叶。

极劝阻之。

第三，将昂阿喇处死。事涉莽古尔泰、德格类、莽古济的同母异父兄昂阿拉，"以知情，亦处死"①。

第四，参与其事的参领屯布禄、巴克什爱巴礼等，并其亲支兄弟子侄，俱磔于市。

第五，琐诺木杜棱曾先行举首，免罪。

第六，冷僧机以首告，被免于处分，得到屯布禄、爱巴礼所籍没的家产，改隶正黄旗，被授为三等梅勒章京，永免徭役，世袭不替。

第七，严厉整肃正蓝旗。上述事件后的次年四月，有五名"夷人"从后金叛投明朝。明宣府巡抚陈新甲向来投"夷人"审问："东奴消息何如？"来投者称："有奴尔哈赤大子蟒五儿代，系大王子，已于前年病故，遗有儿子三个，内有他长子，于上年（天聪九年）十一月内，要袭王子。有四王子不肯叫他袭王，两家相争厮杀。四王子将大王子蟒五儿代儿子三个俱都杀死，还杀了当紧的夷人一千有余。其余人马俱都收了，分在八哨官儿所管。"②上文中的"大王子"，应为"五王子"或"大贝勒"；"蟒五儿代"即莽古尔泰；"四王子"为皇太极，"袭王"应作满洲宗室的内讧。皇太极严厉打击莽古尔泰原属正蓝旗势力，而遭该旗有策略的反抗，被杀紧要者一千余人，其余人马被分没。

这次莽古尔泰事件，从天聪五年（1631）开始，到崇德四年（1639）岳讬事发（见后文），前后经过八年多的时间才告结束。此次后金满洲贵族因汗位问题而引发的一场残酷斗争，表现为皇太极两黄旗与莽古尔泰正蓝旗"两家相争厮杀"。这是后金满洲贵族一次空前的、大规模的自相残杀事件。

天聪汗皇太极的再一个政敌是其二兄、和硕贝勒代善。

---

① 张尔田：《清列朝后妃传稿》上，载《通堪文集》，文海出版社影印本，1972年，第14叶。
② 《兵部题〈宣府巡抚陈新甲塘报〉行稿》，载《明清史料》甲编，第9本，中央研究院历史语言研究所集刊，1930年，第853页。

三大贝勒中的二大贝勒阿敏、三大贝勒莽古尔泰被打击后，只剩下大贝勒代善这一股红旗势力，皇太极自然也不会放过代善。皇太极通过打击代善及其长子岳讬，来削弱两红旗势力，提升尊严，巩固汗权。代善性情宽柔，为人谨慎，屡建大功，而不自恃。但皇太极继位以后，几次谕责代善。天聪九年即崇祯八年（1635）九月，皇太极严重谴责代善，迫使其认罪听命。

事情的起因是，皇太极的姐姐哈达公主，因事怨皇太极，赌气先回家。路经代善营帐前，代善命其福晋邀迎哈达公主来，代善亲迎哈达公主入帐，大宴款待，临别前还赠给财帛。皇太极得知这个消息后大怒，派人到代善及其子萨哈廉处责问："尔自率本旗人，任意行止。又将怨朕之哈达公主，邀至营中，设宴馈物，复以马送之归，是诚何心？"又责问萨哈廉："尔萨哈廉，身任礼部，尔父妄行，又邀请怨朕之人，尔既知之，何竟无一言谏阻耶？"皇太极怒甚，不告诉众贝勒，先回盛京，谒堂子，入汗宫，闭大门，不许诸贝勒大臣晋见。第二天，天聪汗皇太极在内殿，召集诸贝勒大臣及侍卫，当面谴责代善。其实，皇太极诘责代善主要列举六件事，如出征兵略、三次谏言、缴获分配偏袒红旗、对其诸子管教不严等。令皇太极恼火的是三件鸡毛蒜皮之事：第一件是皇太极同他姐姐哈达公主怄气，代善作为长兄请妹妹吃饭并送些礼物；第二件是代善出外渔猎，影响战马膘情；第三件是代善想娶林丹汗遗孀苏泰太后，而皇太极让他娶林丹汗另一遗孀囊囊太后，他不同意等。为此，天聪汗公开宣布一千二百六十一字的《汗谕》，斥责代善。

皇太极谕道：

> 自古以来，有力强而为君者，有幼冲而为君者，有为众所拥戴而为君者，皆君也。既已为君，则制令统于所尊，岂可轻重其间乎？今正红旗固山贝勒等，轻肆之处甚多。大贝勒昔从征明燕京时，违众欲返；及征察哈尔时，又坚执欲回。朕方锐志前进，而彼辄欲退归。所俘人民，令彼加意恩养，彼既不从，反以为怨。……今正红旗贝勒，于赏功罚罪

时，辄偏护本旗。朕所爱者，而彼恶之；朕所恶者，而彼爱之，岂非有意离间乎！朕今岁托言巡游，欲探诸贝勒出师音耗，方以胜败为忧，而大贝勒乃借名捕蛏大肆渔猎，以致战马疲瘦。及遣兵助额尔克楚虎尔贝勒时，正红旗马匹，独以出猎之故，瘦弱不堪。倘出师诸贝勒一有缓急，将不往应援，竟晏然而已乎！诚心为国者固如是乎！且大贝勒诸子，借名放鹰，辄擅杀民间牲畜，所行如此，贫民何以聊生？又伊子瓦克达，弹射济尔哈之姊。又和硕贝勒济尔哈朗因其妻亡，以察哈尔汗妻苏泰太后，乃其妻之妹，心欲娶之，与诸贝勒商议，诸贝勒以其言奏朕。朕即以问诸贝勒，诸贝勒皆言当允其请。朕方许济尔哈朗。乃大贝勒独违众论，而欲自娶，以问于朕。朕谓诸贝勒先已定议，许济尔哈朗矣。兄知之而言乎，抑不知而言乎？彼诿以不知而止。后复屡言，欲强娶之，有是礼乎！朕曾遣满达尔汉、祁充格往谕大贝勒，令娶囊囊太后，彼以其贫而不娶，遂拒朕命。①

严厉责完代善等之后，天聪汗说："尔等悖乱如此，朕将杜门而居。尔等别举一强有力者为君，朕引分自守足矣！"天聪汗宣谕完毕，"遂入宫，复闭朝门"。国君闹意气，居然罢朝政。其实，皇太极并非真要辞位，而是以此要挟诸贝勒而已。

于是，诸贝勒大臣、八固山额真及六部承政等，急忙审理代善一案，跪请皇上临朝，亲决万机。皇太极也就顺水推舟，出朝听政。诸贝勒大臣依据天聪汗训斥代善的《汗谕》，拟成四条罪状，并拟处分：拟革代善大贝勒名号，并削和硕贝勒职衔，剥夺十牛录所属人员，罚雕鞍马十匹、甲胄十副、银万两等。事涉其子萨哈廉，也处以罚鞍马银两、夺属人等。奏入，天聪汗皇太极命从宽处理：免革代善贝勒职，免夺十牛录所属人员；萨哈廉也从轻处罚。

代善的权势，经此打击，声名地位，明显跌落。代善祸不单行，其长子岳讬

① 《清太宗文皇帝实录》第25卷，天聪九年九月壬申，中华书局影印本，1985年，第7~8叶。

受到了莽古尔泰事件的牵连。岳讬多谋善战,甚受皇太极赏识,为主管兵部的贝勒。在皇太极与莽古尔泰发生争执,莽古尔泰露刃受罚后,岳讬独为其鸣不平。冷僧机举发莽古尔泰、德格类生前与莽古济盟誓"谋逆"后,岳讬变色曰:"贝勒德格类焉有此事?必妄言也。或者词连我耶?"① 于莽古尔泰事件,诸臣皆为愤怒,岳讬绝无愤意。岳讬在得知豪格杀死妻子后,奏明天聪汗:"豪格既杀其妻,臣妻亦难姑容。"② 皇太极命劝止之。皇太极改元称帝,晋封岳讬为成亲王。后岳讬因徇庇莽古尔泰等罪论死,特旨从宽免死,降为多罗贝勒,罢兵部任。同年十一月,复摄兵部事。崇德三年(1638)八月,以岳讬为扬威大将军,贝勒杜度副之,统右翼兵;多尔衮为奉命大将军,统左翼兵,分道攻明。岳讬率军破长城,徇山东,下济南。崇德四年(1639)正月初九日,因痘病死于军中。其部下蒙古阿兰柴、桑噶尔寨向固山额真谭泰、护军统领图赖等,告发岳讬生前参与莽古尔泰密谋事,岳讬曾召琐诺木杜棱入内室密语,与之刀一口,弓二张,"嘱之曰:尔其用此弓善射之,勿忘前约"③。谭泰等以事关重大,立即奏闻。岳讬父礼亲王代善立即表态:"当按律惩治,抛其骨,戮其子。"命在殿堂,讯问其事。琐诺木杜棱对曰:"所言总属闲语,并无用心射之说。"崇德帝皇太极说:"此事非虚,前者琐诺木夫妇与莽古尔泰、德格类盟誓佛前,阴图不轨,朕已免琐诺木死。琐诺木妻乃岳讬妻母也,彼时奸谋,岳讬亦必知之。"又说:岳讬胸怀奸慝,上天明鉴,已既中道夺其算矣!"朕既自幼抚养,必不忍加以身后之刑,而仇视其子也"!因此,岳讬其人已死,姑行宥免;琐诺木杜棱则数其罪而赦之。

总之,皇太极依次消除二大贝勒阿敏、三大贝勒莽古尔泰和大贝勒代善三位大贝勒的势力,才得以"南面独坐",巩固了君权。

---

① 《清太宗文皇帝实录》第26卷,天聪九年十二月辛巳,中华书局影印本,1985年,第4叶。
② 《清太宗文皇帝实录》第26卷,天聪九年十二月辛巳,中华书局影印本,1985年,第6叶。
③ 《清太宗文皇帝实录》第47卷,崇德四年六月戊子,中华书局影印本,1985年,第10叶。

六 皇太极"南面独坐"

皇太极继承汗位，既非年齿居长，亦非父汗遗命，而是由诸贝勒合议登上汗位的。皇太极对拥戴自己成为新汗的三大贝勒，开始极为优礼：举凡朝会、盛典、宴飨、陛见之时，天聪汗与三位兄贝勒同等地位——俱面南向，并坐听政，地位平等，俨如四汗。在接受群臣三跪九叩礼时，天聪汗免去三大贝勒的君臣之礼，而行兄弟之礼。

先汗努尔哈赤定制，八和硕贝勒共议国政，不能一人自专，三大贝勒及诸贝勒具有左右军政大局的实力与影响。因之，诚如胡贡明所言，天聪汗"虽有一汗之虚名，实无异整黄旗一贝勒也"。这种八旗旗主联合主政的体制，形成汗权分散、王权独立的局面。所以，皇太极与三大贝勒的矛盾是客观存在的，冲突难免。皇太极为着削弱三大贝勒实权，费尽权谋心计，采取许多措施。

首先，取消"四大贝勒按月分直"制度，改为皇太极独揽朝纲的政治局面。

皇太极建元两年，于天聪三年即崇祯二年（1629）正月，以关心三大贝勒操劳过度为名，削去他们每月轮流执政的大权。《清太宗文皇帝实录》记载：

先是，天命六年二月，太祖命四大贝勒，按月分直。国中一切机务，俱令直月贝勒掌理。及上即位，仍令三大贝勒，分月掌理。

至是，上集诸贝勒、八大臣共议。因令八大臣，传谕三大贝勒："向因直月之故，一切机务，辄烦诸兄经理，多有未便。嗣后，可令以下诸贝勒代之，倘有疏失，罪坐诸贝勒。"三大贝勒皆称"善"。遂以诸贝勒代理直月之事。①

皇太极即位后，遵循太祖定制，让代善、阿敏、莽古尔泰三大贝勒，按月轮流执政，综理军政机务。他刚上台两年多，就借口诸兄烦劳与不便，免去他们"分月掌理"机务之职责，让弟侄辈诸贝勒代替他们每月执政。这些"以下贝勒"名为掌政，实则俯首听命于天聪汗。三大贝勒没有理由也没有能力拒绝其冠冕堂皇的关怀和照顾，便只好称"善"而已。

其次，取消"四大贝勒并肩共坐"制度。

皇太极取消"四大贝勒按月分直"制度后，还没有从根本上消除三大贝勒在宗室贵族中所拥有的特殊权力、地位与影响。他在打击并处理二大贝勒阿敏后，只有皇太极和代善、莽古尔泰同坐议政，当时称此为"三尊佛"。②他又在以莽古尔泰"御前拔刃罪"革去其大贝勒爵位之后，便欲取消"并肩共坐"制度。天聪五年即崇祯四年（1631）十二月，礼部参政李伯龙提出："莽古尔泰不应当与上并坐。"天聪汗皇太极让诸贝勒大臣会议此事。《清史稿·代善传》记载："初，太祖命四和硕贝勒分直理政事，每御殿，和硕贝勒皆列坐。至是，礼部参政李伯龙请定朝会班制。时和硕贝勒阿敏已得罪，莽古尔泰亦以罪降多罗贝勒，诸贝勒议不得列坐。"在此情况下，代善比较明智，主动谦退。他说：

---

① 《清太宗文皇帝实录》第5卷，天聪三年正月丁丑，中华书局影印本，1985年，第2叶。
② 李光涛：《清太宗夺位考》，载《明清史论集》下册，台湾商务印书馆，1971年，第440页。

奚独莽古尔泰？上居大位，我亦不当并列。自今请上南面，我与莽古尔泰侍坐于侧，诸贝勒坐于下。①

诸贝勒大臣表示赞成，天聪汗则顺水推舟，旨准照行。皇太极废除"与三大贝勒俱南面并肩共坐"制度，形成面南独尊的君权地位。《满文老档》记载：天聪六年即崇祯五年（1632）正月初一日，天聪汗皇太极率诸贝勒大臣拜天祭神毕，入殿升座。皇太极从此开始，南面独尊，君临天下。②

复次，削弱八旗旗主贝勒权力。皇太极继位之后，开始削弱与分散和硕贝勒、旗主贝勒、诸王大臣的权力。据蒋良骐《东华录》记载，天聪汗设立八大臣：正黄旗纳穆泰、镶黄旗额驸达尔哈、正红旗额驸和硕图、镶红旗侍卫博尔晋、镶蓝旗硕三台、正蓝旗拖博辉、镶白旗车尔格、正白旗哈克笃礼，为八固山额真。他们"总理一切事务，与诸贝勒偕坐共议，出猎行师，议定启奏。各领本旗兵行，凡国中大小事，皆听稽察"。

又设十六大臣：正黄旗拜尹图、楞额礼，镶黄旗伊孙达、朱户，正红旗布尔吉、叶克书，镶红旗吴善、绰和诺，镶蓝旗舒赛、康喀喇，正蓝旗屯布禄、萨壁翰，镶白旗吴拜、萨木什喀，正白旗孟阿图、阿山。他们"佐理国政，审断狱讼，不令出兵驻防"。

还设十六大臣：正黄旗巴布泰、霸奇图，镶黄旗多内、扬善，正红旗汤古代、察喇哈，镶红旗哈哈纳、叶臣，镶蓝旗孟垣额、孟格，正蓝旗昂阿喇、色勒，镶白旗图尔格、伊尔登，正白旗康礼古、阿达海，他们"出兵驻防，以时调遣，仍审理词讼"③。

通过对八旗大臣的调整、增设与新设，削夺、弱化与分解了诸王贝勒，特别

---

① 《清史稿·代善传》第216卷，中华书局标点本，1977年，第8975页。
② 《满文老档·太宗》第Ⅴ册，天聪六年正月初一日，东洋文库译注本，1961年，第621页。
③ 蒋良骐：《东华录》第1卷，清木刻本，第20叶、第21叶。

是三大贝勒的权力，使八旗固山额真、总管旗务大臣以及调遣大臣之间，相互监督，彼此牵制，从而加强了新汗的权力。

其次，在管理国家、处理行政事务中，皇太极也采取了削弱诸王贝勒权力的强力措施。天聪五年即崇祯四年（1631）初设六部，每部以贝勒一人领部院事。到崇德三年即崇祯十一年（1638）七月，停王贝勒领部院事，其权力再次被削弱。

崇德元年即崇祯九年（1636）四月，崇德帝举行登极大典。皇太极成为大清国的皇帝。寻定各宫殿名：中宫为清宁宫，东宫为关雎宫，西宫为麟趾宫，次东宫为衍庆宫，次西宫为永福宫；台东楼为翔凤楼，台西楼为飞龙阁；正殿为崇政殿，大门为大清门，大殿为笃恭殿。定制："自大贝勒以下，出入由左右两阶，不许由御道行走。"① 皇权地位，完全确立。

总之，围绕皇太极继承汗位的问题，先是，舒尔哈齐和褚英事件为其前奏。皇太极的汗位继承，先后经过三次大的冲突——阿敏事件、莽古尔泰事件和代善事件。天命朝四大贝勒中的三位大贝勒——代善、阿敏、莽古尔泰，在汗位竞争中均告失败，代善受到沉重打击，阿敏和莽古尔泰为此而丧身。皇太极不仅顺利地继承了汗位，而且成功地巩固了汗位。努尔哈赤创制的汗位继承八旗合议制度，虽使皇太极通过八和硕贝勒共同推举产生，避免了皇位过渡时的骨肉相残，却没有消除，也不可能消除宗室贵族之间的矛盾与冲突。努尔哈赤制定的汗位八旗合议制度，在天命末努尔哈赤身后、崇德末皇太极身后实行了两次，到顺治末孝庄皇太后改制②，以皇帝指定，或太后懿旨，或先皇遗诏，或秘密建储的形式确定皇位继承人，直至清末宣统帝的登极。

天聪汗皇太极在巩固汗位的同时，进行了宁锦之战。

---

① 《清太宗文皇帝实录》第28卷，崇德元年四月丁亥，中华书局影印本，1985年，第29叶。
② 王思治、吕元骢：《清代皇位继承制度之嬗变与满洲贵族间的矛盾》，载《满学研究》第3辑，民族出版社，1996年，第52页。

第二章 宁锦之战

一 明建关宁锦防线

明军连失沈阳、辽阳、广宁之后，明在辽河以西的统治，处于风雨飘摇之中。明廷为了力挽危局，守御山海，稳固京师，任命王在晋为蓟辽经略。王在晋被后金军的进攻吓破了胆，提出辽东"无局可布"的悲观论调：

> 东事离披，一坏于清、抚，再坏于开、铁，三坏于辽、沈，四坏于广宁。初坏为危局，再坏为败局，三坏为残局，至于四坏——捐弃全辽，则无局之可布矣！①

辽西之局，如何部署？经略王在晋等主张在山海关外八里处筑重城，御山海，保京师。佥事袁崇焕等则主张在关外二百里宁远筑城，捍山海，卫京师。袁崇焕进士出身，性格特点是"敢走险路，敢犯上司，敢违圣颜"②。袁崇焕对上司辽东经略王在晋，薄其无远略；但人微言轻，争辩不得，便将自己意见两次奏告首辅

---

① 王在晋：《三朝辽事实录》第 8 卷，江苏省立国学图书馆藏本，第 22 叶。
② 阎崇年：《袁崇焕"死因"辨》，载《袁崇焕研究论集》，文史哲出版社，1994 年。

叶向高。叶不能决，由大学士孙承宗巡边，了解边情，决策方略。王在晋主张尽弃关外城池台堡土地，退守山海关的消极防御兵略，遭到了巡边大学士孙承宗的批评。王在晋虽经孙承宗"推心告语，凡七昼夜"①的规劝，但终不应，固执己见。孙承宗只好上奏朝廷，免在晋职，奏经旨准，自任督师。孙承宗上任后，采纳袁崇焕等建议，奏报筑宁远城，建关（山海关）宁（宁远）锦（锦州）防线。孙承宗、袁崇焕等在辽西建立关宁锦防线，阻遏后金军渡河西进，卫守关门，以固京师。关宁锦防线经过初建、重建和再建三个阶段，历时六年，终于建成。

关宁锦防线是从山海关，经宁远，到锦州的军事防线，南北纵向，约四百里，以山海关为后劲、宁远为中坚、锦州为前茅。这条辽西防线，分为南北两段：南段从山海关到宁远，约二百里；北段从宁远到锦州，也约二百里。早在宁远之战以前，明辽东经略高第主动撤离锦州、右屯、大凌河、小凌河、松山、杏山、塔山、连山等城堡，使得关宁锦防线的北段即宁远到锦州的防线未能巩固。幸袁崇焕坚守宁远，取得宁远大捷，保住了关宁锦防线的南段。因之，在此之前，明军实际上仅筑成关宁锦防线的关宁段。而关宁锦防线的宁锦段，即宁远到锦州的防线，临战撤退，没有巩固。宁远大捷后，袁崇焕升任辽东巡抚，他奏报旨准，集中力量，建立关宁锦防线的北段，防御后金进攻。

明军初建的关宁锦防线，始于天命七年即天启二年（1622）正月。后金军占领广宁，辽东经略王在晋认为关外无局可守，只能扼守关门。明山海监军佥事袁崇焕主守宁远，与王在晋相左。大学士孙承宗主崇焕议。翌年，缮治宁远城，设兵驻守。天启四年（1624），袁崇焕偕将士东巡，请即修复锦州、右屯诸城。孙承宗以时未可，其议遂寝。翌年"承宗与崇焕计，遣将分据锦州、松山、杏山、右屯及大、小凌河，缮城郭居之。自是宁远且为内地，开疆复二百里"②。寻修复锦州、右屯和大凌河三城，其他要塞亦设具屯兵。于是以山海关为后盾总枢、宁远为中

---

① 《明史·孙承宗传》第250卷，中华书局点校本，1974年，第6468页。
② 《明史·袁崇焕传》第259卷，中华书局点校本，1974年，第6708页。

坚关城①，锦州为前锋要塞，诸城堡为联防据点，守御山海关的串珠式关宁锦防线初步建成。

可见，孙承宗是明末辽西关宁锦防线的策划者，袁崇焕是关宁锦防线的经始者。孙承宗既支持袁崇焕营守宁远、整顿防务，又遭总兵马世龙谋袭耀州、兵败柳河，而遭劾去职。孙承宗的柳河兵败，是辽东明军重攻轻守兵略的再现。孙承宗的去职，表明朝中阉党气焰的嚣张，标志辽军主攻兵略的抬头。所以，王在晋和孙承宗都在辽东重守慎攻兵略上犯下了错误，但二者在动机、性质、程度和效果上有所区别。孙承宗去职后，高第以兵部尚书经略辽东，袁崇焕守宁远。

高第任辽东经略后，提出比王在晋更为消极的防御兵略。高第进士出身，性格"恇怯"②，较王在晋畏敌如虎更为甚之。他出任辽东经略，驻镇山海关，即谓关外必不可守，令全"撤锦州、右屯、大、小凌河及松山、杏山、塔山守具，尽驱屯兵入关，委弃米粟十余万。而死亡载途，哭声震野，民怨而军益不振"③。辽东经略高第大撤退的结果，是自毁关宁锦防线的北段——宁锦防线，导致次年正月后金军兵直犯宁远。但督屯通判金启倧上书袁崇焕言："锦、右、大凌三城，皆前锋要地，倘收兵退，既安之民庶复播迁，已得之封疆再沦没，关内外堪几次退守耶！"袁崇焕以此同高第相争，但他力争不可，仍坚持固守："兵法有进无退。三城已复，安可轻撤？锦、右动摇，则宁、前震惊，关门亦失保障。今但择良将守之，必无他虑。"高第不听，他则誓言："我宁前道也,官此,当死此,我必不去！"④袁崇焕抗命不撤，率兵撄守孤城宁远，夺取宁远大捷，关宁防线坚固，京师人皆相庆。宁远之捷表明，宁远孤城尚且挫败天命汗的南犯，关宁锦防线建成，则更能抵御后金军的强攻。袁崇焕因宁远之功升任辽东巡抚后，着手重建被高第自毁

---

① 《明熹宗实录》天启三年闰十月丁亥朔，宁远"南从望海台，北接首山，其与珑珑山相夹处，当大道之冲，可立关城"。
② 《明史·王洽传附高第传》第257卷，中华书局点校本，1974年，第6626页。
③ 《明史·袁崇焕传》第259卷，中华书局点校本，1974年，第6709页。
④ 《明史·袁崇焕传》第259卷，中华书局点校本，1974年，第6709页。

的关宁锦防线北段——宁锦防线。

明军重建宁锦防线，始于天命十一年即天启六年（1626）四月。其时，宁远以北诸城堡，或被后撤的明辽军所自毁，或被败退的后金军所焚毁。辽东巡抚袁崇焕在同月疏陈战守布置大局中，奏报修缮山海四城——榆关、中前、前屯、中后为始。此四城为关宁锦防线的南段，分作两期整修。第一期，为同年四月至七月中，刚缮修之城，被豪雨冲毁："淫雨为灾，山海关内外，城垣倒塌，兵马压伤，宁远、前屯、中后等城修筑者，既成复坏。"① 于是又进行第二期修缮，自雨季过后至同年末，山海四城，缮筑完工。

关宁锦防线北段四城——宁远、中左、锦州、大凌河，自同年九月进行酝酿，袁崇焕奏报此事言："适内臣刘应坤、纪用至宁远，遂与镇臣赵率教四人，并马历锦（州）、右（屯）、义（州）、广（宁）而东。其诸城堡向臣经灰烬之余，尚见颓垣剩栋，今止白骨累累，残冢依稀而已。"② 锦州、右屯、义州、广宁等地，残垣一片，白骨蔽野，急需修城，戍兵聚民。自七年正月至五月，即后金军进攻宁远、锦州之前，宁远、锦州两城，修缮基本完工。其他大凌河城、小凌河城等及诸城堡多未修完。③ 在此期间，袁崇焕遣使持书，前往后金议和，以和缓彼，借机修城。及彼探知，城已缮竣，负山阻海，固若金汤。袁崇焕在修城的同时，又遣将、派军、治具、备粮、屯民。经过积极而严密的部署，紧张而有序的施工，重建的关宁锦防线北段——宁锦防线基本完成，保障了宁锦之战的胜利。但是，宁锦大捷后，宁锦防线部分遭到毁坏或削弱。关外明辽军与后金军对峙，需要再建宁锦防线。

明军再建的关宁防线，始于袁崇焕升任蓟辽督师之后。宁锦大捷之后，崇焕辞职归里。天聪二年即崇祯元年（1628）五月，后金军南进，"明兵弃锦州，遁往宁远"。后金军进略锦州、松山，遂"堕锦州、杏山、高桥三城，并毁十三站

---

① 《明熹宗实录》第74卷，天启六年七月丁亥，台北历史语言研究所校勘本，1962年，第11叶。
② 《明熹宗实录》第76卷，天启六年九月戊戌，台北历史语言研究所校勘本，1962年，第15叶。
③ 《清太宗文皇帝实录》第3卷，天聪元年五月乙亥，中华书局影印本，1985年，第11叶。

以东墩台二十一处"①。宁锦防线因袁崇焕辞职与后金军南进,受到削弱或破坏,因而产生再建宁锦防线之举措。宁锦防线的再建,以袁崇焕被重新起用,任兵部尚书兼蓟辽督师,并抵关,赴宁远,整顿关外防务为始。再建宁锦防线,前已述,故从略。

明军建立的关宁锦防线,是一个复杂而严密的辽西军事防御系统。先是,明在辽东陆路设镇、路、卫、所、堡、台防御体系。明在辽东失陷辽阳镇,在辽西失陷广宁镇之后,其陆路防御体系被后金军完全打破。为阻遏后金军南犯,需在关外辽西走廊建立一道防御系统,这就是关宁锦防线。关宁锦防线的北段——宁锦防线,南起宁远,北至锦州,以宁远为后劲、锦州卫城为中坚、大凌河城为前茅,又以所城、台堡作联络,负山阻海,势踞险要;配以步营、骑营、车营、锋营、劲营、水营诸兵种,置以红夷大炮、诸火炮等守具,备以粮食、马料、兵械、火药;并屯田聚民,亦屯亦筑,且守且战,相机进取:从而形成沿关外辽西走廊,纵深四百里,以宁远为中坚,山海关为后盾,锦州为前茅,其间中前、前屯、中后、中右、中左、右屯、大凌河、小凌河诸城,形同肩臂,势如联珠,新旧城堡,选将设兵,从而形成一道军事防御体系,遏敌南进,保卫辽西,御守关门,以固京师。关宁锦防线的设置与意义,以宁锦之战前为例,略析如下:

第一,指挥。明获宁远大捷后,辽西指挥,发生变动。时魏忠贤窃权,内监势焰嚣张。天启帝以"率循旧制,断在必行",特于天命十一年即天启六年(1626)三月初四日决定,特命内臣镇守:设立镇守山海关等处太监一员,司礼监秉笔太监、总督忠勇营兼掌御马监印务刘应坤;左右镇守太监二员,乾清宫管事提督、忠勇营御马监太监陶文、纪用,分守中军太监三员,乾清宫打卯牌子、忠勇营中军、御马监太监孙茂霖、武俊、王莅朝,仍俱在山海关驻扎。他们任务虽为清查粮食器械数目、官兵马匹强弱,但奉旨将"声息缓急、进止机宜,务要据实,直

---

① 《清太宗文皇帝实录》第 4 卷,天聪二年五月癸未,中华书局影印本,1985 年,第 9 叶。

写密封，不时星驰来奏"①。魏忠贤用意在：内监出镇，收揽兵柄。②官员闻旨后，廷议纷纷，人心惶惶，内外百官，纷上驳疏。先是，大学士顾秉谦、丁绍轼、黄立极、冯铨言联署奏言："皇上特遣内臣镇守山海，命臣等拟谕进呈矣。乃连日闻外廷议论纷纷，人心惶惧，皆以为不可，咎臣等不能执奏。"继是，兵部尚书王永光疏称："迩者宁远一捷，中外稍稍吐气。当事者且议裁经略、裁总兵，专任袁崇焕，以一事权。而随以六内臣拥聚斗大一关，事权不愈棼乎？万一袁崇焕瞻回顾望，致误封疆，则此罪崇焕任之乎？内臣任之乎？"③又上疏："此六臣者，与崇焕等为同乎，为异乎？将为同，则无用往也；使为异，则害有不可言者！"④袁崇焕亦具疏言："兵，阴谋而诡道也，从来无数人谈兵之理。臣故疏裁总兵，心苦矣。战守之总兵且恐其多，况内臣而六员乎！"⑤其结果是：君命难违，圣断必行。袁崇焕抗疏不允，便善处同内监之关系，曾同内臣刘应坤、纪用及总兵赵率教，并马巡历锦州、右屯地带，所见各城，灰烬之余，颓垣剩栋，白骨累累，残冢依稀，"内臣见所未见，感倍于臣。遂邀镇臣与祝于北镇山神，誓图所以恢复者"⑥。后袁崇焕奏请内监纪用等"移巡关外，与袁崇焕料理边事"⑦。后金兵围锦州紧急关头，袁崇焕上《欲迎内镇协守疏》。得旨："据奏宁抚迎内镇，自是并力协守之计。"袁巡抚同监军太监周旋，得到了他们的理解。镇守内监奏报袁崇焕重建的宁锦防线，城势更高，堡垒更固，设备更严，军力更强，"著著皆实，毫无粉饰"。袁崇焕在极力协和与内监关系的同时，还调整同督、将的关系。

明获宁远大捷后，同年三月，袁崇焕升任辽东巡抚。督师王之臣、巡抚袁崇焕、

---

① 《明熹宗实录》第69卷，天启六年三月丁未，台北历史语言研究所校勘本，1962年，第5叶。
② 《明史·魏忠贤传》第305卷，中华书局点校本，1974年，第7821页。
③ 《明熹宗实录》第69卷，天启六年三月己酉，台北历史语言研究所校勘本，1962年，第8叶。
④ 《明熹宗实录》第69卷，天启六年三月庚戌，台北历史语言研究所校勘本，1962年，第9叶。
⑤ 《明熹宗实录》第69卷，天启六年三月癸亥，台北历史语言研究所校勘本，1962年，第20叶。
⑥ 《明熹宗实录》第76卷，天启六年九月庚午朔，台北历史语言研究所校勘本，1962年，第15叶。
⑦ 《明熹宗实录》第79卷，天启六年十二月乙丑，台北历史语言研究所校勘本，1962年，第25叶。

大将满桂之间，先是"同心僇力，共保宁城"；至是产生"廉蔺之隙"。①他们或相互参劾，或乞移别镇，或上疏求去。朝廷拟将满桂调离宁远，回任京师。王之臣疏求把满桂留下，调到山海关。但袁不同意，奏请"乞休"。王之臣也疏请"引避"。庙堂谕言："始因文、武不和，而河东沦于腥膻；继因经、抚不和，而河西鞠为蓁莽：覆亡之辙，炯然可鉴。"②朝廷鉴于督抚生隙、文武不和的教训，决定王之臣加衔回部，命袁崇焕兼制调度关门兵马。但是，事过不久，改变主意。朝廷要他们"鉴不和之覆辙，破彼此之藩篱，降志相从，和衷共济"③。经过廷议，袁、王留任，但袁管关外防务，王管关内防务，分辖信地，同功同罪，"关内关外，分任责成"④。袁崇焕与王之臣都表示，"各捐去成心"，重归于好。袁又表态，同意将满桂留任，并愿与之和好。七月，令满桂为征虏将军，驻山海关，兼管四路。调总兵赵率教由前屯移驻宁远，总兵左辅先代居前屯。⑤后就抚赏之事，蓟辽总督阎鸣泰与辽东巡抚袁崇焕分负其责："阎鸣泰任关内，袁崇焕任关外，照地方分抚，以便责成。"⑥

袁崇焕作为辽东军事防务第一责任人，有皇帝、内阁、兵部、蓟辽总督阎鸣泰驻关城，总督管关内王之臣也驻关城，有大太监魏忠贤及其所派镇守、监守、分守六员宦官——秉笔的、养马的、掌印的、打印的等，既没有文化，又不懂军事，既手无缚鸡之力，又不会骑射枪械；还有武将之间内争暗斗，在如此恶劣阴险环境中，面对皇太极的八旗大军武力进逼，是何等之艰难，又何等之危局！

明军辽西诸城官将作出调整，遣将分守。于山海关，袁崇焕采纳王之臣言，

---

① 《明熹宗实录》第72卷，天启六年六月戊寅，台北历史语言研究所校勘本，1962年，第7叶。
② 《明熹宗实录》第81卷，天启七年二月癸卯，台北历史语言研究所校勘本，1962年，第6叶。
③ 《明熹宗实录》第73卷，天启六年闰六月乙巳，台北历史语言研究所校勘本，1962年，第4叶。
④ 《明熹宗实录》第73卷，天启六年闰六月己酉，台北历史语言研究所校勘本，1962年，第11叶。
⑤ 《明熹宗实录》第74卷，天启六年七月壬午，台北历史语言研究所校勘本，1962年，台北，第9叶。
⑥ 《明熹宗实录》第82卷，天启七年三月癸酉，台北历史语言研究所校勘本，1962年，第7叶。

获帝旨允，由满桂任征虏将军，镇守山海关："命桂挂印，移镇关门。"①前屯，以其系辽东南路前屯路城，合宁远卫城，而称为宁前路。它南护关门，北济宁远，西连蒙古桑昂寨，并以中后归其汛地，故由总兵赵率教尽带关内兵马，出壁前屯，以捍关门，济援宁远，"关内关外，照应声援"②，精密坚饬，乘间击敌。后改任左辅镇守前屯。于宁远，袁崇焕在《战守布置大局疏》中，作出周详而切实的部署，甚至对城上设置西洋炮及司炮官员、对街道牌甲的守兵饮食等都作了安排，并将中右所画入宁远防守汛地，还将觉华岛水师策应作出安排。袁崇焕则驻守宁远，并率总兵满桂（后移镇关门），副总兵王牧民、左辅、刘永昌、朱梅，参将祖大寿，中军何可刚等分别协守。于锦州，由太监纪用和总兵赵率教（后移镇于此）镇守。后袁崇焕擢祖大寿为前锋总兵官，"挂征辽前锋将军印，驻锦州"③。四月，命原宁夏杜文焕为总兵，调任宁远。总兵尤世禄驻锦州，总兵侯世禄驻前屯，左辅加总兵衔驻大凌河城；满桂照旧驻关门，节制四镇及燕河、建昌四路，赐尚方剑，以重事权。④当后金兵渡辽河的警报传来时，明朝迅疾调整各将防地，重新部署兵力：命满桂移镇前屯，原驻此地侯世禄同三屯总兵孙祖寿移驻山海、宣府，黑云龙移驻一片石，蓟辽总督阎鸣泰移镇关城。临战前，总兵赵率教尚在锦州负责筑城，责令他与副将左辅、朱梅，监军太监纪用等"撄城固守"。袁崇焕奉命驻宁远，"居中调度，战守兼筹"。这些将领久历战阵，作战勇敢，富有经验。如满桂、赵率教、左辅、祖大寿等都经历宁远血战，立下军功。天启帝称赞"左辅、祖大寿、朱梅俱久在塞垣，将略素著，兵民倚赖"⑤。

以上诸将，所守之城，即为信地，专责其成，战则一城援一城，守则一节顶一节，信守不渝，死生与共。袁崇焕将年迈母亲和妻子从南国接到危地宁远，赵率教也

---

① 《明史·满桂传》第271卷，中华书局点校本，1974年，第6959页。
② 《明熹宗实录》第72卷，天启六年十二月庚申，台北历史语言研究所校勘本，1962年，第19叶。
③ 《清史稿·祖大寿传》第234卷，中华书局标点本，1977年，第9420页。
④ 《明熹宗实录》第83卷，天启七年四月癸亥，台北历史语言研究所校勘本，1962年，第23叶。
⑤ 《明熹宗实录》第84卷，天启七年五月丙子，台北历史语言研究所校勘本，1962年，第8叶。

把自己的妻儿迁来居住。他们誓言:"土地破,则家与之俱亡!"各营官兵,同仇敌忾,"共力协心,争奋恐后"。

第二,筑城。后金与明朝的战史表明,后金骑兵长于野战,明朝步兵凭借坚城。袁崇焕总结辽事以来血的教训说:"虏利野战,惟有凭坚城以用大炮一著。"① 大炮,需要架设在城上;坚城,成为大炮之凭借。故辽东巡抚袁崇焕将缮筑城垣,作为建立宁锦防线的重要一着。在宁远和宁锦两次战争期间,辽军进行紧张的修城工程。天命十一年即天启六年(1626)春,宁远之捷后,袁崇焕即着手修治被战火毁坏的宁远、毁于火灾的中后所及前已毁损的前屯卫、中右所、中前所五座城垣。调用班军,责期完工,有违制者,分别处治。②

修城工程尚未告竣,关内外遭到雨灾:"山海内外,官舍民居,倒塌无算;军马露处,死病相连;中前禾黍,狼藉波涛。前屯、中后、右复然。粮草三军命脉,皆飘荡如洗。阶苔积滑,灶已产蛙。"③ 淫雨为灾严重,城垣修而复坏,前屯、中前所、中所、后所、右所等都遭受严重水灾。宁远、前屯、中后等城,新葺之垣,遭雨倒塌。同年秋,又调秋班军复行修葺城池。至本年末,山海诸城,未完者完之,覆圮者补之,浚壕筑垣,扼险置器,壁垒一新,固若金汤。

兵部尚书冯嘉会题复辽东巡抚袁崇焕疏,总结秋季修城工程成绩称:"山海四城,业已鼎新,诚所谓重关累塞矣。"④ 次年春季,进行宁远以北诸城的修治。时自高第尽撤去,宁远外无城障。袁崇焕奏请:"修松山等处扼要城池,以四百里金汤,为千万年屏翰,所用班军四万,缺一不可。"⑤ 明廷决定调派去年秋班与今年春班,

---

① 《明熹宗实录》,第79卷,天启六年十二月庚申,台北历史语言研究所校勘本,1962年,第19叶。
② 《明熹宗实录》第71卷,天启六年五月辛亥,台北历史语言研究所校勘本,1962年,第10叶。
③ 沈国元:《两朝从信录》第31卷,天启六年七月,清刻本。
④ 《明熹宗实录》第80卷,天启七年正月戊寅,台北历史语言研究所校勘本,1962年,第4叶。
⑤ 《明熹宗实录》第79卷,天启六年十二月庚申,台北历史语言研究所校勘本,1962年,第19~20叶。

共合四万班军，修缮中左①、锦州、大凌河诸城，皆为扼要之区，为明进取之地。四万班军，分班筑城，合计工时，按期责成。期于一年，"并力修举，通期竣工"②。锦州城工刚竣，后金骑兵进围；其他二城，未及完工。

此期三季，修治八城。③其军事价值，袁崇焕题云：

> 慨自河西失陷，缩守关门，无论失地示弱，即关门亦控扼山溪耳，何能屯养十三万兵马？虽进而宁前，四城金汤，长二百里，但北负山，南负海，狭不三四十里，屯兵六万、马三万、商民数十万于中，地隘人稠，犹之屯十万兵于山海也。地不广则无以为耕，资生少具一靠于内地供给。贫瘠而士马不强，且人畜错杂，灾沴易生。故筑锦州、中左、大凌三城，而拓地一百七十里之不可以已也。自中左所以东渐宽，锦州、大凌，南北而东西相方，四城完固，屯兵民于中，且耕且练。贼来我坐而胜，贼不来彼坐而困④。此三城之必筑者也。业已移兵民于三城之间，广开屯种。……是三城之完不完，天下之安危系之。此三城不得不筑，筑而立刻当完者也。锦州三城若成，有进无退，全辽即在目中。乘彼有事东江，且以款之说缓之。而刻日修筑，令彼掩耳不及。待其警觉，而我险已成。三城成，战守又在关门四百里外，重障万全。⑤

---

① 辽西中左所城有三：塔山中左千户所城、松山中左千户所城和大凌河中左千户所城。此处中左似应指松山中左千户所城。因为：其一，袁崇焕于天启六年十二月庚申疏言："今山海四城鼎新，重关累塞。又修松山等处扼要城池。"其二，十八日后即七年正月戊寅，兵部题覆"山海四城，业已鼎新，诚所谓重关累塞矣。由此而中左，而锦州，而大凌河，皆系扼要之区"云云。由上，似知此中左既非塔山，亦非大凌河，而是松山中左千户所城。它位于今辽宁省锦州市凌海市松山镇所在地，因其地有松山而得名。
② 《明熹宗实录》第80卷，天启七年正月戊寅，台北历史语言研究所校勘本，1962年，第4叶。
③ 八城为山海关、前屯、中后（今绥中）、中右（沙后）和宁远、中左（松山）、锦州、大凌河。
④ 囿，《明熹宗实录》天启七年五月庚辰作"困"。
⑤ 王在晋：《三朝辽事实录》第17卷，江苏省立国学图书馆藏本，第17~18叶。

上引题疏，重在阐明：在关宁锦防线，既要缮修南四城，以加强其南段——关宁防线；更要缮治北四城，以加强其北段——宁锦防线，屯兵屯民，恃城耕练，开疆拓地，凭城御守，战守北推二百里，坐操制敌之胜券。

第三，整军。 袁崇焕曾任关外监军而掌练兵事，又经历战阵，故熟知辽兵之弊。他在建立关宁锦防线过程中，以辽人守辽土，重建一支辽军。先是熊廷弼认为"辽人必不可用"，用兵征于外省。"辽人守辽"之说，始自李成梁之子如桢①，经略孙承宗疏议，用辽人以守辽土，他说："盖安辽人即所以安天下也！"孙承宗去职后，袁崇焕实现之。袁崇焕坚持"以辽人守辽土"为"聚兵"之计，大力推行，收到实效。他说，自辽事以来，外省调募之兵，皆为市井乌合，御敌不足，鼓噪有余，靡费金钱，不得一用，不能援辽，反而扰辽。他破以往成议，将外兵撤回，招辽人填充。袁崇焕说："南兵脆弱，西兵善逃。"袁崇焕奏言："远求难致之兵，何如近取回乡之众？"②袁崇焕对"以辽人守辽土"，从理论上论述，从军事上实证，从舆情上宣传，从行动上落实。在宁远之战与宁锦之战期间，他着重对辽军进行了整顿与建设——裁冗、选将、编制、治械和备饷等。

于裁冗，袁崇焕疏请撤回调兵，招补辽人。明之辽军，多从关内调募，"兵非贪猾者不应，将非废闲者不就"③。先是，袁崇焕为改变上述状态，议用乡兵即粤东之步兵和粤西之狼兵④，但未能实现。时袁崇焕奏言以新募辽兵取代部分调兵："意欲稍破成议，撤回调兵，即招辽人以填之。"⑤兵部议复称，此议"卓识深谋，迥出流辈，且选辽兵实辽伍，养辽人守辽地，智者无以易此"⑥。疏经旨允，裁汰

---

① 熊廷弼：《敬陈战守大略疏》，载《明经世文编》第480卷，中华书局影印本，1962年，第5282叶。
② 王在晋：《三朝辽事实录》第17卷，江苏省立国学图书馆藏本，第20叶。
③《明熹宗实录》第79卷，天启六年十二月丁未，台北历史语言研究所校勘本，1962年，第6叶。
④ 袁崇焕：《天启二年擢佥事监军奏方略疏》，载《袁督师事迹》，道光伍氏刻本。
⑤《明熹宗实录》第78卷，天启六年十一月甲申，台北历史语言研究所校勘本，1962年，第9叶。
⑥《明熹宗实录》第79卷，天启六年十二月丁未，台北历史语言研究所校勘本，1962年，第7叶。

调募冗兵四千余员，而以辽民精壮者补之。客军官疲兵猾，困扰辽军多年，成为辽军积弊，智者虽想改革，朝廷内外，未得良策。袁崇焕疏议的上述办法，策划周全，切实可行。这于明军之兵源、素质，均有极大意义。

于选将，袁崇焕先前重血缘关系，疏荐其叔袁玉佩、其至戚林翔凤等，称"其招之练之督之而战，始终臣与臣叔及林翔凤三人"①。此番构想，未能实现。时袁崇焕荐选官将，由远选而为近取——"将则近取"②。就是从并肩在战火中考练过的军官中选拔。遴选"猷略渊远，著数平实"③的赵率教，"辽人复辽，此其首选"④的祖大寿，以及不受私馈、韬钤善谋的何可刚等为股肱之将。天命十一年即天启六年（1626）五六月间，袁巡抚疏准营伍调补将领共二十六员⑤，即为一例。

于编制，整顿关上与关外、南兵与北兵、招募与家丁等编制混乱、互不相属，而难以发挥整体战斗力的状况。经过整编，核实为九万二千二百三十一员名，其序列：分战兵与守兵——战兵为机动作战部队，分为步营、骑营、锋营、劲营、水营，含步兵、骑兵、车兵、水兵等兵种；守兵为戍城守堡部队，按其所戍城堡大小，分为屯守、马援、台烽等不同编制；另有镇军、驿骡、拨马，以警卫、驿传和哨探。辽军整刷编制后，明章程，严法度，分屯束伍，齐肃训练。⑥

于治械，袁崇焕奏称，"关外不苦无兵，只苦无盔甲、器械、马匹"⑦。他奏请添置火炮，调集火药，整修器械，查盔甲，点守具，辽军武器装备，得到极大改善，御守实力增强，分数明白，焕然一新。

---

① 袁崇焕：《天启二年擢佥事监军奏方略疏》，载《袁督师事迹》，道光伍氏刻本。
② 《明熹宗实录》第71卷，天启六年五月庚申，台北历史语言研究所校勘本，1962年，第18叶。
③ 《明熹宗实录》第71卷，天启六年五月庚申，台北历史语言研究所校勘本，1962年，第19叶。
④ 《崇祯长编》第12卷，崇祯元年八月丙辰，台北历史语言研究所校勘本，1962年，第28叶。
⑤ 《明熹宗实录》第71卷，天启六年五月丙寅，第26叶；第72卷，天启六年六月甲戌，台北历史语言研究所校勘本，1962年，第3叶。
⑥ 《明熹宗实录》第71卷，天启六年五月庚申，台北历史语言研究所校勘本，1962年，第17~18叶。
⑦ 《明熹宗实录》第78卷，天启六年十一月甲申，台北历史语言研究所校勘本，1962年，第9叶。

于备饷，屡疏户部，催运粮饷；并奏准"于关外另设饷司，与关内分收分发"①。后锦州被围近月，城内粮食，尚且盈余。

经过整顿的辽军，战有良将，守有精兵，上下协调，彼此呼应，提升了辽军的整体战斗力。

第四，屯田。建立关宁锦防线有两个相关的难题：辽军粮饷难驰解，辽东流民难安置。筹措粮饷，安置流民，以辽土养辽人，以辽人守辽土，办法之一，便是屯田。用兵之道：进则因粮于敌，退则寓兵于农。先是，明初辽东屯田，寓兵于农，日久生弊，屯法大坏。辽事以来，熊廷弼、孙承宗亦主屯田，人去而屯废。时宁远战火刚熄，袁崇焕急请银四十五万两，"外解不至，内库匮乏，计臣攒眉无措。且先议二十万，而户、工二部，彼此争执，延至四十日尚不决。虽有旨派定分数，而工部六万尚不知何处措办；户部止有四万，其十万又迟之外催"②。袁崇焕奏请屯田，天启帝以军情急迫，严加防御，"屯田事从容酌议"。

粮饷供给不上，战争形势紧迫。袁崇焕再上《请屯田疏》，极言不屯之七害与屯田之七利。

其不屯的七害是："臣敢补牍，请先言不屯之害：今日全辽兵食所仰藉者，天津截漕耳，国储外分，京庾日减，一不便。海运招商，那移交卸，致北直、山东为之疲累，二不便。米入海运，船户、客官沿海为奸，添水和沙，苫盖失法，米烂不堪炊，贱卖酿酒之家，而另市本色，有名无实，三不便。辽地新复，土无所出，而以数十年之坐食，故食价日贵，且转贩而夺蓟门之食，蓟且以辽窘，四不便。今调募到者，俱游手也，不以屯系之，而久居世业，倏忽逃亡，日后更能为调募乎？五不便。兵不屯则著身无所，既乏恒产，安保安心？故前之见贼辄逃者，皆乌合无家之众也，六不便。兵每月二两饷，岂不厚？但不屯无粟，百货难通，诸物尝贵，银二两不得如他处数钱之用，兵以自给不敷而逃亡，七不便。"

---
① 《明熹宗实录》第81卷，天启七年二月壬子，台北历史语言研究所校勘本，1962年，第16叶。
② 《明熹宗实录》第69卷，天启六年三月己未，台北历史语言研究所校勘本，1962年，第15叶。

其屯田的七便是:"请更端而言屯之利:计伍开屯,计屯核伍,而虚冒之法不得行,便一。兵以屯为生,可生则亦可世,久之化客兵为土著,而无征调之骚扰,便二。屯则人皆作苦,而游手之辈,不汰自清,屯之即为简之,便三。伍伍相习,坐作技击,耕之即所以练之,便四。屯则有草、有粮,而人、马不饥困,兵且得剩其草干、月粮,修整庐舍,鲜衣怒马,为一镇富强,便五。屯之久而军有余积,且可渐减干草、月粮以省饷,便六。城堡关联,有浍有沟,有封有植,决水冲树,高下纵横,胡骑不得长驱,便七。"①

疏上,旨准。天启帝命袁崇焕悉心区处,免致错误。袁崇焕将屯田、御守、征战相结合,使民安、兵强、镇富相联系,从而促进了关宁锦防线的重建及其强固。赵率教曾集辽人五六万,择其壮者从军,给其余者牛种,招抚流亡,大兴屯田,为屯田提供实际经验。②

第五,抚蒙。漠南蒙古东部诸部,靠近关宁锦防线。明朝对蒙古,注重抚赏,联蒙诸部,对抗后金。明朝对蒙古的抚赏,天启初给察哈尔四万,后增到八万一千两,进行笼络。抚赏分作关内关外进行,王象乾管关内,袁崇焕管关外。作为辽东巡抚的袁崇焕,对察哈尔林丹汗与哈喇慎朵颜三十六家,赏酒食、颁额赏,即以厚赏抚款,联手蒙古,以"一意防奴"③。明又命袁崇焕分抚关外,从而便于责成行赏。他重安置,时漠南蒙古内喀尔喀部民,受后金攻逼,纷投明边,遂安置之、厚存之。并对其中汉人移住前屯,"强者为兵,分插各堡"。他利用矛盾,如后金灭叶赫,叶赫贝勒金台石的孙女苏泰是林丹汗之后,以此联结他抗金。林丹汗也扬言"助明朝"。他重联合,为防后金军从宁、锦虚脆之后溢出,约察哈尔部林丹汗遣其领兵台吉桑昂寨将十万东行,并约内喀尔喀"亦西来合

---

① 《明熹宗实录》第78卷,天启六年十一月乙未,台北历史语言研究所校勘本,1962年,第22~23叶。
② 《明史·赵率教传》第271卷,中华书局点校本,1974年,第6962页。
③ 《明熹宗实录》第72卷,天启六年六月戊子,台北历史语言研究所校勘本,1962年,第18叶。

营"①。他重宣谕，锦州有事即遣人令察哈尔部领赏，贵英恰"率拱兔、乃蛮各家从北入援"②。并督林丹汗所属诸营"扬旗于锦州之地"。以上举措，力求维系明朝与蒙古的联盟，使"西不与东合"，为巩固关宁锦防线、抗御后金军西犯增强了力量。

明辽东巡抚袁崇焕重建的关宁锦防线，以其精明之指挥，坚固之城池，勇劲之军旅，有效之屯田，守为正着，战为奇着，款为旁着，凭城用炮，以炮护城——关宁锦防线在宁锦激战中，成为坚不可摧的长城。

但是，在明朝重建关宁锦防线、准备未来大战的同时，后金也在进行战争准备。宁远鏖战结束之日，便是宁锦激战准备之始。宁远之战是宁锦之战的前因，宁锦之战则是宁远之战的后续。从宁远之战结束，到宁锦之战以前，有一年零四个月的时间。在这段时间里，后金发生了四件军政大事。第一件是努尔哈赤病死，皇太极继承汗位（上节已述）。第二件是明朝与后金进行议和活动（后有专述）。明廷的意图是借议和使臣往来，察探后金内部实情，争取时间，抢修城垣，巩固关宁锦防线；后金的意图则是借谈判拖延时间，防止明军利用"大丧"北进，东向进攻朝鲜，巩固新汗权位。第三件是征抚右翼蒙古（另有专述），第四件是用兵左翼朝鲜（后面专述）。后金兵败宁远，心有余悸，未敢轻举。后金进攻明朝，需做两项准备：减弱明军两翼——征抚蒙古，降服朝鲜。正如袁崇焕所分析："我欲合西虏而厚其与，彼即攻西虏而伐我之交；我藉（朝）鲜为牵，彼即攻（朝）鲜而空我之据。"后金征抚蒙古，破坏明廷"抚西虏以拒东夷"策略的实现。后金进攻朝鲜，下义州、占平壤，国王李倧逃出王京，避居江华岛，朝鲜国王李倧与后金贝勒阿敏等订立"城下之盟"。后金此举，一石三鸟：降服朝鲜，侧敲东江，解除攻明后顾之忧。

所以，后金与明朝的战争，不可避免，一触即发。时后金发生饥荒，谷一斗，

---

① 《明熹宗实录》第70卷，天启六年四月己亥，台北历史语言研究所校勘本，1962年，第33叶。
② 《明熹宗实录》第84卷，天启七年五月甲申，台北历史语言研究所校勘本，1962年，第19叶。

银八两,至有食人肉者。[①]皇太极发动战争,让官兵向辽西抢粮食,转移社会矛盾,缓和社会危机。天聪汗皇太极借新登汗位的英气,凭远征朝鲜得胜的锐气,发动了宁锦之战。

[①]《旧满洲档》,天聪元年六月二十三日,中国台湾影印本,1969年。

二 宁锦之战

天聪元年即天启七年（1627）五月初六日，后金天聪汗皇太极，以"明人于锦州、大凌河、小凌河筑城屯田"①，没有议和诚意为借口，亲率数万军队，谒堂子，出沈阳，举兵向西，进攻宁（远）、锦（州）。皇太极从征朝鲜班师的大军中，选出两万精兵，于七八两日，西渡辽河，哨马至闾阳驿，兵锋直逼锦州。

明军得到后金兵锋到闾阳驿的哨报后，立即部署：满桂移驻前屯，孙祖寿移驻山海关，黑云龙移驻一片石，蓟辽总督阎鸣泰移镇关门，并调陕西总兵侯世禄镇守山海。锦州防务：以副总兵金国奇为左翼，以副总兵朱梅为右翼，平辽总兵赵率教居中调度，贾胜领奇兵东西策应，镇守太监纪用驻锦州。其他也作了相应安排。辽东巡抚袁崇焕对兵略作了奏报："守为正著，战为奇著，款为旁著，以实不以虚，以渐不以骤。"②袁崇焕的奏报，得到朝廷旨准。

初九日，皇太极率兵至广宁旧边。天聪汗选精锐，为前哨，捉敌骑，探虚实。后金军前进时，分为前队、中坚、后队。皇太极命贝勒德格类、济尔哈朗、阿济格、

---

① 《清太宗文皇帝实录》第3卷，天聪元年五月辛未，中华书局影印本，1985年，第11叶。
② 《明熹宗实录》第84卷，天启七年五月庚辰，台北历史语言研究所校勘本，1962年，第11叶。

岳讬、萨哈廉、豪格率护军精骑为前队，攻城诸将率绵甲军等携云梯、盾牌诸器械为后队，亲自同代善、阿敏、莽古尔泰诸贝勒率领大军居中，八旗大军，分作三队，鱼贯而行。后金大军，总体部署：其行进，分为前、中、后三队；其作战，列为左、中、右三路。

初十日，皇太极至广宁。后金捉获明军哨卒，经讯问得知：右屯卫以百人防守，小凌河、大凌河修城未竣，也以兵驻防，锦州城修缮已毕，马步卒三万人。皇太极命乘夜进军，轻取右屯卫城，直奔大凌河城。

十一日，后金军由纵向的前、中、后三队，调整为横向的左、中、右三路——皇太极自率两黄旗和两白旗兵为中路，直趋大凌河城；大贝勒代善、阿敏，贝勒硕讬及总兵官、固山额真等，率两红旗和镶蓝旗兵为右翼，直趋锦州城；大贝勒莽古尔泰率正蓝旗兵为左翼，直取右屯卫。中路皇太极军逼近大凌河城，时城工未竣，守城兵撤往锦州。左翼莽古尔泰军逼近右屯卫，时城工也未竣，守军逃遁，奔向锦州。后金军轻取大凌河、右屯卫两城后，三路大军，会师锦州，距城一里，四面扎营。

锦州激战 后金兵进抵锦州城外，四面扎营布兵，将锦州城，严密包围。时明太监纪用、总兵赵率教驻锦州，负责筑城、守城。朝廷刚下达任命，令尤世禄代赵率教守锦州，副总兵左辅为前锋官驻大凌河。他们还没有上任，后金兵已兵到锦州。大凌河、右屯卫等城，尚未修好，无坚可恃。当后金兵将至时，左辅等人，撤入锦州，凭城固守，准备抵抗。沿边小堡，也都撤兵，归并大城，坚壁清野，合力御敌。

锦州城，即广宁中屯卫城，位于小凌河与哈喇河之间，北依红螺山，南临辽东湾，地处险要，势踞形胜，为明关宁锦防线之前茅要塞。先是，锦州城，本辽锦州，元永乐县旧址。明洪武二十四年（1391），指挥曹奉修筑。周围五里一百二十步，高二丈五尺。成化十二年（1476），都指挥王锴增广南北四十五丈、东西九十五丈。弘治十七年（1504），参将胡忠、备御管升并城南关，周围六里一十三步，形式若盘，俗称之盘城。池深一丈二尺，宽三丈五尺，周围七里五百七十三步。门四：东宁远，南永安，西广顺，北镇北。①同年春，袁崇焕遣官督班军缮竣锦州城。锦州城由内监纪用和总兵赵率教驻守，总兵左辅、副总兵朱梅为左、右翼，统兵三万，凭城御敌。时"总兵赵率教惩浑河、沈阳之事，不纳溃兵"②。后金纵还台堡降卒二千，赵率教拒之。虽往返议和之使，也不令入城。

十二日，纪太监和赵总兵派官至后金军营中，商谈议和。先是，明军对后金来犯，备中有虞。所谓备，即缮城整军，治械储粮；所谓虞，即夏季敌犯，出乎预料。辽东巡抚袁崇焕在锦州被围九天前疏称："无奈夹河沮洳，夏水方积，未可深入，而夷且聚兵以俟也；水潦既退，禾稼将登，况锦州诸城一筑，又东虏之必争"③云云。即认为后金必定来攻，但约在秋稼登场、水潦退后的秋冬季。因而，后金军突然围城，诸多准备颇为不足。遂遣官议和，拖延时间，以待援兵。

纪用和赵率教派出守备一员、千总一员，缒城而下，到金军大营，谈判讲和。皇太极想锦州不战而降，轻取胜利，便以礼接待来使。皇太极对锦州城中来使强硬地表示："尔欲降则降，欲战则战！"并给纪用、赵率教写了回书，信称："今董率三军，亲至城下，尔等坐困孤城，外援莫至。将待势穷力屈、俯首就戮耶，抑事识机先、束身归命耶？"进而提出："或以城降，或以礼议和。"最后说："傥犹迟疑观望，我蒙天眷佑，一鼓而下此城。则山海关以西，非复尔国有矣！"④信带回后，迟不见复。皇太极令预备攻城，锦州激战终于爆发。

同日中午，开始锦州城的攻守激战。此战，明总兵赵率教奏报，后金军"分兵两路，抬拽车梯、挨牌，马步轮番，交攻西、北二面。太府纪用同职及总兵左辅、副总兵朱梅，躬披甲胄，亲冒矢石，力督各营将领，并力射打。炮火矢石，交下

---

① 《全辽志》第1卷，《辽海丛书》影印本，辽沈书社，1984年，第13叶。
② 魏源：《圣武记》第1卷，中华书局，1984年，第23页。
③ 《明熹宗实录》第84卷，天启七年五月戊辰，台北历史语言研究所校勘本，1962年，第2叶。
④ 《清太宗文皇帝实录》第3卷，天聪元年五月丁丑，中华书局影印本，1985年，第12叶。

如雨。自辰至戌，打死夷尸，填塞满道。至亥时，奴兵拖尸，赴班军采办窑，〔以〕木烧毁，退兵五里，西南下营"①。此战，《旧满洲档》记载：皇太极让明使带回复书，便"准备云梯、挨牌，至午刻，开始进攻锦州城之西南。城将攻克，列阵于城其他三面之有兵来援，射箭、放炮、投石、掷火药，遂致无法进攻，便命攻城之军退回，于城对面五里外处扎营"②。《清太宗文皇帝实录》记载："午刻，攻锦州城西隅。垂克，明三面守城兵来援，火炮、矢石齐下。我军遂退五里而营。遣官调取沈阳兵。"③上引明清官书之记载比对，后金军攻城时间与攻城方向，有两点差异。似可作如下解释：于攻城时间，后金军辰时后作小股攻击，即作火力侦察，以待和谈结果；自午刻始，进行大规模地猛烈攻城。于攻城方向，后金军分兵两翼，进攻西城与北城，而以西城为主攻点，且攻城垂克，故而详记之。但是，清官书《清太宗文皇帝实录》与《旧满洲档》此战后载亦略异：前书载"是日，整理攻具。午刻，攻锦州城西隅"。后书载"（明使）持书而去，便准备云梯、挨牌。至午刻，开始进攻锦州城之西南"。在议和与攻城之关系上，前书似使人感觉：明使持书归，汗等无回音，便令攻城；后书则明言：明使持书返，即预备器具，午刻攻城。前书曲显时间差，应以后书所记为实。

是日，后金军攻城不下，受到重大的损失，后退五里扎营，往调沈阳援兵。城里与城外，议和与兵锋，尔来我往，交替进行。

十三日，凌晨，后金以骑兵围城，环城而行，却不敢靠近城垣。皇太极三次派遣使者前去说降，都被赵率教拒之城外。赵率教站立城上，对城下的后金使者说："城可攻，不可说也！"皇太极得报后，传令攻城。后金兵攻城，增加伤亡，别无所获。皇太极再写劝降书，箭射城里，连写数次信，城里无反响。

和战交替 前面已述，后金包围锦州之后，锦州城守太监纪用、总兵赵率教，

---

① 王在晋：《三朝辽事实录》第17卷，江苏省立国学图书馆藏本，第25叶。
② 《旧满洲档》，天聪元年五月十二日，中国台湾影印本，1969年。
③ 《清太宗文皇帝实录》第3卷，天聪元年五月丁丑，中华书局影印本，1985年，第13叶。

就派人前往后金军大营进行和谈。皇太极立即回应，遣二位使者还，并带回书信。谈和未果，继之以兵。围城两日，攻城不下。进攻不利，继之以和。

十五日，皇太极"遣使至明锦州太监纪用处，往返议和者三"①。太监纪用亦遣使随往，提出后金派使到城中面议。皇太极命绥占、刘兴治往议，但锦州城闭门不纳。

十六日，明太监纪用遣守备一员、千总一员，又至皇太极帐下，言"昨因夜晦，未便开城延入，今日可于日间来议。所需诸物，自当先与。至和好之事，俟退兵后，奏知朝廷再议"②。皇太极或求和心切，或等待援兵，再遣前二人，随明使臣，回锦州城，但明军仍闭城不纳。且赵率教凭城堞高喊："汝若退兵，我国自有赏赉！"又令二使臣随同绥占、刘兴治赴皇太极大营。

皇太极令明使者带回书曰："尔敢援天，出大言乎！我惟上天所命，是以沈阳、辽东、广宁三处，俱属于我。若尔果勇猛，何不出城决战，乃如野獾入穴，藏匿首尾，狂嘑自得，以为莫能谁何！不知猎人锹钁一加，如探囊中物耳。想尔闻有援兵之信，故出此矜夸之言。夫援兵之来，岂惟尔等知之，我亦闻之矣。我今驻军于此，岂仅为围此一城？正欲俟尔国救援兵众齐集，我可聚而歼之，不烦再举耳！今与尔约，尔出千人，我以十人敌之，我与尔凭轼而观，孰胜孰负，须臾可决。尔若自审力不能支，则当弃城而去，城内人民，我悉纵还，不戮一人；不然，则悉出所有金币、牲畜，饷我军士，我即敛兵以退。和好之事，不妨再议。尔云赏赉，我岂尔所属之人耶！若欲二国和好，宜结为兄弟，互相馈遗可也！"③

皇太极此书，意在激纪太监和赵总兵，派军出城野战，以决雌雄；打消他们等待援兵解围之冀望；进而劝其弃城而去；抑或罄城中财物给后金，还报之以解围撤军。城中纪、赵二镇，断然予以拒绝。

---

① 《清太宗文皇帝实录》第3卷，天聪元年五月庚辰，中华书局影印本，1985年，第14叶。
② 《清太宗文皇帝实录》第3卷，天聪元年五月辛巳，中华书局影印本，1985年，第14叶。
③ 《清太宗文皇帝实录》第3卷，天聪元年五月辛巳，中华书局影印本，1985年，第14叶。

同日，后金军截获明辽东巡抚袁崇焕派人送给纪用、赵率教的书信，内称"调集水师援兵六七万，将至山海；蓟州、宣府兵亦至前屯；沙河、中后所兵俱至宁远；各处蒙古兵已至台楼山"云云。皇太极信以为真。

十七日，皇太极收缩对锦州的包围，聚兵于城西二里处结营，以防明来援之兵。

十八日，天聪汗急不可耐，"命系书于矢，射入锦州城中"。皇太极再次劝降。锦州城中的纪太监和赵总兵，坚守城池，对其劝降，不予理睬。

后金军自十一日至二十五日，已围城十五日。其间：以军事手段攻城，不克；以政治手段议和，不议；诱其出城野战，不出；布局奇兵打援，不获。时值初暑，后金官兵，暴露荒野，粮料奇缺，援兵未到，士气低落。

此段时间，明军三次出援，同后金军交锋（见后文）。

二十五日，后金固山额真博尔晋侍卫、固山额真图尔格副将，率援兵从沈阳来到锦州行营。

二十七日，早晨，后金军分兵为两部：一部继续留驻锦州，在锦州城外凿三重壕，加以包围；另一部由天聪汗皇太极，率领大贝勒代善、二贝勒阿敏、三贝勒莽古尔泰和贝勒济尔哈朗、阿济格、萨哈廉等，提兵数万，往攻宁远。

出援交锋 "锦州危困，势在必援"[①]。这是因为，明朝京师以山海为门户，山海以宁远为藩篱，宁远又以锦州为前沿。若锦州失陷，则宁远困危，关门动摇，京师震惊。因而，后金围困锦州，明朝必调援兵。后金也在盘算，集中兵力围攻锦州，明兵必来救援，诱其野战争锋，发挥骑射长技，一举歼灭明军。但是，明军也头脑清醒：不发援兵，锦州危急；如发援兵，"正堕其计"。正如兵科都给事中许可征疏言："（敌）料我必救锦，将诱我兵于野战，而用其所长。"[②] 所以，明军援锦，易中敌计，失恃坚城，恐遭包围。

辽东巡抚袁崇焕既要固守宁远，又要出援锦州。首先是固守宁远，他提出："坚

[①]《明熹宗实录》第84卷，天启七年五月辛卯，台北历史语言研究所校勘本，1962年，第27叶。
[②]《明熹宗实录》第84卷，天启七年五月壬午，台北历史语言研究所校勘本，1962年，第15叶。

壁固垒，避锐击惰，相机堵剿。"兵部尚书王之臣批准他的方略，下令"关外四城各当坚壁，断不可越信（地）而远援。"因此他们不为后金引诱所动，坚守城池，固守坚城。其次是出援解围。因锦州安危，系宁远存亡。兵部认为，"为今之计，急以解围为主，而解围之计，专以责成大帅为主。"天启帝把"援锦之役"责成满桂、尤世禄、祖大寿三将负责，其余坚守信地。

明廷征调援兵，逐节实行顶替：昌平之兵，以保定总兵移镇山海，调宣府、大同兵马，以昌平总兵移镇通、蓟，作为关宁后劲；调蓟门三协等兵马南移，为"关门策应"。实际兵力调动，变数很大，不及细述。关门兵马，移向宁远，加强实力，强化后盾。尽管其时驻守宁远的辽抚袁崇焕，请求率师援锦，拼死殉敌，"则敌无不克"①；但是，总督蓟辽、兵部尚书阎鸣泰题奏："今天下以榆关为安危，榆关以宁远为安危，宁远又依抚臣为安危，抚臣必不可离宁远一步。而解围之役，宜崇责成大帅。"此奏，得旨："宁抚还在镇，居中调度，另选健将，以为后劲。"②朝廷为着确保宁远，不允许袁崇焕亲自率领援兵，前往救援；而令满桂、尤世禄、祖大寿等率军一万，驰援锦州。

先是，十六日，明山海总兵满桂率援兵往锦州，过连山，到笊篱山，同后金往卫塔山运粮偏师相遇。《清太宗文皇帝实录》记载，"大贝勒莽古尔泰，贝勒济尔哈朗、阿济格、岳讬、萨哈廉、豪格率偏师，往卫塔山运粮"③，与明军相遇。后金军由六位贝勒率领，是一支很强的骑兵。明兵不敢前行，徐缓后退；后金兵则紧跟，谨慎随进。八旗军后续部队赶至，即分作两翼，夹围明军。《三朝辽事实录》记载：明军在笊篱山被围，"奋勇力战，虏死甚众"。满桂、尤世禄奋勇而前，内外夹攻，拼力冲杀，突破包围。两军交锋，各有死伤。双方互存戒心，战斗很快

---

① 《明熹宗实录》第84卷，天启七年五月辛卯，台北历史语言研究所校勘本，1962年，第27叶。
② 《明熹宗实录》第84卷，天启七年五月癸巳，台北历史语言研究所校勘本，1962年，第30叶。"以抚臣"照"红本"改为"依抚臣"。
③ 《清太宗文皇帝实录》第3卷，天聪元年五月辛巳，中华书局影印本，1985年，第15叶。

结束。明"阵亡将士罗忠等六十名"①，后金军回至塔山，明援军回至宁远。明军援锦州，有实有虚。后者，袁崇焕计诳皇太极便是一例。同日，《清太宗文皇帝实录》记载：后金捕捉宁远信使，截获袁崇焕给纪太监、赵总兵的"密信"。信称："调集水师援兵六七万，将至山海；蓟州、宣府兵亦至前屯；沙河、中后所兵俱至宁远；各处蒙古兵已至台楼山。我不时进兵"②云云。皇太极误信，即收缩围锦兵力，聚于城西，以防明援师。

十九日，辽东巡抚袁崇焕派出奇兵，进逼扰敌。他说："且宁远四城，为山海藩篱，若宁远不固，则山海必震，此天下安危所系，故不敢撤四城之守卒而远救，只发奇兵逼之。"③

袁崇焕设奇兵四支援锦：其一，募死士二百人，令其直冲敌营；其二，募川、浙死卒，带铳炮夜警敌营；其三，令傅以昭舟师东出而抄敌后；其四，令王喇嘛往谕蒙古贵英恰等从北入援。以上诸措施，俱未见实效。

后金皇太极见诱明援军野战不成，锦州攻城不下，派使劝和不降，便移师宁远。

宁远激战 二十七日，天聪汗皇太极率大贝勒代善、阿敏、莽古尔泰和诸贝勒等八旗官兵，往攻宁远。④

时宁远城内，辽东巡抚袁崇焕偕内镇太监驻守，督率将士，登陴严防。袁崇焕指挥明军撤进壕内，总兵孙祖寿、副将许定国率军在西面，满桂令副将祖大寿、尤世威等率军在东面，余在四周，分守信地，整备火器，准备迎战。城外，布列车营，前掘深壕，明兵都撤到壕内侧安营。以"副将祖大寿为主帅，统辖各将，分派信地，相机战守"⑤。满桂率援军亦于城外助守。宁远城坚、池深、炮精、械利，诚谓"宁

---

① 王在晋：《三朝辽事实录》第17卷，江苏省立国学图书馆藏本，第22叶。
② 《清太宗文皇帝实录》第3卷，天聪元年五月辛巳，中华书局影印本，1985年，第15叶。
③ 《明熹宗实录》第84卷，天启七年五月甲申，台北历史语言研究所校勘本，1962年，第19叶。
④ 《清太宗文皇帝实录》第3卷，天聪元年五月壬辰，中华书局影印本，1985年，第16叶。
⑤ 《明熹宗实录》第84卷，天启七年五月庚辰，台北历史语言研究所校勘本，1962年，第14叶。

城三万五千人，人人精而器器实"①。袁崇焕此次固守宁远，除"凭坚城以用大炮"外，还布兵列阵城外，同后金骑兵争锋。他先遣车营都司李春华，率领车营步兵一千二百人，掘壕以车为营，列火器为守御。

二十八日，黎明，后金兵出现在宁远城北冈，执五色标旗，于灰山、窟窿山、首山、连山、南海，分为九营，形成对宁远包围态势。皇太极率诸贝勒巡视阵前，相度地势后，说："其地逼近城垣，难以尽力纵击，欲稍退，以观动静。"于是，后金军后撤，退到山冈背侧。他的意图，是引诱明兵趁他们后撤时发起冲锋，使之离开自己的阵地，给后金兵创造驰骑纵击的机会，以便全歼城外明兵，但明兵坚垒不动。

后金军与明辽军在宁远城，展开激烈的攻守战。明辽东巡抚袁崇焕列重兵，阵城外，背依城墙，迫击强敌。总兵满桂、副将尤世威和祖大寿等率精锐之师，出城东二里结营，背倚城垣，排列枪炮，士气高涨，严阵待敌。皇太极见满桂军逼近城垣，难以驰骋纵击，便命军队退依山冈，以观察明军动向。天聪汗皇太极欲驰进掩击，贝勒阿济格也欲进战；大贝勒代善、阿敏、莽古尔泰"皆以距城近不可攻，愿上勿进，劝甚力"。天聪汗对三大贝勒的谏止，怒道：

> 昔皇考太祖攻宁远，不克；今我攻锦州，又未克。似此野战之兵，尚不能胜，其何以张我国威耶！②

言毕，皇太极亲率贝勒阿济格与诸将、侍卫、护军等，向明军驰疾进击，冲其车阵，攻其步卒。诸贝勒不及披甲戴胄，仓促而从。明总兵满桂、副将尤世威率军迎战，短兵相接，颇有杀伤。后金军与明辽军两支骑兵，在宁远城外展开激战，矢镞纷飞，马颈相交。明总兵满桂身中数箭、坐骑被创，尤世威的

---

① 《明熹宗实录》第84卷，天启七年五月辛卯，台北历史语言研究所校勘本，1962年，第27叶。
② 《清太宗文皇帝实录》第3卷，天聪元年五月癸巳，中华书局影印本，1985年，第16叶。

坐骑亦被射伤①；后金贝勒济尔哈朗、萨哈廉及瓦克达俱受伤，两军士卒，各有死伤。

明军骑兵战于城下，炮兵则战于城上。袁崇焕亲临城堞指挥，"凭堞大呼"，激励将士，并命从城上以"红夷炮""木龙虎炮""灭虏炮"等火器，齐力攻打。参将彭簪古以红夷大炮碎其营大帐房一座，"长子召力兔贝勒中箭死，次子浪荡宁谷贝勒亦没于阵"②。上文中的"长子"当为代善，"次子"当为莽古尔泰，均未死于阵，系据传闻而记。明车营马步官兵，不畏强敌，安营如堵，且"鳞次前进，相机攻剿"③。激战之间，后金兵死于炮火之中，明官兵倒于刀箭之下，横尸城外，尸填壕堑。至午，皇太极以其三员骁将"受伤，退兵，至双树堡驻营"④。

此战，从晨到午，明兵死战不退，后金军伤亡重大。明总督镇守辽东太监刘应坤奏报称："打死贼夷，约有数千，尸横满地。"⑤后金档案记载："瞬间攻破其营阵，而尽杀之。"⑥明辽军给后金军以杀伤，后金军予明车营以重创。后金贝勒济尔哈朗、大贝勒代善第三子萨哈廉和第四子瓦克达俱重伤，游击觉罗拜山、备御巴希等被射死。⑦蒙古正白旗牛录额真博博图等也战死。⑧后清人评论说：明朝与后金，两军相激战，"杀伤相当，尸满濠堑"⑨。

宁远比锦州，城池更坚深，兵马更精壮，火炮更猛烈，指挥更高明，尤有袁崇焕坐镇指挥，满桂、祖大寿、尤世威等猛将在城外搏击，后金兵无法靠近城池，甚至没有攻到城下。

---

① 《明史·满桂传》第271卷，中华书局点校本，1974年，第6959页。
② 《明史纪事本末·补遗》第5卷，中华书局标点本，1977年，第1475页。
③ 王在晋：《三朝辽事实录》第17卷，江苏省立国学图书馆藏本，第24叶。
④ 《旧满洲档》，天聪元年五月二十八日，中国台湾影印本，1969年。
⑤ 王在晋：《三朝辽事实录》第17卷，江苏省立国学图书馆藏本，第24叶。
⑥ 《旧满洲档》，天聪元年五月二十五日，中国台湾影印本，1969年。
⑦ 《清太宗文皇帝实录》第3卷，天聪元年五月癸巳，中华书局影印本，1985年，第17叶。
⑧ 《清史稿·明安达礼传》第228卷，中华书局标点本，1977年，第9268叶。
⑨ 魏源：《圣武记·开国龙兴记三》第1卷，中华书局，1984年，第24页。

经宁远激战，皇太极亲见明军炮猛兵勇，八旗官兵伤亡惨重，命令停止进攻，撤退至双树堡。后金将死者尸体，也运到这里焚烧。

二十九日，皇太极率军撤离宁远，退回锦州。①

守城者，以全城为上；攻城者，以不克为下。宁远一战，明军背城而列阵，凭城用炮，以车营拒敌，以骑兵野战，打退敌军，终于获胜。辽东巡抚袁崇焕欣喜地奏道：

> 十年来，尽天下之兵，未尝敢与奴战，合马交锋。②今始一刀一枪拼命，不知有夷之凶狠骠悍。职复凭堞大呼，分路进追，诸军忿恨此贼，一战挫之，满镇之力居多。③

由上，是战，皇太极攻城，而不克；袁崇焕守城，而全城——这就是明朝与后金宁远激战之历史结论。

皇太极攻宁远不克，又转攻锦州。

全城结局　二十九日，皇太极率军撤离双树堡。翌日，至锦州城下。

先是，二十八日，当后金兵在宁远城下激战之时，锦州的明兵趁其势单力弱，突然大开城门，蜂拥冲杀出来，攻向后金军大营，给予其一定杀伤。稍获初胜之后，迅疾撤退回城。后锦州战报送到皇太极手里，他感到宁、锦前后受敌，不得不迅速从宁远撤军。

至是，皇太极"至锦州，向城举炮、鸣角，跃马而前。令军士大噪三次，乃入营"④。以后数日，后金军继续围困锦州城。白天，以万骑往来，断城出入；夜晚，

---

① 《清太宗文皇帝实录》第3卷，天聪元年五月乙未，中华书局影印本，1985年，第17叶。
② 十年以来，明军在萨尔浒之战中的杜松、刘綎，沈辽之战中的贺世贤、童仲揆，广宁之战中的罗一贵等，皆为先例。此处似应作"广宁失陷以来"云云。
③ 王在晋：《三朝辽事实录》第17卷，江苏省立国学图书馆藏本，第25叶。
④ 《清太宗文皇帝实录》第3卷，天聪元年五月乙未，中华书局影印本，1985年，第17叶。

则遍举薪火，示警干扰。

六月初三日，皇太极见劝降无效，准备向锦州城发起进攻。后金军列八旗梯牌，陈火器攻具，相视四周形势，以备明日激战。

初四日，凌晨丑时，天聪汗设大营于城东南二里的教场，命数万官兵攻打锦州城南隅，卯刻进兵，辰刻攻城，顶冒挨牌，蜂拥以战。其他三面，列军佯攻，牵制明兵。明军从城上用火炮、火罐与矢石下击，后金军死伤众多。后金兵冒死运车梯，强渡城壕。壕深且宽，不得渡过，拥挤壕外，遭炮轰击，纷纷倒毙，尸积如山。皇太极无视军兵惨死，力督攻城，必欲夺城。至午，后金兵伤亡，更倍于午前。明军凭借坚城深壕，从城上发射火器，后金兵无法靠近城墙。傍晚，皇太极经过一天激战，见明军凭依高城深堑，施放强大火力，气候炎热，士气低落，攻城不下，遂撤回营。

锦州城外激战，后金军的损失，明总兵赵率教疏报，此役后金兵伤亡"不下二三千"①。明镇守太监纪用奏报："初四日，奴贼数万，蜂拥以战。我兵用火炮、火坛与矢石，打死奴贼数千，中伤数千，败回贼营，大放悲声。"②《清太宗文皇帝实录》记载："攻锦州城南隅，因城壕深阔，难以骤拔。时值溽暑，天气炎蒸，上悯念士卒，乃引军还。"③《旧满洲档》更少讳饰："此次攻打时，兵士死亡很多，大军遂还。"④

由上可见，皇太极撤军的三个因素——城壕深、天气热、死伤多，其中"死伤多"是其主要原因。明太监纪用奏报则另一说法："于焚化酋长尸骸处，天坠大星如斗。其落地如天崩之状，众贼惊恐终夜。至五鼓，撤兵东行。"⑤

明军为坚守锦州，用赏银鼓励官兵。明镇守辽东太监纪用、平辽总兵赵率教，

---

① 《东莞五忠传》卷上，载《袁崇焕资料集录》，广西民族出版社，1984年。
② 王在晋：《三朝辽事实录》第17卷，江苏省立国学图书馆藏本，第27叶。
③ 《清太宗文皇帝实录》第4卷，天聪元年六月己亥，中华书局影印本，1985年，第17叶。
④ 《旧满洲档》，天聪元年六月初四日，中国台湾影印本，1969年。
⑤ 王在晋：《三朝辽事实录》第17卷，江苏省立国学图书馆藏本，第27叶。

宣布奖励官兵奋勇杀敌办法：全城之日，每人每日赏银一两，于是官兵踊跃守城，奋勇拼杀；出城杀贼者，每员名赏银五十两，于是各官争相杀敌，遂以战胜。原计后金军围城二三日，实际围城二十五日，共计赏银五十八万四千五百七十二两。后朝廷如数兑现。①

初五日，凌晨，天聪汗皇太极开始从锦州撤军。经小凌河城，拆毁明军工事。初六日，至大凌河城，毁坏城墙，然后东去。皇太极的父汗努尔哈赤在《清太祖武皇帝实录》中曾留下遗训："至于攻城，当观其势，势可下，则令兵攻之，否则勿攻。倘攻之不拔而回，反辱名矣！"② 皇太极背负"辱名"之痛，于十二日回至沈阳。

初六日，辽东巡抚袁崇焕上《锦州报捷疏》言：

> 仰仗天威，退敌解围，恭纾圣虑事：准总兵官赵率教飞报前事，切照五月十一日，锦州四面被围，大战三次三捷；小战二十五日，无日不战，且克。初四日，敌复益兵攻城，内用西洋巨石炮、火炮、火弹与矢石，损伤城外士卒无算。随至是夜五鼓，撤兵东行。尚在小凌河扎营，留精兵收后。太府纪与职等，发精兵防哨外。是役也，若非仗皇上天威，司礼监庙谟，令内镇纪与职率同前锋总兵左辅、副总兵朱梅等，扼守锦州要地，安可以出奇制胜。今果解围挫锋，实内镇纪苦心鏖战，阁部秘筹，督、抚、部、道数年鼓舞将士，安能保守六年弃遗之瑕城一月，乌合之众兵获此奇捷也。为此理合飞报等因到臣。臣看得敌来此一番，乘东江方胜之威，已机上视我宁与锦。孰知皇上中兴之伟烈，师出以律，厂臣帷幄

---

① 《明熹宗实录》第86卷，天启七年七月乙亥，台北历史语言研究所校勘本，1962年，第11叶。
② 《清太祖武皇帝实录》第2卷，天命三年四月，原清宫内府藏，台湾广文书局影印本，1970年，第31叶。

嘉谟,诸臣人人敢死。大小数十战,解围而去。诚数十年未有之武功也!①

宁锦之战,后金军攻城,明辽军坚守,凡二十五日,宁远与锦州,以全城而结局。明人谓之"宁锦大捷",载入中国战争史册。

---

① 袁崇焕:《天启七年六月初六日锦州报捷疏》,载《袁督师事迹》,道光伍氏刻本。又参见《三朝辽事实录》第17卷,第27叶。

三 胜败兵略

宁锦之战，是明清兴亡史上一次极为重要的争局。后金与明朝，前者攻城，后者守城。攻城者以陷城为胜，守城者以全城为上。经过二十五天的争战，明军守住宁远、锦州，后金没有攻破宁远、锦州。明胜金败，原因固多，根蒂所在，兵略不同。

明军之胜，胜在兵略。明辽东巡抚袁崇焕，在接到后金大军进至闾阳驿哨报后，感到一场大的争战即将来临。先是，袁崇焕于同年二月二十四日提出"守为正着，战为奇着，款为旁着"的兵略。至是，他于五月十五日，奏报兵略是：

> 臣念海宇十年，疲于东役，征调生乱，转输告窘。不得已而用一简静精密之法。如曰：守为正着，战为奇着，款为旁着，以实不以虚，以渐不以骤。

朝廷旨准其奏报的兵略，并曰："内外文武，同心并力，坚壁固垒，避锐击惰，相机堵剿，务保无虞。"[1] 袁崇焕在指挥宁锦之战中，主要处理战、守、款、援四

---

[1]《明熹宗实录》第84卷，天启七年五月庚辰，台北历史语言研究所校勘本，1962年，第13叶。

个方面的关系，就是：守为正着，战为奇着，款为旁着，援为险着。

守为正着 所谓守，就是凭城用炮。袁崇焕"守为正着，战为奇着，款为旁着"的兵略，其核心是"守"。这在明季之时，辽西之地，以明朝疲弱之军，对后金累胜之师，是正确的兵略、明智的谋略。袁崇焕的"守"，就是"凭坚城以用大炮"①，宁远大捷，得到验证。但是，袁崇焕所说的"守"，是积极的防守，它"有别于马林之守而不防，袁应泰之守而不固，熊廷弼之守而不成，王在晋之守而不当，孙承宗之守而不稳；更不同于李永芳之通敌失守，李如桢之玩忽职守，贺世贤之出城疏守，王化贞之攻而拒守，高第之弃而不守"②。在宁锦之战中，辽东巡抚袁崇焕坚持守为正着的兵略。他任凭皇太极的激将、叫阵、引诱，均不出城浪战，而坚持"守为正着"、"凭城用炮"之典则。他的大将赵率教在守锦州时，也是贯彻并坚持"守为正着"的铁则。

袁崇焕的守为正着，汲取了明军萨尔浒之败以来的战争历史教训。明军要作到"守"，需有两个条件：一是"凭坚城"，二是"用大炮"，以城护炮，以炮卫城。从宁远之捷，到宁锦之战，其间只有十五个月。袁崇焕首要战备是，抓紧修城。锦州城在后金军进攻之前，刚缮修竣工。由是，关宁锦防线的北段——宁锦防线建成，关宁防线从宁远往前推进二百里，宁远成为关宁锦防线的中坚，锦州则成为关宁锦防线的前沿。袁崇焕坚持守为正着，固守宁远、锦州，以城相守，以炮相守，以军相守，以谋相守，岿然不动，终得完城。

立足于守，积极备战。从宁远之捷后，明朝加强备战，筑城、屯田、储粮、备械、请饷、买马、任将、练兵。以储粮来说，锦州解围后，尚有余米三万数千石。立足于守，敢战敢胜。特别是"以辽人守辽土"——选辽将，练辽兵，以辽人，卫辽土。辽人为保卫家乡而战，作战尤为英勇，如辽将祖大寿、朱梅、何可刚、黄

---

① 《明熹宗实录》第79卷，天启六年十二月庚申，台北历史语言研究所校勘本，1962年，第19叶。
② 阎崇年：《袁崇焕固守宁远之扬榷》，载罗炳锦、刘健明主编《明末清初华南地区历史人物功业研讨会论文集》，香港中文大学历史系，1993年。

龙等都有"百战百胜之勇"。

明军实行守为正着的正确兵略,特别是"凭坚城以用大炮"的战术,先被宁远之捷所验证,又被宁锦之捷所验证。

明以辽西关宁锦防线,对抗后金军队进攻,不仅"守",而且"战",将"守"与"战"结合。

战为奇着 所谓战,就是野战争锋。就是以守为正,以战为奇,避锐击惰,相机拼杀。此战,背依坚城,施放大炮,面对后金骑兵,运用奇战争锋,宁远与锦州,两城皆出战,马颈相交,刀来枪去,拼力厮杀,获得胜利。两城之间,各自坚守,互通音讯,遥相援应。此战"奇着",有三个突出的战例。

第一个战例是在笊篱山处。五月十六日,明山海总兵满桂、总兵尤世禄率关门援兵,北上驰救锦州,同后金护卫运粮骑兵在笊篱山相遇。后金军由六位贝勒率领,是一支精锐的骑兵,分作两翼,夹击明军。明军被围于笊篱山,满桂、尤世禄率军,奋勇而前,拼力冲杀。史载他们"奋勇力战,虏死甚众"。明军突破包围,阵亡将士罗忠等六十人。后金军回到塔山,明援军退回宁远。

第二个战例是在宁远城外。五月二十八日,后金军与明辽军在宁远城外,展开激烈的攻守战。明总兵满桂、副将尤世威和祖大寿等率精锐之师,出城结营,背倚城垣,排列枪炮,严阵待敌。皇太极亲率八旗军,力排大贝勒代善、二贝勒阿敏、三贝勒莽古尔泰谏阻,同贝勒阿济格等,向明满桂军驰疾进击。两军矢镞纷飞,马颈相交。总兵满桂身中数箭,满桂、尤世威的坐骑被创;后金贝勒济尔哈朗、萨哈廉及瓦克达俱受伤。袁崇焕凭城登堞指挥,命从城上发红夷大炮,轰击城下后金骑兵。彭簪古用红夷大炮击中后金军营大帐,并轰开其大营。皇太极见八旗官兵尸填壕堑,死伤惨重,下令退兵。明军城上与城下,骑兵与车营,不畏强敌,相机攻剿。激战从早到午,明兵死战不退,后金伤亡重大。明辽军给后金军以杀伤,后金军予明车营以重创。后金军游击觉罗拜山、备御巴希等被射死。①

---

① 《清太宗文皇帝实录》第3卷,天聪元年五月癸巳,中华书局影印本,1985年,第17叶。

后金军伤亡"约有数千，尸横满地"①。

第三个战例是在锦州城外。五月二十八日，皇太极率后金军主力前往宁远城之时，太监纪用、总兵赵率教，一改敌军围城叫阵不出的固守原则，趁后金军主帅远离、围城敌军势单力弱的态势，突然大开城门，蜂拥冲杀出来。攻向后金大营，给予一定杀伤。稍获初胜之后，迅疾撤退回城。此战，出乎后金军统帅的意料之外，迫使皇太极从宁远撤军，减轻了宁远所受的军事压力。

以上三个战例，都是"个案"，俱为"奇例"。其"奇"表现在：巧于时机，战事发生，或在宁远与锦州两场激战之间，或在皇太极到宁远尚未站稳脚跟之时，或在锦州后金军主力去宁远之际；巧于地点，或在距后金军主力较远的笊篱山，或在宁远与锦州的坚城之下；巧于配合，明军背凭坚城——有利时可以向前进击、不利时可以退入壕内，上用大炮——城上以猛烈炮火配合城下军队，驰驱争锋，拼命厮杀；巧于战法，发挥明军所长，以坚城大炮，并以车营、骑兵相配合，形成对后金军的立体作战。明军在宁锦之战中三用"奇着"表明，"战为奇着"在争战中有新的创造，就是凭城用炮与野战交锋相结合，挫彼锐气，获取胜利。

明在辽西关锦防线，对抗后金军的进攻，不仅"固守""奇战"，而且在"守""战"同时讲"款"，将"守""战""款"相结合。

款为旁着　所谓款，就是谈判议和。在宁锦之战中，战中议和，和中作战，边战边款，亦款亦战。宁远战后，袁崇焕派人到沈阳，借吊天命汗之丧、贺天聪汗登位为名，探彼虚实，积极备战。宁锦战前，又同天聪汗"议和"，以讲款争取时间，缮治锦州城，使之得以成为关宁锦防线的前茅要塞，并屯田储粮，练兵治械。在后金军围困锦州的二十五天期间，纪用、赵率教多次同后金大营往返官员，又以请款拖延时间，疲彼而待援，终于守住关宁锦防线之前沿堡垒。在宁锦之战全过程中，袁崇焕等将守、战、款三者，分明正奇，掌握主动，巧妙议和，聪灵运作，是为明军在宁锦之战中的一个明显特征。

① 王在晋：《三朝辽事实录》第17卷，江苏省立国学图书馆藏本，第24叶。

援为险着 所谓援,就是增援解围。在宁锦之战中,从总的兵力来说,明军处于优势。明有关内兵四万、关外兵八万,加上援兵三万,共约有官兵十五万。尚有数省兵员待命,随时调往关门。明军关外兵八万,加上满桂援兵万余人,达到九万人左右。这在兵力数量上已超过后金。明朝动员全国物力、财力、兵力用于辽西一隅,对付后金。但是,后金以五六万精兵围困锦州,后金军比明朝军在战术上居于优势。明军由关门出援,以动制静,以客攻主,处于不利局面。明总兵满桂不惧危险,野战争锋,敢打敢拼,虽然有所死伤,却予敌以重创。这着险棋,是自辽事以来的第一盘胜局。

明辽东巡抚袁崇焕将守、战、款、援四者,灵活运用,巧妙结合,夺取了宁锦大捷。

宁锦大捷,阉党获益。天启间,辽疆胜败之事,俱同党争攸关。先是广宁兵败,以熊廷弼案,东林要员赵南星等遭斥,阉党势力渐起。继是柳河兵败,阉党借此逼经略孙承宗去职,而以其党高第代之。兵败如是,兵胜也如是。先是宁远大捷后,魏忠贤借此宣扬厂臣之功,更提升其权位。时"其同类尽镇蓟、辽、山西、宣、大诸阨要地"①,并矫诏遣其党刘应坤为总督镇守辽东太监,陶文、纪用、孙茂霖、武俊、王莅朝等为镇守辽东太监,收揽兵柄,控制辽事。进而出现"内外大权,一归忠贤"的局面。继是宁锦大捷后,兵部议叙宁、锦之功并获旨准者,共六千四百六十一人,魏忠贤以"筹边胜算、功以帷幄"获头功,刘应坤、纪用等以"拮据战守,绩著疆场"而位列其次,内臣孙成等十人位列又其次,阉党崔呈秀等若干人位列复其次。甚至魏忠贤的从孙鹏翼(三岁)被封为安平伯、良栋(四岁)被封为东安侯,时"鹏翼、良栋皆在襁褓中,未能行步也"②。而宁锦大捷总指挥、辽东巡抚袁崇焕仅列第八十五位,且仅"加衔一级,赏银三十两,大红

---

① 《明史·魏忠贤传》第305卷,中华书局点校本,1974年,第7822页。
② 《明史·魏忠贤传》第305卷,中华书局点校本,1974年,第7824页。

纻丝二表里"①。战后，辽抚袁崇焕去职，锦州以尤世禄代赵率教，宁远以杜文焕代祖大寿。宁锦大捷报闻京师，阉党权势达到顶峰。与阉党对立的东林党，则遭到完全失败。天启腐败政治，至此达于极点。

宁锦之战——辽东巡抚袁崇焕因捷遭怨。袁崇焕构建的关宁锦防线和正确的兵略战术，是明军获得宁锦大捷的最重要因素。辽东巡抚袁崇焕的具体贡献：一是借助讲款，争取时间，重建关宁锦防线；二是主持筑、守锦州城，统筹关、宁、锦之战守布置大局；三是后金兵围锦州而派师出援，致其分兵宁远，锦州守兵得以出城战杀；四是守御宁远并出兵背城野战，予敌以重创，如宁不保则锦孤城难守；五是总兵赵率教用袁崇焕战守款兼用的兵略，带领将士守住锦州；六是迫使皇太极先虑宁援锦而转攻宁，后顾锦突围出击断其后路而回攻锦，辗转被动，无奈退兵；七是提出并实践"守为正着，战为奇着，款为旁着"的兵略；八是首次提出"凭坚城以用大炮"的战术原则；九是在中国军事史上，首次将红夷大炮架设城上，于实战中使用红夷大炮，并取得骄人的战果；十是袁崇焕表现并留下高尚的品德与精神，如后来兵部署部事左侍郎吕纯如疏言："臣持议必欲朝廷用崇焕者，只认定'不怕死、不爱钱'与'曾径（经）打过'十个字耳。强敌压境，人方疾呼而望援兵，而崇焕乃置母、妻于军中，纸上甲兵，人人可自命也，而实实从矢石锋刃中练其胆气，而伎俩较实，此臣所以谓始终可用也。"②

因此，袁崇焕在宁锦大捷中应为首功。但旨称："宁锦危急，赖厂臣调度以奏奇功。"又称："宁锦之捷，制胜折冲，皆受厂臣秘画。"赞颂忠贤："德被四方，勋高百代。"将宁锦前线胜利功劳，归于魏忠贤及其党羽。魏忠贤嫉贤、嫉能，妒功、妒才，他指使党羽将袁崇焕排挤出朝廷。袁崇焕功高不赏，反遭排挤。他于七月初一日上《乞休疏》，以病为由，请辞归里。旨批，袁崇焕"疏称抱病，情词恳切，准其回籍调理"。

①《明熹宗实录》第87卷，天启七年八月乙未，台北历史语言研究所校勘本，1962年，第4叶。
②《崇祯长编》第8卷，崇祯元年四月丙午，台北历史语言研究所校勘本，1962年，第15叶。

袁崇焕去职后，仍遭到阉党嗾使御史李应荐的攻讦。李应荐讦奏："袁崇焕假吊修款，设策太奇。顷因狡虏东西交讧，不急援锦州。此似不可为该抚。"得旨："近日宁锦危急，赖厂臣调度，以奏奇功，说得是。袁崇焕暮气难鼓，物议滋至，已准其引疾求去。"① 讦奏中所谓"修款"②，《今史》记载："李喇嘛、方金纳之遣，权党主之，内镇守奉行之，崇焕因而委蛇其间，以修宁、锦之备，其用意与他人不同。"③ 袁崇焕"假吊修款"是奏报后得到朝廷允许的，讦奏中所谓"不急援锦州"，为不实之词。因为：其一，锦州围危，崇焕驰疏："且宁远四城，为山海藩篱，若宁远不固，则山海必震，此天下安危所系，故不敢撤四城之守卒而远救，只发奇兵逼之。"得旨："宁远四城，关门保障，该抚不轻调援，自是慎重之见。"④ 袁崇焕不从宁远抽调援兵既获旨允，便谋求他策。其二，派出四支奇兵——舟师抄后、蒙古西援、死士袭营和勇卒惊扰，以援助锦州。其三，请亲率"三万五千人以殉敌，则敌无不克"⑤。但此议受到总督和兵部的疏止。得旨："援锦之役，责成三帅，宁抚只宜在镇，居中调度，战守兼筹，不必身在行间。"⑥ 其四，袁崇焕调发满桂、尤世禄、祖大寿率军北援锦州。可见"袁崇焕不援锦州为暮气"，是魏忠贤对他的忌恨，盖为不实之诬词。

兵部署部事、右侍郎霍维华为袁崇焕鸣不平："抚臣袁崇焕，置身危疆，六载于兹，老母妻子委为孤注，劳苦功高，应照例荫录。"他疏乞："以畀微臣之世荫，量加一级，以还崇焕。"霍维华遭到旨斥："恩典出自朝廷，霍维华何得移荫市德，好生不谙事体！"⑦ 袁崇焕因捷遭责，深恨阉党。后袁崇焕斩毛文龙，指毛当斩的

---

① 《明熹宗实录》第86卷，天启七年七月丙寅，台北历史语言研究所校勘本，1962年，第4叶。
② 阎崇年：《袁崇焕"谋款"辨》，《光明日报·史学》1994年6月6日。
③ 佚名：《今史》第3卷，崇祯元年四月十三日，《玄览堂丛书》本。
④ 《明熹宗实录》第84卷，天启七年五月甲申，台北历史语言研究所校勘本，1962年，第19叶。
⑤ 《明熹宗实录》第84卷，天启七年五月辛卯，台北历史语言研究所校勘本，1962年，第27叶。
⑥ 《明熹宗实录》第84卷，天启七年五月癸巳，台北历史语言研究所校勘本，1962年，第30～31叶。
⑦ 《明熹宗实录》第87卷，天启七年八月壬寅，台北历史语言研究所校勘本，1962年，第12叶。

一条罪状是:"辇金京师,拜魏忠贤为父,塑冕旒像于岛中。"①指斥毛文龙勾结阉党,其罪当死。袁崇焕先获宁远大捷、继获宁锦大捷后,不仅遭到后金的仇恨,而且受到阉党的怨恨。天命汗努尔哈赤与天聪汗皇太极父子,先后两次败在袁崇焕手下。皇太极既不能打破关宁锦防线,又不能攻破山海关门,后设反间计,陷害袁崇焕(后文专述)。

从中可以看出:宁锦之战对于明朝与后金,产生了正负两面极为深远的影响。

宁锦之战——明朝为福兮祸伏。宁锦战后,明为胜方,捷报驰京,举朝相庆。先是,锦州被围,朝野惊恐,"万一锦不存,而宁必受兵"②;宁若受围,则关门震动。"守以全城为上",明辽军守住锦州城和宁远城,因而获胜。于锦州守军,朝廷嘉奖其兵将曰:"捍守孤城,力挫奴锋,屏障宁远,忠义之气,贯日干云。"③这番嘉奖,同样适用于坚守宁远之兵将。所以,宁锦大捷使朝廷上下,极大振奋。宁锦之役的一个结果是,关宁锦防线不仅经得住战火的考验,而且得到了朝廷的认可。

宁锦防线,几经争议。宁远之筑守,遭到非难;宁远一捷,才算平息。锦州之筑守,亦遭物议,宁锦大捷,方获旨准。宁锦战后一月,督臣阎鸣泰疏云:"锦州遐僻奥区,原非扼要之地。当日议修,已属失策。顷以区区弹丸,几致挠动乾坤半壁。虽幸无事,然亦岌岌乎殆矣!窃意今日锦州,止可悬为虚着,慎弗狃为实着;止可设为活局,慎弗泥为死局。"④疏上,兵部复疏:"锦州一城,为奴所必争。内镇臣所云'轻兵以防,小修以补,贼至则坚壁清野以待',即督臣所谓'虚着活局'之意。臣部以为,锦城已守有成效,决不当议弃!"得旨:"关门之倚宁远,宁远之倚塔山、锦州,皆层层外护,多设藩篱,以壮金汤。"⑤驻锦州总兵尤世禄亦言锦城不可居。廷臣疏言:"锦州不可不守。夫全辽疆土,期于必复,咫尺锦州,岂可异议!

---

① 《明史·袁崇焕传》第259卷,中华书局点校本,1974年,第6717页。
② 《明熹宗实录》第84卷,天启七年五月丙戌,台北历史语言研究所校勘本,1962年,第23叶。
③ 《明熹宗实录》第84卷,天启七年五月乙未,台北历史语言研究所校勘本,1962年,第33叶。
④ 《明熹宗实录》第86卷,天启七年七月壬申,台北历史语言研究所校勘本,1962年,第9叶。
⑤ 《明熹宗实录》第86卷,天启七年七月己卯,台北历史语言研究所校勘本,1962年,第18叶。

况向以修筑未完之日，尚能据以挫贼；今乘此战守已胜之余，何难凭以自固！且尤世禄定为信地增兵，奉有明旨，宜一意修葺城垣，整顿兵马，料理刍粮，为有进无退之计可也。"① 新任督师王之臣亦认为："各帅信地已定，自当有进无退，岂得移易！地利失险，则人心不固。"② 以上议守锦州之疏，皆得旨准。由是，袁崇焕大胆经始、苦心经营、浴血守卫的关宁锦防线，经受了宁远、宁锦两次大战的考验，终于得到朝廷坚意支持，并得以巩固。袁崇焕凭借关宁锦防线，堵御后金军八年之久不得逾越南进，其功不可泯。在袁崇焕身后，祖大寿以其余威震于边，辽军守御的关宁锦防线仍坚不可摧。直至崇祯十五年（1642）锦州才被攻陷；而宁远、关门，则与明祚同终。关宁锦防线支撑着明朝与后金-清在辽西对峙，长达二十二年之久，而后金-清终究未能突破这道防线。明末的关宁锦防御体系，宁远卫守关门，锦州又护卫宁远，终明之世，关门未破。后来清乾隆帝论道："山海关，京东天险，明代重兵守此，以防我朝。而大军每从喜峰、居庸间道内袭，如入无人之境。然终有山海关控扼其间，则内外声势不接；即入其他口，而彼得挠我后路。故贝勒阿敏弃滦、永、遵、迁四城而归，太宗虽怒谴之，而自此遂不亲统大军入口。所克山东、直隶郡邑，辄不守而去，皆由山海关阻隔之故。"③

后金之败，败于兵略。皇太极自万历四十年（1612），年过二十岁，第一次跟随父汗出征乌拉，到清太祖努尔哈赤死，前后十五年，他身历乌拉、萨尔浒、叶赫、抚清、开铁、沈辽、广宁和宁远等八大战役，不仅作战勇敢，而且足智多谋。然而，皇太极没有独立指挥过一次重大的战役。宁锦之战是皇太极亲自参与、独立指挥的第一次重大的战役。但是，皇太极在宁锦之战的兵略，犯下严重错误——天时不占、敌情不明、指挥不当、大炮不利。

---

① 《明熹宗实录》第86卷，天启七年七月癸未，台北历史语言研究所校勘本，1962年，第21叶。
② 王在晋：《三朝辽事实录》第17卷，天启七年七月，江苏省立国学图书馆藏本，第30叶。
③ 魏源：《圣武记》第1卷，中华书局，1984年，第32页；原文见《清高宗纯皇帝实录》第1066卷，乾隆四十三年九月丁亥朔，中华书局影印本，1985年。

天时不占 行军作战,首占时机。时,天时也;机,机会也。魏源说:"用兵,有小天时,有大天时。小天时以决利钝,大天时以决兴亡。慎其小时,则军出万全;俟其大时,则一戎衣而成帝业。"皇太极父汗努尔哈赤夺取萨尔浒大捷在三月,进攻沈阳、辽阳在三月,攻占广宁在正月,觉华岛涉冰渡海也在正月。皇太极发兵进攻锦州、宁远,却在五六月。时过夏至,天气燥热,风餐野宿,暴露荒原,长达三十六天,逆天时之利,犯兵家所忌。且后金军远征朝鲜,从正月初八日发兵,到四月二十日回至沈阳,大军师行一百零二天。从班师之日,到五月初六日发兵攻明锦州,中间仅隔十四天,不顾八旗将士从朝鲜到锦州数千里连续行军作战,额真劳顿,兵马未歇,粮械未备,时机不当。时明兵部尚书王之臣指出,后金"溽暑行兵,已犯兵家之忌。我惟明烽远哨,坚壁清野,以逸待劳,以饱待饥,如向年宁远婴城固守故事。且河西粮石,俱已搬运锦州。千里而来,野无所掠,不数日必狼狈而回。"① 就季节而言,正如王之臣所说"溽暑行兵,已犯兵家之忌"。

皇太极发动宁锦之战,既不占天时,更不合机会。书云:"作天下之事,本乎机;成天下之事,存乎会。机以动之,会以合之。古今之所有事,率由是也。"② 皇太极兴兵攻宁、锦,时机选择不当。其时,明军已经重缮锦州城,且兵、马、粮、炮俱已有备。所以,皇太极发动宁锦之战,就后金而言,时间晚了一步。如在明军锦州城未缮完之时,后金军倾力攻城,就会是另一番局面。而且兵攻异邦朝鲜,刚刚班师,长途疲劳,未及休整,也未准备,贸然兴兵攻明,也为兵家所忌。皇太极进攻宁锦,犯下天时不占、机会不占两忌,其结果自然不出王之臣之所料,兵败宁锦。所不同的是,皇太极暴军不是三五日,而是二十五日,时间愈长,损失愈重。这是皇太极征战谋略的一个不周,也是后金军宁锦战败的一个时机因素。

敌情不明 "知己知彼,百战不殆。"皇太极率军进攻宁、锦,暗于知彼。一不明明军的关宁锦防御体系。皇太极攻打锦州的意图,明兵科都给事中许可徵言:

---

① 《明熹宗实录》第84卷,天启七年五月己卯,台北历史语言研究所校勘本,1962年,第10叶。
② 杨行中纂修:《嘉靖通州志略·杨序》卷首,嘉靖二十八年(1549)刻本。

"逆奴犯锦州，不过欲扰我屯田、筑城，又恐我备一固，后难为力。故及城工甫成，蓄积未厚，而引兵亟击。"①皇太极看到的是锦州筑城，而不是关宁锦防线。后金与明朝进行的宁锦之战，后金军进攻的不仅是锦州城和宁远城，而且是坚固的关宁锦防御体系；同样，明辽军防守的不仅是锦州城和宁远城，而且是坚固的关宁锦防御体系。先是，自后金崛兴向明朝攻夺城池以来，所陷抚顺、清河、开原、铁岭、瑷阳、海州、蒲河、懿路、沈阳、辽阳、广宁和义州等，虽各有其因，但均为孤城。即使后金军攻打沈阳与辽阳时，两城也各自为守，而未彼此援应。后金军进攻以上诸城，皆为各个击破。但是，宁锦之战不同，后金军攻打锦州、宁远时，顽强对抗的，既是锦州和宁远两城中的守城军队，又是整个关宁锦防御体系中的军事力量。明天启初，关宁锦防线初建，便受到宁远战火的考练。袁崇焕指挥明辽军，打破后金军的进攻，获宁远之捷。至天启末，关宁锦防线重建，又受到宁锦战火的考练。袁崇焕指挥明辽军，打败后金军的进攻，获宁锦大捷。因而，以关宁锦防线对抗后金军的夺城之攻，是为宁锦之役的一个明显特征。明辽西关宁锦防线；对抗后金军的进攻，以榆关、宁远、锦州为三个支撑点，关、宁、锦互通声息，南、中、北互相应援。在抵御皇太极率军攻宁、锦时，由辽东巡抚袁崇焕划一指挥，分别责成，相互配合，确保无虞。其官兵的调发、接应、援守、犒赏、饷粮、炮械等，一切俱由辽抚或疏奏请旨，或相机行事。朝廷旨派总镇内臣与辽抚在此役中，和衷共济，契合应敌，故未重蹈"始因文、武不和，而河东沦于腥膻；继因经、抚不和，而河西鞠为蓁莽"②的覆辙。在宁锦之役中，辽抚袁崇焕划一事权，关、宁、锦联为一气，南、中、北串成一线。锦州困危，总督镇守辽东太监刘应坤，自关门"提兵三千余名，出关援锦州"③；总兵满桂率兵一万发自关门，至中坚宁远，简四千为奇兵，由满桂、尤世禄带领，北援前沿锦州。

---

① 《明熹宗实录》第84卷，天启七年五月壬午，台北历史语言研究所校勘本，1962年，第15叶。
② 《明熹宗实录》第81卷，天启七年二月癸卯，台北历史语言研究所校勘本，1962年，第6叶。
③ 《明熹宗实录》第84卷，天启七年五月庚寅，台北历史语言研究所校勘本，1962年，第26叶。

从而显示出锦州-宁远-关门是一道完整的防御体系，各城之间，相互联络，彼此支援，"战则一城援一城，守则一节顶一节，步步活掉，处处坚牢"①。是为宁锦之役的又一个明显特征。不明敌人之将，虽集中兵力，却以不能击能，以己短击其长，愈遭重创，兵败城下。

大炮不利 宁远战后，明军运储大量多种火器，而后金军的武器无所改进，其冷兵器在红夷大炮等火力网下相形见绌。明军守将袁崇焕固守宁远城的武器，不仅使用辽东其他城镇之常规械具——弓箭、火铳、佛朗机炮，而且运用了新式武器——红夷大炮即西洋大炮。西洋大炮是西洋新制造的早期加农炮，具有射程远、精度高、威力大等优长。天启初，明朝从澳门向葡萄牙购进西洋大炮，其中十一门运至宁远城御守。袁崇焕在宁远城设附台，台置洋炮，以台护炮，以炮卫城。同时，经葡萄牙炮师训练的火器把总彭簪古也被派到宁远，培训了袁崇焕从福建邵武带来的仆从罗立等为炮手。在宁远之战中，袁崇焕第一次将西洋大炮用于实战。后金军统帅努尔哈赤，对袁崇焕使用新式武器西洋大炮及其性能一无所知。结果，天命汗努尔哈赤在宁远之战中，以纵骑驰突，对西洋大炮，死伤惨重，兵败城下。皇太极在战术上，还是沿袭其父汗的传统战法，引明兵出城野战，不成；以车梯盾牌为攻城器具，不能对付威力强大的西洋大炮。皇太极在新武器西洋大炮之下，以骑射攻城，以楯车掩护，其失败是不可避免的。

指挥不当 宁锦战争，后金军失败的原因固多，诸如暑热出师不利、缺乏充分准备、缺少西洋大炮、新汗地位不稳等，但一次独立战役的胜败，主帅的谋略是战争胜败的关键。所以，天聪汗皇太极作为宁锦之战后金军的统帅，其兵略之错误，盖不容辞其咎。皇太极先率师攻围锦州，不克；又未扬长避短，围城打援；却南攻宁远，劳师远袭，又未克；再回攻锦州，以动制静，仍未克；前后兵力分散，锦、宁首尾两顾，兵分势弱，双遭打击。这就反主为客，以动制静，以短攻长，以劳制逸，以饥待饱，兵多势分，失去主动，终至失败。皇太极对失败的两个关

---

①《明熹宗实录》第70卷，天启六年四月丁亥，台北历史语言研究所校勘本，1962年，第16叶。

键因素——优秀统帅袁崇焕及其"凭坚城用大炮"的法宝,缺乏深刻的认识。他没有从其父汗宁远之败中汲取教训,以情感而非理智、以经验而非兵略指挥作战,必定是要失败的。

袁崇焕总结以往的教训,改变战术,变野外浪战为"撄城死守",后金骑兵在坚城大炮之下,即丧失优势,无所施其技。后金军统帅努尔哈赤在历次征战中,其赖以制胜的法宝:一是驱骑驰突,二是里应外合。但袁崇焕所指挥的军队,歃血为誓,纪律严明,拒不野战,杜绝内奸。皇太极愈是诱其出城交锋,袁崇焕愈是凭坚城、勿野战;皇太极愈是收买内奸,袁崇焕愈是查奸细、无叛民。在宁远、在锦州,"无夺门之叛民,内应之奸细"。在宁远之战中,守军既闭城不出、绝不野战,又内无奸细、夺门叛民。这就使天聪汗的两大法宝黯然失辉。结果,后金军统帅皇太极在宁锦之战中,不明敌人之军,不明敌人之将,以短击长,以箭制炮,死伤惨重,兵败城下。

明辽东巡抚袁崇焕守卫宁、锦的谋略是:主固守、慎野战、凭坚城、用大炮。但是,后金军统帅皇太极没有针对彼之谋略,制定己之兵略。两军相争,谋略为上。在战前,应多算——多算胜,少算不胜,何况无算?天聪汗皇太极忘记兵法的一条基本规则:己有备,敌无备,则胜可知;己有备,敌有备,则不可为;己无备,敌有备,则败可知。皇太极在宁锦之战中,不明袁崇焕之谋,以旧兵略、旧经验、旧武器、旧战法,去对付袁崇焕的新兵略、新手段、新武器、新战法。结果,后金军统帅皇太极在宁锦之战中,不明敌人之谋,以暗制明,以愚制智,死伤惨重,兵败城下。

天聪汗皇太极在宁锦之战中,天时不占、敌情不明、大炮不利、指挥不当,唯欲恃强,唯欲求胜,希求成功,反而失败。所以,在宁锦之战中,皇太极集中兵力、纵骑驰突、里应外合、速战速决的兵略,被袁崇焕主固守、慎野战、凭坚城、用大炮的兵略所克。袁崇焕的兵略是皇太极的兵略之克星。

天命汗努尔哈赤于宁远城兵败后不久身死,吞下其攻打宁远城错误兵略的苦果。其子皇太极未从乃父错误兵略中汲取教训，于天聪元年即天启七年（1627），再率倾国之师，进攻宁、锦。皇太极先攻锦州不克，再攻宁远又不克，复攻锦州仍不克。此役，后金军攻城，明辽军坚守，凡二十五日，大战三次，小战二十五次，明辽军以全城奏捷，后金军以失败告终。宁锦之战，从实质上说，是袁崇焕兵略之胜、皇太极兵略之败。天聪汗皇太极犯下兵家"五忌"①，且比其父多吞了两枚苦果：一枚是兵不贵分——"先攻锦州、再攻宁远、复攻锦州"分兵的苦果；另一枚是兵不贵久——顿兵野外、攻坚不下、未释而避、迁延师老的苦果。

但是，皇太极能吸取教训，化祸为福。其新举措，兹举四端：

第一，转攻西翼蒙古。皇太极攻锦州受挫后，转而注意于漠南蒙古未服诸部。他回至沈阳后，于七月同蒙古敖汉部、奈曼部首领琐诺木杜棱、衮出斯巴图鲁等会盟。次年二月，皇太极率军至敖木轮地方，击败察哈尔所属多罗特部。同年九月，率军征察哈尔"至兴安岭，获人畜无算"②。六年四月，再派军征察哈尔，后师至黄河，林丹汗走死于青海打草滩。九年，后金军三征察哈尔，得"传国宝玺"，察哈尔部亡，统一漠南蒙古。皇太极征抚漠南蒙古的胜利，为其绕道蒙古、攻打北京准备了条件。

第二，绕道蒙古入关。皇太极两次尝到败于关宁锦防线的苦果后曰："彼山海关、锦州，防守甚坚，徒劳我师，攻之何益？惟当深入内地，取其无备城邑可也。"③由是，他在自身武器装备改善之前，不再正面强攻锦、宁，而是绕过关宁锦防线，取道蒙古，破塞入内。天聪三年即崇祯二年（1629），天聪汗率军绕道蒙古，从大安口、龙井关入塞，攻打北京。天聪七年即崇祯六年（1633），后金贝勒大臣、固山额真在奏议进攻明朝兵略时，贝勒豪格奏言："锦州、宁远，攻之无益，何也？我国攻城之法，彼尽知之。况我兵曾攻之而未得，若复令攻之，必有畏难之

---

① 皇太极在宁锦之战中犯下的兵家"五忌"是：一为天时不合，二为地利不占，三为火器不精，四为准备不够，五为指挥不当。参见阎崇年《宁锦防线与宁锦大捷》，载《袁崇焕研究论集》，文史哲出版社，1994年。
② 《清太宗文皇帝实录》第4卷，天聪二年九月丁丑，中华书局影印本，1985年，第14叶。
③ 《清太宗文皇帝实录》第6卷，天聪四年二月甲寅，中华书局影印本，1985年，第13叶。

意。虽得锦州，此外七城，尚烦攻取。若徒得一城，其余皆坚壁不肯下，弥旬旷日，恐老我师。"①豪格等贝勒对宁远、锦州之败，不仅脑中烙印深刻，而且心存畏惧情绪。天聪八年即崇祯七年（1634），后金军入塞，蹂躏宣府、大同。崇德元年即崇祯九年（1636）清军耀兵于京畿。崇德三年即崇祯十一年（1638），清军兵至山东，攻占济南，翌年还师。崇德七年即崇祯十五年（1642），清军再入山东，大肆掳掠而归。以上俱间道蒙古，破墙入犯，肆虐关内。

第三，制造红衣大炮。努尔哈赤、皇太极两败于袁崇焕，原因之一是受西洋大炮所制。先是，后金军已缴获不少明军火器，因骑兵携带不便，不认识其价值，而未发挥其作用。宁锦败后，皇太极下令仿造西洋大炮。天聪四年即崇祯三年（1630），皇太极命汉官仿造红衣大炮。翌年正月，后金仿造的第一批红衣大炮，共十四门，在沈阳造成，定名号为"天祐助威大将军"②。满洲终于有了自制的红衣大炮。从此，后金-清开始了冷兵器与火器并用的时代。同年八月，皇太极派军用红衣大炮攻围大凌河城。此役，八旗军用红衣大炮攻坚、打援、围城、破堡，大炮所向，尽显神威，攻克大凌河城，降明将祖大寿，且缴获明军含红衣炮在内的大小火炮三千五百位。③后金制成红衣大炮，用之装备八旗，引起军制变革。

第四，变革八旗军制。皇太极在第一批红衣大炮仿造成功，并攻陷大凌河城，招降祖大寿后，命八旗满洲设置新营。其名为 ujen i cooha，汉音译为"乌真超哈"，汉意译为"重军"，即使用火炮等火器之炮兵。这些红衣大炮的督造官佟养性被命为昂邦章京，是为后金的第一位炮兵将领。乌真超哈的建立，标志着八旗军制的重要变革："乌真超哈的建立，是八旗满洲军制的重要变革。在这之前，八旗以骑兵为主，兼有步兵；而建立乌真超哈，标志着后金军队已经是一支包括骑兵、炮兵和步兵多兵种的军队。就作战而言，既擅野战，又可攻坚，炮兵的火力——

---

① 《清太宗文皇帝实录》第14卷，天聪七年六月戊寅，中华书局影印本，1985年，第15叶。
② 《清太宗文皇帝实录》第8卷，天聪五年正月壬午，中华书局影印本，1985年，第2叶。
③ 《清太宗文皇帝实录》第10卷，天聪五年十一月癸酉，中华书局影印本，1985年，第14叶。

骑兵的冲击力，机动性得到良好结合；就训练而言，亦由单一的骑兵训练，而为骑兵与炮兵、步兵合成训练。因而，乌真超哈的建立，标志着八旗满洲摆脱了旧军制的原始性，是一项重大进步。"①于是，由制造和使用红衣大炮及诸火器而建立的乌真超哈，进而引起八旗军制的变革。红衣大炮和火枪等火器用于八旗装备和作战，引发后金军队的编制、装备、训练、战术的巨大变化。

宁远与宁锦两役，明恃关宁锦防御体系，使后金天命汗、天聪汗父子两汗受挫。明乘宁远与宁锦两捷之威，依关宁锦防御体系之固，迫使皇太极在位十七年而不得近关门一步。直至皇太极死后，明朝国祚灭亡，吴三桂引清兵入关，清才得以叩开关门，打败李自成，迁鼎燕京，入主中原。②明清之际的历史表明，袁崇焕夺取宁远与宁锦两捷，建立关宁锦防御体系，丰富了兵坛智慧宝库，建树了伟烈历史功勋。

---

① 解立红：《红衣大炮与满洲兴衰》，载《满学研究》第二辑，民族出版社，1994年，第106页。
② 阎崇年：《辽西争局兵略点评》，载《满学论集》，民族出版社，1999年。

第三章 袁崇焕督辽

一 明政局突变

明军取得宁锦大捷后，庙堂上下，朝廷内外，一片欢腾，庆祝胜利。天聪汗方面，六月初五日自锦州撤军，十二日回到沈阳。天启帝方面，朱由校谕旨，要举行庆典，亲临献俘，告祭庙社，鼓振人心。但是，七月初一日，天启帝"不豫"。未能在预定初九日亲临献俘朝贺大典。八月二十一日，天启帝病危。二十二日，天启帝崩于乾清宫①，年二十三。遗诏由其五弟信王朱由检嗣皇帝位。

天启帝是明朝十六位皇帝中寿命最短的一位。他十六岁登极，在位七年，年号天启，庙号熹宗。天启帝在位的七年间，丢掉沈阳、辽阳，辽河以东土地被后金占有；又丢掉广宁、义州，辽河以西军事形势十分危急。但是，赖有孙承宗、袁崇焕等一批文臣，又有满桂、赵率教、祖大寿、何可刚等一批武将，还有一道纵深四百里的关宁锦防线，使天命汗努尔哈赤先败在宁远城下，天聪汗皇太极又败在宁远、锦州城下。

---

① 《明熹宗实录》第87卷，第30叶，天启七年八月乙卯（二十二日）"上崩于乾清宫"；《明史·熹宗本纪》，天启七年八月乙卯（二十二日），天启皇帝"崩于乾清宫"。《崇祯长编》第1卷，天启七年八月甲寅（二十一日）"熹宗崩"。

然而，天启帝在《遗诏》中，没有罪己的遗言，却有显示功绩的赞誉："三殿告成，光复堂构；夷氛屡挫，边围渐安。"① 其功绩的前者，指的是重修皇极殿（太和殿）、中极殿（中和殿）、建极殿（保和殿）。明朝北京宫城的奉天殿、华盖殿、谨身殿，始建成于永乐十八年（1420）。永乐十九年（1421）正月初一日，永乐皇帝登临奉天殿（太和殿），举行大朝会，既庆贺新年正旦，又庆贺奉天、华盖、谨身三大殿告成。但是，四月初八日午时，三大殿遭雷火焚毁。正统五年（1440）三月，重建三殿告成。嘉靖三十六年（1557）四月，三殿第二次被焚毁。四十一年（1562）九月，三殿再建告成，改名奉天殿为皇极殿、华盖殿为中极殿、谨身殿为建极殿。万历二十五年（1597），三殿第三次遭灾，四十三年（1615）八月，开始筹备复建三殿。天启七年（1627）八月，三殿工程报竣②，迁延时日，近三十年。三殿重建工程，规模宏伟壮丽，主要在天启朝完工，所以天启帝在其《遗诏》中突出颂扬。

其功绩的后者，明人称之为"宁远大捷"和"宁锦大捷"。前已述，不赘言。但是，《明史·熹宗本纪》对他另有一番评论。《明史·熹宗本纪·赞曰》：

明自世宗而后，纲纪日以陵夷，神宗末年，废坏极矣！虽有刚明英武之君，已难复振。而重以帝之庸懦，妇寺窃柄，滥赏淫刑，忠良惨祸，亿兆离心，虽欲不亡，何可得哉。③

上引对天启帝朱由校七年在位历史的评价："帝之庸懦，妇寺窃柄，滥赏淫刑，忠良惨祸，亿兆离心"二十个字的史论，可谓精当，并不过分。这主要表现在：其一，皇帝懦弱，依赖宦官和乳母，既无天子雄才气概，也无男子卓立品格；其二，"妇

---

①《明熹宗实录》第87卷，天启七年八月乙卯，台北历史语言研究所校勘本，1962年，第30叶。
②《日下旧闻考》第34卷，北京古籍出版社，1981年，第515～519页。
③《明史·熹宗本纪》第22卷，中华书局点校本，1974年，第306～307页。

寺窃柄"即客魏专权，独揽朝纲。国子监生陆万龄请建魏忠贤生祠于太学旁，岁祀如孔子，"同举并行。得旨：特允举行"①。此事荒唐，史无前例，无以复加，至矣极矣。其三，"滥赏淫刑"，如魏忠贤之亲属尚在襁褓却获得"宁锦大捷"重赏，之侄良栋为东安侯，之孙鹏翼为安平伯。其四，黑白混淆，功罪倒衡。七月初二日，以"袁崇焕暮气难鼓，物议兹至，已准其引疾求去"②，虽立殊勋，却遭罢黜，"罢袁崇焕"。其五，杨涟、左光斗等，遭诬刑逼而惨死诏狱。其六，士习日下。主事陆澄源言："比来士气渐降，士节渐卑，日以称功颂德为事，如厂臣魏忠贤，服事先帝，赞筹边务，拮据大工，亦大臣分内事，朝廷论功行赏，自有典常，何至宠逾开国，爵列三等，锦衣遍宗亲，京堂滥乳臭也。先帝圣不自圣，诏旨批答，必归功厂臣，而厂臣居之不疑，外庭奏疏，不敢明书忠贤姓名，尽废君前臣名之礼。至祝厘遍于海内，奔走狂于域中，誉之以皋夔，尊之以周孔，身为士大夫者，首上建祠之疏，以至市估儒枭，在在效尤。士习渐降渐卑，莫此为甚。"③其七，"兆民离心"。其八，丧钟敲响。如同年二月，陕西澄城民变，杀死知县张斗耀，揭开明末农民战争历史的帷幕，敲响朱明皇朝行将灭亡的丧钟。

总之，明熹宗天启帝继废坏而更废坏，继政乱而更政乱。顺天府尹刘宗周在《祈天永命疏》中分析："自神庙以来，士大夫朋党相轧，使忠良尽遭屠戮，而杀机先发于内阁。尤自熹庙以来，士大夫贿赂公行，使帑藏日沦于虚耗，而秽德亦先闻于内阁。"④

天启帝死，崇祯帝立。明廷发生重大变局。崇祯帝在天启帝死后第二天，即八月二十四日，在中极殿即皇帝位，改明年为崇祯元年（1628）。时过一周，即十一月初一日，崇祯帝惩治天启朝的政治赘瘤客魏集团，并采取果断措施：其一，

---

①《明熹宗实录》第87卷，天启七年五月己巳，台北历史语言研究所校勘本，1962年，第3～4叶。
②《明熹宗实录》第86卷，天启七年七月丙寅，台北历史语言研究所校勘本，1962年，第4叶。
③《崇祯长编》第2卷，天启七年十月丙辰，台北历史语言研究所校勘本，1962年，第32叶。
④《崇祯长编》第36卷，崇祯三年七月己卯，台北历史语言研究所校勘本，1962年，第7叶。

安置魏忠贤于安徽凤阳，寻魏忠贤缢死。其二，撤各边镇的镇守太监。其三，推翻天启时冤假错案，释放出一批被诬下狱的官员，昭雪被残害致死的正直官员。其四，魏良卿、客氏子侯国兴等俱伏诛。其五，扶正祛邪。起用受阉党排挤、打击的前朝旧臣，如前南京吏部侍郎钱龙锡、礼部侍郎李标、礼部尚书来宗道、礼部侍郎周道登、少詹事刘鸿训，俱为礼部尚书兼东阁大学士，预机务。其六，命袁崇焕为兵部尚书督师蓟、辽。随后在皇宫平台召对袁崇焕。崇祯帝上述拨乱反正举措，崇祯新政，焕然一新。崇祯帝继位后，初显明朝要"中兴"愿景和政治野望。崇祯帝此举，虽然整肃、打击魏忠贤阉党集团，意气风发，雄雄赫赫，大刀阔斧、豁然震撼；但是对阉党仅做个案处理，未能从制度上改革宦官制度，未能铲除阉党弊政制度根源，未能扫荡明两百年秽聚弊垢，未能刷新朝政而改革以图新。因此，事过不久，死灰复燃。阉党势力重新登台，顽固力量兴风作浪；东林势力遭到打击，朝政愈加腐败黑暗——"虽欲不亡，何可得哉！"

明朝后期朝政积弊，内阁固然有责，然而细刨根源，先在万历，继在天启。天启帝虽死，却给继位者崇祯帝留下四个沉重的政治包袱：第一个是三殿工程，耗资异常巨大，留下财政亏空；第二个是阉党专权，朝纲极其紊乱，留下政治赘瘤；第三个是体制弊端，积重症而愈重，存在经济危机[1]；第四个是后金势力，未得有效遏制，留下军事威胁。

崇祯帝继承皇位后，明朝政局，发生震动。崇祯帝朱由检，生于万历三十八年十二月（1611年2月），是朱常洛（即明光宗）第五子，生母为贤妃刘氏。他五岁丧母，先受西李康妃抚养，西李康妃先抚养他的长兄由校（天启帝），继又抚养由检（崇祯帝）。后西李康妃生育一女，由检便改由东李庄妃抚养。后魏忠贤和客氏祸乱后宫，东李庄妃抑郁而死。由检十岁，父亲又死。他少年命苦，备

---

[1]《崇祯长编》崇祯元年六月己未条记载户科给事中黄承昊奏言："钱粮耗蠹已甚，太仓一岁所入，仅三百二十万，而所出计五百余万，视旧增至二百八十余万矣。"他提出的一个解决办法是"严私铸以通钱法"。财政已经接近崩溃。

历磨难。朱由检做了皇帝后，不知其生母遗像，命后母指示画工画像，像画成由正阳门具仪仗，他在午门跪迎，悬挂宫中："帝雨泣，六宫皆泣。"[1] 朱由检在特殊的文化环境中出生、成长，形成自卑、偏激、孤僻、冷漠、猜疑、多变的性格。由检所幸的是，长兄由校做了七年皇帝，丢下皇位，由他继承。他十二岁受封为信王，住在勖勤宫。天启六年（1626），朱由检十五岁，由皇兄为他选王妃，同北京大兴生员周奎的女儿成婚，搬出皇宫，住信王府。皇兄天启帝死后，朱由检入宫继位，"自袖糒糗以入，不尝宫中食"。他自带食物，不吃宫中饭，不饮宫中水，忧心忡忡，害怕中毒，时时警惕，夜夜惶惶。他在做信王时，看到宦官专权，朝政腐败，且其养母，抑郁而死，对于魏阉，深恶痛绝。所以，朱由检登上皇位之后，便力图刷新朝政，惩治客、魏，重建皇威。朝鲜使臣由北京返回汉城启报称："新皇帝即位，首黜魏忠贤。"[2]

崇祯帝继位之后，首先打击魏忠贤阉党集团。

先是，天启年间，庙堂内部的党争，主要表现在阉党与东林党之间，争斗不已，愈演愈烈。天启帝不是一位有作为的皇帝，却是一个杰出的木匠。《明史·魏忠贤传》记载："帝性机巧，好亲斧锯髹漆之事，积岁不倦。每引绳削墨时，忠贤辈辄奏事。帝厌之，谬曰：'朕已悉矣，汝辈好为之。'忠贤以是恣威福惟己意。"魏忠贤还以天启帝保姆客氏为内主，二人狼狈为奸。他又同外廷文武朝臣结成关系网，有所谓文臣兵部尚书崔呈秀等"五虎"，武臣掌锦衣卫事田尔耕等"五彪"，以及"十狗""十孩儿""四十孙"等，自内阁、六部以至四方总督、巡抚，遍置死党，包括其同类尽镇蓟、辽诸要地，从而形成阉党集团。时出现"内外大权，一归忠贤"[3]的局面。魏忠贤窃夺皇权，控制阁部，广布特务，刀锯忠良，败坏辽事，罪恶至极。

---

[1]《明史·后妃列传二》第114卷，中华书局点校本，1974年，第3540页。
[2]［朝］《李朝仁祖大王实录》第17卷，五年十一月庚午，日本学习院东洋文化研究所刊，1959年，第37叶。
[3]《明史·魏忠贤传》第305卷，中华书局点校本，1974年，第7821页。

至是，崇祯帝柄政之后，首先逮治魏忠贤。贡生钱嘉征疏劾魏忠贤十大罪：一、同帝并列；二、蔑视皇后；三、窃权弄兵；四、无视祖宗；五、削夺藩封，"上田拣选膏腴不下万顷"；六、配孔无圣；七、滥封官爵；八、虚掩边功；九、朘民膏脂；十、贿通关节。①

疏上，治忠贤罪。不久，忠贤缢死。命磔其尸，悬首河间。忠贤死讯，传到北京，"长安一时，欢声雷动"②。

天聪三年即崇祯二年（1629），命大学士韩爌等办理逆案，名曰"钦定逆案"，罪分六等，诏告天下：首逆凌迟魏忠贤、客氏二人，同谋者处决尚书崔呈秀等六人，结交魏阉侍郎梁梦环、田尔耕等十九人，结交魏宦阁臣魏广微、尚书阎鸣泰等十一人，论徒刑大学士顾秉谦、冯铨、张瑞图、来宗道以及尚书冯嘉会、黄运泰等一百二十九人，交结近侍减等革职者黄立极等四十四人，其他五十余人，总计二百六十一人。③惩治阉党同时，起用先朝旧臣。在天启最后三年间，阉党诬东林而处死、下狱和谪戍者数十人，削夺者三百余人。崇祯帝继位后，即加拜李标为礼部尚书兼东阁大学士，又拜刘鸿训为礼部尚书兼东阁大学士，并起用"因忤忠贤削籍"的钱龙锡为大学士，再召用韩爌为大学士、首辅，继以成基命为礼部尚书兼大学士，召孙承宗为兵部尚书兼中极殿大学士。到天聪二年即崇祯元年（1628）底，所有的大学士几乎都是东林党人。东林内阁执政，调整督辽官员，重新起用袁崇焕。

---

① 《崇祯长编》第2卷，天启七年十月壬戌，台北历史语言研究所校勘本，1962年，第39～40叶。
② 佚名：《快世忠言》中册，清刻本。
③ 《明史·阉党列传》第306卷，中华书局点校本，1974年，第7852～7853卷。

二 袁崇焕督辽

天聪二年即崇祯元年（1628）四月，崇祯帝命袁崇焕为兵部尚书、右副都御史、蓟辽督师。袁崇焕在政治舞台上活动的九年，恰是明末党争最激烈、最复杂的年代。他的座主韩爌，是东林党领袖之一，"先后作相，老成慎重，引正人，抑邪党"①，为泰昌、天启、崇祯三朝内阁大学士，两为首辅。袁崇焕又依靠"东林党魁"、大学士钱龙锡和大学士、蓟辽督师孙承宗。袁崇焕有这样三位师长作奥援，其军事才能方有施展的机会。但是，袁崇焕的升迁与引退、胜利与失败，都和东林党的命运相关。如"天启初，东林独胜"②，东林主持朝政，他被东林党人御史侯恂请破格用之。天命九年即天启四年（1624），杨涟劾魏忠贤二十四大罪，东林党和阉党展开正面冲突，东林党人失败。袁崇焕虽建有宁远与宁锦两次大捷之奇勋，也被迫引病辞职。袁崇焕的重新起用，得到东林党人的支持。

崇祯帝登位后，惩治阉党首恶，起用东林老臣，自然想到被阉党嫉妒、排挤、打击、诬陷而去职的原辽东巡抚袁崇焕。

---

① 《明史·韩爌传》第240卷，中华书局点校本，1974年，第6249页。
② 谈迁：《枣林杂俎·智集》第1卷，中华书局，2006年。

天聪二年即崇祯元年（1628）四月，崇祯帝谕旨："袁崇焕起升兵部尚书兼都察院右副都御史，出镇行边督师蓟辽、登莱、天津等处军务，移驻关门，兼命该省官司敦促上道。"① 其时，袁崇焕在广州，得到任命，内心高兴，但是否履职，尚在犹疑。其高兴的是，自己的忠心和功绩得到当今皇上的承认和肯定，官职提升，肩任更重；其犹疑的是，在职时官场的复杂、矛盾、腐败、险恶伤透了心。朋友们既为他高兴，也为他担忧。有人规劝他身居庙堂外，奉养老母，游冶山林，诗酒相伴，终此一生。袁崇焕还是拜受朝命。在广州光孝寺，友人赋诗饯行，留下历史文献《袁崇焕督辽饯别图咏卷》。

而且，在起用袁崇焕时，廷议已起杂音："旧辽抚袁崇焕吊孝、建祠二案，即爱崇焕者岂能为之讳！"② 此言出自时任兵部署部事左侍郎吕纯如之疏。可见持此议者，朝臣大有人在。所谓"吊孝"，自天命建元到努尔哈赤死，明廷于后金内情，几乎一无所知。语云：知己知彼，百战不殆；情报不实，必有误断。于是，袁崇焕值努尔哈赤死、皇太极立之机，奏报庙堂，派官员、僧人到沈阳，以贺皇太极继位为名，刺探其内部实情，此理应无可厚非。所谓"建祠"，即给魏忠贤建生祠。袁崇焕进士出身，属东林之人，与阉党，特别是阉首魏忠贤势不两立。当时关宁锦六位监军太监，主掌军、财、人三项大权，且"口含天宪"，他们要给主子建生祠，袁巡抚无可奈何，为着大局，违背良心，只好应付。这给诋毁袁督师之人，留下话柄。后来，"吊孝"和"建祠"，果然成为袁崇焕落井后砸下的两块石头。

袁崇焕怀着忠正坦诚、勇于任事的情怀，接受任命，启程赴京。其时，袁崇焕上疏，辞去加衔和恩荫。一如："原任辽东巡抚袁崇焕疏辞宁锦加衔，及世荫锦衣卫指挥佥事。不允。"③ 二如："新升督师袁崇焕疏辞重任。不允。"④ 三如：赐督师

---

① 《崇祯长编》第8卷，崇祯元年四月甲午，台北历史语言研究所校勘本，1962年，第5叶。
② 《崇祯长编》第8卷，崇祯元年四月丙午，台北历史语言研究所校勘本，1962年，第15叶。
③ 《崇祯长编》第10卷，崇祯元年六月辛卯，台北历史语言研究所校勘本，1962年，第2叶。
④ 《崇祯长编》第10卷，崇祯元年六月癸卯，台北历史语言研究所校勘本，1962年，第16叶。

袁崇焕尚方剑,并蟒玉、金币。① 袁崇焕再辞之。②

七月十四日,崇祯帝在皇宫平台③召见兵部尚书、蓟辽督师袁崇焕。据记载:

> 召廷臣及督师袁崇焕于平台,帝慰劳崇焕甚至。崇焕锐然以五年复辽成功自许,慷慨请兵械、转饷,凡吏部用人、兵部指挥、户部措饷、言路持论,俱与边臣相呼应,始可成功。帝是之。命即出关,纾辽民之望。阁臣因请撤回王之臣、满桂赐剑赐之。……是日,赐崇焕酒馔。④

在袁崇焕受崇祯帝平台召见时,在阁的东林四辅臣李标、钱龙锡、刘鸿训、周道登等俱奏:"崇焕肝胆意气,识见方略,种种可嘉,真奇男子也。"⑤大学士刘鸿训更请赐予崇焕尚方剑,以统一事权。

崇祯帝任命并召见袁崇焕,是明朝历史、清朝开国史的一件大事。这表明崇祯帝有着复辽的决心与谋划,皇太极遇到勇敢与强毅的对手,从而使明与后金的对局,发生重大而曲折的变化。

但是,"五年复辽",受到一些朝臣的私下疑议。两天之后,钦差出镇行边督师袁崇焕奏言:

> 辽事恢复之计,不外前之以辽人守辽土,以辽土养辽人,以守为正着,战为奇着,款为旁着,法在渐不在骤,在实不在虚,此皆臣与在边文武诸臣所能为,而无烦圣虑者。至用人之人与为人用之人,俱于皇上司其钥,何以任而勿二,信而不疑,皆非用人者与为人用者所得与,夫驭边臣者

---
① 《崇祯长编》第11卷,崇祯元年七月癸未,台北历史语言研究所校勘本,1962年,第20叶。
② 《崇祯长编》第13卷,崇祯元年九月癸亥,台北历史语言研究所校勘本,1962年,第4叶。
③ 平台,皇宫建极殿(今保和殿)后左门左翼室曰平台,明帝临时召见大臣之所。
④ 《崇祯长编》第11卷,崇祯元年七月癸酉,台北历史语言研究所校勘本,1962年,第14叶。
⑤ 佚名:《今史》第4卷,崇祯元年七月十七日,《玄览堂丛书》本。

与他臣异，军中可惊可疑者殊多，故当论边臣成败之大局，不必过求于一言一行之微瑕。盖着着作寔，为怨则多，凡有利于封疆者，俱不利于此身者也，况图敌之急，敌又从外而间之，是以为边臣者甚难。我皇上爱臣至而知臣深，臣何必过为不必然之惧，但衷有所危，不敢不告。旨嘉其忠劳久著，战守机宜，悉听便宜从事，浮言朕自有鉴别，切勿瞻顾。①

袁崇焕在上述奏疏中，重申复辽的总体目标、复辽方略、作战谋划、具体举措，又深沉地申述自身的困惑、恐惧与危机：庙堂信任，各部支持，廷臣理解，言官持论，同僚共事，敌人反间。

明督师兵部尚书袁崇焕受赐尚方宝剑，于八月初五日，到达关门任职。他离开宁远一年之后，面临一个乱摊子。他胸怀远略，颇有章法，一件一件，进行处理。

第一，处理突发性兵变。袁崇焕刚到山海关，即接紧急军报，宁远军队哗变：

> 辽东宁远军变，执巡抚、都察院右佥都御史毕自肃。先是，宁远军乏粮四月，自肃请之户部，户部未发，悍卒因大哗，露刃排幕府，缚自肃及总兵官朱梅、推官苏涵淳、州同知张世荣，置谯楼上，捶击交下。自肃伤殊，血被面。兵备道郭广新至，身翼自肃，为解括，抚赏及朋椿二万金，不厌，益借商民足五万金，始解。自肃草奏引罪，走中左所。八月丙申（初八日），自经死。②

先是，辽军欠饷，极为严重。辽东巡抚毕自肃言："辽事之结局无期，马匹不给于，驰突甲胄不给于，披坚器械不给于，执锐望其养分外之精神，致敌忾之果

---
① 《崇祯长编》第11卷，崇祯元年七月乙亥，台北历史语言研究所校勘本，1962年，第15~16叶。
② 《崇祯长编》第11卷，崇祯元年七月甲申，台北历史语言研究所校勘本，1962年，第21叶。

毅，其将能乎！论兵则无不寡之伍，论战未皆可用之兵，皇上见前此诸费空填谿壑，则有不信边臣之想，诸臣见目下诸项俱罄瓶罍，则有忍不相顾之意，即如六万之马价，二万余之皇赏，一奉明旨，一为定额，囧寺尚尔不应，他可知也。臣又何望而欲结辽局哉。"旨慰勉之。① 辽东巡抚毕自肃②再催饷：当年四月饷银拖欠，五、六、七月饷银全欠，报告户部，置之不论。拖至八月，"群情已愤，祸乱已迫"，中右所有匿名帖，宁远城也有匿名帖。毕自肃厉言疾呼："主计者即不为诸臣身家惜，独不为朝廷封疆计乎！"③结果，饷银仍旧拖欠，还是发生兵变。

袁崇焕得悉宁远兵变④，一面奏报朝廷，一面谋划对策。到任次日，督师袁崇焕单骑出关，至宁远，未入署，即驰入兵营。时十三营军队，情绪激动，沸沸骚乱。时"抚院敕书、符验、旗牌、历来文卷，碎无复存，及总兵符验亦失去，惟印无恙。抚臣关防已贮前屯卫库，总兵旗牌，止失三杆"⑤。袁督师"宣上德意，各兵始还营伍"。时兵变诸首领，散处各营中。袁崇焕与道臣郭广密图，召为首者杨正朝、张思顺至膝前，"谕以同党能缚戎首，即宥前罪之旨"。⑥将为首者枭首，此外不杀一人。推官苏涵淳、通判张世荣，一酷一贪，致激此变，降责有差。宁城十三营俱乱，惟都司祖大乐一营不动，命奖之。十月，又发生锦州军哗变，亦平息之。⑦

第二，整顿关宁锦防线。袁崇焕处理完突发性事件后，集中精力，突出重点，整顿关宁锦防线。这是明朝抵御后金八旗军队南进的生命线。为此，主抓：

请饷：辽东军饷，缺欠严重。他上奏庙堂，疏请："督师袁崇焕请速发关内外积欠七十四万金，及太仆寺马价并抚赏四万金，以无误封疆。仍请敕饷司及各道，

---

① 《崇祯长编》第11卷，崇祯元年七月乙丑，台北历史语言研究所校勘本，1962年，第5叶。
② 《崇祯长编》崇祯元年七月丁亥条作"毕自严"，"严"字误，应作"肃"字。自严为自肃之兄，时任户部尚书。
③ 《崇祯长编》第11卷，崇祯元年七月丁亥，台北历史语言研究所校勘本，1962年，第24叶。
④ 《崇祯长编》第12卷，崇祯元年八月甲午，台北历史语言研究所校勘本，1962年，第5叶。
⑤ 《崇祯长编》第12卷，崇祯元年八月乙未，台北历史语言研究所校勘本，1962年，第6～7叶。
⑥ 《崇祯长编》第12卷，崇祯元年八月甲午，台北历史语言研究所校勘本，1962年，第6～7叶。
⑦ 《崇祯长编》第14卷，崇祯元年十月己丑，台北历史语言研究所校勘本，1962年，第2叶。

悉听纠劾，以一事权。俱从之。"①袁崇焕因御前发饷疏谢并陈兵马饷数：关内兵五万五千三百四十五员名，关外七万八千三百四十员名，马骡二万二千八百四十七匹，钱粮自八月初六到任日为始，截算欠饷七十四万二千五百三十两，今又三月该银六十九万三千六百两，收过七十四万九千一百二十二两，尚欠六十八万七千两，借发御前十五万两，尚欠五十三万余两。旨令速与凑发。②

分责：袁崇焕疏请王象乾任宣大总督，协调处理蒙古难题，"抚赏西虏，专制东夷"，得到朝廷允准。又疏请而获准："敕新任蓟辽总督喻安性与新督师袁崇焕，悉心筹尽一洗积弊，以宁边患，纾朕宵旰之忧。"③于是，关内与关外，分别负责，而集中心力，以应对关外。

命将：请以赵率教挂征辽前锋将军印驻关内，祖大寿挂征辽前锋将军印驻锦州，标下中军何可刚加都督佥事衔驻宁远。为此，督师辽东袁崇焕奏言："全辽昔只总兵一员，自发难更设无定，臣向为巡抚时，议关内关外各设总兵一员，与督臣王之臣见合。时崔呈秀欲多用魏忠贤私人，遂于关外添设总兵三四员，卒之权相侔，而肘不运，卒议撤止留宁前与前锋二员，但肘仍掣而不便，终不若臣前议关内外各一员为妥，则宁远一镇，当并而归于前锋，此不易之论也。以地言之，关内总兵应挂平远将军印，辖山、石二路，与前屯一卫，而以燕、建二路还蓟镇，则内肘不掣，以前屯一卫属之，则关内外不分，两见外援而内愈坚。关外总兵挂征辽前锋将军印，辖宁远一卫及锦州，从此而渐复渐远，皆其所辖也。以人言之，今关内总兵为麻登云，起自行伍，惯历战阵，可称将才，但恢复之事，在今日为创，异日为守，须可百年必世，则无如今。见任蓟镇总兵赵率教习辽事，率教节简性成，每与臣言天下转输之苦，唏嘘泣下，不啻身痛。以登云与率教更调，似应以原官加一级，挂平辽将军印者也。若关外总兵则朱梅与祖大寿二人，梅今抱病解任，

---

① 《崇祯长编》第13卷，崇祯元年九月壬戌，台北历史语言研究所校勘本，1962年，第3叶。
② 《崇祯长编》第15卷，崇祯元年十一月壬戌，台北历史语言研究所校勘本，1962年，第4叶。
③ 《崇祯长编》第12卷，崇祯元年八月癸卯，台北历史语言研究所校勘本，1962年，第17叶。

自应并而属大寿，进之都督同知、挂原印如旧，但总兵向驻宁远，今大寿出镇锦州，兵家有进无退，祖镇仍宁锦两处驻扎。大寿英勇矫捷，腔子玲珑，言下辄解，且与士卒通肺腑、同甘苦，边将所无。宁远一守一战，俱大寿冠军。今挺身出居颓城，四战之冲，出塞血战，斩级一百一十八级，辽人复辽，此其首选矣。宁远即不设镇，而臣标下中军何可刚，仁义韬钤并优，生平不破公钱，不受私馈，敝衣粝食，臣每事谋成，经本官一参酌，遂捷於电，而屹如山。此臣才不在臣下，臣一向规昼（画）功名，皆可纲力，臣何忍没其长而不告之皇上也。臣中坚不可无人，应以本官加都督佥事衔，仍署中军，则一镇之费，虽裁一镇之用仍在。此外则有前屯副总兵刘永昌，才调操守，亚于可纲，事事作寔，清饷清兵，但时下无可处之缺，姑仍故任以待何可纲驻宁远以居中，赵率教往来关前而劲后，祖大寿往来宁锦以锋先，今直而为守，则中前后异时，横而进战，则中左右统领协将，心腹手足与头项肩背肢爪之皆灵，非臣不能用三臣，非三臣不足为臣用。况率教才可兼抚，不忧缺抚，臣力可兼镇，尚余一镇。臣许五年结局，则仗此三人，当与臣始而终之。若届期无成，臣手戮三人，而以身请死于皇上。俱从之。"[1] 命赵率教挂平辽将军印，调任关内；麻登云以原官调任蓟镇；祖大寿加都督同知挂征辽前锋将军印、辖宁镇诸路；何可刚以都督佥事仍署中军事。[2]

肃伍：袁崇焕到职后，整肃辽军部伍，严肃军纪，淘汰冗员，加强训练。到崇祯元年（1628）末，奏报：核定关外官兵七万一千余员名，关内官兵四万二百余员名，以二年正月为始，户部视此数给饷。是之。[3] 得到朝廷的批准。

第三，计斩总兵毛文龙。（见下节）

---

[1]《崇祯长编》第12卷，崇祯元年八月丙辰，台北历史语言研究所校勘本，1962年，第27～29叶。
[2]《崇祯长编》第13卷，崇祯元年九月甲戌，台北历史语言研究所校勘本，1962年，第17叶。
[3]《崇祯长编》第15卷，崇祯元年十一月癸巳，台北历史语言研究所校勘本，1962年，第3叶。

三 计斩毛文龙

毛文龙，浙江仁和人。万历抗倭援朝时，以都司援朝，逗留辽东。天命六年即天启元年（1621）三月，后金夺取沈阳、辽阳及河东土地。毛文龙收集流亡辽民，驻据皮岛（椵岛），即东江，组织军队，得到时任辽东巡抚、投附阉党王化贞的支持。同年七月二十日，文龙派军夜袭镇江（今丹东九连城镇），后金守将陈良策乘乱执守城游击佟养真、杀其子佟丰年投毛文龙。[1] 后明授毛文龙总兵官，赐上方剑，"岛事由此起"[2]。而后，毛文龙有三次较大举动：一是派兵入后金境而败；二是派人入岛屯田，遭后金军袭击，死五百余级，岛中粮被焚；三是派兵袭耀州，败归；四是遣兵袭鞍山驿，丧卒千人；五是派兵袭萨尔浒城南，亦败。毛文龙袭击后金，虽然初试得手，后却五袭五败。

毛文龙处于后金、朝鲜和辽东之间，后金恨之，朝鲜怒之，明朝——阉党纵之、东林厌之。明尚书督师袁崇焕履职后，为完结五年复辽之局，欲将东江纳入其"五年复辽"统一体系，几次试探，文龙抗之。崇焕在东林阁臣暗使之下，决

---

[1]《清太祖武皇帝实录》第3卷，原清宫内府藏，台湾广文书局影印本，1970年，第42叶。
[2]《明史·袁崇焕传附毛文龙传》第259卷，中华书局点校本，1974年，第6715页。

定清除毛文龙。

先是，袁崇焕请毛文龙到宁远，待之以礼，动之以情，试之以意，然文龙不应。天聪三年即崇祯二年（1629）五月，尚书督师袁崇焕以阅兵为名，抵双岛，与文龙会。宴饮之间，崇焕旁敲侧击，文龙怫然。六月五日，崇焕邀文龙观阅将士角射，预设帷幄，外设伏兵，文龙入幄，其兵在幄外。崇焕施礼，躬身一拜。崇焕诘问，文龙抗辩。崇焕突然变颜，命去文龙冠带，并令绑缚文龙，厉声道：尔有十二斩之罪。①

文龙夜郎自雄，专制一方。九年以来，兵马钱粮，不受经抚管核，专恣孰甚，一当斩！

人臣罪莫大于说谎欺君。文龙自开镇来，一切奏报，有一事一语核实否？捕零夷，杀降夷、杀难民，全无征战，却报首功。刘兴祚忠顺奔来，止二十余人，而日率数百众，当阵捉降，欺诳孰甚，二当斩！

人臣不宜犯无将之戒。文龙刚愎撒泼，无人臣礼。前后章疏，俱在御前。近且有"牧马登州，取南京如反掌"等语。据登莱道申报，岂堪听闻？大臣不道，三当斩！

文龙总兵来，每岁饷银数十万，无分毫给兵，每月止散米三斗五升，侵盗边海钱粮，四当斩！

皮岛自开马市，私通外夷，五当斩！

命姓赐氏，即朝廷不多行。文龙部下官兵，毛其姓者数千人，且以总兵而给副，参、游、守之札，不下千人。其走使、舆台，俱参、游名色，亵朝廷名器，树自己爪牙，犯上无等，六当斩！

由宁远回，即劫掠商人洪秀、方奉等，取其银九百两，没其货，夺其舡，

---

① 袁崇焕宣布毛文龙十二条罪状，目见《明史·袁崇焕传附毛文龙传》《崇祯实录》《崇祯长编》《蓟辽督师袁崇焕题本》等文字均不相同，私家著述更是差异，本书据袁崇焕题本档案。

仍禁其人，恬不为怪。积岁所为，劫赃无算，躬为盗贼，七当斩！

收部将之女为妾，凡民间妇女有姿色者，俱设法致之，或收不复出，或旋入旋出。身为不法，故官丁效尤，俱以掳掠财货子女为常。好色晦淫，八当斩！

人命关天。文龙拘锢难民，不令一人渡海，日给之米一碗，令往夷地掘参，遭夷屠杀无算，其畏死不肯往者，听其饿死岛中，皮岛白骨如山。草菅民命，九当斩！

疏请内臣出镇，用其腹爪陈汝明、孟斌、周显谟等，辇金长安，拜魏忠贤为父，给冕旒像于岛中。至今陈汝明等一伙，仍盘踞京中。皇上登极之赏，俱留费都门，是何缘故？交结近侍，十当斩！

奴酋攻破铁山，杀辽人无算。文龙逃窜皮岛，且掩败为功，十一当斩！

开镇八年，不能复辽东寸土，观望养寇，十二当斩！①

袁崇焕历数其罪②，并问其部将曰："文龙罪状当斩否？"皆惶怖唯唯。于是，袁崇焕顿首请旨曰："臣今诛文龙以肃军。诸将中有若文龙者悉诛。臣不能成功，皇上亦以诛文龙者诛臣。"遂取尚方剑斩毛文龙于帐前。于是，命棺殓文龙。明日，崇焕拜奠曰："昨斩尔，朝廷大法；今祭尔，僚友私情。"为之下泪。崇焕上言："文龙一匹夫，不法至此，以海外易为乱也。其众合老稚四万七千，妄称十万，且民多，兵不能二万，妄设将领千。今不宜更置帅，即以继盛摄之，于计便。"③

袁崇焕斩毛文龙后，自知越权"擅诛"，上奏曰："文龙大帅，非臣所得擅诛，便宜专杀，席藁待罪，惟皇上斧钺之，天下是非之而已。"由此，得旨："毛文龙

---

① 《蓟辽督师袁崇焕题本》（崇祯二年六月二十二日到覆讫存案行旨讫兵部呈于兵科抄出）。
② 《明史·袁崇焕传附毛文龙传》载255字，《崇祯长编》载448字（均不计标点），本书取第一手史料之后者。
③ 《明史·袁崇焕传附毛文龙传》第259卷，中华书局点校本，1974年，第6717页。

悬踞海上，糜饷冒功，朝命频违，节制不受，近提兵进登索饷，要挟跋扈有迹，犄角无资。卿能声罪正法，事关封疆安危，关外原不中制，不必引罪。一切布置，遵照敕谕，听便宜行事。"①

袁崇焕斩毛文龙，史家评论，历有分歧：(1) 毛文龙罪有余辜，该杀；(2) 毛文龙抗御后金有功，错杀；(3) 毛文龙可杀，但应先奏后斩；(4) 毛文龙初期带领辽民，抗击后金对辽人暴政，有功有绩；但后来借此扩大势力，盘剥流民，荒淫腐化，形成军阀，割据一方，危害人民，成为赘瘤，割掉未尝不可——先斩后奏，自遗后患；(5) 或如《罪惟录》评论"调文龙御险，如矫抗，可杀也！"等。这个历史教训，警示后人记取。三个月后，皇太极率军攻打北京，袁崇焕落狱，致后事难料。在客观上，袁崇焕身后，毛文龙之余——孔有德、耿仲明、尚可喜、沈志祥等降清，在明与清力量对比上，有利于清而不利于明，成为明亡清兴的一个因素。

天聪汗皇太极借袁崇焕重点防御关外，而疏于防御关内的形势，亲率后金八旗大军，避开宁远，绕道蒙古，攻打北京。

---

① 《崇祯长编》第23卷，崇祯二年六月戊午，台北历史语言研究所校勘本，1962年，第8～9叶。

第四章 辽道远袭燕京之役

一 战前的军政形势

后金-清在关外崛兴的六十年间,依赖战争胜利,掠夺大量金银、土地、人口、粮食、衣物、牲畜等,以维系其政权的巩固与拓展,维系其军民对于政权的支持,维系其部民所需的经济来源,维系其军事贵族的财富贪欲。所以,不断进行战争,不断肆行掠夺,是后金-清初政权的第一要务、第一特点。

但是,皇太极继承汗位之后,碰到许多新的难题。为着解决这些难题,皇太极决策迂道远袭燕京,其主要因素有五:

第一,新登汗位需要巩固。皇太极在天聪元年(1627),发动攻打明朝辽军的宁锦之战,耗时近一个月,作战二十余次,伤亡很大,一无所获,攻城不下,败兴而归。这对新登汗位的皇太极来说,出师不利,大损士气,败退而回,事与愿违,是一个沉重的打击。皇太极亲历宁远之败和宁锦之败。谚云:一朝被蛇咬,十年怕井绳。天聪汗皇太极为着巩固汗位,需要寻找新的战争取胜之点。

第二,辽东发生严重灾荒。天聪二年(1628)、三年(1629),辽东广大地区发生严重自然灾害,关外大旱,辽民饥馑,饿殍相望,生者菜色,"孑遗残民,饥馑已极"①。依附于后金的漠南蒙古诸部,"粒食无资,人俱相食"②。而女真地区经济尤为困难。如有的女真人"因无衣食,投奔南朝"③。后金为摆脱经济困难,就联合蒙古科尔沁等部,破墙入塞,南犯京师。

第三,三条战线均为有利。皇太极从继位到兵攻燕京之前,在其东线——派阿敏率军指向朝鲜,兵陷平壤,与朝鲜国王订立"兄弟之盟",免去西进的后顾之忧;在其北线——用兵黑龙江地域,屡获战绩,拓展土地,增加兵源,免去南进的后顾之忧;在其西线——又出兵临近蒙古之部,蒙古多部降附后金,后金实力增强,并打通进军关内的新通道。皇太极自登位以来,西抚漠南蒙古、东征朝鲜、北进黑龙江流域,内部政局稳定,民族纠纷缓和,社会经济发展,军事力量增强,整个形势趋于既有利又困难的状态。

第四,明朝辽军换了新帅。明崇祯帝继位之后,惩治阉党首恶,起用东林旧臣,任命袁崇焕为兵部尚书、蓟辽督师。袁崇焕升任后,平息宁远、锦州两场军队哗变,奏请并获准任用赵率教、祖大寿、何可刚等重要将领,向朝廷请饷、器械、马匹而得到充实,涣散一年的关宁锦防线,得到恢复和重振。但关内防卫松懈,出现皇太极绕道进兵关内的时缘和地缘。

第五,洗雪两次兵败之仇。皇太极曾悲愤地说:"昔皇考太祖攻宁远,不克;今我攻锦州,又未克。似此野战之兵,尚不能胜,其何以张我国威耶!"④袁崇焕官升兵部尚书、蓟辽督师后,皇太极对袁崇焕"深蓄大仇"⑤,必欲图之。血的教训使皇太极在战略策略上作出重大调整和改变。他说:"彼山海关、锦州,防守甚

---

① [朝]《李朝仁祖大王实录》第18卷,六年五月戊寅,日本学习院东洋文化研究所刊,1959年,第55叶。
② 《兵部行〈督师袁崇焕〉题稿》,载《明清史料》甲编,第8本,中央研究院历史语言研究所集刊,1931年,第707页。
③ 《兵部题〈蓟辽督师袁崇焕塘报〉残稿》,载《明清史料》乙编,第1本,中央研究院历史语言研究所集刊,1936年,第56页。
④ 《清太宗文皇帝实录》第3卷,天聪元年五月癸巳,中华书局影印本,1985年,第16叶。
⑤ 昭梿:《啸亭杂录》第1卷,中华书局标点本,1980年,第2页。

坚，徒劳我师，攻之何益！惟当深入内地，取其无备城邑可也。"①这就是皇太极避实击虚、迂回作战、千里纵兵、奇袭北京的作战方略。

第六，解决新汗独尊地位。皇太极登上汗位时，实行"四大贝勒共治国政"，其具体集中体现是"四大贝勒并肩共坐"，皇太极急于汗权集中，"南面独坐"。就是"四佛共治"，而为"一佛独尊"，通过战争实现大汗集权、大汗独尊。

因此，皇太极将进攻明军的目标，由关外转向关内、由宁锦转向京师——后金八旗大军直指明朝都城北京。

但是，后金迂道远袭燕京之役，不仅同明朝党争相联系，而且同明朝民变相联系。明朝后期的社会矛盾，集中地表现为陕北农民大起义。明末的民族矛盾，既加深了社会矛盾；明末的社会矛盾，也加剧了民族矛盾。明朝在辽东投入大量的兵力、物力、财力和粮食，使得户部财绌饷竭。如户部尚书李汝华条奏：仅万历最后两年半时间，辽饷之数，总计发银二千零一十八万八千三百六十六两②，平均每年八百余万两。到崇祯初年，户科给事中黄承昊说，边饷比万历时增加百分之一百七十五。③当时"实计岁入仅二百万"。支出庞大，收入拮据，饷库一空，军士枵腹，拖欠兵饷，引起哗变。如天聪二年即崇祯元年（1628）三月，发生"蓟门兵变"④；五月，发生遵化三屯营兵变⑤；七月，发生宁远兵变。巡抚、右佥都御史毕自肃、总兵朱梅等被置谯楼上，"捶击交下，自肃伤殊甚"⑥。十月，又发生锦州兵变。后督师袁崇焕自北京回宁远，事变才得以平息。户部为解决入不敷出的财政困难，便增加赋税，裁汰驿卒。这更激化了社会矛盾。《怀陵流寇始终录》从一个侧面，简述了辽东兵事与西北民变的关系："陕西兵于万历己未（1619）四

---

① 《清太宗文皇帝实录》第6卷，天聪四年二月甲寅，中华书局影印本，1985年，第13叶。
② 《明熹宗实录》第5卷，天启元年正月乙亥，台北历史语言研究所校勘本，1962年，第1~2叶。
③ 《崇祯实录》第1卷，崇祯元年六月丁未，台北历史语言研究所校勘本，1962年，第13叶。
④ 《明史·庄烈帝纪一》第23卷，中华书局点校本，1974年，第311页。
⑤ 《崇祯长编》第9卷，崇祯元年五月壬午，台北历史语言研究所校勘本，1962年，第34叶。
⑥ 《崇祯实录》第1卷，崇祯元年七月甲申，台北历史语言研究所校勘本，1962年，第17叶。

路出师败后西归，河南巡抚张我续截之孟津，斩三十余级，余不敢归，为劫于山西、陕西边境。其后，调援频仍，逃溃相次。边兵为贼，由此而始。天启辛酉（1621），延安、庆阳、平凉旱，岁大饥，东事孔棘，有司惟顾军兴，征督如故，民不能供，道殣相望。或群取富者粟，惧捕诛，始聚为盗。盗起，饥益甚。连年赤地，斗米千钱不能得，人相食，从乱如归。饥民为贼，由此而始。"①

明朝末年，土地高度集中，政治黑暗腐败，赋税征收苛重，连续数年大旱，西北民变蜂起。天聪元年即天启七年（1627），陕西"连年饥馑，民穷赋重"②。白水县农民王二率众冲进澄城县知县衙门，杀死县官张斗耀，揭开了明末农民战争的序幕。天聪二年即崇祯元年（1628），陕西"一年无雨，草木枯焦"，农民"死者枕藉"，饥民群起："死于饥与死于盗等耳，与其坐而饥死，何不为盗而死，犹得为饱死鬼也。"③形势严重，发酵大乱："千百为群，绣衣黄盖，列帜鸣笳，杀掠焚毁，几成大乱。"④当八旗军南犯京师时，农民军一支"三千余人入略阳"⑤。天聪三年即崇祯二年（1629）闰四月，"流贼七千余人犯三水县，游击高从龙阵没，官兵被伤者二千余人"⑥。不久，王二率农民军"掠蒲城、韩城"；王嘉胤率兵"陷府谷"；神一元等"三千余人破新安县"；张献忠等五六千人"掠靖边、安定、绥德、米脂间"。又有"汉南盗四百余人，自成阳、两当薄略阳，引土贼三千人入略阳，逼汉中"⑦。高迎祥称闯王，李自成称闯将，众至万余，"剽掠秦、晋间"⑧。农民军活跃在陕西一带，迫使明廷调动"勤王"军队，去镇压农民起义。陕西右佥都御史、

---

① 戴笠：《怀陵流寇始终录》第1卷，《玄览堂丛书续集》本，1947年。
② 夏允彝：《幸存录·流寇大略》卷下，《胜朝遗事》本，光绪九年（1883）。
③ 计六奇：《明季北略》第5卷，光绪十三年（1887）刻本，第4叶。
④ 《崇祯长编》第14卷，崇祯元年十月癸卯，台北历史语言研究所校勘本，1962年，第14叶。
⑤ 《明怀宗实录》第1卷，崇祯元年十月丁卯，台北历史语言研究所校勘本，1962年。
⑥ 《崇祯长编》第21卷，崇祯二年闰四月癸亥，台北历史语言研究所校勘本，1962年，第10叶。
⑦ 《崇祯实录》第1卷，崇祯元年十月丁卯，台北历史语言研究所校勘本，1962年，第20叶。
⑧ 谈迁：《国榷》第90卷，崇祯二年十二月癸酉，中华书局，1958年，第5509页。

巡抚刘广生奉命入援京师，行至陕州，"令急歼流孽，不必入卫"①。陕西诸路总兵官吴自勉等率师入卫，途中"延绥、甘肃兵溃西去，与群寇合"②。

这使当时明朝京师的防卫，受到更加严重的影响。因此，险恶的军事态势是后来演成袁崇焕悲剧的一个重要外在因素。崇祯帝继位之初，碰到惩治阉党集团、重整关锦防线、西北蜂起民变和后金兵攻北京四个重大难题。后金天聪汗皇太极亲率大军攻打北京，则是明朝与后金、崇祯帝与天聪汗，进行的第一次军政生死直面的较量。皇太极的遭遇灾荒、粮食奇缺、新登汗位、军事失败，更激励其政治雄心。他决心以掳掠财富来缓解经济困难，以军事胜利来巩固新登汗位。天聪汗的终极政治目标是，占领京师，夺取明统。天聪三年即崇祯二年（1629），他说：

> 若谓我国褊小，不宜称帝，古之辽、金、元，俱自小国而成帝业，亦曾禁其称帝耶！且尔朱太祖，昔曾为僧，赖天佑之，俾成帝业。岂有一姓受命，永久不移之理乎！天运循环，无往不复。有天子而废为匹夫者，亦有匹夫而起为天子者。此皆天意，非人之所能为也！③

皇太极亲统大军伐明，鉴于坚固的关宁锦防线所阻挡，后金兵无法向前推进，便大胆地选择了从未走过的漠南蒙古路线。这条路线可绕过宁锦，假道蒙古科尔沁部，然后自北向南，直奔北京，给明朝以突然重击。

---

① 《崇祯实录》第2卷，崇祯二年十一月庚戌，台北历史语言研究所校勘本，1962年，第15叶。
② 《明史·庄烈帝本纪一》第23卷，中华书局点校本，1974年，第312页。
③ 《清太宗文皇帝实录》第5卷，天聪三年十一月丙申，中华书局影印本，1985年，第27叶。

二 破墙入塞，攻打北京

后金迁道远袭燕京之役，发生在农历己巳年，明人称之为"己巳虏变"，清人则称之为"己巳之役"，简称其为北京之役。此役，以袁崇焕下狱、皇太极从北京撤军为标志，分为前后两个阶段：第一阶段主要为后金军破墙入塞、攻打北京，明军则且退且守、进行抵御；第二阶段主要为后金军在京畿地区且战且退、夺占永平等四城，明军则夺回永平等四城，后金军退回沈阳。

天聪三年即崇祯二年（1629），后金天聪汗皇太极亲率大军西进，攻打明朝都城燕京。十月初二日，皇太极以蒙古喀喇沁部台吉布尔噶都，曾受赏于明，熟识路径，作为向导，亲率大军，绕道蒙古，破墙入塞，进攻北京。

天聪三年即崇祯二年（1629）十月初四日，后金军到都尔鼻地方，蒙古扎鲁特部贝勒以兵相会。初五日，后金军到阳石木河地方，蒙古奈曼、敖汉、扎鲁特部贝勒各率兵相会。初六日，蒙古巴林部贝勒率兵相会。十五日，蒙古科尔沁部土谢图额驸奥巴等二十三位贝勒率军相会。皇太极进攻明朝都城的北京之战，蒙古诸部，给予支持，军力增加，信心增强。

十五日，皇太极召集满洲、蒙古诸王、贝勒议商进兵大计。皇太极说："今大兵既集，所向宜何先？尔等其共议之。"诸王贝勒大臣意见不一："有谓距察哈尔国辽远,人马劳苦,宜退兵者;有谓大军已动,群力已合,我军千里而来,宜以见集兵征明者。"皇太极定断:"以征明之议为是。"遂统率大军,向明境进发。

二十日,后金大军到达蒙古喀喇沁部的青城。大贝勒代善、三贝勒莽古尔泰到皇太极行幄,将诸贝勒大臣止于外边,不令入帐,他们进帐后同皇太极"密议班师"。其理由谓:

> 我兵深入敌境,劳师袭远,若不获入明边,则粮匮马疲,何以为归计?纵得入边,而明人会各路兵环攻,则众寡不敌;且我等既入边口,倘明兵自后堵截,恐无归路。①

大贝勒代善、莽古尔泰明确表示,不同意皇太极进攻北京的定策。他们退出后,皇太极命将已发出军令,勿行宣布。时岳讬、济尔哈朗、萨哈廉、阿巴泰、杜度、阿济格、豪格众贝勒急进大帐,见皇太极默然而坐,心情不怿。岳讬等问两大贝勒有何所议,皇太极将刚才大贝勒代善、三贝勒莽古尔泰的谏言告诉他们。岳讬、济尔哈朗等众贝勒力劝皇太极,按既定之策,率大军进取。时章京范文程又献纵反间、去崇焕密策。②也有学者认为皇太极的"反间计"③是由高鸿中所陈奏的。④

皇太极令八旗额真到两大贝勒处,申言进兵。两大贝勒代善、莽古尔泰表示"仰听上裁"。凌晨,议定进军。

皇太极颁布汗谕:"朕仰承天命,兴师伐明。拒战者,不得不诛;若归降者,

---

① 《清太宗文皇帝实录》第5卷,天聪三年十月辛未,中华书局影印本,1985年,第17叶。
② 李霨:《内秘书院大学士范文肃公墓志铭》,载《清代碑传全集》第4卷,上海古籍出版社影印本,1997年,第29叶。
③ 李光涛:《明季边防与袁崇焕》,载《明清史论集》上册,台湾商务印书馆,1971年,第363页。
④ 李光涛:《论崇祯二年"己巳虏变"》,载《明清档案论文集》,联经出版事业公司,1986年,第646页。

虽鸡豚勿得侵扰。俘获之人，勿离散其父子夫妇，勿淫人妇女，勿掠人衣服，勿拆庐舍、祠宇，勿毁器皿，勿伐果木。如违令杀降、淫妇女者斩。"还谕："勿食明人熟食，勿酗酒，闻山海关内，多有鸩毒，更宜谨慎。勿以干粮饲马，或马匹赢瘦，可量煮豆饲之。肥者止宜以草秣之，俟休息时，再饲以粮。凡采取柴草，勿得妄行，须聚集众人，以一人为首，有离众驰往者拿究。"①

二十四日，后金军到达老哈河。皇太极召集诸贝勒大臣，各授以计，分兵三路：东路由贝勒阿巴泰、阿济格率满洲左翼四旗兵及左翼蒙古诸贝勒兵，从龙井关攻入；西路由贝勒济尔哈朗、岳托率满洲右翼四旗兵及右翼蒙古诸贝勒兵，从大安口攻入——两路"至遵化城合军"；皇太极与代善、莽古尔泰率大军继进。

先是，皇太极派兵直薄锦州，声东击西；明军未弄清八旗兵的军事意图，劳师空扑。明军把关外主要兵力集结到山海关、宁远、宁锦一线。而山海关内，塞垣颓落，军伍废弛，明军城守，防备疏懈；蒙古部落，与明朝廷，多携贰心。明蓟辽督师袁崇焕在其上疏中已有所料："臣在宁远，敌必不得越关而西；蓟门单弱，宜宿重兵。"② 唯其几疏，蒙尘御案。

至是，皇太极与大贝勒代善、莽古尔泰及众贝勒率三路大军，向洪山口进发，进展神速。明人蓟镇，疏于防备，闻到哨报，极为震惊，时任兵部侍郎、右佥都御史，总理蓟、辽、保定军务的刘策潜逃（后被论死、弃市）③。后金左右两路大军，直闯蓟镇长城隘口。

攻守长城，极为困难。曾任总督、巡按宣大的安徽绩溪人胡宗宪说："虏之大举，动号十余万计，声东击西，乌散云集。边城千里，处处宜备，备多则势分；列营摆边，久暴于外，久暴则气惰。我散守于千里之边，彼并力于一隅之地。我以久劳之卒，彼乘方张之势。迅如疾雷，不及掩耳，比及举炮明烽，虏已溃墙入境。我虽调集游兵，

---

① 《清太宗文皇帝实录》第5卷，天聪三年十月辛未，中华书局影印本，1985年，第18叶。
② 余大成：《剖肝录》，载《袁督师事迹》，道光伍氏刻本。
③ 《明史·刘策传》第248卷，中华书局点校本，1974年，第6420页。

然势既析于分布,力必寡于并御。东西策应,顾此失彼。军士既出摆守,各堡悉皆空虚。风驰电扫,无不摧破。加以将领非人,观望畏缩。往云'如蹈无人之境',今则真入无人之境矣!"①

后金军果然破墙入塞。

破墙入塞 二十六日,八旗军东西两路,分别进攻永平府属龙井关和遵化县属大安口。

龙井关,位于永平府属迁安县西(今河北省迁西境),"左右两山,相对如门,西南三座雄峰对峙,关居其中"②。龙井关城,为石建筑,高一丈五尺,厚四尺,城周二百九十七丈八尺,东、北各有一门。③大安口在马兰峪东,"永乐年建"。④此口在明嘉靖三十八年(1559),曾被蒙古朵颜军攻陷。⑤时蓟镇"塞垣颓落,军伍废弛"⑥。

东骑突出,关隘双破。后金左翼军贝勒阿巴泰、阿济格率军在凌晨攻克龙井关,遂毁水关进边。明汉儿庄副将易爱、洪山口参将王纯臣⑦迎战被斩。又击斩三屯营总兵哨卒,到汉儿庄城外。时三大贝勒莽古尔泰及贝勒多尔衮、多铎等赶到。明守城副将标下官李丰率城内军民剃发出降,后金军遂入城驻营。莽古尔泰派使往潘家口,其城守备金有光遣中军范民良及蒋进乔也出来投降。后金继续委任他们为游击、备御等官。自大安口以东,喜峰口以西,时仅三日,诸多隘口,悉被后金八旗军攻破。

同日,后金右翼军济尔哈朗、岳讬乘夜前进。凌晨,攻克大安口,毁其水门,

---

① 《明经世文编》第265卷,中华书局影印本,1962年,第2798页。
② 华夏子:《明长城考实》,档案出版社,1988年,第165页。
③ 《永平府志·城池上》第32卷,光绪二年(1876)刻本,第22叶。
④ 《四镇三关志·蓟镇形胜》第2卷,清抄本,第32叶。
⑤ 顾祖禹:《读史方舆纪要》第11卷,上海书店出版社影印本,1998年,第30叶。
⑥ 谷应泰:《明史纪事本末·东兵入口》第4册,中华书局标点本,1977年,第1487页。
⑦ 《崇祯实录》第1卷、《明怀宗实录》第2卷、《国榷》第90卷和《崇祯长编》崇祯二年十月戊寅等,均作"王纯臣";《清太宗实录》第5卷作"王遵臣","遵"字误。

参将周镇战死。遇明援兵，一战即走。天明，见山上有两营明兵，岳讬领一半兵待战，济尔哈朗领一半兵往击，歼其两营。寻岳讬又击败来自遵化明军两营骑兵。岳讬、济尔哈朗正要拜天时，再击败来援明兵。后金军在半日之间，击败五营明军。马兰峪、大安口等城投降。

二十七日，皇太极督大军入边，攻克洪山口城。命城内方遇清为备御，给予敕命，令其守城，招集流亡。又有遁匿山中明千总一员、把总一员，率百人擐甲执械投降。

二十八日，后金军占领石门驿。

二十九日，驻守关宁锦防线的明尚书蓟辽督师袁崇焕，在从宁远往山海关途经中后所，得报后金军破大安口，立即部署：令赵率教急点四千兵马，驰救遵化；翌日，又调参将郑一麟、王承胤，参将刘应国及总兵祖大寿接应。后探知后金兵势甚盛，又督副总兵张弘谟、参将张存仁，游击于永绥、张外嘉、曹文诏等统军进关。

三十日，皇太极领兵到了遵化，派总兵官扬古利率护军百名，至遵化城驻营。莽古尔泰率军自汉儿庄来会，距城五里下营。

北京之战，在十一月，攻守激烈，极为紧张。

初一日，"京师戒严"①。后崇祯帝命选智略勋戚，各带壮丁，守御京城。

初三日，明督师袁崇焕调祖大寿领援兵抵达山海关。袁崇焕遂同祖大寿统率骑兵，疾驰入援。

初四日，后金军进攻遵化城。遵化为顺天府所属，北邻长城，有洪山口、罗文峪、大安口、马兰峪等重要关隘。先一日，皇太极布置军队从四面八方攻遵化城：镶黄旗额驸达尔哈率本旗攻北面之东，正黄旗纳穆泰率本旗攻北面之西；镶红旗雍舜率本旗攻西面之南，正红旗额驸和硕图率本旗攻西面之北；正蓝旗攻南面之东，镶蓝旗额驸顾三台率本旗攻南面之西；镶白旗图尔格率本旗攻东面之南，正白旗

---

① 《崇祯实录》第2卷，崇祯二年十一月壬午朔，台北历史语言研究所校勘本，1962年，第11叶。

喀克笃礼率本旗攻东面之北。各按指定地点，同时发起进攻。后金劝降，遭到拒绝。至是，早晨，八旗兵列阵，竖梯城下，攻遵化城。后金军四面攻城，明巡抚王元雅凭城固守，守军顽强抵抗。翌日，遵化人"内应纵火"①，后金军正白旗小卒萨木哈图率先登城，后军继之，蜂拥而上，掩杀守兵，四面皆溃，遂克其城。巡抚王元雅走入衙署，自经而死。推官何天球等死之。城中官兵人民，反抗者皆被屠杀。②

皇太极攻占遵化城，大赏有功官兵，破格对率先登城的白身萨木哈图授予备御，赐号巴图鲁，并重赏。其他有功官兵，一律加以封赏。

遵化失陷，驰报明廷，人心大震，朝野惊恐。

同日，赵率教率援兵至遵化。先是，赵率教急驰三昼夜，行三百五十里，到三屯营。但三屯营总兵朱国彦不容入城，遂纵马驰向遵化。至是，赵率教同后金贝勒阿济格等所部满洲左翼四旗及蒙古兵相遇，误入埋伏，中箭坠马，力战而亡，一军尽没。③

同日，督师袁崇焕亲率骑兵入援，并亲督总兵祖大寿、副将何可刚等带兵由山海关出发。初五日，至抚宁，后金军克遵化；初七日，至沙河驿，报后金军破三屯营。时明畿东州县，"风鹤相惊，人无固志"。

皇太极命参将英俄尔岱、游击李思忠、文馆范文程统领备御人员，兵八百留守遵化，他统率大军，自遵化起行，向北京进发。

初十日，袁崇焕率铁骑驰入蓟州。蓟州为顺天府属，"东起山海，西迄居庸，延袤曲折，几二千里"④，辖玉田、丰润、平谷、遵化四县，西距北京二百里。先二日，崇祯帝起用孙承宗为中极殿大学士、兵部尚书，视师通州。寻崇祯帝召见孙承宗，承宗陈奏保卫京师军事调度言："臣闻督师、尚书袁崇焕率所部驻蓟州，昌平总兵尤世威驻密云，大同总兵满桂驻顺义，宣镇总兵侯世禄驻三河。三边将守三要地，

---

① 《崇祯实录》第1卷，崇祯二年十一月丙戌，台北历史语言研究所校勘本，1962年，第11叶。
② 《清太宗文皇帝实录》第5卷，天聪三年十一月甲申，中华书局影印本，1985年，第23叶。
③ 《崇祯长编》第28卷，崇祯二年十一月丙申，台北历史语言研究所校勘本，1962年，第13~14叶。
④ 顾祖禹：《读史方舆纪要》第11卷，上海书店出版社影印本，1998年，第28叶。

势（势）若排墙地密而层层接应。"①这时袁崇焕得到崇祯帝"调度各镇援兵，相机进止"②的谕旨，并作了军事防御部署：前总兵朱梅、副总兵徐敷奏守山海关，参将杨春守永平，游击满库守迁安，都司刘振华守建昌，参将刘宗武守丰润，游击蔡裕守玉田，昌平总兵尤世威守诸陵，宣府总兵侯世禄守三河，保定总兵刘策守密云，保定总兵曹鸣雷等驻蓟州遏敌。袁崇焕自率大军，居中调度策应。袁督师意欲"背捍神京，面拒敌众"③，堵塞八旗军西向京师之路。孙承宗、袁崇焕均熟悉用兵方略，其军事筹划，亦约略相同。上述兵事措置，如能有效实施，则不会有己巳京师之围，也不会有袁崇焕蒙冤之狱。

十五日，袁崇焕昼夜兼程，至河西务，议趋京师。副总兵周文郁建议：不宜入京，后金兵在通州，明兵屯张家湾，相距十五里，就食河西务，寻机进兵，敌易则战，敌坚则乘，这是万全之策。袁崇焕心肠颇热，一心忠君，没有纳谏，也没有设防。还在十日，崇焕统兵入蓟时，明廷就传说他有引导后金兵进京之嫌，故崇祯帝下令崇焕不得越蓟州一步，而他个人毫无察觉。

但是，事有不测之变：

其一，崇祯帝庙算不定。孙承宗驻守通州后，疏言："虏薄都城，止有二路，如臣前议。袁崇焕之兵，移驻于通近郊，当其东南；满、侯、尤三师，当其西北。则战于通之外，正所以遏奴逼京之路。今驻兵永定门外，则是崇焕之来路，而非奴之来路；驻通则可雇（顾）京城，而驻永定则不可雇通，通危而京城亦危。臣在关尝闻贼曰：'（你）从几路来，我只一路去。'今久聚而不散掠，惧其分也。深入而不反雇，我无以创之也。我分一兵以守通，又分一兵以守（京）城，则通与京城，皆以寡当众，而我无所不寡。臣以为奴既薄通，京城与通之兵，只责之完守，而不责之出战。当责总督刘策守密云，令尤世威率五千兵与满桂、侯世禄联

---

① 孙铨：《高阳太傅孙文正公年谱》第4卷，清刻本。
② 周文郁：《边事小纪》第1卷，《玄览堂丛书》本。
③ 程本直：《白冤疏》，载《袁督师事迹》，道光伍氏刻本。

络于顺义之南，袁崇焕列阵于通州左右，不宜逼驻京城。四镇声势相接，贼分攻则分应，合攻则合应，或夹攻，或追蹑，或出奇斫营，或设伏邀击，有机便可一创，否则勿迫其战。今天下之安危在四镇，四镇不一力战，则贼终无已时；一浪战而失，则畿辅将惊溃，而天下危。"①

上文中的"通"为通州，在京城之东四十里，为京城之咽喉要地。疏入，留中。崇祯帝作出"调通、蓟近将，尾击声援"的谕旨，使危急态势愈加危急。

其二，皇太极兵逼燕京。后金军攻占遵化、蓟州后，进入平原，再无险阻。时明朝腐朽，经济凋敝，财源枯竭，边备疏懈。且平原作战，非明军所长，遭遇满洲骑兵，风鹤相警，人无固志，或望风而逃，或一触即退。十一日，皇太极率八旗军从遵化起行，"向燕京进发"。八旗军兵锋锐盛，兵力集中。总兵满桂、尤世禄兵挫西退，督师袁崇焕也引兵难拒。三天之间，后金军"攻蘇（蓟）州，取玉田、三河、香河、顺义诸县"②，进逼通州。袁崇焕先同八旗军相持于京东马伸桥，"斩获酋长，军威大震"。后袁军急驰西行，先八旗军三日到通州。皇太极"不意袁军骤至，相视骇眙"③。于是，宵夜驰驱，西犯京师。

其三，袁崇焕"抱心太热"。他闻敌警之后，率军进关，抵达蓟州，"三日之内，连战皆捷"。按照关内外分责，既未奉调入关，可以坚守山海。但他"忠心捧日"，率军入关；"抱心太热"，进卫京师。十六日，袁崇焕召集诸将会议进取。一些将领力主"径取京师，以先根本"；副总兵周文郁等则主张"大兵宜向敌，不宜先入都"，因为"外镇之兵，未奉明旨，而径至城下，可乎"？袁崇焕断然地说："君父有急，何遑他恤，苟得济事，虽死无憾！"④决定直奔京师。次日晚，兵抵广渠门外。

上述因素，相互交错，出现一个结果：明军与后金军的激战，不是在蓟州至

---

① 钱谦益：《牧斋初学集·孙承宗行状》第47卷，上海古籍出版社，2009年。
② 《明怀宗实录》第3卷，崇祯二年十一月癸巳；据《崇祯实录》补正。
③ 梁启超：《袁督师传》，载《饮冰室合集》第20卷，中华书局，1989年。
④ 周文郁：《边事小纪》第1卷，《玄览堂丛书》本。

通州之间，而是在辇毂坚城之下。

后金军十三日，到蓟州。十四日，到三河。十五日，到通州。

皇太极驻营通州城北。贝勒阿巴泰等分路攻顺义，总兵满桂、侯世禄西退，后到德胜门外扎营。

十七日，袁崇焕深怕后金兵逼近京师，仅率领骑兵九千，以两昼夜，行三百里，由间道急驰，抵广渠门外，天寒饥馁，露宿扎营。

二十日，八旗军兵临北京城下，"烽火遍近郊"。先是，崇祯帝命宣大总督、宣府巡抚和应天、凤阳、陕西、郧阳、浙江各省巡抚，俱"勤王入卫"；至是，又命选"勋戚各带壮丁守城"[①]。翰林院庶吉士金声荐授游僧申甫为副总兵。申甫收募"市丐"[②]为兵，后申甫身死，全军亦败没。

明辽军到达京师后，袁崇焕积极备战，严明军纪："不许一兵入民家，即野外树木，亦不得伤损。"[③]为严肃军纪，有一兵士曾"擅取民家饼，当即枭示"。为解决粮秣，他密令参将刘天禄等"去劫奴营"，但被八旗军哨兵察觉，未能遂计。到十九日晚，袁军夜间露宿，昼缺粮草，士马冻馁，已经两日。于是，后金军攻打北京之战展开。

攻打北京时北京城重兵，一在德胜门，由侯世禄、满桂屯驻；一在广渠门，由袁崇焕、祖大寿屯驻。八旗兵逼京师后，皇太极驻幄城北土城关之东，其两翼兵分别营于德胜门外至安定门外一带。己巳之役即北京之战，主要在德胜门、广渠门、左安门和永定门进行。

德胜门之战 二十日，皇太极统大军扎营于北京城北土城关之东，两翼兵营于东北。明大同总兵满桂、宣府总兵侯世禄以援兵卫守德胜门。崇祯帝曾召赐满桂"玉带、貂裘，封东平侯"。皇太极亲率大贝勒代善和贝勒济尔哈朗、岳托、杜度、

---

① 《崇祯长编》第28卷，崇祯二年十一月辛卯，台北历史语言研究所校勘本，1962年，第7叶。
② 《崇祯实录》第2卷，崇祯二年十二月甲寅，台北历史语言研究所校勘本，1962年，第16叶。
③ 周文郁：《边事小纪》第1卷，《玄览堂丛书》本。

萨哈廉等统领满洲右翼四旗及右翼蒙古兵进攻德胜门守军。后金军先发炮轰击，发炮毕，蒙古兵及正红旗护军从西面驰突，正黄旗护军从旁冲杀，两军冲入，边杀边进①，拼搏厮杀，追至城下。城上明军，奋勇弯射。不久，"世禄兵溃，（满）桂独前搏战"②。城上明兵发炮配合，但误伤满桂兵殆尽。满桂负伤，带"败兵百余，卧关帝庙中"③。后开德胜门瓮城，"屯满桂食（余）兵"④。

广渠门之战 与德胜门激战同时，蓟辽督师袁崇焕、锦州总兵祖大寿率骑兵在广渠门（沙窝门），迎击后金军的进犯。皇太极派三大贝勒莽古尔泰及贝勒阿巴泰、阿济格、多尔衮、多铎、豪格等，带领满洲左翼八旗兵和恩格德尔、莽果尔岱等率领左翼蒙古骑兵数万人，向广渠门明军扑来。袁崇焕仅九千骑兵⑤，令祖大寿在南，王承胤在西北，自率兵在西，结成"品"字形阵，兵含枚，马勒口，隘处设伏，严阵待敌。

后金军分六队，涌向袁军。后金军的前锋护军，先向南直扑祖大寿阵。祖大寿率兵奋死抵御，后金军前锋受挫。后金军接着又向北直冲王承胤阵，失利。后金军左、右两次冲锋，都没有达到预期目的，再倾骑西闯袁崇焕阵。袁军将士"奋力殊死战"；后金阿济格贝勒所乘"马创死"⑥，身受箭伤，几乎丧生⑦；阿巴泰贝勒中伏受挫；蒙古额驸恩格德尔等骑兵驱马骤进，"为所败，却走"⑧。八旗军溃败，明军乘胜追击。游击刘应国、罗景荣，千总窦浚等直追至通惠河

---

① 《满文老档·太宗》第Ⅳ册，天聪三年十一月二十日，东洋文库译注本，1959年，第260~261页。
② 陈鹤：《明纪》第52卷，清刻本。
③ 周文郁：《边事小纪》第1卷，《玄览堂丛书》本。
④ 《明思宗实录》第3卷，崇祯二年十一月壬寅，台北历史语言研究所校勘本，1962年。
⑤ 袁军的数目，《清太宗实录》和《明怀宗实录》作"二万人"；《剖肝录》和《白冤疏》作"九千人"，从后者。
⑥ 《清史列传·阿济格传》第1卷，中华书局，1928年，第8页。
⑦ 《边事小纪》"伤东奴伪六王子"；努尔哈赤第六子塔拜，未参加这次战役；其十二子"阿济格马创，乃还"，疑受伤者为"十二王子"阿济格。
⑧ 《清史稿·恩格德尔传》第229卷，中华书局标点本，1977年，第9277页。

边，八旗兵仓皇涉渡，"精骑多冰陷，所伤千计"①。八旗军溃不成军，败回营去。朝鲜使臣李忔从北京驰启曰："贼直到沙窝门，袁军门、祖总兵等，自午至酉，鏖战十数合，至于中箭，幸而得捷。贼退奔三十余里。贼之不得攻陷京城者，盖因两将力战之功也。"②这场广渠门血战，袁崇焕军与八旗军，炮鸣矢发，激战十小时，转战十余里，明军终于克敌获胜。督师袁崇焕在广渠门外，横刀跃马，冲在阵前，左右驰突，中箭很多，"两肋如猬，赖有重甲不透"③。他在与八旗兵搏斗中，马颈相交，奋不欲生。后金的骑兵挥"刀及崇焕，材官袁升格之，获免"④。

在督师袁崇焕的指挥下，经过京师军民的大力支持和辽军将士的浴血奋战，取得广渠门之捷。当夜，袁崇焕亲往受伤官兵处所"一一抚慰，回时东已白矣"。

皇太极在广渠门之败的夜晚，召集诸贝勒会议。（一）议处皇太极七兄阿巴泰贝勒罪，应削贝勒爵，并夺所属人员；皇太极命宽宥阿巴泰罪。（二）以蠹额真康古礼、甲喇章京郎球和韩岱等"逗留中途"罪，削职罚赎。（三）蒙古额驸恩格德尔、内喀尔喀莽果尔岱等贝勒，念其投诚之功，免削职，夺俘获，仍罚赎。这是皇太极自统军进攻北京以来，首次遭到重挫！

二十二日，皇太极在广渠门外军事失败，便遣被俘王太监带书致明，再主议和。⑤

二十三日，崇祯帝召袁崇焕等于紫禁城平台。崇焕请入城休兵，不准。同日，将兵部尚书王洽下狱。

二十四日，皇太极发表"养精蓄锐"自慰话语后，移军南海子，秣马射猎，

---

① 《崇祯实录》第2卷，崇祯二年十一月庚子，台北历史语言研究所校勘本，1962年，第14叶。
② [朝]《李朝仁祖大王实录》第22卷，八年四月癸丑，日本学习院东洋文化研究所刊，1959年，第22～23叶。
③ 周文郁：《边事小纪》第1卷，《玄览堂丛书》本。
④ 谷应泰：《明史纪事本末·东兵入口》第4册。又《边事小纪》卷一记载："一贼抡刀砍值公，适旁有材官袁升高以刀架隔，刃相对而折，公获免。"两书所载歧异，应以后者为是。
⑤ 《清太宗文皇帝实录》第5卷，天聪三年十一月癸卯，中华书局影印本，1985年，第30叶。

伺机再攻。

左安门之战 二十七日，袁崇焕与皇太极军又激战于左安门外。袁崇焕、祖大寿率军竖立木栅，布阵守城；后金军也列兵布阵，逼之而营。后金军冲锋，明辽军抵御，明军获捷，后金兵败。①后金军曾先后在宁远、宁锦、京师三次败于袁崇焕手下，皇太极虽督军奋战，却不敢浪战。《清太宗实录》记载："上与诸贝勒，率轻骑往视进攻之处。云：'路隘且险，若伤我军士，虽胜不足多也。此不过败残之余耳，何足以劳我军。'遂还营。"②

二十八日，皇太极不敢与袁崇焕交战，便牧马于南海子。后袁崇焕用向导任守忠策，"以五百火炮手，潜在海子，距贼营里许，四面攻打，贼大乱"。随后，皇太极移营出南海子。③

皇太极对袁崇焕不能战胜，便施用"反间计"，陷害袁崇焕（详下节）。

当时皇太极并不知道其反间计得逞，他一面先后三次致书崇祯帝议和，一面寻找时机攻夺北京永定门。

十二月初一日，崇祯帝再召袁崇焕等于平台。"勇猛图敌，敌必仇；振刷立功，众必忌。"④袁崇焕获广渠门和左安门两捷，既受到后金的仇畏，又遭到阉党的妒忌。敌人的反间和阉党的诬陷，促使崇祯帝在平台召对蓟辽督师袁崇焕："缒城而入，乃下之诏狱！"⑤

同日，皇太极率军趋北京西南良乡，攻克良乡县城。后金总兵官吴讷格奏克固安县，尽歼其众。

十一日，皇太极遣官祭房山金朝皇帝陵。

---

① 《崇祯长编》第29卷，崇祯二年十二月甲戌，台北历史语言研究所校勘本，1962年，第17叶。
② 《清太宗文皇帝实录》第5卷，天聪三年十一月戊申，中华书局影印本，1985年，第30叶。
③ 《帝京景物略》第3卷记载："城南二十里，有囿，曰南海子。方一百六十里。海中殿，瓦为之。"
④ 《明熹宗实录》第75卷，天启六年八月丁巳，台北历史语言研究所校勘本，1962年，第12叶。
⑤ 黄宗羲：《南雷文约》第1卷，清刻本。

十六日，得知明崇祯帝将袁崇焕下狱，皇太极便亲统大军回师北京卢沟桥。明副将申甫率兵卒六千前来抵御，右翼五旗兵迎战，将明兵歼灭。而这位副将喋血力战，伤重而死。后金兵继续在京城附近攻掠，距京二十里，又击败一营明兵，并于当晚从捕获的人得知，永定门南二里外，驻有满桂、黑云龙、麻登云、孙祖寿四总兵，领马步兵四万，结栅为垣，四面环列，枪炮数重。① 皇太极遂令诸将士，以三鼓进兵列阵，准备发起进攻。

永定门之战 十七日黎明，后金军十旗兵齐进，大战永定门外。时明总兵满桂、黑云龙、麻登云、孙祖寿领马兵四万，在永定门外"四方结栅木，四面列枪炮"，加强防御，"列栅以待"。② 皇太极率领八旗军"大噪齐进，毁栅而入"③。和硕图奋勇当先，一马突入明阵。满桂骁勇敢战，率步骑五千迎战，因寡不敌众，被后金兵击溃，满桂与副将孙祖寿及参将、游击等三十余人都战死于阵中。明军四总兵——满桂、孙祖寿阵亡，黑云龙、麻登云被擒。④ 后金军也伤亡惨重，致使皇太极"心伤陨涕"。⑤

这时，后金诸将争请进攻北京城。皇太极认为，明朝"疆圉尚强，非旦夕可溃者，得之易，守之难，不若简兵练旅，以待天命可也"⑥。他留下一封信致崇祯帝，重申议和之意，然后移营北京城西北。

广渠门、德胜门、左安门和永定门四战，明军都是同后金军野战争锋，马颈相交，拼搏厮杀。八旗军丢尸弃马，不能越池破城。明军德胜门、永定门两战失利，而广渠门、左安门两战获胜，尤在袁督师指挥下，广渠门和左安门两战，皇太极遭到惨重失败。明朝首都北京被围危急，赖袁崇焕率辽军入援，拼死激战，转危

---

① 王先谦：《东华录》第5卷，天聪三年十二月丙寅，光绪二十五年（1899）刻本。
② 光绪《顺天府志·孙祖寿传》第98卷，北京古籍出版社，1987年，第4686页。
③ 蒋良骐：《东华录》第2卷，天聪三年十二月丁卯，清木刻本。
④ 计六奇：《明季北略·满桂战死》第5卷，光绪十三年（1887）刻本，第10叶。
⑤ 《清太宗文皇帝实录》第5卷，天聪三年十二月丁卯，中华书局影印本，1985年，第34叶。
⑥ 昭梿：《啸亭杂录·太宗伐明》第1卷，中华书局标点本，1980年，第1页。

为安，否则将是另一番结局。时"天下勤王兵，先后至者二十万"。皇太极劳师远犯，久暴兵旅，地冻天寒，粮秣匮乏。皇太极分别在德胜门外和安定门外，发出两封致明帝和议书后，饱掠京畿，退出京师。

皇太极南犯京师的战争，是一场女真军事贵族的残暴掠夺战争。八旗军所到之处，俘获人口，掠夺牲畜，劫掠物资，纵火焚毁，"自遭残破后，一望荒原"①。

其事记载，史不绝书。

"虏骑劫掠，焚烧民舍。"②

"纵掠良乡县，俘获甚多。"

"上命自克遵化以来，所获马骡，均赏兵丁，人各一匹。"

"焚通州河内船，约千余只。"

"以俘获牛马赏兵丁，每人马一、牛一。"

"胡将所获男女万余。"③

据御史张学周、巡按龚一程等奏报，后金军在通州、张家湾、三河共烧毁漕船九百七十七只。④

北京之战，以明军的胜利和八旗军的失败而结束。袁督师亲率铁骑，日夜兼驰，"应援京师，连战大捷"，危城北京，转危为安。但是，皇太极在军事失利中，施用反间计，陷害袁崇焕。

---

① 《崇祯长编》第53卷，崇祯四年闰十一月丁未，台北历史语言研究所校勘本，1962年，第11叶。
② 文秉：《烈皇小识》第2卷，上海书店印行，1982年。
③ ［朝］《李朝仁祖大王实录》第22卷，八年二月丁丑，日本学习院东洋文化研究所刊，1959年，第15叶。
④ 《崇祯长编》第30卷，崇祯三年正月甲辰，台北历史语言研究所校勘本，1962年，第28叶。

三 皇太极施"反间计"

围绕着北京之役,后金与明朝进行的争局,不仅是一场激烈的军事斗争,而且是一场残酷的政治斗争。

皇太极入主中原,君临四方,急欲之情,跃然纸上。但是,皇太极占京师、取明统的最大军事障碍,是铁城宁远和铁帅袁崇焕。崇焕不去,关外诸城未下,关锦防线未破,入关道路难通。皇太极为实现其军事政治目的,就要绕宁锦、薄京师,设反间计,害袁崇焕。袁崇焕对此似有警觉,他复出时在平台[1]受崇祯帝召见,曰:"以臣之力,制全辽有余,调众口不足。一出国门,便成万里,忌能妒功,夫岂无人,即不以权力掣臣肘,亦能以意见乱臣谋。"咨对说:"当论边臣成败之大局,不必过求于一言一行之微瑕,盖着着作寔,为怨则多,凡有利于封疆者,俱不利于此身者也。况图敌之急,敌又从外而间之,是以为边臣者甚难。"[2]

---

[1] 孙承泽:《春明梦余录》第6卷,第10页:"建极殿后曰云台门,东曰后左门,西曰后右门、亦名曰平台。"
[2] 《崇祯长编》第11卷,崇祯元年七月乙亥,台北历史语言研究所校勘本,1962年,第16叶。

尽管袁崇焕的苦衷受到崇祯帝的慰劳优答，却不幸地言中了自己的悲惨结局。

袁崇焕的每个军事胜利，都把一仇神召唤到自己的周围。

阉党在布置陷阱。袁崇焕入援京师，"心焚胆裂，愤不顾死，士不传餐，马不再秣"，十余日，驰千里，间道飞抵郊外，挺身捍卫京师。但城里阉党编造的"崇焕勾建虏"流言四起，阉孽刑逼某木匠诬袁崇焕为奸细。①

后兵科给事中钱家修在《白冤疏》中说："江西道御史曹永祚，捉获奸细刘文瑞等七人，面语口称：'焕附书与伊通敌。'原抱奇、姚宗文即宣于朝，谓：'焕构通与祸，志在不小。'次日，皇上命诸大臣会鞫明白。臣待罪本科，得随班末，不谓就日辰刻，文瑞（等）七人走矣！"②

锦衣为何地，奸细为何人，七人竟袖手而走？可见为着杀崇焕，不惜设陷阱。姚宗文早在天启时附阉党，与原抱奇表里为奸，为打击袁崇焕而设置政治陷阱。

市民在传布流言。在通州时，崇焕没有和后金兵交战，后金兵直趋京师。京城里的谣言四起，说袁崇焕召来了后金兵。崇祯皇帝被谣言所惑，疑上加疑，这给皇太极施反间计提供了可乘之机。

后金在密室策划。早在"己巳之变"以前，汉人降金副将高鸿中就向皇太极奏言："他既无讲和意，我无别策，直抵京城，相其情形，或攻或困，再作方略。"③所谓方略，疏未言明。李霨在《内秘书院大学士范文肃公墓志铭》中记述：时为章京范文程，从跸入蓟州、克遵化后，见督师袁崇焕重兵在前，即"进密谋，纵

---

① 孙承泽：《畿辅人物志·李锦衣若琏传》第16卷，清刻本。
② 钱家修：《白冤疏》，载《袁督师事迹》，道光伍氏刻本。
③ 《明清史料》丙编，第1本，中央研究院历史语言研究所集刊，1936年，第45叶。

反间"①。故皇太极在左安门之败的第二天，设下一个政治圈套——"反间计"。

先是，后金大军屯南海子时，俘虏了明朝提督大坝马房太监杨春、王成德。据《崇祯长编》记载：大清兵驻南海子，提督大坝马房太监杨春、王成德，为大清兵所获，口称"我是万岁爷养马的官儿"。大清兵将杨春等带至德胜门，鲍姓等人看守。②便指派副将高鸿中、参将鲍承先、宁完我、巴克什达海等对杨春、王成德监守。高鸿中、鲍承先按照皇太极的旨意，夜里回营，坐在两个太监卧室的隔壁，故作耳语，秘密谈话，他们在谈话中明示袁崇焕已与皇太极有密约，攻取北京，很快成功。太监杨春等假装躺卧窃听，二十九日，高鸿中、鲍承先又故意放纵了杨太监，杨太监回到紫禁城，将窃听到高鸿中、鲍承先的密谈，奏报了崇祯皇帝。

此事，《清史稿·鲍承先传》记载：

> 翌日，上诫诸军勿进攻，召承先及副将高鸿中授以秘计，使近阵获明内监系所并坐，故相耳语云："今日撤兵，乃上计也。顷见上单骑向敌，有二人自敌中来，见上，语良久乃去。意袁经略有密约，此事可立就矣。"内监杨某佯卧窃听。越日，纵之归，以告明帝，遂杀崇焕。③

---

① 李光涛《袁崇焕与明社》(《大陆》杂志第7卷1期) 和《明季边防与袁崇焕》，均谓"反间计"系高鸿中所献。黄宗羲《大学士机山钱公神道碑》载为范文程所献。其文曰："己巳之冬，大安口失守，兵锋直指阙下，崇焕提援师至。先是，崇焕守宁远，大兵屡攻不得志，太祖患之。范相国文程时为章京，谓太祖曰：'昔汉王用陈平之计，间楚君臣，使项羽卒疑范增，而去楚。今独不可踵其故智乎？'太祖善之，使人掠得小奄数人，置之帐后，佯欲杀之。范相(国)乃曰：'袁督师既许献城，则此辈皆吾臣子，不必杀也！'阴纵之去。奄人得是语，密闻于上。上颔之，而举朝不知也。崇焕战东便门，颇得利，然兵已疲甚，约束诸将不妄战，且请入城少憩。上大疑焉，复召对，缒城以入，下之诏狱。"上文"太祖"应作"太宗"，"东便门"应作"左安门"。李霨在《内秘书院大学士范文肃公墓志铭》中，也记载"反间计"为范文程所献。
② 《崇祯长编》第29卷，崇祯三年十二月甲子，台北历史语言研究所校勘本，1962年，第10叶。
③ 《清史稿·鲍承先传》第232卷，第9366页。又见《清太宗实录》第5卷、《满文老档·太宗》第19卷、《清朝开国方略》第12卷、《啸亭杂录》第1卷、蒋良骐《东华录》第2卷、《李朝仁祖大王实录》第24卷、《明史》第259卷和《鲒埼亭集》等。

杨太监纵归明宫后，将在后金监所中的窃闻，"详奏明主"。崇祯帝既惑于阉党的蜚语，又误中后金的反间，决定在平台召见袁崇焕"议饷"。

十二月初一日，崇祯帝以"议饷"为名，召督师袁崇焕、总兵满桂、黑云龙、祖大寿等入见。明蓟辽督师袁崇焕，因城门不开被用筐装载，以绳系筐吊到城上。袁崇焕到宫城平台觐见崇祯皇帝。《崇祯长编》同日记载："督师袁崇焕，总兵满桂、黑云龙等，锦衣卫堂官召对，逮督师袁崇焕于狱。令总兵满桂总理关宁兵马。"此事，《明季北略》记载较详："上问杀毛文龙、致敌兵犯阙及射满桂三事，崇焕不能对。上命桂解衣验示，着锦衣拿掷殿下。校尉十人，褫其朝服，扭押西长安门外锦衣大堂，发南镇抚司监候。"①

督师袁崇焕当即被逮捕，下锦衣卫狱。崇祯帝命总兵满桂总理关、宁兵马，并命祖大寿、黑云龙会同马世龙等抗敌立功。

袁崇焕下锦衣卫狱，是阉党进行翻案活动，排挤东林党，首先打开的一个缺口。阴谋的发起者是温体仁和王永光，"永光与体仁合，欲借崇焕狱，株连天下清流"②。吏部尚书王永光是魏忠贤遗党。诸群小合谋，日乘机报复。御史高捷、史䇓尝以"通内自诩"，阉党失败后，"皆以得罪公论革职"，而王永光力引二人，又被大学士钱龙锡所阻，三人大恨。他们"谋借崇焕，以及龙锡"。机陷钱龙锡，尽倾东林党，摧抑正人，排挤忠臣。但他们力量不够，要借助于中官权臣。

先是，辽东阉党毛文龙岁饷百万，多半不出都门，落入权臣私囊。魏忠贤的干儿毛文龙被袁崇焕斩后，权臣失去巨贿。又在后金军围城期间，戚畹中贵在京畿的"园亭庄舍，蹂躏殆尽"③，便一齐迁怒于袁崇焕。因此，他们从各自的利益出发，合谋倾覆袁崇焕。袁崇焕成为阉党与东林党斗争的焦点，在阉党与东林党对垒中，"日与善类为仇"的温体仁，成了阉党余孽的挂帅人物。

---

① 计六奇：《明季北略·逮袁崇焕》第5卷，光绪十三年（1887）刻本，第10叶。
② 《明史稿·王永光传》第240卷，清刻本。
③ 文秉：《烈皇小识》第2卷，上海书店印行，1982年。

温体仁与毛文龙是同乡，因文龙之死深衔袁崇焕；又曾贿赂崔呈秀，诗颂魏忠贤，被御史毛九华所劾——于是就同高捷、史躬结为心腹。当时崇祯帝恶言党争，"体仁揣帝意"，标榜自己为"孤臣"。崇祯帝觉得"体仁孤立，益向之"。温体仁既受到崇祯帝的信任，又得到阉党余孽的支持："魏忠贤遗党日望体仁翻逆案，攻东林。"机深刺骨的温体仁，先诬奏袁崇焕，"敌逼潞河，即密参崇焕"。温体仁在与其幼弟书信中说："崇焕之擒，吾密疏，实启其端。"① 他权欲熏心，亟谋入相，所忌唯大学士韩爌与钱龙锡二人。温体仁先后五次上疏，请崇祯帝杀督师袁崇焕："体仁五疏，请杀崇焕。"② 尔后，温体仁便借袁崇焕事挤去韩爌和钱龙锡而居其位。但是，阉党余孽如果没有崇祯帝的支持，他们是成不了气候的。

崇祯帝的昏暴铸成了袁崇焕的冤案。"怀宗自视聪明，而实则昏庸。"③ 尽管后金的反间和阉党的诬陷，内外呼应，同恶相济，但他们只有通过崇祯帝的昏暴才能得逞。崇祯帝即位之初，想望治平，励精图新。然而整个崇祯朝，仍是一个"主昏政暗"的朝代。崇祯帝对廷臣，时信时疑，亲疏无常，"败者升官，胜者误罪"。如对袁崇焕，先是晋太子太保、兵部尚书、蓟辽督师、赐尚方剑，及其入援京师，又赐玉带、彩币。当阉党的流言、后金的蛊语，灌进崇祯帝的两耳之后，他就猜疑袁崇焕。崇祯帝将在德胜门打了败仗的满桂封赏，却将在广渠门和左安门打了胜仗的袁崇焕下狱，完全是功罪倒衡，自毁长城。

崇祯帝刚愎自用，偏听专断。阉党余孽开始权力并不大，如温体仁为礼部侍郎，高捷和史躬为御史。而东林党掌握津要，如袁崇焕入狱时的内阁大学士，除韩爌晋太傅外，仅李标、钱龙锡、成基命和孙承宗四人，均为东林党人。六部尚书也多为东林党人或倾向东林党人。当时阉党余孽官职低、实力弱，声名狼藉、不得人心。但是，阉党余孽紧紧地抓住崇祯帝，依靠崇祯帝，来打击东林党人。

---

① 叶廷琯：《鸥陂渔话·温体仁家书》第4卷，清刻本。
② 余大成：《剖肝录》，载《袁督师事迹》，道光伍氏刻本。
③ 《袁崇焕传》稿本，不分卷。

"逆案已定，王永光把持之；皆绍述逆阉之政者也。袁弘勋、高捷、史䔫一辈小人，翩翩而进，以锢君子而抑之。"[1]他们依恃崇祯帝，彼此援引，上下交结，先拆毁东林党所依靠的长城：遵化刚失，兵部尚书王洽以"桢（侦）探不明"[2]，下狱（后死狱中）；敌在城下，督师袁崇焕被诬为"诱敌协款"，也下狱。与此同时，刑部尚书乔允升和工部尚书张凤翔相继落狱论死，后遣戍边卫。[3]阉党余孽逐渐掌握六部的实权。继之，在温体仁和阉党攻击下，崇祯帝将东林党大学士一个一个地解职。大学士钱龙锡是个例子。袁崇焕被逮的第五天，御史高捷即疏劾称：钱龙锡与袁崇焕相倚，钱龙锡是袁崇焕"诡计阴谋发纵指示"者，是祖大寿敢于提兵出走"挑激之妙手"。钱龙锡一疏再疏，自行申辩："崇焕初在城外，阁中传奉圣谕、往来书札，多从城头上下，崇焕既拿之后，孰敢私通？祖大寿两重严城，谁能飞越，施挑激之妙手？"[4]大学士钱龙锡因受到攻讦而辞职，阉党余孽并不因龙锡去职而罢手，还要将他致之于死地。崇祯帝命逮捕辅臣钱龙锡于其家。先是，锦衣卫以斩帅、主款二事，究问袁崇焕根因。"据崇焕所供：'斩帅一事，则龙锡与王洽频以书问之崇焕。而崇焕专断杀之者也。主款一事，则崇焕频以书商之洽与龙锡，而洽与龙锡未尝许之也。"袁崇焕将"斩帅""讲款"二事的责任，由自己承担，不牵涉大学士钱龙锡和兵部尚书王洽。事下中府九卿科道会议，与会者有吏部尚书王永光、户部尚书毕自严、礼部尚书李腾芳、兵部尚书梁廷栋、刑部尚书韩策、工部尚书程启南及都察院、通政司、大理寺和六科道官员等六十余人。会议结果，疏上略谓："斩帅虽龙锡启其端，而两次书词有处得妥当、处得停当之言，意不专在诛僇可知，则杀之自属崇焕过举。至讲款，倡自崇焕，龙锡虽不敢担承，而始则答以在汝边臣酌量为之，继则答以皇上神武，不宜讲款。总之两事皆自为商量，

---

[1]《汰存录纪辨》，不分卷，抄本。
[2]《明怀宗实录》第2卷，崇祯二年十一月辛卯，台北历史语言研究所校勘本，1962年。
[3]《明史·乔允升传》第254卷，中华书局点校本，1974年，第6555页。
[4]《崇祯长编》第29卷，崇祯三年十二月乙卯、癸酉，台北历史语言研究所校勘本，1962年，第2~3叶、第16~17叶。

自为行止。龙锡以辅弼大臣，事关疆场安危，而不能抗疏发奸，何所逃罪。但人在八议，宽严当断之宸衷。"①

上疏，既肯定钱龙锡的责任，又对其进行开脱。崇祯帝以钱龙锡"无逆谋，令长系"。后遣戍定海卫。

东林党受到沉重打击，阉党之祸从此益炽。开始形成以周延儒、温体仁为首的反东林新内阁。先是周延儒任首辅，"延儒柄政，必为逆党翻局"②；不久，温体仁取代周延儒，朝政越发不可收拾。

崇祯帝"太阿独操"，专制暴戾。他在平台下令逮捕袁崇焕时，东阁大学士兼礼部尚书成基命，年七十，"独叩头，请慎重者再"。崇祯帝不信士流，而信内臣，刚愎自持，拒不纳谏。成基命又叩头曰："敌在城下，非他时比。"③崇祯帝仍执迷不悟。袁崇焕被拿，"宣读圣谕，三军放声大哭"。关外的将士吏民，也"日诣督辅孙承宗，号哭代雪"。钱家修冒坐牢之险写《白冤疏》，称袁崇焕"义气贯天，忠心捧日"。后任山东巡抚余大成曾道：八旗军围攻北京城时执捕袁崇焕，是"兵临城下而自坏长城"！崇祯帝闻此，复欲用崇焕于辽，又有"守辽非蛮子不可"之语。在东林党与阉党斗争的关键时刻，崇祯帝支持阉党余孽，将袁崇焕逮捕杀害，使政局急剧逆转。另如成基命一次谏言，自辰至酉，跪在会极门外，长达十二小时未起，足以画出崇祯帝独裁昏暴的形象。朝鲜人评论崇祯帝对此事的处理说："不信士流，而信内臣，驯致祸乱，为千古炯戒。其失在于不知人，而非士流之罪也。"④

所以，康有为"间入长城君自坏，谗多冤狱世无穷"的诗句，说明毁坏长城和袁崇焕冤案的责任在崇祯帝。袁崇焕愚忠，他在《南还别陈翼所总戎》诗中云：

---

① 《崇祯长编》第38卷，崇祯三年九月己卯，台北历史语言研究所校勘本，1962年，第2叶。
② 《明史·周延儒传》第308卷，中华书局点校本，1974年，第7926页。
③ 《明史·成基命传》第251卷，中华书局点校本，1974年，第6489页。
④ [朝]《李朝纯宗大王实录》第28卷，二十七年三月辛丑，日本学习院东洋文化研究所刊，1959年，第41叶。

"主恩天地重,臣遇古今稀。"①

臣忠被君疑,惨遭杀身祸。袁崇焕的冤死,不仅标志着东林党末运的开始,而且标志着崇祯帝"新政"的结束。

袁崇焕被捕后,将士一片惊惶,彻夜号啼,莫知所处。而城上则炮石乱打,辽军官兵多受骂詈之言。部将祖大寿在旁见袁崇焕被缚下狱,股栗失措,回营后即同副总兵何可刚领兵一万五千人离京出关。孙承宗派游击石国柱以手书慰谕祖大寿,其众兵泣曰:"应援京师,连战大捷,指望厚赏,谁想城上之人,声声口口骂辽将辽兵都是奸细。故意丢砖打死辽兵三名。城内出来选锋,砍死辽兵六名。彰义门将放拨的辽兵,做奸细拿去杀了。阵亡者死而无棺,生者劳而无功,败者升官,胜者误罪,立功何用?"②

十四日,兵部差人持从狱中取袁崇焕手书,孙承宗命即送给祖大寿。但祖大寿已回往锦州。使臣追及山海关外,出示袁崇焕手书,祖大寿才下马捧泣,一军尽哭。为了立功赎袁崇焕,祖大寿疏言:"十一月初三日,进山海关,随同督师星驰。途接塘报,遵化、三屯等处俱陷。则思蓟州乃京师门户,堵守为急。初十日,统兵入蓟。三日之内,连战皆捷。又虑其逼近京师,间道飞抵左安门外扎营。二十日、二十七日,沙锅、左安等门,两战皆捷,城上万目共见。何敢言功?露宿城濠者半月,何敢言苦?岂料城上之人,声声口口只说辽将、辽人都是奸细,谁调你来?故意丢砖,打死谢友才、李朝江、沈京玉三人,无门控诉。选锋出城,砍死刘成、田汝洪、刘友贵、孙得复、张士功、张友明六人,不敢回手。彰义门将拨夜拿去,都做奸细杀了。左安门拿进拨夜高兴,索银四十六两才放。众兵受冤丧气,不敢声言。比因袁崇焕被拿,宣读圣谕,三军放声大哭。臣用好言慰止,且令奋勇图功,以赎督师之罪。此捧旨内臣及城上人所共闻共见。"又言:"京师城门口大战堵截,人所共见,反将督师拿问。有功者不蒙升赏,阵亡者暴露无棺,带

---

① 梁章钜:《三管英灵集》第 7 卷,清道光刻本。
② 《崇祯长编》第29卷,崇祯二年十二月丁巳,台北历史语言研究所校勘本,1962年,第4~5叶。

伤者呻吟冰地，立功何用？即复遵化，皇上那得知道我们的功劳。既说辽人是奸细，今且回去，让他们厮杀，拥臣东行。此差官所目击者。及到山海关，阁部孙承宗差总兵官马世龙赍捧圣谕将到，传令扎营于教军场迎接。众兵眼望家乡，齐拥出关。臣即止于关外欢喜岭，同所统官旅人等，听宣读毕，皆痛哭流涕，举手加额。臣因众军感泣，谕之曰：'辽兵素受国恩，颇称忠勇，今又蒙朝廷特恩宽宥，若不建功，何以生为？'众军闻言，又复泣下，务立奇功，仰答圣恩于万一矣！"①

祖大寿即日回兵入关。后会同马世龙等收复永平、滦州、迁安、遵化四城。但阉党分子继续交章攻击，遂使崇祯帝下决心处死袁崇焕。

崇祯三年（1630）八月初五日，崇祯帝谓："崇焕擅杀，逞私谋款，致敌欺藐君父，失误封疆"，限刑部五日内具奏。十六日，未刻，崇祯帝御平台，召辅臣等谕："以袁崇焕付托不效，专恃欺隐，以市米则资盗，以谋款则斩师，纵敌长驱，顿兵不战，援兵四集，尽行遣散，及兵薄城下，又潜携喇嘛，坚请入城。种种罪恶，命刑部会官磔示。依律家属十六以上处斩，十五以下给功臣家为奴。今止流其妻妾、子女及同产兄弟于二千里外，余俱释不问。"②明廷以"通虏谋叛""擅主和议""专戮大帅""失误封疆"等罪名，将率师入卫北京的尚书、蓟辽督师袁崇焕处以磔刑，其家产没收入官，兄弟、妻子流放二千里。

自钦定逆案之后，阉党受到严重打击，"奸党衔之次骨"③。当时，"忠贤虽败，其党犹盛。"④都给事中陈尔翼奏言："阉党余孽，遍布长安。"那些丽逆案者"日

---

① 《崇祯长编》第29卷，崇祯二年十二月甲戌，台北历史语言研究所校勘本，1962年，第17~19叶。
② 《崇祯长编》第37卷，崇祯三年八月癸亥，台北历史语言研究所校勘本，1962年，第17叶。
③ 《明史·钱龙锡传》第251卷，中华书局点校本，1974年，第6485页。
④ 《明史·刘鸿训传》第251卷，中华书局点校本，1974年，第6482页。

夜图报复"①。他们千方百计地欲以疆场之事翻逆案②，施展阴谋诡计，打击东林党人。袁崇焕是东林党依靠的长城，要打击东林党人内阁，便率先打击袁崇焕，以罗及东林诸臣，使阉党余孽东山再起。《东林始末》载："初定魏、崔逆案，辅臣钱龙锡主之。袁崇焕之狱，御史史䇹力谋借崇焕以报龙锡，因龙锡以罗及诸臣。"③

所以"己巳之变"的胜败，便同东林党人和袁崇焕的命运联系在一起。

"崇焕无罪，天下冤之。"天聪四年即崇祯三年（1630）八月十六日（公历9月22日），袁崇焕在燕京西市含冤磔死。袁崇焕身戍辽疆九年，"杖策只因图雪耻，横戈原不为封侯"。其"父母不得以为子，妻孥不得以为夫，手足不得以为兄弟，交游不得以为朋友"。袁崇焕披肝沥血，跃马横戈，血洒京师，垂馨千祀。后藤县知县边其晋在追念袁崇焕的《藤江即事》诗中写道："总制三边袁元素，擎天柱石人争慕。只因三字莫须有，万里长城难巩固。"④袁崇焕的冤死，不仅是他个人的不幸，而且表明东林党在政治上的再次失败。东林党在天启四年（1624）失败，后熊廷弼被弃市；尔后，"朝政混淆，谄谀成风，日以谋害诸贤为计，而国事有不可言者矣"⑤！东林党在崇祯三年的再败，袁崇焕被磔于市。袁崇焕死，小人竞起，党争更趋激烈，益修门户之怨。举朝事之异己者，概坐"焕党"，加以报复，或置之重典，或许削职去。后礼科给事中冯元飚疏道："自此，小人进而君子退，中官用事，而外廷浸疏，朝政日隳，边政日坏！"⑥

---

① 《明史·宦官列传二》第305卷，中华书局点校本，1974年，第7825页。
② 黄宗羲：《弘光实录钞》第1卷，载《台湾文献丛刊》第266种。
③ 蒋平阶：《东林始末》，不分卷，神州国光社，1952年。
④ 民国《藤县志》，稿本。
⑤ 文秉：《先拨志始》卷上，上海书店印行，1982年，第168页。
⑥ 《崇祯实录》第9卷，崇祯九年十月壬申，台北历史语言研究所校勘本，1962年，第14叶。
又见文秉《先拨志始》卷上。

朝鲜史书对袁崇焕之死，也不乏见解，认为崇祯帝不信士流，而任佞臣，"其失在于不知人，而非士流之罪也"！故史臣断言，崇祯帝对"袁崇焕辈任之不终，终以此亡也"①！似应说明朝亡祚原因很多，但"君子尽去，而小人独存"，确是明朝灭亡的一大原因。朝鲜特进官李廷济也认为："崇祯皇帝若在平世，则足为守成之主，而如袁崇焕辈任之不终，终以此亡。"②

因此，袁崇焕冤狱就是给崇祯朝政治窳败作出了结论。《御定资治通鉴纲目三编·发明》论道："袁崇焕在边臣中，尚有胆略，其率兵勤王，有功无罪。庄烈始则甚喜，甚至倚若长城。一闻杨太监之言，不审虚实，即下崇焕于狱，寻至磔死。直不知用间愚敌，为兵家作用。古今来被绐而偾事者，指不胜屈，未有若庄愍此举之甚者。"并感慨道："刑章颠倒，国法何存？岂惟不知将将之道，抑亦大失御下之方矣！"③袁崇焕之死是明末一大冤案④，皇太极的用间，竟被明朝信以为真，此事到清朝才真相大白。时明朝作出这等蠢事，表明昏君奸臣乱政，国事日非，边事日坏。《明史·袁崇焕传》评论道："自崇焕死，边事益无人，明亡征决矣！"

后金天聪汗皇太极以北京之役为题目，既施"反间计"杀了袁崇焕，又夺取北京畿东永平等四城。

---

① 《明臣奏议》第40卷，清光绪十七年（1891）刻本。
② ［朝］《李朝英宗大王实录》第30卷，七年十一月辛未，日本学习院东洋文化研究所刊，1959年，第43叶。
③ 《御定资治通鉴纲目三编》，清内府刻本。
④ 袁崇焕死后，相传其仆人佘义士"夜窃督师尸"，葬北京广渠门内广东旧义园，终身守墓不去，死后葬督师墓旁。其子孙世代居此守墓，这就是佘家馆名称的由来。后在广东东莞修"袁大司马祠"，在广西藤县修"明督师袁公崇焕故里"纪念碑。袁崇焕受到后人同岳飞一样的敬仰："昔岳武穆以忠蒙罪，至今冤之；督师力捍危疆而身死门灭，其得大略相似。"为纪念袁崇焕，民国六年（1917），在北京广东新义园（今龙潭湖公园内）建"袁督师庙"。1952年，北京市人民政府对袁崇焕祠墓重加修葺，使之"与文文山祠，并垂不朽"！（参见阎崇年：《袁崇焕研究论集》，文史哲出版社，1994年。）2002年，北京市人民政府再对袁崇焕祠、墓大加修缮。

四 且战且退，夺弃四城

后金天聪汗皇太极施行"反间计"得手后，却攻北京城不下，长途远袭，将近三月，隆冬寒天，星餐露宿，兵疲马饥。明朝勤王军队，陆续集结，反客为主，四面包围，准备反攻。于是，皇太极决定大军撤退。后金军在东撤的过程中，先后占领永平、迁安、滦州、遵化四城等。明朝与后金，先是明军亦攻亦进，后金军且战且退；继是两军在永平等四城，其夺与守、攻与弃，进行得十分激烈，也十分残酷。最终，后金军撤出关内，退回沈阳。

且战且退 先是，崇祯帝在闻报后金军攻破大安口后，召前大学士孙承宗为兵部尚书、中极殿大学士，视师通州。袁崇焕下狱后，命孙承宗移驻山海关，满桂死后又命马世龙为武经略、总理援军，寻总兵祖大寿统兵进入关内，勤王之师也陆续云集畿东一带地区，明朝形成强大的反击后金军退入京畿的军事包围圈。

皇太极已经看清不宜在京师久留的军事态势，于十二月二十六日，率主力部队撤离北京。先是，皇太极派贝勒阿巴泰、济尔哈朗、阿济格、杜度、萨哈廉及总兵官扬古利等率兵三千，略通州一带，攻克张家湾，作为后金军东撤的先头部队。明都城北京以东、山海关以西，为顺天府和永平府。顺天府领有五州二十二县，永平府领有一州五县（详见后文）。后金军在顺天府地区，军事活动地域主要在大兴、宛平、良乡、固安、香河、通州及所属三河、潮县，涿州及所属房山，昌平州、蓟州及所属玉田、丰润、遵化等。后金撤离北京城后，在顺天府地区，主要激战的战场，先在蓟州，后在遵化。

二十七日，皇太极遣岳讬、萨哈廉、豪格三位贝勒，率兵四千，往围永平。同日，皇太极与大贝勒代善、莽古尔泰，贝勒阿巴泰、阿济格、多尔衮、多铎、杜度等，率护军及火器营兵五百名，往视蓟州情形。途中与明来援的山海关兵五千，在蓟州城外二里处相遇。明军城外立营，环列枪炮；后金军冲入，展开厮杀。代善指挥左翼护军攻明营东面，皇太极指挥右翼护军攻明营西面。明军列阵放炮，奋勇抵御。后金军正红旗、镶红旗护军，面对强敌，规避退缩。贝勒杜度受伤，贝勒阿济格战马被创死，游击额尔济格、吴尔坤等皆战死，其他士卒，死伤很多。两红旗护军临阵退缩，后受到惩罚。后金军通过蓟州后，向遵化行进。二十八日，后金得报：破墙入塞后已降后金的石门驿、马兰峪、三屯营、大安口、罗文峪、汉儿庄、郭家峪、洪山口、潘家口、抚宁、滦阳营等十一城，都叛后金，重新归明。后金参将英俄尔岱自遵化报告："密云总督、蓟州道，合兵夜至遵化，四面夹攻。我兵出御敌兵，斩杀甚众，敌遂却。"① 遵化形势，极为严重。皇太极在歼灭明军后，继续率军东行。

后金军东撤之后，仍然占据着遵化。遵化城临近马兰关、大安口、罗文峪关、洪山口、龙井关、松亭关等长城重关要隘，其中大安口与龙井关是后金军攻入塞内的隘口，也是后金军准备退路的隘口。所以，京师顺天府属的遵化县城，是明朝与后金必争之地。明军进攻遵化的激战，以兵部尚书刘之纶最为突出。翌年正月二十一日，明兵部侍郎刘之纶统兵八营、副将八员、游击十六员等进攻遵化，将后金蒙古喀喇沁贝勒布尔噶都围困，遵化城守贝勒杜度急求支援，皇太极派兵前去增援。后金兵发炮轰击明军大营，明军栅破营毁，明副将丁启明等被俘。此役，

---

① 《清太宗文皇帝实录》第 5 卷，天聪三年十二月戊寅，中华书局影印本，1985 年，第 36 叶。

明兵部侍郎刘之纶败没。

刘之纶，家世务农，采樵卖薪，勤奋好学，号"刘圣人"。崇祯元年（1628）中进士，喜好军事，研制器械，用木料制作西洋炮。后金破塞，京师戒严，被破格授为兵部右侍郎。他在满桂战死后，自请统京营兵，不许；又请领关外四川兵，也不许。他招募万人，分为八营，东行，到通州，守城官不接纳，冒雪宿古庙中。言官攻击他"逗留"，便上疏："小人意忌，有事则诿卸，无事则议论。"时永平陷，他率兵分八路，攻遵化。后金兵从遵化出城，驰骋，冲锋；刘之纶督军迎战，发炮，还击。二十二日，后金三万精骑赶到，大炮与箭矢齐发，之纶兵溃。左右劝他结阵徐退，刘之纶说："毋许言！吾受国恩，吾死耳！"严令击鼓再战，双方飞矢四集。之纶解下所佩印绶，交给家人，说："持此归报天子！"遂死。一军皆哭，拔营野战，兵败，皆死。①

后金军在遵化取得胜利后，往永平府推进。永平府，元永平路，明洪武四年（1371）为永平府，领一州、五县即滦州和卢龙、迁安、抚宁、昌黎、乐亭县。②永平府"西接蓟门，东达渝（榆）关，负山阻海，四塞险固"③。永平控扼山海关地带长城关隘，位处冲隘，势踞险要。后金夺占永平，进可以对山海关形成夹击之势，退可以打开回师沈阳的通路。

天聪四年即崇祯三年（1630）正月初一日，后金军越榛子镇，降沙河驿，抵滦河。初二日，至永平。是夜，八旗军十旗兵，环城立营，准备攻城。时哨报原降金汉人刘兴祚，叛金降明，现在城中。皇太极决定捉刘兴祚，破永平城。遂派贝勒阿巴泰、济尔哈朗，率兵前往，擒刘兴祚。初三日，阿巴泰等追击刘兴祚一行，经过激战，刘兴祚死，后金兵将其衣服剥光。巴克什库尔缠曾与兴祚友善，以衣被覆盖其尸。皇太极命将兴祚碎尸暴野；并命副将阿山、叶臣选部下猛士二十四人，到汗营帐。天聪汗说：攻城登梯时，须四人先登，每旁各令两人立后，次令

---

① 《明史·刘之纶传》第261卷，中华书局点校本，1974年，第6768页。
② 《明史·地理志一》第40卷，中华书局点校本，1974年，第900页。
③ 顾祖禹：《读史方舆纪要》第17卷，上海书店出版社影印本，1998年，第15叶。

四人速登，又次令十六人络绎而登，然后阿山、叶臣亲登。其后令每旗官一员率兵一千助之。初四日晨，后金兵列梯牌，进攻永平府城。城上施放火炮药箭，后金兵拼死顽强攀梯登城。城上炮火猛烈，后金登城失利。双方激战到夜，北城火药爆发。后金登城勇士，冒死乘势登城。黎明，城破。后金军环立城上，明兵备副使郑国昌、知府张凤奇、推官卢成功等皆仰药自尽。①同知卢化龙、教谕赵允殖、副总兵焦延庆、中军程应奇、守备赵国忠、东胜卫指挥张国翰、乡绅中书舍人廖汝钦、诸生韩原洞、武举唐之俊等都战死。②阿山、叶臣及猛士二十四人冒火奋力登城，被皇太极誉为"我国第一等骁勇人也"③，并传旨："后遇攻城，勿令再登。"其意思是保护登城立功之人。后来为此，皇太极向众贝勒讲述《史记》中吴起为士卒吮痈的故事。故事说：吴起吮其卒的痈脓。该卒的母亲哭之。有卒问道："汝子痈而将军吮之，何以哭为？"其母道："此子之父被创，吴将军吮之，遂亡于阵。吾恐此子亦如其父之死也！是以哭之。"皇太极告诫诸贝勒要爱惜立功兵士。他对降服的明朝官员，给予官爵，厚加赏赐，以分化彼方营垒，壮大自己势力。后金攻占永平城，明人认为有人做内应："大清兵破永平先一日，有伏文庙承尘上者，晨出登城；守将杨春左右之。兵备副使郑国昌觉其意，击杨春死。须臾，北城楼火发，城遂破。"④

明朝失陷永平城。黎明，皇太极命巴克什达海、游击高鸿中、前阵获明总兵官麻登云等执黄旗于城上，通谕官兵百姓，俱令剃发降顺。皇太极为收揽人心，消弭汉人反抗，宣令："勿杀城中官员，官民俱令剃发。"初六日，皇太极既攻克永平府城，便在城东门外山冈驻营。他又率诸贝勒大臣进入永平府城，环视城容，受民欢呼。他对降官、降将，甚为宽大。对明布政使白养粹，以所服黑狐皮衣授之；对率先投降五位官员，也各授貂皮衣一袭；投降户部郎中陈此心，奏请抱病图报，

---

① 《清太宗文皇帝实录》第6卷，天聪四年正月甲申"兵备副使"作"兵备道"，"卢成功"作"罗成功"。
② 《崇祯长编》第30卷，崇祯三年正月甲申，台北历史语言研究所校勘本，1962年，第3叶。
③ 《清太宗文皇帝实录》第6卷，天聪四年二月辛亥朔，中华书局影印本，1985年，第12叶。
④ 《崇祯长编》第30卷，崇祯三年正月甲申，台北历史语言研究所校勘本，1962年，第3叶。

皇太极则说：汝欲归则归，欲留则留！不要因病，尔勉强之。①

皇太极命白养粹为巡抚，管理永平府所属地方；命原明革职官员孟乔芳、杨文魁为副将，统领本城兵四百人，给予马匹、甲胄、弓矢；贾维钥为永平兵备道副使，原卢龙知县张养初为永平府知府兼知县事，原同知魏君谟为滦州知州。他们感激涕零，表示要为后金尽心出力。对明朝的士兵，可"收其军器，各放还原籍"，一般汉民则"纵庄村百姓，各还其家"，使其"乘时耕种，给以牛具，复榜示归顺各屯，令各安心农业"②。后又规定"勿以形迹可疑，妄指平民为奸细"。

天聪汗皇太极留下贝勒济尔哈朗、萨哈廉统兵一万镇守永平城，自率大军向山海关回军。

后金军占领永平府后，贝勒济尔哈朗、萨哈廉先对其所属州县进行招降。对拒降者，分时分兵，相机进取。在永平府所属滦州，争夺极为激烈。于迁安，初八日，后金军占领永平后，别遣一军，进攻迁安，明军不敌，城被攻破。后金军攻破迁安后，进攻滦州。十二日，滦州守兵不敌，城破。知州杨燫自缢，城民焚香出迎。③"初，滦州自正月初五日，武生李际春结众谋外应，知州杨燫自缢。初八日，际春以城降于大清。"④因迁安、滦州相继投降，十七日，命固山额真纳穆泰、和硕图、图尔格、顾三台，各率本旗兵，驻防滦州。进驻前，皇太极命令："汝等往视情形，若城内人民效顺，便可入城；倘犹抗逆，以计图之。不可图，则以梯攻。如城中兵力尚强，不得遽攻，当即还师。"后金军进入滦州后，"分城中房舍，满洲、汉人，各居其半"⑤。城中库银仅有四百七十两，仓粮尚有万石。当天，命令由贝勒岳讬、豪格率兵千人，携前俘获人口、赶阵获马匹共三千余，返回沈阳。

后金军在永平府属州县内，遇到最顽强抵抗，并始终没能攻占昌黎县与抚宁

---

① 《清太宗文皇帝实录》第 6 卷，天聪四年正月丙戌，中华书局影印本，1985 年，第 3 叶。
② 《清太宗文皇帝实录》第 6 卷，天聪四年正月癸巳，中华书局影印本，1985 年，第 7 叶。
③ 《崇祯长编》第 30 卷，崇祯三年正月戊子，台北历史语言研究所校勘本，1962 年，第 6 叶。
④ 《崇祯长编》第 32 卷，崇祯三年三月乙巳，台北历史语言研究所校勘本，1962 年，第 40 叶。
⑤ 《清太宗文皇帝实录》第 6 卷，天聪四年正月丁酉，中华书局影印本，1985 年，第 7 叶。

县。于昌黎，正月初八日，命蒙古敖汉、奈曼、巴林、扎鲁特四部兵，进攻昌黎。时昌黎县令左应选刚到任，闻警之后，登城四望，传谕百姓，同力抵御，闭城门，集溃卒，练民兵，治火药，列炮于城，誓师固守。后金进兵前宣布："若攻克其城，城中财物，任尔等取之。"

后金兵七千余人至昌黎县城东关公庙前，分三营围攻。内有永平生员陈钧敏、王钰率十余骑，执黄旗到城下招降，知县左应选当即拒绝，严词怒斥。初九日，皇太极遂遣敖汉、奈曼、巴林、扎鲁特蒙古兵排梯七十余架，用火炮火箭攻击，为明兵所败。初十日，又命大臣达尔哈、喀克笃礼等领兵千人，排梯三十，昼夜攻城，仍不能奏效。十一日，再排梯四十余架，攻城西南。攻城愈急，守城愈坚。十二日，后金增兵，继续攻城。十三日，后金军排梯百架，配以火炮，四面攻城，激战十时，苦守不破。于是，令右翼四旗攻其南，左翼四旗攻其东，敖汉、奈曼、巴林、扎鲁特攻其北。他们都把云梯布设城下。军士将要登城时，城上滚木礌石、火炮鸟枪齐发，火燎梯折，难以进攻。派遣降民李应芳说降，亦被左应选诱而杀之。欲凿城而入，又缺锹镐。代善以不能攻克，遣人驰奏。于是焚其近城庐舍，撤离县四十里，往柳河诸处安营。蒙古军竖梯攻城，被坠城下。① 皇太极命增派达尔哈、喀克笃礼等率兵千人驰援。达尔哈等昼夜攻城，不克。昌黎旁太平寨，攻之又未克。皇太极自慰地说："若我兵攻克昌黎，如此小寨，自来归顺。彼闻昌黎坚守不克，是以不降。"且谓："既降之后，我或舍之而去，明兵复来，又将受戮。其不敢降，亦无足怪也！"② 同昌黎一样，于抚宁，明祖可法驻守。正月十九日，后金军攻抚宁，未下。后多次攻城，均没有攻占。

于乐亭：城中军民，四门严闭，城上四周，布设滚木。后金派人前去招降，招之不答，也不出怨言，而请稍待，以拖延时间。

于石门："石门之战，副将官惟贤、游击张奇化力战阵亡，所伤止三百余人。

---

① 《清太宗文皇帝实录》第6卷，天聪四年正月己丑，中华书局影印本，1985年，第5叶。
② 《清太宗文皇帝实录》第6卷，天聪四年二月辛酉，中华书局影印本，1985年，第15叶。

而长安讹传损兵万计。"①

于建昌：十二日，建昌营参将率众降。后金赐建昌参将马光远貂裘、黑狐帽等，后升其为副将。

于三屯营：天聪四年正月二十日，据报，明杨姓总兵重占三屯营。其附近汉儿庄、喜峰口、潘家口、洪山口都投归明军。皇太极急派达海、穆成格、石廷柱领兵前往侦察，又派所获生员持书前往招降。明军拒绝，后金攻取汉儿庄。

于马兰峪：马兰峪明军已降复归。正月二十三日，后金军围攻马兰峪，守将金日观求援，马世龙派兵前往，经过激战，守住关城。二月初三日，后金军二千余骑兵再攻马兰峪，仍未克。皇太极派军前往，列炮及药箭攻城南北两面，城楼着火，城被毁。后金日观以保全马兰峪及恢复大安口之功，晋秩左都督，并任副总兵。

于三屯营：后金兵数万骑薄三屯，半据四面山上，半攻城，守城官兵进行抵抗。

皇太极自天聪三年即崇祯二年（1629）十月初二日率军攻明，后抵燕京，克遵化、永平、滦州、迁安诸城，至天聪四年（1630）三月初二日率军回到沈阳，其间整五个月。皇太极回师之前，留兵固守，对已经占领的顺天府遵化和永平府永平、滦州、迁安四城，进行部署：

于永平府城，派贝勒阿巴泰、济尔哈朗、萨哈廉，偕文臣索尼、宁完我、喀木图，率领正白、镶红、正蓝三旗官兵镇守。后于三月初十日，皇太极命二大贝勒阿敏、贝勒硕托率兵五千，前往永平换防——代贝勒阿巴泰等，镇守永平、滦州、迁安、遵化等处地方。此事，明人记载：三月十六日，"大清元帅由经山口入。是日，进永平。所调鱼皮兵，约有数万，分住滦、迁"②。

贝勒阿巴泰、济尔哈朗、萨哈廉率所部大兵，携带掳掠人口、牲畜、金银、器物等，开始起行回沈阳，由二大贝勒阿敏、贝勒硕托统领后金镇守永平等四城

---

① 《崇祯长编》第31卷，崇祯三年二月丙辰，台北历史语言研究所校勘本，1962年，第16叶。
② 《崇祯长编》第32卷，崇祯三年三月丙午，台北历史语言研究所校勘本，1962年，第41叶。

的军队驻守。

于滦州城,命固山额真图尔格、纳穆泰为帅,偕文臣库尔缠及高鸿中,率正黄、正红、镶白三旗官兵镇守。

于迁安城,派文臣鲍承先、白格,率镶黄、镶蓝二旗官兵镇守。

于遵化城,命察哈喇为帅,偕文臣范文程,率蒙古八旗将士镇守。①

皇太极率领后金军主力撤回沈阳后,明军开始了对后金军占领永平、滦州、迁安、遵化四城的军事反攻,后金军统帅阿敏则弃守永平等四城。

弃守四城 明廷重新部署了防务。先是,起用孙承宗为督师,特设文武两经略,以兵部尚书梁廷栋、总兵满桂为之,总督入卫京师的各路援兵。又任命旧帅王威、尤岱、杨御蕃、孙祖寿,出罪帅马世龙于狱,都以原官立功。崇祯帝命大学士孙承宗移镇山海关。诸将闻孙承宗、马世龙至,都愿受其节制。寻祖大寿也统兵进入关内。

时孙承宗驻山海关。山海关西南三县——抚宁、昌黎、乐亭;西北三城——石门、台头、燕河。以上六城,东护关门,西绕永平,都被明军据守。后金关内的军队,主要在永平、滦州、迁安、遵化,而以永平为总部。其时,明朝关内形势相当严峻:

首先,京畿地区遭到后金的蹂躏。损失:"自遵化以南,涿州以北,其间城池之破坏,男妇之屠戮,畜产财帛之掳掠,庐舍之焚夷,官与吏之或死或逃或降,不知凡几。"②

其次,明军粮饷严重短缺。督饷御史沈犹龙奏:"今敌据永平,横截内地,关宁烽火不通,饷道久绝。山海五月无饷,犹能枵腹荷戈,为国家守此一块土,然岂可长恃哉!"③

---

① 《清太宗文皇帝实录》第6卷,天聪四年二月甲子,中华书局影印本,1985年,第16叶。
② 《崇祯长编》第31卷,崇祯三年二月己卯,台北历史语言研究所校勘本,1962年,第51叶。
③ 《崇祯长编》第31卷,崇祯三年二月乙卯,台北历史语言研究所校勘本,1962年,第11叶。

复次，袁崇焕下狱后，辽军战斗力受到极大损失。

但是，明朝官民，决心抵抗，收复失地，重振皇威。在遵化、永平之间，数月以来，各省勤王官兵，云集蓟门，准备反击。

正月初三日，辽东总兵祖大寿带领马步官兵三万余人入关。传谕："凡夺回车辆、财物，尽给本人，且加赉十金，以酬死力。若山海失守，家亡，妻子为掳矣！众俱慷慨听命。"①

祖大寿统率辽军同关内明军形成合力，誓夺回永平等四城。

明朝与后金两军，在永平府等四城进行的攻守战，首先在遵化城拉开序幕。

先是，原明革职道员马思恭投降后金被封为巡抚，但他潜派其孙女婿往蓟州，向明军密报："遵化城中，无满洲精锐，止余伤残兵卒，且亦无多。"②

明军的部署：总理马世龙集诸将统率官兵在西面，总兵祖大寿在东面，对永平形成夹击之势，并以轻兵袭遵化，由蓟州而遵化，由遵化而三屯，然后马世龙与祖大寿约期会战，使后金军首尾不顾，以建奇功，恢复四城。明副将官惟贤，参游陈维翰、张奇化、李居正、王世选、王成、李益阳、张世杰等，都赞成马世龙的作战意图，并挺身愿行。马世龙于是选诸镇精锐，委派官惟贤等统兵向遵化进发。官惟贤统领明军行至遵化城外波罗湾地方，城内后金军合营迎击，明军前锋奋勇鏖战，后金军不敌，退入遵化城内。明军后队追到城下，城上矢石如雨，明军不能前进。后金军又整兵出城，冲向明军，明军与后金军，施火炮、火箭互击，各有死伤，明军副将官惟贤、游击张奇化中流矢身亡。明军至夜方收兵。

后金派人到山海关向孙承宗、祖大寿递交议和书，孙承宗命祖大寿斩之，以示决战到底。

三月十三日，枢辅孙承宗驰书奏报："辽镇祖大寿选兵三千，于十一日戌时，令参将郑一麟、曹恭诚，游击祖泽润、韩大勋、赵国志等率之，往抚宁。随檄驻

---

① 《崇祯长编》第30卷，崇祯三年正月癸巳，台北历史语言研究所校勘本，1962年，第14叶。
② 《清太宗文皇帝实录》第6卷，天聪四年正月庚戌，中华书局影印本，1985年，第10叶。

防建宁参将刘应选等从北而南为右翼,又檄驻防乐亭参将张存仁从南而北为左翼。次日,令副总兵张弘谟、参将祖大乐、游击罗景荣等,各领马兵二千骑续进策应。又次日,令副总兵金国奇,参将黄龙、汪子静,统领各营步兵,留守关门。大寿亲统副总兵何可刚、坐营都司吴襄、游击祖泽洪等继诸兵后为中权,以午时抵抚宁。令黄惟正等在背阴铺峪中设伏,储定邦等在芦峰口南北设伏。大寿率何可刚、张弘谟,参将祖大乐、祖泽洪,罗景荣及都守孟继孔、梁邦弼、刁儿计、靳国臣等结阵中途,遣红旗守备丁思信、楚计功,领拨夜二百,前抵双望挑战,引入伏中,各兵四起奋击。右翼参将刘应选等十二将,倍道疾驰及之。自午至酉,交十数阵,转战三十余里,渐近永城。城上枪炮震发,各门突出精骑接战。左翼参将张存仁等三将亦至。大清兵奋勇截杀,势不可当。诸将知猝未能破城,收兵回抚宁。"①

明军先在永平、滦州外围,将诸关口城寨,逐个收复。四月初四日,总理马世龙会同总兵宋伟、副总兵谢尚政、曹文诏、金日观等领兵出石门,晚至马兰峪,翌早往攻大安口,破之。二十三日,祖大寿派谍工二人,一到投降后金知府张养初处,另一到降金明将孟乔芳处,打探后金军队、军马实情,被告发,斩于市。明军各方军队汇集后,开始准备进行永平—滦州的攻坚战。

永滦之役,明军作了周密部署:派一支军队攻遵化,断绝永平与滦州的援军;派另一支军队攻迁安,剪断永平与滦州的羽翼;集中兵力,攻打滦州;先克其弱,再及永平。

时崇祯帝急于收复四城,告慰庙社。先是,后金遣人至开平监纪主事丘禾嘉、丰润总兵尤世禄营议和。并请奏白枢辅孙承宗及中枢杨廷栋,尤世禄竟然上奏崇祯帝。崇祯帝予以切责,并催促孙承宗进兵。孙承宗因作部署:"檄马世龙驻丰润待合击,朱梅、靳国臣取迁安,王维城、马明英、张国振、孙承业、刘邦域等趋滦州,牵迁安之南,援何可刚;申其祐、岳维忠等分营双望各山,缀永平之师;刘法、刘启职屯滦州之莲泊,为声援;承宗亲至抚宁,祖大寿自开平会之,令各

① 《崇祯长编》第32卷,崇祯三年三月癸巳,台北历史语言研究所校勘本,1962年,第21叶。

营同时并进。"① 初九日，夜，明军攻滦州。后金固山额真纳穆泰、图尔格、汤古代等，各据信地，矢石抵抗。城守军出城，同明军拼搏。明军被迫退到壕外。明军在火炮掩护下，竖立云梯，一人执纛，冒死登城。后金军坚守城垣，杀死执纛明兵。明军登城稍却，继续发炮轰击。永平阿敏、硕讬遣图赖、阿山等护军，连日乘夜袭击明军步兵营；又遣巴都礼等率数百人往援滦州。巴都礼等突围进击，夜半进入滦州。明军又发红夷大炮，猛烈轰击城垛。炮火击中滦州城楼，烈火爆燃，城楼焚毁。激战到十二日夜，滦州守军固山额真纳穆泰、图尔格、汤古代等见官兵伤亡惨重，力不能支，冒雨弃城，或二十人，或三十人，结队溃围，冲出城外。明军横加截击，给予杀伤。后金滦州守军，"阵殁四百余人，余悉奔至永平"②。孙承宗奏报：辽镇总兵祖大寿，于五月初六日，从抚宁进兵。初七日，进抵乐亭。初八日，进行准备。初九日，以马、步二万，分为三股，同永平道张春，进至运泊店。又同监纪主事丘禾嘉相为犄角。臣所招立的义兵游、都、守、把刘喆、宋三畏、邵思忠、刘启职等四万余人，陆续前追。初十日，兵薄城垣，开始攻击。至亥时，回大营。十一日，总理马世龙，总兵尤世禄、吴自勉、杨肇基、杨麒、王永恩等四镇，合马步万人俱至滦州，与祖大寿师会。各路大军，分地合攻。马世龙军攻城西门，祖大寿军攻东北面。各杀其退缩不前者二人，以激励全军奋进，明兵薄城，伤而复进。祖大寿令发射大炮，猛击城上，重炮连轰，城墙倾圮，激战到夜晚，明兵开始登城。滦州城破，明军胜利。③

滦州之役，明军直接投入作战兵力八万人，其中祖大寿军三万人，马世龙军一万人，援军四万人，而后金滦州守军约二三千人。后金固山额真纳穆泰、图尔格、汤古代等各驻防地，分阵固守，屡败明兵，驱之壕外。此时，二大贝勒阿敏、贝勒硕讬在永平得到滦州被围的消息，只派大臣巴都礼率兵数百人增援滦州，为明

---

① 《崇祯长编》第 34 卷，崇祯三年五月乙酉，台北历史语言研究所校勘本，1962 年，第 2~3 叶。
② 《清太宗文皇帝实录》第 7 卷，天聪四年五月壬辰，中华书局影印本，1985 年，第 3 叶。
③ 《崇祯长编》第 34 卷，崇祯三年五月丙申，台北历史语言研究所校勘本，1962 年，第 25 叶。

兵所歼。阿敏擅自将迁安守兵与县民撤出，入永平府。明兵以红夷大炮攻城，击坏城垛，城楼焚毁。纳穆泰、图尔格、汤古代等力不能支，遂于十二日夜弃滦州奔永平。①

时值天下大雨，后金军不作抵抗，惊慌撤退，秩序大乱，或二十人，或三十人结队而行，到处遭到明兵截击，阵亡达四百余人。

时迁安后金守军危机，阿敏"尽收迁安县守兵及居民，入永平府"。孙承宗奏："臣于发兵围滦之日，即同关内道王楫令署镇朱梅，带领马步官兵往图迁安。随檄东协副总兵王维城，同路将马明英、孙承业及张国振、刘邦城等俱会建昌，相机进取。初九日攻城，未克。十三日，午后……游击靳国臣带领马步官兵，以戌时至迁安城下，遂入城。有朱知县者，原约内应，开南门迎候。城中止有卜文爌一人。"②

时遵化后金守军也危急。明总督张凤翼命总兵宋伟等攻遵化，以绝其援。遵化城危，守将察哈喇等亦弃城，率军突围，退向关外，明军占领遵化城。

后金失陷滦州、迁安、遵化三城，永平成为孤城。阿敏、硕讬决定弃守永平。阿敏在撤离永平之前，下令将降金汉官巡抚白养粹，知府张养初，太仆寺卿陈王庭，行人司崔及第，主事白养元，知县白珩，掌印官陈清华、王业弘、陈延美，参将罗墀，都司高攀桂等悉诛之，并屠城中百姓，收其财帛，乘夜弃守永平城，出冷口，回沈阳。阿敏、硕讬"未见敌形，未发一矢，将永平、迁安归顺之民，尽杀之；天所与之四城，尽弃之"③。此事，明人记载："大清兵自永平西北还师，白养粹、崔及第、张养初等俱被杀。副总兵何可刚等率兵入据其城。是夕，游击靳国臣等亦入迁安县。"④

---

① 滦州城破的时间：一说为十日，一说为十一日，另一说为十二日。督师孙承宗驰书急报："祖大寿兵自初十日攻滦州，至是日申时，始破。"实际上明军于十二日攻占滦州城。
②《崇祯长编》第34卷，崇祯三年五月丙申，台北历史语言研究所校勘本，1962年，第25叶。
③《清太宗文皇帝实录》第7卷，天聪四年五月壬寅，中华书局影印本，1985年，第4叶。
④《崇祯长编》第34卷，崇祯三年五月壬辰，台北历史语言研究所校勘本，1962年，第18叶。

孙承宗奏："十三日，未时，滦州败信至永平。俄而火发城空。可纲等兵入城。"①

十五日，枢辅孙承宗建大将旗鼓，入永平府，抚慰士民。翼日，仍回山海关。

明朝称此役为"滦永大捷"。

此役，以后金军破墙入塞、攻打北京开始，迄明军收复永平等四城终结，双方胜负，各有兵略。

---

① 《崇祯长编》第34卷，崇祯三年五月丙申，台北历史语言研究所校勘本，1962年，第26叶。

五 双方的攻守兵略

后金迂道远袭燕京之役，是后金与明朝关系史上的一个转折点。因为：其一，后金第一次将进攻明朝的战争从山海关外推进到山海关内，从辽东镇城辽阳推进到大明都城北京。自天命三年即万历四十六年（1618）后金进攻抚顺之战，到此次北京之战，十二年间，双方争战地点，不断向西转移，而抚顺，而沈阳，而辽阳，而广宁，而宁远，此役则打到明朝的首都北京。这是明代继正统己巳之变、嘉靖庚戌之变后，塞外民族第三次，也是最后一次攻打作为明朝首都的北京城。其二，皇太极施行"反间计"，崇祯帝冤杀袁崇焕，自毁长城，刑章颠覆，国祚将移。《明史·袁崇焕传》论道："自崇焕死，边事益无人，明亡征决矣！"这个论断，并不过分。其三，辽左名将，损失殆尽。袁崇焕胆略过人，三战奇胜；赵率教辽左诸战，屡著伟功；满桂忠勇绝伦，社稷长城；而此三人，或遭冤磔杀，或力战而亡。后祖大寿又力屈而降，何可刚惨遭杀害。明朝抗御后金的名将、能将丧失殆尽。他们均在力挽辽西危局中，屡予后金军以重挫，而使其多所畏惧，不敢放肆西进。明室政治腐败已极，致使中流砥柱之臣，已然尽失，元气竭矣。明廷起用年近七十的孙承宗于家任督师，出罪帅马世龙于狱任总理，派往前线，征战杀敌，标志明季，实在无人。袁崇焕之死暨此役之后，明军再也没有同后金-清在重大战役中打过胜仗。其四，后金入塞，在经济上，引官兵长期到中原找饭吃，缓解灾荒加剧的社会危机。且任纵官兵，掳掠重资，"满载而归，几获厚利"①。后援此例，六次入塞，残毁抢掠，暴增财富，从而成为后金-清初八旗社会的重要经济来源。其五，此役后金获得红夷大炮，寻加制造，组建汉军，使后金的军队编制、武器装备、战略战术等发生历史性的重大变革。其六，关内各地，纷纷勤王，地方空虚，民变四起，道镇诸师，追输捕逃，疲于奔命。战争进行在明室近畿，生灵涂炭，烽火扰攘。明廷经此役，内地民变蜂起，从此四方多事，国无宁土，民无宁日。己巳之役实在是动摇明朝之国本，并使崇祯帝"中兴"之梦破灭。

己巳北京之役，后金军队初次入塞，攻打明朝都城北京。此役，自天聪三年即崇祯二年（1629）十月初二日，皇太极攻明兴师，至天聪四年即崇祯三年（1630）五月二十一日，阿敏败回沈阳，历时近八个月。其间，明朝与后金，既有战场上的激战，也有政治上的议和。己巳之役，从后金方面来说，在第一阶段，皇太极突破明军防线，迂回袭击明都北京，获得了成功；而攻北京城不下，未能达到攻城目的，军事上失败。在第二阶段，后金军夺占四城，获得胜利；明军反攻，收复四城，后金又失败。从明朝方面来说，长城防线被突破，是明朝自正统己巳、嘉靖庚戌两次北京被围后，又一次受到攻打，遭到了失败；明朝守住北京城，又收复永平等四城，则获得了胜利。所以，己巳北京之役，后金有胜利，也有失败，但得大于失；明朝有失败，也有胜利，但失大于得。明朝乃败乃胜，后金斯胜斯败，就兵略而言，各有其原因。

明朝兵略的劣势与优长如下。

第一，明军长城防线疏懈。 明朝对后金军队西进的堵御，主要有两条防线：一条是纵向防线即辽西关宁锦防线，另一条是横向防线即长城蓟镇防线。关宁锦防线经过孙承宗、袁崇焕的六年经营，经受宁远、宁锦两次大战考验，证明是一

---

① 《兵部呈为黄绍杰题请奖励祖大寿及参与夜袭官兵本》，《历史档案》1981年第1期。

条坚固的军事防线。明代蓟镇长城防线，东起山海关，西至居庸关，防线较长，兵力单弱，粮饷匮乏，防守虚懈。蓟镇，东接山海，西辅京都，是明朝"九边"中的重镇。先是，当大宁未撤时，与宣府、辽东，联东西应援，为藩篱重地。自弃其地与兀良哈，东西声援绝，内地藩篱薄。嗣后，朵颜日盛，肆扰日多，遂以蓟州为重镇，建置重臣，增修关隘。蓟镇长城，崎岖千里，"依山凑筑，大道为关，小道为口，屯军曰营，列守曰砦"。顾祖禹引郭造卿曰："守边者宜专要害，而以余兵备策应。故兵虽省而不乏，常聚而不分。"时不论要害奇正，而徒议罢守。"夫蓟边山川盘旋，道路崎岖，几二千里，就使增兵，岂能遍守？备者多，则战者寡，兵分势弱，其何以支？积而不改！有各守汛地之虚名，无相机策应之实用。声援隔绝，首尾衡决，必不免矣！"①明朝后期，军备废弛，京畿地区，防御空虚。蓟镇长城防线，战线长，关口多，兵力分，守势弱。朝鲜使臣目睹长城疏懈状况言："中原升平日久，文物极盛，而武备虚疏，贼若入关，不难长驱矣。"②据投降后金的建昌路参将马光远说，他到任之后，见兵马瘦弱，钱粮不敷，防务空虚，戈甲朽坏。他又见探报，夷情紧急。马光远得知后金兵有突犯蓟门的意图，紧急呈报于督、抚、镇衙门，不料文官爱钱，武官忌妒，心灰意冷，每日抱闷，唯仰天长叹而已。这反映出明朝蓟镇长城防御空虚的严重情况。京畿一带，《明季北略》也作出评述："己巳之役，北兵所向，有兵未至而城先空者，良乡、滦州、香河、固安、张（家）湾也；有城先空而兵不入者，霸州、三屯也；有先降数日而兵始至者，玉田、迁安也；有兵将先降而守臣不知者，遵化、永平也；有虚张声势而兵不敢犯者，昌平、涿州也；有受降旗，兵过而不取者，顺义也；有兵留而不攻、迹在若守若顺之间者，房山也；有兵至而顺、兵去而守，以援兵至而免者，乐亭、抚宁也。总由人心不固至此。"③

---

① 顾祖禹：《读史方舆纪要》第11卷，上海书店出版社影印本，1998年，第28叶。
② [朝]《李朝仁祖大王实录》第22卷，日本学习院东洋文化研究所刊，1959年，第8叶。
③ 计六奇：《明季北略》第5卷，中华书局点校本，1984年，第121页。

第二，明朝枢部不相协调。后金大军，破墙入塞，明朝兵部，负有责任。明末以枢臣、经略、巡抚三者，分别掌握辽西军事大计；山海关的防守，则关外与关内，划分职责，各有其任。而枢、经、巡三臣，交相争讦，互相掣肘：或则战守不一，或则意见分歧，或则彼此掣肘，或则互不配合。崇祯帝对边臣存在疑心，有所顾忌。文武官将，诸多派系，相互猜疑，为敌所乘。时关内防务归刘策①，关外防务归袁崇焕。袁崇焕却关心关内防守，唯恐后金军队从蓟镇虚懈之处突入。他上奏皇帝，祈予关注。对于关内防务，崇祯帝对袁崇焕奏疏谕示："卿治兵关外，日夕拮据，而已分兵戍蓟，早见周防。关内疏虞，责有分任。既统兵前来，其一意调度，务收全胜，不必引咎。"② 其时，蓟辽总理为刘策（后被弃市），兵部尚书为王洽（后下狱死）。后金军由蓟镇突入，责任不在袁崇焕。中枢运转不灵，表现在：

例一，哨报不灵，驿传太慢。遵化失陷，奏报不确。"昨年遵化破，举国如梦。传失又传不失，越数日而失果真。今年永平破，方大任如梦，报失旋报不失，又旋报失，经十日而报始确。"③

例二，兵缺粮饷，马断草料。"关宁烽火不通，饷道久绝。山海五月无饷，犹能枵腹荷戈，为国家守此一块土，然岂可长恃哉！"④ 经略马世龙也急疏：关辽之卒，三月无饷，"地无可因之粮，人无裹战之饷"。明发往三屯帮守之军，"兵皆枵腹，不能前进。闻将领凑私银百余两，兑换时钱，每兵分钱十三文，兵多逃散。此今日兵食也"⑤。

例三，兵势单弱，布局分散。总理、总兵官马世龙疏奏："臣所领骑兵五千，步兵一万六千有余，而分防马兰、石门，遣守三屯、玉田、丰润，已去大半。今

---

①《明史·刘策传》第248卷，中华书局点校本，1974年，第6420页。
②《崇祯长编》第28卷，崇祯二年十一月戊戌，台北历史语言研究所校勘本，1962年，第16叶。
③《崇祯长编》第31卷，崇祯三年二月癸丑，台北历史语言研究所校勘本，1962年，第9叶。
④《崇祯长编》第31卷，崇祯三年二月乙卯，台北历史语言研究所校勘本，1962年，第11叶。
⑤《崇祯长编》第31卷，崇祯三年二月癸丑，台北历史语言研究所校勘本，1962年，第7叶。

留蓟不及一万。此今日兵势也。"①

所以，朝廷三部，皆不得力。

第三，利用全国大局优势。后金军突袭北京，"掠邑据城，留连经岁，掠赀渔色，捆载而归，其轻中国甚矣"！京畿富家大室，皆聚京师，人自为守，"从去岁至今，人心日涣一日，蓄积日虚一日，武备日弛一日，情形日危一日"②。但是，后金军突破长城，进围京师，从战术上看，明军处于被包围的态势；而从战略上看，后金军却处于被包围的态势。明朝的京师，掌控天下的军队、资源、人力、物力、财力，就总的力量对比上，明军处于优势，后金军则处于劣势。后金军队脱离沈阳基地，孤军远袭，缺乏后勤补给，官兵星宿野餐，其后勤供给，全靠抢掠，从而造成同汉族人民的矛盾，这就使后金军队陷于明朝军民仇恨的怒火之中。明朝则调动全国勤王之师二十万兵马，保卫京师，进剿敌军。时昌平尤世威、蓟镇杨肇基、保定曹鸣雷、山海宋伟、山西王国樑、固原杨麒、延绥吴自勉、临洮王承恩、宁夏尤世禄、甘肃杨嘉谟等皆统率诸边锐卒，内地则山东、河南、湖广、浙江、江西、福建、四川诸军，还有京畿一带的民众义军也先后至。于是，滞留关内的后金军队，陷于明朝军民包围攻剿的汪洋大海之中。后金军队夺占的永平、滦州、迁安、遵化四城，彼此孤立驻守，失去后方支援，完全处于被动挨打的局面。

第四，选择收复四城时机。崇祯帝急于将后金兵赶出关外，催促决战。孙承宗在袁崇焕下狱，祖大寿东归，满桂、孙祖寿战死，黑云龙、麻登云被擒之时，重振精神，组织决战。孙承宗不似萨尔浒之战的杨镐，朝廷发出红旗催战，准备工作尚未就绪，仓促出师，遭到失败。孙承宗请从狱中释放马世龙任总兵，在满桂阵亡后任武经略，总理统率关内兵马；亲自派马世龙驰谕祖大寿听命③，统领辽兵入关；再等待各路援师会集，形成总体实力；以上三股大军——关内军、关外

---

①《崇祯长编》第31卷，崇祯三年二月癸丑，台北历史语言研究所校勘本，1962年，第7叶。
②《崇祯长编》第37卷，崇祯三年八月甲戌，台北历史语言研究所校勘本，1962年，第30叶。
③《明史·马世龙传》第270卷，中华书局点校本，1974年，第6934页。

军和各地援军,综合成为一只铁拳,挥向后金占据的永平等四座孤城。《明史·孙承宗传》记载:"方京师戒严,天下勤王兵,先后至者二十万,皆壁于蓟门及近畿,莫利先进。诏旨屡督趣,诸将亦时战攻,然莫能克复。"虽崇祯帝屡颁进兵决战的诏旨,却因时机尚未成熟,作战方略尚未确定,而只能有小获,不会有大创,更不能有决胜。因此,在明军向后金军攻夺永平等四城之前,多种因素皆已具备,唯一关键是选择决战时机,确定作战方略。孙承宗选定作战时机,亲临前线指挥。他既不似经略杨镐进兵赫图阿拉,却坐镇沈阳指挥;也不似熊廷弼,作战广宁,却在前屯指挥。他指挥滦州之役,不在山海关,而在抚宁。孙承宗还协调各种力量,协作配合。明朝关内军、辽军、义军,步兵、骑兵、车兵,弓矢、刀矛、枪铳、火炮,相互配合,协同作战。戚继光曰:"蓟地有三:平易交冲,内地之形也;险易相半,近边之形也;山谷仄隘,林薄蓊翳,边外之形也。平原利车,近边利骑,边外利步,三者迭用,可以制胜。"①

这里说的是利用地形,实际上是天、地、人多种因素,综合配置,协同利用,先攻孤弱之敌,后取精锐之师,共同对敌,图复四城。

第五,制定正确反攻兵略。明朝与后金在永平等四城决战的作战方案,主要有两个:一个是马世龙的方略,另一个是孙承宗的方略。马世龙的方略是:"总理马世龙会集诸将,以敌方专力于东,祖帅与之相持未下,我当轻兵袭遵,以成夹击之势。由蓟而遵,由遵而三屯,与祖帅约期会战,使之首尾不顾,庶奇功可建,三城有克服之机。"②

马世龙方略的要点是:其一,先打蓟州,次攻遵化,再战三屯;其二,先克复蓟州、遵化、迁安,最后攻取永平;其三,马世龙军与祖大寿军,成东西夹击的态势;其四,时机成熟,进行会战,恢复四城,驱敌出关。马世龙的作战计划,得到其副将官惟贤,参将、游击陈维翰、张奇化、李居正、王世选、王成、李益

---

① 顾祖禹:《读史方舆纪要》第11卷,上海书店出版社影印本,1998年,第28叶。
②《崇祯长编》第30卷,崇祯三年正月戊戌,台北历史语言研究所校勘本,1962年,第18叶。

阳、张世杰等众多部将的赞同与支持，他们"皆挺身愿行"。马世龙在正月十八日提出上述作战方案，于是选诸镇精锐，委派副将官惟贤等统之而发，当日至遵化，发动攻城，攻而未下。马世龙作战方案可取之处是，祖大寿军与马世龙军形成"夹击之势"；不可取之处是，打击重点，先强后弱，作战主力，重马轻祖。孙承宗不同意马世龙先恢复遵化、后夺取滦州的作战方案，而提出先图滦州、后图永平的进攻方略。《明史·孙承宗传》记载：

> 世龙请先复遵化，承宗曰："不然，遵在北，易取而难守，不如姑留之，以分其势，而先图滦。今当多为声势，示欲图遵之状以牵之。诸镇赴丰润、开平，联关兵以图滦。得滦则以开平兵守之，而骑兵决战以图永。得滦、永则关、永合，而取遵易易矣！"①

孙承宗先图滦州、后取永平的作战方略要点是：其一，遵化靠近长城，易取难守，如得而复失，则不如缓图。其二，后金军固守遵化，可以分散其兵力。其三，多造声势，声东击西，隐藏意图，迷惑敌军，进行军事牵制，专注图取滦州。其四，明军主力为祖大寿的辽军，背依关城，面近滦州，专注近图滦州，马世龙军配合。其五，夺取滦州后，再攻取永平。其六，恢复滦州、永平后，则山海关、永平、滦州军力既合，声势亦通，孤城遵化，夺取甚易。总之，孙承宗兵略的焦点是，利用明军优势，确定主攻重点——发挥祖大寿辽军优长，诸镇各军，相互配合，集中兵力，攻取滦州；然后扩大战果，各个击破，恢复四城。果然，明军东营祖大寿军与西营马世龙军等，诸营并进，分进合击，集中兵力，夺取滦州。孙承宗亲诣抚宁，总督指挥。五月十日，祖大寿及张春、丘禾嘉诸军先抵滦州城下，马世龙及尤世禄、吴自勉、杨麒、王承恩等统军继至，激战两日，攻克滦州，而副将王维城等亦攻入迁安。后金军守永平者，尽撤而北还，明军未发一矢，进

---

① 《明史·孙承宗传》第250卷，中华书局点校本，1974年，第6475页。

占永平府城。十六日，明军展开反攻，夺占永平、滦州、迁安、遵化四城。孙承宗指挥明军，六日之间，四城俱复。

再说后金兵略的优长与劣势。

第一，决策进兵袭扰北京。皇太极继承汗位之后，东攻朝鲜得手，西抚蒙古获利，但南进锦州、宁远受挫。他说过："昔皇考太祖攻宁远，不克；今我攻锦州，又未克。似此野战之兵，尚不能胜，其何以张我国威耶！"①努尔哈赤攻宁远失败，皇太极攻宁远、锦州又失败，新汗威信，大受影响。时有臣工主张讲和，否则人民"将死散殆尽"②。有的兵民则谋潜逃，一日之内，投奔明者，前后接踵，逃到明边。出兵抢掠，"人皆习惯"；俱欣然相语："去抢西边。"皇太极为缓和社会矛盾，就要取得同明朝战争新的胜利。但后金军前进的军事障碍，是明辽西关宁锦防线与蓟辽督师袁崇焕。皇太极既想率军西攻明朝，又受到关宁锦防线和袁崇焕的阻隔，解决办法，应当为何？天聪三年即崇祯二年（1629）二月十一日，降金汉官高鸿中上奏天聪汗皇太极，劝请进兵明朝。奏本写道："若此时他来讲和，查其真伪如何。若果真心讲和，我以诚心许之。就比朝鲜事例，请封王位，从正朔，此事可讲。若说彼此称帝，他以名分为重，定是要人要地，此和不必说。他既无讲和意，我无别策，直抵京城，相其情形，或攻或困，再作方略。他若因其攻困之急，差人说和，是求和，非讲和，我以和许之，只讲彼此称帝，以黄河为界，容他南去，或以山海为界也罢。"③皇太极对高鸿中的奏本，极为重视，谕道："览卿所奏，劝朕进兵勿迟，甚为确论。"

皇太极总结以往宁、锦兵败教训及采纳诸臣建议后认为："彼山海关、锦州，防守甚坚，徒劳我师，攻之何益？惟当深入内地，取其无备城邑可也。"④于是，

---

① 《清太宗文皇帝实录》第3卷，天聪元年五月癸巳，中华书局影印本，1985年，第16叶。
② 《清太宗实录稿本》，天聪元年三月初二日，台北历史语言研究所藏。
③ 《明清史料》丙编，第一本，中央研究院历史语言研究所集刊，1936年，第45叶。
④ 《清太宗文皇帝实录》第6卷，天聪四年二月甲寅，中华书局影印本，1985年，第13叶。

皇太极制定新的战略方针与进军路线：避开关宁锦防线，袭扰关内，掳掠腹地，削弱明军实力，伺机进行决战。后来皇太极于天聪四年（1630）、七年（1633），就攻明问题，还多次同诸贝勒大臣、降金汉官、附金蒙古贵族，进行商讨。贝勒济尔哈朗认为："明乃吾敌国，宜取其近京数城，久驻伺隙，别屯兵山海以东、锦州以西，扰其耕获，使不得休息。复分兵半于山海关前立营，半绕入关后，内外夹攻，敌必绌。"①贝勒多尔衮说："宜整顿兵马，乘谷熟之时，入边围困燕京，截其援兵，残毁其屯堡诸物，为久驻之计，可坐而待其毙也。"贝勒多铎也说："若止攻山海关外之城，有如射覆，岂可必得？夫攻山海关以外之城，与攻燕京、通州之城，名虽不同，劳苦则一。臣愚以为，宜直入长城，庶可餍士卒之心，亦可合皇上久长之计。"②归附后金的蒙古喀喇沁台吉布尔噶都向皇太极介绍明边情况，并表示愿与后金联兵，直取京师。

上述这些建议，于皇太极制定对明入塞作战方略起了重要作用。

第二，远程迂回作战兵略。明朝关宁锦防线坚固，海上通路不利骑兵，使得皇太极必须另谋进兵途径。皇太极认为：只有越过漠南蒙古地区丘陵河谷的长城隘口，攻破明军防御薄弱地区，才能进攻明朝腹地。明御史王肇上言："盖自初难至今，十有三年，犹记当时传闻有献彼三策者。"后金军入塞有三策："三策者，以由西径冲潮河川墙子路，直薄都城，为上策；由一片石、喜峰口侵畿甸，掠蓟、通，为中策；由三岔犯广宁，据宁前，攻山海，为下策。"③

皇太极选择明军蓟镇防线虚懈弱点，由大安口、龙井关入塞，直薄京师，即"三策"中的上策。皇太极既总结历史经验，又考察地理关隘，因而获得新的战略概念：后金军欲经山海关入塞进攻明朝京师，则必得逐点攻击，连破八城，阻碍重重，胜算无多；不如谋求远程迂回、入塞袭扰，以收避实捣虚之奇效，并获攻城

---

①《清史列传·济尔哈朗》第2卷，中华书局，1928年，第26页。
②《清太宗文皇帝实录》第14卷，天聪七年六月戊寅，中华书局点校本，1985年，第14叶。
③《崇祯长编》第36卷，崇祯三年七月乙酉，台北历史语言研究所校勘本，1962年，第20叶。

掳掠之实利。后金军攻破长城,不选在重关要隘,而选在顺天府与永平府的结合部、遵化县与永平府间防守虚懈之处——大安口与龙井关。皇太极自明朝京师东北侧长城隘口突袭,虽冒孤军悬入之危、远程疲惫之弊,却获明廷意料之外、攻其不备之益。皇太极运用避实击虚、远程奔袭的战法,无论是沿途袭扰,还是攻破城池,欲战则战,欲走则走,机动灵活,掌握主动。皇太极率军绕道蒙古、突袭北京的军事行动,其作战谋略,其指挥艺术,实有超人的创意,并有勇锐的胆略。皇太极在其战事实践中,收得奇袭的效果。这一战略行动,使大明皇朝,京师被围,庙社震惊,予明廷政治以沉重打击,予军民心灵以巨大创伤。皇太极远程迂回作战的谋略,在战略思想上,在运筹智慧上,在作战意志上,在指挥艺术上,均属于豪迈放荡行为,为后世所取法者实多。

皇太极曾就进兵方略之事,征求诸贝勒大臣及归降蒙古贝勒的意见。他说:"明国屡背盟誓,蒙古察哈尔国,残虐不道,皆当征讨。今大兵既集,所向宜何先?尔等其共议之。"[①]诸贝勒大臣众说纷纭,有的认为,距察哈尔国路途遥远,人马劳苦,应当退兵;有的则认为大军已动,群力已合,我军千里而来,应将已集之兵,远征敌国明朝。皇太极赞同征明之议,"遂统大军,向明境进发"。后金军攻明比征服察哈尔、用兵朝鲜,可能困难更多些,危险更大些。诸如劳师袭远,远离后方基地,明兵各路汇集,堵截回归之路。千里绕道,突破长城,深入内地,进攻北京,用兵艰难,充满危险——诸贝勒大臣,对此次攻明,思想认识,并不一致,大贝勒代善、三贝勒莽古尔泰在行军途中,私下议论,进帐阻谏,反对冒险,主张回军。但皇太极依靠一批年轻而锐进的贝勒的支持,坚定远程迂回进兵关内的方略。此役绝妙成功之处在于:施用反间计,除掉袁崇焕。此役,沉重打击明朝。后金军"掠邑据城,留连经岁,掠赀渔色,捆载言归,其轻中国甚矣"!

此役,还为后金军尔后多次入塞,提供了军事与政治的经验,并为其后来多次入塞攻城略地、抢掠财富作了预演。

---

① 《清太宗文皇帝实录》第14卷,天聪七年六月戊寅,中华书局点校本,1985年,第14叶。

第三，皇太极的过人胆略。谋宜周全，事宜勇断。皇太极的胆略、谋略、兵略、策略，在己巳之役中，得到第一次充分发挥。后金发动己巳之役，是自努尔哈赤攻明以来，第一次空前大规模地深入内地，攻城略地，打击明朝。这次军事行动是后金战略上的一个转变，就是由关外作战转变为关内作战，具重要的战略价值，有巨大的政治意义。此次远袭，不但训练了后金兵长途行军、攻城战守与主力会战的作战能力，同时也窥见了明朝政治腐败、经济凋敝、军备废弛及民变纷起的实况，增强入主中原的贪欲与信心、君临天下的胆略与雄心。对于明朝来说，后金的饱掠财富、军事打击，使其损兵折将，消耗财力，财源更加枯竭，社会危机更加严重。特别是崇祯帝中了皇太极的反间计，误杀袁崇焕，为后金除了一个劲敌；同时使明军中能征善战的辽兵辽将，因不被信任而纷降后金。明自总兵祖大寿以下凡五十员辽将，用之善，则成为后金之劲敌；用之不善，则成为明朝之叛将。袁崇焕重视辽人，辽人亦乐为效力。袁崇焕被逮后，辽兵伤心，军心涣散，民心亦涣散，既无守志，更无斗志。有人设想：若崇祯帝利用袁崇焕，有孙承宗、马世龙等名将在关内，遣督师袁崇焕、总兵祖大寿在关外，乘虚进袭沈阳，则京畿之战，必大为改观。① 皇太极为了避开明朝以重兵把守的山海关、宁远一带，亲自率军绕道入关，袭扰内地，攻克城镇，直捣都城。皇太极的用兵，正如明大学士孙承宗所言："臣在关尝闻贼曰：'(你)从几路来，我只一路去。'今久聚而不散掠，惧其分也。深入而不反雇，我无以创之也。"聚兵而不散掠，合兵而不分战，深入而不反顾，知行而又知止，这是皇太极统军入关、进逼京师的用兵策略。他对已经占领的重镇，传谕："朕荷天眷佑，得此长久之基。凡我举动，惟求万全。尔等不必悬虑，但须秣马以待。若敌兵至，勿轻出城，我兵居守城中。可将汉人，分置一隅，拨与房屋，一一分晰，书其姓名于门，区处停当，令各照门帖居住。"②他并不以重兵围困北京，而只从明朝统治地区抢掠大批人畜财物，削弱明朝的经

---

① 《清太宗文皇帝实录》第5卷，天聪三年十月丙寅，中华书局点校本，1985年，第17叶。
② 《清太宗文皇帝实录》第6卷，天聪四年正月丁亥，中华书局影印本，1985年，第4叶。

济，增强后金的国力。这也就是通过不断地对明朝这棵"大树"的四周进行砍削，伐其枝干，撼其根本，使之渐微渐细、渐弱渐空，从根本上动摇和瓦解明朝的基础。与之同时，巩固已有的胜利，增强内部的团聚，逐步实现其政治目标，战胜明朝，定鼎燕京，入主中原，一统华夏。

皇太极在探讨与调整对明的策略。他说："我皇考以昔日辽、金、元，不居其国而入处汉地，易世之后，皆成汉俗。因欲画山海关以西汉人制之，辽河以东我制之。满、汉各自为国。故军未入关而返，原无争主中原之心也。"①

实际上，皇太极比他的父汗有着更大的雄心和抱负。皇太极在攻打北京不利之时，能从容设计，除掉袁崇焕；又能麾其数万大军，在敌境之内优游滞留，占据四城。在正统己巳与嘉靖庚戌两役，也先汗与俺答汗都没有在京畿地区驻守城镇。皇太极占据永平等四城，尽管守不住，却表现了其胆略与雄心。皇太极多次下令不杀降人、不淫妇女，说明他打算占领中原，或重返关内。后金军在关内，长达近八月之久。其作战行为，或攻城，或野战，或反间，或打援，或劝降，或讲和，或出击，或守城，可谓在谋，而不在勇。后金军远袭迂回入关作战，打击明朝的政治心脏——北京，就其个人素质而言，皇太极表现出惊人的胆略、宏大的气魄、聪颖的智慧、坚韧的毅力。

第四，皇太极的重大失误。皇太极发动的北京之役，在兵略上既有突破，也有失误。

首先，时机选择不当。皇太极继承汗位以来，对明朝发动的宁锦之战，其所以失败，原因之一是时机选择不当（上节已述）；此次对明朝发动的北京之役，其所以失守永平等四城，原因之一也是时机选择不当。皇太极采纳汉人降金副将高鸿中进兵关内主张时，提出因农事忙，还不能马上出征。他下令："稍迟时日，俟地锄完即行。"这就是说，选择作战时间，仅考虑己方的农事耕获，而没有虑

---

① 魏源：《圣武记·开国龙兴记三》第1卷，中华书局，1984年，第23页；又见《清高宗纯皇帝实录》第1066卷，乾隆四十三年九月丁亥，中华书局影印本，1985年。

及对方情况。作战时机，既要虑及此，更要顾及彼。皇太极发动北京之役，其最佳的时机，应有两个选择：一个是在宁锦战结束、袁崇焕被免职之后，另一个是在天启帝死、崇祯帝立之初。皇太极没有在上述两个时间段中选择其一，恰恰在崇祯帝登极两年零两个月之后，时崇祯帝已处置魏忠贤、打击阉党集团，重新起用东林内阁、任命袁崇焕为蓟辽督师，崇祯初政，焕然一新。

其次，滞留京畿不当。先是，正统己巳年（1449）十月，也先率军于十一日至北京城下，十六日便出居庸关；嘉靖庚戌年（1550）八月，俺答以辛巳日（二十日）犯京师，己丑日（二十八日）便出古北口，都没有在长城内久留。皇太极从十二月二十六日回军渡通惠河，到翌年二月十四日班师，其间四十八天。如从十一月二十日驻营北京安定门外，到翌年二月十四日班师，其间一百一十三天，即近三个月。远离后方基地，滞留时间过长。这同皇太极发动的北京之役，缺乏整体战略指导有关。他时而以和促战，时而以战求和。他说："我屡遗书修好，明国君不允。我将秣马厉兵，以试一战。安知天意之不终佑我也。"①

求和不允，以试一战。后金军的战略目标，是夺占北京，是袭扰京畿，是占据重镇，是以战迫和，是叩开山海关，还是掳掠财富？因没有明确的战略目标，既留恋贪婪，又多所顾虑，也不敢轻举妄动。在京畿地区滞留，没有具体战果可言，也未能圆满完成其作战任务。皇太极虽在用"反间计"上取得成功，却在作战目的上未能获致全功，他应该采取速战速决、迅速撤离的政策。

再次，据守四城不当。皇太极不仅在京畿滞留时间过长，而且不当留守四座孤城。皇太极撤军时，没有将大军全部撤回，而是派军留守永平、滦州、迁安、遵化四城，后金军占守四城，有当有不当：其当是，皇太极有雄心大略；其不当是，后金没有条件，也没有实力守住四城。明军在其四城之东，占据山海关城；在其四城之西，占有京畿地区。整个中原大地，俱为明朝辖区。后金占领的四城，为明朝汪洋大海中的四座小孤岛，完全陷于明军的包围之中。后金的四座孤城，远

---

①《清太宗文皇帝实录》第6卷，天聪四年正月丙午，中华书局点校本，1985年，第10叶。

离基地，后援断绝，既不能坚守，更不能巩固。后来乾隆帝论道："山海关，京东天险，明代重兵守此，以防我朝。而大军每从喜峰、居庸间道内袭，如入无人之境。然终有山海关控扼其间，则内外声势不接；即入其他口，而彼得挠我后路。故贝勒阿敏弃滦、永、遵、迁四城而归。太宗虽怒谴之，而自此遂不亲统大军入口。所克山东、直隶郡邑，辄不守而去，皆由山海关阻隔之故。"①

复次，重处阿敏不当。皇太极闻永平败报，大怒。消息传出，后金举国上下无不痛愤。六月初四日，皇太极以阿敏自永平败还，令诸贝勒众臣不得进城，于十五里外立营，只准士卒入城。初七日，诸贝勒大臣及文武各官集会，由岳讬宣布阿敏十六条罪状。根据十六条罪状，主要是弃失永平四城等七大罪状，诸贝勒大臣议罪，要求把阿敏处死。皇太极命从宽处理，仅处以幽禁，夺所属人口、奴仆、财物、牲畜，只给阿敏庄六所、园二所、并其子之乳母等二十人、羊五百、乳牛及食用牛二十。硕讬、汤古代、纳穆泰、巴布泰、图尔格等亦革职，或籍其家。当然阿敏的彻底垮台，不完全是因弃守关内四城。阿敏是努尔哈赤胞弟舒尔哈齐之子，努尔哈赤在世时，深受器重，与代善、莽古尔泰、皇太极并列，称"四大贝勒"，佐努尔哈赤掌握机务。皇太极即汗位后，他仍受到器重，凡上朝议事与皇太极并坐。阿敏弃守永平，失守责任重大。时明朝总的形势，如《史料丛刊·谕帖》所载："南朝虽师老财匮，然以天下之全力，毕注于一隅之间，盖犹裕如也。"明军集中三十万军队，对后金占领的永平、滦州、迁安、遵化，加以分割，逐城包围，集中兵力，各个攻破。而永平阿敏军队约五千人；其分守驻军，人数则更少。阿敏在撤守迁安、明军刚攻占滦州，尚未对永平实行包围之前，智高一筹，主动撤退，保存军事实力，避免全军覆没，不但无过，而且有功。阿敏守得住就守，守不住就撤，应时而变，因机制宜。当然他临撤之前，屠杀官民，罪恶重大。皇太极在盛怒之下，意气用事，纠缠旧怨，以此为由，严处阿敏。尽

---

① 魏源：《圣武记》第1卷，中华书局，1984年，第32页；又见《清高宗纯皇帝实录》第1066卷，乾隆四十三年九月丁亥朔，中华书局点校本，1985年。

管皇太极处分阿敏，将永平等四城丢失的责任全推给阿敏，但是阿敏实际上成为皇太极错误兵略的替罪羔羊。

　　皇太极因入京畿地区，山海关城未下，远离后方基地，而丢失永平等四城。他鉴于此役的教训，改变战略：发动大凌河之战，力图攻破关锦防线。

第五章 大凌河之战

一 孙承宗重整辽西防务

明兵部尚书、大学士、督师孙承宗统军，收复永平、滦州、迁安、遵化四城后，冀图整顿辽西防务，加固关宁锦防线，规图锦州，筑驻右屯，渐复失疆。

先是，明宣德三年（1428），建大凌河中左千户所堡城。① 城南距锦州四十里，以近大凌河而名。大凌河"城周围三里十三步，阔一丈。嘉靖癸亥（1563），巡抚王之诰包筑，高二丈五尺，门一，四角更房各一"②。

明朝自有辽事之后，辽西走廊防线的北段，重点为宁远、右屯、锦州、大凌河四城。天命七年即天启二年（1622）正月，后金军进攻广宁城，辽东经略熊廷弼、辽东巡抚王化贞，带领军民撤退，逃到山海关内，后金军连陷辽西义州等四十余座城堡，进军至中左所。是为大凌河城第一次遭到弃毁。

孙承宗替代王在晋任辽东经略后，重修关外城堡。天命八年即天启三年（1623）八月，辽东巡抚张凤翼上疏赞扬孙承宗经理辽西城垣之功："八城畚插，非一年可就之工；六载疮痍，非一时可起之疾。今日议剿不能，言战不得，计惟固守。当

---

① 顾祖禹：《读史方舆纪要》第37卷，上海书店出版社影印本，1998年，第36叶。
② 李辅：《全辽志·图考》第1卷，《辽海丛书》影印本，辽沈书社，1985年，第13页。

以山海为根基，宁远为门户，广宁为哨探。"①到天命十年即天启五年（1625），宁远城已告修竣。同年夏，孙承宗与袁崇焕计议，遣将率卒，分据锦州、松山、杏山、右屯、大凌河、小凌河各城，修缮城郭，派军驻守，进图恢复大计。自宁远向前，推进二百里。宁远至山海关二百里，宁远至锦州也二百里，共为四百里，形成以宁远为中心的关宁锦防御体系。《三朝野纪》记载："自承宗出镇，关门息警，中朝宴然，不复以边事为虑矣。"正当孙承宗与袁崇焕组建宁（远）锦（州）防线、锐意恢复之际，阉党势力猖獗。阉党借柳河兵败，参劾总兵马世龙，并及督师孙承宗，奏劾章疏，凡数十上。孙承宗被阉党逼迫去职，阉党以兵部尚书高第代为辽东经略。辽西形势，急剧逆转。

高第为兵部尚书、辽东经略，同孙承宗稳健进取做法相左，畏敌如虎，撤防弃地。他命尽撤锦州、右屯、大凌河诸城守军，将器械、枪炮、弹药、粮秣移至关内，放弃关外四百里。锦州、右屯、大凌河三城，为明军辽西前锋要塞，如仓皇撤防，则修筑城堡弃毁，戍守兵卒撤退，垦耕辽民重迁，已复封疆丢失。时管锦右屯粮通判金启倧呈照："锦、右、大凌三城，皆前锋要地，倘收兵退，既安之民庶复播迁，已得之封疆再沦没，关内外堪几次退守耶！"②袁崇焕力争——兵不可撤，城不可弃，民不可移，田不可荒。他具揭力争，抗拒后撤。高第无奈，只撤锦州、右屯、大凌河及松山、杏山、塔山守具，尽驱屯兵、屯民入关，抛弃粮谷十余万石。这次不战而退，闹得军心不振，民怨沸腾，扶老携幼，背井离乡，死亡塞路，哭声震野。

天命十一年即天启六年（1626）正月，天命汗努尔哈赤值明朝辽东经略易人之机，大举进攻宁远。明军虽获得"宁远大捷"，但后金军撤退时焚毁觉华岛囤粮城，并毁坏大凌河城。是为大凌河城第二次遭到弃毁。

明军获得"宁远大捷"后，后金天命汗努尔哈赤死，明辽东巡抚袁崇焕借给

---
① 《明史·张凤翼传》第257卷，中华书局点校本，1974年，第6631页。
② 《明史·袁崇焕传》第259卷，中华书局点校本，1974年，第6708页。

努尔哈赤吊丧之机，派员往后金"讲和"，以拖延时间，修缮城堡。但天聪元年即天启七年（1627），皇太极率军进攻锦州、宁远，不克而归。后金撤军时，再毁大凌河城。是为大凌河城第三次遭到弃毁。

天聪五年即崇祯四年（1631），明军收复永平、滦州、迁安、遵化四城，后金军逃回到沈阳。督师孙承宗驻山海关，重新整顿从山海关到锦州的关宁锦防线。在这段时期，修筑大凌河城。

明修大凌河城 天聪五年即崇祯四年（1631）正月，孙承宗以届七十高龄，抱病出山海关，巡视辽西防务，抵松山（今凌海市南三十里）、锦州，还入关，复西巡蓟州，至平谷，遍阅三协十二路而返。五月以考满，诏加太傅兼食尚书俸，荫子钥尚宝司丞，赍蟒服、银币、羊酒，复辞太傅不受。①

督师孙承宗驻山海关，辽东巡抚为丘禾嘉。丘禾嘉，贵州人，万历四十一年（1613）举乡试，好谈兵。崇祯元年（1628），以其知兵，为兵部主事。后金军攻打北京，禾嘉监纪马世龙军。明复永平四城，禾嘉有功。明辽东巡抚毕自肃在宁远兵变后自尽，宁远遂废巡抚。时兵部尚书梁廷栋举荐，破格任命丘禾嘉为辽东巡抚，兼管山海关诸处。明朝以举人而官至巡抚者，隆庆朝只有海瑞，万历朝只有张守中、艾穆，天启朝没有，崇祯朝则有丘禾嘉等。

时山东登莱巡抚孙元化，建议撤海岛之兵，移驻山海关外，并规复广宁、金州、海州、盖州。辽东巡抚丘禾嘉则建议用海岛之兵，收复广宁（今辽宁省北镇市）、义州（今辽宁省义县）、右屯（今辽宁省凌海市右卫镇）三城。兵部尚书梁廷栋考虑此举重大，咨询孙承宗。孙承宗复言：广宁，离海一百八十里，距辽河一百六十里，陆运难；义州，地偏僻，离广宁也较远。因此，必须先占据右屯，集聚官兵，积蓄粮秣，方可逐进，逼近广宁。承宗又言："右屯城已隳，修筑而后可守。筑之，敌必至。必复大、小凌河，以接松、杏、锦州。锦州绕海而居敌，难陆运。而右屯之后即海，据此则粮可给，兵可聚，始得为发轫地。"奏入，"廷

---

① 《明史·孙承宗传》第250卷，中华书局点校本，1974年，第6476页。

栋力主之，于是有大凌筑城之议。"①

督师孙承宗依据当时敌我态势，不主张复义州，更不主张复广宁，而力持修复右屯卫城。此事，《明史·孙承宗传》记载：

> 禾嘉巡抚辽东，议复取广宁、义州、右屯三城。承宗言广宁道远，当先据右屯，筑城大凌河，以渐而进。兵部尚书梁廷栋主之，遂以七月兴工。②

孙承宗的意思是：第一，广宁、义州，暂且不修。第二，右屯重要，距海较近，便于运粮，应先筑守。但修筑右屯，敌军必来争。第三，为保右屯，还要修小凌河城与大凌河城，以成为其犄角。第四，大凌河城、小凌河城、右屯卫城、锦州城，以及松山、杏山、宁远纵串连接，加强宁锦防御体系。第五，孙承宗已经预见到：明筑右屯，敌军必至；而筑大凌，敌更必争。

然而，上述引文，有所含糊：既说督师孙承宗筑城大凌河，又说兵部尚书梁廷栋主之——营筑大凌河城，是孙承宗的主意，还是梁廷栋的主意，抑或是他人的主意？《崇祯长编》记载原任兵科给事中孙三杰的疏言，道出其中的关系：

> （周）延儒首据挨路，欲用其私人孙元化、丘禾嘉而无术，则属梁廷栋藉破格用人之说，以为先资。明知元化、禾嘉无功，而冒节钺，不足服人，则设为复广宁，图金、复、海、葢（盖）之议。既而一事无成，惧干严谴，于是密主大凌之筑，聊以塞责。奉举国之精锐，付之一掷。第罢枢辅孙承宗以结其案，而丘禾嘉忽焉山、永，忽焉京卿矣！延儒之脱卸作用，何其神也！③

---

① 《明史·丘禾嘉传》第261卷，中华书局点校本，1974年，第6770页。
② 《明史·孙承宗传》第250卷，中华书局点校本，1974年，第6476页。
③ 《崇祯长编》第62卷，崇祯五年八月戊辰，台北历史语言研究所校勘本，1962年，第6叶。

上引奏言，清楚说明：首辅周延儒密主营筑大凌河城，而授意兵部尚书梁廷栋，并由巡抚丘禾嘉执行之。其时，孙承宗主张修筑右屯城。至于后来，追究责任，本节后文，另有简述。

由是，崇祯帝旨准，周延儒授意，梁廷栋主之，孙承宗无奈，丘禾嘉执行，祖大寿、何可刚督责，遂同在广宁、大凌、右屯三地筑城为守。在筑大凌河城过程中，巡抚丘禾嘉评告总兵祖大寿，大寿也揭发禾嘉赃私。督师孙承宗不愿以武将去文臣，而密奏请改调丘禾嘉任他职。五月，命丘禾嘉任南京太仆寺卿，以孙毂代之。禾嘉尚未离任，兵部传檄，催促甚急。其城池修筑，相关史料，引为参酌："刻下十月，计丈计尺，先筑土胎。土胎一就，先包城门二座，腰台二座。其所用砖石，察有兴水废堡，折（拆）运包砌"，其不敷砖、石、灰另筹。"其挑河一事，工程浩大。且本镇营兵，尚须责以战守，不能独力办此。当蚤题班军，以正月到信，二月兴工，监管催督，另委能官，则亦可克期竣事矣。班军挑筑，行粮盐菜，自有往例，而筑城筑台，一切物料，费用不赀，朝廷当三空四尽之时，不敢数数控请"云云。①

时祖大寿督工，以军兵四千，又发班军四千，共同修筑大凌河城；并以四川石砫土兵万人护卫。但是，城工接近完成，兵部尚书梁廷栋罢去。朝廷议大凌河城荒远，筑城非策，乃令尽撤班军，赴蓟镇为守。丘禾嘉心惧，尽撤防兵，仅留班军万人，给粮万石。至是，孙承宗乃议以粮散军，委城而去，勿使资敌。丘禾嘉与祖大寿及其弟大弼，纵马上城东望，见大凌河水，绕流城东，远山苍翠处，即为十三山。丘禾嘉叹道：孙经略当年，以枢辅守边，有支持袁崇焕欲守宁远之勇气，今却欲委此大好城池丢弃，难道今无如袁崇焕之人乎？抑人官高而胆自薄耶？祖大弼闻言，目视其兄；祖大寿见状，亦正视其弟。于是，祖大寿、祖大弼兄弟二人，愿率四千精兵，与万余戍兵，共守此城。

先是，同年正月，督师孙承宗巡视辽西，至锦州时，皇太极正在沈阳巡视其

---

① 李光涛：《明清档案论文集》，联经出版事业公司，1986年，第494页。

新制成的红衣①大炮。诸贝勒见炮身沉重，操练不易，深恐大凌河城建筑完成，虽有此炮，亦难攻克。后金贝勒诸臣力劝皇太极，趁大凌河城垣尚未完工之时，派军前往，摧毁其城，以免大凌河城变成宁远、锦州之东的又一座坚城。五月，皇太极使人分往大凌河及锦州探听消息，回奏明巡抚丘禾嘉正在修筑大凌河城，并以祖大寿任大凌河城守备。

七月，明前锋总兵、大凌河城守备祖大寿，于兴工筑大凌河城之同时，孙定辽、祖可法、何可刚等为其副将，统率精锐四千，并带筑城戍军万余，运粮建舍，竖版筑城。祖大寿统御有方，明兵夫士，心热气旺。大凌城工甫竣，后金大军突至。

明大凌河城驻军，原有官兵一万六千余名，后派出买战马及守宁远兵共二千二百人，实有官兵一万四千人，有夫役商贾约一万多人，全城共计约有三万余人。②

守将祖大寿所部皆精锐，配备大炮，防守甚坚。但该城动工兴建时间较短，雉堞仅修完一半，城中粮秣储备少，后金大军骤至，仓促闭门拒战。

后金的准备 皇太极得到明军再次修筑大凌河城的消息，深感不安，下令说："沈阳、辽东之地，原非我有，乃天所赐也。今不事征讨，坐视汉人开拓疆土，修建城郭，缮治甲兵，使得完备，我等岂能安处耶？"③

天聪五年即崇祯四年（1631）七月二十七日，皇太极率军离沈阳西行，第二天渡过辽河，召集诸将，宣布攻明。八月初一日，大军自旧辽阳河出发，分兵两路：一路由贝勒德格类、岳讬、阿济格等率兵二万，经义州，屯驻于锦州与大凌河之间；一路由皇太极亲率主力，经白土厂（场），趋广宁大道，约定初六日会于大凌河城下。同时，将新铸红衣大炮四十门运往大凌河城外。

---

① "红夷大炮"，后金一清讳"夷"字，谐音作"衣"，称"红衣大炮"。
② 《兵部呈为王道直题报大凌河城之役明军损失情形本》（崇祯四年闰十一月十九日），《历史档案》1981年第1期。
③ 《清太宗文皇帝实录》第9卷，天聪五年七月庚子，中华书局影印本，1985年，第12叶。

先是，天聪五年即崇祯四年（1631）四月二十七日，后金遣库巴克等率蒙古十二人，前往明边，去捉"舌头"。三十日，又遣刘哈率二十人，再前往明边，去捉"舌头"。后金在二十天内，先后派遣七批人员，前往明边打探信息，了解明军筑城事情。分别从宁远、锦州归来人员报告："明人修筑大凌河城，基址已完，灰池亦备。"①

后金得到明军修筑大凌河城的探报后，诸贝勒大臣会议后奏报："明人若果修城，我兵即当速往。不知皇上庙算如何？臣等愚见，此次出兵，彼若出战则已，倘彼遁入锦州，我兵不可引还。恐往返之间，徒疲马力，非计也。且彼以畏我，不战而退，我又何为还军？凡遇城池，务围困之，方为得计。倘蒙允行，则宜令多备糗粮，以充军实。至围城之事，秋不如夏之便也。"②

上述意见，其要点是：第一，明军如修城，即派兵前往；第二，明军若出战，我军即进攻；第三，明军若弃城逃往锦州，我军不可不战而回；第四，对城中明军，加以围困；第五，应令多备军粮，且要充足；第六，进兵时间，夏季为便。皇太极为慎重起见，再派原任总兵官纳穆泰、图尔格领兵千人，前去探察明军修筑大凌河城的虚实。

但是，皇太极仍将注意力放在南征海岛军事上，派骑兵、步兵万人出征。六月，皇太极再多次派人前去打探明军修筑大凌河城的实情。经过三个月，十四次侦察，皇太极才下决心进兵，攻打大凌河城。他说："闻明总兵祖大寿与何可刚（纲）等副将十四员，率山海关外八城兵，并修城夫役，兴筑大凌河城，欲乘我兵未至时竣工，昼夜催督甚力，因统大军往征之。"③

七月二十七日，皇太极率军西发，运载红衣大炮，往攻大凌河城。

---

① 《清太宗文皇帝实录》第9卷，天聪五年五月丙子，中华书局影印本，1985年，第2叶。
② 《清太宗文皇帝实录》第9卷，天聪五年五月己卯，中华书局影印本，1985年，第2叶。
③ 《清太宗文皇帝实录》第9卷，天聪五年七月癸巳，中华书局影印本，1985年，第12叶。

二 皇太极研制红衣大炮

自失陷永平四城之后，到围攻大凌河城之前，后金在军事上一个最重大的变化是：制造红衣大炮成功。而红衣大炮的制成，在大凌河之战中发挥重大作用。

红衣大炮，明人以其来自西夷，称之为西洋大炮，或红夷大炮。黄一农解释红夷大炮名称时认为："由于西洋大炮首先是由荷兰人传入的，而其时中国称荷兰人为红夷，故名之为红夷大炮。"① 后金-清人讳"夷"字，谐音称之为红衣大炮，或西洋大炮。红衣大炮是中国军事史上出现的最新武器，也是明朝军队与后金军队中最新式的武器装备。

满洲军队的主要特点是骑射。《满洲源流考》记载："我朝素娴骑射，故能战必胜，攻必克。"② 后金军作战时，以铁骑奔腾，驰骋冲突，野战争锋，所向无敌。努尔哈赤从进攻抚顺到夺取广宁，都是靠军队勇猛骑射，快速驰突取胜的。后金军的武器，主要是冷兵器，包括进攻的弓箭、刀枪，防护的头盔、铠甲，登城的

---

① 黄一农：《红夷大炮与明清战争——以火炮测准技术之演变为例》，台湾《清华学报》1996年新26卷第1期。
② 《满洲源流考·国俗一》第16卷，文津阁《四库全书》本，国家图书馆善本部藏。

云梯、楯车等，他们不会使用火器，更不会制造火器。后在同明军交战中，缴获了一些明军的火器、战车等。后金在天命五年即泰昌元年（1620）占领抚顺后，便从降将李永芳处得到火炮。翌年，因萨尔浒之捷又获得大量火炮。当年十二月，努尔哈赤谕各堡演放火炮。①后金的火炮并未用于实战，且均为明朝的旧式火炮。但在沈辽之战中，"李永芳得中国炮手，亲释其缚，人赏千金，即用以攻川兵，无不立碎者。"②此后，八旗军逐渐使用火器，但仍以冷兵器为主。

后金天命汗和天聪汗在宁远、锦州城下连遭红夷大炮重创，使皇太极改变了对火炮的态度。天聪五年即崇祯四年（1631）正月，后金仿造的第一批红衣大炮，共四十门，在沈阳造成，皇太极定名号为"天祐助威大将军"。③满洲从此开始造炮，后金终于有了自制的红衣大炮。

本来在明朝，"中国长技，火炮为上"。据统计，从万历四十六年（1618）至天启元年（1621）的三年之间，明朝发往广宁前线的将军炮、灭虏炮、虎蹲炮、旋风炮、威远炮、佛朗机炮等共有二万二千一百四十四位（门），数量之多，实属惊人。但明军火炮在对后金军作战中，没有发挥其应有之威力。这除了明军腐败因素及火炮的射程近、威力弱之外，还因为没有同城墙结合。此前明军同后金军作战，出城布阵，野地争锋，火器列前，步骑在后。双方交战之时，明兵先放火炮。后金铁骑冲突，飞驰而来，冲过火力；有时明兵"火器不点，贼骑已前"，明军炮弹时而落在八旗骑兵后面，后金骑兵冲来，火炮失去作用。依恃坚固城墙和优良火器，抵御北方渔猎民族骑兵南下，是明朝一贯坚持的北疆防务总则。但明军与努尔哈赤交战四年的实践证明，明辽军原有的火器，无法抵挡后金铁骑。于是，明少詹事徐光启等廷臣，便将寻求新式武器的目光转向海外。

明军使用的火器，主要是鸟枪、火炮、佛朗机炮等。到万历末、天启初，从

---

① 《满文老档·太祖》第Ⅰ册，天命六年十二月二十日，东洋文库译注本，1955年，第454页。
② 谷应泰：《明史纪事本末·熊王功罪》第4册，中华书局，1977年，第1425页。
③ 《清太宗文皇帝实录》第8卷，天聪五年正月壬午，中华书局影印本，1985年，第2叶。

海外购进红夷大炮即西洋大炮。先是，十六世纪中叶，欧洲科学技术迅速发展，火炮技术也得到创新。英国、法国、西班牙、葡萄牙国先后制造出新式铁铸前装滑膛炮，使中国的火炮相形见绌。中国火器领先世界之势，在受到佛郎机炮的冲击后，而让位于西方先进国家的火器。万历年间，耶稣会士利玛窦等先后来到中国传教，随之将欧洲先进的火炮科技信息带入中国。①

天命五年即泰昌元年（1620），与利玛窦交往甚密的徐光启和李之藻，率先派人到澳门，购买了四门英国制造的新式火炮，称其为"红夷大炮"或"西洋大炮"。②天启三年至五年间，明廷又从澳门购进二十六门红夷大炮。以上三十门红夷大炮，"调往山海者十一门，炸者一门，则都城当有十八门"③。崇祯年间，明朝除继续由澳门购买红夷炮外，还依靠德国传教士汤若望等仿造红夷大炮。④这就使明军装备的红夷大炮数量迅速增加。

由西洋引进的红夷大炮，与中国传统火炮相比，有以下优长：第一，设计更加合理。红夷炮"不以尺寸为则，只以铳口空径为则"⑤。即炮身各部位的尺寸，如炮管长度、炮口管壁厚度等，均与炮管口径成一定比例，因而弹道低伸，射程较远。第二，瞄准具得到改进。红夷大炮要架于炮架或炮台上，不装准星、照门，而用铳规确定发射仰角。铳规"以铜为之，其状如覆矩，阔四分，厚一分，股长一尺，勾长一寸五分，以勾股所交为心，用四分规之一，规分十二度，中垂权线以取准"。用铳规瞄准，改目测，为器量，更加准确和简便。第三，口径较粗，装药量大，因而杀伤力巨大。第四，射程远，威力大。一炮射数里远，对方骑兵尚

---

① 方豪：《明清间西洋机械工程物理学与火器入华考略》，载《方豪六十自定稿》上册，台湾学生书局，1969年。
② 《徐光启集》上册，上海古籍出版社，1998年，第178~181页；另见金尼阁1621年报告，载方豪：《明末西洋火器流入我国之史料：复欧阳伯瑜（琛）先生论满洲西洋火器之由来及葡兵援明事（附来书）》，《东方杂志》第40卷第1号。
③ 《明熹宗实录》第68卷，天启六年二月戊戌，台北历史语言研究所校勘本，1962年，第30叶。
④ [法]费赖之：《在华耶稣会士列传及书目·汤若望传》，转引自《方豪六十自定稿》上册。
⑤ 焦勖：《火攻挈要》上卷，《海山仙馆丛书》本，道光十八年（1838）刻本，第5叶。

未靠近，已经遭到炮弹轰击。毫无疑问，具备上述优长的红夷大炮，对满洲骑兵而言具有重大的杀伤力，且形成严重威胁。

明军将红夷大炮第一次用于宁远的实战中。天命十一年即天启六年（1626）正月，努尔哈赤领兵进攻明袁崇焕设防的宁远城，袁崇焕于宁远城上构筑炮台，安设十一门红夷大炮，则为努尔哈赤所始料不及。袁崇焕严拒努尔哈赤诱降后，命部下罗立等向城北八旗军大营发射红夷大炮，"遂一炮歼虏数百"①。城堞之上，箭镞如雨注，悬牌似猬皮。袁崇焕指挥将卒用西洋大炮："架西洋大炮十一门，从城上击，周而不停，每炮所中，糜烂可数里。"②"每用西洋炮，则牌车如拉朽。"③经三天激战，八旗兵损失惨重，败回沈阳。努尔哈赤"自二十五岁征伐以来，战无不胜，攻无不克，惟宁远一城不下，遂大怀忿恨而回"④。当年八月，天命汗便含愤而死。但努尔哈赤至死尚未明了是被红夷大炮即西洋大炮所击败。继承汗位的皇太极重蹈其父汗覆辙，于天聪元年即天启七年（1627）五月，再次率军攻打锦州、宁远，苦战近月，竟未攻下，反被"凭坚城以用大炮"的明军所击败。

明军首次在宁远之战中使用红夷大炮，并获得成功。明军宁远之战的胜利，是袁崇焕凭坚城、用洋炮的胜利。这里有两个因素：一是用红夷大炮，二是使城炮结合。通过宁远之战，袁崇焕认识到红夷大炮的重要价值。他说："辽东之坏，虽人心不固，亦缘有形之险颓塌不堪，实无可以固人心者。虏利野战，惟有凭坚城以用大炮一著。"⑤他从抚顺、清河、开原、铁岭、沈阳、辽阳、西平、广宁诸城失陷中认识到：旷野厮杀，明军所短；凭城用炮，明军所长。所以，"凭坚城、用大炮"是明军以长击短、克敌制胜的法宝。应当说，徐光启、孙元化等人提出"以城护炮、以炮卫城"的战术思想，而袁崇焕将这一战术思想应用于作战实践。由

---

① 茅元仪：《督师纪略》第12卷，清抄本，第14叶。
② 计六奇：《明季北略》第2卷，上海图书集成印书局，光绪十三年（1887）刻本，第8叶。
③ 《明熹宗实录》第70卷，天启六年四月辛卯，台北历史语言研究所校勘本，1962年，第19叶。
④ 《清太祖武皇帝实录》第4卷，原清宫内府藏，台湾广文书局影印本，1970年，第25叶。
⑤ 《明熹宗实录》第79卷，天启六年十二月庚申，台北历史语言研究所校勘本，1962年，第19叶。

是袁崇焕创新并形成"凭坚城、用大炮"的守城战术。

相反，天命汗努尔哈赤的悲剧在于，根本没有认识到宁远运用新式武器红夷大炮，也没有认识到袁崇焕"凭坚城、用大炮"的守城战术。后金军队毫无顾忌，蜂拥攻城，遭到炮击，死伤惨重，天命汗努尔哈赤在军事上犯了以己之短，攻彼之长的错误。后金军的长处是平原野战，铁骑驰突，弓马取胜。朝鲜人李民寏说：后金"铁骑奔驰，冲突蹂躏，无不溃败"①。

努尔哈赤没有认识到明军战术武器和战术思想的重大变化，继续使用旧的武器和旧的战术。出乎努尔哈赤意料之外，铁骑冲到城下，遇到西洋大炮，遭到轰击，碰壁而返。明兵坚守城池、施用大炮，改变守城战术，对付后金骑兵。努尔哈赤却没有看到这个新的变化，仍用旧的武器、旧的战术，进攻宁远，吃了大亏，兵败城下。

后金的天命汗和天聪汗，连遭西洋大炮重挫。皇太极惊呼："昔皇考太祖攻宁远，不克；今我攻锦州，又未克。似此野战之兵，尚不能胜，其何以张我国威耶！"②

宁远与锦州城下，后金两次失败，究其失败之因，以武器装备而言，在于没有红衣大炮。明朝与后金，双方攻守战，红衣大炮，举足轻重，有者常胜，无者屡败。皇太极从宁远之败与宁锦之败的两次战败中认识到，要使八旗兵能够攻坚陷阵，关键在于掌握和使用红衣大炮。后金天聪汗皇太极从两次失败中得出一条重要教训：后金要不惜一切代价，集中一切力量，研制红衣大炮，组建炮兵部队。

后金制造红衣大炮，其样炮来源于明军。天聪三年即崇祯二年（1629），后金军首次入关，攻打北京。皇太极在此次战役中，除发挥骑射所长外，也使用过火器。如徐光启奏报："博询土人，言满桂之败，贼亦用火攻。每一骡负二炮，如田单火牛之法，疾赴我营，以至败衄。"③但这似是爆炸性的燃烧火器，而不是管

---

① ［朝］李民寏：《建州闻见录》，日本天理大学图书馆藏玉版书屋本，第40叶。
② 《清太宗文皇帝实录》第3卷，天聪元年五月癸巳，中华书局影印本，1985年，第16叶。
③ 《徐光启集》第6卷，上海古籍出版社，1984年，第289页。

形火炮。后金军破墙入塞后,在大安口遭明军围攻,范文程"以火器进攻,围解"①。这也是用缴获明军的火器。至于后金军红衣大炮的来源,一是天聪三年(1629),皇太极率军攻北京城,略涿州,或获明军红夷大炮。②二是中国第一历史档案馆藏正黄旗汉军《世职谱档》袭字第三十一号载:骑都尉王承烈之曾祖王天相,进兵北京时自永平府(今河北卢龙)带回红夷炮进行仿制。

皇太极得到明军的红夷大炮后,开始在沈阳仿造。《清太宗实录》天聪五年即崇祯四年(1631)正月壬午(初八日)记载:

> 造红衣大将军炮成。镌曰:"天祐助威大将军,天聪五年孟春吉旦造。"督造官、总兵官、额驸佟养性;监造官、游击丁启明;备御祝世荫;铸匠王天相、窦守位;铁匠刘计平。先是,我国未备火器,造炮自此始。③

事后,天聪汗对有关汉人进行表彰:

> 是日(十九日),天聪汗以汉人王天相创铸红衣炮,擢为备御;金世昌继之,不用腊(模)辄铸红衣炮功,擢为备御。授董成功为千总。④

上述文字表明,其一,"造红衣大将军炮成"。其二,炮身所镌铸文字为:"天祐助威大将军。"其三,制造时间为:天聪五年孟春吉旦。其四,有关人员为:督

---

① 《清史列传·范文程》第5卷,中华书局,1987年,第1页。
② 据《明熹宗实录》第68卷,天启六年二月戊戌条载:当时北京城中已有红夷炮十八门。据《徐光启集·控陈迎铳事宜疏》载:崇祯二年十一月,葡人公沙的西劳、陆若汉等携十门红夷炮至涿州,留下四门加强涿州城防,其余六门于次年正月运抵北京。《清太宗实录》载:天聪三年即崇祯二年十月至十二月,皇太极率后金军队绕道入关,进攻北京,途中下遵化、良乡、固安等城,略涿州。皇太极此次作战,有可能从涿州一带获得红夷大炮。
③ 《清太宗文皇帝实录》第8卷,天聪五年正月壬午,中华书局影印本,1985年,第2叶。
④ 《清初内国史院满文档案译编》上册,光明日报出版社,1989年,第9页。

造官、总兵官、额驸佟养性，监造官、游击丁启明，备御祝世荫，铸匠王天相、窦守位，铁匠刘计平。其五，在后金-清历史上，开始制造火器，创制红衣大炮成功。

从此，后金有了自己制造的红衣大炮。

皇太极很重视火器的制造，并对造炮汉人工匠加以保护，予以奖励。因佟养性造炮有功，重加赏赐。皇太极恐有人不服，宣称："其有势豪嫉妒不从命者，非特藐养性，是轻国体、褒法令也，必谴毋赦！"[①]并下令"以王天相创铸红衣炮功，及金世昌继造不用蜡韬铸成，俱升备御。"[②]

天聪六年即崇祯五年（1632）正月，皇太极亲往演武场校阅红衣炮演练，佟养性率所统汉兵摆甲胄、执器械列于两旁，置铅子于红衣将军炮内，进行演试，取得成功。皇太极优待降人、优遇铸炮工匠的政策，使得一批被俘汉人乐为其效力。由于采取上述鼓励发展新式火器的政策，使后金的火器制造有较大的发展，后设立炮局、药局。北京首都博物馆现藏清崇德八年即崇祯十六年（1643）所铸神威大将军炮一尊，是一件文物的实证。

后金制造的红衣大炮，在大凌河之战的围城与打援中，发挥了巨大的威力和重大的作用。

---

① 《清史稿·佟养性传》第230卷，中华书局标点本，1977年，第9324页。
② 《清太宗文皇帝实录》第13卷，天聪七年三月庚戌，中华书局影印本，1985年，第16叶。

三 围城与打援

后金发动的大凌河之战，于天聪五年即崇祯四年（1631）七月二十七日，皇太极谒堂子、亲率诸贝勒统大军起行开始。

大凌河城，因城临大凌河而得名，明人称之为大凌城或凌城（今辽宁凌海）。其西为小凌河，两河均流入海。① 锦州"山川盘错，屹峙边陲"②。

既有大凌河作天然屏障，又有大凌河城作军事壁垒。大凌河城东距沈阳四百四十里，西至宁远一百四十里，距山海关三百三十四里，至松山堡四十里。明军在大凌河城已经三毁的基址上重新筑城，受到后金的密切注视，后金不断派遣哨探，前去打探筑城情况。

皇太极对明修大凌河城作出反应："上闻明总兵祖大寿与何可刚等副将十四员，率山海关外八城兵，并修城夫役，兴筑大凌河城。欲乘我兵未至时竣工，昼夜催督甚力。因统大军往征之。"③

---

① 《大明一统志》第25卷，明天顺五年（1461）刻本，第31叶。
② 顾祖禹：《读史方舆纪要》第37卷，上海书店出版社影印本，1998年，第36叶。
③ 《清太宗文皇帝实录》第9卷，天聪五年七月癸巳，中华书局影印本，1985年，第12叶。

皇太极的目的很明确，就是不许明朝修复大凌河城，如已经动工，则加以破坏。经过七天准备，征调蒙古诸部，集合八旗满洲，汇聚贝勒将帅，于二十七日谒堂子出师。翌日，皇太极谕诸将道：

> 沈阳、辽东之地，原非我有，乃天所赐也。今不事征讨，坐视汉人开拓疆土，修建城郭，缮治甲兵，使得完备，我等岂能安处耶？①

皇太极出兵的目的，是要阻止明军修建城堡，占领尽量多的辽西土地。经过五天行军，八月初二日，大军接近大凌河城。皇太极命分兵两路：贝勒德格类、岳讬、阿济格领兵二万由义州进发，屯兵于锦州与大凌河之间；皇太极亲统大军由白土场（厂）入趋广宁——两军约于初六日，在大凌河城外会合。明朝得到军报，兵部尚书熊明遇上言："昨闻东兵六万，谋分三股来侵。"②

掘壕围城 时大凌河城工进度较缓慢，城基、墙垣、敌楼已粗完工，而城上雉堞，仅完成其半。城中明军有总兵祖大寿及副将何可刚等八员，参将、游击等约二十员，马兵七千余，步兵七千余，夫役、商人约万人。后金左右两翼大军，于八月初六日在大凌河城外会师。初七日，皇太极鉴于宁远、锦州攻城失败的惨痛教训，不再驰骑攻坚，而是围城打援："攻城恐士卒被伤，不若掘壕筑墙以困之。彼兵若出，我则与战；外援若至，我则迎击。"③这就是"围城打援"的作战方略。

皇太极将后金军队，按照四方八隅部署：

城南面——正蓝旗固山额真觉罗色勒率本旗兵围正南面，莽古尔泰、德格类两贝勒率护军在后策应；镶蓝旗固山额真、宗室篇古率本旗兵围南面之西，贝勒济尔哈朗率护军在后策应；蒙古固山额真吴讷格率本旗兵围南面之东。城南面是

---

① 《清太宗文皇帝实录》第9卷，天聪五年七月庚子，中华书局影印本，1985年，第12叶。
② 《崇祯长编》第49卷，崇祯四年八月辛酉，台北历史语言研究所校勘本，1962年，第14叶。
③ 《清太宗文皇帝实录》第9卷，天聪五年八月戊申，中华书局影印本，1985年，第14叶。

攻守的重点，祖大寿突围回锦州，必全力从南面突破；明宁远方向援军也必从南面扑来。因之，两蓝旗承担最繁重、最艰难的围堵任务。

城北面——正黄旗固山额真楞额礼率本旗兵围北面之西，镶黄旗固山额真额驸达尔哈率本旗兵围北面之东，贝勒阿巴泰率护军在后策应。

城东面——正白旗固山额真喀克笃礼率本旗兵围东面之北，额尔克楚虎尔贝勒多铎率护军在后策应；镶白旗固山额真伊尔登率本旗兵围东面之南，墨尔根戴青贝勒多尔衮率护军在后策应。

城西面——正红旗固山额真额驸和硕图率本旗兵围西面之北，大贝勒代善率护军在后策应；蒙古固山额真鄂本兑率本旗兵围正西面；镶红旗固山额真叶臣率本旗兵围西面之南，贝勒岳讬率护军在后策应。

蒙古诸部落贝勒各率所部兵围其隙处；总兵官额驸佟养性率汉兵载红衣炮、将军炮，当锦州大道而营。

诸将各固守汛地，勿纵一人出城。于是，贝勒诸将，各遵谕旨，分赴汛地，挖壕备战。

后金军的策略是，环城浚壕筑墙，图持久以困之。皇太极命环城四面掘壕筑墙：第一道，掘壕深宽各丈许，壕外筑墙，高丈许，墙上加垛口；第二道，在墙内距五丈余地掘壕，广五尺、深七尺五寸，壕上铺秫秸，覆以土；第三道，在各旗营外周围挖掘深宽各五尺的拦马小壕。防守既固，城内、城外之人，遂不能出入，大凌河城与外界完全隔绝。后金军在围困大凌河城的同时，又分兵设伏，往截援兵。

夹击突围 后金劝诱祖大寿归降，大寿不理。皇太极又使其兵诈为明兵之来援者，以诱大寿出战而攻之。大寿发觉，复退城内。初九日，大凌河城守军，以少量骑兵出城，做军事侦探性出击。

初十日，祖大寿第一次突围。明军五百余骑出战，初做出城突围冲击。后金固山额真额驸达尔哈等率骑迎击，明军退回城内。

十二日，祖大寿第二次突围。他先派小股部队，从西面出城诱敌，后金正红旗将领图赖率军迎战。祖大寿继派重兵从南面突围，同两蓝旗军遭遇。后金图赖率先冲入，额驸达尔哈率军继进，其他各军相配合。两蓝旗兵进抵城壕，舍骑步战，明兵入壕。时壕岸与城上明军，骤然配合，矢炮齐发，两蓝旗兵，力不能敌，死伤惨重，仓皇败退。后金副将孟坦、原任副将屯布禄及游击、备御、兵士等死亡多人，受伤者更为众多，图赖也受创伤。皇太极得知败报，非常气愤，对前往看视图赖伤势的巩阿岱等"唾其面"而羞辱之，并发泄因失败而郁结的怒气。为此事，大贝勒莽古尔泰向皇太极流露怨言："昨日之战，我属下将领被伤者多。"①

皇太极不悦，兄弟二人发生争执与冲突。后皇太极以此为导火索，夺莽古尔泰和硕贝勒，降为多罗贝勒，削五牛录，罚银万两及甲胄鞍马等；后莽古尔泰及其胞弟德格类俱"中暴疾不能言而死"（见本书第一节）。此后，后金军不再轻易出战。

同日，后金军首次用红衣大炮攻大凌河城。先炮击城西南隅，摧毁城上雉堞，又以红衣大炮攻击城的南面，摧毁城上四个雉堞、两座敌楼。翌日，再以红衣大炮轰击城东台堡，台被击毁，守兵逃遁。十五日，后金军代善、济尔哈朗、多铎等率兵三千，以红衣大炮轰击大凌河城附近台堡，炮弹所炸，台堡房舍，俱被摧毁。

三十日，祖大寿第三次突围。后金正红旗固山额真和硕图、镶红旗固山额真叶臣、正蓝旗固山额真色勒、镶蓝旗固山额真篇古、镶白旗固山额真图尔格及蒙古兵，一齐出营，进行夹攻。明军不敌，奔入城内。后金军追至城壕，城上炮火齐下，后金军队，退回大营。

九月十九日，祖大寿第四次突围。祖大寿率军从城西南隅突围。后金军在南面之西的镶蓝旗固山额真篇古、西面之南的镶红旗固山额真叶臣，又调西面的蒙古固山额真鄂本兑和蒙古贝勒明安，共合四军，进行围堵，明军失利，退回城内。祖大寿闭城，自此以后，不再突围，等待援兵。

大凌被围，态势严重。《明纪》记载："凌城出兵，悉败还。承宗闻之，驰赴锦州，

---

① 《清太宗文皇帝实录》第9卷，天聪五年八月甲寅，中华书局影印本，1985年，第19叶。

禾嘉亦至。承宗遣总兵官吴襄、宋伟与禾嘉合兵往救。"明军要救援，后金军则要打援。在大凌河城外，增援与打援，双方战斗，异常激烈。

截伏打援 祖大寿被围大凌河城，三次突围失败，亟待援军解围。先是，大凌河城被围，震动京师朝野。吏科给事中宋玫上言："榆关外控，惟宁、锦八城。而八城厚势，惟祖大寿一旅。毋论战守进退，夙将劲卒不可弃，实国家大势所关也。且大寿撄新造之版筑，即使其超轶绝伦，力能溃阵启行，势亦必借助外援。此又事理之必然者。倘文武将吏，不及今并力速为声救，而漫视为可弃可存之著，俾大寿一旦力穷智索，则军声一跌，势难复振。臣恐可忧甚大，诚不可日月玩也。三协诸路，兵制积弛，非关外伦比，人屡法弊，势不可用。倘敌人久缀大凌，阴谋间道，祸又不在己巳下矣。伏祈亟批御敕，谕辽抚道将，协图退敌，保全大凌城。再谕宣、蓟督、抚、道、将，各严讯地方，以备未然。此目前至急之务也。"① 朝廷采纳宋玫等的奏言，命蓟镇整饬防备，急援凌城明军。

时明辽东巡抚发生人事变动。原任巡抚丘禾嘉奉调，但尚未离任；新任巡抚谢琏已经受命，却未到任。崇祯帝命丘禾嘉在大凌河城图功，谢琏暂驻关外料理；谢琏赴任，到事平后，再行替代。时明督师孙承宗，年届七十高龄，身体有病，骑马不便，亲到宁远，指挥战事。孙承宗上疏称："臣骑行不便，暂住宁远。"② 八月二十九日旨云："凌围已逾二旬，城中何堪久待。屡议会剿，未见刻期举行。"③ 后孙承宗意移驻锦州，调度指挥。

明廷决定，派师往援。后金策略，堵伏打援。后金军对明援军，施行堵截与伏击的战法，既正面歼击来援之明军，又设伏截堵逃遁之明军。在八月，后金军先后两次打退锦州方向来的明援军。

十六日，明军第一次增援大凌。明派松山军二千人，出援大凌，被后金阿山、

---

① 《崇祯长编》第50卷，崇祯四年九月壬午，台北历史语言研究所校勘本，1962年，第6叶。
② 《崇祯长编》第50卷，崇祯四年九月乙未，台北历史语言研究所校勘本，1962年，第15叶。
③ 《明清史料》乙编，第1本，中央研究院历史语言研究所集刊，1936年，第87页。

劳萨、图鲁什等军击败。二十四日,总兵官宋伟已统兵马五千前赴宁远。①

二十六日,明军第二次增援大凌。先是,二十三日,皇太极派贝勒阿济格及硕讬,率领每旗纛额真一员、精兵五百、蒙古兵五百,前往锦州、松山间,邀截明朝自锦州方向来增援大凌的军队。皇太极还亲自察看并确定打明援军的后金精锐骑兵的立营、设伏和瞭哨之地点。在后金军安设大营、布设埋伏、据高哨探三天后,明朝增援大凌的军队自锦州而来。时督师孙承宗闻警紧急,驰赴锦州。是日,"卯刻,明锦州副将二员,参将、游击十员,率兵六千,来攻阿济格营。时大雾,人觌面,不相识。及敌将至,忽有青气,自天冲入敌营,雾中开如门。于是,阿济格、硕讬列阵以待。顷之,雾霁。阿济格等进击之,大败敌兵。追杀至锦州城,生擒游击一员,获甲胄二百十九、马二百有六、旗纛十五。"②明少量援军出师不利,败回锦州城内。

明督师孙承宗、巡抚丘禾嘉等,于九月又组织对大凌城,进行两次增援解围的军事出击。

十六日,明军第三次增援大凌。皇太极亲率护军并贝勒多铎所部亲随护军二百、营兵一千五百,佟养性所部旧汉兵(汉军)五百,以及车楯等器械,往击锦州方向来的明军援兵。后金军骑兵在前,车兵留后。皇太极见锦州城南尘土飞起,遂遣前哨图鲁什、劳萨率兵二百前往侦察。皇太极命众军停止行进,率亲随护军二百与多铎等同往,皇太极踵随军后,缘山潜行。时锦州兵七千出城,逐图鲁什等至小凌河岸。明军前锋突近皇太极马前。皇太极擐甲弯弓,随行兵渡河直冲。明兵七千人,拼力冲杀,不敌溃遁,后金军攻击至锦州城外。是役,后金贝勒多铎在交锋中坠马,其战马跑到明军阵中,幸有扈从查符塔,将自己坐骑给多铎换乘,多铎危难中逃出,险些被明军俘获。在还军时,贝勒阿济格所部及留后军队俱至,明兵复出击,步军列大炮、鸟枪于城壕外,骑兵随其后,距里许而阵。皇太极督

① 《明清史料》乙编,第1本,中央研究院历史语言研究所集刊,1936年,第70页。
② 《清太宗文皇帝实录》第9卷,天聪五年八月丁卯,中华书局影印本,1985年,第23叶。

兵将向前冲杀，明军退回，遭到追击，奔回壕内。后金军斩明副将一员，生擒把总一员。皇太极击败明军突出两次，拜天告捷。①

此战，明直隶巡按王道直奏报："大清数千骑，分列五股，直逼锦城。两镇张左右二翼迎击，接刀于教场，连战十余阵，不胜，入城固守。"②明军第三次增援失败后，再进行最后一次增援大凌河城的行动。

尔后，登莱巡抚孙元化疏奏：孔有德、吴进胜，于初三日驾大小沙唬等船二十二只起行，赴援大凌（此批援兵，后文另述）。③此次举动，无济于事。

二十四日，明军第四次增援大凌。先是，后金得报：明辽东巡抚丘禾嘉、山海总兵宋伟、团练总兵吴襄，率山海马步兵，悉入锦州。是日，明太仆寺卿、监军道张春、山海总兵宋伟、团练总兵吴襄，率诸将张弘谟、杨华徵、薛大湖、张继绂、满库、祖大乐、汪子静、赵国志、刘应国、金国臣、张邦才、于永绶，参将姜新、祖邦林、于应选、穆禄、桑阿尔寨、海参代、王弘化，游击、守备、都司、备御、千总等共百余员，马步兵四万余，由锦州城出，往援大凌河城，欲解祖大寿之围。二十五日，明军渡小凌河，即掘壕堑，环列车楯，布设枪炮，阵列严整。二十六日，皇太极欲更番迎击，因分军为二，亲先率其半挺进，逼近明军，亦列车楯，两军对峙。皇太极见明军阵容整齐，森严壁垒，知是强敌，不宜轻战，决定暂退，"欲俟彼军起行前进，乘隙击之，遂引军还"④。于是，皇太极引兵远走大凌以诱之。其实，明朝庙堂、兵部早已预料："贼夷久顿，不得野战，屡移营，以诱我。伪举火，以误凌，显属狡谋。"⑤明总兵宋伟、吴襄还是耐不得性子，急着前行增援。

二十七日，明军见后金军不战而退，以为怯懦，四更起营，直趋大凌河，阵于长山口（在大凌城西），距城十五里，马步合营，环列枪炮。祖大寿在大凌河

---

① 《清太宗文皇帝实录》第9卷，天聪五年九月丁亥，中华书局影印本，1985年，第25叶。
② 《崇祯长编》第50卷，崇祯四年九月戊子，台北历史语言研究所勘本，1962年，第11叶。
③ 《崇祯长编》第50卷，崇祯四年九月壬辰，台北历史语言研究所校勘本，1962年，第13叶。
④ 《清太宗文皇帝实录》第9卷，天聪五年九月乙未，中华书局影印本，1985年，第28叶。
⑤ 《明清史料》乙编，第1本，中央研究院历史语言研究所集刊，1936年，第81页。

城遥望大军，恐为敌之诡计，不敢轻易出击。皇太极与大贝勒代善、莽古尔泰、贝勒德格类、阿济格、多铎、硕讬，率满洲、蒙古、旧汉兵（汉军）一万五千挺进。①皇太极虑车兵行动迟缓，率两翼骑兵，直冲明军营；以另一部精锐埋伏于明军归路。明军坚峙不动，严阵以待。皇太极乃率两翼劲骑，冲向明军宋伟大营，两军接战后，"火器齐发，声震天地，铅子如雹，矢下如雨"②。后金军左翼避枪炮，未迎敌冲入，随右翼军后而进。宋伟营中火器齐发，殊死力战；后金军纵骑冲锋，前锋兵多死伤。皇太极乃麾左翼军趋吴襄军营，逼攻其大营；并以佟养性部众，屯于明军营东，自东向西，辅助攻击，发大炮，放火箭，轰击其营。时黑云突起，风从西来，吴襄军乘风之势，纵火反扑，势焰甚炽，逼后金阵。天忽大雨，风向反刮，扑向明军，吴襄营毁，失利先走。宋伟与吴襄，不能配合，各自为战。吴襄军败走，宋伟营势孤，后金右翼攻宋伟营。少顷雨停，后金合兵，左右两翼军，猛攻宋伟营，力战，至晡。后金军冲入宋伟军营垒，明军遂败，奔溃，逃遁。后金军预设伏兵，截吴襄军与宋伟军归路。明援军四万，尽被歼灭，副将杨廷耀、张继绂③、萧伟、汪子静，参将满库、游击吴汉臣等被斩。④监军张春、副将张弘谟、参将薛大湖及游击、都司、守备、备御等三十三人被擒，部卒死者无算。⑤

　　明朝的记载是："总兵宋伟、吴襄及参将祖大乐、张邦才、靳国臣、于永绶、刘应国、赵国志、海参代、杨振、朱国仪、尤禄、李成、祁继光、祖大弼，俱逃回。夷将桑昂那木、气七庆、归正黑云龙、道臣张春、参将薛大湖俱被拘。"⑥

　　但《清太宗文皇帝实录》记载："薄暮，上率军还营。时凉风骤起，大雨滂沱，

────────

① 《满文老档·太宗》下册，天聪五年九月二十七日，中华书局译注本，1990年，第1153页。
② 《满文老档·太宗》第Ⅴ册，天聪五年九月戊戌，东洋文库译注本，1961年，第567页。
③ 《清太宗实录》第9卷，第29页"张继绂"误作"张吉甫"，"汪子静"误作"王之敬"，"海参代"误作"海三代"。
④ 《崇祯长编》第53卷，崇祯四年闰十一月壬子，台北历史语言研究所校勘本，1962年，第16叶。
⑤ 《清太宗文皇帝实录》第9卷，天聪五年九月戊戌，中华书局影印本，1985年，第29叶。
⑥ 《崇祯长编》第50卷，崇祯四年九月戊戌，台北历史语言研究所校勘本，1962年，第17叶。

前阵获总兵黑云龙乘隙单骑而逃。"① 云龙逃归明朝，后明廷"特复其原官"②。

另据《圣武记》载述：祖大寿之弟大弼，为副总兵，号"万人敌"。他尝以五百骑兵，夜袭后金军，斫入皇太极大营，刃几及皇太极御马之腹，皇太极称其为"祖二疯子"。"至是，率死士百二十人能满洲语者，易服辫发，夜突御营于白云山。火药逼帐起，诸营惊扰。我侍卫亲军力战，黎明乃退。"③

从此后金及蒙古诸营，皆严戒备，盘诘极慎，不出示发辫，即不得通行。

后金军获长山大捷后，皇太极率诸贝勒及领兵大臣拜天，行三跪九叩之礼。时被擒明军各官，见天聪汗皆跪拜，独张春直立不跪。皇太极大怒，援弓欲射之。代善谏曰："我前此阵获之人，何尝不收养？此人既欲以死成名，奈何杀之以遂其志乎！遂置之。"张春遂不食；令剃发，不从。后张春"居古庙，服故衣冠，迄不失臣节而死"④。张春被执后，"其妻翟氏，绝食自缢"⑤。

皇太极打败明援军后，集中心思，软硬兼施，恩威并用，逼祖大寿投降。

---

① 《清太宗文皇帝实录》第9卷，天聪五年九月戊戌，中华书局影印本，1985年，第29～30叶。
② 《崇祯长编》第51卷，崇祯四年十月癸丑，台北历史语言研究所校勘本，1962年，第21叶。
③ 魏源：《圣武记》第1卷，中华书局点校本，1984年，第26页。
④ 《明史·张春传》第291卷，中华书局点校本，1974年，第7464页。
⑤ 《崇祯长编》第51卷，崇祯四年十月丁卯，台北历史语言研究所校勘本，1962年，第31叶。

四 逼降祖大寿

皇太极发动大凌河之战的目的是：招降祖大寿，摧毁大凌河城。后金打败明增援大凌河城的四万大军，为实现其上述目标准备了重要条件。

后金要招降祖大寿、摧毁大凌城，虽败明锦州宋伟、吴襄的援军，但仍要对大凌河城进行长期围困。围城打援的后金数万大军，兵要粮，马要秣。皇太极的后方基地面临粮荒，前方八旗军则"刍粮匮竭"。后金各旗军，为找粮下锅，明朝档案记载："各夷樵我野粮，以盔捣米。"[①]

其前线军粮，如何解决？攻取台堡，因粮于明。后金利用新制造的红衣大炮，攻打明军的台堡，既可夺取粮食，又能演习炮兵，还可破明台堡。皇太极决定：派兵攻打明朝守军的于子章台，以达到一石三鸟的效果。

天聪五年即崇祯四年（1631）十月初九日，后金遣官八员，率兵五百人，及旧汉兵（汉军）全军，运载红衣大炮六位、将军炮五十四位，往攻大凌河城附近的于子章台。于子章台位于明辽东边墙附近，垣墙坚固，储粮甚丰。后金军对于子章台，连攻三日，守军顽抗。后金军以红衣大炮，击坏台垛，守军中炮死者

---

① 《明清史料》乙编，第 1 本，中央研究院历史语言研究所集刊，1936 年，第 66 页。

五十七人。台内守兵，孤立无援，军心惶惧，无力御守。十二日，明于子章台参将王景，带领男女六百七十八人，开门出台，投降后金。于子章台被攻陷后，对其周围台堡波及影响："是台既下，其余各台，闻风惴恐，近者归降，远者弃走，所遗粮糗充积，足供我士马一月之饷。"攻打于子章台，红衣大炮起着独特的作用。《清太宗文皇帝实录》记载：

> 至红衣大炮，我国创造后，携载攻城自此始。若非用红衣大炮击攻，则于子章台，必不易克。此台不克，则其余各台，不逃不降，必且固守。各台固守，则粮无由得。即欲运自沈阳，又路远不易致。今因攻克于子章台，而周围百余台闻之，或逃或降，得以资我粮糗，士马饱腾，以是久围大凌河，克成厥功者，皆因上创造红衣大将军炮故也。①

皇太极利用红衣大炮等火炮，"其严困大凌，又散攻小堡"②，围城破堡，取得成效。皇太极虽攻取于子章台及其附近百余台堡，但此次作战的两个目标尚未实现——大凌河城未破，祖大寿未降。先是，皇太极于八月初六日兵抵大凌河城城郊。初七日，布置八旗围城分兵责任，并开始挖掘壕堑。经过三天战备，围城任务，初步完成。十一日，皇太极命系书于矢，射入大凌河城内，是为皇太极第一次招降书，对城内的蒙古兵民、夫役、商贾劝降，力图分化瓦解城守官兵商民。招降书之后，是一场恶战。十四日，皇太极又发出招降书。是书从其父汗死、袁崇焕派李喇嘛吊丧说起，直到此次攻城，但语气和缓，劝其讲和。是为皇太极第二次招降书。之后，双方进行两场激战。九月十八日，皇太极再发出劝降书。是为皇太极第三次招降书。之后，后金军与明军展开长山之战，明朝总兵宋伟、吴襄四万援军崩溃。十月初七日，皇太极派阵获明军千总姜桂携带分别给总兵祖大寿、

---

① 《清太宗文皇帝实录》第10卷，天聪五年十月壬子，中华书局影印本，1985年，第3~4叶。
② 《明清史料》乙编，第1本，中央研究院历史语言研究所集刊，1936年，第66页。

副总兵何可刚和张存仁三封招降书。是为皇太极第四次招降书。祖大寿不许姜桂入城，而在城关内接见他，并说："尔不必再来，我宁死于此城，不降也！"①遂遣姜桂还。初九日，天聪汗向祖大寿复发出招降书。此书致祖大寿、何可刚、张存仁、窦承武四位将军，书称："姜桂还。言尔等恐我杀降，故招之不从。"皇太极表示："若杀尔等，于我何益？何如与众将军，共图大业。"天聪汗作出承诺："可遣人来，我当对天地盟誓；我亦遣人至尔处莅盟。既盟之后，复食其言，独不畏天地乎！幸无迟疑，伫俟回音。"②是为皇太极第五次招降书。

城内粮绝 大凌河城中的军民，从八月初六日祖大寿被围，到十月二十九日祖大寿逸出，其间八十三天。本来，大凌河城正在筑城之中，并未正式部署固守。先是，兵部尚书易人，巡抚丘禾嘉惶惧，"尽撤防兵，留班军万人，输粮万石"③。因而城中粮秣、柴薪、枪械、火器等，都没有做长期储存准备。因此，大凌河城内的官兵、夫役、商人、军马等，碰到的最大困难是粮秣与柴薪。

明刑科给事中常自裕上言："盖敌人素所畏忌者，惟大寿一人。辽左半壁，实倚赖之。若弃而不救，是自坏长城也。况祖帅而外，尚有孙定辽、祖可法、何可纲等战将，不可惜乎！五千之精锐，万余之班军，不可念乎！奈何因一战之溃败，遂不谋解围之长策，恇怯委顿至此极也！"④然事实上，虽欲增援，却无此增援之兵力。同时，大凌河城，四面受击。《清史稿·佟养性传》记载："击城西台，台兵降。又击城南，坏睥睨。翌日，击城东台，台圮，台兵夜遁。"⑤大凌河城，四周台堡，或毁或弃，更加孤立。

而祖大寿的解决办法：一是突围，但四次突围，均遭失败；二是待援，但四次增援，亦遭失败。祖大寿面临的困境是：突围不成，援兵不至，弹尽粮绝，

---

① 《清太宗文皇帝实录》第10卷，天聪五年十月丁未，中华书局影印本，1985年，第1叶。
② 《清太宗文皇帝实录》第10卷，天聪五年十月己酉，中华书局影印本，1985年，第3叶。
③ 陈鹤：《明纪·庄烈纪二》第53卷，中华书局，民国二十五年（1936）。
④ 《崇祯长编》第51卷，崇祯四年十月丙寅，台北历史语言研究所校勘本，1962年，第28～29叶。
⑤ 《清史稿校注》第238卷，台湾商务印书馆，1999年，第8064页。

战马倒毙。

先是,当宋伟、吴襄率四万援军临近大凌城时,祖大寿没有乘机突围,里应外合,夹击逸出,失去良机,困难更严重。继之,皇太极又命后金军用红衣大炮攻打于子章台,扫荡台堡,获取粮糗。由是,大凌河城内的祖大寿,本来已经极端困难的局面更加困难:

其一,"有出城樵采者,我军追之,皆仆不能奔。擒而讯之,言城中谷穗半堆,以汉斛约计之不过百石,原马七千,倒毙殆尽,尚余二百。其堪乘者,止七十匹。夫役死者过半,其存者不过以马肉为食耳。柴薪已绝,至劈马鞍为爨。兹遣取军士衣服者,以汉人故事,有食弓弦尚且固守者"①。

其二,"是日,大凌河有王世龙者,逾城来降。讯之,言:城中粮绝,夫役商贾悉饥死。见存者,人相食。马匹仆毙殆尽,止余三十骑而已"②。

其三,"明大凌河城内,粮绝薪尽,军士饥甚,杀其修城夫役及商贾平民为食,析骸而炊。又执军士之羸弱者,杀而食之,旦夕不能支。我兵修筑壕堑益坚,军容整暇。祖大寿等谋突围而出,侦我军防守严密,一人不能逸。欲守则外无援兵,内无刍粮,军民危急已极。而明之援兵,自外至者,又为我军所败。大寿等力竭计穷"③。

其四,"城内人先杀工役而食,今杀各营兵丁食之。军粮已尽,惟官长余米一二升耳"④。

其五,"先是大凌河明人筑城时,骑步兵及工役商贾共三万余人,因相继阵亡,或饿死,或互相食,至是存者止万一千六百八十二人,马三十二匹"⑤。

其六,"大凌自八月初六日受围,直至十一月初九日始溃,百日之厄,炊骨

---

① 《清太宗文皇帝实录》第9卷,天聪五年九月甲午,中华书局影印本,1985年,第27叶。
② 《清太宗文皇帝实录》第10卷,天聪五年十月庚戌,中华书局影印本,1985年,第3叶。
③ 《清太宗文皇帝实录》第10卷,天聪五年十月甲寅,中华书局影印本,1985年,第4叶。
④ 《清太宗文皇帝实录》第10卷,天聪五年十月甲子,中华书局影印本,1985年,第6叶。
⑤ 《清太宗文皇帝实录》第10卷,天聪五年十一月辛未,中华书局影印本,1985年,第14叶。

析骸，古所未有"①。

其七，前锋总兵官祖大寿疏奏："被围将及三月，城中食尽，杀人相食。"②

皇太极乘大凌河城内危机，更加连续发动政治攻势。十月十四日，他再遣阵获明参将姜新，复往招降祖大寿。是为皇太极第六次招降书。祖大寿遂率众官出城，与姜新揖见。祖大寿随遣游击韩栋与姜新，同到后金军大营，觐见皇太极。是晚，皇太极遣巴克什达海、库尔缠与姜新，复送韩栋入大凌河城。时祖大寿使者往来，俱由正黄旗固山额真楞额礼所守的西北门出入。二十三日，皇太极命系书于矢，射入大凌河城内，是为第七次招降书。此书重申："或因误听尔官长诳言，以为降我亦必被杀。夫既降我，即我之臣民，何忍加以诛戮！况诱杀已降，我岂不畏天耶！"③祖大寿令张存仁口诵皇太极来书。夜三更，密遣刘毓英约张存仁到南门城楼内，只有二人，密议投降。祖大寿降志始决，并由张存仁书写回书。④

二十五日，祖大寿令其义子泽润，以书二函，系之于矢，自城内射出，请皇太极令副将石廷柱前往，亲与面议。⑤

二十六日，后金副将石廷柱、巴克什达海、库尔缠、觉罗龙什、参将宁完我等往城南台下，遣阵获千总姜桂入城。既而姜桂偕城内游击韩栋，及从者一人至。韩栋言："我祖总兵欲石副将过壕，亲告以心腹之语。"经过一番周折，商定唯石廷柱一人过壕，与祖大寿相见。祖大寿提出："惟惜此身命，决意归顺于上。然身虽获生，妻子不能相见，生亦何益？尔等果不回军，进图大事，当先设良策，攻取锦州。倘得锦州，则吾妻子亦得相见。惟尔等图之。"石廷柱等回去后，诸贝勒问在军中的祖可法为何不降。回答道："永平兵民，若不加屠戮，则天下之民，

---

① 《兵部呈为王道直题报大凌河城之役明军损失情形本》（崇祯四年闰十一月十九日），《历史档案》1981年第1期。
② 《崇祯长编》第52卷，崇祯四年十一月壬申，台北历史语言研究所校勘本，1962年，第3叶。
③ 《清太宗文皇帝实录》第10卷，天聪五年十月癸亥，中华书局影印本，1985年，第6叶。
④ 《清太宗文皇帝实录》第60卷，崇德七年四月庚子朔，中华书局影印本，1985年，第2叶。
⑤ 《清太宗文皇帝实录》第10卷，天聪五年十月乙丑，中华书局影印本，1985年，第6叶。

闻风归顺。因屠戮降民，是以人皆畏缩耳。"又有逃来人言："汗于敌国之人，不论贫富，均皆诛戮，即顺之不免一死。以此众议纷纭，虽有归顺之意，一时难决！且祖总兵又以其次子在燕京为念。"并表示："我等宁死城中，何为使妻子罹祸也！"① 于是后金派石廷柱等，祖大寿派祖可法等，就祖大寿降后"锦州或以力攻，或以计取"事宜，进行密商。

二十七日，祖大寿遣使告知皇太极："我降志已决！至汗之待我，或杀或留，我降后或逃或叛，俱当誓诸天地。"他还提出："我欲令一人，潜入锦州，侦吾弟消息，倘被执讯，诘出虚实，为之奈何？或我亲率兵，诈作逃走之状何如？"②

二十八日，大凌河城内各官，皆与祖大寿同谋归降，独副将何可刚不从。祖大寿做了一件对不起生死与共僚友的歉疚之事：

> 大凌河城内各官，皆与祖大寿同谋归降，独副将何可刚不从。大寿执之，令二人掖出城外，于我诸将前杀之。可刚颜色不变，不出一言，含笑而死。城内饥人，争取其肉。③

何可刚死后，他们编造假材料上报朝廷："初未溃前一日，凌城食尽，副总兵何可纲语大寿曰：'子可出慰阁部，我当死此！'自为文以祭，遂死之。"④

后明廷略明迹象，直隶巡按王道直疏奏："凌河之困，独副总兵何可纲，大骂不屈，死无完肤。其正气万夫不惴，而忠心千古为昭。"⑤

祖大寿杀死副将何可刚后，遂遣副将四员、游击二员到后金军大营。皇太极同诸贝勒对天盟誓，誓曰：明总兵官祖大寿，副将刘天禄、张存仁、祖泽润、祖

---

① 《清太宗文皇帝实录》第10卷，天聪五年十月丙寅，中华书局影印本，1985年，第9叶。
② 《清太宗文皇帝实录》第10卷，天聪五年十月丁卯，中华书局影印本，1985年，第10叶。
③ 《清太宗文皇帝实录》第10卷，天聪五年十月戊辰，中华书局影印本，1985年，第10叶。
④ 《崇祯长编》第51卷，崇祯四年十月己巳，台北历史语言研究所校勘本，1962年，第33叶。
⑤ 《崇祯长编》第53卷，崇祯四年闰十一月壬子，台北历史语言研究所校勘本，1962年，第16叶。

泽洪、祖可法、曹恭诚、韩大勋、孙定辽、裴国珍、陈邦选、李云、邓长春、刘毓英、窦承武等,"今率大凌河城内官员兵民归降。凡此归降将士,如诳诱诛戮,及得其户口之后,复离析其妻子,分散其财物、牲畜,天地降谴,夺吾纪算。若归降将士,怀欺挟诈,或逃或叛,有异心者,天地亦降之谴,夺其纪算"。祖大寿等誓曰:"祖大寿等,率众筑城,遇满洲国兵,围困三月,军饷已尽,率众出降,倾心归汗。"①盟誓天地后,当用何策,以取锦州?皇太极请祖大寿急言之。大寿曰:我即亲至御前,商议此事。祖大寿到后金皇太极大营,受到礼遇。祖大寿言其妻在锦州,请诡往以为内应,里应外合,共图锦州。此事,史载:"大寿言妻子在锦州,请归设计,诱降守者,遂纵归。"②

皇太极与祖大寿密议计取锦州的对话:

曰:今令尔至锦州,尔以何计入城;既入,又以何策成事?

大寿答曰:我但云昨夜溃出,逃避入山,今夜徒步进城,彼未有不令入城者。锦州军民,俱我所属,但恐为丘巡抚所觉耳!若我兵向我,则丘巡抚或擒或杀,亦易事也!……如初二日闻炮,则知我已入城。初三、初四日闻炮,则我事已成。皇上可以兵来矣!③

天聪汗皇太极许之。祖大寿依计献城投降,留其义子祖可法为人质。

二十九日,夜亥时,皇太极命贝勒阿巴泰、德格类、多尔衮、岳讬,率梅勒额真八员,官四十员,兵四千人,俱作汉装,偕祖大寿及所属兵三百五十人,作溃奔状,袭取锦州。漏下二鼓,大凌河城内,炮声不绝,祖大寿等从城南门出,

---

① 《清太宗文皇帝实录》第10卷,天聪五年十月戊辰,中华书局影印本,1985年,第10叶。
② 《通鉴辑览》第114卷,清内府刻本,第8页。
③ 《清太宗文皇帝实录》第10卷,天聪五年十一月庚午朔,中华书局影印本,1985年,第13~14叶。

率兵起行，阿巴泰等亦率军前往。时天降大雾，觌面不相识，军皆失伍，遂各收兵，及明而还。是夜，锦州明兵，闻到炮声，以为大凌河人得脱，分路应援，被后金军击败。① 祖大寿等出城后，跑到白云山，时天有大雾。翌日（初一日）二更，祖大寿带领从子祖泽远及从者二十六人，进入锦州城。② 明前锋总兵官祖大寿，自大凌河城"突围"而还锦州，后金破大凌河城。先是，大凌河明人筑城时，骑步兵及工役商贾共三万余人，因相继阵亡，或饿死，或互相食，至是存者只有一万一千六百八十二人，马三十二匹。③

十一月初二日，后金军听到从锦州方向传来的炮声。至于初三、初四两日，皇太极没有再听到从锦州城发出的信炮声。初四日，祖大寿自锦州派人到后金大营传话："我前日仓卒起行，携带人少。锦州兵甚众，未及举事，将从容图之。"初九日，祖大寿又派人致书皇太极，解释不能举事的原因，并期望："皇上悯恤归顺士卒，善加抚养，众心既服，大事易成。至我子侄等，尤望皇上垂盼。俟来年相会，再图此事。"祖大寿至锦州后，佯为后金做内应，而实与明军守锦州。皇太极则答书云："将军子弟，我自爱养，不必忧虑。"④ 后皇太极向诸贝勒解释说："朕思与其留大寿于我国，不如纵入锦州，令其献城，为我效力。即彼叛而不来，亦非我等意料不及，而误遣也。彼一身耳，叛亦听之。"⑤

十一月初九日，皇太极下令将大凌河城摧毁，降人剃发，派军悉毁大凌河至广宁一路墩台，携大小火炮三千五百位，并鸟枪、火药、铅子等战利品，班师。二十四日，皇太极率师回到沈阳。后皇太极赏大凌河城归降明诸将三十四人⑥，又

---

① 《清太宗文皇帝实录》第10卷，天聪五年十月己巳，中华书局影印本，1985年，第12～13叶。
② 《崇祯长编》第51卷，崇祯四年十一月壬申，台北历史语言研究所校勘本，1962年，第3叶。
③ 《清太宗文皇帝实录》第10卷，天聪五年十一月辛未，中华书局影印本，1985年，第14叶。
④ 《清太宗文皇帝实录》第10卷，天聪五年十一月戊寅，中华书局影印本，1985年，第16叶。
⑤ 《清太宗文皇帝实录》第10卷，天聪五年十一月庚午朔，中华书局影印本，1985年，第13叶。
⑥ 《清太宗文皇帝实录》第11卷，天聪六年三月戊戌，中华书局影印本，1985年，第13叶。

赏大凌河城归降明诸将等达一百五十七人以男妇、牛只、房田和器物等。[1] 至于祖大寿是"自意叛逃",还是皇太极"刻意纵归"[2],资料不足,难以确论,诸多学者,多抒己见。

天聪汗皇太极发动的大凌河之战,以明辽军的失败与后金军的胜利而结束。后金军胜利,明辽军失败,各方策略,下作概述。

---

[1]《清太宗文皇帝实录》第17卷,天聪八年二月乙丑,中华书局影印本,1985年,第20叶。
[2] 叶高树:《明清之际辽东的军事家族——李、毛、祖三家的比较》,《台湾师大历史学报》2009年第42期。

五 金明的策略

在大凌河之战中，明军守城，失陷；派兵增援，溃败。其中原因，值得探讨。

第一，决策犹疑，判断错误。

明督师孙承宗收复永平等四城，将后金军赶出山海关外之后，不顾年迈，亲赴辽西，整理关锦防线，重振辽军朝气。一些廷臣，头脑发胀，热衷进取，忽略固守。丘禾嘉巡抚辽东，与督师孙承宗不合，"议复取广宁、义州、右屯三城"①。

丘巡抚的后台是兵部尚书梁廷栋和首辅周延儒，他提出城大凌、取义州、图广宁的设想，得到他们或隐或显的支持。于是，他们决策以锦州为基地，修大凌河城，派兵驻守，逐节推进。其时，摆在督师孙承宗、巡抚丘禾嘉面前有两个问题：一个是大凌河城该不该修，另一个是大凌河城该不该守。

大凌河城该不该修？首辅、枢部、督师、巡抚的看法并不一致。先是，宁远城该不该修，发生过一场大的争论。经略王在晋主张在山海关外八里铺修城，监军袁崇焕则主张在宁远修城。袁崇焕人微言轻，奏告首辅叶向高。叶向高比较开明，不轻做臆断。他请大学士孙承宗巡边，了解实情，再做决断。孙承宗亲自察看关

---

① 《明史·孙承宗传》第 250 卷，中华书局点校本，1974 年，第 6476 页。

外形胜,了解敌我态势,认为应在宁远筑城驻兵。他力图说服王在晋,"推心告语,凡七昼夜"。王在晋固执己见,拒不择善。孙承宗借给天启帝侍讲之机,参奏王在晋,王被调任南京兵部尚书。孙承宗任辽东经略,支持袁崇焕修建宁远城,并组建关锦防线。孙承宗、袁崇焕兴筑并固守宁远的方针正确,为后来明获宁远大捷,又获宁锦大捷所证明。尔后,明廷关于该不该兴筑锦州城,又发生争论。反对兴筑锦州城的是蓟辽总督阎鸣泰,阎鸣泰奏:"锦州遐僻奥区,原非扼要之地,当日议修,已属失策。顷以区区弹丸,几致挠动乾坤半壁。虽幸无事,然亦岌岌乎殆矣!窃意今日锦州,止可悬为虚著,慎弗徂为实著,止可设为活局,慎弗泥为死局。且此番之战,我兵损伤亦多。今日急务,无如补兵练兵为要。"①但明兵部署部事右侍郎霍维华,不同意阎鸣泰等人的意见。他在复内镇臣纪用与蓟辽总督阎鸣泰疏言道:"锦州一城,为奴所必争。内镇臣所云,轻兵以防,小修以补,贼至则坚壁清野以待。即督臣所谓'虚着活局'之意。臣部以为,锦城已守有成效,决不当议弃。倘临时设谋饵,敌出奇,应听新督师,熟计而行。今奴虽屡挫,狡谋叵测。关外练兵八万,战守足恃,不必专望外援。若关兵六万,亦宜分别训练,勿令战守两误。至蓟门各路,宜守兴水口,兵将宜添,尤为绸缪急着。"得旨:"关门之倚宁远,宁远之倚塔山、锦州,皆层层外护,多设藩篱,以壮金汤。杜文焕驻宁远,侯世禄驻塔山,尤世禄驻锦州。"②

明朝获宁锦大捷后,尚且争论锦州城筑守的价值,何遑论大凌城之修筑呢!关于大凌河城的兴筑,错综纷纭的意见,本文开始已经述及。营筑大凌河城,由首辅周延儒主意,兵部尚书梁廷栋主之,巡抚丘禾嘉执行,督师孙承宗勉从,总兵祖大寿督责。大凌河城失守后,追查责任,争辩不休。"曩时凌城之筑,枢辅鲁主其议。今即不必为既往之追咎,顾安所辞于就事论事之责任哉。"③

---

① 《明熹宗实录》第86卷,天启七年七月壬申,台北历史语言研究所校勘本,1962年,第9叶。
② 《明熹宗实录》第86卷,天启七年七月己卯,台北历史语言研究所校勘本,1962年,第18叶。
③ 《崇祯长编》第50卷,崇祯四年九月乙未,台北历史语言研究所校勘本,1962年,第15叶。

一些大臣将主张修筑大凌河城的责任推到孙承宗身上。大凌河城该不该守？该守，应派军驻守；不该守，应敌来即撤。明军大凌河之败的悲剧在于：固守，没有粮储，不像固守；撤守，没有离退，不像撤守。本来，大凌河城的官兵、班军、夫役、商民，主要任务是筑城，没有边筑边守，更没有长期固守的方略。明军疏于哨探，对后金军的突袭，是守，还是撤？决策犹疑，判断错误。没有作出及时准确的决断，更没有部署兵力进行固守，也没有及时决定撤退，其结果是：凌城被围，城失兵败。

第二，临战易抚，指挥不力。

明天启、崇祯年间，以枢臣、经略、巡抚三者，分别掌握军事大计，其庙堂决策与辽东指挥，未能相辅相依，也未能协和一致。而枢部、经略、巡抚，三臣争讧，互相侵权，或则筑守分歧，或则战守不一，或则彼此掣肘，或则不受节制，造成上下僵化、运作失灵的局面。崇祯帝既刚愎自用，又缺乏辽事方略。上者不信任其下，下者不精诚其上。且对辽西重臣疑虑，滥杀无辜忠臣良将。袁崇焕死后，孙承宗老病，巡抚不受督师节制，属下抗命，相互猜疑。明军弱点暴露，为后金军所乘。上述大凌河城的修筑与固守，从皇帝、首辅、兵部、督师、巡抚、总兵六级，没有形成统一的战略决策，在大敌当前时，被动挨打，溃军失城。

明朝在辽西形势危急时刻，调动辽东巡抚。先是，巡抚丘禾嘉与总兵祖大寿不协，巡抚讦告总兵，总兵揭赃巡抚。督师孙承宗无奈，密奏于朝，禾嘉他调。《明纪》记载："先是，调禾嘉南京太仆寺卿，以孙毂代，未至而罢。改命谢琏，琏惧，久不至。兵事急，召琏驻关外，禾嘉留治事。及是，移驻松山，图再举。"① 辽西烽火前线，巡抚忽而丘禾嘉，忽而孙毂，忽而谢琏，已经任职者拨弄是非，新命调任者怕死抗旨。前线大员，尚且如此，守城官兵，怎能拼力？崇祯帝谓："急援凌城与饬备蓟防，已有严旨。丘禾嘉倚任方切，当鼓励图功。谢琏到日，令暂驻

---

① 陈鹤：《明纪·庄烈纪二》第53卷，中华书局，民国二十五年（1936）。

关外料理，俟事平议代。"①

其实，明天启朝的弊症至崇祯时仍存在。孙承宗曾疏奏："迩年兵多不练，饷多不核。以将用兵，而以文官招练。以将临阵，而以文官指发。以武略备边，而日增置文官于幕。以边任经、抚，而日问战守于朝。此极弊也。今天下当重将权，择一沉雄有气略者，授之节钺，得自辟置偏裨以下，勿使文吏用小见沾沾陵其上。边疆小胜小败，皆不足问，要使守关无阑入，而徐为恢复计。"②孙承宗以年迈抱病之躯，奔赴锦州，协调战守，但他遭到户科给事中吕黄钟的疏劾："枢辅孙承宗，荷累朝荣宠，受皇上恢复全辽之委。顷者大凌之筑，谁开衅端？长山之溃，孰为谋主？顾以数万甲兵，委之飘风，而竟翩然衣锦也。误封疆而背君父，罪孰甚焉。"③廷臣追究筑城非策之责，交章论巡抚丘禾嘉及督师孙承宗。承宗后上疏引疾。寻得请，辞归里。

孙承宗、熊廷弼、袁崇焕之任辽事，皆为盖世之雄才，堪称能称其职者。他们三人所用之将，能委身许国，而效死不屈。只以阉竖宵小当朝执政，阴相排挤，暗设机关，又使文墨者流，从中横议。故辽事日坏，国事日非。熊廷弼尝言："朝堂议论，全不知兵。"袁崇焕也说："以臣之力，制全辽有余，调众口不足。一出国门，便成万里。忌能妒功，夫岂无人。即不以权力掣臣肘，亦能以意见乱臣谋。"④他们三人，结局悲惨：孙承宗罢斥，熊廷弼冤死，袁崇焕罹刑，明朝君主，自坏长城。至于辽西大将，赵率教被拒之三屯营外，野战而死；祖大寿力屈被招降；何可刚惨遭主帅杀害。功罪不分，冤狱横流，明朝之亡，为期不远。

第三，各自独立，互不配合。

明辽东先锋总兵祖大寿力屈出降，大、小凌城，后被刨毁。明朝此役，缺乏

---

① 《崇祯长编》第50卷，崇祯四年九月壬午，台北历史语言研究所校勘本，1962年，第7叶。
② 《明史·孙承宗传》第250卷，中华书局点校本，1974年，第6466页。
③ 《崇祯长编》第53卷，崇祯四年闰十一月甲辰，台北历史语言研究所校勘本，1962年，第6叶。
④ 《明史·袁崇焕传》第259卷，中华书局点校本，1974年，第6713页。

整体战略指导。明军失败之因，巡抚丘禾嘉不听督师孙承宗的意见，禾嘉屡易师期，错过出援良机。言者追论丧师辱国之责，孙承宗"极言禾嘉军谋牴牾之失"[①]。这表明督师与巡抚之间的矛盾。而总兵与总兵之间的矛盾，则表现为互相观望，拒不支援。长山之战，明援军四万人，大凌河城军一万五千人；而后金军，明朝说三万人，《清太宗文皇帝实录》说近两万人，《满文老档》则说实际上为一万五千人。后金军先攻明援军宋伟营，未见奏报吴襄军援救；后金军攻宋伟营受挫而转攻吴襄营，也未见奏报宋伟军援救。明军四万人的优势，分为二营，既不互相援应，则失去数量的优势。明朝之援军，分众为寡，以分对聚，结果被后金军逐个击破。同时，大凌河城内，守军、班军等三万人，也未能突围出城，里应外合，共同破敌。而城守将领总兵祖大寿，又亲自杀死副将何可刚。明朝锦州、大凌及附近百座台堡，总计七八万人，有辽西关锦防线作后盾，有连串八城作后援，却援军溃，而大凌失。

明军失败，原因很多，其枢督不协、督抚抵牾、总兵拒不互援、将领自相残杀——则是明军大凌河之败的重要原因。孙承宗为解大凌之围，救大寿之困，带抱病之躯，驰赴锦州城，遣团练总兵吴襄、山海总兵宋伟往救。此败的一个原因，《明史·孙承宗传》论述道："禾嘉屡易师期，伟与襄又不相能，遂大败于长山。"此战，巡抚丘禾嘉没有起到指挥协调作用，"救凌之师，以轻入溃败"[②]。两位总兵，不相援助，责任更大。直隶巡按王道直以长山之败，疏参总兵吴襄、宋伟："临阵退缩，战溃偷生，为军纪所不宥。"[③] 陕西道御史周堪赓劾言："总兵宋伟、吴襄，不能奋身遏敌，徒惜身命，致长山之役，丧师辱国。"[④]

明朝的两路援军，意志不一，暮气沉沉，各自为战，各作主张，兵力分散，

---

① 《明史·孙承宗传》第250卷，中华书局点校本，1974年，第6476页。
② 《崇祯长编》第51卷，崇祯四年十月戊申，台北历史语言研究所校勘本，1962年，第15叶。
③ 《崇祯长编》第51卷，崇祯四年十月戊申，台北历史语言研究所校勘本，1962年，第15叶。
④ 《崇祯长编》第53卷，崇祯四年闰十一月乙巳，台北历史语言研究所校勘本，1962年，第7叶。

轻敌冒进，腹背受击，自速取败。

事后有人总结辽东指挥体系的矛盾。蓟辽总督曹文衡上言："长山一战败绩，未始不由抚臣、不总督师之权故也。臣熟审机宜，谓于关外抚臣，必加督师之衔，巡抚辽东。"① 就是说，督师与巡抚的矛盾，除个人品质与素养因素外，还要从体制上加以解决，即督师与巡抚，一人而兼之。

明廷经此次大凌河之战，损失惨重，关外劲旅，丧失殆尽。王师疲于奔命，虽能固守关门，但内地之民变，从此四方蜂起。关外既无宁土，关内也无宁日。

在大凌河之战中，后金军围城，占领；围城打援，胜利。其中原因，值得探讨。

第一，围城打援，截伏殊击。

后金取胜的主要原因，在于接受了攻打宁远、锦州的教训，从诱敌出城、野外争锋，发展到围城打援、截伏殊击的战法，避开明军凭城用炮之势，发挥后金骑兵野战之长。

后金对明朝之用兵，就其作战指挥而言，主要有两条：一是迂回关内之远程作战，如上节的己巳北京之战。此种作战之弊在于，若遇到明军抄后路、捣沈阳，则十分危险；二是攻打明军辽西防线的前沿城堡，分城突破，逐节推进。此种作战之利在于，后方是自己的基地，胜利可进，失利可退。己巳北京之战后，皇太极选择了后者。

后金同明朝争夺城池，战争怎样打法？清太祖努尔哈赤的传统打法是，骑兵驰突，野战争锋；诱敌出城，里应外合。但是，自宁远之战开始，明军采取的策略是：凭城固守，运用大炮；诱而不出，内无叛应。后者，既是明军丢城失地战史的教训，也是后金屠城戮民现实的报应。所以，天聪汗皇太极同明军作战，吸取宁远之败、宁锦之败的教训，而改变其攻城的方法为围城打援、截伏殊击。在作战手段上，出明军之所料，先已克敌制胜。这是皇太极同明军作战的一项重大兵略转变，也是他对清朝军事史的一大贡献。

---

① 《崇祯长编》第53卷，崇祯四年闰十一月乙巳，台北历史语言研究所校勘本，1962年，第10叶。

掘壕围城，是后金军进攻明朝城堡的一项新的战法。明宁前兵备道佥事陈新甲呈报："大凌河（城）一座，奴酋围困。周围共五十里，计壕大小四道。围城小壕二道，一道阔七尺、深八尺，外大壕一道，阔一丈一尺、深一丈三尺，壕上加土。城一丈二尺，连垛口共一丈七尺。外拦马小壕一道，深、阔（各）五尺。奴酋营围城，并往西各处，共四十五营盘。内挨壕城周围营一十二处，离城壕大营一十一处。往西顺路各处，奴营共二十二处。"① 皇太极采取这项掘壕围城的攻城战法，主要原因是：其一，明军凭城用炮，后金军难以近城进攻。其二，后金占领辽沈地区后，实行一系列错误政策，引起汉民强烈的不满与仇恨，采用"内应"破城，已经难收成效。其三，大凌河以东，完全是后金的占领区域，后勤之供应，可连续不断。其四，大凌河城位于关锦防线的最前沿，距离山海关、宁远较远，明军增援，困难更多。其五，明朝枢部、督师、巡抚、总兵意见不一，有可乘之机。其六，诱敌出城，进行野战，守将祖大寿有勇有谋，不会轻易出战。其七，锦州到凌城，为小凌河与大凌河之间的平原，在地形上有利骑兵野战。其八，后金军长期围困大凌河城，锦州明军必来增援，这给皇太极"打援"提供了机会。

野战打援，可以发挥后金军作战的优长。辽西锦州城外，小凌河与大凌河之间，一片平地，略有丘陵，适合骑兵，野战冲突。皇太极将军队分为两部分，一部分围城，另一部分打援。大凌河城被围，明军必然增援。吏科给事中宋玫上言："榆关外控，惟宁、锦八城，而八城厚势，惟祖大寿一旅。毋论战守进退，夙将劲卒不可弃，实国家大势所关也。且大寿撄新造之版筑，即使其超轶绝伦，力能溃阵启行，势亦必借助外援，此又事理之必然者。倘文武将吏，不及今并力速为声救，而漫视为可弃可存之著，俾大寿一旦力穷智索，则军声一跌，势难复振。臣恐可忧甚大。"② 皇太极料定山海、锦州明军，必然派遣援军，解救凌城之围，可以借机围城打援。

---

① 《兵部呈为王道直题报大凌河城之役明军损失情形本》（崇祯四年闰十一月十九日），《历史档案》1981年第1期。
② 《崇祯长编》第50卷，崇祯四年九月壬午，台北历史语言研究所校勘本，1962年，第6叶。

天聪汗野战打援的特点是：其一，避开明军营阵。皇太极见明山海总兵宋伟、团练总兵吴襄，各扎车营，军容严整，便避其锋锐，率兵后退。其二，在运动中歼敌。皇太极统军后退，引诱明军前进，在其行进中，布阵之前，出敌不意，突然纵骑，厮杀冲突。其三，选择平原地带。后金骑兵，利于野战。皇太极选在长山地带，地形有利后金，既便于骑兵野战，也利于预设伏兵。其四，集中八旗精锐。皇太极聪明之处在于，以围城作手段，进行野战打援。既歼灭明军主力，又发挥自己优长，凌城久围困厄，最后不攻自破。其五，拼力围歼一营。明军在总数量上为优势，在实战上却"彼众我寡，彼聚我分"①。皇太极先以两翼并举，冲击宋伟营。明军火力甚猛，及时调整队伍：右翼在前，左翼踵随，既尽量减少伤亡，又集中兵力进击。在进击时，不是两翼各攻其一营，而是集中军力，先吃掉吴襄营，再吃掉宋伟营。其六，设伏截敌归路。明廷已经预断，"贼计总在断后，我师必当详筹锐进"②，结果还是遭到皇太极的暗算。当明军败遁时，皇太极在其归路上，预设伏兵，堵截溃军，获得大胜。所以，明人总结后金用兵之道："贼夷善伏善诱。"③其七，各种兵器配合。皇太极此次作战的一个特点，是骑兵、步兵、炮兵配合作战，特别是运用火器，尤其是施用红衣大炮，改变往昔云梯、楯车攻城旧战法，采用大炮攻城新战法。其八，不杀投降俘虏。皇太极一改努尔哈赤杀降、阿敏屠城的错误，由屠城变为降城，对归降的官兵商民，剃发降顺，不予杀害。对尔后明军献城投降，产生深远影响。

第二，边围边谈，且谈且打。

皇太极对大凌河城，不是单纯地围困，而是边围城、边招降，边谈判、边作战。

边围边谈。在努尔哈赤时期，后金军对明军作战，攻城之前，进行招降。宁远之战，就是例证。皇太极继承汗位之后，在宁锦之战中，也是进攻之前，进行

---

① 《明清史料》乙编，第1本，中央研究院历史语言研究所集刊，1936年，第67页。
② 《明清史料》乙编，第1本，中央研究院历史语言研究所集刊，1936年，第85页。
③ 《明清史料》乙编，第1本，中央研究院历史语言研究所集刊，1936年，第79页。

招降。大凌河之战同宁远之战和宁锦之战相同之处，是都先发出招降书，不同之处是边围边谈。此役的和谈，同往常也不同。以和谈手段而言，有矢系书信，从城外射入城内；也有矢系书信，从城上射入城下，双方书信，频繁往来。书信之外，还有使臣。特别是明总兵祖大寿，亲到皇太极大营，商谈具体条件。天聪汗亲自出面同祖大寿谈判条件、作出承诺、密定谋取锦州计划、商定祖大寿出逃方案，表现出皇太极策略的灵活性。这在后金史上是第一次围城招降破城。当然，祖大寿的谋划，也存在漏洞。明兵科掌科事给事中祝世美，疏劾辽抚丘禾嘉："初既报称，外兵出奇，适与内兵闯围同日，以故祖帅得出。居然以用奇居功，似乎祖帅出，而凌师可全。后复称：祖帅自去会憨，保全众兵，质其养子祖泽润，以疏远二十七人，随行赴锦，是凌城精锐，俱作叛卒，禾嘉之出奇安在哉？夫祖大寿世受国恩，邀圣天子非常宠遇，自当效死戮力，将功赎罪，以策桑榆。而禾嘉与祖帅面会，且不能先得一实语以入告，尚望其能得彼中消息乎！"① 上文中的"憨"就是"汗"，即天聪汗皇太极。祖大寿的辩词，还是露出破绽。直隶巡按王道直覆奏："辽帅祖大寿出凌之事，谓其阳结兄弟，质留螟子，始得以计脱围。"②

上述疏奏表明祖大寿编造的谎言，已经被朝廷识破。

祖大寿假降，皇太极是否算招降成功？皇太极向其诸贝勒大臣作出解释，曰："朕思与其留大寿于我国，不如纵入锦州，令其献城，为我效力。即彼叛而不来，亦非我等意料不及，而误遣也。彼一身耳，叛亦听之。若不纵之使往，倘明国别令人据守锦州、宁远，则事难图矣！今纵还大寿一人，而先携其子侄，及其诸将士以归，厚加恩养，再图进取，庶几有济也！"③

祖大寿同皇太极会面，允降盟誓，其真降也好，假降也罢，皇太极已经动摇了祖大寿的心，离间了明朝君臣关系。皇太极对祖大寿既诱来，又放纵，或真降

---

① 《崇祯长编》第52卷，崇祯四年十一月壬午，台北历史语言研究所校勘本，1962年，第11叶。
② 《崇祯长编》第52卷，崇祯四年十一月戊子，台北历史语言研究所校勘本，1962年，第15叶。
③ 《清太宗文皇帝实录》第10卷，天聪五年十一月庚午朔，中华书局影印本，1985年，第13叶。

献锦州，或假降而不归，都对后金有利。皇太极的上述见解与策略，表现了一位政治家的抱负、胸怀、谋略与远见。这或许受了《三国演义》中诸葛亮"七擒七纵孟获"之影响。

边谈边打。后金军的打，一是攻打大凌河城，二是截堵城内突围的明军，三是截击增援的明军，四是伏击溃逃回锦州的败军。后金军"打"的重点是，截伏殊击从锦州方向来增援的明军。大凌被围，明军必援。皇太极在和谈的同时，也在打仗。打仗之中，重在打援；打援之战，重在长山。长山一战，明军四万，全军溃败，凌城益孤。祖大寿力屈而降，影响甚大。祖氏一家，四代为将，兵驻辽西，并守雄镇，受天下之重任，明朝倚为长城。①

然而，明总兵祖大寿力屈投降，使明朝失去了辽东最后一员勇将。

皇太极以围促谈，以围诱援，以打促谈，以谈破城，他将围城、和谈、打援三者有机结合，从而取得大凌河之役的成果——招降祖大寿，夺取大凌城。

第三，使用火炮，变革军制。

后金军宁远之败与宁锦之败，究其原因，从武器说，就是没有红衣大炮。皇太极跟随其父汗在宁远城下吃了败仗，或言努尔哈赤被炮打伤。当时，努尔哈赤及其子皇太极，后金诸贝勒大臣，只是对失败沮丧，对宁远畏惧，对崇焕愤恨，对明军不服。八旗军队"骑马射箭"的历史传统，在后金贝勒诸臣中，烙印极深，影响极广。从已经看到的满文、汉文历史资料表明，他们没有一个人从红衣大炮、从火器装备方面，总结经验，得出教训。努尔哈赤死后，皇太极继承汗位，他仍按照八旗军队的传统战法，去攻锦州，又攻宁远，均遭失败。此时，皇太极还没有从中汲取应有的教训。他说："昔皇考太祖攻宁远，不克；今我攻锦州，又未克。似此野战之兵，尚不能胜，其何以张我国威耶！"②这时三大贝勒代善、阿敏、莽

---

① [朝]金景善：《燕辕直指》，载《燕行录选集》，韩国成均馆大学大东文化研究院影印本，1962年，第900页。
② 《清太宗文皇帝实录》第3卷，天聪元年五月癸巳，中华书局影印本，1985年，第16叶。

古尔泰及其弟贝勒德格类等，都劝他距城近、炮火猛、不可攻、应退兵，皇太极愤怒地说了上面的话之后，亲率弟贝勒德格类等蜂拥进击，结果还是败下阵来。失败的后金军官兵"大放悲声"，可见伤亡之惨重。宁远、宁锦两次血的失败教训，终于使皇太极觉醒：要制造红衣大炮，应组建炮兵部队。于是，后金在天聪五年即崇祯四年（1631）正月"造红衣大将军炮成，镌曰'天祐助威大将军'"。从此，后金开始自己制造红衣大炮。同年八月，皇太极在大凌河之战中，第一次使用红衣大炮。后金总结红衣大炮的作用道："久围大凌河，克成厥功者，皆因上创造红衣大将军炮故也。自此凡遇行军，必携红衣大将军炮。"① 红衣大炮，用于实战。皇太极在大凌河之战中，八旗军用红衣炮围城、打援、突袭、破堡，大炮所向，尽显神威。后满洲通过仿造、缴获和招降等手段，获取了大量红衣大炮，使八旗军如虎添翼。用红衣大炮装备八旗军，既引起攻城战术的变化，也引起八旗军制的变革。天聪五年即崇祯四年正月，随着第一批红衣大炮仿造成功，八旗军队建立了新的一军，名ujen i cooha，汉音译为"乌真超哈"，意译为"重军"，即为使用火炮等火器的炮兵。② "乌真超哈"的建立，后金军在战场上，乃"无敌雄兵"，可"威服天下"。③ 红衣炮督造官佟养性被任命为昂邦章京，是为后金第一位炮兵将领。乌真超哈的建立，是满洲八旗军制的重要变革。在这之前，八旗军以骑兵为主，亦有步兵；而建立乌真超哈，标志着后金军队已经是一支包括骑兵、炮兵和步兵的多兵种军队。就作战而言，既擅野战，又可攻坚，炮兵的火力与骑兵的冲击力、机动性得到良好结合；就训练而言，亦由单一的骑兵训练，而为骑兵与炮兵、步兵合成训练。乌真超哈的建立，标志着八旗满洲摆脱了旧军制的原始性，是一项重大进步。乌真超哈独立于八旗之外，由皇太极直接掌握，因其至关重要

---

① 《清太宗文皇帝实录》第10卷，天聪五年十月壬子，中华书局影印本，1985年，第3叶。
② 《清史稿·佟养性传》第231卷，中华书局标点本，1977年，第9324页。
③ 佟养性：《谨陈末议奏》，载《天聪朝臣工奏议》上卷，辽宁大学历史系铅印本，1980年，第8页。

而备受恩宠。天聪五年即崇祯四年，皇太极"出阅新编汉兵，命守战各兵，分列两翼，使验放火炮、鸟枪，以器械精良，操演娴熟，出帑金大赉军士"①。次年正月，皇太极又"幸演武场阅兵，养性率所统汉兵，擐甲执兵，左右列阵，置铅于炮，立射的，演试之"②。

乌真超哈建立之初，除将领是汉军外，士卒皆为汉人，其中许多人原在明军中便会操炮，或者较为熟悉火炮，他们更了解明军用炮的技术，抽调这些汉人组成乌真超哈，可使其长为满洲所用。天聪七年即崇祯六年（1633）七月，皇太极"命满洲各户有汉人十丁者，授绵甲一，共一千五百八十户"③，充实乌真超哈。八年即崇祯七年（1634）五月，皇太极命名旧兵为汉军，孔有德、耿仲明部为"天佑兵"，尚可喜部为"天助兵"④，他们"携来红衣炮及大小火炮"，仍归该部。⑤

崇德二年即崇祯十年（1637）八月，"分乌真超哈为左、右翼"，设两固山额真。崇德四年（1639）六月，"时乌真超哈复析为八旗，合二旗为一固山，于是汉军旗制始定。"⑥合二旗为一固山，设四固山额真。崇德七年（1642）六月，皇太极攻克锦州后，将乌真超哈与天佑兵、天助兵等重新编制，"时析乌真超哈为八旗"⑦。

"定汉军八旗，设八固山。"乌真超哈向八旗汉军的演变，体现出后金炮兵由小到大、逐步趋向正规化的过程，实际上它还是炮兵、步兵及辎重运输之混合编制。⑧

第四，错失时机，兵无实惠。

皇太极大凌河之役，取得重大战果。

其一，摧毁大凌城。明兵科给事中李梦辰上言："各镇所调之精壮，尽皆挫衄，

---

① 《清太宗文皇帝实录》第8卷，天聪五年三月丁亥，中华书局影印本，1985年，第23叶。
② 《八旗通志·初集》第182卷，东北师范大学出版社，1985年，第4349页。
③ 《清太宗文皇帝实录》第14卷，天聪七年七月辛卯朔，中华书局影印本，1985年，第22叶。
④ 《清太宗文皇帝实录》第18卷，天聪八年五月庚寅，中华书局影印本，1985年，第14叶。
⑤ 《清朝文献通考》第194卷，浙江古籍出版社影印本，1988年，第6577页。
⑥ 《清史稿·石廷柱传》第231卷，中华书局标点本，1977年，第9331页。
⑦ 《清史稿·孔有德传》第234卷，中华书局标点本，1977年，第9399页。
⑧ 解立红：《红衣大炮与满洲兴衰》，载《满学研究》第2辑，民族出版社，1994年。

所余无几，不可孟浪复战。"①后金军此役，达到预期之目的。

其二，招降祖大寿。尽管祖大寿时为假降，但祖大寿的心灵，产生巨大创伤。祖大寿杀将示降，坠尽名声，为天下耻，其"顾安能得人死力"②？明朝辽军中最后的两员名将——祖大寿与何可刚，一被招降，一被横杀，此后明朝辽军再没有一员被八旗军畏惧的勇将。

其三，辽军主力溃散。《满文老档》记载："自征明以来，较之以前，此次杀敌，明兵甚多。"③此役，不仅宋伟、吴襄两军四万精锐溃散，而且"祖家军"全部精锐，丧失殆尽，关外明朝辽军，更加支离残破。

其四，损失军官众多。明军损失监军张春、副将都督张弘谟，以及副将三人、参将四人、游击九人、都司二人、备御七人、千总六人等三十三员。④

其五，后金获得火器。后金军在大凌河之役中，获得红衣大炮三门、大将军炮七门、三将军炮六百门、普通炮万门。⑤

其六，取得新的作战经验。红衣大炮运用成功。由此开始组建的汉军，成为后金军队不可或缺的力量。后金在沈辽之战、西平之战中，围城打援都有成效，但此战将围城、和谈、打援相互结合，是中国古代军事史上围城打援一个成功的战例。

皇太极指挥此战，虽获重大军事与政治成果，却拖延时间过长，付出代价过大。后者原因之一，是作战时机选择不当。

皇太极自继承汗位并亲自主持重要战役以来，一个重大的缺陷，是不善于把握作战时机。他即位后亲自指挥的宁锦之战，之所以失败，其原因之一，是时机

---

① 《崇祯长编》第51卷，崇祯四年十月丙寅，台北历史语言研究所校勘本，1962年，第30叶。
② ［朝］金景善：《燕辕直指》，载《燕行录选集》，韩国成均馆大学大东文化研究院影印本，1962年，第900页。
③ 《满文老档·太宗》下册，天聪五年九月二十七日，中华书局译注本，1990年，第1155页。
④ 《满文老档·太宗》第Ⅴ册，天聪五年九月二十七日，东洋文库译注本，1961年，第573页。
⑤ 《满文老档·太宗》第Ⅴ册，天聪五年九月二十七日，东洋文库译注本，1961年，第567～568页。

不利。因为略早一些，锦州城未筑完；略晚一些，则袁崇焕去职。他恰选在这两个有利时机之间（参见前文）。他亲自指挥的北京之战，之所以失利，其原因之一，也是时机不利。因为略早一些，袁崇焕尚未任命、阉党尚未铲除、东林内阁亦未形成；略晚一些，阉党重新控制阁部，也会是另一番局面。他恰选在两次阉党失势、东林内阁执政这个不利时间（参见前文）。他亲自指挥的此次大凌河之战，在作战时机的选择上，也是慢了半拍。皇太极发动大凌河之战，主要是不让明军筑城，而让其退回锦州。要是皇太极进攻大凌河城，时间提早一个月，即在明军筑城未完之时，那么驱赶驻守大凌河城的明朝官军、班军，会容易得多，不至于费时三个月，也不至于伤亡那么多的官兵。

其实，皇太极早在天聪五年即崇祯四年（1631）四月，就先后两次派员往明朝边境捉生。五月初三日即得到两条军情探报："明人修筑大凌河城，基址已完，灰池亦备。"①初六日（己卯），诸贝勒大臣举行会议，奏报："明人若果修城，我兵即当速往，不知皇上庙算如何？"②

大凌河城距离沈阳并不远，三万军民筑城驰探也并不难，皇太极却三番五次地派人前去探察，直至七月二十七日，皇太极才拜谒堂子，统军西发，中间整整拖了三个月。

以上的三个战例，其作战时机选择，都共同说明：皇太极在指挥重大战役之决策时，犹豫迟疑，缺乏睿断，这给后金及其军队，造成重大而惨痛的损失。

在大凌河之战中，就天聪汗与众贝勒来说，招降总兵祖大寿，摧毁明朝大凌河城，得到良将精兵，缴获军械火器，收获可谓良多矣。然而，后金军的士卒没有掠到财富，也没有抢到金银，更没有获得粮食。后贝勒阿济格奏言：

先我兵围大凌河，四阅月，尽获其良将精兵。在皇上与诸贝勒大臣，

---

① 《清太宗文皇帝实录》第9卷，天聪五年五月丙子，中华书局影印本，1985年，第2叶。
② 《清太宗文皇帝实录》第14卷，天聪七年六月戊寅，中华书局影印本，1985年，第2叶。

固有得人之庆；但部下士卒，及新附蒙古等，一无所获，皆以为徒劳。

正红旗固山额真和硕图也奏言：

向荷天佑，得大凌河。皇上与贝勒大臣，无不忻然；以下士卒，则皆不乐。①

后金军的官兵，自备马匹器械，自带干粮衣物，抛下妻妾儿女，冒着生命危险，却没有从大凌河之战中得到实惠，既一无所获，便牢骚抱怨。这次作战，对皇太极改变辽西攻城战，而为入关掠夺战，产生重要影响，起着重大作用。

后金天聪汗皇太极破大凌城、败明援军、降祖大寿后，改变逐个攻取明军关外八城的策略，而七次派兵入塞，残毁中原，掳掠财富。

---

① 《清太宗文皇帝实录》第14卷，天聪七年六月戊寅，中华书局影印本，1985年，第18叶。

第六章 破塞攻明掳掠诸战

一 入攻腹地之战略决策

后金大凌河之役获得胜利，皇太极率军凯旋而归。皇太极在这场战争中，具体得到了什么？降祖大寿？大寿降而复叛。得大凌城？大凌是一座空城。获得降人？一万多降人还要管他们饭吃，使本来紧缺的粮食而更加紧缺。后金士卒在这场战争中，又具体得到了什么？贝勒阿济格坦率奏言："皇上与诸贝勒大臣，固有得人之庆；但部下士卒，及新附蒙古等，一无所获，皆以为徒劳。"①

大凌河城之战以后，八旗士卒，徒劳无获，不满情绪，相当普遍。后金是一个军事政权，既靠打仗巩固权力，也靠打仗掠夺财富。大凌河之战后，天聪汗皇太极，进兵矢镞，指向哪里？

在后金的周边，朝鲜居东，蒙古位西，明朝在南，后金对朝鲜、蒙古、明朝，兴兵攻战，何者为先？

先是，皇太极于天聪三年、四年就攻明问题，多次与贝勒、大臣、汉官乃至归附蒙古贵族进行商讨。至是，皇太极登上汗位已经七年，在军事上，对朝鲜的进攻取得胜利，对蒙古的征抚也有成效；在内政上，权力趋于稳定，经济有所缓解，

---

①《清太宗文皇帝实录》第14卷，天聪七年六月戊寅，中华书局影印本，1985年，第13叶。

军力更趋增强。天聪七年即崇祯六年（1633）六月十三日，皇太极命诸贝勒大臣，就进攻朝鲜、蒙古、明朝三者，用兵何先，各抒所见，书面陈奏。据《清太宗文皇帝实录》记载，共有十六位贝勒大臣、固山额真陈奏建议。其时，二大贝勒阿敏已被高墙囚禁，三大贝勒莽古尔泰受到严厉处分，大贝勒代善危若朝露（本卷第一节已述）。由过去皇太极与三大贝勒"俱南面坐"，而更定为皇太极"南面独坐"。①

除以上三位大贝勒之外，其十六位贝勒大臣是：贝勒济尔哈朗（皇太极之堂兄）、贝勒阿济格（皇太极之十二弟）、贝勒多尔衮（皇太极之十四弟）、贝勒多铎（皇太极之十五弟）、贝勒杜度（褚英长子）、贝勒岳讬（代善长子）、贝勒萨哈廉（代善第三子）、贝勒豪格（皇太极长子）、贝勒阿巴泰（皇太极九弟），固山额真额驸杨古利②、正黄旗固山额真楞额礼、正红旗固山额真和硕图、镶红旗固山额真叶臣、镶蓝旗固山额真宗室篇古、镶白旗固山额真伊尔登、正白旗固山额真喀克笃礼。上述八旗固山额真中，有两位固山额真没有列名：其一是镶黄旗固山额真达尔哈，但杨古利位亚八贝勒、统左翼兵、名列诸固山额真之首；其二是正蓝旗固山额真觉罗色勒，在莽古尔泰暴死周年之际，其所属正蓝旗固山额真觉罗色勒，率领正蓝旗大臣及莽古尔泰姻戚二十五人，到莽古尔泰墓前祭奠，皇太极命议处色勒等。初拟将色勒等处斩，命从宽免死，"众唾其面"，加以羞辱，并罢黜之。后将正蓝旗"附入皇上旗分"。③ 以上十六位贝勒大臣、固山额真，代表满洲八旗贵族的利益与意见。其具体谏言④，略分述如下。

第一，关于朝鲜。贝勒多铎言："如大者不得，徒与朝鲜较多寡，相责让，何益之有？"贝勒济尔哈朗奏言："臣思朝鲜，不遵我约，当反其贡物，姑与之互市，

---

① 《清太宗文皇帝实录》第11卷，天聪六年正月己亥朔，中华书局影印本，1985年，第1叶。
② "杨古利"，《清太祖高皇帝实录》作"杨古利"、《清太祖武皇帝实录》作"杨古里"、《满洲实录》作"扬古利"、《清太宗文皇帝实录》作"杨古利"、《八旗通志》和《清史稿》均作"扬古利"等。
③ 《清太宗文皇帝实录》第26卷，天聪九年十二月辛巳，中华书局影印本，1985年，第7叶。
④ 《清太宗文皇帝实录》第14卷，天聪七年六月戊寅，中华书局影印本，1985年，第12～20叶。

不必往征。"贝勒杜度奏言："朝鲜已在吾掌握，宜且勿征。"贝勒豪格奏言："至于朝鲜，且暂行抚慰，俟我与敌国胜负既定，再为区处。"固山额真杨古利奏言："朝鲜、察哈尔，且置度外。山海关外，宁远、锦州亦且缓图，但宜深入腹里。腹里既得，朝鲜皆吾手足。"正黄旗固山额真楞额礼奏言："至于朝鲜，姑与和好。惟急图明国，则朝鲜自为我有也。"在十六位贝勒大臣、固山额真中，没有一人主张先用兵朝鲜。其中贝勒济尔哈朗、杜度、豪格，固山额真杨古利、楞额礼，都主张先攻明朝，对朝鲜则应采取：其一，先图大国，不与朝鲜相计较、争责让；其二，"暂行抚慰"，表面上暂且实行和好政策；其三，"姑与之互市"，暂且同朝鲜进行双边贸易；其四，对朝鲜"不遵我约"之处，略加制裁，适当宽容，集中力量，对付明朝。其五，征服明朝胜利后，对朝鲜"再为区处"，使其成为后金-清的属国。

第二，关于蒙古。贝勒杜度奏言："如察哈尔与我偪，则征之。若远可取大同地方，秣马以观其势。如察哈尔败遁，即深入明境。倘荷天佑，得破察哈尔，天下自然胆裂矣！"贝勒萨哈廉奏言："盖察哈尔国，我虽不加兵，彼如虫食穴中，势必自尽，不烦急图。"贝勒多铎言："臣以为察哈尔，且勿加兵。惟先图其大者，则其余自灭。"贝勒豪格奏言："察哈尔若近，则相机而行；若离兴安岭二三日程，虽追无及。谨抒鄙见上陈。"固山额真杨古利奏言："察哈尔，且置度外。山海关外，宁远、锦州亦且缓图，但宜深入腹里。腹里既得……察哈尔自尔归顺，不则远遁矣。"镶红旗固山额真叶臣奏言："臣愚以为，先抵大同、宣府，秣马休兵，即在彼处，侦探察哈尔踪迹。近则我兵往征，若彼闻风远遁，则我国安宁，可无内顾之虞矣！"在十六位贝勒大臣、固山额真中，同样没有一人主张先用兵蒙古察哈尔部。但对蒙古察哈尔部，他们的建议是：其一，关键在对明朝战争的胜败，如占有中原腹地，察哈尔或则归顺，或则远遁。其二，察哈尔若不进逼，就置之度外；倘若进逼，就进行征讨。其三，应采取灵活策略：察哈尔林丹汗的蒙古军队，近边时就进兵攻伐；远遁时就不必追赶。其四，应图大放小，"先图其大者，则其余自灭"。其五，察哈尔势必内部纷争，不必急图，势必自尽。

第三，关于明朝。在十六位贝勒大臣、固山额真中，都共同主张先用兵明朝，意见完全一致。其内容包括用兵原因、进兵时机、进攻路线、攻明政策、进军兵略和攻明目的等六个方面。

其一，攻明原因。在明朝、朝鲜、蒙古三者之中，贝勒大臣、固山额真认为，应当先攻明朝。贝勒萨哈廉奏言："明与察哈尔、朝鲜三国，若论其缓急，当宽朝鲜，拒察哈尔，而专征明国。"后金视明朝为敌国，贝勒济尔哈朗奏言："至于明，乃吾敌国，宜举兵深入其境，焚其庐舍，取其财物，因粮于敌，此制胜之策也。"后金要集中兵力，先进攻明朝。后金进军明朝，能激发八旗军的旺盛斗志。贝勒多铎奏言："我国之兵，非怯于斗者，但使所得，各饱其欲，则虽死不恤。稍不如意，遂无斗志。"同时可以获得财富、马匹。固山额真叶臣奏言："我国兵力聚集，今年宜即出师，不然我国自此而贫，马亦难得，兵不加增。如谓马不足以运糗粮、负甲胄，亦可载之以牛车。"总之，后金器械已备，蓄积待发。正白旗固山额真喀克笃礼奏言："我国之人，利行师，不宜偃息。且闲居何所底止？军旅之事，将戢而不用耶，抑委诸何人耶？今诚选徒蒐乘，鼓行而西，一出兵，而上天之眷佑，与人心之豫顺，适相协应，以臣度之，事必有成。至我国兵器，久已整理。如再俄延，我器修治，敌亦修治；我器坚固，敌亦坚固，坐待岁月，功何由成？惟皇上决策进兵，以邀天佑耳。"

皇太极决策进兵明朝，选择何时为宜？

其二，攻明时间。后金贝勒大臣、固山额真，一致认为：进攻明朝，愈快愈好。固山额真杨古利奏言："兵贵神速，不可逗挠。若逾年不往，则敌人乘机修备，欲图再举，不特人事难齐，抑且天灾不测。废时失事，职此之由。"他的意见是，按年度计算发兵的时间。有的贝勒则是建议按季节计算进兵的时间。贝勒萨哈廉奏言："臣意视今岁秋成丰歉，以图进取。且乘彼禾稼方熟，因粮于彼，为两次进兵之计，事必有成。"萨哈廉意持两可：歉收不进兵，丰收则进兵。贝勒阿济格奏言不待秋天，春天播种后即进兵："臣意待耕耘毕，可即兴师。至收获之事，妇人稚子,亦可委也。何必留重兵,以废时日哉!若逡巡不往,则彼国中有备,而内乱亦渐消矣。"阿济格说待春播后,多尔衮则说宜开春就准备进兵:"今春宜整顿兵马,乘谷熟之时入边。"其他则主张乘时、乘势进兵。贝勒豪格言:"总宜乘时急进,若坐失此机,必将后悔。"固山额真、宗室篇古要立即出兵:"我军蓄锐已久,其势可用,宜即进边。"贝勒岳讬的奏言皇太极听了更高兴:"皇上春秋鼎盛,不乘时以立鸿业,后悔何及!"

既然都赞成尽快发兵,那么进军路线如何确定?

其三,攻明路线。关于后金军攻明的打击重点、主攻方向,又存在不同的主张。

一种意见是攻打山海关。贝勒萨哈廉言:"率训练之兵,坚锐之械,自一片石入,夺山海关,则宁远、锦州为无用矣!"但是,多数贝勒大臣、固山额真不赞成打山海关,也不赞成攻打宁远、锦州。贝勒多铎奏言:"若止攻山海关外之城,有如射覆,岂可必得。"认为攻打山海关,是根本没有把握的事情,就是宁远、锦州,也不可攻打。贝勒豪格奏言:"锦州、宁远,攻之无益,何也?我国攻城之法,彼尽知之。况我兵曾攻之而未得,若复令攻之,必有畏难之意。虽得锦州,此外七城,尚烦攻取。若徒得一城,其余皆坚壁不肯下,弥旬旷日,恐老我师。"豪格对宁远、锦州之败,不仅脑烙深刻印象,而且心存畏惧情绪。固山额真叶臣奏言:"倘攻山海关,仍如宁远、锦州,不能即得,不益损威而长敌人之气乎!"在十六位奏言中,有十五人不主张直接进攻锦州、宁远、山海关。

另一种意见是内外夹击山海关。贝勒济尔哈朗言:"带梯牌、炮车,分兵之半,于山海关外立营;其半绕入关内,内外交攻,彼必势穷力绌矣!"贝勒豪格主张"用更番之法,俟秋马肥壮,益以汉兵,携巨炮分兵两路,一从宁远入,一从旧路入,夹攻山海关"。持这种主张者也只有二人。

大部分意见是破长城入中原。贝勒多铎奏言:"臣愚以为,宜直入长城,庶可餍士卒之心,亦可合皇上久长之计。"但是,从哪里突破长城?一种主张是从第一次入口时的龙井关、大安口故道。贝勒萨哈廉言:"仍从故道而入,断燕京四面之路，相度地形，及彼积储之地，夺而据之。坚守勿归，二三年中，乘机伺便，纵兵奋攻，有不大勋克集者乎！"还有一种主张是从大同、宣府一带入口。固山额真叶臣言："臣愚以为，先抵大同、宣府，秣马休兵，即在彼处，侦探察哈尔踪迹。近则我兵往征，若彼闻风远遁，则我国安宁，可无内顾之虞矣！于是入攻明边，蹂躏其土地，焚毁其庐舍，彼国有不疲敝者乎？"

其四，攻明政策。贝勒豪格的奏言，比较有代表性。他建言：一是，从旧道而入，各处纵火攻略。二是，用布告颁示各屯寨："告以我愿和，而彼不肯和之意。仍传谕各城，则彼处人民，虽被创痍，将自怨其主，无尤于我。"就是展开政治攻势，把不满和仇怨转嫁给明朝。三是，纵兵抢掠："则我兵得餍所欲，而边外蒙古，愈加勉励矣！"四是，夹攻山海关，得之则已，不得则屯兵该地。五是，"遣人往招流贼，谕以来归，抚辑其众"，试图招降农民军。六是，利用明军同农民军交战之隙，乘机得利："往侦流贼情形，彼方分师捍御，我伺其懈怠，乘夜袭之，事必可图也。"此外，在关外也进行配合："山海以东，锦州以西，屡以兵挠其耕获，使之不得休息。"

其五，攻明兵略。第一种意见是，以北京为重点进攻目标。固山额真叶臣奏言："进逼燕京，昼夜攻围，名为帝都，其实易攻。彼城上虽多积火药，我兵昼夜攻之，火药多必自焚。"这种战法，如果能赢，对于后金，自是好事。但难度最大，需另谋途径。第二种意见是攻打京畿地区。贝勒济尔哈朗言："令贝勒大臣，各立军令状，率兵往攻，取其近京数城，屯兵久驻，伺隙窥便，以期必胜。"固山额真叶臣也奏言："即就彼近（京）城一带，伐木制造梯牌，多方攻取。城虽不克，亦足耀我军威。"第三种意见是，入塞之后，见城就攻。固山额真伊尔登奏言："与其盘桓于山海关之外，不若径入内地，视其城有可取，则取之。"固山额真杨古利也言："亟当深入其境，遇城必克。所克之城，即令已出痘贝勒、将帅，率兵屯驻。"第四种意见是，根据实情，综合考虑。固山额真楞额礼奏言："臣意宜先率外藩蒙古及本国兵，直抵内地，焚燕京周围庐舍。敌出则杀之，蹂躏其粮草、牲畜、财物，任我兵所取而回。然后再整师旅，复入山海关，据关扼险，屯驻城中，多积刍粮，以备往来攻伐之用。"此外，多数人让皇太极驻在山海关外，或留在都城沈阳。贝勒阿巴泰言："皇上军于边外，择诸贝勒、将帅，分八路驰入，驻军内地。"固山额真杨古利奏言："皇上与贝勒之未出痘者，暂且还都。"

其六，攻明目的。后金军破墙入塞，攻打明朝腹地，其目的是：残毁与掳掠。贝勒多尔衮明确奏言："今春宜整顿兵马，乘谷熟之时入边，围困燕京，截其援兵，残毁其屯堡、诸物，为久驻之计，可坐而待其毙也！"贝勒阿济格也奏言："皇上宜亲驻边外，命诸贝勒、将帅，率马步大军进边，边内人民、财物、禾稼，应杀者杀之，应取者取之，应蹂躏者蹂躏之。"固山额真杨古利言："倘不得城堡，则令兵纵略，焚其室庐，敌者杀之，拒者俘之，降者编为户口。所俘各照牛录，派数上献。至于兵士所获，不计多寡，听其自取。若此，则人人贪得，不待驱逼，而贾勇争先，兵势大振矣！"正黄旗固山额真楞额礼奏言："臣意宜先率外藩蒙古及本国兵，直抵内地，焚燕京周围庐舍。敌出则杀之，蹂躏其粮草、牲畜、财物，任我兵所取而回。"正红旗固山额真和硕图奏言："乘瑕而入，杀其人、取其物，务令士卒，各餍所欲。"镶蓝旗固山额真宗室篇古奏言："宜即进边，焚毁其近京之城堡，杀其人民，戮力进取，何忧事之不成？"镶白旗固山额真伊尔登奏言："径入内地，视其城有可取则取之；如不可取则戕其人民，焚其庐舍，以蹂躏之。"

可见，后金军多次迂道入内，其宗旨就是"残毁"与"掳掠"，二者既相区别，又相联系。所谓"残毁"，对明朝而言，就是野蛮破坏；对后金而言，则是增加财富。诸如破坏城镇，焚烧村舍，屠杀汉人，抢劫财物，驱赶牲畜，蹂躏庄稼；所谓"掳掠"，对后金则是增加财富，对明朝也是野蛮破坏。诸如抢夺劳力、掠辱妇女、运回粮食、驱赶牲畜、驮载金银、剥夺衣服、掠夺布帛等。

至于明廷方面，没见崇祯帝谕朝臣会议应对后金的相应策略。但有一份御史王肇的上言，虽文字较长，却值得一读："东兵为谋深密，往往能乘我之疏而掩其不备，此番未经大创，势必复来，来必不由故道。曩者，我以辽东为塘牌，以山海为门限，遂急关外而忘关内，自恃宴然，有金汤之固，而不虞其决藩而入矣。

盖自初难至今，十有三年，犹记当时传闻有献彼三策者：以由西径冲潮河川墙子路，直薄都城为上策；由一片石、喜峰口侵畿甸，掠蓟、通为中策；由三岔犯广宁、据宁前、攻山海为下策。当时敌塞去我尚千余里，而老憨（指努尔哈赤）著数颇稳，故且蚕食两河，聊用下策。而我已日蹙，逡巡数年，恬不知备，而敌之慓疾更倍，于是深入重地，盘据永、遵，又用中策；而我且岌岌乎殆矣，前车既覆，后车当戒，万一乘吾不虞，竟用上策，而我可无以待之乎！故今日边墙，非特龙井、喜峰等口已被折毁者急宜修筑，而自山海迄居庸，延袤数百里，皆不可不增备也。今日之计，非但勾连假道之束部，所宜问罪而插部等三十六家，皆不可不慎防也。或曰：彼以倦归，岂能千里趋利？然彼固都于三岔东也，今且逾山海而西矣，独不能越居庸而南乎？或曰：插与彼素不相下，未必据解仇结欢。然人情叵测，见利则合，彼既能饵束为婚矣，独不能赂插为市乎！兵法毋恃其不来，恃吾有以待之。倘我备其下而彼用其中，我备其中而彼忽出其上，彼迎刃而解，我犹刻木而求，名为补牢以牧羊，寔类守株而待兔。一旦有警，束手仓皇，此中国之大耻也。近闻敌骑出没口外，其卷土之思耽耽欲逞，今日边臣宜以募死士、密侦探为第一义务，得其移营何地，谋向何方，所结连者系何部落，一动一静，灼然先知而预防，乃不至临事而无措。至于边墙之筑，旬月未闻次第，宜兼程分管，亟图奏功，其荷戈之士，不宜疲以畚锸，请如科臣祝世美之言，乃难民应役于修筑之中，寓赈济之意，必且子来趋事，有不日成之之效矣。"①朝廷对如上重要谏言，章下所司酌议，结果不了了之。王肇提出明廷"急关外而忘关内"的失策，切中要害，未加重视，被皇太极所利用，结果是吃了大亏。

　　皇太极从宁远之败、宁锦之败后，鉴于明军关宁锦防线坚固，海上全由明军控制，漠南蒙古诸部同后金结盟，第一次迂道入关取得经验，因而得出结论曰："彼山海关、锦州，防守甚坚，徒劳我师，攻之何益？惟当深入内地，取其无备城邑

---

①《崇祯长编》第36卷，崇祯三年七月乙酉，台北历史语言研究所校勘本，1962年，第20～21叶。

可也。"① 皇太极在阅览投降后金的儒生文臣和后金贝勒大臣的建策后，确定了对明朝的作战方针——避开关外，袭扰关内，迂回残毁，掳掠腹地，削弱明朝实力，不断壮大自己，等待时机，与明决战。由是，八旗军不再正面强攻锦、宁，而是绕过关锦防线，取道蒙古，破塞入内，先后七次。② 第一次，天聪三年即崇祯二年（1929），天聪汗率军绕道蒙古，从大安口、龙井关入塞，攻打北京（前面已述），翌年回军。兴师年为己巳年，又称己巳之役。第二次，天聪六年即崇祯五年（1632），皇太极在西征察哈尔蒙古的回程中，发动小规模的入塞掳掠。是年为壬申年，又称壬申之役。第三次，天聪八年即崇祯七年（1634），后金军入塞，蹂躏宣府、大同。是年为甲戌年，又称甲戌之役。第四次，天聪九年即崇祯八年（1635），后金军入塞，蹂躏关内。是年为乙亥年，又称乙亥之役。第五次，崇德元年即崇祯九年（1636），清军耀兵于京畿。是年为丙子年，又称丙子之役。第六次，崇德三年即崇祯十一年（1638），清军兵至山东，攻占济南，翌年还师。兴师年为戊寅年，又称戊寅之役。第七次，崇德七年即崇祯十五年（1642），清军再入山东，大肆掳掠，翌年而归。兴师年为壬午年，又称壬午之役。以上七次③，后金-清军俱间道蒙古，破墙入扰，肆虐关内。皇太极第一次率军入塞，攻打北京，前面已述，另外六次，分别阐述。

---

① 《清太宗文皇帝实录》第6卷，天聪四年二月甲寅，中华书局影印本，1985年，第13叶。
② 后金-清军入塞掳掠，其次数计算，各书不一，有三次、四次、五次、六次、七次诸说。七次之说，参见郑天挺《关于明末农民战争史的几个问题》（载《及时学人谈丛》）、李洵《公元十五世纪到十七世纪中叶建州女真族社会性质问题的探讨》（载《下学集》）和沈一民《试论1644年前明清战争对华北人口的影响》（载《明长陵营建600周年学术研讨会论文集》）等。
③ 郑天挺：《及时学人谈丛》，中华书局，2002年，第61页。

二 第二次破塞攻明掳掠

在后金第一次破墙入塞三年后，值二征察哈尔林丹汗回师过程中，皇太极进行了第二次破塞攻明掳掠之役。

天聪六年即崇祯五年（1632），皇太极在二征察哈尔林丹汗回师的途中，发动了一次入塞攻明掳掠之役。是年为壬申年，又称壬申之役。先是，四月初一日，皇太极率大军第二次征讨察哈尔林丹汗，谒堂子，出沈阳。后金军兴师动众，声势浩大，林丹汗闻讯大惧，率部西奔。皇太极此次出征，以军事而言，其所获无多。那么，下步军事行动，如何做出部署？五月十一日，皇太极召集大贝勒代善、贝勒莽古尔泰及诸贝勒，以及满洲、蒙古、汉官等会议，决定进击明朝。《清太宗文皇帝实录》记载皇太极谕曰："我等原征察哈尔至此，察哈尔不能御而遁，追之无益。今我兵马疲惫，其暂旋师，以俟再举乎？抑先取蒙古部民，复入明境乎？二者孰便，尔诸臣可定议以奏。"群臣集议奏云："我师此来，已近明境，即先取蒙古部民，复入明地，以图大事，诚为上策。"于是，复定议征明。①二十七日，皇太极驻归化城（今呼和浩特市）。皇太极军队远行的后勤补给，主要有二：一

---

① 《清太宗文皇帝实录》第 11 卷，天聪六年五月戊申，中华书局影印本，1985 年，第 23 叶。

是行猎，二是掳掠。清官书记载："自归化城南，及明国边境，所在居民逃匿者，悉俘之；归附者，编为户口。"①二十八日，皇太极又谕两翼领兵诸贝勒曰："若俘获者多，可携则携之，不能尽携则任诸将酌行。凡诸贝勒所俘获者，酌分羸马之兵留守，仍深入其地以扰之，俟旋师时，可纵焚其庐舍粮糗。朕驻归化城以待。"②六月，后金大军进到明界，深入大同、阳和、宣府、张家口地方。此次入边，皇太极接受了宁完我、范文程等人的谏言，试探与明议和。寻与明宣府巡抚沈棨刑白马乌牛，订立盟约（另文专述）。后回师沈阳。七月初一日，后金军返还。

后金军在这次入塞过程中，受到明朝官民的顽强抵抗。如纳尔察"至大同，遇敌骑四百，同图鲁什硕翁科罗巴图鲁败之"③。又如博尔惠："遇明龙门城敌兵三千迎战，身先冲入击败之，遂略地数百里。师旋殿后，遇明右卫兵二百三十人邀击我兵。博尔惠率二十人击败之。"④后金军入明边后，对进行抵抗的城堡进行围攻。如内尔特"由大同入明边，破小石城，率善射者攻克之"⑤。又如索尼："率家丁败敌，独取阜台寨。"⑥八旗军对所过地区村屯汉、蒙人民，肆行抢掠和残暴屠戮，并获取大量人口、牲畜、金银、缎匹、粮食、皮张等。此行掳掠，蒙汉地区，数量惊人，仅举一例。《清太宗文皇帝实录》记载："分略诸路大兵，所至村堡，悉焚其庐舍，弃其粮糗，各籍所俘获，以闻于上。共计人口、牲畜十万有余，其金银、缎帛，分给八贝勒。又每贝勒各牛十、羊百。军中有马毙者，以马及牛偿之。时新附总兵官麻登云等，及大凌河官员祖可法等，自游击以上皆从军，各按品级，以人口、牛羊厚赏之。羊数万，悉以犒军士。"⑦

---

① 《清太宗文皇帝实录》第11卷，天聪六年五月甲子，中华书局影印本，1985年，第25叶。
② 《清太宗文皇帝实录》第11卷，天聪六年五月乙丑，中华书局影印本，1985年，第25叶。
③ 《八旗通志·初集》第143卷，东北师范大学出版社，1985年，第3735页。
④ 《八旗通志·初集》第154卷，东北师范大学出版社，1985年，第3903页。
⑤ 《八旗通志·初集》第143卷，东北师范大学出版社，1985年，第3731页。
⑥ 《八旗通志·初集》第147卷，东北师范大学出版社，1985年，第3785页。
⑦ 《清太宗文皇帝实录》第12卷，天聪六年六月辛未，中华书局影印本，1985年，第4叶。

三 第三次破塞攻明掳掠

天聪八年即崇祯七年（1634），后金军入塞攻掠，是为皇太极第三次破塞攻明掳掠之役，是年为甲戌年，又称甲戌之役。

后金军第三次破墙入塞，时明朝更趋衰落，后金更加强大。明朝更趋衰落的几例表现是：

第一，朝廷内阁，发生变动。崇祯初政，打击阉党，魏忠贤、客氏死，阉党受到唾弃，依附于魏忠贤的阁臣、官员，纷纷下台。钦定逆案，列名者《明史·阉党列传》记载二百一十一人。[①] 东林党人，重被起用，任职内阁。但自袁崇焕被磔死后，周延儒为首辅："延儒柄政，必为逆党翻局。"[②] 温体仁先同周延儒并相，体仁"忌延儒居己上，并思倾之"。延儒免职归里，体仁遂为首辅。温体仁机深刺骨，"惟日与善类为仇"[③]。周、温内阁，排斥正人，崇祯新政，实告终结。

第二，西北饥荒，民变四处。先是，因陕西饥馑，饥民流窜。边军缺饷，士

[①]《明史·阉党列传》第305卷，中华书局点校本，1974年，第7583页。
[②]《明史·周延儒传》第308卷，中华书局点校本，1974年，第7926页。
[③]《明史·温体仁传》第308卷，中华书局点校本，1974年，第7935页。

兵哗变，转而为盗。延绥、固原、甘肃、临洮、宁夏五镇总兵，皆以勤王之师，入援京畿，因而陕、甘地方空虚，民变蜂起，势益蔓延。兼之山西劲卒五千，在巡抚耿如杞督率入援之际，疲于奔命，且乏粮饷，致掠夺民需。及事发，耿如杞被逮，其五千劲卒，遂溃散而叛。风气所及，延绥、甘肃等镇之兵，亦效尤而溃。于是陕、晋之间，民变大起，防守更懈。

第三，宣大防御，更加空虚。李自成车厢峡突围，势力复炽，关中大震。明调兵遣将，堵剿农民军，长城防守，更为虚弱。己巳京师困扰，长山援军丧师，大凌城失陷，祖大寿投降，蓟、辽、宣、大、太五镇，相继残破，塞垣空疏，防务虚懈，边备大坏。后金大军，"四路纷来，至墙下而始觉"①。

第四，宣抚盟誓，责其违约。先是，上年皇太极远征察哈尔兵近宣府，明宣府巡抚沈棨，遣使向后金通款，刑白马定盟，廷议责其专擅，罢其官，毁其盟。后金责明违约，为其进攻口实。

后金更加强大的几例表现是：

第一，天聪汗权，日益巩固。皇太极先惩治二大贝勒阿敏，又处罚三大贝勒莽古尔泰，大贝勒代善比较服帖。天聪朝废除"三尊佛"并列御政，出现皇太极"南面独坐"局面。

第二，调整政策，任用汉官。皇太极调整对汉官、汉儒、汉民、汉军的政策，他们逐渐受到重用，或受到某种重视。皇太极成立"乌真超哈"，组建汉军。孔有德、耿仲明降后金，有德为都元帅，仲明为总兵，其军为"天佑兵"；尚可喜也降后金，为总兵，其军为"天助兵"，从而加强了后金的军事实力。

第三，辽西军事，取得进展。明朝大凌城失陷，祖大寿降，军事遭到打击，军心受到瓦解。

第四，林丹大汗，溃败西遁。天聪六年即崇祯五年（1632）夏，察哈尔林丹汗同后金军交战不敌，率部众西逃，后金势力，向西扩展，到达明朝大同、宣府边外。

---
①《明档》第201号卷，第8号，中国历史第一档案馆藏。

昨日明朝盟友之牧地，今日成为后金之前哨。

第五，后金军力，近于宣府。后金军追击林丹汗，兵锋到达宣府、张家口、大同边外，熟悉山川险隘，探知防务虚实，为此次后金军大举入边，熟悉了路径，积累了经验。

在上述明朝衰弱、后金强大的态势下，后金天聪汗皇太极，率军向明朝发动了第三次入塞之战。

天聪八年即崇祯七年（1634）五月十一日，皇太极再次询问诸贝勒大臣："征明当由何路进兵？"贝勒大臣俱以"宜从山海关大路而入"奏对。皇太极谓："诸贝勒大臣所议，未协军机，今我大军，宜直抵宣、大。蒙古察哈尔国，先为我兵所败，心胆皆裂，举国骚然，彼贝勒大臣，将来归我，我往必遇诸涂，尔众贝勒可多备衣服，以赏彼贝勒大臣之来降者。我师往征大同，兼可收纳察哈尔来归贝勒官民，计莫有善于此者。"①后金军经蒙古地区，进抵宣府、大同。皇太极作出进军部署：右翼五旗由上榆林出口，左翼五旗由沙岭出口，各路大军，进行准备。二十二日，皇太极亲率大贝勒代善，贝勒阿巴泰、德格类、阿济格、多尔衮、多铎、岳讬（后病回）、萨哈廉、豪格等，统大军西进。②都元帅孔有德、总兵耿仲明和尚可喜等率兵前发。后渡辽河，经都尔鼻。蒙古扎鲁特、土默特、巴林、奈曼等部先后率马步兵来会。二十九日，大军到达纳里特河，各路兵马，所立营寨，绵亘山野，声势雄壮。六月初一日，大军继续向西行，后察哈尔余部，连日累旬，携带部众，驱赶牲畜，纷纷归附。

皇太极此次入塞主战区域，为明宣、大地区。宣府为明"九边"之一，属山西行都指挥使司，宣府左卫与宣府右卫，二卫同城。大同也为"九边"之一，领四州（浑源州、应州、朔州、蔚州）七县（大同、怀仁、山阴、马邑、广灵、广昌、灵丘），既是大同府的所在地，又是山西行都指挥使司驻地，还是代王的藩封地。

天聪汗皇太极为突破长城隘口，入宣、大地区残毁掳掠，将大军分为四路：

---

① 《清太宗文皇帝实录》第18卷，天聪八年五月丙申，中华书局影印本，1985年，第16叶。
② 《清太宗文皇帝实录》第18卷，天聪八年五月丁未，中华书局影印本，1985年，第23叶。

第一路，由和硕贝勒德格类率两蓝旗及蒙古巴林、扎鲁特、土默特部落诸贝勒之兵组成东路军，进独石口（今河北省沽源县南），会主力军于朔州（今山西省朔州市）。此路长城隘口险峻，且距朔州的路程，较其他三路最远。第二路，由大贝勒代善同其子萨哈廉、硕讬率领两红旗及蒙古敖汉、奈曼、阿禄、三吴喇忒、喀喇沁部兵等组成的西路军，自喀喇俄保地方，入得胜堡或德胜堡（今山西大同北），"往略大同一带，取其城堡，西略黄河，会兵于朔州"①。第三路，由贝勒阿济格、和硕贝勒多尔衮、贝勒多铎率两白旗及蒙古阿禄翁牛特、察哈尔新附等部所组成的中路军，自巴颜朱尔格地方，入龙门口（今河北省赤城县龙门所），与主力军会于宣府。第四路，由皇太极率贝勒阿巴泰、和硕贝勒豪格、超品公杨古利统领两黄旗及汉军固山额真石廷柱、马光远、王世选，都元帅孔有德、总兵官耿仲明"天佑兵"和总兵官尚可喜"天助兵"，以及蒙古科尔沁部兵等，从尚方堡（或称上方堡、膳房堡，今河北省张家口市万全区东），经宣府，趋应州（今山西省应县）。定议后，金四路大军，于七月初八日入边。②时明军对后金的军事行动一无所知，直至"奴四路纷来，至墙下而始觉"③。后金四路大军，分别攻入塞内。

第四路军，由皇太极亲率贝勒阿巴泰、和硕贝勒豪格、超品公杨古利统领正黄旗固山额真纳穆泰、镶黄旗固山额真梅勒章京达尔哈，汉军固山额真昂邦章京石廷柱、马光远、王世选，"天佑兵"都元帅孔有德、总兵官耿仲明和"天助兵"总兵官尚可喜，蒙古科尔沁土谢图济农巴达礼、扎萨克图杜棱、额驸孔果尔（额哲）、卓礼克图台吉吴克善等接近边墙。皇太极先派和硕贝勒豪格、超品公杨古利率两黄旗精兵，于七月初七日，急趋尚方堡，拆毁边墙，攻台捉生。初八日，皇太极亲率大军，进入尚方堡，由拆毁墙处，分道疾急而进，到达宣府右卫。皇太极进边后，即赍书给明守军参将（见后文），两日后移营宣府南。后金军攻新城，明

---

① 《清太宗文皇帝实录》第19卷，天聪八年六月甲申，中华书局影印本，1985年，第10叶。
② 《清太宗文皇帝实录》第19卷，天聪八年七月己丑，中华书局影印本，1985年，第12叶。
③ 《明档》第201号卷，第8号，中国第一历史档案馆藏。

守兵发炮还击，不克。大军西进大同，给明代王致书。二十二日，皇太极率第四路军边进边战，略屯破堡，到达应州，包围其城。翌日，进攻小西城，守军抵抗，攻而不克。明监生张文衡投奔皇太极，进言献策。

第三路军，由贝勒阿济格、和硕贝勒多尔衮、贝勒多铎率护军统领等，正白旗固山额真昂邦章京阿山、镶白旗固山额真梅勒章京伊尔登，以及蒙古阿禄翁牛特部落孙杜棱，察哈尔新附土巴济农、额林臣戴青、多尔济塔苏尔海、俄伯类、布颜代、顾实等诸军所组成的中路军，冲入口后，进攻保安。二十六日，两白旗军会攻保安城，明守军奋力抵御，但寡不敌众，城被攻破，守备阵亡。两白旗军攻克保安后，急赴应州，同皇太极两黄旗军会师。

第二路军，由大贝勒代善同其子和硕贝勒萨哈廉、硕讬，率领正红旗固山额真梅勒章京叶克书、镶红旗固山额真昂邦章京叶臣、右翼固山额真甲喇章京阿代，以及敖汉部落杜棱济农，奈曼部落衮出斯巴图鲁，阿禄部落塔赖达尔汉、俄木布达尔汉卓礼克图，三吴喇忒部落车根，喀喇沁部落古鲁思辖布、耿格尔等组成的西路军，攻入得胜堡，明守堡参将李全兵败自缢死。代善军分作两股：代善、萨哈廉率一股军队向大同，攻怀仁，不克；硕讬等率另一股军队围攻井坪（今山西省朔州市平鲁区南井坪镇），也不克。寻代善军亦至，两军并力攻城，又不克。代善率两红旗军营朔州城外。皇太极调代善军向东，赴马邑驻扎。后萨哈廉出略至崞县，知县黎壮图辨发投降。后金兵将城中财物，捆载三百车而去。

第一路军，由和硕贝勒德格类率正蓝旗固山额真觉罗色勒、镶蓝旗固山额真篇古、左翼固山额真公吴讷格及两蓝旗护军将领，以及蒙古巴林、扎鲁特、土默特部落诸贝勒之兵组成东路军，进攻独石口。宣府与辽东为唇齿，而独石扼宣府前锋，"其五路险隘，则独石锁钥"①。二十八日，德格类督军，攻入独石口。镶蓝旗军进攻长安岭，克之。攻赤城堡（今河北省赤城县），不克。正蓝旗军赶上，

---

① 《宣府镇总图说》，载《明经世文编》第460卷，中华书局影印本，1962年，第5045页。

两旗并力，攻城也不克。乃奔保安州，"知州阎生斗集吏民拒守，城陷被执，死之"①，城中守备徐国泰、判官李师圣、吏目王本立、生员姚时中、训导张文魁等同时俱死②，国泰阖门十三人皆殉难。德格类率领的两蓝旗军，虽破保安，却未能按预定计划，会兵于朔州，而会师应州。

明廷闻报后金军攻入宣府、大同地区，恐其东进，京师戒严，加强防御。令总兵官陈洪范移驻居庸关，保定巡抚丁魁楚驻紫荆关，山西巡抚戴君恩移驻雁门关。又调宁远总兵吴襄、山海总兵尤世威，以官兵二万，分道援大同。

八月初二日，皇太极命诸贝勒率领各路大军，攻略山西代州一带地区。后金军分为左右两翼：左翼由多尔衮、多铎、豪格率领，攻略代州城东地区，后大军进到五台山而还。右翼由萨哈廉、硕讬率领，攻略代州城西地区，探知崞县城垣颓坏，乘夜突袭，攻克县城。后金军左右两翼军队，在代州城附近，攻台堡，破驿站，掠获财物，劫夺马匹。攻掠数日，各回原营。各营军在其附近地区，攻打城堡，遇到抵抗。十一日，灵丘县王家庄的石家村堡，后金汉军固山额真石廷柱等以炮轰击，坏其城垛，竖梯强登。皇太极亲自督战，御前护军满朱锡礼、海桑二人先登，守堡军民"用大刀、木石砍击，皆坠"③。一个村堡，寡不敌众，虽力抵御，仍被攻破。在攻打王家庄时，城守备出战，被杀；其子代为守城，又被杀。后金军攻城时，礼部承政巴都礼，督众力攻，中箭而亡。后阿济格统兵继续攻打灵丘县。十三日，灵丘之战，激烈残酷。知县蒋秉采募兵坚守，"力屈，众溃，投缳而死，合门殉之"④。后金军拔灵丘县，杀知县一员、守备一员。⑤后金军攻克一座村堡，一个县城，无不大掠。八旗大军拔营，北行四十里驻营。皇太极得报明总督张宗衡、总兵曹文诏驻怀仁县，预料其必奔大同，派军往怀仁后山路设伏。当后金军夜二

---

① 夏燮：《明通鉴》第84卷，中华书局，1959年，第3211页。
②《明史·阎生斗传》第291卷，中华书局点校本，1974年，第7456页。
③《清太宗文皇帝实录》第19卷，天聪八年八月甲子，中华书局影印本，1985年，第20叶。
④ 夏燮：《明通鉴》第84卷，中华书局，1959年，第3212页。
⑤《清太宗文皇帝实录》第19卷，天聪八年八月戊辰，中华书局影印本，1985年，第22叶。

更赶到预定地点时，明军已于日暮前撤往大同。

十四日，后金军起行，向大同进发。大同是明大同府的治地，也是山西行都指挥使司所在地，大同前、后、中、左、右五卫，很长时间与行都司同城。十五日，皇太极亲率左翼多尔衮、多铎、豪格等统军，赶到大同。皇太极在大同城南岗，遥见明总兵曹文诏率领骑兵在城东门外结营。皇太极没有组织军队向明军立即发起进攻，而是派人分别向曹文诏及其众官投送两书，一面向曹文诏等投送议和书，一面派额驸多尔济等率军进攻曹文诏设在城外的骑兵营，明军不敌，退回城内。时明代王之母杨太妃同总督张宗衡、总兵曹文诏议，派降金汉人鲍承先在狱中之子鲍韬，往后金军大营送议和书（后宗衡、文诏论罪）。鲍韬在途中被蒙古兵抢其衣服及骡子，并遭杀戮；但韬命大，未死复苏，被救活并送到皇太极大营，细报详情，皇太极命赍书答之。时明崇祯帝见宣、大危急，派宁远总兵吴襄、山海总兵尤世威二路往援，吴襄军失利，尤世威军斩三十级。后金军围大同五日后，各路军队，四处分进。"东路至繁峙，中路至八角，西路至三岔"[①]，蹂躏土地，抢掠财物。

二十日，后金各路大军先后会集大同，分左右两翼，环大同驻营。同时捉获僧人等，令往城里催促回答和议之事。皇太极先后四次派人到大同城内，人不回还，书亦无报。

军事攻击同时，附之致书议和。皇太极先后八次发出议和书：第一书，七月初八日，刚入边，至宣府，即发出议和书。此书致明朝官吏，书云：

> 予向与尔等定盟时，在我毫无欺诈之意，亦并无猜疑尔等之心。故对天地盟誓，以成和好。孰意尔等竟阴怀诡谲，不念前盟。初约遣人于辽东，寻盟久候不至。予三次遣使，辽人复拒不纳，且袭我边部，杀我二十余人。伊虽如此，予犹欲追念前盟，共敦和好。曾经遗书归化城。辽东执事者，毁弃誓词，侵我边塞。尔等之意云何？若谓辽人不和，与

---

① 谈迁：《国榷》第93卷，中华书局，1958年，第5654页。

尔无涉。我两国盟誓具在，可即遣使来。若谓辽人既不欲和，尔亦难以独和，则不必遣使。至今不惟不遣人来，且无一语相复，是以予切望之心，从此断绝也。尔等或以向日诈盟，自为得计，恐上天必不见佑。予纵可欺，上天岂可欺乎！况盟誓者，同此上天；称名者，各是国主。同盟之人，何论大小耶！今尔等果愿和好，可遣信使，持尔主玺书来，速与裁决，勿延时日。不然，予惟量力前进耳，夫复何言？今予此来，尔地方已遭残破，若再经此，城郭虽存，糇粮不继，民何所恃耶？尔等乃民之父母，明知强弱之形，已不相敌，而不念军民之涂炭，议和不允，其故何也？若谓古人有既盟而复毁者，因而效之，是特守株之见耳。古有盟而复毁者，亦有始终不变者，自宜随时权变也。如执迷不悟，干戈相寻，尔国之祸，何时已乎！既为民父母，不以民之疾苦，奏于朝廷，速议和好，但偷安窃禄，惟恐上之罪己，则尔之所谓大臣者，亦何益于民耶！予未尝不愿太平，值此炎暑，岂乐兴兵？皆尔等不赞成和议之所致耳。

皇太极将入塞攻掠的责任推卸给明朝。
同日，发布给明朝军民书。其书谕军民云：

予与尔明国构兵之故，非我所愿，止因辽东各官，欺侮难受，及上奏又壅蔽不达，故兴兵至此。冀尔主下询其由，岂知用兵多年，竟无一言相问。及予屡次致书，遣人议和，并不纳我使臣，亦不答书。前年临尔边地，秋毫无犯，结盟而归。予以诚心议和，毫无疑贰，誓诸天地。不意尔官吏阴怀诡诈，从前盟约，尽为尔君臣所毁。凡人盟誓，皆同此天，无论大小，称名各是国主，岂有可以轻弃之理耶？古云："下情上达，天下罔不治；下情上壅，天下罔不乱。"似此干戈不息，皆由汝官吏壅蔽下情，尔国君不愿议和所致。尔等父母妻子离散，无辜之民，死于锋镝，实非予之故，乃尔国君之过也。

是为第二书。皇太极将宣、大军民遭受残毁掳掠的不满，引向明朝皇帝和官吏。

第三书，十三日，给明代王的议和书。第四书，八月十五日，至大同，给明总兵曹文诏议和书。第五书，与上同日，给大同、宣府、阳和各官员书。第六书，十八日，派阵获明千总曹天良给明代王母杨氏议和书。此书报代王之母杨太妃曰：

朕曾遣使于各处议和，尔皇帝黜戮大臣，大臣畏惧，以致蒙蔽，不能上达。王母今遣使修好，诚属为国为民之意也！我此番进兵，原为情不得达，故入内地，蹂躏土地，扰累人民，以昭白我愿和不得和之故。下民怨恨，上天自鉴，此我进兵意也。已将此意作书，布告各处。今王母诚能主持和议，当速成之，勿延时日，缓一日，则民受一日之害；蚤一日，则民受一日之福。若和议果成，我兵不终日而出境矣。我若不思太平，专嗜杀戮，又何以服诸蒙古而统众兵也！予之议和，实出真诚，若稍有越志，独不畏上天乎！惟愿尔等，亦以至诚相待耳！①

皇太极想通过明代王之母杨氏，将其"议和书"奏报崇祯皇帝，实为空泛之想。城中将崇祯帝致后金的书信置于北楼口，文曰："满洲原系我属国，今既叛犯我边境，当此炎天深入，必有大祸。今四下聚兵，令首尾不能相救。我国人有得罪逃去，及阵中被擒，欲来投归者，不拘汉人、满洲、蒙古，一体恩养。有汉人来归者，照黑云龙养之；有满洲、蒙古来归者，照桑噶尔寨养之。若不来归，非死于吾之刀枪，则死于吾之炮下。又不然，亦被彼诬而杀之矣！"②

第七书，二十四日，给明崇祯皇帝书。第八书，与上同日，又给明王太监议和书。

①《清太宗文皇帝实录》第19卷，天聪八年八月辛未，中华书局影印本，1985年，第22～23叶。
②《清太宗文皇帝实录》第19卷，天聪八年八月丁丑，中华书局影印本，1985年，第24～25叶。

第九书，二十六日，给明总督张宗衡议和书。第十书，闰八月初三日，给明宣府王太监、吴太监议和书。

其实，议和之事，极为微妙，降金汉人王文奎曾向皇太极直言："汉人以宋时故辙为鉴，举国之人，俱讳言和。"①明朝官员，因为和事，罢官者有之，杀头者也有之，所以，明朝文武官员，对于皇太极的议和书，既不敢回书，更不敢奏报。

十书议和，盖然不报。出边时间较久，将疲兵怠马乏，皇太极下令，八旗军撤退。闰八月初七日，皇太极率军出尚方堡班师。

是役，天聪汗皇太极从五月二十二日出发，到九月十九日回沈，其间共计一百四十九天，仅攻克崞县、灵丘、保安和万全左卫等城，于阳和，于大同，或过而未战，或围而未下。皇太极此次亲征，深入至今河北省西北部及山西省北部，纵深至山西省中部，攻围大小城、镇、台、堡五十余座，"蹂躏宣、大逾五旬，杀掠无算"②，对宣府、大同地区，生命财产，破坏极大。袭击宣、大，震动京师。同时沿途收纳察哈尔林丹汗残部。

后金军所到之处，或"禾稼尽蹂躏，庐舍尽焚毁"；或"台堡之人，俘斩甚众"。兵部尚书张凤翼奏报："任（后金）游骑之抄掠，无能设伏歼除，所谓训练者安在？无事则若称缺饷，有警又自处无兵，招练无闻，只动呼吁，所谓精锋者又安在？"③明朝的边吏认为，金军只在掠夺，所以他们任其自便。明朝阁臣王应熊对崇祯帝说："山西崞县，虏止二十④骑，掠子女千余人。过代州，望城上亲戚，相向悲啼，城上不发一矢，任其饱掠以去。"⑤崇祯帝听后，为之顿足叹息。⑥

---

① 《清太宗文皇帝实录》第12卷，天聪六年八月丁卯，中华书局影印本，1985年，第12叶。
② 谷应泰：《明史纪事本末·东兵入口》第4册，中华书局，1977年，第1495页。
③ 《明档》第201号卷，第8号，中国历史第一档案馆藏。
④ 谷应泰：《明史纪事本末·东兵入口》作"二千骑"。
⑤ 谈迁：《国榷》第93卷，中华书局，1958年，第5660页。
⑥ 谷应泰：《明史纪事本末·东兵入口》第4册，中华书局，1977年，第1495页。

四 第四次破塞攻明掳掠

天聪九年即崇祯八年（1635），后金军入塞攻掠，是为皇太极第四次破塞攻明掳掠之役，事在乙亥年，又称乙亥之役。

此役有两个明显的特点：

其一，为解决后勤补给。皇太极派多尔衮、岳托、萨哈廉和豪格等率军，第三次征战察哈尔部林丹汗，时林丹汗已死，获其遗孀苏泰太后、其子额哲，以及其部众等，还获其传国玉玺"制诰之宝"，取得了决定性的胜利。多尔衮统领的回归队伍里，不仅有后金出征的大队人马，而且有林丹汗的遗孀、儿子及其部众。这些众多的人马、妇幼，其生活资源怎样解决？除打猎之外，主要靠抢掠。因此，多尔衮等在凯旋回师途中，破墙入塞，肆行掳掠。《八旗通志·初集》也作了记载：天聪九年即崇祯八年（1635）五月至七月，后金军在征察哈尔林丹汗回师的途中，"时岳托贝勒有疾，分兵驻守归化，萨哈廉同多尔衮、豪格两贝勒进略山西"[1]。

此役，《明史纪事本末》记载："建州兵入河套，收插汉全部。还趋朔州，略平远铁山堡。趋阳和，参将丁奎光遇之，把总赵科败没。趋神池，距代州十里，

---

[1]《八旗通志·初集》第129卷，东北师范大学出版社，1985年，第3548页。

逾代州不攻而去。寻分兵攻定襄，略五台。七月，出宣府境。"①谈迁记载后金军入塞后之攻掠亦略同：经山西阳和，趋神池，攻忻州，扰定襄，掠五台。②七月，在击败明朝各路守军与援兵之后，后金军于平鲁（虏）卫出塞，返回沈阳。

其二，关内与关外配合。一方面崇祯帝调动关外军增援关内，另一方面皇太极兵扰关外以策应关内。早在五月十四日，皇太极就指出，"我国出师诸贝勒，今大概业已进入大明山西地方"③。时皇太极派和硕贝勒多铎率军，在广宁（今北镇）、锦州一带骚扰④，以牵制明军，策应入塞和硕贝勒多尔衮军；而崇祯帝"不仅调动了本地的军队，并且也调来了辽东精兵以作支援"⑤。此役，满文档案作了记载：

> 满洲军三贝勒率兵出边时，命纳木泰、图尔格依二将，率章京六员、兵一千殿后。时明大同城守王姓总兵官属下兵，守宁远、锦州总兵官祖大寿援兵，共马步兵三千人出战，左翼主将图尔格依先见之，即行冲入，明兵皆遁，图尔格依乘胜掩杀，拥至边壕。满洲兵下马步战，击杀明兵甚众。为⑥满洲前兵堵截之明马步兵五百余人于一台上列营，满洲兵右翼将纳木泰见之，即行围攻，尽斩之。其马匹伤毙者甚多，满洲兵共获马三百。⑦

这次后金军破塞掳掠概况，《清太宗文皇帝实录》作了记载。和硕贝勒多尔衮，贝勒岳讬、萨哈廉、豪格等，回师途中，分为两部：

---

① 谷应泰：《明史纪事本末·东兵入口》第 4 册，中华书局标点本，1977 年，第 1495 页。
② 谈迁：《国榷》第 94 卷，第 5706～5707 页，中华书局，2005 年。
③ 《天聪九年档》，天津古籍出版社，1987 年，第 104～105 页。
④ 《清太宗文皇帝实录》第 23 卷，天聪九年五月壬申，中华书局影印本，1985 年，第 10 叶。
⑤ 沈一民：《清南略考实》，黑龙江大学出版社，2010 年，第 63 页。
⑥ 原译文衍一"为"字，引用时笔者删之。
⑦ 《清初内国史院满文档案译编》上册，光明日报出版社，1989 年，第 187 页。

其一，岳讬部。时贝勒岳讬有疾，分兵一千，驻营归化城（今呼和浩特市）。后金军抢掠"所得牲畜粮米，送至岳讬所"[①]。其时的抢掠，主要是供给岳讬部官兵生活费用所需。

其二，多尔衮部。多尔衮、萨哈廉、豪格三贝勒率众兵，并察哈尔林丹汗之子额尔克孔果尔额哲及其大臣，往略明山西一带，自平鲁（虏）冲入塞内。《清太宗文皇帝实录》记载："我军由朔州前发，有明宁武关参将，率兵五十名来探。我镶蓝旗前锋参领席特库击败之，杀十余人，参将中伤，领余兵遁走，我军直抵长城下。三贝勒遣前锋将领硕翁科罗巴图鲁劳萨，往毁长城。劳萨乘夜前往，遇明羊房口步兵出迎，击败之。次日，又败宁武关哨卒，斩十人，生擒二人，遂毁关，入略代州。大军于忻州驻扎，于是，三贝勒纵兵略忻州一带。又令右翼正黄旗喀迩喀玛，防御忻州。有敌兵千余，从忻州出战，我哨卒击败之。比我军将还，前锋参领苏尔德、安达礼，率四十人，伏于忻口，遇明往来哨卒三百人，败之，斩杀大半，获马六十匹。我军至忻口，明总督遣副将一员，领兵七百人，从代州来探。我左翼主帅固山额真图尔格，率诸贝勒所属护卫，自忻口追击至崞县，获马六十余匹。我军至黑峰口，劳萨击明游击下哨卒四十名，俱斩之，获马三十余匹。我军出长城，自应州赴平鲁卫。卫内有马步兵五百人，出城列阵，三贝勒即令右翼主帅正黄旗固山额真纳穆泰、图尔格，率兵破其阵，追击至城壕，明兵死者百余人。三贝勒率大军出边，令纳穆泰、图尔格，率章京十六员、兵千名殿后。有明大同城守王姓总兵属下兵，及宁远、锦州总兵祖大寿援兵，共马步卒三千人齐出。图尔格先见之，遂奋勇冲入，明兵皆溃，图尔格乘胜掩杀，拥至壕边，我军皆步战，击死明兵甚众。明溃兵马步约五百余人，复于台上列营，纳穆泰率兵围台奋击，尽歼其众，其马匹伤死者甚多，我军获马二百匹。"[②]

此役，清初内国史院满文档案作了记载：

[①]《清太宗文皇帝实录》第24卷，天聪九年八月庚辰，中华书局影印本，1985年，第10叶。
[②]《清太宗文皇帝实录》第24卷，天聪九年八月庚辰，中华书局影印本，1985年，第10～11叶。

吏部和硕墨尔根戴青贝勒，礼部和硕贝勒萨哈廉，汗之子和硕贝勒豪格等，率众兵携察哈尔汗之子额尔克孔果尔及其大臣等，往略明山西地方，自平鲁卫入。

时管镶白旗护军津博尔辉率二十人遇胡右卫兵二百人，击败之，生擒一人。是日，以所得牲畜粮米，遣人送至岳讬军。

我军由此前进，经过朔州时，宁武关参将率兵五十人来探，镶蓝旗前锋甲喇章京席特库遇而败之，杀十余人，参将中伤，领余兵遁走。

满洲兵抵长城后，满洲军三贝勒遣前锋将领硕翁科罗巴图鲁劳萨，往毁长城。巴图鲁硕翁科罗乘夜前往，时遇明羊房口步兵出迎，击败之。次日，击败宁武关哨卒，杀十人，生擒二人。于是，破关而入，略代州一带，众兵营于忻州。满洲军贝勒纵兵略忻州一带，令右翼正黄旗喀尔喀玛防御忻州。时有明兵千人自忻州城出战，满洲哨卒击败之。于是，满洲大军还，令前锋苏尔德依、安达礼率四十人伏于忻口，遇明往来侦卒三百人，击败之，杀之过半，获马六十。满洲大军至忻口后，明军门遣副将一员，率兵七百人，自代州城来探满洲兵情形。满洲军左翼主帅图尔格依率诸贝勒所属侍卫，自忻口追杀至崞县，获马六十余。

满洲大军抵黑峰口，前锋将硕翁科罗巴图鲁击败明游击下哨卒四十人，尽斩之，获马三十余。满洲军出长城，自应州城赴平鲁卫。时平鲁卫骑兵五百人，出城列阵，满洲军诸贝勒见之，令黄旗骑兵固山额真纳木泰、镶白旗图尔格依二将，率兵破敌阵，追击至城壕，明兵百余人被杀。……

满洲兵入明边内弛（驰）略，众军共俘获人口七万六千二百，出边与岳托（讬）贝勒会。①

---

①《清初内国史院满文档案译编》上册，光明日报出版社，1989年，第186~187页。

此役，后金军所攻略与所掳获，《清太宗文皇帝实录》记载：

> 是役也，我军入明边驰略，自平鲁卫入朔州，直抵长城，又经宁武关、代州、忻州、崞县、黑峰口、应州，而复还平鲁，斩击明兵六千余人，计俘获人口、牲畜七万六千二百有奇。乃出边与贝勒岳讬会于归化城。①

这次后金军入塞掳掠，当地人民损失惨重，八旗官兵掳获丰厚：

其一，掳获人口、牲畜七万六千二百余。上面所引文献，其掳获之数字，并不相同：《清太宗文皇帝实录》记载为"计俘获人口、牲畜七万六千二百有奇"；《八旗通志·初集》记载为"获俘人畜七万六千二百余"；而《清初内国史院满文档案译编》记载为"共俘获人口七万六千二百"②。后金军掳获的数字，常人与畜并计。这里应是掳获人口与牲畜的合计数字。

其二，另有掠获骆驼八十七峰、马一百五十四匹、貂皮六百二十余张。

其三，骚扰地区包括山西省大同地区，朔州地区的平房卫、应县，沂州地区的神池、宁武、忻州、定襄、崞县、五台等，还有今河北省张家口地区的宣府、沙河堡等。③较之第三次破塞攻明掳掠，更加深入内地。

总之，后金军第四次破塞攻明掳掠之役，虽仅在今张家口、大同、朔州、忻州地区等，但给当地居民造成生命与财产的巨大损失，也使明军受到一次新的打击。尔后，皇太极又发动第五次破塞掳掠之役。

---

① 《清太宗文皇帝实录》第24卷，天聪九年八月庚辰，中华书局影印本，1985年，第11叶。
② 《八旗通志·初集》第129卷，东北师范大学出版社，1985年，第3548页。
③ 《清太宗文皇帝实录》第24卷，天聪九年八月庚辰，中华书局影印本，1985年，第9叶。

五 第五次破塞攻明掳掠

崇德元年即崇祯九年（1636），清军耀兵于京畿，是为皇太极第五次破塞攻明掳掠之役。是年为丙子年，又称丙子之役。

后金在第二次迂道入塞和第三次迂道入塞的两年之间，发生两件军政大事：其一是征服察哈尔部，完成对漠南蒙古的统一。《国榷》记载："插部全收，建憨大悦。置酒高会，语其下曰：'南朝君骄而臣谄，兵弱而民穷，亡无日矣！'"上文中的"插部"即察哈尔，"建憨"即天聪汗皇太极。这为其进攻明朝，既增加了实力，又增强信心。其二是后金改国号为大清。此为明清关系史上重大的事件。

天聪十年即崇祯九年（1636）四月初五日，后金大贝勒代善，和硕贝勒济尔哈朗、多尔衮、多铎、岳讬、豪格等诸王贝勒大臣，恭请皇太极上尊号。和硕贝勒多尔衮捧满洲字表文，蒙古科尔沁土谢图济农巴达礼捧蒙古字表文，都元帅孔有德捧汉字表文，率诸王贝勒大臣请皇太极上尊号。十一日：

上以受尊号,祭告天地,受"宽温仁圣皇帝尊号"。建国号曰"大清",

改元为崇德元年。①

皇太极称皇帝,国号为大清,年号为崇德,这是满洲史上,也是清朝史上一件划时代的大事。崇德帝皇太极为这件大事及其相关事情忙了一个多月之后,便发动对明朝第五次大规模的迂道入塞的战争。

崇德元年即崇祯九年(1636)五月二十七日,皇太极御盛京皇宫翔凤楼,召集诸王贝勒大臣会议,宣布决定出师,迂道入塞攻明。与会者有:和硕睿亲王多尔衮、和硕豫亲王多铎、和硕肃亲王豪格、和硕成亲王岳讬、汉军固山额真石廷柱,以及出征的多罗武英郡王阿济格,多罗饶余贝勒阿巴泰,超品公、额驸杨古利,固山额真宗室拜尹图、谭泰、叶克书、阿山、图尔格、宗室篇古、额驸达尔哈等。他说:凡行师重大事宜,宜共同计议而行;攻城时,可取则取,不可取则不取;争论不决之事,听武英郡王阿济格剖断;进兵时多"慎始怠终",应引以为戒;攻城时尽量诱其出城,"汉人若出城,野战破之甚易"②。此外,就鼓励俘获事,专门作出规定:第一,此行若多所俘获,每牛录止派取男妇六人,牛二头;其附满洲牛录下蒙古贝勒之人,及内外新编入牛录内者,亦照此派取;如一无所俘获者,毋得派取。第二,军士或以所获之物私献本主,不得滥行收取,须与从征者均分之,其所取者亦不过金银、绸缎及堪用衣服而已。第三,吸取征宣、大时"师行甚缓,鲜所俘获"的教训,此番勿再缓行。第四,每旗出一官员,每牛录出一甲士,到长城边上,准备迎接俘虏,接到俘虏立即送回,勿以俘获之少,而不令送回。③

皇太极此次攻明,实际派两支军队,第一支由阿济格、阿巴泰率领,迂道近边,破墙而入,残毁京畿,抢掠财富;第二支由多尔衮、多铎、岳讬、豪格率领,向山海关进兵,以牵制关外明军。

---

① 《清太宗文皇帝实录》第28卷,天聪十年四月乙酉,中华书局影印本,1985年,第11~12叶。
② 《清太宗文皇帝实录》第29卷,崇德元年五月庚午,中华书局影印本,1985年,第9叶。
③ 《清太宗实录稿本》,抄本,中国国家图书馆善本部藏,第40~41叶。

三十日，崇德帝皇太极命多罗武英郡王阿济格、多罗饶余贝勒阿巴泰、超品公、额驸杨古利，固山额真宗室拜尹图及谭泰、叶克书、叶臣、阿山、图尔格、宗室篇古、额驸达尔哈等率军攻明。皇太极亲诣堂子行礼拜天，送至演武场，清攻明大军起行。

六月二十七日，阿济格、阿巴泰率军入边。清军分为三路：一路为两黄旗军，自巴颜德木地方攻入；一路为两白旗、正蓝旗军，自坤都地方攻入；另一路为两红旗、镶蓝旗军，自大巴颜攻入。时明朝已经得到清军将要入边的探报，作出相应的部署：布告居民，坚壁清野，商民入城，坚决固守。明军也做出对策："令固守城池，俟满洲兵出，务出奇计，或击其中，或击其尾。"清军入边后八日，相会于延庆州。延庆州（今北京市延庆区），明永乐十二年（1414）置隆庆州，隆庆元年（1567）因避"隆庆"之讳，改名为延庆州，直隶京师，在北京西北，距京师一百七十里。明设延庆右卫，卫在居庸关北口，后徙治怀来，直隶后军都督府。

七月初五日，清军阿山等率兵先攻长安岭堡和雕鹗堡，两堡均隶明万全都指挥使司，堡外为蒙古游牧地。前者，为嘉靖俺答入边的通道；后者，为永乐帝北征死于榆木川皇太孙迎灵处。两堡地形险峻，东西跨岭，"中通线道，旁径逼仄。"[1]时两城堡残破，明守军恃险而疏备。阿济格军攻破长安岭堡和雕鹗堡后，会师于京畿西北之延庆州。初六日，清军入塞内。清军先后击败明军七次，俘获人畜万余。清军入喜峰口，明巡山海、居庸二关御史王肇坤激众往御，力寡不敌，退保昌平。[2]

明廷闻报，京师戒严。先是，崇祯帝罢天启用宦官镇守监军；至是，崇祯帝仍然任用宦官监军镇守。他急令宦官李国辅守紫荆关，许进忠守倒马关，张元亨守龙泉关，崔良用守固关，力阻清军，卫守北京。但清军避开明军严密防守的隘口，经延庆，入居庸，向昌平，逼京师。崇祯帝以张元佐为兵部右侍郎镇守昌平，司

---

[1] 顾祖禹：《读史方舆纪要》第18卷，上海书店出版社影印本，1998年，第32叶。
[2] 谈迁《国榷》卷95载："建虏入喜峰口，巡关御史王肇坤死之。"《明史纪事本末·东兵入口》《明季北略》等书亦同。《崇祯实录》、《清太宗文皇帝实录》及《明史·王肇坤传》等，记载王肇坤死于清兵入昌平之战。

礼监太监魏国征守天寿山。魏国征当日起程,而张元佐迟至三日。崇祯帝对阁臣曰:"内臣即日行道,而侍郎三日未出,何怪朕用内臣!"①崇祯帝既忘记殷鉴,且自鸣得意。寻清兵进军居庸关昌平北路,大同总兵王朴驰援,斩杀清兵一千一百零四人,俘获一百四十三人。②清军虽受挫,仍挺进昌平。初七日,清军攻打昌平前,阿济格将曾被招降的二千人释放,使其诈称逃归做内应,巡关太监及御史王肇坤,未察其谋,开门引入。清军合二十旗攻城,火炮并发,毁其城楼,图尔格率兵登城,城里内应,遂克昌平,"肇坤被四矢两刃而死。丕昌出降"③。"总兵巢丕昌降,户部主事王桂、赵悦,提督太监王希忠等皆被杀"④。王桂(又作王一桂)因督饷昌平,城陷被执,不屈死之,其"妻妾子女暨家众二十七人悉赴井死"⑤。先是,明熹宗天启帝葬于天寿山的德陵。德陵在永陵东北一里处,其"殿楼门亭俱黄瓦"⑥。谈迁《国榷》记载,清军"焚天寿山德陵"⑦。昌平失陷,崇祯帝命文武大臣,分守都门。初八日,清兵进薄西山,攻巩华城。巩华城在昌平州南二十里,明初永乐帝北征,其后明帝上陵多驻于此。旧有行宫,正统时为水所坏,嘉靖时修复行宫,并筑城池环之,名曰"巩华",行宫在巩华城中。⑧巩华城为皇帝行宫,守将姜瓖以发炮却清军的进攻。清军驻营沙河、清河,掳掠西山,时清军谋南下,继"诈降"之后,又行反间计,利用在己巳之役中俘获而逃归的黑云龙作"反间"。据载:"诈遗我副总兵黑云龙书约内应。以云龙勇敢,先陷虏脱归,欲计去之。上知其诈,召谕云龙,尔第安之。朕悉虏计,对群臣焚之矣!尔且诱之入,亦一机也。云龙出,

---

① 《崇祯实录》第9卷,崇祯九年八月庚辰,台北历史语言研究所校勘本,1962年,第12叶。
② 谈迁:《国榷》第95卷,六月辛丑,中华书局,1958年,第5746页。
③ 《明史·王肇坤传》第291卷,中华书局点校本,1974年,第7465页。
④ 《崇祯实录》第9卷,崇祯九年七月己酉,台北历史语言研究所校勘本,1962年,第10叶。
⑤ 《明史·王肇坤传附王一桂传》第291卷,中华书局点校本,1974年,第7465~7466页。
⑥ 顾炎武:《昌平山水记》上卷,北京古籍出版社,1980年,第9页。
⑦ 谈迁:《国榷》第95卷,中华书局,1958年,第5747页。
⑧ 光绪《昌平州志》第3卷上,北京古籍出版社,1998年,第55页。

设伏西山之北隅诱之，果斩获。建虏知中计，走良乡。"① 十日，清兵屯沙河，抄河南而出。明兵部传檄征调山东总兵刘泽清五千人，山西总兵王忠、猛如虎四千人，大同总兵王朴、保定总兵董用文各五千人，辽东前锋总兵祖大寿一万五千人，关宁蓟密各总兵祖大乐、李重镇、马如龙共万七千人，总计五万一千人入援。② 十五日，清军克宝坻，杀知县赵国鼎。③ 兵部尚书张凤翼因皇陵震惊、坐视不救，遭到疏劾。凤翼心惧，自请督师。二十一日，"兵部尚书张凤翼自请总督各镇援兵出师，许之。赐尚方剑，给万金，赏功牌五百。监视关宁太监高起潜为总监，南援霸州。辽东前锋总兵祖大寿为提督，同山海总兵张时杰属起潜，给三万金，赏功牌千，购赏格"④。

清军按照皇太极的谕令，不占据城池，进行残毁掠夺，未在沙河、清河久驻，继续南进。⑤ 清军两黄、两红、镶蓝、蒙古共十旗兵，合攻定兴。时明辞职家居江村的前光禄寺少卿鹿善继等，由村进城，登城坚守，七日城破，清兵以力胁降，"提刀索衣"，善继不屈，破口大骂："天朝鹿太常衣，肯覆羯狗奴耶！"清兵怒甚，连砍三刀，复射一矢，鹿善继仍骂不绝口，伤重而死，年六十二。⑥ 时"中原士大夫，非望风而走，则髡发以降"；鹿善继等尽管"捧一篑以塞溃川，挽杯水以浇烈焰"⑦，却表现出志士仁人的可贵骨气。清兵继陷房山（今北京市房山区）⑧，杀典史孟增秀。

---

① 谈迁：《国榷》第95卷，中华书局，1958年，第5748页。
②《崇祯实录》第9卷，崇祯九年七月壬子，台北历史语言研究所校勘本，1962年，第10～11叶。
③ 谷应泰：《明史纪事本末·东兵入口》第4册，中华书局，1977年，第1496页。
④《崇祯实录》第9卷，崇祯九年七月癸亥，台北历史语言研究所校勘本，1962年，第11叶。
⑤ 计六奇《明季北略·大清兵入塞》，光绪十三年（1887）上海图书集成印书局本，七月、八月干支系日换算有错：七月"初六丁未"应作"初五丁未"，"初八己酉"应作"初七己酉"，"十六丁巳"应作"十五丁巳"，"二十二癸亥"应作"二十一癸亥"，八月"二十日辛丑"应作"二十日辛卯""三十辛丑"等。
⑥《鹿公墓志铭》，载《鹿忠节公年谱》，清刻本。
⑦ 计六奇：《明季北略》第12卷，光绪十三年（1887）刻本，第4叶。
⑧《崇祯实录》第9卷，崇祯九年七月癸亥，台北历史语言研究所校勘本，1962年，第11叶。

八月，清军分兵，攻掠畿南一带。明军与清军激战于涿州（今河北省涿州市）。在畿南，明军五万驻琉璃河，辽东总兵王威并三屯营兵会涿州。初五日，明总兵王朴败清军于涿州，斩二百余级。①清军涿州失利，初六日转攻固安，不克。初八日，清军陷文安。寻陷永清。分攻漷县（今属北京市通州区）、遂安、雄县。②清军图尔格、萨穆什喀两旗攻克雄县。③初九日，明督师兵部尚书张凤翼、宣大总督梁廷栋及总监高起潜，小败清军于涿州南，斩三百余级，清军攻锋受挫。十四日，转攻香河，回涿州。同日，清军达尔哈、达赖二旗合克顺义（今北京市顺义区），顺义知县上官荩兵败自经。④十五日，清军知明大军在卢沟桥（今北京市丰台区境）一带，"趋东北，至怀柔、大（文）安，入西和"⑤。清军镶红旗攻克文安。同日，"建房自香河，趋河西务"⑥。十九日，清兵分屯密云（今北京市密云区）、平谷（今北京市平谷区），后攻陷城堡甚多。⑦"寻复掠雄县而北。遍蹂畿内，攻略城堡。"⑧其时，清军两黄、两红、两白等十旗合攻宝坻，守城明军顽强抵御，叶臣等穴其城，攻克之。⑨此外，在畿南保定府地带，清官方文献记载：拜尹图一旗军独克安肃县，叶臣一旗军独克安州，阿山一旗军独克东安县，萨穆什喀、苏纳二旗合陷容城。⑩

阿济格、阿巴泰率领清军，由北京西北，而正北，而西南，而东南，再东北。清军遍蹂躏京畿州县，攻陷城堡，焚毁村庄，掳掠财物，屠杀官民。转向东北，准备回师。三十日，明督师兵部尚书张凤翼自京出，总督宣大梁廷栋自南至，俱

---

① 谈迁：《国榷》第95卷，中华书局，1958年，第5754页。
②《崇祯实录》第9卷，崇祯九年八月丙子，台北历史语言研究所校勘本，1962年，第12叶。
③《清太宗文皇帝实录》第31卷，崇德元年九月乙卯，中华书局影印本，1985年，第4叶。
④ 谈迁：《国榷》第95卷，中华书局，1958年，第5755页。
⑤《崇祯实录》第9卷，崇祯九年七月乙酉，台北历史语言研究所校勘本，1962年，第12叶。
⑥ 谈迁：《国榷》第95卷，中华书局，1958年，第5755页。
⑦《崇祯实录》第9卷，崇祯九年八月辛丑，台北历史语言研究所校勘本，1962年，第12叶。
⑧ 谷应泰：《明史纪事本末·东兵入口》第4册，中华书局，1977年，第1496页。
⑨《清太宗文皇帝实录》第31卷，崇德元年九月乙卯，中华书局影印本，1985年，第4叶。
⑩《清太宗文皇帝实录》第31卷，崇德元年九月乙卯，中华书局影印本，1985年，第4叶。

踵之，不敢击。张凤翼屯驻迁安之五重安，从邓林奇之计，固垒自守。时清军出建昌冷口，守将崔秉德主张力守，请率兵遏其归路，但总监高起潜令半渡击之。名为截击，实望速归，不敢邀战，而阴纵之。永平监军刘景辉①忿之，欲自身战，士民挽之。不听，率兵战于迁安枣村河。深夜袭击，杀一二百人。督师"凤翼在五重安，经旬不出"②。

先是，八月十二日，皇太极估计阿济格所属八旗将士抵达长城，为减轻明军对这支军队的压力，决定派遣和硕睿亲王多尔衮、和硕豫亲王多铎、多罗贝勒岳讬、豪格等，其行动是配合武英郡王阿济格乘隙从容出边。兵分两翼，先后启行：和硕睿亲王率右翼兵由中后所入，和硕豫亲王率左翼兵由锦州入。③九月初九日，"清兵攻山海关之一片石、红山沟，山永巡抚冯任御却之"④。

九月初一日，清军携带所掠取的大批人畜物资，从容出冷口（今河北迁安东北）东归。《国榷》记载：

> 建房出冷口，掠我子女，俱艳饰乘骑，奏乐凯归。斫塞上木白而书曰："各官免送！"凡四日乃尽。侦骑拾其遗牌，亦书"各官免送"！高起潜度退尽，始进石门山，报斩三级。⑤

清军退出冷口后，明兵部尚书、督师张凤翼，兵部侍郎、宣大总督梁廷栋，相继死去，又相继论罪。初二日，"督师兵部尚书张凤翼卒于行营。或曰：'惧罪饮药也！'"⑥。初十日，总督宣大兵部右侍郎梁廷栋被免官。寻梁廷栋也死。

---

① "辉"：《国榷》作"耀"。
② 《崇祯实录》第9卷，崇祯九年八月辛丑，台北历史语言研究所校勘本，1962年，第13叶。
③ 《清太宗文皇帝实录》第30卷，崇德元年九月乙卯，中华书局影印本，1985年，第3叶。
④ 《崇祯实录》第9卷，崇祯九年九月庚戌，台北历史语言研究所校勘本，1962年，第13叶。
⑤ 谈迁：《国榷》第95卷，中华书局，1958年，第5757页。
⑥ 《崇祯实录》第9卷，崇祯九年九月癸卯，台北历史语言研究所校勘本，1962年，第13叶。

梁廷栋，万历进士，留心边务，喜好谈兵。廷栋以兵部右侍郎兼右都御史，总督宣府、大同、山西军务。此次清军由间道逾天寿山，克昌平，逼京师，其山后地域，为廷栋军事防区，命廷栋戴罪入援。及出御敌，一筹莫展，遂郁以殁。

张凤翼，万历进士，历官主事、参政、巡抚、尚书等。先是，孙承宗曾上疏斥他"才鄙而怯，识暗而狡，工于趋利，巧于避患"①。至是，兵部尚书张凤翼惧罪，自请督师。己巳之役，兵部尚书王洽下狱死，复坐大辟。王洽前鉴，凤翼自知，"凤翼知不免，日服大黄药，病已殆，犹治军书不休。至八月末，都城解严，凤翼即以九月朔卒。已而，议罪夺其官"②。张凤翼、梁廷栋二人，身负重任，畏敌如虎，临阵怯战，京畿多遭残破，屡被言官弹劾。"两人益惧，度解严后，必罹重谴，日服大黄药求死"。至九月初一日，凤翼卒。"逾旬日，廷栋亦卒。已，法司定罪，廷栋坐大辟，以既死不究云。"③

崇祯帝在此次丙子之变中，格局偏隘，心胸狭窄。其一，明唐王朱聿键"率护军千人勤王，汝南道周以典止之，不听。至裕州，巡按御史杨绳武以闻，命劝阻还国"④。后废唐王聿键为庶人，因"以前擅兵入援也"⑤。其二，御史金光宸参劾督师张凤翼及镇守通州兵部右侍郎仇维桢，"首叙内臣功为借援，又请罢内臣督兵"。崇祯帝于平台召见时大怒，命"锦衣卫褫冠服，下诏狱"⑥。时大风雷电，光绕御座，崇祯帝怕上天示警，命释放之，候旨议谪。崇祯帝不善听取不同建言，不愿利用一切力量，共同对敌，维护江山。

清军第五次迂道入塞之战，从阿济格奉命率军五月三十日起行，攻克明边墙隘口，长驱而入，残毁京畿地区，至九月初一日过冷口东归，二十八日返抵沈阳，

---

① 《明史·张凤翼传》第 257 卷，中华书局点校本，1974 年，第 6632 页。
② 《明史·张凤翼传》第 257 卷，中华书局点校本，1974 年，第 6635 页。
③ 《明史·梁廷栋传》第 257 卷，中华书局点校本，1974 年，第 6628 页。
④ 《崇祯实录》第 9 卷，崇祯九年八月壬申朔，台北历史语言研究所校勘本，1962 年，第 11 叶。
⑤ 《崇祯实录》第 9 卷，崇祯九年十一月，台北历史语言研究所校勘本，1962 年，第 16 叶。
⑥ 张岱：《石匮书后集》第 1 卷，中华书局，1960 年，第 17 页。

总共为一百二十二天,即四个月的时间。其中在塞内时间,从六月二十七日入边,到九月初一日出边,总计六十六天。其间,清朝与明朝,喜忧相悖,各有评论。

清朝多罗武郡王阿济格等奉表报捷称:"宽温仁圣皇帝命统领大军,往征明国。仰蒙上天眷佑,皇上德威,攻克明国边城,长驱而入,燕京附近疆土,纵兵驰突。凡克城十二,摧敌阵五十八,俘获人畜十八万,生擒总兵巢丕昌等。我国出征将士,全军奏凯而归。"①

明朝"以二州八县生灵,结一饱飏之局"②。实际上岂止"二州八县"? 时明朝顺天府属五州二十二县,或被蹂躏,或遭残毁,城镇村庄,官民百姓,全遭劫难,几无幸免,甚且波及保定府属安肃、定兴、雄县,以及延庆州、保安州等。总之,京畿地区,东西南北,铁骑践踏,似无完土。这是自己巳之后,北京受到最严重的骚扰。明前工部右侍郎刘宗周上言:"自己巳以来,无日不绸缪未雨,而天下祸乱一至于此。往者袁崇焕误国,其他不过为法受过耳。小人竞起,而修门户之怨。举朝士之异己者,概坐焕党,次第置之重典,或削籍去。自此小人进而君子退,中官用事而外廷浸疏,朝政日隳,边政日坏。今日之祸,实己巳酿成之也!"又言:"臣于是知小人之祸人,国无已时也。皇上恶私交,而臣下多以告讦进;皇上录清节,而臣下多以曲谨容;皇上崇厉精,而臣下奔走承顺以为恭;皇上尚综核,而臣下琐屑吹求以示察——窥其用心无往不出于身家利禄。皇上不察而用之,则聚天下之小人立于朝,而有所不觉矣。人才之不竞也,非无才之患,而不能用才之患也。今天下即称乏才,亦何至尽出一二中官下,每当缓急之际,必倚以大任,三协有遣,通津临德有遣,又重其体统等于总督,中官、总督,将置总督于何地? 总督无权,将置抚按于何地? 是以封疆尝试也。且小人与中官每相引重,而君子独岸然自异,故自古有用小人之君子,终无党比中官之君子。皇上诚欲进君子退小人,而复用中官以参制之,此今日国士品之所以日坏也。呜呼,八年之间……仰惟皇上,

---

① 《清太宗文皇帝实录》第31卷,崇德元年九月己巳,中华书局影印本,1985年,第7叶。
② 《崇祯实录》第9卷,崇祯九年十月壬申朔,台北历史语言研究所校勘本,1962年,第14叶。

念乱图存，首以退小人进君子，挽回世道，仍急罢三协通津之使，责成中外诸臣，各修职业。"① 其结果是："疏入不报。"

谈迁亦曰："张凤翼自请出师，盖惧为丁汝夔之续耳。以枢臣之重，提衡诸将，何所不得志！而参以总阉，分其节制，权且掣矣。然枢臣所统卒，度不下一二万，足当一面。纵敌饱飏，则又不当委罪总阉也。建虏善用兵，分掠则未知其众寡，且隰出莫测。及出塞，则大部俱返。虽捆载而行，必精兵殿后。然雏视我兵，恋辎重，有生之志，无死之心。其便可击，而甘受巾帼之名。失此良会，若辈真有胸无心者矣！高起潜云'半渡而击'，欲纵虏自免，猾阉之习。其后而三尺法，尝行于制阉，终不及总监，亦何以令阃外作其气哉！夫建虏日强，昨岁全收插部，更无西顾之虞，且资其众，日见雄长。闻插部全收，建憨大悦，置酒高会，语其下曰：'南朝君骄而臣谄，兵弱而民穷，亡无日矣！'噫！堂堂中国，为建虏所窃料如此，而当事漫不加意。前失于坐视插部，不为笼驭；今失于惰归，令彼狃为坦道也。边事积窳，欲毋以国与敌得乎！可胜叹哉！可胜叹哉！"②

清军出塞之时，高马艳饰，奏乐凯归，砍木白书，"各官免送"；明朝总兵剃发投降，总督一筹莫展，尚书日服大黄，皇帝则惩处唐王——明军已败而复败，清军已胜而再胜。

---

① 《崇祯实录》第9卷，崇祯九年十月壬申朔，台北历史语言研究所校勘本，1962年，第14～15叶。
② 谈迁：《国榷》第95卷，中华书局，1958年，第5757页。

六 第六次破塞攻明掳掠

崇德三年即崇祯十一年（1638），清军兵至山东，攻占济南，翌年还师，是为皇太极第六次破塞攻明掳掠之役。兴师年为戊寅年，又称戊寅之役。

皇太极在第五次与第六次迂道入关攻战之间，远征朝鲜，取得胜利，订立"君臣之盟"。由是，皇太极在其西翼臣服察哈尔，又在其东翼臣服朝鲜，"蒙古已尽入我版图，朝鲜又为我侯服"①，解除南战明朝的他顾之忧，得以集中兵力，专事攻入塞内。

崇德三年即崇祯十一年（1638）八月二十三日，皇太极命和硕睿亲王多尔衮为大将军，多罗贝勒豪格、多罗饶余贝勒阿巴泰为副，统领左翼军，由青山关（今河北省秦皇岛市抚宁境）入边；以多罗贝勒岳托为扬武大将军，多罗安平贝勒杜度为副，统领右翼军，从墙子岭口（今北京市密云境）入边，分左右翼，两路进兵，约定于通州会合后南下。皇太极发动了第六次迂道入塞攻明之战。

皇太极宣布攻明的理由："征伐非朕所乐为也，朕常欲和，而明不从，是以兴师耳。"将战争的责任完全推卸给明朝。他宣示军律：第一，凡亲王、郡王、贝勒、

---

① 《清太宗文皇帝实录》第45卷，崇德四年三月己巳，中华书局影印本，1985年，第24叶。

贝子，临阵时若七旗王、贝勒、贝子败走，一旗王、贝勒、贝子拒战，则将七旗之七牛录人员给予拒战之一旗，若七旗王、贝勒、贝子拒战，一旗王、贝勒、贝子皆败走，即把败走旗所属人员均分给七旗，若一旗内拒战者半、败走者半，即以败走者所属人员，给予本旗拒战者。第二，野战时，本旗大臣率本旗军下马立，王、贝勒、贝子等率护军乘马立于后。第三，对阵时，王、贝勒、贝子、大臣，不按队伍轻进，见敌寡妄自冲突者，夺其所乘马匹及俘获人口。第四，两军相对，必整齐队伍，各按汛地，从容前进。如擅离本队，随别队而行，擅离本汛地，由他汛而入，及众军已进，而独却立观望者，或处死，或籍没，或鞭责，或革职，或罚银，酌量治罪。第五，敌人不战而逃时，宜用精兵、骁骑合力驰击，护军统领不得前进，止宜领纛，整伍分队，以蹑其后。倘追兵遇敌伏，或于蹑追时，遇敌旁出，护军统领可亲击之。第六，大军起营时，各按牛录旗纛，整队而行。若有一二人离队往来，寻索遗物及酗酒者、喧哗者，皆加罪处罚。第七，一切军器都书写姓名，马必系牌印烙。不印烙者，罚银二两；箭无姓名者，罚银二十两。第八，入敌境若有人离营私掠被杀者，妻子入官，仍治本管章京罪。第九，勿毁寺庙，勿妄杀平民，勿剥取被俘获人的衣服，勿离散其夫妇，勿贪掠财物，勿用俘获之人看守马匹，勿食熟食，勿饮酒，有不遵者，依律治罪，等等。[1]

二十七日，岳托率右翼军先行。九月初四日，多尔衮率左翼军继行。清两翼大军出发后，皇太极谕诸王贝勒大臣曰："明人闻我二路进兵，则山海关以东宁远、锦州兵，必往西援。朕率和硕郑亲王济尔哈朗及固山贝子大臣，亲统大军，前往山海关一带，牵制其援兵。"[2] 后皇太极亲统大军，从义州渡大凌河后，在这一带进行牵制。

九月二十二日，岳托率右翼军从密云北边墙子岭口，拆毁长城，突破明边。先是，岳托捉获明军哨卒，得知"墙子岭坚固不可入，且密云总督率兵来援，惟

---

[1] 《清太宗文皇帝实录》第43卷，崇德三年八月癸丑，中华书局影印本，1985年，第15~18叶。
[2] 《清太宗文皇帝实录》第43卷，崇德三年九月壬申，中华书局影印本，1985年，第27叶。

岭东西两旁高处可以越入"①。岳讬决定，分兵四路，同时前进。第一路由护军统领图赖为帅，带兵从岭右侧逾越高峰入边。第二路由阿代等统兵从距岭五里与十五里间高山上突入。第三路由谭泰等率领距阿代十五里高峰无边墙处突入。第四路由巴特玛等率蒙古军及汉军从东小门平坦处举火炮、树云梯攻入。墙子岭属蓟镇，在密云东北②，设有关城，"洪武年建"。③虽地势开阔，道路平漫，却关城坚固，重兵防守。关城两侧，高山突兀，陡壁断立，地形险隘。清军登山涉险，蚁附而上。墙子岭路守将为明总兵吴国俊，时正与蓟辽总督吴阿衡等，给监视内监邓希诏贺寿④，交觥饮酒，毫无戒备。闻警，国俊仓猝而回，调御失措，败走密云。总督蓟辽兵部右侍郎吴阿衡，酒醉未醒，提兵应援。见清军入边，率数百人，退入墙子岭堡内。阿衡将马步兵，分为三队，依岭立寨，俱为清军所败，吴阿衡败殁。⑤二十八日，多尔衮率左翼军从董家口东青山关西二里许，毁墙而入，攻进塞内。董家口（今河北省秦皇岛市海港区驻操营镇董家口村境）为长城重要关隘，关口地较平缓，河谷大路宽敞，为长城内外重要通道，朵颜、泰宁、福余三卫袭扰塞内，往往出没于此。但长城险峻，关城石筑，垣高城坚，敌台林立，防守严密，不易突入。其东二十里，有青山关口，《读史方舆纪要》载自喜峰口至青山口⑥，凡七口。先是，"万历初，朵颜犯喜峰，戚继光勒兵出青山口败之"⑦。这段长城关隘，为蒙古进出通径。边墙破坏，残垣矮墙，布兵分散，守御空虚，岳讬率军破墙而入后，明青山关二百守军，调往增援，其附近董家口、青山营、青山关三处人民，

---

① 《清太宗文皇帝实录》第44卷，崇德三年十月丁酉，中华书局影印本，1985年，第3叶。
② 顾祖禹：《读史方舆纪要》第11卷，上海书店出版社影印本，1998年，第28叶。
③ 《四镇三关志·蓟镇形胜》第2卷，清抄本，第34叶。
④ "邓希诏"：《国榷》作"鄞希诏"，《明史·杨嗣昌传》《明史纪事本末·东兵入口》亦作"邓希诏"。
⑤ 谷应泰：《明史纪事本末·东兵入口》第4册，中华书局，1977年，第1498页。
⑥ 《明史·卢象升传》"九月，大清兵入墙子岭、青山山"云云。《明史·杨嗣昌传》亦作"青口山"。"青口山"，《清太宗文皇帝实录》《读史方舆纪要》作"青口""青口关""青山口"等。
⑦ 顾祖禹：《读史方舆纪要》第11卷，上海书店出版社影印本，1998年，第30叶。

得闻警报，弃城逃走。多尔衮军登山，由边墙残缺处，毁墙而入。清军"乘其无备，不伤一人，得其边境，毁墙而进，莫敢撄锋"①。

岳托军破墙子岭后，等待多尔衮大军。于是，薄丰润，向通州。明辽东副总兵丁志祥、窦濬等率兵来援，夜战，斩十九级②，力不能御，失利而退。清兵两路大军，在京郊通州会师，然后沿京师城北部，迂回至涿州。清军以"宽正面、大纵深"③之势，分兵八路，横行南下：东路沿京杭大运河，西路沿太行山东麓，其余六路，在山河间，由北向南，纵兵并进，北京以西，太行以东，燕山之南，空旷原野，千里平川，清军骑兵，扬鞭驰突，沿途所过，六府城镇，皆被攻掠。

与此同时，皇太极为使迂回关内和进攻宁、锦相配合，后援此次远征军，长驱深入，冀打通山海关通道，率济尔哈朗、多铎等大军向山海关进发。时明崇祯帝三次调前锋总兵祖大寿，祖逗留不前。第四次征调，祖大寿才于十月二十二日，从锦州到宁远。后金军跟进，祖大寿往驻中后所（今辽宁省绥中县）。后路大军过大凌河西进。皇太极于十一月初一日，命和硕豫亲王多铎往会和硕郑亲王济尔哈朗。在中后所地方，遭遇祖大寿军之强烈抵抗。《清太宗文皇帝实录》记载："和硕豫亲王多铎，率本部兵往会和硕郑亲王济尔哈朗。将过中后所，会明总兵祖大寿闻我兵征燕京，率兵往援至其城，遂以兵来袭多铎兵后。土默特部落俄木布楚虎尔，及满洲兵甲喇章京翁克等率众先奔，护军统领哈宁噶、甲喇章京阿尔津、俄罗塞臣等，且战且退。固山贝子博洛向前迎击，乃却之。多铎兵阵没者九人，失马三十匹，多铎收兵不战，即于是夜至济尔哈朗营。济尔哈朗等闻之忿甚，次日同多铎率兵复至中后所。"④《沈阳状启》却不同记载："皇帝西行时，祖大寿在中路结阵，十王以五百轻骑冲犯阵前。祖将大军四面围住，扑战良久。后稍开一路，

---

① 《清太宗文皇帝实录》第44卷，崇德三年十月戊戌，中华书局影印本，1985年，第6叶。
② 谈迁：《国榷》第96卷，中华书局，1985年，第5819页。
③ 邱心田、孔德骐：《中国军事通史·清代前期军事史》，军事科学出版社，1998年，第84页。
④ 《清太宗文皇帝实录》第44卷，崇德三年十一月己未朔，中华书局影印本，1985年，第13叶。

则十王仅以彼百余骑突阵而出，而军兵折损者过半，被擒者亦多。"①上述"十王"应作"十五王"，为多铎，是知多铎兵败。尔后祖大寿不敢称其功，清人亦讳其败，故明清两方记载皆失其实。初四日，皇太极驻连山（今辽宁省葫芦岛市连山区）。初五日，皇太极至中后所。皇太极连发两书招降祖大寿，大寿拒降。皇太极见策应左右翼大军入塞作战目的已经完成，其先锋受挫，车驾回至沈阳。②

清军左右翼大军破边墙，入蓟镇。明廷闻报，举朝震惊。崇祯帝急调各地兵马勤王：征辽东前锋总兵祖大寿入援；命宣大总督卢象升率总兵杨国柱、虎大威进易州出其右；移青州、登州、莱州、天津之兵出其左；檄总兵刘泽清以山东兵遏其前；总督高起潜部为机动应援；又令孙传庭与总督洪承畴合兵十五万俱出潼关入援。但清军未攻北京，而挥师南下。

十一月初九日，清军自涿州陷定州后，进围高阳。县令雷觉民闻警先逃，辞官告老还乡原明大学士、兵部尚书、督师孙承宗，本无守土之责，却督率全家儿孙和全城乡民，登城守御，誓死不降。他们拆房梁作滚木、搬石阶作礌石，以秫秸裹火药，阻击清军登城。十二日，寡不敌众，高阳城破，承宗被俘，拒不降清。他对劝降的清官道："我天朝大臣，城亡与亡，死耳，无多言！"孙承宗望阙叩拜，投缳而死，年七十六。其子孙二十人及其妇孺共三十余人，都不屈而死。唯其长子孙铨因在外地做官，六龄孙之澧因栖于草丛而幸免于死。③接着，清军连下真定府属衡水、武邑、枣强，广平府属鸡泽，顺天府属文安、霸州，河间府属阜城，进围陷广平府属威县，杀邑人原翰林王建极。至顺德府属内丘，知县高翔汉力守十余天，清兵始退。

十二月初，命大学士刘宇亮督察各镇援兵，夺卢象升尚书衔，以侍郎督师。卢象升"锐志合兵，将伺其隙"，合兵夹击之；崇祯帝不允，只得分兵，驰援真定。

---

① 《沈阳状启》，仁祖十六年（1638）十二月十一日，辽宁大学历史系铅印本，1983年。
② 《清太宗文皇帝实录》第44卷，崇德三年十一月丙戌，中华书局影印本，1985年，第23叶。
③ 余三乐：《孙承宗传》，北京燕山出版社，2000年，第256页。

卢象升从涿州进据保定，命令诸将分道出击。清兵又攻克顺德府属平乡、南和、沙河，真定府属元氏、赞皇、临城、高邑，河间府属献县等城镇。然后分兵三路深入：一由易州趋真定，一由新城趋河间，一由涿州趋巨鹿。兵锋锐盛，势不可当。卢象升名督天下兵，实不及二万，且其兵既分散又贪猾，所亲率兵仅五千。战庆都，获小胜。十一日，卢象升率部进至巨鹿①南贾庄。时东阁大学士、掌兵部事杨嗣昌与监督太监高起潜主和，卢象升主战，议不合，相交恶。②象升所行，受到扼制。

卢象升，宜兴人，天启二年进士。虽文士，善骑射，娴将略，募兵训练，号"天雄军"。临阵冲杀，身先士卒，同农民军作战，屡出奇制胜，被任命为宣府、大同、山西总督。时遭父丧，身着麻衣，奉诏督师。召宣府、大同、山西三总兵杨国柱、王朴、虎大威入卫，由象升督援兵。平台陛见，陈"三可忧：山陵，国脉也；通、德二仓，国储也；腹地空虚，国腑藏也"③。由于杨嗣昌主和作梗，中枢掣肘，卢象升作战方略难以实现。象升在"分疲卒五千，大敌西冲，援师东隔，事由中制，食尽力穷"④的困境下，晨出帐，身戴孝，披麻衣，拜将士，誓言曰："吾与尔辈并受国恩，患不得死，勿患不得生！"⑤五千将士，失声号泣。于是，卢象升下令拔寨进兵，兼程至蒿水桥，与清兵相遇，总兵王朴先逃，卢象升将中军，虎大威率左翼，杨国柱率右翼，与清兵展开激战。半夜以后，气氛悲壮。清骑兵至，连围三重，卢象升军以"刃必见血，人必带伤，马必喘汗"⑥之精神，麾兵迎战，声动天地，交锋六时，炮尽矢绝。虎大威挠其马，想突围冲出。卢象升道："虎将军，今吾效命之秋也！"招后骑冲进，奋力督战。清军围攻益急，象升身中四矢、三刃，仍手击数十人，后因马蹶，仆地遇害，年三十九。属下杨陆凯恐清兵残其尸，而

---

① "钜鹿"，《圣武记》中华书局点校本误作"银鹿"。
②《明史·杨嗣昌传》第252卷，中华书局点校本，1974年，第6513页。
③ 张岱：《石匮书后集》第15卷，中华书局，1959年，第117页。
④《明史·卢象升传》第261卷，中华书局点校本，1974年，第6764页。
⑤ 谷应泰：《明史纪事本末·东兵入口》第4册，中华书局，1977年，第1501页。
⑥ 谈迁：《国榷》第96卷，中华书局，1958年，第5820页。

伏其上，背负二十四矢而死，象升中军，全部覆没。虎大威、杨国柱等，溃围逃脱。①

卢象升战殁后，大学士、首辅刘宇亮自请往前线督察，过安平得报清军将至，急趋晋州躲避。知州陈宏绪闭门不纳，宇亮欲以军法从事，宏绪传语给宇亮曰："督师之来，以御敌也！今敌且至，奈何避之？刍粮不继，责有司；欲入城，不敢闻命！"②知州陈宏绪将避敌逃生的大学士、宰相刘宇亮拒之城外。守御抗击者另如吴桥训导刘廷训，时清军近城，知县李綦隆缒城逃走，廷训登城同兵民泣守，坚持三昼夜。"廷训中流矢，束胸力战，又中六矢乃死。"③

崇德四年即崇祯十二年（1639）正月，清兵自顺德（今河北省邢台市）、大名转至山东。先是，明兵部尚书杨嗣昌错估形势，认为清军必经德州，自济南调兵援德州，而济南空虚，疏于戒备。多尔衮却绕开德州，经临清，渡运河，一趋高唐，一趋济宁，急驰南下，合指济南。城守官告急，杨嗣昌无应，大将祖宽观望，山东总兵倪宠援抵德州而返，巡抚颜继祖则奉命移德州。至是，清兵猝至，济南被围。清兵梯城而上，明军惊骇逃溃。初二日，济南陷。清兵攻下济南后，明左布政使张秉文、巡按御史宋学朱、知府苟好善、副使周之训、参议邓谦等死之，德王朱由樞被执。时周之训见城破，"望阙再拜，与妻刘偕死，阖门殉之"④。邓谦战死于城上，其"族戚偏从，死者四十余人"⑤。府城济南，惨遭焚毁。史载：济南城内外积尸达十三万具。⑥时督师大学士刘宇亮与陈新甲率各镇勤王兵，只尾随清军而行。清军陷济南后，取东平，下莘县，复至济宁、临清、固城，分兵克营丘、馆陶。接着又取庆云、东光、海丰，再东行入冠县，略阳谷、寿张至章丘、东平，攻入汶上，焚康庄驿，克兖州、沧州、青县等十六处，直至山东临清州之

---

① 《明史·卢象升传》第261卷，中华书局点校本，1974年，第6765页。
② 《明史·刘宇亮传》第253卷，中华书局点校本，1974年，第6537页。
③ 《明史·刘廷训传》第291卷，中华书局点校本，1974年，第7467页。
④ 《明史·张秉文传附宋学朱传》第291卷，中华书局点校本，1974年，第7469页。
⑤ 《明史·张秉文传附邓谦传》第91卷，中华书局点校本，1974年，第7470页。
⑥ 谷应泰：《明史纪事本末·东兵入口》第4册，中华书局，1977年，第1503页。

东昌（今山东省聊城）。明总督孙传庭自陕州①（今河南省三门峡市），大学士杨嗣昌自登州、莱州，祖大寿自青州，安庆巡抚史可法自徐州，聚集兵力，进行声援。

二月，多尔衮率大军至天津卫，时值运河水涨，辎重绵亘难渡。"或议乘我饱归，击其半济"②，但明将王朴、曹变蛟、刘光祚等相顾不敢动，使清兵数日渡运河后东归。

三月初七日，清左翼军出边。十一日，清右翼军出边。二十一日，多尔衮等班师回到沈阳。

清兵此次迂回入关窜扰，东逼燕京，西迫大同，南破济南，席卷直隶大部和山东西部，《清太宗文皇帝实录》统计，共计攻克一府、三州、五十五县、二关，擒明亲王一、郡王一、将军一、总理太监一，杀郡王五、将军六、总督二，居民被俘四十六万，并掠夺大批人畜、金银、物资，数额之大，不可胜计。而清军克勤郡王岳讬（代善长子），与其弟辅国公马瞻又作玛占（代善第六子），以及大将公和尔本都死之。

皇太极发动的第六次入关征明的战争，入关五个月，转掠二千里，"毁其边墙，破其城堡，所至之地，纵横无敌"③。两路大军共败明军五十七阵，攻陷九府所属州县：顺天府所辖顺义、昌平、文安、庆云、霸州，保定府所辖博野、庆都、蠡县、深泽、高阳，河间府所辖献县、青县、任丘、阜城、兴济、吴桥、故城、宁津，真定府所辖获鹿、藁城、栾城、灵寿、元氏、无极、平山、酉阳、行唐、南宫、新河、枣强、武邑、饶阳、武强、赵州、柏乡、临城、高邑、赞皇、宁晋、深州、衡水，顺德府所辖沙河、南和、平乡、唐山、内丘、任县、巨鹿、广宗、栾城；广平府所辖鸡泽、威县、清河④，兖州府所辖平阴，东昌府所

---

① 《明史·地理志三》："陕州，元属河南府路。洪武元年四月改属南阳府，以州治陕县省入。"
② 魏源：《圣武记》第1卷，中华书局点校本，1984年，第29页。
③ 《清太宗文皇帝实录》第46卷，崇德四年四月辛丑，中华书局影印本，1985年，第4叶。
④ 谈迁《国榷》崇祯十二年三月戊辰条"广平"二字下脱"广平则"三个字，明鸡泽、威县、清河三县属广平府。

辖博平、茌平、清平、高唐、恩县、夏津、武城，济南府所辖历城、齐河、禹城、齐东、泰安、长山、海丰、肥城，凡破七十余城①，焚掠杀伤，不可胜计。其所俘获：人畜计四十六万二千三百零三，右翼军掠获黄金四千零三十九两、白银九十七万七千四百零六两，左翼军掠获金银等数字不详。杀明两名总督及守备以上官员百余人，生擒德王朱由枢、郡王朱慈颎、奉国将军朱慈黨、监军太监冯允升等，加上事后崇祯帝诛文武失事诸臣巡抚张其平、颜继祖，总兵倪宠、陈国威，内监邓希诏、孙茂霖等三十二人②，明朝损失，创巨痛深。

中原地区，蒙难深重。明兵科给事中李永茂报告：自京南庆都、新乐、真定、栾城、柏乡、内丘，至顺德府，行程千里，"一望荆榛，四郊瓦砾"，整个畿南郡邑，"民亡之十九"，种种惨状，目不忍睹。③

此外，清军第六次入塞，"乃决定各以一部兵力分别进扰明朝北边及西北边各关口，实施牵制扰乱。而以主力直接进击宁、锦二城"④。上述论断，缺乏史据。皇太极此次作战的主攻目标，是在塞内残毁掳掠，而不是攻占山海关。

---

① 《清太宗文皇帝实录》卷45，崇德四年三月壬申作："克尔明济南府、赵州、高唐州、深州、墙子岭、灵寿、丘、商河、东光、高邑、临城、蠡、南宫、新河、青、庆云、任、庆都、获鹿、隆平、平乡、高阳、广宗、茌平、魏、恩、钜鹿、博平、禹城、长山、行唐、海丰、滦城、盐山、博野、南河、沙河、兴济、无极、宁津、威、宁晋、陵、元氏、唐山、内丘、鸡泽、平原、饶阳、南皮、济阳、清平、任丘、清河、夏津、吴桥、武城、文安、莘、故城诸县及临洺关，共计一府、三州、五十五县、二关。"
② 谷应泰：《明史纪事本末·东兵入口》第4册，中华书局，1977年，第1504页。
③ 李永茂：《刑襄题稿》，中华书局，1958年。
④ 《中国历代战争史》（修订一版）第15册，黎明文化事业出版公司，1979年，第219页。

七 第七次破塞攻明掳掠

崇德七年即崇祯十五年（1642），清军再入山东，大肆掳掠，翌年而归，是为皇太极第七次破塞攻明掳掠之役。兴师年为壬午年，又称壬午之役。

皇太极在第六次与第七次入塞攻明的四年之间，清朝更强大，明朝更衰落。其中最为突出的是五件大事：第一件，清朝取得松锦之战的胜利，明总督洪承畴统率十三万大军覆没，清军逼降祖大寿，攻克锦州、松山、塔山、杏山四城。第二件，李自成攻陷河南，明福王常洵被杀；张献忠攻陷襄阳，明襄王被杀，后张献忠攻取武昌。第三件，崇祯十三年（1640），时中原地区，蝗旱频仍，"两京、山东、河南、山西、陕西、浙江大旱蝗，至冬大饥，人相食，草木俱尽，道殣相望"①。兵连祸结，边腹交困。第四件，辽东遭遇灾荒，"今岁禾谷未收"②，米粮短缺，粮价腾贵。第五件，八旗中出现"善友教"，合群结党，私自印制散播札付，列名者达三百多人。③皇太极利用松锦大捷的有利形势，又转移八旗族众的不满情绪，

---

① 《崇祯实录》第13卷，崇祯十三年十二月末，台北历史语言研究所校勘本，1962年，第12叶。
② 《清太宗文皇帝实录》第58卷，崇德六年十一月戊寅，中华书局影印本，1985年，第13叶。
③ 《清太宗文皇帝实录》第60卷，崇德七年五月戊寅，中华书局影印本，1985年，第24~25叶。

并以明廷拒绝议和为借口,发动第七次迂道入塞的攻明战争。

崇德七年即崇祯十五年(1642)十月十四日,皇太极命多罗饶余贝勒阿巴泰为奉命大将军、内大臣图尔格为副将军,率领固山额真阿山、谭泰、叶克书、何洛会、吴赖、马喇希、巴特玛、石廷柱、祖泽润、李国翰、金砺等八旗满洲、蒙古、汉军官兵,迂道入塞,七攻明朝。此次出征,以"屡欲与明修好,而彼国君臣,执迷不从"为口实,目的还是消耗明朝国力,残毁城乡,掳掠财富,以战养兵,以战养民,"可恃俘获,以为生计"①。同时申明纪律:"尔等一入明境,遇老弱闲散之人,毋任意妄杀,不应作俘之人,毋夺其衣服,毋离人妻子,毋焚毁财物,毋暴殄粮谷。"②他说,前次兵临山东时,有人因索取财物,而严刑拷逼,非仁义之师,应引以为戒。

皇太极在送别阿巴泰等时,特别谕曰:其一,敬慎勿骄,"尔等勿以我兵强盛,自弛防范。古云:'骄敌者败!'其敬慎戒备以行"。其二,"我军至明,彼或遣使求和。尔等即应之曰:'我等奉命来征,惟君命是听,他无可言。尔如有言,其向我君言之,必吾君谕令班师,方可退兵'"。其三,"如遇流寇,宜云:'尔等见明政紊乱,激而成变,我国来征,亦正为此。'以善言抚谕之"。如其欲遣使来见者或有书信,可以携其使来,可许转达。此外,皇太极为配合阿巴泰等领兵入塞,命多罗豫郡王多铎等率兵赴宁远边外立营,以牵制关外明军入援。他命祖大寿写招降信,给其外甥吴三桂。

清军出发后,沿大凌河西进。清军分为左右两翼,向明边墙前进。时明军探到清军放出的消息:六万大军攻宁远,进界岭口;六万大军攻山海关,进青山口;又五万大军进蓟州。明廷得到的哨报,有虚有实,亦真亦假。实际上清军分为左右两翼,左翼兵向界岭口、右翼兵向黄崖口进发。

十一月初五日,先是,清军左翼兵前进所经之处,地阔路平,便于行兵,两骑并行,沿路擒杀明军哨卒七十三人,获马三十三匹。至是,从界岭口(今河北

---

① 《清太宗文皇帝实录》第65卷,崇德八年六月己卯,中华书局影印本,1985年,第8叶。
② 《清太宗文皇帝实录》第63卷,崇德七年十月辛亥,中华书局影印本,1985年,第13叶。

省迁安与抚宁交界处），毁边墙而入。时明大同兵二千五百人往守山海关，因行粮缺乏，在台头营驻扎。清军将入长城，明军拒战。清军以护军和骑兵，两路夹击，打败明军，获马四百三十三匹。清军右翼兵前进道路艰难，地隘路险，俱单骑而进，路上俘获明侦卒，得知：距雁门关黄崖口外四十四里余处有石城关甚隘，木栅三层，两层用石围砌，里面安置四门大炮，三处埋伏地雷，有步兵五十人。又距二十里有雁门关，用石筑砌，内有大炮四门，步兵一百，两处设有地雷。清前锋兵，同汉军每旗兵五名、骁骑校一名、护军四十名，乘夜拆毁两关，取其地雷，守关明兵来不及发炮，全部为清军所戮。初八日，清兵从黄崖口，分两路入长城。一路从右山路登夺其边口，追击山城明军，直至山下，进克其城；另一路从山路进攻，败明守军，攻入长城。清军斩明守备一员，其步兵一千四百人逃溃，当地百姓闻警也都逃避山中。①明军败报传到朝廷，崇祯帝急令征调援兵。命蓟镇东西两协合兵，策应蓟州，又命山东总兵刘泽清入援。

清军左右两翼兵，初十日，向蓟州进发。时蓟州城总兵白腾蛟闻报清军入边，率军前去堵御，城守空虚，仅有三员参将、千余新兵。清军从大军中选出一千四百余名骑兵、步兵和护军，分为前锋、护军、骑兵三队，前往蓟州城东进攻。明镇守蓟州总兵白腾蛟率本部马兵在前，马兰峪总兵白广恩率马兵三千、步兵三千在后，直奔蓟州。清军同明军激战，打败明军，占领蓟州城，生擒参将一员，阵斩游击三员，其余或死或逃，获马六百三十六匹。清军已乘胜分陷迁安、三河。攻平谷，受抵御，分道一趋通州、一趋天津。初九日，京师戒严，勋戚大臣，分守九门。十三日，清军另一路攻陷蓟州。十六日，清军深入内地，分往真定、河间、香河等地。明援兵多畏怯观望而不敢战，辽督范志完入援，胆小无谋，不敢一战，他率军走到哪里，该处州县多被攻破。

闰十一月初六日，清兵攻河间，第二天分兵向临清。初八日，清军克霸州，明兵备佥事赵火煇、同知丁师羲等，城陷被俘，不屈而死。翌日，攻陷文安。初

————
① 《清太宗文皇帝实录》第63卷，崇德七年十一月丙申，中华书局影印本，1985年，第29～32叶。

十日，自青县趋长芦。清军从畿南向山东纵略。十二日，先是，临清被围，"力拒数日，援不至"①，清军破城，攻入临清。临清兵民，进行巷战。天津参将贺秉钺扶父灵柩至临清，城破"巷战终日，矢尽，被执死"②。清军占领临清，明总兵刘源清兵败，自经而死。明前宣大总督、兵部右侍郎张宗衡、户部郎中陈兴言、原太常寺少卿张振秀等皆遭杀害。③寻陷阜城，杀知县吕大成。又陷景州。十八日，清军攻陷河间府城，明参议赵珽、知府颜胤绍、知县陈三接等皆死之。时胤绍知城必破，先集全家老少于室中，积柴堆绕，而身往城上指挥，城破，"趋归官舍，举火焚室，衣冠北向再拜，跃入火中同死"④。二十二日，清军攻东昌时，遭到明山东总兵官刘泽清的抵御，遂改向西攻冠县。二十五日，清兵自临清分五路进兵。孔有德、巢丕昌、祖洪基等分掠莘县、馆陶、高唐诸县。他们在馆陶城下受到当地兵民的阻击。原来，该县城守制定守御之法：在城上每一垛口，用兵民五人把守——钩丁两把、砍刀三把，清兵将云梯靠近城墙后，城上守兵寂然无声，当清兵爬梯登城，靠近城垛口时，守城兵民持钩者，将上城之清兵钩住；持刀者，向登城清兵乱砍，遂使清兵登城失败。清军尽力攻城一天未破，且死伤很多人马。据明方奏报，守城兵民用钩子钩住清军一个头目，砍下他的头，并将其尸身掷下城去，吓得清军不敢再攻，便弃此城而走。⑤二十六日，清军攻清丰。翌日，攻章丘。

十二月初二日，清兵自长垣趋曹、濮两县，另遣骑兵抵青州，入临淄，知县文昌时⑥"阖室自焚死"。⑦初三日，清军破阳信，杀知县张予卿。初六日，又陷滨州。清军进抵兖州，知府邓藩锡见清兵来攻，即往告鲁王朱以派，请"王诚散积储以

---

① 《明史·张振秀传》第291卷，中华书局点校本，1974年，第7475页。
② 《明史·张焜芳传附贺秉钺传》第291卷，中华书局点校本，1974年，第7477页。
③ 谈迁：《国榷》第98卷，中华书局，1958年，第5950页。
④ 《明史·颜胤绍传》第291卷，中华书局点校本，1974年，第7471页。
⑤ 《明档》第234号卷，第2号，中国第一历史档案馆藏。
⑥ 舒孝先纂修《临淄县志·职官志》卷十七记载："明县令：文昌时，广西举人。"
⑦ 《崇祯实录》第15卷，崇祯十五年十二月丁卯，台北历史语言研究所校勘本，1962年，第20叶。

鼓士气，城犹可存。不然，大事一去，悔无及矣"①！鲁王不允。邓藩锡与监军参议王维新、同知谭丝、山东兵备佥事樊吉人、推官李昌期、滋阳知县郝芳声、副将丁文明、左长史俞起蛟等分门死守。清军攻城猛烈，守军力不能支。八日，城破，副将丁文明战死，邓藩锡受俘拒降被杀，王维新身被二十一创而亡。鲁王朱以派被俘，清兵索金，金尽，自经。②清军攻克兖州府城后，分兵略泰安，并攻陷青州、鱼台、武城、金乡、单县。初九日，清军克沭阳县（今江苏省淮阴市沭阳县）。明日，清军连克沂州、丰县（今江苏省徐州市丰县）③，杀丰县知县刘光先。④先是，清军二千余骑攻县西城，不克。清军夜间准备云梯，被掠逃出县民三次急报敌情，但城中守军因白天小胜而麻痹。拂晓，清军佯攻城西南隅，守军集中兵力防堵；清军却突竖云梯，攀攻城西北隅，清兵登梯上城，沿城厮杀，城被攻破。后清军连陷蒙阴⑤、泗水、滕县。⑥

时滕县知县吴良能见城将破，"尽杀家属，拜母出，力战死"⑦。尔后，清军相继攻陷赣榆（今江苏省连云港市赣榆区）、峄县、郯城。同月，李自成军至荆州，"士民开门迎之"；又至承天，焚显陵享殿。张献忠则陷太湖，后陷武昌。

崇德八年即崇祯十六年（1643）正月，清军克开州，趋东昌。

二月，清军掠寿光。又攻德州，陷武定、莱阳，杀原工部右侍郎宋玫、吏部郎中宋应亨、知县张宏等。十八日，清军与明山东总兵刘泽清战于安丘，失利。

---

① 《明史·邓藩锡传》第291卷，中华书局点校本，1974年，第7475页。
② 谈迁：《国榷》第98卷，中华书局，1958年，第5954页。
③ 《崇祯实录》第15卷，崇祯十五年十二月乙亥，台北历史语言研究所校勘本，1962年，第19叶。
④ 《国榷》中华书局标点本"杀丰县知县刘光。先一日，来二千余骑屯城西"云云，《崇祯实录》崇祯十五年十二月乙亥作"入丰县，杀知县刘光先"，《明史·刘光先传》作"知丰县……竭力捍城，城破死之"。是知《国榷》此处标点误断。
⑤ 《崇祯实录》崇祯十五年闰十一月甲戌（初九日）、乙亥（初十日）、戊寅（十三日）错简，应系于十二月。
⑥ "滕县"：《崇祯实录》崇祯十五年闰十一月戊寅条作"邹县"。
⑦ 《明史·邢国玺传附吴良能传》第291卷，中华书局点校本，1974年，第7474页。

二十八日，清军进攻莱州、登州，两军会师。先是，上月初九日夜，清军直抵潍县，列营插帐，奋勇攻城。城上兵民，发炮下击。清军穴城，挖成六洞，城角忽陷，竖梯登城，飞矢如蝗。原任巡抚张尔忠以病躯支床，卧当矢石；黎民百姓，齐心抗敌："在城老幼男妇，竭力一心，未字闺秀、青衿内室，及釐夫幼子，悉运砖石柴束。又如方欲举火，而闻城上欲以铁作炮子，即各碎食锅以酬急。"①坚守七昼夜，潍城终未陷。

三月初二日，清军陷顺德，知府吉孔嘉等被杀。②初四日，清军攻德州不克。初七日，攻乐陵。初九日，掠庆云。十二日，陷南宫。时春草满野，嘉禾遍地，清军解鞍牧马，纵掠财富。而其信使，略经化装，南北驿路，任意往来，明军诸哨卡，竟无盘诘之者。后清军取道彰德、顺德北走，明命真定、保定加强防备。三十日，清军至保定，明命各省督抚会剿。

四月，清军北返。先是，清兵"分大军为二路：一过山东莱州、登州府，直抵宁海州，及海州；一渡黄河回至莒州、沂州"③。清军北返后，明朝判断清兵军事意图，崇祯帝下诏蓟辽总督赵光抃④、关外督师范志完会师平原，准备堵截。清军来时，明援军在河间观望不战，然后又调兵北向。清军解鞍纵牧月余后，再分为左右两翼："左翼大军沿青州府、德州、沧州、天津卫，至燕京城南，过三河县，历三月，抵密云；右翼大军沿东昌府、广平府、彰德府、真定府、保定府，过燕京迤北，历三月，亦抵密云。"⑤先是，崇祯帝尝于岁首之日，东向揖拜周延儒道："朕以天下听先生！"在清军北返逼近京畿时，崇祯帝忧甚，大学士、首辅周延儒自

---

① 《明清史料》乙编，第5本，中央研究院历史语言研究所集刊，1936年，第486叶。
② 《崇祯实录》第16卷，崇祯十六年三月甲午朔，台北历史语言研究所校勘本，1962年，第2叶。
③ 《清太宗文皇帝实录》第65卷，崇德八年七月丁巳，中华书局影印本，1985年，第25叶。
④ "赵光抃"，《国榷》中华书局本第96卷、第5947页作"赵光忭"；《明史·赵光抃传》天启乙丑科进士题名碑录等均作"赵光抃"。是知"抃"为正，而"忭"为误。
⑤ 《清太宗文皇帝实录》第65卷，崇德八年七月丁巳，中华书局影印本，1985年，第25～26叶。

请督师，崇祯帝允其请，降手敕，赐章服、给金帛，延儒"朝受命，夕启行"①。延儒驻通州，却不敢战，"惟与幕下客饮酒娱乐，而日腾章奏捷"。②清兵在北返途中，十八日，于密云螺山，与明将赵光抃、唐通、白广恩等八镇兵交战，"八镇皆逃，惟步营两监军御史在，御史蒋拱宸饰功报捷"，自请督师的首辅周延儒也编造"斩百余级"捷报上奏崇祯帝。其实，"时边城既隳，子女玉帛捆载出入如织，卒无一矢加遗也"③。于是，清军"两翼兵合攻墙子岭，斩关而出"④。后崇祯帝命周延儒自尽，又命将赵光抃与范志完"同日斩西市"⑤。先是，清军统帅阿巴泰始率军从南方北返，其车驮成队，长三十余里者，十有余起，渡卢沟桥，旬日未毕。明勤王之师，屯驻于通州，无敢出而阻截之者。清军得以徐徐安辔，出口以归。

清军右翼军两白旗、正蓝旗兵，于五月初一日出口；左翼军于五月二十三日出口。⑥清军左右翼兵出边后会师，至六月十一日，回到盛京。

此次用兵，历八个月，清军南去北返，如入无人之境。明军此次遭到的惨重失败，则超过了前六次。清军所获，《清太宗文皇帝实录》记载："大军直抵明境，至兖州府，莫能拒守。将明国鲁王及乐陵、阳信、东原、安丘、滋阳诸王，及管理府事宗室等官数千人，尽皆诛戮。计攻克三府、十八州、六十七县，共八十八城，归顺者六城，击败敌兵三十九处。所获黄金万有二千二百五十两，白金二百二十万五千二百七十两有奇，珍珠四千四百四十两，各色缎共五万二千二百三十匹，缎衣、裘衣万有三千八百四十领，貂、狐、豹、虎等皮五百有奇，整角及角面千有一百六十副，俘获人民三十六万九千名口，驼、马、骡、牛、驴、羊共三十二万一千有奇，外有发窖所得银两，剖为三分，以一分给赏将士。

---

① 《明史·吴甡传》第252卷，中华书局点校本，1974年，第6524页。
② 《明史·周延儒传》第308卷，中华书局点校本，1974年，第7930页。
③ 谷应泰：《明史纪事本末·东兵入口》第4册，中华书局，1977年，第1506页。
④ 《清太宗文皇帝实录》第65卷，崇德八年七月丁巳，中华书局影印本，1985年，第26叶。
⑤ 《明史·赵光抃传》第259卷，中华书局点校本，1974年，第6720页。
⑥ 《清太宗文皇帝实录》第65卷，崇德八年六月丙子，中华书局影印本，1985年，第5叶。

其众兵私获财物，莫可算数。"① 七月二十六日，《清太宗文皇帝实录》又载"共俘人畜九十二万三百"云云。②

总之，清军第七次迂道入塞，残毁掳掠，综述如下：与明军作战，共三十九次，生擒明总兵五员、兵道五员、郎中一员、科臣一员、副将五员、参将八员、游击四员，全部处死。其余总兵、副将、参将、游击等官，被戮杀者，无法计数。共攻克兖州、顺德、河间三府、十八州、六十七县，共八十八座城镇。归顺者一州、五县。擒斩明兖州府鲁王朱以派、乐陵郡王朱以泛、阳信郡王朱弘福、东原郡王朱以源、安丘郡王朱弘橩和滋阳王③及管理府事宗室等数千人，皆诛杀之。所获而点交于皇太极之财物，计黄金一万二千二百五十两，白银二百二十万五千二百七十七两，珍珠四千四百四十两，绸缎五万二千二百三十匹，缎衣、皮衣一万三千八百四十领，貂、狐、豹等皮五百多张，整角及角面千有一百六十副。俘获三十六万九千二百六十余人，牲畜五十五万一千零四十余头。④其未交出者，不知凡几矣。

---

① 《清太宗文皇帝实录》第64卷，崇德八年五月癸卯，中华书局影印本，1985年，第24叶。
② 《清太宗文皇帝实录》第65卷，崇德八年七月丁巳，中华书局影印本，1985年，第26叶。
③ 夏燮：《明通鉴》第88卷，中华书局，1959年，第3399页。
④ 此统计依据清朝向朝鲜报捷人畜总数减去俘获人口数而得出的数字，与《圣武记》所载数字基本相同。

八 明清胜败之得失论析

皇太极从天聪元年即天启七年（1627），至崇德八年即崇祯十六年（1643），先后对明朝发动十次大规模的军事进攻，其中七次在关内，三次在关外。这十次对明战争，依时间顺序，分别是：其一，天聪元年即天启七年（1627）的宁锦之战。是役，皇太极同其父汗努尔哈赤的宁远之战一样，损兵折将，失败而返。聪明的皇太极改变同明军在辽西争夺城池的攻城战，转而绕道蒙古，进攻塞内。其二，天聪三年即崇祯二年（1629）的第一次迂道入塞之战。是役，皇太极首次统军入塞，攻打北京，并攻占永平等四城。翌年回军，收兵沈阳。其三，天聪五年即崇祯四年（1631）的大凌河之战。是役，毁大凌河城，逼降祖大寿（后回明）。其四，天聪六年即崇祯五年（1632）的第二次破塞攻明掳掠之战。此役关内河套地区受到残害。其五，天聪八年即崇祯七年（1634）的第三次破塞攻明掳掠之战。是役，蹂躏宣府、大同，掳获而归。其六，天聪九年即崇祯八年（1635）的第四次破塞攻明掳掠之战。此役，主要在河套地区，也殃及晋北部一带。其七，崇德元年即崇祯九年（1636）的第五次迂道入塞之战。是役，耀兵京畿，得意北归。其八，崇德三年即崇祯十一年（1638）的第六次迂道入塞之战。是役，兵渡运河，攻陷济南，肆意掳掠，翌年还师。其九，崇德四年即崇祯十二年（1639）的松锦之战。是役，俘获洪承畴，破明军十三万，再降祖大寿，占领锦州城。其十，崇德七年即崇祯十五年（1642）的第七次迂道入塞之战。是役，再入山东，翌年出塞，大肆俘获，满载而归。此次即第七次清军破塞凯旋后，时过三个月，皇太极病死。

纵观后金-清初天命、天聪、崇德四十年的历史，后金-清初社会的主要特点就是战争。以战争的胜利来巩固和扩大政权权力，以战争的胜利来掠夺和充实经济财富，以战争的胜利来增强和凝聚文化自信，以战争的胜利来巩固和维护大汗权威，所以，战争是后金-清初之神灵、之法宝！

努尔哈赤在位十一年，前已论及。皇太极在位十七年，以同明战争始，以同明战争终。皇太极同明朝的十次大战，伴随着他作为汗、帝的整个军政生涯。

皇太极的对手，是明崇祯皇帝。两人之在位，均为十七年，几乎同时登位，几乎同时离世，都身逢乱世，也都赍志以殁。朱由检与皇太极，南北二帝，互为天敌。仅就皇太极发动七次迂道入塞攻明掳掠之战来说，其兵略，其得失，其影响，其鉴戒，都值得归纳，更值得思考。

于明朝方面：

第一，皇明肌体，病入膏肓。明朝从洪武元年（1368），到崇祯元年（1628），其间整整二百六十年，历经十五位皇帝。崇祯帝前的三位皇帝——万历帝、泰昌帝、天启帝，都败在天命汗努尔哈赤的手下。万历帝萨尔浒之败，泰昌帝登位一月死，天启帝丢失沈阳、辽阳、广宁。后金坐大，成了气候。明自辽事以来，由万历末年合九边饷止二百八十万，后加派辽饷九百万，剿饷三百三十万，练饷七百三十余万，共一千九百六十多万。以上总计，共约二千二百四十余万。"自古有一年而括二千万以输京师，又括京师二千万以输边者乎？"① 横征暴敛，社会危机，"民不聊生，益起为盗"②。崇祯帝比天启帝，除边患之外，又多内乱；除人祸

---

① 《明史·食货志二》第78卷，中华书局点校本，1974年，第1904页。
② 《明史·杨嗣昌传》第252卷，中华书局点校本，1974年，第6515页。

之外，又加天灾。其时，"明国三年饥馑，禾稼不登，人皆相食，或食草根、树皮，饿死者什之九，兼以流贼纵横，土寇劫掠，百姓皆弃田土而去。榛芜遍野，其城堡乡村，居民甚少"①。还有瘟疫。以北京为例，崇祯十四、十五、十六连续三年，京师地区发生瘟疫。崇祯十五年（1642），文献记载："北京甚疫，死亡昼夜相继，阖城惊悼。"②清军第七次打到京畿地区时，疫情更为严重。该年二月至七月，史籍记载："京师大疫,死者无算。"③《崇祯实录》也记载："京师大疫,死亡日以万计。"④死亡人数过多，竟然无人收殓。"有阖家丧亡，竟无收殓者。"⑤明朝内困外扰，天灾人祸，百弊丛集，气数已尽。皇太极认为："以朕度之，明有必亡之兆。何以言之？彼流寇内讧，土贼蜂起，或百万，或三四十万，攻城掠地，莫可止遏。明所恃者，惟祖大寿之兵，并锦州、松山之兵，及洪承畴所领各省援兵耳，今皆败亡已尽。即有招募新兵，亦仅可充数，安能拒战？明之将卒，岂但不能敌我，反自行剽掠，自残人民，行贿朝臣，诈为己功。朝臣专尚奸谗，蔽主耳目，私纳贿赂，罚及无罪，赏及无功。以此观之，明之必亡，昭然矣！"⑥

第二，明军防线，分散虚懈。明朝鉴于后金-清军屡次长驱迂道入塞的教训，在军事上作了调整：设关内、关外两督，而关外加督师衔；又分设昌平、保定二总督，所谓"千里之内有四督臣"⑦。在宁远、永平、顺天、密云、天津、保定设六巡抚，宁远、山海、中协、西协、昌平、通州、天津、保定设八总兵。还有监督太监握重兵从中牵制。⑧另临机派大学士、首辅亲自督师。至十二月，明朝兵部调集了三十九万五千余人的援军。虽明军设防，星罗棋布；却事权不一，拥兵观望。清

---

① 《清太宗文皇帝实录》第65卷，崇德八年七月丁巳，中华书局影印本，1985年，第26叶。
② 《崇祯实录》第14卷，崇祯十五年七月丁亥，台北历史语言研究所校勘本，1962年，第7叶。
③ 夏燮：《明通鉴》第89卷，中华书局，1959年，第3413页。
④ 《崇祯实录》第16卷，崇祯十六年七月庚申，台北历史语言研究所校勘本，1962年，第13叶。
⑤ 康熙《通州志·祲祥》第11卷，康熙三十六年（1697）刻本。
⑥ 《清太宗文皇帝实录》第65卷，崇德八年六月癸未，中华书局影印本，1985年，第10～11叶。
⑦ 《明史·范志完传》第259卷，中华书局点校本，1974年，第6722页。
⑧ 魏源：《圣武记》第1卷，中华书局，1984年，第31页。

兵入关的突破口，每次各异，皆不相同。明朝防御，极为被动。

明军长城防线，辽东、蓟州、宣府、大同、太原五镇，实为"畿辅之地，安危系焉"①。此段长城，逶迤崎岖，兵力不足，防守虚懈。明军分散兵力守御，清军则集中兵力突破。特别是蒙古近边诸部，熟悉路径，作为向导，使得后金-清军，七次破塞，屡屡得手。而且每次进边，攻击边隘，各不相同。清军攻破长城之后，进入中原地区，中州防务，名强实弱，面对清军数万骑兵的勇猛冲突，明朝军队却软弱分散。明兵部右侍郎兼侍读学士倪元璐在崇祯帝召对时奏言："至于我兵情形，惟见单弱。臣至淮上，此天下重镇，乃抚院标兵不满二千，每日兵饷不过五分。抚臣史可法，最称忠勇，当敌攻淮北，亦仅画河而守，遏敌南渡已耳。济南、德州，土兵皆不满千。山东标兵，亦仅三千。其饷皆同淮上。所见应天、浙江、江西援兵，皆无马甲，饷有不足四分者。总兵唐通，今之名将，统兵不满三千；曾对臣言，亦不任杀敌。嗟乎！竭天下之财以养兵，而兵饥如此。宜乎！兵多乃饷薄，而兵少又如此，臣诚不知其故也。"②就是以上这点单弱的兵力，不仅要对付八旗军，而且要应付农民军。兵力本已单弱，军官更为无能。

以济南为例。崇德三年即崇祯十一年（1638）冬，清兵自畿辅南下，明礼部尚书兼东阁大学士、掌兵部事杨嗣昌檄山东巡抚颜继祖移师德州，于是济南空虚，止乡兵五百，莱州援兵七百，势弱不足守。巡按御史宋学朱方行部章丘，闻警驰还，与山东布政使张秉文及副使周之训、翁鸿业，参议邓谦，盐运使唐世熊等议守城，连章告急于朝。"嗣昌无以应，督师中官高起潜拥重兵临清不救，大将祖宽、倪宠等亦观望。大清兵徇下州县十有六，遂临济南。秉文等分门死守，昼夜不解甲，援兵竟无至者。明年正月二日，城溃，秉文擐甲巷战，已被箭，力不能支，死之。妻方、妾陈，并投大明湖死。"③山东首府济南只有一千二百守军，宰辅、督师、监军、

---

① 程道生：《九边图考》石印本，民国八年（1919），第37叶。
② 谈迁：《国榷》第99卷，中华书局，1958年，第5969页。
③ 《明史·张秉文传》第291卷，中华书局点校本，1974年，第7469页。

总兵等皆拥兵不救，坐看府城失陷，死亡官民，以十万计。

第三，指挥失职，调度失误。 以第四次清军入塞为例，当戒严时廷臣多请练边兵。大学士、入参机务、掌兵部事杨嗣昌因定议：宣府、大同、山西三镇，兵十七万八千八百有奇，三总兵各练万，总督练三万，以二万驻怀来，一万驻阳和，东西策应。余授镇监、巡抚以下分练。延绥、宁夏、甘肃、固原、临洮五镇，兵十五万五千七百有奇。五总兵各练万，总督练三万。以二万驻固原，一万驻延安，东西策应。余授巡抚、副将以下分练。辽东、蓟镇兵二十四万有奇。五总兵各练万，总督练五万。外自锦州，内抵居庸，东西策应。余授镇监、巡抚以下分练。汰通州、昌平督治二侍郎，设保定一总督，合畿辅、山东、河北兵，得十五万七千有奇。四总兵各练二万，总督练三万。北自昌平，南抵河北，闻警策应。余授巡抚以下分练。又以畿辅重地，议增监司四人。于是大名、广平、顺德增一人，真定、保定、河间各一人。蓟辽总督下增监军三人。"议上，帝悉从之。嗣昌所议兵凡七十三万有奇。然民流饷绌，未尝有实也。"①时流民四散，赤地千里，既无兵员，更无粮饷，杨嗣昌的定议，纯属纸上谈兵。后杨嗣昌兵败忧惧，不食而死。崇祯帝怒将总监、分监、巡抚、总兵、副将等，"三十六人，同日弃市"②。

清军虽然其铁骑精兵，绵亘数十里，冲突飘忽，所向无前，却有弱点。清军的弱点："真敌无几，辽人过多；又敌人归营，散涣疏略，夜即淫酣，弢弓熟寐；又中怯畏死，稍失利即合营痛哭；又辽人每陵西虏，心志不咸者，此其情也，难民入敌中而知之。"③而明军对付清军，也存在许多弱点：其一是军纪太差。给事中熊汝霖奏言："外县难民，纷纷入都。不云被兵，而云避援军。兵破霸州，未尝杀百姓；援军继至，遂无孑遗。朝廷岁费数百万金钱以养兵，岂欲毒我赤子乎！"④

---

① 《明史·杨嗣昌传》第252卷，中华书局点校本，1974年，第6514页。
② 《明史·杨嗣昌传》第252卷，中华书局点校本，1974年，第6514页。又《明史·庄烈帝本纪二》作三十三人。
③ 谈迁：《国榷》第99卷，中华书局，1958年，第5969页。
④ 夏燮：《明通鉴》第89卷，中华书局，1959年，第3413页。

清军"未尝戮杀百姓",明军到后"遂无孑遗"。官军如范志完"兵至河间淫掠"①。其二是畏敌远避。谈迁曰:"戊己间,东师再入,浴铁之骑,躏赵蹂齐,驰突二千里,烟燧望于淮海。当其时,建牙如山,分戍如林,咸缩朒逆避,无撄其锋者。"② 其三是东逃西窜。清官书记载:明"兵势大衰,人心震恐,东西逃窜。我兵所向,力莫能支。明之国势,已如此矣"③!

统领大军,同清作战,兵士用力,将帅用谋。明军指挥,将帅寡谋,畏首畏尾,丧失战机。清军破墙攻入,固然声势凌人,但其返归,有隙可乘。明兵部右侍郎倪元璐在召对时申奏:"今敌分东西二路,东路谍至青县、大城,西路谍从定州移方顺桥稍西。臣度其必俟两帜相望,西路从保定突冲良(乡)、涿(州),转掠过东,合营出口。宜及敌未合,尽集各路兵,并攻东路,勿击首尾,避其锋悍,制奇设伏,直捣中坚,凡敌辎重难民,率居中坚。猝击冲之,难民必乱,势成破竹。东路既溃,则西路自不敢东,势不得不趋固、龙二关,罝于险阻。于是合山西、宣大、保定三路重兵,遮追夹击,亦可得志。如此庶成大创,去不复来。"④ 但是,明朝崇祯帝、兵部、总督、监军、总兵等,并未采纳上述奏议,却恰如给事中熊汝霖奏言:"兵入墙子岭以来,南北往返,诸军谨随其后,如厮隶之于贵官,负弩前驱,望尘莫及。何名为将?何名为督师?"崇祯帝听后,"深然之"⑤。然而,上述谏言,未被采纳。

所以,清军破塞时,以集中对分散;入塞后,则以分散对集中;出塞时,又以集中对分散。而明军时时处处被动:"今敌分兵,亦与俱分;恐敌合兵,不得复合。敌势并力奋死,即遂翻然枕席上过。"⑥ 清军轻易入塞,轻易破城,轻易纵横,又轻易出塞。这既暴露明军指挥之无能,也表明崇祯皇帝之无能。

---

① 谈迁:《国榷》第98卷,中华书局,1958年,第5951页。
② 谈迁:《国榷》第99卷,中华书局,1958年,第5965页。
③《清太宗文皇帝实录》第65卷,崇德八年七月丁巳,中华书局影印本,1985年,第26叶。
④ 谈迁:《国榷》第99卷,中华书局,1958年,第5969页。
⑤ 夏燮:《明通鉴》第89卷,中华书局,1959年,第3413页。
⑥ 谈迁:《国榷》第99卷,中华书局,1958年,第5970页。

第四,崇祯皇帝,刚愎无能。 语云:"天下治乱,缘于宰辅。"宰辅贤否,在于庙堂。崇祯帝在位十七年,《明史·宰辅年表》记其宰辅为五十人,其中首辅九人。在九位首辅中,除在袁崇焕事件前后施凤来、韩爌二人免相外,尔后七位首辅是:周延儒、温体仁、张至发、刘宇亮、薛国观、范复粹、陈演。周延儒与温体仁在《明史》中被列入"奸臣传"。何谓奸臣?"小人世所恒有,不容概被以奸名。必其窃弄威柄、构结祸乱、动摇宗祐、屠害忠良、心迹俱恶、终身阴贼者,始加以恶名,而不敢辞。"奸臣在"有明一代,巨奸大恶,多出于寺人内竖,求之外廷诸臣,盖亦鲜矣"①。《明史·奸臣列传》对周延儒与温体仁的评论是"怀私植党,误国覆邦"。首辅中的张至发和薛国观,既为温体仁所荐,又皆"效法体仁,蔽贤植党,国事日坏,以至于亡"②。其余如刘宇亮,统领各镇勤王援兵过保定,闻清兵将至,吓得面无人色。③又如范复粹,任首辅不到一年,福王被害,崇祯闻之泣下,复粹应对说:"此乃天数!"崇祯帝则说:"虽气数,亦赖人事挽回。"④作为首辅,对如此重大事件,不作自责,实不得体。至于陈演"庸才寡学,工结纳"⑤。演任首辅八个月,罢政,逾月,明亡,被杀。《明史·宰辅年表》论道:"欲知宰相贤否,视天下治乱。"宰辅是皇帝的一面镜子。欲知皇帝贤否,审视宰辅忠奸。群臣对奸辅,频上奏章,屡加弹劾。崇祯帝却有个怪癖:"帝自即位,务抑言官,不欲以其言,斥免大臣。弹章愈多,位愈固。"⑥崇祯帝不仅拒绝忠言,而且惩罚忠言者。给事中熊汝霖奏言:"自戒严以来,臣疏凡二十上。援剿机宜,百不行一。而所揣敌情,不幸言中矣。比者外县难民,纷纷入都,皆云避兵,不云避敌。霸州之破,敌犹不多杀掠,官军继至,始无孑遗。朝廷岁费数百万金钱以养兵,岂欲毒我赤子!"崇祯帝因厌恶

---

① 《明史·奸臣列传·序论》第308卷,中华书局点校本,1974年,第7905页。
② 《明史·温体仁传》第308卷,中华书局点校本,1974年,第7936页。
③ 《明史·刘宇亮传》第253卷,中华书局点校本,1974年,第6537页。
④ 《明史·范复粹传》第253卷,中华书局点校本,1974年,第6545页。
⑤ 《明史·陈演传》第253卷,中华书局点校本,1974年,第6547页。
⑥ 《明史·张四知等传》第253卷,中华书局点校本,1974年,第6546页。

其疏中有"饮泣地下"一语，将熊汝霖贬谪为福建按察司照磨。①崇祯帝的这个怪癖，只能有一个解释："方以类聚，物以群分。"崇祯帝临死前御书衣襟："诸臣误朕。"实则相反，明末忠臣、能臣、勇将、战将，或罢或死，不得善终。明社将倾，人才俱尽。所以，不是诸臣误崇祯，而是崇祯误诸臣。

总之，朱由检与皇太极——前者不谙兵旅，不察民情，不纳建言，不善用人；后者则熟悉骑射，熟悉兵略，熟悉民情，熟悉将帅。应当说，就个人素质而言，崇祯帝朱由检不是崇德帝皇太极的对手。况且，他们的社会背景，有着巨大的差异。其时，明朝社会危机严重，崇祯帝个人才能平庸，遇上强劲对手，历史结局，只有失败。

于清朝方面：

第一，进攻方略，重大决策。清太祖努尔哈赤同明作战，抚清、萨尔浒、开铁、沈辽、广宁、宁远六战，俱在关外。其特点是在内线作战，后方近、时间短、目标集中、速战速决。清太宗皇太极的七次入塞，其特点是在外线作战，后方远、时间长、目标分散、拖泥带水。这在满洲军事史上、在明清军事史上，都是空前创举，也是重大突破。皇太极对明朝总的战略是：攻破山海关，占领北京城。于此，他经常思忖："大兵一举，彼明主若弃燕京而走，其追之乎，抑不追而竟攻京城？或攻之不克，即围而守之乎？彼明主若欲请和，其许之乎，抑拒之乎？若我不许，而彼逼迫求和，更当何以处之？倘蒙天佑，克取燕京，其民人应作何安辑？"②为着实现皇太极上述战略目标，汉人降附生员杨名显、杨誉显等条奏急图、缓图和渐图三策：急图之策——先攻燕京，燕京乃天下之元首，天下乃燕京之股肱，未有元首去而股肱能存者；缓图之策——先取近京府县，府县乃京都之羽翼，京都乃府县之腹心，未有羽翼去而腹心能保者；渐图之策——拓地屯田，驻兵于宁、锦附近地方，耕其田土，时加纵掠，使彼不得耕种，彼必弃宁、锦而逃矣，宁、

---

①《明史·熊汝霖传》第276卷，中华书局点校本，1974年，第7079页。
②《清太宗文皇帝实录》第22卷，天聪九年二月戊子，中华书局影印本，1985年，第15叶。

锦一为我有，山海更何所恃？山海既得，我自出入无阻。"①以上三策，虽有道理，但有隙缺，均不完善，回顾历史，看得更清。皇太极第一次入口作战，千里绕袭，避实击虚，出其不意，攻其不备，破墙入塞，直捣京师，可谓"实有超人之创意"！②此举，或可称为急图之策。但明朝京师，城高池深，兵众器精，国力雄厚，后金叩打，并非"如石投卵之易"！皇太极后六次缓图之攻，均在关内，站不住脚，纵掠而归，燕京亦非"不攻而自得"！皇太极第六次、第七次既派兵入口，又派兵攻宁、锦：于前者，仍蹈旧辙；于后者，兵挫而归。所谓渐图之策，明军不会自弃锦州，更不会自弃宁远；清军则不会"不劳而收万全者也"！所以，以上急图、缓图、渐图三策，书生之见，并不中用。

第二，残毁掳掠，收到实惠。七次入塞作战，掳掠巨大财富。正如胡贡明《奏本》所言："我国地窄人稀，贡赋极少，全赖兵马出去抢些财物。"所以，出兵之际，八旗官兵，俱欣然相语道："去抢西边！"八旗军七次对明入塞征战，如果说第一次政治色彩更浓的话，那么后六次入塞征战，对明政治残毁与经济掠夺并重，或者说更加重视掳掠财富。八旗军七次入塞所掳掠的财富，仅据《清太宗文皇帝实录》记载清军第五次、第六次和第七次部分数字的统计，共为：黄金一万六千二百八十九两，白银三百一十八万二千六百八十三两，珍珠四千四百四十两，绸缎五万二千二百三十匹，缎衣、裘衣一万三千八百四十领，貂、狐、豹、虎等皮五百有奇，人畜一百五十六万二千四百二十三。至于官兵"私获财物，莫可算数"。当然，受苦最惨的是平民百姓。明巡抚保定右佥都御史徐标奏曰："自淮来数千里，见城陷处，固荡然一空，即有完城，仅余四壁，蓬蒿（蒿）满路，鸡犬无音，曾未遇一耕者，土地人民，如今有几？皇上亦何以致治乎？"崇祯帝听了徐标奏对后，"上唏嘘泣下"。③其时，关内的百姓，遭受官府、官军、土寇、

---

①《清太宗文皇帝实录》第22卷，天聪九年二月己亥，中华书局影印本，1985年，第20叶。
②《中国历代战争史》（修订一版）第15册，黎明文化事业出版公司，1979年，第205页。
③《崇祯实录》第16卷，崇祯十六年五月己亥，台北历史语言研究所校勘本，1962年，第7叶。

清军、灾荒、瘟疫的六重苦难，皇太极也说："明国三年饥馑，禾稼不登，人皆相食，或食草根树皮，饿死者什之九。兼以流贼纵横，土寇劫掠，百姓皆弃田土而去，榛芜遍野，其城堡乡村，居民甚少"①。

皇太极在对明进取决策时，受到两个方面的影响：满洲军事贵族多主张进兵塞内，残毁掳掠；清廷汉军谋士则多主张攻山海、取北京。前者着眼于官兵眼前的物质利益，后者则着眼清廷长远的政治利益。首先，明廷国家机器，受到沉重打击。己巳兵部尚书王洽论大辟，督师袁崇焕遭磔刑，大将满桂、赵率教战死；甲戌兵至宣府，京师戒严；丙子兵破昌平，焚德陵，张凤翼削职自尽；戊寅崇祯帝对济南陷落、失七十余城，大为愤慨，唏嘘泪下，命杨嗣昌议文武诸臣失事罪，分五等：曰守边失机，曰残破城邑，曰失陷藩封，曰失亡主帅，曰纵敌出塞。于是中官蓟镇总监邓希诏、分监孙茂霖，巡抚则顺天陈祖苞、保定张其平、山东颜继祖，总兵则蓟镇吴国俊、陈国威，山东倪宠，援剿祖宽、李重镇及他副将以下，至州县有司，凡三十六人，同日弃市。②蓟辽总督吴阿衡战死，大学士刘宇亮罢官。壬午则总督赵光抃，督察范志完弃市，首辅周延儒赐自尽。其次，皇太极七次入塞残毁掳掠，对于八旗军事贵族、下层官兵来说，确实得到实惠。明巡抚保定右佥都御史徐标奏言，中原地区"物力已尽，蹂躏无余，蓬蒿满路，鸡犬无音，曾未遇一耕者，成何世界？皇上无几人民，无几土地"。③所以，皇太极耀兵塞内，对崇祯皇帝、对中原人民是一大历史悲剧。史载：八旗军所过，"遍蹂畿内，民多残破"；"一望荆棘，四郊瓦砾"；"畿南郡邑，民亡什九"；"荒草寒林，无人行踪"。而对皇太极、对八旗官兵是一大历史喜剧，八旗军所过，俘获人畜，掳掠金银，贝勒将士，暴发致富。

第三，军制火炮，重大突破。皇太极在七次入塞及其他战争中，不断地完善

---

①《清太宗文皇帝实录》第65卷，崇德八年七月丁巳，中华书局影印本，1985年，第26叶。
②《明史·杨嗣昌传》第252卷，中华书局点校本，1974年，第6514页。
③ 谈迁：《国榷》第99卷，中华书局，1958年，第5974页。

军队建制、军种配置、火器装置和军事训练等。其中最主要的是两件事：一件是由八旗满洲，扩充为八旗蒙古、八旗汉军，完善了八旗的军制（详见前文）；另一件是研制红衣大炮成功，且用之装备乌真超哈，从而有了一支火炮部队（详见前文）。皇太极的八旗军队，在七次入塞之战中，既发挥骑兵的传统优势，又施展炮火的巨大威力。于是，明军有的优势，清军也有；而清军有的优势，明军却无。骑兵冲突与火炮威慑，成为清军的双翼，克敌制胜，勇往无前。正如皇太极指出："我军所向，彼莫能支。纵横冲突，如入无人之境。"①

第四，丧失良机，千古遗憾。 尽管皇太极"入口作战"的兵略，清史研究者多加以肯定，但事实却不然。皇太极的七次迂道入塞攻明，从战术上说，是成功的；从战略上说，则是其军事谋略艺术中的败笔。

皇太极曾就攻明兵略进行讨论。固山额真李国翰、佟图赖、祖泽润，梅勒章京祖可法、张存仁奏言："锦州、松山、杏山、塔山，一时俱为我有，明国人心动摇，北京震骇。唯当因天时，顺人事，大兵前行，炮火继后，直抵北京，而攻克之。是圣汗万世奇功，自北（此）而定。我国之富贵，亦自此而得。自上至下，无不宽裕者矣。"② 皇太极则认为："尔等建议，直取燕京，朕意以为不可。取燕京如伐大树，须先从两旁斫削，则大树自仆。朕今不取关外四城，岂能即克山海？今明国精兵已尽，我兵四围纵略，彼国势日衰，我兵力日强，从此燕京可得矣！"③

其实，早在崇德五年即崇祯十三年（1640）正月，都察院参政祖可法、张存仁等奏论进取之计。略谓：

其一，制定国家进取大计："窃惟有国家者，必有大计。大计定，而后举措神；举措神，而后奏功捷也。"

其二，评"剪枝伐树"论："皇上曾以'剪枝伐树'之喻，见谕臣等。彼时心疑之，

---

① 《清太宗文皇帝实录》第65卷，崇德八年六月丙子，中华书局影印本，1985年，第4叶。
② 《清初内国史院满文档案译编》，光明日报出版社，1989年，第479页。
③ 《清太宗文皇帝实录》第62卷，崇德七年九月壬申，中华书局影印本，1985年，第14～15叶。

而不敢妄言。今熟思之，皇上必有睿见，而臣等窃有进焉。夫去人一手，而人不死；去人一足，而人犹生。若断喉刺心，则其人立毙矣。去手足之说，即剪枝之计，可施于勍敌之小邦，不可施于积弱之大国也。伏愿皇上，蚤定庙算。"

其三，"刺心之著"为上策："攻心为上，不角力而角智，勿取物而取城。则直捣燕京，割据河北，在指日间矣。燕京之易得者，内多客处之人，若断其通津粮运、西山煤路，彼势将立困。必不能如凌河之持久，此刺心之著也！"

其四，"断喉之著"为中策："如欲先得关外各城，莫若直抵关门。久不经战守之地，内皆西南客兵，攻取甚易。兼石门之煤不通，铁场堡之柴不进，困取亦易。山海关既取，关外等城，已置绝地，可唾手而得。此断喉之著也。"

其五，"剪枝之著"为下策："如欲不加攻克，而先得宁、锦，莫如我兵屯驻广宁，逼临宁、锦门户，使彼耕种自废，难以图存。锦州必撤守，而回宁远；宁远必撤守，而回山海。此剪重枝伐美树之著也。"①

祖大寿也建言："以臣目击机会，欲先取山海关外五城。彼已虚弱，北京震惊，山海关外惊惶，况吴总兵罪重忧深，文武官员，心皆恐怖。臣虽衰老，拙于谋算，于明徒有虚名。然际此机会，图报有心，并仗圣威，敢献所见。明之文武官员，有能无能，臣所悉知。城之虚实，兵之强弱，亦无所不知。宜乘此时，或招抚，或征讨，先攻中后所，收吴总兵官家眷，吴襄必为之心动，吴三桂亦自然扰乱。其余中右所、前屯卫，不劳而自得矣。至中前所，一过可平也。破山海关，更易于破宁远矣。山海关乃未曾征战之地，其驻守官兵，悉为乌合之众，绝其咽喉，则失其屏障，海运钱粮，自必不通，长城自不能固守，即欲保全北京，亦无策也。如此，宁远何以支持？此臣管见愚测，不足当圣听。惟时机可乘，敢披愚忠，不胜恐惶，谨此奏闻，伏祈圣鉴。"②

先是，明辽东巡抚袁崇焕建成以锦州为前锋、宁远为中坚、山海为后劲的关

---

① 《清太宗文皇帝实录》第50卷，崇德五年正月壬申，中华书局影印本，1985年，第14~16叶。
② 《清初内国史院满文档案译编》上册，光明日报出版社，1989年，第505~506页。

宁锦防线，并在辽西地区坚壁清野。于是，皇太极改变谋略，对蒙古和朝鲜用兵，剪除明朝左右两翼，免去南进后顾之忧。随之，皇太极制定南进中原的新兵略：避开宁锦，绕道蒙古，插入塞内，七掠中原。这对皇太极是喜悦，还是悲哀？抛开政治的、民族的、经济的、心理的因素不说，仅从兵略来说，皇太极纵兵入口作战，不是成功范例。因为：

第一，**兵贵据城**。用兵的目的，在于夺取城镇。城镇是彼方地域之行政、经济和文化的重心，占有它就占有或控制一方土地。后金-清军至明城堡，或则仅为空城，如崇德三年即崇祯十一年（1638），清军攻至遵化，遵化"守城之卒，不战自溃，时得空城三座"[①]；或则仅为屯堡，即零星镇屯和分散寨堡。后金-清军所抵明朝城镇，尽管明军腐败，也不乏兵民之抵抗者。以其第二次入口为例，所攻多不能克，劫掠小城堡，盘桓两个多月，遭到明军堵截。明宣府巡抚焦源清奏本称："奴贼步步受亏，始不敢存站。……奴贼节年大举入犯，似未有如此番之踉跄者。"[②]清军扫荡府、州、县城后，抢掠完就走，没有占据通衢大城和边塞要隘，达不到军事征战之政治目的。

第二，**兵贵得民**。得到土地和人民，就得到实际控制权，也得到获取贡赋的权力。后金-清军扫荡府、州、县城后，掳掠大量人口，回到盛京沈阳，男人作耕农、奴仆，女人作妻妾、奴婢。这虽可补充其劳力困乏，但演出背井离乡、家破人亡的惨剧。其所掠牲畜、财帛虽可缓解其经济之困难，但不能促进其经济之发展，达不到军事征战之经济目的。用兵之法：全国为上，其次破国，其次伐兵，其次攻城，其次掳掠，而掳掠最下。皇太极多次派兵入口——屠城、杀戮、焚毁、俘获、抢掠，这是兵略中之最下者。

第三，**兵贵攻坚**。宁远和锦州是后金-清要攻夺关门的障碍，皇太极两次受挫之后，不是愈挫愈奋，巧计攻坚，而是绕开坚城，入塞远袭。以其第六次入口

[①]《沈馆录》第1卷，《辽海丛书》影印本，辽沈书社，1985年，第19叶。
[②]《明清史料》甲编，第8本，中央研究院历史语言研究所集刊，1931年，第785页。

作战为例，皇太极将八旗军分作两大部，一部入边袭扰，另一部进攻锦、宁。其入边军队，先分作两翼，复析为八道，逼燕京、迫大同、陷济南。此路清军，虽俘获大量人口、牲畜、金银、衣物，却达不到征战之战略目的。其辽西军队，抵中后所，同祖大寿军激战。清军"满洲兵甲喇章京翁克等，率众先奔。护军统领哈宁噶，甲喇章京阿尔津、俄罗塞臣等，且战且退"①。而多铎率领之先锋五百人，亦被祖大寿军"四面围住，扑战良久后，稍开一路，则十王仅以百余骑突阵而出②。"是知，祖大寿胜皇太极甚明。由是，清军统帅皇太极率领济尔哈朗、多铎等败退。可见，皇太极既定锦州、宁远为坚城，却用兵分散，以寡击众，以弱敌强，造成失利。皇太极在战略、战术的策划上，不敢攻坚，不愿攻坚，不善攻坚，不做攻坚，既是其性格之弱点，又是其兵略之弱点。

第四，兵贵争时。在一切财富中，时间是最宝贵的财富。皇太极从天聪三年（1629）到崇德四年（1639），共费时十年，占其帝位生涯十七年近三分之二的时日，而未能夺取锦州一城，是不能耶，抑不为耶？自袁崇焕死后，皇太极已于天聪五年即崇祯四年（1631）制成红衣大炮。同年八月，皇太极用红衣大炮攻围明将祖大寿据守的大凌河城。此役，八旗军用红衣大炮攻城、破堡、打援，克大凌城，降祖大寿，并缴获明军含红衣大炮在内的大小火炮三千五百多位。其时，皇太极如采用大凌河之役以红衣大炮围城打援的战法，完全有可能较早地攻破并夺取锦州城。乘胜前进，再接再厉，亦有望攻取宁远城。

皇太极的正确兵略，应于天聪五年即崇祯四年（1631），在大凌河取胜之后，集中兵力，乘威南进，筑城屯田，长久计议，以围城打援、施红衣炮的战术，围锦州，攻宁远，奋力拼打，逐个击破，但此机错过。崇德六年即崇祯十四年（1641）七月至崇德七年即崇祯十五年（1642）四月，皇太极取得松锦大战的全胜。皇太极的正确兵略，应乘己之锐、趁彼之虚，用"围锦打松"之战术，围攻宁远，逐节

---

① 《清太宗文皇帝实录》第44卷，崇德三年十一月己未朔，中华书局影印本，1985年，第16叶。
② 《沈馆录》第1卷，《辽海丛书》影印本，辽沈书社，1985年，第17叶。

推进，攻克四城，兵叩关门；那么，攻破山海关，问鼎北京城，登上金銮宝殿者，可能是皇太极，而不是李自成。但是，主帅的谋略是征战否泰演化的枢轴。父子宁远两次兵败的"魔影"，始终笼罩在皇太极的头上。因而，皇太极松锦大捷后第七次派大军入口，继续其"残毁掳掠"兵略之错误。由是，皇太极与紫禁城的金銮宝座，失之交臂。

清太宗皇太极七次用兵塞内表明，皇太极是有抱负的政治家，但缺乏宏大格局，而不是伟大的政治家；是有胆略的军事家，但缺乏远大谋略，而不是伟大的军事家。皇太极未能断喉刺心，率军破关，入主中原，定鼎天下。否则，李自成不会率军进京，灭亡明朝。那么，满洲史、明清史将会是另一番格局。

第七章 统一蒙古诸部

一 漠南蒙古分化

蒙古在明朝正德、嘉靖年间，重新划分势力范围，确定蒙古各部格局。明正德五年（1510），成吉思汗第十五世孙巴图蒙克（1464～1543）[1]在祭祀成吉思汗的八白室（今内蒙古自治区鄂尔多斯市伊金霍洛旗成吉思汗陵地），登上汗位，称大元可汗，即达延汗。《蒙古源流》（汉译本）记述：达延汗号巴图蒙克，父为博勒呼济农，母为锡吉尔福金，甲申年即天顺八年（1464）生。上代可汗满都鲁汗死，其遗孀满都海福金求元室之裔。庚寅年即成化六年（1470），满都海福金与巴图蒙克结婚。称巴图蒙克为达延汗，时满都海福金三十三岁，巴图蒙克汗年仅七岁。达延汗为人"贤智卓越"[2]，值瓦剌分裂与衰微之际，以控弦之骑十万，打败枭雄部酋，迫使瓦剌西迁，结束蒙古诸部各自为政的局面，成为重新统一蒙古的君主。达延汗在漠南、漠北地区，和平分封诸子，成了后世蒙古各部落形成的起源，影响极为广泛而深远。达延汗分封诸子，建六万户——左翼三万户，察

---

[1] 巴图蒙克即达延汗的生卒年有异说，今取上说。
[2] [朝]《李朝成宗大王实录》第175卷，十六年二月庚辰，日本学习院东洋文化研究所刊，1959年，第23叶。

哈尔（察罕儿）、喀尔喀（哈剌哈）、兀良哈（后被击灭）；右翼三万户，鄂尔多斯、土默特、应绍不（永邵卜）。达延汗治世七十四年，岁癸卯即嘉靖二十二年（1543），寿八十，乃殁。达延汗死后，长子早丧，嫡孙年幼，汗权衰微，相互争斗，各部实力，此消彼长，分化重组，驻地转移，形成明末蒙古诸部落。到满洲兴起时，同天命、天聪、崇德三朝直接有关的重要蒙古部落，主要是：察哈尔万户，由达延汗及其长子铁力摆户（图鲁博罗特）统领。长子铁力摆户先死，由铁力摆户之子博迪即博迪阿喇克（卜赤）嗣为汗。明嘉靖二十六年（1547）为羊年，博迪汗死，其子打来孙立，是为打来孙汗（达赉逊库登汗）。打来孙汗继位后，因受到其从父俺达汗等欺凌与逼迫，以及水草不丰，而举部东迁。史载："二十六年夏……今小王子庭直辽东。"①但据明兵部郎中唐顺之条奏："自嘉靖二十九年以后，迤北把都儿、打来孙二房，收属东夷，而居其地，遂巢辽、蓟之间。"②这说明察哈尔部已经完成东迁。《皇明世法录》引《蓟门考·东房考》也载：打来孙汗与俺达汗"有隙"，举部东迁之后，"由是分为东西二房。本夷素称察罕儿，迩来住巢离边渐近，为蓟、辽患"。

打来孙汗东迁，产生重大历史影响。冯瑗在《开原图说》中评论："元小王子苗裔打来孙者，收复三卫属夷，举部东迁，驻潢水之北，西南犯蓟门，东北犯辽左，而辽左始有虏患。"察哈尔部东迁到辽、蓟地域后，明万历前期，在辽东地区，形成三股鼎足的军政势力：明朝、蒙古与女真－满洲。明朝同蒙古的矛盾，成为此期此区的主要矛盾。特别是"隆庆和议"后，明万历前期，在辽、蓟地域，经过长期反复、激烈残酷的厮杀，人力、物力、财力、资源均遭到极大的破坏，损失惨重，两败俱伤。满洲的努尔哈赤则隐藏于赫图阿拉地区，暗自发展，形成气候。所以，辽东地区明朝与蒙古的厮杀，为满洲的勃然崛起，提供了历史的机遇。

---

① 严从简：《殊域周咨录》第21卷，中华书局，1993年，第698页。
②《明世宗实录》第464卷，嘉靖三十七年九月辛丑，台北历史语言研究所校勘本，1962年，第12叶。

此种影响与后果，和田清认为："小王子东迁的事实，当时明人只顾俺答的威胁，并没有重视。后代的学者也未尝没有人等闲视之。其实，东迁意义极为重大。这个纯粹蒙古的中心部落、大元可汗的正统后裔，率领所部十万东迁，移牧于兴安岭东南半部，不仅是历史上无与伦比的罕有事件；由于移动的结果，在蒙古内部引起了重大变化，并使明廷辽东大为疲敝，不久便形成了清朝兴起的基础。"① 察哈尔部东迁到老哈河以西、广宁（今辽宁省北镇市）以北地域。打来孙汗的后裔，形成浩齐特（蒿齐忒）、苏尼特、乌珠穆沁、敖汉、奈曼、克什坦（克什克腾）等部。因达延汗及其长子铁力摆户既领察哈尔万户，又统左翼三万户，故此系自诩为正宗嫡系的"宗主"，且为诸部之雄长。后满洲的努尔哈赤及其子皇太极，成为蒙古察哈尔部林丹汗的克星。

察哈尔部盛衰 漠南蒙古的察哈尔部，即插汉、察汉、擦汉儿、擦汉脑儿等。② 察哈尔为蒙古语"边"的音译；明嘉靖时打来孙汗，受俺答汗的逼迫，徙牧于辽东边外，以地近边而得部名。日本学者和田清认为："察哈尔原本是部族名而非地名，它原来的根据地并不是今察哈尔地方。"③ 达延汗统一蒙古各部，成为继成吉思汗、忽必烈之后，又一位统一蒙古各部的大汗。察哈尔部领主世袭蒙古汗位，号称蒙古各部的共主。后来蒙古可汗实际上成了察哈尔部的汗。前述打来孙汗东迁后，成为辽东地区重要的军政势力。万历年间，努尔哈赤在满洲建元称汗，库图克图也在蒙古登位称汗。库图克图汗，就是打来孙汗的四世孙林丹汗。

林丹汗（1592～1634），又称陵丹汗，亦称库图克图，明称作虎墩兔。《明史·鞑靼传》记载："虎墩兔者，居插汉儿地，亦曰插汉儿王子，元裔也。其祖打来孙，始驻牧宣塞外。俺答方强，惧为所并，乃徙帐于辽，收福余杂部，数入掠蓟西，

---

① ［日］和田清：《明代蒙古史论集》下册，商务印书馆，1984年，第425页。
② 《明神宗实录》第373卷，万历三十年六月戊申："擦汉脑儿，原系元裔，住牧旧大宁熬母林等处，部落繁衍，介在蓟、辽之间。"
③ ［日］和田清：《明代蒙古史论集》上册，商务印书馆，1984年，第387页。

四传至虎墩兔,遂益盛。"① 先是,达延汗长子铁力摆户掌管察哈尔万户,并统领左翼三万户,驻帐察哈尔。铁力摆户之子博迪(即博迪阿喇克、卜赤),博迪子为打来孙汗。打来孙汗又称库登汗,因躲避俺答汗的威胁,举部东迁,移帐西拉木伦河流域。嘉靖三十六年(1557),打来孙汗殁,年三十八岁。翌年,其子土蛮(图们)台吉即汗位,时年二十岁。万历二十年(1592),土蛮汗殁,在位三十五年,年五十四岁。翌年,子布延台吉(卜言台周)即位,称彻辰汗,万历三十一年(1603)殁,在位十年,年四十九岁。翌年,布延汗长子莽和克台吉先已殁,由其孙林丹(陵丹)即位②,驻帐在广宁以北。万历三十二年(1604),林丹即汗位③,年十三岁,众称库图克图汗,明人谐其音称为虎墩兔汗。林丹汗登汗位比努尔哈赤登汗位,在时间上,早十二年,年龄却比努尔哈赤小三十三岁。恰巧,林丹汗与皇太极同岁。后来,天聪汗成了林丹汗的克星。此期,林丹汗虽被各部名义上尊为大汗,实际上却各自为政。在林丹汗祖父布延汗时,蒙古各部还要向大汗纳贡,至林丹汗时各部已多不纳贡。明文献记载:"虎罕自祖父以来为诸部长,诸部尽皆纳贡。其祖父死,虎年幼,沉溺酒色,诸部各自称雄,献贡遂绝。"④ 林丹汗自称"蒙古大汗",实际只统辖察哈尔部,因称之为察哈尔汗。然而,林丹汗是建州兴起前漠南蒙古最强大的势力。察哈尔部时为"漠南蒙古诸部的宗主部"⑤,作为察哈尔汗的库图克图,其登临汗位又极盛一时,被其七世祖达延汗的幽灵所纠缠,且"垂涎各部之赏"。林丹汗尝称:"南朝止一大明皇帝,北边止我一人。"⑥ 因之,林丹汗冀图继承大元可汗的事业,南讨明朝抚赏,东与后金争雄,号令漠南蒙古。

明朝首先拉拢察哈尔部林丹汗,给予抚赏、市赏等银近五万两,以使其号召

---

① 《明史·鞑靼传》第327卷,中华书局点校本,1974年,第8491页。
② 高文德、蔡志纯:《蒙古世系》,中国社会科学出版社,1979年,第24页。
③ 张穆:《蒙古游牧记》第7卷,台湾商务印书馆影印文渊阁《四库全书》本,1986年。
④ 《崇祯长编》第11卷,崇祯元年七月己巳,台北历史语言研究所校勘本,1962年,第11叶。
⑤ 周清澍主编:《内蒙古历史地理》,内蒙古大学出版社,1994年,第214页。
⑥ 《崇祯长编》第11卷,崇祯元年七月己巳,台北历史语言研究所校勘本,1962年,第11叶。

蒙古各部，阻遏后金西进。天命六年即天启元年（1621），喀尔喀的炒花、煖兔等也仿效察哈尔，向明廷要求新赏，喀喇沁部也求赏。明朝经略大臣，无论是熊廷弼、袁应泰还是袁崇焕都采用此策，他们认为抚赏蒙古贵族首领，即使不能使蒙古骑兵进击后金，也不至于使其成为后金的盟友。

时明朝、后金与察哈尔部，都要在辽东保持或建立统治地位。萨尔浒大战之后，后金势力的扩张威胁着察哈尔部，察哈尔部的强大又妨碍后金抚绥漠南蒙古；而在明朝看来，察哈尔部与后金相比较，主要威胁来自后金。因此，在明朝、后金与察哈尔部的鼎足矛盾中，明廷与后金的矛盾是主要的。后金为着对抗明朝，必须先征抚察哈尔部；明朝为了对付后金，便利用林丹汗与努尔哈赤的矛盾，同察哈尔部联合抵御后金的进攻。明朝联合林丹汗，共同抵御后金，实行"以西虏制东夷"的策略，为此，就要增加对林丹汗的岁币[1]，并把原由明朝直接给予漠南东部蒙古诸部的岁币，转交给林丹汗控制。先是，据《明熹宗实录》记载，仅天命七年、八年即天启二年、三年的两年三季，明朝给蒙古各部首领的赏银，就用银共三十万六千九百余两。[2] 明廷每年给林丹汗赏银先为四千两，后增至四万两，再增至八万两，尔后更多。

林丹汗兴起之日，恰逢俺答汗衰落之时。俺答汗于万历十年（1582）死，其子黄台吉继承汗位，但立三年而死，黄台吉子撦力克登汗位。未几，撦力克又死，撦力克之孙卜失兔（卜石兔）袭封爵、继汗位。其时，配四汗[3]、主兵柄的三娘子死，卜失兔汗徒建空名，部势衰落。卜失兔衰，林丹汗兴。林丹汗借后金军陷抚顺、下开原之机，向明廷提出"助明朝、邀封赏"。天命四年即万历四十七年（1619），后金灭宰赛及叶赫，叶赫贝勒金台什孙女为林丹汗后（苏泰福金），于是明蓟辽总督文球、巡抚周永春等，给林丹汗白金四千两，使其"联结炒花诸部，以捍大

---

[1] 岁币：即明朝每年以赏赐的名义，给蒙古王公定额的物资和金银。
[2]《明熹宗实录》第42卷，天启三年十二月己酉，台北历史语言研究所校勘本，1962年，第23叶。
[3] 谷应泰：《明史纪事本末补编·西人封贡》第4册，中华书局，1977年，第1566页。

清兵"①。第二年，明廷加林丹汗赏银至四万两。天命九年即天启四年（1624），林丹汗近属歹青因领赏不满在边关哗噪而被杀，明朝边臣议每年给偿命银一万三千两，而林丹汗不悦，对明若即若离。未几，后金军袭破炒花，其部半降后金，半投察哈尔。不久，林丹汗攻哈喇慎（喀喇沁）、卜言台周、卜失兔诸部，哈喇慎部多被掳，卜言台周仅以身免，卜失兔败走河套。察哈尔势力日盛，明廷商讨对策。王象乾密奏抚赏察哈尔之计，崇祯帝命王象乾往与袁崇焕督师共商对策。《明史·鞑靼传》记载："象乾至边，与崇焕议合，皆言西靖而东自宁，虎不款，而东西并急。因定岁予插金八万一千两，以示羁縻。"②就是明廷以牛羊、茶果、米谷、布匹、金银为附金，换取察哈尔林丹汗不犯边，而求得西边安靖；明廷得以集中力量，对付后金军队西进。

天命汗与林丹汗之关系，既受明朝同察哈尔"抚赏"的制约，也受后金同察哈尔利害的影响。

努尔哈赤进入辽沈地区之前，推行"远交近攻之术"③，忙于统一女真诸部，无暇顾及察哈尔部。时察哈尔部实力雄厚，其势力范围，"东起辽东，西至洮河，皆受此房约束"④，拥有八大部、二十四营，号称四十万蒙古。《山中闻见录》也作了类似载述："东起辽西，西尽洮河，皆受插〔汉〕要约。"⑤林丹汗"帐房千余"⑥，牧地辽阔，部众繁衍，牧畜孳盛，兵强马壮，依恃明朝，对后金态度骄横。但是，自努尔哈赤建立后金，就形成明朝、后金与蒙古在辽东地域的三足鼎立之势。林丹汗并没有认识到后金的实际地位，天命四年即万历四十七年（1619）十月，林

---

① 《明史·鞑靼传》第327卷，中华书局点校本，1974年，第8492页。
② 《明史·鞑靼传》第327卷，中华书局点校本，1974年，第8493页。
③ ［朝］《光海君日记》第23卷，元年十二月丙寅，日本学习院东洋文化研究所刊，1959年，第5叶。
④ 沈曾植：《蒙古源流笺证》第8卷，张尔田校补，海日楼遗书，屏守斋校补本，1932年。
⑤ 彭孙贻：《山中闻见录·西人志》第8卷，上虞罗氏刻本，民国十三年（1924）。
⑥ 《明神宗实录》第373卷，万历三十年六月戊申，台北历史语言研究所校勘本，1962年，第9叶。

丹汗遣使后金，狂称"统四十万众蒙古国主巴图鲁成吉思汗，问水滨三万人满洲国主"云云。诸贝勒大臣见林丹汗来书大怒，要将其来使一半斩杀，另一半劓鼻馘耳放归。努尔哈赤说使者无罪，暂加扣留，待派使臣返回后再做处理。天命五年即万历四十八年（1620）正月，天命汗努尔哈赤遣使赍书报察哈尔部林丹汗。其书曰："阅察哈尔汗来书，称'四十万蒙古国主巴图鲁成吉思汗，致书水滨三万满洲国主神武英明皇帝'云云。尔奈何以四十万蒙古之众，骄吾国耶？我闻明洪武时，取尔大都，尔蒙古以四十万众，败亡殆尽，逃窜得脱者，仅六万人。且此六万之众，又不尽属于尔，属鄂尔多斯者万人，属十二土默特者万人，属阿索忒、雍谢布、喀喇沁者万人，此右三万之众，固各有所主也，于尔何与哉！即左三万之众，亦岂尽为尔有？以不足三万人之国，乃远引陈言，骄语四十万，而轻吾国为三万人，天地岂不知之！吾固不若尔四十万之众也，不若尔之勇也。因吾国之少且弱也，遂仰蒙天地眷佑，以哈达、辉发、乌喇、叶赫，暨明之抚顺、清河、开原、铁岭等八处，悉授予焉！……昔吾未征明之先，尔曾与明构兵，尽失其铠胄、驼马、器械，仅得脱去。其后再构兵，格根戴青贝勒之从臣，并十余人被杀，毫无所获而回。尔侵明者二，有何虏获？克何名城？败何劲旅乎？夫明岂真以此赏厚汝耶？以我征伐之故，兵威所震，男子亡于锋镝，妇女守其孤嫠。明畏我，姑以利诱汝耳！且明与朝鲜，言语虽殊，服制相类，二国尚结为同心；尔与我，言语虽殊，服制亦类，尔果有知识，来书宜云：'明，吾深仇也，皇兄征之，天地眷佑，俾堕其城，破其众，愿与天地眷佑之主合谋，以伐深仇之明。'如是立言，岂不甚善与！"①

天命汗在回书中试图祭起元顺帝的亡灵，并历数其兵败之辱，以激起林丹汗的隐愤，拆散察哈尔部与明朝的联盟；并通过炫耀八旗军威，拉拢察哈尔部倒向后金一边，共同对抗明朝。明朝得知林丹汗派"部夷三金榜什等，曾与奴儿哈赤讲说，奴儿不理，口出妄言"②。但是，林丹汗与努尔哈赤在辽东地区现实利益的

---

① 《清太祖高皇帝实录》第7卷，天命五年正月丙申，中华书局影印本，1986年，第2～4叶。
② 《明神宗实录》第594卷，万历四十八年五月戊戌，台北历史语言研究所校勘本，1962年，第6叶。

冲突，涂抹了孛儿只斤氏与天潢贵胄朱氏贵族历史的旧帐。林丹汗以囚械其来使，对努尔哈赤赍书做出回答。努尔哈赤误闻其使臣被林丹汗所杀，要杀前羁留的林丹汗来使；他又派使臣往约，互还使臣，但林丹汗不答。努尔哈赤怒斩其使，而后金使臣却以贿赂守者逃归。后金杀死林丹汗使臣，林丹汗对后金斩其使臣也无可奈何。在努尔哈赤攻占沈阳、辽阳后，后金同察哈尔的关系发生了新的变化。

努尔哈赤进入辽沈地区，后金势力渐大，明朝力渐不支，察哈尔受到威胁。林丹汗深感力量不足，常求助于明朝。其他诸部被林丹汗杀掠，需要寻求后金庇护。因此，在漠南蒙古内部便形成两股军事政治势力：一股是以林丹汗为首，主张得到明朝的抚赏与支持，控制和辖治漠南蒙古诸部；另一股是诸多部的首领，企图取得后金的支持与援助，摆脱林丹汗的劫掠与控制。明朝重要官员如经略王在晋、总督王象乾、宁前道袁崇焕等，都先后主张加紧对蒙古抚款，并与之结盟，以抗击后金。明辽东经略王在晋奏报"今日以款虏为急着"，而"款虏"的重点是虎墩兔憨即林丹汗："西虏以憨为主，憨之顺逆，西虏所视为向背，亦东夷所视为重轻，故讲赏惟憨之费巨。"① 魏源也说："明人思用东部插汉小王子（即察哈尔林丹汗），欲以敌大清。"②

明廷面对东部后金与西部蒙古，其东西策略即东对后金、西对蒙古的策略，后来袁崇焕概括为："外战东夷，内抚西虏。"③ 袁崇焕在给天启帝的上疏中，详细分析了明朝、后金、蒙古的三方关系，并提出朝廷应采取之对策："虎带甲可数十万，强与弱，奴非虎敌；然奴百战枭雄，虎无纪律，乱与整，虎又非奴敌。臣故亲出，厚遣其领赏之人，嘱其无与奴野战，脱有急，移于我之近边，彼此声势相倚。量虎感皇上多年豢养之恩，且自图存，必不折而入奴。若哈喇慎之三十六家，最称狡猾。自督臣王象乾一抚之后，顺多逆少。今日之计，我方有事于东，不得

---

① 王在晋：《三朝辽事实录》第 11 卷，江苏省立国学图书馆藏本，第 9 叶。
② 魏源：《圣武记》第 3 卷，中华书局，1984 年，第 96 页。
③ 佚名：《今史》第 4 卷，崇祯元年七月二十三日，清抄本。

不修好西虏，即未必可用，然不为我害，即已为我用矣。岁费金钱数十万，其亦不虚掷乎！西款不坏，我得一意防奴。"① 此间，明总督王象乾派员往抚三十六家。天命七年即天启二年（1622）四月，明与喀喇沁结盟。寻祖大寿与察哈尔首领之一拱兔，朱梅与敖汉部首领结盟。林丹汗"见各部内附，亦孤而求款"。同年八月，明朝与察哈尔部结盟。② 八月，明经略王在晋遣使与林丹汗使臣贵英恰盟誓，盟词曰："愿助兵灭奴，并力恢复天朝疆土。若奴兵到，憨兵不到，断革旧赏；倘奴酋通赂，背盟阴合，罹显罚。"③ 明朝与蒙古的联盟，在一定时期内，得到了加强和延续。后来，察哈尔部西迁，这种联盟便告结束。

察哈尔部西迁 林丹汗虽对蒙古文化有所建树，如组织贤能译者三十余人，完成对《甘珠尔》的蒙古文翻译，并用金字抄写；却实行错误政策，加速了察哈尔内部的分崩离析。他掠土地，劫牛羊，穷奢极欲，暴虐无道，"炰烋悖慢，耳目不忍睹闻"④。他自恃士马强盛，横行漠南，破喀喇沁，灭土默特，逼喀尔喀，袭科尔沁。史载察哈尔部属五路头目的妻子，被林丹汗重臣贵英恰强占，受害头目含愤投巴林部首领炒花，"粆花不能养，投奴酋，奴酋用之守广宁"⑤。察哈尔的敖汉部、奈曼部，因对林丹汗不满，其使者往来于后金。⑥《旧满洲档》又载：兀鲁特部一位丧夫的福金，率领其幼子及四百六十人等归顺后金。天命七年即天启二年（1622）二月，察哈尔兀鲁特部贝勒明安，带领兀尔宰图、锁诺木等十六贝勒，及内喀尔喀五部台吉石里胡那克等，"各率所属军民，三千余户，并驱其畜产"⑦，归附后金。次年七月，蒙古兀鲁特诸贝勒同后金诸贝勒共同盟誓，以巩固双方的

---

① 《明熹宗实录》第72卷，天启六年六月戊子，台北历史语言研究所校勘本，1962年，第18叶。
② 王在晋：《三朝辽事实录》第11卷，江苏省立国学图书馆藏本，第11叶。
③ 王在晋：《三朝辽事实录》第11卷，江苏省立国学图书馆藏本，第10叶。
④ 《明史·鞑靼传》第327卷，中华书局点校本，1974年，第8493页。
⑤ 王在晋：《三朝辽事实录》第11卷，江苏省立国学图书馆藏本，第12叶。
⑥ 《满文老档·太祖》第Ⅱ册，天命七年三月初六日，东洋文库译注本，1956年，第560页。
⑦ 《清太祖高皇帝实录》第8卷，天命七年二月壬午，中华书局影印本，1986年，第14叶。

关系。天命十年即天启五年（1625），林丹汗率兵围科尔沁①，及后金军来援，乃退。林丹汗扩张势力，凭陵邻部，诸部不满。林丹汗为抵御努尔哈赤对其附近部落的瓦解，从天命十一年即天启六年（1626）起，先后讨伐与后金结为姻盟的科尔沁部等。科尔沁等部在后金援助下，打退了林丹汗的军事进攻。天命汗凭借有利的形势，向漠南蒙古发动军事攻势。

后金宁远之败后，内喀尔喀部五部贝勒，乘机出兵奇袭，攻掠后金汛地，杀其哨探，移营相逼。后金即向蒙古内喀尔喀境内，发动重大军事攻击。天命十一年即天启六年（1626）四月，后金精骑万人，分为八路，攻巴林部，射杀其囊奴克台吉。《明熹宗实录》记载："逆奴掩袭炒花部落，杀其名王贵人，掠其牛马。虏众避难，来归者以二千计。"②继进至西拉木伦河，"获畜产无算，驱之不尽"③。此役，后金军扫击巴林、巴岳特、乌济业特三部牧地，俘获人畜五万六千五百余④，是为后金军大规模进攻蒙古之始。⑤明人评论道："此奴攻西虏之始。于是朵颜各部不能自存，而插酋亦有去故土，就宣、大之思矣。"⑥不久，敖汉部首领都令、色令与奈曼部首领黄把都儿"折入于奴"。⑦后金此次出动大军进攻，喀尔喀受到很大损失，对内喀尔喀五部产生重大影响。明抚夷副将王牧民据炒花报称急奏："昂奴（囊努克）近东边住牧，猛有奴儿哈赤兵到围住，杀伤昂奴，妻子掠去。我各头脑，因马瘦弱，住的星散，时齐不上兵来，不曾追赶。今黄把都儿，会同把领、宰赛、煖兔、卜儿亥五大营，在舍莫林（西拉木伦）一处住牧。差人会虎

---

① 《圣武记》卷三，"蒙古同名者有两科尔沁，同名同族"：一居嫩江，称嫩科尔沁；另一居北，称阿禄（阿鲁）科尔沁。
② 《明熹宗实录》第71卷，天启六年五月甲子，台北历史语言研究所校勘本，1962年，第21叶。
③ 《清太祖高皇帝实录》第10卷，天命十一年四月辛巳，中华书局影印本，1986年，第9叶。
④ 《清太祖武皇帝实录》第4卷，原清官内府藏，台湾广文书局影印本，1970年，第27叶。
⑤ 祁韵士：《皇朝藩部要略·内蒙古要略一》第1卷，筠渌山房本，全国图书馆文献缩微复制中心，1993年。
⑥ 王在晋：《三朝辽事实录》第16卷，江苏省立国学图书馆藏本，第19叶。
⑦ 王在晋：《三朝辽事实录》第17卷，江苏省立国学图书馆藏本，第26叶。

墩兔憨，助兵报仇，不知肯不肯等情。"① 到皇太极继承汗位时，明朝孙承宗、王象乾、袁崇焕或引退，或病老，或去职，明"抚西虏"之策未能有效继续。此期，明朝、后金与蒙古之间的关系，发生明显变化。明朝与蒙古不稳固的同盟，被后金打开了缺口，林丹汗更加孤立。林丹汗之孙扎尔布台吉、色楞台吉逃往科尔沁，又从科尔沁至后金，在沈阳行叩首礼。②

皇太极继承汗位后，由于漠南蒙古东与后金接壤，西与明朝毗连，具有重要战略地位，于是成为后金与明朝的争夺对象。皇太极认为，要与明朝抗争，入主中原，就必须使漠南蒙古归服，以断明朝之左臂。明朝则认为，要抵挡日益强盛的后金，也必须控制蒙古，遏制后金。天命十一年即天启六年（1626）十月，皇太极刚继承汗位不久，即命大贝勒代善等率精骑万人，往征蒙古喀尔喀扎鲁特部落，擒获喀尔喀扎鲁特部落贝勒巴克与其二子，及喇什希布、戴青、桑噶尔寨等十四贝勒，杀其贝勒鄂尔寨图，"尽俘获其子女、人民、牲畜而还"③。此役，为天聪汗皇太极军事进攻蒙古诸部之始，并威逼到察哈尔部。后金征扎鲁特部不久，察哈尔乘机出兵袭击喀尔喀："察哈尔汗出兵，尽掠我喀尔喀，从者养之，拒者杀之。"④ 林丹汗的这种政策，也引起察哈尔各部的恐慌。察哈尔的敖汉、奈曼等部，与后金相邻，内怕林丹汗兼并，外怕后金军进攻，贵族平民，惶恐不安。天聪元年即天启七年（1627）二月初二日，天聪汗遣使敖汉、奈曼部，晓之以利害，争取其归附，这对林丹汗是一个直接的威胁。四月二十九日，皇太极致察哈尔部济农台吉、奈曼部衮出斯巴图鲁、敖汉部杜棱等书曰："汝等以通好事，令喇嘛来言，我已有书答之。今贝勒等，复遣使致书，果欲讲和，可令汝汗特遣使臣来，来时务以诚信之言教之，若词多支蔓，便启争端，一言不善，遂败乃事。我惟有据来

---

① 《明熹宗实录》第73卷，天启六年闰六月乙卯，台北历史语言研究所校勘本，1962年，第14叶。
② 《满文老档·太祖》第Ⅲ册，天命十年八月初十日，东洋文库译注本，1958年，第983页。
③ 《清太宗文皇帝实录》第1卷，天命十一年十月甲子，中华书局影印本，1985年，第11叶。
④ 《满文老档·天聪朝》第Ⅳ册，天聪元年正月初九日，东洋文库译注本，1990年，第6页。

使所言，遣使相报耳。我两国非若明人，夙为仇敌，岂以征战为善，而以太平为不美乎！凡人用奸谋诡计，而能成事者鲜矣，惟能以诚信往来，克成厥好，斯可以永久弗替耳。若讲和好，我必不背科尔沁，以科尔沁曾以和好之事，推我主盟也。"①

五月，皇太极率军攻打锦州、宁远不克，却惊动敖汉、奈曼等部。六月初五日，皇太极在回师途中得报："蒙古敖汉部落诸贝勒、奈曼部落诸贝勒，举国来附。"七月，明总督王之臣题曰："闻西虏都令、色令等，携带部夷二万余人，投顺东奴，心甚虑之。幸奴子不即收纳，致令徘徊河上。而部夷穷饿，多鸟惊兽散，此其必致之势也。初都令等闻虎酋之欲谋己也，忿激离巢。其投足未定之时，诸头目愿向天朝。副将朱梅差通官以书招之，都令亦欣然欲来。后闻虎酋兵动，恐天朝不能庇，决意投奴。"②敖汉、奈曼等部受到后金和林丹汗两方面威胁，难以在原地立足，经过选择，投附后金。敖汉、奈曼二部东归后金之后，察哈尔其他部落，也在作出抉择：或远离察哈尔，或则投附后金。八月，住地在明宁远（今辽宁省兴城市）西北的察哈尔阿喇克绰特部台吉巴尔巴图鲁等，率家属降于后金。十一月，察哈尔大贝勒昂坤杜棱也率部属归附后金。十二月，察哈尔阿喇克绰特部图尔济伊尔登率属投归后金。于是，察哈尔林丹汗感到后金的威胁，考虑西迁，避敌后金。据《崇祯实录》记载：天聪二年即崇祯元年（1628）六月，察哈尔"拔帐而西，骚动宣、云，已逾半载"③。察哈尔部在敖汉、奈曼等部归附后金之后，开始西迁，到宣府、大同塞外。

察哈尔部西迁的原因，史学界有不同的看法。日本学者和田清认为："正在这时，各酋骄横已经不能控制，陵丹汗也不得不对属下远族喀尔喀的强酋有所畏忌，对近族敖汉、奈曼等的跋扈也无可奈何。所谓八大营二十四部部众，也都逐渐显

---
① 《清太宗文皇帝实录》第3卷，天聪元年四月乙丑，中华书局影印本，1985年，第9叶。
② 王在晋：《三朝辽事实录》第17卷，江苏省立国学图书馆藏本，第36叶。
③ 《崇祯长编》第10卷，崇祯元年六月癸卯，台北历史语言研究所校勘本，1962年，第16叶。

出背离、独立的倾向。而助长、煽动这种背离倾向的是新兴的劲敌清太祖所施巧妙的调侃手段。到这时候,陵丹汗虽想膺惩背叛,巩固统一,为时已晚,心有余而力不足。清天命十年(明天启五年)冬十一月,讨伐北方科尔沁部的贰心,无效。十一年和天聪元年间,南方亲族敖汉、奈曼反而逃亡投清,部下的喀尔喀巴林、扎鲁特部里,也出现逃往科尔沁的人,其间还渐有清军侵越的事件发生,以至可汗本人终于不得不西迁避难。"① 就是说,察哈尔西迁于宣府、大同边外,主要是为躲避后金的进攻。林丹汗之所以西迁,而没有北迁,是因为察哈尔想达到两个目的:既可避开后金威逼,又能得到明朝抚赏。

察哈尔林丹汗从其游牧地西拉木伦河以北地域西迁,明宣府北边喀喇沁等部成为其受害者。天聪元年即天启七年(1627)十月,"插汉西攻摆言台吉、哈喇慎诸部。诸部多溃散,或入边内避之"②。察哈尔进入喀喇沁部住牧地区。十一月,巡抚宣府秦士文奏报:"插汉儿即虎墩兔憨,争哈喇慎所分部落,谋犯塞,宜豫为备。时虎墩兔憨倾朝(巢)而来……直抵杀胡堡,克归化城,夺银佛寺。"③ 十二月,林丹汗已驻独石口塞外旧开平所。④ 时察哈尔部已经进入明宣府、大同塞外喀喇沁、土默特⑤ 两部驻牧地带。翌年二月初一日,喀喇沁塔布囊等致后金书中曰:"察哈尔汗不道,伤残骨肉,天聪汗及大小诸贝勒俱知之矣。欺凌我喀喇沁部众,夺去妻子、牲畜,我汗黄台吉与博硕克图汗、鄂尔多斯济浓(农),同雍谢布及阿索特、阿巴噶、喀尔喀等部落合兵,至土默特部格根汗赵城地方,杀察哈尔所驻兵四万。"⑥ 喀喇沁塔布囊,即喀喇沁属部朵颜三十六家;格根汗,即俺答汗号;赵城,

---

① [日]和田清:《明代蒙古史论集》下册,商务印书馆,1984年,第439页。
② 《崇祯实录》第1卷,天启七年十月庚申,台北历史语言研究所校勘本,1962年,第8叶。
③ 《崇祯实录》第1卷,天启七年十一月甲子朔,台北历史语言研究所校勘本,1962年,第1叶。
④ 《崇祯实录》第1卷,天启七年十二月辛酉,台北历史语言研究所校勘本,1962年,第6叶。
⑤ 《圣武记》卷三,蒙古有"三土默特,其二部分左右翼,异姓同牧(左翼元臣济拉玛斋,右翼元太祖裔)。其一部号归化城土默特,与右翼为近族"。
⑥ 《满文老档·太宗朝》下册,中华书局译注本,1990年,第877页。

和田清先生说应为归化城，以其建有大召寺故名召城，汉语音译为赵城。具体时间可能在天启七年十二月至崇祯元年正月左右。巴颜苏伯即张家口，这是右翼诸部联军对察哈尔发动的一次反扑。从张家口入市的阿巴噶等少数阿禄部落也参加了此役，联军袭击归化城获得胜利，而其杀伤人数过于夸张。但是右翼诸部自知不敌察哈尔，故有鄂尔多斯部向明朝求援，喀喇沁约后金共同讨察哈尔之事。后金则认为察哈尔根本动摇，立即决定于秋季组织征讨。

察哈尔部西迁，激化了内部的矛盾，加速了自身的衰落。早在察哈尔西迁之前，察哈尔阿禄部落，就对把持宣、大市贸的喀喇沁、土默特等部不满，存在矛盾。如明督师尚书王之臣疏言："蓟门、辽东，各有虎款赏。其宣府、张家口，乃虎贸易之地。虎酋差夷往来张家口卖马买货哈喇慎家，往往截夺其货物而杀之。赴喜峰口领赏贸易三十六家，截劫亦如之。虎使人讲说，各部傲然不理。虎每云：'南朝止一大明皇帝，北边止我一人，何得处处称王？我当先处理（里），后处外。'"①自察哈尔西迁之后，转到宣府、大同互市，从而激化了原有的部落矛盾。天聪二年即崇祯元年（1628）三月，察哈尔部林丹汗西迁到明宣府、大同边外后，杀土默特五路台吉。五月，林丹汗遣其大臣贵英恰，至明宣府新平堡索赏，被明将诱杀。林丹汗举兵攻掠大同一带。六月，明陕西道御史李柄奏言："插部受赏辽东今已十年，虎墩兔嗜利好色，驭下无法，众部落如都令、色令、拱兔等咸散，于是插酋动西行之念。谋报哈喇慎向年仇隙，一举而攻溃哈喇（慎）部落，乘胜西攻宣镇边外白酋等。又乘胜西攻大同边外顺义王卜石兔，致卜石兔不支，西遁套内暂住。而插遂在宣、大时东时西，随水草住牧，此数月来情节也。"②时察哈尔住牧于明宣、大以北，而土默特当时也避入套内，因此右翼诸部北征察哈尔时在此聚兵。九月，"虎墩兔西击卜石兔、永召卜，败之。都令、色令、宰生合把气喇嘛，追杀袄儿都司（即鄂尔多斯）吉能兵马之半。又屯延、宁塞外，穷兵追卜石兔，而佯请款

---

① 《崇祯长编》第11卷，崇祯元年七月己巳，台北历史语言研究所校勘本，1962年，第11叶。
② 《崇祯长编》第10卷，崇祯元年六月庚子，台北历史语言研究所校勘本，1962年，第11～12叶。

于督师，要求过倍。兵部尚书王在晋不敢闻。"① 此役，永召卜（永谢布）、卜石兔等部，一战皆溃："插汉掳卜失兔阏氏与金印，各部皆远走迤西。更遣精骑入套，吉囊子孙皆頫（俯）首属之。东起辽西，西尽洮河，皆受插要约，威行河套以西矣。"② 察哈尔战胜了永谢布（喀喇沁分部）、土默特、袄儿都司（鄂尔多斯）三部。

明蓟辽督师袁崇焕分析其时察哈尔、炒花等边情关系曰："其时诸部，俱受戎索，有警炒花先来报臣，臣得为备。（后金）愤炒（花）泄其谋，遂移攻炒（花）。炒（花）卒，其部宰赛等西逃，而依于虎。虎利炒（花）之人畜，遂并之。自虎并炒，而虎之部八大营俱不安。内都令、色令，素不善于虎，居炒之西、虎之南，我亦倚以为藩也。炒失而都与之邻矣。外畏强邻，内惧虎，求内徙（徙），为两避。臣在事时将许之，臣去而都令降矣。都（令）既降，虎恐其部为都（令）续，遂吞并乃蛮、黑石炭等，一概收之，惟余拱兔一家。拱（兔）居宁远边，最恭顺。今春亦为攻去。虎辅车既失，独与强邻。虎自揣非敌西避，而修怨于卜（卜石兔）。欲据卜地、得卜赏，因以远患，遂住牧宣、大。卜又非虎敌，亦西窜矣。三十六家本卜部落，流离失食。我之边人，不肯为存恤，故东附，且欲借力抗虎，此今日边情大概也。"③ 从袁崇焕对当时明朝边外诸部形势的分析中可以看出：后金的军事打压与政治笼络，加剧察哈尔内部分裂；林丹汗西迁，逼迫一些部落投向后金，其结果是既削弱明朝抗御后金的力量，又加速察哈尔部的败亡。

察哈尔林丹汗在西迁之后，中断了明朝的抚赏，增加了内部的困难，树立了更多的敌人。明大同巡抚张宗衡分析林丹汗西迁后之情形云："插全恃抚金为命，两年不领，资用竭矣。兼以巢穴未定，半怀携贰。东西驰驱，劳顿已甚。驻牧处草根皆空，马瘦如柴，暴骨成莽。"④ 林丹汗处于逆天时、违地利、缺人和的被动局面。

---

① 谷应泰：《明史纪事本末·插汉寇边》第4册，中华书局，1977年，第1442页。
② 谷应泰：《明史纪事本末·西人封贡》第4册，中华书局，1977年，第1569页。
③ 《崇祯长编》第14卷，崇祯元年十月壬辰，台北历史语言研究所校勘本，1962年，第3叶。
④ 《崇祯长编》第19卷，崇祯二年三月壬申，台北历史语言研究所校勘本，1962年，第36叶。

天聪元年即天启七年（1627），喀喇沁部与后金会盟，双方"刑白马乌牛，誓告天地"①。林丹汗已经众叛亲离，四面楚歌。

皇太极统一察哈尔部，历史提供难得的机遇。天聪汗皇太极先后发兵，三征察哈尔。

①《清太宗文皇帝实录》第4卷，天聪二年八月辛卯，中华书局影印本，1985年，第11叶。

二 林丹汗之败亡

皇太极继汗位后,继承其父努尔哈赤对蒙古各部联姻结盟的政策,把打击的矛头主要指向察哈尔部的林丹汗。先是,天命汗与林丹汗,虽有矛盾与冲突,但一直未在军事上正面交锋。天聪汗皇太极对察哈尔部的三次军事进攻,在后金、明朝与蒙古的关系史上,是重大的历史事件,产生了深远的影响。

一征察哈尔 先是,天命十一年即天启六年(1626)十月,皇太极刚登上汗位不久,就对蒙古扎鲁特部发动大规模的军事进攻。是为后金针对内喀尔喀发动的第二次大规模的进攻,也是皇太极继位后对内喀尔喀的第一次大规模军事进攻。其理由是:"尔喀尔喀五部落,竟潜通于明,听其巧言,利其厚赂,以兵助之,是尔之先绝我好也。又尔卓礼克图贝勒下,有托克退者,犯我台站,且扰害我人民,掠取我财畜,至再至三。甚至将所杀之人,献首于明。畴昔盟言安在哉?昔盟誓时,尔五部落执政诸贝勒,及卓礼克图贝勒,俱与此盟,而昂安不从。尔等因以昂安委我裁置,我是以兴师诛昂安。嗣后尔扎鲁特诸贝勒复云:'昂安之罪,固应诛戮,我部落仍愿修旧好,不似东四部落,或食言败盟也。我故归桑土妻子,及昂安之子。癸亥年(1623),复申盟誓云:'察哈尔,我仇也;科尔沁,我戚也。尔慎无与察哈尔通好，或要截我遣往科尔沁之人，致起兵端。'无何，尔又背此盟。于甲子年（1624），尔扎鲁特右翼，袭我使于汉察喇地方。乙丑年（1625），又追我使于辽河畔，恣行劫夺。是年，又要截我使臣顾锡，刃伤其首，尽夺其牲畜、财物。尔扎鲁特何其贪利而背义也。然我犹念前好，不问尔罪，远征巴林，所俘获尔使百余人，悉行遣释。后桑土以诳言而来窥我，我已洞悉其奸，仍不执桑土，遣之归，以观动静。盖我之推诚于尔，不欲终弃前盟如此。丙寅年（1626），尔扎鲁特左翼诸贝勒，觇我使臣之出，屡次要截道路，劫夺财畜，并行残害。是尔扎鲁特之贪诈不仁，妄加于我者，终无已时也。我之所以兴师致讨者，职是故耳。"①于是，命大贝勒代善、阿敏，贝勒德格类、济尔哈朗、岳讬、硕讬、萨哈廉、豪格等，率领精锐万人，前往征讨。随之，派副将楞额礼等率兵深入喀尔喀巴林地方，纵火燎原，驱逐哨卒，以张声势，进行配合。师出半个月后，大贝勒代善遣使奏捷："喀尔喀扎鲁特部落贝勒巴克与其二子，及喇什希布、戴青、桑噶尔寨等十四贝勒，俱已擒获。杀其贝勒鄂尔寨图，尽俘获其子女、人民、牲畜而还。"②是役，皇太极新登上汗位后的第一次对外作战，主要收获是：其一，对阳结盟后金而阴通明朝的喀尔喀扎鲁特部贝勒进行打击，起到"杀鸡儆猴"的作用；其二，获取驼、马、牛、羊三千九百四十二头只；其三，巩固新汗地位。于此，《清太宗文皇帝实录》记载，"是役也，大贝勒阿敏亲党，行事变常，语言乖异，有'谁畏谁''谁奈何谁'等语。比遣使奏捷于上，语侵代善，欲相诘詈。代善容忍，以善言解之"③云云。可以从侧面看出，此战的一个目的是要消弭后金四大贝勒之间的裂缝。

由上，天聪元年即天启七年（1627），皇太极于新纪元之年，在军事方面主要做了两件事情：第一件是正月初八日，发兵朝鲜，师出顺利，先定"江华之盟"，

---

① 《清太宗文皇帝实录》第1卷，天命十一年十月己酉，中华书局影印本，1985年，第9~10叶。
② 《清太宗文皇帝实录》第1卷，天命十一年十月甲子，中华书局影印本，1985年，第11叶。
③ 《清太宗文皇帝实录》第1卷，天命十一年十月甲子，中华书局影印本，1985年，第11叶。

后定"平壤之盟",同朝鲜结为"兄弟之盟",从而瓦解明朝东翼防线,消除进攻明朝的后顾之忧。第二件是五月初六日,出兵进攻锦州、宁远,结果兵败。皇太极说:"昔皇考太祖攻宁远,不克;今我攻锦州,又未克。似此野战之兵,尚不能胜,其何以张我国威耶?"① 皇太极在用兵的同时,还运用笼络手段,争取受察哈尔部欺凌的敖汉、奈曼等蒙古部落。

二月初二日,皇太极得知林丹汗将兴兵攻打喀尔喀诸部消息,遣使致书受林丹汗欺压和侵掠的奈曼部衮出斯巴图鲁,解释征讨明朝与进攻朝鲜的原因,其书曰:"闻尔曾与乌木萨忒绰尔济喇嘛言,欲与我国和好。果尔,尔衮出斯巴图鲁可与敖汉部落杜棱、塞臣卓礼克图定议,遣一晓事人来,以便计议。我素秉直道而行,善者不欺,恶者不惧。……尔等诚欲和好,同除强暴,各保疆围,正在此时。彼察哈尔汗,攻掠喀尔喀,以异姓之臣为达鲁花,居诸贝勒之上矣。又离析诸贝勒之妻,强取诸贝勒之女,以妻摆牙喇之奴矣。尔等岂无见闻乎?若以我言为然,可将此书与两克西克腾诸贝勒观之。"② 这封信,揭露了林丹汗的罪恶,离间了察哈尔部同诸部的关系,得到理解,收到效果。七月,敖汉、奈曼部落衮出斯巴图鲁、琐诺木杜棱、塞臣卓礼克图三贝勒等,率众归附,寻求保护。皇太极等盛宴迎接会见,衮出斯奏道:"吾等因察哈尔汗不道,来归皇上,叩求皇上福庇。"天聪汗皇太极摆设大宴,并加赏赐。宴后,皇太极率大贝勒代善、阿敏、莽古尔泰,贝勒阿巴泰、德格类、阿济格、杜度、岳讬、硕讬、萨哈廉、豪格,及蒙古来归诸贝勒,告天盟誓,曰:"臣皇太极敢昭告于皇天上帝,察哈尔汗,败弃典常,罔恤兄弟,无故残害喀尔喀五部落,以故敖汉、奈曼部落诸贝勒,与察哈尔汗交恶,来归于我。我若不加轸念,视若编氓,勒迁内地者,上天鉴谴,夺其纪算;若加之爱养,仍令各安疆土,而琐诺木杜棱、衮出斯巴图鲁、塞臣卓礼克图、土谢图、戴青达尔汉、桑噶尔寨、俄齐尔、杜尔霸诸贝勒,听察哈尔离间之言,背我而怀

---

① 《清太宗文皇帝实录》第3卷,天聪元年五月癸巳,中华书局影印本,1985年,第16叶。
② 《清太宗文皇帝实录》第2卷,天聪元年二月己亥,中华书局影印本,1985年,第3~5叶。

贰心者，天亦鉴谴，夺其纪算。若各遵誓辞，无相违弃，天佑我等，福祚延长，子孙繁盛，千秋万世，永享安乐。"①察哈尔部林丹汗的错误政策，将原来自己的盟友奈曼、敖汉部推向后金，其结果是——自己的盟友成为自己的敌人，自己的敌人成了自己盟友的朋友。

天聪二年即崇祯元年（1628）二月，喀喇沁、鄂尔多斯、阿巴亥、阿苏特等部，因不堪忍受林丹汗的蹂躏，而组成联军十万人马，与林丹汗率领的四万人马，大战于土默特部赵城（今内蒙古自治区呼和浩特地区），林丹汗大败而逃，联军获胜。②时喀喇沁部贝勒苏布地杜棱古英、朵内衮济等，致书皇太极，希望合力兴师，进击取之。书曰："察哈尔汗不道，伤残骨肉。天聪皇帝与大小诸贝勒俱知之。我喀喇沁部落，被其欺陵，夺去妻子、牲畜。我汗与布颜台吉、博硕克图汗、鄂尔多斯济农，同雍谢布及阿苏忒、阿霸垓、喀尔喀诸部落合兵，至土默特部落格根汗赵城地方，杀察哈尔所驻兵四万人。我汗与布颜台吉率兵十万回时，复值察哈尔兵三千人，赴明张家口请赏，未得而回，又尽杀之。今左翼阿禄阿霸垓三部落，及喀尔喀部落，遣使来约，欲与我合力兴师，且有与天聪皇帝同举兵之语，请天聪皇帝睿裁。"又载："观伊等来约之言，察哈尔汗根本摇动。可乘此机，秣马肥壮，及草青时，同嫩阿霸垓、喀喇沁、土默特兴师取之。"③不久，皇太极派遣使臣往谕喀喇沁，但两次遭到察哈尔多罗特部截杀。

于是，皇太极亲自率军，攻打察哈尔多罗特部。十五日，后金侦知该部青巴图鲁塞棱主力在敖木伦地方，驻兵以待。大军来到，俱擐甲胄，众骑驰击，"多罗特部落多尔济哈谈巴图鲁中伤遁走，尽获其妻子，杀其台吉古鲁，俘获万一千二百人。"④后金这次出征，扫荡了阿拉克绰特和多罗特两部之地，获捷班

---

① 《清太宗文皇帝实录》第3卷，天聪元年七月己巳，中华书局影印本，1985年，第20~21叶。
② 此条史事，《满文老档》、《清太宗文皇帝实录》与《崇祯长编》系于二月，《崇祯实录》系于三月，后者则应是收到奏报的时间。
③ 《清太宗文皇帝实录》第4卷，中华书局影印本，1985年，第2~3叶。
④ 《清太宗文皇帝实录》第4卷，天聪二年二月丁未，中华书局影印本，1985年，第5叶。

师。寻天聪汗皇太极以敖木伦之捷告天。敖木伦之捷，天聪汗皇太极拉开统一蒙古察哈尔部的战幕。此捷之后，皇太极打通了与喀喇沁部的通道，震动了漠南蒙古诸部，增强了战胜林丹汗的信心。随之遣使赍书谕喀喇沁部落贝勒吴尔赫及塔布囊等曰："汝以察哈尔汗不道，来书欲与我国和好，合兵讨之。如果欲和好，尔两塔布囊可为倡率，令贝勒吴尔赫，各遣人来，面议一切。"皇太极的意图在于，瓦解察哈尔，扩大同盟圈。

四月初三日，皇太极对先已归降的敖汉部落琐诺木杜棱额驸，赐号济农。十三日，巴林部贝勒塞特尔、台吉塞冷、阿玉石、满珠习礼等率众归顺后金，皇太极率诸贝勒出迎五里，设大宴，盛迎之。① 五月，明军撤出锦州，退往宁远。皇太极命贝勒阿巴泰等率军，往略明地，毁锦州、杏山、高桥三城。后金进军察哈尔的基地，大大地向前推进。五月，贝勒阿巴泰、岳讬，师至中途，闻顾特塔布囊部落自察哈尔逃至蒙古阿喇克绰忒部落旧地居住，遇归降后金国者，辄行截杀，遣人往觇之，得实，因遣使以其事闻。于是，皇太极命贝勒济尔哈朗、豪格，率兵往取顾特塔布囊部落。后贝勒济尔哈朗等遣人奏报："顾特塔布囊已被擒戮，尽收其民，俘获人口、驼、马、牛、羊以万计。"②

五月，发生敖木林之战。《崇祯长编》记载："朵颜三十六家部落，与插汉战于旱落兀素，胜之，杀获万计。"③ 此事，《崇祯实录》也作了记载："朵颜卫苏不的即长昂孙也，三十六家同伯颜阿亥等部，与插汉虎墩兔憨战于敖木林，插汉失利，杀伤万余人。"④ 战事的起因是，五月二十一日，皇太极以顾特塔布囊部，自察哈尔迁至蒙古阿喇克绰忒部居住，遇归降后金的蒙古人，概行截杀；命贝勒济尔哈朗、豪格率军，往征顾特塔布囊。后顾特塔布囊被擒杀，尽收其民，俘获人口驼

---

① 《清太宗文皇帝实录》第4卷，天聪二年四月丙辰，中华书局影印本，1985年，第7叶。
② 《清太宗文皇帝实录》第4卷，天聪二年五月乙酉，中华书局影印本，1985年，第9叶。
③ 《崇祯长编》第8卷，元年四月戊午，台北历史语言研究所校勘本，1962年，第26叶。
④ 《崇祯实录》第1卷，元年五月己巳，台北历史语言研究所校勘本，1962年，第8叶。

马牛羊以万计。① 以上二月、五月两次征战，都是后金军队和敖汉、奈曼等部联军，攻击察哈尔部属住牧于宁远西北的阿拉克绰特部和多罗特部，而不是林丹汗率领西迁的察哈尔部。朵颜三十六家在后金两次出征扫清大凌河上游（敖木林）一带察哈尔残部，处于腹背受敌的局面，才转而归附后金。对敖木林之役时间，《清太宗文皇帝实录》记为正月，《崇祯长编》记为四月，都不准确。而《崇祯实录》与《国榷》均系于五月己巳条②，同《满文老档》的所记时间一致，应当是正确的。③ 此战，察哈尔部受到重大打击，实力大为削弱。

七月，喀喇沁部派遣喇嘛四人，率五百三十人使团到达沈阳。随之，喀喇沁部决定投归后金。八月，后金国与喀喇沁经过商谈，同心修睦，结成联盟，共同攻打林丹汗。

九月初三日，天聪汗皇太极决定亲率大军，会同蒙古诸部，征讨察哈尔部。后金遣使往会蒙古科尔沁、喀喇沁、敖汉、奈曼、喀尔喀等部贝勒，"令各率所部兵，会于所约之地"④。皇太极第一次以"盟主"的身份发号施令，统率蒙古诸部军队向察哈尔林丹汗发起进攻。接着，皇太极率领满洲、蒙古诸路大军西征。初六日，皇太极率领大军离开沈阳，西征林丹汗。初八日，大军经都尔鼻（今辽宁省彰武县）地方，敖汉、奈曼部兵来会。初九日，大军进抵辽阳，喀尔喀部诸贝勒，各领兵来会。十二日，大军至绰洛郭尔地驻营，科尔沁部兵来会。翌日，扎鲁特部台吉喀巴海，率兵来会。十七日，喀喇沁部汗喇思喀布、布颜阿海之子台吉毕喇什、万旦卫征、塔布囊马济、贝勒耿格尔及众小台吉、塔布囊等，各率师来会。十九日，满洲、蒙古大军，乘夜进发。翌日，大军连续进攻席尔哈、席伯图、英汤图等地，尽行攻克之。随后，皇太极指挥大军，乘胜前进，追捕败军，直至兴安岭。

---

① 《清太宗文皇帝实录》第4卷，天聪二年五月乙酉，中华书局影印本，1985年，第9叶。
② 谈迁：《国榷》第89卷，中华书局，1958年，第5435页。
③ 达力扎布：《明代漠南蒙古历史研究》，内蒙古文化出版社，1998年，第301页。
④ 《清太宗文皇帝实录》第4卷，天聪二年九月庚申，中华书局影印本，1985年，第12叶。

《清太宗文皇帝实录》记载:"遣精骑追捕败军,至兴安岭,获人畜无算。"① 皇太极在进军胜利中,严惩违反纪律者。原额真达敏,对察哈尔降人,掠其财物,杀其男妇,命杀达敏,其从者鞭八十,穿耳刺鼻。② 皇太极亲征察哈尔大军,于十月十五日回到沈阳。

是役,为后金第一次由皇太极亲自统率,会集蒙古诸部兵马,共同进击察哈尔部林丹汗。师出纵骑,无果而归。

其原因之一是,科尔沁部奥巴没有如约前来会兵。奥巴遣使察哈尔,请求返还其被掠人畜,与察哈尔仍然藕断丝连。奥巴不愿与后金一起攻击蒙古大汗,以故敷衍后金,没有真正攻击察哈尔。事后议奥巴九罪,进行了有情有礼、有理有节的惩罚。③ 后金军队与前来赴约的敖汉、奈曼、喀喇沁等部兵东略至兴安岭南端,未至西拉木伦河即班师,这就使察哈尔得以暂时立足于明朝宣府、大同塞外。随后皇太极颁敕"科尔沁、敖汉、奈曼、喀尔喀、喀喇沁五部落,令悉遵我朝制度"④。

其原因之二是,后金统帅皇太极没有侦查明了林丹汗的实情,也没有制定明确的战略目标。

然而,皇太极在第一次进攻林丹汗时,其成功之处在于,组成满洲、蒙古联军,共同进讨;其不足之处在于,未能同察哈尔部主力交战。但是,皇太极通过对察哈尔部的第一次进兵,确立了对蒙古诸部的盟主地位,建立了蒙古归附各部对后金的臣属关系。

二征察哈尔 天聪三年即崇祯二年(1629),后金发动首次迂道入塞的进攻明朝京师之战。次年,攻占永平等四城,后班师。天聪五年即崇祯四年(1631),后金又进行大凌河之役,逼降明总兵祖大寿,夺取大凌河城。时后金东线已经打

---

① 《清太宗文皇帝实录》第4卷,天聪二年九月丁丑,中华书局影印本,1985年,第14叶。
② 张葳:《旧满洲档译注·天聪朝一》,中国台湾印行,1977年,第220页。
③ 《清太宗文皇帝实录》第4卷,天聪二年十二月丁亥,中华书局影印本,1985年,第15~17叶。
④ 《清太宗文皇帝实录》第5卷,天聪三年正月辛未,中华书局影印本,1985年,第2叶。

败朝鲜，订立"兄弟之盟"；南线因有明朝关宁锦防线，难以突破；西线林丹汗不甘心失败，仇恨臣服后金的蒙古诸部，掠杀阿禄科尔沁部，该部向后金求援。于是皇太极将进军的重点，再次转向西线的察哈尔部。进军前，先准备。天聪六年即崇祯五年（1632）三月二十日，皇太极以将征察哈尔，遣使知会蒙古各部：命蒙古喀喇沁、土默特、扎鲁特、翁牛特、巴林、科尔沁、阿禄科尔沁等部，出兵随征，相约在昭乌达会师。并下达军令曰："朕以察哈尔汗不道，亲率大军征讨，必纪律严明，方能克敌制胜。尔固山额真、梅勒额真、甲喇额真、牛录额真，以次相统，当严行晓谕所属军士，一出国门，悉凛遵军法，整肃而行。若有喧哗者，除本人即予责惩外，该管将领，仍照例治罪。大军启行之时，若有擅离大纛，一二人私行者，许执送本固山额真，罚私行人银三两，给与执送之人。驻营时，采薪取水，务结队偕行。有失火者，论死。凡军器，自马绊以上，俱书各人字号，马须印烙，并紧系字牌。……启行之日，不得饮酒。若有离纛后行，为守城门及守关门人所执者，贯耳以徇。"① 这道军令，既为着严肃后金军纪，增强战斗力；又为着大军所经不扰蒙古部民，争取蒙古各部对此次征讨的支持。

天聪六年即崇祯五年（1632）正月初一日，皇太极由"与三大贝勒俱南面坐"，始更定为"南面独坐"。② 皇太极"南面独坐"，结束"三尊佛"局面，表明汗位的提升与汗权的强化。四月初一日，皇太极会同归服的蒙古诸部，发动了第二次对察哈尔部的征讨。是日，皇太极亲率大军由盛京出发，往征察哈尔。次日，渡辽河，值水涨，皇太极与诸贝勒乘舟渡河，并渡辎重，人马皆浮水，两昼夜而过。初四日，大军至都儿鼻地方，喀喇沁、土默特部落诸贝勒，各率所部兵来会。初七日，大军经都儿白尔济地方，镶黄旗固山额真、额驸达尔哈所属蒙古二人，盗良马六匹逃去。初九日，大军次西拉木伦河时，沿途蒙古各贝勒皆率所部兵来会。皇太极统领八旗满洲和投顺后金的科尔沁、内喀尔喀、敖汉、奈曼和喀喇沁等部

---

① 《清太宗文皇帝实录》第11卷，天聪六年三月丁巳，中华书局影印本，1985年，第14～15叶。
② 《清太宗文皇帝实录》第11卷，天聪六年正月己亥朔，中华书局影印本，1985年，第1叶。

蒙古骑兵，会兵于西拉木伦河地带，共同大举进攻察哈尔部。①十二日，巴林等部落首领率兵来会。皇太极赐盛宴，招待蒙古各部首领。这次满洲、蒙古大军出征，"一欲为我藩国报仇，一欲除却心腹大患"②。集中力量打击林丹汗，统一漠南蒙古。十七日，大军次喀喇木轮河。十八日，大军次哈纳崖。是夜，镶黄旗固山额真、额驸达尔哈家旧蒙古二人，盗良马六匹，潜奔蒙古察哈尔部，告以"满洲已举大兵无数，来征汝国，我等从军至哈纳崖先逃来"。林丹汗闻警大惊，"遍谕部众，弃本土西奔，遣人赴归化城，驱富民及牲畜尽渡黄河。察哈尔国人，仓卒逃遁，一切辎重，皆委之而去"③。林丹汗率部至黄河河套西，部众散处黄河河套及河套西一带。二十二日，大军过兴安岭，次大儿湖的公古里河。大儿湖广袤约八十里，东西三河，环流灌注，水卤不可饮，东距沈阳一千三百五十里。二十三日，大军次都勒河。命每贝勒下拨良马二匹，入察哈尔国边界捉生。二十三日，察哈尔国一人，步行逃至后金军大营。讯之，云："皇上大军前来，有二人驰六骑往报，察哈尔汗大惧，其部民有两牛以上，可以携带者，尽携之，奔库黑得勒酥地方。自大儿湖距彼地，约一月程。"④林丹汗率部西遁的消息，再次得到证实。天聪汗皇太极鉴于形势发生变化，谕率兵诸贝勒大臣曰："察哈尔知我整旅而来，必不敢撄我军锋，追愈急，则彼遁愈远。我马疲粮竭，不如且赴归化城暂住。"因命喀山、吴拜，率兵八十名，往调前遣阿山、图鲁什、劳萨等先锋军返还。于是大军回返，趋归化城（今内蒙古自治区呼和浩特市）。

五月初十日，皇太极得报："观敌人大队踪迹，逃去已久。恐我兵追之无及。"⑤是日，皇太极自布龙图旋师，至枯橐地方驻营。十一日，皇太极召集大贝勒代善、贝勒莽古尔泰及满洲、蒙古诸贝勒、汉官等，谕曰："我等原征察哈尔至此，察哈

---

① 蒋良骐：《东华录·天聪朝》，天聪六年四月，清木刻本。
②《天聪朝臣工奏议》，辽宁大学历史系铅印本，1980年，第13页。
③《清太宗文皇帝实录》第11卷，天聪六年四月乙酉，中华书局影印本，1985年，第19叶。
④《清太宗文皇帝实录》第11卷，天聪六年四月庚寅，中华书局影印本，1985年，第19～20叶。
⑤《清太宗文皇帝实录》第11卷，天聪六年五月丁未，中华书局影印本，1985年，第23叶。

尔不能御而遁，追之无益。今我兵马疲惫，其暂旋师，以俟再举乎？抑先取蒙古部民，复入明境乎？二者孰便，尔诸臣可定议以奏。"于是群臣集议，奏云："我师此来，已近明境，即先取蒙古部民，复入明地，以图大事，诚为上策。"①于是，皇太极决定：掳掠察哈尔部民财物，并进兵攻打明朝。十二日，大军边往取察哈尔部民，边向明宣府、大同进军。二十三日，大军次木鲁哈喇克沁地方，分兵两翼：左翼以贝勒阿济格为帅，率巴克什吴讷格、科尔沁土谢图额驸奥巴，及巴林、扎鲁特、喀喇沁、土默特、阿禄等部落兵万人，往掠大同、宣府边外一带察哈尔部民；右翼以贝勒济尔哈朗、岳托、德格类、萨哈廉、多尔衮、多铎、豪格等，率兵二万人，往掠归化城黄河一带部民。又以车尔格、察哈喇率兵五百人，往黄河取备船艘为前队；以图鲁什、劳萨先往捉生。皇太极与大贝勒代善、贝勒莽古尔泰等，统大军继进。②二十日，皇太极至归化城，驻营。六月初八日，皇太极率大军自归化城起行，趋向明边，沿途不断给明边官致书，斥责明朝罪恶，劝其早日归降。后金军经宣府、张家口边外，肆行抢掠，饱欲而返。七月二十四日，皇太极率军，回到沈阳。

皇太极第二次亲征察哈尔林丹汗之役，历时四十天。据《清太宗文皇帝实录》记载，仅斩一人、获六人，又获马一匹、骆驼一峰，败敌近百人。后金军只斩获几名哨兵，始终未同察哈尔军队相遇，结果"不得踪迹而还"。皇太极在深入察哈尔境后，主要困难：一是缺水——"天气炎热，无水，人亦晕倒"③。其时，以一黄羊，易水一碗，可以看出，水之珍贵。二是缺粮——大军"分道而猎，及合围，见黄羊遍野，不可数计，遂杀死数万。时军中粮尽，因脯而食之"④。是役，在军事、政治、贸易三个方面，均对后金产生影响。

---

①《清太宗文皇帝实录》第11卷，天聪六年五月戊申，中华书局影印本，1985年，第23叶。
②《清太宗文皇帝实录》第11卷，天聪六年五月庚申，中华书局影印本，1985年，第24～25叶。
③《满文老档·太宗》下册，天聪六年五月十九日，中华书局译注本，1990年，第1284页。
④《清太宗文皇帝实录》第11卷，天聪六年五月丙辰，中华书局影印本，1985年，第24叶。

其一，军事战果不大。此役的军事意义在于，逼迫林丹汗放弃本土，西逃青海，部众涣散离析，部力大为削弱。后来贝勒阿济格总结二征察哈尔的教训道："往征察哈尔时，皇上坚意前进，幸上天眷佑，仅遇彼之哨兵，而察哈尔汗已自远遁。彼时若渡黄河，略其财物，散给士卒，以所获牲畜为糇粮，可以持久。纵离家遥远，亦当遣一贝勒，领兵数百，乘草青马肥时，袭察哈尔踪迹，庶远振军威，近慰众望。乃以粮运不继，皇上虑之，转向归化城进发。揆之出师初意，似不相符矣！"① 皇太极没有长驱远袭，横加打击，犁庭扫穴，却是遇难而退，没有实现出师目的。

其二，政治意义不小。此役的政治意义在于，四月十二日，大军次扎滚乌达地方，"巴林部落塞特尔、阿禄部落奔巴楚虎尔，顾鲁台吉、僧格台吉，科尔沁国土谢图额驸奥巴、布塔齐哈谈巴图鲁、孔果尔冰图、国舅吴克善、满朱习礼额驸、桑噶尔寨，阿禄部落孙杜棱、东戴青、塔赖楚虎尔之子穆章等诸贝勒，各率所部兵来会。又北边蒙古诸部落贝勒，亦各率所部兵来会。谒上，上御座，土谢图额驸奥巴，率各部落贝勒，遥拜，复独近前叩首，行抱见礼，上起座答礼。奥巴跪请上安毕，诸贝勒各序齿相见，上命土谢图额驸坐上左侧，其余诸贝勒及本国诸贝勒以次坐。阿禄部落孙杜棱率本部众贝勒朝见。上命孙杜棱与大贝勒代善同坐，诸贝勒与本国诸贝勒同坐。于是蒙古诸贝勒各以所携酒献，上饮毕，复献马。上酌纳之，赐大宴。"② 这实际上是一次皇太极与蒙古诸部首领的会盟。天聪汗皇太极以盟主身份发号施令。十六日，皇太极召集科尔沁国土谢图额驸并其昆弟诸贝勒及扎鲁特、敖汉、奈曼、阿禄各部落贝勒等，谕之曰："朕以察哈尔汗不道，整旅徂征。先期谕尔等，率所部兵来会，今尔等所率兵，多寡不齐，迟速亦异，惟土谢图额驸率来军士甚多，又不惜所畜马匹，散给部众，疾驰来会，足见立心诚恳，忧乐相同，朕甚嘉之。若吴克善者，则于朕心有所不慊矣。扎鲁特诸贝勒，亦属实心效力。至若巴林诸贝勒，既托命于我，自应身先士卒，竭力戎行，

---

① 《清太宗文皇帝实录》第14卷，天聪七年六月戊寅，中华书局影印本，1985年，第13叶。
② 《清太宗文皇帝实录》第11卷，天聪六年四月己卯，中华书局影印本，1985年，第16~17叶。

乃吝惜马匹，怠缓不前，何耶？尔同类之喀尔喀诸贝勒，为察哈尔所俘戮者有之矣，离其夫妇者有之矣，取其部曲、只存子身者亦有之矣，朕从大公起见，兴师来此，正尔等奋志雪仇之日也。今视尔等，似犹有惧心者。彼察哈尔能至我城下否，我亦有惧心否，尔塞特尔，动辄托病，果何病耶？不念及国政，而嗜饮无度，为酒所困耳。又阿禄诸贝勒，为察哈尔所逐，自奔投我国以来，朕每谓当移营近地，乃不遵朕言，仍于远处放牧，复为察哈尔所掠。且以所掠诸物，献于明国，诳云：'满兵进攻之后，我入其地，而得之以献。'是彼指侵夺我国之名，以诳告于明也。属国为人所袭，朕犹有憾，阿禄诸贝勒躬罹其害，蓄怨自深，岂不思仗朕力以复仇者！乃竟不散给尔马，不多发尔兵，仅以一旅之师，勉强应命。应俟班师日议罪。至尔敖汉、奈曼诸贝勒，独先他部来归，济农移居沈阳，班第年少，衮出斯巴图鲁身居本国，汝等较巴林殊优，然亦未为尽善也。"又谕曰："今朕所忧者，惟恐八旗诸贝勒，不体朕意，或将汝等良马美物，欺而夺之耳。若两国贝勒，联姻缔盟，彼此相馈，各出所愿则可，有不愿者则勿与也。傥有恃威强索者，尔当奏闻。"众皆叩首受命。① 皇太极为了加强对蒙古各部的控制，次年八月遣使到蒙古各部颁布法律，正式建立起他们对后金的从属关系，密切相互往来。

其三，贸易有新拓展。其时察哈尔林丹汗所属诸部，或投附后金，或自称雄长，原有献贡，拒绝交纳："各自称雄，献贡遂绝。"② 此役，逼迫察哈尔部远离宣府、大同外地区，失去明朝的市赏。察哈尔部断了明廷的岁赏，如同中原，秋成歉收："插恃抚金为命，两年不得，资用已竭，食尽马乏，暴骨成莽。插之望款，不啻望岁。"③ 翌年，林丹汗遣人到明延绥、宁夏讨赏，明边吏不应。林丹汗合五万余骑，连营数十里，纵掠塞外。④ 后金则乘机同明议和，同漠南蒙古诸部等，"大市于张家口"。⑤

---

① 《清太宗文皇帝实录》第11卷，天聪六年四月癸未，中华书局影印本，1985年，第18叶。
② 《崇祯长编》第11卷，崇祯元年七月己巳，台北历史语言研究所校勘本，1962年，第11叶。
③ 《明史·鞑靼传》第327卷，中华书局点校本，1974年，第8493页。
④ 谷应泰：《明史纪事本末·补遗》第3卷，中华书局，1977年，第1444页。
⑤ 《清史稿·太宗本纪》第2卷，中华书局标点本，1977年，第40页。

于是，后金在边口的贸易，有了新的拓展。

三征察哈尔 皇太极二征林丹汗后，明朝和后金发生许多重大事情。其一，明朝力量更加削弱。天聪七年即崇祯六年（1633）五月，孔有德、耿仲明率部投降后金。寻封孔有德为都元帅，耿仲明为总兵官。后尚可喜亦降，授为总兵官。六月，后金派贝勒岳讬、德格类等会同孔有德、耿仲明统领军兵，进攻明旅顺口，后克之。其二，出兵掳掠明朝边民。后金地区，发生灾荒，粮食奇缺。天聪八年即崇祯七年（1634）五月，皇太极亲率大军第二次入塞进攻明朝。后金军攻入宣府、大同地区，肆意抢夺，掳掠而归。此期，皇太极与林丹汗发生历史性变化。

后金与察哈尔关系，发生转折性的变局。皇太极拉拢蒙古首领，孤立林丹汗，瓦解察哈尔。天聪七年即崇祯六年（1633）正月，皇太极将长女下嫁给敖汉部贝勒都喇尔巴图鲁之子班第为妻。二月，蒙古阿禄科尔沁车根汗率固木巴图鲁、达尔马代衮、吴巴什等举部归附后金。① 四月，察哈尔汗属下两翼大总管塔什海虎鲁克寨桑归附后金，言："察哈尔汗残虐不道，国人思乱。"② 翌年正月，蒿齐忒部台吉额林臣归附后金。六月，皇太极得到二征察哈尔部时之报："壬申年（天聪六年），上统大军，往征蒙古察哈尔国林丹汗时，林丹汗举国惊恐无措。林丹汗见人心惶扰，知国势不可为，为窜逃计，遂弃故业，渡黄河，西奔图白忒部落，牲畜死者甚多。其臣民向苦其暴虐，抗违不往，中途逗遛者十之七八。又食尽，杀人以食。自相屠戮，夺取牲畜财物，相继溃散。"③ 察哈尔许多部众，不愿再随林丹汗西迁吐蕃——青藏一带地方。同月，察哈尔候痕巴图鲁率其民千人投归后金；察哈尔额林臣戴青等五寨桑率二千七百人又投附后金；察哈尔土巴济农复率其民千户归附后金。喀尔喀部巴噶达尔汉归附后金。七月，察哈尔林丹汗之妻率其八寨桑，以一千二百户归降后金。闰八月，皇太极连续得到来自察哈尔的

---

① 《清太宗文皇帝实录》第13卷，天聪七年二月癸亥朔，中华书局影印本，1985年，第7叶。
② 《清太宗文皇帝实录》第13卷，天聪七年四月乙丑，中华书局影印本，1985年，第17叶。
③ 《清太宗文皇帝实录》第19卷，天聪八年六月辛酉，中华书局影印本，1985年，第3叶。

奏报:"察哈尔林丹汗病痘,殂于打草滩①地方,其子及国人,皆欲来归。"②又得到奏报:察哈尔寨桑噶尔马济农等率小寨桑、扎萨古尔及贝勒、台吉、塔布囊等并其国人六千,"送察哈尔汗妻窦土门福金,携其国人来降。"③后皇太极将窦土门福金纳娶之。十二月,察哈尔祁他特车尔贝、塞冷布都马尔等,各率所部人民,归降后金。天聪九年即崇祯八年(1635)二月,后金编审内外喀喇沁蒙古壮丁共一万六千九百五十三名,分为十一旗,并确立蒙古八旗建制。④

以上说明,天聪汗正在巩固根基,日益强大,林丹汗却是众叛亲离,土崩瓦解。察哈尔内部发生最重大的变局是:先是,察哈尔噶尔马济农等遣使后金请降,言:林丹汗病殂,汗子及国人皆欲来归。⑤皇太极为证实上述奏报是否真实,派阿什达尔汉等前往核查。天聪汗得到确讯,林丹汗已经病死。于是,天聪汗皇太极决定出动大军,三征察哈尔。

天聪九年即崇祯八年(1635)二月二十六日,天聪汗皇太极命和硕墨尔根戴青贝勒多尔衮,贝勒岳讬、萨哈廉、豪格为统兵元帅,以固山额真纳穆泰为右翼,以吏部承政、镶白旗固山额真图尔格为左翼,率护军、骑兵万人,三征察哈尔,往收察哈尔林丹汗之子额尔克孔果尔额哲。⑥三月,多尔衮等在宣府水泉口,招抚了林丹汗的遗孀囊囊福金,从其部口中得知额哲等人的驻牧地。后多尔衮等,遣礼部启心郎祁充格等赍疏奏言:"臣等奉命率大军,至西喇朱尔格地方,遇察哈尔汗妻囊囊太后、琐诺木台吉,率部下一千五百户来降。臣等以礼接见,设宴宴之。已遣温泰等引之见上矣。"四月初二日,皇太极派大臣济席哈、海塞等,往驻上都旧址,等候出征察哈尔诸贝勒的消息。和硕贝勒多尔衮,贝勒岳讬、萨哈廉、

---

① 打草滩(大草滩):在西喇卫古尔(撒里畏兀儿)部落西日塔拉,今甘肃省天祝藏族自治县境内。
② 《清太宗文皇帝实录》第20卷,天聪八年闰八月庚寅,中华书局影印本,1985年,第2叶。
③ 《清太宗文皇帝实录》第20卷,天聪八年闰八月辛亥,中华书局影印本,1985年,第11叶。
④ 《清太宗文皇帝实录》第22卷,天聪九年二月丁亥,中华书局影印本,1985年,第12~14叶。
⑤ 《清太宗文皇帝实录》第20卷,天聪八年闰八月庚寅,中华书局影印本,1985年,第2叶。
⑥ 《清太宗文皇帝实录》第22卷,天聪九年二月丁未,中华书局影印本,1985年,第24叶。

豪格等统领大军，初十日，渡河。多尔衮等从囊囊太后部众中，得知苏泰太后及其子额哲的驻牧地。多尔衮等率领后金大军继续前进，至黄河造船，前往黄河河套一带，收抚察哈尔部众，寻找苏泰太后及其子额哲等人的下落。苏泰太后为皇太极母舅叶赫贝勒金台石之孙女，台吉德尔格勒之女。

二十八日，大军进抵察哈尔林丹汗之子额尔克孔果尔额哲国人所驻牧的托里图地方。其时天雾昏黑，额哲部中无备。多尔衮等恐被额哲惊觉，夜间按兵不动。多尔衮、岳讬、萨哈廉、豪格议商决定，派遣随军的叶赫金台石贝勒之孙南楮，及其叔祖阿什达尔汉等，先见南楮之姐林丹汗遗孀苏泰太后及其子额哲，面告满洲诸贝勒多尔衮等，奉天聪汗皇太极之命，统率大军前来，招抚苏泰太后及其子额哲，军纪严明，秋毫不犯。南楮等受命后，急驰至苏泰太后大营。到大营后，南楮高声喊道："尔福金苏泰太后之亲弟南楮至矣，可进语福金！"苏泰太后听到这个突如其来的消息后，既惊又喜，但怕有诈。苏泰太后遂令她的从者旧叶赫人亲自目睹，加以辨认。还报道："是真！"苏泰太后恸哭而出营帐，与其久别之弟抱见。随之，苏泰太后令其子额哲，率领众寨桑，出迎后金军。此事，《钦定蒙古源流》记载："林丹库图克图汗运败，妻苏台太后系珠尔齐特精太师之子德格勒太师之女，同子额尔克洪果尔二人，限于时命，仍回原处。汗族之诺延四人，领兵往迎。岁次乙亥五月，于鄂尔多斯游牧之托赉地方被获，因取蒙古汗之统。"①上文中的珠尔齐特精太师，即叶赫贝勒金台石。在上文之下，张尔田校补注曰："天聪九年五月丙子，林丹汗子额尔克洪果尔额哲降。初，贝勒多尔济（衮）、岳讬、萨哈璘（廉）、豪格统兵至黄河西，额哲驻地托里图地方，其母苏泰福金，叶赫贝勒锦台什女孙。因遣其弟南楚偕同族往告，招之降。时天雾昏黑，额哲不虞，军至无备。苏泰与额哲乃惶，牵众宰桑迎。于是，全部平。"②这是多尔衮利用姻

---

① 萨囊彻辰：《钦定蒙古源流》第8卷，台湾商务印书馆影印文渊阁《四库全书》本，第14叶。
② 沈曾植：《蒙古源流笺证》第8卷，张尔田校补，海日楼遗书之一（沈氏藏版），屠守斋校补本，1932年，第13叶。

亲关系，取得政治与军事"一石二鸟"的生动史例。于是，多尔衮等命列旗纛，鸣画角，奏鼓乐，隆重前进。多尔衮同额哲等，率领双方大臣，行拜天礼。礼毕，多尔衮、岳讬、萨哈廉、豪格等依次与额哲交拜抱见。尔后，多尔衮等到苏泰太后营帐，苏泰太后迎入相见，行礼，设宴。多尔衮等秘议，恐额尔克孔果尔及其群臣生疑，乃誓告天地云："我等待额尔克孔果尔，若有异念，天地降谴。我等推诚敦信，如此盟誓。若伊等不从，包藏异心，伊等当被天地谴责。"

翌日，苏泰太后、额哲设宴，送多尔衮等驼马、雕鞍、貂裘、琥珀、金银、苏缎等物。多尔衮等谢却其驼、马，其余礼品俱收下。多尔衮等仍设宴答礼，并赠以雕鞍、马、黑貂裘等礼物。最后，多尔衮等奏言："臣等荷蒙天眷，仰仗皇威，谨遵指授方略，进止以时，所有察哈尔国苏泰太后母子，及其部众人民，悉已招降归附。其囊囊太后，同琐诺木台吉，率其部众人民，先已投诚，谅至国境矣。谨遣礼部启心郎祁充格，具奏以闻。"① 八月初三日，和硕贝勒多尔衮，贝勒岳讬、萨哈廉、豪格等，征察哈尔国，获历代传国玉玺。

先是，相传传国宝玺，藏于元朝大内，至顺帝为明洪武帝朱元璋所败，弃大都城，携玺逃至沙碛。顺帝后死于应昌②，宝玺遂遗失。二百余年后，有在山冈下牧羊者，见一山羊，三日不啮草，但以蹄刨地，牧者发掘，见此宝玺。既而归于元后裔博硕克图汗，后博硕克图为察哈尔林丹汗所侵国破，玺复归于林丹汗。贝勒多尔衮等，闻宝玺为林丹汗遗孀苏泰太后所收藏，索要，得之。玺文为"汉篆'制诰之宝'四字，璠玙为质，交龙为纽，光气焕烂，洵至宝也"。多尔衮等见宝玺后甚喜，曰："皇上洪福非常，天锡至宝，此一统万年之瑞也。"③ 遂收其玺，携降民渡黄河，至归化城。

时贝勒岳讬有疾，分兵一千，驻营归化城，防守察哈尔降民。三贝勒率众兵，

---

① 《清太宗文皇帝实录》第23卷，天聪九年五月丙子，中华书局影印本，1985年，第14叶。
② 今内蒙古自治区赤峰市克什克腾旗西部达里诺尔湖东南达日罕乌拉苏木地方。
③ 《清太宗文皇帝实录》第24卷，天聪九年八月庚辰，中华书局影印本，1985年，第9叶。

并察哈尔林丹汗子额尔克孔果尔额哲及其大臣，往略明山西一带，自平鲁卫入。时镶白旗护军参领博尔惠，率二十人，遇明右卫兵二百人，败之，生擒一人。是日，以所得牲畜、粮米，送至岳讬所。"我军由朔州前发，有明宁武关参将，率兵五十名来探。我镶蓝旗前锋参领席特库击败之，杀十余人，参将中伤，领余兵遁走。我军直抵长城下，三贝勒遣前锋将领硕翁科罗巴图鲁劳萨，往毁长城。劳萨乘夜前往，遇明羊房口步兵出迎，击败之。次日，又败宁武关哨卒，斩十人，生擒二人，遂毁关，入略代州。大军于忻州驻扎。于是，三贝勒纵兵略忻州一带。又令右翼正黄旗喀迩喀玛防御忻州，有敌兵千余，从忻州出战，我哨卒击败之。比我军将还，前锋参领苏尔德、安达礼，率四十人，伏于忻口，遇明往来哨卒三百人，败之，斩杀大半，获马六十匹。我军至忻口，明总督遣副将一员，领兵七百人，从代州来探。我左翼主帅固山额真图尔格，率诸贝勒所属护卫，自忻口追击至崞县，获马六十余匹。我军至黑峰口，劳萨击明游击下哨卒四十名，俱斩之，获马三十余匹。我军出长城，自应州赴平鲁卫。卫内有马步兵五百人，出城列阵，三贝勒即令右翼主帅正黄旗固山额真纳穆泰、图尔格，率兵破其阵，追击至城壕，明兵死者百余人。三贝勒率大军出边，令纳穆泰、图尔格率章京十六员、兵千名殿后。有明大同城守王姓总兵属下兵，及宁远、锦州总兵祖大寿援兵，共马步卒三千人，齐出。图尔格先见之，遂奋勇冲入，明兵皆溃，图尔格乘胜掩杀，拥至壕边。我军皆步战，击死明兵甚众。明溃兵马步约五百余人，复于台上列营。纳穆泰率兵围台奋击，尽歼其众。其马匹伤死者甚多，我军获马二百匹。"[1]

九月，后金军凯旋回到沈阳。初四日，皇太极派遣刚林、罗硕等，诣凯旋诸贝勒军前，商约相见日期。初五日，后金凯旋诸贝勒等，携归降人民、牲畜、财物至，营于皇太极御营之右二里许。初六日，皇太极出御营，迎凯旋诸贝勒，举行隆重仪式。时诸贝勒率归降察哈尔林丹汗之子额尔克孔果尔额哲，及其诸大臣，从天聪汗侧，驰马拜谒。在皇太极御营南冈上筑坛，设黄案，焚香，吹螺，掌号。皇

---

[1]《清太宗文皇帝实录》第24卷，天聪九年八月庚辰，中华书局影印本，1985年，第9~11叶。

太极率众拜天毕，还御座。凯旋诸贝勒设案，铺以毡，奉献所得"制诰之宝"玉玺于案上。由正黄旗固山额真纳穆泰、镶白旗固山额真吏部承政图尔格，举案前进，诸贝勒率众遥跪以献。御幄前设黄案，陈香烛，皇太极受玉玺，亲捧之，率众复拜天，行礼，复位。传谕左右曰："此玉玺乃历代帝王所用之宝，天以畀朕，信非偶然也。"于是凯旋诸贝勒，率诸大臣遥跪。国舅阿什达尔汉奏曰："仰蒙天眷，复赖皇上洪庥，收服察哈尔汗子额尔克孔果尔，并察哈尔汗妻，与其群臣百姓，又获历代帝王传国玉玺，又入明宣、大界，至山西地方，多所俘获，大败敌兵。此行甚利。"①奏毕回班。于是察哈尔汗妻苏泰太后及其子额哲、察哈尔汗女弟泰松格格，及其臣额尔克楚虎尔琐诺木卫寨桑等，各以金印、玉带、诸色数珠、蟒缎、金银、器皿、驼马等进献。苏泰太后进前，皇太极起迎，出幄，以礼相见。额哲率其部诸大臣跪拜，行抱见礼。皇太极饮酒之时，皇后及三妃，率诸贝勒福金等出营，迎苏泰太后，俱以礼相见。皇太极大宴后金凯旋诸贝勒、苏泰太后及额哲与其诸大臣。

后金军三征察哈尔之役，回程顺攻明朝晋北地区。大军出征，时已半年，士马疲劳，衣食匮乏。如贝勒岳讬患病，在归化城休养。靠其他旗抢掠的牲畜、粮米，送至岳讬所，以解燃眉之急。因之，多尔衮等收取额哲、苏泰太后等后，没有立即回师，而在明边外饱掠后，才回师沈阳。《清太宗文皇帝实录》记载："是役也，我军入明边驰略，自平鲁卫入朔州，直抵长城。又经宁武关、代州、忻州、崞县、黑峰口、应州，而复还平鲁，斩击明兵六千余人，计俘获人口、牲畜七万六千二百有奇。乃出边，与贝勒岳讬会于归化城。方三贝勒入边后，贝勒岳讬驻守归化城。"②后金军在归化城地区，纵马放牧，抢掠财富。

后金精锐军队，三征察哈尔部，都没有同察哈尔部主力交战。皇太极实际上是不战而降察哈尔。皇太极未经决战，统一了察哈尔部。在统一察哈尔部的过程

① 《清太宗文皇帝实录》第25卷，天聪九年九月癸丑，中华书局影印本，1985年，第2叶。
② 《清太宗文皇帝实录》第24卷，天聪九年八月庚辰，中华书局影印本，1985年，第11叶。

中，皇太极采取的策略是：第一，"慑之以兵，怀之以德"①，将军事征服和招抚劝降相结合。多尔衮在招降苏泰太后时，利用其弟南楮的亲情关系，顺利地降顺苏泰太后及其子额哲。第二，利用矛盾，分化瓦解。采取恰当策略，利用蒙古各部族之间矛盾，逐步切断漠南蒙古喀尔喀各部同察哈尔部的联系，同时拆散其同明朝的盟约。主要孤立和打击察哈尔部林丹汗。第三，抓住时机，发兵进剿。当皇太极得知林丹汗西迁并病死的确讯后，派兵前往，长驱深入，耐心争取，一举成功。第四，降顺兵民，妥善安置。皇太极对林丹汗遗孀苏泰太后及其子额哲，以及其他寨桑、台吉、部民等，都安置抚养（详见后文）。

统一察哈尔 后金统一察哈尔，具有重大的意义。

第一，吞并察哈尔部。察哈尔汗不仅是察哈尔部的大汗，而且是蒙古各部的宗主。察哈尔部的灭亡，既是漠南蒙古全部归于后金统治的标志，也是成吉思汗创立的大蒙古国在其故土最终覆灭的标志。林丹汗的遗孀窦土门福金和囊囊福金都嫁给皇太极，苏泰福金则嫁给济尔哈朗。林丹汗之子、年十四岁的额哲，则娶了皇太极第二女、十二岁的马喀塔。②随着额哲投降后金，察哈尔部的贵族、喇嘛也相继归降后金。《清太宗文皇帝实录》记载了一长串名单："额哲部下群臣额齐格顾实、多木藏顾实、额齐格喇嘛、达尔汉喇嘛、阿木出忒喇嘛、卓礼克图格龙、俄克绰特巴俄木布、朱成格达尔汉诺颜、额布格寨桑、布兑杜棱诺颜、巴牙思户达尔汉塔布囊、达赖浑津、布泰阿噶喇户、琐诺木卫寨桑、额参塞臣、额尔克楚虎尔、阿齐图太锡、波罗库鲁克、巴特玛都喇尔、扎唐伊尔都齐、苏朗察尔庇、毕木布寨桑、杜棱大云、俄思户布都马尔、图巴太锡、摆户寨桑、塞冷叶尔登、祁他特西格津、尹图寨桑、褚阳寨桑、波布达雅齐、塞冷古英、萨马克谈古英、喀木卫达尔汉、达尔马台吉、巴雅海塔布囊、通阿寨桑、囊弩克台吉、吴尔寨图古英、达鲁齐诺颜、阿拜泰台吉、萨代寨桑、阿津泰达尔汉寨桑、朝科、卿礼、

---

①《清太宗文皇帝实录》第20卷，天聪八年十月庚戌，中华书局影印本，1985年，第25叶。
②《星源吉庆》，学苑出版社，1998年，第29页。

巴特玛寨桑、古木台吉、吴巴什苏朗、辛达孙古英、波格勒寨桑、库图克达尔汉、讷木汉达尔汉、扎萨克古英、西达布都马尔、绰思熙扎萨古尔、琐诺木札萨古尔、俄齐尔札萨古尔、海赖札萨古尔、巴达礼札萨古尔、博尔达扎萨古尔、巴颜图寨桑、土巴台吉、多尔济冰图、土轮齐达户、占泰寨桑、翁讷和寨桑、苏朗塔布囊、博洛尔泰喀萨克等,率其部民归降。"随以察哈尔额尔克楚虎尔妻,及其部下人达云绰尔济、宜特格尔图、额尔克多克辛、托诺达尔汉塔布囊、托克脱和都喇尔寨桑、劳罕俄尔洛克诺颜、布兑寨臣、额尔克俄尔洛克、僧格寨桑、古鲁古英、琐诺木诺颜、塞臣卓礼克图、门都赫塔苏尔海、僧格塔苏尔海、朱喇图巴图尔、布尔噶图宜特格尔图、吴哈纳特白里户、额墨格墨尔根、巴图都喇尔、沙里额尔克古英等官,并其部民归降。① 在此先后,漠南蒙古各部,先后降服后金。

察哈尔部被后金征服,明朝失去北面屏障,边事越发不可收拾。《明史·鞑靼传》记载:

  明未亡,而插先毙,诸部皆折入于大清。国计愈困,边事愈棘,朝议愈纷,明亦遂不可为矣!②

  第二,补充大量兵马。《圣武记》曰:"夫草昧之初,以一城一旅敌中原,必先树羽翼于同部。故得朝鲜人十,不若得蒙古人一。"③皇太极统一漠南蒙古后,扩大了兵源,仿照八旗满洲兵制,编设八旗蒙古。如天聪九年即崇祯八年(1635),编内外喀喇沁蒙古壮丁一万六千多名,除盲人和残废者外,凡年在六十岁以下、十八岁以上者都被编入。从此以后,八旗蒙古作为八旗劲旅的重要组成部分,成为对明征战的一支主力军队。

---

①《清太宗文皇帝实录》第23卷,天聪九年五月丙子,第12~13叶。
②《明史·鞑靼传》第327卷,中华书局点校本,1974年,第8444页。
③魏源:《圣武记》第1卷,中华书局,1984年,第9页。

以编审内外喀喇沁蒙古壮丁为例，编审壮丁一万六千九百五十三名，分为十一旗。其中古鲁思辖布杜棱等共五千二百八十六名为一旗，以古鲁思辖布为固山额真；俄木布楚虎尔等共一千八百二十六名为一旗，以俄木布楚虎尔为固山额真；耿格尔等共二千一十一名为一旗，以耿格尔与单把同管固山额真事；正黄旗津扎等之壮丁及旧喀喇沁壮丁共一千二百五十六名，合旧蒙古为一旗，以阿代为固山额真；镶黄旗吴思库等之壮丁及旧喀喇沁壮丁共一千四十五名，合旧蒙古为一旗，以达赖为固山额真；正红旗昂阿等之壮丁及旧喀喇沁壮丁共八百七十名，合旧蒙古为一旗，以恩格图为固山额真；镶红旗苏木尔等之壮丁及旧喀喇沁壮丁共一千十六名，合旧蒙古为一旗，以额驸布彦代为固山额真；正白旗布尔哈图、阿玉石等之壮丁及旧喀喇沁壮丁共八百九十名，合旧蒙古为一旗，以伊拜为固山额真；镶白旗喇木布里等之壮丁及旧喀喇沁壮丁共九百八十名，合旧壮丁为一旗，以额驸苏纳为固山额真；正蓝旗什喇祁他特等之壮丁及旧喀喇沁壮丁共八百六十名，合旧蒙古为一旗，以吴赖为固山额真；镶蓝旗诺木齐等之壮丁及旧喀喇沁壮丁共九百一十三名，合旧蒙古为一旗，以扈什布为固山额真。此次编审壮丁时，谕令"凡年六十以下，十八以上，并从本地方带来汉人，每家所有壮丁若干名，俱照例编审。其目不能视，足不能行，手不能持者，不入编审内。如诸贝勒、塔布囊及一切人等，有隐匿壮丁不送编审者，或经人举首，出首之人，准其离主，将所隐之人入官，仍交刑部，照例治以隐匿之罪。其十家之长，罚马二。永著为令"。①

满洲的骑射军队，一重兵，二重马。在统一漠南蒙古的过程中，皇太极既补充了兵，又补充了马。从蒙古的战利、贡献、罚没和通市中，获得大量蒙古马匹和蒙古部民。其通市，如《钦定八旗通志》所载："以出兵所得汉人财帛及与朝鲜所得货物，尽与蒙古易马。"②从而极大地加强了八旗军队的战斗力。

第三，后金可靠盟友。皇太极继东征解除了左翼朝鲜威胁之后，又西征解除

---
①《清太宗文皇帝实录》第22卷，天聪九年二月丁亥，中华书局影印本，1985年，第12～14叶。
②《钦定八旗通志》第7卷，吉林文史出版社，2002年，第47页。

了右翼蒙古的威胁，使后金从根本上扭转了"四境逼处"的被围态势，从战略上由朝鲜、明朝、蒙古三面包围的局面，变为对明朝三面包围的态势，同时也为迂回袭扰明朝腹地开辟了通路。天聪八年即崇祯七年（1634）十月，皇太极征察哈尔回师后，在其父努尔哈赤灵前祭告说："乃者，朝鲜素未输诚，今已称弟纳贡；喀尔喀五部，举国来归；喀喇沁、土默特，以及阿禄诸部落，无不臣服；察哈尔兄弟，其先归附者半，后察哈尔汗携其余众，避我西奔，未至汤古忒部落，殂于西喇卫古尔部落打草滩地，其执政大臣，率所属尽来归附。"① 这是皇太极对统一蒙古业绩及其意义的总结。以蒙古明安贝勒为例，蒙古兀鲁特部明安贝勒，是察哈尔蒙古降服后金的一个代表人物，也是清初满蒙关系的一个家族典型：明安先为初设兀鲁特蒙古旗，后改隶满洲正黄旗。后明安多次随军征战，在大凌河之战中立有大功。是役，明总兵祖大寿出城作战，明安贝勒同和硕图固山额真等夹击，祖大寿兵失利退入城内。后金军伪装成明军增援，祖大寿误中其计出战，明安等齐进奋击。祖大寿败阵，寻率众投降。顺治初，进二等伯，雍正追进一等侯。其子昂洪、多尔济、纳穆生格、朗素等多有军功，地位显赫。长子昂洪，天命朝从征巴林、扎鲁特，后在大凌河战役中立功，进三等副将。昂洪子鄂齐尔，官内大臣，后授为领侍卫内大臣，乾隆追封为三等男。子多尔济，为额驸，伐扎鲁特、征克什克腾，皆有战功。设六部，为刑部承政，专管蒙古事。后授内大臣，预议政。子纳穆生格，清军入关后，从征福建，殁于海。幼子朗素，袭明安职。孙马兰泰，雍正进为一等侯，署前锋统领，后官参赞大臣、领侍卫内大臣、军机大臣。科尔沁部的布颜代贝勒，天命七年即天启二年（1622），同明安率所属归后金，娶公主，为额驸，后隶满洲镶红旗。他在觉华岛之役中率蒙古骑兵，同武讷格立有奇勋，以军功晋镶红旗固山额真。《清史稿·明安传附布颜代传》赞扬其英勇精神：布颜代在一次战斗中，"身被数伤，所乘马亦创，犹力战冲锋殪敌，遂以创卒。年六十有一"。布当亦随明安投后金，后授二等参将世职，隶满洲正蓝旗，晋三

---

① 《清太宗文皇帝实录》第 20 卷，天聪八年十月庚戌，中华书局影印本，1985 年，第 25 叶。

等男。到天聪十年即崇祯九年（1636）三月二十二日，漠南蒙古十六部、四十九贝勒，在盛京集会，尊皇太极为"博格达·彻辰汗"（宽温仁圣皇帝），尊奉皇太极为共主。整个漠南蒙古诸部，皆臣服于后金。

第四，直接马市贸易。后金吞并察哈尔蒙古，南部边界已同明朝宣府、大同接近，从而便于直接或间接地同明进行贸易。天聪六年即崇祯五年（1632），后金在宣府，与明互市，获利丰厚。班师之后，继续进行。八年，后金派人由喀喇沁地方与明贸易，使臣返回途中被明人截杀，"所携财物，尽被掠去"①。九年，多尔衮收察哈尔林丹汗之子额哲返回时，至明大同沙河堡，双方并出"货物互市"②。天聪十年即崇祯九年（1636）二月，后金遣察汉喇嘛等，率每家十五人，各携貂皮五十张、人参百斛，往明山西杀虎口贸易。③六月，皇太极又遣诺木图等率八家，每家三人及每旗蒙古一人，携每家金银千两，与土默特部鄂木布楚虎尔等，同往蓟镇喜峰口贸易。④崇德二年即崇祯十年（1637），清廷遣阿尔津携俄莫克图等，"率商人百余及八家官员，携货往归化城贸易"⑤。同年八月，皇太极派"吴拜等出张家口，往迎归化城贸易之丹岱等，遇明哨卒十六人，斩十五人，生擒一人，获马十九匹，奏闻"⑥。崇德三年即崇祯十一年（1638）六月，满洲八家以银两万五千六十六两及貂皮等物，梅勒章京以上银九千三百六十九两及貂皮等物，往土默特贸易，易得大量蟒缎、素缎、布帛、金线、衣服、红毡、卧柜、草纸、茶、粉等物而归。⑦随后又遣额尔德尼达尔汉囊苏喇嘛等四十人，"携黑貂皮一千七百张、人参二千七百斤，前往蒙古土默特部落贸易"⑧。

---

① 《清初内国史院满文档案译编》上册，光明日报出版社，1989年，第88页。
② 《清初内国史院满文档案译编》上册，光明日报出版社，1989年，第188页。
③ 《满文老档·太宗》下册，中华书局译注本，1990年，第1395页。
④ 《满文老档·太宗》下册，中华书局译注本，1990年，第1514页。
⑤ 《清太宗文皇帝实录》第36卷，崇德二年六月癸丑，中华书局影印本，1985年，第10叶。
⑥ 《清太宗文皇帝实录》第38卷，崇德二年八月庚申，中华书局影印本，1985年，第11叶。
⑦ 《清初内国史院满文档案译编》上册，光明日报出版社，1989年，第323页。
⑧ 《清初内国史院满文档译案编》上册，光明日报出版社，1989年，第328页。

后金统一察哈尔部后，可以直接在张家口同明进行贸易。天聪六年即崇祯五年（1632），后金与明"大市于明张家口"。①崇德三年即崇祯十一年（1638）七月，皇太极派遣达雅齐塔布囊卫寨桑等，往明张家口议"开关互市"②。又遣达雅齐塔布囊，率喀喇沁部落毕喇什、喇什希布等，往明张家口，"与明镇守官议岁币，一如与喀喇沁贝勒之数，兼议开关贸易事"③。七月，清人屯大青山议和，"卢象升请讲市、不讲赏，许之"④。十月，皇太极派"达雅齐、卫寨桑、多罗额驸毕喇西、喇斯希布等，自张家口贸易还"⑤。崇德四年即崇祯十二年（1639）五月，达雅齐、卫寨桑、诺木图卫征、喇嘛卫征囊苏，以"与明人创议开市，有裨国计"⑥，因其之功，受到封赏。八月，"以张家口互市缎匹，赐诸王、贝勒、贝子、公及承政、固山额真以上各官有差"⑦。崇德八年即崇祯十六年（1643）七月，皇太极谕鄂尔多斯济农、土默特部落格根汗，以及乌朱穆沁、蒿齐忒、苏尼特等部落，"令其各安地方，仍与汉人贸易"⑧。清朝通过鄂尔多斯、土默特等部，同汉民贸易。

皇太极还派喇嘛到杀虎口进行贸易。天聪汗遣察汉喇嘛、额尔德尼囊苏、艾松古、达代、邦苏，率每家十五人，携貂皮各五十张、人参各百斤，往明边杀虎口贸易。⑨崇德四年即崇祯十二年（1639）五月，皇太极谕责弟多铎曰，当年至张家口与明议互市事，兼索察哈尔旧例。正当议时，尔乃大言于众曰："明之所与者，多不过银三千两、缎三百匹而已，岂可为此微物而驻兵乎？"皇太极又谕："昔

---

① 《清太宗文皇帝实录》第12卷，天聪六年六月癸巳，中华书局影印本，1985年，第7叶。
② 《清太宗文皇帝实录》第42卷，崇德三年七月壬申，中华书局影印本，1985年，第9叶。
③ 《清初内国史院满文档案译编》上册，光明日报出版社，1989年，第328页。
④ 彭孙贻：《山中闻见录·建州》第5卷，载《清入关前史料选辑》，中国人民大学出版社，1991年，第86页。
⑤ 《清太宗文皇帝实录》第44卷，崇德三年十月己亥，中华书局影印本，1985年，第9叶。
⑥ 《清太宗文皇帝实录》第46卷，崇德四年五月庚辰，中华书局影印本，1985年，第19叶。
⑦ 《清太宗文皇帝实录》第48卷，崇德四年八月壬子，中华书局影印本，1985年，第16叶。
⑧ 《清太宗文皇帝实录》第65卷，崇德八年七月丁巳，中华书局影印本，1985年，第26叶。
⑨ 《清太宗文皇帝实录》第27卷，天聪十年二月庚寅，中华书局影印本，1985年，第17叶。

太祖时，以人参与明人互市。明人不以贵美之物，出售于我，止得粗恶片金、䌷绫、缎匹。其时贝子、大臣家人，有得明国私市好缎一匹者，阿敦阿格奏请将其人处死。所以华整之服，亦不可得。尔等岂不知之！今朕嗣位以来，励精图治，国势日昌，地广粮裕。又以价令各处互市，文绣锦绮，无不备具。尔诸王、贝子、大臣，所被服者非欤？往时亦尝有此否也？朕之为众开市，岂属无益？尔英俄尔岱、索尼等，不见昔日库中余布，尚无十匹之贮乎！"并谕："且常愿诸王贝勒、贝子、大臣，俱仰荷天庥，长享富贵。今尔等不已臻富贵乎？"① 库中余布，尚无十匹！足见当年财货之匮乏，物资之短缺！皇太极的上述谕旨，道出了互市在后金经济中的作用。天聪八年即崇祯七年（1634），后金首次在明宣、大与明互市之前，主要是与朝鲜互市和转市明朝的产品。八年之后，与明朝的互市逐渐占据主要地位。

第五，打开入塞通道。在征抚漠南蒙古过程中，后金天命朝同漠南蒙古尚交结，重盟谊，不事讹诈，也少征讨。② 到天聪朝时，既动员八旗蒙古实行联合作战，又对抗颜拒从者进行军事征讨。漠南蒙古降顺后金，进"九白之贡"③，表示臣服。"九九之数"，为蒙古大礼之数，当年不儿罕谒见成吉思汗，以"九九金银器皿、九九童男童女、九九骟马、骆驼等物，皆以九九为数来献"④。后金统一漠南蒙古，使明朝防御战线拉长，由山海关直至宁夏，都成为与后金直接相邻的前线，北京则成为后金-清军随时可以进攻的目标。

总之，后金征抚漠南蒙古，逐渐组成八旗蒙古，打通从西北进入中原的道路。皇太极的军队，先后七次迂道入塞，甚至攻陷济南府城，都是间道蒙古，而破墙入塞的。皇太极征抚漠南蒙古，从根本上改变关外军政力量对比：由万历、天启

---

① 《清太宗文皇帝实录》第46卷，崇德四年五月辛巳，中华书局影印本，1985年，第22～23叶。
② 宝音德力根等：《明清档案与蒙古史研究》，内蒙古人民出版社，2000年，第179页。
③ 福格：《听雨丛谈·九白》第2卷："蒙古地在沙漠，罕有出产，每爵献白马八匹、白驼一匹，谓之九白贡。"
④ 《蒙古秘史》，谢再善译，开明书店，1951年，第180页。

年间的明朝、蒙古、后金鼎足三分之势；到满洲与蒙古联盟，共同对付明朝，形成后金与明朝分庭抗礼的局面。从而改变后金与明朝的政治与军事态势，占领更为广阔的地域，拥有更为雄厚的骑兵，占有更丰厚的资源，在政治上、军事上，取得更为优势的地位，为后来清军入关，迁鼎燕京，入主中原，奠下基础。

三 统一漠南蒙古

到后金兴起时，同天命朝直接有关的重要蒙古部落：其察哈尔万户、鄂尔多斯万户、土默特万户、内喀尔喀、应绍不后演变为喀喇慎（喀喇沁）等前已述。其中喀尔喀（哈剌哈）万户，由达延汗第九子纳力布剌和第十一子格列山只分领，共有十二个鄂托克（部）。他们的后裔分成两支：第九子纳力布剌的后裔，统领五个鄂托克向东北发展，在今内蒙古自治区境区，形成内喀尔喀。内喀尔喀到虎喇哈赤时，其五子分牧，形成五部，各领其所属军民：长子兀把赛（乌巴什），领扎鲁特部；次子速把亥（苏巴海），领巴林部；三子兀班，领翁吉剌部；四子索宁岱青，领巴岳特（巴约特）部；五子炒花自统大营，领乌齐叶特部，为泰宁卫都督。他们住牧在开原、铁岭、沈阳、广宁边外，和泰宁卫地域大致相符，直接同海西女真为邻。后兀班之孙宰赛（斋赛），所领扎鲁特部移近福余卫，与开原北关叶赫交往，同后金常有纠纷。此内喀尔喀五部，前文已作了叙述。其第十一子格列山只，统领的七个鄂托克（部），往西北发展，在大漠以北地域，即进入今蒙古国境内。他们住牧在贝加尔湖以南、河套以北、兴安岭以西、厄鲁特以东的漠北地域，形成外喀尔喀蒙古（即外蒙古），以其分居于喀尔喀河流域而得名。

格列山只后裔阿巴岱，赴唐古忒（今西藏自治区），谒达赖喇嘛，"请藏经，归漠北，部众智而汗之，遂世号土谢图汗，并其族车臣汗、札萨克图汗而三"①。外喀尔喀蒙古分为土谢图汗、札萨克图汗和车臣汗三部。土谢图汗部，居住在三部之中，住牧于土拉河流域地区。札萨克图汗部，居住在土谢图汗之西，主要驻牧在杭爱山南麓地带。车臣汗部，居住在土谢图汗之东，住牧于克鲁伦河流域地带。外喀尔喀三部游牧地域，东起黑龙江呼伦贝尔，西至阿尔泰山，南达瀚海，北到贝加尔湖，"东西延袤五千里，南北三千里"②。

蒙古诸部在天命朝，各部情况，相当复杂。其漠南蒙古科尔沁部，先祖首领为成吉思汗之弟合撒儿的后裔。先是，明永乐年间，蒙古主要分为鞑靼与瓦剌，东西对峙。后瓦剌败鞑靼，鞑靼合撒儿十三世孙为图美尼雅哈齐，十四世孙为奎蒙克塔斯哈喇，率部东走，驻牧于嫩江流域。所部称科尔沁，或称嫩江科尔沁，明人称好儿趁。科尔沁与满洲，同属阿尔泰语系，都信奉萨满教，也有相似的习俗。所以满洲同科尔沁蒙古容易沟通，这也是他们联姻的一个重要文化基础。奎蒙克塔斯哈喇定居嫩江流域，称科尔沁后，其子博第达喇，有子九人，分掌诸部：长子齐齐克、次子纳穆赛，袭领科尔沁部；又次子乌巴什，领所部号为郭尔罗斯；再次子爱纳噶，领所部号为杜尔伯特；另次子阿敏，领所部号为扎赉特。齐齐克，号巴图尔诺颜，其子为翁果岱贝勒，翁果岱子奥巴贝勒。纳穆赛，子莽古斯贝勒，莽古斯子宰桑贝勒；子明安贝勒，明安子栋果尔贝勒；子洪果尔贝勒。科尔沁部东邻乌拉，东南近哈达、叶赫，西南界扎鲁特，南接内喀尔喀，北临嫩江上游地区。魏源《圣武记》载："科尔沁部在喜峰口外，东西距八百七十里，南北距二千有百里，南界盛京边墙，北界索伦。本元太祖弟哈萨尔之后，明初置兀良哈三卫之一也，后自立国曰科尔沁。明洪熙间，为厄鲁特所破，东避嫩江，以同族有阿鲁科尔沁，因号嫩江科尔沁以自别。其扎赉特、杜尔伯特、郭尔罗斯三部，皆科尔沁一部所

---

① 魏源：《圣武记》第3卷，中华书局，1958年，第102页。
② 张穆：《蒙古游牧记·外蒙古喀尔喀四部总叙》第7卷，清同治六年（1867）刊本。

分，兄弟同牧。"① 科尔沁所分诸部，不同部落、不同首领、不同时期、不同场合，对后金采取不同的对策——时亲时疏，时附时离，时盟时背，时友时敌。但就总体而言，在天命朝时期，基本上归顺了后金。皇太极继承父业，完全绥服了漠南蒙古科尔沁部。

蒙古诸部在天聪朝，内喀尔喀五部——扎鲁特、巴林、翁吉剌特、巴岳特和乌齐叶特部，完全臣服后金；察哈尔部，已经归降后金。在崇德朝，皇太极加强并完善对蒙古诸部的治理与管辖。至于外喀尔喀诸部，经过天命、天聪、崇德三朝的抚绥与征战，也已向清朝遣使朝贡。后在康熙时期，完全臣服于清，并全部纳入清之版图。

皇太极在天聪时期，突出业绩是征服漠南蒙古察哈尔部。察哈尔部林丹汗之子额哲归附后金，皇太极命其率部住牧义州边外孙岛习尔哈地方。② 翌年正月，皇太极第二女马喀塔下嫁额哲，时额哲十四岁，公主十二岁。四月，额哲等蒙古十六部四十九贝勒，同上皇太极尊号，承认其为蒙古的共主。同月，额哲被封为和硕亲王，继续管领随其归降的部众。后康熙帝追述道："昔额哲、阿布奈被俘，不没入旗下为奴，封额哲为亲王，所部人员，亦加抚养。"③ 额哲及其弟阿布奈没有编入八旗满洲下役使，而是另立外藩旗分，就是组成一个扎萨克旗。额哲虽然已失去汗位，却成为外藩蒙古诸扎萨克之一。在崇德年间，外藩蒙古分为左右两翼会盟。科尔沁部土谢图亲王，为左翼科尔沁等十旗首领；额哲为右翼扎萨克各旗首领。④ 崇德六年即崇祯十四年（1641）正月，察哈尔固伦额驸、和硕亲王额哲病逝，时年二十岁。⑤ 顺治二年（1645）正月，皇太极之次女马喀塔再嫁额哲

---

① 魏源：《圣武记》第3卷，中华书局点校本，1984，第97～98页。
② 《清太宗文皇帝实录》第26卷，天聪九年十一月丁未，中华书局影印本，1985年，第1叶。
③ 《清圣祖仁皇帝实录》第54卷，康熙十四年四月丁巳，华文书局影印本，1964年，第19叶。
④ 《清初内国史院满文档案译编》上册，光明日报出版社，1989年，第258页。
⑤ 《清太宗文皇帝实录》第54卷，崇德六年正月己亥，中华书局影印本，1985年，第12叶。

之弟阿布奈，后命阿布奈袭爵。①康熙十四年（1675），阿布奈之子布尔尼，乘吴三桂反乱而发动叛乱，遭清军击溃，布尔尼被杀。清廷命杀阿布奈及其诸子，女子没为官奴，察哈尔汗后嗣遂绝，察哈尔扎萨克旗，也至此结束。

  林丹汗病死部散，其子额哲降后金，对漠南蒙古各部产生巨大影响。先是，漠南蒙古右翼三万户，鄂尔多斯部、土默特部、喀喇沁部，到明末时，逐渐分化，领地众多，各自为政。漠南蒙古右翼三部，受到察哈尔部打压，喀喇沁部被击溃，土默特、鄂尔多斯避兵于河套。天聪六年即崇祯五年（1632），后金第二次征讨察哈尔，林丹汗率部西迁。其时，察哈尔部众，纷纷脱离林丹汗。右翼诸部乘机摆脱察哈尔部控制，投附后金。天聪八年即崇祯七年（1634）闰八月，皇太极命鄂尔多斯济农额林臣、土默特部博硕克图汗子俄木布，分别收集其部众，在其移牧处住牧。②清对曾被察哈尔兼并的蒙古右翼三部，采取与左翼不同的处置方法。有的部落如土默特，对后金采取若亲若疏的政策。如土默特部归降后金的次年，发生毛罕事件。时多尔衮率军招降额哲还师，贝勒岳讬因病留住归化城。岳讬发现博硕克图子乳母之夫毛罕，私自遣人会喀尔喀部、乌珠穆沁部之人与明朝贸易，并泄露军机，遂派兵杀死毛罕，截获贸易商人。③此前，多尔衮曾截获喀尔喀车臣汗招抚林丹汗子额哲的信函。④岳讬疑其与喀尔喀私通谋叛，将俄木布带回沈阳。后归化城土默特正式"编立旗分牛录，设固山额真、梅勒章京、牛录章京，仍依品级，各授以世职"⑤，两部每年都遣使盛京朝贡。另外，巴林部受察哈尔部侵扰，大部分逃往嫩科尔沁。后巴林部色特尔台吉、满珠习礼台吉（昂阿子）等率领部属，自科尔沁归附皇太极。皇太极建立扎萨克旗时，色特尔之子色布腾掌右翼，满珠习礼掌左翼。扎鲁特部在天聪初归附后金。

---

① 马喀塔：康熙二年（1663）死，年三十九岁。
② 《清太宗文皇帝实录》第20卷，天聪八年闰八月壬辰，中华书局影印本，1985年，第7叶。
③ 《清初内国史院满文档案译编》上册，光明日报出版社，1989年，第187页。
④ 《清太宗文皇帝实录》第23卷，天聪九年五月丙子，中华书局影印本，1985年，第15叶。
⑤ 《清太宗文皇帝实录》第42卷，崇德三年六月庚申，中华书局影印本，1985年，第2叶。

从蒙古诸部共上皇太极尊号，及每年正旦朝贺的名录来看，漠南蒙古各部都已经臣服清朝。《钦定外藩蒙古回部王公表传》天命、天聪、崇德三朝封爵简表①，是蒙古诸部臣服清朝的证明。该表所列，简述如下。

科尔沁部：

奥巴，元太祖弟哈巴图哈萨尔之裔。天命九年(1624)归附后金。十一年(1626)封土谢图汗。天聪六年（1632）卒。

巴达礼，奥巴长子。天聪七年（1633）授济农，袭土谢图号。崇德元年（1636），封扎萨克和硕土谢图亲王。诏世袭罔替。

满朱习礼，土谢图汗奥巴从子，追封福亲王莽古斯之孙，忠亲王宰桑之子。崇德元年（1636），封扎萨克多罗巴图鲁郡王。诏世袭罔替。后晋为扎萨克和硕达尔汉亲王。

乌克善，满朱习礼之兄。崇德元年（1636），封和硕卓礼克图亲王，诏世袭罔替。

布达齐，土谢图汗奥巴之弟。天命十一年（1626），赐扎萨克图杜棱号。崇德元年（1636）封扎萨克多罗扎萨克图郡王，诏世袭罔替。

洪果尔，达尔汉亲王满朱习礼之叔父。崇德元年（1636），封扎萨克多罗冰图郡王，诏世袭罔替。崇德六年（1641）卒。

东果尔，冰图郡王洪果尔从子。崇德元年（1636），封镇国公。崇德八年（1643）卒。

喇嘛什希，土谢图汗奥巴之从弟。崇德元年（1636），封扎萨克镇国公，诏世袭罔替。

扎赉特部：

蒙衮，元太祖弟哈巴图哈萨尔之裔。天命九年（1624），归附后金。同年，赐达尔汉和硕齐号。崇德八年（1643）卒。诏世袭罔替。

杜尔伯特部：

---

① 李桓：《国朝耆献类征》（初编）卷首，光绪十六年（1890）刻本，第 11～17 叶。

色棱，元太祖弟哈巴图哈萨尔之裔。天命九年（1624），归附后金。崇德元年（1636）封辅国公。诏世袭罔替。

郭尔罗斯部：

布木巴，元太祖弟哈巴图哈萨尔之裔。天命九年（1624），归附后金。顺治五年（1648），始封为扎萨克镇国公。诏世袭罔替。

固穆，布木巴之从弟，毕里衮鄂齐尔之从祖。天命九年（1624），归附后金，崇德元年（1636），封扎萨克辅国公。诏世袭罔替。

喀喇沁部：

固噜思奇布，元臣济拉玛之裔。初为喀喇沁塔布囊。天聪二年（1628），归附后金。天聪九年（1635），授扎萨克。崇德元年（1636），封固山贝子，赐多罗杜棱号。

色棱，固噜思奇布族祖。初为喀喇沁塔布囊。天聪九年（1635），授扎萨克。诏世袭罔替。

土默特部：

善巴，元臣济拉玛之裔。初为土默特塔布囊。天聪三年（1629），归附后金。天聪九年（1635），授扎萨克。崇德元年（1636），封达尔汉镇国公。诏世袭罔替。

敖汉部：

班第，元太祖之裔。天聪元年（1627），归附后金。崇德元年（1636），封扎萨克多罗郡王。诏世袭罔替。

奈曼部：

衮楚克，元太祖之裔。天聪元年（1627），归附后金。崇德元年（1636），封扎萨克多罗达尔汉郡王。诏世袭罔替。

翁牛特部：

孙杜棱，元太祖弟谔楚因之裔。初为阿禄部济农。天聪六年（1632），归附后金。

崇德元年（1636），封扎萨克多罗杜棱郡王。诏世袭罔替。

噶尔玛，郡王孙杜棱从子。初为喀喇齐哩克台吉。崇德八年(1643)，封镇国公。诏世袭罔替。

栋岱青，郡王孙杜棱之弟。崇德元年（1636），授扎萨克，赐多罗达尔汉戴青号。诏世袭罔替。

乌珠穆沁部：

多尔济，元太祖之裔。崇德二年（1637）归清。崇德六年（1641）封扎萨克和硕车臣亲王。诏世袭罔替。

苏尼特部：

腾机思，元太祖之裔。崇德四年（1639），归清。崇德六年（1641），封扎萨克多罗墨尔根郡王。诏世袭罔替。

叟塞，腾机思之族兄。崇德七年（1642），封扎萨克多罗杜棱郡王。诏世袭罔替。

阿巴噶部：

多尔济，元太祖弟布格博功格图之裔，号额齐格颜。崇德四年（1639），归清。崇德六年（1641），封扎萨克多罗卓礼克图郡王。诏世袭罔替。

四子部落：

鄂木布，元太祖弟哈巴图哈萨尔之裔。天聪四年（1630），归附后金。崇德元年（1636），授扎萨克，赐达尔汉卓哩克图号。诏世袭罔替。

以上，共十三部，二十五人。

后金对外喀尔喀蒙古影响很大。天聪九年即崇祯八年（1635）五月，外喀尔喀蒙古车臣汗等，发出两封信函：一封给天聪汗皇太极，冀图同后金通好；另一封给林丹汗之子额哲，拉拢其投归外喀尔喀。其前书云："马哈撒嘛谛塞臣汗、土谢图汗、塞臣济农，率大小诸贝勒，奏书于水滨六十三姓满洲国天聪皇帝。人君抚有大宝，以宣扬美名于诸国为贵。其兴起教化，盛于诸国之名，各当力图。我六万蒙古之主，虽不能奋兴，然谊属同宗，尚能守此大宝。倘谓大业尚存，可互相通好，信使不绝。如此则我等，方可谓生为有福之人，称为强盛之主也。"其后书云："夫我等素无怨恨，并非仇敌。自汗弃世，闻尔国全来附我。自秋以来，即令哨卒侦探实耗。我等与尔汗，原系同宗。满洲岂尔等之主耶？即宜来归，勿再迟延。譬诸衣服，有表有里。太后乃吾福金之妹，若欲他往，揆之国体宗谊，未有亲于我者，其三思之。"①同年十二月初七日，车臣汗等派遣一百三十六人的使团至盛京，向崇德帝朝贡奉表。其书云："成吉思汗后裔，马哈撒嘛谛塞臣汗等，书奉天下无敌天聪皇帝，伏惟皇帝，躬膺厚祉，起居康泰。向者，察哈尔胡土克图汗，居必不可败之势，与大国抗衡，今已既灭其国矣！现今安迩怀远，以图太平之道，天聪皇帝自有睿裁。但今抚有大宝，必声名洋溢，为天下法，使政令炳曜，如日方升，庶几当时利赖，万世传休。倘蒙睿鉴，以此言为然，愿往来通问不绝，共守盟约，以享太平。"②这份表文说明，皇太极降服察哈尔部，震动外喀尔喀蒙古；获得"制诰之宝"，更加声名远播。因此，外喀尔喀车臣汗愿同天聪汗"往来通问不绝，共守盟约，以享太平"。

皇太极登上清朝皇帝大位，对外喀尔喀蒙古、厄鲁特蒙古，以及西藏，均产生重大影响。

在外喀尔喀蒙古三部中，车臣（塞臣）部在大兴安岭西麓，是靠后金最近的一部。车臣汗遣使同后金聘问盟约，影响其另外两部。崇德三年即明崇祯十一年（1638），喀尔喀三部遣使来朝，皇太极规定喀尔喀三部每年贡"白驼一，白马八，谓之九白之贡"③。从此，外喀尔喀臣属于清朝。④

外喀尔喀部落土谢图汗也遣朝贡使臣，上表行礼。表文曰："土谢图汗敬奉表

---

① 《清太宗文皇帝实录》第23卷，天聪九年五月丙子，中华书局影印本，1985年，第15~16叶。
② 《清太宗文皇帝实录》第26卷，天聪九年十二月癸未，中华书局影印本，1985年，第8叶。
③ 福格：《听雨丛谈》卷二《九白》："蒙古地在沙漠，罕有出产。每爵献白马八匹、白驼一匹，谓之九白贡。"
④ 《皇朝开国方略》第25卷，广百宋斋本，光绪十年（1884），第6叶。

于宽温仁圣皇帝陛下，恭候万安。近闻欲延致达赖喇嘛，反覆思之诚是。喀尔喀七固山，及厄鲁特四部落，皆有同心。若遣使延致，乞同往何如？凡所议，悉与皇上无异。谨随表文，献黄弓二张、马三匹，奉使卿里萨米、纳古尔舍津二人，已自宝庙前起行矣。"①蒙古喀尔喀部落马哈撒嘛谛塞臣汗，也表示相同愿望。除向崇德帝献其地所产名兽獭喜、貂皮、马匹外，还上表行礼。表文曰："马哈撒嘛谛塞臣汗，奉表敬候皇上起居万安。闻欲延致达赖喇嘛，甚善。此地喀尔喀七固山，及厄鲁特四部落，亦有同心。乞遣使者过我国，同往请之。我等公同会议，遣使候安，并献方物。"②十月，厄鲁特顾实汗遣使到盛京。"厄鲁特部落顾实车臣绰尔济，遣其头目库鲁克，来贡马匹、白狐皮、獭喜兽、绒毯等物。顾实车臣绰尔济初未入贡，闻上威德远播，至丙子年，乃遣使。因路远，于是岁始至。"③扎萨克图汗距盛京较远，也遣使朝贡。其表文曰："喀尔喀部落查萨克图汗，鄂尔多斯部落善达遣绰什熙等头目来朝，贡驼马、雕翎等物。"④时外喀尔喀车臣汗、土谢图汗及厄鲁特四部落，以及西藏达赖喇嘛，都承认皇太极为其皇上。到崇德七年即崇祯十五年（1642），西藏达赖喇嘛等遣使到盛京。据史载："图白忒部落达赖喇嘛，遣伊拉古克三胡土克图、戴青绰尔济等，至盛京。上亲率诸王贝勒大臣，出怀远门，迎之。还至马馆前，上率众拜天，行三跪九叩头礼毕，进马馆。上御座，伊拉古克三胡土克图等朝见。上起迎，伊拉古克三胡土克图等，以达赖喇嘛书进上。上立受之，遇以优礼。上升御榻坐，设二座于榻右，命两喇嘛坐。其同来徒众，行三跪九叩头礼。次与喇嘛同来之厄鲁特部落使臣，及其从役，行三跪九叩头礼。于是命古式安布，宣读达赖喇嘛，及图白忒部落臧巴汗来书，赐茶。喇嘛等诵经一遍，方饮，设大宴宴之。伊拉古克三胡土克图及同来喇嘛等，各献驼马、番菩提数珠、黑狐皮、

---

① 《清太宗文皇帝实录》第38卷，崇德二年八月庚戌，中华书局影印本，1985年，第6～7叶。
② 《清太宗文皇帝实录》第38卷，崇德二年八月辛丑，中华书局影印本，1985年，第5～6叶。
③ 《清太宗文皇帝实录》第39卷，崇德二年十月丙午，中华书局影印本，1985年，第1～2叶。
④ 《清太宗文皇帝实录》第59卷，崇德七年三月丁亥，中华书局影印本，1985年，第24叶。

绒单、绒褐、花毯、茶叶、狐腋裘、狼皮等物。酌纳之。"①《圣武记》载:"奉书及方物,约共行善事。并献卦验,知必当一统。"②

外喀尔喀蒙古完全归附清朝则是在康熙时期。《钦定外藩蒙古回部王公表传》记载:喀尔喀土谢图汗部,察珲多尔济,元太祖裔喀尔喀格哷森扎扎赉尔珲台吉之五世孙。继其父衮布,称汗号土谢图。康熙二十七年(1688)归清,设旗二十,先后受爵二十一。③其主要住牧在土拉河一带地域。喀尔喀车臣汗部乌默客,元太祖裔喀尔喀格哷森扎扎赉尔珲台吉之七世孙,继其父伊勒登阿喇布坦称汗号车臣。康熙二十七年归清,设旗二十三,先后受爵二十六。④喀尔喀札萨克图汗部策旺扎布,元太祖裔喀尔喀格哷森扎扎赉尔珲台吉之七世孙,其曾祖素巴第称汗,号扎萨克图。康熙二十七年归清,设旗十九,先后受爵二十二。⑤

---

① 《清太宗文皇帝实录》第63卷,崇德七年十月己亥,中华书局影印本,1985年,第1~2叶。
② 魏源:《圣武记》第5卷,中华书局,1984年,第201页。
③ 李桓:《国朝耆献类征》(初编)卷首,第19卷,光绪十六年(1890)刻本,第1叶。
④ 李桓:《国朝耆献类征》(初编)卷首,第20卷,光绪十六年(1890)刻本,第1叶。
⑤ 李桓:《国朝耆献类征》(初编)卷首,第21卷,光绪十六年(1890)刻本,第1叶。

四 对蒙古之治策

皇太极在统一蒙古的过程中,对蒙古各部,颁行政策,制定制度,封赏官爵,加强管理。

第一,联姻。早在天命朝,努尔哈赤不仅娶科尔沁两贝勒的女儿为妻,他的儿子也相继纳蒙古王公的女儿做妻子。仅万历四十二年(1614),努尔哈赤的四个儿子,即次子代善娶扎鲁特部钟嫩贝勒女为妻,第五子莽古尔泰娶扎鲁特部纳齐贝勒妹为妻,第八子皇太极娶科尔沁部莽古斯贝勒女为妻,第十子德格类娶扎鲁特部额尔济格贝勒女为妻。尔后,第十二子阿济格娶科尔沁部孔果尔女为妻,第十四子多尔衮娶桑阿尔寨台吉女为妻。努尔哈赤在位时,同科尔沁联姻十次,其中娶入九次、嫁出一次。其子皇太极继续实行上述联姻政策,皇太极在位时,同科尔沁联姻十八次,其中娶入十次、嫁出八次。皇太极的两位皇后,都是莽古斯贝勒之亲眷,其中孝庄后抚育顺治、康熙两代皇帝,定鼎中原,功在社稷。努尔哈赤之孙顺治帝,两位皇后也都出自科尔沁。蒙古科尔沁部与后金政权,通过联姻,巩固同盟,以加强自己的势力,来对抗察哈尔部。总之,由于蒙古科尔沁部归附后金最早,博尔济吉特氏与爱新觉罗氏世为懿亲。清太祖、太宗、世祖和圣祖先后有四位皇后、十三位皇妃，出自蒙古科尔沁等部。所以，魏源评论道："科尔沁从龙佐命，世为肺附，与国休戚。孝端文皇后、孝庄文皇后、孝惠章皇后皆科尔沁女，故世祖当草创初，冲龄践阼，中外帖然，繫蒙古外戚扈戴之力。自天命至乾隆初，额驸尚主者八，有大征伐，辄属囊前驱，劳在王室，非直亲懿而已。"①蒙古科尔沁部博尔济吉特氏，影响清初五朝（天命、天聪、崇德、顺治、康熙）四帝（太祖、太宗、世祖、圣祖）的政治与血缘，其中以皇太极孝庄文皇后博尔济吉特氏尤为突出。

在天聪朝，满洲与察哈尔联姻也是一例。皇太极先娶察哈尔林丹汗的遗孀窦土门福金（巴特玛·璪）②，后封为衍庆宫淑妃。又娶其遗孀囊囊福金（娜木钟）③，后封为麟趾宫贵妃，她生下一子，名博穆博果尔④。皇太极还将第二女马喀塔下嫁给林丹汗之子额哲为妻。额哲死后，马喀塔再嫁其弟阿布奈。和硕贝勒济尔哈朗妻子已死，继娶其妻妹、林丹汗遗孀苏泰福金为妻。大贝勒代善娶林丹汗之女、额哲之妹泰松格格为妻。⑤皇太极之子豪格娶察哈尔伯奇福金，皇太极七兄阿巴泰也娶察哈尔俄尔哲图福金。⑥满洲与察哈尔，由昔日之仇敌，成为今日之亲家。如卫送窦土门福金到盛京的蒙古多尼库鲁克等，接到皇太极纳娶窦土门福金谕旨时，喜曰："我等此行，乃送福金，非私来也。皇上纳之，则新附诸国，与我等皆不胜踊跃欢庆之至矣！"⑦众人欢庆，望天拜谢。此例可见，满洲爱新觉罗氏家族，同蒙古博尔济吉特氏家族，相互联姻，彼此嫁娶，婚配血缘融合，结成政治联盟。

第二，法令。皇太极对蒙古，颁谕法令，进行管理。天聪三年即崇祯二年（1629），

---

① 魏源：《圣武记》第3卷，中华书局，1985年，第99页。
② 《清太宗文皇帝实录》第20卷，天聪八年闰八月癸丑，中华书局影印本，1985年，第12～14叶。
③ 《清太宗文皇帝实录》第24卷，天聪九年七月戊辰，中华书局影印本，1985年，第3叶。
④ 后博穆博果尔与王妃在顺治时，演绎出一段故事。
⑤ 《清太宗文皇帝实录》第25卷，天聪九年九月丙辰，中华书局影印本，1985年，第3～4叶。
⑥ 《清太宗文皇帝实录》第25卷，天聪九年九月戊午，中华书局影印本，1985年，第5叶。
⑦ 《清太宗文皇帝实录》第20卷，天聪八年闰八月癸丑，中华书局影印本，1985年，第14叶。

皇太极对已归附的蒙古科尔沁、敖汉、奈曼、喀尔喀、喀喇沁五个部落，令其"悉遵我朝制度"①，就是遵行后金的制度。皇太极要求蒙古各部落，如遇征战，提供兵力。三月，皇太极遣国舅阿什达尔汉同尼堪等，赍敕往谕归顺各部落蒙古诸贝勒，申定军令。天聪汗敕曰："尔等既皆归顺，凡遇出师期约，宜各踊跃争赴，协力同心，共申敌忾，毋有后期。我兵若征察哈尔，凡管旗事务诸贝勒，年七十以下，十三以上，俱从征，违者罚马百、驼十。迟三日不至约会之地者，罚马十。我军入敌境，以至出境，有不至者，罚马百、驼十。若往征明国，每旗大贝勒各一员，台吉各二员，以精兵百人从征，违者罚马千、驼百。迟三日不至约会之地者，罚马十。我军入敌境，以至出境，有不至者，罚马千、驼百。于相约之地，辄行掳掠者，罚马百、驼十。"②这是很严刻的政令与军令。军令规定：对察哈尔的征战，每部落年龄十三至七十，都要出征。年逾花甲的老人，未成丁的少年，全体出动，一律从征。军令又规定：对明朝的征战，每蒙古旗出贝勒一人、台吉二人、兵士百人。军令对迟到者、不到者、违纪掳掠者，均作了具体的约束规定。

第三，编旗。 皇太极对蒙古各部不同情况，采取不同措置，划定牧界，编牛录旗。天聪六年即崇祯五年（1632），皇太极遣济尔哈朗、萨哈廉等人，前往蒙古地域，"指授归顺蒙古诸贝勒牧地，申明约法"③。天聪八年即崇祯七年（1634），皇太极又命阿什达尔汉、塔布囊达雅齐等人，召开会议，敖汉、奈曼、巴林、扎鲁特、翁牛特、四子、塔赖、吴喇忒、喀喇沁、土默特各部落管事大小诸贝勒等，会于硕翁科尔地方，确定诸贝勒牧放地界，分定地方户口之数，"既分之后，倘有越此定界者，坐以侵犯之罪。至于往来驻牧，务彼此会齐，同时移动，不许参差。"④在此基础上，进行编旗。有的编入八旗满洲，有的编为八旗蒙古，有的则编为扎萨克旗。崇德

---

① 《清太宗文皇帝实录》第5卷，天聪三年正月辛未，中华书局影印本，1985年，第2叶。
② 《清太宗文皇帝实录》第5卷，天聪三年三月戊午，中华书局影印本，1985年，第8叶。
③ 《清太宗文皇帝实录》第12卷，天聪六年十月甲戌，中华书局影印本，1985年，第23叶。
④ 《清太宗文皇帝实录》第21卷，天聪八年十一月壬戌，中华书局影印本，1985年，第2叶。

元年即崇祯九年（1636）四月，察哈尔林丹汗已亡，漠南蒙古十六部四十九王公与八旗满洲王公和汉军诸王，共上皇太极尊号。这表明漠南蒙古诸部，共尊皇太极也为蒙古的大汗。十月，清廷派遣蒙古衙门承政尼堪等，偕阿什达尔汉、达雅齐塔布囊等人，前往察哈尔、喀尔喀、科尔沁等蒙古地区，与蒙古诸王、台吉会盟，清点壮丁，统编牛录，以五十户，编一牛录，任命牛录额真，编制册籍，加强管理[①]，在蒙古正式推行满洲制度。

在科尔沁部，编牛录旗如下：土谢图亲王旗甲兵九百三十六人、二千九百家、五十八牛录；扎萨克图郡王旗甲兵七百三十四人、二千零五十家、四十一牛录；拉玛斯喜旗甲兵六百三十三人、一千八百家、三十六牛录；扎赖特达尔汉绍齐旗甲兵六百四十五人、二千七百五十家、五十五牛录；杜尔伯特色棱旗甲兵九百七十四人、三千二百家、六十四牛录；卓哩克图亲王旗甲兵五百八十七人、一千九百五十家、三十九牛录；穆寨旗甲兵二百四十人、六百家、十二牛录；噶儿图旗甲兵一百五十二人、四百五十家、九牛录；东果尔旗甲兵七百六十人、二千九百三十家、五十八牛录；郭尔罗斯布木巴旗甲兵五百一十八人、一千七百家、三十四牛录；古穆旗甲兵五百零五人、二千零五十家、四十二牛录。[②] 总计甲兵六千六百五十七人、二万二千三百八十家、四百四十八牛录。[③] 以上，科尔沁部共为十旗。

科尔沁部外其他旗如下：奈曼部，达尔汉郡王旗一千二百一十家、二十四牛录；敖汉部，班第、琐诺木一千三百家、二十六牛录；巴林部，阿玉石旗六百二十家、十二牛录；满珠习礼旗八百八十家、十七牛录；扎鲁特右翼，桑阿噶哩等旗一千九百八十家、三十八牛录；云顿等八十二家、二牛录；（茂明安）车根，五百三十家、十一牛录；扎鲁特部左翼，内齐等旗一千四百三十

---

① 《满文老档·太宗》第Ⅶ册，崇德元年十一月二十六日，东洋文库译注本，1985年，第1405页。
② "古穆"旗下牛录数缺载，依据总数，推算得出。
③ 《满文老档·太宗》下册，中华书局译注本，1990年，第1682页。

家、二十九牛录；图拜色楞等二千一百九十四家、四十二牛录；茂明安部巴特玛四百八十家、十牛录；阿禄科尔沁穆章三千家、六十牛录；翁牛特部杜棱郡王等八百家、十六牛录；哈喇车里克噶尔玛等五百家、九牛录；翁牛特部达尔汉戴青等旗一千八百三十家、三十四牛录；乌拉特部图巴等七百五十家、十四牛录；色棱等三百九十五家、八牛录；额布根等七百五十家、十五牛录；等等。总计一万八千七百三十一家、三百六十七牛录、甲兵五千四百五十六人。①综上两项，共计兵甲一万二千一百一十三人、四万一千一百一十一家、八百一十五牛录。以上各旗，大小不一，户数不均，隶属关系，仍旧不变。其旗长的名称，时汉译为"扎萨克贝勒"，后统一译为"扎萨克"（蒙古语意为执政者）。崇德元年即崇祯九年（1636），漠南蒙古户口的核查，甲兵的编册，牛录的编定，牛录额真的任命，扎萨克的封赐，标志着蒙古扎萨克旗的建立。②皇太极按照八旗满洲的办法，创建了八旗蒙古，它具有组织严密，纵骑疾驱，机动灵活，战斗力强等特点，成为后金重要的军事力量。扎萨克旗制度最初建立于漠南蒙古，至康熙年间增至四十九旗，清代称之为内扎萨克旗或内扎萨克蒙古，简称内蒙古。这个制度后来逐渐被推广到陆续归附的其他蒙古部落，形成了外扎萨克旗。

自崇德七年即崇祯十五年（1642）正月，开始在《清太宗文皇帝实录》中出现外藩"二十七旗"之说。崇德四年即崇祯十二年（1639）二月出征明松山，"外藩奈曼部落达尔汉郡王衮出斯巴图鲁，吴喇忒部落杜巴、吴班、巴克巴海，扎鲁特部落桑噶尔、内齐、穆章，四子部落宜尔扎木，巴林部落满珠习礼，翁牛特部落达尔汉戴青、东寨桑吴巴什等，率十三旗兵来会。"③四月，清军班师，分遣四子部、

---

① 《满文老档·太宗》下册，中华书局译注本，1990年，第1673～1674页。
② 关于扎萨克旗初建的时间，学界存在不同看法，有天命九年、天命十一年、天聪八年、天聪九年、崇德元年等说。参见达力扎布：《明代漠南蒙古历史研究》；郑玉英：《试论清初八旗蒙古问题》，《辽宁大学学报》1983年第1期。
③ 《清太宗文皇帝实录》第45卷，崇德四年二月丙午，中华书局影印本，1985年，第15叶。

翁牛特、巴林、穆章（阿禄科尔沁旗扎萨克）等六旗蒙古兵还①，次遣敖汉、奈曼、三吴喇忒、二扎鲁特等部落七旗蒙古兵还，共十三旗。五月，"遣理藩院参政塞冷、尼堪等往滔里河波洛代刚甘地方，会同科尔沁国十旗诸王、贝勒审问征济南府、中后所时少发兵马之故，定其罪案"②。八月，又命多尔济达尔汉诺颜等率八旗内外审事官"集敖汉、奈曼、三吴喇忒、二扎鲁特、穆章、四子部落、二巴林、二翁牛特诸部于西拉木轮河乌兰布尔噶苏地方，会同外藩贝勒大臣等公讯征济南府、中后所二处遣兵不及额及一切事情"③。以上旗数，与崇德元年编牛录时的情况基本一致。即科尔沁十旗，其余各部十四旗。加上喀喇沁一旗、土默特二旗，共二十七旗。

第四，册封。先是，天聪十年即崇祯九年（1636）四月初五日，大贝勒代善等、和硕墨尔根戴青贝勒多尔衮、和硕额尔克楚虎尔贝勒多铎、和硕贝勒岳讬、豪格等，都元帅孔有德和总兵官耿仲明、尚可喜、石廷柱、马光远等，外藩蒙古贝勒科尔沁国土谢图济农巴达礼、扎萨克图杜棱、布塔齐，卓礼克图台吉吴克善，喇嘛斯希木寨、杜尔伯特部落塞冷、扎赖特部落蒙夸，郭尔罗斯部落布木巴、古木、杜棱济农，奈曼部落衮出斯巴图鲁，巴林部落阿玉石、满珠习礼，扎鲁特部落内齐、车根，吴喇忒部落土门、杜巴、塞冷，喀喇沁部落古鲁思辖布、塞冷，土默特部落塔布囊耿格尔、单把等，共请皇太极上尊号。"管吏部和硕墨尔根戴青贝勒多尔衮捧满字表文一道，科尔沁国土谢图济农巴达礼捧蒙古字表文一道，都元帅孔有德捧汉字表文一道，率诸贝勒大臣、文武各官，诣阙跪进。"④这意在象征崇德皇帝是由满洲、蒙古、汉人共同拥戴的。

同月二十三日，漠南蒙古十六部四十九王公，因上皇太极尊号之功，受到皇

---

① 《清太宗文皇帝实录》第46卷，崇德四年四月乙未，中华书局影印本，1985年，第2叶。
② 《清太宗文皇帝实录》第46卷，崇德四年五月己未，中华书局影印本，1985年，第10叶。
③ 《清太宗文皇帝实录》第48卷，崇德四年八月庚寅，中华书局影印本，1985年，第2叶。
④ 《清太宗文皇帝实录》第28卷，天聪十年四月己卯，中华书局影印本，1985年，第9叶。

太极的册封。崇德帝皇太极分叙外藩蒙古诸贝勒军功："封科尔沁国巴达礼为和硕土谢图亲王，（科尔沁部）吴克善为和硕卓礼克图亲王，（察哈尔部）固伦额驸额哲为和硕亲王，（科尔沁部）布塔齐为多罗扎萨克图郡王，（科尔沁部）满朱习礼为多罗巴图鲁郡王，奈曼部落衮出斯巴图鲁为多罗达尔汉郡王，（翁牛特部）孙杜棱为多罗杜棱郡王，（敖汉部）固伦额驸班第为多罗郡王，（科尔沁部）孔果尔为冰图王，（翁牛特部）东（即栋戴青）为多罗达尔汉戴青，（四子部落）俄木布为多罗达尔汉卓礼克图，（喀喇沁部）古鲁思辖布为多罗杜棱、（土默特部）单把为达尔汉，（土默特部）耿格尔为多罗贝勒。各赐雕鞍、甲胄、金银、器皿、彩缎、文绮有差。"①皇太极先封爵号的蒙古贵族共十四人，后封乌珠穆沁右翼多尔济为亲王，封苏尼特左翼腾机思为郡王。②据《钦定外藩蒙古回部王公表传》记载统计，至顺治五年（1648），获封爵和扎萨克衔的蒙古王公人数，已超过二十七人。《清圣祖实录》记载，康熙元年（1662）二月，理藩院题请并获旨准差大臣往科尔沁、乌珠穆沁等四十七旗会盟。③说明后来已增至四十七旗。崇德皇帝授予蒙古贵族满洲爵号之后，其原有的汗、济农等蒙古称号，随之而逐渐取消。

除上之外，还封其妻。崇德二年即崇祯十年（1637）九月，皇太极遣内弘文院大学士希福、蒙古衙门参政艾松古等，赍诰命，前往封：外藩奈曼部落多罗达尔汉郡王衮出斯巴图鲁妻，为多罗达尔汉郡王之福金；吴喇忒部落多罗杜棱郡王孙杜棱妻，为多罗杜棱郡王福金；四子部落多罗达尔汉卓礼克图俄木布妻，为多罗达尔汉卓礼克图福金；多罗达尔汉戴青东妻，为多罗达尔汉戴青福金；土默特部落多罗达尔汉单把妻，为多罗达尔汉福金；喀喇沁部落多罗杜棱古鲁思辖布妻，为多罗杜棱福金。赐衮出斯巴图鲁妻诰命制曰："朕闻表章懿德，锡予褒封，乃圣王之常经，古今之通典。今朕诞登大宝，效法前王，爰定藩封，特颁制诰，封尔

---

① 《清太宗文皇帝实录》第28卷，天聪十年四月丁酉，中华书局影印本，1985年，第36叶。
② 《清太宗文皇帝实录》第58卷，崇德六年十月壬申，中华书局影印本，1985年，第11叶。
③ 《清圣祖仁皇帝实录》第6卷，康熙元年二月辛亥，中华书局影印本，1985年，第7叶。

多罗达尔汉郡王之妻,为多罗达尔汉郡王福金。尔其恪守闺箴,毋违妇德,益辅佐尔多罗达尔汉郡王,敬慎持心,忠勤践职,勋垂当世,誉显来兹。"①

第五,赏赐。崇德二年即崇祯十年(1637)十月二十五日,皇太极四十六岁生日时,满、蒙、汉诸王贝勒大臣等,上表贺寿。蒙古科尔沁部土谢图亲王巴达礼、卓礼克图亲王吴克善、扎萨克图郡王布塔齐、巴图鲁郡王满朱习礼等,奈曼部落达尔汉郡王衮出斯巴图鲁,翁牛特部落杜棱郡王孙杜棱,四子部落达尔汉卓礼克图俄木布、达尔汉戴青东,敖汉部落固伦额驸班第,喀喇沁部落查萨衮杜棱古鲁思辖布,土默特部落查萨衮达尔汉单把等,或亲至,或遣臣,奉表称贺。尔后,皇太极颁赐:"赐内六旗诸王、贝勒、贝子等,每旗银六百两。恭顺王、怀顺王、智顺王,各马二匹、貂皮二十张、银二百两。外藩蒙古十三旗诸王、贝勒、贝子等,每旗各甲二副、雕鞍一副、玲珑撒袋一副、弓矢俱全、蟒缎二匹、素缎十八匹、布二百匹。"②同日,皇太极还赏赐鄂尔多斯部落贡使古塞尔图吴巴什、古禄台吉下德勒图,善达台吉下哈尔邦,布达代楚虎尔下恩得贝,鄂尔多斯济农下额美巴图鲁,萨甘台吉下海塞,沙克察台吉下纳彦泰、巴图,貂裘、貂帽、靴、带等物,其从人亦各赐银两。又赏赐喀尔喀部落古木土谢图汗下贡使洪果兑、额德图,豆尔格齐诺颜下琐诺木、德秦塔布囊,硕雷下毕礼克图山津、贝衮浑津,喀尔喀部落胡土克图喇嘛下顾实喇嘛,诺木翰喇嘛下卫征郎苏,硕雷噶尔马福金下萨马克、囊嘉达尔汉,吴喇忒部落塞冷下土伯特等,彩缎文绮,其从人亦各赐布匹,等等。其后,皇太极对蒙古王公,赏赐不断,不再赘述。

第六,重教。满洲原来的宗教是萨满教,蒙古原来的宗教也是萨满教。先是,十六世纪后半叶,藏传佛教传入蒙古地区,后来藏传佛教逐渐在蒙古取得统治地位。万历四年(1576),漠南蒙古土蛮(图们)汗,往见噶尔玛喇嘛,遂受禅教。后聚集六万人,宣示教令。万历二十年(1592),图们汗殁。翌年,子布延台吉即位,

①《清太宗文皇帝实录》第38卷,崇德二年九月乙酉,中华书局影印本,1985年,第16叶。
②《清太宗文皇帝实录》第39卷,崇德二年十月己未,中华书局影印本,1985年,第10叶。

称彻辰汗，实行"以政治佛教，致大国于太平"的政策。布延汗万历三十一年（1603）殁。翌年，其孙林丹（陵丹）即位。林丹汗时期，喇嘛教在蒙古地区盛行。《蒙古源流》记载：林丹汗从迈大哩诺们汗、卓尼绰尔济等，"承受秘密精深之灌顶，扶持经教"。后又遇萨斯嘉班辰沙喇巴胡土克土，复"承受秘密精深之灌顶，创修昭释迦牟尼佛庙，以及各项庙宇"①。后魏源曰："葱岭以东，惟回部诸城郭国自为教外，其土伯特四部、青海二十九旗、厄鲁特汗王各旗、喀尔喀八十二旗、蒙古游牧五十九旗、滇蜀边番数十土司皆黄教。"时藏传佛教在西藏、青海、北疆、外喀尔喀蒙古、漠南蒙古等地区广泛传播。所以，"黄教服，而准、蒙之番民皆服"②。因之，后金对藏传佛教的政策，直接关系到后金同蒙、藏关系的亲疏与成败。然而，满洲地区的藏传佛教，是从蒙古地区传入的。

早在努尔哈赤的建州时期，满洲已经信奉佛教。据朝鲜李民寏在赫图阿拉所见："奴酋常坐，手持念珠而数之。将胡则颈系一条巾，巾末悬念珠而数之。"③后金还在赫图阿拉兴建佛寺。明万历四十三年（1615）四月，"始建佛寺及玉皇诸庙于城东之阜，凡七大庙，三年乃成"④。后金进入辽沈地区后，发布汗谕，保护庙宇，违者治罪。天命汗努尔哈赤对蒙古大喇嘛"二聘交加，腆仪优待"⑤。努尔哈赤遣使往迎乌斯藏（西藏）大喇嘛干禄打儿罕囊素到辽阳。天命六年即天启元年（1621）八月，干禄打儿罕囊素喇嘛圆寂，天命汗命修建宝塔，弘扬佛法，并示纪念。后金还命派六十三户诸申为之种地纳粮，以供香火。

皇太极继承汗位后，沿袭其父对蒙古喇嘛教的政策，继续尊重喇嘛教。天聪元年即天启七年（1627），乌木萨忒绰尔济喇嘛将至沈阳，皇太极命国舅阿什达

---

① [日]和田清：《明代蒙古史论集》下册，商务印书馆，1985年，第431页。
② 魏源：《圣武记》第5卷，中华书局，1984年，第219页。
③ [朝]李民寏：《建州闻见录》，日本天理大学图书馆藏玉版书屋本，第32叶。
④ 《清太祖高皇帝实录》第4卷，万历四十三年四月丁丑朔，中华书局影印本，1986年，第13叶。
⑤ 《大喇嘛坟碑记》，载《辽阳碑志选》，铅印本，第37页。

尔汉同达雅齐，率八人往迎之。①翌年，喀喇沁部落使喇嘛四人，率五百三十人到沈阳议和。皇太极命贝勒阿济格、硕讬、萨哈廉往迎，设宴宴之。②后与喀喇沁部落议和，誓告天地，词曰："我满洲国，与喀喇沁，同心修睦，刑白马乌牛，誓告天地。既盟之后，如我两国，有不践盟言，怀贰心者，天地鉴谴，夺其寿命。若遵守盟约，天地垂佑，俾寿命延长，子孙绵远，永享太平。"③四年，喀喇沁部落满朱习礼胡土克图喇嘛至沈阳，皇太极令其住于城外五里馆舍。随之，皇太极与两大贝勒及诸贝勒出城，至馆喇嘛所，设帷幄，皇太极升御座，喇嘛进见。皇太极"自御座起立，执手相见，设宴宴之"④。

优礼喇嘛，保护寺庙。皇太极在多次出征前的《汗谕》中，屡屡申告，保护寺庙。保护归化城格根汗庙是一例，皇太极《汗谕》曰："满洲国天聪皇帝，敕谕归化城格根汗庙宇，理宜虔奉，毋许拆毁。如有擅敢拆毁，并擅取器物者，我兵既已经此，岂有不再至之理？察出决不轻贷。"⑤

保护宗教，兴建寺庙。皇太极命兴修寺庙，备陈诸祭物，"祀嘛哈噶喇佛于佛寺内。又以已故沙尔巴胡土克图，自孟库地方送佛像至。命造银塔一座，涂以金，藏其骸骨于塔中，置佛殿左侧，礼祀之"⑥。在盛京兴建实胜寺，修寺的缘起，是皇太极征察哈尔时，察哈尔林丹汗惧，出奔图白忒部落，至打草滩而卒，其部人归顺后金。有墨尔根喇嘛、载古帕斯八喇嘛，所供嘛哈噶喇佛至盛京。皇太极命于盛京城西三里外，建寺供奉之。至是告成，赐名实胜寺。寺内铸钟，重千斤，悬寺内。东西建石碑二：东一碑，前镌满洲字，后镌汉字；西一碑，前镌蒙古字，后镌图白忒字。

---

① 《清太宗文皇帝实录》第3卷，天聪元年六月壬子，中华书局影印本，1985年，第17叶。
② 《清太宗文皇帝实录》第4卷，天聪二年七月戊寅，中华书局影印本，1985年，第11叶。
③ 《清太宗文皇帝实录》第4卷，天聪二年八月辛卯，中华书局影印本，1985年，第11叶。
④ 《清太宗文皇帝实录》第7卷，天聪四年七月甲申，中华书局影印本，1985年，第17叶。
⑤ 《清太宗文皇帝实录》第12卷，天聪六年六月辛未，中华书局影印本，1985年，第3～4叶。
⑥ 《清太宗文皇帝实录》第27卷，天聪十年正月壬子，中华书局影印本，1985年，第1～2叶。

碑文云："幽谷无私，有至斯响。洪钟虚受，无来不应。而况于法身圆对，规矩冥立，一音称物，宫商潜运。故如来利见迦维，托生王室，凭五衍之轵，拯溺逝川；开八正之门，大庇交丧。于是，元关幽键，感而遂通。遥源浚波，酌而不竭。既而方广东被，教肆南移。周、鲁二庄，同昭夜景之鉴；汉、晋两明，并勒丹青之饰。自兹遗文间出，列刹相望，其来盖亦远矣。至大元世祖时，有喇嘛帕斯八，用千金铸护法嘛哈噶喇，奉祀于五台山。后请移于沙漠。又有喇嘛沙尔巴胡土克图，复移于大元裔察哈尔林丹汗国祀之。我大清国宽温仁圣皇帝，征破其国，人民咸归。时有喇嘛墨尔根，载佛像而来。上闻之，乃命众喇嘛往迎，以礼昇至盛京西郊。因曰：有护法不可无大圣，犹之乎有大圣，不可无护法也。乃命工部，卜地建寺于城西三里许，构大殿五楹，装塑西方佛像三尊，左右列阿难、迦叶、无量寿、莲华生、八大菩萨、十八罗汉，绘四怛的喇佛城于棚厂，又陈设尊胜塔、菩萨塔，供佛金华严世界。具上嵌东珠。又有须弥山七宝八物，及金壶、金钟、金银器皿俱全。东西庑，各三楹。东藏如来一百八龛托生画像，并诸品经卷；西供嘛哈噶喇。前天王殿三楹，外山门三楹。至于僧寮、禅宝、厨舍、钟鼓、音乐之类，悉为之备。营于崇德元年丙子岁孟秋，至崇德三年戊寅岁告成。名曰：莲华净土实胜寺。殿宇弘丽，塑像巍峨，层轩延袤，永奉神居。岂惟寒暑，调雨旸若，受一时之福利，将世弥积而功宣。身逾远而名劭，行将垂示于无穷矣。大清崇德三年戊寅秋八月吉旦立。"①

实胜寺碑文为满文、汉文、蒙古文、图白忒文。寺庙告成，举行盛典，崇德皇帝率内外诸王、贝勒、贝子，文武众官，出怀远门，幸实胜寺。皇太极将至，喇嘛及众僧作乐，引至佛位前，皇太极率众行三跪九叩头礼。后御仪门外，设宴宴毕。恭顺王孔有德、怀顺王耿仲明、智顺王尚可喜，及朝鲜国王二子，并外藩蒙古土谢图亲王巴达礼、卓礼克图亲王吴克善、扎萨克图郡王布塔齐及其子海赖、冰图王孔果尔、扎鲁特部落内齐、桑噶尔、四子部落巴拜、翁牛特部落达尔汉戴

---

① 《清太宗文皇帝实录》第43卷，崇德三年八月壬寅，中华书局影印本，1985年，第8～10叶。

青，巴林部落满珠习礼，吴喇忒部落杜巴，喀喇沁部落查萨衮杜棱、万旦、塞冷，土默特部落查萨衮达尔汉、俄木布楚虎尔，乌朱穆秦（沁）部落多尔济塞臣济农，席勒图绰尔济喇嘛，古门绰尔济喇嘛，护卫桑噶尔寨、都喇尔达尔汉等，各献驼、马、银两、缎匹、貂皮、纸张等物，以为施助。上俱命寺僧收掌之。①

皇太极将兴修庙宇之事，遣官往谕朝鲜国王。书曰："予旧居兴京城，有寺宇颓圮者，今复加修理。又蒙古大元世祖忽必烈时，帕斯八喇嘛，以千金铸佛一尊。后汤古忒国沙尔巴胡土克图喇嘛，携之归于元太祖成吉思后裔察哈尔林丹汗。今察哈尔国灭，阖属来附，此佛已至我国。复有诸宝，妆成佛像，亦皆携至。今虔造寺宇供养，想尊崇释教，亦王所稔知也。"②又遣察汉喇嘛等，致书于图白忒汗。书曰："大清国宽温仁圣皇帝，致书于图白忒汗，自古释氏，所制经典，宜于流布。朕不欲其泯绝不传，故特遣使，延致高僧，宣扬法教。尔乃图白忒之主，振兴三宝，是所乐闻。倘即敦遣前来，朕心嘉悦。至所以延请之意，俱令所遣额尔德尼达尔汉格隆、察汉格隆、玉噶扎礼格隆、盆绰克额木齐、巴喇衮噶尔格隆、喇克巴格隆、伊思谈巴达尔扎、准雷俄木布、根敦班第等使臣口述。"又与喇嘛书曰："大清国宽温仁圣皇帝，致书于掌佛法大喇嘛。朕不忍古来经典，泯绝不传，故特遣使，延致高僧，宣扬佛教，利益众生，唯尔意所愿耳。其所以延请之意，俱令使臣口述。"③

皇太极在优礼喇嘛的同时，对喇嘛的违规行为也予制裁。他对喇嘛中的弊端，发出《汗谕》曰："奸民欲避差徭，多相率为僧。旧岁已令稽察寺庙，毋得私行建造。今除明朝汉官旧建寺庙外，其余地方，妄行新造者，反较前更多。该部贝勒大臣，可再详确稽察。先经察过准留者若干，后违法新造者若干。其违法新造者，务治其罪。至于喇嘛班第和尚，亦必清察人数。如系真喇嘛班第和尚，许居城外清净寺庙焚修，毋得容留妇女，有犯清规。若本无诚洁之心，诈称喇嘛班第和尚，容

---

① 《清太宗文皇帝实录》第43卷，崇德三年八月壬寅，中华书局影印本，1985年，第10～11叶。
② 《清太宗文皇帝实录》第24卷，天聪九年七月癸酉，中华书局影印本，1985年，第4叶。
③ 《清太宗文皇帝实录》第49卷，崇德四年十月庚寅，中华书局影印本，1985年，第3～4叶。

留妇女，不守清规者，勒令还俗。佛教本清净正直，以洁诚事之，自可获福。若以邪念事之，反生罪孽。嗣后若有违法，擅称喇嘛和尚，及私建庙宇者，依律治罪。其愿为喇嘛和尚，及修造寺庙，须启明该部贝勒，方免其罪。凡有给喇嘛班第和尚饮食者，令男子馈送于寺。如男子他出，毋得私邀至家，给之饮食，违者以奸论罪。有首发者，即将首发之人，准其离主。再满洲、蒙古、汉人，土默特、喀喇沁，巫觋星士等，妄言吉凶，蛊惑妇女，诱取财物者，实繁有徒。此等满洲、蒙古、汉人，岂无本主该管，何以不加禁止，任其妄行！嗣后若不严行禁止，有被获者，将此妄行之人，必杀无赦。该管牛录额真、章京及本主，各坐以应得之罪。有用巫觋星士者，亦坐以应得之罪。若道士及持斋之人，妄行惑众，亦一体治罪。"① 又如，皇太极闻喇嘛等不遵戒律，遣察汉喇嘛、戴青囊苏、理藩院参政尼堪等宣谕曰："今闻尔等，不遵喇嘛戒律，任意妄行。朕若不惩治，谁则治之？凡人请尔喇嘛诵经者，必率众喇嘛同行，不许一二人私往。且尔喇嘛等，又不出征、从猎，何用收集多人？"喇嘛等皆曰："然。余人俱当遣出。"察汉喇嘛、戴青囊苏等，以喇嘛之言还奏。崇德帝曰："喇嘛处闲人虽多，然须于其中，择有用壮丁，能随征行猎者，方可取之。若怯懦无用之人，取之何益？"于是，以内齐托音喇嘛，及诸无行喇嘛等，所私自收集汉人、朝鲜人，俱遣还本主，给以妻室。以土谢图亲王下一喇嘛、扎鲁特部落青巴图鲁下一喇嘛，不遵戒律，令之娶妻；又不从，阉之。② 皇太极从征战与农事考虑，不许占用过多劳力、兵员，对寺庙僧侣数额，严加限制。而对于淫僧，屡教不改者，加以阉割，以示惩戒。

努尔哈赤、皇太极制定的尊重喇嘛教政策，顺治、康熙、雍正、乾隆四朝，继续法祖继承，产生深远而重大的影响。康熙年间，外喀尔喀蒙古决定投向何方时，哲布尊丹巴胡土克图喇嘛曰："俄罗斯持教、衣冠俱不同，必以我为异类，宜投中

---

① 《清太宗文皇帝实录》第10卷，天聪五年闰十一月庚戌，中华书局影印本，1985年，第20~21叶。
② 《清太宗文皇帝实录》第44卷，崇德三年十二月丁巳，中华书局影印本，1985年，第28叶。

国兴黄教之地。"① 乾隆年间，乾隆帝对西藏问题的解决也是一样的。清朝尊重喇嘛教的政策，对外喀尔喀蒙古完全归顺清朝，对巩固同内蒙古的联盟，以及对西藏的统一，均起了极为关键的作用。

第七，会盟。后金-清与蒙古的会盟，天命汗努尔哈赤是其经始者。会盟原是蒙古游牧民族一种传统的施政方式，漠南蒙古各部，归附满洲之后，努尔哈赤及其子皇太极，对蒙古传统会盟形式，加以利用，"因俗而治"。后金与蒙古，通过会盟，协调利益，颁布法令，处理政务，巩固联系。早在天命年间，后金同喀尔喀内扎萨克六部会盟，是在漠南蒙古各部归附后金过程中，逐步建立和形成的。天命十一年即天启六年（1626）六月，努尔哈赤以科尔沁台吉奥巴归附，与结盟通好，刑白马乌牛，祭告天地，进行盟誓。天命汗誓曰："我以公直处世，被明及察哈尔、喀尔喀，辄肆陵侮，不能堪，乃昭告于天，天祐我。又察哈尔、喀尔喀，合兵侵掠科尔沁奥巴台吉，奥巴台吉亦蒙天祐。今奥巴台吉，怨恨察哈尔、喀尔喀二部落，来此同谋国事。乃天以我两人，被困厄，俾相合也。如能体天心，绝欺诈，式好无尤，天必眷之。不然，天降之罚，俾罹灾害。我两人既相盟好，后世子孙，有渝盟者，天亦降罚，俾罹灾害。如克守盟好，终始弗渝，天亦永为眷顾焉。"奥巴台吉亦誓曰："我不敢忘天祐，及皇帝助，以故来此，与皇帝会，昭告天地，订盟好。若渝盟负恩，与察哈尔、喀尔喀合，天其降罚于奥巴，俾罹灾害。若践盟，不忘皇帝恩，式好无尤，受天眷禄。我后世子孙，有渝盟者，天亦降罚，俾罹灾害。若世守盟好，天亦永为眷顾焉。"② 时盟于浑河岸，努尔哈赤率奥巴行三跪九叩首礼，以誓书，宣于众，对天焚祝。这是后金同科尔沁盟誓的典型一例。翌日，后金赐科尔沁台吉奥巴为土谢图汗。并赐其兄土梅，号代达尔汉，弟布塔齐（布达齐），号扎萨克图杜棱；贺尔禾代，号青卓礼克图。③

---

① 松筠：《绥服纪略》，载《圣武记》第5卷，中华书局，1984年，第207页。
②《清太祖高皇帝实录》第10卷，天命十一年六月丁丑，中华书局影印本，1986年，第12~13叶。
③《清太祖高皇帝实录》第10卷，天命十一年六月戊寅，中华书局影印本，1986年，第14叶。

天聪年间，蒙古归附日众，皇太极逐步加强对蒙古各部的管辖。会盟便成为后金管理蒙古各部的重要形式。时后金发动对明朝，或对朝鲜，或对察哈尔部的征战，常在蒙古各部会兵出征时，举行会盟，发布谕旨，规定纪律，协调行动。皇太极亲自参加会盟，宴赏蒙古各部首领；有时也派遣贝勒或大臣前往蒙古地区，召集各部首领举行会盟。如天聪八年即崇祯七年（1634），皇太极派阿什达尔汉等，至蒙古右翼诸部会盟，划分牧地，查核户口。① 崇德元年即崇祯九年（1636），皇太极派阿什达尔汉、达雅齐塔布囊等，往蒙古各部，大会敖汉、奈曼、巴林、扎鲁特、翁牛特、吴喇忒、喀喇沁、土默特等部首领，宣示谕旨，会审犯罪，划分地界，核定户口，编审牛录，规定汛地。

崇德元年即崇祯九年（1636），清廷对会盟的礼仪作出规定。有事则临时确定地点召集，无事则罢。崇德二年即崇祯十年（1637）七月，清廷派阿什达尔汉等人前往古尔班察干地方，与左翼科尔沁诸王公会盟，"清理刑狱"。② 八月，阿什达尔汉等人又去巴林、扎鲁特、喀喇沁、土默特、阿禄诸部，诸王、贝勒等会盟，"颁赦诏，审理刑狱"③。崇德四年即崇祯十二年（1639），皇太极以上年外藩蒙古诸部攻明之役中派兵甚少等，先后三次遣官往蒙古地区会盟。第一次在五月。皇太极遣理藩院参政塞冷等，前往滔里河波洛代刚甘地方，同科尔沁部十旗诸王贝勒会盟，审问。④ 第二次在八月。先是，皇太极命多尔济达尔汉诺颜等，率八旗内外审事官，集敖汉、奈曼、三吴喇忒、二扎鲁特、穆章、四子部落、二巴林、二翁牛特诸部，于西拉木伦河乌兰布尔噶苏地方，同外藩贝勒大臣会盟。其一，议罚奈曼达尔汉郡王衮出斯巴图鲁、穆章，各马五十匹，宜尔扎木马三十匹。其二，议衮楚克、塔尔济、吴班、吉勒黑、达彦等五人，前征密云时，自其汛地

---

① 《清太宗文皇帝实录》第21卷，天聪八年十一月壬戌，中华书局影印本，1985年，第1叶。
② 《清太宗文皇帝实录》第37卷，崇德二年七月癸未，中华书局影印本，1985年，第17叶。
③ 《清太宗文皇帝实录》第38卷，崇德二年八月己未，中华书局影印本，1985年，第11叶。
④ 《清太宗文皇帝实录》第46卷，崇德四年五月戊午，中华书局影印本，1985年，第10叶。

却避。诸固山额真、护军统领、外藩蒙古贝勒，与兵部大臣公议：为首五人，罪应死，仍籍其家；小拨什库，各鞭一百；甲士各鞭五十。但二位多罗贝勒表示异议，曰："若战败而走，自当论死。彼等不过规避汛地耳。且衮楚克、塔尔济，有投诚功，应免死削职，籍其家；吴班、吉勒黑、达彦等三人，应各鞭一百，籍其家；小拨什库等，各鞭一百；甲士，各鞭五十，释放。"其三，议出征喀尔喀师凯旋时，令富者出马，与无马者均乘。敖汉固伦额驸多罗郡王下达当吴巴什，及子寨桑、俄木布，私藏马百四十匹于格格特地方，并欲杀首告者。达当、寨桑、俄木布父子三人，应论死，籍其家。其四，四子部落宜尔札（札）木，元旦不朝贺、进贡，议夺其所属人员。奏闻，得旨："衮出斯巴图鲁、穆章、宜尔扎木，各免罚马；衮楚克、塔尔济、吴班、吉勒黑、达彦，各免罪及籍没家产，止分其牲畜为三分，以二分给本主，一分给察哈尔国大臣。达当、寨桑、俄木布，各免死，籍其家，以人丁四十四户，并马、驼、牛、羊，赐固伦额驸、郡王，并给贫户琐诺木、宜尔扎木，免夺属员。"①第三次在十一月。先是遣参政塞冷、尼堪等，率八旗审事官八员，往迈赖滚俄罗木地方，召集喀喇沁、土默特部落贝勒、塔布囊等会盟，诘其征济南等发兵不及额数等罪。至是，议喀尔喀土谢图汗下多尔济台吉及陶齐，既至镶红旗布彦代家，又往土默特部落查萨衮达尔汉及多尔济家，而查萨衮达尔汉、多尔济等，任其往来出入。应罚查萨衮达尔汉马五十匹，多尔济马二十匹。奏闻，"上命从宽，各罚一九数"②。

第八，礼仪。崇德皇帝遣部院大臣，前往外藩蒙古诸和硕亲王、多罗郡王、多罗贝勒、固山贝子等处，或举行会盟，或办理政事，或审理罪犯，则需遵行如下礼仪。第一，出迎。诸王等应至五里外迎接。第二，接谕。诸王率众皆下马，排班立于西，俟谕书经过后，方可上马，自后进前，陪伴谕旨到府。府中大堂，设案拈香。赍书大臣，陈旨案上，在东侧西向立。王行一跪三叩头礼，不起。第

---

① 《清太宗文皇帝实录》第48卷，崇德四年八月庚寅，中华书局影印本，1985年，第4叶。
② 《清太宗文皇帝实录》第49卷，崇德四年十一月丙寅，中华书局影印本，1985年，第9叶。

三，宣谕。赍书大臣，将谕旨自案上取下，授予读祝人。宣谕之时，王跪聆听。读祝人立读毕，呈与王。王双手接受，授予属员，行一跪三叩头礼。礼毕，先将谕旨收藏。王与使臣互行一跪一叩头礼毕，虚中位，使臣在东面，王在西面，对坐。第四，相见。若无谕旨，王即于马上相见，陪伴左右，至府下马，互行一跪一叩头礼。礼毕，王在西面，使臣在东面，对坐。第五，赐赏。若帝赐恩赏，诸王出营，迎至府。呈赏物时，跪受。若系衣物，则即服之，遥向帝行二跪六叩头礼。若系平常财资食物，亦跪受，仍遥行二跪六叩头礼。礼毕，仍虚中位，王坐于东，使臣坐于西。第六，送行。送行使臣，必送至迎接之处。第七，进献。外藩诸王、贝勒、贝子遣人朝贺进献。第八，领赏。若有所恩赏赐其主，令来人赍还。到府之后，王亦自府出迎领受，遥向帝行二跪六叩头礼。①

第九，衙门。皇太极为对蒙古进行管理，先创设蒙古衙门，后"更定蒙古衙门为理藩院，专治蒙古诸部事"②。其级别，同六部，是为中枢行政机关设置理藩院之始。

综上，崇德帝皇太极通过各种治策、法令、礼仪与制度，以加强对蒙古各部的管理。天聪九年即崇祯八年（1635），在蒙古地区推行军政合一的盟旗制度，任命蒙古贵族为扎萨克即旗长，旗以上设盟。盟长、旗长皆有封爵，享受特权，以行笼络，还制定宣谕、封爵、联姻、编旗、朝贡、会盟、重教、赏赐、诉讼、驿传等制度。这些重要的治策与举措，不仅加强与密切了后金-清朝同蒙古诸部的关系，而且为清朝入关后对蒙古的管理，提供了模式与经验。

---

① 《满文老档·太宗》第Ⅶ册，崇德元年十月，东洋文库译注本，1963年，第1336～1339页。
② 祁韵士：《皇朝藩部要略》第2卷，浙江书局刻印本，清光绪十年（1884），第1叶。

第八章 松锦大战

一 战前形势

松锦大战前,明、清军政形势,发生重大变化。

明朝方面,由于后金-清军七次迂道入边残毁,军兵屡败,国力大衰。加之大凌城失陷,祖大寿投降(后逃回),且失去孙承宗、袁崇焕、赵率教、满桂、何可刚等一批重臣武将,辽西关宁锦防线,防御能力削弱。崇德二年即崇祯十年(1637),李自成、张献忠等领导的农民军,已发展到川、晋、陕、楚、豫、鲁,明廷陷于内线与外线两面作战的困境。崇祯帝一心想要剿灭农民军,而对清军的进攻则由消极抵抗变为妥协议和。次年,他派兵部尚书杨嗣昌暗中与清议和,企图稳住关宁锦防线,移用援辽粮饷和兵力,集中剿灭农民军。陈新甲接任兵部尚书后,继续同清议和。后因走漏消息,遭到朝野反对而作罢,陈新甲也作了刀下鬼。① 崇德四年即崇祯十二年(1639),当西线农民军一时受挫而转入低潮时,明廷便把在内线同农民军作战有功的三边总督洪承畴,升为兵部尚书,总督蓟辽军务,兼筹粮饷,以加强关外军事力量。

先是,后金占领广宁后,同明山海关中间隔着辽西走廊,就是锦州至山海关

---

① 《明史·陈新甲传》第257卷,中华书局点校本,1974年,第6639页。

之间的沿海狭长地带。明朝孙承宗、袁崇焕先后建立起关宁锦防线。关锦防线以山海关为后劲，宁远为中坚，锦州为前锋，锦州成为明、清守、攻关宁锦防线的前沿军事重镇。锦州往西南依次为松山、杏山、塔山、连山、宁远，每城间隔约为二十里上下。宁远是锦州的依托，锦州是宁远的屏障。明与后金-清经过长期对峙后，皇太极认识到，要入主中原，必先夺取山海关；要夺占山海关，必先突破关宁锦防线，占领辽西走廊；而要突破关宁锦防线、夺占辽西走廊，必须夺取关外八城；要想夺取关外八城，必先夺占锦州，否则，清军即使迂道进关，也是兵饷无继，进退失据。明廷也很清楚，要保住北京，必须保住山海关；要保住山海关，就必须固守关宁锦防线；因此，坚守关宁锦防线，御守辽西走廊，必须要固守其先锋堡垒——锦州。所以，明与清在辽西走廊的一场大战，必然围绕攻、守锦州而展开。

明朝军政方面，形势更为不利。清文馆秘书院副理事官张文衡奏报明朝腐败道："彼文武大小官员，俱是钱买的。文的无谋，武的无勇，管军马者，克军钱；造器械者，减官钱。军士日不聊生，器械不堪实用，兵何心用命？每出征时，反趁勤王，一味抢掠。俗语常云：'鞑子、流贼是梳子，自家兵马胜如篦子。'兵马如此，虽多何益！况太监专权，好财喜谀，赏罚失人心。在事的好官，也作不的事；未任事的好人，又不肯出头。上下里外，通同扯谎，事事俱坏极了。"又说："今起五省之兵，逐日征剿，是贼半天下，兵亦半天下。"[①] 所以，明朝政治腐败与军力衰弱，是清军敢于进攻锦州的根本原因。

清朝军政方面，形势更加有利。在北方，皇太极统一黑龙江流域诸部及其活动的广大地域，扩大了兵源、财富和版图。这就使得清初的权力更加巩固，从而稳定了北方，并解除了南攻明朝的后顾之忧。在沿海，皇太极攻取旅顺等辽南城镇，冲破了明军的海上防线，从海上对京、津、登、莱形成威胁。在东翼，皇太

---

① 《张文衡请勿失时机奏》，载《天聪朝臣工奏议》卷下，辽宁大学历史系铅印本，1980年，第89页。

极两次发兵征朝鲜，最终使朝鲜臣服，基本断绝其同明朝的关系，归服于清朝政权之下，从而切断了明朝的右臂。在西翼，皇太极进兵蒙古，击败察哈尔部林丹汗，统一了漠南蒙古，并使之为其藩属，从而切断了明朝的左臂。在塞外，皇太极于天聪五年即崇祯四年（1631）发动了大凌河之战，是役，毁大凌河城，逼降祖大寿。在中原，自大凌河之战以后，皇太极连续发动六次迂道入塞之战，取得重大军事胜利。特别是继天聪三年即崇祯二年（1629）第一次迂道入塞之后，天聪八年即崇祯七年（1634）第三次破墙入塞之战。是役，由京师西北打开通道，蹂躏宣府、大同，掳获人、畜而归。尔后，崇德元年即崇祯九年（1636）第五次迂道入塞之战。是役，耀兵京畿，得意北归。再后来崇德三年即崇祯十一年（1638）第六次迂道入塞之战。是役，仍由京师东北打开通道，清兵渡运河，陷济南府城，肆意掳掠，翌年还师。七次迂回入边，明朝更加衰落，清朝更为强盛。

于是，明、清的军政形势，发生了根本性变化：明军处处被动，清军处处主动；原来明对后金-清朝的弧形包围，倒转过来，变成后金-清朝对明朝的弧形包围。

因此，整个辽东战略形势，对清朝极为有利。《清太宗文皇帝实录》记载："我国铁骑如云，加以蒙古军士，即取天下，亦有余力。"[1] 这话明显有张饰之意，但是，面对新的形势，皇太极及时总结前四次入塞的经验与教训，在对明战略上，作出重大调整。

先是，皇太极自夺取大凌河城后，在辽西没有取得任何进展。八旗军仅在锦州以北，义州、右屯之间，游移骚扰，未得进取；或在宁远以南，游击偷袭，未做大举。特别是对锦州，没有重大军事行动。

皇太极先图锦州的谋略，是经过一段实践并反复筹划而形成的。鉴于关宁锦防线，明军守御坚固，他曾一度放弃直取宁、锦的兵略，而改从蒙古绕道进关。天聪三年即崇祯二年（1629），他首次率大军袭击北京，攻占了滦州、迁安、永平、遵化四城。他撤军东归后，留下贝勒阿敏驻守永平，作为尔后进取北京的前哨阵

---

[1]《清太宗文皇帝实录》第50卷，崇德五年正月壬申，中华书局影印本，1985年，第14叶。

地。但永平等四城很快被明兵夺回，阿敏撤兵，败归沈阳，遭到囚禁，郁闷而死。后乾隆帝论述山海关控扼关内外形势时说：

> 以当时盛京而论，有此关控扼其中，内外气脉，不能贯注。即由他路入边，而彼终得挠我之后。所以，天聪三年，太宗文皇帝亲统大军征明，进围燕京，仍复释之而去。圣谟深远，未尝不筹虑及此。迨后攻克永平、滦州、遵化，皆留将督兵驻守，或欲藉以为内外夹攻山海关之策。乃代镇之贝勒阿敏，乖张怯懦，竟弃已得之各城而归。太宗愤甚，数其罪而责之，虽贷其死而全亲亲之谊，遂不复躬总六师入边，亦深以山海关中隔为难也。①

此后，清兵多次进关，打了许多胜仗，都是残毁俘掠，运载财物而归。所克山东、河北、山西各城邑，都丢弃不守，"皆由山海关阻隔之故"②。皇太极从历史经验中认识到：要占一城、守一城，得一地、保一地，就必须在山海关外，稳扎稳打，陷城占地。因此，要从根本上打破关宁锦防线，就要对关外八城，逐城攻克，逐城占领。否则，既不能在辽西站稳脚跟，更不能在关内稳住阵脚。皇太极深知，满洲崛起于关外，要定鼎燕京，统一中原，必须占锦州、陷宁远、破山海、进北京。

皇太极为打破辽西战场对峙局面，而发动大规模攻坚战。皇太极认为："大军屡入塞，不得明尺寸地，皆由山海关阻隔。而欲取关，非先取关外四城不可。"③其时关外四城，主要是指宁远以北之锦州、松山、杏山、塔山，锦州则首当其冲。时明、清双方军力对比，已经发生明显变化，清军已有能力攻占锦州等四城，突

---

① 《清高宗纯皇帝实录》第 1066 卷，乾隆四十三年九月丁亥朔，中华书局影印本，1986 年，第 1～2 叶。
② 魏源：《圣武记》第 1 卷，中华书局，1984 年，第 32 页。
③ 魏源：《圣武记》第 1 卷，中华书局，1984 年，第 29 页。

破关宁锦防线。因此,皇太极决意沿辽西走廊前进,夺取锦、松、杏、塔四城。其实,早在明军失陷广宁之后,锦州就成为明军关宁锦防线的前哨阵地。

锦州地理位置,尤应值得重视。在锦州东南面三十里是松山城,松山城偏西南二十里是杏山城,而杏山城西南约四十里便是塔山城。这三城护卫着锦州城,在其背后西南一百二十里是宁远城,为锦州城之后盾。从孙承宗、袁崇焕经营辽西关宁锦防线,便首筑宁远城,次修锦州城,锦州成为明军战略防御的前沿要塞。袁崇焕死后,继任者也无不重视锦州。明派辽东名将祖大寿驻守此城,防御非常坚固,清兵望而却步。因之,锦州坚城不破,清军难进一步。反之,锦州一破,则松山、杏山、塔山,三城俱下,宁远孤立,山海危机,京师动摇。锦州城是明军关宁锦防线首要环节,打断这个环节,整个关宁锦防线,就会随之瓦解。

皇太极的文馆谋士们,曾多次奏言:集中兵力,围攻锦州。

先是,归顺汉人生员杨名显、杨誉显、杨生辉三人,于天聪八年即崇祯七年(1634)二月奏称:"扩地屯田,遣兵于宁、锦切近地界处,住扎耕种。时惊之以兵,使彼不得耕种,宁、锦必弃而逃矣。宁、锦一为我有,山海更无所恃!山海归我,出入自便,在我无逾险涉远之苦,在彼有唇亡齿寒之虑。"① 但他们提出先图宁锦、后取山海的奏议,没有受到皇太极的重视。

尔后,崇德五年即崇祯十三年(1640)正月,清都察院参政祖可法、张存仁,理事官马国柱、雷兴等人,联名奏言"进取之计",陈述应采取的进兵战略。其中提出进兵之策:"我兵屯驻广宁,逼临宁锦门户,使彼耕种自废,难以图存。锦州必撤守,而回宁远;宁远必撤守,而回山海。"② 祖可法等提出的作战方略,同前述杨名显等三人所见略同,但又一次被否定。皇太极仍然坚持迂道入塞,"残毁"与"掳掠"的作战方略。同年四月十一日,清都察院参政、梅勒章京张存仁,根

---

① 《杨名显等谨陈四款奏》,载《天聪朝臣工奏议》卷下,辽宁大学历史系铅印本,1980年,第93页。
② 《清太宗文皇帝实录》第50卷,崇德五年正月壬申,中华书局影印本,1985年,第16叶。

据形势，再次奏言"围困锦州之计"的进取方略。

张存仁奏言："臣观今日情势，围困锦州之计，实出万全。但略地易以得利，而围城难以见功，必须旷日持久，将士不无苦难懈怠之心。愿皇上鼓励三军之气，坚持围困之策，截彼侦探，禁我逃亡，远不过一岁，近不过数月，自有可乘机会。虽云成事在天，而定谋未始不由于人也。兵法曰'全城为上'，盖贵得人、得地，不贵得空城之意也。昔元太祖平定沙漠，劳数十余年之力，及取中原，欲屠近河人民，以其隙地牧马。赖耶律楚材画财赋之策，而太祖勉从。太祖之世，虽大业未成，而世祖一统之基，实耶律楚材一语启之也。由是以观，欲成大业者，非人地兼得，未易为也。人地兼得之术，莫若攻心。往年永平被屠，武臣生而缙绅死，文士寒心。今宁远、锦州，既有寒心之文士，掣肘于内；又有贰志之祖帅，首鼠其中。明国见我大军压境，急则议弃锦归宁，再则议弃宁入关，而祖帅跋扈畏罪，岂肯轻离巢穴？事若缓则虑持久，事若急则虑身家。人多以为祖帅背恩失信，无颜再降。臣确知其惟便是图，本无定见。一当危急，束身归命矣。况伊所素恃者蒙古耳，数年以来，蒙古多慕圣化来归，彼必疑而防之。防之严则思离，离则思变。伏愿皇上，以屯种为本。时率精锐，直抵锦城。布命令于蒙古，以为间谍之计。再多擒土人，兵卒广布，招抚敕谕，探祖帅心事以招之，体文士性情以安之，言之透彻，彼心必动，未有不相率来归者。此攻心之策，得人、得地之术也。往者大凌河之降，松山之抗，岂非明效大验！古帝王传檄而定天下者，莫不由此。"①

上述陈奏进兵方略，其要点是：

第一，集中兵力，围困锦州。攻城与围城，前者易见成效，后者不易见成效。皇太极曾有大凌河之战的成功经验，也有宁锦之战的失败教训。虽此时清军力量空前强大，但"凭坚城、用大炮"仍为明军所长。所以，张存仁力主对锦州围而不攻，断绝其兵援和粮饷，使之不战而自溃。围困需时持久，少则数月，多则经年，不要怕苦难，不要懈军心。

---

① 《清太宗文皇帝实录》第51卷，崇德五年四月壬戌，中华书局影印本，1985年，第18～20叶。

第二，屯种为本，长久之计。既然对锦州采取长久围困之计，军队的粮饷应尽量就地解决。所以，在锦州城外，义州、广宁、右屯等处，垦地种田，建立基地，应广布兵卒，招抚敕谕，等待时机，攻克锦州。

第三，攻心为上，辅以兵力。鉴于永平屠城的教训，要使生员归降，不要使文士寒心，对锦州城内的儒生文士，要耐心体恤，给予优待，实施感化，使其来归。以元太祖成吉思汗、世祖忽必烈帝为借鉴，动摇锦州文士之心。

第四，巧用心机，招降祖帅。分析祖大寿因有"贰志"，不会入关，也不会死守。特别分析祖大寿"惟便是图，本无定见"的性格，他既私虑身家，又顾及部将，首鼠两端，再次招降，其必定走投无路，"束身归命"。

第五，利用蒙古，策应锦州。招抚、策反锦州城里的蒙古官兵背明降清。其已降附者，可"以为间谍"；未降附者，用以疑虑祖大寿。总之，借用蒙古力量，以围困与招降两手，瓦解锦州城的坚固防御。

第六，外围内困，乘机双打。清军死围锦州，或锦州守军突围，或关内明军出援，不管是前者，抑或后者，都为清军野地征战、骑兵驰突提供可乘、有利之机。促使明军内部瓦解，收到外战而内溃的结果。

张存仁总结以往对明作战的经验与教训之后，对局势作出正确分析、准确判断，提出符合实际的对明作战方略。后来战争胜利的事实，证实了张存仁的预见。

但是，围攻锦州的前沿基地，是设在广宁，还是设在义州？张存仁等曾建议设在广宁。因屯驻广宁，可进逼锦州。皇太极却不选广宁，而选定义州（今辽宁省义县）。这是因为义州比广宁更为有利：其一，历史悠久，历代重镇。义州本为秦辽西郡，唐始建城，金改为州，明洪武设义州卫。① 其二，义州距锦州九十里，比广宁更逼临锦州（锦州至广宁一百四十里），为锦州北面门户。其三，义州邻大凌河畔，开阔平坦，土壤肥沃，水源充足，适于耕种。其四，义州供应粮饷路途较近，交通便利，减少长途挽输之苦。其五，义州原有城垣基础，修城较为省

---

① 《大明一统志》第25卷，明天顺五年（1461）刻本，第27叶。

力，便于驻兵防守。其六，义州距沈阳不远，便于军队轮换，也便于同后方联络。皇太极选中义州作为围攻锦州的前进基地，实为得策。后张存仁说："臣先言修广宁而守之者，因与白土厂相近，实为国家辟土地、立城池，渐次前进之计。今大兵住义州，已超出寻常，为臣望外之事。"①

其实，明朝中有识之士，早已看出义州对锦州的重要战略价值，奏言朝廷关注。辽东巡抚方一藻指出，"义州为前锋门户，形格势禁，足以制奴西窥"，"揣度辽局，此地在所必争"。他在三年前（崇祯十年），曾亲自到义州相度地势，然后上疏建议，尽速修复义州。囿于艰难时势，无人给予注意，其结果是："往复商略，驯致迁延，迄今倏逾三载。"②其时，明廷既没有气魄也不愿意，既没有能力也没有勇气修复并坚守义州城。

皇太极采纳张存仁等围困锦州、屯兵耕种的奏议后，积极进行部署与军备。皇太极主要作了几件事情：第一件，筑城屯种。崇德五年即崇祯十三年（1640）三月，皇太极命郑亲王济尔哈朗、多罗贝勒多铎分任右、左翼军主帅，率"官兵往修义州城，驻扎屯田"③。清军边筑城、边耕种，并骚扰明锦州城外一带，田地不得耕种，庄稼不得收获。皇太极还亲自率诸王贝勒大臣等诣堂子，为济尔哈朗驻屯义州，行礼祭纛，鸣炮送行。一个多月后，清军在义州"修城筑室，俱已完备。义州东西四十里田地，皆已开垦"④。第二件，储备米谷。在尔后一年多的时间内，除当地生产的粮食外，还从朝鲜用船运载米谷一万包⑤，限令四月十五日开航，二十五日必运到大、小凌河口，以供军需。第三件，配备火器。赶造红衣大炮六十位，招募"善梯者"一千人。第四件，调买马匹。从蒙古喀喇沁部购买良马一万匹，充实前线战马。第五件，征调军兵。征发蒙古诸部骑兵，以及朝鲜水

---

① 《清太宗文皇帝实录》第53卷，崇德五年十二月辛未，中华书局影印本，1985年，第24叶。
② "兵部为遵旨深筹等事"，《明档》第960号卷，中国第一历史档案馆藏。
③ 《清太宗文皇帝实录》第51卷，崇德五年三月己亥，中华书局影印本，1985年，第12叶。
④ 《清太宗文皇帝实录》第51卷，崇德五年四月丙寅，中华书局影印本，1985年，第20叶。
⑤ 《清太宗文皇帝实录》第52卷，崇德五年六月戊辰，中华书局影印本，1985年，第2叶。

师五千名。^①第六件，亲自视察。皇太极于三月十八日派济尔哈朗等筑屯义州，五月十五日，亲到义州城："阅视建造房屋处所。"^②又于十七日，往阅锦州城。并贮备了充足的战备物资和兵马。

到崇德六年即崇祯十四年（1641）三月，驻屯义州，整整一年。据明朝方面的奏报，在义州"所来马步夷兵甚多，每歇宿有三十余处，大营小营，更难细数"。还"亲见车载大红夷（炮）三位，小炮亦难细数，又随带锹镢等项甚多"。由总兵官石廷柱带领，"尽入义州城内"，还有孔有德、耿仲明、尚可喜及蒙古等众，也都来到义州。^③义州成了清军前进战略基地，起着集结军队、屯种粮秣、储存物资和换防休整的作用。

松锦大战，从崇德五年即崇祯十三年（1640）四月开始，至崇德七年即崇祯十五年（1642）五月结束。明、清双方各投入十多万大军，共历时两年多。其全部过程，为三个阶段：围困锦州、松山决战和攻占四城。

---

① 《清太宗文皇帝实录》第51卷，崇德五年三月辛丑，中华书局影印本，1985年，第14叶。
② 《清太宗文皇帝实录》第51卷，崇德五年五月乙未，中华书局影印本，1985年，第29叶。
③ 李光涛：《洪承畴背明始末》，载《明清档案论文集》，联经出版事业公司，1986年，第634页。

二 围困锦州

清派大军，围困锦州，以时为序，分为四期：两翼驻军，严密监视；周防无隙，攻占外城；明军反扑，锦外激战；汉官献策，围锦打援。

清军围困锦州，自崇德五年即崇祯十三年（1640）四月十一日，到崇德六年即崇祯十四年（1641）八月十八日，其间一年零四个月。

两翼驻军，密切监视。 锦州以其"城西有锦水，故名"[①]。锦州"枕山而襟海，西则股肱长安，东则咽喉丰沛，内屏畿甸，外控要荒"[②]，是明朝关宁锦防线的前锋重镇，也是明军辽西防线的首冲堡垒。它地处大、小凌河之间，其南三十里为松山，松山西南二十里为杏山，杏山南四十里为塔山，构成关宁锦防线宁远以北四城防御体系。锦州地处形胜，位居冲要，屏障宁远，守护山海，远卫京师。清军要沿辽西走廊前进，首要障碍，就是锦州。因此，关外之存亡，北京之安危，决于锦州城，系于祖大寿。攻守锦州，意义重大。皇太极战略重点转移的第一个

---

① 高士奇：《扈从东巡日录》卷上，《辽海丛书》影印本，辽沈书社，1985年，第8叶。
② 康熙《锦州府志》第1卷，《辽海丛书》影印本，辽沈书社，1985年，第3叶。

战略目标就是围困锦州。

崇德五年即崇祯十三年（1640）三月十八日，皇太极派郑亲王济尔哈朗、多罗贝勒多铎率军前往义州驻扎屯种，拉开了松锦大战的序幕。四月十五日，皇太极得到济尔哈朗已经完成修城筑室的奏报后，二十九日，命"和硕郑亲王济尔哈朗、多罗贝勒多铎，率师围明宁、锦等处，兼屯田义州，修筑城垣"①。这标志着松锦大战的开端。同日，皇太极命和硕睿亲王多尔衮、和硕肃亲王豪格等留守盛京。皇太极做出上述部署后，起行离沈，前往巡察。皇太极正在前往义州途中，济尔哈朗等派军夺取明军"锦北传烽紧地"蔡家楼，拔除其监视清军行动的一个哨站。②五月十五日，皇太极到达并阅视新建义州城垣、房屋等。当天，皇太极起行，前往锦州方向巡视。十七日，皇太极遥阅锦州城时，得到济尔哈朗的捷报。先是，蒙古多罗特部民原投明朝，时住杏山西五里台，欲改投于清。济尔哈朗等带兵前去搬接，同锦州地区明军遭遇，击败明军，获马匹、甲胄、器械。皇太极很重视该地区蒙古部民叛明投清，特派人回盛京宣谕捷音。二十二日，皇太极自驻跸地叶家堡起行，在济尔哈朗等护卫下，向锦州进发。二十五日，皇太极等到达锦州城外。

皇太极巡视锦州城守与周围形胜，先后采取以下措施：一是命军兵分为左右两翼，围困锦州。二是命汉军携带红衣大炮，在锦州城东布列。三是命军士收割城外东、北、西三面的庄稼。四是命汉军举炮击毁锦州周围的明军台堡，使其成为孤城。五是派兵设伏于锦州城西南乌欣河口，待截城中出来的牲畜。③六是截杀出城刈草敌兵，不给城中马草、柴薪。七是实行官兵轮流更戍，每期三个月。④八是调朝鲜舟师一千五百名、精炮一千位以备战用，自备粮资、马匹。⑤先是，

---

① 《清太宗文皇帝实录》第51卷，崇德五年四月庚辰，中华书局影印本，1985年，第24叶。
② 《明档》第16号卷，第5号，中国第一历史档案馆藏。
③ 《清太宗文皇帝实录》第52卷，崇德五年七月辛丑，中华书局影印本，1985年，第18叶。
④ 《清太宗文皇帝实录》第52卷，崇德五年六月乙丑，中华书局影印本，1985年，第1叶。
⑤ 《清太宗文皇帝实录》第52卷，崇德五年七月丙午，中华书局影印本，1985年，第20叶。

命朝鲜派"兵五千、船一百一十五艘，载为万包"，运至大凌河口三山岛备用。皇太极此行巡视，历时一个月，对于锦州城防，了解更多详情。皇太极向济尔哈朗、多铎等指授方略后，三十日起行，回銮沈阳。后派和硕睿亲王多尔衮、和硕肃亲王豪格等率其属下官兵之半，前往替换济尔哈朗、多铎等，继续在义州筑城屯田。七月初六日，多尔衮等奏报：清军分为左右两翼，围困锦州——"一则断绝敌人往来之路；一则投诚之人，可以乘便而来；一则禾稼成熟之时，我兵易于收获"①。皇太极赞成多尔衮等的奏报，并提出在锦州城西选择山城，储存收获的粮草。

在围困锦州的同时，皇太极向祖大寿之子祖泽远，又命祖泽洪向其弟泽远发出两封劝降书。其后书云："我皇上亲统大军，见驻于彼，换班耕种，势在必得宁、锦。贤弟若能情词委婉劝父归顺，不但吾弟兄享无穷之富贵，凡我宗族皆被宠渥矣。若漫不为意，一旦大军入城，恐贤弟身名俱丧，而老母及全家眷属，亦难瓦全，悔将何及耶！"②这两封信对祖大寿的军心，起着缓慢瓦解的作用。

皇太极在义州驻屯，引起明廷密切关注。先是，同年三月，清军先遣驻屯军兵刚到义州，明总督洪承畴和代方一藻巡抚辽东的丘民仰，即命前锋总兵祖大寿、团练总兵吴三桂"先扼锦州、松山御之"③。不久，辽东总兵刘肇基奏称："奴屯义州，几及一月，不进不退，不掠不攻。屡据回乡口称，节凭前锋哨报，谓奴盘旋义土，开垦种田，往来山中，采取木植，一图盖房，一图耕食，其为久踞之计无疑矣。且以哨马特扰松、锦，断我樵苏。又以游骑，尝突海隅，梗我粮道。其为困我之计，又无疑矣。奴一日不去，则辽一日受危。"④四月，明哨兵侦报清兵集结义州："马步骑约数万，广（宁）义（州）一带屯堡，贼骑云扰蜂屯，日驱穷夷难民，伐树禾，辟草莱。时以锐骑尝我、扰我，逼处卧榻之侧，肆其豕突狼奔之志。"崇祯帝下旨：

---

① 《清太宗文皇帝实录》第52卷，崇德五年七月乙酉，中华书局影印本，1985年，第13叶。
② 《清太宗文皇帝实录》第52卷，崇德五年七月丁亥，中华书局影印本，1985年，第15～16叶。
③ 《崇祯实录》第13卷，崇祯十三年三月丁亥，台北历史语言研究所校勘本，1962年，第2叶。
④ 《兵部为辽东署总兵官刘肇基奏报战守机宜事行稿》，《历史档案》1985年第1期。

"倍加侦备，勿得少有弛懈。"①五月，洪承畴出关督师，令锦州总兵祖大寿、团练总兵吴三桂、分练总兵刘肇基出杏山。辽东巡抚在奏疏中说："今奴远屯义州，实出下策，千里馈粮，士无宿饱，其失一；志骄意满，力疲马乏，其失二；地届新垦，究同石田，其失三；旷日持久，瑕隙易生，其失四。我第站定脚跟，整兵严阵松（山）、锦（州）之间，合群策群力，始示弱以误之，终逼义以驱之，计未有不跟跄却顾者。批将欲驱狂奴，必须奇正互用。"此为对战局之错误分析，书生论断。最后，他上方略说：以吴三桂率所部疾趋松山，刘肇基率马步官兵疾趋杏山，他本人驰赴中左所，从中勉效决策。丘民仰坐守镇城宁远，用固根本。按兵部所议，前锋总兵祖大寿"相机挠之、惊之、剪之、骄之、逼之。乘其骄惰，三镇出不意，攻奴中坚，用彰声捣"②。

同时，援锦明兵出关，向锦州、松山缓进。清兵欲将锦州围住，不能不攻击各路援兵，特别是锦州城外的军事据点也必须逐个扫除。在睿亲王多尔衮、肃亲王豪格、饶余贝勒阿巴泰、安平贝勒杜度等替换济尔哈朗后，连续攻克锦州城西九个哨所、小凌河西岸两个哨所，共十一个哨所③，使锦州城周围，尽为清兵所有。从六月到十二月末，在半年的时间内，双方战争不断。从《清太宗文皇帝实录》与《崇祯实录》中，记载了对于锦州清军围困与明军反围困的激烈斗争：

五月初三日，据大胜等堡守堡官报：清兵及其家丁在义州城外"四面耕种"，"其精兵达贼，俱在城南下营"④。十八日，总兵吴三桂、刘肇基出杏山，前锋祖大寿以副总兵祖泽远遇清兵松、杏间。"三桂受围，肇基救出之。"⑤总兵吴三桂却奏报："与贼血战，大获全胜。"⑥此战，副总兵程继儒临阵胆怯，被总督洪承畴斩之。六

---
①《明档》第85号卷，第9号，中国第一历史档案馆藏。
②《明档》第153号卷，第4号，中国第一历史档案馆藏。
③《清太宗文皇帝实录》第52卷，崇德五年七月乙酉，中华书局影印本，1985年，第13叶。
④《明档》第86号卷，第2号，中国第一历史档案馆藏。
⑤《崇祯实录》第13卷，崇祯十三年五月戊戌，台北历史语言研究所校勘本，1962年，第5叶。
⑥《明档》第16号卷，第7号，中国第一历史档案馆藏。

月十五日，明台丁王显明报称：义州房子已盖完，城已补完。① 七月初六日，多尔衮等奏报：清兵收割锦州城西庄稼时，明马步兵自城西北出动，枪炮并施；清兵以护军出战，分作三队冲击，明兵败回城中。七月十四日，多尔衮等又报：八日深夜，明锦州马步兵五百偷袭清兵镶蓝旗营，为哨兵发现，清军杀出，明军溃败。三十日，多尔衮等再报：锦州明兵出动千人，多尔衮与豪格率军迎战，叶克书坐骑中箭颠踬而落马；图尔格力救，"身被重伤五处，轻伤十八处，马中伤十九处"②，由此可见，战斗激烈。同日，杜度率一军伏于宁远路，遇明兵自关内运米千石往锦州，杀其押车部卒三百九十人，获驼、马、骡、牛、驴七百八十七头匹。明朝则报："是月，总兵曹变蛟、左光先、吴三桂，合御清兵于黄土台，凡三战，松山、杏山皆捷。"③ 八月，明兵曾夜袭义州，伤满、汉军民八十九人。九月十三日，多尔衮再报：初九日，多尔衮与诸将率部往杏山出击，半路得报松山明骑兵出，即率军奔松山，击败明兵；清兵欲还，松山明兵又出动马步兵，复回师还击。十一月初八日，新换防围锦州的郑亲王济尔哈朗等奏：多铎率护军与骑兵一千五百人，乘夜前往锦州西桑噶尔寨堡设伏。次日，发现明骑兵四人，即令追赶。明伏兵齐出，多铎率军迎击，追至塔山，斩明兵八十六人。又有一次，清兵得知明兵乘夜在杏山与塔山间运粮，追斩明兵五十余人，俘虏五十人，获牛、驴百余头。

以上战斗，少者几百人，多者上千人，彼此攻杀，互有伤亡。但清军围困锦州，围而不死，未收实效。

周防无隙，攻占外城。清军两翼围监锦州八个月，成效不大，皇太极决策围锦州，采取"由远渐近，围逼锦州以困之"④ 的渐进策略，稳扎稳进，围紧围死。先是，崇德五年即崇祯十三年（1640）十二月，张存仁陈奏围困锦州城不见效果。

---

① 《明档》第88号卷，第7号，中国第一历史档案馆藏。
② 《清太宗文皇帝实录》第53卷，崇德五年十月壬申，中华书局影印本，1985年，第9叶。
③ 《崇祯实录》第13卷，崇祯十三年七月，台北历史语言研究所校勘本，1962年，第8叶。
④ 《清太宗文皇帝实录》第55卷，崇德六年三月丁酉，中华书局影印本，1985年，第4叶。

他奏道："我兵始困义州,又困锦州,如猛虎之逼犬豕,莫之敢撄矣。至今犹奋螳臂以当车轮,乃思虑所不及也。虽然非彼之智勇,能抗我兵;必我兵围困不严,得偷运糗粮接济,故苟延旦夕耳。"他进而提出围锦的措施:"新春大兵之攻锦州,或挖壕,或炮击,不克不止。臣料城之得也,必其内蒙古有变,中自溃乱。倘无此事,则城之得也,亦无定期。若欲久困,必绕城筑台,兵围数匝,始可得也。松山、杏山、塔山,乃锦州之羽翼,宁远之咽喉也,此三城不破,宁、锦之胆不丧。三城之中,惟塔山可取。其城在两山之下,若从山上以炮击之,其屋室自坏,不多费力,而城可得矣。城一得,锦州之羽翼折,而宁远之咽喉塞。羽折喉塞,宁、锦之胆自丧。兵法云:'困坚城者,必留其隙。'今锦州虽不甚坚,正当留山海以为之隙。"①张存仁建议的要点,一是,严围锦州,掘壕筑台,数层围困,辅以炮击;二是,锦州城里,分化蒙古,促之内变,使其自乱;三是,攻取塔山,折其羽翼,使之丧胆,乘机进攻;四是,围困锦州,留其缺隙,逼之外逃,乘机截杀。

张存仁的奏言,尚未引起皇太极的重视。从这时的军事形势来看,明辽西前锋四城——锦州、松山、杏山、塔山,处势危迫,急需增援,储运粮食,尤为重要。明军担心锦州如被围死,必然缺粮,一旦缺粮,定会自溃。因此,抓住空隙,运输粮食,增加兵力,更为急需。时从天津发运的米豆,已运往宁远一带。宁远地区储米猛增至一万石,而前锋三城各仓只存二千石。②明决定"将宁西粮料,多运松、锦,以防不虞"。时逢崇德六年即崇祯十四年(1641)正旦,明臣决计"以新年过节,出其不意",将粮运至锦州。正月初二三两天,明将一万六千石粮食,装载上车,派兵防护,尽速赶运。此行果然躲过清兵监视,于初七日,进锦州城,车载粮食,全部入仓。次日,运粮空车,返回宁远。至初九日,清兵闻讯,出动骑兵,共二万余,企图夺粮,至沙河堡,分为四股,进行追击。明兵发炮攻击,清兵一无所得,仍从原路,返回营地。明军数百辆大车,装载万余石粮食,安然

---

① 《清太宗文皇帝实录》第53卷,崇德五年十二月辛未,中华书局影印本,1985年,第22~23叶。
② 《明档》第87号卷,第5号,中国第一历史档案馆藏。

进入锦州。这表明清军并没有将锦州城围住，也没有把宁、锦之间交通线切断，围困锦州，并不成功。

清兵围城不严，究其原因，在于松懈。睿亲王多尔衮、肃亲王豪格等统领的围城军队，比前述张存仁疏告的问题更为严重。主要是围城军队离城太远，且在远处牧放马匹，军兵多人轮休回家。多尔衮、豪格、阿巴泰、杜度、罗托、硕托、阿山、谭泰等，在执行围城任务时，擅自移军，退到国王碑以东，即在离锦州城三十里处驻营。他们还私自决定每牛录甲兵三人轮流回家一次，后又以每次甲兵五人、每旗章京一员轮流回家。围城士兵，换班之际，或各带很多子弟，或令家人代替，或推病不去，或驻久逃亡，从而导致严重后果：部伍减员，滥竽充数，军心涣散，无心围战。至于锦州城内，军兵百姓，随便出入，运粮车辆，不断进城。锦州城内明兵马匹，在城外草地牧养，出关援锦军队也退回休整、养马。多尔衮统率的军队，"尔等在外，意图安寝，离城远驻，既求休息，疾速还家，且归安寝"①。明军抓住清军的弱点，将大量粮食运到锦州。皇太极得到上述奏报，勃然大怒。

《清太宗文皇帝实录》记载："原令由远渐近围逼锦州以困之。今离城远驻，敌必多运粮草入城，彼此相持，稽延月日，何时能得锦州耶？上怒甚，竟日未解。后值发兵更番之期，因命甲喇章京车尔布等，赍敕往谕多尔衮等曰：'尔等围困锦州，果能使敌人内不得出，外不得入，周防无隙耶？我围城之兵，尚有余力，故于士卒中，择马匹之疲者遣还耶！若果周防无隙，何以使锦州汉人，出城田猎，车牛挽运军粮，任意往来。如此田猎、挽运非止一人，尔等觉察者安在？'"②皇太极命郑亲王济尔哈朗更换多尔衮等，还至辽河，盛怒不息，令全军不许入城，要调查事情原委。多尔衮主动承担责任："不逼困锦州，遣兵回家，轻违谕旨，致误锦州不得速破。我既总掌兵柄，将所属之兵，议遣还家之时，倡言由我，遣发由我。悖旨之罪甚重，应死。"最后旨定多尔衮降为郡王、罚银万两，豪格降为郡王、

---

① 《清太宗文皇帝实录》第55卷，崇德六年三月戊戌，中华书局影印本，1985年，第13叶。
② 《清太宗文皇帝实录》第55卷，崇德六年三月丁酉，中华书局影印本，1985年，第4~5叶。

罚银八千两，其他贝勒杜度、阿巴泰、罗讬、硕讬等，固山额真阿山、谭泰、叶克书、何洛会、巴特玛、马喇希、准塔等各罚银有差。①并令"各罚银完纳，始许入城"。于是，王、贝勒、固山额真等缴纳罚银完毕，才入城。此事过后半月，"诸王贝勒大臣，半皆获罪，不许入署"；因而，"各部事务及攻战器械，一切机宜俱误"。到四月初七日，才令其"入署办事，不可怠惰，不许入大清门"。至十七日，方获旨准，"遂进大清门，各入朝办事"②。崇德六年即崇祯十四年（1641）三月初四日，郑亲王济尔哈朗及阿济格、多铎、阿达礼、罗洛宏率军前往锦州，代睿亲王多尔衮等，对锦州实行严密围困。他采取张存仁的建议，将八旗军将士，进到离城很近，却又为炮火不及之处扎营。"每面立八营，绕营浚深壕，沿壕筑垛口。两旗之间，复浚长壕。近城设逻卒哨探。"③在锦州城四面，每面立营八座，绕营挖掘深壕，沿壕筑砌垛口，在每两旗之间，挖一道长壕，于近城地带，设哨兵巡逻，严密监视锦州城内及宁远以北明兵动静。经过此番部署，锦州城垣内外，已被八旗军队，完全严密包围。据明兵部三月三十日奏报：围锦清兵，马步万余，在城四面，挖掘壕堑，安设大炮四十位。杏山以北，大小山头，清军哨兵，遍布联络。另据锦州前线报称："奴众此番倾巢困锦，内打栅木，外挑壕堑，水泄不通，人影断绝。松城与锦相隔十八里，奴贼离锦五六里下营，即近在松城左右，今锦城壕栅已成，奴众精骑，尽绕松城，势虽困锦，实乃伺松。"④

济尔哈朗在对锦州城外掘壕围困的同时，实施瓦解锦州城内蒙古人的策略。时锦州城里的蒙古人，见清军严整，围城坚决，志在必得，惶恐动摇。锦州东关副总兵、蒙古诺木齐（那木气）塔布囊、吴巴什台吉、绰克讬台吉等十五人，密谋降清。其中一人欲往告祖大寿，被吴巴什发现并幽杀。他们派人从城上缒下，

---

① 蒋良骐：《东华录》第3卷，清刻本，第16叶。
② 《清太宗文皇帝实录》第55卷，崇德六年四月壬戌，中华书局影印本，1985年，第27叶。
③ 《清太宗文皇帝实录》第55卷，崇德六年三月辛丑，中华书局影印本，1985年，第15叶。
④ 《明清史料》乙编，第3本，中央研究院历史语言研究所集刊，1936年，第296叶。

递送降书，约期内应。济尔哈朗会诸王贝勒、固山额真议商并奏报，皇太极览奏后大悦。三月二十四日夜，清军至锦州外城，城上蒙古兵缒绳城下，清军陆续攀绳而上，城上城下，两兵夹击，明兵败退。清军奏捷称："三月二十四日，日暮时，闻锦州关内蒙古兵，与城内明兵接战，两白旗营，相去甚近，率兵先登，左右之兵，相继尽登，俱至外城。诺木齐塔布囊、绰克讬台吉、吴巴什台吉等，尽率其官属兵丁以降。"①此战，诺木齐等"降于清，东关陷"②。清军攻陷锦州外城，降副将、都司等官八十六员、男妇六千二百余名口。皇太极闻捷报后，盛京八门，击鼓宣捷。四月初五日，又命恭顺王孔有德、智顺王尚可喜等各率本部将士，前往锦州，协助围城。此前，朝鲜也派总兵柳琳等率军一千五百人、马一千一百五十匹，前来锦州援助清军。③

明军反扑，锦外激战。明兵失去锦州外城，朝廷为之惊慌。先是，上年十一月，洪承畴驻宁远，调整兵力部署，筹办粮饷。本年正月，洪承畴至松山视察。他奏请增调宣大总兵王朴、宣府总兵杨国柱及蓟镇总兵唐通、山海总兵马科兵共七万赴援获准。至是，清军攻破锦州外城，明军形势更加不利，祖大寿派人向朝廷告急。崇祯帝急命驻守宁远的洪承畴率王朴、唐通、吴三桂等八总兵及副将以下二百多员、步骑十三万驰援锦州。正月间，蓟辽总督洪承畴率宁远总兵吴三桂、辽东总兵王廷臣、东协总兵曹变蛟、援剿总兵白广恩等到宁远驻兵。洪承畴亲自驰往松山巡视，发现兵力单薄不足防御，便奏请调宣府总兵杨国柱、大同总兵王朴、山海关总兵马科、密云总唐通各率所部来援，以备春季清兵可能发动的进攻。四月下旬，洪承畴挥军进至松山与杏山之间，再移军至松山城附近的石门，遂与围城的清兵遭遇。二十五日，双方展开激战。明兵推进到离松山只有数里的地方，自南向北，布列车、骑、步、火器诸营，以马兵张为两翼：在西石门，有吴三桂、

---

① 《清太宗文皇帝实录》第55卷，崇德六年三月壬寅，中华书局影印本，1985年，第18叶。
② 《崇祯实录》第14卷，崇祯十四年四月壬子，台北历史语言研究所校勘本，1962年，第4叶。
③ 《清太宗文皇帝实录》第55卷，崇德六年三月己亥，中华书局影印本，1985年，第13叶。

王廷臣、杨国柱营兵；在东石门，有曹变蛟、白广恩、马科营兵；王朴的营兵，居东西石门之中，应援左右翼兵。清军郑亲王济尔哈朗也进行部署："右真王闻援兵大至，以我国炮手四百人为先锋，坚守南山。分其军为二队：一以防塔山之归路，一以遮锦州之来路。作瓦家于阵中，以示久驻之计。"①

五月，洪承畴督军进援。十七日②，明军与清兵于杏山激战。先是，皇太极命郑亲王济尔哈朗、多罗贝勒多铎、多罗郡王阿达礼、多罗贝勒罗洛宏、固山贝子博洛等，率精锐护军一千五百人，前往杏山接应归降的蒙古多罗特部民苏班代、阿巴尔代等三十家共六十人。济尔哈朗等于夜间偷过锦州，在返回时，被明兵侦知，于是，总兵吴三桂、刘肇基、祖大寿等皆出兵，计七千余人，全力堵截清军。清军济尔哈朗等骁勇能战，奋力冲击，将吴三桂围住，幸被刘肇基救出。③明副总兵程继儒临阵胆怯，后洪承畴以尚方剑斩之。此役明军伤亡千人，双方杀伤相当，清军稍得优势。④清在乳峰山⑤部署步兵，在东西石门屯聚精骑约二万，各埋伏于松山周围，列阵待战。明兵七镇劲旅在山下，分为东西，两路进兵。各挑选精锐步兵，携带弓箭、枪炮上山，攻击清步兵。清兵则从山上，居高下击。明兵冒矢石奋进，已抢至近台高处，向山上摇旗放炮。锦州城内听得炮声不断，知道援兵已至，便出南门，摆列营阵，与援兵遥相呼应，形成夹击清兵之势。明援军步兵登山，与清步兵搏斗，山顶为清两红旗和镶蓝等三旗营地，为明兵所夺，人马多死伤。此时，清骑兵自西石门冲出精锐七八千，明各镇将士鼓勇当先，直冲十余合，兵气强劲，清兵受挫。清军原欲以精锐骑兵，将明军阵冲垮。但明马步

---

① [朝]《李朝仁祖大王实录》第42卷，十九年七月丙戌，日本学习院东洋文化研究所刊，1959年，第28叶。
②《崇祯实录》第13卷，第5叶和《国榷》第97卷，第5865页均记为戊戌，即十八日；《清太宗文皇帝实录》第51卷，第30叶记为丁酉，即十七日。从后说。
③《崇祯实录》第13卷，崇祯十三年五月戊戌，台北历史语言研究所校勘本，1962年，第5叶。
④《清太宗文皇帝实录》第51卷，崇德五年五月丁酉，中华书局影印本，1985年，第29叶。
⑤ 康熙《锦州府志》第1卷，第4叶："乳峰山，城东南十五里。"

官兵拒战，清军没有得势。于是，清军推出红衣大炮三十余门，从东西两面，向明马步营，猛射连发炮弹，明兵遭到损失。明兵仍不退缩，坚持战斗，直到酉时，清兵退去。此次战斗，清兵失利。

洪承畴调动七镇进兵松山，总计兵力约六万。据明朝方面记载，清兵约有二万余人。但双方实际投入的战斗兵员并不多，故双方伤亡还不够严重。明前线塘报：斩杀清兵共二十五人，其中有将官，还生擒一人。明伤亡颇重，据洪承畴呈报：阵亡七百三十八人，伤者七百九十三人，失毙马、骡六百六十二匹头。① 清和硕郑亲王济尔哈朗等遣官奏报："明经略洪承畴，率总兵六员，兵六万人，来援锦州，屯于松山北冈。我军击败之，斩首二千级。"② 清军报捷数字，显然有所夸张。战后洪承畴表示："大敌在前，兵凶战危，解围救锦，时刻难缓，死者方埋，伤者未起，半月之内，即再督决战，用纾锦州之急。"③ 洪承畴决心解锦州之围。

从五月到八月，明援军屡进，清军亦奋力阻击，双方在松、杏之间，不断发生战斗。明援军锐气正盛，小有胜利。辽抚奏疏称："乃锦围三月未解，盖以二十年来，未能与逆奴扑砍一阵，所以数月间，多方鼓舞，先作其气，先壮其胆。今有此几番战胜，军声已振，解围有望，目下惟候机缘一凑耳。"④ 一份佚名的残本奏疏："前次擒斩奴房一千五百余级，皆出万死一生，心力颇为竭尽。"⑤ 时朝鲜领兵将柳琳率军同明军交战，或放炮不中，或去丸虚放："星州军金得平放炮不中，李士龙去丸虚放。监胡知之，甚怒，斩士龙，杖得平。"⑥ 朝鲜文献也记载："清人围锦州，数与汉兵交战，而汉兵尚强。九王请济师于汗，汗使八王率骑赴之。"

---

① 《明清史料》乙编，第4本，中央研究院历史语言研究所集刊，1936年，第310～311页。
② 《清太宗文皇帝实录》第55卷，崇德六年五月丁丑，中华书局影印本，1985年，第29叶。
③ 《明清史料》乙编，第4本，中央研究院历史语言研究所集刊，1936年，第312叶。
④ 《明清史料》乙编，第4本，中央研究院历史语言研究所集刊，1936年，第362叶。
⑤ 《明清史料》丁编，第7本，上海商务印书馆，1951年，第674叶。
⑥ ［朝］《李朝仁祖大王实录》第42卷，十九年五月戊寅，日本学习院东洋文化研究所刊，1959年，第16叶。

据其得到的情报,"时清人与汉兵相持,自春徂夏,清国大将三人降,二人战死。汗闻之,忧愤呕血"①。

汉官献策,围锦打援。七月二十三日,汉军固山额真石廷柱上取锦州、破援兵之策。"锦州系辽左首镇也,蜂屯蚁聚,与我国相持。皇上发兵围困,凿重壕,筑高垒,轮流更换,防御严密。誓必灭此叛贼,乃可席卷中原,诚皇上之神机妙算也。第明国京都,倚祖大寿为保障,遭此围困之急,日夜发兵救援。近值八九月间,天气爽凉,度彼必与我国并力一战。乘此时现在围城者,不必更换掣回。仍将应换之兵,挑选精壮,分置各旗屯田之处,秣马驻防,一旦有警,乘夜潜进。各营侦探虚实,如敌人驻定营寨,我兵四面环列,用红衣炮攻击,彼纵有百万之众,安能当我四十炮位之威也。敌营稍动,我军奋力突入。绕过锦州城,直抵松山、杏山等处,敌兵谅不能当。况松、杏环城有壕,彼兵一败,岂能遽入其城?即城上安设火器,彼此混杂,恐其误中己兵,必不敢施放。我军纵横驰击,彼必零落逃窜。如此大创一番,敌兵寒心丧胆,锦州从此失恃,不能固守矣。倘蒙上天垂念,锦城一破,则关外八城,闻风震动。安知非当年沈阳得而辽阳随破,沙岭捷而广宁随顺之一大机会也哉!"石廷柱进"夺锦定鼎五策",其条奏,略如下:

一、锦州,系辽左首镇也,蜂屯蚁聚,与我国相持,皇上发兵围困,凿重壕,筑高垒,轮流更换,防御严密,誓必灭此叛贼,乃可席卷中原,诚皇上之神机妙算也。我兵四面环列,用红衣炮攻击,彼纵有百万之众,安能当我四十炮位之威也。如此大创一番,敌兵寒心丧胆,锦州从此失恃,不能固守矣。倘蒙上天垂念,锦城一破,则关外八城,闻风震动,安知非当年沈阳得而辽阳随破,沙岭捷而广宁随顺之一大机会也哉!

二、我国兵马得大败锦州援兵一阵,则各处援辽之局破矣。局一破,一二年难以再举,我皇上无西顾之忧矣。

---

① [朝]《李朝仁祖大王实录》第42卷,十九年九月庚辰,日本学习院东洋文化研究所刊,1959年,第32叶。

三、明援兵从宁远至松山，带来行粮，不过六七日，若少挫其锋，势必速退，或犹豫数日，亦必托言取讨行粮而去。我军伺其回时，添兵暗伏高桥，择狭隘之处，凿壕截击，仍拨锦州劲兵尾其后，如此前后夹攻，糗粮不给，进退无路，安知彼之援兵，不为我之降众也。

四、我以兵马四面远围，夜则凿壕困守，昼则火炮攻击，彼欲战无路，欲退无门，不一二日间，自生变乱，我可坐待敌人之毙，何必轻生亲冒矢石，而甘蹈白刃之危也。

五、洪承畴，书生辈耳！受朝廷重任，总督天下兵马，不能辞避，各处援辽总镇官兵，亦不过旧日亡命之徒，谁不知我国王、贝勒破山东、擒德王、克昌平、斩诸将，战无不胜，攻无不取。今伊被命援锦州，出于万不得已，虽在松山妄张声势，实明国法度逼迫，并非才能出众、踊跃赴义之人也。如祖总兵一失，洪承畴各总兵，俱无所倚恃，纵得逃还，不过东市就诛而已。

最后，石廷柱说："况明国气运渐衰，旱潦虫灾，种种迭见，流贼叛民，处处啸聚。我皇上乘运奋兴，王、贝勒同心协助，定鼎之谟，在此一举，时不容缓，机不可失！"①

石廷柱上述条奏，预见到八九月间，将在松山附近进行一场激战。他明确提出清军围锦打援的兵略，设伏高桥，赢得胜利。皇太极采纳了石廷柱的建议，其作战部署，其具体战术，都在松锦大战中得到印证。

因此，松山大战，即将展开。

---

① 《清太宗文皇帝实录》第56卷，崇德六年七月丁酉，中华书局影印本，1985年，第23～26叶。

三 松山激战

先是，崇德五年即崇祯十三年（1640）五月，锦州被围，羽书告急。同月，明蓟辽总督洪承畴出关，驻宁远。十二月，明征调宣府总兵杨国柱、大同总兵王朴、密云总兵唐通、蓟镇总兵白广恩、东协总兵曹变蛟、山海关总兵马科、前屯卫总兵王廷臣、宁远总兵吴三桂，共八镇官兵十万，马四万、骡一万，克期出关。① 崇德六年即崇祯十四年（1641）春，"锦州被围，填壕毁堑，声援断绝"②。祖大寿派人突围出城，向明廷求援。三月，增调大同王朴、宣府杨国柱、蓟镇唐通、榆林马科等率兵共七万往关外。后崇祯帝得报，命蓟辽总督洪承畴率领王朴、杨国柱、唐通、白广恩、曹变蛟、马科、王廷臣、吴三桂八总兵及副将以下官员二百余名，步骑十三万，火速驰援，解围锦州。七月二十八日，明军到达松山。明朝以倾国精锐，会聚于辽西一隅，解锦州之围，保关宁锦防线，护山海关，卫北京城。

蓟辽总督洪承畴密陈作战方略。他认为，"奴屯锦、义之间，将为持久之计"。故"今日筹辽非徒言守，必守而兼战，然后可以成其守；而战又非浪战，必正而

---

① 《崇祯实录》第13卷，崇祯十三年十二月，台北历史语言研究所校勘本，1962年，第11叶。
② 《明史·丘民仰传》第261卷，中华书局点校本，1974年，第6769页。

出之以奇,然后可以守其战"。兵部肯定洪承畴的方略:"战守双筹,内外兼顾,切中机宜。"请求崇祯帝予以旨准实行。同时,兵部要洪承畴将方略作以下调整。第一,抚臣仍居宁远,不宜移驻塔山。此城势低,四面皆高,为受敌之所,如清兵一部出高桥,会切断塔山与松、锦的联系;如出连山,则切断宁远与塔山的联系。第二,督臣不宜驻中后,应暂驻前屯。兵部强调,洪承畴最担心锦州运道中梗,樵采不通;出关兵数量多,关外粮草一时难以供应。崇祯帝旨准洪承畴的方略和兵部的呈奏,命户部速发米豆,运到前线,宁远饷司,不得疏虞。①

但是,总督洪承畴,驻军宁远,探窥局势,不敢轻进。五月,洪承畴命总兵杨国柱率领一支精兵,屯松山北冈,被清军发现。济尔哈朗"令右翼兵击之,失利,山顶立寨,两红旗、镶蓝旗三旗驻营之地,为敌所夺";另外四旗护军等与明军交战,"人马被伤者甚众"。皇太极认为"右翼山营被夺,损伤士卒,皆郑亲王指挥失律之故"。因其"偶误耳,著免议"②。洪承畴选择松山为兵马集结地,进军救援锦州。

洪承畴于崇德六年即崇祯十四年(1641)七月二十六日,在宁远誓师,援锦州,自率六万兵马先行,余军后继,往松山城集结。二十八日,抵松山,夜见清兵屯乳峰山东。洪承畴兵登乳峰山西。乳峰与锦州,相距很近,炮石相应。又东西石门并进兵,以分其势。遂立车营,环以木城,部署略定。③时多尔衮率右翼军驻守乳峰山东的东石门,豪格率左翼军驻守乳峰山西的西石门,阻止明兵进入锦州。洪承畴决定:"东西二门并进兵,以分其势,遂立车营,环以木城,部署略定,建州兵大骇。"④清军多尔衮见此,"颇劳心焦思,亲自披坚执锐"⑤,欲与明军大战。

八月初二日,明军出战。祖大寿督兵,从城内杀出,冲闯清兵之围。清兵围

---

① 《明档》第153号卷,第2号,中国第一历史档案馆藏。
② 《清太宗文皇帝实录》第56卷,崇德六年七月乙酉,中华书局影印本,1985年,第15叶。
③ 《崇祯实录》第14卷,崇祯十四年七月庚子,台北历史语言研究所校勘本,1962年,第7叶。
④ 谷应泰:《明史纪事本末·锦宁战守》第4册,中华书局,1977年,第1482页。
⑤ 《多尔衮摄政日记》闰六月十二日,抄本。

匝三重，闯过二重围，被清兵逐回。明援军合力作战，清兵拼死抵御。明朝战报载：此役斩清兵百三十级，杀固山、牛录等官二十余人。明军损失相当，但总兵杨国柱先出陷伏，"突围中矢，堕马卒"①，即以山西总兵李辅明代之。此战，《崇祯实录》记载："乙巳，合战，战甚力，斩百三十级，获王子及孤山、牛鹿，杀二十余人，阳和总兵官杨国柱阵殁，李辅明代统其兵。祖大寿分步卒三道，欲突围出。兵围三匝，克其二，望外援，犹隔不得达。"②初六日，睿郡王多尔衮、肃郡王豪格已派人向皇太极驰报："明国会集各省兵，来拒我师。我兵击败其三营，获马五百五十匹，敌兵来者甚众。"③皇太极命满洲学士额色黑往谕多尔衮："敌人若来侵犯，王等可相机击之，不来切勿轻动，各当固守汛地。"④初八日，皇太极命固山额真英俄尔岱等率军增援。同日，清军攻击乳峰山西侧明兵营，被击退；再攻击，又被击退。初九日，明兵攻西石门，王朴所部战败，"各将俱沮"。初十日，明兵再战，清兵受挫。时清军主帅多尔衮已深感到明军的顽强，不再出战。明军"数战围不解"，清军亦失利，陷于腹背受敌局面。多尔衮说："洪军门于南山向北放炮，祖大寿从城头向南放炮，我兵存身无地，神器实为凶险。"⑤于是清军师退六十里，"分守各隘，上疏请兵"⑥。同日，洪承畴没有采纳马绍愉、张斗的用兵建议："马绍愉请洪承畴乘锐出奇击之，可解锦州围，承畴不纳。而长岭山，自塔山迤逦至锦州，地可旁抄。大同监军张斗言，宜驻一军长岭山，防其抄袭我后。承畴亦不纳，且曰：'我十二年老督师，若书生，何知耶！'"⑦十一日，多尔衮遣使告急，"敌兵实众"，无法抵敌，请求派郑亲王率兵前来助战。前线求援急报，不断送到沈阳，

---

① 《明史·杨国柱传》第272卷，中华书局点校本，1974年，第6975页。
② 《崇祯实录》第14卷，崇祯十四年七月乙巳，台北历史语言研究所校勘本，1962年，第7叶。
③ 《清太宗文皇帝实录》第57卷，崇德六年八月丁巳，中华书局影印本，1985年，第17叶。
④ 《清太宗文皇帝实录》第57卷，崇德六年八月丁巳，中华书局影印本，1985年，第17叶。
⑤ 《多尔衮摄政日记》，闰六月初七日，抄本。
⑥ 计六奇：《明季北略》第18卷，光绪十三年（1887）刻本，第12叶。
⑦ 《崇祯实录》第14卷，崇祯十四年八月癸丑，台北历史语言研究所校勘本，1962年，第8叶。

皇太极急得"忧愤呕血"①,患鼻衄,出血不止,他不顾有病,决定亲征。皇太极"传檄各部军马,星集京师"②。朝鲜文献记载:"锦州卫南朝援兵极盛,故悉发国中兵继援。"③

十五日,皇太极亲率大军,自沈阳起行。时皇太极患鼻衄出血不止,以椀盛血,骑马三日,急驰行进。其弟多罗武英郡王阿济格劝他缓行,皇太极说:"行军制胜,利在神速。朕如有翼可飞,即当飞去,何可徐行也!"④

十九日,皇太极率领援军,到达锦州城北五十里的戚家堡(今辽宁省齐家堡)。此时他已有一个作战方案,便派遣大学士刚林往谕多尔衮、豪格等人曰:"朕当即至矣,可令前遣之固山额真宗室拜尹图、多罗额驸英俄尔岱兵,及科尔沁土谢图亲王兵、察哈尔琐诺木卫寨桑等兵,先在高桥驻营,俟朕至时,合围松山、杏山。"⑤

是日,皇太极到达松山后,立即召开作战会议。他"亲率数骑,相视情形,往来指挥,立马黄盖下"⑥。皇太极登上松山城南山阜,察看明军营垒,见明军以步兵在松山城北和乳峰山之间立七营,以骑兵驻松山东、西、北三面,合步骑兵,号十三万,部署严整。时皇太极"登其巅,横窥洪阵久之。见大众集前,后队颇疏。猛省曰:此阵有前权,而无后守,可破也!"⑦于是,将主力部队部署在松山与杏山间,乌欣河南山至海边,"横截大路,绵亘驻营"⑧。并于锦州至南海角之间,掘三道大壕,各深八尺、宽丈余,包围松山明军,并切断其松山、杏山之间的联系。清军从王宝山、壮镇台、寨儿山、长岭山、刘喜屯、向阴屯、灰窑山至南海口等

---

① [朝]《李朝仁祖大王实录》第42卷,十九年九月庚辰,日本学习院东洋文化研究所刊,1959年,第32叶。
② 《清太宗文皇帝实录》第57卷,崇德六年八月丁巳,中华书局影印本,1985年,18叶。
③ 《沈阳状启》,辽宁大学历史系铅印本,1983年,第278页。
④ 《清太宗文皇帝实录》第57卷,崇德六年八月壬戌,中华书局影印本,1985年,第19叶。
⑤ 《清太宗文皇帝实录》第57卷,崇德六年八月壬戌,中华书局影印本,1985年,第19叶。
⑥ 高士奇:《扈从东巡日录》卷上,《辽海丛书》影印本,辽沈书社,1985年,第8叶。
⑦ 计六奇:《明季北略》第18卷,光绪十三年(1887)刻本,第12叶。
⑧ 《清太宗文皇帝实录》第57卷,崇德六年八月壬戌,中华书局影印本,1985年,第21叶。

处下营，各处挖壕，断绝松山要路。又"遣诸贝勒大臣，各以精兵伏于杏山、连山、塔山及沿海诸要路"①。皇太极之作战部署是：围锦打援——将原重点围困锦州的兵力，转移到重点打击援锦明军。这就由松山、锦州明军对清军的包围，转变为清军对明军的反包围，即将洪承畴率领的十三万大军，包围在松山一带，使锦州、松山、宁远，彼此孤立，无法互援。清军由被动转向主动。

明总督洪承畴陷于被动局面，他见清军"环松山而营，大惧。欲战，则力不支；欲守，则粮已竭，遂合谋退遁"②。是夜，洪承畴等欲收缩兵力，"撤其七营步兵，迎松山城而营"③，企图聚兵，突破重围。

二十日，明、清两军，列阵大战。接战良久，矢飞炮鸣，杀伤相当，未分胜负。皇太极先派阿济格率军进攻塔山，夺取了明军在笔架山的十二堆储粮。其时，明军粮食被抢夺，退路被截断，因为无粮秣，而气挫势穷。洪承畴担心明军步、骑兵被分割，将步骑数万之众，收缩在松山城内。

崇德帝皇太极亲自上阵，张黄盖，率护军，往来布阵，立马指挥。他对明军可能突围西逃，已早有所料，并预作部署。他命两翼八旗护军及骑兵、蒙古兵、前锋兵："俱比翼排列，直抵海边，各固守汛地。敌兵之遁者，有百人，则以百人追之；千人，则以千人追之；如敌兵众多，则蹑后追击，直抵塔山。"④时明军南逃的海陆两路，皆为清军封堵。在杏山附近，蒙古固山额真库鲁克达尔汉阿赖、察哈尔毛海各率所部蒙古兵伏于此，专候明溃兵。在锦州至塔山大路，有多罗睿郡王多尔衮、贝子罗讬、公屯齐等率四旗护军和科尔沁土谢图亲王兵横截明兵归路。在塔山附近，有正黄旗骑兵镇国将军宗室巴布海、护军统领图赖，各以本部堵击逃入塔山城的明兵。如明兵越塔山南去，可追击至连山。在桑噶尔寨堡，布

---

① 高士奇：《扈从东巡日录》卷上，《辽海丛书》影印本，辽沈书社，1985年，第8叶。
② 《清太宗文皇帝实录》第57卷，崇德六年八月壬戌，中华书局影印本，1985年，第21叶。
③ 蒋良骐：《东华录》第3卷，清刻本，第18叶。
④ 《清太宗文皇帝实录》第57卷，崇德六年八月甲子，中华书局影印本，1985年，第22叶。

置博洛一军截击。在小凌河口至海滨，以正黄旗固山额真谭泰率四百骑兵巡守，绝明兵归路。

二十一日，洪承畴见形势严峻，召开会议，共谋对策。他对总兵王朴、李辅明、唐通、白广恩、曹变蛟、马科、王廷臣、吴三桂诸将说："彼兵新旧叠为攻守，我兵既出，亦利速战。当各救厉本部，与之力斗。余身执桴鼓以从事，解围制胜，在此一举矣！"① 洪承畴拟于次日，与清军死战。但是，诸将意见不一。洪承畴又对诸将说："往时诸君俱矢报效，今正其会。虽粮尽被围，宜明告吏卒：战亦死，不战亦死，若战或可幸万一，不肖决意孤注，明日望诸君悉力。"② 明军面临强敌，又缺乏粮食，多主张"回宁远就食"。洪承畴夸大明军面临"兵"与"粮"两个困难——其一是兵："奴势重大，终不能闯壕，恐日久根固，此贼尤难剿杀。"其二是粮："海仓之粮，未及运入，为清所夺。松山中守兵，自有一年之粮，城外列屯，十万援兵，粮道既绝，城中之粮，欲分不足。"监军张若麒赞成回宁远曰："松山之粮，仅给三日。且今不但锦州困，松山又困，各帅既欲暂回宁远，以图再战，似可允也。"③ 于是，洪承畴放弃解锦州之围的计划，决定分兵两路突围。他传令大同总兵王朴、蓟州总兵白广恩、密云总兵唐通等三镇马步兵为左路，宁远总兵吴三桂、山海关总兵马科、原任总兵李辅明等三镇马步兵为右路，合二路兵马，于初更时，突围南逃。

当夜，明总兵王朴"怯甚"，尚未到约定突围时间，率领部众，已先逃遁。由此致使明军大乱，唐通、马科、吴三桂、白广恩、李辅明等，马步争驰，自相践踏，弓甲遍野，尸横满地，忽进，忽退，遇伏，大溃。洪承畴等人突围未成，退守松山城。冲杀出去的明军，在尖山、石灰窑山④一带，遭到截击，伤亡惨重。总兵吴三桂、王朴等逃入杏山；总兵马科、李辅明等奔入塔山；监军张若麒、马绍愉等由海上

---

① 谷应泰：《明史纪事本末·锦宁战守》第 4 册，中华书局，1977 年，第 1483 页。
② 谈迁：《国榷》第 97 卷，中华书局，1958 年，第 5904 页。
③ 谷应泰：《明史纪事本末·锦宁战守》第 4 册，中华书局，1977 年，第 1483 页。
④ 康熙《锦州府志》第 1 卷，第 4 叶："石灰窑山，城南二十五里。"

乘渔舟逃回宁远；其余残兵败将，奔向海边。当吴三桂、王朴等沿海边逃跑时，清军迎头截击。其他明军，也遭截堵。数万明军，前有大海，后有追兵，盔甲遍野，溃不成军。"明兵窜走，弥山遍野，自杏山迤南沿海至塔山一路，赴海死者，不可胜计。"① 仅曹变蛟、王廷臣败入松山，与洪承畴共守松山城。《清太宗文皇帝实录》记载，明兵得脱者仅二百余人，显系夸大战果。其余明军，逃出重围，奔往杏山、塔山。

二十二日，皇太极扎大营于松山城外，"欲四面浚壕困之"。是夜，洪承畴组织明军分道突围，皆未成功。但驻守乳峰山的总兵曹变蛟，屡战辄胜，"勇冠诸军"②，率马步兵，冲出重围。曹变蛟军先冲击镶黄旗护军鳌拜巴图鲁汛地，又冲击正黄旗宗室巴布海汛地，再突入皇太极御营。朝鲜文献也记载明军"潜入汗阵"。明军突入御营，清"军中大惊"③，双方展开激烈拼杀，结果曹变蛟中创，退入松山。皇太极为此大怒，命将守卫大营"门将，以不捍汉兵，斩杀"，并惩处数百名有关官兵。明兵奔窜一夜，精疲力竭，盔甲、弓箭也多走失。清兵掩击穷追，吴三桂、王朴和六镇残兵拼死闯过清兵堵截，陆续溃入杏山城。侥幸生还的李辅明，奏报其突围的险恶经历说："本职二十二日早，欲入杏城收兵，岂料贼奴，遍置铁桶，势难入杏，复行中左所，岂贼南北皆营，中路断绝，不能入城，及察各镇将，不识居址何地。本职于二十三日卯时入宁城。"李辅明的奏报，反映了当日明军溃败的惨状。曹变蛟、王廷臣两总兵和辽东巡抚丘民仰撤退到松山，同洪承畴及其万余残卒守城。

此战，《崇祯实录》记载："辛酉（十八日）……清兵以三千骑来援。午刻，据长岭山。声言：'欲困松山城。'洪承畴不为动。甲子（二十一日），合战。边兵敢战，深入搴其大旗，进斩九级。清兵议旋师，故将孔有德控马止之。遂复进攻松山，掘壕揲土，壕深浚及八尺，绝边人饷道。乳峰故在锦州城外，松山又乳峰外。

---

① 《清太宗文皇帝实录》第57卷，崇德六年八月甲子，中华书局影印本，1985年，第25叶。
② 《明史·曹变蛟传》第272卷，中华书局点校本，1974年，第6975页。
③ 《清太宗文皇帝实录》第57卷，崇德六年八月乙丑，中华书局影印本，1985年，第27叶。

边军进屯松山,为锦州声援。至是,环壕绝堑,松山亦困。承畴谓其下曰:'新旧叠为攻守,我兵既出,利在速战,当各敕厉本部,与之力斗。吾身执桴鼓,与诸公从事,解围制胜,在此举矣!'诸将议饷乏,请为宁远就饷。薄暮,张若麒抵承畴书,亦言:'松山之粮,仅给三日,若复进师,不但困锦,又复困松山。'于是,诸将议论蜂起,各怀去志。承畴怒曰:'往时诸君,俱矢报效,今正当其会。虽粮尽被围,宜明告吏卒:战亦死,不战亦死,况战或可冀幸万一!麾军一退,不可复止。吾决意孤注,明日望诸(君)悉力。'方起送诸将出,总兵王朴怯甚,先遁。于是各帅争驰,马步自相蹂践,弓甲遍野,遥望火光,谓在不敢前走,还为伏兵所截,大溃。曹变蛟、王廷臣突入松山,巡抚辽东丘明(民)仰,誓与承畴同守。承畴夜留兵三之一婴城,率其复决围冲阵而前,清兵邀之尖山石灰窑,皆力战,清兵暂却,俄而云合,不得入城,移屯海岸。海潮大上,一军尽没。得脱者,仅二百余人。独白广恩还松山,若麒、绍愉得附渔舟,偕诸监军,逃至宁远。"①

二十四日,皇太极命内大臣、宗室锡翰等,率领精兵与蒙古兵"一伏于高桥大路,一伏于桑噶尔寨堡(即大兴堡),以杏山逃兵,必由此路出也"②。又命隋荪等率兵从旁助应。清军设伏后,不久有明军约一千人,由杏山遁出南逃,遇伏败走,追至塔山,斩获甚多。

二十六日,先是皇太极判断,逃入杏山的明军,必定再奔宁远。于是又遣军至杏山、宁远之间扼险设伏。至是,逃入杏山城的吴三桂、王朴等,率残部逃出,向宁远奔遁,遭到清军追击,败奔至高桥。清军多铎等"伏兵四起,阻截前路,追兵蹑后。三桂、王朴并士卒,手足无措。欲遁走,伏兵合力进击,敌各路溃窜。我军追击至暮,自海至桑噶尔寨堡,列兵固守。敌兵乘夜遁走者,俱斩之,三桂、王朴,仅以身免"③。清军一举将其歼灭,吴、王二人,仅以身免,逃回宁远。后

---

① 《崇祯实录》第14卷,崇祯十四年八月辛酉,台北历史语言研究所校勘本,1962年,第8~9叶。
② 《清太宗文皇帝实录》第57卷,崇德六年八月丁卯,中华书局影印本,1985年,第27叶。
③ 《清太宗文皇帝实录》第57卷,崇德六年八月己巳,中华书局影印本,1985年,第28~29叶。

王朴以"首逃下诏狱,十五年五月伏诛"①。

二十七日,皇太极命清军"行猎山野,并搜剿遗敌"②。将逃亡和藏匿山野的明军,像行猎一样,全部收降。

二十八日,清军塔瞻等率兵,往高桥设伏,歼灭明两股溃军,共骑步兵一千六百余人。

松山激战,历时十天,明军大败,清军获胜,斩杀明军五万三千七百八十三人,获马七千四百四十四匹、驼六十六峰、甲胄九千三百四十六副。另外"赴海死者,以数万计,浮尸水面,如乘潮雁鹜,与波上下"③。明军投海死者及丢弃马匹、甲胄数以万计。④

此时,锦州、松山皆为清军围困,唯有杏山、塔山,未被清军控制,且收容大批败退明兵。清军在获得松山大捷后,同明军展开攻守松山、锦州、塔山、杏山四城的激战。

---

① 《明史·王朴传》第272卷,中华书局点校本,1974年,第6980页。
② 《清太宗文皇帝实录》第57卷,崇德六年八月庚午,中华书局影印本,1985年,第29叶。
③ 高士奇:《扈从东巡日录》卷上,《辽海丛书》影印本,辽沈书社,1984年,第8叶。
④ 明军兵力,共十三万,各书记载,相差不多。《清太宗文皇帝实录》《清史稿》《明季北略》《明史》等记为十三万;《李朝实录》记为十二万;《国榷》等记为十万。清军兵力,官书未载,《明季北略》记为二十四万,显系夸大。时八旗满洲、八旗蒙古、八旗汉军,总兵力约十二万。此次出师,皇太极"悉索沈中之丁",实为清军之总动员。还调外藩蒙古诸部兵马,征发朝鲜出兵助战。合其兵力总数,或与明军相当。

四 攻陷四城

清军取得松山大捷之后,乘势对关宁锦防线北四城即宁远以北四城——松山、锦州、塔山和杏山,分别围困,逐个攻打。是年冬季,"辽东大雪,丈余"[1],清军冒着风雪严寒,继续围困,进攻四城。从崇德六年即崇祯十四年(1641)九月至次年四月,皇太极对松山、锦州、塔山、杏山四城,调派大军,集中兵力,分别包围,逐城攻破。

攻陷松山 松山城(今辽宁省凌海市松山镇)位于锦州东南约三十里地方,"以地有松山而名"[2],且相传以城北山上多松树而名山。松山城地势,四周为高缘,中间偏低,状如大锅,城建在锅底部台地之上。今存该城遗址,为一座方城,长、宽各约三百余米。时在关外八城中,"松山系旧城,不甚高厚"[3]。松山城具有重要的战略地位,它位于锦州城与杏山堡之间,为宁远与锦州的咽喉之地。时人具揭首辅周延儒曰:"相公入朝,愿首以松山为急,国家安危系焉,舍此无可措手矣。"[4]

---

[1]《崇祯实录》第14卷,崇祯十四年十一月辛卯,台北历史语言研究所校勘本,1962年,第11叶。
[2] 顾祖禹:《读史方舆纪要》第37卷,上海书店出版社影印本,1998年,第36叶。
[3]《明档》第229号卷,第6号,中国第一历史档案馆藏。
[4] 谷应泰:《明史纪事本末·锦宁战守》第4册,中华书局,1977年,第1484页。

所以，清军攻破松山，不独使锦州失去掎角、宁远动摇，而且使山海危急、京师震惊。

皇太极早已看到松山城的重要性。他在崇德四年即崇祯十二年（1639）二月十四日，曾派八旗军，携带红衣大炮，攻松山城。皇太极"倾众犯辽，多载炮火，大攻松山，将欲尽力一举，妄图破克，以摇撼八城"①。清军环城发炮，台堞俱摧，屡登屡却，伤亡惨重。登城失败，分道挖城。清军在松山城南，分道穴城，并且宣布："此松山城，有能穴地以炮药崩溃之者，城破时，为首效力及运送火药之人，无主者赏而授之以官，奴仆则赏以人、牛，准离其主；其指示督率官员，照先登大城例升赏。协同穴城兵丁，视其出力多少，以次赏赉。"②攻城不下，复加招降，派遣使臣招抚，宣称："若能察天意，顺时势，速来归命，则不特军民免于死亡，尔等之丰功伟绩，何可限量乎！"③遭到明松山副将金国凤等人的拒绝。金国凤率兵三千，勠力死守，激战四十日，清兵解围而去。④后皇太极几次冀图攻破松山，都没有成功。此次，皇太极大规模进兵松山，必欲破城，擒洪总督。

松山被围，报传京师，崇祯震动，朝野惊慌。明朝辽军，经此一围，军心已散，无力再战。崇祯帝谕旨，命洪承畴以守为战，以战为守，要竭尽全力，守住松山城。崇祯帝对援救松山不力，严旨责问："围城望救甚切，已有屡旨剿援，乃至今未发一兵，未通一信，抚镇道将，料理何事？"⑤明吏科给事中迅速奏称：各衙门及其所属，都"不以力行为尽职，而以题复为尽职。不论是何条奏，但一题复，即为了事，当日具文，而当日已忘之矣。"崇祯朝上下，以谕旨传达谕旨，以题复落实题复，既不想做实事，也不肯做实事。松山城内，两万官兵，"每丁五日，放米二碗"。松山危情，内缺粮薪，外无援助，更加危重。九月初二日，宁前道石凤台奏道："锦、

---

① 《兵部呈为高起潜题松山防卫获胜事本》，《历史档案》1984年第2期。
② 《清太宗文皇帝实录》第45卷，崇德四年三月辛酉，中华书局影印本，1985年。按：《清史稿·太宗本纪二》此事系于"己未（初二日）"，《清太宗文皇帝实录》则系于"辛酉"（初四日）。
③ 《清太宗文皇帝实录》第45卷，崇德四年三月丁卯，中华书局影印本，1985年，第23叶。
④ 《明史·金国凤传》第272卷，中华书局点校本，1974年，第6973页。
⑤ 《明清史料》乙编，第4本，中央研究院历史语言研究所集刊，1936年，第336叶。

松、杏孽奴，重重围困，亟不能解，钱粮匮诎，智勇难施，督抚在围，必不能出，必不肯出。"① 所以，清军包围，已经一月，援救松山，一筹莫展。

皇太极命加强对松山城的攻击，向前移营，缩紧包围，绕城掘壕，四面列炮，断其出入，以困毙之。传谕曰："所掘壕堑，可周围巡视。其城外薪草，即令我兵割取。"② 据从松山城逃出的明参谋官汪镇东目睹："奴挖地为壕，壕上有桩，桩上有绳，绳上有铃，铃边有犬，其狡已极。"松山城内，虽有"战车二千辆，大炮二千门"；却"言战不能，望援不至"③。明宁前道石凤台塘报："松山自八月二十一日，闯围之后，奴营遍布，水泄不通，督、抚在松许久，音耗寂然，本道屡差探听，无路可入。"④ 松山城内，缺粮短薪："米粮有限，主客聚食，三月之后，恐不可支。"明朝兵部认为：松山城内，二万士卒，坚守时间，不能久待——"非饿死，则杀死"。

松山被围，断绝外援，情状危急，明方奏报："督抚司道，复坐困松山，内无粮草，外无援兵，封疆诚岌岌危矣！"⑤ 但是，总兵曹变蛟，为明骁将，尝转战千里，身不解甲者，二十七昼夜。九月，洪承畴、曹变蛟等尽率城中马步兵，突围失败。⑥ 皇太极粉碎明军突围的计划后，更加紧对松、锦的围困。首先，严密包围。命郡王阿达礼、贝勒多铎等围松山，于城外筑城、掘壕。其次，增强军队。命郑亲王济尔哈朗、贝勒杜度等人，集中兵力，加以围困。再次，防止突围。为阻止松山、锦州明军突围西逃，并防止宁远明军前来增援，命蒙古科尔沁亲王吴克善、郡王满朱习礼等人围杏山、高桥。诸种措施，将明军队，加以困死，坐以待毙。十二月，洪承畴以兵六千人，夜冲清军大营。清军还击，斩四百余人。明军退入城内，紧闭城门。关内援兵，竟驻宁远，蜷缩城内，不敢前进。洪承畴"欲战则力不支，

① 《明清史料》乙编，第4本，中央研究院历史语言研究所集刊，1936年，第328叶。
② 蒋良骐：《东华录》第3卷，清刻本，第21叶。
③ 《明清史料》乙编，第4本，中央研究院历史语言研究所集刊，1936年，第322叶。
④ 《明清史料》乙编，第4本，中央研究院历史语言研究所集刊，1936年，第331叶。
⑤ 《明清史料》乙编，第4本，中央研究院历史语言研究所集刊，1936年，第327叶。
⑥ 《明史·曹变蛟传》第272卷，中华书局点校本，1974年，第6979页。

欲守则粮已竭，欲遁又未敢成队而出"①。松山明军，坐困城中。

崇德七年即崇祯十五年（1642）初，松山城内，两万士卒，人多粮少，军民饥困，"转饷路俱绝，阖城食尽"②。洪承畴派人执密札求援，结果未得粒米寸薪。城中严重缺粮，起初人日发米二碗，不久减至一碗，寻杀马充饥，后至人相食。朝廷先派顺天巡抚杨绳武督师救承畴，但兵不敢出战；又派副将焦埏赴援，出山海关败没。副将杨振请行，至吕洪山遇伏，军没被俘。清军令杨振往松山说降。近城时，杨振就地向南坐，语从官李禄道："为我告城中人坚守，援军即日至矣！"③杨振、李禄，皆被杀害。时"松山城内，糗粮罄绝，人皆相食"④。松山副将夏成德⑤，遣人密约降清，许为内应，并以其子夏舒为质。二月十八日夜⑥，清军应约攻城，由南城墙，登梯而入，"众俱继之，敌兵方觉"⑦。遂克松山城。

次日晨，夏成德率部生擒洪承畴及巡抚丘民仰，总兵王廷臣、曹变蛟、祖大乐，游击祖大名、祖大成，总兵白广恩之子白良弼等。然后进行全城大搜杀，诛斩明巡抚丘民仰及总兵曹变蛟、王廷臣，兵道张斗、姚恭、王之桢，副将江翥、饶勋、朱文德，游击以下官员百余人，兵丁三千零六十三人等。监军、郎中张若麒逃，从海上荡渔舟还。夏成德因开门降，其部下男妇幼稚三千一百一十三人，获免死。清军获得妇女孩幼一千二百四十九口，甲胄军械一万五千二百六十七件，各种火器三千二百七十三位，金银珠宝一万五千有奇，绸缎衣服等一万五千九百余。皇太极下令把洪承畴及祖大乐等送往沈阳，将松山城"毁如平地"。

---

① 蒋良骐：《东华录》第3卷，清刻本，第22叶。
② 夏燮：《明通鉴》第88卷，中华书局，1959年，第3276页。
③ 《明史·杨振传》第272卷，中华书局点校本，1974年，第6974页。
④ 《清太宗文皇帝实录》第60卷，崇德七年五月癸酉，中华书局影印本，1985年，第20叶。
⑤ 夏成德，《崇祯实录》均作"夏成德"，《明史·曹变蛟传》亦作"夏成德"；《清太宗文皇帝实录》"夏承德"出现十一次，"夏成德"出现一次；《清史稿·夏成德传》作"夏成德"。
⑥ 松山破城时间：《清太宗文皇帝实录》《清史稿·太宗本纪》俱载为二月十八日；《崇祯实录》《国榷》等均载为三月十八日，后者当为接到奏报时间。
⑦ 《清太宗文皇帝实录》第59卷，崇德七年二月辛酉，中华书局影印本，1985年，第7叶。

洪承畴城破被擒后，被送到沈阳。① 五月初五日，明总督洪承畴等跪大清门外，剃发称臣。但明松山城陷，报总督洪承畴死。其《家主尽节松山奏本》称："八月，因轻战挠溃，（安）臣家主坐困松城，内乏粮糗，外杳救援，杀战马以饲军，马尽而军多饿毙。军士皆感平日恩信联结，忍饥苦守，以死为期，毫无叛志。乃逆将夏成德，见粮断援绝，开门献城。（安）臣家主被执，义不受辱，骂贼不屈，惟西向庭阙叩头，口称'天王圣明，臣力已竭，愿为厉鬼杀贼'等语。奴恨数年战守，经碎体而亡。从来死节之惨，就义之正，未有如（安）臣家主者也。"② 事闻，崇祯帝甚为惊悼，特降洪承畴"义殉可悯""节烈弥笃"之旨，又亲临致祭，以旌忠烈。命在北京为总督洪承畴设坛十六，赐祭哀甚，又命在北京城外，为洪承畴建祠。③ 时洪承畴是否"殉节"，辽东"塘报"互异。《明清史料》中的《兵部行〈确察洪承畴等殉节塘报互异〉稿》，可为其时互异"塘报"的史证。④ 但是，巡抚丘民仰，城陷死难，"塘报"确实。崇祯帝命为丘民仰设坛、建祠，崇祯帝将亲祭时，"闻承畴降，乃止"⑤。

降服锦州 先是，锦州守将祖大寿向明廷报称："锦城米仅供月余，而豆则未及一月。倘狡虏声警再殷，宁锦气脉中断，则松、杏、锦三城势已岌岌，朝不逾夕矣。"⑥ 至是，洪承畴松山战败后，锦州形势，危若悬卵。九月二十二日，皇太极命济尔哈朗等对锦州"所掘壕堑，可周围巡视。其城外薪草，即令我兵割取"。

---

① 昭梿《啸亭杂录·用洪文襄》："松山既破，擒洪文襄归。洪感明帝之遇，誓死不屈，日夜蓬头跣足，骂詈不休。文皇命诸文臣劝勉，洪不答一语。上乃亲至洪馆，解貂裘与之服，徐曰：'先生得无冷乎？'洪茫然视上，久之，叹曰：'真命世之主也！'因叩头请降。"
② 李光涛：《洪承畴背明始末》，载《明清档案论文集》，联经出版事业公司，1986年，第631页。
③ 刘献廷《广阳杂记》第2卷，第104页："北都正阳门，西月城中有关壮缪庙，东月城有观音大士庙。其观音庙，崇祯中敕建。以祀经略洪承畴，而配祀关壮缪者也。后知洪生降，改祠大士焉。"
④ 《明清史料》乙编，第4本，中央研究院历史语言研究所集刊，1936年，第398叶。
⑤ 《明史·丘民仰传》第261卷，中华书局点校本，1974年，第6769页。
⑥ 《兵部为总兵官祖大寿题御敌之等事行稿》，《历史档案》1985年第2期。

清军对锦州不仅断绝其粮食，而且断绝其薪草。十月，皇太极派孔有德、尚可喜、耿仲明等率领属下官兵驻防锦州城外。随之张存仁奏言："锦州一破，则三边悉动摇矣！"建议崇德帝加紧对锦州的围攻。十一月，命多尔衮等驻防锦州城外。十二月，命祖大寿之子泽洪，到锦州领取妻子，并说服其父投降。泽洪等至锦州，竟未能同其父交谈而回。

崇德七年即崇祯十五年（1642）二月，清军外攻内应，占领松山城。其时的形势，"松山已破，杏山、锦州，指日沦没"①，皇太极仍尽力劝祖大寿投降。他命将祖大名、祖大成二人，纵还锦州。三月初十日，清军围困锦州，掘壕防守，轮番更戍，已历一年。其时锦州城内，"援兵尽绝，城内粮尽，饥民相食"，祖大寿战守计穷，率众出城，到清和硕郑亲王济尔哈朗、多罗睿郡王多尔衮等军前"叩首乞降"。济尔哈朗等派员到盛京具奏。其间，祖泽远遣人欲邀祖泽洪到锦州面谈，回答祖泽洪已回沈阳。祖大寿又要见祖大乐，然后"我即归顺。我若归顺，宁远亦可得也"。经诸王大臣商议，令祖大寿来使同祖大乐相见。降而后叛的祖大寿又提出："王可许与盟誓及有用印文移否？如有之，即归顺矣！"经过来回反复，次早"祖大寿率众官诣军前，叩首降"②。清军入城，占领锦州。

皇太极对祖大寿等作了区别处理：第一，对祖大寿以礼相待。祖大寿被送到沈阳，皇太极等待祖大寿已经十年，不改初衷，以礼相待。第二，对其部属妥善安置。将祖大寿部众留养，其祖大弼等及男妇、僧人、喇嘛共四千八百九十四名口，俱免死入册。第三，凡非其部众者屠杀。不属于祖大寿部属者副将以下官员十七人，兵丁八千余人，都遭屠戮。第四，蒙古兵尽遭屠戮。"凡在锦州蒙古人，俱查出处斩。"蒙古兵有数千，以宴会的名义，让他们去掉随身带的弓和剑，驱赶到野外，遂出动满洲"铁蹄蹂之"，皆被惨杀。第五，原在锦州居民商贾，悉于保全。③第

---

① 《清太宗文皇帝实录》第59卷，崇德七年二月甲子，中华书局影印本，1985年，第9叶。
② 《清太宗文皇帝实录》第59卷，崇德七年三月己卯，中华书局影印本，1985年，第11叶。
③ 《清太宗文皇帝实录》第59卷，崇德七年三月壬午，中华书局影印本，1985年，第17叶。

六,斩俘获一万二千四百多人,甲胄军械七千二百多件,各种火器六百多位。第七,百姓财物,"收取一空"。第八,平毁锦州城。

总之,锦州自崇德五年即崇祯十三年(1640)五月二十五日,至崇德七年即崇祯十五年(1642)三月初十日,被围近两年,为清军占领。

攻克塔山 塔山城(今辽宁省葫芦岛市连山区)位于松山与连山之间,南距宁远四十里,北距杏山也四十里。先是清和硕郑亲王济尔哈朗、多罗睿郡王多尔衮、多罗肃郡王豪格,率右翼将士,及两翼护军、汉军,运载火器,列红衣炮于塔山城西。崇德七年即崇祯十五年(1642)四月初八日,清军开始进攻塔山城。四月初九日午时,城崩二十余丈,清兵由城垣崩处,先登入城,遂克其城。城内三营官属兵丁共七千余名,尽被歼灭,俘获城内物资,不计其数。① 塔山堡位重势要,据顾祖禹《读史方舆纪要》引《一统志》所载,"卫境自北而东南有战歌、安家、庆春、永丰、古城、广积、积粮、长安、镇安、永安、蛇山、海泉、海山、新安、林树、泰新、盐场、三山、塔山、海滨、刘兴、兴安、城南、老军凡二十四堡"。塔山堡之陷,其余各堡,未经弓矢,亦皆尽没。尔后,毁其城垣,进攻杏山。

占领杏山 杏山城(今辽宁省凌海市杏山街道)位于松山与塔山两城之间,南距塔山四十里,北距松山二十里。清军在围困锦州、松山、塔山时,也围困杏山,并于九月十二日,派郡王阿济格等人率军,全力围攻杏山。崇德七年即崇祯十五年(1642)四月二十一日,清军攻杏山城。先是,清军攻克塔山后,十二日,皇太极遣和讬、钟古等赍《敕谕》,往杏山招抚。谕云:"杏山吕将军及众官军士等,朕以大军,久围松、锦。松山军民粮尽,人相杀而食。副将夏承德,势穷力竭,自分必死,遂质子于军前,接引大军入城。故将夏承德同谋归顺之众,尽宥养之。其祖大乐、祖大成、祖大名等,因系祖大寿之昆弟,俱经惠养。即总督洪承畴,亦赦而养之。其余抗拒者,尽皆诛之。锦州自被围以来,有出城樵采者,既为我兵截击,城中粮尽,又互相残食,军民死伤殆尽。祖大寿势迫,匹马来归。"

---

① 《清太宗文皇帝实录》第60卷,崇德七年四月辛亥,中华书局影印本,1985年,第13叶。

又说：“今尔杏山，受困日浅。若不劳我士马，敕书到日，即举城投顺，朕当保抚全城，秋毫无犯。汝等不特可全身家，并当叙尔献城之功。”否则"朕命速降而不来降，后或攻或困，城下之日，尽行屠戮，悔无及矣"①！杏山城内守将答云："任汝攻击，我等断然不降！"②拒绝投降，送还《敕谕》。二十一日黎明，和硕郑亲王济尔哈朗、多罗睿郡王多尔衮、多罗饶余贝勒阿巴泰等，命移炮于城北面，先攻取其近城几处墩台。二十二日，济尔哈朗等率军攻城。在杏山城前，列红衣大炮，击毁城垣约二十五丈余。清军将欲登城，城中危急，明军守城副将吕品奇率领众官，开启城门，至清军营，叩首投降。并云："我等先欲归顺，畏惧军威，所以未降。今或杀或宥，惟命是听。"③济尔哈朗遂令将士入城，立于城上，并拨兵守门。其投降官属兵丁，及人畜物数，俟察明具奏。是战，清军籍获杏山投降官民及俘获，计获男子二千五百七十六人，妇女幼稚四千二百六十二人，驼二只，马二十二匹，牛五头，骡七头，米谷一百四十四石，甲二千七百四十六副，红衣炮、鸟枪共八百六十有三位。清军攻克杏山，"报至，京师大震"④。

清军于崇德七年即崇祯十五年（1642）二月十八日占领松山城后，于三月初十日，占领锦州城。四月初九日，又攻占塔山城。最后，四月二十二日，再夺占杏山城。后将松山、塔山、杏山三城毁之。至此，在两个多月时间，松山、锦州、塔山、杏山四城，均被清军全部占领，明军关宁锦防线北段崩溃。

---

① 《清太宗文皇帝实录》第60卷，崇德七年四月辛亥，中华书局影印本，1985年，第15叶。
② 《清太宗文皇帝实录》第60卷，崇德七年四月甲子，中华书局影印本，1985年，第17叶。
③ 《清太宗文皇帝实录》第60卷，崇德七年四月甲子，中华书局影印本，1985年，第17叶。
④ 《崇祯实录》第15卷，崇祯十五年三月丁亥，台北历史语言研究所校勘本，1962年，第4叶。

五 胜败申论

松锦大战于明、清兴亡,具有重大的历史意义。此役以清军歼灭洪承畴援锦大军与夺占辽西锦州、松山、杏山、塔山四城而告终,并为清朝尔后入主中原奠定基础。明朝则相反,不仅失掉十余万兵马,以及辽西四城,而且将大明江山堕入危境之中。乾隆帝在萨尔浒树立纪念碑,后嘉庆帝在松山亦树《太宗皇帝大破明师于松山之战书事文》纪念碑。清朝皇帝重视这两次大战,并在原战场树碑纪念,表明这两次大战是明、清在关外的两次战略决战,对清兴明亡具有深远影响。萨尔浒大捷使后金"克辽东,取沈阳,王基开,帝业定"。如乾隆帝所说:"我大清亿万年丕丕基实肇乎此。"松锦大捷使清攻克辽西四城,摧毁关宁锦防线,亦如乾隆帝所说:"我太宗大破明师十三万,擒洪承畴,式廓皇图,永定帝业。"所以,"太祖一战而王基开,太宗一战而帝业定"[①]。总之,萨尔浒大战、松锦大战,加上沈辽大战,是清朝开国史上的三块里程碑,反映了清朝开国史三次重大的历史转折。明朝与后金-清自万历四十六年即天命三年(1618)抚顺第一次交锋,至崇祯十七年即顺治元年(1644)清军入关前,在近三十年间,曾发生大小百余次战争,

---

① 颙琰:《太宗皇帝大破明师于松山之战书事文》,清武英殿刻本。

但对明、清兴亡产生极其深远影响的主要是三大战役，这就是萨尔浒大战、沈辽大战和松锦大战。萨尔浒大战是明、清重大军事冲突的开端，标志着双方军事态势的转化——明辽军由进攻转为防御，后金军由防御转为进攻；沈辽大战是明、清激烈军事冲突的高潮，标志着双方政治形势的转化——明朝在辽东统治的终结，后金在辽东统治的确立；松锦大战是明、清辽东军事冲突的结束，标志着双方辽西军事僵局的打破——明军顿失关外的军事凭借，清军转入新的战略进攻，为破山海关、定鼎燕京、入主中原，准备条件，奠下基础。

松锦大战，明军失败，清军胜利，各有其因。

明军失败，原因复杂。从根本上说，在于明朝腐败，大厦将倾。崇祯帝面对清朝军队和农民军队，受到外线与内线两个战场的双重打击。但是，农民军暂时失利，转入低潮，朝廷将军事重点，转向关外辽西战线。崇德四年即崇祯十二年（1639）正月，任命三边总督洪承畴为蓟辽总督，负责辽西军务。但崇德五年即崇祯十三年（1640）四月至翌年八月一年零四个月的时间里，明朝关内形势急剧恶化，李自成已经攻陷河南，福王常洵被杀；张献忠攻陷襄阳，襄王翊铭被杀；中原饥荒，哀鸿遍野："是年，两京、山东、河南、山西、陕西、浙江，大旱蝗。至冬，大饥，人相食，草木俱尽，道殣相望。"① 京师饥民，流亡塞路。

明朝社会危机深重，军事极端腐败，且军中事权不一、文武不协、监军掣肘、将贪兵惰。凡军国大计，皆决于文臣。身任边防之将帅，都由文臣担任，且由内臣监军。号令不一，事权不专。其时，明朝辽东统帅孙承宗、熊廷弼、袁崇焕皆死于辽事；名将杜松、刘綎、满桂、贺世贤、罗一贵、赵率教、何可刚等皆死于疆场。能协调关外战事，且富有辽事经验的统帅，一个没有；至于武将，只剩下一个祖大寿，既已先降，且被围困。可以说，整个调到辽西关宁锦防线的明军统帅与将领，没有一个是清军统帅与将领的对手。明军统帅洪承畴是否为清军统帅皇太极的对手呢？事实证明也不是。

---

① 《崇祯实录》第13卷，崇祯十三年十二月，台北历史语言研究所校勘本，1962年，第12叶。

明军松山失败的根源，在于明朝腐败的社会机制。但明军在关内、关外战场上，都打过一些胜仗。因之，明军松山之败，还有具体原因。明朝皇帝朱由检、兵部尚书陈新甲、监军郎中张若麒，以及八镇总兵等，都不能辞其咎。明人评论，此役之败，或谓崇祯帝"主意多变""性急催战"；或谓"总督和监军互相掣肘"；或谓"张若麒一人误之也"；或谓"陈新甲、张若麒辈，其肉岂足食乎"①！时人痛恨陈新甲、张若麒二人，自然不无道理。突围时总兵王朴先逃，各总兵不战自溃，遂使局面不可收拾，他们应各负其咎。明军松山之败，究其具体原因，概括说来，一语破的，皇太极言："君暗臣蔽。"君暗必臣蔽，臣蔽则君暗。其具体的表现，在于洪承畴与陈新甲的兵略分歧。

解救锦州之策，庙堂存在分歧。两种兵略，"朝议两端"。②一种兵略是以兵部尚书陈新甲为代表，另一种兵略是以蓟辽总督洪承畴为代表。《崇祯实录》记载："陈新甲奏陈边事：'欲出兵塔山，趋大胜堡，攻营之西北；出杏山，抄锦、昌，攻其北；出兵松山，渡小凌河，攻其东；又正兵出松山，攻其南。'命下行营议之。承畴虽统正兵，仅白广恩、马科、吴三桂敢战，若分三将于三路，虑众寡不敌，且兵既分，则势更弱。承畴请且战且守，略曰：'久持松、杏，转运锦州，守御颇坚，未易撼动。若清再越今秋，不但清穷，即鲜亦穷矣！此可守而后可战之策也！今本兵议战，安敢迁延？但恐转运为艰，鞭长莫及，国体攸关，不若稍待，使彼自困之为得也。'上是之。而新甲执前议，职方郎中张若麒，躁率喜事，见前战松山、石门，皆有斩级，谓围可立解，上密奏。"③兵部尚书陈新甲的作战方略是：分兵四路，解救锦州之围；蓟辽总督洪承畴的作战方略是：守而后战，待彼自困。崇祯帝先赞同洪承畴的意见，又接受陈新甲的建议，他派职方郎中张若麒前往宁远监军，又命原绥德知县马绍愉出关赞画军务。松山败后，或因陈新甲主和议被杀，

---

① 谈迁：《国榷》第97卷，中华书局，1958年，第5905页。
② 《明史·丘民仰传》第261卷，中华书局点校本，1974年，第6769页。
③ 《崇祯实录》第14卷，崇祯十四年六月乙巳，台北历史语言研究所校勘本，1962年，第5~6叶。

史书多贬其议。平心而论，如按陈新甲作战方略行事，或可胜利，即便不胜，当不至于全军覆没。当然，作为兵部尚书，松锦之败，负有责任。但主要责任，在于洪承畴。

洪承畴，福建南安人，万历进士。崇祯帝以其知兵，命为兵部尚书、三边总督、督关中军务。洪承畴同农民军作战，屡战辄胜，李自成潼关兵败，仅十八骑走商洛，洪承畴屡立战功，深受兵部和崇祯的赞赏。后清军屯筑义州，围困锦州，明廷命洪承畴为兵部尚书、总督蓟辽，调集八总兵、十三万步骑、四万马匹并足支一年粮料于宁远，以解祖大寿锦州之围。明军与清军展开松锦会战，结果——洪承畴兵败被俘，皇太极获得全胜。明军是役失败的原因，论者或谓"庙堂趣兵速战"，或谓"将领不听调遣"，或谓"营伍纷纭，号令难施，而人心不一"①等，皆轻论洪承畴兵略之失。洪总督议用持久之战，从宁远到锦州建立一条饷道，以救援锦州。有学者概括其兵略为"步步为营，且战且守，待敌自困，一战解围"②。上述兵略，何得何失？看清汉军固山额真石廷柱给崇德帝皇太极的条奏："明援兵从宁远至松山，带来行粮，不过六七日，若少挫其锋，势必速退，或犹豫数日，亦必托言取讨行粮而去。我军伺其回时，添兵暗伏高桥，择狭隘之处，凿壕截击，仍拨锦州劲兵尾其后，如此前后夹攻，糗粮不给，进退无路，安知彼之援兵，不为我之降众也！"③皇太极采纳了石廷柱的建议。洪承畴的兵略，落入皇太极之彀中。洪承畴在松锦会战中，兵略之失，条析如下：

其一，轻进顿师，错失军机。兵贵拙速，不贵巧久。速虽拙，可迅胜；久虽巧，斯生患。洪承畴于崇德四年即崇祯十二年（1639）正月十九日，受命为蓟辽总督，表明崇祯帝加强对辽西战事的关注。翌年五月，洪总督简锐集饷，出山海关。崇

---

① 《明史·金国凤传》第272卷，中华书局点校本，1974年，第6974页。
② 李新达：《洪承畴传》，载王思治、李鸿彬主编《清代人物传稿》上编，第2卷，中华书局，1986年，第300页。
③ 《清太宗文皇帝实录》第56卷，崇德六年六月丁酉，中华书局影印本，1985年，第25叶。

祯十四年即崇德六年（1641）三月二十一日，锦州告急，洪承畴会八镇——宁远总兵吴三桂、大同总兵王朴、宣府总兵李辅明、密云总兵唐通、援辽总兵左光先（后以蓟州总兵白广恩代）、东协总兵曹变蛟、山海总兵马科、辽东总兵刘肇基（后以前屯卫总兵王廷臣代）的兵马于宁远。宁远距锦州，逶迤百余里。洪总督设谋：建立饷道，步步为营，边战边运，济援锦州。但是，时不我待，同月二十四日，清济尔哈朗等克锦州外城。清军又于锦州内城之外，环城而营，深沟高垒，重兵紧围，绝其出入。时锦州内外交困，急待解救，直至七月二十八日，洪承畴援锦之师，才驻营松山。况且，宁远距松山，才百余里路程；其间拖宕，四个多月。其时，洪承畴出关，用师年余，宁远会师，亦逾四月，顿兵耗饷，锦围未解。作为崇祯皇帝朱由检、兵部尚书陈新甲，见到锦州求援急报，催洪进师，当无大错。洪承畴旨在解围，却计设巧久，轻进顿兵，延缓时间，劳师縻饷。洪总督将十余万大军，环松山立营，图进解锦州之围，却退无回旋之地——自断与后方杏山、塔山、宁远等城的联络。皇太极观察洪承畴阵势，决定对其掘长壕，断粮道，使之陷于绝境。洪承畴虽处于"孤危之地"，锐气尚盛，例如：乘锐决战，或分兵袭清营，"可以得志"；或退保杏山，"徐图制胜"；或分屯长岭山，可防清兵抄明兵后，并使饷道保持通畅。尤其是大敌当前，不思如何破阵解围，竟"退师就饷"，这是一大失误。退兵时，"不能善后，形见势绌"，此又一失误。"九塞之精锐，中国之粮刍，尽付一掷。"[1] 从一开始，洪承畴就完全陷于被动。

其二，部署失误，决战失机。洪承畴统十三万之众，入孤危之地，首尾全无照应。洪总督亲自率兵六万先进，以诸军居后继之；大军抵松山，却布兵分散：以骑兵绕列松山城之东、西、北三面，步兵在乳峰山至松山道中分屯为七营并卫以长壕。明军到位后，即同清军激战。据《清太宗实录》记载：清军右翼郑亲王济尔哈朗失利，山顶两红、镶蓝三旗驻营之地为明军所夺，"人马被伤者甚众"。[2] 又据《李

---

[1] 谈迁：《国榷》第97卷，中华书局，1958年，第5905页。
[2]《清太宗文皇帝实录》第56卷，崇德六年七月乙酉，中华书局影印本，1985年，第14叶。

朝仁祖大王实录》记载："九王阵于汉阵之东，直冲汉阵，不利而退。清人兵马，死伤甚多。"①是役，清军失利，几至溃败。宜乘彼困待援之机，鼓锐骑突解锦之围。其时，祖大寿数次督兵突围，洪总督如组织松山军同锦州军南北夹击，战局便会主动。时赞画马绍愉建议："乘锐出奇"，夺取大胜；兵道张斗也建议：防敌抄后，以免被动。将之智者，机权识变。但洪承畴不通机变，没有采纳，坐失时机，却轻蔑地说："我十二年老督师，若书生，何知耶！"②朝鲜人评论洪承畴松山兵败的一个原因是："军门洪承畴年少自用，不听群言，以至于败。"③智者不后时，谋者不留缺。洪承畴在松山会战的关键时刻，"阵有前权，而无后守"④，既后时，又留缺，错过决战机会，留给敌人罅隙。

其三，帅才不周，战必隙缺。皇太极在清军松山失利，态势紧急危难之时，以"行军制胜，利在神速"⑤，不顾病患，急点兵马，亲率援军，疾驰五日，自沈奔松，立营待战。八月十九日，清军统帅皇太极在松山附近戚家堡驻营后，即举行诸王贝勒大臣会议，共议攻守之策。皇太极的军事重点是：围困锦州，打击松山。其兵略是：围城打援，横堑山海，断彼粮道，隘处设伏，邀其退路，纵骑驰突。翌日，皇太极指挥并完成穿越松、杏通道，直至海角大壕，置明军于包围之中；切断明军粮源，阻隔明军饷道；并在明军从杏山撤往宁远通路之要隘——高桥和桑噶尔寨堡设伏，候其通过，扼险掩杀。洪总督未以己之长，锐意决战，速解锦围；反以己之短，予彼机会，批亢捣虚。皇太极利用洪承畴的短缺，断其粮食之源，置其于死亡之地。

---

① [朝]《李朝仁祖大王实录》第42卷，十九年十月庚戌，日本学习院东洋文化研究所刊，1959年，第34叶。
②《崇祯实录》第14卷，崇祯十四年八月癸丑，台北历史语言研究所校勘本，1962年，第8叶。
③ [朝]《李朝仁祖大王实录》第42卷，十九年九月甲午，日本学习院东洋文化研究所刊，1959年，第33叶。
④ 计六奇：《明季北略》第38卷，光绪十三年（1887）刻本，第12叶。
⑤《清太宗文皇帝实录》第57卷，崇德六年八月壬戌："上行急，鼻衄不止，承以椀，行三日，衄方止。"

其四，自断粮料，反资于敌。洪总督由宁远进军松山时，先率六万人马前行，其后继部队亦接踵而至。十三万大军所需的粮料，不能及时运至松山，只好准备三天行粮。命将粮料储于塔山附近海中笔架山上；但未设重兵御守。军兵自带行粮，仅够数日食用。语云："兵马未动，粮草先行。"洪承畴将已备十三万大军、五万马匹一年的行粮、草料，委之于敌！粮食为军中命脉，切不可等闲视之。愚将，粮资于敌；智将，粮取于敌。清军统帅皇太极，看准洪承畴的致命弱点，决定断其粮道，避免直接决战，躲其锋锐，击其要害。就是采取派军断其粮道、夺其粮仓的釜底抽薪之计。二十日，皇太极派阿济格率军攻塔山，夺取了明军在笔架山存储的粮料十二堆，并令各牛录派甲士运取之。明军储粮，未运去锦州，反资于清军。松山之粮，不足三日。明军储粮被夺，所带行粮将罄。欲野战，则力不支；欲坚守，则粮已竭——全军将士，军心涣散；八镇将领，一片恐慌。严峻缺粮形势，逼迫他们闯围，返回宁远就食。退师就食，岂有此理？此为清军截杀，提供难得机会。严阵以待的清军趁机截杀，一夜之间，方寸之地，十万大军，落得惨败。

其五，事权不专，号令不一。先是，洪承畴就总兵金国凤将兵胜败之事，奏言统帅应"事权专、号令一、人心肃"。史籍记载："总督洪承畴上言：'国凤素怀忠勇，前守松山，兵不满三千，乃能力抗强敌，卒保孤城，非其才力优也，以事权专，号令一，而人心肃也。迨擢任大将，兵近万人，反致陨命，非其才力短也，由营伍纷纭，号令难施，而人心不一也。乞自今设连营节制之法，凡遇警守城，及统兵出战，惟总兵官令是听。庶军心齐肃，战守有资，所系于封疆甚大。'帝即允行之。"① 但是，清军断粮包围，明军极度惊慌，大敌当前，堑垒困围，退师就食，岂止荒唐？二十一日，洪承畴决定次日突围，诸将不愿拼战。洪氏未能"惟其令是听"，封疆事大，临机果断，事权专，号令一，斩懦将，肃军心；而左顾右盼、计无所出，自乱其军，自去其胜。当夜，总兵王朴先遁，顿时步骑大乱。尔后，吴三桂、唐通、马科、白广恩、李辅明等五总兵带所部沿海迭退。总兵曹变蛟率

---

① 《明史·金国凤传》第272卷，中华书局点校本，1974年，第6974页。

军直突清军御营，中创遁还松山城，同洪承畴、王廷臣带兵万人困守。冲围的各部明军，遭到清军的追击、截击、伏击和横击。清军纵骑，横扫明军。明军官兵，或被逼涉海，尽没于潮；或遭蹂躏，横尸于野。二十六日，退到杏山的吴三桂和王朴，率余部冲出，欲奔向宁远。退至高桥，中伏，溃败。短短六天，松山一带，十万官兵，败没殆尽。遍野死伤狼藉，海上浮尸蔽涛。所余败兵，部分逃入松山城，部分遁向宁远城。

其六，暗知彼己，敌何自困？洪承畴作为明辽军总统帅，既不料己，内部出现叛将，夏成德密约清军登城，松山城陷；又不料彼，清军后方辽阔，筑城屯田义州，围困锦州经年。锦州外城已陷，内城被围数重。洪承畴何以将清军拖疲，甚至拖垮？明军不去解围，清军不会自困。洪总督所谓"待敌自困，一战解围"之议，大言媚上，自欺欺人。明军松山败后，洪承畴率败兵万余，缩守松山城。松山、锦州、杏山、塔山，四座卫城，均被围困，援兵无望，粮食且绝。翌年二月，松山城陷，洪氏降清。三月，锦州守将祖大寿举城投降。四月，杏山与塔山，亦相继失陷。洪承畴的错误兵略，使明军丧失辽左四城，损失约十五万军队。① 松锦之败，这是明朝在辽西损失的最大一支精锐军队，也是明朝在关外损失的最后一支精锐军队。从而，打破双方长达二十年之久的辽西军事僵局，清军开始新的战略进攻。

其七，合兵解围，合而未齐。明末史学家谈迁总结辽东萨尔浒与松山两大决战，明军失败原因时说："自辽难以来，悬师东指，决十万之众于一战，惟杨镐与洪氏。镐分兵而败，洪氏合之亦败，其失并也。"② 杨经略分兵之败，原因在于：兵分四路，彼此分隔，分而未合，各被击破。天命汗努尔哈赤则看准明军分兵的致命弱点，采取"凭尔几路来，我只一路去"③的作战方针，取得萨尔浒大捷。同样，洪总督合兵之败，原因在于：兵会八镇，合而不齐，前众后寡，有正无奇。崇德帝皇太

---

① 明军八镇总兵数十三万余人，被困在锦州的约二万余人，总计约十五万人。
② 谈迁：《国榷》第97卷，中华书局标点本，1958年，第5904～5905页。
③ 夏允彝：《幸存录·东夷大略》下卷，商务印书馆，民国元年（1912），第10叶。

极也抓住明军合兵缺粮的致命弱点，采取断其粮道、退路设伏的策略，取得松山大捷。所以，杨经略分兵而未合，洪总督合兵而未齐，其失败原因，都是一样的。虽有步兵立营、骑兵列阵，但无后援机动、粮秣保障、整肃号令、奇着制胜。两军对垒，兵力相当，布设奇伏，智者之忧。前述笔架山粮食被劫，是一例证；吴三桂、王朴率败兵自杏山奔宁远，皇太极先于高桥、桑噶尔寨堡设伏兵，果然吴、王中伏，两员总兵，仅以身免，是又一例证。洪承畴不得不吞下统兵时兵合而不相齐、首尾而不相及和布阵时无奇兵、无后守的毒果。

其八，进退失时，尤怨庙算。洪总督在进军时，兵部尚书陈新甲以"师老财匮"而令其尽速进兵；所派监军、郎中张若麒亦报请"密敕趣战"；崇祯帝密敕"刻期进兵"。① 崇祯皇帝朱由检和兵部尚书陈新甲，其别的失误姑且不论。然而，总督出关，劳师糜饷，"用师年余，费饷数十万，而锦围未解，内地又困"。况且，洪承畴顿兵宁远达数月之久，却不速解锦州燃眉之急，趣之促之，情理宜然。这不能成为其失败的遁词。兵部尚书、总督蓟辽洪承畴，是松锦战场的统帅，当有权临机决断。《孙子》曰："将能而君不御者，胜。"李筌注曰："将在外，君命有所不受者胜，真将军也！"《孙子》又曰："战道必胜，主曰无战，必战可也；战道不胜，主曰必战，无战可也。"张预注曰："苟有必胜之道，虽君命不战，可必战也；苟无必胜之道，虽君命必战，可不战也。与其从令而败事，不若违制而成功。"② 此役，洪总督并不是"真将军也"！洪承畴谋略不周，轻进顿师，进不能突围，退不能善后，拒纳善谏，兵败疆场，垂辫降北。

清军胜利，原因复杂。从根本上说，在于满洲新兴。当然，清军也有局部的失败，但总体上赢得此次战役的胜利。

最为突出的是：皇太极长于野战，而短于攻城，在松锦大战中，始终采取围城打援的战术，不仅消灭洪承畴率领的十三万援军，而且困逼松山、锦州、杏山、

---

① 谈迁：《国榷》第97卷，中华书局，1958年，第5899页。
② 《孙子·谋攻》《孙子·地形》，上海广益书局，民国十一年（1922）。

塔山的明军城破而败，摧毁了明军经营多年的关宁锦防线北段，为进取中原铺平了道路。松锦之捷，是皇太极一生军事艺术中最精彩的杰作，也是中国军事史上围城打援的范例。

清军松锦之战，其取胜之兵略：一是御驾亲征，二是兵略正确，三是围城打援，四是用红衣炮，五是各个围破，六是用间内应。《清太宗文皇帝实录》记载："锦州之役，上整旅亲征，击败明援兵十三万，锦州、松山相继归降，又用红衣炮攻克杏山、塔山等处。"① 皇太极在松锦大战中的成功兵略，举其大要，列作六点。

第一，御驾亲征。明、清松锦大战，明军变化的特点是：劣势—优势—劣势；清军变化的特点则是：优势—劣势—优势。就是明军由锦州被围的劣势，转化为集中十三万军队于松山的优势，又变为劣势；清军则由围困锦州的优势，转化为面对松山十三万明军的劣势，再变为优势。洪承畴进兵松山后，同清军交锋。清军接战，损失惨重。多尔衮遣官奏报，请派援军，协力拒敌。朝鲜文献记载：沈阳官民，得知"军兵大半见败，大将数人，亦为致毙。行街之人，多有惶惶不乐之色。城外远处，则坊曲之间，哭声彻天"②。前方急报，驰至盛京，清军统帅皇太极不顾患病，决定亲征，昼夜急行，奔赴前线。皇太极疾驰到松山，立即观察地理形势，举行贝勒大臣会议，针对明军部署，共议攻围之策。皇太极做出明确判断，及时调整战术，重新进行部署，化被动为主动，经过一夜，各赴汛地。明军见皇太极"亲率大军，环松山而营，大惧。欲战则力不支，欲守则粮已竭，遂合谋退遁"。皇太极在松山决战中，大路掘壕，断敌粮道，横击掩杀，高桥设伏等，正如清人总结道：激战过程，"悉如睿算"。皇太极御驾亲征，振奋军心，临机决策，调整战术，对扭转战局，起关键作用。相反，明朝最高决策者，或庙堂，或内阁，或兵部，远在京师，塘报迟缓，不了解实情，凭主观臆断。洪承畴虽临阵指挥，却没有最高决策权。因此，清军取得松锦大捷，崇德帝皇太极御驾亲征，前线指挥，

---

① 《清太宗文皇帝实录》第61卷，崇德七年六月癸亥，中华书局影印本，1985年，第16叶。
② 《沈阳状启》，仁祖十八年四月二十二日，辽宁大学历史系铅印本，1983年。

临机决断，对于扭转战局，取得战役胜利，实是一大关键。

第二，**兵略正确**。继天命汗宁远之败后，又遭宁锦之败，皇太极进行战略调整。东面两次兵败朝鲜；西面三征林丹汗、统一漠南蒙古；北面远征黑龙江地域，绥服索伦部；南面则先后七次迂道入塞，残毁掳掠。正如章京盛忠所言："年来我兵内入，累次破城获捷，而不得坐守其地者，皆因关门阻隔，首尾难顾，是以得其城而不能保。"[①]时明、清军政形势，双方力量对比，发生有利于清不利于明的变化。"定鼎之谟，在此一举，时不容缓，机不可失！"[②]皇太极能依据彼此态势，掌握作战时机，调整主攻方向，选择战略目标，制定作战方略，临阵正确指挥，表现出卓越的军事才能。清军驻屯义州，为着松锦大战，做了充分准备。皇太极对明军守城兵力、援军数量、经过道路、粮秣储存、作战方略及逃遁线路等，都有清晰了解与准确判断，因此能掌握整体松锦战场的主动权。

第三，**围锦打援**。皇太极在关内施行残毁掠夺的方针，激起中原广大民众的反抗。清军几次入关，寸土未得，实因"关门未开，盖以关外之八城未得耳"[③]！皇太极总结多次破墙入塞的历史，既汲取两次攻打宁远的教训，也接受攻陷大凌城的经验，因而首先围攻关宁锦防线的先锋要塞锦州。而在围攻锦州时，先于城外挖壕筑垒，切断城内明军与外界的联系，实行长围久困，迫使对方陷于饥境，而急待救援。然后在预先设好的战场上，埋伏精兵。在松山、塔山、杏山三城，也是如此。皇太极将"围城""攻坚""隔离""堵截""设伏""打援""追击""诱降"等战法，有机结合，巧妙运作，利用优势，一举取胜。

第四，**用红衣炮**。红衣大炮原是明军对付八旗军的法宝，而今成为清军攻坚打援的强大武器。皇太极除令左右翼八旗军携带火器外，又命善用大炮的孔、耿、尚及汉军参战，还征发朝鲜火炮手随军。在围困锦州时，清军发红衣大炮毁其外城，

---

① 《盛忠奏陈攻取山海关外八城策略事本》，《历史档案》1982 年第 2 期。
② 《清太宗文皇帝实录》第 56 卷，崇德六年七月丁酉，中华书局影印本，1985 年，第 26 叶。
③ 《段学孔奏陈攻取关外八城方略事本》，《历史档案》1982 年第 2 期。

缩紧包围；在塔山攻坚战中，清军发红衣炮，轰城崩塌二十余丈，然后"由崩处先登，遂克其城"；同样，杏山城之攻克，亦是"列红衣炮击毁城垣"，促成清军之胜利。①

第五，各个击破。明军总督洪承畴统率八总兵、十三万兵马，集结松山，占有优势。其时，清军从义州到塔山，战线过长，兵力分散，长期露宿，处于劣势。但是，皇太极的高明之处在于，将明军辽西的十五万兵马，逼于四处——锦州、松山、杏山、塔山，加以分割，进行围困，使之孤立，逐个攻破。先是，杨镐在萨尔浒大战中，兵分四路，分进合击；但是，兵分四路，分而未合，被天命汗努尔哈赤集中兵力，逐路击破。至是，洪承畴同杨镐一样，在松锦大战中，合兵一路，并力解围；但是，兵合一路，合而为分，被崇德帝皇太极集中兵力，逐个击破。洪承畴与杨镐相同的是，兵力一分为四，而被逐个攻破。洪承畴与杨镐不同的是，杨镐主动地将兵力分为四路，被各个击破；洪承畴却被动地使兵力分割为四，遭各个击破。皇太极与努尔哈赤相同的是，集中八旗精锐，逐个击败明军。皇太极与努尔哈赤不同的是，努尔哈赤利用明军已经分为四路的布局，集中兵力，逐个击破；皇太极却巧妙地将洪承畴的军队，强行分割为四，然后逐个击破。集中优势，各个击破——这是兵家之常理。然而，杨镐与洪承畴都犯下兵家所忌的同样错误，努尔哈赤与皇太极都聪明地实践了这个兵家之常理。

第六，劝降策反。皇太极劝降与策反，极其用心，屡奏成效。他曾派人潜入锦州，策反明军中的蒙古将士。果然，城内蒙古诺木齐塔布囊等约降，与清军里应外合，清军攻取锦州东关外城。松山副将夏成德献城降清，也是清军劝降的结果。在长期围困战中，先后敕谕蓟辽总督洪承畴、锦州守将祖大寿，对松山、锦州、塔山、杏山守城官兵多次进行劝降。后来洪承畴被擒降清，皇太极亲自看望与劝说，对洪承畴剃发降清起着重大作用。至于祖大寿，更是采取多种方法，通过各种渠道，晓以利害，反复诱劝。祖大寿终在绝境中，再次献城降清。

第七，断敌粮道。明军与清军，在数量上，明军多而清军少；在后方上，明

---

① 《清太宗文皇帝实录》第60卷，崇德七年四月甲子，中华书局影印本，1985年，第17叶。

军近而清军远——清军如何转不利为有利？这就要以彼之长化为彼之短，而以己之短化为己之长。皇太极在这个有利与不利、彼长与己短的关系上，抓住了一个关键的点，这就是粮食。明军的粮食，重要储存地在锦州和松山附近的笔架山。笔架山在海中，山与岸之间的通道，海水涨潮则通道隐，退潮则通道显。明军以为清军骑兵不会着力海上，而清军恰恰在海水退潮时，突击抢了明军在笔架山的粮食，不仅"因粮于敌"，而且"扰乱敌魂"。果然，明军因缺粮而军魂散、心骚动，因之有"回宁远就食"之举。这成为松山洪承畴十三万大军溃败的一个溃堤的蚁穴。《清史稿·左宗棠传》说："行军之法，必避长围，防后路。"洪承畴在松山之战中，既未避长围，又未防后路，给皇太极以可乘之机。

第八，设伏截击。 皇太极到松山前线之后，一个重要的决策是：高桥设伏，截击明军。高桥在松山与宁远之间，西临山，东濒海，为从松山往来宁远必经的咽喉之处。皇太极预先在高桥埋设伏兵，等待截击从松山回宁远的明军。果然，王朴、吴三桂率领败兵狂奔宁远。这群惊魂未定的溃兵，刚到高桥，正中其计。明军逃命，惊恐，饥饿，疲惫；清军静待，镇定，饱满，有备——两军相遇，明军惨败，明总兵王朴、吴三桂仅以身免，逃回宁远。这是因为明军统帅预想不周，而清军统帅设计周全。《孙子兵法·计篇》说："夫未战而庙算胜者，得算多也；未战而庙算不胜者，得算少也。多算胜，少算不胜，而况于无算乎！吾以此观之，胜负见矣。"在这里，仅借用"算"，计算也。少算不胜，何况无算呢！皇太极算了高桥设伏，洪承畴没有算及此。可以说，整个松锦大战，清军多算，明军少算，这是两军胜败的重要原因。

总之，明、清辽西松锦大战，明军统帅为洪承畴；清军统帅为皇太极。此战谋略集中表现于双方军事统帅的战争谋划及其实施。

清崇德帝皇太极统率的八旗军，在十余年之间，曾经七次入塞，虽予关内明军以重大杀伤，但对关外辽西明军未做决战。后乾隆帝总结历史教训时曰："山海关，京东天险。明代重兵守此，以防我朝。而大军每从喜峰、居庸间道内袭，如入无人之境。然终有山海关控扼其间，则内外声势不接；即入其他口，而彼得挠我后路。故贝勒阿敏弃滦、永、遵、迁四城而归。太宗虽怒遣之，而自此遂不亲统大军入口。所克山东、直隶郡邑，辄不守而去，皆由山海关阻隔之故。"[①] 其实，早已有智者疏谏先取山海关、后夺北京城的兵略，皇太极未撷取其合理的内核，而以"未协军机"[②] 拒之。至是，十年时间，锦州未下，宁远未破，榆关未攻，从军事地理说，可谓寸土未进。事实又回到十年之前：只有夺取锦州、兵叩关门，才能问鼎燕京、入主中原。于是，皇太极决定围困辽左北端首镇锦州。锦州总兵祖大寿告急，明廷派洪承畴率军解围，这就爆发了明清松锦大战。

明军总督洪承畴与清军统帅皇太极，在松锦会战的军事舞台上，各以其兵略奇正，导致各自的胜败。

由上可见，明清松锦大战，明朝方面——总督成擒，全军败没；清朝方面——松山大胜，连克四镇。就兵略而言，其关键在于明军统帅洪承畴兵略之错误，清军统帅皇太极兵略之正确。一次独立战役的胜败，主帅的谋略是战争泰否转化的枢轴。所以，洪承畴作为松锦之役明军的统帅，其兵略之错误，是不容辞其咎的。所谓松锦兵败"主要并非洪承畴的过失"和"败是正常的，不败是不可能的"之论断，颇有商榷余地。洪承畴在《明史》中无传，在《清国史》中也无传，在《清史列传》中才有传。清人在其传记中多有讳饰，论者或多忽视对其错误兵略做理性的批评。

明、清辽西争局中，明军统帅熊廷弼、洪承畴，后金-清军统帅努尔哈赤、皇太极，历史表明，都有缺失：熊廷弼在广宁之战中的"三方布置策"，是一个空泛的兵略，它是导致明军广宁之败的重要因素。努尔哈赤在宁远之战中的"硬拼蛮冲"，是一个鲁莽的兵略，造成了天命汗的宁远兵败、病发身死。皇太极在入口诸战中的"远袭掳掠"，是一个野蛮的兵略，使崇德帝失去中原民心、错过燕京登极机会，铸成其终身之憾。洪承畴在松锦大战中的"轻进顿师"，是一个愚蠢

[①] 魏源：《圣武记》第1卷，中华书局，1984年，第32页。
[②] 《清太宗文皇帝实录》第18卷，天聪八年五月丙申，中华书局影印本，1985年，第16叶。

的兵略，从而导致明军松锦兵败。由是，可以得到历史的启示：在帝制时代，一支军队，一个民族，一个国家，其胜败，其荣辱，其盛衰，虽然原因复杂，但是并不多极。一支军队的兵略，一个民族的政略，一个国家的方略，对这个军队的胜败，对这个民族的荣辱，对这个国家的盛衰，有着极其重要的意义。但是，军队的兵略、民族的政略、国家的方略，在很大程度上取决于这个军队的统帅、这个民族的领袖、这个国家的元首。因此，要取得军事的胜利，就要有一个优秀的统帅及好的兵略；要取得民族的繁兴，就要有一个杰出的领袖及好的政略；要取得国家的富强，就要有一个英明的元首及好的方略。在这里，民众巨大力量不容忽视，但需要有一定条件；这个历史条件，本文不及讨论。

第九章 东征朝鲜

一 朝金关系

建州同朝鲜的关系，既历史久远，又十分密切。早在明永乐二年（1404），建州女真首领之一阿哈出被封为建州卫指挥使。努尔哈赤的先祖猛哥帖木儿，也是建州女真首领之一，经转徙到朝鲜斡木河地区（今朝鲜会宁）居住。他在明永乐十年（1412）朝贡时，被永乐帝封为建州左卫指挥使。猛哥帖木儿在这里农耕植谷，打围放牧。①后发生"斡木河事变"，致"猛哥帖木儿、阿谷等男子俱被杀死，妇女尽行抢去"②。猛哥帖木儿及其长子权豆（阿谷）惨遭杀害，次子董山（童仓）被掳走，弟凡察负伤出逃。建州左卫受到重创，寨破人亡，劫难空前。后凡察到北京"朝贡"，受明封为建州左卫指挥使。不久，董山被"赎回"。此前，建州卫指挥使阿哈出之孙李满住，经朝廷旨准先迁到婆猪江（今浑江），后迁到苏子河一带居住。至是，凡察与董山获明廷旨准，也迁到辽东浑河支流苏子河地域，

---

① [朝]《李朝太宗大王实录》第11卷，六年三月丙申，日本学习院东洋文化研究所刊，1959年，第10叶。
② [朝]《李朝世宗大王实录》第62卷，十五年十一月乙巳，日本学习院东洋文化研究所刊，1959年，第19叶。

同李满住合住在一起。① 后董山又被封为建州左卫指挥使。② 在建州部民转徙辽东地域时，遭到朝鲜官兵阻拦。建州部民冲破拦阻，损失很大，留下创伤。

建州女真三部合居后，部众繁衍，势力日大。当时明朝与朝鲜都不愿意看到建州女真日渐强大，更不愿看到女真人的"犯抢"行为，或单独用兵，或联合兵力，深入建州，进行攻剿。第一次，明宣德八年即李朝世宗十五年（1433）四月，朝鲜发兵一万五千人，分为七路，进攻建州卫女真。建州女真遭受重创，损失惨重：被杀二百六十人，被俘二百四十八人，被抢马、牛一百八十头匹。③ 第二次，在成化三年即李朝世祖十三年（1467）九月，朝鲜与明朝合军，进攻建州。是役，朝鲜派军一万五千人，分为五道，进攻建州，"入攻婆猪江，斩李满住及古纳哈、豆里之子甫罗充等二十四名；擒满住、古纳哈等妻子及妇女二十四口，射杀未斩头一百七十五名，获汉人男一名、女五口，并兵械、器仗、牛马，焚家舍、积谷"④。建州女真遭受明军与朝鲜军双重打击，"寨舍被焚毁，部民被杀俘，粮食遭烧掠，首领遭斩杀，焚荡殆尽，部落残破"⑤。这件事情，朝鲜大将在得胜后，命砍白木书云："朝鲜大将康纯领精兵一万攻建州。"朝鲜国王李瑈对康纯曰："'攻'字未快，'灭'字最好！"⑥ 这说明朝鲜同建州冤仇之深。朝鲜对建州犁庭扫穴的攻剿，在建州女真首领与部民的心灵中，刻下烙印，留下仇恨。

努尔哈赤起兵后，同朝鲜尽量结好关系。明万历二十三年十二月（1596年1月），朝鲜南部主簿申忠一受命到建州卫首府佛阿拉。努尔哈赤在大厅接见申忠一，

---

① [朝]《李朝太宗大王实录》第89卷，二十二年六月丁亥，日本学习院东洋文化研究所刊，1959年，第30叶。
②《明英宗实录》第89卷，正统七年二月甲辰，台北历史语言研究所校勘本，1962年，第6叶。
③ 谢肇华：《评析朝鲜对建州卫女真的第一次用兵》，载《满学研究》第5辑，民族出版社，2000年。
④ [朝]《李朝世祖大王实录》第44卷，十三年十月壬寅，日本学习院东洋文化研究所刊，1959年，第6叶。
⑤ 阎崇年：《天命汗》，吉林文史出版社，1993年，第16页。
⑥ [朝]《李朝世祖大王实录》第44卷，十三年十一月辛巳，日本学习院东洋文化研究所刊，1959年，第42叶。

表示愿意同朝鲜结好。但是，在建州兴起史上，影响后金同朝鲜的关系，六件事情，相当重要。

第一件，出兵参战。天命四年即万历四十七年（1619），在萨尔浒大战中，朝鲜受明廷调发，而派都元帅姜弘立率军一万三千人参战。姜弘立兵败投降，朝鲜全军覆没。天命汗努尔哈赤将朝鲜都元帅姜弘立收养于赫图阿拉，并优礼相待，想通过姜弘立沟通双方关系。但朝鲜国王同明朝关系密切，敌视后金。朝鲜公然出兵协助明朝攻打后金，在双方关系中留下阴影。

第二件，贸易摩擦。朝鲜与后金，接壤之境地，东自豆满江（今图们江）口，西至鸭绿江口，边界上开有义州（今朝鲜新义州）、中江（今朝鲜平安北道邻中国临江市处）、会宁（今朝鲜咸镜北道）三个边贸集市，以与后金之镇江（今辽宁省丹东市境）、临江（今吉林省龙井市境）、豆满（今吉林省图们市）三市进行交易。粮食是重要的交易品，朝鲜国都在京城（今首尔），而其产粮地区多在西部、南部，运粮至鸭绿江各市场，须借海运，明游击毛文龙巡弋海上，粮船不便北上。而朝鲜国之东北部多山，所产之粮不足以当地食用，故会宁市场无余粮可售。朝鲜又不愿意将粮食同后金交易，常引起边境冲突。后金指责朝鲜索取金银，不与牛角；朝鲜商贾与后金的贸易，时抬物价，以劣充优，短斤缺两。贸易纠纷不断，朝鲜商贾不至。

第三，边民纠纷。图们江地域为满洲的发祥地，其居民瓦尔喀，与建州女真同语言、同习俗、同族群。随着后金的日渐强大，后金需要他们，他们愿附后金。越境投附后金者，既有女真人，也有朝鲜人。朝鲜国王为此大惧，派官吏阻止其民向北越界，且常以捕逃为名而越界捕杀。同样，后金掳掠的汉人，时有逃往朝鲜者，朝鲜将其遣送明朝；辽东难民，逃往朝鲜，朝鲜又容留辽东逃民。[1]后金对朝鲜的上述做法极为不满。

第四，补充财富。后金人口增长过快，衣食匮乏，物资短缺。明朝同后金处

---

[1]《清太宗文皇帝实录》第7卷，天聪四年六月乙卯，中华书局影印本，1985年，第8叶。

于战争状态，马市、木市被关闭，后金同明朝的贸易渠道断绝。皇太极将朝鲜作为重要财富之源，如后金一次向朝鲜索要"木绵四万匹、牛四千头、绵绸四千匹、布四千匹"①。至于粮食、火器、弹子、食盐、布帛、纸张、农具等，更需要朝鲜补给。

第五，朝、明关系。朝鲜是明朝的臣属藩邦，又是与后金仅一江之隔的近邻，故朝鲜对明朝与后金均处于重要的战略地位。明朝进攻后金，必先联络朝鲜，以成夹击之势；后金崛兴辽东，必先争取朝鲜，避免两面受敌。时明、金对峙，朝鲜态度，确实重要。后金西进征明，常有后顾之忧。为此，后金将朝鲜纳入自身发展的战略范围之内。当时影响后金与朝鲜的关系，主要是毛文龙事件。

第六，毛帅事件。先是，天命六年即天启元年（1621），明辽东巡抚王化贞，为使明军出广宁，渡辽河，攻后金，便派游击毛文龙率领二百余人，进入河东，联络辽民，以牵制后金。五月十一日，毛文龙率部由三岔河东渡到猪岛、鹿岛、禽道等地，地近后金，活动困难。时辽东庠生王一宁来会，建议求助朝鲜，共图发展之计。七月初，他们到朝鲜弥串堡，得报后金镇江守将佟养真派兵外出，城防空虚，议袭镇江。令千总陈忠过江，潜约镇江中军陈良策为内应。二十日深夜，毛文龙率领三千人马，突袭镇江，陈良策降。尔后生擒佟养真及其侄佟松年等六十余人，收兵民万人。明军镇江捷报，全辽军民震动。宽甸、瑷阳、汤站、险山等城堡，相继叛金投明，"数百里之内，望风归附"②。毛文龙因功授参将，不久又晋升为平辽总兵，史称"毛帅"。后金失守镇江，大为震惊，命贝勒阿敏、皇太极等率军前去镇压。毛文龙退入朝鲜境内。时朝鲜"昌、义以南，安、肃以北，客居六七，主居三四"③。明辽沈失陷，难民渡江，避居朝鲜，人数甚多，毛文龙则利用他们反金。后金兵几次入朝进击，并遣使赴朝鲜致书道："如果我两国真心

---

① [朝]《李朝仁祖大王实录》第15卷，五年二月丙午，日本学习院东洋文化研究所刊，1959年，第31叶。
② 谷应泰：《明史纪事本末·毛帅东江》第4册，中华书局，1977年，第1450页。
③ 《明史·朝鲜传》第320卷，中华书局点校本，1974年，第8305页。

想友好相处，那么就逮捕毛文龙、陈良策交来。"[①] 文龙兵败，退入朝鲜。朝鲜国王恐毛文龙有日后之患，使其驻于海岛。兵部议"毛文龙寄身海岛，如有应援，可出其不意，潜师捣虚，有此可用之众"[②]。此议得到明廷旨准。天命七年即天启二年（1622）十一月十一日，毛文龙率部进驻朝鲜皮岛（椵岛、从云岛）。此岛位于明朝、后金和朝鲜之间，其地"南可以屏蔽登、莱，东可以联络朝鲜，北可以攻冲辽、沈，□平辽阨要区也"[③]。随着毛文龙势力日益壮大，后金就更加归罪于朝鲜的支持，正如毛文龙所言："奴酋之恨臣掣尾，每转恨于朝鲜之假地。"[④] 努尔哈赤虽然多次致书，要朝鲜断绝与毛文龙往来，如果擒获毛文龙，则以朝鲜降将姜弘立作为交换，但是遭到朝鲜严词拒绝。当时后金战略的重点在辽西，而对东江的毛文龙则封官许愿，采取招抚之策，然而毛文龙无降金之意。

由上，后金对朝鲜的政策，主要有两种政见：一种以皇太极为代表的主战派，另一种以代善为代表的主和派——"子洪太时常劝其父欲犯我国，其长子贵永介则每以四面受敌，仇怨甚多，则大非自保之理，极力主和，务要安全"[⑤]。上文中的洪太时即皇太极，为努尔哈赤第八子；贵永介即代善，努尔哈赤第二子，因其长子已死，故常称其为长子。努尔哈赤为避免东西两线作战，而不敢冒险进兵朝鲜，故对朝鲜采取笼络与和睦的政策。他曾多次派遣使臣赴朝投书，希望朝鲜，不事南朝，结好后金，"子子孙孙，永结盟约"。然而，朝鲜支持明朝，坚决反对后金。朝鲜为防御后金侵犯，支援毛文龙，划给大片"闲田"，使其兵民驻耕；免征商税，"以助军调"；供给粮食，以解决生计；补充火器，增强其军力。因此，毛文龙在朝鲜的支持下，有了基地，势力大增。还控制着宣川、定州、龙川、铁山、昌城、

---

① 重译《满文老档·太祖朝》第28卷，天命六年十一月十二日，辽宁大学历史系铅印本。
② 张岱：《石匮书后集》第10卷，中华书局，1960年，第87页。
③ 毛承斗辑：《东江疏揭塘报节抄》第1卷，浙江古籍出版社，1986年，第7页。
④《明清史料》甲编，第8本，中央研究院历史语言研究所集刊，1931年，第710叶。
⑤［朝］《光海君日记》第147卷，十一年十二月丙寅，日本学习院东洋文化研究所刊，1959年，第5叶。

满浦、獐鹿、长山、石城、广鹿、三山、旅顺等地，对后金形成一定骚扰。毛文龙对后金的军事行动规模不大，仅是骚扰性的，但"牵制则有余"①。因此，后金的许多贝勒大臣认为："毛文龙之患，当速灭耳！文龙一日不灭，则奸叛一日不息，良民一日不宁。"②

皇太极继承汗位后，要寻找军事突破口，夺得胜利，巩固汗位。如进攻明朝，宁远城下，刚受挫折；如进兵察哈尔蒙古，对林丹汗，把握不大。皇太极的选择是，以对朝鲜战争的捷报，来缓和社会矛盾，巩固新汗地位。他说："我气不过就是东江，只为山险谷深，前埋后伏，且他奸细甚巧，我的动静言语霎时便知，可恨！可恨！定要拿他。绝了东江，一直西去。"③又据朝鲜所得情报说："奴酋死后，第四子黑还勃烈承袭，分付先抢东江，以除根本之忧；次犯山海关、宁远等城云。"④上文"第四子黑还勃烈"就是第四大贝勒皇太极，他继承汗位后，将进攻的铁骑，首先指向朝鲜。

后金进攻朝鲜的口实，大贝勒阿敏在给朝鲜国王李倧书中略曰："向者我军往取我属国瓦尔喀时，尔国无端出境，与我军相拒，一也。乌喇贝勒布占泰之屡侵尔国也，尔以乌喇属我姻戚，求释于我，我为劝谕息兵，尔曾无一善言相报，二也。我两国原无仇怨，尔于己未年，发兵助明，合谋图我。幸蒙天鉴，明兵败衂，尔之帅卒，为我阵擒。我不忘旧好，故不加诛戮，且豢养之，纵令返国。至于再三，尔不遣一介来谢，三也。天以辽东赐我，辽东之民，我民也。尔国容匿毛文龙潜据海岛，致我辽东百姓，被其侵扰，听其引诱。我曾令尔缚送毛文龙，复成两国之好，尔竟不从，四也。辛酉年，我军攻剿毛文龙，惟明人是问，亦望尔惠顾前好，不以一矢相加。尔国究无一善言相报，五也。文龙系明国之将，明且无粮饷

---

① 《明熹宗实录》第25卷，天启二年八月丁丑，台北历史语言研究所校勘本，1962年，第14叶。
② 毛承斗辑：《东江疏揭塘报节抄》第4卷，浙江古籍出版社，1986年，第53页。
③ 毛承斗辑：《东江疏揭塘报节抄》第6卷，浙江古籍出版社，1986年，第97页。
④ [朝]《李朝仁祖大王实录》第14卷，四年十月癸亥，日本学习院东洋文化研究所刊，1959年，第36～37叶。

给与，尔乃予以地土，导其耕种，资之粮糒，赡其军实，六也。尔云：'何故杀我何通事？'我军进取广宁后，禁绝奸细，潜来窥探之人，不杀何待！我皇考上宾，明方与我为敌，尚遣使来吊，兼贺新君即位。我皇考与尔朝鲜，素相和好，毫无嫌隙，何竟不遣一使吊问？七也。尔如此负恩构怨，难以悉数，我用是统率大军，声罪致讨。"① 这就是进攻朝鲜的所谓"七宗恼恨"。

然而，天聪汗皇太极选择改元之年进攻朝鲜，除上述"七宗恼恨"外，还有政治、军事、时势、经济和外事等五个因素：其一，皇太极新登汗位，要以对外军功，巩固大汗权位。其二，宁远之败，不敢南进；林丹汗兵强，不便西攻；派师东进，可操胜券。其三，后金灾荒，急需掳掠。这年冬春，后金饥荒，"国中大饥，斗米价银八两，人相食"②。其四，同明和谈，利用机会。时袁崇焕同皇太极遣使往来，进行和议。袁崇焕想借机进行备战，皇太极则想借机进攻朝鲜，而避免后顾之忧。其五，朝鲜内乱，有机可乘。先是，朝鲜发生宫廷政变。朝鲜武将李适、韩明琏等以光海君无道，逼使退位，推其侄绫阳君李倧为朝鲜国王。李适与韩明琏等内讧而为乱③，乱军败没，李适被擒斩，明琏子韩润等入后金。韩润称姜弘立等妻子乱中被诛，劝其借后金兵复仇。姜弘立信之，向天聪汗乞兵。皇太极遂利用了朝鲜内部李适等废立君王之乱。以上是皇太极发动对朝鲜战争的难得机会。

于是，天聪元年即天启七年（1627）正月，后金发动了进攻朝鲜的战争。这一年为丁卯年，朝鲜史籍称之为"丁卯之变"，清代文献称之为"丁卯之役"。

---

① 《清太宗文皇帝实录》第2卷，天聪元年三月辛巳，中华书局影印本，1985年，第11～12叶。
② 《清太宗实录》（初纂本）第2卷，清抄本，第44叶。
③ 《清太祖高皇帝实录》第10卷，天命十年正月癸亥："朝鲜国韩润、韩义来降。初润之父明廉（明琏），与总兵李国谋篡逆，举兵攻王京城。国王发兵迎战，为明廉等所败，弃王京城走，明廉及国入据其城。国之部将执国及明廉，诛之。明廉子润与侄义惧罪，遁走来归。上以润为游击，以义为备御官。"

二　丁卯之役

天聪元年即天启七年（1627）正月初八日，皇太极命大贝勒阿敏，贝勒济尔哈朗、阿济格、杜度、岳讬、硕讬等，统率大军，东征朝鲜。皇太极授以或兵攻毛文龙，或并取朝鲜的"两图"方略："朝鲜屡世获罪我国，理宜声讨，然此行非专伐朝鲜也。明毛文龙近彼海岛，倚恃披猖，纳我叛民，故整旅徂征。若朝鲜可取，则并取之。"① 又据《旧满洲档译注》记载："朝鲜国对满洲国，犯有重重之罪。虽然如此，但这次并非指着朝鲜而来讨伐的。因明的毛文龙，住在靠近朝鲜的海岛，经常收容逃亡者，因此生气而来找他。"由上可见，皇太极此次出兵，采取"两图"的方略：主攻毛文龙，次攻朝鲜国。

阿敏率领三万余骑出征，进军十分谨慎，他把大军隐匿在凤凰城，并且向朝鲜降帅姜弘立了解实情，问道："我今缚送毛文龙，则朝鲜将从之乎？"答曰："缚送则未可知，而我国岂有顾惜之理。"② 此次征战，以军事进攻开始，附之朝、金议和，

---

① 《清太宗文皇帝实录》第2卷，天聪元年正月丙午，中华书局影印本，1985年，第1叶。
② ［朝］《李朝仁祖大王实录》第15卷，五年二月丁未，日本学习院东洋文化研究所刊，1959年，第32叶。

终以平壤盟誓。

攻克平壤。十三日，后金军进至明军哨地，阿敏命总兵官楞额礼，备御官叶臣、雅荪、孟安等率领八十人，夜袭明军驻守哨卒，将其全部擒获，无一人逃脱。十四日，后金军渡过鸭绿江，进逼朝鲜义州（今新义州）。又遣朝鲜人韩润等，"变着华服，潜引贼入城。及晓，贼薄城驰突，反民开城纳贼，城遂陷"①。韩润一行，潜入城里，以为内应。他还令人登南山呼曰："城中将士，解甲出降，南土军兵，悉出归乡，不然铁骑蹂躏，乱杀靡遗。"是夜，后金兵薄义州城，树立云梯，突然攻城。阿敏命巴图鲁艾搏率八旗精锐，攀梯登城。总兵楞额礼与副将阿山、叶臣等率八十人，继之登城。时镇节度使李莞酒醉不醒，军伍废弛，守将李莞、崔梦亮②等仓猝应战。此时韩润率先潜入官兵，"焚火军器，一城大乱，反氓开门"，遂克义州，杀府尹李莞，通判崔梦亮等自尽。城中有明兵一万、朝鲜兵二万，后金军攻克义州后，屠其兵卒，俘其居民。《李朝仁祖大王实录》记载："众寡不敌，力不能支，李莞、崔梦亮等抗贼不屈，同被磔杀，大小将官，数万民兵，屠戮无遗。"③是日，驻军义州。

当夜，阿敏派济尔哈朗等率领大军前进，分兵南攻毛文龙驻守的铁山。因毛文龙自冰合之后，移驻皮岛，未能捉获。后金军攻占铁山后，杀守将毛有俊、刘文举等官兵多人。阿敏因毛文龙避居皮岛，隔海相望，无法进攻；而将主攻矢镞指向朝鲜。于是留大臣八人、兵千人，驻守义州。十五日，阿敏亲率大军与济尔哈朗等会合，挥师东进，直奔定州。随之，后金军攻郭山凌汉山城，招降不从，竖立云梯，鳞次登城，矢石如雨，陷城后杀守城节度使奇协。十七日，后金兵以朝鲜降将姜弘立、韩润为向导，进抵定州。阿敏派人向该城守将金搢投致朝鲜国

---

① 《春坡堂日月录》第12卷，第11页，转引自刘家驹《清朝初期的中韩关系》，文史哲出版社，1986年，第30页。
② 《清太宗文皇帝实录》第2卷，天聪元年三月辛巳作"崔鸣亮"，《李朝仁祖大王实录》第16卷，五年四月丁酉朔作"崔梦亮"，从后者。
③ [朝]《李朝仁祖大王实录》第16卷，五年四月丁酉朔，日本学习院东洋文化研究所刊，1959年，第2叶。

王书,书曰:"我方统大兵来,尔国要和好,差官认罪,火速来讲。"朝鲜答书称:"我国与尔,本来无怨恨。我国臣事皇朝,二百余年。皇朝伐尔国时,要我兵马。既有天子敕命,何敢违也?……尔若息兵通好,则必以礼义相接,不可以兵戈相胁。"①阿敏见朝鲜定州守将拒绝和议,便发动进攻,一举下定州。阿敏掳获定州节度使金搢、郭山节度使朴惟健等。尔后,阿敏派人向皇太极上报进军方案。他告知后金兵顺利攻取义州、铁山,毛文龙已逃往皮岛,"若内有消息可乘,即进趋王京"。并"请发在外移营蒙古兵,及在内分管蒙古兵,驻守义州,以便调取大军前进"②。皇太极览阅来书后,允诺阿敏增兵的请求,并在复书中谕曰:"前进事宜,你们要深思而行","如果不可,切勿强行"③。这表明皇太极赞成阿敏"进趋王京"的兵略。同时皇太极谕曰:"一切事宜,有当请命者,尔行间诸贝勒,公同议定,遣使来奏,我据所奏裁定。我在都城,何能遥度耶!"④朝鲜王京汉城得知后金兵渡江东进,义州、定州相继失守的败报,惊恐万状,都城震骇。朝鲜国王李倧召集群臣,商讨对策。时诸道之兵,虽已檄召,未及会集,形势危殆。李倧为了"暂避凶锋,以为后图",奉庙社主,迁入江华岛(在今首尔西北方海中)。李倧又将王妃等送往江华岛,并下《罪己书》。这些措施,无一奏效。

阿敏率军,乘胜前进。十九日,后金兵渡过清川江,驻营。时后金先遣部队,已到达安州城下。副元帅兼平安兵使南以兴等,"前数日,城中闻贼兵日近,整顿兵械,为死守计"。后金招降,城中不答。二十日,阿敏统领大队兵马,驰达安州,安营城下。阿敏派突骑巡城喊道:"无罪南兵,开城出送。城中将士,解甲

---

① [朝]《李朝仁祖大王实录》第16卷,五年四月丁酉朔,日本学习院东洋文化研究所刊,1959年,第3叶。
②《清太宗文皇帝实录》第2卷,天聪元年三月辛巳,中华书局影印本,1985年,第10叶。
③ 张葳:《旧满洲档译注·清太宗朝(一)》,天聪元年正月十八日,中国台湾印本,1971年,第164页。
④《清太宗文皇帝实录》第2卷,天聪元年三月辛巳,中华书局影印本,1985年,第10叶。

出降。我且按兵，以候汝降战之答。"①南以兴命人回曰："我国只知战与死而已，本无降与和耳！"阿敏又派使者投书，其书大意如前，"又添七宗恼恨"。答书曰："连得二书，要息兵修好，共享太平，其意甚好。但前书既云要好，而兵随其后，此我之所未晓也。自今以往，彼此解兵，两国和好，岂不美哉。"②二十一日黎明，后金兵攻城，双方激战，三进三退，十分惨烈。据载："是日黎明，远近烟雾，不辨咫尺。贼中吹角鸣鼓，呐喊飐旗，万骑骈进，云屯雷击。城中炮射，一时俱发。坠骑落壕，死者山积。前仆后入，左冲右突，并驱骆驼，输进长梯，一时登城。长枪短兵，彼此相搏。势如风火，措手不及。贼满城中，追逐乱杀。"③朝鲜守军，安州激战，孤立无援，城陷人亡。南以兴、金浚等官员，堆积火药，自烧而死。但后金官兵，也伤亡很大。阿敏决定："遂驻军安州，息马四日，所俘获悉为区处。"④

二十五日，阿敏率大军，自安州起行，向平壤挺进。后金大军，攻陷安州，兵逼平壤，李朝上下，一片惊慌。各路守军，纷纷溃散。黄州、凤山、瑞兴、平山等邑军民，"鸟惊鱼骇，望风先溃"⑤。因此，后金兵"如入无人之境，诸将士皆逃匿，无一人当其锋"⑥。阿敏等率军到平壤城外。平壤是朝鲜旧京，也是朝鲜半岛北部军政中心。后金进军迅猛，朝鲜防守溃散。据都体察使张晚驰启："平壤大镇，守城军械，始甚严备。而自见安州屠戮，军民褫魂，缒城逃溃。都巡察使尹暄不

---

① [朝]赵庆男：《乱中杂录》第6卷，载潘喆等编《清入关前史料选辑》第3辑，中国人民大学出版社，1991年，第303页。
② [朝]《李朝仁祖大王实录》第16卷，五年四月丁酉朔，日本学习院东洋文化研究所刊，1959年，第3叶。
③ [朝]赵庆男：《乱中杂录》第6卷，载潘喆等编《清入关前史料选辑》第3辑，中国人民大学出版社，1991年，第304页。
④ 《清太宗文皇帝实录》第2卷，天聪元年三月辛巳，中华书局影印本，1985年，第10叶。
⑤ [朝]《李朝仁祖大王实录》第16卷，五年四月丁酉朔，日本学习院东洋文化研究所刊，1959年，第2叶。
⑥ [朝]《承政院日记》第17册，刻本，第802叶。

能禁，亦自遁避。本城积年蓄聚，荡然都尽。"① 二十六日，阿敏率军进至平壤城。"城中巡抚、总兵以下各官及兵民等，皆弃城走"②。阿敏等率领后金军，未遇抵抗，占领平壤。后金军遂尽陷大同江以北各城，兵至大同江以南。

后金军占领平壤后，一面展开军事进攻，一面进行议和活动。

朝金议和。后金军占领平壤后，贝勒、固山额真之间，对于是否进军朝鲜王京汉城，发生几次意见分歧："一半则欲还；一半则以为不可，更欲动兵。"③ 贝勒岳讬、济尔哈朗等认为此次出征，主要是讨伐毛文龙，朝鲜既破一道，可不继续进兵。但后金军统帅阿敏认为不可，坚持前进，遂向黄州，直指汉城。后诸贝勒及总兵官李永芳议曰："我等奉上命，秉义而行，若自背前言，不义。前书已有言，朝鲜若遣亲信大臣来，负罪请和，盟誓天地，即行班师。今盍暂驻于此，待其大臣至，听其言辞再议。"阿敏面诟李永芳曰："我岂不能杀尔蛮奴！尔何得多言！"④ 李永芳自是终无一言。于是阿敏统率大军，继续前进。

二十七日，后金兵至中和（今平壤南），驻营秣马。阿敏遣使往朝鲜国王李倧住所，致书议和，未达而还。同日，朝鲜国王李倧逃往江华岛，并命已归降后金的朝鲜元帅姜弘立之子姜璹、参将朴兰英之子朴霙，携带王廷文书，到后金军大营。时姜弘立、朴兰英俱在军中，阿敏令他们叩见诸贝勒后，各与其父相见。他们携带文书，其书曰："你们突然无故兴兵，攻入我国腹地。我们两国，原来并无事故相处。自古以来，欺弱凌卑，谓之不义。无故杀捕人民，是为逆天啊！如果说有罪的话，应当先派人来问，然后声讨，方合义理。或是今先退兵，再议和的话，

---

① [朝]《李朝仁祖大王实录》第16卷，五年四月丁酉朔，日本学习院东洋文化研究所刊，1959年，第2叶。
② 《清太宗文皇帝实录》第2卷，天聪元年三月辛巳，中华书局影印本，1985年，第10叶。
③ [朝]《李朝仁祖大王实录》第15卷，五年二月丁未，日本学习院东洋文化研究所刊，1959年，第33叶。
④ 《清太宗文皇帝实录》第2卷，天聪元年三月辛巳，中华书局影印本，1985年，第14叶。

才可言和吧！"①二十八日，阿敏在致朝鲜的复书中指出"七宗恼恨"，并提出："如要和好相处，速派使者来，我愿听之。"②二月初五日，阿敏不理会朝鲜国王来书，率军占领黄州城（今韩国黄海道黄州城）。其时朝鲜，无力抵抗："无兵可以战守，无食可以拾支，智者不能为谋，勇者不能出手。"③翌日，朝鲜李倧遣使谈判议和事宜。阿敏"遣使胁和，要以三事：一曰割地，二曰捉文龙，三曰借兵一万，助伐南朝"④。朝鲜使者不允，阿敏率军深入，进至平山（距江华岛百余里）驻营。初七日，阿敏接见朝鲜使臣原昌君李觉。原昌君李觉曰："吾王闻贝勒至，特遣我来，凡有所言，我身任之。今我国自愿认罪，贵国必欲如何定议？敝国贫瘠，愿悉索吾土物产以献，若如此可以定议，请驻兵于此。吾王恐惧，已弃城避于海岛。城中府库财物，仓皇散失。贝勒若以兵前进，吾王无可与言。此事亦难定议矣！"⑤阿敏不从，令吹角进兵，直趋王京。岳托、济尔哈朗等出面劝阻，曰："我等统朝廷重兵，不可久留于外。且蒙古与明，逼近我国，皆敌人也，宜急归防御。"而且"朝鲜王京，阻江为险，江岸置木栅枪炮，兵马环列。且闻冰已解，亦恐难渡"。⑥阿敏不听，坚持进军。岳托察其情，知不可劝止，遂策马还本营。济尔哈朗也认为不宜深入，遂驻兵平山城。贝勒岳托邀阿敏之弟济尔哈朗贝勒，令八旗大臣"公同议定"。七旗大臣所议皆同，独阿敏所领镶蓝旗大臣顾三台、孟坦、舒赛，从阿敏议。议久不决，既而岳托、济尔哈朗、阿济格等，同会于一所，共议遣人令朝鲜国王定盟，以告阿敏。阿敏乃从之。初八日，朝鲜使臣来到平山后金大营，表示国王认错，商谈议和条件。于是，决定遣刘兴祚（刘海）、巴克什库尔缠等往江华岛议和。

---

① 张葳：《旧满洲档译注·清太宗朝（一）》，中国台湾印本，1971 年，第 172～173 页。
② 张葳：《旧满洲档译注·清太宗朝（一）》，中国台湾印本，1971 年，第 173 页。
③ [朝]《李朝仁祖大王实录》第 15 卷，五年正月丁亥，日本学习院东洋文化研究所刊，1959 年，第 11 叶。
④ [朝] 李肯翊：《燃藜室记述》，载潘喆等编《清入关前史料选辑》第 1 辑，中国人民大学出版社，1984 年，第 444 页。
⑤《清太宗文皇帝实录》第 2 卷，天聪元年三月辛巳，中华书局影印本，1985 年，第 14 叶。
⑥《清太宗文皇帝实录》第 7 卷，天聪四年六月乙卯，中华书局影印本，1985 年，第 9 叶。

在议和过程中，三项条款，分歧严重：

第一，永绝明朝。二月初二日，阿敏给朝鲜国王书曰："两国和好，共言美事，贵国实心要好，不必仍事南朝，绝其交往，而我国为兄，贵国为弟。"① 后金要求朝鲜与明朝永绝交往，两国成为兄弟之邦。朝鲜君臣，以明为上国，故坚守忠义，李倧认为此乃"大义所系，断不可许"②。阿敏仍然坚持，李倧作了调和：尊明朝为事大，和后金国为友邻。五日，他又致书阿敏："事大交邻，自有其道。今我和贵国者，所以交邻也；事皇朝者，所以事大也。斯二者并行，而不相悖矣。"③ 阿敏见朝鲜对明朝态度坚持不改，故对"永绝明朝"一款不再强求。十四日，后金使臣回言："不绝天朝一款，自是好意，不必强要。"④ 于是，阿敏等不强求朝鲜接受"永绝明朝"的条款。

第二，去明年号。阿敏虽不强求朝鲜"永绝明朝"，却对其仍书"天启"年号而"勃然生怒"。谓"贵国拿'天启'来压我（后金）！我非天启所属之国也，若无国号，写我天聪年号，结为唇齿之邦"⑤。阿敏又提出"以'聪'字易'启'字何如"？朝鲜仍不同意。朝鲜国王李倧提出："年号依中国揭帖例，不书何如？"后金使臣亦说："国王答书，非如咨奏公文之比。天朝揭帖则本不书年月，如广宁袁巡抚所送揭帖例为之，则'天启'二字，自然不书。"最后双方均作让步："不书年号，从揭帖式。"⑥

---

① [朝]《李朝仁祖大王实录》第15卷，五年二月己亥，日本学习院东洋文化研究所刊，1959年，第22叶。
② [朝]《李朝仁祖大王实录》第15卷，五年二月己亥，日本学习院东洋文化研究所刊，1959年，第23叶。
③ [朝]《李朝仁祖大王实录》第15卷，五年二月壬寅，日本学习院东洋文化研究所刊，1959年，第25叶。
④ [朝]《李朝仁祖大王实录》第15卷，五年二月辛亥，日本学习院东洋文化研究所刊，1959年，第37叶。
⑤ [朝]《李朝仁祖大王实录》第15卷，五年二月戊午，日本学习院东洋文化研究所刊，1959年，第42叶。
⑥ [朝]《李朝仁祖大王实录》第15卷，五年二月庚申，日本学习院东洋文化研究所刊，1959年，第42叶。

第三，莅盟宣誓。朝鲜国王李倧以母丧"方在忧服之中"，"三年之内，绝不杀生"①为由，拒绝杀牲，同金盟誓。阿敏得知后认为，朝鲜国王不愿发誓，是不愿讲和，糊涂了事，进行塞责。二十八日，阿敏致朝鲜书曰："和好两国之愿，无盟誓，何以信其诚？今贵国王悭滞不誓，是言和而意不欲和也！"②后金坚持举行盟誓仪式。经刘兴祚从中斡旋，朝鲜国王李倧以居丧不莅盟，遣大臣等往代，即"国王在殿上焚香告天，令大臣于外处刑牲以誓"③，将仪式降等，双方均接受，最后共识，盟誓议和。

朝鲜王廷内部，和战两议。三月初二日，阿敏派副将刘兴祚等十人，随朝鲜使臣原昌君李觉，乘舟抵江华岛，见李倧。李倧端坐，不出一言。刘兴祚怒曰："汝何物，作此土偶状耶！"李倧色赧，于是说道："吾因母丧未终故耳！"兴祚曰："尔惟好自尊大，狂悖无礼，国中百姓，致罹兵祸，不为不甚矣！"李倧不悦，无辞以辩。兴祚曰："今日之事，成败在于俄顷。尔欲修好议和，可遣汝亲子弟一人往，盟诸天地，汝国所产财物牲畜，每年循礼贡献，尔亲定额数。事竣，我即旋军。"李倧犹豫未决，曰："城下之盟，《春秋》耻之。汝国果行大义，尽退兵，而后议和。"兴祚曰："汝尚以支辞抵饰耶！迟一日，则汝民受一日害，恐旦夕不能以相保矣！"当时军事形势，江华岛很艰难：不仅兵败失地，生民涂炭；而且"江都所储之米，未满一朔之用"④。李倧面临外逼内困之危，遂遣其族弟原昌君李觉，并侍郎一员、官四员，偕刘兴祚来到平山，见阿敏等诸贝勒。⑤时朝鲜国王李倧兵败出逃，无

---

① [朝]《李朝仁祖大王实录》第15卷，五年二月丁卯，日本学习院东洋文化研究所刊，1959年，第47叶。
② [朝]《李朝仁祖大王实录》第15卷，五年二月乙丑，日本学习院东洋文化研究所刊，1959年，第46叶。
③ [朝]《李朝仁祖大王实录》第15卷，五年三月己巳，日本学习院东洋文化研究所刊，1959年，第49叶。
④ [朝]《李朝仁祖大王实录》第15卷，五年正月甲午，日本学习院东洋文化研究所刊，1959年，第18叶。
⑤《清太宗文皇帝实录》第2卷，天聪元年三月辛巳，中华书局影印本，1985年，第14叶。

力抵抗，和议之事，大臣纷纭。太学生尹鸣殷等上书，"请斩差胡及朴兰英等首，函送天朝，举义斥和，背城一战。"李倧答曰："羁縻之道，自古有之。姑许息兵，未为不可。"① 备局启称："朝廷之羁縻此贼，盖出于一时缓兵之计，而恐外方信听道路之言，谓朝廷不思大义，通好丑虏，忠义之士扼腕，介胄之士解体，则所关非细。"② 可见朝臣，反对议和。李倧下谕将领曰："为民讲好，朝廷事也。乘机杀贼，将领事也。如或可图，勿以和为拘。"③ 他力图先稳住武将，再说服文臣。尹煌上书，直指国王："而今日之误国，非庙堂而谁乎！"时后金军施加压力，刘兴祚揭帖云："吾恐金人再为一激，势必下王京，不惟四部道受害，八部道生民亦难安矣。事机一错，祸不忍言。"④ 议和与抵抗，国王与群臣，反复议论，多次交锋。朝鲜国王李倧道："御敌之道，战、守、和三策而已。今日之势，既不能战，又不能守，奈何不和？"群臣仍坚持："莅盟不可为。"最后，朝鲜国王李倧曰："上有宗社，下有生灵，不得不尔！"⑤ 主和派占上风，决定同后金盟誓议和。

两次盟誓。 后金与朝鲜，武力与外交，交替使用，反复协商，达成协议，焚书定盟。三月初三日夜，朝鲜国王李倧率领群臣和后金纳穆泰等八大臣，在江华岛设坛，焚书盟誓。盟誓时，李倧亲行焚香告天礼，由朝鲜左副承旨李明汉宣读誓文，文曰："朝鲜国王以今丁卯年某月日与金国立誓：我两国已讲定和好，今后各遵约誓，各守封疆，毋争竞细故，非理征求。若我国与金国计仇，违背和好，

---

① [朝]《李朝仁祖大王实录》第15卷，五年二月庚子，日本学习院东洋文化研究所刊，1959年，第24叶。
② [朝]《李朝仁祖大王实录》第15卷，五年二月辛丑，日本学习院东洋文化研究所刊，1959年，第24叶。
③ [朝]《李朝仁祖大王实录》第15卷，五年二月甲辰，日本学习院东洋文化研究所刊，1959年，第28叶。
④ [朝]《李朝仁祖大王实录》第15卷，五年二月戊申，日本学习院东洋文化研究所刊，1959年，第34叶。
⑤ [朝]《李朝仁祖大王实录》第15卷，五年二月丁卯，日本学习院东洋文化研究所刊，1959年，第48叶。

兴兵侵伐，则亦皇天降灾。若金国仍起不良之心，违背和好，兴兵侵伐，则亦皇天降祸。两国君臣，各守信心，共享太平。皇天后土，岳渎神祇，监听。此誓。"①《誓文》规定：第一，各遵约誓，各守封疆——表明后金与朝鲜是平等的兄弟关系。第二，毋争细故，非理征求——表明后金与朝鲜应着眼于大事，不应任意征伐与索求。第三，遵守盟誓，不兴干戈——表明后金与朝鲜互相尊重，不侵略与讨伐对方。第四，遵守信约，共享太平——表明后金与朝鲜平等守约，结为兄弟之邦。

礼毕焚表，李倧还宫。尔后，朝鲜国议政判书李行远等八员，后金固山额真纳穆泰等八员，亦焚书盟誓，宰白马乌牛，焚香，设酒、肉、骨、血、土各一器，告祭天地。朝鲜誓文曰："若与金国计仇，存一毫不善之心，亦血出骨白，现天就死。二国大臣，各行公道，毫无欺罔。欢饮此酒，乐食此肉，皇天保佑，获福万万。"后金誓文曰："朝鲜国王，今与大金国二王子立誓，两国已讲和美，今后同心合意，若与金国计仇，整理兵马，新建城堡，存心不善，皇天降祸。若二王子仍起不良之心，亦皇天降祸。若两国二王，同心同德，公道偕处，皇天保佑，获福万万。"② 读毕焚表，和礼告成。两国战争状态，应当即行结束。

但是，阿敏等因反对议和，并未亲临盟誓，故对誓文，不予承认。和议既成，理应退军；阿敏坚意，进攻王京。《清太宗文皇帝实录》记载，岳讬曰："吾等来此，事已成矣。我国中御前禁军甚少，蒙古与明，皆我敌国，或有边疆之事，不当思豫备乎！况我军中，俘获甚多，宜令朝鲜王盟誓，即可班师。"阿敏曰："汝等欲归者，自归耳，吾则必到王京。吾常慕明国皇帝，及朝鲜国王，所居城郭宫殿。无因得见，今既至此，何不一见而归乎！我意至彼近地再议。如不从，即屯种以居，至吾等怀念妻子，度有不遣来完聚者乎！"随向贝勒杜度曰："他人愿去

---

① [朝]《李朝仁祖大王实录》第15卷，五年三月庚午，日本学习院东洋文化研究所刊，1959年，第50叶。
② [朝]《李朝仁祖大王实录》第15卷，五年三月庚午，日本学习院东洋文化研究所刊，1959年，第50叶。

者去，我叔侄二人，可同住于此。"杜度变色答曰："吾何为与尔同住？皇上乃我叔父，我何可远离耶！"① 阿敏以未参加盟誓为由，不顾贝勒岳讬及诸贝勒劝止，"令八旗将士，分路纵掠三日，财物人畜，悉行驱载，至平壤城驻营。即于城内，分给俘获"②。阿敏率领军队，所到之处，分兵抢掠，"子女财畜，荡覆无余"③。

阿敏到达平壤之后，要同朝鲜再次盟誓。朝鲜国王李倧先不同意，然而无奈，亦无他策，派遣族弟原昌君李觉等，于三月十八日，赴平壤阿敏大营，再次举行盟誓。于是阿敏偕朝鲜王族李觉及同来侍郎，复誓天地，宰白马乌牛，焚香，设酒、肉、骨、血、土各一器，统兵诸贝勒及诸将以下，俱擐甲胄，行九拜礼。读毕，焚之。阿敏誓书曰："如果朝鲜国王李倧将应送金（满洲）国汗之礼物，背约不送；对金（满洲）国派来的使者，不像对明的使者一样恭敬；对金（满洲）心怀恶意，巩固城郭，整顿兵马；并将金（满洲）所获得的已剃发的人，如逃来朝鲜，就据为己有，而不给回。王曾说过：与其和远方的明往来，不如和近处的金（满洲）国往来。如果违背上述之言，则将向天地控告，而讨伐朝鲜国。天地以朝鲜王为非，殃必及之，寿命不到就死了。如朝鲜国王不违背誓言而相处时，金（满洲）国的阿敏贝勒启衅讨伐的话，则必遭殃而死。我们两国遵守誓言而相处，天地必眷佑，而让我们世远年久地过太平的日子。"④

后金与朝鲜，先定"江华之盟"，后定"平壤之盟"。⑤ 朝鲜国王与大臣认为，"平壤之盟"与"江华之盟"，同"当初盟意，大不相同"⑥。朝鲜国王畏其"生梗"，而"答

---

① 《清太宗文皇帝实录》第2卷，天聪元年三月辛巳，中华书局影印本，1985年，第15～16叶。
② 《清太宗文皇帝实录》第2卷，天聪元年三月乙酉，中华书局影印本，1985年，第18叶。
③ ［朝］《李朝仁祖大王实录》第15卷，五年三月丁丑，日本学习院东洋文化研究所刊，1959年，第54叶。
④ 张葳：《旧满洲档译注·清太宗朝（一）》，天聪元年三月，中国台湾印本，1971年，第179页。
⑤ 阿敏"平壤之盟"《誓书》载于《清太宗文皇帝实录》第2卷，第19叶。但仅以《誓文》誊本于三月二十一日送朝鲜国王，故《李朝仁祖大王实录》及《承政院日记》等朝鲜官方文书所未载。
⑥ ［朝］《李朝仁祖大王实录》第15卷，五年三月戊子，日本学习院东洋文化研究所刊，1959年，第61叶。

之"。总之,"江华之盟"与"平壤之盟"两盟誓文,有所不同。前者,强调双方之四条共同约束;后者,则突出对朝鲜的五条单方义务。其后"崇德元年皇太极亲率大军讨伐朝鲜时,即以朝鲜违背平壤之盟为藉口。"①

"平壤之盟"既定,四月初八日,后金军渡江,出朝鲜境。四月十五日,皇太极谕曰:"天佑我国,平服朝鲜,声名宣播。今与兄贝勒,互行拜见之礼。外国闻之,愈章其美。"②后金定大军凯旋之礼。十八日,皇太极"率诸贝勒逾行幄数武,立马以待凯旋。诸贝勒,策马驰至,遂同下马,依次排立,竖纛,拜天,行三跪九叩头礼"。尔后,皇太极御行幄,"三大贝勒,左右列坐,令李觉坐阿敏下,诸贝勒分翼坐",举行筵宴,庆祝凯旋。③十九日,皇太极御行幄,有功将士,叙功行赏。二十五日,赐朝鲜国王族弟李觉宴。

阿敏率军撤离朝鲜后,为防御明军毛文龙,令冷格里等领三千人马留驻义州。但朝鲜提出"当初讲和,约以各守封疆,至于誓天。而撤兵之后,余众尚留我境"。为此,后金达海等回言曰:"义州留兵,非疑贵国。毛兵方在贵境,我兵既撤之后,彼若乘虚夺据,则非但往来阻绝,恐伤两国和好之义。"④鉴于后金与明朝议和中断,皇太极宁锦之役兵败,时"义州大水,城中如海。胡人等皆聚统军亭避水。蒙古数百人溺死"⑤,"粮饷已乏,疠疫方炽,死亡甚多"⑥,因此,九月十二日,奉谕留驻义州后金兵全部撤退,朝鲜义州府尹严愰即率领兵民入守义州城。

后金东征朝鲜,朝鲜即遣使向明朝乞援并奏闻。⑦明辽东巡抚袁崇焕闻之,即

---

① 刘家驹:《清朝初期的中韩关系》,文史哲出版社,1986年,第16页。
② 《清太宗文皇帝实录》第3卷,天聪元年四月丙午,中华书局影印本,1985年,第7叶。
③ 《清太宗文皇帝实录》第3卷,天聪元年四月甲寅,中华书局影印本,1985年,第8叶。
④ [朝]《李朝仁祖大王实录》第17卷,五年八月己亥,日本学习院东洋文化研究所刊,1959年,第3叶。
⑤ [朝]《李朝仁祖大王实录》第17卷,五年八月癸卯,日本学习院东洋文化研究所刊,1959年,第4叶。
⑥ [朝]《承政院日记》第18册,刻本,第861叶。
⑦ [朝]《李朝仁祖大王实录》第16卷,五年四月丁酉朔,日本学习院东洋文化研究所刊,1959年,第1叶。

自宁远觉华岛发水师应援毛文龙,并遣使贻书皇太极"急撤犯鲜之兵"①;又遣精兵九千进逼三岔河岸以牵制后金。②而明廷对朝鲜既加以无端指责,且无任何实际表示。③

皇太极发动的"丁卯之役",对后金作用,主要表现在:其一,于政治,化解内部危机,与朝鲜结成兄弟之邦,摆脱孤立困境。其二,于经济,冲破禁运封锁,得到朝鲜粮食,补充大量物资。其三,于军事,获得巨大胜利,破坏明军包围,增强左翼防线。其四,于贸易,义州、会宁先后重新开市,有利于后金经贸发展。其五,于民族,扭转宁远兵败沮丧士气,重振军民旺盛斗志。总之,"丁卯之役"对满洲民族之发展,对后金政权之巩固,作用重大,影响深远。

---

① 《明熹宗实录》第82卷,天启七年三月辛未,台北历史语言研究所校勘本,1962年,第3叶。
② 《明熹宗实录》第83卷,天启七年四月丁巳,台北历史语言研究所校勘本,1962年,第17叶。
③ 《明熹宗实录》第82卷,天启七年三月庚午,台北历史语言研究所校勘本,1962年,第2叶。

三 丙子之役

"丁卯之役"后，经过十年，后金发生巨大变化。此期，皇太极做了几件具有重大历史意义的事情。第一，改族名为满洲，标明一个新兴民族的崛起。第二，征服察哈尔林丹汗，统一漠南蒙古。第三，统一黑龙江流域诸部及其活动的广大地域，稳定了北方。第四，皇太极设反间计，崇祯帝磔杀袁崇焕。先是袁崇焕计斩毛文龙，崇祯帝又屈杀袁崇焕。前者，毛文龙余部孔有德、尚可喜、耿仲明等投降后金，东江实力，大为衰落；后者，皇太极借崇祯帝除掉自己的克星袁崇焕，辽西明军，积衰积弱。第五，对明军事节节胜利。皇太极连续发动四次迂道入塞之战，攻打北京，耀兵塞内。还进行大凌河之战，取得重大军事胜利。第六，改国号为大清。天聪十年即崇祯九年（1636）四月，皇太极即皇帝位，改国号为大清。

但是，当皇太极欲称尊号时，要朝鲜上表，而朝鲜国王严词拒绝。崇德皇帝举行称帝典礼时，适朝鲜使臣罗德宪、李廓留在沈阳，后金国要他们二人得参列之荣，二人抵死不从。命其持后金国书返朝鲜，二人竟弃国书于通远堡而去。朝鲜主战派诸臣上表其国王，称金使为"胡差"，称后金国为"贼奴"，称金国书为"虏书"，称金国皇帝为"贼酋"。他们视大明为天朝，视后金为寇虏。及朝鲜请降，皇太极仍要求交出其国中主战派诸臣。

皇太极以此为借口，于崇德元年即崇祯九年（1636），发动第二次东征朝鲜的战争。这一年为丙子年，朝鲜史籍称之为"丙子之变"，清代文献称之为"丙子之役"。"丙子之役"是朝鲜与清朝关系恶化与冲突的表现。

朝金关系恶化。皇太极通过"丁卯之役"，虽然同朝鲜结为"兄弟之邦"；但是仍然不满足，要同朝鲜成为"臣属关系"。随着后金国势日强，兵势日盛，皇太极对朝鲜摇摆于明朝与后金之间的"双面外交"政策，极为不满，企图毁约。早在天聪五年即明崇祯四年（1631）正月，后金因朝鲜减少"春秋二季贡物"之事，扣留其使臣。皇太极派遣使臣往致朝鲜国王书曰："王勿听偏向明国诸臣之言，二心视我。"① 皇太极对朝鲜亲明疏金的态度，恼怒之情，跃然纸上。翌年十一月，后金赴朝鲜使臣直言不讳地提出："当革兄弟之盟，更结君臣之约，待来差以天使之礼。"② 后金改国号为大清，成为清朝与朝鲜关系的转折点。其时，"诸国来附，兼得玺瑞"，军政实力的强大，漠南蒙古的征抚，以及其他的因素，朝野上下内外，出现新的局面，恭请皇太极改元称帝："合辞陈奏，请上进称尊号。"③ 皇太极想利用"改元称帝"之机，采取外交手段，迫使朝鲜称臣，顺附清朝，永绝明朝。

天聪十年即崇祯九年（1636）二月初二日，皇太极借吊祭朝鲜国王妃丧之机，命户部承政英俄尔岱等，率领包括蒙古使臣在内一百七十五人的庞大代表团赴朝鲜。他们带去以后金八和硕贝勒、十七固山大臣，以及蒙古四十九贝勒，致朝鲜国王文书。蒙古四十九贝勒署名致书朝鲜国王，略谓：我等与明国交好已二百余年，但因明朝历数将尽，而后金天眷有归，"我蒙古各国贝勒朝集盛京，俱以天意眷顾我皇上，欲恭上尊号"云云。后金和硕贝勒、固山额真书曰："我等谨遵上谕，

---

① 《清太宗文皇帝实录》第8卷，天聪五年正月壬寅，中华书局影印本，1985年，第7叶。
② ［朝］李肯翊：《燃藜室记述》，载潘喆等编《清入关前史料选辑》第1辑，中国人民大学出版社，1984年，第469页。
③ 《清太宗文皇帝实录》第26卷，天聪九年十二月甲辰，中华书局影印本，1985年，第17叶。

遣使相闻。王可即遣亲近子弟来此，共为陈奏，我等承天意，奉尊号。事已确定，推戴之诚，谅王素有同心也。"①十六日，英俄尔岱等一行到达朝鲜义州。他向义州府尹李淑说明此次出使之意，并欲"致书于主上，陈僭号，请与共尊汗为帝，同为臣事"②。义州府尹李淑立即将此事报朝鲜国王。

二十四日，后金使臣英俄尔岱等人到达汉城（今首尔）。他们在受到勾管所官员接待时，出示皇太极的谕书三张：一是问安信，二是恤吊唁，三是祭品单。尔后，英俄尔岱又出示两封文书：后金执政八大臣和后金外藩蒙古贝勒，分别致朝鲜国王的文书。但是勾管所官员，以"人臣无致书君上之规"为由，对以上两封致朝鲜国王来书"却而不受"。英俄尔岱态度强硬地说："我汗征讨必捷，功业巍隆，内而八高山（固山额真），外而诸藩王子，皆愿正位。我汗曰'与朝鲜结为兄弟，不可不通议'云，故各送差人奉书而来，何可不受？"③外藩蒙古使臣随之齐声曰："天朝失德，只据北京。我等归附金国，当享富贵。闻贵国与金结为兄弟，意谓闻之必喜，而牢拒至此，何也？"朝鲜官员，严词以对。英俄尔岱愤怒，曰："明日返回，给马则骑马回，不给马则步行回。"后他派员到明政门外吊祭，而自率使团仓促返回。时英俄尔岱等人，"密知其机，益生疑惧之心。破关步出，散入闾家，夺马而走，道路观者，莫不惊骇，闾巷儿童，争相投石"而逐之。于是"京城为之震动，庙堂始为悾悾。发遣宰臣乞留，相属于道，胡将终不入来"。英俄尔岱一行，冲破艰难而回。上述事情传出后，朝鲜备局上疏："胡差入京之后，其所言之悖慢，所当据义竣斥。"馆学儒生也请求"焚虏书，斩虏使，以明大义"。朝鲜国王李倧认为"斩使焚书，似为过矣"。朝鲜国王既不接见后金来使，也不接阅其来书，以示朝鲜拒绝皇太极上尊号、称皇帝之意。

---

① 《清太宗文皇帝实录》第27卷，崇德元年二月丁丑，中华书局影印本，1985年，第10～11叶。
② ［朝］李肯翊：《燃藜室记述》，载潘喆等编《清入关前史料选辑》第1辑，中国人民大学出版社，1984年，第472页。
③ ［朝］《李朝仁祖大王实录》第32卷，十四年二月己亥，日本学习院东洋文化研究所刊，1959年，第10叶。

朝鲜对拥戴皇太极上尊号之事，庙堂纷纭，朝议两端。掌令洪翼汉疏曰："臣闻今者龙胡（即英俄尔岱）之来，即金汗称帝事也。臣堕地之初，只闻有大明天子耳，此言奚为而至哉。……今乃服事胡虏，偷安仅存，纵延晷刻，其于祖宗何，其于天下何，其于后世何！"又道："臣愚以为戮其使而取其书，函其首奏闻于皇朝，责其背兄弟之约，僭天子之号，明言礼义之大，悉陈邻国之道，则我之说益申，我之势益张矣。"① 太学生金寿弘等一百三十八人"请斩虏使，焚虏书，以明大义"。完城君崔鸣吉却曰："答其循例之书，而拒其悖理之言，君臣之义，邻国之道，得以两全。权宜缓祸之策，亦何可全然不思乎？金差不妨招见，所不可见者西狄耳。西狄不必薄待，所当严斥者悖书耳！事机一误，后虽悔之，不可及已！"② 同时，朝廷诸臣，纷纷上疏。谏院启称："胡差之到馆，严词斥绝，以明大义，益硕发之志，以为备御之策，则中外人心，岂不耸动，忠义之士，皆欲为殿下决一死战。"弘文馆疏称："札请以大义责虏使，严词痛斥，以折僭逆之心。"备局奏称："今者此虏兹肆猖炽，敢以僭号之说，托以通议，此岂我国君臣所忍闻者？不量强弱存亡之势，一以大义决断，欲书不受，严斥其言。"谏院又启曰："虏使径出，危机已形。备御之策，比前尤急。"③ 鉴于"虏使发怒而去，我国终必被兵"，朝鲜国王李倧便进行备战，并"以书三封，谕其边臣固守边疆"。但此谕书，被英俄尔岱等人所截获。

朝鲜国王李倧看到后金使臣气愤回国，又夺走斥和主战的谕书，深感"兵革之祸，迫在朝夕"。于是，李倧遣使前往后金解释。三月初二日，命罗德宪、李廓等人出使后金。李倧在致后金汗书中辩解，其不接见英俄尔岱等使臣，是因"寡人有疾，不即相见。不料贵使发怒径去，殊未知其故也。贵使虽带同别差他书，

---

① ［朝］《李朝仁祖大王实录》第32卷，十四年二月丙申，日本学习院东洋文化研究所刊，1959年，第9叶。
② ［朝］《李朝仁祖大王实录》第32卷，十四年二月辛丑，日本学习院东洋文化研究所刊，1959年，第11叶。
③ ［朝］《李朝仁祖大王实录》第32卷，十四年二月壬寅，日本学习院东洋文化研究所刊，1959年，第11叶。

此则非但前例之所无，抑约条之所未有，故接待宰臣，不敢收领转示。亦是事体当然，寡人非有所失也"。此书结语是："略布鄙忱，同希恕谅。"①英俄尔岱等人，三月二十日回到沈阳。他带回截获朝鲜国王给边臣的主战斥和谕书。书曰："国运不幸，忽遇丁卯年之事，不得已误与讲和。十年之间，使命往来，益肆凭陵。此先世所未有之惭愧也。含愧忍辱，前为一番，以雪其恨，此我拳拳所注念者也。今满洲日益强盛，欲称大号，故意以书商议。我国君臣，不计强弱存亡之形，以正理决断，不受彼书。满洲使臣，每日在此恐吓索书。我辈竟未接待，悻悻而去。都内男女，明知兵戈之祸，在于眉睫，亦以决断为上策。……可晓谕各处屯民知悉，正直贤人，各摅谋略，激励勇猛之士，遇难互相救助，以报国恩。"②皇太极览阅上书后，认为朝鲜"决意断绝"两国"平壤之盟"。皇太极召诸贝勒大臣传阅此书，诸贝勒大臣认为可乘机兴兵问罪，一举攻灭朝鲜，意欲先上尊号，后再兴兵。他遣人持书往谕朝鲜国王，晓以利害，令其入质，如若不许，则将出兵。

崇德元年即崇祯九年（1636）四月十一日，盛京举行隆重大典，皇太极"受宽温仁圣皇帝尊号，建国号曰大清，改元为崇德元年"，祭告天地，即皇帝位。但在群臣行三跪九叩大礼时，"朝鲜使臣罗德宪、李廓不拜"，于是"胡差等殴摔廓等，衣冠尽破，虽或颠仆，终不曲腰，以示不屈之意"③。皇太极虽很气愤，却制止众人粗待朝鲜使臣之举。他谕："朝鲜使臣罗德宪、李廓无理处，难以枚举，是皆朝鲜国王有意构怨。欲朕先起衅端，戮其使臣，然后加朕以背弃盟誓之名，故令其如此耳。"④十五日，遣朝鲜使臣罗德宪、李廓回国。皇太极命罗德宪等带给朝鲜国王李倧礼物，并致朝鲜国王以二千一百八十五言的长谕，叙述两国历史、交往、

---

① [朝]《李朝仁祖大王实录》第32卷，十四年三月戊申，日本学习院东洋文化研究所刊，1959年，第12叶。
②《清太宗文皇帝实录》第28卷，崇德元年三月乙丑，中华书局影印本，1985年，第5~6叶。
③ [朝]李肯翊：《燃藜室记述》，载潘喆等编《清入关前史料选辑》第1辑，中国人民大学出版社，1984年，第476叶。
④《清太宗文皇帝实录》第28卷，崇德元年四月乙酉，中华书局影印本，1985年，第15叶。

盟约，驳其"巧言饰非"之辞，表示"慈系往事，予无复置念"，最后强硬申言："尔王若自知悔罪，当送子弟为质，不然朕即于某月某日，举大军以临尔境。尔时虽悔何及！"①朝鲜国王李倧览阅大清崇德皇帝的致书后，发出《答金汗书》。朝鲜称其为"檄书"，书中辩说朝金关系中的"汉人之事"、"边民之事"和"谗间之说"三端，尔后申明："如今番信使之往，劫以非礼，困辱百端，是果待邻国使臣之礼耶？贵使之来，辱我臣僚，无复礼敬，劫卖横夺，靡有止极。当初结盟，本欲保境安民，而今则民无余力，市无余货，沿途州邑，所在空匮。若此不已，与被兵而覆亡等耳。由是国人皆奋，以和为非。"而且表明："我国无兵可挟，无财可资，而所讲者大义，所恃者上天而已。"②朝鲜国王李倧既然表明"国人皆奋，以和为非"，就无异于断绝和路，准备宣战。李倧为阻止和抗击清军入侵，其备御之策除了传谕八道加强战备外，就是遣使请求明朝给予支持和援助。其时明朝内忧外逼，自顾不暇，何遑朝鲜！明朝虽几次派人赴朝鲜表彰其反清精神，却无愿、无能、无力，也无法给朝鲜以实际的军事援助。朝鲜君臣对明朝皇帝，空抱幻想，顿感失望。

皇太极改元称帝，驱逐朝鲜使臣，致书朝鲜国王之后，没有立即兴兵征朝，而是举师西进，发动第四次迂道入塞攻掠之战。此次清军，进入长城，威胁京师，俘获财富，凯旋而回。但朝鲜君臣，对明朝之腐败，清朝之强盛，囿于道义，缺乏明见。李倧没有调整策略，结好清朝。皇太极取得第四次攻明胜利之后，企图避免征朝战争，胁迫朝鲜议和。十月，皇太极派遣马福塔等到朝鲜义州，向府尹林庆业警告："我以十一月二十六日，当举兵东来，尔国若遣使更讲和好，则虽兵发在道，当罢归。且我国称帝，南朝所不能禁，而尔国欲禁之，何也？"③

十一月，皇太极对朝鲜来使小译说："尔国若不于十一月二十五日前，入送大

---

①《清太宗文皇帝实录》第28卷，崇德元年四月己丑，中华书局影印本，1985年，第34叶。
②[朝]《李朝仁祖大王实录》第32卷，十四年六月庚寅，日本学习院东洋文化研究所刊，1959年，第31叶。
③[朝]李肯翊：《燃藜室记述》，载潘喆等编《清入关前史料选辑》第1辑，中国人民大学出版社，1984年，第483页。

臣王子，更定和议，则我当大举东抢。"① 皇太极在答朝鲜国王书中曰："贵国多筑山城，我当从大路，直向京城，其可以山城捍我耶？贵国所恃者江都，我若蹂躏八路，则其可以一小岛为国乎？"朝鲜为文化之邦，以礼义自绳，重文轻武，上下苟安。在国难临头之时，有臣揭请密访叶赫金台石子孙，"许以原封，使率其部落而来"；李倧则寄希望于满洲宗室内乱，以"天亡之"。他还寄希望于明朝："小邦斥和之后，朝夕被兵，而兵残力弱，无以抵抗，唯望父母邦之来救矣！"② 朝鲜国王李倧既没有盼到满洲宗室内讧的机会，也没有得到叶赫金台石子孙兵助，更没有得到明朝派出军队的援助，而以虚幻代替现实，以理念代替国力，使其臣民再次遭受了极其深重的战争灾难。

皇太极在同李倧力图用和谈解决双方关系恶化的同时，又在积极准备对朝鲜的战争。十一月十九日，皇太极在笃恭殿召集诸贝勒大臣，以朝鲜"败盟逆命"，将统大军征之，谕曰："尔等简阅甲士，每牛录各选骑兵十五人、步兵十人、护军七人，共甲三十二副；昂邦章京石廷柱所统汉军，每甲士一人，箭五十枝；甲士二人，备长枪一杆；二牛录备云梯一，挨牌一，穴城之斧、钻、锹、镢俱全，马匹各烙印系牌，一应器械，各书号记。携半月行粮，于二十九日来会。"③当天。皇太极以往征朝鲜之由，祭告太庙。祝文曰："今朝鲜违天败盟，臣将亲统大军致讨，以声其罪。"二十九日，皇帝谕诸将士曰："今者往征朝鲜，非朕之乐于兴戎也。特以朝鲜败盟，纳我逃人，献之明国。孔、耿二王，来降于我，彼兴兵截杀，我师既至，彼仍抗拒。且遇我使臣，不以旧礼，赉去书词，拒而不视。又贻书于平安道洪观察使云，'丁卯年权许讲和，今已永绝，当谨备关隘，激励勇士'。其书为英俄尔岱等遇而夺之，是彼之毁弃盟好，乐祸怀奸，将未有已，不得已兴兵伐之。

---

① [朝]李肯翊：《燃藜室记述》，载潘喆等编《清入关前史料选辑》第1辑，中国人民大学出版社，1984年，第484页。
② [朝]《李朝仁祖大王实录》第33卷，十四年九月甲辰，日本学习院东洋文化研究所刊，1959年，第16叶。
③ 《清太宗文皇帝实录》第32卷，崇德元年十一月己未，中华书局影印本，1985年，第12~13叶。

若嗜杀殃民，朕心有所不忍，上天以好生为德，人命岂可轻视！屠戮无辜，实为不仁；妄杀已降，实为不义。今与尔等约：大军所过，不许毁拆寺庙，逆命者诛之，不逆命者勿杀，以城降者勿侵其城，以堡归者勿扰其堡，俱令薙发，有逃亡来归者恩养之，凡阵获官兵，彼既拒战，杀之勿养。所克获城堡人民，勿离其夫妇，勿夺其衣服，即老者聋者，残疾不堪取携者，亦勿夺其衣服，仍令安居于家，勿使弃于道路，妇女勿得淫乱。违者军法从事。"

皇太极又谕朝鲜国王曰："朝鲜官属军民人等知悉，朕亲统大军来此，原非好用兵戈，利兹疆土也。朕与尔国，壤地相接，从无嫌隙，向欲常相和好，奈尔国君臣不愿。己未岁助明害我，兴兵构怨，其端自尔国发之。当时犹念大义，姑为容隐，未遽加兵。及既得辽东之后，属我版图，尔国又招诱我辽民而献之明国。复容匿明人居于尔地，给以粮饷，协谋图我。朕是以怒而兴师，有丁卯年之役也。朕犹念邻国之谊，兵不深入，结好而归。此岂尔兵将之力，能退我师哉！盖朕悯民命之伤残，念交邻之大义，欲仍敦和好，故撤师耳。迩来十年之间，尔国君臣，纳我叛亡，盗我物产，明之孔、耿二将来归，尔又兴兵截战。我兵往援，尔以枪炮拒敌，战争又自尔启之。又明欲侵我，索船于尔，尔即与之。及朕取船征明，尔辄不敢发。尔居两国之间，若皆不与，犹可也。乃与明而不与我，岂非助明而图我乎！且我国使臣，不令接见，所遗之书，又不开视，悖慢无礼，又自尔行之。今尔主又与平安道洪观察使密书，其言皆欲与朕弃盟修怨，启衅寻仇。朕因是特起义兵，声罪致讨，原非欲加害尔等也。亦尔之君臣，贻祸于尔等耳！尔等但安居乐业，慎毋轻动。如妄自窜走，恐遇我兵见害。凡拒敌者必诛，奔逃者则俘之，倾心归顺者秋毫无犯，更加恩养。谕尔有众，咸使闻知。"①

皇太极用兵朝鲜，政治意图之外，还有经济需求。《满文老档·太宗朝》崇德元年十月十六日记载：皇太极派遣都察院承政阿什达尔汉、蒙古衙门承政达雅齐塔布囊，往察哈尔、喀尔喀部诸贝勒处；弘文院大学士希福、蒙古衙门承政尼堪，

---

①《清太宗文皇帝实录》第32卷，崇德元年十一月己巳，中华书局影印本，1985年，第17~18叶。

往科尔沁部诸贝勒处。他们曰:"今俟冰冻,即当出师。在此期间,凡欲亲来朝,或遣人来朝,或来探亲者,俱著停止。"又曰:"至停其前来之缘由,我国内粮米欠收,以粮米赈济之闲散人口甚多,来朝人之马匹皆以粮喂之,不够。因命停止。此谕勿令他人知之,尔等阅毕密藏之。"① 皇太极之用兵朝鲜,还有其经济实用之目的。

皇太极做了各方面充分的准备,发动第二次进攻朝鲜之役。冰冻之后,隆冬季节,丙子之役,终于爆发。

围攻南汉山城。"丙子之役"最激烈、最关键的战争,是南汉山城攻守之战。

崇德元年即崇祯九年(1636)十二月初一日,皇太极命和硕郑亲王济尔哈朗留守沈阳,巩固后方;多罗武英郡王阿济格驻牛庄,备边防敌;多罗饶余贝勒阿巴泰驻海城,收集边民。是日,蒙古诸王贝勒各率兵应约会于沈阳。初二日,皇太极亲自统领十二万大军,分左右翼,东征朝鲜。车驾至沙河堡东冈,命和硕睿亲王多尔衮、多罗贝勒豪格等人率领左翼兵,从宽甸入长山口,以牵制朝鲜东北诸道的兵力。初三日,命马福塔、劳萨等率领三百精锐,不要攻城占地,而是伪作商人,日夜兼程,潜往朝鲜都城,采取突然攻击的办法以备里应外合。马福塔率首队前锋于初八日渡江。接着又派多铎、硕讬等率领护军千人,继马福塔等人之后往围之。初九日,皇太极恐怕马福塔、多铎等率领的先头部队兵力太少,于是又命岳讬、扬古利等率三千人马,速往增援。十三日,命贝勒杜度及孔有德、尚可喜、耿仲明等,率精骑往攻皮岛、云从岛、大花岛、铁山一带,以阻止和切断明军对朝鲜的援助。

初十日,皇太极率大军渡过鸭绿江,直趋朝鲜王京——汉城(今首尔)。朝鲜义州府尹林庆业九日驰启:"鸭绿江边,贼兵弥漫。是夕,贼兵分路渡江,罔昼夜倍道亟进。"② 崇德帝皇太极进抵朝鲜后,没有夺占朝鲜门户义州,也没有攻占

---

① 《满文老档·太宗》下册,崇德元年十月十六日,中华书局译注本,1990年,第1627页;《满文老档·太宗》第Ⅶ册,东洋文库译注本,1963年,第1336页。
② [朝]赵庆男:《乱中杂录》第4卷,韩国广熙出版社本,1968年,第10叶。

西路重镇安州,而是采用第一次破墙入塞的战法,深入袭击、直捣京城的兵略,急如风火,倍道向前,铁骑奔驰,直逼王京。十二日,清军前队五百余骑,到达王京汉城。十三日,清军大队,已到平壤。清军向朝鲜王京汉城推进,朝鲜境内,一片惊慌。其时汉城,军民惊惧,"上下慌忙,莫知所措"①。十四日晨,朝鲜国王李倧派原任领议政尹昉,将庙社主、王宫妃嫔、王子及凤林和麟平两大君等,送往江华岛(江都)。时满朝卿相,以江都为固,父母妻子,争先入送。午后,李倧带领大臣出汉城南门,将向江华岛。时探卒驰报:"贼已过延曙驿,胡将马夫大率数百铁骑已到弘济院。而以一枝兵遮阳川江,以截江都之路。"②

李倧无奈,退回城内。李倧在南门城楼召见群臣,问道:"事急矣,将奈何?"大臣诸宰,仓皇失色,朝班大乱,不知所措。时汉城士大夫,扶老携幼,相离奔走,颠仆道路,哭声雷震。李倧急令都监大将申景禛,率军出城,阻击清军,结果"为贼尽没,只余数骑"。李倧接受完城君、判尹崔鸣吉之请:"以单骑并驰往见贼将,问无端动兵、潜师深入之意。虏若不复听臣而杀臣,则臣当死马蹄之下。幸而接话,则少驻其锋。近京师保障之地,莫如南汉。请上由水沟门,疾驰入山城,以观其变。"崔鸣吉具牛酒迎劳清军诸将,以为缓兵之计。寻清军醒悟道:崔鸣吉等"以诡言,缓我师"③。鸣吉缓师,争得时间。当日,风雨雪夜,李倧从崔鸣吉之议,"从水沟门出,向南汉山城"④。李倧一行,仓促出逃,十分狼狈,"夫妇相失,哭声震天"。其情景,据史载:"世子牵马者逸,世子亲策马以行。侍卫卒与避乱士女,糅杂而前。至水沟门,门小人多,拼命争出。母子夫妇,相失叫号。老弱者,僵死相枕

---

① [朝]李肯翊:《燃藜室记述》,载潘喆等编《清入关前史料选辑》第1辑,中国人民大学出版社,1984年,第486页。
② [朝]李肯翊:《燃藜室记述》,载潘喆等编《清入关前史料选辑》第1辑,中国人民大学出版社,1984年,第486页。
③ 《清太宗文皇帝实录》第33卷,崇德二年正月丙辰,中华书局影印本,1985年,第11叶。
④ [朝]《李朝仁祖大王实录》第33卷,十四年十二月甲申,日本学习院东洋文化研究所刊,1959年,第41叶。

矣。黄昏，上渡新川所坡两津水，昏黑始抵山足。群臣皆落后，其紧随圣驾者，仅五六人矣！"①风雪山路，下马步行，二更时分，始入南汉。李倧立足未定，大臣建议：孤城驻跸，外无所援，粮食缺乏；江都更好，敌兵难犯，请幸江都。李倧决定，移避江都。十五日晓，大驾发南汉山城，时"大雪之后，山坡冰冻，御乘磋跌，上下马步行，累次颠仆，玉体不宁，还入城中"②。

南汉山城，在汉城（今首尔）东三十里，地势险绝，城墙坚固，利于防守，不便仰攻。时南汉山城中，"守城者一万四千，以一万守堞，以四千出击。"③城中还有宗室、官员、仆役等八百余人，粮食仅够一月之用。全城有十二门，兵力单弱，守四门，及各将台。命申景禛守东城望月台，李曙守北门，元斗杓守北城，贝宏守南将台，李时白守西将台，具仁里守南门。守城官兵，分堞防御，"每堞三人，险要处每堞二人；极险处一人防守，昼则分番休息；绝险之处，则不须分排，昼则令军兵休息。"④并以蜡书，下达各道，募兵勤王，救援京城。因兵力不足，又做草人，穿以衣服，立于城上，以为疑兵。在李倧逃至当日，清军前锋马福塔等，率军进逼南汉山城。十六日，多铎、岳托等率领两支清军增援部队，相继到达南汉山城。清军共有四千余人，在城外立寨，伐取松木，四周列栅，进行包围，内外不通。⑤清军围困南汉山城兵不足，白天做草人，虚张声势；夜间燃烟火，如昼光明。

朝鲜国王李倧被围困在南汉山城以后，不断以蜡书下谕于诸道监兵使"勤王"。

---

① [朝]《南汉解围录》，丙子十二月十四日，载刘家驹《清朝初期的中韩关系》，文史哲出版社，1986年，第108页。
② [朝]《朝野纪闻》，丙子十二月十五日，载刘家驹《清朝初期的中韩关系》，第109叶，文史哲出版社，1986年。
③ [朝]《李朝仁祖大王实录》第33卷，十四年十二月甲午，日本学习院东洋文化研究所刊，1959年，第46叶。
④ [朝]《南汉解围录》，第5叶，载刘家驹《清朝初期的中韩关系》，文史哲出版社，1986年，第110页。
⑤《清太宗文皇帝实录》第32卷，崇德元年十二月丙申，中华书局影印本，1985年，第27叶。

书称:"君臣上下,寄在孤城,危若一发。汲汲之势,卿可想也。星夜驰赴,前后合击。期剿灭,以救君父之急。"①各地臣民,纷纷勤王。李倧御大门,颁哀痛文曰:"一隅孤城,和事已绝,内无可恃之势,外乏蚁子之援云。"读完之后,百官痛哭。是夜,清军四处屯营,近城十里,烟火通明。②结果,三起勤王之师,均为清军击败;两次突围之战,皆以失败告终。城内粮草,极为缺乏,"每兵二人,日给一人之粮"③。时天降大雪,四塞晦暝,"将士之马皆饥毙,避乱入城人皆弃子女,惨不忍见"④。因此人心浮动,不断有人逃亡。

二十九日,皇太极率领大军到达南汉山城,在西门外驻营。"其数无量,旗麾剑戟,鼓乐歌舞,盘回雀跃之状,殆不可形言。"⑤时清军围困南汉山城已经十五日。双方使臣,不断往返。分歧症结,主要在于:清军要朝鲜称臣,承认彼此为君臣关系;朝鲜不愿称臣,而维系兄弟关系。朝鲜大臣,主和派崔鸣吉同意接受皇太极的条件;斥和派则坚守信义——"父子之恩,其可忘乎?君臣之义,其可背乎?"沈光洙曾伏地求李倧道:"请斩一人,以绝和议,以谢人心。"李倧问道:"一人为谁?"对曰:"崔鸣吉也!"⑥此例可见,主和派与斥和派,政见角立,水火不容。

崇德二年即崇祯十年(1637)正月初一日,皇太极登上南汉山城东望月峰,环视形势,俯瞰城中,认为南汉山城,地形险要,高大坚实,易守难攻,不利骑兵,决定围城,打援,劝降。初二日,李倧遣右议政洪瑞凤等于清军大营。皇太极遣户部承政英俄尔岱、马福塔,赍敕朝鲜国王。其敕曰:"昔年我军东征瓦尔喀时,尔朝鲜以兵截战。后明国来侵我,尔朝鲜又率兵助之。彼时念邻国之好,竟置不

---

① [朝]李肯翊:《燃藜室记述》,载潘喆等编《清入关前史料选辑》第1辑,中国人民大学出版社,1984年,第492页。
② [朝]赵庆男:《乱中杂录》第4卷,韩国广熙出版社,1968年,第12叶。
③ [朝]《承政院日记》第54册,刻本,第570叶。
④ [朝]赵庆男:《乱中杂录》第4卷,韩国广熙出版社,1968年,第13叶。
⑤ [朝]赵庆男:《乱中杂录》第4卷,韩国广熙出版社,1968年,第14叶。
⑥ [朝]《李朝仁祖大王实录》第33卷,十四年十二月戊子,日本学习院东洋文化研究所刊,1959年,第44叶。

言。及获辽东地方，尔复招纳辽东之民，献于明国。朕始赫怒兴师，于丁卯年伐尔，岂恃强凌弱，无故加兵耶？尔自是阳为和顺，阴图报复。时令尔边臣，聚集智谋之士，激励勇敢之人，欲何为也？今朕亲统大军，陈师尔境，尔何不令智谋者效策，勇敢者效力，以当一战乎！朕今此来，并非恃强侵尔之地也。尔乃孱弱之邦，屡扰我疆界，采参捕猎，遇我国逃民，尔辄执献于明。及孔有德、耿仲明二人，自明来归，朕遣军接应，尔兵以鸟枪击战，是兵端先自尔启也。且朕之弟侄诸王，及外藩诸王，致书于尔，尔辄以从无致书之例，置而不视。不思丁卯年之役，尔遁入海岛，遣使请成，是时非听命于朕之弟侄诸王，而谁听耶？朕之弟侄，何不如尔，而尔忽之。至外藩诸王贝勒，彼皆大元皇帝子孙，何卑于尔？尔朝鲜不尝臣服大元，年年纳贡乎！今何妄自尊大如是，置书不视，尔之心昏且骄矣。尔朝鲜先世，非归附辽、金、元三朝，每年奉贡称臣，而图存者乎！今历代以来，曾有不奉贡称臣于人，而得自存者乎！朕既以弟善视尔，尔反行背逆，启衅构兵，陷害生民，遗弃城郭、宫室，离别妻子，奔逃载道，入此山城，得久延乎！度尔之意，或犹以城下之盟为耻，欲湔洗丁卯之辱，是徒弃安乐，而自结祸于盟好之国也。似尔今日，弃城郭、宫室，遁入山城，积罪负愆，以致国破民残，遗笑万世，又何以湔洗之哉！既欲湔洗前辱，何不出战，乃效妇人匿迹遁藏也。尔虽遁匿此城，意图苟免，朕岂肯舍之而去乎！朕之弟侄诸王，及在内文武诸臣，在外归附诸王贝勒，欲上尊号，尔何以云'非尔君臣之所忍言'乎！夫尊号之称否，岂任尔之私意？尔之此言，亦太谬矣！夫人，天佑之，则尊为天子；天祸之，则降为庶民。朕亦不与尔计，但尔修整城郭，待朕使臣，顿失常礼者何故？又令我使臣见尔宰执，欲设计执之。尔又父事明国，专图害我者何故？此乃罪之大者，其余小罪，又何可胜数！朕是以总率大军，亲至尔八道。尔所父事之明国，如何为尔应援，朕将拭目以俟。宁有子受祸，而父不救之理？不然，则是尔罔识去就，自贻祸于国与民也。群黎百姓，岂不怀恨于尔哉。尔若有辞，不妨奏朕。"①

---

① 《清太宗文皇帝实录》第33卷，崇德二年正月壬寅，中华书局影印本，1985年，第2~4叶。

朝鲜"斥和派"大臣仍放言，要抵制清使来书，抵抗清军围城。初三日，朝鲜国王复遣洪瑞凤等奉国书于清军大营。其复书言："往日之事，小邦已知罪矣。有罪而伐之，知罪而恕之，此大国所以体天心而容万物者也。如蒙念丁卯誓天之约，恤小邦生灵之命，容令小邦，改图自新，则小邦之洗心从事，自今日始矣。"① 回书仍然回避"尊号称臣""决绝明朝"的问题。是日，朝鲜全罗道沈总兵、忠清道李总兵，率兵前来解围，被清军贝勒岳讬部击退。初七日，全罗、忠清两道合兵来援南汉山城，再次为清兵击败，死者甚众。但清军损失很大，超品公额驸扬古利阵亡，是为朝鲜南汉山城唯一大捷。扬古利②，早年从努尔哈赤，受信任，为额驸，屡建大功勋，位亚八贝勒。扬古利受伤，"创重，遂卒，时年六十六"③。扬古利死于军，舁其尸至，皇太极"亲解御衣衣之，哭之恸，视含殓"④。阵丧大将，"上哭之恸，群臣屡劝不止。"⑤ 后将其陪葬福陵，又改陪葬于昭陵。《钦定八旗通志》载录乾隆帝《赐奠功臣扬古利墓》诗云："主吏勇过汉，长孙陪似唐。溯思同麦饭，恩合奠椒浆。百战英雄胜，一心诚且良。两朝勋绩赫，异姓独封王。"

时多尔衮、豪格等率领左翼军，孔有德、耿仲明、尚可喜及汉军甲喇章京金玉和携火炮，已到达南汉山城。朝鲜君臣看到清大兵压境，救援无望，粮草日缺，抗清态度，开始松软。十一日，朝鲜国王李倧致皇太极书曰："小邦僻在海隅，惟事诗书，不事兵革，以弱服强，以小事大，乃理之常，岂敢与大国相较哉！……今皇帝方以英武之略，抚定诸国，而新建大号，首揭'宽温仁圣'四字，盖将以体天地之道，而恢伯王之业，则如小邦愿改前愆，自托洪庇者，宜若不在弃绝之

---

① [朝]《李朝仁祖大王实录》第34卷，十五年正月癸卯，日本学习院东洋文化研究所刊，1959年，第3叶。
② 扬古利：《清太祖高皇帝实录》作"杨古利"，《清太祖武皇帝武录》作"杨古里"，《满洲实录》作"扬古利"，《清太宗文皇帝实录》通作"杨古利"，《钦定八旗通志》作"扬古利"，《清史稿》通作"扬古利"，《清国史》也通作"扬古利"。
③《清史稿·扬古利传》第226卷，中华书局标点本，1985年，9194页。
④《清国史·扬古利传》第5册，中华书局影印嘉业堂抄本，1993年，第131叶。
⑤《清太宗文皇帝实录》第33卷，崇德二年正月戊申，中华书局影印本，1985年，第10叶。

中。"①此稿拟出，颇有争议。但书稿中称皇太极为"皇帝"，因"城中粮食，日甚一日"，大臣之中，态度变化。十五日，李倧遣官问询投送国书不报之由，英俄尔岱等告知："若无新语，不须更来。"②显然是指没有回答清使提出的要求。清加紧对朝鲜国王迫降，在望月峰上竖起白旗，书写"招降"二字，以示城中官兵。

皇太极为突破僵局，改变战术，重新部署。他从俘虏口中得知："国王与长子及群臣俱在南汉，其余妻子在江华岛。"江华岛为其宗器、社主、宫眷及群臣家财所在之地也。皇太极决心，先夺取江华岛，再攻南汉山城，故决定造船，进攻江华岛："先攻此岛，若得其妻子，则城内之人，自然归顺。若犹不顺，然后攻城，计亦未晚。"③所造船只，限二月十五日以内竣工。十八日，命多尔衮等人率领左翼兵约三万人，大小战船八十余只，往攻江华岛。又致书朝鲜国王曰："今尔有众，欲生耶，亟宜出城归命；欲战耶，亦宜亟出一战。"④十九日，清军以进行和议、备战江华相配合，发炮攻城，"虏放大炮于城中，炮丸大如鹅卵。或有中死者，人皆骇惧"⑤。朝鲜国王迫于政治与军事的双重压力，遣使复书，称皇太极为"陛下"，则示自己为臣。并曰："诸藩合辞，共进尊号，天人所归。"⑥承认皇太极，上尊号为帝。

清军在攻打江华岛、加速备船的准备期间，频繁活动，进行议和。但李倧在同皇太极往返议和中，顾及"出城"一款。因为靖康之难，徽、钦被俘，为前车之鉴。他们认为："出城被执与死守战死等耳，决不可从。"⑦李倧以"重围未解，帝怒方盛"

---

① [朝]《李朝仁祖大王实录》第34卷，十五年正月辛亥，日本学习院东洋文化研究所刊，1959年，第6~7叶。
② [朝]《李朝仁祖大王实录》第34卷，十五年正月丙辰，日本学习院东洋文化研究所刊，1959年，第8叶。
③《清太宗文皇帝实录》第33卷，崇德二年正月丙辰，中华书局影印本，1985年，第13叶。
④《清太宗文皇帝实录》第33卷，崇德二年正月丁巳，中华书局影印本，1985年，第17叶。
⑤ [朝]《李朝仁祖大王实录》第34卷，十五年正月己未，日本学习院东洋文化研究所刊，1959年，第10叶。
⑥《清太宗文皇帝实录》第33卷，崇德二年正月己未，中华书局影印本，1985年，第18叶。
⑦ [朝]《南汉日记》第3卷，载刘家驹《清朝初期的中韩关系》，文史哲出版社，1986年，第42叶。

为虑，所以不能"出城归命"。十八日，在朝鲜大臣会议上，为复清书事，"入侍之臣，无不泣下。世子在上傍，号泣之声，闻于户外"。在此悲氛下，李倧提出"古人有城上拜天子者，盖以礼有不可废，而兵威亦可怕也。然小邦情愿既如上所陈，则是辞穷也，是知警也，是倾心归命也"①。二十日，皇太极拒绝朝鲜李倧的请求，派英俄尔岱等往谕朝鲜国王曰："命尔出城见朕者，一则见尔诚心悦服，一则欲加恩于尔。令永主尔国，旋师以后，示仁信于天下耳。若以计诱尔，何以示信天下！"②当天，朝鲜国王复书，仍然表示不能"出城归命"，书曰："今日满城百官士庶，同见事势危迫，归命之议，同然一辞。而独于出城一节，皆谓我国从来未有之事，以死自期，不欲其出。若大国督之不已，恐他日所得不过积尸空城而已。"③清使臣英俄尔岱见此书，拒绝接受，他说："汝国所答与皇帝书意不同，故不受。"二十三日，朝鲜国王又派使往清营，致书皇太极曰："陛下既以贷罪许臣，臣既以臣礼事陛下，则出城与否，特其小节耳，宁有许其大，而不许其小者乎？故臣之所望，欲待天兵退舍之日，亲拜恩敕于城中，而设坛望拜，以送乘舆，而即差大臣充谢恩使，以表小邦诚心感悦之情。自兹以往，事大之礼，悉照常式，永世不绝。"④依然隐晦表示，不愿出城归降。此书又被清方退回，城内人心，更加不安，希望早日达成和议。

议和同时，继续攻城。同日，皇太极下令攻南汉山城，城坚势险，久攻不下。诸将认为："此城之险，实天所设，若欲破灭，必致死伤众多，不如坚守松城，待其自溃。"登城失利，施以重炮。环绕城垣，布设火炮。隔台之外，再设大炮。火炮轰鸣，连日攻城："炮名虎蹲，一名红夷，丸大如木瓜，能飞数十里。每向行

---

① [朝]《李朝仁祖大王实录》第34卷，十五年正月戊午，日本学习院东洋文化研究所刊，1959年，第10叶。
②《清太宗文皇帝实录》第33卷，崇德二年正月庚申，中华书局影印本，1985年，第19叶。
③《清太宗文皇帝实录》卷33卷，崇德二年正月庚申，中华书局影印本，1985年，第21叶。
④ [朝]《李朝仁祖大王实录》第34卷，十五年正月癸亥，日本学习院东洋文化研究所刊，1959年，第16叶。

宫而放之，终日不绝。落于司仓，凡家贯穿三重，入地底尺许。"①"大炮中望月台，大将旗柱折，又连中城垛，一隅几尽破坏，女墙则已无所蔽。……丸之落于城中者相继，人皆畏惧。"②君臣上下，惊恐万状。时朝鲜王廷，斥和主战，颇激朝野。然而，讲义理者多，知时势者少。崔鸣吉之见，被多臣鄙视。但除和议，并无出路。拖时愈久，国损愈惨。

多尔衮率军，进攻江华岛。二十二日，多尔衮等率领大军至江华岛渡口。用车轮架运所造之船八十艘，进屯甲串津，拽到岸边，拖入海中。前一天，朝鲜江华岛守将得到清军来攻的探报，却自信："江冰尚坚，何能运船。"又得探报，清军进攻，始为惊诧，仓促部署，进行迎战，但兵数零星，人多逃散。多尔衮率领"舟师将渡海时，江华岛敌船，约有百艘，列为两翼。我舟师从中冲入，连发红衣炮。敌船兵役，不能抵敌逃去，于是我兵登岸"③。朝兵迎战，不敌败去。将官具元一，投海而死。凤林大君、金庆征等人，便退守城中。多尔衮率清军，先放虎蹲炮，继发红衣大炮，大败守军，破江华城。朝鲜舟师二十六只，检察使金庆征、留守张绅、忠清水使姜晋昕等，皆不战而溃，"贼以扁舟渡江，如入无人之境。至南门，大臣金尚容及洪命亨、沈说、李时稷、宋时荣等，皆自决死之。尹昉弃宗社、妃嫔，变着常服，伏窜闾家，内官寻得之。韩兴一、吕尔征等，咸出降。城中人物，洶惧奔走。贼声言：'我非欲战，实为和事而来，勿为惊动。且军卒冻馁，宜饷酒食。'即以牛酒馈之。贼又曰：'中分城内，一居鲜人，一居我军。'一如其言。则又请见两大君，及至，问：'庙社主安在？'答以'埋置'。则曰：'何必埋之，不久当还奉安'云。"④二十三日，清军占领江华岛，俘获朝鲜王妃一人、王子二人、宗

---

① [朝] 李肯翊：《燃藜室记述》，载潘喆等编《清入关前史料选辑》第1辑，中国人民大学出版社，1984年，第508叶。
② [朝] 李肯翊：《燃藜室记述》，载潘喆等编《清入关前史料选辑》第1辑，中国人民大学出版社，1984年，第509叶。
③ 《清太宗文皇帝实录》第34卷，崇德二年二月乙亥，中华书局影印本，1985年，第4叶。
④ [朝] 赵庆男：《乱中杂录》第4卷，韩国广熙出版社本，1968年，第19叶。

室七十六人、阁臣一人、侍郎一人，及群臣妻子家口等。攻陷江华岛后，多尔衮严令官兵"守视城门，护尔家室"①，保其宗族，一无所扰。同前次阿敏相比，多尔衮之声誉日高，深为内外军民所重。

二十四日，皇太极遣使通告朝鲜国王，清军已攻占江华岛，宗室嫔宫及文武百官的妻子都被俘。朝鲜国王和群臣得知此讯，虽举朝震惊，却并不相信。

二十五日，清军连日发炮，炮丸飞落王宫，"炮声终日不止，城堞遇丸尽颓，军情益汹惧"②。

二十六日，朝鲜使臣洪瑞凤等人赴清营复书，英俄尔岱、马福塔出见曰："尔国所恃者江都也，吾已攻陷，执嫔宫两大君及夫人矣！"洪瑞凤表示不信，英俄尔岱便出示大君手书、韩兴一状启，又示江都所获二人。英俄尔岱等要求送出"斥和人"，即交出主战者。

二十七日，洪瑞凤等人返回南汉山城，向国王李倧和群臣报告在清营所见，并奉上大君书及状启。其时，南汉山城外，清军以红衣大炮等攻城，城堞多坏，伤亡惨重，官兵惊惧，危在旦夕；南汉山城内，因闻江都失陷，城中臣庶有家眷者，举皆号哭。"宗社人民，既已如此，吾何生为？遂决出城之计。"③两司争之，李倧不听，遂定出降之议。朝鲜国王李倧命李弘胄、金荩国、崔鸣吉等往清军大营，致书皇太极曰："今闻陛下旋驾有日，若不早自趋诣，仰觐龙光，则微诚莫伸，追悔何及？第臣方将以三百年宗社，数千里生民，仰托于陛下。"④明确表示，出城投降，并候"明降诏旨，以开臣安心归命之路"⑤。南汉山城被围，凡

---

① 《清太宗文皇帝实录》第34卷，崇德二年正月甲子，中华书局影印本，1985年，第24叶。
② [朝]《李朝仁祖大王实录》第34卷，十五年正月乙丑，日本学习院东洋文化研究所刊，1959年，第18叶。
③ [朝]赵庆男：《乱中杂录》第4卷，韩国广熙出版社本，1968年，第21叶。
④ 《清太宗文皇帝实录》第33卷，崇德二年正月丁卯，中华书局影印本，1985年，第29叶。
⑤ [朝]《李朝仁祖大王实录》第34卷，十五年正月丁卯，日本学习院东洋文化研究所刊，1959年，第20叶。

四十七日夜。明朝未出一将一兵相助，亦无一使一纸相劳。李倧走投无路，决定献城投降。

三田渡受降。二十八日，皇太极又收到朝鲜国王来书，称皇太极为皇帝，朝鲜为小邦，自己为臣。且对"浮议坏事"诸臣，加以斥黜；并把前弘文馆校理尹集、前修撰吴达济二人，作为"斥和者"即主战者，"送诣军前，以俟处分"①。二十九日，夜二更，李倧命将"斥和人"洪翼汉、吴达济、尹集三人送往清军大营。皇太极见洪翼汉等三人问道："汝等何以斥两国之和乎？既斥其和，何不攻我？"三人曰："不斥其和，只沮送使。"皇太极大笑，命"解其缚，给其冠"②。后以其"倡议袒明、败盟、构兵"罪斩之。③崇德帝对崔鸣吉，则优礼相待，赏赉有加。④皇太极认为同朝鲜国王李倧签订"城下之盟"时机已成熟，条件已具备，并征询诸贝勒大臣，皆表赞同。于是，皇太极遣使敕谕朝鲜国王李倧，提出投降条款十七项：

（一）当去明国之年号，绝明国之交往，献纳明国所与之诰命册印，躬来朝谒。

（二）尔以长子，并再令一子为质。

（三）诸大臣有子者以子，无子者以弟为质。

（四）尔有不讳，则朕立尔质子嗣位。

（五）从此一应文移，奉大清国之正朔。

（六）万寿节及中宫千秋、皇子千秋、冬至、元旦及庆吊等事，俱行贡献之礼，并遣大臣及内官奉表。

（七）其所进往来之表，及朕降诏敕，或有事遣使传谕，尔与使臣相见之礼，及尔陪臣谒见，并迎送馈使之礼，毋违明国旧例。

---

① 《明清史料》甲编，第7本，中央研究院历史语言研究所集刊，1931年，第612叶。
② [朝]赵庆男：《乱中杂录》第4卷，韩国广熙出版社本，1968年，第23叶。
③ 《清太宗文皇帝实录》第34卷，崇德二年三月甲辰，中华书局影印本，1985年，第15叶。
④ 崔鸣吉：朝鲜主和派首领，"前后国书，皆出鸣吉之手"。对其评论，或贬或褒。贬者，前文已述。褒者，《中国历代战争史》第15册，第182叶载："时朝鲜国，尚儒臣，缺名将，故讲义理者多，度知时势者少。崔鸣吉之见，亦可谓独出其群侪者矣。"

（八）朕若征明国，降诏遣使，调尔步骑舟师，或数万，或克期会处，数目限期，不得有误。

（九）朕今移师攻取皮岛，尔可发鸟枪、弓箭手等，兵船五十艘。

（十）大军将还，宜备礼献犒。

（十一）军中俘获，过鸭绿江后，若有逃回者，执送本主。若欲赎还，听从两主之便。

（十二）尔与内外诸臣，缔结婚媾，以固和好。

（十三）新旧城垣，不许擅筑。

（十四）尔国所有瓦尔喀，俱当刷送。

（十五）日本贸易，听尔如旧，当导其使者来朝，朕亦将遣使与彼往来。

（十六）其东边瓦尔喀，有私自逃居于彼者，不得复与贸易往来。

（十七）每年进贡一次，其方物数目：黄金百两，白银千两，水牛角二百对，豹皮百张，鹿皮百张，茶千包，水獭皮四百张，青鼠皮三百张，胡椒十斗，腰刀二十六口，顺刀二十口，苏木二百斤，大纸千卷，小纸千五百卷，五爪龙席四领，各样花席四十领，白苎布二百匹，各色锦绸二千匹，各色细麻布四百匹，各色绸布万匹，布千四百匹，米万包。①

江华岛失陷，妻子被俘，"受困南汉，旦夕城陷，八道人民，流离四散，各道援兵，皆被击败，宗社将覆，无计可免"②。朝鲜国王李倧接受以上条款后，便派洪瑞凤、崔鸣吉等人往清营，商量出城投降事宜。清方由英俄尔岱负责接待谈判，规定：国王投降仪式设在三田渡（麻田浦）筑坛；时间为正月三十日；朝鲜国王李倧出城，不穿龙袍，改穿青衣；李倧出城，不许出南面正门，而出西门；投降时免除"衔璧舆榇"等。

三十日辰时，朝鲜国王李倧，身着蓝衣，带领群臣和长子、次子、三子等，出南汉山城西门，步行至汉江东岸三田渡（麻田浦），向清崇德帝皇太极投降。受

---

① 《清太宗文皇帝实录》第33卷，崇德二年正月戊辰，中华书局影印本，1985年，第29～32叶。
② 《清太宗文皇帝实录》第33卷，崇德二年正月庚午，中华书局影印本，1985年，第32叶。

降坛，设黄幄，临汉江之碧水，挹黄州之山色。受降仪式，《承政院日记》等书略载：皇太极登坛端坐，上张黄幕，护军环卫。刀矛剑戟，旗纛森列；精兵数万，结阵拥立；张乐鼓吹，庄严肃穆。英俄尔岱驰马前导，朝鲜国王李倧等随后。引李倧等至坛外，行三拜九叩大礼。再领到坛下，又令进前三拜九叩。李倧奏曰："皇帝天心，赦臣万罪，生已死之身，存已亡之国，俾得重立宗社。缘臣罪过多端，故加之罚。今臣服罪恶，来谒皇上。自兹以后，改过自新，世世子孙，不忘厚泽。"皇太极谕曰："朝鲜国王，既知罪来降，朕岂有念旧恶苛责之理。今后一心尽忠，不忘恩德可也，前事毋再言及。"随之，礼臣赞礼，引入升阶，李倧坐于皇太极左侧，其次是和硕亲王、多罗郡王、多罗贝勒等，再次是李倧长子等。右侧是和硕亲王、多罗郡王、多罗贝勒等，其次是李倧次子、三子，再次是蒙古诸王。朝鲜大臣给席于坛上东隅，江都被执之臣使坐于坛下西隅。坐定举茶，尔后盛宴。宴间射艺，杂耍表演。宴罢，皇太极赐李倧黑貂袍套、白马雕鞍，又赏给世子、大臣等貂皮袍套。仪式完毕，降坛奏乐。后令朝鲜君臣会见被俘嫔宫及夫人，相互洒泣曰："稍缓数日，我等皆为灰烬矣！"①又命英俄尔岱、马福塔送朝鲜君臣和嫔宫夫人返回王京汉城，留下长子、次子为人质。礼毕，申刻，皇太极还营。李倧在清兵护送下，返回王京，沿途民众，数以万计，夹路号哭。李倧回到王京，御昌庆宫养和堂。后在三田渡竖立"三田渡碑"。碑正面汉文书镌"大清皇帝功德碑"②，碑阴以满文、汉文合璧书镌碑文。③

二月初二日，皇太极先行班师，命多尔衮、杜度率领八旗满洲、八旗蒙古、八旗汉军大军，携所俘获与辎重后行。派硕讬、孔有德、耿仲明、尚可喜率领部众，携红衣大炮往攻皮岛。二十一日，皇太极历时十九天，回到沈阳，举城欢庆。清

---

① 《清太宗文皇帝实录》第 33 卷，崇德二年正月庚午，中华书局影印本，1985 年，第 34 叶。
② 《拟题朝鲜称颂皇帝功德碑文稿》，载《明清史料》甲编，第 7 本，中央研究院历史语言研究所集刊，1931 年，第 639 叶。
③ 笔者实地踏查所见。

军撤走时，分为四路，"一支兵仍执世子及次子等夫妻并其僚属，置诸军中，从大路以去；一支兵逾铁岭，出咸镜道，渡头满江以去；一支兵由京畿右道山路，至平安道昌城、碧潼等地，渡鸭绿江上流以去；一支兵自汉江乘船下海，悉取沿海舟楫，以真狄及孔、耿所领辽兵，参杂藏书，仍胁本国西路败卒，张其形势，以图皮岛"①。皇太极为了防止清军沿途掠夺，招致朝鲜军民不满，于二月初四日，传谕诸王等曰："嗣后尔等，各宜严禁彼地满洲、蒙古、汉人士卒，勿得劫掠降民，违者该管章京及骁骑校、小拨什库等，一并治罪，劫掠之人，置之重典，为首者斩以徇。"②可是，清军官兵，阳奉阴违，不听禁令，依然抢掠："深山穷谷，无远不到，被抢之患，甚于来时。"③初八日，多尔衮、杜度等军班师，携带大量财物，押着朝鲜俘虏④，及世子、次子、侍卫、宰臣等五百余人，离开汉城，还师沈阳。所经沿途，城镇官民，道旁跪送。跪送官民中，有以妻子被俘，遮道跪奏道："小民等妻子被俘，求赐完聚。"皇太极谕曰："今将士俱以血战得之，宁有勒令空还之理乎！待至我国后，任尔等之便，准与收赎，俾尔完聚，以示宽恩。"⑤由于人众物多，辎重随行，边走边抢，行军缓慢，在朝鲜境内，只需十余日路程，却走了七十三天，直到四月十五日才全部回到沈阳。

清军降服朝鲜之后，回师顺道攻陷皮岛。朝鲜附清，皮岛益孤。二月初二日，皇太极命硕讬、三顺王等合朝鲜水军战船五十艘，往攻毛文龙所遗留之皮岛。时明将沈世魁等，率兵二万，装备火器，储足粮草，驻守皮岛。硕讬等初"攻皮岛，

---

① 《朝鲜记闻》第5卷，载刘家驹《清朝初期的中韩关系》，文史哲出版社，1986年，第127叶。
② 《清太宗文皇帝实录》第34卷，崇德二年二月甲戌，中华书局影印本，1985年，第4叶。
③ 《南汉解围录》，第24叶，载刘家驹《清朝初期的中韩关系》，文史哲出版社，1986年，第126页。
④ 朝鲜《野乘》卷十二记载"沈阳人市六十万，而被掳于蒙古者，不在此数，其多可知"。又朝鲜文献记载"被俘人口，无虑五十余万"等。清军掳掠朝鲜人口，确切数字，无法统计。所谓"五十万""六十万"云，可能夸大。
⑤ 《清太宗文皇帝实录》第34卷，崇德二年二月辛巳，中华书局影印本，1985年，第7叶。

久未下"①。皇太极又命阿济格率兵一千，前往助攻。四月初五日，阿济格会议诸将，制定作战方案。分兵两路，突击偷袭：一路步军固山额真萨穆什喀在前统领偷袭，攻打皮岛西北隅之山嘴；又命固山额真阿山、叶臣，乘船在后督战；另一路由兵部承政车尔格率领，八旗骑兵、汉军、三顺王军及朝鲜兵，乘船突然列于岛上，汉军固山额真石廷柱、户部承政马福塔在后督战。初六日，阿济格致书皮岛守将沈世魁，劝其归降，未得答复。初八日，阿济格下令进攻皮岛，两路大军，分兵夹击，经过激战，明军溃败，擒获沈世魁，拒降而被斩。②清军攻占皮岛，斩杀明军万余，俘获男女三千四百多人，大船七十艘、炮十位，其余金银、衣缎、马牛、宝器等物无算。是为皇太极"丙子之役"的又一胜利，也是了结"丁卯之役"未结之题。

此次胜利，意义在于：其一，切断朝鲜与明朝的联系，"天朝之路，今已绝矣"③。其二，拔除明朝在清朝腹地的一个钉子。其三，清朝后方更为稳定。其四，获得大量银物。计得：蟒素缎四万二千余匹、银三万一千两、青布十八万匹、红毡五万条、珠宝等二千余件、红衣大炮七门、法兰西炮二门、西洋炮一门，俘获三千余人。④

皇太极发动并指挥的"丙子之役"，采取长驱直入、打击要害的兵略，以骑兵、步兵、炮兵、水兵联合作战，特别发挥红衣大炮的作用，清军取得胜利，朝鲜兵败降服。此一战法，清军长驱深入朝鲜，置义州、平壤等重镇所不顾，径直进攻朝鲜王京汉城（今首尔）；朝鲜国王李倧逃到南汉山城，皇太极则集中兵力围攻南汉山城；而朝鲜庙社主、王妃、王子等俱在江华岛，皇太极再调多尔衮率水师

---

① 《钦定八旗通志·阿济格传》第140卷，东北师范大学出版社，1985年，第3680页。
② [朝]《李朝仁祖大王实录》第34卷，十五年四月癸巳，日本学习院东洋文化研究所刊，1959年，第46叶。
③ [朝]《李朝仁祖大王实录》第34卷，十五年四月丁亥，日本学习院东洋文化研究所刊，1959年，第44叶。
④ 《清太宗文皇帝实录》第34卷，崇德二年四月丙戌，中华书局影印本，1985年，第21叶。

与炮队等，攻陷江华岛，从而震慑南汉山城[①]，国王李倧，走投无路，身着青衣，出城投降。

"丙子之役"对清朝、朝鲜、明朝三方，都产生重要影响。

其一，于政治，清朝与朝鲜由"兄弟之盟"，变为"君臣之盟"，即从兄弟平等关系，变为君臣隶属关系。且朝鲜自此永绝明朝，奉大清正朔，用崇德年号。朝鲜与清朝的臣属宗主关系，维持几乎有清一代，影响可谓深远。

其二，于经济，朝鲜向清朝纳贡，贡物数量巨大，前述数字可证。皇太极还向朝鲜征调粮食、枪炮、弹药、布帛、纸张、船只等，并命朝鲜在会宁与清朝互市。

其三，于军事，朝鲜从后金的敌人，变为清朝攻明的帮手；由后金的前线，变为清朝的后方。

其四，于外交，清朝由朝鲜之敌国，而先为兄弟之国，继为宗主之国。

皇太极一生亲自指挥的重大战役，主要有：宁锦之战、第一次入塞之战、大凌河之战、第二次入塞之战、丙子之战、松锦之战和察哈尔之战。其中第一次入塞之战，是皇太极政治谋略与军事胆略的精彩表现；丙子之战、大凌河之战与松锦之战，则是皇太极军事谋略与军事指挥的艺术杰作，也是他对中华军事智慧宝库的重大贡献。

[①] 李光涛《明清档案论文集》，第359页载："承韩国友人孔在锡先生来函见示：南汉山城，在汉城东五十余里外山。江都，在汉城西一百余里海岛，一名江华岛。三田渡，在汉城东三十余里野，即我仁祖大王降屈之地，今有碑，名曰三田渡碑。"

第十章 明清议和

一 天命议和

后金-清与明朝的和议活动，以天命十一年即天启六年（1626）袁崇焕遣使到沈阳，后金汗皇太极也遣使到宁远为始。但在此前，双方边事，书使穿梭，屡有交往。

早在明万历二十四年（1596），明朝就派遣官员余希元到建州。《清太祖高皇帝实录》记载："明遣官一员，朝鲜官二员，从者二百人来。上令我军尽甲，观兵于外。遇于妙弘廓地界，迎入大城，优礼答遣之。"① 努尔哈赤"亲迎至妙洪科地界，接入大城，以礼相待。公事毕，辞别而去"②。

明万历三十六年（1608）三月，建州就同明辽东官员，盟誓建碑，协议和平。努尔哈赤谓群臣曰："吾欲与明，昭告天地，同归于好。"随后，建州遣使往广宁，会见明辽东副将及抚顺所备御等，共同誓词勒碑，刑白马乌牛祭天。其誓词曰："两国各守边境，敢有窃逾者，无论满洲、汉人，见之杀无赦。若见而不杀，殃及不杀之人。明若渝盟，其广宁巡抚、总兵、辽东道、副将、开原道、参将等官，均

---

① 《清太祖高皇帝实录》第2卷，丙申年（1596）二月戊戌朔，中华书局影印本，1986年，第19叶。
② 《满洲实录》第2卷，丙申年（1596）二月，辽宁通志馆影印线状本，1930年，第99叶。

受其殃；满洲渝盟，殃亦及之。"誓毕，遂建碑于双方的沿边地方。① 这是建州同明朝通过议和，而达成的第一个盟誓。

尔后，明万历四十一年（1613）九月二十六日，努尔哈赤至明抚顺所。抚顺游击李永芳出城三里外，以礼接见，导入教场。努尔哈赤致李永芳文书，文曰："昔叶赫、哈达、乌喇、辉发、蒙古、席北、卦尔察等九姓之国，于癸巳岁，合兵侵我。我是以兴师御之。天厌其辜，我师大捷，斩叶赫布寨，获乌喇布占泰以归。逮丁酉岁，刑马歃血，以相寻盟，通婚媾，无忘旧好。讵意叶赫渝弃前盟，将已字之女，悔而不予。至乌喇国布占泰，吾所恩育者也，反以德为仇，故伐之，而歼其兵，取其国。今布占泰子然一身，奔于叶赫。叶赫又留之，不吾与。此吾所以征叶赫也。我与汝国，何嫌何怨，欲相侵耶？"② 努尔哈赤既以书与永芳，遂还。努尔哈赤此次投书，是想争取李永芳，并通过他向朝廷转述自己的愿望。

万历四十二年（1614）四月，明遣备御萧伯芝，自称大臣，乘八抬轿，到赫图阿拉，递交文书，述古来兴废故事，要建州勿再扩张。时努尔哈赤已经吞并哈达、辉发、乌拉，兵锋锐盛，意气益骄，"竟不览其书，令之回"③。

万历四十三年（1615）四月，明广宁总兵张承胤遣通事董国胤，致书努尔哈赤，曰："汝所居界外地，皆属我，今立碑其地。其柴河、三岔、抚安三路之田，汝勿刈获。其收汝边民，迁汝国。"努尔哈赤答曰："吾累世田庐，一旦令吾弃之，是尔欲弃盟好，故为斯言耳！昔贤云：'海水不溢，帝心不移。'今既助叶赫，又令吾境内之民，所种禾黍，勿刈获而迁。将帝心已移耶？帝之言，自不可违，但不愿太平，与我交恶。吾国小，受小害；汝国大，得无受大害乎！吾国之民无多，不难于迁，汝大国能尽藏其众乎！若构兵起衅，非独吾国患也。汝自恃国大兵众，辄欲陵我，

---

① 《清太祖高皇帝实录》第3卷，戊申年（1608）三月，中华书局影印本，1986年，第15叶。
② 《清太祖高皇帝实录》第4卷，癸丑年（1613）九月庚辰，中华书局影印本，1986年，第11叶。
③ 《清太祖武皇帝实录》第2卷，甲寅年（1614）四月，原清宫内府藏，台湾广文书局影印本，1970年，第20～21叶。

讵知大可以小，小可以大，皆由天意。设汝每城屯兵一万，汝国势亦不能。若止屯兵一千，则城中兵民，适足为吾俘耳！"通事董国荫曰："此言太过矣！"遂去。自此，"明侵我疆土，于边外数处，立石碑为界"①。

以上，努尔哈赤在建州时期，同明朝官员至少有过五次重要的交往。

后金作为一个自恃为独立政权，同明朝官员通书往来，始于天命三年即万历四十六年（1618）四月。

先是，天命元年即万历四十四年（1616）正月，努尔哈赤在赫图阿拉，自践汗位，建立后金。天命汗努尔哈赤建立后金，开始成为一个独立政权，同明朝分庭抗礼。他建元称汗后，花费两年的时间，整顿内部，扩大势力。天命三年即万历四十六年（1618）正月，努尔哈赤对诸贝勒大臣宣布："今岁必征大明！"努尔哈赤向明朝发起进攻时，采取军事进攻与政治和议的两手策略。从此，在后金与明朝的关系中，以军事进攻为主，政治议和为辅，战和兼用，相辅相成。所以，既攻城，又招降，这是后金-清朝对明朝的基本方略。

至是，天命三年即万历四十六年（1618）四月十五日，努尔哈赤率兵进围明抚顺城，捉获一人，遗书谕游击李永芳降。其书曰："尔明发兵疆外，卫助叶赫。我乃兴师而来，汝抚顺所一游击耳，纵战亦必不胜。今谕汝降者：汝降，则我兵即日深入；汝不降，是汝误我深入之期也。汝素多才智，识时务人也。我国广揽人才，即稍堪驱策者，犹将举而用之，结为婚媾。况如汝者，有不更加优宠，与我一等大臣并列耶！汝不战而降，俾汝职守如故，豢养汝；汝若战，则我之矢，岂能识汝！必众矢交集而死。既无力制胜，死何益哉！且汝出城降，则我兵不入城，汝之士卒，皆得安全。若我入城，则男妇老弱，必致惊溃，亦大不利于汝矣！勿谓朕虚声恐喝，而不信也！汝思区区一城，吾不能下，何用兴师为哉！失此弗图，悔无及已。其城中大小官吏兵民等，献城来降者，保其父母妻子，以及亲族，俱无离散，岂不甚善！降不降，汝熟计之。毋不忍一时之忿，违朕言，致偾失事机

---

① 《清太祖高皇帝实录》第4卷，乙卯年（1615）四月，中华书局影印本，1986年，第14叶。

也。"①抚顺游击李永芳得书后，立城南门上，言纳款之事。李永芳见后金军势强兵众，树云梯登城，遂冠带整齐，乘马出城降。后金固山额真阿敦，引李永芳下马，跪见天命汗努尔哈赤。努尔哈赤在马上以礼相答。于是，抚顺（今辽宁省抚顺市抚顺县）、东州（今辽宁省抚顺市东洲区）、马根单（今辽宁省抚顺市马郡村）三城，及台堡寨共五百余悉下。努尔哈赤驻跸抚顺城。

同年六月，明朝与后金发生纠纷。《清太祖武皇帝实录》记载："大明边民，每年越边窃采满洲参、矿、果、木等物，扰害无极。一日，帝曰：'昔与大明立碑，宰马结盟，原为杜其混扰。今大明边民，累扰吾地。吾杀潜越禁边者，亦不为罪。'遂于六月，遣答儿汉蝦（即达尔汉侍卫扈尔汉），将越边窃物之人，遇则杀之，约有五十余。时帝闻广宁新任都堂至，乃遣纲孤里、方吉纳二人往见之。都堂李维翰将纲孤里、方吉纳，并从者九人，各以铁索系之，仍差人至满洲，谓帝曰：'吾民出边，汝当解还，安得遽杀之？'帝曰：'昔竖碑盟言，若见越禁边者不杀，殃及于不杀之人。今何负前盟而如是强为之说？'使者曰：'不然，但将首杀吾民者答儿汉蝦，献与抵罪则已，不然此事难寝。'甚以言逼之。帝不从。使者曰：'此事已闻于上，乃不容隐者，汝国岂无罪人乎？盍将此等人，献之边上，杀以示众，此事遂息。'帝欲图大明所拘十一人还，即于狱中取自夜黑所掳十人，解至抚顺所杀之。大明遂将所拘十一人放归。"②

明朝与后金的纠纷，通过遣使，进行沟通。如天命三年即明万历四十六年（1618）的遣使事例。史书记载："明广宁巡抚遣通事一人、从者五人，及前送书者一人，来言欲两国修好，可还所俘数人，并遣使来。"于此，努尔哈赤说："朕征战时所俘获者，即我民也，虽一人何可还耶！若以我为是，于所俘外更加馈赠

---

① 《清太祖高皇帝实录》第5卷，天命三年四月甲辰，中华书局影印本，1986年，第15～16叶。
② 《清太祖武皇帝实录》第2卷，天命元年正月，原清官内府藏，台湾广文书局影印本，1970年，第28叶。

之礼则和；如以我为非，则不必言和，当征伐如故耳。"随后，将明朝来使遣还。①

萨尔浒大战之前，明朝与后金，仍有使往来，明派李继学及通事（翻译）就是一例。天命四年即明万历四十七年（1619）正月丙午（二十二日），《清太祖武皇帝实录》记载：令大明使者李继学及通使赍书回。其文书曰："皇上若声辽人之罪，撤出边之兵，以我为是，解其七恨，加以王封，岂有不罢兵之理！再将我原赏及抚顺所原有敕书五百道，并开原所有敕书千道，皆赐吾兵将，我与大臣外加缎三千匹，金三百两，银三千两。"②这里努尔哈赤提出明朝不可能接受的条件，如要一千五百道敕书，以及大量的金银和绸缎等。

努尔哈赤攻打明辽东抚顺、清河、开原、铁岭、沈阳、辽阳、广宁和宁远八座重镇，其中清河、开原、铁岭、沈阳、辽阳、广宁六座重镇都没有提出议和，只有开始的抚顺与结尾的宁远，提出议和，和战配合。前者已述，至于后者，《清太祖高皇帝实录》记载：努尔哈赤率倾国之师，进攻宁远，连陷右屯、大凌河、锦州、松山、小凌河、杏山、塔山、连山八城后，兵临孤城宁远。后金军越城五里，横截山海大路，驻扎兵营，准备攻城。努尔哈赤纵放所俘汉人，派其进入宁远城，告袁崇焕曰："汝等此城，吾以兵二十万来攻，破之必矣！城内官若降，吾将贵重之，加豢养焉。"宁远道袁崇焕答曰："汗何故遽尔加兵耶？锦、宁二城，汝国既得而弃之，以所弃之地，吾修治而居。宁各守其地以死，讵肯降耶！且汗称来兵二十万，虚也！约有十三万，我亦不以来兵为少也！"努尔哈赤欲统兵攻城，命军中准备攻城器具。二十四日，后金兵执盾牌，进薄城下。后金军将毁城进攻，时天寒土冻，凿穿数处，城坚不堕，军士奋勇，乘间攻击。明总兵满桂、宁远道袁崇焕、参将祖大寿，率领兵民，撄城固守，火器炮石，纷射城下。后金军死战

---

① 《清太祖高皇帝实录》第5卷，天命三年六月己卯（二十二日），中华书局影印本，1986年，第23～24叶。
② 《清太祖武皇帝实录》第3卷，天命四年正月二十二日，原清宫内府藏，台湾广文书局影印本，1970年，第1叶。

不退，但不能攻，且战且退。翌日，再度攻城，又不能克，伤亡惨重，失利而退。①后金宁远兵败之后，同年八月十一日，努尔哈赤死去。天命汗努尔哈赤之死，是清朝兴起史上一个转折点。明朝与后金的关系，后金宗室内部，随着天命汗之死，发生了重大变局。这时，明辽东巡抚袁崇焕，抓住有利的时机，提出同后金议和。这是明、清关系史上的一件大事，也是明、清关系史上的一个转折点。明朝与后金，双方为着"自固"，都需要议和。

于后金：议和是后金的急切需要。

自努尔哈赤建元称汗，至南明永历帝兵败被俘，在中华民族内部，明、后金-清之间的战争长达四十六年。甲申之际，主客易位，明祚灭亡，清都北京。此前，努尔哈赤崛起辽东，统一建州女真，吞并扈伦四部，征抚漠南蒙古，举兵袭陷抚顺。明军在萨尔浒之役四路丧师后，努尔哈赤一得志于开原、铁岭，二得志于沈阳、辽阳，三得志于广宁、义州。明军败报频至，举朝震惊。努尔哈赤公开打出反明旗帜后，以军事进攻为主，未尝与明帝议和。天命十一年即天启六年（1626），努尔哈赤死，子皇太极立。明宁远巡抚袁崇焕遣使往沈阳吊丧，兼贺新汗即位，并觇视其虚实。从此，拉开了明朝与后金议和的帷幕。其时，后金出现重大历史转折，遇到重大社会困难。这主要表现在：

第一，军事上，努尔哈赤率领号称十三万的大军攻宁远，兵败。尔后，皇太极兵攻宁、锦，又败。他说："昔皇考太祖攻宁远，不克；今我攻锦州，又未克。似此野战之兵，尚不能胜，其何以张我国威耶！"②后金连年出兵征战，竟无尺寸土地之得。后金主殂兵挫，满洲军民沮丧。

第二，政治上，皇太极初立，与三大贝勒"俱南面坐"③，习称"四尊佛"。但皇太极不容于众贝勒，众贝勒也不容于皇太极。皇太极"虽有一汗之虚名，实无

---

① 《清太祖高皇帝实录》第10卷，天命十一年正月戊午，中华书局影印本，1986年，第4～6叶。
② 《清太宗文皇帝实录》第3卷，天聪元年五月癸巳，中华书局影印本，1985年，第16叶。
③ 《清太宗文皇帝实录》第11卷，天聪六年正月己亥朔，中华书局影印本，1985年，第1叶。

异整黄旗一贝勒也！"① 诸贝勒对皇太极心怀不平，他欲借外交胜利，来缓解其内部骨肉相残之困局。

第三，经济上，连年战争，马市关闭，贡市停止，辽东大饥，粮食奇缺，物价飞涨，"斗谷八两银，人有相食者"②。

第四，策略上，后金军西进，受到袁崇焕阻挡；蒙古林丹汗实力强大，又同明朝结有共同抵御后金的盟约。皇太极欲调整进兵方略，希图与明议和，兵锋东指朝鲜，以收到兴师克捷、获取粮布、兼略皮岛和巩固汗位一石四鸟的效果。

其时，有人在奏本中综论当时天下的大局大势，分析后金与明朝的形势，指出明朝与后金各有其短长："野地浪战，南朝万万不能；婴城固守，我国每每弗下。"并奏称后金战胜明朝，时机未到，不可强求；机会已到，则不可失。故认为后金对明朝"图霸制胜"之大计，"惟讲和与自固二策"③。皇太极鉴于形势，运筹帷幄，决计遣使携书赴宁远同明议和。

于明朝：议和是明朝的缓兵之策。

明自万历四十六年即天命三年（1618）失陷抚顺以后，丢城失地，屡战屡败。先是抚顺、清河，继是萨尔浒，又是开原、铁岭，再是沈阳、辽阳，复是广宁、义州——作战，一仗败一仗；城镇，一城失一城。八年以来，宁远虽胜，其北诸城，却需修葺。而要修缮诸城，则需争取时间。明辽东巡抚袁崇焕不仅了解后金前述弱点，而且看到明朝自身困难。

第一，军事上，袁崇焕虽获宁远大捷，但靠"凭坚城以用大炮"④之策取胜，并未与八旗军野战争锋。为着锐意恢复失地，需借和谈作阻兵计，宁锦八城，加以修缮，训练士马，运粮治炮，集民耕屯。

---

① 《天聪朝臣工奏议》上卷，辽宁大学历史系铅印本，1980年，第30页。
② 《满文老档·太宗》第Ⅳ册，天聪元年六月二十三日，东洋文库译注本，1959年，第87页。
③ 《明清史料》甲编，第1本，中央研究院历史语言研究所集刊，1930年，第48叶。
④ 《明熹宗实录》第79卷，天启六年十二月庚申，台北历史语言研究所校勘本，1962年，第19叶。

第二，政治上，天启末年，庙堂腐败，宦官专权，朝政黑暗。天启帝死，崇祯帝立，国势败坏，党争激烈，新朝初建，也需调整。

第三，经济上，自失陷抚顺以来，兵连十载，军队饷银，数额大增，粮秣军械，运往关外，中空外竭，灾荒严重，哀鸿遍野。

第四，策略上，袁崇焕相机而动，主张同后金议和。崇焕奏报，优旨许之，从而开始了明朝对后金策略的重大转变，是为明朝与后金关系史上的一个转折点。

议和同战争一样，都是政治斗争的一种形式而已。为着达到政治目的，它可用刀剑，也可用笔舌，或兼而用之。虽然战争已把明朝这个重病躯体拼命地往下拖，但它仍自诩为"天朝"，而视后金作"东夷"，徒好大言，不尚实际，更以宋金和约为鉴戒，不愿同后金议和。然而，袁崇焕能体察形势，不泥成见，疏陈把议和作为明廷对后金的一种策略。他说："守为正着，战为奇着，款为旁着。"①袁崇焕把守、战、款，作为三种策略，在同后金斗争中，守攻相济，款战并用。但是，袁崇焕议和，冒着政治风险："南朝之君，深鉴宋室之覆辙。文臣以口舌纸笔支吾了事，不肯担当以玷清议；武官只垂手听人指挥，不敢专决。"②

后来，袁崇焕落狱殒身，此为一大原因。

既然议和为后金与明朝的双方需要，袁崇焕与皇太极，便开始议和活动。

袁崇焕宁远得胜后，升为辽东巡抚，深受朝廷信任，颇有匡复大志。天命十一年（1626）八月十一日，努尔哈赤去世，后金军民沉浸在一片悲哀之中。蒙古各部贝勒、台吉，或亲至，或遣使，前往沈阳，烧纸吊祭，哀唁老汗逝世，兼贺新汗继位。先是，王之臣与袁崇焕、内臣依据"便宜行事"谕旨商议，派使前往沈阳，察探"彼中虚实"，并提出"万一此道有济，贤于十万甲兵"。旨批："阃外机宜，悉听便宜行事。"③十月，明宁远巡抚袁崇焕派都司傅有爵、田成及李喇

---

① 《明熹宗实录》第84卷，天启七年五月庚辰，台北历史语言研究所校勘本，1962年，第11叶。
② 《天聪朝臣工奏议》上卷，辽宁大学历史系铅印本，1980年，第19页。
③ 《明熹宗实录》第76卷，天启六年九月戊戌，台北历史语言研究所校勘本，1962年，第16叶。

嘛（即喇嘛镏南木坐）等三十四人，到沈阳为努尔哈赤吊丧，并祝贺新汗皇太极即位。这个惊人的举动，令人们感到意外。后金与明朝自天命三年即万历四十六年（1618）以来，八年之间，矢镞纷飞，血腥厮杀，处于战争状态，并无使臣往来。明辽东袁崇焕名为吊唁，实则是借机刺探后金内部的军政情报。

　　皇太极也心中有数。他明白袁崇焕的意图，便将计就计，顺水推舟，对从宁远来的明方使臣，盛情款待，表现大度。时大贝勒代善出征喀尔喀扎鲁特部凯旋，皇太极要让明使观看后金军队，士气之旺，军容之盛，邀请他们随同出迎十五里，阅示后金军凯旋大礼，还赏给李喇嘛一峰骆驼、五匹马、二十八只羊。傅有爵、李喇嘛等一行，在沈阳驻留将近一个月。临离开沈阳返回时，皇太极派方吉纳、温塔石带领七个人，随同明使去宁远，并向袁崇焕献参、貂、玄狐、雕鞍等礼物。皇太极致袁崇焕书，文曰："大满洲国皇帝，致书于大明国袁巡抚。尔停息干戈，遣李喇嘛等来吊丧，并贺新君即位。尔循聘问之常，我亦岂有他意。既以礼来，当以礼往，故遣官致谢。至两国和好之事，前皇考往宁远时，曾致玺书与尔，令汝转达，至今尚未回答。汝主如答前书，欲两国和好，我当览书词以复之。两国通好，诚信为先。尔须实吐衷情，勿事支饰也。"①皇太极明确表示：两国和好之事，父汗往宁远时，曾予致书，要求转奉，但至今未复。你们真要和好，作出回应，我将答复。

　　后金遣使到宁远，袁崇焕立即奏报朝廷。后金来使，恭谨执礼，袁崇焕奏言："奴遣方金纳、温台什二夷，奉书至臣，恭敬和顺，三步一叩，如辽东受赏时。"②袁崇焕又奏言："自宁远败后，旋报（努尔哈赤）死亡，只据回乡之口，未敢遽信。幸而厂臣主持于内，镇守内臣，经、督、镇、道诸臣，具有方略，且谋算周详。而喇嘛僧慧足当机，定能制变，故能往能返。奴死的耗，与奴子情形，我已备得，尚复何求？不谓其慑服皇上天威，遣使谢吊。我既先往以为间，其来也正可因而

---

①《清太宗文皇帝实录》第1卷，天命十一年十一月乙酉，中华书局影印本，1985年，第13叶。
②《明熹宗实录》第79卷，天启六年十二月庚申，台北历史语言研究所校勘本，1962年，第20叶。

间之。此则臣从同事诸臣之后,定不遗余力者,谨以一往一还情形上闻。"得旨:"据奏,喇嘛僧往还,奴中情形甚悉。皆厂臣斟酌机权主持于内,镇、督、经臣协谋于外,故能使奉使得人,夷情坐得,朕甚嘉焉。夷使同来,正烦筹策,抗则速遣之,驯则徐间之。无厌之求,慎无轻许;有备之迹,须使明知。严婉互用,操纵兼施。勿挑其怒,勿堕其狡。夷在,无急款以失中国之体;夷去,无弛防以启窥伺之端。战守在我,叛服听之。该抚还会同镇守内臣及经臣、督臣、顺天抚臣,酌议妥确。"①袁崇焕据此旨意,既将方吉纳等遣还,也不接受皇太极来书。其理由是,来书封面书写"大金"与"大明"字样并列,有失"天朝"尊严,无法向朝廷转奉。袁崇焕没有拆封,就让方吉纳等将原书带回。辽东巡抚袁崇焕既不复信,也未派使者随同其往沈阳。袁崇焕的收获是得到努尔哈赤死亡及其汗位继承的实情。明朝与后金第一次和议使臣往返活动,由此结束。②

袁崇焕将遣使、议和之事,及时奏报朝廷。据《明熹宗实录》记载:先后于天命十一年即天启六年(1626)的九月戊戌(二十九日)、十月壬子(十三日)、十二月辛亥(十三日)和庚申日(二十二日)、十二月乙丑(二十七日),还有天聪元年即天启七年(1627)的正月庚辰(十二日)、正月甲午(二十六日)、二月己亥(初二日),八次奉书,疏报朝廷。朝廷表示可以同后金议和,并允其便宜行事。《明史·袁崇焕传》称"崇焕初议和,中朝不知"。此言系失实,为不确之论。袁崇焕自己也辩白道:"若臣向以侦谕用间,何尝许一'款'字?前后章疏,俱在御前。有谓以款误,臣不受也!"③

明廷对同后金议和的政策,朝臣分歧,摇摆不定。辽东督师王之臣在奏疏中认为:"天朝之大,有泰山四维之势,可恃以无恐耳。我若顿忘国贼,与之议和,

---

① 《明熹宗实录》第79卷,天启六年十二月辛亥,台北历史语言研究所校勘本,1962年,第11~12叶。
② 袁崇焕派傅有爵、李喇嘛等往沈阳议和,事在皇太极新登汗位之后,本应列在下文"天聪议和"之内,但因其时年号仍为天命,故将其纳入天命朝。
③ 《明熹宗实录》第84卷,天启七年五月庚辰,台北历史语言研究所校勘本,1962年,第13叶。

彼必离心，是敺鱼爵①于渊丛，而益敌以自孤也。臣款款之愚，必不敢强同一时，终贻后悔。惟度我力能战则战，不能则守。观变待时，虏自瓦解。何必曲为之和，以酿无穷之衅乎！"因谕"边疆以防御为正，款事不可轻议。这本说亦是"②。袁崇焕于议和持慎重态度，他以皇太极来书"大明"与"大金"并写，不便奏闻，既不遣使，也不回书。既然督师王之臣与巡抚袁崇焕不和，朝廷恐蹈从前河西熊、王经、抚不和而失陷广宁之覆辙，于此年正月召回王之臣，加太子太保衔、管兵部事；关宁兵马，俱听袁崇焕调度。

后金和明朝都需要以议和作为"自固"之需。皇太极之目的，在于集中兵力，进攻朝鲜。袁崇焕之目的，在于修缮关外八城，加强防御。因此，双方又在进行新的议和试探。

皇太极命达海、库尔缠与三大贝勒代善、阿敏、莽古尔泰等，共同会议，草拟复书。一个月后，天聪元年即天启七年（1627）正月初八日，皇太极命方吉纳、温塔石等九人再去宁远，致书明宁远巡抚袁崇焕，从而开始天聪朝的议和。

---

① 《孟子·离娄上》："故为渊敺鱼者，獭也；为丛敺爵者，鹯也。"敺，古"驱"字；爵，通雀。
② 《明熹宗实录》第79卷，天启六年十二月丙辰，台北历史语言研究所校勘本，1962年，第17叶。

二 天聪议和

天聪元年即天启七年（1627），金明议和，双方需要。其时，生员岳起鸾奏曰："我国宜与明朝讲和。若不讲和，则我国人民，死散殆尽。"① 后金与明朝的议和，在艰难曲折中进行。

皇太极对袁崇焕没有继续遣使持书议和，并不甘心，继续试探。天聪元年即天启七年（1627）正月初八日，皇太极命大贝勒阿敏等率军，东进朝鲜，既攻打毛文龙，又顺道攻朝鲜。天聪汗在东线用兵朝鲜，在西线需要进行和谈，牵制明军东进，解除后顾之忧。

同日，皇太极命方吉纳、温塔石等九人再去宁远，致书明宁远巡抚袁崇焕。书曰："满洲国皇帝致书袁巡抚。吾两国所以构兵者，因昔日尔辽东广宁守臣，高视尔主，如在天上，自视其身，如在霄汉。俾天生诸国之君，莫得自主，欺藐陵轹，难以容忍。是用昭告于天，兴师致讨。惟天不论国之大小，止论理之是非。我国循理而行，故仰蒙鉴佑。尔国违理之处，非止一端，可为尔言之。如癸未年，尔国无故兴兵，害我二祖，一也。癸巳年，叶赫、哈达、乌喇、辉发与蒙古，无

---

① 《清太宗实录稿本》，天聪元年三月初二日，台北历史语言研究所藏。

故会兵侵我，尔国并未我援。幸蒙上天以我为是，师行克捷，后哈达复来侵我，尔国又不以一旅相助。己亥年，我出师报哈达，天遂以哈达畀我。尔国乃庇护哈达，逼我释还其人民。及释还哈达人民，复为叶赫掠去，尔国则置若罔闻。尔既称为中国，宜秉公持平，乃于我国则不援，于哈达则援之，于叶赫则听之。此乃尔之偏私也，二也。尔国虽启衅，我犹欲修好，故于戊申年勒碑边界，刑白马乌牛，誓告天地云，'满、汉两国之人，毋越疆圉，违者殛之'。乃癸丑年，尔国以防卫叶赫，发兵出边，三也。又曾誓云，'凡有越边者，见而不杀，殃必及之'。后尔国之人，潜出边境，扰我疆域，我遵前誓诛之。尔乃谓我擅杀，缧系我广宁使臣纲古里、方结纳，且要我杀十人于边境，以逞报复，四也。尔以兵防卫叶赫，俾我国已聘叶赫之女，改适蒙古，五也。尔又发兵，焚我累世守边庐舍，扰我耕耨，不令收获，且展立石碑，置沿边三十里外，夺我疆土。其间人参、貂皮、五谷、材用产焉，我民所赖以为生者，攘而有之，六也。甲寅年，尔国听信叶赫之言，遣使遗书，种种恶言，肆行侮慢，七也。我之大恨，有此七端。至于小忿，何可悉数。陵逼已甚，用是兴师。今尔若以我为是，欲修两国之好，当以黄金十万、白金百万、缎匹百万、布匹千万相馈，以为和好之礼。既和之后，两国往来通使。每岁我国以东珠十、貂皮千、人参千斤遗尔。尔国以黄金一万、白金十万、缎匹十万、布匹三十万报我。两国诚如约馈遗，以修盟好，则当誓诸天地，永久勿渝。尔即以此言，转达尔主。不然，是尔仍愿兵戈之事也！"①书中再申"七大恨"，并提出和好的具体条件。皇太极要求明朝必须拿出大批金银财物给后金，否则后金将继续以兵戈从事，对明朝发动军事进攻。皇太极开列的金银缎布等，既是对明朝的经济勒索，也是对明朝的政治讹诈，袁崇焕自然不能接受。

三月，袁崇焕派杜明忠为使，随同方吉纳等去沈阳，带去给皇太极的回书。袁崇焕的回书写道："再辱书教，知汗渐渐恭顺天朝，而息兵戈以休养部落。即此一念好生之心，天自鉴之。将来所以佑汗而强大汗者，尚无量也。往事七宗，汗

①《清太宗文皇帝实录》第2卷，天聪元年正月丙子，中华书局影印本，1985年，第1~3叶。

家抱为长恨者，不佞宁忍听之漠漠。但追思往事，穷究根因，我之边境细人与汗家之不良部落，口舌争竞，致起祸端。汉过不先，夷过必后；夷过肯后，汉过岂先。作孽之人，即追人刑，难逃□□。不佞不必枚举，而汗亦所必知也。今欲一一而明白开晰，恐难问之九原。不佞非但欲我皇上忘之，且欲汗并忘之也。然汗家十年战斗，驱夷夏之人，肝脑涂三韩，膏泽浸野草，天愁地惨，极悲极痛之事，将为此七宗也。不佞可无一言！今南关、北关安在？河东、河西死者，宁止十人？仳离者宁止一老女？辽、沈是界以内乎！人之不保，宁问田禾？汗之怨已仇，而意得志满之日也。惟我天朝难消受耳！今若修好，城池地方，作何退出？官生男妇，作何送还？汗之仁明慈惠、敬天爱人矣！然天道无私，人情忌满，是非曲直，豁若昭然。各有良心，偏私不得。不佞又愿汗再深思之也。一念杀机，起世上无穷劫运；一念生机，保身后多少吉祥！不佞又愿汗图之也。若书中所开诸物，以中国之大，皇上之恩养四夷，宁少此物，抑宁靳此物？然往牒不载，多取违天，恐亦汗所当自裁也。方以一介往来，又称兵于高丽，何故？我文武兵将遂疑汗之言不由心也。兵未回即撤回，已回无再往，已明汗之盛德。息下刀兵，将前后事情，讲折（析）明白。往来书札，无取动气之言，恐不便奏闻。"① 袁崇焕的赍书，驳斥了皇太极的"七大恨"，并将双方多年战争，归结为边民细末争执所引起。他断然拒绝皇太极的贪婪要求，并要皇太极将辽东土地、人民归还明朝。袁崇焕还要求皇太极从朝鲜撤军，并保证以后不得加兵朝鲜。这些要求，皇太极显然不能接受。时天聪汗已派大军进入朝鲜，无暇西顾。袁崇焕则乘机修复锦州、中左所、大凌河三城，工程正在加紧进行时，袁崇焕接到毛文龙和朝鲜告急文书，便派水师应援毛文龙，并派赵率教统领精兵逼近三岔河，作牵制之势。朝鲜被征服后，赵率教等退兵。

四月初八日，皇太极遣明使杜明忠返回，携带其致袁崇焕答书一封，又致李喇嘛答书一封。在致袁崇焕书中，皇太极逐条驳斥了袁崇焕上封信中的论点，坚

---

① 《明清史料》丙编，第1本，中央研究院历史语言研究所集刊，1936年，第1叶。

持"两国是非晓然，以修和好"。即将弄清是非，作为议和条件。皇太极在回书时也作了一些让步。其一，愿意在书写格式上，把自己名字下明朝皇帝一字书写，但不得与明臣并列。其二，将礼物数目减半，规定明朝出"初和之礼"黄金五万两、银五十万两、缎五十万匹、绫布五百万匹。后金以东珠十颗、黑狐皮二张、玄狐皮十张、貂鼠皮二千张、人参一千斤作为回报。和好之后，明朝每年送后金黄金一万两、银十万两、缎十万匹、绫布三十万匹。后金给明朝东珠十颗、人参千斤、貂皮五百张。皇太极在致李喇嘛书中道："'苦海无边，回头是岸。'此言是也。然向我言之，亦当向明国皇帝言之。若肯回头，同臻极乐，岂不甚善！"云云。皇太极致袁崇焕与李喇嘛两书缮写完毕，刚要遣使前往时，得报：明军正在抢修塔山、大凌河、锦州等城。皇太极命再附书袁崇焕，指责他诈称和好，修葺城垣，乘机备战，不守信义。他提出，如真心议和，应先划定疆界。皇太极决定不派遣使往宁远，而让杜明忠带回去。① 后袁崇焕不满后金东向用兵，停遣使，罢和议。他对皇太极所提要求，不予理睬。因此，双方议和，便告中止。

五月，皇太极既下朝鲜，约为"兄弟之盟"，而消除后顾之忧，又知毛文龙虚实后，发动宁锦之战，欲洗雪其先父之遗恨。皇太极兵围锦州，致书纪用太监等，提出："或以城降，或以礼议和。"纪用答复曰："至和好之事，俟退兵后奏知朝廷再议。"② 皇太极攻城不克，兵败而回。旋即袁崇焕被魏阉排挤离职。袁崇焕受排挤的一个"理由"是，"谈款一节，所误不小"③。随着袁巡抚的去职，皇太极的议和便中断。

袁崇焕不予回书，自有苦衷。先是，他主持议和，是以议和为缓兵之计，争取时间，加紧修缮城垣。他曾将议和之事奏报朝廷，天启帝旨允。但很多朝臣反对议和，认为此是重蹈宋金议和覆辙。袁崇焕坚持议和，反复说明其策略。当皇

---

① 《清太宗文皇帝实录》第3卷，天聪元年四月甲辰，中华书局影印本，1985年，第1～6叶。
② 《清太宗文皇帝实录》第3卷，天聪元年五月辛巳，中华书局影印本，1985年，第14叶。
③ 《明熹宗实录》第87卷，天启七年八月壬寅，台北历史语言研究所校勘本，1962年，第12叶。

太极进兵朝鲜时，群臣纷纷弹劾袁崇焕，说后金敢于入侵朝鲜，是"和议所致"。袁崇焕不服，遂上书辩解："关外四城虽延袤二百里，北负山，南阻海，广四十里尔。今屯兵六万，商民数十万，地隘人稠，安所得食？锦州、中左、大凌三城，修筑必不可已，业移商民，广开屯种，倘城不完而敌至，势必撤还，是弃垂成功也。故乘敌有事江东，姑以和之说缓之。敌知，则三城已完，战守又在关门四百里外，金汤益固矣。"①这说明袁崇焕议和的真实意图。经过此番申辩，天启帝表示谅解。随后，天启帝又改变主意，不准议和，屡下谕旨："狡奴变诈叵测，款不足信。"②不难看出，明朝方面，进行议和，毫无诚意。袁崇焕对后金所提议和条件，或是敷衍，或是拖延。皇太极的议和赍书，袁崇焕并未上奏朝廷。因为不是真和，也就不必奏报。

天聪二年即崇祯元年（1628），崇祯帝初政，魏忠贤已诛。正月初二日，皇太极借给天启帝吊丧、贺崇祯帝继位之机，派人往宁远，赍书总兵祖大寿，曰："夫构兵则均受苦难，而太平则共享安逸。我愿太平，欲通两国和好之路。"③没有得到回答。不久，袁崇焕被起用为蓟辽督师。④皇太极致书袁崇焕，要求恢复和谈，并作出让步：奉明朝正朔，去天聪年号。时崇祯帝急欲励精图治，而群臣翘望肤奏辽功。袁崇焕企划五年复辽，整顿诸务，尚需时日，但有其难言之隐。他于议和态度冷漠，回书称："非一言可定也。"⑤

八月，后金佚名奏本分析"大局大势"，提出"图霸制胜"之策。略谓：先皇帝席卷辽河以东，已成破竹之势，但怀疑中止，这是皇天有意保留明朝。明朝用兵已久，财力枯竭，然而它以全国之力倾注于一隅之地，还是很充裕的。论野地浪战，南朝则不如我国；而死守城池，我兵却每每攻不下。因此，我国屡次进征，屡次不得长驱直入，令人愤恨不已。我以为时间未到，不能强求；机会来临，

---

① 《明史·袁崇焕传》第259卷，中华书局点校本，1974年，第6711页。
② 《明熹宗实录》第81卷，天启六年十二月壬子，台北历史语言研究所校勘本，1962年，第18叶。
③ 《满文老档·太宗》下册，天聪二年正月初二日，中华书局译注本，1990年，第875页。
④ 《崇祯实录》第1卷，崇祯元年二月甲辰，台北历史语言研究所校勘本，1962年，第5叶。
⑤ 《满文老档·太宗》第Ⅳ册，天聪三年闰四月初二日，东洋文库译注本，1959年，第218页。

不可失掉。我国对南朝的方针大计，唯有"讲和与自固二策而已"。南朝君臣亦深知宋朝的教训，但贿赂的积习难以消除，时间一久，它就会疏忽、懈怠，必然踏入不可挽回的颓势之中。等待我国更加富足，兵力更加强大，那时再乘机进攻，破竹长驱，天下可以传檄而定。再有一策，我国努力修明政治，开垦土地，息兵养民，举贤任才，不慕虚名，只求实力。这是最为要紧的一着，即"自固"的上策。况且南朝文官武将，季季更换，年年变迁。它的宰辅大臣，迂腐而不知通权达变；其科、道官员，不懂军事而纸上谈兵。以为边官无功，统统罢官。虽"师老财匮"，却频频催促进兵。那时，我国以逸待劳，以饱等饥，以一击十。这道奏疏，建议对明朝采取和谈之策、对后金采取自固之策。奏本中提出的"和谈"，是一个策略，利用和谈，争取时间；强化自身，巩固辽、沈，富国强兵。在"自固"同时，利用和谈，装出卑下的姿态，麻痹明朝，促使其内部不攻自乱。时机一到，便"破竹长驱"，天下可定。这份奏本之后，皇太极更主动、更自觉地利用议和，作为辅助手段，同明朝进行较量。

天聪三年即崇祯二年（1629），仅正月至七月间，皇太极与袁崇焕就议和之事，先后十二封书信往来，其中皇太极致袁崇焕书八封，袁崇焕致皇太极书四封。[①]正月十三日，皇太极在得知袁崇焕被重新起用后，赍书袁崇焕，提出恢复和谈。他就东征朝鲜之事作了解释，提出"我愿罢兵，共享太平。何以朝鲜之故，误我两国修好之事"。二月二十八日，时袁崇焕已任蓟辽督师，皇太极又一次赍书表示："我愿和好，共享太平。如何议和，听尔等之言。"闰四月初二日，袁督师复书称："议和有议和之道，非一言能定之者也。"信中特别提出印信一事，强调"若非赐封者，则不得使用"。闰四月二十五日，皇太极复书袁崇焕，阐述"议和之道"后，提出议和条件，曰：其一，划定两国国界，明以大凌河为界，后金以三岔河为界，其间为空留缓冲地带；其二，明朝给后金铸金国汗印；其三，讲和修好之礼物数

[①]［日］神田信夫：《袁崇焕与皇太极的往来书信》，载阎崇年、吕孟禧主编《袁崇焕学术论文集》，广西人民出版社，1989年。

目,可以重新考虑等。①皇太极派白喇嘛等持上书前往宁远后,久不见回。后金得到消息,白喇嘛等已被扣留。六月二十日与二十七日,皇太极连赍两书给袁崇焕,要求迅速放人,限期于七月五日前,否则便认定袁加以扣留。七月初三日,白喇嘛等回到沈阳,并带回袁督师两书。第一书,说原辽东人逃到辽西,其先人坟墓均在辽东,他们能不思念其先人遗骨吗?礼物之事,只要修好,可以议商,至于"铸印之语,皆非一言可尽也"!上述诸项,"止有受而不可言,故未奏帝知也"②。第二书,解释使者迟归的原因,其时袁崇焕巡视东江并计斩毛文龙③,故言"使臣来时我出海,是以久留,别无他事"。

皇太极对袁崇焕的来书,先后发出两封回书。其一,为感谢袁督师善待其使臣。其二,阐述后金的态度,略谓:尔言辽西人之先骨坟墓在辽东,此非令我还辽东地方吗?照此来说,尔所得之地,"岂无汗及诸贝勒之坟墓也"?书中表明:"承蒙天恩,(朕)为一国之君。尔等不纳我言,高视尔帝如在天上,内臣等则自视其身若神,以不可奏闻于帝,亦不合众臣之意为辞,不令我信使直达京城而遣还之,竟达两载。较之大辽欺金,殆有甚哉。此亦天理耳!我岂能强令修好耶?"④这封赍书暗示皇太极将动用武力,以实现其议和所达不到的目的。然而,袁崇焕很快复书,言:"汗若诚心,我岂可弄虚?汗若实心,我岂可作假?两国兴衰,均在于天,虚假何用?唯十载军旅,欲一旦罢之,虽奋力为之,亦非三四人所能胜任,及三言两语所能了结者也。总之,在于汗之心矣!"⑤皇太极接到袁崇焕来书,两天后即复书称:"我欲修好,尔复败和议。不念将士军民之死伤,更出大言,战争不息,则兵并非易事也。尔若欲和好,而我不从,致起兵端,我民被诛,则非尔诛之,乃我自诛者也。我若欲和好,而尔不从,致起兵端,尔民被诛,则并非我

---

① 《满文老档·太宗》第Ⅳ册,天聪三年闰四月二十五日,东洋文库译注本,1959年,第219页。
② 《满文老档·太宗》第Ⅳ册,天聪三年七月初三日,东洋文库译注本,1959年,第223页。
③ 《毛总戎墓志铭》,载《东江疏揭塘报节抄》,浙江古籍出版社,1986年,第218页。
④ 《满文老档·太宗》第Ⅳ册,天聪三年七月初十日,东洋文库译注本,1959年,第225页。
⑤ 《满文老档·太宗》第Ⅳ册,天聪三年七月十六日,东洋文库译注本,1959年,第228页。

诛之，乃尔自诛之也。我诚心和好，尔自大不从，谅天亦鉴之，人亦闻之矣！"①

皇太极想借议和，进行南北贸易，调剂衣食之源；见议和不成，便诉诸战争。他发表汗谕曰："我屡欲和，而彼不从，我岂可坐待？定当整旅西征。"②皇太极得知袁崇焕既修葺宁远、锦州等城垣，城防坚固，难以攻破，便率军绕道蒙古，直奔京师。袁督师闻警，"心焚胆裂，愤不顾死，士不传餐，马不再秣"③，日夜兼驰，捍御京城。广渠门激战，大破八旗军。④不久，袁崇焕被下诏狱。皇太极见"勤王"之师聚集北京，一面议和，一面退军。其议和，十二月十八日，皇太极"遣什巴克达海、爱巴礼赍与明国君议和书二通"⑤。明廷没作回应。二十二日，皇太极又遣达海巴克什等赍书，与明君议和。和书两封，一置德胜门外，一置安定门外。二十五日，皇太极再遣官赴安定门，赍书与明君议和。天聪大汗，七日之间，四致和书，可谓频矣。明朝君臣，均未作答。其退军，皇太极率军东撤，边撤边战，边退边掠。翌年二月初九日，皇太极连发两封议和书，一封给崇祯皇帝，另一封给明朝诸臣。其后书曰："我欲罢兵，共享太平，屡遣使议和，惟尔等不从。在此战中，将卒被诛，国民受苦，实尔自相戕害也。我前曾六次致书京城议和，意者以城下之盟为耻，抑冀我兵之速退为幸，故不作答。……今我两国之事，惟和与战，别无他计也。和则国民速受其福，战则国民罹祸，何时可已。"⑥后金军占领永平等四城，皇太极回师，于三月初二日到沈阳。八月十六日，崇祯帝以"谋款"即议和等罪，磔杀袁崇焕。袁崇焕之死，即"言和者死"，从而堵塞议和之路，加速了明朝的灭亡。袁崇焕"谋款"即"议和"之罪：

其一，"谋款助敌"。明朝言官以朝鲜及毛文龙被兵，系由议和所致，而攻讦

---

① 《满文老档·太宗》第Ⅳ册，天聪三年七月十八日，东洋文库译注本，1959年，第229页。
② 《清太宗文皇帝实录》第5卷，天聪三年六月乙丑，中华书局影印本，1985年，第11叶。
③ 程本直：《白冤疏》，载《袁督师事迹》，道光伍氏刻本。
④ 《满文老档·太宗》下册，天聪四年二月初十日，中华书局译注本，1990年，第998页。
⑤ 《清太宗文皇帝实录》第5卷，天聪三年十二月戊辰，中华书局影印本，1985年，第35叶。
⑥ 《满文老档·太宗》下册，天聪四年二月初九日，中华书局译注本，1990年，第997页。

袁崇焕。事实上，皇太极先命阿敏等率师攻朝鲜，另遣方吉纳等致书袁崇焕议和。袁崇焕未及回书，八旗军已陷平壤。皇太极出兵朝鲜，是由于后金、朝鲜、明朝之间错综复杂矛盾及其力量对比所决定的，同袁崇焕议和并无因果关系。相反，袁崇焕借议和作掩饰，出兵三岔河，牵制后金，策应朝鲜；又利用此机，做了击败八旗军进犯之准备。这正如袁崇焕在疏辩中所言："锦州、中左、大凌三城，修筑必不可已。业移商民，广开屯种。倘城不完而敌至，势必撤还，是弃垂成功也。故乘敌有事江东，姑以和之说缓之。敌知，则三城已完。战守又在关门四百里外，金汤益固矣。"①明廷优诏报闻。袁崇焕令赵率教驻锦州，护版筑，城益固。后皇太极兵犯宁、锦，袁崇焕获"宁锦大捷"。

  其二，"谋款杀帅"。"杀帅"是指袁崇焕计斩辽东总兵毛文龙。袁崇焕借斩毛文龙以向后金乞和，多有书文。如谈迁谓后金"阴通款崇焕，求杀文龙"②。其后《明季北略》、《石匮书后集》和《明史纪事本末·毛帅东江》等书，以讹传讹，均持此说。袁崇焕"谋款杀帅"之说并不可信。因为：第一，迄今尚未见到一条文献或档案的直接确凿史料，证明袁崇焕杀毛文龙为皇太极所指使。第二，袁崇焕遣使吊丧，为着探明"奴死的耗与奴子情形"③，并无"谋以岁币议和"之举，更无"函毛文龙首来"之诺。第三，袁崇焕在天启年间没有尚方剑，不可能"以文龙头"为讲款即议和之计。第四，袁崇焕杀毛文龙密计，在受命离京之前，与大学士钱龙锡等商定，并非为"无以塞五年复辽之命"而斩毛文龙。第五，《满文老档》和《李朝实录》等编年史料证明，毛文龙早在努尔哈赤时即表露出叛降后金的端倪。其后因魏阉败死失去内恃，朝鲜被兵又断绝后援，毛文龙叛降活动益甚。仅天聪二年即崇祯元年（1628）春，毛文龙连致皇太极三书，背着明朝皇帝，与之秘密通款。史料表明：毛文龙与后金通款是背着朝廷的，袁崇焕与后金议和是得到旨准的。

---

① 《明史·袁崇焕传》第259卷，中华书局点校本，1974年，第6711页。
② 谈迁：《国榷》第90卷，中华书局，1958年，第5488页。
③ 《明熹宗实录》第79卷，天启六年十二月辛亥，台北历史语言研究所校勘本，1962年，第11叶。

因此，不是袁崇焕为通款而杀毛文龙；相反，是毛文龙因"私通外番"等罪而为袁崇焕所杀。

其三，"诱敌胁款"。在皇太极兵围京师之时，阉党余孽密讦袁崇焕"引敌长驱，欲要上以城下之盟"①。京城怨谤纷起，流言四布，皆以为袁崇焕引敌入塞，以结宋金之盟。致袁崇焕磔死时，传闻"百姓将银一钱，买肉一块，如手指大，啖之。食时必骂一声，须臾，崇焕肉悉卖尽"②。袁崇焕身后蒙受唾詈之辱。③ 后纂《清太宗文皇帝实录》、修《明史》，特别是满文档案的插架公览，皇太极反间计公诸于世，袁崇焕的百年沉冤始得以昭雪。

其实，崇祯帝即位后，袁崇焕提出"守为正着，战为奇着，款为旁着"的战略。议和作为一种策略，崇祯帝并未表示异议。然而，历史上一种新政策的提出，必然会遭到守旧派的反对。明朝崇祯初，"忠贤虽败，其党犹盛"④，朝中阉党余孽，以袁崇焕"谋款"作题目，诬其"诱敌胁款"，借此为逆党翻案。袁崇焕被磔死，宰辅钱龙锡下狱，李标休致，成基命去职，刘鸿训先已遣戍，东林内阁被摧垮，开始形成周延儒、温体仁为首的反东林内阁，朝政日非，辽事日坏。明代杰出军事家袁崇焕同后金议和的主张，在当时历史条件下，既符合明朝和后金的利益，也反映了长城内外中华各族人民的愿望。但明廷出于宋金议和之殷鉴，未能实现其同后金的议和，致八旗军以此为借口⑤，驰驱入塞，京师被围，袁崇焕也身遭非刑。

天聪六年即崇祯五年（1632）六月，范文程、宁完我、马国柱合疏曰："伐明之策，宜先以书议和，俟彼不从，执以为辞，乘衅深入，可以得志。"⑥ 他们主张"先

---

① 叶廷琯：《鸥陂渔话·温体仁家书》第4卷，清刻本。
② 计六奇：《明季北略》第5卷，光绪十三年（1887）刻本，第10叶。
③ 传闻所谓袁崇焕遭磔刑后，"百姓将银一钱，买肉一块，如手指大，啖之。食时必骂一声，须臾，崇焕肉悉卖尽"云云，缺乏史证，不合情理，难以置信。
④ 《明史·刘鸿训传》第251卷，中华书局点校本，1974年，第6482页。
⑤ 《清太宗文皇帝实录》第5卷，天聪三年六月乙丑，中华书局影印本，1985年。
⑥ 《清史稿·太宗本纪二》第3卷，中华书局标点本，1977年，第39页。

礼后兵"，边和边战，明朝拒和，继之以战，争取主动，以攻为守。皇太极采纳上述奏议，确定议和方针，使用军事力量，对明实行进攻。同时，皇太极改进其内部政治与经济状况，将议和与自固，军事与政治，相互配合，交互使用，坚定不移，贯彻始终。皇太极进军察哈尔，近明宣化、张家口外，致书明守边官员议和，并定和议，在张家口通市贸易。明宣府巡抚沈棨、总兵董继舒，遣人向后金军献食物。六月二十八日，明宣府沈巡抚、董总兵，派金都司、黄都司及二州官共四员，前往金军大营，同其进行议和。后金阿什达尔汉、达雅齐、龙什及卫寨桑四大臣，同明朝官员，刑白马乌牛，焚书誓告天地，誓曰："大明国、满洲国，我两国皆欲修好，和睦相处。故刑白马乌牛，誓告天地。若大明先渝盟，则天地谴之，统绝国亡；若满洲先渝盟，则天地谴之，统绝国亡。两国若遵守誓告天地之言，和睦相处，则天地眷佑，至世世子孙，永享太平。"① 是为明朝官员与后金官员，秘密签订的第一个和约。十一月，后金派卫征囊苏喇嘛往宁远，致书议和。明官员以其"尔方来书故封，未奉我帝命，不敢擅开"而退还。

天聪八年即崇祯七年（1634）五月，皇太极发动第二次迂道入塞作战，主战区域为明宣、大地区，一边用兵，一边议和。皇太极亲率大军，赶到大同。皇太极没有组织军队向明军立即发起进攻，而是派人分别向曹文诏及其众官投送两书。皇太极一面向明总兵曹文诏等投送议和书，一面派额驸多尔济等率军进攻曹文诏设在城外的骑兵营。明军不敌，退回城内。时明代王之母杨太妃同总督张宗衡、总兵曹文诏议，派降金汉人鲍承先在狱中之子鲍韬，往后金军大营送议和书（后宗衡、文诏论罪）。鲍韬在途中被蒙古兵抢其衣服及骡子，并遭杀戮；但鲍韬命大未死复苏。鲍韬被救活并送到皇太极大营，细报详情。皇太极命赍书答之。同时捉获僧人等，令往大同城里催促回答和议之事。皇太极先后四次派人到大同城内，人不回还，书亦无报。

皇太极此次攻明，军事攻击同时，附之致书议和。皇太极先后发出议和十书：

---

① 《满文老档·太宗》下册，天聪六年六月二十八日，中华书局译注本，1990年，第1306页。

第一书,七月初八日,刚入边,至宣府,即发出议和书。此书致明朝官吏,书云:"予向与尔等定盟时,在我毫无欺诳之意,亦并无猜疑尔等之心。故对天地盟誓,以成和好。孰意尔等竟阴怀诡谲,不念前盟。初约遣人于辽东寻盟,久候不至。予三次遣使,辽人复拒不纳。且袭我边部,杀我二十余人。伊虽如此,予犹欲追念前盟,共敦和好。曾经遗书归化城。辽东执事者,毁弃誓词,侵我边塞。尔等之意云何?若谓辽人不和,与尔无涉,我两国盟誓具在,可即遣使来。若谓辽人既不欲和,尔亦难以独和,则不必遣使。至今不惟不遣人来,且无一语相复。是以予切望之心,从此断绝也。尔等或以向日诈盟,自为得计,恐上天必不见佑。予纵可欺,上天岂可欺乎!况盟誓者,同此上天;称名者,各是国主。同盟之人,何论大小耶!今尔等果愿和好,可遣信使,持尔主玺书来,速与裁决,勿延时日。不然,予惟量力前进耳,夫复何言?今予此来,尔地方已遭残破,若再经此,城郭虽存,糗粮不继,民何所恃耶?尔等乃民之父母,明知强弱之形,已不相敌,而不念军民之涂炭,议和不允,其故何也?若谓古人有既盟而复毁者,因而效之,是特守株之见耳。古有盟而复毁者,亦有始终不变者,自宜随时权变也。如执迷不悟,干戈相寻,尔国之祸,何时已乎!既为民父母,不以民之疾苦,奏于朝廷,速议和好,但偷安窃禄,惟恐上之罪己,则尔之所谓大臣者,亦何益于民耶!予未尝不愿太平,值此炎暑,岂乐兴兵?皆尔等不赞成和议之所致耳。"① 皇太极将入塞攻掠的责任推卸给明朝。

同日,发布给明朝军民书。其书谕军民云:"予与尔明国构兵之故,非我所愿。止因辽东各官,欺侮难受,及上奏又壅蔽不达,故兴兵至此。冀尔主下询其由,岂知用兵多年,竟无一言相问。及予屡次致书,遣人议和,并不纳我使臣,亦不答书。前年临尔边地,秋毫无犯,结盟而归。予以诚心议和,毫无疑贰,誓诸天地,不意尔官吏阴怀诡诈,从前盟约,尽为尔君臣所毁。凡人盟誓,皆同此天,无论大小,称名各是国主,岂有可以轻弃之理耶?古云:'下情上达,天下罔不治;下

---

① 《清太宗文皇帝实录》第19卷,天聪八年七月壬辰,中华书局影印本,1985年,第13~14叶。

情上壅，天下罔不乱。'似此干戈不息，皆由汝官吏壅蔽下情，尔国君不愿议和所致。尔等父母妻子离散，无辜之民，死于锋镝，实非予之故，乃尔国君之过也。"是为第二书。皇太极将宣、大军民遭受残毁掳掠的不满，引向明朝皇帝和官吏。

第三书，十三日，给明代王之议和书。第四书，八月十五日，至大同，给明总兵曹文诏的议和书。第五书，与上同日，给大同、宣府、阳和各官员书。第六书，十八日，派阵获明千总曹天良给明代王母杨氏的议和书。此书报代王之母杨太妃曰："朕曾遣使于各处议和，尔皇帝黜戮大臣，大臣畏惧，以致蒙蔽，不能上达。王母今遣使修好，诚属为国为民之意也！我此番进兵，原为情不得达，故入内地，蹂躏土地，扰累人民，以昭白我愿和不得和之故。下民怨恨，上天自鉴，此我进兵意也。已将此意作书，布告各处。今王母诚能主持和议，当速成之，勿延时日。缓一日，则民受一日之害；蚤一日，则民受一日之福。若和议果成，我兵不终日而出境矣。我若不思太平，专嗜杀戮，又何以服诸蒙古而统众兵也！予之议和，实出真诚。若稍有越志，独不畏上天乎！惟愿尔等，亦以至诚相待耳！"①

皇太极想通过明代王母杨氏，将其"议和书"奏报崇祯皇帝，实为空泛之想。城中将崇祯帝致后金的书信置于北楼口，文曰："满洲原系我属国，今既叛犯我边境，当此炎天深入，必有大祸。今四下聚兵，令首尾不能相救。我国人有得罪逃去，及阵中被擒，欲来投归者，不拘汉人、满洲、蒙古，一体恩养。有汉人来归者，照黑云龙养之；有满洲、蒙古来归者，照桑噶尔寨养之。若不来归，非死于吾之刀枪，则死于吾之炮下。又不然，亦被彼诬而杀之矣！"②明朝策动后金内部的汉人、蒙古人、满洲人，来投归明朝。第七书，二十四日，给明崇祯皇帝书。第八书，与上同日，又给明王太监议和书。第九书，二十六日，给明总督张宗衡议和书。第十书，闰八月初三日，给明宣府王太监、吴太监议和书。十书议和，皆为不报。出边时间较久，皇太极下令，八旗军撤退。皇太极同明朝地方官员的议和

---

①《清太宗文皇帝实录》第19卷，天聪八年八月辛未，中华书局影印本，1985年，第23～24叶。
②《清太宗文皇帝实录》第19卷，天聪八年八月丁丑，中华书局影印本，1985年，第24～25叶。

活动，虽再一次无果而终，但仍产生一定影响。

其实，议和之事，极为微妙。降金汉人王文奎曾向皇太极直言："汉人以宋时故辙为鉴，举国之人，俱讳言和。"① 明朝官员，因为和事，罢官者有之，杀头者也有之。所以，明朝文武官员，对于皇太极的议和书，既不敢回书，更不敢奏报。

---

① 《清太宗文皇帝实录》第12卷，天聪六年八月丁卯，中华书局影印本，1985年，第12叶。

三 崇德议和

皇太极与明议和，在崇德朝，有新变化。

先是，天聪九年即崇祯八年（1635），皇太极有几件大事：第一，改族名为满洲。第二，降服蒙古察哈尔部。时察哈尔林丹汗已死，多尔衮率兵西进，林丹汗子额哲、遗孀苏泰太后降。这表明皇太极已统一漠南蒙古。第三，皇太极获得"传国玉玺"。翌年，皇太极改国号后金为大清，改元天聪为崇德。随之，崇德帝皇太极亲率大军，东征朝鲜，取得胜利。清朝与朝鲜在三田渡，订立"君臣之盟"。从此，在东翼，臣服朝鲜，摧毁明朝右翼防线；在西翼，臣服蒙古，摧毁明朝左翼防线；在北部，征服索伦部，巩固了对黑龙江流域地区的管辖。由是，皇太极得以一心对付明朝崇祯皇帝。

鉴于清朝空前的有利形势，许多汉官纷纷倡言，力主攻山海，取北京。但是，皇太极不同意此种方略，他认为："至谓朕宜速出师，以成大业。此亦不达时势之见。夫朕岂不愿成大业，而专以游畋为乐耶？但图大事，亦须相机顺时而动。今察哈尔蒙古，皆新来归附，降众未及抚绥，人心未及安辑，城郭未及修缮，而轻于出师，其何以克成大业？"又认为："朕反覆思维，将来我国既定之后，大兵一举，彼明主若弃燕京而走，其追之乎，抑不追而竟攻京城？或攻之不克，即围而守之乎？彼明主若欲请和，其许之乎，抑拒之乎？若我不许，而彼逼迫求和，更当何以处之？倘蒙天佑，克取燕京，其民人应作何安辑？我国贝勒等皆以贪得为心，应作何禁止？此朕之时为厪念者也。"① 他令高鸿中、鲍承先、宁完我、范文程等讨论，将结果奏报。

崇德年间，清朝同明朝的力量对比，出现重大变化。先是，天聪年间，皇太极两次率军入口，袭扰内地。第一次，天聪三年即崇祯二年（1629），天聪汗率军绕道蒙古，从大安口、龙井关入塞，攻打北京，翌年回军（前面已述）。兴师年为己巳年，又称己巳之役。第二次，天聪八年即崇祯七年（1634），后金军入塞，蹂躏宣府、大同。是年为甲戌年，又称甲戌之役。第一、第二次入塞之役，皇太极亲自率军，大举兴兵，战和交替，巧妙结合。然而，皇太极于议和，没有收到实效。第三次，崇德元年即崇祯九年（1636），清军耀兵于京畿。是年为丙子年，又称丙子之役。第四次，崇德三年即崇祯十一年（1638），清军兵至山东，攻占济南，翌年还师。兴师年为戊寅年，又称戊寅之役。第三、第四次入塞之役，皇太极没有亲自率军，也没有战和交替；而是攻城略地，肆意抢掠。明朝终究同朝鲜不一样，皇太极派阿敏等率军，第一次进攻朝鲜，同朝鲜议和，先在江华盟誓，继在平壤盟誓，定"兄弟之盟"。后皇太极亲率大军，第二次进攻朝鲜，同朝鲜国王李倧，在三田渡盟誓，定"君臣之盟"。皇太极已经先后四次或亲自统率，或派贝勒统率大军进入长城，骚扰中原地区，但都没有同明朝崇祯皇帝直接通书，更没有同其盟誓。

崇德五年即崇祯十三年（1640），皇太极改变对明作战方略，就是将战略进攻重点放在关外，集中兵力，围困锦州——打破关宁锦防线的先锋堡垒锦州。由此引发崇祯帝派总督洪承畴，统率十三万兵马，以解救锦州之围。然而，事与愿违，遭到惨败。其时，明朝遭到农民军的沉重打击，极为被动，摇摇欲坠。崇祯皇帝

---

① 《清太宗文皇帝实录》第22卷，天聪九年二月戊子，中华书局影印本，1985年，第15～16叶。

面临内线农民军、外线八旗军两面作战的被动困境。崇祯帝为着从腹背受敌的困境中解脱出来,想同清议和,以便集中力量,攻剿农民军。清军取得松山大捷之后,乘势对关宁锦防线北四城即宁远以北四城——松山、锦州、塔山和杏山,分别围困,进行攻打。是年冬季,天降大雪。"辽东大雪,丈余。"①清军官兵野炊星宿,"马匹因天寒冰冻,料草艰难"②。清军在严寒与风雪、冰冻与饥馁面前,为求速决,再行议和。皇太极通过蒙古人向明廷发出议和书,明兵部尚书陈新甲"信张若麒之言,许之"③。其时辽东宁前道副使石凤台,也得悉清军有议和意向,他将这一机密信息奏报朝廷。崇祯帝接到石凤台奏报后,以封疆大吏私自与敌方洽谈和议之罪,旨令将其下狱。④不久,松山、锦州形势,被困时久,日益危迫。辅臣谢陞等议:"清果许款,款亦可恃。"⑤阁臣们以为谢陞之言有理,商定由兵部尚书陈新甲,向崇祯帝侧面提及此事,以窥视圣意。

陈新甲,长寿(今重庆市长寿区)人。万历举人,先为定州知州。天聪二年即崇祯元年(1628),入为刑部员外郎。后进郎中,迁宁前兵备佥事。宁前,关外要地,新甲以才能著。天聪五年即崇祯四年(1631),大凌新城被围,援师云集,征、缮悉倚赖焉。及城破,坐削籍。巡抚方一藻惜其才,请留之,未报。监视中官马云程亦以为言,乃报可。新甲言:"臣蒙使过之恩,由监视疏下,此心未白,清议随之,不敢受。"不许,寻进副使,仍莅宁远。天聪八年即崇祯七年(1634),升为右佥都御史,代理宣府巡抚。崇德三年即崇祯十一年(1638)六月,代理卢象升为宣大总督。不久,升为兵部右侍郎。崇德五年即崇祯十三年(1640)正月,代傅宗龙为兵部尚书。翌年,主持兵部事务。松锦兵败,时"言官劾新甲者,章

---

① 《崇祯实录》第14卷,崇祯十四年十一月辛卯,台北历史语言研究所校勘本,1962年,第11叶。
② 《明清史料》乙编,第4本,中央研究院历史语言研究所集刊,1936年,第370叶。
③ 谈迁:《国榷》第97卷,中华书局,1958年,第5910页。
④ 谈迁:《国榷》第98卷,中华书局,1958年,第5913页。
⑤ 文秉:《烈皇小识》,上海书店印行,1982年,第201页。

至数十。新甲请罪章，亦十余上。帝辄慰留"①。陈新甲任兵部尚书后，面临南北交困局面，表示愿意派遣使臣，前往沈阳，同清议和。他将此事，私下同傅宗龙言及。宗龙，字仲纶，云南昆明人。万历进士，任知县，为主事，升御史。后金陷辽阳，募兵五千，请赴辽东，未能成行。崇祯帝继位后，由孙承宗推荐，为右佥都御史，顺天巡抚。不久，升为兵部右侍郎、蓟辽总督。后因洪承畴请用刘肇基事，触怒崇祯帝，下狱论死。崇德六年即崇祯十四年（1641）春，督师杨嗣昌死，"尚书陈新甲荐其才"②被释放出狱。旋被任为兵部右侍郎、右佥都御史、总督陕西三边军务。宗龙出都赴任前，又将此事语及大学士谢陛。后谢陛再将此事奏于崇祯帝。

崇德七年即崇祯十五年（1642）正月初一日，明庙堂决定，同清朝议和。新年正旦，崇祯帝御殿朝贺毕，召见内阁辅臣周延儒、贺逢圣、谢陛等，谕曰："古圣帝明王，皆崇师道。卿等乃朕之师，宗社奠安，允惟诸先生是赖。"参与召见的陈新甲趁机向崇祯帝提出"款建虏"即与清议和的奏言，因不便提及"款"字，便迂回地奏道："（松山、锦州）两城久困，兵不足援，非用间不可。"陈新甲这里的"间"字，用意并非离间清军，而是"款建虏"的委婉表述。崇祯帝答道："城围且半载，一言不达，何间之乘？可款则款，卿其便宜行事。"随后，询问辅臣，谢陛奏道："彼果许款，款亦可恃。"周延儒等老于世故，虽暗里赞成，却一言不发。陈新甲得到崇祯帝"可款则款""便宜行事"的旨意，即推荐兵部赞画主事马绍愉为议和使臣。崇祯帝允准，并加马绍愉兵部职方司郎中，赐二品官服，前往沈阳，秘密议和。此事，《崇祯实录》崇祯十五年正月辛未朔（初一日）记载：

> 上朝毕，召周延儒、贺逢圣、谢陛入殿，曰："古圣帝明王，皆崇师道。卿等乃朕之师，宗社奠安，允惟诸先生是赖。"命东向立，上降座，西向揖之。各愧谢。先是，辽东宁前道副使石凤台，以清意许和，驰书

① 《明史·陈新甲传》第257卷，中华书局点校本，1974年，第6638页。
② 《明史·傅宗龙传》第262卷，中华书局点校本，1974年，第6779页。

询守将。得报，凤台遽以闻。上（以）私遣辱国，下凤台刑部狱。至是，谢陞语同列曰："我力竭矣！凤台言良是。"同列亦然之。乃属兵部尚书陈新甲微言于上谓："两城久困，兵不足援，非用间不可。"上曰："城围且半载，一言不达，何间之乘？可款则款，卿其便宜行事。"上以问阁臣。谢陞独曰："彼果许款，款亦可恃。"新甲遂荐赞画主事马绍愉可遣，从之。加绍愉职方郎中，赐二品服。上深秘之，外廷不知也。①

陈新甲得到圣旨后，积极进行议和准备。正月初七日，马绍愉偕参将李御兰、周维墉一行驰至宁远，派人往锦州，报闻于清帝。清以马绍愉没有皇帝敕书，请敕书以为信。马绍愉向朝廷奏报，等待崇祯帝敕书。其间，二月十八日，清军攻破松山城；三月初十日，清军占领锦州城。明朝同清朝议和，条件则更为不利。三月十六日，明命职方郎中马绍愉、兵部主事朱济之、副将周维墉等，携带崇祯帝议和敕书，奔赴沈阳，同清议和。马绍愉以崇祯皇帝给陈新甲的敕书，作为明廷议和证明，送达皇太极御案之上。其敕书曰："朕闻沈阳有罢兵息民之意，向来沿边督、抚，未经奏闻。既承讲款，朕不难开诚怀远，如我祖宗朝旧约，恩义联络，永为和好。"②《清太宗文皇帝实录》与《明清史料》记载相同，但与《崇祯实录》文字略异，曰：

> 谕兵部尚书陈新甲：据卿部奏，辽沈有休兵息民之意，中朝未轻信者，亦因以前督、抚各官，未曾从实奏明。今卿部累次代陈，力保其出于真心，我国家开诚怀远，似亦不难听从。以仰体上天好生之仁，以复还我祖宗恩义联络之旧。今特谕卿，便宜行事。差官宣布，取有的确信音回奏。③

---

① 《崇祯实录》第15卷，崇祯十五年正月辛未朔，台北历史语言研究所校勘本，1962年，第1叶。
② 《崇祯实录》第15卷，崇祯十五年正月丁丑，台北历史语言研究所校勘本，1962年，第1叶。
③ 《明清史料》丙编，第1本，中央研究院历史语言研究所集刊，1936年，第81叶。

皇太极阅毕,对诸王贝勒大臣道:"明之笔札,多有不实。若谓与我国之书,何云谕兵部尚书陈新甲?既谓与①陈新甲,又何用皇帝之宝?况其所用之宝,大而且偏,岂有制宝不循定式之理?此非真宝明矣!"②因此,清"以为边吏伪作,并怒敕中语",拒绝谈判。明使马绍愉等人,只好回京禀奏。在此期间,清军于四月初八日,攻占塔山城;二十一日,又攻占杏山城。明军宁锦防线,已被清军突破。四月底,陈新甲又一次奉旨,再遣马绍愉、朱济之等人前往沈阳议和。此次明清议和谈判,在清的内部有两种意见:一是主战——"皇上乘机运策,因时速成,关宁一破,燕京震动,必至南迁,大河以北,可传檄而定也!"③另一是主和——"南朝盗贼蜂起,饥馑载途,兵力竭而仓廪虚,征调不前,中原势如瓦解,关外所恃者止有九城,已破其四矣。辽之兵将,已失十之八九矣。倚赖之武职,重托之文臣,皆为我擒矣。明国之君,审天时,度人事,自知气运衰败。文臣不能效谋,武职不能宣力,欲战无术,欲守无资。我兵再举,彼南迁必矣。大势一动,河北皆皇上有也。南地非练兵之地,南人非备敌之人,表里山河,全属皇上。汉人此时,心胆俱丧,如坐针毡,是以遣使乞怜,求和谆切。臣等料度如此,皇上明并日月,自有远谟,谅彼不能出范围也。"议和条件,建议三策。祖可法、张存仁等奏议:"首广其地,次广其财。广其地,以穷彼国之势;广其财,以竭彼国之力。广地以黄河为界,上策也;以山海为界,中策也;以宁远为界,下策也。广财令彼纳贡称臣,为上策;令蒙古各家索其旧额,为中策;止于关口互市,为下策。"④皇太极运用战争与和议两手,能和则和,不和则战。边和边战,以战促和。

五月初一日,明兵部职方司郎中马绍愉等十三人,到宁远城,欲赴沈阳,急疾报闻。清廷派员护送马绍愉一行到盛京。⑤十四日,明朝使臣马绍愉等到达盛京。

---
① 《明清史料》丙编,第81叶,"与"作"谕"。
② 《清太宗文皇帝实录》第59卷,崇德七年三月乙酉,中华书局影印本,1985年,第19叶。
③ 《清太宗文皇帝实录》第60卷,崇德七年四月庚子朔,中华书局影印本,1985年,第5叶。
④ 《清太宗文皇帝实录》第60卷,崇德七年五月丙申,中华书局影印本,1985年,第28~29叶。
⑤ 《清太宗文皇帝实录》第60卷,崇德七年五月己巳朔,中华书局影印本,1985年,第19叶。

崇德帝皇太极派官出城二十里迎接，设宴。宴时，清命明使行一跪三叩礼。入城后，明议和使臣兵部职方司郎中马绍愉、主事朱济之、副将周维墉等，会见清礼部承政满达尔汉、参政尼堪、大学士范文程等，仍行一跪三叩礼。马绍愉递上敕书，书云："敕谕兵部尚书陈新甲，昨据卿部奏称，前日所谕休兵息民事情，至今未有确报。因未遣官至沈，未得的音。今准该部便宜行事，差官前往，确探实情，具奏。特谕。"①崇祯帝的《敕书》，不是直接写给清太宗皇太极，而是以"谕兵部尚书陈新甲"形式书写。他既想与皇太极谈判，又不想平等对话，采取谕兵部尚书陈新甲的形式，间接地表示愿意接受清朝方面"休兵息民"的请求。这引起了皇太极的不悦。尤使皇太极感到疑惑的是，既然是皇帝给大臣的敕谕，为何违反常例在文书钤"皇帝之宝"印？而历朝给属国敕书都是龙边黄色笺，而此笺却是中横一龙；往时玺方，其篆"敕命之宝"，而今皇帝之宝，稍长，右角微挟一线，遂具书谓边吏伪作。②皇太极命将此敕书，给新降清的明总督洪承畴查验。洪承畴认为"此宝札果真"，并道："昔壬申年（崇祯五），皇帝征察哈尔时，张家口沈巡抚六月二十八日盟誓之事，明国皇帝亦悉知之，但为文臣浮议所惑，故将沈某罢巡抚之任。后来复命会议和事，又为诸文臣所阻，遂寝其事。此次请和，决非虚语。"③于是，皇太极才相信是真。他也以敕谕英郡王阿济格等人的形式，间接地答复明朝。马绍愉立即奏报朝廷，崇祯帝再以谕兵部尚书陈新甲的形式，准许兵部便宜行事，差马绍愉等人前往沈阳议和。马绍愉此时正在塔山等待朝命，不料四月二十一日清军攻陷塔山。清军占领塔山后，未将马绍愉等杀害。清和硕郑亲王济尔哈朗、多罗郡王多尔衮、多罗肃郡王豪格，派士兵护送马绍愉一行前往沈阳。皇太极下令暂停进攻宁远，退兵三十里，以示诚意，并待来使。双方会谈后，六月初三日，崇德帝皇太极赐明国议和使臣兵部职方司郎中马绍愉、主事朱济之、

---

① 《清太宗文皇帝实录》第60卷，崇德七年五月壬午，中华书局影印本，1985年，第27叶。
② 谈迁：《国榷》第98卷，中华书局，1958年，第5914页。
③ 《清太宗文皇帝实录》第61卷，崇德七年六月癸亥，中华书局影印本，1985年，第18叶。

副将周维墉、鲁宗孔并天宁寺僧性容，游击王应宗、都司朱龙，守备乔国栋、张祚、赵荣祖、李国登、王有功、黄有才等貂皮、银两有差，从役九十九人，亦各赐貂皮，俱遣还。还命大臣送马绍愉等至十五里外，设宴饯之。皇太极以书回复崇祯帝，书曰：

大清国皇帝，致书于明国皇帝。向来所以构兵者，盖因尔明国，无故害我二祖。我皇考太祖皇帝，犹固守边疆，和好如旧。乃尔明国，反肆凭陵，干预境外之事。哈达国汗万，窃踞之地，我已征服。尔逼令复还，又遣人于叶赫金台石、布扬古处，设兵防守。以我国已聘之女，嫁于蒙古。乙卯年，尔明国夺我土地，扰我耕获，逐我居民，烧毁庐舍，仍驱令出境。所在勒石，是以我皇考太祖皇帝，收服附近诸国，乌喇国布占泰、辉发国拜音达礼、哈达国万之子孟格布禄，所有之地，渐次削平。于是昭告天地，亲征尔国。又平定叶赫国金台石、布扬古之地。其后每欲致书修好，而尔国不从，事渐滋蔓，遂至于今。此皆贵国先朝君臣事也，事属既往，于皇帝何与！然从前曲直，亦宜辨之。今予仍欲修好者，诚非有所迫而使然也。予缵承皇考太祖皇帝之业，嗣位以来，蒙天眷佑，自东北海滨，迄西北海滨，其间使犬、使鹿之邦，及产黑狐、黑貂之地，不事耕种、渔猎为生之俗，厄鲁特部落，以至斡难河源，远迩诸国，在在臣服。蒙古大元，及朝鲜国，悉入版图。于是举朝诸王大臣，及外藩臣服诸王等，合辞劝进，乃昭告天地，受号称尊，国号大清，改元崇德。迩来我军，每入尔境，辄克城陷阵，乘胜长驱，若图进取，亦复何难！然予仍愿和好者，特为亿兆生灵计耳。盖嗜杀者殃，好生者祥，应感之理，昭然不爽。若两国各能审度祸福，矜全亿兆，而诚心和好，则自兹以后，宿怨尽释，彼此不必复言矣。至我两国尊卑之分，又何必较哉。古云：情通则明，情蔽则暗。若尔国使来，予令面见；予国使往，尔亦令面见，如此则情不壅蔽，而和事可久。若自视尊大，俾使臣不得面见，情词无由通达，则和事终败，徒贻家国之忧矣。夫岂拒绝使臣进见，遂足以示尊耶。

至两国有吉凶大事，则当遣使交相庆吊。每岁贵国馈兼金万两、白金百万。我国馈人参千斤、貂皮千张。若我国满洲、蒙古、汉人及朝鲜人等，有逃叛至贵国者，当遣还我国。贵国人有逃叛至我国者，亦遣还贵国。以宁远双树堡中间土岭为贵国界，以塔山为我国界，以连山为适中之地，两国俱于此互市。自宁远双树堡土岭界北，至宁远北台，直抵山海关长城一带，若我国人有越入，及贵国人有越出者，俱加稽察，按律处死。或两国人有乘船捕鱼，海中往来者，尔国自宁远双树堡中间土岭沿海，至黄城岛以西为界，我国于黄城岛以东为界。若两国有越境妄行者，亦俱察出处死。倘愿如书中所言，以成和好，则我两人，或亲誓天地，或各遣大臣代誓。尔速遣使赍和书及誓书以来，予亦遣使赍和书及誓书以往。若不愿和好，再勿遣使致书。其亿兆死亡之孽，于予无与矣。①

清崇德帝皇太极，提出的议和条件：

一、两国有吉凶大事，则当遣使庆吊。

二、每岁明向清馈金万两、银百万两；清向明馈人参千斤、貂皮千张。

三、明、清双方叛逃至境内者，一律互相遣还对方。

四、明以宁远双树堡中间土岭为界，清以塔山为界。

五、明、清两方在连山地带行互市贸易。

六、沿海乘船往来，以黄城岛为界，以西为明，以东为清，有越境妄行者查出按律处死。

以上所提条件，皇太极认为，并非十分苛刻，只相当于前述奏议中的"下策"。

---

① 《清太宗文皇帝实录》第61卷，崇德七年六月辛丑，中华书局影印本，1985年，第2~5叶。

清廷以书授明朝来使，并命章京库尔禅①、萨苏喀，笔帖式查布海、法尔户达等，率兵四十人，过锦州，出清军哨探地方，送明使至连山而还。

马绍愉将在盛京议和结果，报告给兵部尚书陈新甲，陈新甲又禀报崇祯帝。崇祯帝召见内阁首辅周延儒，征询对议和意见，周一言不发，"上问周延儒，至再，终不对"②。其实，周延儒是赞成和议的。当初谢陞与陈新甲提出此事时，他并无异议，只是没有当众表态，留下后退余地。正如给事中李清所说："宁锦之溃，北边精锐几尽，而中州寇祸正张。上意亦欲以金币姑缓北兵，专力平寇。谢辅陞与陈司马新甲主之。周辅延儒亦欲安享其成，成则分功，败不及祸。"③而今事情已成，正可安享分功，为何沉默不语？因其时事情已泄，陈新甲成为众矢之的。

此次和谈，秘密进行。崇祯帝再三嘱咐，不得让外廷知晓。时在沈阳的朝鲜官员，也只是风闻其事。朝鲜贰师李景奭自沈阳回到汉城，国王李倧召见并与之问答。问曰："中朝请和之说，信然乎？"对曰："以其形势言之，祖大受（寿）以关外大将，力屈而降，数万之兵，一朝被杀，土贼滋蔓，宦寺秉权。请和之说，虽未能的知，而中朝之运，亦已衰矣。"④由此可见，明廷议和，极为秘密。然而，马绍愉与陈新甲的书信，偶尔疏忽，泄漏朝野。

先是，陈新甲得到马绍愉的信报后，阅毕放在几案上，其仆人信手交给塘报官传抄，机密遂流传于外。抄传马绍愉塘报，史载："见敌，讲和好，敌索金三十万、银三百万，已许金一万、银一百万两。敌尚不肯，决要金十万、银二百万两，如不从，即发兵，尔家所失，岂止此数！"⑤兵科给事中方士亮上疏劾兵部尚书陈

---

① 库尔禅，又作库尔缠，查《清太宗（崇德）实录》全书，"库尔禅"出现一次，"库尔缠"则出现七十八次。
② 《崇祯实录》第15卷，崇祯十五年五月戊寅，台北历史语言研究所校勘本，1962年，第7叶。
③ 李清：《三垣笔记》，中华书局，1982年，第185叶。
④ ［朝］《李朝仁祖大王实录》第43卷，二十年五月乙酉，日本学习院东洋文化研究所刊，1959年，第12叶。
⑤ 李清：《三垣笔记》，中华书局，1982年，第191页。

新甲:"各地塘报皆上闻,后发科钞传,今忽有此报。伪耶?兵部不宜为此眩惑人心。真耶?则陈新甲主和辱国。"①此论一出,朝野哗然。首辅周延儒,左右为难,沉默不语,"故延儒缄口不敢异同,又以脱后罪也"②。七月二十九日,兵部尚书陈新甲下狱。③由是,崇祯帝朱由检没有来得及斟酌崇德帝皇太极的议和条款,议和之事,便告夭折。

成事不足,败事有余。庸辅谢陛在和谈刚开始,就向言官透露消息:"上意主和,诸君幸勿多言。"言官一听,骇愕不已,交章弹劾谢陛妄言,崇祯帝只得把谢陛革职。兵部尚书陈新甲则泄漏机密。给事中方士亮率先弹劾陈新甲,崇祯帝将奏疏留中不发,严旨切责回奏。陈新甲回奏,"绝不引罪,反自诩其功"④。在申辩书上细陈和谈事件的始末,内多援引圣谕。聪明的陈新甲,反被聪明所误。崇祯帝恼羞成怒,于七月二十九日,下令将陈新甲下狱。陈新甲在狱中向皇上上书请求宽恕,皇上毫无通融余地。至此,陈新甲才意识到难免一死,嘱咐家人贿赂首辅周延儒,"周延儒入其贿,营解甚力"⑤。还贿赂倡议必杀陈新甲的给事中廖国遴、杨枝起、光时亨、倪仁祯。这四名言官收到贿赂后论调大变,奔走于刑部侍郎徐石麒处,倡言陈新甲必不可杀。

刑部右侍郎徐石麒疏历数陈新甲的罪状,以为非杀不可。他具狱词:"人臣无境外之交。未有身在朝廷,不告君父,而专擅便宜者。今圣意未俞,髽师先遣,谩书朝入,名城夕陨。昔石星未尝私用惟敬,袁崇焕不敢私遣喇嘛,只以弥缝闪烁,立置重典。况辱国启侮,甚于二臣者乎!当失陷城寨律斩!"⑥以失陷城寨罪,斩首陈新甲,显然不妥。崇祯帝看了徐石麒的奏疏,以为定陈新甲"专擅议款""失

---

① 《流寇长编》第15卷,崇祯十五年七月丁酉,清刻本。
② 谈迁:《国榷》第98卷,中华书局,1958年,第5928页。
③ 《崇祯实录》第15卷,崇祯十五年七月丁酉,台北历史语言研究所校勘本,1962年,第10叶。
④ 李逊之:《三朝野记》第7卷,上海书店印行,1982年,第171页。
⑤ 《崇祯实录》第15卷,崇祯十五年九月戊子,台北历史语言研究所校勘本,1962年,第13叶。
⑥ 张岱:《石匮书后集》第32卷,中华书局,1960年,第185页。

陷城寨"罪不当，便批复道："陈新甲失事重大，法无可宽，但引律尚属未确，可另行覆拟即奏。"徐石麒细心思忖，再上一疏："论新甲陷边城四，陷腹城七十二，陷亲藩七，从来未有之奇祸。当临敌缺乏，不依期进兵策应，因而失误军机者斩。"①奏上，新甲弃市。首辅周延儒向皇上求情："国法，敌兵不薄城，不杀大司马。"崇祯帝责问道："连陷七亲藩，比薄城孰重？"②廷臣以为陈新甲"专擅议款"当斩，崇祯帝则谕陈新甲任兵部尚书期间，使七名藩王遭到戮辱，比敌兵薄城罪更重，所以当斩，只字不提与清议和之事。然而，置陈新甲于死地之罪者正是议和。谈迁如是剖析道："陈司马甚辨（辩）有口，颇谙疆事，羽书狎至，裁答如流，案无留牍，后人莫之及。其祸兆于主款。时天子亦心动，不欲外著，宜兴（周延儒）预其谋而又避之，听至尊自为计。事成则分其功，事败则委之司马（陈新甲）。……陈司马以媚宜兴亦败。大臣不深为社稷虑，惟私旨是徇，鲜有不覆者，况抢攘危急之秋哉！"③陈新甲被置于死地，是他遵旨议和。崇祯帝授权陈新甲，秘密与清议和，不失为一时权宜之计，于内于外，利大于弊。崇祯帝既不能战，又不敢和，就只剩下一条路——死亡。

在给陈新甲定罪过程中，其下狱前后，言官表演突出：陈新甲未下狱前，给事中廖国遴、杨枝起、光时亨、倪仁祯，倡议必杀之。及下狱后，四位言官奔走于刑部侍郎徐石麒处，力言陈新甲必不可杀。"盖前之必杀以索贿，后之弗杀以赂入也。"④陈新甲议和之事，《明史·陈新甲传》记载：

> 初，新甲以南北交困，遣使与大清议和，私言于傅宗龙。宗龙出都日，以语大学士谢陞。陞后见疆事大坏，述宗龙之言于帝。帝召新甲诘责，

---

① 《明史·徐石麒传》第275卷，中华书局点校本，1974年，第7040页。
② 李清：《三垣笔记》，中华书局，1982年，第191页。
③ 谈迁：《国榷》第98卷，中华书局，1958年，第5942页。
④ 李清：《三垣笔记》，中华书局，1982年，第192页。

新甲叩头谢罪。陞进曰:"倘肯议和,和亦可恃。"帝默然,寻谕新甲密图之,而外廷不知也。已,言官诘陞。陞言:"上意主和,诸君幸勿多言。"言官骇愕,交章劾陞,陞遂斥去。帝既以和议委新甲,手诏往返者数十,皆戒以勿洩。外廷渐知之,故屡疏争,然不得左验。一日,所遣职方郎马绍愉以密语报,新甲视之置几上。其家僮误以为塘报也,付之抄传。于是言路哗然,给事中方士亮首论之。帝愠甚,留疏不下。已,降严旨,切责新甲,令自陈。新甲不引罪,反自诩其功,帝益怒。至七月,给事中马嘉植复劾之,遂下狱。新甲从狱中上书乞宥,不许。新甲知不免,遍行金内外。给事中廖国遴、杨枝起等,营救于刑部侍郎徐石麒,拒不听。大学士周延儒、陈演亦于帝前力救,且曰:"国法,敌兵不薄城,不杀大司马。"帝曰:"他且勿论,戮辱我亲藩七,不甚于薄城耶?"遂弃新甲于市。①

崇祯帝于陈新甲,"恶其泄机事,且彰主过",故而杀之。此时崇祯帝不是自己承担全部责任,却是为着保全皇上尊严,文过饰非,推卸责任。陈新甲被处死,明、清议和中断。朱由检作为明朝君主,敢于做事情,而不敢承担责任,文过饰非,亡国君也。

崇德七年即崇祯十五年十一月初一日,"诏诛兵部尚书陈新甲"②。十一月十五日,"削兵部职方主事马绍愉职"③。至此,在明、清间由皇太极与朱由检主持进行的政府议和活动流产。明清议和事败,产生严重后果。

第一,清军大举入塞。皇太极的议和,态度主动,用尽心思,方式灵活,遇挫不挠。他要通过议和,稳定局势,争取时间,积蓄力量,强化汗位。和议之达成或不成,对皇太极都有利:和议达成,可以获得经济、政治、舆论、外交等多

---

① 《明史·陈新甲传》第257卷,中华书局点校本,1974年,第6638~6639页。
② 李逊之:《三朝野记》,上海书店印行,1982年,第171页。
③ 《崇祯实录》第15卷,崇祯十五年十一月丁亥,台北历史语言研究所校勘本,1962年,第16叶。

方面的利益；和议不成，可以制造舆论，争取民心，表明他攻明为不得已之举，争取政治主动，取得社会舆论的同情与支持。所以，皇太极议和既表现心情迫切，也显得心诚意坚。皇太极自继位以后，始终坚持议和与战争两手，一面进行战争，一面与明议和。崇祯帝越是不加理睬，皇太极越是高唱议和。结果，议和中断。崇德七年即崇祯十五年（1642）九月初五日，皇太极在明、清议和中断后，谕祖可法、张存仁等汉官曰："今明国精兵已尽，我兵四围纵略，彼国势日衰，我兵力日强，从此燕京可得矣。"① 于是，皇太极发动第五次迂道入塞战争。清军再入山东，大肆掳掠，翌年而归。兴师年为壬午年，又称壬午之役。这次清军入关，其直接原因，是明、清议和破产。

第二，明朝更加危机。明朝君臣以天朝自居，狂妄自大，高谈阔论，放言误国。他们囿于宋金和议的教训，认为同皇太极议和，便是"陷于宋人自愚自误之弊"。论者或谓：万历帝"苟不惟金人是弃，而与以岁赏，则是辽东虏祸，何止于决裂而不可为"！天启、崇祯二帝，"款卜可，款插可，款诸夷亦可，直不欲与金人讲款耳"！② 万历、天启、崇祯三帝，计不出此，拒绝和谈，崇祯帝甚至严谕"不许接□片字"。③ 崇祯帝不知彼己，内外交困，先是拒绝议和，继是秘密议和。崇祯初，杀了袁崇焕；崇祯末，又杀了陈新甲。崇祯帝既不能指挥军队作战，又不能运筹帷幄议和，做事不敢担责，遇事文过饰非，断送大明皇朝，难辞亡国之咎。

崇祯帝临吊死之前曰："虽朕薄德匪躬，上干天咎，然皆诸臣之误朕也。"④ 崇祯帝执意先杀袁崇焕，再杀陈新甲，说明崇祯帝朱由检是一位亡国之君！

皇太极曾说过："我兵至燕京，谆谆致书，欲图和好。尔国君臣，惟以宋朝故事为鉴，亦无一言复我。然尔明主，非宋之裔，朕亦非金之后，彼一时也，此一

---

① 《清太宗文皇帝实录》第 62 卷，崇德七年九月壬申，中华书局影印本，1985 年，第 15 叶。
② 李光涛：《明清档案论文集》，联经出版事业公司，1986 年，第 412 页。
③ 《明清史料》甲编，第 8 本，中央研究院历史语言研究所集刊，1931 年，第 736 叶。
④ 《崇祯实录》第 17 卷，崇祯十七年三月丙午，台北历史语言研究所校勘本，1962 年，第 18 叶。

时也。天时人心，各有不同，尔大国岂无智慧之士？当权时度势，乃执胶柱鼓瑟之见，可乎？"① 明朝不是没有"智慧之士"，而是没有发现、信任并驾驭"智慧之士"的英君、明君、能君、贤君。

总之，明朝君臣，不因时制宜，却胶柱鼓瑟。崇祯皇帝面对着两只强大的拳头扑面打来，不会妥协一个，对付另外一个。就历史发展趋势，或就彼己力量对比，或就个人阅历才华，或就体察抚恤民瘼，或就驾驭国家能力而言，明朝崇祯帝朱由检与清朝崇德帝皇太极，处境不同，谋略亦异。大清皇朝的兴起与大明皇朝的覆灭，从一个侧面看，崇德帝皇太极与崇祯帝朱由检的相互较量，彼此高下，可见一斑。

---

① 《清太宗文皇帝实录》第9卷，天聪五年八月乙卯，中华书局影印本，1985年，第21叶。

第十一章　改国号为大清

一 天聪政策的重大调整

从天命元年即万历四十四年（1616），到天聪十年即崇祯九年（1636），共计二十年。在这二十年间，后金做出重大的改革，发生巨大的变化。后金改号为大清，则是其社会改革与社会变化的集中反映。后金在二十年间，其重大的社会改革与社会变化，主要表现是：

于社会重大改革方面：

第一，调整满汉关系。 恰当处理满汉关系，是皇太极继承父汗事业、巩固后金政权、进图更大发展的一个关键。满洲在中华民族中是一个少数民族，当时总人口大约数十万人；面对的汉人，辽东以百万计，全国则以万万计。努尔哈赤自起兵以来，虽在军事上节节胜利，但在形势上处处受制。特别是进入辽河平原以后，实行一些错误政策——大量迁民，按丁编庄，清查粮食，强占田地，满汉合居，剪发留辫，杀戮诸生，等等，受到辽东汉人的反抗，自感处于汉人包围之中。特别是努尔哈赤晚年，对待汉人，政策有误，后金经济形势很糟，人民缺衣少粮，汉人处境更难。"先是，汉人每十三壮丁，编为一庄，按满官品级，分给为奴。于是同处一屯，汉人每被侵扰，多致逃亡。"皇太极强调满洲、蒙古、汉人之间的关系，"若满洲官庇护满洲，蒙古官庇护蒙古，汉官庇护汉人，彼此不和，乃人臣之大戒。譬诸五味，止用酪则过酸，止用盐则过咸，不堪食用。唯调和得宜，斯为美耳"。因此，恰当调剂满汉关系，是天聪汗最费思忖之事。

皇太极继位之后，对其父汗失误之策，适时做出调整，安抚汉人，分屯别居，缓和社会矛盾，平息社会动乱。皇太极在九月初一日登极，初五日即颁布《汗谕》："治国之要，莫先安民。我国中汉官、汉民，从前有私欲潜逃，及令奸细往来者，事属已往，虽举首，概置不论。"① 对"私欲潜逃"和"令奸细往来"者，既往不咎。此项政策，产生结果："汉官、汉民皆大悦。逃者皆止，奸细绝迹。"初七日，皇太极又宣布《汗谕》：

(1) "工筑之兴，有妨农务"，今后停止筑城等过重劳役，使农民可以"专勤南亩，以重本务"。

(2) "村庄田土，八旗移居已定"，今后不得随意移占，以使百姓各安其业。

(3) "满汉之人，均属一体"，凡审判罪犯，差徭公务等，不得差别对待。

(4) 不准诸贝勒大臣及其下人，对庄民擅取牛、羊、鸡、猪、鱼等物，严禁进行勒索扰害。初八日，皇太极再发布汉人分屯别居的《汗谕》。先是，"汉人每十三壮丁编为一庄，按满官品级分给为奴"。至是规定："乃按品级，每备御止给壮丁八、牛二，以备使。令其余汉人，分屯别居，编为民户，择汉官之清正者辖之。"② 这项规定，使大量满洲庄屯下的农奴，分拨出来，编为民户，成为农民。

总之，汉人壮丁，分屯别居——缓解过去汉人受满洲奴役的悲苦。汉族降人，编为民户——改变过去掳获汉民，悉作满洲奴仆的悲剧。实行部分汉人"分屯别居"，协调了满、汉关系，有利于社会安定，有利于农业生产。同日，皇太极严谕："禁止诸贝勒大臣属下人等，私至汉官家，需索马匹、鹰犬，或勒买器用等物，及恣意行游，违者罪之。"皇太极的上述措施，产生积极影响："由是汉人安堵，咸颂

---

① 《清太宗文皇帝实录》第1卷，天命十一年九月甲戌，中华书局影印本，1985年，第6叶。
② 《清太宗文皇帝实录》第1卷，天命十一年九月丁丑，中华书局影印本，1985年，第7叶。

乐土云。"所谓"乐土",显然有所夸张,较前却有改善。

天聪四年即崇祯三年(1630)十月,皇太极下令编审壮丁,要"牛录额真各察其牛录壮丁,其已成丁无疑者,即于各屯完结"。此次编审时,"有隐匿壮丁者,将壮丁入官。本主及牛录额真、拨什库等,俱坐以应得之罪。若牛录额真、拨什库,知情隐匿者,每丁罚银五两,仍坐以应得之罪"。同时又令,"凡贝勒家,每牛录止许四人供役,有溢额者,察出,启知贝勒退还。如贝勒不从,即赴告法司。若不行赴告,或本人告发,或傍人举首,将所隐壮丁入官"①。对违规隐匿、溢额的壮丁(主要是汉人),从总兵官到拨什库,进行或自誓、勘验,或告发、举首,分别不同情节,处以应得之罪。此外,对以往骚扰辽民的虐行,再三告诫,不得重演。天聪七年即崇祯六年(1633)六月,孔有德、耿仲明投顺后金,皇太极为此严谕:"向者,我国将士于辽民多所扰害,至今诉告不息。今新附之众,一切勿得侵扰。此辈乃攻克明地,涉险来归,求庇于我。若仍前骚扰,实为乱首,违者并妻子处死,必不姑恕。"②经过皇太极的三令五申,满洲贝勒、官员、军兵等,对辽民的骚扰有所收敛。

第二,优礼汉官汉儒。满洲占有辽东地区后,要进一步巩固和发展,没有汉官和汉儒的合作与支持是不可能的。先是,天命十年即天启五年(1625)十月,努尔哈赤对明朝生员通明者,"令察出明绅衿,尽行处死"。此次事件中屠杀后的"隐匿得免者",约有三百人,尽沦在八旗包衣下为奴。皇太极命对这些为奴的生员进行考试。天聪三年即崇祯二年(1629)八月,皇太极谕曰:"自古国家,文武并用,以武功戡祸乱,以文教佐太平。朕今欲振兴文治,于生员中,考取其文艺明通者,优奖之,以昭作人之典。诸贝勒府以下,及满、汉、蒙古家,所有生员,俱令考试。于九月初一日,命诸臣公同考校,各家主毋得阻挠。有考中者,仍以别丁偿之。"③

---

① 《清太宗文皇帝实录》第7卷,天聪四年十月辛酉,中华书局影印本,1985年,第19叶。
② 《清太宗文皇帝实录》第14卷,天聪七年六月壬戌,中华书局影印本,1985年,第7叶。
③ 《清太宗文皇帝实录》第5卷,天聪三年八月乙亥,中华书局影印本,1985年,第14叶。

是为后金科举考试之始。这次考试，得中者共二百人。他们从原来"皇上包衣下、八贝勒等包衣下，及满洲、蒙古家为奴者"，尽被"拔出"，按考取的等级，获得缎布奖赏，优免二丁差徭。① 天聪八年即崇祯七年（1634）三月，又举行汉人生员考试，取中一等十六人，二等三十一人，三等一百八十一人，共二百二十八人。② 一个月后，又命礼部从中考取通晓满洲、蒙古、汉书文义者为举人，共有满洲人习汉书者查布海、汉人习满书者宜成格等十六人为举人。他们受到赏赐，并优免四丁差徭。

汉人归附官员，先前"俱分隶满洲大臣，所有马匹，尔等不得乘，而满洲官乘之；所有牲畜，尔等不得用，满洲官强与价而买之；凡官员病故，其妻子皆给贝勒家为奴；既为满官所属，虽有腴田，不获耕种，终岁勤劬，米谷仍不足食，每至鬻仆典衣以自给"。由是许多汉官，虽然"身在曹营"，却"潜通明朝"。皇太极谕告：将汉官"拔出满洲大臣之家，另编为一旗。从此尔等，得乘所有之马，得用所畜之牲，妻子得免为奴，择腴地而耕之，米谷得以自给。当不似从前之典衣、鬻仆矣"③。他对归降的汉官，加以"恩养"，盛宴款待，给予田舍，分配马匹，封官赏赐。皇太极重用汉官，范文程是一史例。范文程在太祖时，未受重用。"太宗即位，召直左右。"尔后，军国之大计，文程皆与谋。《清史稿·范文程传》论曰："文程定大计，左右赞襄，佐命勋最高。"④ 崇德元年即崇祯九年（1636），范文程任内秘书院大学士，是为汉人任相之始。他对"三顺王"——孔有德、耿仲明、尚可喜的政策也是成功的。

重用汉官汉儒，听取汉官奏谏。天聪六年即崇祯五年（1632）八月，皇太极召王文奎、孙应时、江云，至内廷，赐宴筵。皇太极问他们"此番出兵，与明国

---

① 《清太宗文皇帝实录》第5卷，天聪三年九月壬午朔，中华书局影印本，1985年，第14叶。
② 《清初内国史院满文档案译编》上册，光明日报出版社，1989年，第73页。
③ 《清太宗文皇帝实录》第17卷，天聪八年正月乙未，中华书局影印本，1985年，第7～8叶。
④ 《清史稿·范文程传》第232卷，中华书局标点本，1977年，第9369页。

议和，尔三人之意云何？可各抒所见，具疏奏闻"。于是，王文奎疏曰："汉人以宋时故辙为鉴，举国之人，俱讳言和。虽我皇上好生为念，不忍明国生民之涂炭，欲安息以待时，而汉人反以我为可愚，区区边塞小臣之盟誓，宁足据哉！"直言对明议和，不可期望过高。立足之点，仍在决胜。

孙应时疏曰："臣思明国之主，恃其土广人众，生物繁盛，制度严谨，必不轻于议和。其下大臣，亦阿谀将顺，和之一字，不敢轻言。昔皇上大军临边，其防边诸臣，修备未完，恐我兵猝入，故以和议迁延，以诱我耳。即实心议和，其馈遗之礼，于我所定额数，减一分，我则不可，增一分，彼又不从，和岂易言哉！和既不成，结仇愈深。两国势难并立，我国当秣马厉兵，有进无退也。"

江云疏曰："今皇上姑遣使往明，以和议试之。明若不识天时，怠忽和事，则我兵入境攻取，亦为有名。天下闻之，孰有议我之非者。今皇上欲与明和，而不能即决者，未免怀疑也。夫我兵战则必胜，攻则必克，可以纵横于天下。明欲和，则与之和；否则，是天以天下与皇上也。宜速布信义，任用贤人，整师而入，天下指日可得，又何必专言和事耶！"①

他们提出后金用议和与征战两手，立于不败之地。但立足之点，在于布信义，用贤人，整师攻战，夺取胜利。皇太极在开科取士时，也是采纳了汉儒的建议，所以才有行科考、用汉儒、传仁声的效果："奴仆中式者，即行换出，仁声远播。"②

第三，不杀投降军民。先是，努尔哈赤进占辽东，屠杀汉民，引起反抗。皇太极继承汗位后，后金贝勒，旧习未改，攻占城镇，杀戮汉民。皇太极总结先父过去政策上错误的教训，争取明将明兵，不杀降官降民，取得效果，获得成功。以大凌河之战为例。天聪五年即崇祯四年（1631）十月间，皇太极率兵围困明军死守的大凌河城。大凌河城守将祖大寿派义子祖可法，与后金大贝勒代善之长子岳讬议商和谈。祖大寿及其将领之所以坚守拒降，其重要原因是怕杀降。下面引

---

① 《清太宗文皇帝实录》第12卷，天聪六年八月丁卯，中华书局影印本，1985年，第14叶。
② 《清太宗文皇帝实录》第40卷，崇德三年正月己卯，中华书局影印本，1985年，第12叶。

述《清太宗文皇帝实录》中，岳讬与祖可法的对话：

岳讬问："汝等死守空城，何意？"

祖答："天与尔辽东、永平兵民，若不加屠戮，则天下之民，闻风归顺。因屠戮降民，是以人皆畏缩耳！"

岳讬曰："前杀辽东兵民，此亦当时事势使然，然我等不胜追悔。① 后杀永平兵民者，乃二贝勒阿敏之事。上以其违命妄杀，已将阿敏论罪幽禁，夺其属员矣！我皇上自即位以后，敦行理义，治化一新，抚养黎民，爱惜士卒，仁心仁政，尔等岂不闻之！"

祖答："然我国之人，见尔等先年杀戮，肝胆俱丧。今虽言养人，而人犹不信者。"②

皇太极实行不杀投降汉官汉民的政策，用各种手段，招降祖大寿。果然，明朝在辽东地区继袁崇焕之后，"祖家军"中的祖大寿及其全部将领（何可刚除外），都归顺了后金-清。明朝辽西战将，丧失殆尽。皇太极继而争取了毛文龙死后离散的部下，孔有德、耿仲明、尚可喜等部明军。后来这些官将，成为后金-清军中的重要将领、大清皇朝的重臣。他们是：总兵官祖大寿，副将刘天禄、张存仁、祖泽润、祖泽洪、祖可法、曹恭诚、韩大勋、孙定辽、裴国珍、陈邦选、李云、邓长春、刘毓英、窦承武，参将、游击姜新、吴良辅、高光辉、刘士英、盛忠、祖泽远、胡弘先、祖克勇、祖邦武、施大勇、夏得胜、李一忠、刘良臣、张可范、萧永祚、韩栋、段学孔、张廉、吴奉成、方一元、涂应乾、陈变武、方献可、刘武元、杨名世等。其中，七人后为部院承政：张存仁为都察院承政、祖泽洪为吏部承政、韩大勋为户部承政、姜新为礼部承政、祖泽润为兵部承政、李云为刑部承政、裴国珍为工部承政。③ 在崇德七年即崇祯十五年（1642）六月，汉

---

① 《旧满洲档译注》天聪五年十月二十六日载："杀掉辽东之民，是先汗（努尔哈赤）的罪。"
② 《清太宗文皇帝实录》第10卷，天聪五年十月丙寅，中华书局影印本，1985年，第7～8叶。
③ 《清太宗文皇帝实录》第29卷，崇德元年五月己巳，中华书局影印本，1985年，第6叶。

军又由四旗扩编为八旗时，八位固山额真和十六位梅勒章京中，固山额真有祖泽润、刘之源、吴守进、金砺、佟图赖、石廷柱、巴颜、墨尔根侍卫李国翰八人，梅勒章京有祖可法、张大猷、马光辉、祖泽洪、王国光、郭朝忠、孟乔芳、郎绍贞、裴国珍、屯泰、何济吉尔、金维城、祖泽远、刘仲金、张存仁、曹光弼十六人。①其中祖泽润、祖可法、祖泽洪、祖泽远四人是祖大寿的子侄，张存仁、裴国珍等是祖大寿的副将，他们是原"祖家军"中的主要人物。皇太极就是以这批人为骨干，以原辽东汉官、汉将、汉兵、汉民为基础，组织八旗汉军。这样就使后金的军队，形成了八旗满洲、八旗蒙古、八旗汉军三个方面军。八旗军由满洲、蒙古、汉军三部分组成，既具有满洲、蒙古野战骑射之优长，也兼有汉军大炮火器之优长。

第四，更定离主条例。先是，努尔哈赤在得到明朝辽东时，辽东城乡汉人，"抗拒者被戮，俘取者为奴"。大量汉人，沦为奴仆。汉人奴仆，不断反抗。皇太极了解其弊，于天聪五年即崇祯四年（1631）七月初八日，颁布《离主条例》，规定：一、除八分（即八固山贝勒）外，有被人讦告，私行采猎者，其所得之物入官，讦告者准其离主。二、除八分外，出征所获，被人讦告，私行隐匿者，以应分之物，分给众人，讦告者，准其离主。三、擅杀人命者，原告准其离主，被害人近支兄弟并准离主。四、诸贝勒有奸属下妇女者，原告准其离主，本夫近支兄弟并准离主。五、诸贝勒有将属下从征效力战士，隐匿不报，乃以并未效力之私人冒功滥荐者，许效力之人讦告，准其离主。六、本旗人欲讦其该管之主，而贝勒以威钳制，不许申诉，有告发者，准其离主。②以上六种，可以告发，审查属实，准其离主，听所欲往。

此法实行之后，出现许多问题。奴主以"诬告"为名，反坐告发者以"诬告罪"。翌年三月，皇太极又对《离主条例》作出补充规定："凡讦告之人，务皆从实。如告两事以上，重者审实，轻者审虚，免坐诬告罪，仍准原告离主。如告数款，

---

① 《清太宗文皇帝实录》第61卷，崇德七年六月甲辰，中华书局影印本，1985年，第7～8叶。
② 《清太宗文皇帝实录》第9卷，天聪五年七月庚辰，中华书局影印本，1985年，第8～9叶。

轻重相等，审实一款，亦免坐诬告之罪。如所告多实及虚实相等，原告准离其主。所告多虚，原告不准离主。"①虽有上述补充规定，但奴主靠手中的权势及其关系，奴仆告发属实，而断为"所告多虚"者，不得离主，事例很多。为此，崇德三年即崇祯十一年（1638）正月，皇太极再次下令，奴仆无须告发，准其离主为民。皇太极谕："朕因念此良民，在平常人家，为奴仆者甚多，殊为可悯。故命诸王等以下，及民人之家，有以良民为奴者，俱著察出，编为民户。"②这些措施，奴仆离主，编为民户，使许多奴仆改变身份，成了普通居民。制定条例，限制特权——重新修订的《离主条例》，对满洲贵族的特权作了某些限制；对于逃人，放宽惩治，因此，"民皆大悦，逃者皆止"。但是，八旗官兵因死战擒获者，或因阵亡而获赏给者，均不在奴仆离主之例。皇太极对祖可法、张存仁建言上述两种人离主时，责问道："尔等所奏，止知爱惜汉人，不知爱惜满洲有功之人。"祖可法、张存仁等立即奏言："臣等见不及此，叩首谢罪。"③

第五，重视发展经济。于农业，皇太极认为"五谷乃万民之命所关"，农业是"立国之本"，发布《汗谕》，保护耕牛，及时耕种，勿扰降民耕田禾苗。他即位不久便下令停止大规模建筑工程，指出："工筑之兴，有妨农务"，以后"有颓坏者，止令修补，不复兴筑，用恤民力，专勤南亩，以重本务"④。他即位之年，明令禁止屠杀大牲畜，规定："嗣后自宫中暨诸贝勒，以至小民，凡祭祀、筵宴及殡葬、市卖，所用牛、马、骡、驴，永行禁止。"⑤他严禁滥派民夫，妨碍农作，规定："嗣后有滥役民夫，致妨农务者，该管牛录章京、小拨什库等，俱治罪。"⑥他还规定

---

① 《清太宗文皇帝实录》第11卷，天聪六年三月庚戌，中华书局影印本，1985年，第13叶。
② 《清太宗文皇帝实录》第40卷，崇德三年正月己卯，中华书局影印本，1985年，第12叶。
③ 《清太宗文皇帝实录》第40卷，崇德三年正月己卯，中华书局影印本，1985年，第13叶。
④ 《清太宗文皇帝实录》第1卷，天命十一年九月丙子，中华书局影印本，1985年，第7叶。
⑤ 《清太宗文皇帝实录》第3卷，天聪元年九月甲子，中华书局影印本，1985年，第25叶。
⑥ 《清太宗文皇帝实录》第23卷，天聪九年三月戊辰，中华书局影印本，1985年，第2叶。

保护田禾,"遇有践踏田禾之人,应鞭责者鞭责,应罚赎者罚赎"①。他鼓励农业生产,惩罚忽视农业生产的牛录额真。于贸易,在盛京、大同、杀虎口等地,进行贸易。并同蒙古、朝鲜、索伦等进行贸易。于手工业制造,较前有大的发展,已能制造红衣大炮。天聪五年即崇祯四年(1631)正月,在沈阳制造出第一批红衣大炮,共四十门,定名为"天祐助威大将军",满洲"造炮自此始"。这批红衣大炮,是仿照明朝从澳门购买的英国制造的新式火炮,明人称为"红夷大炮"或"西洋大炮"。此炮,炮管长、口径粗、装药多、射程远,安置城上、铳规瞄准、技术先进、威力巨大,是当时中国,也是世界最为先进的火炮。天聪朝能在盛京仿造成功、批量制造,说明后金手工业技术水平之高超。

第六,**南面独坐柄政**。皇太极为了加强以汗为首的中央集权,削弱八旗贝勒的权势,逐步取消八和硕贝勒共治国政制度。他首先打击三大贝勒的势力。早在天命十一年即天启六年(1626)九月,皇太极即汗位后,沿袭旧制,仍在每旗设总旗务大臣一名(即固山额真),但是扩大了他们的权限,规定"凡议政处,与诸贝勒偕坐共议之。出猎行师,各领本旗兵行。凡事皆听稽察"。同时又在每旗设佐管旗务大臣二员、调遣大臣二员:前者"佐理国政,审断狱讼,不令出兵驻防";后者"出兵驻防,以时调遣,所属词讼,仍令审理"②。以上措施,削弱了诸贝勒掌管旗务的权力。天聪三年即崇祯二年(1629)正月,皇太极取消大贝勒值月之制,实行"以诸贝勒代理直月之事"③。每当朝会和盛典时,皇太极与三大贝勒俱面南并列而坐。天聪四年即崇祯三年(1630)六月,皇太极利用二大贝勒阿敏"弃滦州、永平、迁安、遵化四城"罪,议定阿敏罪状十六条,将阿敏"革去爵号,抄没家私,送高墙禁锢,永不叙用"④。后阿敏"病卒于狱"。⑤天聪五年即崇祯四年(1631)八月,

---

① 《清太宗文皇帝实录》第61卷,崇德七年六月癸卯,中华书局影印本,1985年,第6叶。
② 《清太宗文皇帝实录》第1卷,天命十一年九月丁丑,中华书局影印本,1985年,第8叶。
③ 《清太宗文皇帝实录》第5卷,天聪三年正月丁丑,中华书局影印本,1985年,第2叶。
④ 《明清史料》丙编,第1本,中央研究院历史语言研究所集刊,商务印书馆,1936年,第17叶。
⑤ 《清三朝实录采要·太宗》第7卷,清抄本,第23叶。

在大凌河战役中，皇太极和三大贝勒莽古尔泰发生口角。皇太极以此将莽古尔泰治罪，革去其大贝勒名号，降为一般贝勒，夺其五牛录的属员，罚银万两及马匹若干。翌年，莽古尔泰"以暴疾卒"①。

是年十二月，当礼部参政李伯龙疏奏"酌定仪制"时，有的贝勒提出莽古尔泰"因其悖逆，定议治罪"而"不当与上并坐"。②皇太极为顾及影响，试探舆情，命代善会同巴克什达海等会议具奏。会议时"诸贝勒执不可并坐者半"，一半赞成，一半不赞成。代善先曰："上谕诚是，彼之过，不足介怀，即仍令并坐亦可。"代善自觉这不符合皇太极的御意，尔后又曰："我等既戴皇上为君，又与上并坐，恐滋国人之议，谓我等奉上居大位，又与上并列而坐，甚非礼也。"于是代善提出："自今以后，上南面中坐，以昭至尊之体。我与莽古尔泰侍坐上侧，外国蒙古诸贝勒坐于我等之下。如此方为允协。"③他主动请求退出并坐，得到皇太极允准。天聪五年即崇祯四年（1631）正月初一日，皇太极废除"与三大贝勒俱南面坐受"，改为自己"南面独坐"④，这标志着皇太极汗权独尊正式的确立。后皇太极对代善列了四条罪状，拟革去大贝勒名号，削为和硕贝勒，夺十牛录所属人口，罚雕鞍马十匹、甲胄十副、银万两。但是皇太极心中有数，这不过是借题发挥，提高汗权而已，所以只罚银马、甲胄。从此，威胁汗权的三大贝勒势力——阿敏和莽古尔泰已除、代善已退让，皇太极实力大增，南面一尊独坐，汗权更为集中也更为巩固。

第七，颁定等级名号。先是，天聪六年即崇祯五年（1632）八月，汉官王文奎上书皇太极，奏议衣冠服制，建立等级。他说："自古有国家者，必严上下尊卑之别，非但以美观听，实驭世大机权也。窃见我国官民，毫无分别：贪而富者，

---

①《清史列传·冷僧机传》第4卷，中华书局，民国十七年（1928），第33叶。
②王先谦：《东华录·天聪朝》，天聪五年十二月丙申，光绪二十五年（1899）石印本。
③《清太宗文皇帝实录》第10卷，天聪五年十二月丙申，中华书局影印本，1985年，第26叶。
④《清太宗文皇帝实录》第11卷，天聪六年正月己亥，中华书局影印本，1985年，第1叶。

即氓隶而冠裳之饰，上等王侯；清而贫者，即高官而服饰之混，下同仆从。"他"伏乞皇上，毅然独断，辨制衣冠，使天下后世，知圣哲所为，超出寻常；使愚民亦知富有百万，而终不得与职官并。此则主权尊，民志定，贤愚佥奋，国势愈隆"①。九月，礼部汉官王舜慕也奏："自古冠服之区别，贵贱尊卑系之，乃古帝王治世之权也。帝王之冠服，不同公侯；公侯之冠服，不同散官。若是庶民，即家赀百万，不过庶民之冠服已耳！惟有功于国者，衣冠不等平人，所以礼不容毫发僭越。故创业帝王，首必辨官服，严等威，使举国之人，重贵不重富，耻贱不耻贫。英雄豪杰，必行尊重；利徒鄙夫，自然轻贱。此帝王所以取天下如拾芥也。今我国冠服混淆，贵贱、贫富难分，甚有乐户之穿戴，更强于良贵。所以人重富不重贵，而汙大体失矣。"② 以上二王所陈奏言：建立等级制度，以维护君臣、官民、贵贱的等级身份。这种封建等级制度，包括封爵、官阶、礼仪、冠服等方面。皇太极要"参汉酌金"建立一套大清皇朝的封建等级制度。

至是，皇太极改元称帝，即着手重定礼仪。崇德元年即崇祯九年（1636）六月，皇太极谕："我国之人，向者未谙典礼。故言语书词，上下贵贱之分，或未详晰。朕阅古制，凡上下问对，各有分别。自今俱宜仿古制行之。"③ 这表明崇德帝要建立辨仪威、分尊卑的等级制度。制定爵位：和硕亲王—多罗郡王—多罗贝勒—固山贝子；固伦公主—和硕公主—和硕格格—多罗格格—固山格格；固伦额驸—和硕额驸—多罗额驸—固山额驸等之等级名号，而且"皆有定制,昭然不紊"④。《清史稿·皇子世表》概括为"崇德元年，定九等爵。顺治六年，复定为亲、郡王至奉恩将军凡十二等，有功封，有恩封，有考封。惟睿、礼、郑、豫、肃、庄、克勤、顺承八王，以佐命殊勋，世袭罔替。其他亲、郡王，则世降一等"。雍正及其以

---

① 《天聪朝臣工奏议》上卷，辽宁大学历史系铅印本，1980年，第18页。
② 《天聪朝臣工奏议》上卷，辽宁大学历史系铅印本，1980年，第26页。
③ 《清太宗文皇帝实录》第30卷，崇德元年六月己卯，中华书局影印本，1985年，第4~5叶。
④ 《清太宗文皇帝实录》第42卷，崇德三年七月壬戌朔，中华书局影印本，1985年，第3叶。

后，又有怡亲王允祥、恭亲王奕䜣、醇亲王奕譞、庆亲王奕劻四王，皆世袭罔替。以上八王，所谓"铁帽子王"，即睿亲王多尔衮、礼亲王代善、郑亲王济尔哈朗、豫亲王多铎、肃亲王豪格、庄亲王（原承泽亲王）硕塞（皇太极第五子）、克勤郡王岳讬（代善长子）、顺承郡王勒克德浑（代善第三子萨哈廉之第二子）。清还规定：清景祖觉昌安（努尔哈赤之祖父）以上之子孙称为"觉罗"，清显祖塔克世（努尔哈赤之父亲）以下子孙为"宗室"。"盖自景祖以上子孙，谓之'觉罗'；与显祖以下子孙，谓之'宗室'"。宗室系黄带子，觉罗系红带子。《清太宗文皇帝实录》天聪九年正月丁丑（二十六日），载皇太极上谕："宗室者，天潢之戚，不加表异，无以昭国体。甚或两相诋毁，詈及祖父。已令系红带，以表异之。又或称谓之间，尊卑颠倒，今复分别名号：遇太祖庶子，俱称阿格；六祖子孙，俱称觉罗。凡称谓者，就其原名，称为某阿格，某觉罗。六祖子孙，俱令系红带，他人毋得紊越。"

皇太极参酌明朝典章，规定清朝礼制，但保留满洲的语言、骑射、衣冠、天足、萨满教等民族传统不变。他说，"先时儒臣巴克什达海、库尔缠，屡劝朕改满洲衣冠，效汉人服饰制度，朕不从"。为此，皇太极在皇宫御翔凤楼，召集诸王、贝勒、固山额真、都察院官员，命内弘文院大臣，读《金史·世宗本纪》。皇太极谕曰："尔等审听之。世宗者，蒙古、汉人诸国，声名显著之贤君也。故当时后世，咸称为小尧舜。朕披览此书，悉其梗概，殊觉心往神驰，耳目倍加明快，不胜叹赏。朕思金太祖、太宗，法度详明，可垂久远。至熙宗合喇，及完颜亮之世，尽废之，耽于酒色，盘乐无度，效汉人之陋习。世宗即位，奋图法祖，勤求治理，惟恐子孙，仍效汉俗，预为禁约。屡以无忘祖宗为训，衣服语言，悉遵旧制。时时练习骑射，以备武功。虽垂训如此，后世之君，渐至懈废，忘其骑射。至于哀宗，社稷倾危，国遂灭亡。乃知凡为君者，耽于酒色，未有不亡者也。先时儒臣巴克什达海、库尔缠，屡劝朕改满洲衣冠，效汉人服饰制度，朕不从，辄以为朕不纳谏。朕试设为比喻，如我等于此聚集，宽衣大袖，左佩矢，右挟弓，忽遇硕翁科罗巴图鲁劳萨，挺身突入，我等能御之乎？若废骑射，宽衣大袖，待他人割肉而后食，与尚左手之人，何以异耶！朕发此言，实为子孙万世之计也。在朕身岂有变更之理？恐日后子孙，忘旧制，废骑射，以效汉俗，故常切此虑耳！"① 五个月后，皇太极又谕诸王贝勒曰："昔金熙宗及金主亮，废其祖宗时衣冠仪度，循汉人之俗，遂服汉人衣冠，尽忘本国言语。迨至世宗，始复旧制衣冠。凡言语及骑射之事，时谕子孙，勤加学习，如元王马大郭，遇汉人讼事，则以汉语讯之，有女直人讼事，则以女直语讯之。世宗闻之，以其未忘女直之言，甚为嘉许。此本国衣冠、言语，不可轻变也。我国家以骑射为业，今若不时亲弓矢，惟耽宴乐，则田猎行阵之事，必致疏旷，武备何由而得习乎！盖射猎者，演武之法；服制者，立国之经。朕欲尔等，时时不忘骑射，勤练士卒，凡出师田猎，许服便服，其余俱令遵照国初之制，仍服朝衣。且谆谆训谕者，非为目前起见也。及朕之身，岂有习于汉俗之理？正欲尔等识之于心，转相告诫，使后世子孙遵守，毋变弃祖宗之制耳！朕意如此，尔等宜各陈所见。"和硕睿亲王多尔衮等皆跪奏曰："皇上谆谆诫谕，臣等更复何言？惟铭刻在心，竭力奉行而已。"② 一年之后，皇太极再次重申名号等级，不得违制，谕礼部曰："国家创立制度，所以辨等威，昭法守也。乃往往有不遵定制，变乱法度者。若不立法严禁，无以示儆。自后若王、贝勒、贝子等犯者，议罚；官员犯者，幽系三日，议罚；庶民犯者，枷号八日，责治而释之。凡出入起坐，有违误者，坐以应得之罪。一切名号等级，及已更定称谓，有错误者，严行戒饬之。若有效他国衣帽，及令妇人束发、裹足者，是身在本朝，而心在他国也。自今以后，犯者俱加重罪。如奴仆举首者，出户；旁人告首者，与赏；仍治本管官罪，著为定例。"③ 上文中的"他国衣帽"与"妇人裹足"，指的是汉人的衣服冠帽和妇女缠足两种习俗，皇太极严禁满洲仿效汉人上述习俗，违者治罪。皇太极在衣饰习俗方面，保持满洲的民族传统。因为满洲的衣饰习俗，是其民族特点的一个标志。特别是皇太极

---

① 《清太宗文皇帝实录》第32卷，崇德元年十一月癸丑，中华书局影印本，1985年，第8~9叶。
② 《清太宗文皇帝实录》第34卷，崇德二年四月丁酉，中华书局影印本，1985年，第27叶。
③ 《清太宗文皇帝实录》第42卷，崇德三年七月丁丑，中华书局影印本，1985年，第10叶。

命令不许满洲妇女"裹足",而保持"天足",是其明智的一个表现。

第八,纂修《太祖实录》。先是,后金没有纂修"实录"的传统。明万历二十七年(1599),满文创制后,在建州推行。《八旗通志·大海巴克什传》记载:"大海生而聪明,九岁即通满、汉文。"① 达海九岁,为万历三十一年(1603),其时满文刚创制四年。满文创制之后,产生满文档案。用无圈点老满文记载建州、天命的档案,这就是初始的无圈点满文档案。早在万历四十三年(1615),《无圈点老档》记载:"额尔德尼巴克什,将淑勒庚寅汗所施行的各种善政,记录下来。"到天命六年即天启元年(1621)五月,又记载:"库尔缠巴克什、尼堪巴克什所记之档子"云云。以上说明,后金天命年间,已有满文档案。与档案相关的"书房",努尔哈赤时期已经设立,具体设立时间无考。后皇太极命达海、库尔缠改进老满文,增加圈点,新制字母,成有圈点满文,即新满文。又将"书房"改称为"文馆"。皇太极命达海翻译汉文书籍如《三国演义》《明会典》《通鉴》《六韬》《孟子》《大乘经》等。

天命汗死后,在天聪年间,皇太极重视纂修《太祖实录》。他谕文馆诸臣曰:"朕嗣大位,凡皇考太祖行政用兵之道,若不一一备载,垂之史册,则后世子孙,无由而知!"于是,皇太极命文馆纂修《太祖武皇帝实录》。天聪九年即崇祯八年(1635)八月,《太祖实录图》告成。此事,《清太宗文皇帝实录》记载:"画工张俭、张应魁,恭绘《太祖实录图》成。赏俭人口一户、牛一头,应魁人口一户。"② 崇德元年即崇祯九年(1636),《清太祖武皇帝实录》告成,后缮录满文、蒙古文、汉文三种文本。初纂的《太祖实录》称《太祖太后实录》,后定名为《太祖武皇帝实录》。后金举行隆重进呈《太祖武皇帝实录》典仪,后送入翔凤楼珍藏,与修官员二十余人受到赏赐。③ 在纂修《清太祖实录》过程中,将内国史院的无圈

---

① 《八旗通志·大海巴克什传》第336卷,东北师范大学出版社,1985年,第5324页。
② 《清太宗文皇帝实录》第24卷,天聪九年八月乙酉,中华书局影印本,1985年,第15叶。
③ 《清太宗文皇帝实录》第32卷,崇德元年十一月乙卯,中华书局影印本,1985年,第12叶。

点满文档案，进行梳理，加以汇编，从而形成内国史院的天命朝、天聪朝的编年体史料长编《无圈点老档》。[①]《无圈点老档》是以无圈点老满文为主，兼以加圈点新满文并间杂蒙古文和个别汉文书写，记载满洲兴起和清朝开国的史事册档。后乾隆朝将其重抄七部——《无圈点字档》（底本）、《加圈点字档》（底本）、《无圈点字档》（内阁本）、《无圈点字档》（崇谟阁本）、《加圈点字档》（内阁本）、《加圈点字档》（崇谟阁本）和《加圈点字档》（上书房本）。[②]《无圈点老档》即《旧满洲档》《满文原档》今为孤档，存于台北故宫博物院图书文献处。其七部抄本除《加圈点字档》（上书房本）已佚外，其他六部分藏于中国第一历史档案馆和辽宁省档案馆。同时，记载清开国的满文史料长编《内国史院档》，积累了大量系统珍贵的史料，除军政大事外，还就祭祀、礼制、爵位、婚姻、习俗、民族、萨满等作出一系列记载。《无圈点老档》即《旧满洲档》、《满文原档》，以及《太祖武皇帝实录》、《满洲实录》、《内国史院满文档案》、《清太宗文皇帝实录》，是清开国时期最珍贵、最重要、最系统、最基本的史料。

[①]《无圈点老档》又称《旧满洲档》《满文原档》《满文老档》《满文旧档》等，其公开影印出版 10 册精装本者，前者称《旧满洲档》，后者称《满文原档》。
[②] 阎崇年：《〈无圈点老档〉及乾隆抄本名称诠释》，载《满学论集》，民族出版社，1999 年。

二 改国号前的军政形势

皇太极在改国号"金"为"大清"之前,天聪朝的军政形势,发生了巨大深刻的变化。

第一,版图空前扩大。 后金初建时的版图,东起鸭绿江、图们江,西到抚顺关外,南达清河北,北到黑龙江中游地域。经过二十年的开拓、扩张,后金的疆域,东临日本海,西到青海,南界锦州、张家口,北达外兴安岭。崇德三年即明崇祯十一年(1638),皇太极曾说:

> 昔金、辽、元三国之主,西伐额讷特珂克,东抵朝鲜,北及黑龙江,南至于海,朕今日正与相等。①

尔后皇太极又总结说:

> 自东北海滨,迄西北海滨,其间使犬、使鹿之邦,及产黑狐、黑貂

---

① 祁韵士:《皇朝藩部要略》第2卷,光绪十年(1884)浙江书局本,第12叶。

之地，不事耕种、渔猎为生之俗，厄鲁特部落，以至斡难河源，远迩诸国，在在臣服。①

就是说，东自鄂霍次克海，西迄贝加尔湖，南濒日本海，北跨外兴安岭（包括库页岛）的广阔地域，原明奴儿干都司、辽东都司（山东北部除外）和蒙古部分辖境内的各族部民，都被置于后金-清的管辖之内。显然，新的地理现实，需要对后金国号进行变更。

第二，民族成分变化。后金经过多年征抚，不仅已经吞并哈达、辉发、乌拉、叶赫，而且重新整合东海女真、黑龙江女真。还有大量汉人、蒙古人、朝鲜人、锡伯人、达斡尔人、鄂伦春人、鄂温克人、虎尔哈人等，同满洲融合，而成为一个新的民族共同体。为此，天聪九年即崇祯八年（1635）十月十三日（公历11月22日），皇太极发布关于改族名的汗谕：

> 我国原有满洲、哈达、乌喇、叶赫、辉发等名，向者无知之人，往往称为诸申。夫诸申之号，乃席北超墨尔根之裔，实与我国无涉。我国建号满洲，统绪绵远，相传奕世。自今以后，一切人等，止称我国满洲原名，不得仍前妄称。②

显然，新的民族现实，新的政治现实，需要对后金国号进行变更。然而，上述谕旨难解之处在于，"诸申"即"女真"，都是 jušen 的汉文音译，皇太极何以认为它与后金无涉，而将"诸申"说成是"席北超墨尔根之裔"？如果把这件《汗谕》，同翌年皇太极改国号为"大清"相联系，似不难理解。因为天聪十年（1636）四月十一日，改的是国号，而天聪九年（1635）十月十三日，改的是族名，"国号"

---

① 《清太宗文皇帝实录》第 61 卷，崇德七年六月辛丑，中华书局影印本，1985 年，第 3 叶。
② 《清太宗文皇帝实录》第 25 卷，天聪九年十月庚寅，中华书局影印本，1985 年，第 19～20 叶。

与"族名",既有联系,也有区别。后金对本族人称女真(有时译为诸申),对蒙古族人称蒙古,对汉族人则称尼堪,这都属于习惯上的称谓。为了适应新的形势,需要统一族名,也需要规范族名。皇太极在上述《汗谕》中曰:女真人有满洲、哈达、乌喇(拉)、叶赫、辉发等名,用什么族名来"称谓"、来"统一"、来"规范"?在上述满洲、哈达、乌拉、叶赫、辉发等称谓中,后四名称,其部落已灭,其部神已无;只有满洲,是胜利者。因此,以"满洲"代替原来的泛称"诸申",既顺应历史,也贴合现实。而且,在新的民族共同体中,除满洲、哈达、乌拉、叶赫、辉发之外,还包括同满洲融合的汉人、蒙古人、朝鲜人、索伦人、锡伯人等,显然用"诸申"作族名,也不完全妥当。而用胜利者部落——"满洲"作族名,各个方面,易于接受。至于诸申"乃席北超墨尔根之裔",学界有异议,本书不讨论。皇太极改族名为"满洲"与改国号为"大清",都是为了建立新皇朝的政治需要。

第三,军事不断胜利。自努尔哈赤死后,后金在军事上又不断取得新的胜利。后金-清军先后五次迂道入关作战。第一次是在天聪三年即崇祯二年(1629)、第二次在天聪八年即崇祯七年(1634)、第三次在天聪十年即崇祯九年(1636)、第四次在崇德三年即崇祯十一年(1638)、第五次在崇德七年即崇祯十五年(1642)。其中,在皇太极改元称帝之前有两次入塞之战。在辽西,主要攻破明朝辽西关宁锦防线的前沿堡垒——大凌河城,降祖大寿。虽然祖大寿降而后归明,但辽东主力祖大寿的武将及军队,被后金摧毁。

第四,降服漠南蒙古。皇太极继承汗位后,为实现其攻取辽西、进叩关门的战略目标,必须在其父汗努尔哈赤已有战绩的基础上,设法解决西部蒙古察哈尔部对后金的威胁。然而,后金努尔哈赤、皇太极父子,经过长达二十年的奋争——武力征讨,政治怀柔,封爵赏赐,联姻结盟等策略,完全降服漠南蒙古。其主要的标志,一是林丹汗死后其妻苏泰太后率子额哲降附后金,二是皇太极得到蒙古传国玉玺"制造之宝",三是漠南蒙古诸部首领愿意拥戴皇太极上尊号。

第五,臣服邻国朝鲜。先是,天命汗努尔哈赤对朝鲜,虽有萨尔浒大战朝鲜出兵的怨恨，但是仍采取克制态度，派遣官员，前往朝鲜，调解纠纷，结好关系。皇太极继位之后，改变父汗努尔哈赤对朝鲜的政策，使用武力，出兵过江，逼迫朝鲜，降服结盟。天聪元年即天启七年（1627）正月，皇太极派阿敏、岳讬等率军，渡过鸭绿江，攻陷平壤城，同朝鲜订"兄弟之盟"。后金将明朝的盟友朝鲜，变为后金的兄弟之邦。后经过第二次远征朝鲜，在汉城近郊三田渡，订"君臣之盟"，朝鲜废除明朝正朔，改奉清朝正朔，称臣朝贡，派出质子，从而成为清朝的藩属。

第六，确定攻明目标。后金政权是局处东北一隅，还是夺取全国江山？看来清太祖努尔哈赤对此没有作出明确的回答。但是，皇太极在天聪三年即崇祯二年（1629）十一月十五日，发表《告谕》，《清太宗文皇帝实录》载述：

> 若谓我国褊小，不宜称帝，古之辽、金、元，俱自小国，而成帝业，亦曾禁其称帝耶！且尔朱太祖，昔曾为僧，赖天佑之，俾成帝业。岂有一姓受命，永久不移之理乎！天运循环，无往不复，有天子而废为匹夫者，亦有匹夫而起为天子者。此皆天意，非人之所能为也！上天既已佑我，尔明国乃使我去帝号，天其鉴之矣！①

上述宣言充分表明：其一，引述古代历史，说明偏隅小国，可以完成一统帝业；其二，引述民族历史，说明东北民族小部，可以战胜中原大国；其三，引述明朝历史，论证明太祖朱元璋，原是个穷和尚，也可以成为皇帝，别人为何不能称帝？其四，天道哲理证明，循环往复，历史轮回，帝位易主，没有万世；其五，上天眷顾，佑其称帝，明朝皇帝，岂能禁之？

总之，皇太极要效法契丹耶律阿保机、女真完颜阿骨打、蒙古成吉思汗，建元称帝，进军中原，推翻朱明，一统天下！皇太极在这个总战略思想之下，值获得故元传国宝玺的机会，于天聪十年（1636）四月十一日，建号大清，改元崇德。

---

① 《清太宗文皇帝实录》第5卷，天聪三年十一月丙申，中华书局影印本，1985年，第27～28叶。

皇太极怀着雄心，部署战略，同明崇祯，争夺国统，为大清作出了历史性的贡献。

第七，扩充八旗建制。早在努尔哈赤时期，在满洲八旗中就有十六个汉人牛录。皇太极即位后，天聪五年即崇祯四年（1631）正月，将汉人牛录拔出二千多人，正式成立一个汉军旗[①]，命汉官佟养性统辖，敕谕曰："凡汉人军民一切事务付尔总理，各官悉听尔节制。"[②]

八旗汉军，逐渐形成。先是，天聪五年（1631）正月，金创制成红衣大炮，后用之于大凌河之战获得成功。翌年正月，佟养性上奏：

> 往时汉兵不用，因不用火器。夫火器，南朝仗之以固守；我国火器既备，是我夺其长技。彼之兵，既不能与我相敌抗，我火器又可以破彼之固守。何不增添兵力，多拿火器，以握全胜之势。目今新编汉兵，马、步仅三千余，兵力似少，火器不能多拿；况攻城火器，必须大号将军等炮，方可有用。然大号火器拿少，又无济于事。再思我国中，各项汉人尚多，人人俱是皇上赤子，个个俱当出力报效。若果从公查出，照例编兵，派定火器，演成一股。有事出门，全火拿器，大张军威；无事归农，各安生理，一则不废民业，一则又添兵势。如此一行，敌国声闻，自然胆落，无坚不破，无城不取也。[③]

佟养性的奏疏建议：其一，成立一支专门的火器部队；其二，加强这支部队的火器装备。皇太极重视佟养性的陈奏，但没有立即实行。天聪七年即崇祯六年（1633），汉兵实力增强，发生三件大事：其一，同年五月，孔有德、耿仲明率部众、

[①] "汉军"一名，在《清太宗文皇帝实录》中，首次出现为天聪八年五月初五日："上谕曰：朕仰承天眷，抚有满洲、蒙古、汉人兵众，前此骑、步、守、哨等兵，虽各有营伍，未分名色，故以该管将领姓名，称为某将领之兵。今宜分辨名色，永为定制。……旧汉兵为汉军。"
[②] 《清太宗文皇帝实录》第8卷，天聪五年正月乙未，中华书局影印本，1985年，第3叶。
[③] 《天聪朝臣工奏议》卷上，辽宁大学历史系铅印本，1980年，第7页。

眷属、火器投顺后金。其二，同年七月，皇太极命满洲各户下汉人十丁抽一，共一千五百多人，由马光远等统领。①其三，同年十月，原明毛文龙部下、副将尚可喜率众降金。此前大凌河之战中祖大寿军多数投降。于是，佟养性、马光远统领的旧汉兵，祖、孔、耿、尚归降的新汉兵，以及新造、携来的火器、大炮，八旗军队的实力大增，组建汉军的条件已经具备。

天聪八年即崇祯七年（1634）三月，皇太极于沈阳城北郊进行一次阅兵。时满洲八旗、蒙古二旗、旧汉兵一旗，共十一个旗参加。行进的序列是：前列旧汉兵炮手，次满洲、蒙古骑兵，再次是骑兵，再次是守城各处应援等兵，最后是守城炮兵，队列"绵亘二十里"。②军队检阅的前列与后卫，都是汉人组成的炮兵，可见其地位之重要。但此时仍称"旧汉兵"。同年五月，皇太极正式定其名为汉军，以黑旗为标志。因时铸造火炮者基本是汉人，而使用这些火器、大炮者也基本是汉人，所以"汉军"满文为ujen i cooha，汉音译作"乌真超哈"，汉意译作"重军"。崇德二年即崇祯十年（1637）七月，分汉军为左右两旗：以昂邦章京石廷柱，为左翼一旗固山额真；昂邦章京马光远，为右翼一旗固山额真。照满洲例，编壮丁为牛录。③崇德四年即崇祯十二年（1639）六月，增析汉军二旗为四旗，每旗设固山额真一员、梅勒章京二员、甲喇章京四员。正黄、镶黄两旗，以马光远为固山额真；正白、镶白两旗，以石廷柱为固山额真；正红、镶红两旗，以王世选为固山额真；正蓝、镶蓝两旗，以巴颜为固山额真。初两旗纛，色皆用玄青。至是改马光远纛，以玄青镶黄；石廷柱纛，以玄青镶白；王世选纛，以玄青镶红；巴颜纛，纯用玄青。④崇德七年即崇祯十五年（1642）七月初四日，皇太极命编汉军为八旗，各设牛录章京。崇德帝谕曰："汉军旗内，新设官员，应用之人贤否，

---

① 《清太宗文皇帝实录》第14卷，天聪七年七月辛卯，中华书局影印本，1985年，第22叶。
② 《清初内国史院满文档案译编》上册，光明日报出版社，1989年，第69页。
③ 《清太宗文皇帝实录》第37卷，崇德二年七月乙未，中华书局影印本，1985年，第30叶。
④ 《清太宗文皇帝实录》第47卷，崇德四年六月丙申，中华书局影印本，1985年，第10～11叶。

朕未悉知。著该部王大臣，同汉军固山额真、梅勒章京等，遴选用之。"于是多罗睿郡王多尔衮、镇国将军承政阿拜、参政满朱锡礼、启心郎索尼等，与汉军固山额真、梅勒章京，共同遴选，请旨补授。①由是，再增设四旗，共为八旗，称之八旗汉军，旗色与满洲八旗相同，每旗设固山额真一人、梅勒额真二人、甲喇额真五人，共约有一百六十一个牛录，三万三千多人。

但是，孔、耿、尚的部队，人数过多，尚未整编，没有被拨入八旗贝勒属下，也没有打乱其原有编制，而将孔有德、耿仲明的部队命名为天佑兵，尚可喜的部队命名为天助兵。②孔、耿部队的旗纛是"白镶皂"，尚可喜部队的旗纛是"于皂旗中用白圆心为饰"。凡汉军的旗纛，用玄青或皂色，孔、耿、尚的天佑、天助兵旗纛，其本色为皂色，新编的汉军四旗则在玄青基色之外加镶色，以示其与天佑、天助兵的区别。③于是，孔、耿、尚等的新汉人部队，与佟养性等的旧汉军，其旗纛的颜色有了区别——后金内部旧汉人与新汉人的区别。

八旗蒙古，相继建制。天命六年即天启元年（1621），后金攻占辽、沈后，归降的蒙古军民，部分编为牛录，是为始设蒙古牛录，称蒙古军，隶八旗满洲，由武讷格、布彦代统领。翌年，始设蒙古旗。皇太极即位后，蒙古归附军民日众，天聪三年即崇祯二年（1629），已将原有的蒙古军，扩编成"蒙古二旗"。④天聪四年即崇祯三年（1630），《清太宗文皇帝实录》已经出现"率蒙古八旗将士"的载述。但蒙古八旗正式整编、建制，是在天聪九年即崇祯八年（1635）。二月二十六日，皇太极命编审蒙古壮丁，将蒙古二旗，扩充、建制为八旗蒙古——正黄、镶黄、正红、镶红、正白、镶白、正蓝、镶蓝，合有蒙古壮丁七千八百三十名；并另设三旗，合有壮丁九千一百二十三名。以上十一旗，共有

---

① 《清太宗文皇帝实录》第61卷，崇德七年七月壬申，中华书局影印本，1985年，第27叶。
② 《清太宗文皇帝实录》第18卷，天聪八年五月庚寅，中华书局影印本，1985年，第14叶。
③ 《清太宗文皇帝实录》第18卷，天聪八年三月甲辰，中华书局影印本，1985年，第6叶。
④ 《清太宗文皇帝实录》第5卷，天聪三年十二月壬子，中华书局影印本，1985年，第32叶。

壮丁一万六千九百五十三名。[①]其旗色和建制，与八旗满洲相同。清廷于蒙古建旗，编设牛录，任命额真，是在蒙古地区，推行满洲制度。

八旗汉军和八旗蒙古的组建，虽与八旗满洲相同，但八旗汉军、八旗蒙古的固山额真，是由皇太极任免。皇太极直接指挥八旗蒙古与八旗汉军，再加上由他直接统领的满洲两黄旗，皇太极的军政实力，远在其他大贝勒之上。其他诸大贝勒，与皇太极相比，军政实力，相差悬殊，既无法与之抗衡，亦无力与之较量。

第八，政治影响更大。后金的影响，在逐渐扩大。后皇太极致明朝皇帝书中表露：

> 予缵承皇考太祖皇帝之业，嗣位以来，蒙天眷佑，自东北海滨，迄西北海滨，其间使犬、使鹿之邦，及产黑狐、黑貂之地，不事耕种、渔猎为生之俗，厄鲁特部落，以至斡难河源，远迩诸国，在在臣服。蒙古大元，及朝鲜国，悉入版图。于是举朝诸王大臣，及外藩臣服诸王等，合辞劝进。乃昭告天地，受号称尊，国号大清，改元崇德。[②]

从此，皇太极改国号为大清。

[①]《清太宗文皇帝实录》第22卷，天聪九年二月丁亥，中华书局影印本，1985年，第12～14叶。
[②]《清太宗文皇帝实录》第61卷，崇德七年六月辛丑，中华书局影印本，1985年，第3叶。

三 政府机构的重要变革

皇太极改"金"为"大清"前后，伴随后金军政事业的发展，皇太极在内政方面作出一系列改革，其中心是改国号"金"为"大清"。围绕这个中心，政策做出重大调整，机构做了重大改革，从而发生许多重大军政的变化。

先是，努尔哈赤建州时期，在佛阿拉已经有被掳汉人龚正陆掌管文书。① 天命年间，建立"书房"。但后金的国家行政机构，实属草昧，很不健全。军政机构合一，旗政职能难分。随着后金地域之拓展，人口之众多，民族之众多，经济之发展，文业之兴举，军事之远征，政务之纷繁，法制之规范，就需要改革并完善政权机器。皇太极为适应后金军事、政治、经济、司法、外交等的需要，以协调满、蒙、汉关系，强化汗权，使其处于独尊的地位，因此逐步建立一套比较完整的国家行政机构。他要求"凡事都照《大明会典》行"，极为得策，故行政机构，多仿自明制。后金国家机构以女真军事组织为主，参照蒙古模式（如理事官之设）等，建立起国家机构的雏形。

---

① ［朝］申忠一：《建州纪程图记》，图版 11，载《兴京二道河子旧老城》，日文本，建国大学刊印，1939 年。

其特点主要表现在：一是，废除大汗同三大贝勒并坐制，改为皇太极"南面独坐"，强化君主集权；二是，改蒙古衙门为理藩院，以专门处理民族事务（后文专述）；三是，逐步设立汉军八旗，以管理汉军及其眷属之军、政、民等事宜；四是，完善并扩编蒙古八旗，加强对蒙古的统辖；五是，制定一系列法典，使管理有法律依循；六是，仿效明制，设立内阁与六部即吏、户、礼、兵、刑、工和都察院、理藩院，基本上完成国家机关的建构。这就是俗称"三院六部二衙门"的政府架构，基本完善了政府组织。皇太极改革和完善国家组织的特点是，以满洲政权组织为模式，参酌蒙古历史经验，借鉴明朝的机构，架构后金-大清的国家组织形式。在进行国家体制改革时，皇太极告谕廷臣"凡事都照《大明会典》行"。

文馆与内三院。天聪三年即崇祯二年（1629）四月，设立文馆，分为两班：达海、刚林、苏开、顾尔马浑、托布戚翻译汉文书籍；库尔缠、吴巴什、查素喀、胡球、詹霸等记注朝政。天聪十年即崇祯九年（1636）三月，改文馆为内三院：一名内国史院，一名内秘书院，一名内弘文院。其分任职掌：内国史院职掌——记注皇帝起居诏令，收藏御制文字，凡皇帝用兵行政事宜，编纂史书，撰拟郊天告庙祝文，及升殿宣读庆贺表文，纂修历代祖宗实录，撰拟圹志文，编纂一切机密文移，及各官章奏，掌记官员升降文册，撰拟功臣母妻诰命、印文，追赠诸贝勒册文，凡六部所办事宜，可入史册者，选择记载。一应邻国远方往来书札，俱编为史册。内秘书院职掌——撰拟与外国往来书札，掌录各衙门奏疏，及辩冤词状，皇帝敕谕，文武各官敕书，并告祭文庙、谕祭文武各官文。内弘文院职掌——注释历代行事善恶，进讲御前，侍讲皇子，并教诸亲王，颁行制度。① 五月，皇太极又更定内三院官制，内国史院大学士一人，学士二人；内秘书院大学士二人，学士一人；内弘文院大学士一人，学士二人，其中以满人为主，兼有汉人和蒙古人。这是清代设大学士之始。内三院的组织和职掌，比文馆更完善、更扩大。内三院的官员参预国家机密，成为皇太极处理政务的得力助手。清承明制，不设宰相，大学士参与议商军国之大政。

---

① 《清太宗文皇帝实录》第28卷，天聪十年三月辛亥，中华书局影印本，1985年，第1叶。

内三院是"参汉酌金",即参酌明朝翰林院和内阁的体制,并加以变通而建立的。

设立六部。先是,后金建立天命政权,是以八旗制为特点的体制。而后金较为完整的中央行政体制,当以建立六部为始。天聪五年即崇祯四年(1631)七月,皇太极接受汉官宁完我等的建议,仿照明朝,"爰定官制,设立六部",即吏、户、礼、兵、刑、工六部,设置六部承政,分管相应部务。六部的官员,每部以贝勒一人掌部事,下设承政、参政、启心郎等,分司其职。天聪五年即崇祯四年七月初八日,天聪汗任命六部官员:

贝勒多尔衮管吏部事,图尔格为承政,满朱习礼为蒙古承政、李延庚为汉承政,其下设参政八员,以索尼为启心郎。

贝勒德格类管户部事,英俄尔岱、觉罗萨壁翰为承政,巴思翰为蒙古承政,吴守进为汉承政,其下设参政八员,以布丹为启心郎。

贝勒萨哈廉管礼部事,巴都礼、吉孙为承政,布彦代为蒙古承政,金玉和为汉承政,其下设参政八员,以祁充格为启心郎。

贝勒岳托管兵部事,纳穆泰、叶克书为承政,苏纳为蒙古承政,金砺为汉承政,其下设参政八员,以穆成格为启心郎。

贝勒济尔哈朗管刑部事,车尔格、索海为承政,多尔济为蒙古承政,高鸿中、孟乔芳为汉承政,其下设参政八员,以额尔格图为启心郎。

贝勒阿巴泰管工部事,孟阿图、康喀赖为承政,囊努克为蒙古承政,祝世荫为汉承政,其下设满洲参政八员,蒙古参政二员,汉参政二员,以苗硕浑为满洲启心郎,罗绣锦、马鸣珮为汉启心郎,其余办事笔帖式,各酌量事务繁简补授。①

由上,可见:第一,以八旗贝勒分管部事。金国的六部虽然都直属于天聪汗,但从其分管部务关系来看,仍然保存八旗贝勒分别掌管部务事的传统,说明此时的六部体制,还没有完全与八旗分离。第二,六部的承政,相当于明朝六部的尚书。承政为满洲、蒙古、汉军分任,除吏部设满、蒙、汉承政各一人外,其余各

---

① 《清太宗文皇帝实录》第9卷,天聪五年七月庚辰,中华书局影印本,1985年,第7~8叶。

部皆设满承政二人，蒙、汉承政各一人，是为其六部机构的一个明显的民族特征，也是清入关后政权组织的满、蒙、汉三元重职的经始。第三，六部的参政，相当于明朝六部的侍郎。工部设满参政八人，蒙、汉参政各三人；其他五部，各设参政八人。第四，每部下设启心郎一人，但工部设满洲启心郎一人，汉启心郎二人。六部的启心郎，承担部分明廷六科给事中的职能。第五，其余办事人员笔帖式等，酌量事务繁简，分别加以补授。虽然分掌六部事务的贝勒，同皇太极已是君臣关系；但不久皇太极为了直接控制六部，进一步削弱贝勒的权力，下令"停王、贝勒领部院事"①。于是，皇太极独主政务，而将贝勒置于国家行政机构之外。

然而，六部草创，很不健全。贝勒多在家中处理政务。翌年八月，六部衙门建成，各部官员，入署办公。颁六部银印各一。并规定六部办事礼仪："命六部诸贝勒，于初入署时，率本部大臣，赴阙领印，行三叩头礼，还部，张鼓乐。承政、参政及阖部官员，于本部贝勒，行一叩头礼，左右分次序列坐。各部事宜，皆用印以行。其职掌条约，备录之，榜于门外。凡各衙门，通行文书，亦用印行。"吏部和硕墨尔根戴青贝勒多尔衮、户部贝勒德格类、礼部贝勒萨哈廉、兵部贝勒岳讬、刑部贝勒济尔哈朗、工部贝勒阿巴泰，各率本部大臣，赴阙受印，行三叩头礼。各还本衙门坐，承政率属军民拜见，设宴，张乐。②

建立六部之后，出现新的问题。宁完我奏言："我国六部之名，原是照蛮子家（指明朝）立的，其部中当举事宜，金官原来不知。汉官承政当看《会典》上事体，某一宗我国行得，某一宗我国且行不得，某一宗可增，某一宗可减，参汉酌金，用心筹思，就今日规模，立个《会典》出来。每日教率金官，到汗面前，担当讲说。各使去因循之习，渐就中国之制。必如此，庶日后得了蛮子地方，不至手忙脚乱。然《大明会典》虽是好书，我国今日全照他行不得。他家天下二三百年，他家疆域横亘万里，他家财赋不可计数。况《会典》一书，自洪武到今，不知增减改易

---

① 阮葵生：《茶余客话》第1卷，《丛书集成初编》本，商务印书馆，1936年。
② 《清太宗文皇帝实录》第12卷，天聪六年八月癸酉，中华书局影印本，1985年，第14～15叶。

了几番。何我今日不敢把《会典》打动他一字！他们必说：'律令之事，非圣人不可定，我等何人，擅敢更议！'此大不通变之言。独不思有一代君臣，必有一代制作。"①宁完我的重要奏疏表明：皇太极设立的六部，既是"参汉酌金"，也是"金承明制"。但在"参汉"与"承明"时，天聪朝对大明朝的典章制度，既要"使去因循之习"，又要"渐就中国之制"。最终制定出一部《会典》，那是清朝定鼎北京后的事情。设立六部之后，设置监察机构，则是在皇太极改元称帝之后的要务。

设立都察院。先是，后金-清没设专门监察机构与官员。皇太极谕："何必立言官，我国人人得以进言，若立言官，是隘言路也。"然而，书房秀才马国柱仍建言："言官不立，无责成，而有嫌疑，谁肯言之？即有言者，必私而不公，是开人以报复之门，而扰乱国家也。汗试思连年以来，谁曾公道说几件事来？即有言者，果是为汗为国？抑是报怨报仇？汗一详思而自明矣。建立言官，乃千古帝王之美意良法，后世人主，虽有神圣，亦不得弃而不置。若言官一立，汗之过失得闻，贝勒是非不掩，国中善恶可辨，小民冤苦得伸。"②汉官总兵马光远也奏议设立言官："伏乞皇上，早选铁面鲠直之人，立为八道言官，不时访察，如有奸盗邪淫、谋逆贪恶、谎诈欺公、含冤抱屈者，许据实指名参奏，以听皇上拿问处分。如有廉能公勇者，许即时奏闻，以听皇上试用。如此则忠良进步，狐鼠潜踪，而国家无不大治矣！"③于是，皇太极依据清朝需要，参照明朝监察制度，斟酌损益，设都察院。

崇德元年即崇祯九年（1636）五月，皇太极在三院六部之外，仿照明制，设置监察机关——都察院。其职掌是参加议奏、会审案件、稽察衙门、监察考试等，"凡有政事背谬，及贝勒大臣有骄肆慢上，贪酷不法，无礼妄行者，许都察院直言无隐。即所奏涉虚，亦不坐罪"④。五月十四日，皇太极谕都察院诸臣曰："尔等身任

---

① 《天聪朝臣工奏议》卷中，辽宁大学历史系铅印本，1980年，第71页。
② 《天聪朝臣工奏议》卷中，辽宁大学历史系铅印本，1980年，第44页。
③ 《天聪朝臣工奏议》卷上，辽宁大学历史系铅印本，1980年，第37页。
④ 光绪《钦定大清会典事例》第998卷，光绪二十五年（1899）刻本，第1叶。

宪臣，职司谏诤。朕躬有过，或奢侈无度，或误谴功臣，或逸乐游畋、不理政务，或荒耽酒色、不勤国事，或废弃忠良、信任奸佞，及陟有罪、黜有功，俱当直谏无隐。至于诸王贝勒大臣，如有荒废职业，贪酒色，好逸乐，取民财物，夺民妇女，或朝会不敬，冠服违式，及欲适己意，托病偷安，而不朝参入署者，该礼部稽察，若礼部徇情容隐，尔等即应察奏。或六部断事偏谬，及事未审结，诳奏已结者，尔等亦稽察奏闻。凡人在部控告，该部王及承政，未经审结，又赴告于尔衙门者，尔等公议，当奏者奏，不当奏者，公议逐之。明国陋规，都察院衙门，亦通行贿赂之所。尔等当互相防检，有即据实奏闻。若以私仇诬劾，朕察出，定加以罪。其余章奏，所言是，朕即从之；所言非，亦不加罪。必不令被劾者，与尔面质也。尔等亦何惮而不直陈乎！"①崇德帝规定都察院的职能是：其一，督察皇帝，如有过错，直谏无隐。其二，督察诸王贝勒大臣，如有荒怠政务、贪酒淫乐等九项过错者，据实察奏。其三，督察六部，如刑部或秉事不公，或拖延过久等，稽查奏报。其四，自身防检。鉴于明朝吏治腐败，都察院也不能免，指令其官员防止贿赂，互相检查。皇太极特别指出：都察院为言官，"所言非，亦不加罪"！都察院的地位，在六部之上。其官员设置，与六部相同。

除都察院监督之外，六部启心郎也进行监督。皇太极召集六部启心郎索尼、布丹、祁充格、穆成格、额尔格图、苗硕浑六人，谕之曰："朕以尔等为启心郎，尔等当顾名思义，克尽厥职。如各部诸贝勒，凡有过失，尔等见之，即明言以启迪其心，俾知改悔。若一时面从，及事已往，而退有后言，斯最下之人所为也。汝等先自治其身，身正而后可以言谏上。如不治其身，不勤部事，则自反尚多抱愧，何以取重于人？虽恳切言之，上必不听，人亦不信也"。②

创设理藩院。蒙古衙门——理藩院，是清朝为管理蒙古事务而创建的机构。先是，明朝对少数民族事务的管理，由礼部主客清吏司分掌朝贡、嗣封、敕印、

---

① 《清太宗文皇帝实录》第29卷，崇德元年五月丁巳，中华书局影印本，1985年，第4～5叶。
② 《清太宗文皇帝实录》第12卷，天聪六年八月癸酉，中华书局影印本，1985年，第14叶。

接待、赏赉、通译等事宜,还设立四夷馆训练通事和翻译文书。① 后金-清朝则不同。后金很早同蒙古发生联系,有些官员负责这方面的事务。早在天命年间,达海以通满、蒙、汉语言文字,凡与蒙古诸部聘问往返、草拟政令、宣示汗谕,而常与之。② 天聪、崇德年间,阿什达尔汉、尼堪则担负重任。尼堪,那拉氏,早年归顺,赐号"巴克什"。③ 初以"说降蒙古科尔沁部,授备御"④。天聪七年即崇祯六年(1633),从诸贝勒往蒙古诸部处理狱讼事件。同年,受命往迎蒙古蒿齐忒台吉额林归顺后金。八年,又受命安置察哈尔部归顺后金部众。崇德元年即崇祯九年(1636)六月十三日,皇太极命都察院承政尼堪⑤为蒙古衙门承政⑥,负责管理蒙古诸部事务,是为《清太宗文皇帝实录》中首见蒙古衙门的记载。官职只分承政、参政二等,每等各有三四员。崇德三年(1638)七月二十九日,"更定蒙古衙门为理藩院"⑦。以贝子博洛为承政,这样使该衙门地位得到提高,成为清廷八大衙门之一。设承政一员、左右参政各一员、副理事官八员、启心郎一员。此前,蒙古衙门与理藩院两个名称混称。如崇德二年二月十五日,《清太宗文皇帝实录》记载:"又遣理藩院承政达雅齐,赍敕谕蒙古王、贝勒等。"⑧ 崇德三年六月二十日,《清太宗文皇帝实录》却记载:"阿禄部落贝子达赖故,遣蒙古衙门副理事官胡什格往吊之。"⑨ 再后,即七月二十九日之后,《清太宗文皇帝实录》记载规范为"理藩院"。

蒙古衙门确切建立时间史籍缺载,学界看法,纷纭不一,多认为是崇德元年

---

① 《明史·职官志一》第72卷,中华书局点校本,1974年,第1749页。
② 《清史稿·达海传》第228卷,中华书局标点本,1977年,第9256页。
③ 《清太宗文皇帝实录》第9卷,天聪五年七月庚辰记载,上谕曰:"文臣称巴克什者俱停止,称为笔帖式。如本赐名巴克什者,仍其名。"
④ 《清史稿·尼堪传》第228卷,中华书局标点本,1977年,第9258页。
⑤ 《清史稿·尼堪传》作"崇德元年六月,授理藩院承政",误,其时,尚称"蒙古衙门"。
⑥ 《清太宗文皇帝实录》第30卷,崇德元年六月丙戌,中华书局影印本,1985年,第6叶。
⑦ 《清太宗文皇帝实录》第42卷,崇德三年六月庚申,中华书局影印本,1985年,第2叶。
⑧ 《清太宗文皇帝实录》第34卷,崇德二年二月乙酉,中华书局影印本,1985年,第8叶。
⑨ 《清太宗文皇帝实录》第42卷,崇德三年六月癸丑,中华书局影印本,1985年,第2叶。

建立的。但是蒙古衙门的建立和活动，文献记载早于崇德元年。蒙古衙门的建立，是在天聪年间。《清太宗文皇帝实录》记载，皇太极攻明行前布置后方防御，命留守将领，若有敌人来，相距很远，不必出击。留守将领图尔格奏云："黄泥洼一路若有敌至，臣等可往否？"皇太极谕曰："倘敌至黄泥洼，勿往。恐乘尔等去后来袭，亦未可知。可令驻防巨流河城四将，率兵四十，驻彼处村落，余则尔等率之以往。至于外藩蒙古，勿使沿边屯驻，俱令退驻阳石木河迤北。朵内衮济、塞冷来归，独在众后，亦当命之远退。凡此遣退蒙古及发喀喇沁兵，俱不可无蒙古衙门官员。可留该衙门扈什布、温太，并其下办事四人，以任其事。"①

"蒙古衙门"为"monggo i yamun"，汉音译为"蒙古衙门"。②文献所见，至晚在天聪八年即崇祯七年（1634）五月，蒙古衙门已经建立，并有各级官员和办事人员。天聪十年即崇祯九年（1636）二月，后金颁定冠饰，受赐嵌玛瑙金顶者有蒙古衙门阿什达尔汉。③可证已经建立蒙古衙门。同年六月十三日，皇太极改任国舅阿什达尔汉为新建的都察院衙门承政，以尼堪为蒙古衙门承政。④又据《清太宗文皇帝实录》记载：皇太极叙平定朝鲜、皮岛之功，增国舅阿什达尔汉敕辞曰："尔为蒙古衙门承政时，审理外藩讼狱，不辞勤劳，允称厥职。"⑤可知阿什达尔汉确实曾任过蒙古衙门承政。据史载，阿什达尔汉自天聪元年开始，经常受命出使蒙古各部，传达谕敕，颁布法令，审断案件，划分牧地，查阅户口，调兵出征。六年，从济尔哈朗赴蒙古审理狱讼，又赴蒙古颁布律令。八年，往征蒙古兵，会攻林丹汗。九年，从多尔衮收取林丹汗遗孀苏泰太后及其子额哲。⑥

崇德三年即崇祯十一年（1638）七月，清廷更定各衙门官制。"以贝子博洛

---

① 《清太宗文皇帝实录》第18卷，天聪八年五月甲辰，中华书局影印本，1985年，第22叶。
② 《清初内国史院满文档案译编》上册，光明日报出版社，1989年，第83页。
③ 《满文老档·太宗》下册，中华书局译注本，1990年，第1395页。
④ 《满文老档·太宗》下册，中华书局译注本，1990年，第1508页。
⑤ 《清太宗文皇帝实录》第37卷，崇德二年七月癸未，中华书局影印本，1985年，第22叶。
⑥ 《清史稿·阿什达尔汉传》第230卷，中华书局标点本，1977年，第9307～9308页。

为理藩院承政，塞冷为左参政，尼堪为右参政。副理事官八员：诺木图、希福讷、胡什格、扈什布、罗毕、阿布达理、艾松古、罗多里，启心郎敦多惠。"①

清内三院、六部、都察院和理藩院，合称"三院六部二衙门"，是在后金原有体制机构的基础上，参酌明制，加以损益，而建立的比较完整的国家机构。这是清初政治体制改革的一件大事，它一方面表明，满洲定都沈阳，建立起能够管理满洲、蒙古、汉民的中央行政机构；另一方面显示，沈阳政权是清的基地，"日后得了蛮子地方，不至手忙脚乱"，就是为取得全国政权作了体制的准备。虽然清初六部同八旗制度并存，但已逐步取代先前八旗制所行使的国家权力。皇太极在"参汉酌金"的行政体制改革中，没有采纳明朝中央设置五军都督府的机构。其原因是清朝已经确立严密的八旗制度，且六部中的兵部能够承担相关军政事宜。

---

① 《清太宗文皇帝实录》第42卷，崇德三年七月丙戌，中华书局影印本，1985年，第23～24叶。

四 国号后金与建号大清

天聪十年即崇祯九年（1636）四月十一日，后金汗皇太极宣布即皇帝位，正式改国号"金"为"清"，改元"天聪"为"崇德"。这是满洲史上也是清朝史上划时代的事件，从此中国历史上又出现了一个新皇朝——清朝。

准备建号大清。皇太极改国号、称皇帝，要做舆情的准备，就是要群臣劝进。四月初五日，后金大贝勒代善，和硕贝勒济尔哈朗、多尔衮、多铎、岳讬、豪格，贝勒阿巴泰、阿济格、杜度，超品公额驸杨古利、固山额真谭泰、宗室拜尹图、叶克书、叶臣、阿山、伊尔登、达尔汉，宗室篇古阿格，蒙古八固山额真、六部大臣，都元帅孔有德，总兵官耿仲明、尚可喜、石廷柱、马光远，外藩蒙古科尔沁部贝勒土谢图济农巴达礼、扎萨克图杜棱、布塔齐、卓礼克图台吉吴克善、喇嘛斯希木寨、杜尔伯特部落塞冷、扎赖特部落蒙夸、郭尔罗斯部落布木巴、古木杜棱济农、奈曼部落衮出斯巴图鲁、巴林部落阿玉石、满珠习礼、扎鲁特部落内齐、车根、吴喇忒部落土门、杜巴、塞冷、喀喇沁部落古鲁思辖布、塞冷、土默特部落塔布囊耿格尔、单把，及满洲、蒙古、汉人文武各官，恭请上皇太极尊号。管吏部和硕墨尔根戴青贝勒多尔衮捧满字表文一道，科尔沁贝勒土谢图济农巴达礼捧蒙古字表文一道，都元帅孔有德捧汉字表文一道，率诸贝勒大臣文武各官，诣阙跪进。时皇太极御内楼，御前侍卫转闻。皇太极命满洲、蒙古、汉人三位儒臣，捧表进入。诸贝勒大臣行三跪九叩头礼，左右列班候旨。儒臣跪读表文，表曰："诸贝勒大臣文武各官，及外藩诸贝勒上言：恭惟我皇上，承天眷佑，应运而兴，辑宁诸国，爱育群黎。当天下昏乱之时，体天心，行天讨，逆者以兵威之，顺者以德抚之。宽温之誉，施及万方。征服朝鲜，混一蒙古，更获玉玺，受命之符，昭然可见。上合天意，下协舆情。臣等遇景运之丕隆，信大统之攸属，敬上尊号。一切仪物，俱已完备，伏愿俯赐俞允，勿虚众望。"读毕，皇太极谕曰："数年来，尔诸贝勒大臣，劝朕受尊号，已经屡奏。但朕若受尊号，恐上不协天心，下未孚民志，故未允从。今内外诸贝勒大臣，复以劝进尊号，再三固请，朕重违尔等之意，弗获坚辞，勉从众议。朕思既受尊号，岂不倍加乾惕，忧国勤政，唯恐有志未逮，容有错误，唯天佑启之。"①

祭告天地大典。经过"劝进尊号，再三顾请"；随之"弗获坚辞，勉从众议"。但是皇太极"上尊号""改年号"，无须天地批准，只是祭告即报告天地。于是，皇太极举行"进上尊号"祭告天地的隆重大典。初六日，礼部以进皇太极上尊号礼仪具奏，择吉于崇德元年即崇祯九年（1636）四月十一日，举行大典，祭告天地。获得允准。初八日，以受尊号，告祭天地，皇太极率诸贝勒大臣，斋戒三日。十一日，黎明，皇太极率诸贝勒满洲、蒙古、汉官，出德盛门，至坛，上下马立，陈设祭物毕。导引官满洲一员、汉人一员，引至坛前，上东向立。导引官复从西侧，引至坛西南，上自西南升阶，在东侧西向立。赞礼官赞就位，皇太极至正中，向上帝神位立。赞礼官赞上香，皇太极从东阶升至香案前跪，导引官奉香，皇太极亲三上香毕，从西阶下，复位，北向正立。赞礼官赞跪。皇太极率诸大臣行三跪九叩头礼。赞礼官复赞跪。皇太极率诸大臣皆跪。东侧捧帛官三员，跪奉上帛。皇太极献毕，授西侧捧帛官三员，一官跪受，从中阶升置香案上。东侧捧爵官三

---

① 《清太宗文皇帝实录》第28卷，天聪十年四月己卯，中华书局影印本，1985年，第9～10叶。

员，以酒三爵，相继跪奉上。皇太极三献毕，授西侧捧爵官，皆跪受。亦从中阶升置神位前祭品案上。执事官俱于坛内西侧东向立，赞礼官赞跪，赞叩。俱行三跪九叩头礼。赞礼官赞跪。皇太极率诸大臣皆跪，读祝官捧祝文至坛上，北向跪，读祝文，其文曰："维丙子年四月十一日，满洲国皇帝臣　　敢昭告于皇天后土之神曰：'臣以眇躬，嗣位以来，常思置器之重，时深履薄之虞，夜寐夙兴，兢兢业业，十年于此。幸赖皇穹降佑，克兴祖父基业，征服朝鲜，混一蒙古，更获玉玺，远拓边疆。今内外臣民，谬推臣功，合称尊号，以副天心。臣以明人尚为敌国，尊号不可遽称，固辞弗获，勉徇群情，践天子位，建国号曰大清，改元为崇德元年。窃思恩泽未布，生民未安，凉德怀惭，益深乾惕。'"读毕，读祝官置祝文案上，退西侧东向立。赞礼官赞跪，赞叩。皇太极率众，行三跪九叩头礼毕。赞礼官赞，复位。皇太极退至东侧西向立，诸贝勒大臣左右序立，捧帛官，读祝官，捧爵官，各捧祭物，以次自中阶而下，捧至西侧燔燎所，捧帛、读祝官皆跪，焚帛及祝文，捧爵官亦以酒跪奠于前。于是彻祭物置坛前。皇太极于坛东侧西向坐，命诸贝勒大臣文武各官，各依次列坐。上饮福受胙毕，诸贝勒大臣均赐食，彻馔。赞礼官赞排班。上率众排班，赞跪行一跪三叩头礼。祭告天地之礼完毕，再行皇太极受尊号典礼。

举行受尊号礼。四月十一日，举行上尊号、建国、改元之大典。先是，筑坛于天坛之东，备大驾卤簿，玉玺四颗，黄伞五柄，团扇二柄，纛十杆，旗十杆，大刀三对，戟三对，立瓜一对，卧瓜一对，星一对，吾杖三对，马十匹，金交椅，金杌，香盒，香炉，金水盆，金唾盒，金瓶，乐器，全设。导引官引皇太极由中阶升坛，御金椅，诸贝勒大臣，左右序列毕，奏乐。赞礼官赞跪，赞叩，众行三跪九叩头礼。赞礼官复赞跪，众皆跪。左班和硕墨尔根戴青贝勒多尔衮、科尔沁贝勒土谢图济农巴达礼捧宝一，和硕额尔克楚虎尔贝勒多铎、和硕贝勒豪格捧宝一；右班和硕贝勒岳讬、察哈尔汗之子额驸额尔克孔果尔额哲捧宝一，贝勒杜度、都元帅孔有德捧宝一，各以次跪献于上。皇太极受宝，授内院官，置宝盒内。方奉宝时，即进仪仗，列于上左右，奉宝诸贝勒等复位。赞礼官赞跪，赞叩。众行三跪九叩头礼毕，赞礼官复赞跪，众皆跪。于是满洲、蒙古、汉官，捧三体表文，立于坛东，以上称尊号、建国、改元事，宣示于众曰："我皇上应天顺人，聿修厥德，收服朝鲜，统一蒙古，更得玉玺，符瑞昭应，鸿名伟业，丕扬天下。是以内外诸贝勒大臣，同心推戴，敬上尊号曰'宽温仁圣皇帝'，建国号曰'大清'，改元为'崇德'元年。"宣谕毕，赞礼官赞跪，赞叩，复行三跪九叩头礼。赞礼官赞，复位。诸贝勒大臣各复位立。谕毕，于坛前树鹄，命善射者射之。射毕，列仪仗作乐。崇德帝皇太极还宫。①同日，又遣超品公额驸杨古利等，举行祭告祖陵大典。从此，皇太极以受尊号，祭告天地，大典礼毕，受宽温仁圣皇帝尊号，建国号曰大清，改元为崇德元年。

追封先祖功臣。十二日，皇太极率诸贝勒大臣诣太庙，追尊其始祖为泽王、高祖为庆王、曾祖为昌王、祖为福王。追封其伯祖礼敦巴图鲁为武功郡王。恭上皇考努尔哈赤尊谥曰"承天广运圣德神功肇纪立极仁孝武皇帝，皇妣太后尊谥曰孝慈昭宪纯德真顺成天育圣武皇后，庙号太祖，陵曰福陵"。追封功臣费英东为直义公、额亦都为弘毅公，配享太庙。追封先祖功臣后，分叙皇太极诸兄弟子侄的军功。册封大贝勒代善为和硕礼亲王、贝勒济尔哈朗为和硕郑亲王、墨尔根戴青贝勒多尔衮为和硕睿亲王、额尔克楚虎尔贝勒多铎为和硕豫亲王、贝勒豪格为和硕肃亲王、岳讬为和硕成亲王、阿济格为多罗武英郡王、杜度为多罗安平贝勒、阿巴泰为多罗饶余贝勒。又分叙外藩蒙古诸贝勒的军功，封蒙古巴达礼为和硕土谢图亲王、吴克善为和硕卓礼克图亲王、固伦额驸额哲为和硕亲王、布塔齐为多罗扎萨克图郡王、满朱习礼为多罗巴图鲁郡王、衮出斯巴图鲁为多罗达尔汉郡王、孙杜棱为多罗杜棱郡王、固伦额驸班第为多罗郡王、孔果尔为冰图王、东为多罗达尔汉戴青、俄木布为多罗达尔汉卓礼克图、古鲁思辖布为多罗杜棱、单把为达尔汉、耿格尔为多罗贝勒。同日，皇太极以受尊号礼成，赐外藩蒙古诸王、贝勒、贝子彩缎、银器、甲胄、雕鞍等物有差，并大宴于崇政殿。②此外，颁诏大赦。

① 《清太宗文皇帝实录》第28卷，天聪十年四月乙酉，中华书局影印本，1985年，第11～15叶。
② 《清太宗文皇帝实录》第28卷，天聪十年四月乙酉，中华书局影印本，1985年，第15～16叶。

民族融合之果。先是，明万历四十四年（1616）正月，建州左卫首领努尔哈赤在赫图阿拉称汗，称"覆育列国英明汗"尊号。天命四年即万历四十七年（1619），努尔哈赤取得萨尔浒大捷后，在明朝和朝鲜文献中开始出现"后金国汗"，用"后金天命皇帝（印）"的国玺。其后在致毛文龙书信中，努尔哈赤自称"大金国皇帝"。努尔哈赤把国号定为"金"，意在表明自己是中国历史上女真人所建立金朝的后继者。因为金朝是女真人在历史上的辉煌时期，用"金"作为国号，既有继承金国事业之旨，也有团聚女真各部之义。皇太极在改国号之前，也常自称大金国。努尔哈赤和皇太极父子，都崇拜金朝的太祖、世宗。皇太极喜读《金史》，天聪三年即崇祯二年（1629），率兵远袭北京时，还派贝勒阿巴泰、萨哈廉到北京西南房山金太祖完颜阿骨打、世宗完颜雍二帝陵去祭奠，祭文中盛赞金二帝的威德。① 天聪六年即崇祯五年（1632）八月，后金书房相公汉人王文奎，奏议皇太极："集众誓师曰：幽、燕本大金故地，吾先金坟墓，现在房山，吾第复吾之故疆耳！"② 这里把金朝称作"先金"，把"幽、燕"视为金朝故地，将夺取河北视作恢复"吾之故疆"。但皇太极没有采纳，因为其时军事实力不够，而以此作为"兴师问罪"的理由，于争取汉官、汉将、汉儒、汉兵、汉民，名之不正，行之不利。

皇太极改"汗"为"帝"，"汗"即"可汗"的简称，为蒙古语，意为"王"或"帝"。东北地区的女真族，与蒙古族相邻，受蒙古文化影响很深，故努尔哈赤建国即位之后，称"汗"。但努尔哈赤在一些对明朝或朝鲜的文书中，称"大金国汗"或"大金国皇帝"。实际上"汗"即"帝"，万历皇帝在满文中就是"万历汗"。皇太极继位后仍称"汗"，在满文中，凡大金国皇帝处，"帝"仍用"汗"。皇太极与袁崇焕议和时，汉文书信中所写的"大金国皇帝"字样，曾被袁崇焕指责为议和的障碍。皇太极对此作出让步，曾声明不称"帝"而称"汗"。这是因为在明朝人看来，只有明朝皇帝才能称"皇帝"，"帝"与"汗"是不同等级的尊称。在天聪时，

---

① 《清太宗文皇帝实录》第5卷，天聪三年十二月辛酉，中华书局影印本，1985年，第32～34叶。
② 《天聪朝臣工奏议》卷上，辽宁大学历史系铅印本，1980年，第17页。

许多汉官给皇太极上奏疏，多称皇太极为"汗"。

随着后金军政势力逐渐发展与强大，皇太极的尊称，由"大汗"向"皇帝"提升，当属必然。因为在女真族的概念中，虽然"汗"即"帝"，但"皇帝"一词，在汉文化中是比少数民族的"汗"更为尊贵的称谓。皇太极在绥服蒙古、战败朝鲜、南攻明朝、北征索伦，屡次取得胜利之后，自然不想做"大汗"，而要做"皇帝"。皇太极在建号大清的同时，接受了满、蒙、汉群臣恭上"宽温仁圣皇帝"的尊号。皇太极称"皇帝"，而把出于蒙古语的"汗"，封赐给外藩蒙古的王公。

皇太极不仅将尊号"大汗"改称"皇帝"，而且将国号"金"改为"大清"。皇太极改"金"为"大清"，实际上是改换了一个发音相近的汉字而已。只有汉字的"清"和"金"字，发音相近，字义吉祥。然而，皇太极作这种更改的原因，自己没作说明，文献也无记载。于是，后来学者作出许多推测。有人从字面上作附会，说"金"与"清"的汉字语音相近；有人从历史上说明，因为"清"字，以往皇朝没有用过；有人从五行说——"明"为"火"，"清"为"水"，水能克火，加以诠释；也有人从萨满文化找答案；更有人从民族方面去解释——皇太极声明过，他们不是金国的后裔，当然这里面也包含如果沿用历史上的"金"为国号，有刺激汉族"以宋为鉴"的可能。应当说，皇太极把国号由"金"改为"大清"，主要是由于当时形势发展，他本人已不仅是满洲的"大汗"，也不仅是满洲和蒙古的"大汗"，而是满、蒙、汉的"共主"，是天下的"共主"。因此，皇太极要建立一个新的皇朝，改换一个新的国号，以同明朝抗衡，并且取而代之。因之，既改国号为"大清"，也改纪元为"崇德"。在清代十二位皇帝中，除皇太极有两个年号（天聪、崇德）外，其余十一帝都是一个皇帝一个年号。这同明朝一样，在明代十六位皇帝中，除朱祁镇有两个年号（正统、天顺）外，其余十五帝也都是一个皇帝一个年号。从中国皇朝史来看，当朝的皇帝，改年号是常事，改国号却仅见。只是在改朝换代之际，才出现新皇朝的国号。所以，皇太极改国号、改年号，具有政治家的气魄与胆略，也具有改革家的更制与维新之义。

总之，天聪汗皇太极改国号"金"为"大清"，它标志着原先以女真-满洲为主体的女真国（后金国），已经发展为以满洲为主体，包含汉族、蒙古族、东北和漠南等地域其他民族在内，民族多元、国家一统的大清帝国，并为清军入关后移鼎北京、入主中原作了政治准备。

第十二章 统一黑龙江地域

一 天聪朝的军政活动

明朝末年，天命时期，在黑龙江流域、乌苏里江以东滨海地带、图们江地区，居住着众多民族部落。在图们江以北、乌苏里江以东地域，主要居住瓦尔喀、库尔喀、赫哲等民族部落。在黑龙江中下游地带，主要居住着虎尔哈、库尔喀、费雅喀、鄂伦春、女真、使犬部、使鹿部等部落的部民。在黑龙江中上游地带，贝加尔湖以东，精奇里江（今结雅河）两岸，一般称之为索伦地区，居住着索伦部民群体。各部落以血缘为纽带，地缘为基地，分散聚居，互不统属。天命、天聪、崇德三朝，天命汗努尔哈赤与崇德帝皇太极父子，采取征讨与抚绥兼施的策略，逐步完成了对外兴安岭以南、整个黑龙江流域地区的统一，各部居民，归属于后金-清。

在天命朝，努尔哈赤用兵重点，主要在辽河地域。他于天命三年即万历四十六年（1618）正月，向诸贝勒大臣宣布："吾意已决，今岁必征大明国！"[①]后发布"七大恨"誓师，向明军发起进攻。师出有备，兵行顺利，计陷抚顺，攻占清河。翌年，明军为报复努尔哈赤的攻击，任命杨镐为经略，调集十二万大军，分兵四路，分进合击，力图会剿赫图阿拉，犁庭扫穴，毁灭后金。于是，明金进

---
① 《清太祖武皇帝实录》第2卷，原清宫内府藏，台湾广文书局影印本，1970年，第30叶。

行了著名的萨尔浒大战。交战的结果，明军失败，后金军胜利。天命汗努尔哈赤乘萨尔浒大捷的军威与气势，下开原、占铁岭、破沈阳、据辽阳。接着，夺占广宁、攻克义州。天命汗集中主要精力，巩固辽东，进军辽西。

天命汗在同明朝争夺辽东的同时，还东向用兵东海女真等部，北向用兵黑龙江女真等部，都取得巨大的成果。天命元年即万历四十四年（1616），努尔哈赤命达尔汉侍卫扈尔汉、硕翁科罗巴图鲁安费扬古，率兵两千人，水陆并进，到达萨哈连江即黑龙江，在江南、江北，攻破屯寨，胜利而归。但是，黑龙江流域广大地区，天命汗没有完全绥服。

皇太极继承汗位后，天聪初年，无暇北顾。皇太极的军事目标：在东面，有朝鲜；在西面，有蒙古；在南面，有明朝。所以，皇太极登上汗位之后，将对外的进攻方向——

东指朝鲜。天聪元年即天启七年（1627）正月初八日，天聪汗皇太极命大贝勒阿敏，贝勒济尔哈朗、阿济格、杜度、岳讬、硕讬等，统率大军三万余骑，东征朝鲜。不久，后金军过鸭绿江，下义州（今朝鲜新义州），陷平壤。后金与朝鲜，先定"江华之盟"，后定"平壤之盟"。① "平壤之盟"既定，四月初八日，后金军回师渡江，出朝鲜境。四月十五日，皇太极谕曰："天佑我国，平服朝鲜，声名宣播。今与兄贝勒，互行拜见之礼。外国闻之，愈彰其美。"② 后金同朝鲜，订立"兄弟之盟"。

南指明朝。同年，皇太极欲乘平服朝鲜的锐气，亲自统率大军，发动宁锦之战，以雪其先父宁远兵败之耻。但皇太极事与愿违，败在宁远、锦州城下。于是，皇太极于天聪三年（1629）、天聪八年（1634）、天聪十年（1636），或亲自统军，或遣贝勒统兵，先后三次，迂道入塞，攻打、残毁明朝，抢劫、掳掠财富。同期，制造成红衣大炮，并取得大凌河之战的胜利。

---

① 阿敏"平壤之盟"誓书载于《清太宗文皇帝实录》第2卷，第19叶。但仅以誓书誊本于三月二十一日送朝鲜国王，故《李朝仁祖大王祖实录》及《承政院日记》等朝鲜官方文书所阙载。
② 《清太宗文皇帝实录》第3卷，天聪元年四月辛亥，中华书局影印本，1985年，第7叶。

西指蒙古。天聪年间，皇太极对蒙古的征抚，取得巨大的成功。皇太极不仅绥服奈曼、敖汉、喀喇沁、内喀尔喀等部，而且三征察哈尔，获得胜利。皇太极对蒙古的主要成绩是，逼迫林丹汗西迁，后林丹汗走死于青海西喇卫古尔部打草滩。随之，林丹汗的三位遗孀福金、子额哲及其众臣、部民，归降了后金。这标志着天聪汗皇太极统一了漠南蒙古。

天聪汗皇太极在东、南、西三个方面，对朝鲜、明朝、蒙古三个强敌，都夺得重大胜利。为此，皇太极具文上告清太祖努尔哈赤之灵曰："臣自受命以来，夙夜忧勤，惟恐不能仰承先志之重，凡八年于兹矣。幸蒙天地鉴，臣与管八旗子孙等，一德同心，眷顾默佑，复仗皇考积累之业，威灵所至，臣于诸国，慑以之兵，怀之以德，四境敌国，归附甚众。谨述数年来，行师奏凯之事，奉慰神灵。乃者，朝鲜素未输诚，今已称弟纳贡。喀尔喀五部，举国来归。喀喇沁、土默特，以及阿禄诸部落，无不臣服。察哈尔兄弟，其先归附者半。后察哈尔汗携其余众，避我西奔，未至汤古忒部落，殂于西喇卫古尔部落打草滩地。其执政大臣，率所属尽来归附。今为敌者，惟有明国耳。臣躬承皇考素志，踵而行之，抚柔震叠，大畏小怀。未成之业，俱已就绪。伏冀神灵，始终默佑，式廓疆围，以成大业。语不尽意，曷胜感怆，上告。"①于是，皇太极便将军事部署，指向黑龙江流域诸部，特别是上游的索伦部落。

其时，努尔哈赤、皇太极父子，统一女真各部，建立后金政权，进入辽沈地区，平服东邻朝鲜，绥服漠南蒙古，其军政之影响，远达索伦地区。到天命末、天聪初年，有些索伦部落首领，率众朝贡，到达沈阳。依据《清太宗文皇帝实录》记载，现作摘要，列举如下。

天命十一年即天启六年（1626）十二月二十四日："黑龙江人来朝，贡名犬及黑狐、元狐、红狐皮、白猞猁狲、黑貂皮、水獭皮、青鼠皮等物。"②

---

① 《清太宗文皇帝实录》第20卷，天聪八年十月庚戌，中华书局影印本，1985年，第25～26叶。
② 《清太宗文皇帝实录》第2卷，天命十一年十二月壬戌，中华书局影印本，1985年，第14叶。

天聪元年即天启七年（1627）十一月十八日："萨哈尔察部落六十人来朝，贡貂、狐、猞猁狲皮。"①

天聪五年即崇祯四年（1631）六月二十一日："黑龙江地方伊扎纳、萨克揥、伽期纳、俄力喀、康柱等五头目来朝。"②

天聪五年（1631）七月初二日："黑龙江地方虎尔哈部落，托思科、羌图礼、恰克莫、插球，四头目来朝，贡貂、狐、猞狸狲等皮。"③

天聪七年即崇祯六年（1633）六月二十四日："东海使犬部落额驸僧格，偕其妻，率五十二人来朝，贡方物。"④

天聪七年（1633）十一月初四日："萨哈尔察部落之头目费扬古、满代，率四十六人来朝，献貂皮千七百六十九张。赐布二千六百三十匹。"⑤

天聪八年即崇祯七年（1634）正月初三日："黑龙江地方羌图里、嘛尔干，率六姓六十七人来朝，贡貂皮六百六十八张。"⑥

天聪八年（1634）五月初一日："黑龙江地方头目巴尔达齐，率四十四人来朝，贡貂皮一千八百一十八张。"⑦

天聪八年（1634）十月初九日："索伦部长京古齐、巴尔达齐、哈拜、孔恰泰、吴都汉、讷赫彻、特白哈尔塔等，率三十五人来朝，贡貂、狐皮。"⑧

天聪八年（1634）十月十八日："阿禄毛明安部落来归，见上。设大宴，宴之。杨古海杜棱、胡棱都喇尔、吴巴海达尔汉巴图鲁、巴特玛额尔忻戴青、东卓尔台吉、

---

①《清太宗文皇帝实录》第3卷，天聪元年十一月辛巳，中华书局影印本，1985年，第27叶。
②《清太宗文皇帝实录》第9卷，天聪五年六月癸亥，中华书局影印本，1985年，第6叶。
③《清太宗文皇帝实录》第9卷，天聪五年七月甲戌，中华书局影印本，1985年，第7叶。
④《清太宗文皇帝实录》第14卷，天聪五年六月甲申，中华书局影印本，1985年，第20叶。
⑤《清太宗文皇帝实录》第16卷，天聪七年十一月壬辰，中华书局影印本，1985年，第7叶。
⑥《清太宗文皇帝实录》第17卷，天聪八年正月庚寅，中华书局影印本，1985年，第3叶。
⑦《清初内国史院满文档案译编》上册，光明日报出版社，1989年，第79页。
⑧《清太宗文皇帝实录》第20卷，天聪八年十月壬辰，中华书局影印本，1985年，第21叶。

阿布泰台吉等，献貂裘、马驼，酌纳之。"①

天聪八年（1634）十二月初六日："黑龙江地方杜莫讷、南地攸、贾尔机达、喀拜、郭尔敦，率从者六十九人。松阿里地方摆牙喇氏僧格额驸、喇东格，率从者五十人来朝，贡貂皮。"②

皇太极认为，尽管黑龙江地带许多部落首领到沈阳朝贡，但是还有不少部落不向后金朝贡称臣。天聪汗已经取得对朝鲜、明朝、蒙古作战的胜利，准备向黑龙江地区大规模地进兵。皇太极在皇宫中殿，宴请嘛尔干、羌图里等一行时，透露出上述消息。史载："上召黑龙江地方来归之嘛尔干、羌图里，入中殿。谕之曰：'虎尔哈慢不朝贡，将发大兵往征，尔等勿混与往来，恐致误杀。从征士卒，有相识者，可往见之。此次出师，不似从前兵少，必集大众以行也。'谕毕，以嘛尔干、羌图里，自归服以来，贡献不绝于道，赐嘛尔干鞍马一匹、羌图里妇人一口。"③

本来，皇太极可以在第二次迂道攻明取得胜利后，再北向用兵索伦。然而，天聪八年即崇祯七年（1634）五月二十三日，发生了突然事件。其时，皇太极正统率大军第二次入塞进攻明朝，大军渡辽河，抵阳石木河，沿河立二十营。皇太极此前派伊拜等，前往科尔沁噶尔珠塞特尔等部落调兵，发生紧急事件：噶尔珠塞特尔等拒从，声言要前往征讨索伦部，收取贡赋，以便自给。皇太极闻报，派人急谕留守盛京的贝勒济尔哈朗，谓："往科尔沁国调兵之伊拜还，奏言：'科尔沁国噶尔珠塞特尔、海赖、布颜代、白谷垒、塞布垒等，各率本部落人民，托言往征北方索伦部落，取贡赋自给，遂叛去。其土谢图济农巴达礼、扎萨克图杜棱、额驸孔果尔、台吉吴克善等，已率兵往追之矣！'"于是，皇太极遣户部承政英俄尔岱、举人敦多惠还盛京。谕留守和硕贝勒济尔哈朗："可令索伦部落来朝头目巴尔达齐速还国，恐致噶尔珠塞特尔等袭取其地，宜详加训谕而遣之。"又遣巴

---

①《清太宗文皇帝实录》第20卷，天聪八年十月辛丑，中华书局影印本，1985年，第23叶。
②《清太宗文皇帝实录》第21卷，天聪八年十二月戊子，中华书局影印本，1985年，第9叶。
③《清太宗文皇帝实录》第17卷，天聪八年二月己巳，中华书局影印本，1985年，第23叶。

克什希福及伊拜，往谕科尔沁土谢图济农等曰："法律所载，叛者必诛。尔科尔沁贝勒，若获噶尔珠塞特尔等，欲诛则诛之，若不诛而欲以之为奴者听。"①

济尔哈朗等接到皇太极的汗谕后，即命巴尔达齐速回索伦，准备防御蒙古科尔沁噶尔珠塞特尔等的入侵。于是，巴尔达齐从命，"见袭急归，护其国"②。蒙古土谢图济农巴达礼、扎萨克图杜棱、额驸孔果尔额哲、台吉吴克善等，亲率兵进击噶尔珠塞特尔等部，获得胜利。

十月初九日，巴尔达齐在噶尔珠塞特尔等被击败后，再次到盛京朝贡。史载："索伦部长京古齐、巴尔达齐、哈拜、孔恰泰、吴都汉、讷赫彻、特白哈尔塔等，率三十五人来朝，贡貂、狐皮。"③

时在索伦地区，有未朝贡者，亦有观望者。皇太极为了完全控制索伦地区，避免蒙古实力渗入，获取大量兽皮，俘掠更多人口，决定对黑龙江地区大规模进兵，宣扬国威，慑服诸部，使其归顺，实现统一。

天聪八年即崇祯七年（1634）十二月初十日，皇太极命管步兵梅勒章京霸奇兰、甲喇章京萨穆什喀等，"率章京四十一员④、兵二千五百人，往征黑龙江地方"⑤。大军出行前，皇太极谕曰：

> 尔等此行，道路遥远，务奋力直前，慎勿惮劳，而稍怠也。俘获之人，须用善言抚慰，饮食甘苦，一体共之，则人无疑畏，归附必众。且此地人民，语音与我国同，携之而来，皆可以为我用。攻略时，宜语之曰："尔之先世，本皆我一国之人，载籍甚明。尔等向未之知，是以甘于自外。我皇上久欲遣人，详为开示，特时有未暇耳。今日之来，盖为尔等计也。"如此谕之，

---

① 《清太宗文皇帝实录》第18卷，天聪八年五月戊申，中华书局影印本，1985年，第23叶。
② 黄维翰：《黑水先民传·巴尔达齐传》第11卷，崇仁黄氏刻本，第4叶。
③ 《清太宗文皇帝实录》第20卷，天聪八年十月壬辰，中华书局影印本，1985年，第21叶。
④ 《清太宗文皇帝实录》天聪九年五月丙辰作"章京四十四员"。
⑤ 《清太宗文皇帝实录》第21卷，天聪八年十二月壬辰，中华书局影印本，1985年，第9叶。

彼有不翻然来归者乎？①

皇太极又谕曰："入略之后，或报捷，或送俘，必令由席北绰尔门地方经过为便。将来遣人往迎，及运送军粮，亦必于此处相待。其应略地方，须问乡导人。有夏姓武因屯长喀拜，从役二人，库鲁木图屯长郭尔敦，从役三人，及纳屯一人，适已偕至，今俱令其从军矣，尔等可率之以往，经行道路，询彼自知。若彼处已经略定，此归附三屯，不可稍有侵扰，宜令留于本处。仍谕以因尔等输诚来归，故使复还故土。自后宜益修恭顺，倘往来稍间，必遣责立至矣！若所略不获如愿，则不必留此三屯，当尽携来。凡器用之属，有资军实者，亦无使遗弃。军还，务令结队而行，不可分散。尔等其凛遵焉。"②

是日，还召屯长喀拜、郭尔敦等，及其从人进宫，赐食。然后传谕喀拜等曰："尔地方僻陋鄙野，不知年岁。何如率众，来居我国，共霑声教。朕久欲遣人，往谕尔部，但国务殷繁，未得暇耳！人君各统其属，理也。尔等本我国所属，载在往籍，惜尔等未之知耳！今尔诸人，率先归附。若不遣尔还，留居于此，亦惟朕意。朕知尔等贤，故遣归。此行可引我军前往，凡各屯寨，其善指示之。"喀拜对曰："诚如上谕"。遂受命而去。③

皇太极在上引谕旨中明确指出：

第一，攻心为上。攻略之时，向其宣明："尔之先世，本皆我一国之人，载籍甚明。尔等向未之知，是以甘于自外。我皇上久欲遣人，详为开示，特时有未暇耳。今日之来，盖为尔等计也。"

第二，讲求策略。"俘获之人，须用善言抚慰。饮食甘苦，一体共之。则人无疑畏，归附必众。"

---

① 《清太宗文皇帝实录》第 21 卷，天聪八年十二月壬辰，中华书局影印本，1985 年，第 9～10 叶。
② 《清太宗文皇帝实录》第 21 卷，天聪八年十二月壬辰，中华书局影印本，1985 年，第 10 叶。
③ 《清太宗文皇帝实录》第 21 卷，天聪八年十二月壬辰，中华书局影印本，1985 年，第 11 叶。

第三，重用向导。请当地屯长喀拜、郭尔敦等为引路向导，"经行道路，询彼自知"。而"其应略地方，须问乡导人"。

第四，严明纪律。此次远征，"奋力直前，慎毋惮劳，而稍怠也"。大军往返索伦地方，必须"结队而行，不可分散"。

第五，规定路线。选择最佳进军和返回的路线，以免路遇不测。

第六，意义重大。天聪汗派军征抚索伦，主要是宣扬汗威，拓展疆土，增加人口，获取兽皮。魏源在《圣武记》中所言："夫草昧之初，以一城一旅敌中原，必先树羽翼于同部。故得朝鲜人十，不若得蒙古人一；得蒙古人十，不若得满洲部落人一。族类同，则语言同，水土同，衣冠、居处同，城郭、土著、射猎、习俗同。"①

皇太极谕毕，命贝勒萨哈廉、杜度，固山额真纳穆泰、额驸达尔哈，及叶克书、叶臣、阿山、伊尔登、色勒、篇古，兵部承政伊孙、车尔格，并参政等官，送梅勒章京霸奇兰、甲喇章京萨穆什喀等于二里外。按旗分列，简士卒，阅器械。尔后，向出征诸将，宣读敕谕。出征大军，遂令起行。

由右翼五旗主帅霸奇兰、左翼五旗主帅萨穆什喀等，统领章京四十余员、兵二千五百人大军，以索伦部屯长喀拜、郭尔敦等人为向导，跋山涉水，进展顺利，许多屯寨，纷纷归附，后金军取得首次进兵索伦地区的重大胜利。天聪九年即崇祯八年（1635）四月十四日，霸奇兰等将领派白奇及兵部启心郎额色黑等，赍书奏捷。奏报：

> 收服编户壮丁二千四百八十有三，人口共七千三百有二。所有牲畜，马八百五十六、牛五百四十三、驴八。又俘获妇女、幼稚一百十六人，马二十四、牛十七，及貂皮、狼皮、狐皮、猞猁狲皮，并水獭、骚鼠、青鼠、白兔等皮三千一百四十有奇，皮裘十五领。②

---

① 魏源：《圣武记》第1卷，中华书局，1984年，第9页。
② 《清太宗文皇帝实录》第23卷，天聪九年四月癸巳，中华书局影印本，1985年，第5叶。

天聪九年即崇祯八年（1635）五月初六日，霸奇兰等凯旋，回到盛京，举行庆典。皇太极御殿，凯旋诸臣、将士朝见，同主将霸奇兰、萨穆什喀，行抱见礼。其次招降二千人叩见。再次索伦部落朝贡头目巴尔达齐等叩见。然后，举行较射，并设大宴。宴饮各旗出征署旗务大臣，并招降头目。① 大军班师之后，叙出征诸臣功：以三等梅勒章京霸奇兰、一等甲喇章京萨穆什喀，征黑龙江，尽克其地，所获人民，全编氓户，携之以归，劳绩懋著，擢霸奇兰为一等梅勒章京，纪录一次，加世袭二次，共袭十二次；萨穆什喀为三等梅勒章京，加世袭二次，共袭十二次。季思哈、商鉴和洛、巴斯翰、喀柱、沙尔虎达、黑什尼、艾木布、讬敏、富喀纳、伊弩、何洛、隋何多、翁阿岱、真楚肯球、阿喇纳、布雅里、塔海、库拜、代松阿、扎富尼、雅赖、尼雅汉、库尔禅、英格讷、噶布喇、舒球、烈烈浑、纳穆泰、俄济黑、托克屯珠、贾龙阿、库尔泰、益喇尼、穆尔泰、阿囊阿、杜敏等章京，共三十六员，随霸奇兰、萨穆什喀出师有功，各升世职一级。② 初七日，皇太极对霸奇兰、萨穆什喀等招降的七千三百人，"俱赐房屋、田地、衣食、器皿等物"③。如此厚待，于归附者，备受感召，作用巨大。

是役，史称"黑龙江之役"。皇太极在给朝鲜国王李倧的文书中，称"黑龙江之役，收获万余"④。皇太极派军队到索伦地区，进行黑龙江之役，取得重要收获，产生重大影响。后金出征索伦的征抚中，巴尔达齐投顺，索伦地区的塞布奇屯、噶尔达苏屯、戈博尔屯、额苏里屯、何里岱屯、克殷屯、吴鲁苏屯、榆尔根屯、海轮屯、固浓屯、昆都轮屯、吴蓝屯等，先后朝贡，归顺后金。

先是，天聪八年即崇祯七年（1634）五月和十月，黑龙江萨哈尔察地方索伦头目巴尔达齐，两次率人到达盛京，贡献貂皮。至是，天聪九年即崇祯八年（1635）

---

① 《清太宗文皇帝实录》第23卷，天聪九年五月乙卯，中华书局影印本，1985年，第6叶。
② 《清太宗文皇帝实录》第23卷，天聪九年五月乙卯，中华书局影印本，1985年，第6叶。
③ 《清太宗文皇帝实录》第23卷，天聪九年五月丙辰，中华书局影印本，1985年，第7叶。
④ 《清太宗文皇帝实录》第23卷，天聪九年六月甲午，中华书局影印本，1985年，第22叶。

四月二十三日,"黑龙江索伦部落头目巴尔达齐,率二十二人来朝,贡貂、狐皮等物。上命礼部承政满达尔汉,迎于五里外,设宴宴之"①。巴尔达齐在盛京住留一个多月。六月初九日,皇太极"赐萨哈尔察部落来贡貂狐皮头目巴尔达齐、额内布、萨泰等三人蟒缎、朝服、衣帽、玲珑鞓带、鞍马、缎布有差。其从役六十三人,各衣一袭"②。巴尔达齐于皇太极,"倾心内附,岁贡方物"③。皇太极对巴尔达齐的归顺,十分重视,倍加宠信。皇太极以联姻的手段,笼络来归的巴尔达齐。天聪十年即崇祯九年(1636)初,皇太极配以皇室格格给巴尔达齐为妻,索伦头目巴尔达齐成为后金的额驸。同年四月初六日,"索伦部落萨哈尔察地方额驸巴尔达齐,率十四人来朝,贡貂皮"④,是为巴尔达齐被招为额驸后,首次到盛京。巴尔达齐归附后金,受到皇太极的信赖。巴尔达齐后来成了清朝索伦各部落的大首领。索伦部首领巴尔达齐在清军同博穆博果尔的斗争中,起了特殊的重要作用。

---

① 《清太宗文皇帝实录》第23卷,天聪九年四月壬寅,中华书局影印本,1985年,第5叶。
② 《清太宗文皇帝实录》第23卷,天聪九年六月丁亥,中华书局影印本,1985年,第20叶。
③ 《一等阿思哈尼哈番巴尔达齐碑》拓片,北京市文物研究所藏。
④ 《清太宗文皇帝实录》第28卷,天聪十年四月庚辰,中华书局影印本,1985年,第11叶。

二 崇德朝之经营索伦

索伦是黑龙江上中游诸部的一个泛称，包括索伦（鄂温克）、达呼尔（达斡尔）、虎尔哈、鄂伦春、毕喇尔等部族。许多部落世代居住在黑龙江地域，其"不问部族，概称索伦。而黑龙江人，居之不疑，亦雅喜以索伦自号。说者谓索伦骁勇闻天下，故藉其名以自壮也"①。天聪朝对黑龙江索伦的征抚，颇有进展，成果很多。随着后金实力不断强大，归附的部落，陆续到盛京。崇德朝在其已有基础上，进一步经营索伦，绥服不坚定的部落首领，拓展疆域，降服人口，收纳兽皮，巩固统治。为此，突出要解决博穆博果尔的投顺问题。

崇德二年即崇祯十年（1637）二月十七日，黑龙江地方额苏里屯②内，俄伦扎尔固齐、克讷布鲁达尔汉，率九人至盛京，奏言："额苏里屯东，约六日程，有从未通我国者三十九屯，今欲来贡，不知纳贡礼仪，求我等同皇上使臣一人至彼，即备方物，随使臣入贡。为此特遣人来，其所献之物，貂、狐皮二百有

---

① 何秋涛：《朔方备乘》第 2 卷，宝善书局石印本，第 1 叶。
② 额苏里屯：位于瑷珲黑龙江北岸西北八十余里处，今俄罗斯境内。见《盛京吉林黑龙江等处标注战迹舆图》第四排之四。

六，貂、狐衣服七领。"① 十二月初一日，黑龙江地方羌图礼、阿尔哈、固穆考等一百二十二人，来贡貂皮，命礼部参政喇玛往迎宴之。同日，遣黑龙江地方扈育布禄、纳尔开、巴尔达齐之弟额讷布等，六十人归国。赐宴，遣之。

崇德三年即崇祯十一年（1638）正月二十日，赐黑龙江朝贡羌图礼等一百一十四人蟒衣、帽靴、鞓带等物有差。四月二十二日，席北地方阿拜、阿闵来朝，贡貂皮。七月二十三日，皇太极派兵征伐额黑库伦地方。十月十二日，黑龙江精格里河浑秦屯内居住扈育布禄，初未入贡。至是，亦率五人来朝，贡貂皮。十一月二十二日，索伦部落透特等三人来朝，贡貂皮。等等。

在黑龙江索伦部诸首领中，最为著名的是两位头人：一位是巴尔达齐，另一位是博穆博果尔。他们由于对待清廷皇帝态度的差异，得到结果，完全相反。

巴尔达齐，天聪事迹，上节已述。在崇德年间，巴尔达齐先后于崇德二年即崇祯十年（1637）十月十二日，"黑龙江地方巴尔达齐，率五十七人，贡貂皮。……俱令礼部官迎宴之"。十月三十日，"黑龙江地方额驸巴尔达齐，遣六十二人，来贡貂皮"。十二月初一日，"遣……巴尔达齐弟额讷布等六十人归国，赐宴，遣之。" 崇德三年即崇祯十一年（1638）五月初五日，"遣萨哈尔察部落额驸巴尔达齐，偕所尚公主归。赐衣帽、玲珑撒袋、弓矢、鞍辔、驼马、帐房等物，仍设宴，饯巴尔达齐于礼部"。十一月二十二日，"黑龙江额驸巴尔达齐弟萨哈莲等五十一人……来朝，贡貂皮。遣官迎于演武场，赐宴，入城"。崇德五年即崇祯十三年（1640）十月十五日，"萨哈尔察部落额驸巴尔达齐，率三十六人来朝，贡貂、狐等物"。崇德六年即崇祯十四年（1641）正月初一日，皇太极率诸王贝勒等祭堂子，赐大宴，额驸巴尔达齐行庆贺礼。二月二十日，"遣额驸巴尔达齐，及所尚格格，并额讷布、钟嫩等三十三人还。赐各色衣服、帽靴、被褥、银器、随侍女子、帐房、鞍马、甲胄、彩缎、文绮等物，仍赐宴于馆舍"。十二月十三日，"萨哈尔察部落额驸巴尔达齐遣喇库等，来贡貂皮。赐宴，赏衣帽、缎布等物，有差"。崇德八

---

① 《清太宗文皇帝实录》第34卷，崇德二年二月丁亥，中华书局影印本，1985年，第10叶。

年即崇祯十六年（1643）五月十一日，"黑龙江额驸巴尔达齐来朝，遣礼部官迎至北演武场。赐宴，入城"。七月三十日，"赐黑龙江额驸巴尔达齐、公主，及其从人，宴六次。仍各赐鞍马、蟒服、缎衣、帽靴、缎布、银器等物有差"。

以上说明，额驸巴尔达齐，不仅成为皇家之亲戚，而且成为清朝之干城。

博穆博果尔，是索伦部乌鲁苏穆丹屯长，精于骑射，骁勇善战，才干超群，势力强大。时乌鲁苏穆丹、杜拉尔、敖拉、墨尔迪勒、布喇穆、涂克冬、纳哈他等部落，形成部落联盟，其首领就是博穆博果尔。①

先是，崇德二年即崇祯十年（1637）闰四月十二日，博穆博果尔到盛京，向清廷朝贡。《清太宗文皇帝实录》记载："黑龙江索伦部落博穆博果尔率八人来朝，贡马匹、貂皮。"②是为博穆博果尔向清廷朝贡之始。博穆博果尔受到皇太极的隆重款待，驻留盛京，时近两月。六月初五日，博穆博果尔等离别盛京，返还故乡。行前，皇太极对博穆博果尔，"赐以鞍马、蟒衣、凉帽、玲珑鞓带、撒袋、弓矢、甲胄、缎布等物有差"③。这些贵重物品，在清初算是最高一级的赏赐。

崇德三年即崇祯十一年（1638）十月十七日，博穆博果尔等再次到沈阳朝贡。《清太宗文皇帝实录》记载："黑龙江博穆博果尔、瓦代、噶凌阿等来朝，贡貂皮、猞猁狲等物。"④是为博穆博果尔第二次到盛京朝贡。同年十二月初五日，博穆博果尔受到皇太极与七位贝勒的分别宴请。这种皇太极与七贝勒分别进行八次盛宴，算是当时最高的礼遇。参加此次宴会者，有黑龙江地域各部落首领九十二人。《清太宗文皇帝实录》记载："黑龙江额驸巴尔达齐弟萨哈莲，户尔布尔屯费扬古，俄勒屯吴地堪，吴鲁苏屯莽古朱等五十一人，索伦部落博穆博果尔、透特等九人，虎尔哈部落克宜克勒氏达尔汉额驸等十一人，虎习哈礼氏纳木达礼等十人，巴牙

---

① 《黑龙江志稿·博穆博果尔传》第54卷，铅印本，民国二十二年（1933）。
② 《清太宗文皇帝实录》第35卷，崇德二年闰四月庚戌，中华书局影印本，1985年，第3叶。
③ 《清太宗文皇帝实录》第36卷，崇德二年六月壬寅，中华书局影印本，1985年，第8叶。
④ 《清太宗文皇帝实录》第44卷，崇德三年十月丙午，中华书局影印本，1985年，第10叶。

喇氏满地特喀下二人，布克图礼等五人，赖达库等四人，朝见，赐宴。仍命七家，各宴一次。"①

索伦部落重要首领博穆博果尔，两年之间，两到盛京，朝觐崇德帝，并贡献方物。博穆博果尔在盛京沈阳，既看到清帝的权势与威严，也窥到清廷的内情与虚实。于是，博穆博果尔对皇太极产生若附若离、亦顺亦逆的复杂心理。皇太极为着巩固对黑龙江地域的控制，也为着降服博穆博果尔，"虑其势盛，不可制"，便对索伦部发动军事征讨。

一征博穆博果尔。 崇德四年即崇祯十二年（1639）十一月初八日，皇太极命索海、萨穆什喀、穆成格、叶克书、雍舜、拜、伊孙、罗奇等，率领官属兵丁，往征索伦部落。②兵部多罗贝勒多铎、固山额真多罗额驸英俄尔岱，传崇德帝谕曰：

> 尔等师行，所经屯内，有已经归附纳贡之屯，此屯内又有博穆博果尔取米之屯。恐尔等不知，误行侵扰，特开列屯名、数目付尔，毋得违命骚扰侵害。行军之际，宜遣人哨探于前，防护于后，加意慎重，勿喧哗，勿参差散乱，勿忘纪律。尔等此行，或十八牛录新满洲，或添补缺额牛录之新满洲，各固山额真、梅勒章京、甲喇章京、牛录章京，详加查阅。视其有兄弟及殷实者，令从征。尔等亦应亲加审验。左翼主将萨穆什喀、副将伊孙，右翼主将索海、副将叶克书，或两翼分行，则各听该翼将令；或同行，则总听两翼将令。凡事俱公同酌议行之。③

清军出兵黑龙江索伦部落，主要目的没有言明。从皇太极的"谕旨"及作战

---

① 《清太宗文皇帝实录》第44卷，崇德三年十二月癸巳，中华书局影印本，1985年，第24叶。
② 魏源：《圣武记·开国龙兴记一》作"五年，遣穆什哈等征索伦"云。误，应作崇德四年十一月辛酉（初八日）。
③ 《清太宗文皇帝实录》第49卷，崇德四年十一月辛酉，中华书局影印本，1985年，第7～8叶。

经过进行分析，可以看出：

第一，出师目的。清军在黑龙江索伦地域，主要征服那些"博穆博果尔取米之屯"。

第二，区别对待。清军行师，所经屯内，"有已经归附纳贡之屯，此屯内又有博穆博果尔取米之屯。恐尔等不知，误行侵扰，特开列屯名、数目付尔，毋得违命骚扰侵害"。就是说，清军所到黑龙江索伦地带，村屯有两类：一类是"已经归附纳贡之屯"，另一类是"博穆博果尔取米之屯"，清军要严加区别，而不要误行侵扰"已经归附纳贡之屯"。

第三，明确指挥。清军分为左右两翼大军，两翼同行之时，由两翼主将共同指挥；两翼分行时，由各该翼主将指挥。重大事宜，共同酌议。

第四，加意谨慎。清军远离后方，深入索伦地区，应当"哨探于前，防护于后"，加意慎重，严守纪律。

索海、萨穆什喀等领旨之后，率领清军，经过四个月的艰苦行军与顽强作战，取得巨大战果。崇德五年即崇祯十三年（1640）三月初八日，萨穆什喀、索海等遣牛录章京法谈、宜尔格得等返回盛京，奏报此次进军、战斗和胜利的军报。清军进入索伦地区后，主要在雅克萨、铎陈、乌库尔、阿萨津、多金①诸城堡及村屯，同博穆博果尔所属军民争战。清军在忽麻里河（今呼玛河）分兵，分道前进，行四十日，尔后会攻。清军首战雅克萨木城，用火攻，克其城。二战兀库尔城，力战一日，遂克取之。三战博穆博果尔，其兵六千，兵锋甚锐，突袭正蓝旗；索海等见敌众己寡，布设伏兵，斩杀敌兵甚众；攻破博穆博果尔大营，博穆博果尔兵败逃遁。四战铎陈、阿萨津二城，强攻不下，设伏打援，略得小胜。五战攻破挂喇尔屯木栅，败屯内索伦兵五百。清军共获六千七百零四名口。其战况，奏如下：

---

① 雅克萨、阿萨津（阿撒津）、铎陈三城，在黑龙江北岸，今俄罗斯境内；乌库尔、多金两城，在黑龙江南岸，今中国一侧。

臣等至忽麻里河分兵，各旗照派定地方攻取。因道路辽远，公同议定：四十日至镶蓝旗派定兀蓝海伦屯。乃令梅勒章京、承政伊孙，率每旗章京一员，每牛录下兵二人，往喇里闸地方。萨穆什喀、伊孙既行，有铎陈、阿撒津、雅克萨、多金四木城人，拒敌不降。因令右翼梅勒章京，率兵来助。叶克书、拜、阿哈尼堪、谭布、蓝拜、吴巴海，率每旗章京二员，并各旗有俘获者每牛录下兵二人，无俘获者每牛录下兵三人，助战，遂克雅克萨城①。当攻城时，焚烧城南关厢，绥黑德汛地先举火，因获其地。八旗章京各一员，各率兵二十人前进。时和讬率蠢先入，朱玛喇次进，俱以火攻克之。时有达尔布尼、阿恰尔都户、白库都、汉必尔代四人，聚七屯之人，于兀库尔城。萨穆什喀、伊孙、穆成格、拜令众军，乘旦攻城。嘉隆噶汛地举火，至晚克之。及至铎陈，力攻一日。至次日，复欲进攻，闻各路报博穆博果尔索伦之兵来战。恐伤我兵，遂还。

兀鲁苏屯之博穆博果尔索伦、俄尔吞、奇勒里、精奇里、兀赖布丁屯以东，兀木讷克、巴哈纳以西，黑龙江额尔图屯以东，阿里闸以西，两乌喇兵共六千，来袭正蓝旗后队。索海率每牛录兵五人设伏，萨穆什喀护辎重殿后，二人率众章京，击败敌兵，斩杀甚众，生擒四百人。既败博穆博果尔后，随攻取其营，营内敌兵单弱，正白旗先入，正红旗、镶黄旗俱相继驰入，敌遂遁。

又萨必图、卓布退、吴班、宜尔格得，率兵九十人，往助萨穆什喀。时有铎陈、阿撒津二城，兵四百人阻截，我兵击败之，斩五十人。萨穆什喀令伊孙，率章京五员，兵一百三十人，于铎陈地方设伏，斩敌七十人。又遣阿哈尼堪、巴山、郎图、萨禄，率两甲喇兵，往攻挂喇尔屯。屯内人来诣索海言："屯内有索伦兵五百。"索海、喀喀木、甘都，率兵往攻，

---

① 雅克萨城，《盛京吉林黑龙江等处标注战迹舆图》五排四：位于黑龙江北岸。今名阿尔巴津，在今俄罗斯境内。

夺栅而入，斩二百人，生擒一百三十人。

八旗共获男子二千二百五十四人，妇女幼稚共四千四百五十名口，貂、猞猁狲、狐、狼、水獭、青鼠等皮共三千一百有奇，貂、猞猁狲、狐、狼等裘共二十领。

额驸巴尔达齐于三月十八日来会，云惟我多科屯人，未曾附逆。其小兀喇各处兵，皆往助博穆博果尔。及我兵大捷后，果博尔屯之温布特，博和里屯之额尔喷，噶尔塔孙屯之科奇纳，木丹屯之诺奇尼，都孙屯之奇鲁德，兀喇喀屯之博卓户，得都尔屯①之科约布鲁，七屯之人，已归额驸巴尔达齐。别屯之人皆逃。据巴尔达齐曰："逃者亦必来归，无劳再举耳！"谨此奏闻。②

此次战果，后又修正：

> 往征索伦部落萨穆什喀、索海，遣党习、郭查等，赍奏至。疏云：臣等前奏获二千二百五十四人，后自额苏里屯以西，额尔土屯以东，又获九百人，共获男子三千一百五十四人，妇女二千七百一十三口，幼小一千八十九口，共六千九百五十六名口，马四百二十四，牛七百有四。又先后获貂、猞猁狲、狐、狼、青鼠、水獭等皮共五千四百有奇，貂、猞猁狲、狐、狼皮等裘共二十领。③

后将索海、萨穆什喀所获新满洲壮丁二千七百九人、妇女幼小二千九百六十四

---

① 果博尔屯、博和里屯、噶尔塔孙屯、木丹屯、都孙屯、兀喇喀屯、得都尔屯等七屯，均在今黑龙江瑷珲北部，约在江东六十四屯地带，今俄罗斯境内。
② 《清太宗文皇帝实录》第51卷，崇德五年三月己丑，中华书局影印本，1985年，第8～10叶。
③ 《清太宗文皇帝实录》第51卷，崇德五年三月乙巳，中华书局影印本，1985年，第14～15叶。

口,共五千六百七十三人,均隶八旗,编为牛录。

出征黑龙江索伦部大军凯归,清廷作出细致部署。皇太极命每旗章京一员,每牛录下兵一人,往迎出征索伦兵。谕曰:

> 尔等此去,若有疲马,可分部留下,令其尾随尔等前去。尔等如能行过席北地方,至克尔朱尔根处相会,方可谓神速。凡兵丁牧马,各官必须亲验。如行住不早,牧放时不解鞍,马匹何得休息?此处皆当用心察看。如相会回兵时,从哈尔必牙尔地方前来,当沿途严加提防,不可少懈。入境时,须从法库门入,不可由叶赫一路来,途中谨防逃人。恐彼习知路径,乘间再逸。勿用外藩蒙古驿马供应,所过之处,伊等王、贝勒召入,与食则食之,与物则受之,毋得需索,以致扰累。①

大军临近沈阳,皇太极命礼部承政满达尔汉,迎至十八里台,宴之。又命多罗安平贝勒杜度、多罗饶余贝勒阿巴泰,迎至平鲁堡,宴之。皇太极又亲率和硕亲王以下,大臣以上,至实胜寺北馆,率凯旋官员,祭纛,行礼。索海、萨穆什喀率凯旋诸将朝见,行三跪九叩头礼毕,赐宴。七月初一日,对有功官兵进行叙赏,赐领翼主将索海、昂邦章京穆成格,各貂皮七十七、人口四;领旗事梅勒章京叶克书、雍舜、拜、谭布、蓝拜等,各貂皮四十七、人口三;其从征将士,各照军功大小,赏给貂皮、人口有差。又量授各官世职,以二等甲喇章京雍舜,为一等甲喇章京;半个牛录章京索海、三等甲喇章京绥黑德,俱为二等甲喇章京;牛录章京加半个前程朱马喇,为三等甲喇章京;牛录章京萨必图,加半个前程;谭布、阿哈尼堪、蓝拜、叶克书、禅珠、拜,及半个牛录章京英古、二分章京何讬,俱为牛录章京;卓布退,为二分章京;吴班,为半个牛录章京。追赠阵亡之牛录章京、加半个前程阿尔休,为三等甲喇章京,以其子阿库里袭职;郎图,为牛录章京,

---

① 《清太宗文皇帝实录》第51卷,崇德五年三月癸巳,中华书局影印本,1985年,第10~11叶。

以其子阿喇希袭职；穆祜，为牛录章京，以其子莫罗袭职；穆奈，为牛录章京，以其子穆尔赛袭职；一等昂邦章京穆成格病故，以其子穆赫林袭职；牛录章京公衮病故，以其弟喇都浑袭职；牛录章京噶布喇病故，以其侄孙达木图袭职；牛录章京吴先达礼病故，以其子宜鲁尔袭职；二分章京尹布病故，以其子宜尔德黑袭职。①

此次皇太极进兵索伦地区，得到额驸巴尔达齐的内应、合作与支援。巴尔达齐忠于清朝，整装其兵马，"坚壁待王师"。当黑龙江"南北各城屯俱附"博穆博果尔之时，巴尔达齐却"审废兴，明去就，怀忠不二，以庇其族"②。巴尔达齐率领属屯人马，寻找时机，配合清军。《清太宗文皇帝实录》记载："额驸巴尔达齐于三月十八日来会，云惟我多科屯人，未曾附逆。"③黑龙江萨哈尔察额驸巴尔达齐，为清军统一索伦，起了积极作用，作出一定贡献。

但是，此次出征，问题很多。主要是没有统一索伦地区，也没有擒获博穆博果尔。皇太极为此，于七月初四日，惩处相关官员。《清太宗文皇帝实录》记载，部议出征索伦领翼主将萨穆什喀等罪：

萨穆什喀，本旗所得三屯人民，不加抚辑，其弓矢不行收取；又不齐集三屯人民，并归一处；又不严饬兵将留守，每屯止留章京二员、兵五十人，其余兵将，俱擅带还；违命不守汛地，竟往正蓝旗地方，以致三屯人叛，罪一。既知三屯欲叛，复调还章京三员及众兵，止留章京三员、兵六十人于后，护送疲敝人马；及三屯作叛时，章京二员、兵三十七人，俱被杀，罪二。追攻作叛之都达陈屯，七旗皆即时运木，萨穆什喀本旗，迟至次日方运，罪三。博穆博果尔兵，攻掠正蓝旗辎重，彼坐视不救，以致甲士二十二、厮卒二十四，为敌所杀，罪四。萨必图之甲，为敌所夺。索海、伊孙、叶克书问："临阵时，曾否擐甲？"萨穆什喀对曰："萨必图曾擐甲。"及该部复问，又曰："未尝擐甲。"改变言词，罪五。萨穆什喀应革职，

---

① 《清太宗文皇帝实录》第52卷，崇德五年七月庚辰朔，中华书局影印本，1985年，第6~7叶。
② 黄维翰：《黑水先民传·巴尔达齐传》第11卷，崇仁黄氏刻本，民国十二年（1923），第5叶。
③ 《清太宗文皇帝实录》第51卷，崇德五年三月己丑，中华书局影印本，1985年，第10叶。

籍其家产、人口，入官。命：革萨穆什喀三等昂邦章京职，免籍家产，所属人口入官，罚银六百两。

正蓝旗梅勒章京伊孙，既见博穆博果尔兵攻掠本旗辎重，不急入援，坐待叶克书至，以致本旗甲士、厮卒共四十六人，为敌所杀。伊孙应革职，籍其家产之半。命：伊孙免革职，免籍家产，罚银三百六十两，所属人口入官。

正蓝旗伊勒慎，既获噶凌阿，防守不严，以致脱逃，罪一。噶凌阿余党及俘获二百二十人，又不严行系禁，及博穆博果尔来攻，遂失其地，又先塔哈布败走，罪二。及击败博穆博果尔时，镶红旗依汛地，追击余军，伊勒慎不于汛地邀截，坐视博穆博果尔及余众二百遁去，罪三。伊勒慎应论死，籍其家。命：伊勒慎，革职，鞭一百，籍其家，罚赎银三百六十两，所属人口入官。

镶蓝旗席林，获噶凌阿之媳，收留帐内，不防守，噶凌阿以致脱逃。及博穆博果尔来攻，不坚守营寨，为敌所夺，败走被杀。席林，应籍其家，妻子入官。命：席林，妻子入官，籍没家产，交与本旗王，酌量给散。

梅勒章京罗奇，获噶凌阿，不严行系禁，以致逃去。及博穆博果尔来攻，不坚守营寨，为敌所夺，拒战被杀。罗奇应革职，籍其家产之半。命：罗奇，革职，免籍没，不叙其阵亡功。

巴图鲁俄黑，督造监狱，不加意防范，身不擐甲，止执弓矢，致噶凌阿突出时被杀。巴图鲁俄黑，应革职。命：巴图鲁俄黑，革职，亦不叙阵亡功。

塔哈布，监守噶凌阿不严，以致脱逃。噶凌阿余党，及俘获之众，共二百二十人，不严加系禁，以致博穆博果尔来攻时，尽被夺去，遂弃地败走。及八旗合击之，博穆博果尔兵逃奔于山。镶红旗依汛地击杀，塔哈布不于汛地邀截，坐视博穆博果尔及二百余众遁去。塔哈布，应革职，鞭一百，贯耳鼻。命：塔哈布，革职，罢管牛录事；其鞭一百、贯耳鼻罪，准折赎。

正红旗图尔哈，所守监禁之人，白昼毁垣逃出，图尔哈并甲士二人、厮卒一人，俱被杀。图尔哈应籍家产。命：图尔哈，免籍其家，亦不叙其阵亡功。

阿尔吉禅、俄黑讷，白昼往查所守监禁人众，并不擐甲，不带兵器，遂被杀。阿尔吉禅、俄黑讷，应籍其家。命：阿尔吉禅、俄黑讷，皆免籍其家，亦不叙其阵亡功。

镶黄旗公衮，不遵领翼主将索海之令，不往席俄陈村，与郎图合营，及敌兵来攻，郎图始往救援，以致被杀。公衮应革职，籍家产三分之一。命：公衮，免籍家产，念其父功，免革职，亦不叙阵亡功。

镶白旗章京雅布喀，与穆祜、和讬率兵六十人，收管疲敝人马，遇三屯叛人伏发，和讬及兵三十七人被杀。穆祜谓雅布喀曰："和讬既死，吾等亦当死战！"遂冲入被杀。雅布喀率六人战脱，以其弃穆祜而走，雅布喀应鞭一百，贯耳鼻。命：雅布喀，救出六人，遇萨必图、吴班、卓布退，复同率兵，转战败敌，斩四十人，准免罪，亦不叙功。

正白旗额布特，不严守俘获之人，于当值之夕，擅宿于家，以致系禁者逃出，围其居室，同旗库尔禅预知之，击散敌人，额布特始得出。额布特应论死，籍其家。命：额布特，免死，免籍家产，罢管牛录事，解部任，鞭一百，贯耳鼻。

库尔禅，不严加监守，以致脱逃，亦应鞭一百。命：库尔禅，曾与博穆博果尔兵力战，免罪，仍给赏，不叙其功。

正蓝旗阿尔赛、拜果达、南济兰、黑勒，镶白旗赛达，立于领翼主将萨穆什喀之侧，坐视博穆博果尔兵攻掠正蓝旗辎重，杀四十六人，竟不救援。阿尔赛等，应各鞭一百，贯耳鼻。命：阿尔赛、拜果达、黑勒、赛达，听主将指挥，不得不从之驻立，俱免罪；南济兰，追论往罪，鞭八十。

噶喇额真索海，不严守本翼俘获人，又不坚立营寨，各旗人众，亦不令各集一队，以致系禁之人脱逃，本翼士卒被杀。索海，应罚银一百两，追还赏物。命：索海，功罪相抵，免罪。

正白旗梅勒章京拜、正红旗梅勒章京叶克书，督造监狱不坚，以致本旗俘获之人逃出，我兵被杀。拜、叶克书，应各罚银五十两，追还赏物。命：拜、叶克书二人，功罪相抵，俱免罪。①

皇太极对索伦博穆博果尔地区用兵，虽然取得一定战果，但博穆博果尔未擒获。皇太极为了统一黑龙江上游辽阔的索伦地区，于是决定再次派兵出征。

二征博穆博果尔。崇德五年即崇祯十三年（1640）七月二十七日，皇太极遣席特库、济席哈等，率护军并征外藩蒙古官属兵丁，东征索伦部落。② 行前，皇太极派内大臣巴图鲁詹、理藩院参政尼堪、副理事官纽黑，传谕外藩蒙古曰："所征之官属兵丁，俱会于内齐所居地方。悉令较射，选其壮勇者，令席特库等，将之以行。其从征官属兵丁之数，敖汉、奈（奈）曼、吴喇忒、吴本下巴克巴海、内齐、桑噶尔下穆章，及四子部落兵，共二百四十名。令益尔公固、图哈纳、绰隆为向导。其从役官属兵丁，驼马、甲胄、器械、糗粮等物，俱命细加检阅，遣之。"③

此次出兵，特点鲜明，部署具体，举措得当：

第一，满官统领。派八旗满洲梅勒章京席特库、济席哈为统帅，及护军四十人充机动，负责对军队的统领与指挥。

第二，用蒙古兵。征调蒙古敖汉、奈曼、吴喇忒、扎鲁特、四子部落等官属兵丁，以蒙古兵为主力。

第三，精选壮勇。蒙古兵二百四十名，先行较射，优者选壮，壮者选勇，勇者选精。最后共选取外藩蒙古兵三百五十人，另有满洲护军四十人，共三百九十人。

第四，选择路线。从外藩蒙古北边，绕路包抄，往追击之，使博穆博果尔落于清军的包围圈中。

第五，选派向导。以益尔公固、图哈纳、绰隆等人，熟悉路径，派为向导，以免陷于迷路的危险境地。

---

① 《清太宗文皇帝实录》第52卷，崇德五年七月癸未，中华书局影印本，1985年，第7～12叶。
② 魏源《圣武记·开国龙兴记一》作"六年，并征蒙古兵，征已降复版之索伦博木果"云。误，"征蒙古兵"事在崇德五年七月丙午（二十七日）。
③ 《清太宗文皇帝实录》第52卷，崇德五年七月丙午，中华书局影印本，1985年，第22叶。

第六，作好后勤。诸如驼马、甲胄、器械、军粮等，认真准备，细加检查，为前锋部队提供后勤保障。

第七，师行机密。此次行军计划，连和硕郑亲王济尔哈朗、和硕睿亲王多尔衮、和硕肃亲王豪格、多罗武英郡王阿济格、多罗郡王阿达礼、多罗贝勒多铎、多罗安平贝勒杜度、多罗饶余贝勒阿巴泰、多罗贝勒罗洛宏等，都在事后与闻，其先均不预知。

第八，巧施妙计。事后，皇太极说："博穆博果尔自叛后抗拒我军，彼时朕已定计，欲令其北遁，以便擒获。故阳言我军将于黑龙江地方牧马，必擒博穆博果尔。"① 就是皇太极运用"声东击西"的谋略，在黑龙江虚张声势，放开"北遁"通路，诱使博穆博果尔向北逃去，以便被席特库等北面加以截击。

清军在席特库、济席哈统领下，没有直线指向索伦，而是从外藩蒙古北边往追之。博穆博果尔闻讯清军扑向索伦，率众"北遁"，恰中皇太极预设"声东击西"之计。席特库、济席哈等北行两个月零十三日，到达甘地，追获博穆博果尔之弟及其家属。又前行十四日，到达齐洛台（今俄罗斯赤塔）地方，追获博穆博果尔，及其妻子家属。十二月十三日，出征索伦部落席特库、济席哈，遣归痕戴青孟格图、艾达汉、迈图等，以擒获博穆博果尔奏报："于甘地，获男子一百七十四名，斩十一人，死者七人，逃一人。于齐洛台地方，获博穆博果尔及男子八十人，斩二人，死者二人。共计见存二百三十一人，见在妇女、幼稚共七百二十五名口。二处共得马七百一十七匹，今止存六百五十匹、牛一百二十七头。"② 此事，《清太宗文皇帝实录》记载：

> 命席特库、济席哈率外藩蒙古兵三百五十人，从蒙古北边，往追击之。
> 席特库等越两月十三日，至甘地，获其弟及家属。又越十四日，至齐洛

---

① 《清太宗文皇帝实录》第53卷，崇德五年十二月庚申，中华书局影印本，1985年，第21叶。
② 《清太宗文皇帝实录》第52卷，崇德五年十二月己未，中华书局影印本，1985年，第20叶。

台地方，遂获博穆博果尔，及其妻子家属，共男妇幼稚九百五十六名口，马牛八百四十四。①

崇德六年即崇祯十四年（1641）正月十六日，席特库、济席哈率八旗护军及外藩蒙古兵，带着博穆博果尔②等，凯旋盛京，受到欢迎。翌日，叙功：擢一等梅勒章京席特库为三等昂邦章京。赐穆章下阿玉石台吉、马尼台吉、固山额真苏班、甲喇章京奎恳、俄莫克，扎鲁特部落桑古尔台吉，吴喇忒部落布达席台吉、和洛齐、巴拜，四子部落固山额真布内，敖汉部落固山额真塞木，扎鲁特部落固山额真阿玉石、虎赖、甲喇章京阿尔苏户、岳博果，奈曼部落固山额真扎丹，及喇嘛斯希布，向导岳隆果等蟒缎、朝衣、貂裘、猞猁狲裘、豹裘、帽、带、甲、胄、腰刀、撒袋、弓、矢、银两、缎布等物有差。③

此外，崇德八年即崇祯十六年（1643）三月十七日，崇德帝命护军统领阿尔津、哈宁噶等，率领三千余将士，往征黑龙江虎尔哈部落。④是为皇太极第四次用兵黑龙江。五月二十五日，往征黑龙江虎尔哈部落护军统领阿尔津、哈宁噶等，以清军攻克三屯，招降四屯，并俘获人口，自军中遣张泰、墨克奏报："臣等军至彼地，所向克捷。其波和里、诺尔噶尔、都里三处，俘获男子七百二十五名，小噶尔达苏、大噶尔达苏、绰库禅、能吉尔四处⑤，投顺来归男子三百二十四名，妇人二十九口。又俘获妇女、幼稚一百九十九口，获马共三百十有七、牛共四百有二，貂、

---

① 《清太宗文皇帝实录》第53卷，崇德五年十二月庚申，中华书局影印本，1985年，第21叶。
② 《清太宗文皇帝实录》崇德六年四月甲寅记载萨穆什喀以获罪辩奏："臣率兵五十人，实曾战败博穆博果尔。方战之时，伏兵适至。索海、谭布、拜等同党，言系伊等所击败，而以臣为败奔，加之以罪。今有博穆博果尔，请加质问。"据此，知博穆博果尔已被带到盛京。
③ 《清太宗文皇帝实录》第54卷，崇德六年正月癸巳，中华书局影印本，1985年，第10叶。
④ 黑龙江虎尔哈、索伦常混称，这里也包括索伦。
⑤ 波和里、诺尔噶尔、都里、小噶尔达苏、大噶尔达苏、绰库禅、能吉尔等七屯，当在黑龙江江东六十四屯一带。

狐、猞狸狲等裘共四领，貂、狐、水獭、青鼠等皮共一千五百有奇。"① 七月初七日，往征黑龙江部落护军统领阿尔津、哈宁噶等率师凯还。此次出师："携来男子、妇女、幼稚共二千五百六十八名口，马、牛、驴共四百五十有奇。外又俘获妇女幼稚共二百四十九口，牛八头，猎犬十六，貂皮、貂尾、貂蹄共千有六百，貂尾护领二，貂、狐、猞狸狲、青鼠等裘共十三，狐、水獭、狼、青鼠等皮共六百五十有奇。其携来男子，命按丁披甲，编补各旗缺额者。其余俘获，分别赏给出征将领。赐护军统领阿尔津、哈宁噶各貂皮七十、银百；齐墨克图、格尔特、董阿赖、达苏、巴兰、哈凝噶、哈尔萨、和尔托，各貂皮五十、银六十；刘仲金，貂皮五十、银五十；赵国祚，貂皮四十、银五十。又赏八旗护军校五十六员，军士三百三十二名，厮卒四百二十六名，每护军校各银四十，每军士各银三十，每厮卒各银十五，计共银一万八千五百九十两。又给阵亡、被伤者，共银二千五百六十两。赐随征外藩科尔沁国左翼将领苏门得里、右翼将领格塞里，各银三百；固山额真哈尚、巴颜、吹木，科尔沁国图章、特木德，右翼将领拜音代，杜尔伯特部落阿布代，科尔沁国噶尔图、布尔哈图、都尔敦，各银二百；甲喇章京洪果代、阿巴泰、讬克托和，郭尔罗斯部落门图克特、噶尔图，右翼甲喇章京扎赖特部落布都马尔，杜尔伯特部落孟格、额尔孙、安达尔、额墨克，各银百。牛录章京达济虎、满都、布泰、布当、朝济喀、劳章、马楚海，郭尔罗斯部落巴萨奈、代、都尔达哈，杜尔伯特部落拜达尔、图尔贝、额马尼雅、巴特玛、扈巴哈、叟塞、噶尔马、达雅，扎赖特部落博琫、内里特，各银五十。又赏左翼军士四百八十名，厮卒四百七十三名，右翼军士四百七十九名，厮卒四百六十五名，计共银一万四千二百三十两。"②

综上，皇太极对黑龙江发动大规模的、极为重要的军事进攻，主要有四次：第一次，天聪八年即崇祯七年（1634）十二月初十日，皇太极命梅勒章京霸奇兰、甲喇章京萨穆什喀等，率军进攻黑龙江地域，其目的是索伦等"慢不朝贡，将发

---

① 《清太宗文皇帝实录》第64卷，崇德八年五月丁巳，中华书局影印本，1985年，第25～26叶。
② 《清太宗文皇帝实录》第65卷，崇德八年七月戊戌，中华书局影印本，1985年，第15～17叶。

大兵往征"。其导火索是蒙古噶尔珠塞特尔等"声言要前往征讨索伦部，收取贡赋，以便自给"。其结果是，后金军大胜，朝贡者益众。第二次，崇德四年即崇祯十二年（1639）十一月初八日，皇太极命索海、萨穆什喀等，率领官属兵丁，往征索伦部落，主要打击博穆博果尔。第三次，崇德五年即崇祯十三年（1640）七月二十七日，皇太极命席特库、济席哈等，率护军并征外藩蒙古官属兵丁，东征索伦部落，擒获博穆博果尔，取得征抚索伦的胜利。第四次，崇德八年即崇祯十六年（1643）三月十七日，皇太极命护军统领阿尔津、哈宁噶等，率将士往征黑龙江虎尔哈部落，获得村屯、人口、貂皮、马牛等。

但是，上述皇太极四次用兵黑龙江，其中两次是针对博穆博果尔的。皇太极远征博穆博果尔之战，历来学者普遍认为：这是一场平叛战争，而博穆博果尔是叛首。其理由谓：一是，博穆博果尔只朝贡两次，表现他对清廷的轻视和不驯。事实上博穆博果尔于崇德二年即崇祯十年（1637）四月十二日首次到盛京朝贡，六月初五日返还。崇德三年即崇祯十一年（1638）十月初八日，第二次到盛京朝贡，十二月初五日在崇政殿受到接见，三十日受到赏赐。但崇德四年即崇祯十二年（1639），皇太极就发兵远征索伦。此条理由，难以成立。二是，博穆博果尔"发动叛乱"。皇太极在其军队出征前的谕旨中，并没有讲博穆博果尔有"叛乱"的罪名。三是，在索伦部落已经归附纳贡之屯中，"此屯内又有博穆博果尔取米之屯"。这可以作为征讨博穆博果尔的理由，但不足以成为其"叛乱"的依据。事实上，博穆博果尔的确自己感到力量强大，显有"不驯"之表现。

皇太极发兵索伦是因为：其一，在已经归附纳贡之屯中，不许有"博穆博果尔取米之屯"。博穆博果尔向其所属村屯"取米"，就是征收"贡赋"。而征收"贡赋"，就是管辖或统治权力的象征。其二，皇太极对博穆博果尔，"虑其势盛不可制"[1]，而发兵征讨，以显示皇威。其三，皇太极已经在对朝鲜、蒙古、明朝作战中取得胜利，更要将黑龙江流域（包括索伦部）完全置于清朝管辖之下。事实上，皇太极出兵

---

[1]《黑龙江志稿·博穆博果尔》第54卷，铅印本，民国二十二年（1933）。

索伦之前，索伦并未臣服于后金-清廷。天聪八年（1634），后金军远征索伦之后，巴尔达齐与博穆博果尔等，都到盛京朝贡。他们二人有所不同：巴尔达齐既向皇太极朝贡称臣，又将其所属村屯向清"纳贡"；博穆博果尔既向皇太极朝贡，又在其所属村屯"取米"。所以，皇太极出兵索伦，主要不是"平叛"，而是令其"纳贡"，也就是建立统治。此举遭到博穆博果尔等索伦大小头领的反抗，皇太极派兵平息博穆博果尔的反抗。第一次派兵，有得有失，没有擒获博穆博果尔，恐怕留下祸根。第二次派兵，捉获博穆博果尔，事态平息。皇太极两次用兵索伦部落，统一索伦，确立统治，正面意义，十分重大。魏源评论道："天命间，大兵虽一度黑龙江下游（即混同江），未尝至索伦。天聪、崇德，始臣绝域，际东北海。于是，辽、金部落，咸并于满洲矣！"①

至此，清完成对黑龙江上游索伦地区的统一。皇太极统一黑龙江上游索伦地区，战略意义，非常重大。其一是，黑龙江上游地区，完全纳入清朝版图。这是继辽、金、元、明以来，对黑龙江上游地区（索伦、毛明安等）实行最为有效的管辖。其二是，索伦诸部归附人口，均被编入八旗满洲，扩充了兵源，增强了军力，成为清军一支劲旅。其三是，索伦地区成为日后顺治、康熙朝抗御沙俄入侵的前沿阵地，并为后来雅克萨保卫战和签订《尼布楚条约》准备了条件。所以，后来何秋涛在《朔方备乘·圣武述略》中曰："自索伦部既平，而俄罗斯国，亦以是时略地而东。遂于顺治年间，窃据雅克萨地，侵扰索伦等部，垂四十年。赖我圣祖仁皇帝，庙谟先定，筑城运粮，屡奏克捷。察罕汗上书请和，立石定界。索伦诸部，遂得并臻清谧。而黑龙江之建为省会，肇基于此。"②

---

① 魏源：《圣武记》第 1 卷，中华书局据古微堂原刻本校刊线装本，第 8 叶。
② 何秋涛：《朔方备乘》第 1 卷，清光绪七年（1881）刻本，第 1 叶。

三 清入关前东北版图

清入关前东北地区的版图，包括大兴安岭以东，外兴安岭以南，东到库页岛（今萨哈林岛），南达长城。其中黑龙江流域，包括黑龙江上游、中游、下游及其支流乌苏里江以东滨海地区。努尔哈赤、皇太极父子在统一东北的整个过程中，取得前无古人的业绩。

清初东北的版图。 努尔哈赤在统一建州女真各部的同时，用兵东海地区。万历二十四年（1596），努尔哈赤派费英东"初征瓦尔喀部，取噶嘉路"①。万历二十六年（1598），努尔哈赤派五弟巴雅喇和长子褚英，率兵攻取瓦尔喀部的安褚拉库路和内河路。翌年，渥集部虎尔哈（呼尔哈）二路酋长王格、张格到建州纳贡。万历三十五年（1607），东海女真瓦尔喀蜚悠城主策穆特黑到建州，随后投附努尔哈赤。同年，建州同乌拉进行乌碣岩大战，建州军大胜。从此，努尔哈赤打开通往乌苏里江及其以东滨海地区的大门。②万历三十七年（1609），建州派扈尔汉带兵，击取滹野路（今俄罗斯滨海刀毕河地带）。万历三十八年（1610），

---

① 《清史列传·费英东》第4卷，中华书局，1928年，第1叶。
② 阎崇年：《天命汗》，吉林文史出版社，1993年，第123页。

努尔哈赤又派兵至图们江北岸，绥芬河、乌苏里江等地，招抚渥集部那木都鲁、绥芬、宁古塔、尼马察等路，使其纳贡，归顺建州。万历三十九年（1611），努尔哈赤派兵降服渥集部乌尔古宸、木伦二路，地在今穆棱河地带，即"穆林河会乌苏里入混同江，在宁古塔东北"①。万历四十二年（1614），建州军收降锡林、雅揽二路，其地《盛京吉林黑龙江等处标注战迹舆图》标注在西璘、雅兰二河地带。万历四十三年（1615），建州又征服东海额黑库伦，即纳赫塔赫地方。以上地区，都在珲春以北，乌苏里江以东滨海地区。这一地区的部民，《钦定满洲源流考》列为：虎尔哈（东海）、奇雅喀喇、班吉尔汉喀喇、赫哲喀喇（使犬部）、费雅哈（费雅喀）、奇勒尔（使鹿部）等部。

皇太极继位之后，采取"且征且抚"的策略，继续在乌苏里江以东滨海地域，边用兵、边招抚，使犬部、使鹿部先后归降后金，称臣纳贡。使犬部，举两例。第一例，天聪七年即崇祯六年（1633）六月二十四日，"东海使犬部落额驸僧格偕其妻，率五十二人来朝，贡方物"②。第二例，天聪九年即崇祯八年（1635）正月十五日，"使犬部落索琐科来朝，贡黑狐、黄狐、貂鼠、水獭等皮，及狐裘、貂裘"③。

在黑龙江下游及库页岛地区，生息着的使鹿部、使犬部，也向清朝纳贡称臣。《圣武记》转述《钦定满洲源流考》曰：在使犬部"又东北行逾混同江七八百里，曰费雅哈（喀）；直至东北海滨，距宁古塔三千里，曰奇勒尔，即使鹿部也"④。使鹿部落的首领，也到盛京向皇太极纳贡称臣。崇德七年即崇祯十五年（1642）三月二十四日，赐贡貂之使鹿部落墨滕格等三人，索伦部落牛录章京讷耨克等二十二人宴，并赐鞍马、撒袋、衣帽、缎布等物，有差。⑤

黑龙江中游地区，主要部族有虎尔哈、萨哈连、达斡尔（打呼儿）、萨哈尔

---

① 魏源：《圣武记》第1卷，中华书局，1984年，第7页。
② 《清太宗文皇帝实录》第14卷，天聪七年六月甲申，中华书局影印本，1985年，第20~21叶。
③ 《清太宗文皇帝实录》第22卷，天聪九年正月丙寅，中华书局影印本，1985年，第2叶。
④ 魏源：《圣武记》第1卷，中华书局，1984年，第8页。
⑤ 《清太宗文皇帝实录》第59卷，崇德七年三月癸巳，中华书局影印本，1985年，第24叶。

察等部落。天命元年即万历四十四年（1616）七月十九日，努尔哈赤派达尔汉侍卫扈尔汉、硕翁科罗巴图鲁安费扬古，率兵二千人，进入黑龙江中游的萨哈连地方，攻取三十六寨。渡过黑龙江，取萨哈连部的十一寨。同年九月，后金招抚乌苏里江下游的诺罗部和黑龙江下游的使犬部。天命二年即万历四十五年（1617），后金军乘船渡过海峡，攻占了沿海附近岛屿。至此，后金获得广袤土地、大量貂皮、许多人口，对其加强国力，起着重要作用。

皇太极对黑龙江地区大规模用兵，从天聪九年即崇祯八年（1635）始，到崇德八年即崇祯十六年（1643）间，前后九年，成就巨大。其原因主要是：第一，军事。对朝鲜、蒙古、明朝的战事，取得重要进展，有力量抽出部分兵力，北顾黑龙江地域。第二，贸易。时诸部的貂皮贡赋交纳，既不够经常，且数额不足。后金国正进行着大规模的军事行动，急需从黑龙江等地方取得貂皮，进行贸易，补充财源。而大量贵重的皮张，是进行貂皮贸易的重要货源。第三，赏赐。随着军事的胜利，归附的蒙古、汉人贵族与官员，需要大量珍贵貂皮等兽皮作为赏赐品。第四，兵员。战争的不断深入和扩大，需要不断地补充、增加兵员。壮丁是八旗的一种补充兵源，获得壮丁就得到了兵员的补充。第五，财富。至于妇女、幼孩、马牛，也是一种可分配的"财物"。第六，版图。皇太极要不断扩大皇权的空间范围。崇德帝在给明朝的文书中，特别突出自己的辽阔版图。

黑龙江上游地区，主要为索伦部落和毛明安部落的生息繁衍地区。索伦归附清朝，前文已述。皇太极统一索伦部前后，收抚毛明安（茂明安）部落。毛明安部落居住于贝加尔湖以东、以南，额尔古纳河以西，今满洲里以北，东邻索伦，在雅克萨（今阿尔巴津）、尼布楚（今涅尔琴斯克）和赤洛台（今赤塔）一带地域，石勒喀河及其支流地方。早在天聪八年即崇祯七年（1634）十月十八日，"阿禄毛明安部落来归，见上，设大宴宴之。杨古海杜棱、胡棱都喇尔、吴巴海达尔汉巴图鲁、巴特玛额尔忻戴青、东卓尔台吉、阿布泰台吉等，献貂裘、马驼，酌纳之。"[1]

---

[1]《清太宗文皇帝实录》第20卷，天聪八年十月辛丑，中华书局影印本，1985年，第23叶。

崇德二年即崇祯十年（1637）五月初二日，阿赖达尔汉追毛明安下逃人，直追到使鹿部落喀木尼汉地方，获男子十八人、妇女十一口而归。崇德三年（1638）三月二十四日，毛明安部落巴特玛同蒙古亲王、额驸等，受到皇太极赏赐，被赐"鞍马、貂裘、衣服等物。仍赐宴，遣归"①。毛明安部归附清朝后，许多壮丁被编入八旗，崇德七年即崇祯十五年（1642）九月，叙攻克塔山功，"毛明安下吴尔齐台吉""毛明安下阿敏台吉"等都受到皇太极的赏赐。毛明安部落臣服清朝表明，贝加尔湖以东、额尔古纳河以西、大兴安岭以北广大布里亚特蒙古地区，都归于清朝版图。

崇德七年即崇祯十五年（1642）六月初三日，崇德帝皇太极曰：

> 予缵承皇考太祖皇帝之业，嗣位以来，蒙天眷佑，自东北海滨，迄西北海滨，其间使犬、使鹿之邦，及产黑狐、黑貂之地，不事耕种、渔猎为生之俗，厄鲁特部落，以至斡难河源，远迩诸国，在在臣服。②

经过努尔哈赤、皇太极父子两代，半个世纪的奋争，终于把原属明朝的奴儿干都司、辽东都司以及蒙古东部管辖区域，全部置于清朝的统治之下。清初的疆域，东北起库页岛（今萨哈林岛），东邻鄂霍次克海，西北迄贝加尔湖，南至长城（辽西到宁远），西南到宣府、大同边外，西达青海，北跨外兴安岭。

正当皇太极收复黑龙江流域原属于明朝的，也是其先祖故土的土地之时，沙皇俄国也正向乌拉尔山以东扩张，步步逼近清朝版图的黑龙江流域广大地区。天命四年即万历四十七年（1619），俄国哥萨克在叶尼塞河地带建叶尼塞斯克城堡。天聪六年即崇祯五年（1632），俄国哥萨克在勒拿河地带建勒拿堡，后改名为雅库茨克。崇德八年即崇祯十六年（1643），俄罗斯波雅科夫等翻越外兴安岭进入精奇里江（今结雅河）地带，即巴尔达齐故乡地域。顺治元年即崇祯十七年（1644），

---

① 《清太宗文皇帝实录》第41卷，崇德三年三月丁亥，中华书局影印本，1985年，第7叶。
② 《清太宗文皇帝实录》第61卷，崇德七年六月辛丑，中华书局影印本，1985年，第3叶。

俄罗斯波雅科夫等继续沿河下行，进入黑龙江地带。然而，在这复杂的局势到来之前，皇太极已经完成了对黑龙江流域的统一，把分散居处、互不统属的黑龙江地区诸民族部落，集合在清朝的政权管辖之下。这就为后来清朝军民抗击沙俄侵略，准备了政治与民族、军事与经济的条件。

清初对黑龙江的管理。皇太极对黑龙江广大地域，实行有效、有特色的管理。

第一，迁民盛京。崇德五年、六年间（1640～1641），皇太极发动了第二次征讨索伦部博穆博果尔的战争，皇太极命将大量投顺、俘获的各部落的部民，迁入盛京，其健勇壮丁，披甲为兵，编入旗籍。没有迁徙走的零散户口，统称之为"新满洲"。崇德以后，对于归服的各部落不再称"新满洲"，而保留原称，编为户籍。在有的地区如库页岛（今萨哈林岛），以及乌苏里江以东沿海地区，不编设佐领（牛录），而以村屯或氏族为单位，"各设姓长、乡长，分户管辖"①。这些村屯，分布广泛，遍及于黑龙江及其支流乌苏里江流域直至库页岛地区。各村屯"有警则声气相通，安常则渔猎得所"②。八旗制度和姓长、乡长制度的建立，是清朝用以代替明朝原有制度的一项重要措施，它起到并加强了对该地区军政和民政机构的管理作用。

第二，编入八旗。崇德四年和五年，皇太极连续两次进行征讨博穆博果尔的战争，取得胜利，震动索伦。崇德六年即崇祯十四年（1641）五月十三日，"索伦部落蒙塞尔瓦代之子巴尔达齐，率其户二百四人来降"。十五日，"索伦部落一千四百七十一人来降"③。仅三天之内，就有索伦一千六百七十五人降顺清廷。崇德帝命在北驿馆迎接，举行盛宴，加以欢迎。对于归顺的索伦壮丁，编为牛录，加入满洲。仅崇德六年即崇祯十四年（1641）六月初十日，皇太极一次就赐索伦部落牛录章京都勒古尔、达大密、阿济布、讷努克、窦特、布克塔、充内堪代、俄尔噶齐、吴叶布、勒木白德、乌阳阿、章库、车格德、拜察库、挠库、讷墨库

---

① 《清朝文献通考·舆地三》第271卷，浙江古籍出版社影印本，1988年，第7279叶。
② 《吉林通志》第17卷，光绪十七年（1891）刻本，第30叶。
③ 《清太宗文皇帝实录》第55卷，崇德六年五月丁亥、己丑，中华书局影印本，1985年，第30叶。

等十六人蟒缎、朝衣、玲珑鞓带、鞍马、缎、布、撒袋、弓、矢等物有差。驿馆设宴，隆重款待。① 至于黑龙江支流松花江流域的虎尔哈部，努尔哈赤和皇太极多次发兵进行征抚。皇太极曾任命沙尔虎达为将，率兵征松花江虎尔哈（呼尔哈）部。该部居于呼儿哈河（牡丹江）和松花江两岸，有三大"喀喇"②即三大氏族：一是诺雷，于天聪五年即崇祯四年（1631）向后金朝贡；二是克宜克勒，于崇德二年即崇祯十年（1637）朝贡；三是祐什哈哩（祐什喀礼），于崇德三年即崇祯十一年（1638）向清廷朝贡③；这表明松花江虎尔哈部已经归顺清朝。他们迁走的加入八旗满洲，成为满洲的成员，其青壮年编入八旗满洲；留下的则成为土著民族。上列虎尔哈三个氏族，后来就成为赫哲族的一部分。此次沙尔虎达率军进入松花江地带，"招降"男妇幼小一千四百余人。这里所言"招降"，主要是指以"抚"绥服，而不是以"战"征服。

《圣武记·附考》记述："东三省驻防兵，有老满洲，有新满洲，犹史言生女真、熟女真也。国初收服诸部，凡种人之能成数佐领、数十佐领者，咸归于满洲。若东海三部、扈伦四部，今皆无此名目，盖已归入满洲故也。其他壮丁散处，随时编入旗籍。畸零不成一佐领者，则以新满洲统之，国语所谓'伊彻满洲'也。此皆崇德以前所服之部落。其崇德以后所归服，则并不谓之满洲，而各仍其原部之名。若黑龙江以南之锡伯、之卦勒察、之巴尔虎，黑龙江以北之索伦、之达瑚尔，皆各设佐领，分隶吉林、黑龙江两将军。既不得以满洲呼之；又部落杂错不一，于是以骑射最著、归服较早之索伦概之，故吉林、黑龙江各部，世皆概呼为索伦，以别于满洲。其实，索伦不过一部之偏名，非各部之总名也。至混同江南岸，宁古塔以东，复有赫哲部、奇惟喀部；混同江北岸之东，复有鄂伦春诸部，所谓使犬、使鹿之国也。使犬之赫哲，亦谓之鱼皮部，不编佐领，惟设乡长、姓长，岁贡貂

---

① 《清太宗文皇帝实录》第56卷，崇德六年六月甲寅，中华书局影印本，1985年，第6叶。
② "喀喇"，姓氏的意思。
③ 何秋涛：《朔方备乘》第1卷，光绪七年（1881）刻本，第7叶。

于宁古塔。鄂伦春有使马、使鹿二部，使鹿鄂伦春在使马之外，虽编佐领供调遣，而丁不逮额。"①

第三，设官镇守。早在努尔哈赤时代，就在宁古塔（今黑龙江宁安）设官镇守。崇德元年即崇祯九年（1636）六月，清崇德帝皇太极命梅勒章京吴巴海"移镇宁古塔"。② 其职责是负责管理黑龙江、乌苏里江流域的军政与民政之事务，宁古塔成为该地区的军政中心。顺治十年（1653）五月，梅勒章京升为昂邦章京，镇守宁古塔地方。顺治元年（1644）八月初二日，以正蓝旗内大臣任为盛京总管，其左翼为梅勒章京阿哈尼堪，右翼为梅勒章京硕詹。顺治三年（1646）五月十八日，梅勒章京叶克书改称为昂邦章京，镇守盛京。康熙元年（1662），改为镇守辽东等处将军。康熙四年（1665），改为镇守奉天等处将军（后称盛京将军）。康熙元年（1662），改镇守宁古塔昂邦章京为镇守宁古塔将军（后称吉林将军）。黑龙江将军之设，始于康熙二十二年（1683）。该年十月二十五日，兵部题设镇守爱浑（瑷珲）等处将军，命以宁古塔副都统萨布素补授黑龙江将军。③

第四，定期朝贡。所谓"朝贡"，就是向清朝政府定期缴纳以貂皮为主的贡赋。黑龙江、乌苏里江流域各部落如索伦部、达呼尔部、萨哈尔察部、虎尔哈部、使鹿部、使犬部等，都要定期缴纳貂、狐、猞猁狲、海豹、水獭等毛皮。以萨哈尔察等部为例，仅崇德三年即崇祯十一年（1638）十一月档记载，进贡貂皮达一千一百二十四张。④《清朝文献通考》记载："索伦、达呼尔，为东北最远之部，散处山林，以捕貂为业，亦称土中人。自国初天命、天聪年间，即相率内附。其后列于军伍，多以材勇自效。至于鄂伦春，一名奇勒尔，其所居益为辽远。使马鄂伦春，在诸部之外。使鹿鄂伦春，又在使马之外。……特以丰貂之产，岁时献纳。"⑤ 每年春夏之交，在通往

---

① 魏源：《圣武记·附考》第1卷，中华书局据古微堂原刻本校刊本，第11～12叶。
② 《清史稿·吴巴海传》第230卷，中华书局标点本，1977年，第9319页。
③ 《康熙起居注》，康熙二十二年十月二十五日，中国第一历史档案馆藏。
④ 《清初内国史院满文档案译编》上册，光明日报出版社，1989年，第393页。
⑤ 《清朝文献通考·舆地三》第271卷，浙江古籍出版社影印本，1988年，第7280叶。

盛京的大道上，来自黑龙江、乌苏里江、东海诸部的"朝贡"者，奔向盛京。在既不事农耕、又无货币的诸部落地区，向清朝缴纳实物，也就履行了他们的纳贡义务。后金-清给"纳贡"者规定了献纳的时间、地点、数量，并对献纳者按例给予赏赐。至于乌苏里江以东、黑龙江下游的使犬部，天命元年即万历四十四年（1616），即已招服，嗣后全部内附。以其土产貂皮等物，后就宁古塔副都统处输纳，岁以为例。其乌苏里江以东的恰喀拉部落等，则间岁到尼满河地方交纳貂皮。其散处最远的库页岛（今萨哈林岛）等五百余户，则每岁遣章京等员，赴宁古塔境外三千余里之普禄乡等地方，于六月会集缴纳。黑龙江地域各部落这种交纳实物的"纳贡"形式，是清朝统治其臣民的体现。

《圣武记·附考》记述："由宁古塔而东三百里，有依朗哈喇土城，即五国城故地，设官守之。又东北五六百里，为虎尔哈部所居。又六百里，为黑斤部所居。又六百里，为费雅哈（费雅喀）部所居。此三部人，总名乌稽达子。乌稽即渥集也，又名鱼皮达子，近混同江海口，不产五谷，惟出紫貂、玄狐、海螺、灰鼠、水獭、鹰雕及鱼。每岁五月，此三部人，则乘查哈船江行，泊宁古塔南关外进貂。将军设宴，并出部颁袍、帽、靴、袜、挺带、巾、扇赐之。貂以黑斤部所产为最，费雅哈次之，虎尔哈又次之，黑龙江索伦所产毛粗又次之。"至于鄂伦春，分为使马鄂伦春、使鹿鄂伦春和库页岛居民："使马鄂伦春，距齐齐哈尔城五六百里；使鹿鄂伦春，距齐齐哈尔城千余里。又有不编佐领之使鹿部，曰奇勒尔，曰费雅哈，与海中之库页岛，皆更在鄂伦春之外。每岁不能以时至宁古塔，则以六月期集于三千里外之普禄乡，而章京舟行如期往受之。"①

经过几次较大规模的征抚之后，黑龙江、松花江、乌苏里江等地方的部落，或由首领率领内附，或向清朝纳贡，或进行貂皮交易。向清进貂皮贡献者，如黑龙江下游使犬部盖清屯酋长僧格率五十人来贡貂皮，共六百零五张；同部酋长孛琭科来贡貂、狐、水獭等皮六百七十二张件。

---

① 魏源：《圣武记》第1卷，上海中华书局据古微堂原刻本校刊线装本，第13叶。

第五，貂皮贸易。黑龙江地方各部朝贡貂赋之外，有时更携来贸易的皮张。崇德二年即崇祯十年（1637），黑龙江地方的托科罗等三十三人，除贡貂皮一百五十一张外，其携来进行贸易的皮张，还有貂皮筒一百三十五件、貂皮三百八十六张、各类狐皮十七张、灰鼠皮六百三十张。另如克宜克勤氏等四氏三十人，除贡貂皮一百一十张外，其携来贸易之貂皮筒一百九十三件、貂皮三百二十张、黑狐皮四张、白珍珠毛玄狐皮四张、白珍珠毛玄狐皮褥一领、玄狐皮三十四张、黄狐皮等二十三张（领）。还有些部落"仅与我贸易，而不纳贡"[1]。

八旗也分别派官到黑龙江地方，进行收买貂皮的贸易活动。据记载，崇德三年即崇祯十一年（1638）十二月，"往黑龙江地方贸易，至是携货物至"。各旗获得贸易的貂皮，开列如下：

正黄旗，貂皮四百零六张；

镶黄旗，貂皮三百八十九张，余佛头青布[2]十一匹；

正红旗，貂皮一百一十四张，又自嫩江地方易得貂皮七十八张，余佛头青布二十三匹；

镶白旗，貂皮二百三十一张，又自嫩江地方易得貂皮五十五张，余佛头青布四十八匹；

正白旗，貂皮一百三十三张，又自嫩江易得一百三十二张，余佛头青布八匹；

镶蓝旗，貂皮二百二十四张，又自嫩江地方易得貂皮八十四张，余佛头青布十一匹；

正蓝旗，貂皮一百八十二张，又自嫩江地方易得貂皮五十九张，余佛头青布一百一十二匹。

以上共貂皮二千零八十七张。[3] 努尔哈赤和皇太极，运用貂皮贸易，以充实

---

[1]《清初内国史院满文档案译编》上册，光明日报出版社，1989年，第252页。
[2] "余"，为交易后之所余；"佛头青布"，为蓝绿色的棉布，下同。
[3]《清初内国史院满文档案译编》上册，光明日报出版社，1989年，第392页。

国家经济实力；利用部落壮丁，以补充八旗满洲兵力；控制广大土地，以宣扬大清皇权威力，这就是天命—天聪—崇德的重要国策，也是其重要成果。

天命汗努尔哈赤、崇德帝皇太极父子两代，经过前后五十年的时间，逐步统一了黑龙江流域及其支流乌苏里江以东沿海地区，继辽、金、元、明之后，重新统一了这一广大地区，并对其建立军政之有效管辖。[①]而统一索伦地区，主要是在崇德年间。魏源在《圣武记》"开创"篇里论道："崇德而后，与东北之鄂伦春，奔走疏附，后先御侮，是为黑龙江之兵。自索伦骑射闻天下，于是后编八旗之达瑚尔（达斡尔）、鄂伦春等部，世皆'索伦'呼之。而吉林一军，则但知为新满洲矣。'女真兵满万不可敌'，况倾东北海之精锐，殚两神圣之训练，夫何敌于天下！"

所以，努尔哈赤、皇太极父子，以整个东北地区为基地，以八旗满洲为骨干——囊括东北黑龙江地域"索伦"之悍勇精锐，编制八旗蒙古之铁骑劲旅，创设八旗汉军之火器重军，合成八旗满洲、八旗蒙古、八旗汉军，与大明朝争雄，同农民军角逐，"夫何敌于天下"。

纵观十六世纪上半叶，总览东北亚地区局势，分散部落之历史，进入大变局时期。在俄罗斯开始东进，尚未占领该地之前，明朝已经衰朽没落，无心无力对之统治，满洲崛起东北地域，以新兴勃发之气概，从明朝接管该地域，进行强力有效管辖，为而后中华之版图，为抵御外来的侵略，维护中华传统权益，做出重大历史贡献。

---

① 阎崇年：《清太宗经略索伦辨》，载《历史档案》2004 年第 2 期。

第十三章 盛京宫殿与陵寝

一 定都沈阳

先是，后金的第一个都城是赫图阿拉（今辽宁省抚顺市新宾满族自治县永陵镇赫图阿拉村）。天命六年即天启元年（1621），后金占领沈阳、辽阳。三月二十一日，天命汗努尔哈赤在攻克辽阳的当天，即决定迁都辽阳。辽阳，又称东京。辽太祖神册四年（919），修葺渤海辽阳故城。辽太宗天显三年（928），升为南京。会同元年（938），"改南京为东京，府曰辽阳"。[①] 金仍为东京。元至元二十五年（1288），改东京为辽阳路。明洪武四年（1371）置定辽都卫，六年（1373）置辽阳府，八年（1375）改定辽都卫为辽东都指挥使司。[②] 辽东都指挥使司所辖："东至鸭绿江，西至山海关，南至旅顺海口，北至开原。"[③] 后置辽东经略衙署，驻辽阳；辽东巡抚衙门，驻广宁（今北镇）。

迁都辽阳。 后金迁都辽阳，因为开国之地赫图阿拉，已不能适应其新军政形势的需要。《兴京县志》载述，兴京地偏辽左东隅，四面均为山峦阻隔。它适于据守、

[①]《辽史·地理志二》第38卷，中华书局点校本，1974年，第457页。
[②]《明太祖实录》第101卷，洪武八年十月癸丑，台北历史语言研究所校勘本，1962年，第4叶。
[③]《明史·地理志二》第41卷，中华书局点校本，1974年，第952页。

崛兴，不宜于开拓、四达。①《盛京通志》也载："兴京之地，东傍边墙，西接奉天，南界凤凰城，北抵开原，层峦叠拱，众水环洄。"这种偏隅闭塞的地理形势，不能满足天命汗西抚蒙古、南攻明朝的军事政治需要。选择辽阳作为都城，其有利的条件更多。

辽阳所具有的政治、军事、经济、文化价值，已在辽、金、元三朝契丹、女真、蒙古的历史中，得到充分显示。先是，契丹占有辽阳，而据有河北；女真占有辽阳，而灭亡辽朝；蒙古先取辽东，而动摇金朝。元亡明兴，辽东防务，分为四路：东路辽阳、西路锦州、北路开原、中路广宁，一路有警，相互策应。时后金已经占有上述四路中的东路与北路，迁都辽阳，便于进一步谋取中路广宁、进夺西路锦州。而作为明朝辽东首府的辽阳，势踞形胜，地处冲要。《大明一统志》记载辽阳形胜："负山阻河，控制东土。秦筑障塞，以限要荒。临间之西，海阳之北，地实要冲……东北一都会也！"②辽阳不仅具有军事地理价值，而且具有重要经济价值。辽阳"负山面海，水深土衍，草木丰茂，鱼盐饶给"③。

辽阳位于辽河平原与辽东山地结合之部，农耕经济与渔猎经济相邻之地，汉族文化与满洲文化交汇之区。后金奠都辽阳，进宜攻取，退宜御守。《盛京通志》概述辽阳的地理形势与战略地位，略谓："东京之地，以辽阳为屏蔽，以浑河为襟带。北接开原、铁岭，南连海城、盖平，山林蕃薪木之利，沮泽沃水族之饶。我太祖高皇帝创业之初，筑城于此，一以经画宁、锦，一以控制沈、辽。"④后金以辽阳作为都城，既能大汗守边，控扼辽东；又能率骑驰驱，进攻辽西。努尔哈赤

---

① 《兴京县志》讹误甚多，如"（天命）十一年八月庚戍，龙驭上宾，享寿七十，葬福陵"。此段文字讹误有三：其一，"戍"应作"戌"；其二，清太祖享年六十八；其三，应作天聪三年二月葬福陵。又如"崇德八年，（清太宗）驾崩。谥曰文皇，葬昭陵。世宗嗣位，改元顺治，是年入关"。此段文字，疏误有三：其一，应作"文皇帝"；其二，应作"世祖嗣位"；其三，应作顺治元年入关。
② 《大明一统志》第35卷，三秦出版社影印本，1985年，第29叶。
③ 顾祖禹：《读史方舆纪要》第37卷，上海书店出版社影印本，1998年，第28叶。
④ 乾隆《盛京通志》第18卷，乾隆四十九年（1784）纂修，武英殿刻本，第8叶。

明确认识到辽阳的重要价值，占据辽阳，首先决策的一件大事就是迁都辽阳。

后金迁都辽阳，遂筑辽阳新城。努尔哈赤命筑城于辽阳城东五里太子河边，创建宫室，迁居之，名曰东京。① 后金在辽阳太子河东岸建东京新城，其目的有四：一是凭河为障，防明军东扑；二是驻足不稳，另建新城；三是满洲聚居，防汉人反抗；四是旗民分住，防满人汉化。

辽阳原有南、北两城，南城驻辽东都司军政机构，北城住平民百姓。后金官兵及其眷属迁入辽阳后，先是"移辽阳官民于北城，南城诸王臣民居之"。

辽阳的东京城，在今辽宁省辽阳市东京陵街道新城北，离辽阳旧城八里。它东南依韩家碏山，东北傍老大石山，西濒太子河，建在山川之间突起的台地上。台地四周与城垣四周大致相仿。《辽阳州志》记载：东京城在太子河东，离辽阳城八里。天命六年（1621）建。城周围六里零十步，高三丈五尺，东西广二百八十丈，南北袤二百六十二丈五尺。城门八：东门二，一曰抚近，一曰内治；西门二，一曰怀远，一曰外攘；南门二，一曰德胜②，一曰天佑；北门二，一曰福胜，一曰地载。号曰东京。③

东京城的城墙，为砖石包砌，中实土石。环城挖壕，以河护城。城平面呈棱形，八座城门，各有城楼。据实测，城东墙长九百二十四米，南墙长九百七十五米，西墙长九百四十五米，北墙长九百七十米。实测尺寸与《辽阳州志》所载基本符合。城内建有八角殿、汗宫、堂子等。天命七年即天启二年（1622）四月，城未竣工，便匆匆迁入住。

东京城是后金-清朝第一座建在平原、用砖包砌城墙的都城。它在清代都城史上，上承兴京城，下启盛京城，是一座具有重要意义的都城。

---

① 《清太祖高皇帝实录》第8卷，天命七年三月己亥，中华书局影印本，1986年，第17叶。
② 康熙《辽阳州志》卷首《东京城图》：南向东门为"德盛"。康熙《盛京通志》亦作"德盛"。
③ 康熙《辽阳州志·京城志》第1卷，康熙二十年（1681），《辽海丛书》影印本，辽沈书社，1985年，第727叶。

定都沈阳。 努尔哈赤迁都辽阳四年，突然决定迁都沈阳。为此，发生了一场要不要迁都沈阳的辩论。

先是，后金迁都辽阳，发生两次大的争论：第一次是要不要迁都辽阳，第二次是要不要兴建新城。

第一次争论发生在后金刚占领辽阳时。这次关于要不要迁都的争论，努尔哈赤同诸贝勒对话如下。

天命大汗谕曰："天既眷我，授以辽阳。今将移居此城耶，抑仍还我国耶？"

贝勒大臣谏曰："还国！"

天命大汗谕曰："国之所重，在土地、人民。今还师，则辽阳一城，敌且复至，据而固守。周遭百姓，必将逃匿山谷，不复为我有矣！舍已得之疆土而还，后必复烦征讨，非计之得也！且此地，乃明及朝鲜、蒙古接壤要害之区。天既与我，即宜居之。"

贝勒大臣皆曰："善。"①

努尔哈赤从土地、人民、军事、政治、民族、外交等方面，阐述迁都辽阳诸利，并折服贝勒诸臣。《满文老档》记载努尔哈赤迁都的原因，还有经济因素。如赫图阿拉地处山区，离海较远，交通不便，又受明封锁，没有食盐吃。后金贵族的包衣阿哈因没有盐吃，纷纷逃亡。迁到辽阳城住，还可以有盐吃。于是定议迁都，迎后妃、贝勒等到辽阳。无疑，迁都辽阳是努尔哈赤一个勇敢而果断、英明而正确的决策。后金将都城从赫图阿拉迁到了辽阳。

第二次争论发生在后金迁都辽阳之后。这次关于要不要建新城的争论，努尔哈赤同诸贝勒对话如下。

天命大汗谕曰："我国家承天眷佑，遂有辽东之地。但今辽阳城大，年久倾圮。东南有朝鲜，北有蒙古，二国俱未弭帖。若舍此征明，恐贻内顾忧，必更筑坚城，分兵守御，庶得固我根本，乘时征讨也。"

---

① 《清太祖高皇帝实录》第7卷，天命六年三月癸亥，中华书局影印本，1986年，第23叶。

贝勒大臣皆曰："舍见居之城郭、室庐，更为创建，毋乃劳民耶！"

天命大汗谕曰："今既与明构兵，岂能即图安逸？汝等所惜者，一时小劳苦耳！朕所虑者大也。苟惜一时之劳，何以成将来远大之业耶！朕欲令降附之民筑城，而庐舍各自营建。如此虽暂劳，亦永逸已。"

贝勒大臣皆曰："善"。

后金迁都辽阳，时间仅四年，又迁都沈阳。天命十年即天启五年（1625）三月初一日，努尔哈赤决定从辽阳迁都沈阳。

迁都定鼎，社稷大事。历史上每次定都与迁都，总要伴随着激烈的论争。昔刘邦都洛阳或关中，犹疑不能定夺，君臣各有所重。张良曰："夫关中，左殽、函，右陇、蜀，沃野千里，南有巴蜀之饶，北有胡苑之利，阻三面而守，独以一面东制诸侯。诸侯安定，河渭漕挽天下，西给京师；诸侯有变，顺流而下，足以委输。此所谓金城千里，天府之国也。"① 但在庙堂议争都城的问题上，清太祖与汉高祖不同：汉高祖刘邦为臣谏君，清太祖努尔哈赤则为君谕臣。努尔哈赤第二次迁都沈阳，同上次迁都辽阳一样，又发生一场君臣之争。

《清太祖高皇帝实录》记载："帝聚诸王大臣议，欲迁都沈阳。"但是，努尔哈赤的意见遭到诸王贝勒的阻谏。诸王大臣谏曰："迩者筑城东京，宫室既建，而民之庐舍，尚未完善。今复迁移，岁荒食匮，又兴大役，恐烦苦我国！"努尔哈赤不许。他为了说服诸王贝勒，阐述迁都沈阳的理由：

沈阳形胜之地。西征明，由都尔鼻渡辽河，路直且近。北征蒙古，二三日可至。南征朝鲜，可由清河路以进。且于浑河、苏克苏浒河之上流伐木，顺流下，以之治宫室、为薪，不可胜用也。时而出猎，山近兽多。河中水族，亦可捕而取之。朕筹此熟矣，汝等宁不计及耶！②

---

① 《史记·留侯世家》第55卷，点校本二十四史修订本，中华书局，2013年，第2468~2469页。
② 《清太祖高皇帝实录》第9卷，天命十年三月己酉朔，中华书局影印本，1986年，第10~11叶。

努尔哈赤迁都沈阳的《汗谕》，长达九十九字[1]，概述其都城选址沈阳的道理。后金迁都沈阳，可概括为有十利：

其一，地理方面。势踞形胜之地，位于冲要之区，土地肥沃，河水充沛。"左控朝鲜，而右引燕蓟；前襟溟渤，而后负沙漠。"扼全辽东西之枢纽，襟松辽平原之腹地。

其二，历史方面。先前辽设五京，没有沈阳；金设五京，也没有沈阳。元朝东北行政中心，在辽阳；明朝辽东军政中心，也在辽阳。努尔哈赤攻占辽阳后，迁都辽阳，再迁沈阳。从此，沈阳第一次成为都城。努尔哈赤迁都沈阳，使沈阳成为后金-清初的政治中心。

其三，交通方面。上引《汗谕》，共八句话，其中四句，讲了交通：水陆两路，四通八达，利于行军，便于运输。

其四，经济方面。上引《汗谕》，共九十九字，其中四十七字讲经济（占总字数的百分之四十八）：辽河平原，盛产粮棉，物资富饶，河林之利，可渔可猎，适于满洲社会发展渔猎经济。努尔哈赤迁都沈阳，为尔后沈阳成为东北政治、经济、文化、军事、交通中心、特别是对辽河下游的沈海地带经济开发，具有划时代的意义。

其五，民族方面。离其"民族故乡"既不过远，又不过近，在汉族、满洲、蒙古结合地带，北向可达松花江、黑龙江流域地区的诸多民族，如索伦、达呼尔（达斡尔）、虎尔哈、鄂伦春、鄂温克、赫哲、使犬部、使鹿部等。依其军政实力，便于展缩进退，征抚蒙古，北向拓展，更为有利。

其六，民心方面。努尔哈赤在辽阳地区实行许多错误政策，辽阳曾长期为明朝辽东统治中心，"汉人思明"。特别是金、复、海、盖四卫，汉民运用各种形式反抗后金，诸如往井水中投毒、出售毒死猪肉等。后金官兵又"每聚而泣"[2]，甚至"渐思遁矣"！

---

[1] 未计标点符号。
[2]《督师纪略》，转引自《清入关前史料选辑》第3辑，中国人民大学出版社，1991年，第241页。

迁都沈阳，既可以避开辽人反金的中心地带，又可以便于向辽西地区进取。

其七，外交方面，同朝鲜交往，也较方便。

其八，文化方面。汉族为农耕文化，满洲为森林文化，蒙古为草原文化，沈阳处于以上三种文化的交汇地带，有利于汉、蒙古、女真之农耕文化、草原文化、森林文化的交流、融合与发展。

其九，军事方面。其时受到东江总兵毛文龙从海上、辽东总兵马世龙从陆地的军事袭扰，迁都沈阳，比辽阳更为安全。且便于西进，稳固辽东，争雄辽西，绕道蒙古，进攻塞内。

其十，政治方面。"前之进无穷，后之退有限。"①迁都沈阳便于东盟朝鲜，西抚蒙古，北定索伦，阻三面而守，以一面攻明——围攻锦州，进兵宁远，叩打关门，问鼎中原。

但是，诸王大臣仍然拒不同意迁都沈阳。"成大功者，不谋于众。"先是，北魏孝文帝欲从平城（今山西大同）迁都洛阳，群臣怀恋故土，稽颡泣谏。他在谕南迁的原因之后，命"欲迁者左，不欲者右"。但安定王休等相率站在右边，表明不愿迁都。魏太和十七年（493），孝文帝"谋南迁，恐众心恋旧，乃示为大举，因以胁定群情，外名南伐，其实迁（都）也。旧人怀土，多所不愿，内惮南征，无敢言者，于是定都洛阳"②。魏孝文帝施展政治权术，佯称南征，实迁都城。

努尔哈赤则不同，他与贝勒诸臣辩议，并力求说服他们。努尔哈赤虽没有说服他的诸王大臣，但最后断言："吾筹虑已定，故欲迁都，汝等何故不从！"

努尔哈赤不徇众见，决然迁都，乃于天命十年即天启五年（1625）三月初三日，出东京城，驻虎皮驿；初四日，至沈阳。③

---

① 《方舆胜略》，载《日下旧闻考》，北京古籍出版社，1981年。
② 《魏书·李冲传》第53卷，中华书局点校本，1974年，第1183页。
③ 《清太祖高皇帝实录》载天命十年三月"庚午（二十二日），上自东京启行，夜驻虎皮驿。辛未（二十三日），至沈阳"。

这次迁都之议，《满文老档》、《满洲实录》、《清太祖武皇帝实录》和《清太祖高皇帝实录》等，均未在后金《汗谕》之后，书"贝勒诸臣皆曰'善'！"。《满文老档》的记载是：汗给他的父祖坟墓，供祭杭州纺织细绸；又杀牛五头，烧了纸钱。然后从东京出发，夜宿虎皮驿。翌日，未刻，进入沈阳城。①贝勒诸臣，跟随迁徙。可见他是力排众议，断然迁都沈阳的。

努尔哈赤综合考虑了历史与地理、社会与自然、政治与军事、民族与物产、形胜与交通等因素，而作出迁都沈阳之开创性的重大战略决策。迁都沈阳后，经努尔哈赤、皇太极父子两代的开发，沈阳及辽河地区的经济与社会，得到全面迅速的发展。清朝迁都北京后，沈阳成为清朝的陪都。似可以说，近代辽河流域、沈海地带的区域经济开发，清太祖努尔哈赤是其经始者。

沈阳，又称盛京，是一座历史名城。辽、金为沈州治，兴筑土城。元为沈阳路总管府治，因浑河亦称沈水，城在沈水之北，水北为阳，故称沈阳。它是"辽东根本之地，依山负海，其险足恃，地实要冲，东北一都会"②。明为沈阳中卫。洪武二十一年（1388），指挥闵忠因旧土城修筑砖城，城为方形，"周围九里三十步，高二丈五尺。池二重，内阔三丈，深八尺，周围一十里三十步；外阔三丈，深八尺，周围一十一里有奇。城门四：东曰永宁，南曰保安，北曰安定，西曰永昌"③。明中叶以后，沈阳在辽东的地位日趋重要。它襟山环海，地处冲衢，"据险立关，架川成梁，以通行旅，资利涉哉"④。但是，努尔哈赤对沈阳战略地位的认识有一个过程。努尔哈赤占领沈、辽之后，并没有迁都沈阳，而决定迁都辽阳。后金迁都辽阳，翌年夺取广宁，占有河西大片土地。摆在努尔哈赤面前的战略安排是：内固根本，东结朝鲜，西抚蒙古，北稳后方，南进宁远，径叩关门。为此，其都

---

① 《满文老档·太祖》上册，天命十年三月初三日，中华书局译注本，1990年，第626页。
② 雍正《盛京通志》援引《元志》第9卷，雍正十二年（1734）刻本。
③ 毕恭：《辽东志·城池》第2卷，《辽海丛书》影印本，民国二十三年（1934），第4叶。
④ 康熙《盛京通志》第11卷，康熙二十三年（1684）刻本。

城应即由辽阳迁至沈阳。但努尔哈赤囿于辽阳为辽东首府的传统之见，不仅未迁都沈阳，反而营筑东京城，此可谓得失参半：巩固政权，进退兼顾，是为得；巨耗民力，延宕四年，是为失。经过五年的选择，努尔哈赤终于决定将都城由辽阳迁至沈阳。这是后金-清朝历史，是清代都城历史，也是清代东北历史的一个转折点。

沈阳位于辽河平原的腹部，沈水之阳，辽阳、广宁、开原三镇雄踞鼎峙之中。它在松辽平原的南部，"源钟长白，秀结巫间，沧海南回，混同北注"①。沈阳不仅地处形势冲要之区，而且位于民族纷争之地。正如《全辽志》所载，沈阳"左控朝鲜，而右引燕蓟；前襟溟渤，而后负沙漠。"②沈阳在辽东地区的位置，康熙《盛京通志》载述：盛京沧海朝宗，白山拱峙；浑河辽水，绕带西南；黑水混同，襟环东北。控制诸邦，跨驭六合。③控制东北诸族之民，辖驭关外六合之众，这就是沈阳的重要战略地位。

迁都沈阳，是后金-清朝的第二次迁都，沈阳成为后金-清朝的第三个都城。在中国皇朝历史上，都城迁移，屡见不鲜。昔"自契至于成汤八迁，汤始居亳"④。迁都定鼎选址，必择要害之区。汉初刘邦相宅未定，娄敬说刘邦都关中，称："夫与人斗，不搤其亢，拊其肩，未能全其胜也。今陛下入关而都，案秦之故地，此亦搤天下之亢，而拊其背也。"⑤后金迁都沈阳，正是扼明朝辽东之亢而拊其背，阻三面为守，独以一面南制明朝。其时辽东局势，关系明廷全局。毕恭在《辽东志》中引据史典预言："昔人有言：'洛阳之盛衰，天下治乱之候也；园囿之兴废，洛阳治乱之候也。'余于辽亦云：夫辽，必争之地也。天下之治乱候，于辽之盛

---

① 雍正《盛京通志》第1卷，雍正十二年（1734）刻本。
② 毕恭等修：《全辽志》第1卷，《辽海丛书》本，民国二十三年（1934），第498叶。
③ 康熙《盛京通志·形胜》第8卷，康熙二十三年（1684）刻本。
④ 《尚书·夏书·胤征》，宋十三经注疏附校勘记本，中华书局影印本，1980年。
⑤ 《史记·刘敬叔孙通列传》第99卷，中华书局点校本，1959年，第2716页。

衰而知；辽之盛衰候，于夷夏之兴废而知。"①满洲据辽东之形胜，关系明皇朝之盛衰。后金都城的选址，又关系满洲之盛衰。因之，努尔哈赤毅然决定从辽阳迁都沈阳。后皇太极于天聪八年即崇祯七年（1634）四月初六日，称沈阳城满文名"mukden hoton"。"mukden"汉意译为"兴盛"；"hoton"汉意译为"城"。"mukden hoton"的汉意译为"盛京"。皇太极命将沈阳城"称曰天眷盛京"，并命今后"毋得仍袭汉语旧名，俱照我国新定者称之。若不遵新定之名，仍称汉字旧名者，是不奉国法，恣行悖乱者也，察出决不轻恕"。

后金东京的都城文化，表现为满、汉文化既相互排斥，又相互融合。满、汉文化的相互排斥，主要反映于满、汉分城居住。辽阳原有南、北两城，南城周长十六里，为辽东都指挥使司驻地；北城周长十里，居住平民。后金迁都辽阳之初，实行满、汉分南北城居住，还下令对汉人剃发、查粮、迁民、服役。东京城建成后，辽阳旧城居汉民，东京新城则居旗人。这是清朝满、汉分城居住之始。其实，早在辽初，即实行契丹与汉人分城居住。契丹人得辽阳，居住内城，汉人则居住外城，"外城谓之汉城"。②这是少数民族居于统治地位时，其族人居住在以汉人为主体居民的城市的一种文化隔离政策。但两种文化间的交融，是任何城墙都阻隔不了的。这种满、汉分城居住的形式，是在农耕文化圈内，将森林文化与农耕文化隔离，在东京城保持一个森林文化模式。从而在辽沈地区出现尖锐的文化矛盾。

满、汉文化的相互融合，反映于建筑方面，既具有满洲特色，又吸收汉族风格。东京城为半山城，保留女真"依山而居"的旧习，又建在平原；汗宫设在城内突起台地上；其主要殿堂除吸取汉族建筑艺术外，所兴筑的八角殿，又是八旗制度在建筑风格上的反映。八角殿的殿堂内和丹墀上满铺绿色釉砖，则是昔日森林和猎场生活在宫殿建筑色彩艺术上的再现。建堂子以用于萨满祭祀等，均为满洲文化的特色。同时又大量吸纳汉族传统建筑特点——如城郭为汉族方正形，修筑城

---

① 毕恭：《辽东志》第1卷，《辽海丛书》影印本，民国二十三年（1934），第31叶。
②《辽史·地理志二》第38卷，中华书局点校本，1974年，第456页。

墙、敌楼、瓮城、券洞、壕堑；宫、殿分离，使用琉璃构件，饰以栏板、望柱等。东京城门额如德盛、福胜、天佑、地载、抚近、怀远、内治、外攘等，都受汉族儒家文化的影响。而东京城门额内外各嵌满、汉文一幅，则是满、汉文化融合的佳证。

后金东京的都城文化，表现了满、汉文化的二元性——满洲文化与汉族文化、森林文化与农耕文化的冲突与融合。

盛京的都城文化，既表现了森林文化与农耕文化的冲突，又反映了满洲文化与汉族文化的融合。于民族文化冲突：后金军初入辽沈地区，火烧城郭、掠获人畜，滥杀汉人、屠戮儒生，牧放牛马、任吃庄稼，强征粮食、焚毁房屋，强令移民、抛荒耕地，下令剃发、严惩逃人——是牧猎文化与农耕文化冲突的显现。于民族文化融合：盛京建在平原，建方正形城池，八角形大衙门和八旗亭，清宁宫内设萨满祭祀神堂、煮祭（胙）肉大锅、举行萨满祭祀并在院内竖立神杆，建于高台上歇山式三层重檐凤凰楼，大清门、崇政殿既为硬山式，又饰五彩琉璃螭首，殿顶盖黄琉璃瓦、镶绿色剪边，彩绘既有京师皇宫和玺彩画，又有关外三宝珠吉祥草图案，宫内匾额为满、汉合璧书写等——是满洲文化同汉族文化融合的结晶。盛京宫殿既有汉族建筑规制，又有满洲民族特色，成为满、汉文化融合的典型建筑。笃恭殿顶的宝瓶火焰珠、梵文天花、多彩藻井等，则是满、汉、蒙、藏多民族建筑艺术的融合。总之，盛京皇宫是皇太极"参汉酌金"、融会多民族传统艺术的宫殿建筑成果。

清入关前都城，在二十多年间，每次迁徙奠都，都伴随着军事上的节节胜利，激发着政治上的勃勃生机。后金-清初都城迁徙的轨迹，自东而西，由北而南，从山区到平原，经关外到关内，既表现了森林文化与农耕文化的冲突，也反映了满洲文化与汉族文化的融合。后金进入辽沈地区，由八旗满洲，而八旗蒙古，而八旗汉军，它的文化机制，当属满洲渔猎文化为主，兼有蒙古游牧文化、汉族农耕文化。后金两次迁都的历史，展现出满洲、蒙古、汉族的森林、草原、农耕三种文化在都城文化中的冲突、交流、融合和发展。兴京、东京、盛京展现了女真-满洲文化的发展脉络，也是展示中华民族多元文化的绚丽奇葩。

都城是国家或政权的政治中心、文化中心。清入关前的三座都城，是在不同历史、不同地域、不同经济、不同文化背景下依次建成的，它们相互之间，既有承继，又有创新，既有共性，又具特点。后金-清初的政治弈棋，实际分为三步：第一步，统一女真各部，以兴京为其政治中心；第二步，统一东北地区，先以东京继以盛京为其政治中心；第三步，统一整个中国，以北京为其政治中心。

天命汗迁都沈阳后，因时间太短，社会不安定，且矢镞纷飞，而对沈阳的城市建设，既无大举措，也无大成绩。皇太极在沈阳十七年间，沈阳城池宫殿发生巨大变化。天聪八年即崇祯七年（1634）四月初六日，皇太极谕："其沈阳城，称曰天眷盛京。"① 从此，沈阳也称盛京。盛京的城池、宫殿、坛庙、府衙、寺观、兵营、民居，择其大端，简述如下。

城池宫殿。皇太极时期，沈阳城市，变化很大。皇太极兴建盛京皇宫，同时兴建盛京城池。新建的盛京城，比原沈阳中卫城，不仅规模扩大，而且改变原来的单纯军事防御之城，而为天子治居之城。其宫殿、衙署、坛庙、王府，逐渐建成，鳞次栉比。沈阳城原为洪武二十一年（1388）建的中卫城，城为方形，双重城池，砖石城垣，格局较小。明沈阳中卫城的建筑与规模，其内城，周围九里三十步，高二丈五尺，池两重，内阔三丈，深八尺；周围十一里三十步，外阔三丈，深八尺，城门四座。② 并在城墙东南与西北，各辟一门，派兵戍守。由于这四门是两两相对，所以在城内，形成十字街。皇太极随着汗权的巩固与军事的胜利，对沈阳旧城进行改建并拓展。天聪四年即崇祯三年（1630）增修沈阳城北面城墙。先是，沈阳城东、南、西三面，已经修完；至是，增修北面城垣。《满文老档》记载："沈阳城北面未曾修筑，仍系明人所筑者。其余三面，早已修筑。天聪四年四月初六日……

---

① 《清太宗文皇帝实录》第18卷，天聪八年四月辛酉，中华书局影印本，1985年，第9叶。
② 康熙《盛京通志·京城》，康熙二十三年（1684）刻本。

始行修筑。"①

天聪五年即崇祯四年（1631），因旧城，而增拓。后在增拓旧城同时，又"创天坛、太庙，建宫殿，置内阁、六部、都察院、理藩院等衙门，尊文庙，修学宫，设阅武场，而京阙之规模大备"②。又建堂子、实胜寺等。后金在增拓旧城时，对旧城加以改建，将原城四门中的三门拆除，唯北门——镇边门用砖墙封闭堵死，外筑瓮城，以利防守。沈阳城分内外两重，城高由原二丈五尺，增为三丈五尺；将原四座城门，改为八座城门；从而使原十字形街道，变为井字形街道。城上角楼，为木结构，基础为砖石，垛口砌青砖。八门之门额，为砖石雕镌，外书满文，内书汉文③，而不是满文、汉文左右合璧。皇宫在南门内，布局在井字街的中心。外城呈方形井字街，北侧街为一条商业街，俗称"四平街"，街东为钟楼，街西为鼓楼，街长一百七十四丈、宽3.5丈。井字街南侧街今为沈阳路，东西各设一座木制牌楼，东为文德坊，西为武功坊。拓建城池，历时七年，耗资巨大，夫役繁重。盛京新城"其制：内外砖石，高三丈五尺，厚一丈八尺，女墙七尺五寸，周围九里三百三十二步。四面垛口六百五十一、明楼八座、角楼四座。改旧门为八：东向者，左曰抚近，右曰内治；南向者，左曰德盛，右曰天佑；西向者，左曰怀远，右曰外攘；北向者，右曰福胜，左曰地载。池阔十四丈五尺，周围十里二百四步。钟楼一，在福胜门内大街；鼓楼一，在地载门内大街"④。时沈阳流传着一首民谣："有身多做城下土，筑城还家十无五。"反映修筑沈阳城池付出的巨大代价。崇德三年即崇祯十一年（1638）五月，修盛京至辽河道路。清定鼎北京后，对盛京沈阳，以其发祥重地，而尊之为陪都。康熙时再加增拓。康熙十九年（1680），在沈阳八门之外各二华里处，增筑墙垣，外郭八关，各设关门。墙周长三十二里四十八步，

---

① 《满文老档·太宗》下册，中华书局译注本，1990年，第1015～1016页。
② 雍正《盛京通志·京城志》第2卷，雍正十二年（1734）刻本。
③ 杨宾：《柳边纪略》第1卷，《辽海丛书》影印本，辽沈书社，1985年，第2叶。
④ 乾隆《盛京通志·京城志》第18卷，乾隆四十九年（1784）纂修，武英殿刻本，第1叶。

使盛京成为三重城垣。清自康熙增拓盛京城墙后，都城规模，没再扩大。但旧皇宫，发生变化。

城中心为皇宫。城里部署三院、六部、都察院、理藩院等衙门，以及织造库、银库等。先是，天聪三年即崇祯二年（1629）四月，设立文馆，分为两班：达海、刚林、苏开、顾尔马浑、托布戚，翻译汉文书籍；库尔缠、吴巴什、查素喀、胡球、詹霸等，记注朝政。天聪十年即崇祯九年（1636）三月，改文馆为内三院：内国史院、内秘书院、内弘文院。天聪五年即崇祯四年（1631）七月，皇太极接受汉官宁完我等的奏议，仿照明朝，"爰定官制，设立六部"，即吏、户、礼、兵、刑、工六部，分别掌理国家行政事务。六部的官员，每部以贝勒一人掌部事，下设承政、参政、启心郎等，分司其职。其时，六部草创，很不健全。贝勒多在家中处理政务。翌年八月，六部衙门建成①，各部官员，入署办公。又建立都察院。崇德元年即崇祯九年（1636）五月，皇太极在三院六部之外，仿照明制，设置监察机关——都察院。还设立蒙古衙门，后改名为理藩院。清内三院、六部、都察院和理藩院，合称"三院六部二衙门"，是在后金原有体制机构的基础上，参酌明制、加以损益，而建立比较完整的国家机构。这些皇家机构，在盛京兴建相应的办事官署。

城中居民，满、汉分城居住。早在辽初，即实行契丹与汉人分城居住。女真也有类似现象。努尔哈赤在建州时期，"北门外则铁匠居之，专治铠甲；南门外则弓人、箭人居之，专造弧矢"②。这种分区居住，虽有经济因素，却因工匠多为汉人、朝鲜人而亦有民族因素。后金迁都辽阳，"移辽阳官民于北城，其南城则帝与诸王臣军民居之"③。这是清朝满、汉分城居住，有明确文献记载之始。努尔哈赤又命"遂筑城于辽阳城东五里太子河边，创建宫室，迁居之"④。于是，汉人

---

① 《清太宗文皇帝实录》第12卷，天聪六年八月癸酉，中华书局影印本，1985年，第14叶。
② 程开祜：《筹辽硕画·东夷奴尔哈赤考》卷首，明万历刻本，第2叶。
③ 《清太祖武皇帝实录》第3卷，原清宫内府藏，台湾广文书局影印本，1970年，第40～41叶。
④ 《清太祖高皇帝实录》第8卷，天命七年三月己亥，中华书局影印本，1986年，第17叶。

居住在辽阳老城，满人则居住在东京新城。后金迁都沈阳后，城中居民，旗民分居。旗人住城里，汉人居城外。后迁都北京，仍然实行旗民分城居住的政策。今存《盛京城阙图》是一件珍贵的盛京图文档案。

《盛京城阙图》，绢本，设色，墨线勾绘，黄绫裱边，以满文或满、汉两体文字标示各种建筑。全图纵一百二十八厘米，横一百一十厘米，约绘于康熙初年。图中描绘有：略呈方形城池，八座城门及其城楼，四座角楼，井字形街道，汗宫，皇宫，衙门及王府等。图内展示清初内三院、六部衙门，均用满文标记。六部衙门建筑规模与形制完全一式，即大门三间，大堂五间。图中的吏部、户部、礼部，在德盛门内街路东，由北而南排列；兵部、刑部、工部，在天佑门内街路西，由北而南排列。内院衙门在皇宫崇政殿前东侧，有一座西向三间的小厢房，满语标记为"多里吉衙门"，汉文意译为"内院"。图中所绘内院，位于崇政殿前东侧，为三间厢房，应是崇德年间的面貌。都察院设于天聪六年即崇祯五年（1632），图中位于武功坊之南面偏东，由满、汉两种文字合璧标记；理藩院在文德坊之南面偏西，也由满、汉两种文字合璧标记。都察院与理藩院的建筑格局，与六部衙门相同，虽其规模小于三院六部，却较都察院、理藩院的位置更靠近皇宫。图上还绘记"织造库""银库"等建筑的位置。

城内王府，图中所绘，文献记载，城图描绘，基本吻合，分述如下。

在《盛京城阙图》中，标示出十一座王府。按图中满文标记的汉语音译为：劳奥亲王（礼亲王代善）府、巴图鲁郡王（武英郡王阿济格）府、墨尔根亲王（睿亲王多尔衮）府、额尔克楚亲王（豫亲王多铎）府、兀真亲王（郑亲王济尔哈朗）府、苏勒亲王（颖亲王萨哈廉）府、巴颜郡王（饶余郡王阿巴泰）府、发奋亲王（肃亲王豪格）府、木特布勒亲王（成亲王岳托）府、京琨亲王（敬谨亲王尼堪）府、陶夫亲王（庄亲王硕塞）府。这十一座王府中，除陶夫亲王（庄亲王）府为一进院落、规模较小外，其他王府均为二进院落。这些王府的第一进院落，前为府门三楹，府门内为正殿五楹，东西配殿各三楹（其中兀真亲王府正殿前无东西配殿）；第二进院落，正面是寝殿五楹，东西配殿各三楹。上述王府建筑，均为硬山式，前后有廊。上述十一座王府，属于"世袭罔替"者有八位亲王、郡王，即和硕礼亲王代善、和硕郑亲王济尔哈朗、和硕睿亲王多尔衮、和硕豫亲王多铎、和硕肃亲王豪格、裕亲王（庄亲王）硕塞、克勤郡王岳讬、顺承郡王萨哈廉。他们是在皇太极改元、称帝时册封的。岳讬为和硕成亲王、阿济格为多罗武英郡王、杜度为多罗安平贝勒、阿巴泰为多罗饶余贝勒。①他们都是在顺治元年（1644）以前受册封，因而在盛京均有府第。

诸王府第，其建筑规制，崇德年间定："亲王府，台基高一丈。正房一座，厢房二座。内门盖于台基之外，绿瓦朱漆。两层楼一座，并其余房屋及门，俱在平地盖造。楼房大门，用平常筒瓦，其余用板瓦。郡王府，台基高八尺。正房一座，厢房二座。内门盖于台基上。两层楼一座。正房及内门，用绿瓦。两厢房，用平常筒瓦，俱朱漆。余俱与亲王同。"②

这十一座亲王、郡王府第是：

(1) 礼亲王代善府。代善为努尔哈赤次子，位列四大和硕贝勒之首。崇德元年（1636），封为和硕礼亲王③。王府位于皇宫笃恭殿之东，并与之为邻。

(2) 睿亲王多尔衮府。多尔衮是努尔哈赤第十四子，初封为贝勒。天聪初，因征察哈尔功，被赐号为墨尔根戴青。崇德元年即崇祯九年（1636），进为睿亲王，又称墨尔根亲王。王府坐落于沈阳城钟楼西路北。皇太极病逝后，在皇位争夺中，赞成拥立福临（顺治帝）继位，与济尔哈朗同为辅政王，寻称摄政王。睿亲王多尔衮率领清军入关，定鼎北京。顺治七年（1650）十二月，病死于喀喇城。明年二月，定多尔衮罪，削尊号、撤享庙、黜宗室、籍财产。后于乾隆三十八年（1773），

---

① 《清太宗文皇帝实录》第28卷，天聪十年四月丁酉，中华书局影印本，1985年，第35～36叶。
② 《八旗通志·初集》第23卷，东北师范大学出版社，1985年，第429～430页。
③ 《清史稿·代善传》第216卷，中华书局标点本，1977年，第8976页。

予以昭雪，复还睿亲王封号，配享太庙，其世爵世袭罔替。① 多尔衮的王府可能在此期间被拆除或作他用。《盛京城阙图》中所示王府图绘，反映的是顺治八年（1651）前的面貌。

（3）武英郡王阿济格府。阿济格是努尔哈赤第十二子，多尔衮胞兄。天命年间，初授台吉，后进贝勒。作战骁勇，屡立战功。崇德元年（1636），进为武英郡王。王府位于沈阳城钟楼西路北，睿亲王多尔衮府东邻。顺治元年（1644），进为英亲王。顺治七年（1650）十二月，多尔衮死。后被削爵，罢谥号。翌年十月，阿济格被削爵、幽禁、赐死。康熙十一年（1672），该王府被拆除。

（4）豫亲王多铎府。多铎是努尔哈赤第十五子，与阿济格、多尔衮为同胞。府邸位于清太祖居住的汗宫之西偏南。这是一座平面呈长方形、两进式院落。整个府第，南北长约三十五米，东西宽约十八米。② 上述阿济格、多尔衮、多铎，同为大妃乌拉那拉氏所生。大妃乌拉那拉氏，深得努尔哈赤宠爱。此三座王府，距汗宫最近。其亲密关系，可作一物证。

（5）饶余郡王阿巴泰府。阿巴泰是努尔哈赤第七子，母为侧妃伊尔根觉罗氏，初授台吉。崇德元年（1636），进为饶余贝勒。顺治元年（1644），进郡王。府邸位于西华门之西路北。顺治三年（1646），阿巴泰死。

（6）肃亲王豪格府。豪格是清太宗皇太极长子，天命朝为贝勒。天聪六年（1632），进和硕贝勒。崇德元年（1636），进肃亲王。府第位于饶余郡王阿巴泰府东邻。因皇太极死后汗位继承之争，豪格为多尔衮之政敌。顺治三年（1646），豪格率军西征，入四川，抵西充，"豪格亲射献忠，殪"③。五年（1648）二月，豪格师还，下狱，寻死。肃亲王豪格府与饶余郡王阿巴泰府，都临近皇宫大内，与大清门、三官庙，同处一线。

---

① 《清史稿·睿忠亲王多尔衮传》第218卷，中华书局标点本，1976年，第9032页。
② 今为沈阳市消防研究所招待所院址。
③ 《清史稿·豪格传》219卷，中华书局标点本，1977年，第9046页。

(7) 郑亲王济尔哈朗府。济尔哈朗是努尔哈赤胞弟舒尔哈齐第六子，自幼受努尔哈赤养于宫中，后封为和硕贝勒。崇德元年（1636）四月，封和硕郑亲王。府邸位于天佑门内大街路西。

(8) 颖亲王萨哈廉府。萨哈廉是礼亲王代善第三子，初授台吉，后进贝勒。皇太极与萨哈廉关系至切。崇德帝曰："群子弟中，整理治道，启我所不及，助我所不能，惟尔之赖。"崇德元年（1636）五月，萨哈廉病死，皇太极为之震悼，哭临四次，不御饮食，辍朝三日，追封其为颖亲王。《清太宗实录》记载了一个故事：一日，皇太极御翔凤楼，偶寝，梦偕皇后东行，俄而至一殿。上与礼亲王代善，及侄颖亲王萨哈廉偕坐。上默念颖亲王已故，何为在此？遂避还盛京。路遇仪仗，左右排列，忽有人自后至，请曰："颖亲王乞圣上赐牛一。"皇太极许之。驾行不数武，忽硕讬又自后至，奏曰："颖亲王令臣，求皇上赐牛。"皇太极曰："已与之矣！"及觉，上以所梦，问内院大臣希福、刚林、詹霸、胡球。众奏曰："此皇上悼念之切所致耳！"皇太极曰："不然，朕未尝思之，当别有故也。"于是，希福等检阅《会典》，凡亲王薨，初祭，赐一牛。希福等甚异之。颖亲王初祭时，未曾用牛，因以奏闻。皇太极因命礼部，备牛致祭。①颖亲王府位于抚近门内街路北，与礼亲王府邻近。

(9) 成亲王岳讬府。岳讬是礼亲王代善长子，初授台吉，后进贝勒。崇德元年（1636）四月，封为成亲王。四年（1639），同多尔衮统大军，陷济南府，死于军。岳讬死前降为贝勒，死后诏封为克勤郡王。府邸位于东华门外，吏部衙门路北。

(10) 敬谨亲王尼堪府。尼堪是努尔哈赤长子褚英第三子。崇德元年（1636），封为贝子。顺治元年（1644），进贝勒。五年（1648），进敬谨郡王。翌年，晋亲王。九年（1652），死于军中。府邸位于抚近门内街南。从史料记载看，这座王府建造时间最晚。此处当为尼堪未入关时居住之所，由于尼堪的册封，后名为敬谨亲王府。

①《清太宗文皇帝实录》第30卷，崇德元年六月己卯，中华书局影印本，1985年，第5叶。

（11）庄亲王博果铎府。博果铎是皇太极第五子承泽裕亲王硕塞第一子。① 府第位于大内宫阙之西，在崇政殿西侧宫墙之外。其建筑规模，小于其他王府。因为建府时，硕塞尚未封为亲王。顺治十一年（1654）硕塞死去，其子博果铎只有六岁袭爵，改裕亲王号为庄亲王。

后《沈故》记述以上王府当时的地址为："今礼邸在灰市，睿邸在木行西边，豫邸在木行东边，肃邸在西华门西，庄邸在龙王庙后，郑邸在小南门里，克勤郡邸在将军署后，顺承郡邸在庄邸北大红袍。"② 上述十一座王府，今仅存豫亲王多铎府第遗迹一处。

坛庙寺观。沈阳成为后金-清初都城，大肆兴工坛庙寺观等建筑。

钟鼓楼。先是，汉军正白旗牛录章京刘学诚③，奏议设通政司，建钟鼓楼："宜设立通政司于朝门外，东设鼓，西设钟，晓谕人民。有愿自效者，击鼓三；负冤者，撞钟三。通政司官随即奏闻。"④ 皇太极以"兵兴未暇"而暂缓之。崇德改元，议铸大钟，城中传言："将以童子，合铁铸钟。"于是，"民家各匿其子，闭户不令出"⑤。此闻平息后，始建钟鼓楼。钟鼓楼在石砌高台上建楼，歇山重檐，上有垛口，下有券门。钟楼在福胜门内大街与四平街相交岔路口处，鼓楼在地载门内大街与四平街相交叉处。

坛庙。在德盛门外南五里，建天坛；在内治门外东三里，建地坛。初在抚近门外建太庙，乾隆四十三年（1778），"移建太庙于大清门之东（即景佑宫旧址）"⑥。并在城东内治门外，建祭神祭天之所的亭式殿——堂子。

四寺四塔。据《盛京通志》记载，皇太极命在沈阳东、西、南、北四门外，

---

① 《清史稿·诸王传》中，除博果铎为庄亲王外，舒尔哈齐亦被追封为庄亲王。
② 杨伯馨：《沈故》第4卷，《辽海丛书》影印本，辽沈书社，1985年，第4叶。
③ "诚"，《天聪朝臣工奏议》卷上、卷中、卷下三疏均作"成"。
④ 《清太宗文皇帝实录》第21卷，天聪八年十二月甲辰，中华书局影印本，1985年，第17叶。
⑤ 《清太宗文皇帝实录》第29卷，崇德元年五月乙卯，中华书局影印本，1985年，第4叶。
⑥ 乾隆《盛京通志》第19卷，乾隆四十九年（1784）纂修，武英殿刻本，第5叶。

各建寺庙一座：北方，在地载门外五里处，建法轮寺；东方，在抚近门外五里处，建永光寺——规模宏大，建筑雄伟。史载其有大殿五间，碑亭两座，天王殿三楹，钟、鼓楼各一座，山门三楹，寺东建宝塔一座，禅房、僧房二十四间。南方，在德盛门外五里处，建广慈寺；西方，在外攘门外五里处，建延寿寺。既建四寺，又建四塔。崇德八年即崇祯十六年（1643）动工，顺治二年（1645）竣工。《敕建护国法轮寺碑记》载述："盛京四面，各建庄严宝寺。每寺大佛一尊，左右佛二尊，菩萨八尊，天王四位，浮图一座。东为慧灯朗照，名曰永光寺；南为普安众庶，名曰广慈寺；西为虔祝圣寿，名曰延寿寺；北为流通正法，名曰法轮寺。各立穹碑，永垂来祀。"每寺建白塔一座，均为藏式喇嘛塔。① 皇太极敕建四座喇嘛寺塔，因其病重，祈祷佛佑②。盛京寺庙中当时最为重要、最具影响的是实胜寺。

实胜寺。全名莲华净土实胜寺，简称实胜寺，俗称皇寺或黄寺，在盛京城西五里许。③ 实胜寺是一座规模宏大、建筑伟丽的喇嘛寺庙。《清太宗文皇帝实录》对其作了详细记载："壬寅（十二日），实胜寺工成。先是，上征察哈尔国时，察哈尔汗惧，出奔图白忒部落，至打草滩而卒。其国人咸来归顺，有墨尔根喇嘛，载古帕斯八喇嘛，所供嘛哈噶喇佛至。上命于盛京城西三里外，建寺供之。至是告成，赐名实胜寺。铸钟，重千斤，悬于寺内。东西建石碑二：东一碑，前镌满洲字，后镌汉字；西一碑，前镌蒙古字，后镌图白忒字。"碑文由国史院大学士刚林撰满文、学士罗绣锦译汉文、弘文院大学士希福译蒙古文、道木藏古式译图白忒文，笔帖式赫德书写。

《莲华净土实胜寺》碑文如下：

幽谷无私，有至斯响。洪钟虚受，无来不应。而况于法身圆对，规

---

① 今东塔永光寺、南塔广慈寺塔犹存而寺已毁；西塔延寿寺塔寺均毁；北塔法轮寺塔寺均存。
② 王明琦：《辽海文物考辨》，辽宁大学出版社，2000年，第43页。
③ 实胜寺位于今沈阳市和平区南京街，崇德元年（1636）七月兴工，三年（1638）八月工成。

矩冥立，一音称物，宫商潜运。故如来利见迦维，托生王室。凭五衍之轼，拯溺逝川；开八正之门，大庇交衷。于是，元关幽键，感而遂通；遥源浚波，酌而不竭。既而方广东被，教肆南移。周、鲁二庄，同昭夜景之鉴；汉、晋两明，并勒丹青之饰。自兹遗文间出，列刹相望，其来盖亦远矣。至大元世祖时，有喇嘛帕斯八，用千金铸护法嘛哈噶喇，奉祀于五台山。后请移于沙漠。又有喇嘛沙尔巴胡土克图，复移于大元裔察哈尔林丹汗国，祀之。我大清国宽温仁圣皇帝，征破其国，人民咸归。时有喇嘛墨尔根，载佛像而来。上闻之，乃命众喇嘛往迎，以礼异至盛京西郊。因曰："有护法，不可无大圣，犹之乎有大圣，不可无护法也。"乃命工部，卜地建寺于城西三里许。构大殿五楹，装塑西方佛像三尊，左右列阿难、迦叶、无量寿、莲华生、八大菩萨、十八罗汉，绘四怛的喇佛城于棚厂，又陈设尊胜塔、菩萨塔，供佛金华严世界。具上嵌东珠。又有须弥山七宝八物，及金壶、金钟、金银器皿俱全。东西庑，各三楹。东藏如来一百八龛托生画像，并诸品经卷；西供嘛哈噶喇。前天王殿三楹，外山门三楹。至于僧寮、禅宝、厨舍、钟鼓、音乐之类，悉为之备。营于崇德元年丙子岁孟秋，至崇德三年戊寅岁告成。名曰莲华净土实胜寺。殿宇弘丽，塑像巍峨，层轩延袤，永奉神居。岂惟寒暑调，雨旸若，受一时之福利，将世弥积而功宣，身逾远而名劭，行将垂示于无穷矣。大清崇德三年戊寅秋八月吉旦立。国史院大学士刚林撰满文、学士罗绣锦译汉文、弘文院大学士希福译蒙古文、道木藏古式译图白忒文，笔帖式赫德书。①

实胜寺主要供奉嘛哈噶喇金佛，又称玛哈噶拉佛。此嘛哈噶喇金佛，先在元代供奉于五台山，后移奉于沙漠，再移奉于察哈尔林丹汗国。林丹汗身死、部破，

---

① 《清太宗文皇帝实录》第43卷，崇德三年八月壬寅，中华书局影印本，1985年，第8~10叶。

大喇嘛墨尔根载嘛哈噶喇金佛像到盛京①，因敕建实胜寺以崇祀之。寺院坐南朝北，占地约七千平方米。主要建筑有大殿，面阔五间，进深三间，单檐歇山，周围出廊。东为钟楼，西为鼓楼，中有天王殿。天王殿两侧，各有碑亭一座，竖碑两通，镌刻满、汉、蒙、藏四体文字。大殿西侧建有嘛哈噶喇佛楼，重檐歇山，四周围廊，正方形楼基，黄琉璃瓦顶，其内供奉征服蒙古所得嘛哈噶喇金佛。嘛哈噶喇金佛受到西藏、蒙古、满洲的尊祀。②

实胜寺落成，举行隆重典礼。皇太极率内外诸王、贝勒、贝子、文武众官，出怀远门，幸实胜寺。皇太极将至，喇嘛及僧作乐，引崇德帝，至佛位前。皇太极率众行三跪九叩头礼。典礼毕，皇太极御仪门外，设宴，宴毕。恭顺王孔有德、怀顺王耿仲明、智顺王尚可喜，及朝鲜国王二子，并外藩蒙古土谢图亲王巴达礼，卓礼克图亲王吴克善，扎萨克图郡王布塔齐及其子海赖，冰图王孔果尔，扎鲁特部落内齐、桑噶尔，四子部落巴拜，翁牛特部落达尔汉戴青，巴林部落满珠习礼，吴喇忒部落杜巴，喀喇沁部落查萨衮杜棱、万旦、塞冷，土默特部落查萨衮达尔汉、俄木布楚虎尔，乌朱穆秦部落多尔济塞臣济农，席勒图绰尔济喇嘛，古门绰尔济喇嘛，护卫桑噶尔寨、都喇尔达尔汉等，各献驼、马、银两、缎匹、貂皮、纸张等物，以为施助，皇太极俱命寺僧收掌之。皇太极又发帑银一千六百、蟒缎三、缎五、貂裘一、玲珑鞍辔一，凡在事人役，皆依次赏之。

皇太极对实胜寺十分重视。崇德四年即崇祯十二年（1639）正月初三日，皇太极率诸王、贝勒、贝子、公等，到实胜寺礼佛。并令到盛京朝觐的蒙古厄鲁特部落使臣格隆寨桑、厄尔格布什等，到实胜寺入观。③崇德五年即崇祯十三年（1640）正月初六日，皇太极又率和硕亲王以下，梅勒章京以上，到实胜寺礼佛。④以上两例，

---

① 林丹汗视传国之玺、嘛哈噶喇金佛和《甘珠尔》金经为三大法宝。
② 实胜寺建筑，今保存完整，但金佛已被盗。
③《清太宗文皇帝实录》第45卷，崇德四年正月辛酉，中华书局影印本，1985年，第2叶。
④《清太宗文皇帝实录》第50卷，崇德五年正月戊午，中华书局影印本，1985年，第8叶。

充分说明，皇太极对实胜寺、对喇嘛教、对嘛哈噶喇佛的尊礼。

此外，还有慈恩寺、清真南寺等。慈恩寺建于天聪二年即崇祯元年（1628），在德盛门外，现寺庙尚存。寺院东西向，分南北中三路，中路山门，门两侧有钟、鼓楼。中路有天王殿，面阔三间，硬山灰瓦。再向西为大雄宝殿，面阔五间，进深三间，硬山灰瓦。另外还有比丘坛、藏经楼等。南路为退居寮、厨房、司房、斋堂、禅堂、法师寮等。北路有养静寮、客堂、念佛堂、方丈室、十方堂、库房等。顺治、道光年间，两次扩建和重修。全寺现有房屋一百三十五间，建筑面积三千平方米。清真南寺在外攘门外小西路，是一座规模较大的伊斯兰教礼拜寺。寺坐西朝东，占地六千平方米。据《铁氏宗谱》记载："先祖铁魁，清初有功，官拜骑督尉，封显将军、光禄大夫，热心教门事业，门庭显赫，施舍家资，而建南清真寺于小西关回民聚居区内，扩大寺址，始具规模。"

皇太极在盛京增拓城池，修建宫殿，兴筑官署，建设王府，修建坛庙，兴建学宫，设阅武场，于是"京阙之规模大备"。[①] 后金-清初的都城盛京，规制宏伟，雉堞巍峨，宫殿壮丽，布局严整，这不仅是满洲史上一项辉煌的文化财富，而且是中国都城史上一篇瑰丽的艺术杰作。经过努尔哈赤、皇太极父子两代的经营，建成一座历史与文物瑰宝——盛京皇宫。努尔哈赤迁都沈阳，奠下沈阳作为中国东北政治、经济、军事、文化、交通中心之大都会的基础。但是，盛京作为后金-清初都城二十年，因顺治帝迁鼎北京，而尊为留都。清朝由盛京移鼎北京，是清初的第三次迁都，也是清朝最后一次迁都。从此，清朝定都北京，至宣统帝退位，长达二百六十八年。

清顺治元年（1644）七月初八日，福临以自己底定中原、迁都北京，告祭盛京太庙、福陵和大行皇帝。八月二十日，顺治帝于盛京启驾，次月抵北京。从此盛京皇宫便成为"陪都宫殿""盛京旧宫"。

---

① 雍正《盛京通志·京城志》第2卷，雍正十二年（1734）刻本。

二 盛京宫殿

盛京宫殿作为清初三帝的治居之所，共有二十年。盛京宫殿的建筑，经历天命、天聪、崇德三个时期，清入关后又多次加以修缮、改建，使之成为中国宫殿艺术的杰作。

天命汗宫殿 天命汗努尔哈赤初到沈阳，宫殿坛庙，尚未兴筑。努尔哈赤住在临时行宫，即明人记载"自筑宫于沈阳瓮城"。① 据《盛京城阙图》所绘，图中的一座四合院，即为"太祖居住之宫"。② 它位于原明沈阳中卫城的北门——镇边门之南，是一座二进四合庭院。天命汗在治居之所汗宫，处理军政事务，日常生活起居。努尔哈赤迁此汗宫，居住一年零五个月后死去。③

在《盛京城阙图》上正北端，即福胜门（大北门）至地载门（小北门）之间偏南，也是原明城北门（镇边门）之西南处，明确标示"汗宫"即"太祖居住之宫"。这是一座平面呈长方形的两进式院落。从绘图面积看，汗宫大于其他十一

---

① 茅元仪：《督师纪略》第14卷，抄本，中国国家图书馆善本部藏。
② 《盛京城阙图》（满文），中国第一历史档案馆藏。
③ 《盛京城阙图·汗宫》，载《清史图典》第1册，紫禁城出版社，2002年，第148页。

座王府。天命汗宫门朝南。第一进院落无对称建筑，第二进院落的建筑是启建于高台之上，正面一座三间正殿，殿顶黄绿琉璃瓦，东西各有三间配殿一座。据载，"汗宫"草创于努尔哈赤迁都沈阳之前的天命九年（1624），是由海州（今辽宁海城市）黄瓦窑侯振举及其所属工匠等而建。①《盛京城阙图》所绘"太祖居住之宫"，解决了长期存疑的努尔哈赤迁都沈阳后的治居之所问题。此与明人茅元仪所著《督师纪略》中努尔哈赤"自筑宫于沈阳瓮城"的记载相合。

《盛京城阙图》既与文献记载相符，也与考古发掘相合。2012 年 5 月至 8 月，沈阳市文物考古研究所对《盛京城阙图》所绘遗址进行考古发掘。"太祖居住之宫"即"汗王宫"遗址坐北朝南，由宫门与宫墙、前院、高台基址三部分组成。整个遗址从北宫墙至南宫墙，南北通长 41.5 米，东西因破坏严重，未发现宫墙，长度不详。其建筑基址与康熙初年所绘的《盛京城阙图》中的"太祖居住之宫"、茅元仪"自筑宫于沈阳瓮城"的记载相吻合。遗址前院废弃堆积中出土的遗物有，两枚满文"天命通宝"铜钱、大量的琉璃建筑构件，还有板瓦、筒瓦、滴水、押带条、脊砖等。瓦当、滴水等，其脊砖上的纹饰多为莲花纹，押带条多见联珠乳钉纹和花瓣纹。琉璃建筑构件多施绿釉或蓝釉，少数为黄釉。该建筑遗址的年代，根据地层、叠压打破关系及出土遗物，可确定为始建于明代末年，至迟在清代中期已被废弃。其地理位置、建筑规模与布局及琉璃瓦的装饰风格，都与《盛京城阙图》中所绘"太祖居住之宫"相吻合。这次考古发现，从考古学上确认，"汗王宫"的位置、布局与形制提供了实证。②

笃恭殿及列署亭殿 笃恭殿又称大殿、大衙门、大政殿，其所列署亭殿又称八旗亭，俗称十王亭。先是，天命汗努尔哈赤临朝与典礼之殿堂，为大衙门及列

---

① 《侯氏宗谱》，紫禁城出版社，1987 年，第 28 页。
② 《沈阳城市考古重大发现：清太祖努尔哈赤的"汗王宫"露真相》，《中国文物报》2013 年 3 月 27 日第 4 版。

署亭殿，后称其为笃恭殿与八旗亭，又称为大政殿和十王亭。[1]笃恭殿始建于天命十年即天启五年（1625），是盛京皇宫继天命汗宫后最早的重要殿堂建筑。[2]笃恭殿，始称大衙门，满文体为"amba yamun"。"amba"汉意译为"大"，"yamun"汉音译为"衙门"，意译为"衙署"或"殿堂"。当时或称"大衙门"，或称"大殿"。后满文称"amba dasan yamun"，"amba"汉意译为"大"，"dasan"汉意译为"政"，"yamun"汉意译为"殿"，所以"amba dasan yamun"，汉意译为"大政殿"。殿位置在井字街南北中心偏东方位（今为沈阳故宫东路）。[3]大衙门是天命汗御殿议政、举行大典、颁发谕旨、发布军令的殿堂。大殿建在距地1.5米的高台之上，台基用青砖垒砌，外镶石条，平面图形，呈八角形。台基的周围，栏板与望柱，石质优良，雕刻精美。在砖石须弥座上，兴筑殿宇。大殿为木结构的八角重檐攒尖式建筑。大木架结构，榫卯相接，不施铁钉，巧妙组合。殿体八面，周围出廊。其殿体的八面，由隔扇门组成，共二十四扇，可以启闭。每一扇门，下部为木质雕花裙板，上部为"斧头眼"式窗棂。殿顶与殿身之间，用立柱支撑，内外排柱，共四十根。殿身高大挺拔，庄重疏朗秀美。正门前两侧，立大红木柱，金龙盘绕，翘首飓爪，火焰升腾，黄鳞生辉，露齿吐信，造型逼真，静中似动，活灵活现。重檐之下，斗栱交错，相互扣叠，层次分明。每根柱头，都作巧饰。殿顶满铺黄琉璃瓦，镶绿色剪边。正中的宝瓶火焰珠，形状奇异，色彩斑斓。宝顶正中，镶八条铁链，伸向八条彩脊，越发增添光辉。每条彩脊上，有蒙古力士，戴黄帽，着绿袍，腰系丝绦，足蹬皂靴，显示蒙古的艺术特色。彩脊末端，八角顶檐，装饰着獬豸、麒麟等瑞兽琉璃构件。殿内顶棚，中为藻井，有木雕垂莲，也有梵文天花，还有福、禄、喜等汉字。笃恭殿的建筑艺术，如八角形、

---

[1] 昭梿：《啸亭杂录》第2卷，上海鸿章书局石印本，第21页。
[2] 笃恭殿始建时间，有三种说法：一是《盛京通志》记载建于崇德二年；二是认为建于天聪初年；三是认为建于天命后期。
[3] 支运亭主编：《清宫大政殿》，辽宁科学技术出版社，1996年，第11页。

盘龙柱、彩画、枕头等，不仅具有满洲文化的色彩，而且融合汉族、藏族、蒙古族文化的特征。笃恭殿建筑，气宇轩昂，造型别致，雄伟多姿，光彩绚丽，是多民族文化的艺术精品。

大殿即大衙门，天聪十年（1636）四月十三日，定名为"笃恭殿"①。是皇太极举行重大军政活动的殿堂。皇帝登极、颁布谕旨、宣布军令、凯旋大典、重大礼仪、盛大国宴等重要的仪式，常在此举行。下举数例。

例一，登极大典。崇德八年即崇祯十六年（1643）八月二十六日，福临继承皇位登极大典，是在笃恭殿举行的。史载："丁亥（二十六日），上即皇帝位。是日，内外诸王、贝勒，率文武群臣，集笃恭殿前。上出宫时寒甚，侍臣进貂裘。上视裘，却弗御。时上甫六龄，将升辇，乳媪欲同坐。上曰：'此非汝所宜乘。'不许，上升辇，由东掖门出，诸王贝勒、文武群臣跪迎。上御殿，顾谓侍臣曰：'诸伯叔兄朝贺，宜答礼乎，宜坐受乎？'侍臣对曰：'不宜答礼。'于是和硕郑亲王济尔哈朗、和硕睿亲王多尔衮，率内外诸王、贝勒、贝子、公、文武群臣，行三跪九叩头礼，毕"②。

例二，正旦朝贺。先是，天聪元年（1627）正月旦日，皇太极御大衙门，受诸王大臣朝贺。③至是，崇德五年（1640）、六年（1641）正月旦日，皇太极御笃恭殿，行贺礼，赐大宴。

例三，庆贺大捷。崇德七年即崇祯十五年（1642）七月初八日，皇太极以克取明锦州、松山、杏山、塔山四城，并击败明洪承畴十三万援军，在笃恭殿前举行庆贺典礼，并赐大宴，八门击鼓。

例四，重大政事。焚毁明廷敕书："辛亥（二十五日），先是，满洲接近之哈达、叶赫、乌喇、辉发、蒙古诸国，俱受明国敕书。至是，上以诸国归附，教令统一，明国敕书，不得存留。令大学士希福、范文程、刚林，学士罗硕、胡球、额色黑

---

① 《清太宗文皇帝实录》第28卷，天聪十年四月丁亥，中华书局影印本，1985年，第29叶。
② 《清世祖章皇帝实录》第1卷，崇德八年八月丁亥，中华书局影印本，1985年，第12叶。
③ 《满文老档·天聪》第Ⅳ册，天聪元年正月初一日，东洋文库译注本，1959年，第1页。

等悉收之，焚于笃恭殿前。"[1]

例五，婚嫁大礼。崇德四年即崇祯十二年（1639）十月，皇太极万寿节（生日），"赐大宴于笃恭殿"。崇德六年即崇祯十四年（1641）二月十六日，皇太极七公主下嫁大礼，也在笃恭殿前举行。笃恭殿在崇德五年即崇祯十三年（1640）四月进行大修："修笃恭殿，兴工。以阿山、金玉和董其事。"[2]有关笃恭殿的礼仪，日渐规范，更加庄重。《清太宗文皇帝实录》崇德七年即崇祯十五年（1642）九月初一日记载："先是，上御笃恭殿，王以下及众官，皆列班侍立。至是，礼部多罗郡王阿达礼，奏请更定仪制：嗣后上御笃恭殿，及出赐宴，和硕亲王以下及众官等，恭候驾过，皆跪，上升阶，众官方起。及上还清宁宫，亦如之。"[3]等级礼制，愈加严格。"笃恭殿"一词，在《清太宗文皇帝实录》（汉文本）中，共出现十四次。在笃恭殿的殿亭区，除大殿之外，还有十座亭式殿——"大内宫阙之东，殿制八隅，列署左右十"[4]。

八旗亭[5]，是八旗左右翼王与八旗诸王、固山额真，会议军政大事、举行重大礼仪之亭式殿。八旗亭位于笃恭殿南向东、西两侧，两翼呈"八"字形排列，每侧五座亭式殿，共十座亭式殿。因其殿为亭式，共有十座，所以又称十王亭。早在赫图阿拉时期，就在汗殿之前，经常召开八旗首领会议。"殿之两侧，搭八幄。八旗之诸贝勒大臣，于八处坐"。后将八旗临时帐篷固定化，盖了八旗亭。笃恭殿与八旗亭殿，构成一组完美的殿亭式建筑，是清入关前八旗制度在宫殿建筑上的显现。八旗亭殿排列，北窄南宽，错落规整，开敞延伸，井然有序。八旗亭殿为方形亭殿式建筑，砖木结构，歇山式，前后廊。西侧亭殿朝东，为木门，其他三面均为青砖砌墙；东侧亭殿朝西，为木门，其他三面亦为青砖砌墙。其门由槅扇组成，门下部为素面裙板，上部为棱窗。亭殿每角，均有金柱，髹以红漆。亭

---

[1]《清太宗文皇帝实录》第47卷，崇德四年六月辛亥，中华书局影印本，1985年，第19叶。
[2]《清太宗文皇帝实录》第51卷，崇德五年四月辛酉，中华书局影印本，1985年，第18叶。
[3]《清太宗文皇帝实录》第62卷，崇德七年九月戊辰朔，中华书局影印本，1985年，第11叶。
[4] 乾隆《盛京通志》第20卷，乾隆四十九年（1784）纂修，武英殿刻本，第1叶。
[5] 八旗亭，又称殿式亭，俗称十王亭。

殿顶，覆青瓦。亭殿的翼角，四向翘起，生动别致。按照后金-清初的八旗方位，十王亭的八旗序列是：距笃恭殿最近两座亭殿，东为左翼王亭，西为右翼王亭。然后再从笃恭殿起，东侧四旗亭依次为镶黄旗亭、正白旗亭、镶白旗亭、正蓝旗亭；西侧四旗亭依次为：正黄旗亭、正红旗亭、镶红旗亭、镶蓝旗亭。① 在八旗亭殿的南端东西两侧，各有一座奏乐亭。亭为四角方形大屋顶，亭顶为黄琉璃瓦镶剪边。奏乐亭基高三米，其柱髹红漆，四周围栏杆，是盛京皇宫中最大的奏乐亭。从笃恭殿、八旗亭到奏乐亭的建筑布局，组成协和整体，严谨、别致、壮观。

崇德帝宫殿 天命汗努尔哈赤死后，皇太极继承汗位，年号天聪，是为天聪汗，后称改元崇德，称为崇德帝。皇太极兴筑新的皇宫，位于笃恭殿与八旗亭的西侧，井字街的中心地带，就是今盛京皇宫中路建筑。盛京皇宫以大清门、崇政殿、凤凰楼、清宁宫等为建筑轴线，其他建筑，两侧展开。主要宫殿名称，崇德元年即崇祯九年（1636）四月十三日，谕定宫殿名称："定宫殿名——中宫为清宁宫，东宫为关雎宫，西宫为麟趾宫，次东宫为衍庆宫，次西宫为永福宫。台东楼为翔凤楼，台西楼为飞龙阁，正殿为崇政殿，大门为大清门，东门为东翼门，西门为西翼门，大殿为笃恭殿。"② 盛京皇宫也是前朝后寝。前朝的正门是大清门。

大清门为盛京皇宫的正门，面阔五间，为硬山式，前后出廊，顶盖黄琉璃瓦、镶绿剪边，浑厚凝重，质朴壮丽。大清门既是文武百官候朝之所，又是进入皇宫的大门。清廷颁行严格的规定："自大贝勒以下，出入由左右两阶，不许由御道行。"官员的升迁调任或获罪恩免等，都要到大清门面向崇政殿望阙叩谢"天恩"。大清门为宫廷禁地，重兵把守，戒备森严。但是，崇德七年即崇祯十五年（1642）五月，在大清门前发生善友教持书争取权利的事件。先是，在满洲镶白旗、镶黄旗、镶红旗、正蓝旗等属下，有人组织善友教（又称善友会），被人告发，谕旨严禁。宣布禁谕前一日，善友教若干人持书，于大清门外告云："楚国无以为宝，惟善以

---

① 八旗诸旗的排列顺序，不同时期，均有变化。本文据乾隆《盛京通志·大政殿图》所载顺序。
② 《清太宗文皇帝实录》第28卷，天聪十年四月丁亥，中华书局影印本，1985年，第29叶。

为宝。今奈何不分邪正黑白，而概行禁革？纵不惜善友，独不看佛之金面乎！"以其不遵守禁约，被执付各本主杀之。此事件牵连三百余人，其中为首者十六人被处死，有札付者十六人各鞭一百、贯耳鼻，其余一百四十五人遭鞭笞。皇太极下令严禁善友教："自今以后，除僧道外，凡从善友邪教者，不论老少男妇，尔部永行禁止。如有不遵禁约者，或被他人首发，或经衙门察获，杀无赦。"①

崇政殿是盛京皇宫的正殿。从大清门到崇政殿，是一个殿前广场，南北长三十二米，东西广四十五米。崇政殿是借鉴中原皇宫规制，参酌兴京、东京宫殿特点而营建的外朝大殿。其作用相当于明朝北京的奉天殿（明嘉靖改称皇极殿，清顺治又改称太和殿）。殿建在高台之上，前后围着石雕栏板、望柱。殿体通高二十余米。崇政殿又称"金銮殿"，是一座面阔五间，硬山前后廊式建筑。殿檐装饰，独具风采。崇政殿采取中原汉族殿堂建筑，殿内四根金柱，金龙盘绕，姿态生动。崇政殿内有凸字形堂陛，殿内的宝座、屏风及堂陛，全部为木结构，雕梁橡柱，彩画生动。堂陛前有龙盘柱，雕工精细。崇政殿颇具满洲风采。其前后外檐柱，均为方形。枋头装饰，凸显兽形。殿内堂陛顶部，装饰华丽藻井。而以天蓝色作底，上绘白色云朵，仿佛是高远晴空，形同森林生活场景。殿内五间通连，不设隔断。其彩画突出"龙草和玺"。崇政殿前台基上，乾隆时增设日晷、嘉量。

大清门、崇政殿为前朝区；崇政殿的两侧，辟有左、右翊门，可通往后寝区。前朝与后寝的过渡与隔断之建筑，便是凤凰楼。

凤凰楼将皇宫的前朝与后寝，既相连接，又相分隔。凤凰楼是盛京皇宫的早期建筑，它前有崇政殿，后有清宁宫。凤凰楼建在距地面3.8米的高台上，是三重檐、歇山式的楼阁建筑，面阔三间，进深三间，楼顶为黄琉璃瓦绿剪边。外檐装饰，柱顶兽面，都是喇嘛庙式样，但额坊为金龙和玺彩画而非雕刻。中层室内天花，亦具佛教艺术色彩。楼层之间，梯道相通。其二、三层楼，木制红漆栏板，形成四周围廊。室内苏式彩画，带有江南气息。凤凰楼是其时盛京的最高建筑，

---

①《清太宗文皇帝实录》第60卷，崇德七年五月戊寅，中华书局影印本，1985年，第25叶。

也是大内宫阙的制高点。凤凰楼是皇帝聚会、议事、休憩、筵宴的楼堂，皇太极经常在此与诸王大臣议政，共商国是，设宴招待臣僚与外藩使节，也曾率后妃在此听乐观舞，赏月览胜。清入关后，这里是存贮皇家珍宝之所。

凤凰楼下有门，穿过楼门，即为后妃生活的五宫——中宫清宁宫，东宫关雎宫，西宫麟趾宫，次东宫衍庆宫，次西宫永福宫。五宫是盛京皇宫天聪朝的建筑，均五间，硬山式，前后廊，内设炕。各宫檐柱髹红，柱顶梁头雕龙，内外檐柱，旋子彩画。

中宫清宁宫，既是皇后的正宫，又是"国初祀神之所"①。屋顶盖黄琉璃瓦镶绿剪边，正脊为五彩琉璃，中为五彩火焰珠，两侧有腾龙、翔凤，浑厚朴实，庄重典雅。清宁宫在东次间开门。宫内东面有一小门，东间为暖阁。外暖阁正中有一道间壁，将寝宫分为南北二室，均设龙床。暖阁内北间北炕，为帝后宸居之所。南炕邻窗，炕上设桌，皇太极在此日常处理政务，批阅奏章，是宫中政治活动重要场所。清宁宫的文皇后，蒙古科尔沁博尔济吉特氏，莽古斯贝勒之女，万历二十七年（1599）四月十九日生，比皇太极小七岁。明万历四十二年（1614）四月来归，努尔哈赤为皇太极定亲，借助婚姻，加强联盟，这年皇太极二十三岁，博尔济吉特氏十六岁。皇太极继位成为天聪汗，博尔济吉特氏则成为后金中宫大福金。崇德元年即崇祯九年（1636），博尔济吉特氏被册封为中宫皇后。福临即位后，她被尊为皇太后。后于顺治六年（1649）病死,享年五十一岁。旋合葬昭陵。后上谥号为"孝端正敬仁懿哲顺慈僖庄敏辅天协圣文皇后"，通称"孝端文皇后"。有三女：下嫁额哲、奇塔特、巴雅思祜朗。

清宁宫外间，四间相连通，为宽敞堂屋。门北面为锅台，南面开门处西侧设一灶台，灶台与火炕之间，有木板作隔断。西四间有南、西、北三面相连的"万字炕"。宫内取暖，为火炕。宫外西北角设烟囱，是火炕火地的烟道。宫内大窗，木棂直条，外糊窗纸。按照满洲习俗，清宁宫还是萨满祭祀之所。满洲信奉萨满教，在宫内进行萨满祭祀活动。早在赫图阿拉时，就设堂子，而在宫内西墙也设

---

① 乾隆《盛京通志》第20卷，乾隆四十九年（1784）纂修，武英殿刻本，第4叶。

神位。清宁宫外，设索伦杆。索伦杆也叫"神杆"，底为方形石座，神杆插在座上，杆上端有锡斗。① 后金移都沈阳，萨满祭祀，带至宫廷。萨满祭祀有朝祭、夕祭、日祭、月祭、春秋大祭等，祭祀之时，萨满头戴神帽，腰系神铃，手击鼓，腰振铃，唱神歌，起舞蹈。祭祀时用活猪一口，将热酒灌入猪耳，猪受灌摇头尖叫，叫领牲。将猪下水等切碎，再将碎米等一同放入宫前神杆锡斗内，以饲乌雀，谓之祭天。在大铁锅里煮肉，肉熟后先祭祀，然后君臣围坐炕上共食，称为"吃福肉"。祭祀时还要打糕。所以，清宁宫既是皇后的正宫，也是萨满祭祀的场所。后来，北京的坤宁宫，即仿盛京清宁宫而加以改建。坤宁宫变成既是皇后的正宫，也是萨满祭祀的场所。

东西四宫，次于中宫。明朝北京皇宫建筑格局，为东六宫与西六宫。盛京则格局略小，为东二宫与西二宫。东西四座配宫，均于明间开门，四扇大窗，东西对开。宫内分隔成内外两间，内间为"万字炕"，是妃子居住的寝宫。外间亦为"万字炕"，设炕桌、条几、坐垫等陈设。四宫取暖，亦为火炕。《黑图档》记载："关雎宫正门口，面高七尺四寸，宽三尺二寸九分。中门口，面高六尺七寸八分，宽三尺二寸七分。西炕长二丈二尺八寸，宽五尺六寸。南炕长一丈九尺七寸，宽四尺六寸。东炕长二丈六尺三寸，宽四尺五寸。暖阁内西炕长一丈六寸，宽六尺六寸。暖阁外西炕长一丈一尺，宽六尺四寸；北炕长一丈三尺三寸，宽五尺一寸。"② 东西四座配宫，建筑格局相同。

东宫关雎宫，为关雎宫宸妃海兰珠居住之宫。关雎宫宸妃，蒙古科尔沁博尔济吉特氏，塞桑贝勒之女，是中宫皇后博尔济吉特氏的侄女，也是永福宫庄妃博尔济吉特氏的姐姐，生于万历三十七年（1609），③ 天聪八年即崇祯七年（1634）

---

① 阎崇年：《满洲神杆及祀神考源》，载《满学论集》，民族出版社，1999年，第49页。
②《黑图档·京行档》，乾隆十一年，辽宁省档案馆藏。
③《清皇室四谱》载："敏惠恭和元妃科尔沁博尔济吉特氏，塞桑贝勒之女，己亥年生。"己亥年为万历二十七年（1599）。

十月，嫁皇太极。这时她已二十六岁，皇太极也已四十三岁。婚后受宠，生下一子，两岁而殇，悲郁成疾。崇德六年即崇祯十四年（1641）九月，宸妃病死，结婚七年，便离人世，享年三十三岁。时皇太极正在松锦大战的前线军中，深夜闻报"宸妃有疾"，立即车驾驰行赶回，尚在途中，宸妃已薨。其钟情与深情，前文已叙，再引史载："上闻妃薨，恸悼。卯刻，驾抵盛京。入关睢宫，至宸妃柩前，悲涕不止。"①皇太极对宸妃的死，非常动情。史书说他：妃薨，恸甚，悲悼不已，甚至迷惘。②皇太极过于悲悼，病得很重："上居御幄，饮食顿减，圣躬违和。是日，午刻，皇后、宫妃，及诸王大臣，陈设祭物于神前祈祷。酉刻，上方愈，稍进饮食。"③

西宫麟趾宫，为麟趾宫贵妃娜木钟之宫。麟趾宫贵妃，蒙古阿鲁阿霸垓博尔济吉特氏，是郡王额齐克诺颜之女。娜木钟原是蒙古察哈尔林丹汗的囊囊福金。林丹汗部破身死后，她于天聪九年即崇祯八年（1635）五月投顺后金。皇太极派人谕大贝勒代善，"令娶囊囊太后。彼以其贫而不娶"④。代善不娶囊囊福金，可能主要不是因为她"贫"，而是唯恐皇太极另有一番想法。同年七月二十日，皇太极娶囊囊福金为妻。⑤先是，察哈尔林丹汗大福金囊囊太后至，贝勒阿巴泰、和硕贝勒德格类、贝勒阿济格、和硕贝勒多铎等，请曰："此乃察哈尔汗多罗大福金，既归我朝，必应使之得所，皇上宜纳之。"皇太极曰："朕先已纳一福金，今又纳之，于理不宜。"诸贝勒奏言："此非有所欲而强娶之也，乃天所赐，皇上不可不纳。"再三奏请，坚执不从。至是，方允诸贝勒所请。皇太极命皇后诸妃，及诸贝勒福金等，出城迎囊囊福金入，遂集诸贝勒大臣大宴。⑥皇太极娶娜木钟为妻，崇德元年（1636），

---

① 《清太宗文皇帝实录》第57卷，崇德六年九月庚寅，中华书局影印本，1985年，第37叶。
② 《清史稿·后妃列传》第214卷，中华书局标点本，1977年，第8904页。
③ 《清太宗文皇帝实录》第57卷，崇德六年九月丙申，中华书局影印本，1985年，第38～39叶。
④ 《清太宗文皇帝实录》第25卷，天聪九年九月壬申，中华书局影印本，1985年，第8叶。
⑤ 《蒙古族通史》（民族出版社）中卷载："1635年，囊囊大福金生下林丹汗的遗腹子阿布奈。林丹汗长子额哲因病去世后，其弟阿布奈袭为亲王，又尚公主。"阿布奈有二子：长布尔尼，次罗布藏。
⑥ 《清太宗文皇帝实录》第24卷，天聪九年七月戊辰，中华书局影印本，1985年，第3叶。

封其为麟趾宫贵妃。她生下一子一女，一子博穆博果尔①，顺治十三年（1656）死。

次东宫衍庆宫，为衍庆宫淑妃巴特玛·璪之宫。衍庆宫淑妃，蒙古阿鲁阿霸垓博尔济吉特氏，塔布囊博第塞楚祜尔之女。巴特玛·璪原是察哈尔林丹汗的窦土门福金。林丹汗兵败身死，窦土门福金于天聪八年即崇祯七年（1634）八月二十八日，携其部众降金。闰八月三十日，大贝勒代善等劝请皇太极纳娶窦土门福金为妃。史载：大贝勒代善，及众和硕贝勒等，公同具奏："窦土门福金，率国人来归，请选入宫闱，亦抚慰众心之道也。"上辞曰："朕不宜纳，当以予贝勒之家室不睦者。"代善等力请。上遣文馆儒臣巴克什希福、达雅齐塔布囊、兵部启心郎穆成格，复宣前谕，固辞。代善曰："臣等以为，福金委身顺运，异地来归，其作合实由于天。上若不纳，得毋拂天意耶！皇上非好色多纳妃嫔者比，若上必不宜纳，臣等岂特不敢劝，且未有不于上前力谏者。伏念皇上修德行义，允符天道。故天于皇上，特加眷佑。皇上恩泽所洽，凡兄弟臣民，咸获休养，群庶无不爱戴如父。臣尝内自思维，不知当操何术，即可仰答高深。俾皇上功德昭宣，比隆古帝。且仓库充盈，治臻殷富，然后快于臣心。夫上丰豫，则国民康乐；上匮乏，则国民怨咨。臣此言，若心与口违，天有不鉴之者乎！皇上若从臣请，不但臣心慰悦，众意亦莫不欢欣矣！"希福等回奏，上深念久之。至三日，谓文馆龙什、刚林、喀木图、白格曰："大贝勒等，坚劝朕纳窦土门福金，朕恐未合于义。"龙什等奏曰："此天赐也！大贝勒之请是，上宜纳之。"上因思行师时，驻营纳里特河，曾有文雉飞入御幄之祥。今福金来归，显系天意，于是意始定。命希福、达雅齐往迎焉。卫送福金之多尼库鲁克等喜曰："我等此行，乃送福金，非私来也。皇上纳之，则新附诸国，与我等皆不胜踊跃欢庆之至矣！"②遂望天拜谢。于是送福金至。崇德元年即崇祯九年（1636），封为衍庆宫淑妃。淑妃有一养女，皇太极"命

---

① 后博穆博果尔与王妃在顺治时，演绎出一段故事。见《清朝皇帝列传》，紫禁城出版社，2002年，第104页。
②《清太宗文皇帝实录》第20卷，天聪八年闰八月癸丑，中华书局影印本，1985年，第12~14叶。

睿亲王多尔衮娶焉"！顺治九年（1652），尊封为康惠淑妃。

次西宫永福宫，为庄妃布木布泰之宫。永福宫庄妃（俗称大庄妃），蒙古科尔沁塞桑贝勒之女，是中宫皇后博尔济吉特氏的侄女。万历四十一年（1613）二月初八日生，天命十年即天启五年（1625）二月嫁皇太极，年十三岁。这年皇太极三十四岁。崇德元年（1636），封为永福宫庄妃。崇德三年（1638）正月，庄妃生下皇九子——福临，即后来的顺治皇帝。这年她二十六岁。顺治元年（1644）九月，到北京皇宫，尊为皇太后，时年三十二岁。康熙二十六年（1687）十二月死，享年七十五岁。福临生于永福宫。庄妃身历天命、天聪、崇德、顺治和康熙五朝，对顺治和康熙两朝的政治，产生了极其重大而深远的影响。顺治皇帝登极尊她为皇太后，康熙皇帝登极又尊她为太皇太后。死后谥号为"孝庄仁宣诚宪恭懿至德纯徽翊天启圣文皇后"，通称"孝庄文皇后"。后葬清东陵昭西陵。另有女三：皇四女固伦雍穆长公主、皇五女固伦淑慧长公主和皇七女固伦端献长公主。于清朝政治至关重要的两位太后，前面的一位是孝庄太后，后面的一位是慈禧太后。至于有些地方说庄妃委身并劝降洪承畴，又有说孝庄太后下嫁睿亲王多尔衮的，均无确凿史据，当属小说家言。①

东宫、西宫、次东宫、次西宫之外，还建有配宫，为一些庶妃居住之所。皇太极在众多庶妃中，生有子女者：元妃钮祜禄氏，生一子，名格博会；继妃乌拉那拉氏，生二子，名豪格、洛格及女一；侧妃叶赫那拉氏，生子一，名硕塞；侧妃扎鲁特博尔济吉特氏，生女二；庶妃那拉氏生子一名高塞、女二；奇垒氏，察哈尔部人，生女一，后下嫁吴三桂子吴应熊，应熊在三藩之乱中被杀；颜札氏，生子一，名叶布舒；伊尔根觉罗氏，生子一，名常舒；另一不知其氏族，生子一，名韬塞；再一也不知其氏族，生女一。

上述后妃为皇太极生育十一子、十四女，共二十五个子女。长子豪格，母为继妃乌拉那拉氏，其祖父努尔哈赤时，从伯父代善征蒙古扎鲁特部，斩其贝勒鄂

---

① 阎崇年：《正说清朝十二帝》，中华书局，2004年，第47~49页。

斋图。后随父兄南征北战，屡立军功。天聪六年即崇祯五年（1632），晋和硕贝勒。在父皇的大位继承上，同皇叔多尔衮有利益冲突，后被冤死，其王妃也被多尔衮夺占。次子、三子，早殇。四子叶布舒，生母颜札氏，后封镇国将军、辅国公。五子硕塞，生母侧妃叶赫那拉氏，后晋封为承泽裕亲王，掌管兵部、宗人府。六子高塞，生母庶妃那拉氏，后晋辅国公、镇国公。高塞常住沈阳，喜欢在医巫闾山读书，酷爱文学，喜赋诗，善弹琴，自号"敬一主人"。七子常舒，生母为伊尔根觉罗氏，后封镇国将军、辅国公。八子早死。九子福临，即顺治帝。十子韬塞，生母不知氏族，初封镇国将军，后晋辅国公。十一子博穆博果尔，生母为麟趾宫贵妃博尔济吉特氏，名娜木钟，即囊囊福金，封襄亲王，自缢身死。

清入关前盛京宫殿，除金碧辉煌的殿堂楼阁之外，亦有为生活需要而附设的一些建筑，诸如宫廷为帝后制作山珍海味的御膳房，贮藏奇珍异宝、古玩字画、貂裘锦缎、弓矢鞍辔的御库房，储备米面油盐的宫仓，以及肉楼、碾坊、磨坊、熬蜜房、炭房、堆子房等。

大清门东西两侧的文德坊、武功坊，史载其建于崇德二年即崇祯十年（1637）。作为宫殿前的左右阙门，两坊对峙，独具特色。坊额分别以满、蒙、汉三体文字，阳刻"文德坊""武功坊"金字，末署"崇德二年孟春吉日立"。

后期建筑 康熙帝东巡后，盛京故宫，已有变化。清高宗乾隆帝首次东巡后，盛京故宫格局，发生显著变化，形成东、中、西三路新格局。东路前面已述，中西二路，分述如下。

中路凤凰楼、崇政殿、清宁宫两侧，为东所与西所，是清帝东巡时皇帝、后妃驻跸之所。主要建筑布局，两所略同，且相对称。东所，主要建筑有颐和殿、介祉宫、敬典阁。颐和殿之后为介祉宫，乃皇太后所居之寝宫。介祉宫后，为敬典阁。阁为二层，重檐歇山。阁内存贮玉牒黄档一百五十二包，红档二百三十五包，共三百八十七包。①西所，主要建筑有迪光殿、保极宫、崇谟阁。迪光殿为皇帝

---

①《敬典阁尊藏总册》，辽宁省档案馆藏。

东巡处理政务之所。迪光殿北，为保极宫。保极宫是皇帝东巡的寝宫。保极宫北，为崇谟阁。崇谟阁尊藏实录、圣训。① 崇谟阁还因贮藏《无圈点老档》（崇谟阁本）和《加圈点老档》（崇谟阁本）而闻名于世。② 《无圈点老档》又称《旧满洲档》、《满文原档》，原藏盛京崇谟阁，后转运至北京，今藏台北。崇谟阁藏《无圈点老档》新、老满文乾隆抄本，各为二十六函、一百八十册。还藏有《满洲实录图》，共有图八十七帧，图解文字为满、汉、蒙三体，分装为二函八册。

西路系供后来清帝东巡盛京时驻跸之用。其建筑主要有戏台、嘉荫堂、文渊阁、仰熙斋等。戏台北侧，为嘉荫堂。嘉荫堂是皇帝东巡驻跸时的书斋和赐宴、赏戏之所。嘉荫堂北，为文溯阁。文溯阁的建造是为贮藏《四库全书》之用。《四库全书》抄录七部分贮藏，即紫禁城文渊阁、圆明园文源阁、避暑山庄文津阁、盛京文溯阁、扬州文汇阁、镇江文宗阁和杭州文澜阁共七阁，盛京文溯阁为其一。著名的《四库全书》《古今图书集成》，曾珍藏于此阁，现仍有书架，分排于各层。③ 文溯阁后为仰熙斋，是皇帝读书、作画之处。斋前两侧，建以游廊，与文溯阁后檐廊相连。仰熙斋北，有"九间殿"，或为随驾东巡人员居住之所。

盛京皇宫尊藏御用珍宝、宫殿文物今约二万余件，分别藏于凤凰楼、崇谟阁、敬典阁、飞龙阁、翔凤阁、东西七间楼、銮驾库等。其中西七间楼，后被称为"书籍墨刻楼"或"档子库"，主要存贮书籍、墨刻、档案。档案中满、汉文稿档有五万余件。还存有《黑图档》共九百八十余册，是康熙至咸丰年间，盛京内务府与京师及盛京官署之间往来公文的誊录底档，按"京来""京行""部来""部行"等分类，以时为序，装订成册。"盛京旧档"是极为珍贵的档案史料。

清入关后，先后有四位皇帝十次东巡，分别是：康熙帝于康熙十年（1671）、二十一年（1682）、三十七年（1698），乾隆帝于乾隆八年（1743）、十九年（1754）、

---

① 宣统年间，崇谟阁内共贮十朝满、汉文实录一千五百一十三包，圣训三百八十包，总计近一万册。
② 阎崇年：《〈无圈点老档〉及乾隆抄本名称诠释》，载《满学论集》，民族出版社，1999年。
③ 文溯阁本《四库全书》，共六千一百四十四函，三万六千三百一十三册，今藏于甘肃省图书馆新馆。

四十三年（1778）、四十八年（1783），嘉庆帝于嘉庆十年（1805）、二十三年（1818），道光帝于道光九年（1829）。其中乾隆帝留下著名的《盛京赋》，洋洋三千三百余言，文采洋溢，气势博大，是一份重要的历史文献。

盛京皇宫珍藏大量文物，重要文物有两万多件，内有十件文物被誉为"镇院之宝"。这十件国宝是：清太祖努尔哈赤御用宝剑、后金天命云板、清太宗皇太极御用鹿角椅、皇太极腰刀、金代交龙钮大钟、清郎世宁设色《竹荫西狯图轴》、清王翚等设色《康熙南巡图卷》、清雍正款青花红龙大盘、清乾隆款嵌珐琅缠枝花卉钵七件和乾隆帝御笔"紫气东来"匾。

盛京不仅有清初皇宫，而且有"盛京三陵"。

三 关外三陵

清开国时期，在关外不仅有盛京宫殿，而且有三座陵寝——永陵、福陵和昭陵。

永陵 永陵是清皇室爱新觉罗氏的祖陵，原称"老陵"，又称"四祖陵""兴京陵"，顺治九年（1652）尊称永陵。永陵始建时间，清初文献阙载。有人认为：永陵始建于明戊戌年即万历二十六年（1598）。有学者对此说作出辩驳。其理由为，永陵始建于"万历二十六年说"，源于日本人前田升《永陵及其附近遗迹调查报告》，其说依据《兴京县志》记载："戊戌秋八月，谒陵礼成。"前田升诠释这段记载为："即万历二十六年（1598），努尔哈赤建国之前建成。"查戊戌年，有万历二十六年、顺治十五年（1658）、康熙五十七年（1718）、乾隆四十三年（1778）等。论者认为戊戌年秋八月，应为乾隆四十三年。是年秋八月，乾隆皇帝到兴京祭祀祖陵。因此，戊戌年应是乾隆四十三年秋八月，而不是明万历二十六年秋八月。[①] 永陵始建时间，已经无据可考。文献明确记载，顺治年间扩建。顺治十六年（1659），始称永陵。

永陵位于今辽宁省抚顺市新宾满族自治县永陵镇境。永陵位置的选择，启运

---

① 《兴京永陵》，东北大学出版社，1996年，第165页。

山①似屏风横卧于北，烟囱山矗立于前，东南为鸡鸣山，西为凤凰岭，前为苏克素浒河（即苏子河），其胜境谓："群山拱卫，众水朝宗，沃野平畴，草木葱郁。"永陵坐北朝南，占地一万一千余平方米。永陵是埋葬清肇祖原皇帝（孟特穆）、兴祖直皇帝（福满）、景祖翼皇帝（觉昌安）和显祖宣皇帝（塔克世）即清前四祖的陵墓。清肇祖原皇帝（孟特穆）是猛哥帖木儿，还是孟特穆，或是其他名字，清史学界，看法不一。如果是猛哥帖木儿，死于斡木河地方（今朝鲜会宁），其卒年朝鲜《李朝世宗大王实录》有明确记载。②兴祖直皇帝（福满），其生卒年，已不可考。景祖翼皇帝（觉昌安）和显祖宣皇帝（塔克世），卒于明万历十一年（1583）二月。因此，永陵所葬清皇室四位先祖，不会是同一时间埋葬的。清太祖努尔哈赤之曾祖父，死后埋葬于赫图阿拉地带。其祖父觉昌安、父亲塔克世同年、同月、同日死，后也埋葬于其祖陵。所以，清四祖——清肇祖原皇帝（孟特穆）、兴祖直皇帝（福满）、景祖翼皇帝（觉昌安）和显祖宣皇帝（塔克世），其埋葬之时间，文献无征，难以考定。

天命六年即天启元年（1621）三月，后金夺占明辽东首府辽阳后，将都城从赫图阿拉迁到辽阳，随之兴建东京新城。中原汉族王朝，都城必有宗庙。《左传》记载："凡邑有宗庙先君之主。"③天命九年即天启四年（1624）四月，天命汗努尔哈赤将其祖坟从赫图阿拉迁到东京辽阳。《清太祖高皇帝实录》记载："上以辽阳既定建都东京，奉移景祖、显祖、孝慈皇后及皇妃、皇伯父、皇弟、皇子诸陵墓于东京。命族弟铎弼、王善、贝和齐往，至祖居虎拦哈达之赫图阿喇地，谒祖陵及皇后、皇妃陵。铎弼等遵旨，先以太牢祭告毕，乃奉景祖、显祖、孝慈皇后梓宫，异以黄舆，暨皇伯父礼敦巴图鲁、皇弟贝勒达尔汉巴图鲁舒尔哈齐、青巴图

---

① 顺治八年十月乙丑二十一日，封此山名为"启运山"。
② [朝]《李朝世宗大王实录》第62卷，十五年十月戊寅，日本学习院东洋文化研究所刊，1959年，第11叶。
③《左传·庄公二十八年》，宋十三经注疏附校勘记本，中华书局影印本，1980年。

鲁穆尔哈齐、皇叔塔察篇古之子贝勒祜尔哈齐灵榇,舁以朱舆,日祭以太牢。将至,上率诸贝勒大臣,令军士被甲胄、执器械,出城迎二十里外,至皇华亭。上及诸贝勒、大臣、军士,悉俯伏道左,俟景祖、显祖暨孝慈皇后灵舆过乃起。至东京城东北四里之杨鲁山,预建寝殿,以安葬焉。设太牢,焚楮币,安侑诸灵。上诣二祖陵,奠酒行礼。祝曰:'吾征明,复祖、父仇,已得辽东、广宁,只移寝园,永安斯土。惟我祖考,仰达天地,垂福佑焉。'其继妃富察氏,及皇子阿尔哈图土门贝勒褚英榇,亦同移于此。"①

由上引文,可以知道:

其一,努尔哈赤的祖陵,原在其祖居虎拦哈达的赫图阿拉地方。

其二,努尔哈赤奉移其祖父即景祖觉昌安、父亲即显祖塔克世的灵榇,至辽阳杨鲁山地方。

其三,赫图阿拉祖坟还埋葬着其伯父、胞弟、儿子等之骨殖。

其四,皇太极生母叶赫那拉氏(后谥孝慈高皇后)死后,葬于赫图阿拉尼雅满山冈。②皇太极称帝改元,于崇德元年即崇祯九年(1636)四月十二日,"率诸贝勒大臣诣太庙,追尊始祖为泽王、高祖为庆王、曾祖为昌王、祖为福王"③。此项追尊是在盛京太庙进行的,而没有到辽阳祖陵去告祭。皇太极时在兴京建孟特穆衣冠冢,并将福满陵移到兴京,兴京建有其"始祖泽王、高祖庆王"二祖坟墓,故称之为"兴京二祖陵"。

永陵墓葬,几经变迁,基本格局,最后落定。顺治十三年(1656)六月十六日,议政大臣巴图鲁公鳌拜等奏议:"兴京景祖翼皇帝、显祖宣皇帝陵,自克取辽东后,迁至东京。原以便展谒,伸祭享也。今据钦天监地理官奏称:'兴京皇陵风水,实系第一福地,请仍迁景祖、显祖陵,于肇祖原皇帝、兴祖直皇帝陵傍,庶与风水有合'

---

① 《清太祖高皇帝实录》第9卷,天命九年四月甲申朔,中华书局影印本,1986年,第5~7叶。
② 《清史稿·后妃列传》第214卷,中华书局标点本,1977年,第8899页。
③ 《清太宗文皇帝实录》第28卷,天聪十年四月丙戌,中华书局影印本,1985年,第17叶。

等语。"①顺治帝命"另议以闻"。中间经过一番周折，于顺治十五年(1658)九月，"迁东京祖陵于兴京"。②顺治帝再将景祖觉昌安、显祖塔克世的灵椁，从辽阳回迁至兴京。郡王礼敦巴图鲁、贝勒塔察篇古等的骨殖，也随之迁到兴京陵。③后康熙、乾隆屡次修建等，而成为现今永陵的格局与规模。兴京陵几次移葬骨殖，因满洲有火葬习俗。《建州闻见录》记载："死则翌日举之于野，而焚之。"④永陵始埋葬着清朝肇、兴、景、显四祖。后又建清四祖碑楼。

永陵是清帝的祖陵，而不是皇陵。永陵坐北朝南，平面呈长方形，建筑布局肃穆严整，高低错落，左右对称，既有建筑单体，又成完整组合。永陵的陵区布局，分成四个部分：

第一，陵前区。由神路及四门——正红门、东红门、西红门、启运门所围成，以神路为中轴线。苏子河北，正红门前，有漫长的神路。正红门三楹，六门。门里往北院内，并列清四祖——肇祖、兴祖、景祖、显祖之"神功圣德碑"⑤及其碑楼。碑文为满、蒙、汉三体文，满文居中，汉文列左，蒙文列右。碑楼之前，东西厢房，分置左右。正红门为木栅栏门，显现满洲早期结栅为门的民族建筑特色。启运门前，东为果房，西为膳房。启运门内，为陵殿区。

第二，陵殿区。由启运门至启运殿，形成陵寝的祭祀区。启运门面阔三间，进深二间，六门。门北为启运殿。启运殿⑥即享殿。陵区的主体建筑为启运殿，是为祭祀大殿。启运殿建在高二尺九寸的台座之上，为单檐歇山、四门八窗、黄琉璃瓦顶（康熙重修改用黄瓦），宏伟肃穆，雄丽庄严。殿内有大暖阁四座，上设黄缎罩，内设宝床。小暖阁四座，内奉神位。殿前西侧，有焚帛亭，用作焚告

---

① 《清世祖章皇帝实录》第102卷，顺治十三年六月癸巳，中华书局影印本，1985年，第5叶。
② 《清世祖章皇帝实录》第120卷，顺治十五年九月壬寅，中华书局影印本，1985年，第9叶。
③ 东京陵今有舒尔哈齐、穆尔哈齐、雅尔哈齐、巴雅喇和褚英之墓。
④ [朝]李民寏：《建州闻见录》，日本天理大学图书馆藏玉版书屋本，第33叶。
⑤ 清肇、兴、景、显四祖碑文，见乾隆《盛京通志》卷三。
⑥ 明十三陵称其为隆恩殿。

祭文。殿前东西，建有配殿。

第三，陵墓区。启运殿以北为宝城，高一丈三尺七寸，周长八十六丈一尺六寸。其上为宝顶，即黄土封丘；其下为地宫，即清肇、兴、景、显四祖之坟墓。永陵地宫有明显的特点，就是分为上下两层——上层为追尊肇、兴、景、显四帝及四后墓，下层地宫有礼敦巴图鲁、贝勒塔察篇古二陪葬墓。[①]

第四，陵附区。陵西红门以西，有陵墓附属区，主要为省牲亭等附属建筑，四周围以墙垣。

永陵四通"神功圣德碑"呈一字形排列、地宫分层合葬等，都为中国陵寝史上所仅见。永陵在顺治时修砌了红墙，雍正时红墙外一里处设红桩，乾隆时又先后立白桩、青桩。于是永陵山界址，山前为栅栏，山后为红、白、青三层界桩，扩展至周长二千二百八十八丈[②]。乾隆帝东巡谒陵时，用"依山树栅柳为城"的诗句，来描述满族最初的木栅门、墙的习俗。这为后来清东西陵设栅栏围桩之滥觞。

永陵还有一棵神树，根深叶茂，树冠蔽天。这棵神树，有个传说。相传，努尔哈赤起兵之初，有一天被敌人追杀，他背着父母的骨灰盒逃到苏子河畔，长途跋涉，精疲力竭，见一棵高大的榆树，便将父母骨灰盒挂在树枝上，坐在树下休息，竟然睡着了。一觉醒来，天色已晚，便到屯寨觅店投宿。第二天来取骨灰盒时，发现土堆隆起，没过枝叶，埋下骨灰盒。他扒开隆起的土堆，但骨灰盒与树枝联在一起；他取出腰间佩刀砍树，树枝流出像血一般的汁液，瞬间愈合。努尔哈赤十分惊讶，心想这是上天指引埋藏父母的风水宝地，遂将父母骨灰葬于此。不久，努尔哈赤便在离永陵不远处建赫图阿拉城，势力坐大，建国称汗，成就了大清王

---

① 文物考古部门于1981年对礼敦、塔察篇古墓进行考古发掘，其墓穴长宽不足一米，墓室内有花岗岩石棺床，上置骨殖坛。坛口覆以龙纹织锦包裹，坛周围撒木炭以防潮，未发现其他随葬品。

② 清制：红桩以内寸草为重，白桩以内禁止樵采，青桩以内禁止烧造。

朝。后乾隆帝东巡时，写下《神树赋》，并立碑纪念。但到同治二年（1863）七月，阴雨连绵，风大土松，神树仆倒。盛京将军玉明加急奏报。朝廷派官，进行处理。今台北保存了当年的神树图和相关档案。① 至今，神树成为永陵的著名一景。

福陵 福陵是清太祖高皇帝努尔哈赤暨高皇后叶赫那拉氏之陵。② 先是，努尔哈赤死后，修陵寝未成，奉太祖梓宫，暂安沈阳城内。此事，《明熹宗实录》也作了记载，"今老奴瘗骨沈阳"云云③。皇太极继位之后，派官员为其先父山陵选址。"初，上命诸贝勒大臣，敬卜吉壤，建造山陵，奉迁太祖高皇帝梓宫安葬，至是定议：卜吉于沈阳城东二十里，浑河北石嘴头山"④。天聪三年即崇祯二年（1629）二月十三日，努尔哈赤灵柩安葬于福陵。《清太祖高皇帝实录》记载："己亥（十三日），清明节，丑刻，以奉迁太祖高皇帝梓宫，上率诸贝勒大臣，诣太祖梓宫前，行告祭礼，奠酒，举哀，焚楮币，读祝。祝词曰：'皇考升遐，于时三载，向以未获吉壤，敬奉梓宫，暂安沈阳城内，宏规巨制，有待经营。今谨卜地于浑河北石嘴头山，川萦山拱，佳气郁葱，敬建宝城，用诹吉日，奉迁皇考梓宫，奠兹佳域。伏愿亿万斯年，神灵永妥，庆流奕世，申锡无疆。谨告。'遂焚祝文。上与诸贝勒，亲奉太祖梓宫出殿。诸大臣奉安灵輴，列卤簿，奏乐。八旗诸臣，以次恭舁龙輴，至山陵。随奉孝慈高皇后梓宫，与太祖高皇帝合葬。大贝勒莽古尔泰母妃富察氏灵榇，亦祔葬于傍。葬毕，焚楮币以祭。于是命官，敬谨守护。陵东西两旁，立下马坊。"⑤

天聪、崇德、顺治、康熙四朝，对福陵不断进行修缮、兴建、拓展、完善，

---

① 冯明珠：《永陵神树——一棵攸关大清国运的榆树》，载《清宫档案丛谈》，2012年。
② 时有僧人陈相子，为善缘，受责杖。史载："有僧名陈相子，私率徒众，于梓宫前，旋绕诵经，护守官奏闻。上使问其故，相子对曰：'我诵经者，欲求佛引太祖英灵，受生善地耳！'上曰：'太祖神灵，上升于天，岂待众僧祷求，始受生善地耶？自来惑众罔民者，皆此辈僧人也！'因下相子于所司，杖四十，勒令还俗为民。"
③《明熹宗实录》第81卷，天启七年二月乙巳，台北历史语言研究所校勘本，1962年，第11叶。
④《清太宗文皇帝实录》第5卷，天聪三年二月丙申，中华书局影印本，1985年，第4叶。
⑤《清太宗文皇帝实录》第5卷，天聪三年二月己亥，中华书局影印本，1985年，第4~5叶。

使其规制严谨，建筑肃穆。天聪八年即崇祯七年（1634）十月初六日，后金礼部和硕贝勒萨哈廉，传皇太极谕工部曰："太祖山陵，应建寝殿。植松木，立石狮、石象、石虎、石马、石驼等，俱仿古制行之。"①清太祖陵寝建立寝殿，种植松树，立石像生。天聪十年即崇祯九年（1636）四月十一日，皇太极上尊号、建大清、改纪元。翌日，崇德帝皇太极率领诸贝勒大臣等，"恭上皇考太祖尊谥曰承天广运圣德神功肇纪立极仁孝武皇帝，皇妣太后尊谥曰孝慈昭宪纯德真顺成天育圣武皇后，庙号太祖，陵曰福陵"②。从此，清太祖陵寝定名为"福陵"，俗称"沈阳东陵"或"盛京东陵"。清太祖的谥号，康熙元年（1662）四月，加谥"睿武弘文定业"六字；雍正元年（1723）八月，又加谥"端毅"二字；乾隆元年（1736）三月，再加谥"钦安"二字。最后尊谥为"太祖承天广运圣德神功肇纪立极仁孝睿武端毅钦安弘文定业高皇帝"。③

福陵建筑，逐步完善。顺治七年（1650），立石像生。《清世祖章皇帝实录》记载："福陵，卧骆驼、立马、坐狮子、坐虎，各一对，擎天柱四、望柱二。"④顺治八年（1651），顺治帝封福陵原石嘴头山名曰"天柱山"⑤，又扩建享殿。顺治年间，建成福陵的方城与角楼。康熙二年（1663）九月，改造福陵地宫。⑥同年十二月，"改造福陵地宫成。安奉太祖高皇帝宝宫。设宝座、神牌于享殿"⑦。将清太祖高皇帝努尔哈赤宝宫奉安，并在享殿内设神牌、宝座，以便祭祀。康熙时，对福陵地宫、宝顶、宝城、月牙城、明楼、方城及神功圣德碑楼等都进行了拓建。康熙三年（1664）正月，立"太祖承天广运圣德神功肇纪立极仁孝睿武弘文定业高皇帝"碑。从此，

---

① 《清太宗文皇帝实录》第20卷，天聪八年十月己丑，中华书局影印本，1985年，第21叶。
② 《清太宗文皇帝实录》第28卷，天聪十年四月丙戌，中华书局影印本，1985年，第17叶。
③ 《清高宗纯皇帝实录》第14卷，乾隆元年三月乙巳，中华书局影印本，1985年，第18叶。
④ 《清世祖章皇帝实录》第48卷，顺治七年四月己酉，中华书局影印本，1985年，第14叶。
⑤ 《清世祖章皇帝实录》第61卷，顺治八年十月乙丑，中华书局影印本，1985年，第5叶。
⑥ 《清圣祖仁皇帝实录》第10卷，康熙二年九月癸酉，中华书局影印本，1985年，第2叶。
⑦ 《清圣祖仁皇帝实录》第10卷，康熙二年十二月辛酉，中华书局影印本，1985年，第18叶。

尊称努尔哈赤为"清太祖高皇帝"。在康熙年间，先后建大明楼，修隆恩殿和隆恩门，立神功圣德碑等。康熙御制《福陵神功圣德碑文》，全文一千七百八十三字。① 至此，福陵主体之建筑及改造，重大工程，基本告竣。福陵位于天柱山，满洲村寨"依山而居"，陵寝建筑也受居于山阜习俗的影响。

福陵经康熙时期的改造与兴建，在整体布局与规模上，有了较大改观，更加庄严肃穆。福陵依山面水而建，前低后高，南北狭长，整个陵寝，分为四区：

第一，陵前区。福陵经康熙时的增建与改造，将原建在平地的隆恩殿，北移至天柱山上。因陵殿建筑在山上，形成神道庄严肃穆的格局，幽邃漫长，逐步升高。陵前区从左右石牌坊，一对雄狮，经过正红门，通达碑亭，中为神道。神道先为平坦长路，两侧为华表、石卧驼、石立马、石坐狮、石坐虎、华表，排列左右，各为一对。次为马鞍形斜坡过渡，复为在山下与山上，修建一百零八磴台阶，即俗称"一百单八蹬"。其一百单八蹬神路，全长四十米，宽七米，台阶两侧，建筑花墙，上覆琉璃瓦，成为明清陵寝中独特的建筑形式。再为三处斜道，三处阶梯，而达于碑亭。碑亭内竖立清太祖高皇帝的"神功圣德碑"。

第二，陵殿区。前为重檐歇山碑楼，内竖"大清福陵神功圣德碑"，康熙帝御制碑文。② 碑楼东为茶膳房三间，西为果品房三间，碑楼前设省牲亭、斋班房。其后为陵殿区。此区起隆恩门，至隆恩殿，为城堡式建筑，四围高墙，上设垛口，四隅角楼。城楼正门为隆恩门，门内中为隆恩殿。殿建于五尺台基之上，三楹四门。台的周围，为石栏板。隆恩殿单檐歇山，雕梁画栋，金碧辉煌。殿内设搭暖阁，悬黄幔、置宝床。又设小暖阁，供奉神牌等。殿之东西，各有配殿。殿西南侧，为焚帛亭。隆恩殿两侧，有东西配殿。隆恩殿作为福陵的祭祀之殿堂，成为陵区最庄严雄伟的建筑。

第三，陵墓区。前为大明楼，后为陵墓。前为石柱门，石台基上，列石五

---

① 乾隆《盛京通志》第5卷载述此碑文时，将"开原"误刻印作"开河"。
②《清圣祖仁皇帝实录》第138卷，康熙二十七年十二月甲辰，中华书局影印本，1985年，第2叶。

供,石香炉一座、石烛台二座、石香瓶二座。其后为大明楼,楼内立"太祖高皇帝之陵"石碑。陵墓下为地宫,埋葬清太祖高皇帝努尔哈赤暨高皇后叶赫那拉氏和四妃、二庶妃——大妃乌拉那拉氏、继妃富察氏以及庶妃德因泽、阿济根的骨殖。陵墓上为宝顶,即坟丘封土,高一丈七尺一寸。陵墓后墙为弯月形,称月牙城,两侧砌有甬道,达明楼和方城。方城高一丈五尺七寸,周长一百一十三丈八尺四寸,垛口高五尺。上有角楼四座,每座二层,彩油为饰。

第四,陵外区。福陵外西北部,有"妃园",内葬寿康太妃博尔济吉特氏等努尔哈赤的侧妃、庶妃等。陵外北部有"皇子墓",内葬努尔哈赤第四子辅国公汤古代、第六子辅国公塔拜等。陵外西部有"功臣墓",有开国大臣弘毅公额亦都、直义公费英东等陪葬墓。

福陵经天聪、崇德、顺治、康熙、乾隆五朝的修建、拓展、兴筑,四周界址共二千九百六十丈,方圆二十里。福陵占地九万亩,古松三万棵,有"天柱排青""福陵叠翠"之颂。乾隆帝《恭谒福陵》诗云:

草昧起英雄,维皇乃眷东。
风云龙虎会,日月海天中。
帝业千年巩,山陵万古崇。
永维无竞烈,继序矢深衷。

乾隆帝既拜谒其五世祖努尔哈赤的福陵,又拜谒其四世祖皇太极的昭陵。

昭陵 昭陵是清太宗文皇帝皇太极和孝端文皇后博尔济吉特氏之陵。皇太极在崇德八年即崇祯十六年(1643)八月初九日(9月21日)亥刻,"无疾而终"。皇太极"圣躬违和",《清太宗实录》中先后出现八次,可见他不是"无疾而终",却是患病而死。他于崇德七年即崇祯十五年(1642)九月二十三日,因关雎宫宸妃病逝,过于悲悼,突然发病,且病情严重。翌年正旦,因"圣躬违和"

而取消朝贺。随后，又因"圣躬违和"而大赦，而祈祷，而布施。朝鲜《李朝仁祖大王实录》四月初六日记载：清朝"皇帝病风眩"，向朝鲜找竹沥，请名医。竹沥，是中药，性寒，味甘，主治中风等症。朝鲜国王派针医柳达、药医朴頵给皇太极治病。这说明皇太极已患"风眩"症。不过，他于八月初九日离世的当天，还进行政务活动。夜间，皇太极在皇后博尔济吉特氏的清宁宫南炕上谢世。清太宗皇太极的死因，从症状看，死于中风。初十日，将皇太极梓宫，奉安于崇政殿，在这里举行哀祭，诸王贝勒、武将文臣，朝夕哭临三日。[①] 同日，章京敦达里、安达里二人，均以身殉。二十日，"山陵宝城、宫殿告成"。二十一日，奉移大行皇帝梓宫，敬安陵寝。是日，诸王及内二旗下内大臣、侍卫、已出痘公主、和硕福金、格格等，集崇政殿哭临。和硕礼亲王代善升阶，诣梓宫前跪，三献爵。诸王以下皆跪，行三叩头礼毕。学士詹霸升阶，至东侧跪，读祝文。文曰："维崇德八年癸未，九月壬辰朔，越二十一日，壬子，孝子嗣皇帝敢昭告于皇考神位之前，曰：我皇考升遐，倏逾旬月，哀慕无穷，典仪有恪。兹者山陵告成，恭奉梓宫，敬安陵寝。谨告。"读祝毕，设卤簿，及鞍马二十四、驮马六匹、空马百匹，驮御幄驼二十只，空驼二十只，前导。启发梓宫，出大清门。未出痘公主、福金、格格，俱集于城门以北，候梓宫至，跪泣举哀。梓宫过，随行举哀。固山额真、昂邦章京，尚书以下、牛录章京以上各官，及固山额真、昂邦章京，尚书命妇以下、牛录章京命妇以上，外藩喀尔喀、鄂尔多斯、土默特、索伦、萨哈尔察等分两翼，集关门外。俱候梓宫至，跪举哀。梓宫过，随行举哀。至山陵，奉安梓宫于殿内。陈设祭物，公主、格格、福金、及诸王内大臣等，列阶上。固山额真以下，各照旗列阶下。和硕礼亲王代善，诣梓宫前跪，三献爵，诸王以下俱跪，行三叩头礼毕，各就列举哀。内大臣、固山额真、昂邦章京、尚书等官，升阶，诣梓宫前跪，各二献爵毕，撤馔。皇太后及诸妃，捧梓宫前陈设御衣，举哀，下殿。置焚楄上，跪，三献爵。众皆跪，行三叩头礼毕。

---

① 《清世祖章皇帝实录》第1卷，崇德八年八月辛未，中华书局影印本，1985年，第3叶。

皇太后升殿，诸王等进，近焚榻前，举哀，行一跪三叩头礼。和硕亲王暨和硕福金以下，牛录章京等官以上，暨妻，俱除服，焚化御衣及陈设等物。① 十月初七日丁卯，上尊谥曰应天兴国弘德彰武宽温仁圣睿孝文皇帝，庙号太宗。康熙元年（1662），加上尊谥曰应天兴国弘德彰武宽温仁圣睿孝隆道显功文皇帝。雍正元年（1723），加上尊谥曰应天兴国弘德彰武宽温仁圣睿孝敬敏隆道显功文皇帝。② 乾隆元年（1736），再加上尊谥曰应天兴国弘德彰武宽温仁圣睿孝敬敏昭定隆道显功文皇帝。③

昭陵坐落于沈阳城西北十华里处，史称"盛京昭陵"，俗称"沈阳北陵"。次年，即顺治元年（1644）八月初九日，皇太极驾崩一周年时厝葬于昭陵。顺治六年（1649）四月十六日，孝端文皇太后死于北京，翌年二月遗体运至盛京，与皇太极合厝于昭陵。顺治八年（1651），昭陵竣工，尊昭陵山为"隆业山"。康熙年间，对昭陵又有部分增建，乾隆时期再对旧园陵进行拓建，形成现在的陵貌。陵区平面呈长方形，南北约五华里，东西约2.6华里，总面积为12.6平方公里。

皇太极生前并没有为自己选址建陵，突然病逝，诸臣茫然。工部受命立派堪舆官选址，建造陵墓。堪舆官选中了距离沈阳城北约十华里处的平地，但此处"前无沼，后无靠"。于是，堆土积山，挖土成河，使其符合皇陵的风水。封此人工堆积之山为"隆业山"。其修建时间，从崇德八年即崇祯十六年（1643），至顺治八年（1651），为陵的初建期；康熙至乾隆，为增建期。昭陵在初建期，先后修建了下马碑、石像生、陵门、围墙、享殿、隆业山，并种植陵松等。最初这里所立的下马标记为木牌。康熙时，增建大碑楼、神功圣德碑、隆恩门、方城、角楼、宝顶、地宫、月牙城、焚帛亭、石祭台、东西配殿等。乾隆时，将关外永陵、福陵、昭陵的下马木牌，一律改为石碑，以昭永远。碑文以满、蒙、汉、藏、回五体文书写。

---

① 《清世祖章皇帝实录》第2卷，崇德八年九月壬子，中华书局影印本，1985年，第4~5叶。
② 《清太宗文皇帝实录》第65卷，崇德八年十月丁卯，中华书局影印本，1985年，第41叶。
③ 《清高宗纯皇帝实录》第14卷，中华书局影印本，1985年，第18叶。

昭陵工程，历时百年，拓展了规模，增添了气势。昭陵布局，分为四区：

第一，陵前区。神桥以北，从石牌坊，到正红门，为陵前区。石牌坊之北是正红门——昭陵正门，门内为神道。神道两旁，华表一对。神道两侧，为石像生，顺治七年（1650）立。《清世祖章皇帝实录》记载："昭陵，立象、卧骆驼、立马、坐狮子、坐兽、坐麒麟，各一对，擎天柱四、望柱二。"①昭陵的正红门及两侧的围墙，是顺治年间修筑的。正红门面阔三间，进深三间，单檐歇山，顶覆黄琉璃瓦，檐下斗栱，雕刻垒砖，枋木结构，威严肃穆。三间大门，各有券门，上有门额。门东西两侧围墙，装饰琉璃壁，镶着五朵琉璃云龙。袖壁两侧为环绕陵寝的围墙，总长四百六十丈，南侧墙高九尺九寸，东、西、北三面墙高七尺七寸。墙顶覆以黄色琉璃瓦，墙身为红色。昭陵前的石像生中，有一对石马，被称为"昭陵二骏"。相传是仿照皇太极生前喜爱的坐骑——大白、小白二骏雕制的。后乾隆、嘉庆、道光等帝，曾有御制诗赞颂之。乾隆《昭陵石马歌》云："陵图石马拟翁仲，古即有之识与共。昭陵石马独超群，大白小白奏殊勋。"《盛京通志》也载："（昭）陵前立仗石马，曰大白小白。乃我太宗当日所乘，以略城破敌者。"②昭陵有三对华表：一对在大红门外，一对在石像生前，另一对在神功圣德碑前。三对华表有六棱柱形，也有圆柱形，高约八米，均由底座、柱体、云版三部分组成。

第二，陵殿区。由大碑楼，经隆恩门，到隆恩殿，为陵殿区。大碑楼为重檐歇山，顶覆盖黄琉璃瓦，飞檐斗栱，施绘彩画，周围红墙，四面洞门。碑楼内康熙二十七年（1688）十二月初五日，立"大清昭陵神功圣德碑"一座。碑高6.67米，宽1.76米，厚0.71米。碑身正面，镌刻满、汉文合璧康熙帝御制碑文，汉字共为一千七百六十三字。③隆恩门是方城的正门，面阔三间，进深三间，下为砖石结构、

---

① 《清世祖章皇帝实录》第48卷，顺治七年四月己酉，中华书局影印本，1985年，第14叶。
② 乾隆《盛京通志》第21卷，乾隆四十九年（1784）纂修，武英殿刻本，第11叶。
③ 《清圣祖仁皇帝实录》（中华书局影印本）康熙二十七年十二月甲辰，载述此碑文时，"天命十一年八"之下脱"月"字。

拱形门洞，上为门楼，三重檐，歇山式。方城高二丈三尺三寸，周长七十九丈，垛口高五尺，上有角楼四座，其规制，同福陵。陵殿区主要建筑为隆恩殿，即享殿，为祭祀的殿堂。隆恩殿建在六尺高台座上，须弥座束腰，雕绘吉祥图案。周围栏板望柱，雕工精美，刻纹流畅。殿面阔三间，进深三间，四门、八窗，单层檐，歇山式，殿顶覆黄琉璃瓦。殿内无天花板，梁架裸露，施画彩绘。殿内陈设大暖阁，上设黄缎罩，内设宝床。又设小暖阁，内奉神牌位。前设供案、香几、五供、朝灯等。隆恩殿两侧，配殿三间，分布东西。配殿为歇山式建筑，四面出廊。

第三，陵墓区。大明楼以北，为月牙城，组成陵墓区。隆恩殿北，为石柱门、石祭台。石祭台北为大明楼，是昭陵的最高建筑。大明楼为重檐歇山式，楼的四面，各有拱门。楼内立汉白玉石碑，碑高六米，竖书满、蒙、汉三体文字，汉文为"太宗文皇帝之陵"。陵区四周为城，城高二丈三尺七寸，周长二十七丈七尺。方城以北，为宝城、宝顶、地宫。宝城为半圆形城，城墙高二丈三尺八寸，周长六十一丈。宝顶为丘冢，高二丈，周长三十三丈。宝顶之下，即是地宫。地宫埋葬着清太宗文皇帝皇太极暨孝端文皇后博尔济吉特氏的骨殖。孝端文皇后博尔济吉特氏，生于明万历二十七年（1599），万历四十二年（1614），嫁皇太极，年十六岁。天聪元年（1627），被封为大福金。崇德元年（1636），为中宫皇后，居清宁宫。崇德八年（1643），福临尊其为皇太后。太后随顺治帝入关，居紫禁城。顺治六年（1649）四月十六日，皇太后病故，年五十一岁。次年，孝端文皇后梓宫至盛京，与皇太极合葬于昭陵享殿内。康熙二年（1663）十二月"改造昭陵地宫成，安奉太宗文皇帝宝宫。设宝座、神牌于享殿"①。奉安清太宗与孝端文皇后的宝宫于地宫，又设神牌、宝座于享殿，时皇太极过世已经整整二十年。

第四，陵山区。昭陵的隆业山，人工积土，堆垒而成。如此之举，缘于风水。这在明、清陵寝史上，是独具特色的。隆业山为顺治时之重大工程，费时八年，工程浩大。山高六丈一尺，山体长一百一十五丈，东西走向，九峰逶迤，势如卧

---

① 《清圣祖仁皇帝实录》第10卷，康熙二年十二月甲寅，中华书局影印本，1985年，第17叶。

龙。顺治帝封昭陵山名为"隆业山"。①在昭陵宝城以西约百米，有一座妃园寝。《奉天昭陵图谱》记载，经实测：妃园寝长49.78米，东西宽27.6米，平面呈长方形，坐北朝南，四围红墙。妃园寝南有红门，正中享殿，东西两侧，有茶果房。享殿北为"坟院"，坟院内有土丘十一座，埋葬妃嫔。在皇太极十四位后妃中，除中宫皇后与皇太极合葬、永福宫庄妃布木布泰葬遵化清东陵昭西陵外，尚有十二位妃嫔等。其关雎宫宸妃海兰珠、麟趾宫贵妃娜木钟、衍庆宫淑妃巴特玛·璪，以及其他妃嫔等共有十一位，葬于昭陵旁的"妃园寝"。妃嫔不与皇帝合葬，另设妃园寝，开创清代陵寝制妃园寝之先例。此外，昭陵的陪葬墓：东为武勋王杨古里之墓；西为敦达里、安达里之殉葬墓。杨古里，又作扬古利、杨古利，早年从努尔哈赤，受信任，为额驸，屡建大功勋，位亚八贝勒。丙子朝鲜之役②，扬古利受伤，"创重，遂卒，时年六十六"③。扬古利死于军，皇太极"亲解御衣衣之，哭之恸，视含殓，陪葬福陵"④。后顺治帝时，以其与皇太极亲近，将其改陪葬于昭陵旁。

昭陵四周界址共二千五百六十丈，外围设红、白、青三层木桩。昭陵为关外三陵中规模最宏大、建筑最完善的清初皇帝陵。

清初盛京宫殿与"盛京三陵"，称为"一宫三陵"，已同被列为世界文化遗产。

---

① 《清世祖章皇帝实录》第61卷，顺治八年十月乙丑，中华书局影印本，1985年，第5叶。
② 事见本书第八章《东征朝鲜》。
③ 《清史稿·扬古利传》第226卷，中华书局标点本，1985年，9194页。
④ 《清国史·扬古利传》第5册，中华书局影印嘉业堂抄本，1993年，第131叶。

第十四章 顺治帝继承皇位

一 皇太极猝然病逝

皇太极正在事业中天之时,突然"无疾而终"。崇德八年即崇祯十六年(1643)八月庚午(初九日),《清太宗文皇帝实录》记载:

> 是夜,亥刻,上无疾,端坐而崩。上在位十有七年,寿五十有二。①

事出突然,毫无准备。此前的四天,皇太极还一直在理政。

初五日,仅《实录》记载,便有处理豫亲王多铎与睿亲王多尔衮不协、固山贝子罗讬犯罪、贝勒罗洛宏被六人同词讦告、范文程家人康六被夺银一千两、英亲王阿济格因畏暑热贪逸而不上班和八旗下有人盗银等六件事。

初六日,科尔沁部和硕土谢图亲王巴达礼率众朝贺,接见并大宴之,赏赐来贺科尔沁部和硕福妃等银有差,处罚章京博瑧等十人临阵败逃罪,俱从宽免死、各鞭一百等,共三件事。

---

① 《清太宗文皇帝实录》第65卷,崇德八年八月庚午(初九日),中华书局影印本,1985年,第41叶。

初七日,记载皇太极处理政务五件事。

初八日,皇太极仍在正常从事国务和家务活动。这一天,皇太极以第五女固伦公主下嫁内大臣和硕额驸恩格德尔之子索尔哈,在崇政殿赐固伦公主封册及仪仗,规模宏大,礼仪隆重,《清太宗文皇帝实录》记载:

> 己巳(初八日),赐固伦额驸祁他特、弼尔塔噶尔诰命、仪仗,并赐固伦公主封册及仪仗。
>
> 和硕亲王以下,甲喇章京以上,与朝鲜国世子,及戴青绰尔济、洪承畴,外藩庆贺来朝科尔沁国和硕土谢图亲王巴达礼、和硕卓礼克图亲王吴克善、多罗巴图鲁郡王满朱习礼、多罗郡王班第、固伦额驸祁他特、弼尔塔噶尔、巴雅恩护朗、恭顺王孔有德、怀顺王耿仲明、智顺王尚可喜、续顺公沈志祥,俱朝服,列崇政殿。上御殿,和硕礼亲王代善入,上降阶迎之,复自中阶升御座。代善升自西阶,坐于殿内西侧。索尔哈母和硕公主率固山额真阿山妻,行三跪六拜三叩头礼。昂邦章京莽古尔代、和硕额驸古尔布什、内大臣额尔克戴青,率索尔哈行三跪九叩头礼。和硕福妃、和硕贤妃、察哈尔国固伦公主、固伦额驸祁他特妻公主、固伦额驸弼尔塔噶尔妻公主、固伦额驸班第妻公主、和硕亲王妻福金以下,昂邦章京固山额真承政等命妇以上,俱集清宁宫外,索尔哈母和硕公主率阿山妻,朝见皇后,行三跪六拜三叩头礼。莽古尔代、古尔布什、额尔克戴青率索尔哈行三跪九叩头礼,赐大宴。索尔哈献雕鞍、甲胄、驼马。上命赐和硕礼亲王代善、和硕郑亲王济尔哈朗、和硕睿亲王多尔衮、和硕肃亲王豪格、多罗武英郡王阿济格、多罗豫郡王多铎、多罗郡王阿达礼、外藩科尔沁国和硕土谢图亲王巴达礼、和硕卓礼克图亲王吴克善、多罗巴图鲁郡王满朱习礼,各马一、甲胄全副。①

①《清太宗文皇帝实录》第65卷,崇德八年八月己巳,中华书局影印本,1985年,第39叶。

上述记载,可以看出:皇太极既作为父亲,又作为君主,为女儿结婚操办,是多么重视,多么隆重,多么兴奋,又多么劳累。

初九日,又是忙碌的一天。皇太极分别三批接见、赏赐蒙古王公、章京等官员。更让皇太极兴奋的是在崇政殿的活动:

> 是日,上偕皇后、诸妃,召固伦公主等,至崇政殿,以征明所获缎匹财物之佳者,赐科尔沁国福妃、贤妃,及固伦公主、诸福金等有差。①

皇太极连续三天,大办喜事,过于劳累,过于兴奋,当天夜里在清宁宫,可能患心脑血管病突发,用现代医学术语来说,就是脑卒中或心梗,不治而死。

其实,皇太极之病,早已有先兆。在《清太宗文皇帝实录》中崇德年间,有八条皇太极"圣躬违和"的记载:

第一条,崇德五年即崇祯十三年(1640)七月,皇太极"圣躬违和"②,到安山(即鞍山)温泉疗养。这年皇太极四十九岁。有医学家讲,四十八九岁对男人生理来说,是个易"折断"的年龄。这是《清太宗文皇帝实录》第一次记载皇太极"圣躬违和",也就是说他有病了。

第二条,同年十一月,皇太极又"圣躬违和"③,并派超品公塔瞻等恭代冬至圜丘祭天。

崇德六年即崇祯十四年(1641),皇太极五十岁,刚知天命,流年不利。这年的八月十四日,松山大战前线形势紧急,皇太极要亲征,但因鼻衄延缓三天,"鼻衄不止,承以椀,行三日,衄方止"④。鼻衄流血,连续六天。

---

① 《清太宗文皇帝实录》第65卷,崇德八年八月庚午,中华书局影印本,1985年,第40~41叶。
② 《清太宗文皇帝实录》第52卷,崇德五年七月丙午,中华书局影印本,1985年,第22叶。
③ 《清太宗文皇帝实录》第53卷,崇德五年十一月丙戌,中华书局影印本,1985年,第13叶。
④ 《清太宗文皇帝实录》第57卷,崇德六年九月丙申,中华书局影印本,1985年,第38叶。

第三条，崇德六年即崇祯十四年（1641）九月乙酉（十二日），皇太极正在锦州前线指挥松锦大战，兵事不利，御营遭袭。时盛京来人奏言："关雎宫宸妃有疾。"宸妃为庄妃之姐，颇受皇太极宠幸。皇太极闻报，于丙戌（十三日）卯刻，车架启行，急返盛京。庚寅（十七日）夜一鼓，"盛京使至，奏宸妃疫笃"，即起营急驰赶路。天刚黎明，又得报："宸妃已薨。"年三十三。皇太极在途，闻报妃薨，"恸悼"。卯刻，皇太极到盛京，"入关雎宫，至妃柩前，悲涕不止"。于此，《清太宗文皇帝实录》记载：

> 庚寅（十七日）……是夜一鼓，盛京使至，奏宸妃疾笃。上即起营，遣大学士希福、刚林，梅勒章京冷僧机、启心郎索尼等，先驰往候问，来报。希福等以五鼓至京。冷僧机、索尼方至内门，闻宸妃已薨。冷僧机、索尼复驰行，于途间奏上。上闻妃薨，恸悼，卯刻，驾抵盛京。入关雎宫，至宸妃柩前，悲涕不止。①

《清史稿》亦载：

> 六年九月，太宗方伐明，闻妃病而还，未至，妃已薨。上恸甚，一日忽迷惘，自午至酉始瘥。……上仍悲悼不已。诸王大臣请出猎，遂猎蒲河。还过妃墓，复大恸。妃母和硕贤妃来吊，上命内大臣掖舆临妃墓。②

皇太极在宸妃丧期，过于悲哀，过于哀伤。史书记载："上居御幄，饮食顿减，圣躬违和。"③皇太极这次患病，比较厉害。

---

① 《清太宗文皇帝实录》第57卷，崇德六年八月壬戌，中华书局影印本，1985年，第19叶。
② 《清史稿·后妃列传》第214卷，中华书局标点本，1976年，第8904页。
③ 《清太宗文皇帝实录》第57卷，崇德六年九月丙申，中华书局影印本，1985年，第38叶。

第四条，崇德七年即崇祯十五年（1642）十月，皇太极再次"圣躬违和，肆大赦"①。对死刑罪犯施行大赦，凡械系人犯俱令集大清门外，悉予宽释。看来病情空前严重。

第五条，同年十二月，皇太极第五次"圣躬违和"②。与上次"违和"，只隔了一个月又十二天。

第六条，崇德八年即崇祯十六年（1643）正月初一日，皇太极第六次"圣躬违和"③。不能亲祭堂子、太庙，也免行朝贺大礼。与上次"违和"，只间隔十八天。

第七条，同年三月，皇太极"圣躬违和，大赦，死罪以下，咸宥之"④。病症频繁发作，看来病得极其严重。

第八条，崇德八年即崇祯十六年（1643）四月初一日，皇太极"圣躬违和，命祷于盛京寺庙，施白金"⑤。

冰冻三尺，非一日之寒。三年之间，皇太极有八次"圣躬违和"的记载，还有一次鼻衄，流血六天才止。皇太极患的是什么病？《李朝实录》记载朝鲜世子在沈阳馆所得到的信息：

> 清人言于世子馆所，以为皇帝病风眩，愿得竹沥，且要见名医。上命遣针医柳达、药医朴颃（颉）等。⑥

从皇太极的身体肥胖、性情焦躁、喜食肥肉、过度哀伤等来看，皇太极的患

---

① 《清太宗文皇帝实录》第63卷，崇德七年十月丁巳，中华书局影印本，1985年，第15叶。
② 《清太宗文皇帝实录》第63卷，崇德七年十二月丁丑，中华书局影印本，1985年，第38叶。
③ 《清太宗文皇帝实录》第64卷，崇德八年正月丙申朔，中华书局影印本，1985年，第1叶。
④ 《清太宗文皇帝实录》第64卷，崇德八年三月庚戌，中华书局影印本，1985年，第16叶。
⑤ 《清太宗文皇帝实录》第64卷，崇德八年四月甲子朔，中华书局影印本，1985年，第16叶。
⑥ ［朝］《李朝仁祖大王实录》第44卷，二十一年四月己巳，日本学习院东洋文化研究所刊，1959年，第12叶。

病与猝死，可能同心脑血管疾病有关。而那些皇太极在夜间被"暗杀"等说法，为编造的故事，纯属子虚乌有。

崇德帝皇太极死后，清廷国务之急，莫过于君位。因此，皇位争夺与会议协商，就成为皇太极身后之头等军国大事。

清初的皇位继承，没有形成如明朝"父死子继，兄终弟及"的制度与传统。清太祖努尔哈赤生前曾试图建立皇子继承汗位制度，因先后发生舒尔哈齐、褚英、代善之问题，而在其晚年提出"八大贝勒共同推举或罢黜"大汗的《汗谕》。

皇太极死得过早，也过于突然，没有留下皇位继承人的遗嘱。于是，诸王便援努尔哈赤死后、皇太极继位所采取的八大贝勒共议的办法，来解决皇位继承问题。

当时，有亲王四人，郡王三人，他们是和硕礼亲王代善、和硕郑亲王济尔哈朗、和硕睿亲王多尔衮、和硕肃亲王豪格、多罗武英郡王阿济格、多罗豫郡王多铎、多罗郡王阿达礼。①

代善（1583～1648），努尔哈赤次子，皇太极兄长，为和硕礼亲王，因努尔哈赤长子褚英已死，而位居长兄，又称"大王""大贝勒"，其家族代表两红旗，时年六十一岁。

济尔哈朗（1599～1655），努尔哈赤胞弟舒尔哈齐之子，皇太极堂弟，为和硕郑亲王，又称"右真王"，虽在上述七王中位列第二，因其非太祖直系血胤，自不在皇位候选人之列。为正蓝旗主旗贝勒，时年四十五岁。

多尔衮（1612～1650），努尔哈赤第十四子，皇太极同父异母弟，其母为努尔哈赤大妃阿巴亥，为和硕睿亲王，又称"九王"，与阿济格、多铎为同父同母兄弟，同胞三兄弟代表两白旗，时年三十二岁。

豪格（1609～1648），皇太极长子，为和硕肃亲王，又称"虎口"，以先帝皇太极之子代表两黄旗，时年三十五岁。

---

① 《清太宗文皇帝实录》第65卷，崇德八年八月己巳，中华书局影印本，1985年，第39～40叶。

阿济格（1605～1651），努尔哈赤第十二子，多尔衮同父同母兄，为武英郡王，又称"八王"，时年三十九岁。

多铎（1614～1649），努尔哈赤第十五子，多尔衮同父同母弟，为豫郡王，又称"十王"，时年三十岁。

阿达礼（1624～1643），努尔哈赤重孙，皇太极堂侄孙，为礼亲王代善之孙、颖亲王萨哈璘之子，又称"俊王"，时年二十岁。阿达礼为孙子辈，无缘争夺皇位。

当然，在上列七王中，有条件继承皇位的是四位亲王，其中代善已无其意，济尔哈朗业已排除，实际上是多尔衮与豪格在争夺皇位。按照清太祖努尔哈赤规定的皇位继承《汗谕》，由八旗满洲贵族共议嗣君，而决定皇太极遗位继承人的是"七王会议"。

二 争皇位七王会议

崇德八年即崇祯十六年（1643）八月十四日，皇太极逝世刚过四天，议商皇太极遗位继承人的七王会议，在崇政殿举行。出席会议的七王有：礼亲王代善、郑亲王济尔哈朗、睿亲王多尔衮、肃亲王豪格、武英郡王阿济格、豫郡王多铎和颖郡王阿达礼。会议发言实况，满、汉文字没有留下完整记载，但在朝鲜世子沈阳馆所的《沈馆录》里，有一件《秘密状启》，史料珍贵，文字不长，除去标点符号，一百九十九字，很有价值，全引如下：

十四日，诸王皆会于大衙门。大王发言曰："虎口，帝之长子，当承大统云。"则虎口曰："福少德薄，非所堪当！"固辞退去。定策之议，未及归一。帝之手下将领之辈，佩剑而前，曰："吾属食于帝，衣于帝，养育之恩与天同大，若不立帝之子，则宁死从帝于地下而已。"大王曰："吾以帝兄，常时朝政，老不预知，何可参于此议乎？"即起去。八王亦随而去。十王默无一言。九王应之曰："汝等之言是矣。虎口王既让退出，无继统之意，当立帝之第三（应作九）子。而年岁幼稚，八高山军兵，吾与右真王分掌其半，左右辅政，年长之后，当即归政。"誓天而罢云。①

上述《秘密状启》，时间记为癸未年即崇德八年（1643）八月二十六日，地点记为大衙门。大衙门是指大政殿还是指崇政殿？这里略作考说。许多书文将大衙门作大政殿。金毓黻先生在《沈馆录·叙》中认为："大衙门为清帝朝会治事之所，盖即后来之大政殿，原称为笃恭殿。《盛京通志》谓崇政殿旧名笃恭殿，此殊不然。《东华录》天聪十年四月丁亥，定宫殿名：大殿为笃恭殿，正殿为崇政殿。笃恭殿盖为大政殿之旧名。"查《清太宗文皇帝实录》记载：天聪十年四月丁亥，定宫殿名：正殿为崇政殿，大殿为笃恭殿。② 皇太极于崇德八年八月庚午（初九日）死，辛未（初十日）其梓宫（灵柩）奉安在崇政殿。诸王贝勒大臣等朝夕哭临三日，七日又哭临祭奠。崇政殿连续斋戒七个昼夜。蒙古诸王，恭顺、怀顺、智顺三王等，也到崇政殿叩拜祭奠，焚香致哀。大衙门会议在皇太极死后第五天举行，时皇太极死未满七日，尚在昼夜斋戒之期内。严肃而机密的诸王大臣皇位继承会议，在崇政殿大殿举行，既与史实不符，也与情理不合。《清史稿·索尼传》记载：皇太极死后五日即十四日，"黎明，两黄旗大臣盟于大清门，令两旗巴牙喇兵张弓挟矢，环立宫殿，率以诣崇政殿。诸王大臣列坐东西庑"云云。是知议商皇太极遗位继承人的大衙门会议，泛指是在崇政殿，但不是在崇政殿的大殿，而是在崇政殿的配殿，因正殿摆放大行皇帝遗体，且护卫官、祭奠者往来不断，香烟缭绕，哭声哀痛，气氛肃穆，不宜开会。而在配殿，诸王大臣，列坐举行，议商国是。八月二十六日，顺治帝登极大典则是在笃恭殿即大政殿暨殿前举行的。

前面引述《秘密状启》的内容，列下十二点，逐句解析：

第一，会议的时间，八月十四日，皇太极死后第五天，还在七天大殓之前。

第二，会议地点，在大衙门。大衙门，有学者认为在大政殿，即笃恭殿，也

---

① 《沈馆录》第6卷，《辽海丛书》影印本，辽沈书社，1985年，第19叶。
② 《清太宗文皇帝实录》第28卷，天聪十年四月丁亥，中华书局影印本，1985年，第29叶。

就是俗称的八角殿。应当是在崇政殿之配殿,因大政殿(笃恭殿)不利于开会、更不利于保密,崇政殿因气氛悲哀、事关人多且杂,亦不便于举行绝密会议。

第三,与会者:礼亲王代善、郑亲王济尔哈朗、睿亲王多尔衮、肃亲王豪格、武英郡王阿济格、豫郡王多铎、颖郡王阿达礼等。

第四,大王即礼亲王代善率先发言:"虎口,帝之长子,当承大统。"虎口就是肃亲王豪格,为先帝长子,时年三十五岁,年富力强,屡立战功,应当立豪格继承皇位。

第五,虎口(豪格)说:"福少德薄,非所堪当。"说完离席。豪格想学其父当年,三推让,三拥立,但尔非父比,今亦非昔比。此一让一退,铸成了大憾!

第六,"定策之议,未及归一",议商的结果,意见不统一;皇太极生前手下固山额真佩剑上前道:"我们衣食仰赖于先帝,先帝养育之恩比天大,要是不立先帝的儿子,我们以死相拼,从先帝于地下!"

第七,大王代善则说:"我虽是先帝的兄长,但老了,不参与此议。"说完也退席。

第八,八王即阿济格也跟着退席,十王即多铎却默不作声。

第九,会议意见分歧,暂时休会,会下切磋。

第十,九王即多尔衮说:"大家说得是。虎口(豪格)既然让退,无意继位,那就立先帝第九子福临。他年幼,才六岁,八旗军兵,我和右真王(济尔哈朗)各领一半,左右辅政。等幼帝年长后,我们当即归政。"

第十一,众人没有反对意见。

第十二,择日举行新帝登极并告祭天地、宗社大典。

皇位继承人选,在肃亲王豪格同睿亲王多尔衮之间角逐,结果皇位既不是甲(豪格),也不是乙(多尔衮),却由第三者丙即六岁的福临继承。此事,多年来存在一个学术问题:拥立皇九子——六岁的福临继位,谁是经始者?一种意见认为是睿亲王多尔衮。这是个清朝历史之谜。当代清史学界学者,多认为出自睿亲王多尔衮之首议。

王思治教授在《清代皇位继承制度之嬗变与满洲贵族间的矛盾》论文中阐述，多尔衮在议立皇位继承的关键时刻，提出让皇九子福临继承皇位。他论述道：

> 索尼与鄂拜进入殿内，首先发言，声称定立皇子。多尔衮命其暂时退下。阿济格、多铎劝多尔衮即帝位。多尔衮犹豫未允，多铎即毛遂自荐说："若不允，当立我，我名在太祖遗诏。"多尔衮不同意，说："肃亲王（豪格）亦有名，不独王也。"代善提出：豪格"帝之长子，当承大统"。以代善的地位和两红旗的支持，豪格以为大局已定，辞让表示谦恭，等待劝进。虎口（豪格）曰："福小德薄，非所堪当！"这颇像乃父皇太极当年被议立时所说"吾凉德，惧不克负荷也"。待众人"坚请不已，然后从之"。其所言显系固套。旋即"固辞退去"，故作姿态，以效乃父。豪格离去后，多铎又提出"不立我，论长当立礼亲王"。代善说："吾以帝（皇太极）兄，常时朝政老不预知，何可参与此议乎？"又说："睿亲王若允，我国之福，否则当立皇子，我老矣！能当此位耶？"代善的话是面面俱到，但其倾向于立皇子之意则甚明。会上各执一词，各有所立，"定策之议，未及归一。帝之手下将领（黄旗大臣）之辈佩剑而前，曰：'吾属食于帝，衣于帝，养育之恩与天大，若不立帝之子，则宁死从帝于地下而已。'"以武力胁迫多尔衮拥立皇子，否则将以死相拼。八旗中除多尔衮兄弟所将两白旗支持自己外，两黄旗之重要带兵将领，代善（两红旗）都明确支持豪格，镶蓝旗济尔哈朗内心实则支持拥立皇子。力量对比不利于多尔衮的严峻形势，如若强自为君，势必爆发满洲贵族内部的大厮杀。多尔衮当机立断，立福临，由己摄政，而黜政敌豪格。

王思治先生认为："多尔衮当机立断，立福临，由己摄政，而黜政敌豪格。"于是，睿亲王多尔衮的"这一方案为众人接受"①。

周远廉教授在《顺治帝传》专著中，关于福临继位问题，有一段论述：

> 这时聪睿绝顶的睿亲王多尔衮迅速地思考对策。形势已很明显，自己若要坚持登基，白、黄四旗必然火并。胜负很难预料，且即使侥幸战胜对方，四旗将士将大量死于血泊之中，八旗劲旅必然元气大伤，十几年来拼死厮杀争取到的即将进军中原的有利局面便会彻底丧失，代价太大了。但若屈服于黄旗大臣的压力，尊豪格为君，自己多年以来梦寐以求地要夺回被兄长太宗抢走的君汗之位，就毁于一旦，又太可惜了。怎样才能两全其美，既不致引起白、黄四旗火并，又不影响掌权的利益？他突然从"必立皇子"四字中找到了解决问题的关键，立即宣布：黄旗大臣的建议，是正确的。肃王既然退让，"无继统之意"，那就立先帝之子福临，不过他年龄还小，"八高山军兵，吾与右真王分掌其半，左右辅政"，待幼君年长之后，"当即归政"。众赞同，遂定议。②

周远廉先生也认为：睿亲王多尔衮首先找到了解决问题的关键，立先帝之子福临，自己与济尔哈朗，左右辅政，众皆赞同，由是定议，福临继位。

李洵、薛虹教授在《清代全史》第一卷里，论述皇太极遗位继承的大衙门会议时，就福临继位问题阐述道：

> 选定皇位继承人问题，经过一番纷争之后，结果是出现了一种类似折衷的方案，即选定皇太极的第九子，年仅六岁的福临继位。同时决定，

---

① 王思治：《清代皇位继承制度之嬗变与满洲贵族间的矛盾》，载《满学研究》第3辑，民族出版社，1996年。
② 周远廉：《顺治帝传》，吉林文史出版社，1993年，第9~10页。

由济尔哈朗与多尔衮二人辅政。这个方案基本上是由多尔衮提出的。①

李、薛二位先生作出了福临继位始议者的论断:"这个方案基本上是由多尔衮提出的。"

李鸿彬教授在《孝庄文皇后》一文中,也认为是多尔衮提出的让福临继位:

当时在诸王中有力量争夺皇位的,是睿亲王多尔衮和皇太极的长子肃亲王豪格,两者之间斗争激烈。最后多尔衮感到势单力薄,暂时作了让步,提出立年方六岁的福临为帝,"八高山(即固山)军兵,吾与(右)真王(即济尔哈朗)分掌其半,左右辅政,年长之后,当即归政"。②

李鸿彬先生的结论是:"最后多尔衮感到势单力薄,暂时作了让步,提出立年方六岁的福临为帝。"

此外,李格在《关于多尔衮拥立福临问题的考察》中认为:多尔衮于皇太极死后满洲贵族集团面临分裂的紧急关头,"断然决策,拥立福临"③。张玉兴教授在《多尔衮拥立福临考实》中也认为:皇太极突然逝世,由谁来继位,成了大问题;多尔衮随机应变,"而成为拥戴元勋"④。

上述两篇关于福临嗣承皇位的专题论文的作者都认为:福临之所以继承皇位,睿亲王多尔衮成为拥戴的元勋。

以上六例,充分说明:当代清史界比较普遍地认为,拥立福临继位之议,出自睿亲王多尔衮。这个问题,需要辨析。

---

① 李洵、薛虹:《清代全史》第 1 卷,辽宁人民出版社,1991 年,第 389 页。
② 李鸿彬:《孝庄文皇后》,载王思治主编《清代人物传稿》第 1 卷,中华书局,1984 年,第 75 页。
③ 李格:《关于多尔衮拥立福临问题的考察》,载《清史论丛》第 2 辑,中华书局,1980 年。
④ 张玉兴:《多尔衮拥立福临考实》,《故宫博物院院刊》1984 年第 1 期。

第一，出自多尔衮之议辨析。认为福临继位之议，出自多尔衮的学者，其主要依据是朝鲜《沈阳状启》或《沈馆录》中的一段记载（见前文，此从略）。

在前述《秘密书启》中，有两句重要的话，不应被忽视，而应受重视。这就是"九王应之曰"和"汝等之言是"十个字。在整段文字中，"九王应之曰"——此前为议论，此后为结论；"汝等之言是"——承上而启下，接前而转后。有三点，作分析。

其一，"九王应之曰"，就是说在九王多尔衮发表当立帝之第九子福临以前，诸王们有一番议论，而被《秘密状启》的作者，或出于重点在启报新君为谁而省略繁文，或对当时秘议不甚了解而断简阙载。不管出于何种原因，其前都有一番争论。因是最高机密会议，外人不可详而得知。这段记载，十分可贵，有所罅漏，不必苛责。

其二，"汝等之言是"，就是说在九王多尔衮发表当立帝之第九子福临以前，诸王们有人提出立福临，故多尔衮才"应之""是之"，否则何应之有、何是之言！上述《秘密状启》，记于当时盛京，记载疏略，"汝等之言"断简，于是给人一种信息误导，似乎福临继位是由多尔衮提出的。睿亲王多尔衮权势倾朝，功劳归于己，罪祸嫁于人。这样，多尔衮就"翊戴拥立，国赖以安"①，把拥立福临的功劳归于自己。

其三，"九王应之曰"与"汝等之言是"，萧一山先生《清代通史》在转述上面引文时，作了通俗节录："睿亲王多尔衮曰：'诸将之言是也。豪格既退让无续继意，则当立帝之三子福临，若以为年稚，则吾与郑亲王济尔哈朗分掌其半，以左右辅政，年长之后，再当归政。'因誓天而散，福临方六岁云。"② 这里虽省略"九王应之曰"，却将"汝等之言是"诠释为"诸将之言是也"。

上面在"九王应之曰"和"汝等之言是"之中，其"应"的是什么？其"是"

---

① 《清世祖章皇帝实录》第9卷，顺治元年十月甲子，中华书局影印本，1985年，第15叶。
② 萧一山：《清代通史》卷上，商务印书馆，1937年，第205页。又，"帝之三子福临"，"三"应作"九"。

的又是什么？细加分析，共有四点：一是，豪格退让，无意继统；二是，拥立福临，嗣承皇位；三是，福临年幼，郑、睿辅政；四是，幼主年长，当即归政。

由上可见，福临继位之议，出自多尔衮，直接史料，未见一条①；所引《沈阳状启》之记载，其辞含糊，且存疑点。

第二，出自代善之议解析。礼亲王代善是议商嗣君诸王会议的重要政治力量。因为：代善是努尔哈赤次子（长子褚英已死），春秋六十一，花甲老翁，在宗室中年龄最长、有着家长的地位，此其一。代善为正红旗的旗主贝勒，有军事实力，此其二。代善的子孙掌镶红旗，此其三。代善为大贝勒、和硕礼亲王，被朝鲜称为"大王"，此其四。代善召集诸王大臣会议，议立嗣君，此其五。代善率领诸王、大臣、贝勒等以福临继位盟誓告天，此其六。所以，代善在议立嗣君的诸王会议上有着举足轻重的影响。但是，代善知己知彼，圆融平和，进退有度，主动谦让，以"常时朝政，老不预知，何可参于此议"而坚辞。所以，立福临继位之议，并非出自代善之口。从代善坚决辞让、圆融建言、退席避锋与未行摄政四事，可以反证其并非倡福临继位之首议。

第三，出自豪格之议诠析。肃亲王豪格继承皇位的有利条件是：豪格为皇太极长子，三十五岁（比多尔衮年长三岁），正值壮年，有文韬武略，也有显赫战功，此其一。豪格的十一位弟弟中，有七位在世：四阿哥叶布舒十七岁②，五阿哥硕塞十六岁③，六阿哥高塞七岁，七阿哥常舒七岁，九阿哥福临六岁，十阿哥五岁，十一阿哥博穆博果尔三岁，六、七、九、十、十一阿哥都年龄较小，此其二。豪格人才出众，史称他"容貌不凡，有弓马才"，"英毅、多智略"，此其三。豪格在

---

① 《清世祖章皇帝实录》第56卷，顺治八年四月戊午载冷僧机奏言"两旗大臣原誓立肃亲王为君，睿王主立皇上"云云，只能说明多尔衮曾主张立福临，而不能证明多尔衮首议立福临。
② 中国第一历史档案馆藏《玉牒》载：清太宗第四子叶布舒生于天聪元年十月十八日子时，即公元1627年11月25日。承蒙中国第一历史档案馆高换婷研究馆员代为查阅《玉牒》第118册。
③ 中国第一历史档案馆藏《玉牒》载：清太宗第五子硕塞生于天聪二年十二月二十四日亥时，即公元1629年1月17日。承蒙中国第一历史档案馆高换婷研究馆员代为查阅《玉牒》第118册。

太祖时因军功被封为贝勒，太宗即位后又因军功被晋为和硕贝勒，崇德元年（1636）皇太极即皇帝位后再被封为和硕肃亲王兼摄户部事，此其四。豪格有两黄旗贝勒大臣的支持，其父皇太极生前亲掌正黄、镶黄和正蓝三旗，而两黄旗和正蓝旗大臣拥护豪格继位，此其五。豪格有济尔哈朗表示支持，还有众大臣拥护，如开国五大臣中额亦都、费英东、扬古利的子弟侄孙多是两黄旗的勇将，都拥戴豪格，此其六。但是，肃亲王豪格既不善上（故作虚套），也不善让（真正辞让），或者说既不知上，也不知让，"因王性柔，力不能胜众"①，大清皇位，失之交臂。从豪格或因故套谦恭或由愤懑退席与未行摄政两件事，可以反证其并未首议福临继位。

第四，出自其他诸王之议考析。参加大衙门会议的其他诸王还有武英郡王阿济格、豫郡王多铎和颖郡王阿达礼。前已分析，英郡王阿济格主张立胞弟多尔衮，豫郡王多铎也主张立胞兄多尔衮。史载：英郡王阿济格、豫郡王多铎等"跪劝睿王，当即大位"②。甚至说："若立肃王，我等俱无生理！"豫郡王多铎还提出"当立我"③，即立自己。阿济格因"心非立其幼，自退出之后，称病不出，帝之丧次，一不往来"④。十王多铎，史载，颖郡王阿达礼"入往十王家，要见，则十王曰：'此非相访之时。'终始不出见"⑤。由此可见，阿济格、多铎兄弟不会，也没有提出拥立福临继位。至于多罗颖郡王阿达礼，为代善第三子萨哈璘之长子，以父死袭颖郡王。萨哈璘多军功，与议政，掌礼部，同多尔衮亲近。其子阿达礼多有战功，附多尔衮，管礼部，与议政。阿达礼在皇太极死后，谋立多尔衮继位。阿达礼、硕托（代善次子）往来于代善、多尔衮、济尔哈朗之间，谓"众已定议，立和硕睿亲王矣"！⑥

---

① 《清世祖章皇帝实录》第4卷，顺治元年四月戊午朔，中华书局影印本，1985年，第2叶。
② 《清世祖章皇帝实录》第63卷，顺治九年三月癸巳，中华书局影印本，1985年，第11叶。
③ 《清史稿·索尼传》第249卷，中华书局标点本，1977年，第9672页。
④ 《沈馆录》第6卷，《辽海丛书》影印本，辽沈书社，1985年，第20叶。
⑤ 《沈馆录》第6卷，《辽海丛书》影印本，辽沈书社，1985年，第19叶。
⑥ 《清世祖章皇帝实录》第1卷，崇德八年八月丁丑，中华书局影印本，1985年，第7叶。

结果阿达礼以"扰政乱国"罪,当夜被"露体绑缚""即缢杀之"①。阿达礼之母和硕托之妻,也同时被缢杀,其军兵财产皆被没入。此事《清史稿·萨哈璘传附阿达礼传》载:"太宗崩,(阿达礼)坐与硕托谋立睿亲王,谴死。"②这件事情发生在礼亲王代善会集诸王贝勒等为福临继位而"共立誓书、昭告天地"之后两天,所以就排除多罗颖郡王阿达礼首议福临继位之可能。

除上之外,剩下应论,首议拥立皇太极第九子、六岁的福临继承皇位的,就是郑亲王济尔哈朗。

---

① 《沈阳状启》,癸未年八月二十六日,辽宁大学历史系铅印本,1983年,第514页。
② 《清史稿·萨哈璘传附阿达礼传》第216卷,中华书局标点本,1977年,第8990页。

三 顺治帝六岁登极

拥立福临继承皇位之议，出自郑亲王济尔哈朗。依据史料，阐述如下。

第一，四大亲王态度。当时最有影响的四位和硕亲王——礼亲王代善抱明哲保身态度，以年老多病为由，不想卷进这场政治旋涡里面；肃亲王豪格与睿亲王多尔衮角逐，互不相让，双方僵持；所以，当时只有郑亲王济尔哈朗比较超脱且能起协调作用。郑亲王济尔哈朗是努尔哈赤胞弟舒尔哈齐之子，在这场宫廷斗争中扮演着重要的政治角色。因为：一则，济尔哈朗虽是舒尔哈齐之第六子，但自幼为伯父努尔哈赤养育宫中；二则，济尔哈朗被排除在汗位候选人之外，以比较客观的身份和态度出现，其建议易于被角力双方接纳；三则，济尔哈朗小皇太极七岁，两人情谊犹如同胞；四则，济尔哈朗在其兄阿敏被夺旗后，成为镶蓝旗的旗主贝勒；五则，济尔哈朗屡经疆场，勇智兼具，军功显赫；六则，济尔哈朗年四十五，序齿仅亚于代善，比多尔衮年长十三岁；七则，济尔哈朗受清太宗皇太极信任倚重，被封为和硕郑亲王；八则，济尔哈朗既是多尔衮的兄长，又是豪格的叔辈，便于两方协调；九则，济尔哈朗表面憨厚而内心机敏，能在关键时刻提出重要政议。所以，应是郑亲王济尔哈朗在大衙门议商皇位继承而陷于僵局之时，提出了一个折中方案——让是皇子但不是豪格的幼年福临继位。

第二，济尔哈朗辅政。郑亲王济尔哈朗因倡立福临继位之功，而得到担任辅政亲王的政治回报，且其位次在睿亲王多尔衮之前。辅政[①]亲王的政治地位，较和硕亲王更高一层。当时为何不由代善、豪格，而由济尔哈朗辅政？显然，代善在这场严重而激烈的政治斗争中，没有作出有利于胜利一方的贡献。豪格则与多尔衮对立，如二人同时辅政，会出现两虎相争的局面。至于济尔哈朗，有学者解释说，多尔衮拉济尔哈朗辅政，是因为他"非属皇室直系，当然无法与多尔衮并肩，也绝不会与之争夺权势"。在宫廷激烈斗争态势下，济尔哈朗出任辅政王，既不是出于情愫之事，也不是因其弱势，而是政治势力角逐、皇位继立回报的结果。愚以为，济尔哈朗之所以为辅政王，主要原因：一是，原有"谋立肃王为君，以上（福临）为太子"之私议，当肃亲王继位受阻，退而求其次就是拥立福临。二是，他提出了福临继位这一折中方案，侄子继统，皇叔辅政，理所当然，众王接受。三是，他因私下表示拥立豪格[②]，而为两黄旗王大臣所认同。四是，他同代善父子无恶，而为两红旗王大臣所认允。五是，他非帝统血胤，对多尔衮兄弟构不成政治威胁，而为两白旗三王及其大臣所接受。可以说，济尔哈朗是当时皇位继承矛盾对立两方最合适的协调者。史料记载可以佐证：肃亲王豪格派何洛会、扬善同郑亲王密商，两黄旗大臣已"定立我为君，尚须尔议"。济尔哈朗回答道，睿亲王多尔衮"尚未知，待我与众商之"[③]。

以上说明，郑亲王济尔哈朗同争位角逐的两方都能对话，他不仅有可能，而且实际上提出协调矛盾双方的方案，首议拥立福临继位。在这里，附论立福临的

---

① 崇德八年八月乙亥（十四日）大衙门会议上，公议由皇九子福临继承皇位，而由郑亲王济尔哈朗和睿亲王多尔衮辅政。但是，《清世祖章皇帝实录》第2卷，崇德八年十二月乙亥（十五日）记载"摄政和硕郑亲王济尔哈朗、和硕睿亲王多尔衮定议"云云。这是《清世祖章皇帝实录》出现"摄政王"之始。后来多尔衮和济尔哈朗由辅政王而成为摄政王。

② 《清国史·索尼传》第37卷，中华书局影印本，1993年，第504页。

③ 《清世祖章皇帝实录》第37卷，顺治五年三月己亥，中华书局影印本，1985年，第5叶。

一个理由。皇太极死时除其长子豪格和九子福临外，还有六位在世：四阿哥叶布舒十七岁，五阿哥硕塞十六岁，均已成年，若立为君，无须辅政；六阿哥高塞和七阿哥常舒虽均比福临年长一岁，但其生母皆为庶妃；十阿哥韬塞不仅年幼，且其生母氏族不明，地位更低；十一阿哥博穆博果尔虽其生母为麟趾宫贵妃，但年仅三岁，又太幼小。而皇九子福临在年龄长幼与生母身份方面均占优势：福临年龄不算太大（太大不便摄政），也不算太小；其生母博尔济吉特氏既是孝端文皇后之侄女，又是永福宫庄妃。所以，仅从当时年龄与其生母身份来说，拥立福临当是皇子中除豪格之外的最佳选择。但是，济尔哈朗拥立福临后，于顺治四年（1647）二月被多尔衮罢其辅政王，一年后又被多尔衮降为郡王。这是多尔衮对济尔哈朗不拥立自己而拥戴福临的一个政治报复，也是多尔衮独揽朝纲的一项举措。

第三，睿亲王权衡利弊。睿亲王多尔衮在两黄、两红和两蓝六旗不支持的情势下，若自己强行登极，只有两白旗支持，明显不占优势，还势必引起两白旗与两黄旗的火并，其后果可能是两败俱伤。解决皇位继承难题的途径不外三条：一是强自为君，不仅会引发两黄旗的强烈反对，也得不到两红、两蓝旗的赞同；二是让豪格登极，自己既不甘心，还怕遭到豪格报复；三是让年幼的皇子福临继位，而自己同济尔哈朗辅政，可收一石三鸟之利——打击豪格，摄政掌权，避免内讧。显然，在上述三种解决办法中，以第三种解决办法比较切实可行，两黄、两白、两红、两蓝八个方面都可以接受。睿亲王多尔衮，能识时务，聪睿机智，权衡利弊后回应说：我赞同黄旗大臣"立皇子"的意见，而肃亲王豪格既然没有继统之意，所以就立先帝第九子福临；但他年龄还小，由郑亲王和我辅政，待新君年长之后"当即归政"。众赞同，议遂定。

第四，顺治帝的肯定。福临当时尚在冲龄，不了解继位政争内幕。后来逐渐知道当年的故事。待多尔衮病死、自己亲政之后，即对皇叔济尔哈朗表彰其当年功绩，赐予其金册金宝。对此，《清世祖章皇帝实录》记载：

我太祖武皇帝肇造鸿基，创业垂统，以贻子孙。太宗文皇帝继统，混一蒙古，平定朝鲜，疆圉式廓，勋业日隆。及龙驭上宾，宗室众兄弟，乘国有丧，肆行作乱，窥窃大宝。当时尔与两旗大臣，坚持一心，翊戴朕躬，以定国难。……睿王心怀不轨，以尔同摄朝政，难以行私，不令辅政，无故罢为和硕亲王。及朕亲政后，知尔持心忠义，不改初志，故锡以金册、金宝，封为叔和硕郑亲王。①

上面，顺治帝福临明确谕示：济尔哈朗在诸王议立自己为帝时，"与两旗大臣，坚持一心，翊戴朕躬，以定国难"，有首议之功。福临的这番话，说出了当时的内情。

蒋良骐《东华录》也记载，"己亥，诏曰：郑亲王、巽亲王等同大臣合词奏言，'太宗皇帝宾天时，臣等扶立皇上，并无欲立摄政王之议，惟伊弟豫郡王唆词劝进'。"云云。②郑亲王之功，在拥立福临。上述的记载，细分析，有八则：一则，册文中明白清楚地说：当太宗皇帝去世国丧之时，"宗室众兄弟，乘国有丧，肆行作乱，窥窃大宝"。这显然指的是皇叔睿亲王多尔衮、武英郡王阿济格、豫郡王多铎和皇侄颖郡王阿达礼。二则，在这宗社危难之时，是谁站出来翊戴福临继位呢？册文里没有提代善，没有提豪格，也没有提多尔衮，与会的四大亲王除前三人外，剩下的只有济尔哈朗。三则，册文又明白清楚地说："当时尔与两旗大臣，坚持一心，翊戴朕躬，以定国难。"在这里，"尔"即济尔哈朗，在大衙门议立嗣君的最高贵族会议上，倡言"翊戴朕躬，以定国难"。四则，在上文中，"两旗大臣"即两黄旗大臣，他们没有出席大衙门议立嗣君的最高贵族会议，索尼与鳌拜虽与会，但会议刚开始不久因抢先发言而被多尔衮勒令退席，只能在会外起策应作用。五则，郑亲王济尔哈朗翊戴福临的倡言，得到礼亲王代善、肃亲王豪格等的赞同。六则，睿亲王多尔衮才"应之""是之"，也才赞同，即《沈阳状启》

---

① 《清世祖章皇帝实录》第63卷，顺治九年二月庚申，中华书局影印本，1985年，第3叶。
② 蒋良骐：《东华录》第6卷，顺治八年二月己亥，清木刻本。

中"九王应之曰"和"汝等之言是"的记载。七则,至于顺治元年(1644)十月,为多尔衮"建碑立绩",那是摄政睿亲王自我表彰所为。八则,顺治帝对其他的亲王、郡王,在决定自己继位的功绩上,都没有进行过表彰,只有对济尔哈朗进行表彰。这就透露出当时重要的政治机密:在大衙门议立嗣君的最高贵族会议上,济尔哈朗首先"翊戴朕躬,以定国难"。总之,顺治帝亲自给摄政郑亲王济尔哈朗金册、金宝,封他为皇叔和硕郑亲王,对其推戴自己继位的功绩进行表彰,这从一个侧面证明:济尔哈朗在大衙门诸王贝勒会议上,在拥立福临继位上立有特殊的历史功勋。

第五,王公大臣同誓。礼亲王代善、郑亲王济尔哈朗、睿亲王多尔衮、肃亲王豪格、英郡王阿济格、豫郡王多铎、颖郡王阿达礼十九位王公等共同誓书,昭告天地:"不幸值先帝升遐,国不可无主。公议奉先帝子(福临),缵承大位。嗣后有不遵先帝定制,弗殚忠诚,藐视皇上幼冲,明知欺君怀奸之人,互徇情面,不行举发,及修旧怨,倾害无辜,兄弟谗构,私结党羽者,天地谴之,令短折而死。"①八旗大臣阿山等也立誓要竭诚事君。郑、睿二王,特立誓辞:"今公议以济尔哈朗、多尔衮辅理国政,我等如有应得罪过,不自承受,及从公审断,又不折服者,天地谴之,令短折而死。"这段誓词,其中两点格外重要,需要强调:其一,济尔哈朗名在多尔衮之前;其二,以上三份誓词,都有"公议"二字,表明是经过诸王会议集体决定的。济尔哈朗拥立福临继承皇位之议,最后得到诸亲王、郡王、贝勒、大臣等的认同。

综上所述,郑亲王济尔哈朗在大衙门诸王皇位继承会议上,鉴于豪格与多尔衮争夺皇位陷于僵局,能从大局出发,平衡各旗利益,提出折中方案,首议由福临继承皇位,得到多尔衮的回应,也得到诸王贝勒公议的认可。清太宗皇太极遗位争夺的胜利者,既不是角逐一方的肃亲王豪格,也不是角逐另一方的睿亲王多尔衮,而是第三者——六岁的福临。福临缵承皇位,是当时政治与军事、帝胤与

① 《清世祖章皇帝实录》第1卷,崇德八年八月乙亥,中华书局影印本,1985年,第5叶。

血缘、智谋与权变、明争与暗斗，诸种因素相互斗争与相互均衡的结果。这个方案与胜利者，对于四位和硕亲王来说——于礼亲王代善无利无弊，于睿亲王多尔衮有利有弊，于肃亲王豪格无利有弊，于郑亲王济尔哈朗则有利无弊。所以，皇太极遗位由福临，得益最大的四个人是：福临、孝庄太后[①]、济尔哈朗和多尔衮。

从此，在清代史、满洲史上开了一个幼童继承皇位的先例，其后有八岁的康熙、六岁的同治、四岁的光绪和三岁的宣统继承皇位，在清入关后的十位皇帝中竟占了五位。稚童继位，必有摄政，其影响可谓深远！

《清史稿·诸王列传》论曰：大清皇朝，亲贵用事，"以摄政始，以摄政终"。六龄稚童福临继位，二王摄政，北京定鼎；三龄幼童溥仪继位，醇王摄政，清祚覆亡。论者谓有天焉，诚一代得失也！[②]

拥立福临，继承皇位后，举行大典，昭告天下。

八月乙亥（十四日），七王会议定皇太极第九子福临继承皇位后，当日，"和硕礼亲王代善，会集诸王、贝勒、贝子、公及文武群臣，以天位不可久虚，伏睹大行皇帝第九子，天纵徇齐，昌符协应，爰定议同心翊戴嗣皇帝位。共立誓书，昭告天地"[③]。列名者十九人。诸臣也发誓词。同日，诸王贝勒公议，以和硕郑亲王济尔哈朗、和硕睿亲王多尔衮辅理国政，誓告天地。

丁亥（二十六日），顺治皇帝即皇帝位。这一天，内外诸王，贝勒大臣，会集在笃恭殿（大政殿）前，举行顺治帝登极大典。《清世祖章皇帝实录》记载了六岁小皇帝福临的两个小故事。一个是："上出宫时寒甚，侍臣进貂裘。上视裘，却弗御。"另一个是："时上甫六龄，将升辇，乳媪欲同坐。上曰：'此非汝所宜乘。'不许上升辇。"登极大典，由和硕郑亲王济尔哈朗与和硕睿亲王多尔衮率内外诸王、

[①] 高阳：《清朝的皇帝》（一）载"世祖为多尔衮与孝庄所生之子"，"至于选立六岁的福临继承皇位，自然是由于孝庄太后之故"云云。此为小说家言。

[②] 《清史稿·诸王列传一》第 30 册，第 215 卷，中华书局标点本，1977 年，第 8936 页。

[③] 《清世祖章皇帝实录》第 1 卷，崇德八年八月乙亥，中华书局影印本，1985 年，第 5 叶。

贝勒、贝子、公、文武群臣，行三跪九叩头礼毕。① 尔后，举行大宴会。因在大丧期间，与会朝鲜官员记载："肉膳如常进排，只勿为用乐。"② 以明年为顺治元年。

顺治元年即崇祯十七年（1644），是中国历史大动荡、大转变的一年。李自成进京，崇祯帝自缢，明朝覆亡，清军进关，山海关大战，清迁都北京，等等，都是惊天动地的大事件。

---

① 《清世祖章皇帝实录》第1卷，崇德八年八月乙亥，中华书局影印本，1985年，第12叶。
② 《沈馆录》第6卷，《辽海丛书》影印本，辽沈书社，1985年，第20叶。

第十五章　清朝迁都北京

一 形势之变局

时局对清来说，竟然发生了三方面的变化。

其一，清朝顺利完成皇位传承。崇德帝皇太极于崇德八年即崇祯十六年（1643）八月庚午（初九日）病逝后①，清廷在最高权力交替中，亲王、郡王和贝勒大臣们，没有发生内讧与火并，而是通过会议协商，实现和平过渡，并一致议定：立皇太极第九子、六岁的福临继承皇位，由郑亲王济尔哈朗与睿亲王多尔衮共同辅政（摄政）。清帝皇位之传承，虽经激荡风波，却能顺利渡过。这是尔后多尔衮与崇祯帝、李自成相较量的基本条件与取胜保证。

其二，农民军形势发展顺利。农民军走过低谷之后，又进入高峰：李自成先陷承天，继破潼关，又占西安；张献忠先破汉阳，继陷武昌，沉楚王华奎于长江，再陷长沙——李自成与张献忠两股农民大军，形成攻明的掎角之势。清睿亲王多尔衮曾派人入关，致农民军将领书，希望"协谋同力，并取中原"②，但未得到回应。

---

① 《清太宗文皇帝实录》第65卷，崇德八年八月庚午，中华书局影印本，1985年，第41叶。
② 《致西据明地诸帅书稿》，载《明清史料》丙编，第1本，中央研究院历史语言研究所集刊，1936年。

其三，明祚处于大厦将倾危局。先是，崇祯十四年即崇德六年（1641），李自成陷洛阳，杀福王朱常洵；同期，张献忠陷襄阳，杀襄王朱翊铭。襄王之死，故事奇特：张献忠受到明大学士、督师杨嗣昌围堵，形势危殆。但是，张献忠率军从杨嗣昌围堵的隙缺东逸，兵到郧阳。明郧阳抚治①袁继咸急谋发兵，而张献忠令罗汝才与袁继咸相持，牵制其兵，却自率轻骑，直奔襄阳。史载张献忠巧取襄阳的奇智奇行：

（张献忠）自以轻骑，一日夜驰三百里，杀督师使者于道，取军符。以二月十一日，抵襄阳近郊。用二十八骑，持军符先驰，呼城门督师调兵。守者合符而信，入之。夜半从中起，城遂陷。献忠缚襄王置堂下，属之酒，曰："吾欲断杨嗣昌头，嗣昌在远。今借王头，俾嗣昌以陷藩伏法，王努力尽此酒。"遂害之。②

《明史·张献忠传》记载略同：

……献忠果东出，令汝才拒郧抚袁继咸兵，自率轻骑，一日夜驰三百里，杀督师使者于道，取军符，绐陷襄阳城。献忠缚襄王翊铭置堂下，属之酒曰："我欲借王头，使杨嗣昌以陷藩诛，王其努力尽此酒。"遂杀之。③

到崇祯十六年即崇德八年（1643），明大学士或被杀或被戍或被革或被休，如：武昌失陷，"在籍大学士贺逢圣等死之"；大学士"范志完、赵光抃弃市，戍吴甡

---

① 抚治，《明史·袁继咸传》载：崇祯十三年"四月，擢右佥都御史，抚治郧阳"。《中文大辞典》"抚治"条诠释："谓安抚而治之也。明雷礼《列卿纪》：添设都御史提督抚治之。"
② 《明史·杨嗣昌传》第252卷，中华书局点校本，1974年，第6520页。
③ 《明史·张献忠传》第309卷，中华书局点校本，1974年，第7973页。

于金齿";"周延儒有罪赐死"等。① 同期，北京自二月至九月，"京师大疫"②；京师雷震，通宵不止，"太庙神主横倒，诸铜器为火所铄，熔而成灰。"③ 在凤阳，地震、大旱、瘟疫等，虽是偶然灾异，却给人一个总印象：大明气数将尽。

以上是崇德朝和崇祯朝末年的军政大局。到崇祯十七年即顺治元年（1644），中原政局，骤生巨变。顺治元年即崇祯十七年正月初一日，大明、大清、大顺三方，时政大势，发生变局：

大清，顺治帝祭堂子、祭神后，于笃恭殿（大政殿）接受诸王贝勒、文武群臣、蒙古王公，以及朝鲜国王使臣等的朝贺。顺治朝开局，君臣协和，生机盎然。这表明清朝第三位皇帝顺治朝新纪元的开端。

大顺，李自成在西安称帝。史载："十七年正月庚寅朔，自成称王于西安，僭国号曰大顺，改元永昌。"④ 这表明一个新政权的建立。李自成的大顺政权，既要与大明，也要与大清，争夺中央皇权，统一中华天下。

大明，崇祯帝御皇极殿（太和殿），受群臣朝贺。是日，"大风霾，凤阳地震"⑤。这虽属自然现象，却引发人们联想。崇祯帝临朝时叹曰："朕非亡国之君，事事皆亡国之象。祖宗栉风沐雨之天下，一朝失之，何面目见于地下！"⑥

明朝这艘行驶了二百七十六年的大船，龙骨腐朽，千隙万孔，风起浪涌，难以抵御，摇摇欲沉，凶相四起。

李自成建立大顺政权之后，二月初七日，攻陷太原，兵锋所向，直指北京。十六日，崇祯帝召集群臣，议京师城守。十八日，李自成军攻畿南。二十日，崇祯帝派高起潜、杜勋等十八位太监前往诸重关要隘处监军。这是一个哀象：大明

---

① 《明史·庄烈帝本纪二》第24卷，中华书局点校本，1974年，第332~333页。
② 《明史·五行志二》第29卷，中华书局点校本，1974年，第443页。
③ 《明史·五行志一》第28卷，中华书局点校本，1974年，第436页。
④ 《明史·李自成传》309卷，中华书局点校本，1974年，第7963页。
⑤ 《明史·庄烈帝本纪二》第24卷，中华书局点校本，1974年，第334页。
⑥ 《明史·李建泰传》253卷，中华书局点校本，1974年，第6549页。

皇朝，文臣武将，或陨或贬，人才已尽。十八位太监荣任监军，大明不亡，天地不容，何况人乎！二十五日，李自成军到彰德（今河南安阳），明赵王朱常澖降。二十八日，崇祯帝诏天下勤王。三月初二日，李自成军攻大同，杀明代王朱传㸙，代藩宗室，死亡殆尽。明总兵姜瓖迎降。初三日，大学士李建泰疏请迁都南京。翌日，崇祯帝在平台召见群臣，表示决不迁都："国君死社稷，朕将焉往？"①初五日，崇祯帝封总兵官吴三桂等俱为伯。②初七日，李自成陷大同。十一日，李自成到宣府，太监监军杜勋等降。太监监军，严守关隘，却也投降。十五日，居庸关守将总兵官唐通、太监杜之秩等迎降，又是一个投降的镇守太监！李自成军入居庸关。十六日，李自成陷昌平，寻焚明十二陵享殿。十七日，李自成军围京城。京城的城防"司令"——镇守太监竟然是大太监王承恩，京营兵溃，所在必然。十八日，李自成驻京师外城彰义门（广宁门）③外。他"遣降贼太监杜勋缒入见帝，求禅位。帝怒，叱之，下诏亲征"。④但是，日暝，太监曹化淳启彰义门，"太监内应，门启"⑤，还是一个镇守太监投降！北京外城陷。当夜，崇祯帝逼周皇后在坤宁宫自缢死。十九日凌晨，李自成军攻入内城。崇祯帝命鸣钟召集百官，结果无一人至者。崇祯帝朱由检登上煤山（景山），自去冠冕，以发覆面，自缢而死。⑥李自成进大明门、承天门（天安门），入明皇宫，登皇极殿。⑦明亡。明祚自朱元璋传十六帝到朱由检，共二百七十六年。

此期，顺治元年即崇祯十七年（1644）四月辛酉（初四日），在关外盛京沈阳，清大学士范文程，审时度势，抓住机会，就事关清朝历史命运、决定中华历史走向、

---

① 《明史·庄烈帝本纪二》第24卷，中华书局点校本，1974年，第334页。
② 计六奇《明季北略·吴三桂请兵始末》载：崇祯十七年"三月，封三桂平南伯，征兵入援，三桂不即行"。又同书第20卷初四日壬辰："诏封各总兵：吴三桂平南伯。"
③ 广宁门，清为避道光帝旻宁名讳，改其名为广安门。
④ 《明史·李自成传》第309卷，中华书局点校本，1974年，第7965页。
⑤ 《崇祯长编》第2卷，崇祯十七年三月丙午，台北历史语言研究所校勘本，1962年，第26叶。
⑥ 《明史·庄烈帝本纪二》第24卷，中华书局点校本，1974年，第334页。
⑦ 彭孙贻：《流寇志》第10卷，浙江人民出版社，1983年，第161页。

影响世界历史进程的大事，上书摄政和硕睿亲王多尔衮。原文近六百字，兹全引如下：

乃者有明流寇，踞于西土。水陆诸寇，环于南服。兵民煽乱于北陲，我师燮伐其东鄙。四面受敌，其君若臣，安能相保耶？顾虽天数使然，良由我先皇帝忧勤肇造，诸王大臣只承先帝成业，夹辅冲主，忠孝格于苍穹，上帝潜为启佑，此正欲摄政诸王建功立业之会也！

窃惟成丕业以垂休万禩者，此时；失机会而贻悔将来者，亦此时！何以言之？中原百姓，蹇罹丧乱，荼苦已极，黔首无依，思择令主，以图乐业。虽间有一二婴城负固者，不过自为身家计，非为君效死也。是则明之受病种种，已不可治。河北一带，定属他人。其土地人民，不患不得，患得而不为我有耳。盖明之劲敌，惟在我国，而流寇复蹂躏中原，正如秦失其鹿，楚汉逐之。我国虽与明争天下，实与流寇角也。

为今日计，我当任贤以抚众，使近悦远来；蠢兹流孽，亦将进而臣属于我。彼明之君，知我规模，非复往昔，言归于好，亦未可知。倘不此之务，是徒劳我国之力，反为流寇驱民也。夫举已成之局而置之，后乃与流寇争，非长策矣！曩者，弃遵化，屠永平，两经深入而返，彼地官民，必以我为无大志，纵来归附，未必抚恤，因怀携贰，盖有之矣。然而，有已服者，有未服宜抚者，是当申严纪律，秋毫勿犯。复宣谕以昔日不守内地之由，及今进取中原之意。而官仍其职，民复其业，录其贤能，恤其无告，将见密迩者绥辑，遐听者风声，自翕然而向顺矣！

夫如是，则大河以北，可传檄而定也。河北一定，可令各城官吏，移其妻子，避患于我军，因以为质。又拔其德誉素著者，置之班行，俾各朝夕献纳，以资辅翼。王于众论中，择善酌行，则闻见可广，而政事有时措之宜矣。

此行，或直趋燕京，或相机攻取，要当于入边之后，山海、长城以西，择一坚城，顿兵而守，以为门户。我师往来，斯为甚便。惟摄政诸王察之。①

这篇五百九十四个字②的精粹宏文，虽站在清朝利益一方，但就其智慧与谋略而言，确是高屋建瓴，深谋远虑，运筹帷幄，见解精辟：

第一，分析天下大势："明之劲敌，惟在我国，而流寇复蹂躏中原，正如秦失其鹿，楚汉逐之。我国虽与明争天下，实与流寇角也。"谏言顺治帝要与李自成角逐天下。

第二，抓住历史机会："此正欲摄政诸王建功立业之会也！"清朝历史大局，逢此百年际会，失此历史机会，将遗千古之憾。

第三，检讨过往教训："曩者，弃遵化，屠永平，两经深入而返，彼地官民，必以我为无大志，纵来归附，未必抚恤，因怀携贰，盖有之矣。"避免流寇攻略掳掠，夺取中原以定天下。

第四，制定方略大计："官仍其职，民复其业，录其贤能，恤其无告。"此与李自成拷掠官员、打家劫舍相反，要"官仍其职，民复其业"；也与崇祯帝昏杀功臣、无视民瘼相反，要"录其贤能，恤其无告"。

范文程上书后三天即四月甲子（初七日），多尔衮不愧为睿亲王的"睿"字，聪睿英明、果断迅速地采纳范文程的建议。于此，《清世祖章皇帝实录》记载：清朝八旗大军，初七日，出师祭告；初九日，"声炮起行"。③于是，清军向西挺进，同李自成进行山海关大战。

临行前，四月初八日，顺治帝在清宫笃恭殿（大政殿）赐摄政和硕睿亲王多尔衮大将军敕印，并敕曰：

---

① 《清世祖章皇帝实录》第4卷，顺治元年四月辛酉，中华书局影印本，1985年，第3～4叶。
② 此统计字数，未计标点符号。
③ 《清世祖章皇帝实录》第4卷，顺治元年四月丙寅，中华书局影印本，1985年，第6叶。

我皇祖肇造丕基,皇考底定宏业,重大之任,付于眇躬。今蒙古、朝鲜,俱已归服。汉人城郭、土地,虽渐攻克,犹多抗拒。念当此创业垂统之时,征讨之举,所关甚重。朕年冲幼,未能亲履戎行,特命尔摄政和硕睿亲王多尔衮代统大军,往定中原,用加殊礼,锡以御用纛盖等物。特授奉命大将军印。一切赏罚,俱便宜从事。至攻取方略,尔王钦承皇考圣训,谅已素谙,其诸王、贝勒、贝子、公、大臣等,事大将军,当如事朕,同心协力,以图进取,庶祖考英灵,为之欣慰矣!①

多尔衮经过顺治帝任命,代统八旗大军,合法进行指挥。

多尔衮在进军途中,得报李自成农民军攻占北京。十三日,军至辽河地方,多尔衮以军事咨洪承畴。洪承畴向多尔衮启曰:

我兵之强,天下无敌,将帅同心,步伍整肃,流寇可一战而除,宇内可计日而定矣。今宜先遣官宣布王令,示以此行,特扫除乱逆,期于灭贼,有抗拒者,必加诛戮。不屠人民,不焚庐舍,不掠财物之意。仍布告各府州县,有开门归降者,官则加升,军民秋毫无犯,若抗拒不服者,城下之日,官吏诛,百姓仍予安全。有首倡内应立大功者,则破格封赏,法在必行。此要务也。

况流寇初起时,遇弱则战,遇强则遁。今得京城,财足志骄,已无固志。一旦闻我军至,必焚其宫殿、府库,遁而西行。贼之骡马,不下三十余万。昼夜兼程,可二三百里,及我兵抵京,贼已远去。财物悉空,逆恶不得除,士卒无所获,亦大可惜也。

今宜计道里,限时日,辎重在后,精兵在前,出其不意。从蓟州、密云近京处,疾行而前。贼走,则即行追剿;傥仍坐据京城以拒我,则

---

① 《清世祖章皇帝实录》第4卷,顺治元年四月乙丑,中华书局影印本,1985年,第5~6叶。

伐之更易。如此庶逆贼扑灭，而神人之怒可回。更收其财畜，以赏士卒，殊有益也。

　　初，明之守边者，兵弱马疲，犹可轻入，今恐贼遣精锐，伏于山谷狭处，以步兵扼路。我国骑兵不能履险，宜于骑兵内选作步兵，从高处觇其埋伏，俾步兵在前，骑兵在后，比及入边，则步兵皆骑兵也，孰能御之！若沿边仍复空虚，则接踵而进，不劳余力。抵京之日，我兵连营城外，侦探勿绝，庶可断陕西、宣府、大同、真、保诸路，以备来攻，则马首所至，计日功成矣。

　　流寇十余年来，用兵已久，虽不能与大军相拒，亦未可以昔日汉兵轻视之也。①

　　洪承畴与范文程的两封上启，是清军西向入关，进行山海关大战，攻入北京，底定中原，极为重要的历史文献。多尔衮既采纳范文程的上启，也接纳洪承畴的上启，坚定信心，明确策略，统率八旗军，驰向山海关。

　　然而，山海关大战是关系大明、大顺、大清三方命运，也关系皇朝、民族、生民命运的一场决战。此战，影响大明、大顺、大清三方局势的一个极为重要的历史因素，就是吴三桂。吴三桂是个川剧变脸式的人物。他在明、清之际，多次变脸，徘徊不定，反复无常。

　　吴三桂，字长伯，江南高邮人，籍辽东。父襄，明崇祯初官锦州总兵。三桂以武举承父荫，初授都督指挥。襄坐失机下狱，擢三桂总兵，守宁远。洪承畴出督师，合诸镇兵，三桂其一也。师攻松山，三桂战败，夜引兵去。松山破，承畴降，三桂坐镌三秩，收兵仍守宁远。三桂，祖大寿甥也，

---

① 《清世祖章皇帝实录》第4卷，顺治元年四月庚午，中华书局影印本，1985年，第7～8叶。

大寿既降，太宗令张存仁书招三桂，不报。①

《清史稿校注·吴三桂传》记载：

顺治元年，李自成自西安东犯，太原、宁武、大同皆陷，又分兵破真定。庄烈帝封三桂平西伯，并起襄提督京营，征三桂入卫。宁远兵号五十万，三桂简阅步骑遣入关，而留精锐自将为殿。三月甲辰，入关。戊申，次丰润。而自成已以乙巳破明都，遣降将唐通、白广恩将兵东攻滦州。三桂击破之，降其兵八千，引兵还保山海关。自成胁襄以书招之，令通以银四万犒师，遣别将率二万人代三桂守关。三桂引兵西，至滦州，闻其妾陈为自成将刘宗敏掠去，怒，还击破自成所遣守关将；遣副将杨珅、游击郭云龙上书睿亲王乞师。王方西征，次翁后，三桂使至，明日，进次西拉塔拉，报三桂书，许之。②

此际，吴三桂的"变脸"行为，表现为三变：

第一变，入关勤王，犹豫观望。崇祯十七年即顺治元年（1644）初，李自成自西安东进，三路大军，直指京师。崇祯帝感到大明江山危在旦夕，诏天下兵，保卫京师，命府部大臣各条陈战守事宜。先是，吏科都给事中吴麟徵奏言："弃山海关外宁远、前屯二城，徙吴三桂入关，屯宿近郊，以卫京师。"③三月初四日，明廷封吴三桂为平南伯，随后命他火速领兵入卫北京。吴三桂"被命，迁延不即发，简阅步骑，携挈人民徙五十万众，日行数十里"④。自宁远至山海关二百里路

---

① 《清史稿·吴三桂传》第474卷，中华书局标点本，1977年，第12835页。
② 《清史稿校注·吴三桂传》第481卷，台湾商务印书馆，1999年，第10769页。
③ 谷应泰：《明史纪事本末·甲申之变》第4册，中华书局，1977年，第1373页。
④ 《四王合传·吴三桂传》，《明代野史丛书》本，北京古籍出版社，2002年，第297页。

程，正常日行军百里，二日便可到达。可是吴三桂六日启程，十六日才到达山海关，整整行军十一天。

三月十五日，李自成在居庸关，收明降将唐通。李自成以唐通与吴三桂为旧部同僚，便命他带着四万两白银、财物前去招抚吴三桂。唐通"遗书三桂，盛夸新主礼贤，啖以父子封侯"。但是，"三桂不答"。① 十九日，明廷盼望的辽军刚离山海关，北京城陷落，崇祯帝自缢。在京居住的吴三桂之父吴襄及爱妾陈圆圆等全家三十多口，都落入闯王李自成之手。二十日，吴三桂率军至丰润一带，惊闻事变，犹豫观望，停止不进，待机而动。在吴三桂得知京师陷落、帝后殉难的消息后，何去何从，犹豫不定。

第二变，背叛明朝，归降大顺。李自成率领农民军攻入北京后，京畿各镇将领，大多投降新主。李自成认为吴三桂是一员骁将，应当招附。其属下顾君恩指出：南方立藩王皆不足有为，惟山海关外不可不虑。由是，李自成加紧招抚吴三桂，以利用吴三桂遏制清军入关。李自成为招降吴三桂，采取多种办法：一是令诸降将函书招抚三桂；二是命三桂之父吴襄写信劝子降附；三是派遣人持檄招降吴三桂，其条件是"尔来不失封侯之位"，并犒赏吴军官兵银四万两。吴三桂的态度是："大喜，忻然受命，入山海关而纳款焉。"②

此事，吴三桂立即召开秘密军事会议。吴三桂说："都城失守，先帝宾天，三桂受国恩，宜以死报国。然非藉将士力，不能以破敌，诸将若之何？"众将态度，"皆默然，三问不敢应"。因为不知吴三桂的意图，不敢表态，只有默然。吴三桂接着说："闯王势大，唐通、姜瓖皆降，我孤军不能自立。今闯王使至，其斩之乎？抑迎之乎？"众将答道："今日死生，唯将军命！"众将领知道他的意图，表示愿意听命。于是，"三桂乃报使于自成，卷甲入朝"③，归降大顺。吴三桂将山海关交给已降大顺的原明

---

① 彭孙贻：《流寇志》第11卷，浙江人民出版社，1983年，第178页。
② 钱𫘧：《甲申传信录》第8卷，"中国历史研究资料丛书"本，上海书店印行，1982年，第143页。
③ 彭孙贻：《流寇志》第11卷，浙江人民出版社，1983年，第177页。

密云总兵唐通所部驻守，亲率所部，向京进发。沿途大张告示：本镇率所部朝见新主，所过秋毫无犯，尔民不必惊恐。四月初五日，吴三桂行至永平西沙河驿，见到从北京逃出的家人，得知其父吴襄为闯王部下刑掠，三桂愤怒，但考虑到已与清军结下深仇，归北很难，待到京后再辩明。接着，吴三桂闻知爱妾陈圆圆被刘宗敏抢占，便如吴伟业《圆圆曲》所言"冲冠一怒为红颜"——改变降李初衷，另寻新的主子。

第三变，反叛大顺，剃发降清。吴三桂剃发降清，有学者分析其原因有二：

其一，吴三桂爱妾陈圆圆被李自成大将刘宗敏霸占。所以，吴三桂"冲冠一怒为红颜"①，背叛李自成，投降多尔衮。刘健《庭闻录》记载，吴三桂闻讯爱妾被霸占，大怒道："大丈夫不能保一女子，何面目见人耶！"

其二，李自成军在北京大肆拷掠："遍拿百官，拘系追赃，酷刑拷打，呼号遍地。"②吴三桂之父吴襄也未能免。四月初八日，吴三桂率军返回，进攻山海关。守将唐通所部败逃。李自成得知吴三桂降而复叛，立即派明降将白广恩等率军增援唐通，也被吴三桂全歼。吴三桂重占山海关后，即斩李自成所派使臣李甲，并用李甲的头颅祭旗，还割去陈乙之双耳，然后纵之。吴三桂远近传檄，发表文告，号召士民，讨伐李自成军。吴三桂招兵买马，队伍扩充到五六万人。

十一日，李自成派遣使臣携带吴襄手书和大量金银前往山海关，劝降吴三桂。十三日，李自成统领六万大军，号称十万或二十万，宋献策、刘宗敏、李过等将领从之，并带着吴襄、明朝太子朱慈烺等，出齐化门（朝阳门），直指山海关。李自成打算对吴三桂先劝降，后武攻，以控制山海关，阻断清军南下通道。

此时，吴三桂夹在李自成与多尔衮之间，如何应对？吴三桂作了两方面处理：

一方面，致书多尔衮。四月十五日，多尔衮率领八旗军师抵翁后（今辽宁省

---

① 此句出自吴伟业《圆圆曲》，其诗句为："鼎湖当日弃人间，破敌收京下玉关。恸哭六军皆缟素，冲冠一怒为红颜。""鼎湖"典故，出自《史记·封禅书》，原意是黄帝升天的地方，后世指帝王死亡。

② 张岱：《石匮书后集》第63卷，中华书局，1959年，第386页。

阜新市境），遇见明平南伯吴三桂遣副将杨珅、游击郭云龙，自山海关来，递吴三桂给清睿亲王多尔衮书。书曰：

> 三桂初蒙我先帝拔擢，以蚊负之身，荷辽东总兵重任。王之威望，素所深慕，但《春秋》之义，交不越境，是以未敢通名。人臣之谊，谅王亦知之。今我国以宁远右偏孤立之故，令三桂弃宁远而镇山海。思欲坚守东陲，而巩固京师也。不意流寇逆天犯阙，以彼狗偷乌合之众，何能成事！但京城人心不固，奸党开门纳款，先帝不幸，九庙灰烬。今贼首僭称尊号，掳掠妇女财帛，罪恶已极，诚赤眉、绿林、黄巢、禄山之流，天人共愤，众志已离，其败可立而待也。我国积德累仁，讴思未泯，各省宗室，如晋文公、汉光武之中兴者，容或有之。远近已起义兵，羽檄交驰，山左江北，密如星布。三桂受国厚恩，悯斯民之罹难，拒守边门，欲兴师问罪，以慰人心。奈京东地小，兵力未集，特泣血求助。我国与北朝，通好二百余年。今无故而遭国难，北朝应恻然念之。而乱臣贼子，亦非北朝所宜容也。夫除暴剪恶，大顺也；拯危扶颠，大义也；出民水火，大仁也；兴灭继绝，大名也；取威定霸，大功也。况流寇所聚金帛子女，不可胜数，义兵一至，皆为王有，此又大利也！王以盖世英雄，值此摧枯拉朽之会，诚难再得之时也。乞念亡国孤臣忠义之言，速选精兵，直入中协、西协。三桂自率所部，合兵以抵都门，灭流寇于宫廷，示大义于中国，则我朝之报北朝者，岂惟财帛？将裂地以酬，不敢食言。①

得吴三桂来书后，多尔衮立即征询范文程等人对策。范文程建言曰：

> 自闯寇猖狂，中原涂炭。近且倾覆京师，戕厥君后，此必讨之贼也。

---

① 《清世祖章皇帝实录》第4卷，顺治元年四月壬申，中华书局影印本，1985年，第9～10叶。

虽拥众百万，横行无惮，揆其败道有三：逼殒其主，天怒矣；刑辱缙绅，拷劫财货，士忿矣；掠民资，淫人妇，火人庐舍，民恨矣。备此三败，行之以骄，可一战破也。我国家上下同心，兵甲选练，诚声罪以临之，恤其士夫，拯厥黎庶，兵以义动，何功不成！

范文程又言：

好生者，天之德也。兵者，圣人不得已而用之。自古未有嗜杀而得天下者。国家止欲帝关东，当攻掠兼施。倘思统一区夏，非义安百姓不可。①

多尔衮对吴三桂的来书，不同政见，重点有三：

其一，吴三桂是"泣血求助"，而不是归降清朝；

其二，吴三桂要清军"直入中协、西协"，即从长城其他隘口进入，而未许清军从山海关进京；

其三，吴三桂将"裂地以酬"，就是割一块土地相酬谢，而不是受清"封以故土，晋为藩王"。

摄政睿亲王多尔衮，心高气远，胸怀韬略，岂肯答应吴三桂的条件！然而，多尔衮迅速回应吴三桂。翌日（十六日），多尔衮回书吴三桂。书曰：

向欲与明修好，屡行致书，明国君臣，不计国家丧乱，军民死亡，曾无一言相答，是以我国三次进兵攻略，盖示意于明国官吏军民，欲明国之君，熟筹而通好也。若今日则不复出此，惟有底定国家，与民休息而已。予闻流寇攻陷京师，明主惨亡，不胜发指，用是率仁义之师，沉舟破釜，誓不返旆，期必灭贼，出民水火。及伯遣使致书，深为喜悦，遂统兵前进。夫伯思报主恩，与流贼不共戴天，诚忠臣之义也。伯虽向

---

① 《八旗通志·初集》第172卷，东北师范大学出版社，1985年，第4191页。

守辽东，与我为敌，今亦勿因前故，尚复怀疑。昔管仲射桓公中钩，后桓公用为仲父，以成霸业。今伯若率众来归，必封以故土，晋为藩王，一则国仇得报，一则身家可保，世世子孙，长享富贵，如河山之永也。①

多尔衮与吴三桂书信往来之时，先后采取了几项行动：一是派降清汉将一人往山海关，送去给吴三桂的复信，同意出兵；二是提出条件，要吴三桂投降，许诺如率众来归，将封土晋王；三是即遣学士詹霸等驰往锦州，谕汉军赍红衣炮，向山海关进发；四是驿召抱病于盖州汤泉的范文程，扶病随征；五是采纳范文程建议，申严纪律，禁掳掠，戒枉杀；六是改变原拟行军路线，直趋山海关，迫吴三桂投降，以控制山海关。

另一方面，拖住李自成。时在山海关的吴三桂，则两面运筹应对：派走了前往多尔衮处请兵的使臣，又对李自成行缓兵之计。当李自成使臣来劝降时，吴三桂表示"愿一见东宫而即降"，以麻痹李自成，争取时间，等待援兵。很快，吴三桂接到了多尔衮的回信，积极进行战前准备。

十九日，吴三桂在演武堂，进行重大活动："合关、辽两镇诸将并绅衿，誓师拒寇。"② 二十日，吴三桂在校场，与诸将歃血同盟，进行布防，祭旗兴兵。

同日，多尔衮率军进至连山（今辽宁省葫芦岛市连山区），会见吴三桂派出的部属郭云龙和孙文焕。吴三桂再次紧急请师：

> 接王来书，知大军已至宁远，救民伐暴，扶弱除强，义声震天地。其所以相助者，实为我先帝，而三桂之感戴，犹其小也。三桂承王谕，即发精锐于山海以西要处，诱贼速来。今贼亲率党羽，蚁聚永平一带，此乃自投陷阱，而天意从可知矣。今三桂已悉简精锐，以图相机剿灭。

---

① 《清世祖章皇帝实录》第4卷，顺治元年四月癸酉，中华书局影印本，1985年，第10叶。
② 光绪《临榆县志》第9卷，光绪四年（1878）刻本。

幸王速整虎旅,直入山海,首尾夹攻,逆贼可擒,京东西可传檄而定也。又仁义之师,首重安民,所发檄文,最为严切,更祈令大军,秋毫无犯,则民心服而财土亦得,何事不成哉!①

吴三桂就归降一事,含糊地表示:"民心服而财土亦得,何事不成哉!"此事,随军朝鲜世子在《沈馆录》中记载:

二十日,卯时发行。行三十里许,九王设幕下坐,请世子,言曰:俺当少歇而行,世子先往止宿处。世子先行,至连山驿城东,清兵先阵已围布帐矣。九王追到,世子往见。俄而,吴三桂又遣将官于九王曰:"贼兵已迫,朝夕且急,愿如约促兵以救。"王即发驰行。②

二十一日,大顺军在石河西岸与吴三桂军对阵。之前,李自成行军速度缓慢,从北京到山海关七百里,急行军三四天就可到达,但大顺军整整走了八天。

二十二日,清八旗军"师至山海关。吴三桂率众出迎"。睿亲王很高兴,设仪仗,吹螺号,同吴三桂向天行礼。③

有个问题,于此附论。吴三桂降清是真降,还是假降?清史界有不同的看法。一种意见是,吴三桂是真降,从顺治元年(1644)到康熙十二年(1673),长达三十年之久,一直死心塌地效忠清朝。另一种意见是,吴三桂是假降,证据是"我朝之报北朝者,岂惟财帛,将裂地以酬"④。后来吴三桂反清,说明他是韬光养晦,是假降。

吴三桂历史地位之评价,清史界也有不同的看法。一种意见是,肯定吴三桂

---

① 《清世祖章皇帝实录》第4卷,顺治元年四月丁丑,中华书局影印本,1985年,第10~11叶。
② 《沈馆录》第7卷,《辽海丛书》影印本,辽沈书社,1985年,第12叶。
③ 《清世祖章皇帝实录》第4卷,顺治元年四月己卯,中华书局影印本,1985年,第11叶。
④ 《清世祖章皇帝实录》第4卷,顺治元年四月壬申,中华书局影印本,1985年,第9~10叶。

的历史贡献，主要是为明末清初中国重新统一作出了贡献。另一种意见是，吴三桂官于明而叛明，叛明而降李自成，再叛李而降清，最后到老年又叛乱反清，是一个丧失大节的人。持这种意见者，可见《甲申传信录》中引述的一段话：

> 自古不子不臣之人，鲜有如吴三桂者。当自成薄城日，假令自成虽迫死君亲，而不图夺其妾，三桂固已卷甲归之矣。徒以嬖妾故，与闯争床笫之私，然后效申胥之泣，乞王师，剿巨寇。彼披发于面，悬首于纛者，曾何足系三桂之心耶？厥后受封于王，又复地僻生恃，鼓浪滇池。而论者因仅诛其晚节，而犹称其昔复仇事，以是知三桂之一身，固始终一不忠不孝之人也哉！①

我个人则认为：

> 吴三桂这个人，我在这里不对他作全面评价，就人品而言，仅着重阐明：在明清松锦大战时，身为宁远总兵而率先逃跑的是他，背明朝降李自成的是他，叛李自成降清朝的是他，勒死南明永历帝的是他，身为清平西王而起兵叛清的也是他！吴三桂一生有"三叛"——一叛明朝投降李自成，二叛李自成投降清朝，三叛清朝起兵反乱，反复无常，孑孑小人。吴三桂与我下一节要讲的清初江南士人，如黄宗羲、顾炎武、王夫之，以及山西傅山等，其人品，其气节，龙蚁之分，天壤之别。清朝人刘健在《庭闻录》中讲了一个故事：吴三桂在辽东的祖茔，风水"一脉三断节"。吴氏一门除吴三桂以疾而终外，都死于非命，吴三桂落得断子绝孙的悲剧结局。这当然是巧合。但吴三桂"一人三叛"，出尔反尔，毫无气节，贰臣叛臣，兼而有之。吴三桂气节之大亏，越千年而为人不齿。②

---

① 钱𫗧：《甲申传信录》，"中国历史研究资料丛书"本，上海书店印行，1982年，第144~145页。
② 阎崇年：《康熙大帝》，中华书局，2008年，第62~63页。

总之，我们还是从整体上看，李自成农民军、吴三桂关宁军、多尔衮八旗军，会集于山海关，战云密布，山崩海啸，进行了一场决定大明、大顺、大清之历史命运的山海关大战。

二 山海关大战

山海关大战前，在山海关内外，主要有三股军事势力，即李自成的农民军、多尔衮的八旗军和吴三桂的关宁军。三股势力的分合、激战、谋略、胜败，直接影响当时中国局势的走向，也影响或决定大顺、大明、大清三个政权的最终命运。

三股势力 山海关大战前的三股势力，分别是：

第一股势力：吴三桂的关宁军。吴三桂在明亡后已经投降李自成。但是，当他知道父亲吴襄被拷掠、爱妾陈圆圆被强占的时候，则对李自成采取了两面策略——明着不同李自成决裂，暗着却另找新的主子。吴三桂于崇祯十七年即顺治元年（1644）三月二十九日，收到其父吴襄的劝降信后，同李自成决裂的态度变得明朗而坚决，他复信说："父既不能为忠臣，儿亦安能为孝子乎？儿与父诀，请自今日。父不早图，贼虽置父鼎俎旁以诱，三桂不顾也。"① 李自成得知吴三桂坚决不降，令白广恩、王则尧带着犒师银两，星夜赴永平（今河北卢龙），增援唐通并继续招降吴三桂，结果唐通军反被吴三桂击溃。吴三桂纵兵大掠而东，顿兵山海关，并观望局势，以图再举。当时，吴三桂约有关宁军五万之众。

---

① 顾公燮：《丹午笔记·三桂绝父书》，涵芬楼秘笈本，商务印书馆，1917年。

第二股势力：李自成的农民军。崇祯十七年即顺治元年（1644）四月十三日，李自成亲率刘宗敏等将士六万人，号称十万或二十万人，向山海关，开始东征。李自成派明降官去山海关招降吴三桂，但使者被扣留。李自成分析形势，认为成败决于一战，于是令大军连营并进，直逼山海关。七百里路，行军八天，方才到达。这就给吴三桂与多尔衮的联合提供了时间。

第三股势力：多尔衮的八旗军。四月初九日，清摄政睿亲王多尔衮率军约八万，向山海关挺进。原想绕过榆关，破墙而入，争夺北京。四月十五日，清军师抵翁后，吴三桂派出副将杨珅、游击郭云龙持吴三桂书前往乞师。吴三桂乞师信称："欲兴师问罪，以慰人心。奈京东地小，兵力未集，特泣血求助。"① 多尔衮遣官持复书到山海关，一则探听虚实，二则要吴三桂降清。多尔衮本想进一步观察吴三桂的真实动机，恰在此时，得报李自成所率大军已离永平，急驰往山海关。为防贻误战机，多尔衮遂命清军星夜前进，从连山到山海关，二百里路程，大军"达夜疾驰，人马饥渴，黄埃涨天，夜色如漆，人莫开眼，咫尺不辨。……过中后所、前屯卫、中前所，至关外十五里许，日已昏黑，屯兵不进，一昼夜之间，行二百里矣"②！

两军相争，贵在争时。时间就是主动，时间蕴含胜利。《孙子兵法》曰：其疾如风，动如雷震。这正如张预注所引太公曰："疾雷不及掩耳，迅电不及瞬目。"③ 多尔衮率领的八旗军，自沈阳至榆关，约八百里路程。所经艰难，史有记载。《西行日记》载述多尔衮军沿途遭遇——黄沙弥天，"军兵车马，骈阗广野，风沙眯目，人莫开睫"；道路难行，"辽河水深盈丈，夫马则卸鞍泅涉，辎重卜物，以船载之，而船只鲜少，未易得济"；雷电风雨，行军中突然雷电大作，风雨交加，"行役之苦，人如鬼形，马无完足，人病者载马而呻吟，马病者弃路而颠仆，其间关跋涉

---

① 《清世祖章皇帝实录》第4卷，顺治元年四月壬申，中华书局影印本，1985年，第9叶。
② 《沈馆录》第7卷，《辽海丛书》影印本，辽沈书社，1985年，第12叶。
③ 《十一家注孙子》，上海古籍出版社，1978年，第165页、第171页。

之状，有不忍言者"云云。①但摄政睿亲王多尔衮，统率大军，行疾如风，日夜兼程，冒雨急进，及时到达，抢占先机，掌握主动，进行山海关大战。

这样，李自成的大顺军、多尔衮的八旗军、吴三桂的关宁军，就在山海关交会，由此引发了一场大战，就是山海关大战。这个大战的战场，集中在山海关门。

关门大战 山海关以关城为中心，四面有四座辅城——东罗城、西罗城、南翼城、北翼城，加上长城、关隘、敌楼、台堡等，形成相互连接、彼此护卫的防卫体系。南翼城面向大海，敌军无从通过。西罗城面向关内，前有石河，成为关城的天然屏障，而河西则为开阔地，成为山海关大战的一个重要战场。

清摄政睿亲王多尔衮采纳洪承畴、祖大寿等人的建议，入关之后，未及休整，作出部署，分军为四：以武英郡王阿济格率万骑为左翼，入西水关；以豫郡王多铎率万骑为右翼，入东水关；自将三万骑为主力，从正面主攻，其余为预备队。

李自成于四月二十一日清晨，到山海关后，便紧急部署：

首先，除南翼城面向大海无法布阵外，将兵力分布在东罗城、西罗城、北翼城，全面包围，分别攻城。

其次，李自成命唐通率兵，由离关城西北三十多里的一片石北出，到关城之外，以防止吴三桂退往辽东，与清军会合。山海关一片石，即九门口，位置冲要，地势险峻，两山之间，夹条大河，河上九个拱门——有水时放水，无水时落闸，凭借水闸，阻断通路。

最后，在西罗城外，从北山到大海，沿着石河走势，布成"一"字形战线，与吴三桂军对阵。

从李自成上述"三点一线一堵"的战术部署来看，是要把吴三桂围而歼之。李自成志在必胜，却在攻城与野战上留下罅隙——围城，分散了兵力；列阵，暴露出弱势。

山海关之役的激战，实际上只有两天——顺治元年即崇祯十七年（1644）四

---

① 《沈馆录》第7卷，《辽海丛书》影印本，辽沈书社，1985年，第10叶、第15叶。

月二十一日和二十二日。具体战况，分述如下：

二十一日。清军于二十一日进至欢喜岭后，并未立即投入战斗，而是观变待机，仅于当天派兵击败一片石之唐通部，使李自成从关外打击吴三桂，并企图切断吴军与清军联络的计划未能实现。清官书记载多尔衮给顺治帝的报捷书曰："臣即星夜前往，于四月二十一日抵山海关。值贼首李自成亲率马步兵二十余万，挟崇祯帝太子、第三子定王、第四子，及宗室晋王、秦王、汉王、郡王等，并三桂父襄与俱来。复遣人招三桂降，三桂不从，贼随围山海关。是晚，即败贼总兵唐通马步兵数百人于一片石，斩百余人，贼兵遂遁。"[1]

一片石之战是山海关大战的前哨战、预热战，规模虽小，却很重要。当然，主战场在山海关城。

于关城，李自成先调集骑兵，强攻西罗城；复集中兵力，攻打北翼城。双方交战，十分激烈。石河一线，极为惨烈。大顺军"鳞次相搏，前者死，后者复进"。吴三桂军东驰西突，企图突围，屡次遭堵，未能成功。至下午，李自成军奋勇攻城，北翼城、西罗城，态势严重，急待援军。

二十二日晨，吴三桂军态势危急，而清军屡请不至。时摄政睿亲王多尔衮，率军来到离关城二里的威远台，"高张旗帜，休息士卒"。同时，多尔衮与吴三桂急切遣使往来：

（多尔衮）遣使往三桂营觇之。三桂复遣使往请，九王（多尔衮）犹未信。请之者三，九王始信，而兵犹未即行。三桂遣使者相望于道，凡往返八次，而全军始至，共十四万骑。[2]

吴三桂派人"往返八次"请多尔衮，但多尔衮不相信。吴三桂只好带领五名

---

[1]《清世祖章皇帝实录》第 4 卷，顺治元年四月辛巳，中华书局影印本，1985 年，第 12 叶。
[2] 计六奇：《明季北略》第 20 卷，中华书局，1984 年，第 495 页。

缙绅和二百名亲兵,在炮火掩护下,突围出城,到威远台,往见多尔衮。当时情景,史书记载如下:

多尔衮问:汝约我来,我来,何用炮击?

吴三桂答:非也,闯兵围关内三面,甚固,又以万骑逾边墙东遏归路,故用炮击之使开,可得间道东出也。

多尔衮曰:是也,然无誓盟,不可信。且闯兵众,关内兵几与闯同,必若兵亦剃发殊异之,则我兵与若俱无惮矣。

吴三桂曰:然。然我固非怯也,徒以兵少止数千。使我有万骑,则内不患寇,外犹可以东制辽沈,我何用借兵于若为?今兵少固然,剃发亦决胜之道也。①

于是,《甲申传信录》记载:吴三桂与多尔衮达成默契——"共歃血,三桂即髡其首以从"。

多尔衮与吴三桂在欢喜岭威远台,歃血盟誓,吴三桂剃发称臣,双方决定合攻李自成军。

此事,《山海关志》记载:"多尔衮对吴三桂曰:'汝等欲为故主复仇,大义可嘉,予领兵来成全其美。先帝时事在今日不必言,亦不忍言,但昔为敌国,今为一家。我兵进关若动人一株草、一颗粒,定以军法处死。汝等分谕大小居民,勿得惊慌。'"②

这时,忽然得到探报,北翼城部分吴军哗变,投奔李自成军。多尔衮命吴三桂先行,并对他说:"尔回,可令尔兵各以白布系肩为号,不然同系汉人,以何为辨,恐致误杀。"③三桂立即返回关城,令全体官兵剃发,来不及剃发者,用白布系肩,以示区别。然后,在关门上竖白旗,率诸将十数员,甲数百骑,出城礼迎。清军三路分别从南水门、北水门、关中门,进入山海关城。多尔衮受拜于

---

① 钱軹:《甲申传信录》第8卷,"中国历史研究资料丛书"本,上海书店印行,1982年,第141页。
② 佘一元:《山海关志·兵警》,清抄本。
③《清世祖章皇帝实录》第4卷,顺治元年四月己卯,中华书局影印本,1985年,第11叶。

军阵中，进兵城里。①

李自成知道山海关易守难攻，想诱吴三桂军出关城野战。他令沿石河列阵，自北山横亘至海，成"一"字形阵，包围吴三桂军。吴军则布列于右翼边缘，准备集中兵力，向李自成军突击。时值大风扬尘，咫尺不见，清军隐蔽在关城之下。多尔衮告诫众贝勒大臣说："吾尝三围彼都，不能遽克，自成一举破之，其智勇必有过人者。"②因此，和硕睿亲王多尔衮集诸王贝勒及诸大臣谓曰："尔等毋得越伍躁进，此兵不可轻击，须各努力，破此，则大业成矣。"③

多尔衮不肯先行同李自成军轻战，而是命吴三桂军为前锋，其目的是：一则观察吴三桂投降的真伪；二则观察李自成军的强弱；三则吴、李交战，两败俱伤，乘势突击取胜，坐收渔人之利。

中午，吴三桂首先出动全部精锐与李自成军交战，陷入包围之中，处境十分困难。吴三桂军与李自成军"死战，自辰至酉，连杀数十余阵"，历十小时，战数十合，互相冲突，异常激烈。据彭孙贻记载：

> 自成、宗敏知边兵劲，成败决一战，驱众死斗。三桂悉锐鏖战，无不一当百。自成益驱群贼连营进，大呼，伐鼓，震百里。三桂兵左右奋击，杀贼数千。贼鳞次相搏，前者死，后者复进。贼众兵寡，三面围之。自成挟太子登庙观战，关宁兵东西驰突，贼以其旗左萦而右拂之，阵数十交，围开复合。
>
> 自成按辔高冈上，见白旗一军，绕出三桂右，万马奔腾，不可止。自成麾后军益进，有僧跪于马前曰："彼旗白者，非关宁兵也，大王急避之。"白旗所至，风卷潮涌，皆披靡莫能当。自成鞭马下山走。诸贼斗

---

① 《沈馆录》第7卷，《辽海丛书》影印本，辽沈书社，1985年，第13叶。
② 计六奇：《明季北略》第20卷，中华书局，1984年，第495页。
③ 《清世祖章皇帝实录》第4卷，顺治元年四月己卯，中华书局影印本，1985年，第11叶。

良久，莫敢进退，尘开，见辫而甲者，贼惊呼曰："满兵至矣。"贼众奔溃，坠戈抛弓矢，自相践数万人。关兵、满兵，分道乘之，杀其将领十五人，夺辎重亡算。自成率精骑数千，疾走入永平。贼帅收散亡归永平，得数万。①

吴军拼死突围，围开复合，死伤惨重。清军按兵不动，静观事态变化。李自成军英勇陷阵，肉搏厮杀。双方死伤惨重，已经精疲力竭。吴三桂已陷入重围，曾多次突围未成，面临全军覆没的危险。

多尔衮先按兵不动，作壁上观，双方精疲力尽，观察时机已到，决定集中兵力，突破李自成从北山至大海的沿石河"一"字形阵线。睿亲王曰：我军可向海击彼阵尾，鳞次布列，逐层推进；三桂兵可分列右翼之末。②多尔衮选择关城以南石河口一带为突破口，这里离李自成中军大帐最远，最薄弱，而且这里东南临海，又是开阔地，便于清军发挥骑兵纵横驰突的优势。多尔衮令阿济格、多铎率正白旗、镶白旗军，"以二万骑，自三桂阵右突入，腾跃摧陷"③。八旗满洲白旗两万骑兵为先锋，突袭李自成的阵尾；同时，吴三桂军从阵右（北山附近）切入。李自成军由主动为被动，反而陷于清军和吴三桂军的首尾夹击之中。交织战局，顿生变化。八旗军直冲李自成军主力，"白旗所至，风卷潮涌，皆披靡莫能当"。当时，李自成骑马立于高冈之上，"见白旗一军，绕出三桂右，万马奔腾，不可止。自成麾后军，益进"④。李自成正要准备火速驰援时，据说他身边一僧人告诉他："此非吴兵，必为东兵也，宜急避之。"就是说，这不是吴三桂的关宁兵，而是多尔衮的八旗兵！李自成虽从未同八旗兵交过锋，但久闻八旗兵的凶猛，于是惊诧道："此满洲兵也！"策马下冈走，自成兵夺气，奔溃。李自成既没有作预防清军的准备，也没

---

① 彭孙贻：《流寇志》第12卷，浙江人民出版社，1983年，第188页。
② 《清世祖章皇帝实录》第4卷，顺治元年四月庚辰，中华书局影印本，1985年，第13叶。
③ 《清史稿·吴三桂传》第474卷，中华书局标点本，1977年，第12836页。
④ 彭孙贻：《流寇志》第12卷，浙江人民出版社，1983年，第188页。

有料到吴三桂可能降清,所以面对清、吴联军的进攻,慌了手脚。

多尔衮军与吴三桂军的联合,把李自成军压向海边,"一食之顷,战场空虚,积尸相枕,弥满大野,骑贼之奔北者,追逐二十里,至城东海口,尽为斩杀之,投水溺死者,亦不知其几矣"①。

《庭闻录》记载:"是日,战初合,满兵蓄锐不发,苦战至日昃,三桂军几不支,满兵乃分左右翼,鼓勇而前,以逸击劳,遂大克捷。"李自成军以分对合,刘宗敏"亦中流矢,负重伤而回。"②

朝鲜《沈馆录》作者亲历战阵,也做了记载:

两军酣战于城内③数里许庙堂前,飞丸乱射于城中……炮声如雷,矢集如雨。清兵三吹角,三呐喊,一时冲突贼阵。发矢数三巡后,剑光闪烁。是时,风势大作,一阵黄埃,自近而远,始知贼之败也。④

此役,清官书作了综合而概括的载述:

己卯(二十二日)。师至山海关,吴三桂率众出迎。王大喜,设仪仗,吹螺,同三桂向天行礼毕,三桂率所属各官谒王。王谓三桂曰:尔回,可令尔兵,各以白布系肩为号,不然同系汉人,以何为辨,恐致误杀。语毕,令之先行,遂入关。时贼首李自成,率马步兵二十余万,自北山横亘至海,列阵以待。是日,大风迅作,尘沙蔽天,咫尺莫辨。我军对贼布阵,不能横列及海。摄政和硕睿亲王集诸王、贝勒、贝子、公及诸大臣等,谓曰:"尔等毋得越伍躁进,此兵不可轻击,须各努力,破此,

---

① 《沈馆录》第7卷,《辽海丛书》影印本,辽沈书社,1985年,第13叶。
② 冯梦龙:《燕都日记》,莫釐山人增补,《甲申纪事》本。
③ 此处的"城内",似应作"城外"。
④ 《沈馆录》第7卷,《辽海丛书》影印本,辽沈书社,1985年,第13叶。

则大业成矣！我兵可向海，对贼阵尾，鳞次布列。吴三桂兵分列右翼之末。"号令毕，诸军齐列。及进兵令，军士呼噪者再，风遂止，各对阵奋击，大败贼众，追杀至四十里。贼首尾不相顾，遁走燕京。获驼马、缎币无算，俱给赏随征将士。

是日，进吴三桂爵为平西王，赐玉带、蟒袍、貂裘、鞍马、玲珑撒袋、弓矢等物。令山海城内，军人各薙发，以马步兵一万隶平西王，随摄政睿亲王直趋燕京，追杀流贼。又与诸将誓约，随谕众曰：此次出师，所以除暴救民，灭流寇以安天下也！今入关西征，勿杀无辜，勿掠财物，勿焚庐舍；不如约者罪之。仍晓谕官民，示以取残不杀，共享太平之意。谕下，凡百姓逃窜山谷者，莫不大悦，各还乡里，薙发迎降。①

大战刚结束两日即二十四日，多尔衮就山海关战役告捷，奏报说："我大军直薄山海关，三桂开门迎降，我军遂从南水门、北水门、关中门入。望见贼渠领众，自北山横亘至海列阵。是日，大风扬尘，咫尺不见。我军对贼布阵，不能横列及海。臣随集诸王、贝勒、贝子、公、固山额真、护军统领等，谓：'尔等毋得越伍躁进，此兵不可轻击，须各努力，破此，则大业可成。我军可向海对贼阵尾，鳞次布列。三桂兵可分列右翼之末。'各号令毕。于是我军齐列。及二次呼噪进兵，风遂止。各对阵奋击，大败贼兵，追杀至四十里，阵获晋王朱审煊，获驼马、缎币无算。此皆仰藉上天眷佑，及皇上洪福所致。臣随统大军，与三桂直捣燕京矣。"②

山海关之战，对于清朝在关外同明军作战来说，是继萨尔浒之战、沈辽之战、广宁之战、大凌河之战、松锦之战后，又一次重大的胜利。因此，盛京闻报，八门击鼓，八旗官兵，热烈庆贺。

---

① 《清世祖章皇帝实录》第 4 卷，顺治元年四月己卯，中华书局影印本，1985 年，第 11～12 叶。
② 《清世祖章皇帝实录》第 4 卷，顺治元年四月辛巳，中华书局影印本，1985 年，第 12 叶。

山海关之战，双方兵力，官私记载，都说李自成军人数多，而吴三桂军和多尔衮军人数少，多尔衮与吴三桂的取胜是"以少击多，以寡胜众"。但是，北京大学著名教授商鸿逵先生在《明清之际山海关战役的真相考察》论文中，引用、分析、考辨相关官私记载之后，认为："山海关这一战役，不是以少胜多，相反，是以多胜少。"①

李自成见败局已定，率骑数千，急促撤退。

进军北京　当日，清摄政和硕睿亲王多尔衮，晋吴三桂爵为平西王，分马步兵一万隶属，并令吴三桂随军前进，追击李自成军。

二十三日，李自成退到永平，命将吴三桂的父亲吴襄斩首示众，然后带领大顺军残部向北京撤退。

二十六日，李自成回到北京，下令屠吴襄家。

这时，北京还有农民军四十万，李自成没有组织军队对抗吴清联军，而是急着操办即位典礼。

二十九日，李自成在北京紫禁城武英殿举行即皇帝位典礼。

三十日，李自成仓促弃京西走。②行前放火，明皇宫诸多宫殿被焚毁。随之，车载、马驮、人背大量金银、财宝等慌乱撤退而西走。

实际上，在李自成此次征讨吴三桂时，流言蜚语，撒到长安门；匿名飞帖，贴到了皇城。③大顺军已经表现出士气不足，当时就有人私下里占卜算卦，问李闯王是否有可能成功，问出师会不会被吴三桂打败等。一时"讹言四起""人思窃逃"④。有的"马厩、炊丁亦人怀重宝，皆有归志"。⑤当李自成军临阵突然发现清军

---

① 商鸿逵：《明清之际山海关战役的真相考察》，原载《历史研究》1978年第3期，收入商鸿逵著《明清史论著合集》，北京大学出版社，1988年。
② 《清世祖章皇帝实录》第4卷，顺治元年四月丁亥，中华书局影印本，1985年，第14叶。
③ 彭孙贻：《平寇志》第12卷，浙江人民出版社，1983年，第187页。
④ 计六奇：《明季北略》第20卷，中华书局，1984年，第487页。
⑤ 《甲申纪事》，《崇祯丛书》本。

时,便惊慌失措,咸惊呼:"虏至矣!虏至矣!拉然崩溃,坠戈投弓,自相蹂践。"①

山海关大战,既是李自成、多尔衮、吴三桂三方军事与政治实力的较量,也是李自成、多尔衮、吴三桂三人智慧与谋略的较量。

——李自成的军队,既有豪气(攻占北京),又有骄气;既有勇气,又有惰气(因胜而懒惰);既有锐气,又有怨气(人怀重赂,各思西归)。李自成的指挥,关内与关外、四面围城、石河列阵,分散兵力,以分对合,这是他犯的一个致命错误。同时,对清军估计不足,没有想到多尔衮会率领军队到山海关,并且和吴三桂联合,共同对付他。更重要的是李自成骄怠,行军迟缓,丧失了取胜的最佳时机。

——吴三桂当时可有三种选择:闭门死守,如宁远例,但崇祯帝已死,社稷无主;出城迎战,以弱对强,以寡击众,必然失败;联合清军,以合对分,可能胜利。

——多尔衮也有三种选择:孤军深入,攻打北京;两拳并出,双打李、吴;联吴击李,以合对分。显然,后者是上策。

最后,山海关大战就三方指挥来说,多尔衮和吴三桂对李自成,合者胜、分者败,慎者胜、骄者败,算者胜、愚者败。这既是山海关大战的经验,也是血凝的历史经验。

---

① 谈迁:《国榷》第101卷,中华书局,1958年,第6076页。

三 清迁都北京

清军进京 清摄政睿亲王多尔衮率军取得山海关大战胜利后,接着进入山海关内,乘胜前进,"自山海以西,各城堡文武将吏,皆争先奉表迎降"①。

二十五日,进抵抚宁。

二十六日,师次昌黎。

二十七日,到达滦州。

二十八日,军至开平。②

二十九日,进抵玉田。

三十日,清军到蓟州。

五月初一日,抵通州。"城中居民,开门迎入。"

五月初二日,到北京。明、清档案记载:"京内官民,开门迎降"。③ 朝鲜官员目击者记载:"都民处处屯聚,以迎军兵,或持名帖来呈者有之,或门外瓶花焚香

---

① 《清世祖章皇帝实录》第5卷,顺治元年五月己亥,中华书局影印本,1985年,第4叶。
② 朝鲜《沈馆录》作"闒(关)平"。《明史·地理志》载:"滦州……南滨海……又南有开平中屯卫。"开平,今河北省唐山市开平区。是知《沈馆录》将"開平"(开平)误作"闒平"(关平)。
③ 《明清史料》甲编,第1本,中央研究院历史语言研究所集刊,1930年。

以迎者亦有之矣。"①

清朝官书，做了记述：

> 己丑（初二日），师至燕京。故明文武官员，出迎五里外。摄政和硕睿亲王进朝阳门。老幼焚香跪迎，内监以故明卤簿、御辇，陈皇城外，跪迎路左，启王乘辇。……令将卤簿向宫门陈设。王仪仗前列，奏乐，拜天、地，三跪九叩头礼，复望阙行三跪九叩头礼。毕，乘辇入武英殿，升座。故明众官俱拜伏呼万岁。②

这种情形和李自成进北京后大不一样，原因很多。其中一个原因就是李自成在北京四十几天，拷掠严酷，民怨深重。查继佐《罪惟录》记载，拷掠之人数以千计，这数字可能夸大。点名大学士、六部尚书、侍郎等官员，包括太监，每人要交钱数，不然就拷打；交了说你没交彻底，还要打；一些人被活活打死。史书记载，仅举一例，即崇祯帝的岳父周奎：

> 嘉定伯周奎从子左都督镜，闻城陷，劝奎殉国，不听。镜遂聚其家百余口，勒之自缢、投井，皆尽，乃自刎。伪制将军李岩据奎第，奎献长公主，并银十万助军，希免祸。岩数其为国至鄙吝不忠，夹足箍脑。奎复输银十万。岩笑曰："此贼悭，不与杀手，不吐也。"烧烙铁熨其肤，一熨承银一万，累四十熨，遍身焦烂，承四十万。先后追银六十万，珍玩币帛无算。夫人卜氏及子妇，皆拶指笞死。岩更令奎担水执囊以辱之，乃死。③

---

① 《沈馆录》第7卷，《辽海丛书》影印本，辽沈书社，1985年，第15叶。
② 《清世祖章皇帝实录》第5卷，顺治元年五月己丑，中华书局影印本，1985年，第10叶。
③ 彭孙贻：《平寇志》第11卷，浙江人民出版社，1983年，174页。

清大学士范文程曾上疏言："治天下在得民心。士为秀民，士心得，则民心得矣。"① 范文程总结历史，特别是晚明历史的教训，建言清廷的政策、行政要得民心，要得士心。清初皇太极、多尔衮等，吸纳了范文程这条宝贵建议。

多尔衮比李自成聪明的一点，就是采纳了范文程的八个字政策——"官仍其职，民复其业"。所谓"官仍其职"，就是所有做官的官复原职，吏部尚书做吏部尚书，户部尚书做户部尚书等，各衙门照常办公；所谓"民复其业"，就是士、农、工、商、百姓，该做什么还做什么。这样，就迅速地把北京城秩序，以及中原秩序基本稳定下来。

山海关大战的中心人物吴三桂，并没有随着多尔衮进入北京，而是奉命跟随阿济格，逐李自成至庆都，屡战皆胜。

顺治帝定鼎京师，授吴三桂平西王册印，赐银万两、马三匹。这时，南明福王朱由崧在南京称帝，也遣使封吴三桂为蓟国公，又遣沈廷扬自海道运米十万、银五万犒师，吴三桂不受。这表明吴三桂决心追随清朝。

吴三桂先后率部征战于西北和西南地区，为清朝江山社稷，为中原再造统一，征战大江南北，立下汗马功劳。而他本人也被封为王，镇守云南，成为藩王。他的儿子吴应熊尚公主，为和硕额驸。康熙十二年（1673），吴三桂又上演了一出"三藩之乱"的闹剧，经过八年，叛乱平息。此是后话。

清军入关，是富有戏剧性的历史一幕。

当农民军风起云涌之时，皇太极曾经积极联络农民军，试图与其共同对付明朝，但是没有得到李自成及其他农民军首领的回应。直到当年的正月二十七日，多尔衮还曾经派人给李自成送过一封信："兹者致书，欲与诸公协谋同力，并取中原，倘混一区宇，富贵共之矣。不知尊意何如耳？惟速驰书使，倾怀以告，是诚至愿也。"② 这封信辗转送到大顺军榆林守将王良智手上，此时李自成已经率领大

---

① 《清史稿·范文程传》第232卷，中华书局标点本，1977年，第9353页。
② 《明清史料》丙编，第1本，台北历史语言研究所集刊，1936年。

队人马进军北京了。李自成得知皇太极信的内容后,他对清政权的建议采取了不予理睬的态度。

时局变化,天翻地转。多尔衮见到吴三桂的使者,并同吴三桂歃血为盟,又在吴三桂的引领下进入山海关。而在此之前,后金-清初的八旗军先后七次入塞攻明掳掠,即使打到北京城下,却都从来没有进入过山海关城。

当李自成攻下北京之后,他只看到降而复叛的吴三桂,而对吴三桂身后的大清却视而不见,根本没有采取任何防范措施。

大顺军利用明、清对峙,顺利攻占京城,推翻明朝统治。清军则利用吴三桂与李自成的矛盾,顺利入关,夺取大顺果实。在这场三方角逐中,大明和大顺都是输家,大清却是赢家。

山海关大战,是一场决定中国命运的决战,它改变了当时中国政治力量的格局,影响中华历史的进程。清朝大军终于通过山海关,迁鼎北京,一统华夏。后来乾隆帝说:"定鼎燕都,一统之基,实始于石河一战。"① 充分肯定了山海关之战对清朝江山社稷的重大意义。

大顺先覆灭大明,大清又覆灭大顺,最后政权落到了清朝的手里。有人问:这是必然的,还是偶然的?我认为是:偶然中有必然,必然中有偶然。说"必然",就是明朝气数已尽,这是历史必然;但也有偶然,吴三桂若投降了李自成,李与吴联军,山海关一战,则是另外一种局面。结果,吴三桂与多尔衮联合,共同对付李自成,战争又是一种局面。所以,历史发展有其偶然性,也有其必然性,它就是在偶然与必然之间,反复交错,曲折演进。

此后,摄政和硕睿亲王多尔衮与摄政和硕郑亲王济尔哈朗,辅佐顺治皇帝,迁都北京,入主中原,几经波折,统一华夏。从此,开启了二百六十八年的清朝历史。

清军进入北京,面临迁都问题。

迁都之争 清顺治元年即崇祯十七年(1644)五月初二日,睿亲王多尔衮率

① 乾隆《临榆县志·原序》卷首,乾隆二十一年(1756)刻本。

清军占领北京。定都问题就成为清朝的一件大事。多尔衮建议迁都北京，但他的胞兄英亲王阿济格表示反对：

> 初得辽东，不行杀戮，故清人多为辽民所杀。今宜乘此兵威，大肆屠戮，留置诸王，以镇燕都。而大兵则或还守沈阳，或退保海山，可无后患。①

多尔衮以清太宗皇太极遗言回答其胞兄阿济格曰：

> 先皇帝尝言，若得北京，当即徙都，以图进取。况今人心未定，不可弃而东还。

多尔衮力主迁都北京，诸王、贝勒、大臣、官员等亦皆赞同。于是，奏请顺治帝迁都北京，言：

> 燕京势踞形胜，乃自古兴王之地，有明建都之所。今既蒙天畀，皇上迁都于此，以定天下，则宅中图治，宇内朝宗，无不通达。可以慰天下仰望之心，可以锡四方和恒之福。②

在上面引述奏文里，多尔衮阐述了九个意思：

第一，"燕京势踞形胜"，就是说燕京"右拥太行，左注沧海，抚中原，正南面，枕居庸，奠朔方"③，地理优越，势踞形胜。

第二，"乃自古兴王之地"，就是历朝在这里建都，如辽、金、元等。

---

① [朝]《李朝仁祖大王实录》第45卷，二十二年八月戊寅，日本学习院东洋文化研究所刊，1959年，第45叶。
② 《清世祖章皇帝实录》第5卷，顺治元年六月丁卯，中华书局影印本，1985年，第10~11叶。
③ 陶宗仪：《南村辍耕录》第21卷，中华书局点校本，1959年，第250页。

第三,"有明建都之所",就是明朝在这里建都,有城池、宫殿、坛庙、楼阙、府邸、园林等。

第四,"今既蒙天畀",就是上天把燕京——北京赐给了大清,应该接纳。

第五,"迁都于此,以定天下",就是迁都在北京,可以一统中原,安定天下。

第六,"宅中图治",就是燕京居天下之中。这个"中"很重要,国都要居中,特别在古代,交通不便,更要居中。就在南北而言,从黑龙江北外兴安岭,到南海曾母暗沙,北京居中。这样一来,便于"宇内朝宗"。

第七,"无不通达",就是北京通往四面八方,水陆兼具,驿站广布,皆为通达。

第八,"可以慰天下仰望之心",就是天下人都希望把都城设在北京,阿济格等少数人的意见,要服从天下人的意见。

第九,"可以锡四方和恒之福",就是这样一来,四面八方和平、安定的福祉局面,就可以得到保障。

多尔衮的意见得到大部分八旗诸王、贝勒、大臣、官员的赞成,也符合华夏万民的意愿,正式奏报顺治帝。年方七岁的顺治帝,自然采纳多尔衮迁都的奏请。顺治帝为平定中原、迁都北京而告祭曰:

> 燕地为历代帝王都会,诸王朝臣,请都其地,臣顺众志,迁都于燕,以抚天畀之民,以建亿万年不拔之业。①

同年十月初一日,顺治帝应在皇极殿(今太和殿)举行登极大典,但皇极殿(今太和殿)被李自成焚毁。何以见得?

朝鲜李朝国王与大臣有一段对话:

> 上曰:宫室之烧烬几何?

---

① 《清世祖章皇帝实录》第6卷,顺治元年七月癸巳,中华书局影印本,1985年,第3叶。

对曰：皇极、文渊两殿，并皆灰烬，唯武英一殿，岿然独存，故九王方在武英列立军卒，作为军门矣。

上曰：万寿（岁）山其高几许？而离宫别馆亦无余存耶？

对曰：山在后苑，而不甚高大，山前别馆五六处幸免延烧，如公廨则尚多余存者矣。①

此外，诸多文献记载李自成撤离北京时，放火烧毁紫禁宫殿。如朝鲜《沈馆录》记载目睹者言："皇城宫阙、宫廨烧毁。"又载："九王（多尔衮）乘辇舆以入，阙内灰烬之中，只有武英殿存焉。"②"太子宫、文渊阁尽为烧毁，唯有前星门存焉"。③明北京皇宫的文渊阁，在午门内、文华殿南，储藏典籍，《有学集》说文渊阁"消沉于闯贼之一炬"④。而与武英殿相对的文华殿，"李闯乱后，殿被焚"⑤。其旁证之一是，顺治初科臣杨黄上疏言："今应于文华殿旧基，从新建殿。"得旨："文华殿著工部于次年遇暇修建。"⑥重建文华殿依武英殿式样建造，因清初财力不足，直到康熙二十五年（1686）二月二十五日才告成。⑦多尔衮初进明皇宫，也见到宫殿被焚。如《清世祖章皇帝实录》记载："三十日，自成焚毁宫阙遁走。"⑧至于被焚毁宫殿的具体详情，文献不足，档案亦阙，尚需研究。

清廷利用故明宫殿，迁都北京，举行大典。

定鼎北京。顺治元年（1644）十月初一日，清顺治帝以"定鼎燕京，亲诣南郊，

---

① ［朝］《李朝仁祖大王实录》第45卷，二十二年八月戊寅，日本学习院东洋文化研究所刊，1959年，第44叶。
② 《沈馆录》第7卷，《辽海丛书》影印本，辽沈书社，1985年，第15叶。
③ 《沈馆录》第7卷，《辽海丛书》影印本，辽沈书社，1985年，第16叶。
④ 章乃炜等编：《清宫述闻》（初续编合编本）上册，紫禁城出版社，2009年，第220页。
⑤ 章乃炜等编：《清宫述闻》（初续编合编本）上册，紫禁城出版社，2009年，第208页。
⑥ 《清世祖章皇帝实录》第64卷，顺治九年四月乙丑，中华书局影印本，1985年，第12叶。
⑦ 《清圣祖仁皇帝实录》第124卷，康熙二十五年二月己酉，中华书局影印本，1985年，第20叶。
⑧ 《清世祖章皇帝实录》第5卷，顺治元年五月己亥，中华书局影印本，1985年，第4叶。

告祭天地,即皇帝位"①。顺治帝迁都北京的登极大典,在皇极门(今太和门)举行。《清世祖章皇帝实录》记载:设御座于皇极门阶上,陈诸王表文于阶东,诸王及文武各官以次列阶下。顺治帝升辇出宫,众官跪迎。顺治帝升御座,始起。鸣鞭,行三跪九叩头礼,鸣赞,读表文,行三跪九叩头礼毕,三鸣鞭。顺治帝乘辇还宫。众官皆跪,驾过乃退。②

在这里"定鼎燕京,亲诣南郊,告祭天地,即皇帝位"十六个字,有两重意义:人界的事是"定鼎燕京,即皇帝位";神界的事是"亲诣南郊,告祭天地"。自然,其核心意旨是"定鼎燕京,即皇帝位"。"定鼎燕京"是事实,为什么还要"即皇帝位"呢?崇德帝死后,顺治帝已经在盛京举行过即皇帝位大典,为何还要再次举行"即皇帝位"大典呢?因为要向天地宗社告祭:顺治皇帝已经不仅是关外一隅的皇帝,而且是中原臣民的皇帝,是中华天下的共主,是中国继明之后的正统皇帝。因此,"定鼎燕京,亲诣南郊,告祭天地,即皇帝位"标志着清朝开国历史的终结,大清皇朝历史的开启。所以,本书《清朝开国史》的时间断限,起明万历十一年(1583),迄顺治元年即崇祯十七年(1644)。

清朝迁都北京是一项历史性的重大决策。中国从秦始皇称皇帝,到清宣统末结束帝制,凡二千一百三十二年。其间皇权政治中心,前一千年主要在西安,后一千年主要在北京。都城变迁呈"十"字形摆动——前一千年,都城变化东西摆动,后一千年则南北摆动。但是,中国大一统王朝的新政权,却要抛弃旧王朝都城与宫殿:周武王灭纣未都朝歌而仍回镐京,秦始皇统一六国后仍都咸阳,西汉定都长安,东汉奠都洛阳,隋朝都大兴,唐朝都长安,北宋都汴梁(今开封),蒙古成吉思汗焚毁金中都,使"可怜一片繁华地,空见春风长绿蒿",元朝先在上都、后迁大都,明洪武定都金陵(今南京)、永乐迁都北平(今北京)。纵观中国历史上的王朝——商、周、秦、汉、隋、唐、宋、元、明,清朝之前,所

---

① 《清世祖章皇帝实录》第9卷,顺治元年十月乙卯朔,中华书局影印本,1985年,第1叶。
② 《清世祖章皇帝实录》第9卷,顺治元年十月乙卯朔,中华书局影印本,1985年,第4叶。

有大一统王朝兴国之君，宸居前朝宫殿，史册盖无一例。①然而，清摄政睿亲王多尔衮却一反历代大一统王朝对前朝宫殿焚、毁、拆、弃的做法，对故明北京紫禁城宫殿，下令加以保护、修缮和利用。经过清代兴建、修葺的皇家宫殿园林等，保存至今的故宫、天坛、先农坛、太庙、社稷坛、三山五园、避暑山庄暨外八庙、沈阳故宫、明十三陵、清五陵（永陵、福陵、昭陵、清东陵、清西陵）等，如今都被列为世界文化遗产。还有台北、南京故宫博物院等保存的原故宫文物。因此，清朝迁都北京既对文物保护起着重大的作用，也对满、汉文化融合起着积极的作用。

清朝迁都北京，北京成为中华统一多民族国家的政治和文化中心。而北京大体位置居中，这有利于中华的国家统一、民族协和，特别是对北部、西北、东北版图的确定和巩固起了重大的作用。

从明万历十一年（1583）清太祖努尔哈赤起兵，到清顺治元年（1644）定鼎北京，其间整整六十年。这六十年的特点是：天崩地坼、皇朝兴替、战争频仍、社会动荡。由于长时间的社会震荡，中原地区，荒野千里，村无狗吠，家无鸡鸣，中国各族人民渴求和平与安定。

清顺治元年（1644），顺治帝迁都北京，以明朝都城作为清朝都城，以明朝宫殿作为清朝宫殿。作为新王朝的统治者，他们的国策应当是：和平与安定。

清京特色。清军入关前，北京的明朝皇宫，特别是皇极殿、中极殿、建极殿遭到破坏。清顺治帝入主紫禁城后，先后对故明三大殿进行修缮。顺治二年（1645），将修建后的皇极殿、中极殿、建极殿，依次改名为太和殿、中和殿、保和殿，突出一个"和"字。北京明、清皇宫三大殿的名称，先后有三次变更：永乐皇帝建三大殿之初，命名为奉天殿、华盖殿、谨身殿，特别是奉天殿，突出"天"，就是突出神权。嘉靖重建三大殿后，改名为皇极殿、中极殿、建极殿，突出"极"，就是突出皇权。而顺治重修三大殿后，再改名为太和殿、中和殿、保和殿，突出"和"，

---

① 阎崇年：《满学论集》，民族出版社，1999年，第200页。

就是突出国家与民族的和谐。这是殿,还有门。

明代皇城的城门,正门为承天门,后门为地载门。顺治八年(1651),承天门重修竣工,改名为"天安门",突出一个"安"字。第二年,皇城北门重修竣工,改名为"地安门",也突出一个"安"字。再加上皇城的东安门、西安门、长安左门、长安右门。这样,皇城的城门都突出"安"字。

清代北京皇城城门的名称突出"安",皇宫三大殿突出"和",从一个侧面反映出清朝的执政者力求国家安定,民族和谐。①

顺治帝迁都北京,在有清一代,各民族文化既有冲突,也有融合。中华文化在民族文化交汇过程中融合、丰富、发展和繁荣。

第一,宫殿满洲特色。清初对故明宫殿,既加以利用,又适度改造。如坤宁宫,仿照沈阳清宁宫,宫前设索罗杆子,就是满洲祭神、祭天的神杆,又称索罗杆子。现在这个神杆没有了,沈阳清宁宫前面还有,这是满洲文化一个重要的标志和象征。索罗杆子上有个锡斗,搁上米、骨头等,来祭祀乌鸦。满洲崇拜乌鸦,说乌鸦是神鸟,还传说乌鹊当年救了努尔哈赤,实际上乌鸦是满洲祭祀的一个图腾。这个习俗一直延续到清朝末年。还将坤宁宫的正门东移,宫内建起围炕(俗称卍字炕),砌起萨满祭祀煮肉的大锅、大案,为祭祀杀牲之用。皇宫内设箭亭、文渊阁前碑亭为盔顶。这都是满洲森林文化在宫廷建筑上的表现。清建的皇宫雨华阁,则体现满、藏、蒙、汉文化的特色。

明朝人建的皇宫,体现中原汉族农耕文化的需要。少数民族到北京建立政权,也要将其文化带到北京、带到皇宫。譬如元大都,宫殿是品字形的,东面大内位置大体相当于现在故宫,西面隆福宫和兴盛宫在现在的北海公园前后,元大都城的中心是太液池,就是现在的南海、中海、北海。所以,笔者说元大都北京的建筑是以太液为主,宫殿为客。到明朝作了重大改变,主是紫禁城,西苑——中海、北海是帝后游玩和休憩的地方。其变化的文化原因,因为蒙古是草原文化,以水

---

① 阎崇年:《大故宫》(上),故宫出版社,2021年,第31~32页。

为主，所以元大都城规划布局，太液为主，宫殿为客。汉族是农耕文化，北京城规划布局，宫殿为主，太液为客。清初满洲有一个苏麻喇姑，蒙古科尔沁人，是庄妃（孝庄太后）的陪嫁女，后她照顾过康熙皇帝。苏麻喇姑有一个习俗，每年腊月除夕的洗脚水不倒掉，澄清之后，撇出一碗，喝下去，说是可以消灾。从文化学、民俗学来看，这个习俗体现的是蒙古对水的重视，因为牛、羊要吃草，草要靠水，水是草原文化的生命。元大都还"移沙漠莎草于丹墀"，阑干也护以青草。这表明蒙古大汗要在紫禁城黄瓦、红墙、青砖、白石之中，抹上草原文化的绿彩。忽必烈兴苑囿太宁宫（今北海公园），其万寿山（万岁山）不仅有绿树、绿水、绿草，而且殿顶覆绿瓦，山石换绿石——"君主并命人以琉璃矿石满盖此山，其色甚碧"①，从而形成山绿、水绿、树绿、草绿、殿绿、石绿，成为一片绿色世界。这是蒙古草原绿色文化在大都宫殿苑林的鲜丽展现。

第二，旗民分城居住。八旗官兵及其眷属到北京后，安排住在内城，汉人等住在外城。内城：两黄旗居北，两白旗居东，两红旗居西，两蓝旗居南。在八旗驻防地如成都、杭州、广州、福州、荆州、绥远、西安、青州等，也都有满城。先是，早在契丹人得辽阳，居住内城，汉人则居住外城，"外城谓之汉城"。②至是，后金得辽阳后，就满、汉分城居住："移辽阳官民于北城，其南城则帝与诸王臣军民居之。"③建辽阳新城后，旧城居汉民，新城则居旗人。这是清朝满、汉分城居住之始。这是少数民族居于统治民族时，其族人住居在以汉人为主体居民城市中的一种文化隔离政策。但两种文化间的交融，是任何城墙都阻隔不了的。

第三，兴建皇家园林。满族的先人女真人的文化为森林文化。顺治帝迁都北京后，满洲贵族为了避暑与狩猎，在北京及其附近地区大建皇家园林。如北京的"三山五园"——万寿山的颐和园（清漪园）、香山的静宜园、玉泉山的静明园和畅春园、

---

① 冯承钧译：《马可波罗行纪》，商务印书馆，1936年，第325页。
② 《辽史·地理志二》第38卷，中华书局点校本，1974年，第456页。
③ 《清太祖武皇帝实录》第3卷，原清宫内府藏，台湾广文书局影印本，1970年，第40~41叶。

圆明园，以及热河的避暑山庄暨外八庙、木兰围场等。清代北京皇家园林，兼取南北、中外园林之长，将中国古典园林艺术推向新的高峰。其中颐和园、避暑山庄暨外八庙等园林坛庙，被列为世界文化遗产。

有人说，康熙、雍正、乾隆等皇帝，用人民的血汗修了皇家园林，是历史的罪人。这也有道理；但是从另外的视角看，清朝皇家园林是科学技术人员和人民共同劳动的结晶，我们珍视的不是康熙帝、雍正帝、乾隆帝他们个人的事情，是我们国家亿万劳动人民辛勤血汗和聪明智慧的结晶。天坛原来不是蓝瓦，乾隆时候改成蓝瓦，蓝是天的象征，更有气势，也更壮丽，并更具有对上天敬畏的含义。

第四，中华文化融合。应当承认，清军进入北京之后，汉族文化和满族文化有冲突，甚至于有激烈的冲突。据史料记载，有人把孔庙打了个洞，来回出入；天安门门前摆放大炮，炮筒上晾晒衣服。科举考试时秩序也不好，有人把砚台、毛笔给抢跑了。但是，总的历史趋势是满、汉各族文化之间的融合。比如，满族的子弟书、岔曲、太平鼓等，成为中华传统文化的一部分。

清朝崇儒重教，满洲人、蒙古人等参加科举考试，满洲麻勒吉、蒙古崇绮成为殿试的状元。皇宫殿额、门额满、汉文合璧书写。《清实录》用满、汉、蒙三种文字缮写。雍和宫的满、汉、蒙、藏四体文碑，还有用满、汉、蒙、藏、维五种文字编修的《五体清文鉴》，以及用满、汉文编修的《清本纪》《满洲实录》《玉牒》《八旗通志》《皇舆全览图》《满洲源流考》《八旗满洲氏族通谱》《钦定满洲祭神祭天典礼》等，用蒙、满、汉三种文体合缮的《蒙古王公表传》，敕编的《回部王公表传》，都是农耕文化、草原文化、森林文化在北京交汇的明显例证。虽然各自经历痛苦磨难、付出巨大代价，但塞外森林文化在北京给中原农耕文化输入了新血液，中原农耕文化又在北京给塞外草原文化、森林文化补充了新营养。

乾隆帝的时候，他做了一些错事，比如修《四库全书》时删了一些书，毁了一些书。但《四库全书》的历史功绩是很大的。当时把《四库全书》抄成七部，好多书在民间早就失传了，今人从《四库全书》可以查出来。清朝修书之认真，在在可贵。笔者查过一份清朝的档案,叫《无圈点档》,又称《旧满洲档》《满文原档》①,是无圈点老满文档案,乾隆帝为长久保存,命人将其整理裱糊,重新再抄一部,以免散失,非常严格。每天早上,从满本堂把它调出来,都有借书条;每天抄几页有定额,领几页纸也有定额,抄错了要把抄废的纸交回来,换一张新纸;每天抄错几张也有定额,多了要罚俸;晚上要把书退还回库,第二天再出库借抄。每晚都有检查,每抄完一卷后,送乾隆帝亲阅,直至把这套书修成,最后审阅人签名。每一件事情都有严格的档案记载,其工作之严肃、程序之完整、态度之敬畏,令人赞叹,令人敬佩!

清乾隆帝纂修《四库全书》,既要看到其在中华文明史上的贡献,也要看到其影响中国历史的进程。"这时,法国正在编修《百科全书》。狄德罗、伏尔泰、卢梭等一批进步思想家,人称'百科全书派'。他们传播启蒙思想,反对封建专制,批评经院哲学,形成社会进步动力,为法国大革命做了思想、舆情与理论的准备。而'四库全书派'集中当时知识精英,埋首故纸堆,抄写古文献,扼杀了他们的聪明和智慧,磨灭了他们的批判与创新精神。结果,中国与西方各自走上不同道路,这很值得人们深思。"②

清朝入关之后,定都北京,完成了满、汉文化的融合、对西方文化的吸收,这样,北京才成为全国的政治和文化中心。这不仅影响到清代,也不仅影响到民国,而且影响到当今,也将影响到后世。

总之,北京处于中原农耕文化、西北草原文化、东北森林文化和东面海洋文化的交汇点。在元代,实现了农耕文化与草原文化的融合;在明代,实现了农耕文化、草原文化、高原文化和海洋文化的融合;在清代,则实现了中原农耕文化、西北草原文化、东北森林文化、西部高原文化和东部海洋文化的大融合。可以说,在从秦始皇到宣统帝共二千一百三十二年的帝制时期,清朝盛时实现中华

---

① 原档仅一份,现珍藏于台北。
② 阎崇年:《大故宫》(上),故宫出版社,2021年,第181页。

一千四百万平方公里国土，农耕、草原、森林、高原、海洋五种文化的空前大融合，也实现了中华多民族文化的大统一，而北京则成为中华民族的政治中心和文化中心，也成为国际文化交往的重要中心。

四 中原之底定

清军定都北京,但清朝政权是从大顺李自成手中夺得的,必然受到李自成和张献忠等的反抗;清接续明的统绪,必然受到故明藩王的反抗——于是,形成了两大军政势力的强烈反抗。同时,清廷残暴而强力地推行圈地、占房、剃发、易服、投充、逋逃等六大弊政,引起中原汉族各阶层民众的强烈不满和不断反抗。反抗清朝之火,燃遍中原大地。其集中之力量,最主要者,分为两部:即以李自成、张献忠及其余部为代表的农民武装势力与以南明福王、鲁王、唐王、桂王为代表的南明势力。而分散各地的民众抗清,亦是重要的民间抗清力量。

其前者,即李张及余部的抗清。

大顺政权,进行抵抗。李自成(1606～1645),陕西米脂人,率领农民起义军,经过十五年奋战,于顺治元年即崇祯十七年(1644)正月初一日,在西安建号大顺。后统兵东进,于三月十八日,攻破北京城。而后,前述在山海关大战中,李自成率领的军队,败于吴三桂和多尔衮的联军,南向奔溃,退回北京。四月二十九日,李自成在明故宫武英殿称帝,三十日亲率大军,撤离北京,向西退去。五月初二日,清摄政睿亲王多尔衮率军进占北京。寻派豫亲王多铎为定国大将军,统领大军西进，紧追李自成军。吴三桂军在前，配合清军西进。李自成退到西安，派重兵御守潼关，阻止清军西进。十二月，清军至孟津，进逼潼关。清军骑兵，冲突掩杀，大顺军汝侯刘宗敏败遁。翌年正月，李自成亲率号称六十万大军，声势浩大，卫守潼关，迎战清军。两军交战，异常激烈。清军连破其营，尸填壕堑，甲胄弥野，攻破潼关。"自成精锐略尽，遁还西安。"①二日之后，清军至西安。时李自成已毁室庐、携子女、带金帛、统余部，出蓝田口，南走湖广，据津要，入襄阳；清军紧追，不断进击。大顺军或败或降，或散或走，李自成至今湖北通城，隐匿九宫山中。秋，自成自率二十余骑，觅食山中，而死。年四十。②其余部李过、高一功、刘体纯等继续坚持抗清，后部分汇入南明抗清队伍。

大西政权，对抗清军。张献忠（1606～1647），陕西定边人。献忠率众起义后，屡战获捷，与李自成齐名。崇祯十七年即顺治元年（1644）春，张献忠陷夔州，至万县，后破重庆，明瑞王常浩遇害。继进陷成都。时清朝定都北京。十一月十六日，张献忠在成都建号大西，改元大顺，以蜀王府为宫，名成都曰西京。其养子孙可望为平东将军、李定国为安西将军、刘文秀为抚南将军、艾能奇为定北将军等，赐姓张氏，据有全蜀。顺治三年（1646）正月，清以肃亲王豪格为靖远大将军，率军西进。三月，抵西安。张献忠见形势危殆，尽焚成都宫殿、庐舍，敛其财宝，进行转移，在岷江口兵败，携带金银等，沉于岷江口河底。③后率部众，退往川南。豪格率军进入汉中。大西将领刘进忠降清，乞为乡导。十一月，清军抵四川南部，时张献忠据西充，清军侦知其所踞之地，追至盐亭界，天降大雾。献忠晓行，猝

---

① 《清史列传·多铎》第 2 卷，中华书局点校本，1987 年，第 45 页。
② 李自成死亡之时间、地点及其情状，史有多种异说，本书不做考据。
③ 张献忠撤离成都到彭山岷江口（今江口镇）地域时兵败，其金银等沉入岷江。近年在岷江口河段先后三次进行考古发掘，发掘文物五万余件，包括大量金银等。其中有蜀王世子宝金印，重约 16 斤（已碎裂）。"岷江沉银"由民间传说，而为实物证实。参见《光明日报》2020 年 4 月 30 日。

遇清兵于凤凰坡："献忠悉众来拒，大破之，斩献忠于阵。"①年四十二。《清史稿·豪格传》记载："（豪格）遣巴牙喇昂邦鳌拜先发，师继进，抵西充，大破之。豪格亲射献忠，殪。"②"复分兵四出，破贼营一百三十余处，斩首数万级。"③《明史·张献忠传》则是另一种记载："（献忠）至盐亭界，大雾。献忠晓行，猝遇我兵于凤凰坡，中矢坠马，蒲伏积薪下。于是我兵擒献忠出，斩之。"④《钦定八旗通志》则记作："张献忠列营拒战，鳌拜奋击，大破之，斩献忠于阵。"⑤献忠死⑥，其余部或降附清朝，或汇入桂王，不屈不挠，继续抗清。

其后者，即南明四王的抗清。

福王由崧，率先即位。先是，福王朱常洵（1586～1641），万历帝第三子，母郑贵妃，受封福王，建府洛阳。崇祯十四年（1641）正月，李自成军陷洛阳。焚烧福王府，火三日不绝。常洵缒城出逃，翌日被执遭杀。世子由崧逃走，后袭封福王。顺治元年即崇祯十七年（1644）三月，崇祯帝死，四月，明凤阳总督马士英等，将逃难于淮安，"旧枕敝衾、孑影空囊"的朱由崧，迎入南京。五月十五日，福王朱由崧（1607～1645）即位于南京武英殿，年号弘光，宣布国政二十五款。弘光政权设护卫南京的江北四镇，即东平伯总兵官刘泽清驻淮北、兴平伯总兵官高杰驻泗水，广昌伯总兵官刘良佐驻临淮，靖南侯黄得功驻庐州，大学士、兵部尚书督师史可法驻扬州居中节制。顺治二年（1645）二月，清命和硕豫亲王多铎为定国大将军⑦，统军自河南趋淮、扬，指向南京。四月十三日，清军趋泗州，渡淮河，近扬州。十七日，清军在扬州城外列营。时明江北四镇兵溃。十八日，多

---

① 《清史列传·豪格》第2卷，中华书局点校本，1987年，第55页。
② 《清史稿·豪格传》第219卷，中华书局标点本，1976年，第9046页。
③ 《八旗通志·豪格传》第131卷，东北师范大学出版社，1985年，第3575页。
④ 《明史·张献忠传》第309卷，中华书局点校本，1974年，第7977页。
⑤ 《钦定八旗通志·鳌拜传》第137卷，吉林文史出版社，2002年，第2289页。
⑥ 查继佐《罪惟录》中将献忠之死，系于"丁亥（顺治四年）十月之十一也"。
⑦ 《清世祖章皇帝实录》第10卷，顺治元年十月己卯，中华书局影印本，1985年，第10叶。

铎围攻扬州。史可法率军抗御，死守扬州。清军招降明大学士史可法，严拒，不从。清军攻城，六日不下。第七日即二十五日，炮轰城陷，清军突入，遭到抵抗，史可法受伤被俘，坚贞不屈，遭到杀害。扬州官民，惨遭屠杀。五月初九日夜，清军渡江，兵指南京。福王由崧等先已出逃。大学士马士英等也逃奔杭州。初十日，清军进临南京城北。十五日，南明福王忻城伯赵之龙率文武官员出城，并马步兵共二十三万八千三百降清。① 十九日，清军执由崧到南京，后送京师。翌年五月，朱由崧在北京被杀害。② 年三十九。后马士英、阮大铖降清，马被杀；阮自杀，被戮尸。

鲁王以海，绍兴监国。 先是，明太祖朱元璋封第十子檀为鲁王于山东兖州。传至九世孙以派继嗣。崇德八年即崇祯十五年（1642），清军入塞，陷兖州，以派被执而死。③ 其弟"以海转徙台州"。④ 崇祯十七年（1644）二月，朱以海嗣王位。顺治二年（1645）六月，在钱肃乐等支持下，控制绍（兴）、宁（宁波）、温（州）、台（台州）等地区，同清军对峙一年。顺治三年（1646）鲁王受张名振、张国维等迎居于绍兴，号鲁监国。顺治三年六月，清军攻克绍兴，以海逃亡海上，后居金门。此期海上抗清，时起时伏，影响很大。顺治十年即永历七年（1653），朱以海取消监国名义。后死。

唐王聿键，建号隆武。 先是，明太祖朱元璋第二十三子桱，封藩河南南阳。其第八世孙聿键嗣立。崇祯九年（1636）京师戒严，聿键倡勤王，被废为庶人，幽禁于凤阳高墙。福王由崧立于南京，赦聿键出。顺治二年（1645）五月，清军攻陷南京，聿键行至杭州，镇江总兵官郑鸿逵、户部郎中苏观生，遂奉入闽。南安伯郑芝龙、巡抚都御史张肯堂与礼部尚书黄道周等定议，奉唐王聿键监国。闰

---

① 《清世祖章皇帝实录》第16卷，顺治二年五月己酉，中华书局影印本，1985年，第13～14叶。
② 《明史·朱由崧传》第120卷，中华书局影印本，1985年，第3652页。
③ 《清太宗文皇帝实录》第64卷，崇德八年五月癸卯，中华书局影印本，1985年，第24叶。
④ 《明史·朱以海传》第116卷，中华书局点校本，1974年，第3576页。

六月丁未（二十七日），唐王聿键立福州，号隆武，改福州为天兴府。①顺治三年（1646）六月，清军灭鲁王后，占领福州，唐王聿键被杀，隆武政权结束。

同年十一月，明大学士苏观生等拥戴隆武帝之弟聿鐭监国于广州。不久，称帝，改元绍武。清军乘其内讧之隙，攻破广州。朱聿鐭、苏观生等寡不敌众，以身殉明。

桂王由榔，年号永历。先是，万历帝第七子常瀛，先封藩衡州，明失陷衡州后，走广西，居梧州，顺治二年（1645）死。其世子、次子均先死，依次由永明王由榔袭封。三年，唐王聿键被清军所获，于是南明两广总督丁魁楚、广西巡抚瞿式耜等共推并迎由榔到肇庆监国，建立政权，年号永历。此前此后，李自成、张献忠余部有些归入桂王。顺治九年（1652）七月，附入桂王的李定国，率军薄桂林，驱象攻城，昼夜环攻，清恭顺王、平南大将军孔有德，登城御守，矢中额，自经死。②桂王抗清，取得大捷。

桂王由榔抗清之路，异常艰难。先后辗转于肇庆—梧州—平乐—武冈（改名为奉天府）—全州—桂林—永州—靖州—柳州—桂林—肇庆—梧州—南宁—安隆（改名为安龙府）—永昌—腾越—南甸等。后兵败，入缅甸。

清平西大将军平西王吴三桂、定西将军内大臣爱星阿等，于顺治十八年（1661）十一月初八日，两路大军，会师木邦。吴三桂、爱星阿自领大军，直趋缅城，令执送永历帝朱由榔，否则兵临城下，后悔无及。十二月初一日，清军至缅城，缅遂执朱由榔，献于军前。③后朱由榔被吴三桂杀害。南明亡。

先是，郑成功（1624～1662），福建南安人，起兵后，先从唐王，后从桂王，受封延平郡王，后为延平王，在东南沿海泉州、漳州、潮州、厦门、惠州一带进行抗清活动。郑成功于顺治十六年（1659），率军进入长江，"连舟蔽江，号百万"，陷镇江，克瓜洲，攻南京。清崇明总兵梁化凤等，利用郑军"军士浮后

---

① 《明史·朱聿键传》第118卷，中华书局点校本，1974年，第3608～3610页。
② 《清史稿·孔有德传》第234卷，中华书局标点本，1976年，第9402页。
③ 《清圣祖仁皇帝实录》第6卷，康熙元年二月庚午，中华书局影印本，1985年，第9～10叶。

湖而嬉"①的麻痹之机，夜里突袭，两面搏战，成功兵奔溃，后经激战，遂至大败，退守思明（今厦门）。顺治十八年(1661)，郑成功率军经澎湖，围赤嵌（今台南安平），次年荷兰总督揆一降，收复台湾。不久，成功卒，年三十九。②子郑经（锦）嗣立，仍称永历年号。康熙二十年（1681），经（锦）卒。先其长子克𡒉立，寻内变，被缢杀，次子克塽嗣为延平王。克塽幼弱而立。康熙帝历八年，平定三藩之乱。康熙二十二年（1683），康熙帝派施琅为福建水师提督，率军进攻台湾。攻抚兼施，郑克塽降，"缴延平王金印，台湾平"③。清朝统一台湾，设一府三县，并驻军。诏"授郑克塽公衔，刘国轩、冯锡范伯衔，俱隶上三旗，仍令该部拨给房屋、田地"④。后刘国轩任天津总兵官。清自康熙三十三年（1694），始在台湾开科取士，清代台湾籍进士有三十三人。⑤

在抗清战争中，涌现出可歌可泣的英雄志士，如史可法、阎应元、张煌言、黄道周、瞿式耜、李定国、郑成功等，其忠耿精神，其爱国情怀，其满腔热血，其高尚品格，感天地，泣鬼神，震人心，激奋进。

综上，清从努尔哈赤起兵，到顺治入关，整六十年。清入关后平息南明、李张及其余部，即到康熙元年（1662），近二十年。清朝花八十年时间在中原站住脚，或曰基本底定中原。而后到平定"三藩之乱"，统一台湾，又是二十年。所以，后金-清先后历一百年时间，夺取并巩固了全国政权，实现了对中国的重新统一。康熙帝说："昔秦兴土石之工，修筑长城。我朝施恩于喀尔喀，使之防备朔方，较长城更为坚固。"⑥到乾隆中期，清实现漠南蒙古（内蒙古）、漠北蒙古（喀尔喀蒙古）和漠西蒙古（准噶尔蒙古）等的统一。到乾隆二十七年（1762），清设伊犁将军，

---

① 《清史稿·梁化凤传》第243卷，中华书局标点本，1976年，第9595页。
② 《清史稿·郑成功传》第224卷，中华书局标点本，1976年，第9164页。
③ 《清史稿·施琅传》第260卷，中华书局标点本，1977年，第9866页。
④ 《清圣祖仁皇帝实录》第118卷，康熙二十三年十二月甲辰，中华书局影印本，1985年，第7叶。
⑤ 《清代台湾进士碑帖图鉴》，北京台湾会馆编辑出版，2016年。
⑥ 《清圣祖仁皇帝实录》第151卷，康熙三十年五月壬辰，中华书局影印本，1985年，第13叶。

完全统一新疆,才真正把中国版图统一起来,大约有 1400 万平方公里国土,统辖在中央政府管辖之下。前后大约 150 年的时间,实现版图东到大海,南达曾母暗沙,西到葱岭,西北至巴尔喀什湖,北达外兴安岭,东北到库页岛(今萨哈林岛)。

第十六章 明亡清兴之鉴

明朝自洪武元年（1368），到崇祯十七年（1644），历十六帝，二百七十六年。明朝为什么灭亡？

清朝从万历十一年（1583）努尔哈赤起兵，到顺治元年（1644）清军入关、定都北京，历六十年。清朝为什么兴起？

明亡清兴的历史，有些什么基本的经验与教训，值得后人思考和借鉴？

清初一些学者探讨了明朝灭亡的原因。如黄宗羲在《明夷待访录》一书中说："为天下之大害者，君而已矣！"① 明朝君主集权固然是其灭亡的重要原因，但明太祖朱元璋、明成祖朱棣时，也是君主高度集权啊！

当代有学者从明朝制度缺失分析其灭亡的原因。如美国学者司徒琳教授认为："由于缺乏宰相制，君主的无能和派系的争执这两大古老的难题，在明代越发难解了。"② 就是说，"洪武十三年罢丞相不设"③，大学士的品级很低，正五品，侍左右，备顾问。然而，崇祯时大学士官品提升，同样不能挽救明朝灭亡的命运。所以，这也没有触及问题的本质。

还有学者从明朝吏治腐败去探究其覆亡的原因。然而，吏治腐败，各代都有。南明抗清失败后定居日本的明清之际思想家朱舜水（浙江余姚人）认为，明亡的原因主要有二。一是政治腐败：

> 中国之有逆虏之难，贻羞万世，固逆虏之负恩，亦中国士大夫之自取之也。语曰："木必朽而后蛀生之。"未有不朽之木，蛀能生之者也。……即如崇祯末年，搢绅罪恶贯盈，百姓痛入骨髓，莫不有'时日曷丧，及汝偕亡'之心。故流贼至而内外响应，逆虏入而迎刃破竹，惑其邪说流言，

---

① 黄宗羲：《明夷待访录·原君》，中华书局，1981年，第2页。
② ［美］司徒琳：《南明史·引言》，上海古籍出版社，1992年。
③ 《明史·职官志一》第72卷，中华书局点校本，1974年，第1729页。其事又见《明太祖实录》第129卷，洪武十三年正月己亥，台北历史语言研究所校勘本，1962年，第3～4叶。

竟有前途倒戈之势；一旦土崩瓦解，不可收拾耳。①

二是学术虚伪。《朱舜水集·中原阳九述略》略谓：

> 明朝以制义举士……主司以时文得官，典试以时文取士，竞标新艳，何取渊源。父之训子，师之教弟，猎采词华，埋头呫哔，其名亦曰文章，其功亦穷年皓首，惟以剽窃为工，掇取青紫为志，谁复知读书之义哉！既而不知读书，则奔竞门开，廉耻道丧，官以钱得，政以贿成，岂复识忠君爱国，出治临民！

看来，明朝灭亡原因，尚需深入研究。

明朝覆亡，原因复杂，矛盾丛集，多元一果。从历史序列来说，有长、中、短三个层面——长者，要从朱元璋说起，明太祖朱元璋制定的制度、政策仿佛是一把双刃剑，它一面巩固了明朝社会的秩序，另一面埋下了后世没落的根因；中者，要从万历说起，万历帝的怠政、泰昌帝的短命、天启帝的阉乱，加速了明朝的灭亡；短者，要从崇祯帝说起，崇祯帝本想做"中兴"之主，却成了"亡国"之君。

作为历史明鉴来说，可以从政治、经济、文化、军事、民族、外交、吏治和制度等多方面、多角度、多层次分析，每个问题都可以撰写专题论文，合起来可以成为一部百万字的大书。但是，应把复杂问题简明化，找出其中最基本的历史教训所在。

我从一条主线、一个角度、一个侧面、一个切入点，来作分析：明朝覆亡的原因，将其简括为一个"分"字，具体说来，就是民族分、官民分、君臣分；清朝兴起的原因，我则简括为一个"合"字，具体说来，就是民族合、官民合、君臣合；与此反之，倒因为果，则是清朝覆亡之因。

---

① 《朱舜水集》上册，第1卷，中华书局整理本，1981年，第1页。

一 民族分

明朝灭亡的一个直接也是基本的原因,就是"民族分"。明太祖朱元璋推翻蒙古孛儿只斤氏(博尔济吉特氏)贵族的统治,建立明朝。明朝初以"驱逐胡虏"①起家,最终却被"鞑虏"取代。所以,首先值得检讨的是,明朝的民族关系出了问题,特别是北方的民族关系出了问题。

明朝北方的民族问题,前期主要是蒙古,后期主要是满洲。

先说满洲。明朝对女真-满洲的政策是"分",就是使女真诸部——"各有雄长,不使归一"②。具体说来,就是:"分其枝,离其势,互令争长仇杀,以贻中国之安。"③明朝对女真各部,支持一部,打击另一部,拉此打彼,疏彼亲此,互不统属,分而治之。

满洲先人女真,原来是明朝民族大家庭中的一个成员。努尔哈赤先人是明朝建州卫的朝廷命官,努尔哈赤也是朝廷命官,曾经受到明朝的信任。他曾先后八次骑着马,从赫图阿拉到北京,每次往返跋涉四千里,向万历皇帝朝贡。他说自

---

① 《明太祖实录》第26卷,吴元年十月丙寅,台北历史语言研究所校勘本,1962年,第10叶。
② 《明经世文编·杨宗伯奏疏》第453卷,中华书局影印本,1962年,第4977页。
③ 《神庙留中奏疏汇要》第1卷,中国国家图书馆善本部藏。

己是为大明"忠顺看边",就是为明朝看守边疆。然而,努尔哈赤怎么会变成明朝的敌人呢?又怎么会成为明朝帝国大厦的纵火者呢?直接原因是明朝对女真政策出了问题。万历皇帝、李成梁总兵在古勒寨之战中,误杀了两个人,这两个人就是努尔哈赤的祖父觉昌安和父亲塔克世。结果呢?努尔哈赤据此为借口,以"十三副遗甲"起兵,随后发布"七大恨"告天誓师,攻打抚顺,挑战明朝,从而引发了一系列的历史事变和严重后果。

明朝民族政策的一个特点是"分"字,结果真的就把有的北方民族给分出去了。满洲的先人女真人分出去了。谚语云:"女真满万,天下无敌!"后来,女真-满洲不仅满万,而且组成八旗满洲,这是一股很强大的力量。

明朝要是只分满洲,不分蒙古,和蒙古联合起来共同对抗努尔哈赤,那么满洲的难题也可能有解决的方法;但明朝却把蒙古也分了,蒙古又变成了自己的敌人。

次说蒙古。 明太祖朱元璋推翻元朝,但他没有彻底消灭蒙古贵族的军事力量。为防止北元蒙古贵族复辟,明朝采取的措施:一是修长城,二是设九边,三是"天子守国门",四是大军北征——洪武年间,五次北征;永乐年间,六次北征。永乐皇帝甚至死在北征蒙古的榆木川地方。到明朝中期,蒙古瓦剌部首领也先入塞,正统十四年(1449),在土木堡之役俘虏了明英宗皇帝。嘉靖年间,蒙古俺答,兵薄京师,为此北京修建了外城。《明史·鞑靼传》说:"正统后,边备废弛,声灵不振。诸部长多以雄杰之姿,恃其暴强,迭出与中夏抗。边境之祸,遂与明终始云。"后来明廷对蒙古实行"抚赏"政策。明以"西靖而东自宁,虎(林丹汗)不款而东西并急,因定岁予插(察哈尔林丹汗)金八万一千两,以示羁縻"[①]。但是,林丹汗"恃抚金为命,两年不得,资用已竭,食尽马乏,暴骨成莽"[②]。尔后,明朝对蒙古"抚赏银加增至三十四万"[③]之多。漠南蒙古闹灾,袁崇焕主张以粮食

---

① 《明史·鞑靼传》第 327 卷,中华书局点校本,1974 年,第 8493 页。
② 《明史·鞑靼传》第 327 卷,中华书局点校本,1974 年,第 8493 页。
③ 《崇祯长编》第 13 卷,崇祯元年九月戊寅,台北历史语言研究所校勘本,1962 年,第 23 叶。

换马匹，明廷却不准"市米"，后"市米资盗"甚至成为袁崇焕被处死的一大罪状。可见，明廷对蒙古始终是戒备的、敌视的，"抚赏"交结等等实在是不得已而为之。结果，正如《明史·鞑靼传》纂者所断言："明未亡，而插（林丹汗）先毙，诸部皆折入于大清。国计愈困，边事愈棘，朝议愈纷，明亦遂不可为矣！"①

清则与明相反，皇太极对受灾蒙古进行救济。又采取联姻、编旗、重教、册封、赏赐、朝觐等一系列措施，最后同蒙古结盟，共同对付明朝。

在对待蒙古与满洲的关系上，明朝先是以"东夷制北虏"，后又以"北虏制东夷"。结果则是"东夷"与"北虏"联合，出现满、蒙联盟的局面。

我们再回顾一下满洲的历史。清朝兴起与强盛的一个重要原因就是"合"。首先是建州女真合，接着是同海西女真合，再就是同东海女真合、同黑龙江女真合，统合成满洲。而且，满洲同蒙古联盟，同关外汉军联盟，同东北地域的达斡尔、锡伯、鄂温克、鄂伦春、赫哲等少数民族合，组成八旗满洲、八旗蒙古、八旗汉军。这样，八旗满洲、八旗蒙古、八旗汉军三只拳头合起来打明朝；再加上关内李自成、张献忠等农民起义的烽火，显然，明朝就对付不过了。

中原农民起义烽火，则是明朝官民分的一个毒果。

---

① 《明史·鞑靼传》第327卷，中华书局点校本，1974年，第8494页。

二 官民分

明朝灭亡的直接原因是明末农民起义。崇祯十七年（1644）三月，李自成率领大顺军攻入北京，崇祯帝自缢，明王朝灭亡。崇祯帝既受到中原农民军的打击，又受到关外八旗军的打击。可以说，明朝是在八旗军和农民军双重打击下灭亡的。中原的民变，重要原因在于官、民的矛盾，而严重自然灾害加深与激化了官、民的矛盾。举几个例子。

花钱买官。崇祯朝吏部尚书周应秋，公然地按官职大小，称官索价，卖官鬻爵。他"每日勒足万金，都门有'周日万'之号"[1]。官员花钱买官，做了官之后，就搜刮百姓。吏、兵二部，弊窦最多："未用一官，先行贿赂，文、武俱是一般。近闻选官，动借京债若干，一到任所，便要还债。这债出在何人身上，定是剥民了。这样怎的有好官，肯爱百姓？"[2] 这话出自崇祯皇帝之口，可见问题之普遍和严重。

两极分化。贵族腐化，官吏贪婪。"然天潢日繁，而民赋有限。"[3] 一代财

---

[1] 文秉：《先拨志始》卷下，上海书店印行，1982年，第193页。
[2] 孙承泽：《春明梦余录》第48卷，江苏广陵古籍刊印社影印本，1990年，第56叶。
[3] 《明史·食货志六》第82卷，中华书局点校本，1974年，第2001页。

税,始之所得,终之所失,循环不已。西安秦藩,富甲天下,其姬妾数百,拥赀数百万。① 官员贪,百姓呢? 老百姓的土地被占了——福王分府,下诏赐庄田四百万亩,中州腴土不足,取山东、湖广田益之②;有的地方田地:"王府有者什七,军屯什二,民间仅什一而已。"③ 这正如有书所云:"惟余芳草王孙路,不入朱门帝子家。"于是出现这样一幅图画:"富者动连阡陌,贫者地鲜立锥。饥寒切身,乱之生也。"④ 由是,贫富两极分化,社会矛盾尖锐。

灾荒严重。赤地千里,危机加剧。"亢旱四载,颗粒无收,饥馑荐臻,胁从弥众。"⑤ 社会危机,至为严重。饥民吃泥土、吃雁粪,甚至易子而食,析骨而爨。鬻人肉于市,腌人肉于家,人刚死而被割,儿刚死而被食。据纪晓岚记载:

> 盖前明崇祯末,河南、山东大旱蝗,草根、木皮皆尽,乃以人为粮,官吏弗能禁。妇女幼孩,反接鬻于市,谓之菜人,屠者买去,如剖羊豕。周氏之祖,自东昌商贩归,至肆午餐。屠者曰:"肉尽,请少待。"俄见曳二女子入厨下,呼曰:"客待久,可先取一蹄来。"急出止之,闻长号一声,则一女已生断右臂,宛转地上;一女战栗无人色。见周,并哀呼,一求速死,一求救。周恻然心动,并出资赎之。一无生理,急刺其心死;一携归,因无子,纳为妾。竟生一男,右臂有红丝,自腋下绕肩胛,宛然断臂女也。⑥

官逼民反。民不聊生,官逼钱粮;财政紧缺,加紧搜刮。这里有一个生动的故事。

---

① 彭孙贻:《流寇志》第8卷,浙江人民出版社,1983年,第127页。
② 《明史·诸王列传五》第120卷,中华书局点校本,1974年,第3651页。
③ 《明神宗实录》第421卷,万历三十四年五月丁酉,台北历史语言研究所校勘本,1962年,第7叶。
④ 《明清史料》甲编,第10本,中央研究院历史语言研究所集刊,1931年。
⑤ 杨嗣昌:《杨文弱先生集》第10卷,中国科学院图书馆藏。
⑥ 纪昀:《阅微草堂笔记》第2卷,上海古籍出版社,1980年,第28页。

明大学士、首辅刘宇亮自请往前线督察，抵抗李自成为首的农民军。他率军队过安平，得报清军将到，吓得面无人色，急往晋州躲避。知州陈宏绪闭门不纳，士民也歃血宣誓不让刘宇亮军进城。刘宇亮大怒，传令开城门，否则军法从事。陈宏绪也传话给刘宇亮说："督师之来，以御敌也！今敌且至，奈何避之？刍粮不继，责有司；欲入城，不敢闻命！"知州陈宏绪将避敌逃生的大学士、首辅刘宇亮拒之城外。刘宇亮恼羞成怒，上疏弹劾陈宏绪。百姓同情陈宏绪："州民诣阙讼冤，愿以身代者千计。"① 李清路过山东恩县，亲见官吏"催比钱粮，血流盈阶，可叹！"② 到崇祯帝即位之年（1627），"秦中大饥，赤地千里"。③ 饥民被迫鸠众墨面，闯入澄城，杀死知县张斗耀，揭开明末农民大起义的帷幕。有官必有民，有民必有官。官与民，既有利益矛盾，又有利益相同。但是，官、民矛盾，主要在官。

《孟子》说："仰足以事父母，俯足以畜妻子。"④ 反之，上不能养父母、中不能养自己、下不能养妻子，这样的社会必然动荡不安。

官民分最突出的表现是，百姓被逼，铤而走险。老百姓实在活不下去了，就出现"官逼民反"的现象。崇祯皇帝在大灾之年，没有采取赈灾等有效措施缓解官、民矛盾，而是加以激化。

民族矛盾加深官、民矛盾，官、民矛盾又加深民族矛盾，而其背后，则是君、臣的矛盾。

---

① 《明史·刘宇亮传》第253卷，中华书局点校本，1974年，第6537页。
② 李清：《三垣笔记》上卷，中华书局点校本，1982年，第8页。
③ 吴伟业：《鹿樵纪闻》卷下，光绪抄本，中国国家图书馆藏。
④ 《孟子·梁惠王上》第1卷，宋十三经注疏附校勘记本，中华书局影印本，1980年，第6叶。

三 君臣分

甲申之变，明朝灭亡，农民起义与满洲兴起是其外在的两个因素，执政集团内部的君、臣分，则是其内在的因素。

明朝宦官专权，朋党庙堂相争，皇朝末期，愈演愈烈，即便是在国家危难之际，朝廷上依然不停地争吵，致使徒然丧失了许多大好机会。

虽然崇祯帝一上台就惩治以魏忠贤为首的阉党，但仅作为个案处理，并没有涉及宦官制度。他后来又宠信太监，派太监监军，使万历、天启的宦官问题重演。党争问题、宦官问题，在明王朝的历史上，几乎总是或隐或显，或消或长地存在着，由于执政集团内部的君与臣离心离德、分权分力，在很大程度上消耗了明王朝的整体实力，慢慢地腐蚀了支撑朱明江山的基础。因此，与其说是崇祯帝刚愎暴戾导致了甲申之变、朱明覆亡，毋宁说这场鼎革之变是明朝从朱元璋开国以来各种弊端累积的总结果。

明亡清兴的六十年间，在明朝的政坛上，主要有三位君主——万历帝长期怠政，蜗居深宫不见大臣；天启帝日夜贪玩，委政于魏阉忠贤；崇祯帝虽然勤政，却刚愎、暴戾、滥杀。这正如张文衡所言："在事的好官，也作不的事；未任事的好人，又不肯出头。上下里外，通同扯谎，事事俱坏极了。"①崇祯帝的好杀、滥杀是出了名的。明朝也有能臣，辽东如熊廷弼、孙承宗、袁崇焕，但他们或被传首九边，或被免官还乡，或被残暴磔死，全都没得好下场。

明亡清兴的六十年间，在清朝的政坛上，主要有三位君主——天命汗开创基业，兢兢业业地做事；崇德帝长于谋略，文治武功取得成效；睿亲王（实际居君主地位）抓住历史机遇，率军入关，定鼎北京。

仅就个人因素而言，万历帝、天启帝、崇祯帝都不是天命汗、崇德帝、睿亲王的对手。

在万历朝。君臣阻隔，彼此不协。万历帝近三十年不郊不庙，二十几年不上朝，大臣跪在宫门外，几个时辰得不到接见。清嘉庆帝说："明之亡，不亡于崇祯之失德，而亡于神宗之怠惰，天启之愚骏。"②而清呢？清郑亲王济尔哈朗说："太祖创业之初，日与四大贝勒、五大臣讨论政事得失，咨访士民疾苦，上下交孚，鲜有壅蔽，故能扫清群雄，肇兴大业。"③

在天启朝。大学士、帝师、兵部尚书兼蓟辽督师孙承宗，想借天启帝过生日的机会谏言，却不能相见。努尔哈赤呢？我举一个例子。后金开国五大臣之一的额亦都，作战时"夜薄其城，率骁卒先登，城中兵猝惊起拒，跨堞而战，飞矢贯股，著于堞，挥刀断矢，战益力，被五十余创，不退，卒拔其城而还"④。额亦都次子达启，养育宫中，长为额驸，怙宠而骄。一日，额亦都"集诸子宴别墅，酒行，忽起，命执达启，众皆愕。额亦都抽刃而言曰：'天下安有父杀子者？顾此子傲慢，及今不治，他日必负国败门户，不从者血此刃！'众乃惧，引达启入室，以被覆杀之。额亦都诣太祖谢，太祖惊惋久之，乃嗟叹，谓额亦都为国深虑，不可及也"⑤。

---

① 《张文衡请勿失时机奏》，《天聪朝臣工奏议》卷下，辽宁大学历史系铅印本，1980年，第89页。
② 《清仁宗睿皇帝实录》第127卷，嘉庆九年三月壬寅，中华书局影印本，1985年，第10叶。
③ 《清史稿·济尔哈朗传》第215卷，中华书局标点本，1977年，第8949页。
④ 《清史列传·额亦都》第4卷，中华书局点校本，1987年，第175页。
⑤ 《清史稿·额亦都传》第225卷，中华书局标点本，1977年，第9178页。

在崇祯朝。崇祯朝，十七年间共有五十名大学士，被称为"崇祯五十相"。在五十位大学士中，被罢、免、戍、死（非正常死）者二十七位，占其总数的百分之五十四。没有一位大学士陪伴皇帝始终。在十三位兵部尚书中，王洽、陈新甲、袁崇焕、傅宗龙或被下狱，或被杀。陈新甲，长寿人，万历举人，官做到兵部尚书。兵部尚书陈新甲受崇祯帝命，遣使与清秘密议和。崇祯帝手诏往返者数十。一日，所遣职方司郎中马绍愉以密语报，新甲看完后放在书案上，他的家童误以为是塘报，就拿出去抄传，于是官员哗然。崇祯帝很生气，将新甲下狱。新甲从狱中上书乞宥，不许，遂弃新甲于市。① 八位户部尚书中有四位下狱，或削职，或殉职。被崇祯帝杀死的总督、巡抚，有人统计为十九人。而崇祯后期的将领，总兵巢丕昌剃发投降，兵部尚书张凤翼日服大黄，总督梁廷栋尾随清军而不击，奇事诸多，不一而足。

清朝皇太极呢？皇太极改变其父杀戮汉儒的做法，拔出② 并重用范文程，任他掌管军政机密事，每入对，必漏下数十刻始出；或未及吃饭和休息，又被召入。一次，皇太极请范文程吃饭，有珍味佳肴，范文程想念父亲所未尝，逡巡不下筷。皇太极察其意，即命撤馔以赐赏他的父亲。③ 多尔衮入关发布"官仍其职、民复其业"等檄文，"皆署文程官阶姓氏"。后范文程到昭陵祭奠，感恩追往，悲怆五内："伏地长恸，几不能起。"④ 清招降洪承畴，以及纳降吴三桂、孔有德、耿仲明、尚可喜等，并为其所用，都是清初君臣关系的史例。

崇祯帝在民族分、官民分、君臣分之后，只剩下孤家寡人。何以见得？举出三条史料，可以说明问题。

其一，《明史·庄烈帝本纪》记载：崇祯帝后来对文武大臣皆不信任，而派亲

---

① 《明史·陈新甲传》第257卷，中华书局点校本，1977年，第6639页。
② 张玉兴：《范文程归清考辨》，载《明清史探索》，辽海出版社，2004年。
③ 《清史稿·范文程传》第232卷，中华书局点校本，1977年，第9351页。
④ 李霨：《内秘书院大学士范文肃公墓志铭》，载《碑传集》上册，第4卷，上海古籍出版社影印本，1987年，第30叶。

信宫奴、太监监军，去守居庸关等重要关口和北京城的城门，最后派太监王承恩提督北京城的守卫。其结果——居庸关是镇守太监杜之秩、彰义门（今广安门）是镇守太监曹化淳开门迎降的。

其二，《明史·后妃列传》记载："帝令后自裁。后入室阖户，宫人出奏，犹云'皇后领旨'。后遂先帝崩。帝又命袁贵妃自缢，系绝，久之苏。帝拔剑斫其肩，又斫所御妃嫔数人，袁妃卒不殊。"①

其三，《明史·公主列传》记载："长平公主，年十六，帝选周显尚主，将婚，以寇警暂停。城陷，帝入寿宁宫，主牵帝衣哭。帝曰：'汝何故生我家！'以剑挥斫之，断左臂；又斫昭仁公主于昭仁殿。越五日，长平主复苏。"②

崇祯皇帝在危急时，"鸣钟召集百官，结果无人至者"，最后杀老婆、杀女儿，只剩下孤家寡人。崇祯帝面对崛起的大清和强势的大顺，走上穷途末路，煤山自缢而亡。

明末的社会危机，主要是民族分、官民分、君臣分所直接造成的。民族分是外层因素，官民分是内层因素，君臣分则是核心因素。如果没有君臣分，而是君臣一体，同心筹谋，那么，民族分的矛盾可以缓和、化解，甚至消除，官民分的矛盾也可以缓和、化解，乃至消除。在民族分、官民分的严重局势面前，再君臣分，那就面临江山易主、社稷倾覆的危重局面。明朝就是在民族分、官民分和君臣分这三种分的危殆局势下覆亡的。

明亡清兴的历史启示：中华民族在漫长历史演进过程中，是汉族和各少数民族在摩擦中融合，官民在矛盾中协和，君臣在纠结中统合，不断发展壮大的历史。当中华民族合时，就强大；当中华民族分时，就衰弱；当中华民族合时，就统一；当中华民族分时，就分裂。总之，明末的民族分、官民分、君臣分，清初的民族合、官民合、君臣合——双方矛盾与斗争所造成的一个结果，就是明亡清兴。当然，

---

① 《明史·后妃列传》第114卷，中华书局点校本，1977年，第3544页。
② 《明史·公主列传》第121卷，中华书局点校本，1977年，第3677页。

民族的分合，官民的分合，君臣的分合，有其肌理深因。明太祖朱元璋、明成祖朱棣奠定了大明的体制与制度，也留下了体制罅隙和制度漏洞，其子孙"率祖旧章"，没有与时俱进，进行切实改革，导致罅隙倾墙、蚁穴溃堤的后果。清朝后期，重蹈覆辙，民族分、官民分、君臣分——同、光时，竟然慈禧与光绪母子分、慈禧与奕䜣叔嫂分，清朝江山易主，历史再次重演。

综上，中华民族历史发展的启示是：中华民族合则盛，分则衰；合则强，分则弱；合则荣，分则辱；合则治，分则乱。明亡清兴的历史，充分证明这一点。

明朝、后金－清与朝鲜纪年对照表

公元	干支	中国		朝鲜（高丽）（李朝）	
		明朝	后金－清朝		
1368	戊申	太祖（朱元璋）洪武 1		高丽恭愍王（王颛）	17
1369	己酉	2			18
1370	庚戌	3			19
1371	辛亥	4			20
1372	壬子	5			21
1373	癸丑	6			22
1374	甲寅	7			23
1375	乙卯	8		辛禑	1
1376	丙辰	9			2
1377	丁巳	10			3
1378	戊午	11			4
1379	己未	12			5
1380	庚申	13			6
1381	辛酉	14			7
1382	壬戌	15			8
1383	癸亥	16			9
1384	甲子	17			10
1385	乙丑	18			11
1386	丙寅	19			12
1387	丁卯	20			13
1388	戊辰	21		辛昌	1
1389	己巳	22		恭让王（王瑶）	1
1390	庚午	23			2
1391	辛未	24			3
1392	壬申	25		李朝太祖（李成桂）	1
1393	癸酉	26			2
1394	甲戌	27			3
1395	乙亥	28			4

公元	干支	中国		朝鲜（高丽）（李朝）	
		明朝	后金-清朝		
1396	丙子	洪武 29			5
1397	丁丑	30			6
1398	戊寅	31			7
1399	己卯	惠帝（朱允炆）建文 1		定宗（李芳果）	1
1400	庚辰	2			2
1401	辛巳	3		太宗（李芳远）	1
1402	壬午	4			2
1403	癸未	成祖（朱棣）永乐 1			3
1404	甲申	2			4
1405	乙酉	3			5
1406	丙戌	4			6
1407	丁亥	5			7
1408	戊子	6			8
1409	己丑	7			9
1410	庚寅	8			10
1411	辛卯	9			11
1412	壬辰	10			12
1413	癸巳	11			13
1414	甲午	12			14
1415	乙未	13			15
1416	丙申	14			16
1417	丁酉	15			17
1418	戊戌	16			18
1419	己亥	17		世宗（李祹）	1
1420	庚子	18			2
1421	辛丑	19			3
1422	壬寅	20			4
1423	癸卯	21			5
1424	甲辰	22			6
1425	乙巳	仁宗（朱高炽）洪熙 1			7
1426	丙午	宣宗（朱瞻基）宣德 1			8
1427	丁未	2			9
1428	戊申	3			10
1429	己酉	4			11
1430	庚戌	5			12

公元	干支	中国		后金-清朝	朝鲜（高丽）（李朝）	
		明朝				
1431	辛亥	宣德	6		世宗	13
1432	壬子		7			14
1433	癸丑		8			15
1434	甲寅		9			16
1435	乙卯		10			17
1436	丙辰	英宗（朱祁镇）正统	1			18
1437	丁巳		2			19
1438	戊午		3			20
1439	己未		4			21
1440	庚申		5			22
1441	辛酉		6			23
1442	壬戌		7			24
1443	癸亥		8			25
1444	甲子		9			26
1445	乙丑		10			27
1446	丙寅		11			28
1447	丁卯		12			29
1448	戊辰		13			30
1449	己巳		14			31
1450	庚午	代宗（朱祁钰）景泰	1			32
1451	辛未		2		文宗（李珦）	1
1452	壬申		3			2
1453	癸酉		4		端宗①（李弘暐）	1
1454	甲戌		5			2
1455	乙亥		6		世祖（李瑈）	1
1456	丙子		7			2
1457	丁丑	英宗（朱祁镇）天顺	1			3
1458	戊寅		2			4
1459	己卯		3			5
1460	庚辰		4			6
1461	辛巳		5			7
1462	壬午		6			8
1463	癸未		7			9
1464	甲申		8			10
1465	乙酉	宪宗（朱见深）成化	1			11

公元	干支	中国		朝鲜（高丽）（李朝）
		明朝	后金-清朝	
1466	丙戌	成化 2		世祖 12
1467	丁亥	3		13
1468	戊子	4		14
1469	己丑	5		睿宗（李晄）1
1470	庚寅	6		成宗（李娎）1
1471	辛卯	7		2
1472	壬辰	8		3
1473	癸巳	9		4
1474	甲午	10		5
1475	乙未	11		6
1476	丙申	12		7
1477	丁酉	13		8
1478	戊戌	14		9
1479	己亥	15		10
1480	庚子	16		11
1481	辛丑	17		12
1482	壬寅	18		13
1483	癸卯	19		14
1484	甲辰	20		15
1485	乙巳	21		16
1486	丙午	22		17
1487	丁未	23		18
1488	戊申	孝宗（朱祐樘）弘治 1		19
1489	己酉	2		20
1490	庚戌	3		21
1491	辛亥	4		22
1492	壬子	5		23
1493	癸丑	6		24
1494	甲寅	7		25
1495	乙卯	8		燕山君（李㦕）1
1496	丙辰	9		2
1497	丁巳	10		3
1498	戊午	11		4
1499	己未	12		5
1500	庚申	13		6

公元	干支	中国		朝鲜（高丽）（李朝）	
		明朝	后金－清朝		
1501	辛酉	弘治 14		燕山君	7
1502	壬戌	15			8
1503	癸亥	16			9
1504	甲子	17			10
1505	乙丑	18			11
1506	丙寅	武宗（朱厚照）正德 1		中宗（李怿）	1
1507	丁卯	2			2
1508	戊辰	3			3
1509	己巳	4			4
1510	庚午	5			5
1511	辛未	6			6
1512	壬申	7			7
1513	癸酉	8			8
1514	甲戌	9			9
1515	乙亥	10			10
1516	丙子	11			11
1517	丁丑	12			12
1518	戊寅	13			13
1519	己卯	14			14
1520	庚辰	15			15
1521	辛巳	16			16
1522	壬午	世宗（朱厚熜）嘉靖 1			17
1523	癸未	2			18
1524	甲申	3			19
1525	乙酉	4			20
1526	丙戌	5			21
1527	丁亥	6			22
1528	戊子	7			23
1529	己丑	8			24
1530	庚寅	9			25
1531	辛卯	10			26
1532	壬辰	11			27
1533	癸巳	12			28
1534	甲午	13			29
1535	乙未	14			30

公元	干支	中国		朝鲜（高丽）（李朝）	
		明朝	后金-清朝		
1536	丙申	嘉靖 15		中宗	31
1537	丁酉	16			32
1538	戊戌	17			33
1539	己亥	18			34
1540	庚子	19			35
1541	辛丑	20		中宗	36
1542	壬寅	21			37
1543	癸卯	22			38
1544	甲辰	23			39
1545	乙巳	24		仁宗（李峼）	1
1546	丙午	25		明宗（李峘）	1
1547	丁未	26			2
1548	戊申	27			3
1549	己酉	28			4
1550	庚戌	29			5
1551	辛亥	30			6
1552	壬子	31			7
1553	癸丑	32			8
1554	甲寅	33			9
1555	乙卯	34			10
1556	丙辰	35			11
1557	丁巳	36			12
1558	戊午	37			13
1559	己未	38			14
1560	庚申	39			15
1561	辛酉	40			16
1562	壬戌	41			17
1563	癸亥	42			18
1564	甲子	43			19
1565	乙丑	44			20
1566	丙寅	45			21
1567	丁卯	穆宗（朱载垕）隆庆 1			22
1568	戊辰	2		宣祖（李昖）	1
1569	己巳	3			2
1570	庚午	4			3

公元	干支	中国		朝鲜（高丽）（李朝）	
		明朝	后金－清朝		
1571	辛未	隆庆 5		宣祖	4
1572	壬申	6			5
1573	癸酉	1			6
1574	甲戌	神宗（朱翊钧）万历 2			7
1575	乙亥	3			8
1576	丙子	4			9
1577	丁丑	5			10
1578	戊寅	6			11
1579	己卯	7			12
1580	庚辰	8			13
1581	辛巳	9			14
1582	壬午	10			15
1583	癸未	11			16
1584	甲申	12			17
1585	乙酉	13			18
1586	丙戌	14			19
1587	丁亥	15			20
1588	戊子	16			21
1589	己丑	17			22
1590	庚寅	18			23
1591	辛卯	19			24
1592	壬辰	20			25
1593	癸巳	21			26
1594	甲午	22			27
1595	乙未	23			28
1596	丙申	24			29
1597	丁酉	25			30
1598	戊戌	26			31
1599	己亥	27			32
1600	庚子	28			33
1601	辛丑	29			34
1602	壬寅	30			35
1603	癸卯	31			36
1604	甲辰	32			37
1605	乙巳	33			38

公元	干支	中国 明朝		中国 后金－清朝		朝鲜（高丽）（李朝）	
1606	丙午	万历	34			宣祖	39
1607	丁未		35				40
1608	戊申		36				41
1609	己酉		37			光海君（李珲）	1
1610	庚戌		38				2
1611	辛亥		39				3
1612	壬子		40				4
1613	癸丑		41				5
1614	甲寅		42				6
1615	乙卯		43				7
1616	丙辰		44	太祖（努尔哈赤）天命	1		8
1617	丁巳		45		2		9
1618	戊午		46		3		10
1619	己未		47		4		11
1620	庚申	光宗（朱常洛）泰昌	1		5		12
1621	辛酉	熹宗（朱由校）天启	1		6		13
1622	壬戌		2		7		14
1623	癸亥		3		8	仁祖（李倧）	1
1624	甲子		4		9		2
1625	乙丑		5		10		3
1626	丙寅		6		11		4
1627	丁卯		7	太宗（皇太极）天聪	1		5
1628	戊辰	思宗（朱由检）崇祯	1		2		6
1629	己巳		2		3		7
1630	庚午		3		4		8
1631	辛未		4		5		9
1632	壬申		5		6		10
1633	癸酉		6		7		11
1634	甲戌		7		8		12
1635	乙亥		8		9		13
1636	丙子		9	崇德	1		14
1637	丁丑		10		2		15
1638	戊寅		11		3		16
1639	己卯		12		4		17
1640	庚辰		13		5		18

公元	干支	中国		朝鲜(高丽)(李朝)	
		明朝	后金-清朝		
1641	辛巳	崇祯 14	崇德 6	仁祖	19
1642	壬午	15	7		20
1643	癸未	16	8		21
1644	甲申	17	世祖（福临）顺治 1		22
1645	乙酉		2		23
1646	丙戌		3		24
1647	丁亥		4		25
1648	戊子		5		26
1649	己丑		6		27
1650	庚寅		7	孝宗（李淏）	1
1651	辛卯		8		2
1652	壬辰		9		3
1653	癸巳		10		4
1654	甲午		11		5
1655	乙未		12		6
1656	丙申		13		7
1657	丁酉		14		8
1658	戊戌		15		9
1659	己亥		16		10
1660	庚子		17	显宗（李渊）	1
1661	辛丑		18		2
1662	壬寅		圣祖（玄烨）康熙 1		3

清朝开国史研究文献要目

【说明】《清朝开国史研究文献要目》共收书114种,主要采录与研究清朝开国史直接相关的文献性、资料性的图书,不包括论著,个别的例外。

一 明人文献

[1]《明太祖实录》,台北历史语言研究所校勘本,1962年,台北。

[2]《明太宗实录》,台北历史语言研究所校勘本,1962年,台北。

[3]《明神宗实录》,台北历史语言研究所校勘本,1962年,台北。

[4]《明熹宗实录》,台北历史语言研究所校勘本,1962年,台北。

[5]《明崇祯长编》,台北历史语言研究所校勘本,1962年,台北。

[6]《明崇祯实录》,台北历史语言研究所校勘本,1962年,台北。

[7]《万历邸钞》,江苏广陵古籍刻印社影印本,1991年,扬州。

[8]《万历起居注》(1~9册),北京大学出版社影印本,1988年,北京。

[9] 王在晋著《三朝辽事实录》,江苏省立国学图书馆藏,南京。

[10] 何尔健著《按辽御珰疏稿》,何兹全、郭良玉编校,中州书画社,1982年,郑州。

[11] 毛承斗辑《东江疏揭塘报节抄》,浙江古籍出版社,1986年,杭州。

[12]《明代辽东档案汇编》(上下册),辽沈书社,1985年,沈阳。

[13]《明清史料》,甲编,第1本等,中央研究院历史语言研究所集刊,1930年,北平。

[14] 辽宁大学历史系编《〈明实录〉中女真史料选编》,辽宁大学历史系刊印,1983年,沈阳。

[15]《李成梁传》,抄本,辽宁大学图书馆藏本,沈阳。

[16] 周文郁著《边事小纪》,《小方壶斋舆地丛钞》本,光绪二十三年(1897)铅印本,北京。

［17］瞿九思著《万历武功录》，中华书局影印本，1962年，北京。

［18］海滨野史辑《建州私志》，中国科学院图书馆藏抄本，北京。

［19］《明经世文编》，中华书局影印本，1962年，北京。

［20］毕自严著《度支奏议》，明崇祯刻本，国家图书馆善本部藏。

［21］谈迁著《枣林杂俎》，国学扶轮社刻本，宣统三年（1911），上海。

二 清人文献

［22］《清太祖武皇帝实录》，台北故宫博物院藏，台北。

［23］《清太祖武皇帝实录》，原清宫内府藏写本，广文书局影印本，1970年，台北。

［24］《清太祖高皇帝实录》，大红绫本，中国第一历史档案馆藏，北京。

［25］《清太祖高皇帝实录》，小红绫本，中国第一历史档案馆藏，北京。

［26］《清太祖高皇帝实录》，《大清历朝皇帝实录》朱墨影印线装红栏本，日本大藏出版株式会社印，1937年，东京。

［27］《清太祖高皇帝实录》，华文书局影印本，1962年，台北。

［28］《清太祖高皇帝实录》，中华书局影印本，1986年，北京。

［29］《满洲实录》，中国第一历史档案馆藏，北京。

［30］《满洲实录》，中华书局影印本，1986年，北京。

［31］《满洲实录》，辽宁通志馆影印本，1930年，沈阳。

［32］《满洲实录》（满文本），中国第一历史档案馆藏，北京。

［33］《清太祖武皇帝实录》，故宫博物院影印本，1932年，北平。

［34］《努尔哈赤实录》，故宫博物院排印本，1932年，北平。

［35］《清太祖努尔哈赤实录》，清内阁实录库藏，故宫博物院民国二十年（1931）排印，上海书店影印本，1989年，上海。

［36］《清太祖武皇帝弩儿哈奇实录》，故宫博物院印行，民国二十一年（1932），北平。

［37］《太祖高皇帝实录稿本三种》，史料整理处影印，癸酉（1933），北平。

[38]《无圈点老档》(1~10册),即《旧满洲档》《满文原档》,原清宫内府藏,中国台湾影印本,台北。

[39]《旧满洲档》(1~10册),中国台湾影印本,1969年,台北。

[40]冯明珠主编《满文原档》(1~10册),原清宫府内藏,沉香亭企业社影印本,2006年,台北。

[41]《满文老档》,清内阁大库本,中国第一历史档案馆藏,北京。

[42]《满文老档》(上下册),中华书局译注本,1990年,北京。

[43]《内阁藏本满文老档》(1~20册),辽宁民族出版社,2009年,沈阳。

[44]辽宁大学历史系编《汉译〈满文旧档〉》,刊印本,1979年,沈阳。

[45]《老满文原档译注》,台北历史语言研究所专刊,第58辑,1960年,台北。

[46]《重译满文老档》,辽宁大学历史系刊印本,1978年,沈阳。

[47]金梁辑《满洲老档秘录》,两册本,民国七年(1918),自刊本,北京。

[48]金梁辑《满洲秘档》,民国十八年(1929),自刊本,北京。

[49]《清太宗文皇帝实录》,中华书局影印本,1985年,北京。

[50]《清太宗文皇帝实录稿本》,国家图书馆藏,北京。

[51]《钦定满洲源流考》,商务印书馆四库全书影印本,2005年,北京。

[52]《钦定满洲祭神祭天典礼》,文渊阁四库全书影印本,1986年,台北。

[53]《盛京吉林黑龙江等处标注战迹舆图》,辽宁大学历史系铅印本,1981年,沈阳。

[54]蒋良骐著《东华录》,清32卷木刻本。

[55]《袁督师事迹》,清道光伍氏刻本。

[56]《大金喇嘛法师宝记》,载《辽阳碑志选》,第1集。

[57]《大喇嘛坟塔碑记》,载《辽阳碑志选》,第2集。

[58]《八旗通志·初集》,东北师范大学出版社,1985年,长春。

[59]《钦定八旗通志》,吉林文史出版社,2002年,长春。

[60]王一元著《辽左见闻录》,不分卷,抄本。

[61] 徐乾学著《叶赫国贝勒家乘》，清抄本。

[62] 《乌拉哈萨虎贝勒后辈档册》，抄本。

[63] 《满文谱图》，抄本。

[64] 《皇朝开国方略》，清乾隆五十一年（1786）刻本。

[65] 《御制己未岁我太祖大破明师于萨尔浒山之战书事》，清乾隆内府刊本。

[66] 《八旗满洲氏族通谱》，《辽海丛书》影印本，辽沈书社，1989年，沈阳。

[67] 辽宁大学历史系编《天聪朝臣工奏议》，铅印本，1980年，沈阳。

[68] 魏源著《圣武记》，中华书局点校本，1984年，北京。

三　朝鲜文献

[69] 《李朝宣祖大王实录》，日本学习院东洋文化研究所影印本，1959年，东京。

[70] 《李朝宣祖修正实录》，日本学习院东洋文化研究所影印本，1959年，东京。

[71] 《光海君日记》，日本学习院东洋文化研究所影印本，1959年，东京。

[72] 《李朝仁祖大王实录》，日本学习院东洋文化研究所影印本，1959年，东京。

[73] 申忠一著《建州纪程图记》，日文本，建国大学刊印本，1939年，长春。

[74] 李民寏著《建州闻见录》，日本天理大学图书馆藏玉版书屋本，京都。

[75] 李民寏著《栅中日录》，日本天理大学图书馆藏玉版书屋本，京都。

[76] 《沈馆录》，《辽海丛书》影印本，辽沈书社，1985年。

四　日本文献

[77] 《满文老档》Ⅰ，太祖一，满文老档研究会译注，东洋文库译注本，1955年，东京。

[78] 《满文老档》Ⅱ，太祖二，满文老档研究会译注，东洋文库译注本，1956年，东京。

[79] 《满文老档》Ⅲ，太祖三，满文老档研究会译注，东洋文库译注本，1958年，东京。

[80] 《满文老档》Ⅳ，太宗一，满文老档研究会译注，东洋文库译注本，1959年，东京。

［81］《满文老档》Ⅴ，太宗二，满文老档研究会译注，东洋文库译注本，1961年，东京。

［82］《满文老档》Ⅵ，太宗三，满文老档研究会译注，东洋文库译注本，1962年，东京。

［83］《满文老档》Ⅶ，太宗四，满文老档研究会译注，东洋文库译注本，1963年，东京。

［84］今西春秋编《满和蒙和对译满洲实录》，刀水书房，1992年，东京。

［85］池内宏辑录《明代满蒙史料李朝实录抄》（1~15册），东京大学文学部出版，1953~1959年，东京。

［86］河内良弘辑录《明代满蒙史料明实录抄》，京都大学文学部出版，内外印刷汉族式会社印，1954~1959年，京都。

［87］今西春秋编《对校〈清太祖实录〉》，国书刊行会，1974年，东京。

［88］阿南惟敬著《清初军事史论考》，甲阳书房，昭和五十五年（1980），东京。

［89］河内良弘著《明代女真史の研究》，同朋舍，1992年，京都。

［90］江嶋寿雄著《明代清初の女直史研究》，中国书店，1999年，福冈。

［91］松村润著《清太祖实录の研究》，东北亚文献研究会，2001年，东京。

［92］《满文老档译稿》，藤冈胜二译，岩波书店胶印本，1939年，东京。

［93］《满文老档邦文译稿》，鸳渊一、户田喜茂译，1937年，东京。

［94］《兴京二道河子旧老城》，日文本，建国大学刊印本，1939年，长春。

五 近人文献

［95］凌纯声著《松花江下游的赫哲族》，中央研究院历史语言研究所刊本，1934年，北平。

［96］罗福颐著《满洲金石志》，"满日文化协会"印行本，1937年，长春。

［97］唐邦治辑《清皇室四谱》，文海出版社影印本，1966年。

［98］广禄、李学智译注《清太祖朝老满文原档》，台北历史语言研究所刊印本，1970年，台北。

［99］《旧满洲档译注》，中国台湾刊印本，1977年。

［100］金毓黼主编《辽海丛书》，辽沈书社影印本，1985年，沈阳。

［101］高文德、蔡志淳著《蒙古世系》，中国社会科学出版社，1979年，北京。

［102］吴晗辑《朝鲜李朝实录中的中国史料》（1~12册），中华书局，1980年，北京。

［103］李学智著《乾隆重抄本满文老档签注正误》，自刊排印本，1982年，台北。

［104］阎崇年、俞三乐编《袁崇焕资料集录》（上下册），广西民族出版社，1984年，南宁。

［105］潘喆、李鸿彬、孙方明编《清入关前史料选辑》（第1辑），中国人民大学出版社，1984年，北京。

［106］潘喆、李鸿彬、孙方明编《清入关前史料选辑》（第2辑），中国人民大学出版社，1989年，北京。

［107］潘喆、李鸿彬、孙方明编《清入关前史料选辑》（第3辑），中国人民大学出版社，1991年，北京。

［108］李澍田编《海西女真史料》，吉林文史出版社，1986年，长春。

［109］李澍田编《先清史料》，刁书仁标点，吉林文史出版社，1990年，长春。

［110］张存武、叶泉宏编《清入关前与朝鲜往来国书汇编（一六一九——一六四三）》，台湾"国史馆"印行，2000年，台北。

［111］齐木德道尔吉、巴根那编《清朝太祖太宗世祖朝实录蒙古史料抄——乾隆本康熙本比较》，内蒙古大学出版社，2001年，呼和浩特。

［112］孟森著《明元清系通纪》（1~4册），中华书局，2006年，北京。

［113］孟森著《清朝前纪》，中华书局，2008年，北京。

［114］黄一农著《红夷大炮与明清战争》，四川人民出版社，2022年，成都。